新编

民事案件案由适用法律规范指引

第二版

上

司伟 编著

中国法制出版社
CHINA LEGAL PUBLISHING HOUSE

图书在版编目(CIP)数据

新编民事案件案由适用法律规范指引 / 司伟编 . –
2 版 . –北京:中国法制出版社, 2021. 7
ISBN 978-7-5216-1999-7

Ⅰ. ①新… Ⅱ. ①司… Ⅲ. ①民事诉讼法–法律解释
–中国 Ⅳ. ①D925. 105

中国版本图书馆 CIP 数据核字(2021)第 126697 号

责任编辑 戴蕊 李宏伟　　封面设计 周黎明

新编民事案件案由适用法律规范指引

XINBIAN MINSHI ANJIAN ANYOU SHIYONG FALÜ GUIFAN ZHIYIN

编者/司伟
经销/新华书店
印刷/三河市国英印务有限公司
开本/710 毫米×1000 毫米 16　　印张/74 字数/1250 千
版次/2021 年 7 月第 2 版　　2021 年 7 月第 1 次印刷

中国法制出版社出版
书号 ISBN 978-7-5216-1999-7　　定价:248. 00 元(上、下册)

北京西单横二条 2 号　　值班电话:010-66026508
邮政编码 100031　　传真:010-66031119
网址:http://www.zgfzs.com　　**编辑部电话:010-63141808**
市场营销部电话:010-63141635　　**邮购部电话:010-63141635**

(如有印装质量问题,请与本社编务印务管理部联系调换。电话:010-63141608)

前　言

民事案件案由是民事案件名称的重要组成部分，反映案件所涉及的民事法律关系的性质，是对当事人诉争的法律关系性质进行的概括，是人民法院进行民事案件管理的重要手段。建立科学、完善的民事案件案由体系，有利于方便当事人进行民事诉讼，有利于统一民事案件的法律适用标准，有利于对受理案件进行分类管理，有利于确定各民事审判业务庭的管辖分工，有利于提高民事案件司法统计的准确性和科学性，从而更好地为创新和加强民事审判管理、为人民法院司法决策服务。

2011 年 2 月 18 日第一次修正的《民事案件案由规定》（以下简称《案由规定》）施行以来，在方便当事人进行民事诉讼，规范人民法院民事立案、审判和司法统计工作等方面，发挥了重要作用。近年来，随着民事诉讼法、邮政法、消费者权益保护法、环境保护法、反不正当竞争法、农村土地承包法、英雄烈士保护法等法律的制定或者修订，审判实践中出现了许多新类型民事案件，需要对 2011 年《案由规定》进行补充和完善。特别是民法典于 2021 年 1 月 1 日起施行，迫切需要增补新的案由。为切实贯彻实施民法典，最高人民法院对 2011 年《案由规定》进行了修改，自 2021 年 1 月 1 日起施行。

此次《案由规定》的修改，严格遵循依法原则、必要性原则和实用性原则。修改的具体案由均具有实体法和程序法依据，符合民事诉讼法关于民事案件受案范围的有关规定。修改重点是对照民法典的新增制度和重大修改内容，增加、变更部分具体案由，并根据现行立法和司法实践需要完善部分具体案由，对案由编排体系不作大的调整。案由体系仍是在现行有效的法律规定基础上，充分考虑人民法院民事立案、审判实践以及司法统计的需要而编排的，更加注重案由的简洁明了、方便实用，既便于当事人进行民事诉讼，也便于人民法院进行民事立案、审判和司法统计工作。修改后的《案由规定》采用纵向十一个部分、横向四级结构的编排设置，形成了网状结构体系，基本涵盖了民法典所涉及的民事纠纷案件类型以及人民法院当前受理的民事纠纷案件类型，有利于贯彻落实民法典等民事法律关于民事权益保护的相关规定。

为帮助法官、律师等法律实务人员在新形势下更好地适用案由规定，我们组织最高人民法院从事民事审判工作的法官，以前述法律、司法解释规定为准绳，总结审判实践中的最新经验和做法，根据2020年12月29日最高人民法院第二次修正的《案由规定》，在前一版的基础上补充了一批法律明文规定的新案由，并相应附列了与案由相关的常用法律条文和规范索引。每个案由项下的常用法律条文，除了特别标注的以外，均为现行有效的法律、行政法规和司法解释。

由于编辑经验的不足，本书在内容、体例上尚存在一些瑕疵和不足，祈望方家不吝赐教，以便在本书修订时予以纠正。

编者

2021年6月

总目录

第一部分　人格权纠纷

第二部分　婚姻家庭、继承纠纷

第三部分　物权纠纷

第四部分　合同、准合同纠纷

第五部分　知识产权与竞争纠纷

第六部分　劳动争议、人事争议

第七部分　海事海商纠纷

第八部分　与公司、证券、保险、票据等有关的民事纠纷

第九部分　侵权责任纠纷

第十部分　非讼程序案件案由

第十一部分　特殊诉讼程序案件案由

附录：

目 录*

（上册）

第一部分 人格权纠纷

一、人格权纠纷

* 新增或修改案由均在目录中以加黑字体标注，方便读者查阅。

第二部分　婚姻家庭、继承纠纷

二、婚姻家庭纠纷

三、继承纠纷

第三部分　物权纠纷

四、不动产登记纠纷

五、物权保护纠纷

六、所有权纠纷

七、用益物权纠纷

八、担保物权纠纷

九、占有保护纠纷

第四部分 合同、准合同纠纷

十、合同纠纷

十一、不当得利纠纷

十二、无因管理纠纷

第五部分　知识产权与竞争纠纷

十三、知识产权合同纠纷

十四、知识产权权属、侵权纠纷

十五、不正当竞争纠纷

十六、垄断纠纷

第六部分 劳动争议、人事争议

十七、劳动争议

十八、人事争议

(上册)

第七部分　海事海商纠纷

十九、海事海商纠纷

第八部分　与公司、证券、保险、票据等有关的民事纠纷

二十、与企业有关的纠纷

二十一、与公司有关的纠纷

二十二、合伙企业纠纷

二十三、与破产有关的纠纷

二十四、证券纠纷

二十五、期货交易纠纷

二十六、信托纠纷

二十七、保险纠纷

二十八、票据纠纷

二十九、信用证纠纷

三十、独立保函纠纷

第九部分　侵权责任纠纷

三十一、侵权责任纠纷

第十部分　非讼程序案件案由

三十二、选民资格案件

三十三、宣告失踪、宣告死亡案件

三十四、认定自然人无民事行为能力、限制民事行为能力案件

三十五、指定遗产管理人案件

三十六、认定财产无主案件

三十七、确认调解协议案件

三十八、实现担保物权案件

三十九、监护权特别程序案件

四十、督促程序案件

四十一、公示催告程序案件

四十二、公司清算案件

四十三、破产程序案件

四十四、申请诉前停止侵害知识产权案件

四十五、申请保全案件

四十六、申请人身安全保护令案件

四十七、申请人格权侵害禁令案件

四十八、仲裁程序案件

四十九、海事诉讼特别程序案件

五十、申请承认与执行法院判决、仲裁裁决案件

第十一部分　特殊诉讼程序案件案由

五十一、与宣告失踪、宣告死亡案件有关的纠纷

五十二、公益诉讼

五十三、第三人撤销之诉

五十四、执行程序中的异议之诉

附录：

第一部分

人格权纠纷

一、人格权纠纷

人格权纠纷，是指民事主体的人格权受到侵害而引发的纠纷。《民法典》第九百九十条规定："人格权是民事主体享有的生命权、身体权、健康权、姓名权、名称权、肖像权、名誉权、荣誉权、隐私权等权利。除前款规定的人格权外，自然人享有基于人身自由、人格尊严产生的其他人格权益。"因此，人格权纠纷具体包括：生命权、身体权、健康权纠纷；姓名权纠纷；名称权纠纷；肖像权纠纷；声音保护纠纷；名誉权纠纷；荣誉权纠纷；隐私权、个人信息保护纠纷；婚姻自主权纠纷；人身自由权纠纷；一般人格权纠纷。

此次修改案由，在第二级案由"一、人格权纠纷"项下：变更"1. 生命权、健康权、身体权纠纷"为"1. 生命权、身体权、健康权纠纷"；增加"3. 名称权纠纷""5. 声音保护纠纷"；变更"6. 隐私权纠纷"为"8. 隐私权、个人信息保护纠纷"。在新变更的第三级案由"8. 隐私权、个人信息保护纠纷"项下：增加"（1）隐私权纠纷""（2）个人信息保护纠纷"。

1. 生命权、身体权、健康权纠纷

法律条文及规范索引

《中华人民共和国民法典》（2021 年 1 月 1 日施行）

第十三条　自然人从出生时起到死亡时止，具有民事权利能力，依法享有民事权利，承担民事义务。

第一百一十条第一款　自然人享有生命权、身体权、健康权、姓名权、肖像权、名誉权、荣誉权、隐私权、婚姻自主权等权利。

第一百一十二条　自然人因婚姻家庭关系等产生的人身权利受法律保护。

第九百九十条 人格权是民事主体享有的生命权、身体权、健康权、姓名权、名称权、肖像权、名誉权、荣誉权、隐私权等权利。

除前款规定的人格权外，自然人享有基于人身自由、人格尊严产生的其他人格权益。

第九百九十五条 人格权受到侵害的，受害人有权依照本法和其他法律的规定请求行为人承担民事责任。受害人的停止侵害、排除妨碍、消除危险、消除影响、恢复名誉、赔礼道歉请求权，不适用诉讼时效的规定。

第九百九十六条 因当事人一方的违约行为，损害对方人格权并造成严重精神损害，受损害方选择请求其承担违约责任的，不影响受损害方请求精神损害赔偿。

第一千条 行为人因侵害人格权承担消除影响、恢复名誉、赔礼道歉等民事责任的，应当与行为的具体方式和造成的影响范围相当。

行为人拒不承担前款规定的民事责任的，人民法院可以采取在报刊、网络等媒体上发布公告或者公布生效裁判文书等方式执行，产生的费用由行为人负担。

第一千零二条 自然人享有生命权。自然人的生命安全和生命尊严受法律保护。任何组织或者个人不得侵害他人的生命权。

第一千零三条 自然人享有身体权。自然人的身体完整和行动自由受法律保护。任何组织或者个人不得侵害他人的身体权。

第一千零四条 自然人享有健康权。自然人的身心健康受法律保护。任何组织或者个人不得侵害他人的健康权。

第一千零五条 自然人的生命权、身体权、健康权受到侵害或者处于其他危难情形的，负有法定救助义务的组织或者个人应当及时施救。

第一千零六条 完全民事行为能力人有权依法自主决定无偿捐献其人体细胞、人体组织、人体器官、遗体。任何组织或者个人不得强迫、欺骗、利诱其捐献。

完全民事行为能力人依据前款规定同意捐献的，应当采用书面形式，也可以订立遗嘱。

自然人生前未表示不同意捐献的，该自然人死亡后，其配偶、成年子女、父母可以共同决定捐献，决定捐献应当采用书面形式。

第一千零七条 禁止以任何形式买卖人体细胞、人体组织、人体器官、遗体。

违反前款规定的买卖行为无效。

第一千零八条　为研制新药、医疗器械或者发展新的预防和治疗方法，需要进行临床试验的，应当依法经相关主管部门批准并经伦理委员会审查同意，向受试者或者受试者的监护人告知试验目的、用途和可能产生的风险等详细情况，并经其书面同意。

进行临床试验的，不得向受试者收取试验费用。

第一千零九条　从事与人体基因、人体胚胎等有关的医学和科研活动，应当遵守法律、行政法规和国家有关规定，不得危害人体健康，不得违背伦理道德，不得损害公共利益。

第一千一百七十九条　侵害他人造成人身损害的，应当赔偿医疗费、护理费、交通费、营养费、住院伙食补助费等为治疗和康复支出的合理费用，以及因误工减少的收入。造成残疾的，还应当赔偿辅助器具费和残疾赔偿金；造成死亡的，还应当赔偿丧葬费和死亡赔偿金。

第一千一百八十三条　侵害自然人人身权益造成严重精神损害的，被侵权人有权请求精神损害赔偿。

因故意或者重大过失侵害自然人具有人身意义的特定物造成严重精神损害的，被侵权人有权请求精神损害赔偿。

《中华人民共和国妇女权益保障法》（2018年10月26日修正）

第三十六条　国家保障妇女享有与男子平等的人身权利。

第三十八条　妇女的生命健康权不受侵犯。禁止溺、弃、残害女婴；禁止歧视、虐待生育女婴的妇女和不育的妇女；禁止用迷信、暴力等手段残害妇女；禁止虐待、遗弃病、残妇女和老年妇女。

《最高人民法院关于审理人身损害赔偿案件适用法律若干问题的解释》（法释〔2003〕20号　2020年12月23日修正）

第一条　因生命、身体、健康遭受侵害，赔偿权利人起诉请求赔偿义务人赔偿物质损害和精神损害的，人民法院应予受理。

本条所称“赔偿权利人”，是指因侵权行为或者其他致害原因直接遭受人身损害的受害人、依法由受害人承担扶养义务的被扶养人以及死亡受害人的近亲属。

本条所称“赔偿义务人”，是指因自己或者他人的侵权行为以及其他致害原因依法应当承担民事责任的自然人、法人或者其他组织。

第六条　医疗费根据医疗机构出具的医药费、住院费等收款凭证，结合病历和诊断证明等相关证据确定。赔偿义务人对治疗的必要性和合理性有异议的，应当承担相应的举证责任。

医疗费的赔偿数额，按照一审法庭辩论终结前实际发生的数额确定。器官功能恢复训练所必要的康复费、适当的整容费以及其他后续治疗费，赔偿权利人可以待实际发生后另行起诉。但根据医疗证明或者鉴定结论确定必然发生的费用，可以与已经发生的医疗费一并予以赔偿。

第七条 误工费根据受害人的误工时间和收入状况确定。

误工时间根据受害人接受治疗的医疗机构出具的证明确定。受害人因伤致残持续误工的，误工时间可以计算至定残日前一天。

受害人有固定收入的，误工费按照实际减少的收入计算。受害人无固定收入的，按照其最近三年的平均收入计算；受害人不能举证证明其最近三年的平均收入状况的，可以参照受诉法院所在地相同或者相近行业上一年度职工的平均工资计算。

第八条 护理费根据护理人员的收入状况和护理人数、护理期限确定。

护理人员有收入的，参照误工费的规定计算；护理人员没有收入或者雇佣护工的，参照当地护工从事同等级别护理的劳务报酬标准计算。护理人员原则上为一人，但医疗机构或者鉴定机构有明确意见的，可以参照确定护理人员人数。

护理期限应计算至受害人恢复生活自理能力时止。受害人因残疾不能恢复生活自理能力的，可以根据其年龄、健康状况等因素确定合理的护理期限，但最长不超过二十年。

受害人定残后的护理，应当根据其护理依赖程度并结合配制残疾辅助器具的情况确定护理级别。

第九条 交通费根据受害人及其必要的陪护人员因就医或者转院治疗实际发生的费用计算。交通费应当以正式票据为凭；有关凭据应当与就医地点、时间、人数、次数相符合。

第十条 住院伙食补助费可以参照当地国家机关一般工作人员的出差伙食补助标准予以确定。

受害人确有必要到外地治疗，因客观原因不能住院，受害人本人及其陪护人员实际发生的住宿费和伙食费，其合理部分应予赔偿。

第十一条 营养费根据受害人伤残情况参照医疗机构的意见确定。

第十二条 残疾赔偿金根据受害人丧失劳动能力程度或者伤残等级，按照受诉法院所在地上一年度城镇居民人均可支配收入或者农村居民人均纯收入标准，自定残之日起按二十年计算。但六十周岁以上的，年龄每增加一岁减少一年；七十五周岁以上的，按五年计算。

受害人因伤致残但实际收入没有减少，或者伤残等级较轻但造成职业妨害严重影响其劳动就业的，可以对残疾赔偿金作相应调整。

第十三条 残疾辅助器具费按照普通适用器具的合理费用标准计算。伤情有特殊需要的，可以参照辅助器具配制机构的意见确定相应的合理费用标准。

辅助器具的更换周期和赔偿期限参照配制机构的意见确定。

第十四条 丧葬费按照受诉法院所在地上一年度职工月平均工资标准，以六个月总额计算。

第十五条 死亡赔偿金按照受诉法院所在地上一年度城镇居民人均可支配收入或者农村居民人均纯收入标准，按二十年计算。但六十周岁以上的，年龄每增加一岁减少一年；七十五周岁以上的，按五年计算。

第十六条 被扶养人生活费计入残疾赔偿金或者死亡赔偿金。

第十七条 被扶养人生活费根据扶养人丧失劳动能力程度，按照受诉法院所在地上一年度城镇居民人均消费性支出和农村居民人均年生活消费支出标准计算。被扶养人为未成年人的，计算至十八周岁；被扶养人无劳动能力又无其他生活来源的，计算二十年。但六十周岁以上的，年龄每增加一岁减少一年；七十五周岁以上的，按五年计算。

被扶养人是指受害人依法应当承担扶养义务的未成年人或者丧失劳动能力又无其他生活来源的成年近亲属。被扶养人还有其他扶养人的，赔偿义务人只赔偿受害人依法应当负担的部分。被扶养人有数人的，年赔偿总额累计不超过上一年度城镇居民人均消费性支出额或者农村居民人均年生活消费支出额。

第十八条 赔偿权利人举证证明其住所地或者经常居住地城镇居民人均可支配收入或者农村居民人均纯收入高于受诉法院所在地标准的，残疾赔偿金或者死亡赔偿金可以按照其住所地或者经常居住地的相关标准计算。

被扶养人生活费的相关计算标准，依照前款原则确定。

第十九条 超过确定的护理期限、辅助器具费给付年限或者残疾赔偿金给付年限，赔偿权利人向人民法院起诉请求继续给付护理费、辅助器具费或者残疾赔偿金的，人民法院应予受理。赔偿权利人确需继续护理、配制辅助器具，或者没有劳动能力和生活来源的，人民法院应当判令赔偿义务人继续给付相关费用五至十年。

第二十条 赔偿义务人请求以定期金方式给付残疾赔偿金、辅助器具费的，应当提供相应的担保。人民法院可以根据赔偿义务人的给付能力和提供担保的情况，确定以定期金方式给付相关费用。但是，一审法庭辩论终结前已经发生的费用、死亡赔偿金以及精神损害抚慰金，应当一次性给付。

第二十一条 人民法院应当在法律文书中明确定期金的给付时间、方式以及每期给付标准。执行期间有关统计数据发生变化的，给付金额应当适时进行相应调整。

定期金按照赔偿权利人的实际生存年限给付，不受本解释有关赔偿期限的限制。

第二十二条 本解释所称“城镇居民人均可支配收入”“农村居民人均纯收入”“城镇居民人均消费性支出”“农村居民人均年生活消费支出”“职工平均工资”，按照政府统计部门公布的各省、自治区、直辖市以及经济特区和计划单列市上一年度相关统计数据确定。

“上一年度”，是指一审法庭辩论终结时的上一统计年度。

第二十三条 精神损害抚慰金适用《最高人民法院关于确定民事侵权精神损害赔偿责任若干问题的解释》予以确定。

《最高人民法院关于确定民事侵权精神损害赔偿责任若干问题的解释》

（法释〔2003〕20号 2020年12月23日修正）

第一条 因人身权益或者具有人身意义的特定物受到侵害，自然人或者其近亲属向人民法院提起诉讼请求精神损害赔偿的，人民法院应当依法予以受理。

第二条 非法使被监护人脱离监护，导致亲子关系或者近亲属间的亲属关系遭受严重损害，监护人向人民法院起诉请求赔偿精神损害的，人民法院应当依法予以受理。

第三条 死者的姓名、肖像、名誉、荣誉、隐私、遗体、遗骨等受到侵害，其近亲属向人民法院提起诉讼请求精神损害赔偿的，人民法院应当依法予以支持。

第四条 法人或者非法人组织以名誉权、荣誉权、名称权遭受侵害为由，向人民法院起诉请求精神损害赔偿的，人民法院不予支持。

第五条 精神损害的赔偿数额根据以下因素确定：

（一）侵权人的过错程度，但是法律另有规定的除外；

（二）侵权行为的目的、方式、场合等具体情节；

（三）侵权行为所造成的后果；

（四）侵权人的获利情况；

（五）侵权人承担责任的经济能力；

（六）受理诉讼法院所在地的平均生活水平。

2. 姓名权纠纷

法律条文及规范索引

《中华人民共和国民法典》（2021年1月1日施行）

第一百一十条　自然人享有生命权、身体权、健康权、姓名权、肖像权、名誉权、荣誉权、隐私权、婚姻自主权等权利。

法人、非法人组织享有名称权、名誉权和荣誉权。

第一百一十二条　自然人因婚姻家庭关系等产生的人身权利受法律保护。

第一百八十五条　侵害英雄烈士等的姓名、肖像、名誉、荣誉，损害社会公共利益的，应当承担民事责任。

第九百九十三条　民事主体可以将自己的姓名、名称、肖像等许可他人使用，但是依照法律规定或者根据其性质不得许可的除外。

第九百九十四条　死者的姓名、肖像、名誉、荣誉、隐私、遗体等受到侵害的，其配偶、子女、父母有权依法请求行为人承担民事责任；死者没有配偶、子女且父母已经死亡的，其他近亲属有权依法请求行为人承担民事责任。

第九百九十五条　人格权受到侵害的，受害人有权依照本法和其他法律的规定请求行为人承担民事责任。受害人的停止侵害、排除妨碍、消除危险、消除影响、恢复名誉、赔礼道歉请求权，不适用诉讼时效的规定。

第九百九十九条　为公共利益实施新闻报道、舆论监督等行为的，可以合理使用民事主体的姓名、名称、肖像、个人信息等；使用不合理侵害民事主体人格权的，应当依法承担民事责任。

第一千零一十二条 自然人享有姓名权，有权依法决定、使用、变更或者许可他人使用自己的姓名，但是不得违背公序良俗。

第一千零一十三条 法人、非法人组织享有名称权，有权依法决定、使用、变更、转让或者许可他人使用自己的名称。

第一千零一十四条 任何组织或者个人不得以干涉、盗用、假冒等方式侵害他人的姓名权或者名称权。

第一千零一十五条 自然人应当随父姓或者母姓，但是有下列情形之一的，可以在父姓和母姓之外选取姓氏：

（一）选取其他直系长辈血亲的姓氏；

（二）因由法定扶养人以外的人扶养而选取扶养人姓氏；

（三）有不违背公序良俗的其他正当理由。

少数民族自然人的姓氏可以遵从本民族的文化传统和风俗习惯。

第一千零一十七条 具有一定社会知名度，被他人使用足以造成公众混淆的笔名、艺名、网名、译名、字号、姓名和名称的简称等，参照适用姓名权和名称权保护的有关规定。

第一千零二十三条 对姓名等的许可使用，参照适用肖像许可使用的有关规定。

对自然人声音的保护，参照适用肖像权保护的有关规定。

第一千零五十六条 夫妻双方都有各自使用自己姓名的权利。

《中华人民共和国英雄烈士保护法》（2018 年 5 月 1 日施行）

第二十二条 禁止歪曲、丑化、亵渎、否定英雄烈士事迹和精神。

英雄烈士的姓名、肖像、名誉、荣誉受法律保护。任何组织和个人不得在公共场所、互联网或者利用广播电视、电影、出版物等，以侮辱、诽谤或者其他方式侵害英雄烈士的姓名、肖像、名誉、荣誉。任何组织和个人不得将英雄烈士的姓名、肖像用于或者变相用于商标、商业广告，损害英雄烈士的名誉、荣誉。

公安、文化、新闻出版、广播电视、电影、网信、市场监督管理、负责英雄烈士保护工作的部门发现前款规定行为的，应当依法及时处理。

第二十三条 网信和电信、公安等有关部门在对网络信息进行依法监督管理工作中，发现发布或者传输以侮辱、诽谤或者其他方式侵害英雄烈士的姓名、肖像、名誉、荣誉的信息的，应当要求网络运营者停止传输，采取消除等处置措施和其他必要措施；对来源于中华人民共和国境外的上述信息，应当通知有关机构采取技术措施和其他必要措施阻断传播。

网络运营者发现其用户发布前款规定的信息的，应当立即停止传输该信息，采取消除等处置措施，防止信息扩散，保存有关记录，并向有关主管部门报告。网络运营者未采取停止传输、消除等处置措施的，依照《中华人民共和国网络安全法》的规定处罚。

第二十四条　任何组织和个人有权对侵害英雄烈士合法权益和其他违反本法规定的行为，向负责英雄烈士保护工作的部门、网信、公安等有关部门举报，接到举报的部门应当依法及时处理。

第二十五条　对侵害英雄烈士的姓名、肖像、名誉、荣誉的行为，英雄烈士的近亲属可以依法向人民法院提起诉讼。

英雄烈士没有近亲属或者近亲属不提起诉讼的，检察机关依法对侵害英雄烈士的姓名、肖像、名誉、荣誉，损害社会公共利益的行为向人民法院提起诉讼。

负责英雄烈士保护工作的部门和其他有关部门在履行职责过程中发现第一款规定的行为，需要检察机关提起诉讼的，应当向检察机关报告。

英雄烈士近亲属依照第一款规定提起诉讼的，法律援助机构应当依法提供法律援助服务。

第二十六条　以侮辱、诽谤或者其他方式侵害英雄烈士的姓名、肖像、名誉、荣誉，损害社会公共利益的，依法承担民事责任；构成违反治安管理行为的，由公安机关依法给予治安管理处罚；构成犯罪的，依法追究刑事责任。

《最高人民法院关于审理利用信息网络侵害人身权益民事纠纷案件适用法律若干问题的规定》（法释〔2014〕11号　2020年12月23日修正）

第一条　本规定所称的利用信息网络侵害人身权益民事纠纷案件，是指利用信息网络侵害他人姓名权、名称权、名誉权、荣誉权、肖像权、隐私权等人身权益引起的纠纷案件。

第二条　原告依据民法典第一千一百九十五条、第一千一百九十七条的规定起诉网络用户或者网络服务提供者的，人民法院应予受理。

原告仅起诉网络用户，网络用户请求追加涉嫌侵权的网络服务提供者为共同被告或者第三人的，人民法院应予准许。

原告仅起诉网络服务提供者，网络服务提供者请求追加可以确定的网络用户为共同被告或者第三人的，人民法院应予准许。

第三条 原告起诉网络服务提供者，网络服务提供者以涉嫌侵权的信息系网络用户发布为由抗辩的，人民法院可以根据原告的请求及案件的具体情况，责令网络服务提供者向人民法院提供能够确定涉嫌侵权的网络用户的姓名（名称）、联系方式、网络地址等信息。

网络服务提供者无正当理由拒不提供的，人民法院可以依据民事诉讼法第一百一十四条的规定对网络服务提供者采取处罚等措施。

原告根据网络服务提供者提供的信息请求追加网络用户为被告的，人民法院应予准许。

3. 名称权纠纷

法律条文及规范索引

《中华人民共和国民法典》（2021年1月1日施行）

第一千零一十三条 法人、非法人组织享有名称权，有权依法决定、使用、变更、转让或者许可他人使用自己的名称。

第一千零一十四条 任何组织或者个人不得以干涉、盗用、假冒等方式侵害他人的姓名权或者名称权。

第一千零一十六条 自然人决定、变更姓名，或者法人、非法人组织决定、变更、转让名称的，应当依法向有关机关办理登记手续，但是法律另有规定的除外。

民事主体变更姓名、名称的，变更前实施的民事法律行为对其具有法律约束力。

第一千零一十七条 具有一定社会知名度，被他人使用足以造成公众混淆的笔名、艺名、网名、译名、字号、姓名和名称的简称等，参照适用姓名权和名称权保护的有关规定。

4. 肖像权纠纷

法律条文及规范索引

《中华人民共和国民法典》（2021 年 1 月 1 日施行）

第一百一十条第一款　自然人享有生命权、身体权、健康权、姓名权、肖像权、名誉权、荣誉权、隐私权、婚姻自主权等权利。

第一百八十五条　侵害英雄烈士等的姓名、肖像、名誉、荣誉，损害社会公共利益的，应当承担民事责任。

第九百九十三条　民事主体可以将自己的姓名、名称、肖像等许可他人使用，但是依照法律规定或者根据其性质不得许可的除外。

第九百九十四条　死者的姓名、肖像、名誉、荣誉、隐私、遗体等受到侵害的，其配偶、子女、父母有权依法请求行为人承担民事责任；死者没有配偶、子女且父母已经死亡的，其他近亲属有权依法请求行为人承担民事责任。

第九百九十五条　人格权受到侵害的，受害人有权依照本法和其他法律的规定请求行为人承担民事责任。受害人的停止侵害、排除妨碍、消除危险、消除影响、恢复名誉、赔礼道歉请求权，不适用诉讼时效的规定。

第九百九十九条　为公共利益实施新闻报道、舆论监督等行为的，可以合理使用民事主体的姓名、名称、肖像、个人信息等；使用不合理侵害民事主体人格权的，应当依法承担民事责任。

第一千条　行为人因侵害人格权承担消除影响、恢复名誉、赔礼道歉等民事责任的，应当与行为的具体方式和造成的影响范围相当。

行为人拒不承担前款规定的民事责任的，人民法院可以采取在报刊、网络等媒体上发布公告或者公布生效裁判文书等方式执行，产生的费用由行为人负担。

第一千零一十八条　自然人享有肖像权，有权依法制作、使用、公开或者许可他人使用自己的肖像。

肖像是通过影像、雕塑、绘画等方式在一定载体上所反映的特定自然人可以被识别的外部形象。

第一千零一十九条　任何组织或者个人不得以丑化、污损，或者利用信息技术手段伪造等方式侵害他人的肖像权。未经肖像权人同意，不得制作、使用、公开肖像权人的肖像，但是法律另有规定的除外。

未经肖像权人同意，肖像作品权利人不得以发表、复制、发行、出租、展览等方式使用或者公开肖像权人的肖像。

第一千零二十条　合理实施下列行为的，可以不经肖像权人同意：

（一）为个人学习、艺术欣赏、课堂教学或者科学研究，在必要范围内使用肖像权人已经公开的肖像；

（二）为实施新闻报道，不可避免地制作、使用、公开肖像权人的肖像；

（三）为依法履行职责，国家机关在必要范围内制作、使用、公开肖像权人的肖像；

（四）为展示特定公共环境，不可避免地制作、使用、公开肖像权人的肖像；

（五）为维护公共利益或者肖像权人合法权益，制作、使用、公开肖像权人的肖像的其他行为。

第一千零二十一条　当事人对肖像许可使用合同中关于肖像使用条款的理解有争议的，应当作出有利于肖像权人的解释。

第一千零二十二条　当事人对肖像许可使用期限没有约定或者约定不明确的，任何一方当事人可以随时解除肖像许可使用合同，但是应当在合理期限之前通知对方。

当事人对肖像许可使用期限有明确约定，肖像权人有正当理由的，可以解除肖像许可使用合同，但是应当在合理期限之前通知对方。因解除合同造成对方损失的，除不可归责于肖像权人的事由外，应当赔偿损失。

《中华人民共和国英雄烈士保护法》（2018 年 5 月 1 日施行）

第二十二条～第二十六条，见本书第 10 页。

《最高人民法院关于确定民事侵权精神损害赔偿责任若干问题的解释》（法释〔2003〕20 号　2020 年 12 月 23 日修正）

第一条～第五条，见本书第 8 页。

《最高人民法院关于审理利用信息网络侵害人身权益民事纠纷案件适用法律若干问题的规定》（法释〔2014〕11 号　2020 年 12 月 23 日修正）

第一条～第三条，见本书第 11 页。

5. 声音保护纠纷

法律条文及规范索引

《中华人民共和国民法典》（2021年1月1日施行）

第一千零二十三条　对姓名等的许可使用，参照适用肖像许可使用的有关规定。

对自然人声音的保护，参照适用肖像权保护的有关规定。

6. 名誉权纠纷

法律条文及规范索引

《中华人民共和国民法典》（2021年1月1日施行）

第一百一十条第一款　自然人享有生命权、身体权、健康权、姓名权、肖像权、名誉权、荣誉权、隐私权、婚姻自主权等权利。

第一百八十五条　侵害英雄烈士等的姓名、肖像、名誉、荣誉，损害社会公共利益的，应当承担民事责任。

第九百九十四条　死者的姓名、肖像、名誉、荣誉、隐私、遗体等受到侵害的，其配偶、子女、父母有权依法请求行为人承担民事责任；死者没有配偶、子女且父母已经死亡的，其他近亲属有权依法请求行为人承担民事责任。

第九百九十五条　人格权受到侵害的，受害人有权依照本法和其他法律的规定请求行为人承担民事责任。受害人的停止侵害、排除妨碍、消除危险、消除影响、恢复名誉、赔礼道歉请求权，不适用诉讼时效的规定。

第一千零二十九条　民事主体可以依法查询自己的信用评价；发现信用评价不当的，有权提出异议并请求采取更正、删除等必要措施。信用评价人应当及时核查，经核查属实的，应当及时采取必要措施。

第一千零二十四条　民事主体享有名誉权。任何组织或者个人不得以侮辱、诽谤等方式侵害他人的名誉权。

名誉是对民事主体的品德、声望、才能、信用等的社会评价。

第一千零二十五条 行为人为公共利益实施新闻报道、舆论监督等行为，影响他人名誉的，不承担民事责任，但是有下列情形之一的除外：

（一）捏造、歪曲事实；

（二）对他人提供的严重失实内容未尽到合理核实义务；

（三）使用侮辱性言辞等贬损他人名誉。

第一千零二十六条 认定行为人是否尽到前条第二项规定的合理核实义务，应当考虑下列因素：

（一）内容来源的可信度；

（二）对明显可能引发争议的内容是否进行了必要的调查；

（三）内容的时限性；

（四）内容与公序良俗的关联性；

（五）受害人名誉受贬损的可能性；

（六）核实能力和核实成本。

第一千零二十七条 行为人发表的文学、艺术作品以真人真事或者特定人为描述对象，含有侮辱、诽谤内容，侵害他人名誉权的，受害人有权依法请求该行为人承担民事责任。

行为人发表的文学、艺术作品不以特定人为描述对象，仅其中的情节与该特定人的情况相似的，不承担民事责任。

第一千零二十八条 民事主体有证据证明报刊、网络等媒体报道的内容失实，侵害其名誉权的，有权请求该媒体及时采取更正或者删除等必要措施。

第一千零二十九条 民事主体可以依法查询自己的信用评价；发现信用评价不当的，有权提出异议并请求采取更正、删除等必要措施。信用评价人应当及时核查，经核查属实的，应当及时采取必要措施。

第一千零三十条 民事主体与征信机构等信用信息处理者之间的关系，适用本编有关个人信息保护的规定和其他法律、行政法规的有关规定。

《中华人民共和国英雄烈士保护法》（2018年5月1日施行）

第二十二条～第二十六条，见本书第10页。

《最高人民法院关于确定民事侵权精神损害赔偿责任若干问题的解释》（法释〔2003〕20号　2020年12月23日修正）

第一条～第五条，见本书第8页。

《最高人民法院关于审理利用信息网络侵害人身权益民事纠纷案件适用法律若干问题的规定》（法释〔2014〕11号　2020年12月23日修正）

第一条～第三条，见本书第11页。

7. 荣誉权纠纷

法律条文及规范索引

《中华人民共和国民法典》（2021年1月1日施行）

第一百一十条第一款　自然人享有生命权、身体权、健康权、姓名权、肖像权、名誉权、荣誉权、隐私权、婚姻自主权等权利。

第一百八十五条　侵害英雄烈士等的姓名、肖像、名誉、荣誉，损害社会公共利益的，应当承担民事责任。

第九百九十四条　死者的姓名、肖像、名誉、荣誉、隐私、遗体等受到侵害的，其配偶、子女、父母有权依法请求行为人承担民事责任；死者没有配偶、子女且父母已经死亡的，其他近亲属有权依法请求行为人承担民事责任。

第九百九十五条　人格权受到侵害的，受害人有权依照本法和其他法律的规定请求行为人承担民事责任。受害人的停止侵害、排除妨碍、消除危险、消除影响、恢复名誉、赔礼道歉请求权，不适用诉讼时效的规定。

第一千零三十一条　民事主体享有荣誉权。任何组织或者个人不得非法剥夺他人的荣誉称号，不得诋毁、贬损他人的荣誉。

获得的荣誉称号应当记载而没有记载的，民事主体可以请求记载；获得的荣誉称号记载错误的，民事主体可以请求更正。

《中华人民共和国英雄烈士保护法》（2018年5月1日施行）

第二十二条～第二十六条，见本书第10页。

《中华人民共和国国家勋章和国家荣誉称号法》（2016年1月1日施行）

第十七条　国家勋章和国家荣誉称号获得者，应当珍视并保持国家给予的荣誉，模范地遵守宪法和法律，努力为人民服务，自觉维护国家勋章和国家荣誉称号的声誉。

第十八条 国家勋章和国家荣誉称号获得者因犯罪被依法判处刑罚或者有其他严重违法、违纪等行为，继续享有国家勋章、国家荣誉称号将会严重损害国家最高荣誉的声誉的，由全国人民代表大会常务委员会决定撤销其国家勋章、国家荣誉称号并予以公告。

《最高人民法院关于确定民事侵权精神损害赔偿责任若干问题的解释》（法释〔2003〕20号 2020年12月23日修正）

第一条～第五条，见本书第8页。

《最高人民法院关于审理利用信息网络侵害人身权益民事纠纷案件适用法律若干问题的规定》（法释〔2014〕11号 2020年12月23日修正）

第一条～第三条，见本书第11页。

8. 隐私权、个人信息保护纠纷

（1）隐私权纠纷

法律条文及规范索引

《中华人民共和国民法典》（2021年1月1日施行）

第一百一十条第一款 自然人享有生命权、身体权、健康权、姓名权、肖像权、名誉权、荣誉权、隐私权、婚姻自主权等权利。

第九百九十四条 死者的姓名、肖像、名誉、荣誉、隐私、遗体等受到侵害的，其配偶、子女、父母有权依法请求行为人承担民事责任；死者没有配偶、子女且父母已经死亡的，其他近亲属有权依法请求行为人承担民事责任。

第九百九十五条 人格权受到侵害的，受害人有权依照本法和其他法律的规定请求行为人承担民事责任。受害人的停止侵害、排除妨碍、消除危险、消除影响、恢复名誉、赔礼道歉请求权，不适用诉讼时效的规定。

第一千零三十二条 自然人享有隐私权。任何组织或者个人不得以刺探、侵扰、泄露、公开等方式侵害他人的隐私权。

隐私是自然人的私人生活安宁和不愿为他人知晓的私密空间、私密活动、私密信息。

第一千零三十三条 除法律另有规定或者权利人明确同意外，任何组织或者个人不得实施下列行为：

（一）以电话、短信、即时通讯工具、电子邮件、传单等方式侵扰他人的私人生活安宁；

（二）进入、拍摄、窥视他人的住宅、宾馆房间等私密空间；

（三）拍摄、窥视、窃听、公开他人的私密活动；

（四）拍摄、窥视他人身体的私密部位；

（五）处理他人的私密信息；

（六）以其他方式侵害他人的隐私权。

第一千零三十四条 自然人的个人信息受法律保护。

个人信息是以电子或者其他方式记录的能够单独或者与其他信息结合识别特定自然人的各种信息，包括自然人的姓名、出生日期、身份证件号码、生物识别信息、住址、电话号码、电子邮箱、健康信息、行踪信息等。

个人信息中的私密信息，适用有关隐私权的规定；没有规定的，适用有关个人信息保护的规定。

第一千零三十六条 处理个人信息，有下列情形之一的，行为人不承担民事责任：

（一）在该自然人或者其监护人同意的范围内合理实施的行为；

（二）合理处理该自然人自行公开的或者其他已经合法公开的信息，但是该自然人明确拒绝或者处理该信息侵害其重大利益的除外；

（三）为维护公共利益或者该自然人合法权益，合理实施的其他行为。

《中华人民共和国基本医疗卫生与健康促进法》（2020 年 6 月 1 日施行）

第三十三条第一款 公民接受医疗卫生服务，应当受到尊重。医疗卫生机构、医疗卫生人员应当关心爱护、平等对待患者，尊重患者人格尊严，保护患者隐私。

《中华人民共和国妇女权益保障法》（2018 年 10 月 26 日修正）

第四十二条第一款 妇女的名誉权、荣誉权、隐私权、肖像权等人格权受法律保护。

《中华人民共和国未成年人保护法》（2020 年 10 月 17 日修订）

第四条 保护未成年人，应当坚持最有利于未成年人的原则。处理涉及未成年人事项，应当符合下列要求：

（一）给予未成年人特殊、优先保护；

（二）尊重未成年人人格尊严；

（三）保护未成年人隐私权和个人信息；

（四）适应未成年人身心健康发展的规律和特点；

（五）听取未成年人的意见；

（六）保护与教育相结合。

第四十九条　新闻媒体应当加强未成年人保护方面的宣传，对侵犯未成年人合法权益的行为进行舆论监督。新闻媒体采访报道涉及未成年人事件应当客观、审慎和适度，不得侵犯未成年人的名誉、隐私和其他合法权益。

第六十三条　任何组织或者个人不得隐匿、毁弃、非法删除未成年人的信件、日记、电子邮件或者其他网络通讯内容。

除下列情形外，任何组织或者个人不得开拆、查阅未成年人的信件、日记、电子邮件或者其他网络通讯内容：

（一）无民事行为能力未成年人的父母或者其他监护人代未成年人开拆、查阅；

（二）因国家安全或者追查刑事犯罪依法进行检查；

（三）紧急情况下为了保护未成年人本人的人身安全。

第一百一十条　公安机关、人民检察院、人民法院讯问未成年犯罪嫌疑人、被告人，询问未成年被害人、证人，应当依法通知其法定代理人或者其成年亲属、所在学校的代表等合适成年人到场，并采取适当方式，在适当场所进行，保障未成年人的名誉权、隐私权和其他合法权益。

人民法院开庭审理涉及未成年人案件，未成年被害人、证人一般不出庭作证；必须出庭的，应当采取保护其隐私的技术手段和心理干预等保护措施。

《最高人民法院关于确定民事侵权精神损害赔偿责任若干问题的解释》（法释〔2003〕20号　2020年12月23日修正）

第一条～第五条，见本书第8页。

《最高人民法院关于审理利用信息网络侵害人身权益民事纠纷案件适用法律若干问题的规定》（法释〔2014〕11号　2020年12月23日修正）

第一条～第三条，见本书第11页。

（2）个人信息保护纠纷

法律条文及规范索引

《中华人民共和国民法典》（2021年1月1日施行）

第一千零三十四条　自然人的个人信息受法律保护。

个人信息是以电子或者其他方式记录的能够单独或者与其他信息结合识别特定自然人的各种信息，包括自然人的姓名、出生日期、身份证件号码、生物识别信息、住址、电话号码、电子邮箱、健康信息、行踪信息等。

个人信息中的私密信息，适用有关隐私权的规定；没有规定的，适用有关个人信息保护的规定。

第一千零三十五条　处理个人信息的，应当遵循合法、正当、必要原则，不得过度处理，并符合下列条件：

（一）征得该自然人或者其监护人同意，但是法律、行政法规另有规定的除外；

（二）公开处理信息的规则；

（三）明示处理信息的目的、方式和范围；

（四）不违反法律、行政法规的规定和双方的约定。

个人信息的处理包括个人信息的收集、存储、使用、加工、传输、提供、公开等。

第一千零三十六条　处理个人信息，有下列情形之一的，行为人不承担民事责任：

（一）在该自然人或者其监护人同意的范围内合理实施的行为；

（二）合理处理该自然人自行公开的或者其他已经合法公开的信息，但是该自然人明确拒绝或者处理该信息侵害其重大利益的除外；

（三）为维护公共利益或者该自然人合法权益，合理实施的其他行为。

第一千零三十七条　自然人可以依法向信息处理者查阅或者复制其个人信息；发现信息有错误的，有权提出异议并请求及时采取更正等必要措施。

自然人发现信息处理者违反法律、行政法规的规定或者双方的约定处理其个人信息的，有权请求信息处理者及时删除。

第一千零三十八条　信息处理者不得泄露或者篡改其收集、存储的个人信息；未经自然人同意，不得向他人非法提供其个人信息，但是经过加工无法识别特定个人且不能复原的除外。

信息处理者应当采取技术措施和其他必要措施，确保其收集、存储的个人信息安全，防止信息泄露、篡改、丢失；发生或者可能发生个人信息泄露、篡改、丢失的，应当及时采取补救措施，按照规定告知自然人并向有关主管部门报告。

第一千零三十九条　国家机关、承担行政职能的法定机构及其工作人员对于履行职责过程中知悉的自然人的隐私和个人信息，应当予以保密，不得泄露或者向他人非法提供。

《中华人民共和国基本医疗卫生与健康促进法》（2020年6月1日施行）

第九十二条　国家保护公民个人健康信息，确保公民个人健康信息安全。任何组织或者个人不得非法收集、使用、加工、传输公民个人健康信息，不得非法买卖、提供或者公开公民个人健康信息。

《最高人民法院关于审理使用人脸识别技术处理个人信息相关民事案件适用法律若干问题的规定》（法释〔2021〕15号　2021年6月8日）

为正确审理使用人脸识别技术处理个人信息相关民事案件，保护当事人合法权益，促进数字经济健康发展，根据《中华人民共和国民法典》《中华人民共和国网络安全法》《中华人民共和国消费者权益保护法》《中华人民共和国电子商务法》《中华人民共和国民事诉讼法》等法律的规定，结合审判实践，制定本规定。

第一条　因信息处理者违反法律、行政法规的规定或者双方的约定使用人脸识别技术处理人脸信息、处理基于人脸识别技术生成的人脸信息所引起的民事案件，适用本规定。

人脸信息的处理包括人脸信息的收集、存储、使用、加工、传输、提供、公开等。

本规定所称人脸信息属于民法典第一千零三十四条规定的“生物识别信息”。

第二条　信息处理者处理人脸信息有下列情形之一的，人民法院应当认定属于侵害自然人人格权益的行为：

（一）在宾馆、商场、银行、车站、机场、体育场馆、娱乐场所等经营场所、公共场所违反法律、行政法规的规定使用人脸识别技术进行人脸验证、辨识或者分析；

（二）未公开处理人脸信息的规则或者未明示处理的目的、方式、范围；

（三）基于个人同意处理人脸信息的，未征得自然人或者其监护人的单独同意，或者未按照法律、行政法规的规定征得自然人或者其监护人的书面同意；

（四）违反信息处理者明示或者双方约定的处理人脸信息的目的、方式、范围等；

（五）未采取应有的技术措施或者其他必要措施确保其收集、存储的人脸信息安全，致使人脸信息泄露、篡改、丢失；

（六）违反法律、行政法规的规定或者双方的约定，向他人提供人脸信息；

（七）违背公序良俗处理人脸信息；

（八）违反合法、正当、必要原则处理人脸信息的其他情形。

第三条 人民法院认定信息处理者承担侵害自然人人格权益的民事责任，应当适用民法典第九百九十八条的规定，并结合案件具体情况综合考量受害人是否为未成年人、告知同意情况以及信息处理的必要程度等因素。

第四条 有下列情形之一，信息处理者以已征得自然人或者其监护人同意为由抗辩的，人民法院不予支持：

（一）信息处理者要求自然人同意处理其人脸信息才提供产品或者服务的，但是处理人脸信息属于提供产品或者服务所必需的除外；

（二）信息处理者以与其他授权捆绑等方式要求自然人同意处理其人脸信息的；

（三）强迫或者变相强迫自然人同意处理其人脸信息的其他情形。

第五条 有下列情形之一，信息处理者主张其不承担民事责任的，人民法院依法予以支持：

（一）为应对突发公共卫生事件，或者紧急情况下为保护自然人的生命健康和财产安全所必需而处理人脸信息的；

（二）为维护公共安全，依据国家有关规定在公共场所使用人脸识别技术的；

（三）为公共利益实施新闻报道、舆论监督等行为在合理的范围内处理人脸信息的；

（四）在自然人或者其监护人同意的范围内合理处理人脸信息的；

（五）符合法律、行政法规规定的其他情形。

第六条 当事人请求信息处理者承担民事责任的，人民法院应当依据民事诉讼法第六十四条及《最高人民法院关于适用〈中华人民共和国民事诉讼法〉的解释》第九十条、第九十一条，《最高人民法院关于民事诉讼证据的若干规定》的相关规定确定双方当事人的举证责任。

信息处理者主张其行为符合民法典第一千零三十五条第一款规定情形的，应当就此所依据的事实承担举证责任。

信息处理者主张其不承担民事责任的，应当就其行为符合本规定第五条规定的情形承担举证责任。

第七条 多个信息处理者处理人脸信息侵害自然人人格权益，该自然人主张多个信息处理者按照过错程度和造成损害结果的大小承担侵权责任的，人民法院依法予以支持；符合民法典第一千一百六十八条、第一千一百六十九条第一款、第一千一百七十条、第一千一百七十一条等规定的相应情形，该自然人主张多个信息处理者承担连带责任的，人民法院依法予以支持。

信息处理者利用网络服务处理人脸信息侵害自然人人格权益的，适用民法典第一千一百九十五条、第一千一百九十六条、第一千一百九十七条等规定。

第八条 信息处理者处理人脸信息侵害自然人人格权益造成财产损失，该自然人依据民法典第一千一百八十二条主张财产损害赔偿的，人民法院依法予以支持。

自然人为制止侵权行为所支付的合理开支，可以认定为民法典第一千一百八十二条规定的财产损失。合理开支包括该自然人或者委托代理人对侵权行为进行调查、取证的合理费用。人民法院根据当事人的请求和具体案情，可以将合理的律师费用计算在赔偿范围内。

第九条 自然人有证据证明信息处理者使用人脸识别技术正在实施或者即将实施侵害其隐私权或者其他人格权益的行为，不及时制止将使其合法权益受到难以弥补的损害，向人民法院申请采取责令信息处理者停止有关行为的措施的，人民法院可以根据案件具体情况依法作出人格权侵害禁令。

第十条 物业服务企业或者其他建筑物管理人以人脸识别作为业主或者物业使用人出入物业服务区域的唯一验证方式，不同意的业主或者物业使用人请求其提供其他合理验证方式的，人民法院依法予以支持。

物业服务企业或者其他建筑物管理人存在本规定第二条规定的情形，当事人请求物业服务企业或者其他建筑物管理人承担侵权责任的，人民法院依法予以支持。

第十一条 信息处理者采用格式条款与自然人订立合同，要求自然人授予其无期限限制、不可撤销、可任意转授权等处理人脸信息的权利，该自然人依据民法典第四百九十七条请求确认格式条款无效的，人民法院依法予以支持。

第十二条 信息处理者违反约定处理自然人的人脸信息，该自然人请求其承担违约责任的，人民法院依法予以支持。该自然人请求信息处理者承担违约责任时，请求删除人脸信息的，人民法院依法予以支持；信息处理者以双方未对人脸信息的删除作出约定为由抗辩的，人民法院不予支持。

第十三条 基于同一信息处理者处理人脸信息侵害自然人人格权益发生的纠纷，多个受害人分别向同一人民法院起诉的，经当事人同意，人民法院可以合并审理。

第十四条 信息处理者处理人脸信息的行为符合民事诉讼法第五十五条、消费者权益保护法第四十七条或者其他法律关于民事公益诉讼的相关规定，法律规定的机关和有关组织提起民事公益诉讼的，人民法院应予受理。

第十五条 自然人死亡后，信息处理者违反法律、行政法规的规定或者双方的约定处理人脸信息，死者的近亲属依据民法典第九百九十四条请求信息处理者承担民事责任的，适用本规定。

第十六条 本规定自2021年8月1日起施行。

信息处理者使用人脸识别技术处理人脸信息、处理基于人脸识别技术生成的人脸信息的行为发生在本规定施行前的，不适用本规定。

《中华人民共和国网络安全法》（2017年6月1日施行）

第四十一条 网络运营者收集、使用个人信息，应当遵循合法、正当、必要的原则，公开收集、使用规则，明示收集、使用信息的目的、方式和范围，并经被收集者同意。

网络运营者不得收集与其提供的服务无关的个人信息，不得违反法律、行政法规的规定和双方的约定收集、使用个人信息，并应当依照法律、行政法规的规定和与用户的约定，处理其保存的个人信息。

第四十二条 网络运营者不得泄露、篡改、毁损其收集的个人信息；未经被收集者同意，不得向他人提供个人信息。但是，经过处理无法识别特定个人且不能复原的除外。

网络运营者应当采取技术措施和其他必要措施，确保其收集的个人信息安全，防止信息泄露、毁损、丢失。在发生或者可能发生个人信息泄露、毁损、丢失的情况时，应当立即采取补救措施，按照规定及时告知用户并向有关主管部门报告。

第四十三条 个人发现网络运营者违反法律、行政法规的规定或者双方的约定收集、使用其个人信息的，有权要求网络运营者删除其个人信息；发现网络运营者收集、存储的其个人信息有错误的，有权要求网络运营者予以更正。网络运营者应当采取措施予以删除或者更正。

第四十四条 任何个人和组织不得窃取或者以其他非法方式获取个人信息，不得非法出售或者非法向他人提供个人信息。

第四十五条 依法负有网络安全监督管理职责的部门及其工作人员，必须对在履行职责中知悉的个人信息、隐私和商业秘密严格保密，不得泄露、出售或者非法向他人提供。

《最高人民法院关于审理利用信息网络侵害人身权益民事纠纷案件适用法律若干问题的规定》（法释〔2014〕11号 2020年12月23日修正）

第七条 人民法院认定网络用户或者网络服务提供者转载网络信息行为的过错及其程度，应当综合以下因素：

（一）转载主体所承担的与其性质、影响范围相适应的注意义务；

（二）所转载信息侵害他人人身权益的明显程度；

（三）对所转载信息是否作出实质性修改，是否添加或者修改文章标题，导致其与内容严重不符以及误导公众的可能性。

第九条 网络用户或者网络服务提供者，根据国家机关依职权制作的文书和公开实施的职权行为等信息来源所发布的信息，有下列情形之一，侵害他人人身权益，被侵权人请求侵权人承担侵权责任的，人民法院应予支持：

（一）网络用户或者网络服务提供者发布的信息与前述信息来源内容不符；

（二）网络用户或者网络服务提供者以添加侮辱性内容、诽谤性信息、不当标题或者通过增删信息、调整结构、改变顺序等方式致人误解；

（三）前述信息来源已被公开更正，但网络用户拒绝更正或者网络服务提供者不予更正；

（四）前述信息来源已被公开更正，网络用户或者网络服务提供者仍然发布更正之前的信息。

9. 婚姻自主权纠纷

法律条文及规范索引

《中华人民共和国民法典》（2021年1月1日施行）

第一百一十条第一款　自然人享有生命权、身体权、健康权、姓名权、肖像权、名誉权、荣誉权、隐私权、婚姻自主权等权利。

第一百一十二条　自然人因婚姻家庭关系等产生的人身权利受法律保护。

第九百九十五条　人格权受到侵害的，受害人有权依照本法和其他法律的规定请求行为人承担民事责任。受害人的停止侵害、排除妨碍、消除危险、消除影响、恢复名誉、赔礼道歉请求权，不适用诉讼时效的规定。

第一千零四十一条　婚姻家庭受国家保护。

实行婚姻自由、一夫一妻、男女平等的婚姻制度。

保护妇女、未成年人、老年人、残疾人的合法权益。

第一千零四十二条　禁止包办、买卖婚姻和其他干涉婚姻自由的行为。禁止借婚姻索取财物。

禁止重婚。禁止有配偶者与他人同居。

禁止家庭暴力。禁止家庭成员间的虐待和遗弃。

《中华人民共和国老年人权益保障法》（2018年12月29日修正）

第二十一条　老年人的婚姻自由受法律保护。子女或者其他亲属不得干涉老年人离婚、再婚及婚后的生活。

赡养人的赡养义务不因老年人的婚姻关系变化而消除。

第七十六条　干涉老年人婚姻自由，对老年人负有赡养义务、扶养义务而拒绝赡养、扶养，虐待老年人或者对老年人实施家庭暴力的，由有关单位给予批评教育；构成违反治安管理行为的，依法给予治安管理处罚；构成犯罪的，依法追究刑事责任。

《中华人民共和国妇女权益保障法》（2018年10月26日修正）

第四十三条　国家保障妇女享有与男子平等的婚姻家庭权利。

第四十四条　国家保护妇女的婚姻自主权。禁止干涉妇女的结婚、离婚自由。

10. 人身自由权纠纷

法律条文及规范索引

《中华人民共和国宪法》（2018 年 3 月 11 日修正）

第三十七条 中华人民共和国公民的人身自由不受侵犯。

任何公民，非经人民检察院批准或者决定或者人民法院决定，并由公安机关执行，不受逮捕。

禁止非法拘禁和以其他方法非法剥夺或者限制公民的人身自由，禁止非法搜查公民的身体。

《中华人民共和国民法典》（2021 年 1 月 1 日施行）

第一百零九条 自然人的人身自由、人格尊严受法律保护。

第九百九十条 人格权是民事主体享有的生命权、身体权、健康权、姓名权、名称权、肖像权、名誉权、荣誉权、隐私权等权利。

除前款规定的人格权外，自然人享有基于人身自由、人格尊严产生的其他人格权益。

第一千零一十一条 以非法拘禁等方式剥夺、限制他人的行动自由，或者非法搜查他人身体的，受害人有权依法请求行为人承担民事责任。

《中华人民共和国消费者权益保护法》（2013 年 10 月 25 日修正）

第二十七条 经营者不得对消费者进行侮辱、诽谤，不得搜查消费者的身体及其携带的物品，不得侵犯消费者的人身自由。

第五十条 经营者侵害消费者的人格尊严、侵犯消费者人身自由或者侵害消费者个人信息依法得到保护的权利的，应当停止侵害、恢复名誉、消除影响、赔礼道歉，并赔偿损失。

第五十一条 经营者有侮辱诽谤、搜查身体、侵犯人身自由等侵害消费者或者其他受害人人身权益的行为，造成严重精神损害的，受害人可以要求精神损害赔偿。

《最高人民法院关于确定民事侵权精神损害赔偿责任若干问题的解释》（法释〔2003〕20 号　2020 年 12 月 23 日修正）

第一条 因人身权益或者具有人身意义的特定物受到侵害，自然人或者其近亲属向人民法院提起诉讼请求精神损害赔偿的，人民法院应当依法予以受理。

第五条　精神损害的赔偿数额根据以下因素确定：

（一）侵权人的过错程度，但是法律另有规定的除外；

（二）侵权行为的目的、方式、场合等具体情节；

（三）侵权行为所造成的后果；

（四）侵权人的获利情况；

（五）侵权人承担责任的经济能力；

（六）受理诉讼法院所在地的平均生活水平。

11. 一般人格权纠纷

法律条文及规范索引

《中华人民共和国民法典》（2021年1月1日施行）

第一百零九条　自然人的人身自由、人格尊严受法律保护。

第一百一十二条　自然人因婚姻家庭关系等产生的人身权利受法律保护。

第九百九十五条　人格权受到侵害的，受害人有权依照本法和其他法律的规定请求行为人承担民事责任。受害人的停止侵害、排除妨碍、消除危险、消除影响、恢复名誉、赔礼道歉请求权，不适用诉讼时效的规定。

《最高人民法院关于确定民事侵权精神损害赔偿责任若干问题的解释》（法释〔2003〕20号　2020年12月23日修正）

第一条～第五条，见本书第8页。

（1）平等就业权纠纷

法律条文及规范索引

《中华人民共和国劳动法》（2018年12月29日修正）

第三条　劳动者享有平等就业和选择职业的权利、取得劳动报酬的权利、休息休假的权利、获得劳动安全卫生保护的权利、接受职业技能培训的权利、享受社会保险和福利的权利、提请劳动争议处理的权利以及法律规定的其他劳动权利。

劳动者应当完成劳动任务，提高职业技能，执行劳动安全卫生规程，遵守劳动纪律和职业道德。

《中华人民共和国就业促进法》（2015年4月24日修正）

第三条 劳动者依法享有平等就业和自主择业的权利。

劳动者就业，不因民族、种族、性别、宗教信仰等不同而受歧视。

第二十六条 用人单位招用人员、职业中介机构从事职业中介活动，应当向劳动者提供平等的就业机会和公平的就业条件，不得实施就业歧视。

第二十七条 国家保障妇女享有与男子平等的劳动权利。

用人单位招用人员，除国家规定的不适合妇女的工种或者岗位外，不得以性别为由拒绝录用妇女或者提高对妇女的录用标准。

用人单位录用女职工，不得在劳动合同中规定限制女职工结婚、生育的内容。

第二十八条 各民族劳动者享有平等的劳动权利。

用人单位招用人员，应当依法对少数民族劳动者给予适当照顾。

第三十一条 农村劳动者进城就业享有与城镇劳动者平等的劳动权利，不得对农村劳动者进城就业设置歧视性限制。

《中华人民共和国妇女权益保障法》（2018年10月26日修正）

第二十二条 国家保障妇女享有与男子平等的劳动权利和社会保障权利。

第二十三条 各单位在录用职工时，除不适合妇女的工种或者岗位外，不得以性别为由拒绝录用妇女或者提高对妇女的录用标准。

各单位在录用女职工时，应当依法与其签订劳动（聘用）合同或者服务协议，劳动（聘用）合同或者服务协议中不得规定限制女职工结婚、生育的内容。

禁止录用未满十六周岁的女性未成年人，国家另有规定的除外。

第二十四条 实行男女同工同酬。妇女在享受福利待遇方面享有与男子平等的权利。

第二十五条 在晋职、晋级、评定专业技术职务等方面，应当坚持男女平等的原则，不得歧视妇女。

第二十六条 任何单位均应根据妇女的特点，依法保护妇女在工作和劳动时的安全和健康，不得安排不适合妇女从事的工作和劳动。

妇女在经期、孕期、产期、哺乳期受特殊保护。

第二十七条 任何单位不得因结婚、怀孕、产假、哺乳等情形，降低女职工的工资，辞退女职工，单方解除劳动（聘用）合同或者服务协议。但是，女职工要求终止劳动（聘用）合同或者服务协议的除外。各单位在执行国家退休制度时，不得以性别为由歧视妇女。

第二部分

婚姻家庭、继承纠纷

二、婚姻家庭纠纷

婚姻家庭纠纷是指因婚姻家庭关系中的矛盾而引发的纠纷。除了包括婚姻、同居关系纠纷外，还包括了亲子关系和抚养、扶养、赡养、收养、监护、探望和分家析产等纠纷。此次案由修改中，在第二级案由“二、婚姻家庭纠纷”项下：增加“13. 婚内夫妻财产分割纠纷”“21. 亲子关系纠纷”。在新增加的第三级案由“21. 亲子关系纠纷”项下：增加“（1）确认亲子关系纠纷”“（2）否认亲子关系纠纷”。

12. 婚约财产纠纷

法律条文及规范索引

《中华人民共和国民法典》（2021 年 1 月 1 日施行）

第一千零四十二条　禁止包办、买卖婚姻和其他干涉婚姻自由的行为。禁止借婚姻索取财物。

禁止重婚。禁止有配偶者与他人同居。

禁止家庭暴力。禁止家庭成员间的虐待和遗弃。

《中华人民共和国未成年人保护法》（2020 年 10 月 17 日修订）

第十七条　未成年人的父母或者其他监护人不得实施下列行为：

……

《最高人民法院关于适用〈中华人民共和国民法典〉婚姻家庭编的解释（一）》（法释〔2020〕22 号　2020 年 12 月 29 日）

第五条　当事人请求返还按照习俗给付的彩礼的，如果查明属于以下情形，人民法院应当予以支持：

（一）双方未办理结婚登记手续；

（二）双方办理结婚登记手续但确未共同生活；

（三）婚前给付并导致给付人生活困难。

适用前款第二项、第三项的规定，应当以双方离婚为条件。

13. 婚内夫妻财产分割纠纷

法律条文及规范索引

《中华人民共和国民法典》（2021年1月1日施行）

第一千零六十六条 婚姻关系存续期间，有下列情形之一的，夫妻一方可以向人民法院请求分割共同财产：

（一）一方有隐藏、转移、变卖、毁损、挥霍夫妻共同财产或者伪造夫妻共同债务等严重损害夫妻共同财产利益的行为；

（二）一方负有法定扶养义务的人患重大疾病需要医治，另一方不同意支付相关医疗费用。

《最高人民法院关于适用〈中华人民共和国民法典〉婚姻家庭编的解释（一）》（法释〔2020〕22号 2020年12月29日）

第三十八条 婚姻关系存续期间，除民法典第一千零六十六条规定情形以外，夫妻一方请求分割共同财产的，人民法院不予支持。

14. 离婚纠纷

法律条文及规范索引

《中华人民共和国民法典》（2021年1月1日施行）

第一千零七十六条 夫妻双方自愿离婚的，应当签订书面离婚协议，并亲自到婚姻登记机关申请离婚登记。

离婚协议应当载明双方自愿离婚的意思表示和对子女抚养、财产以及债务处理等事项协商一致的意见。

第一千零七十七条 自婚姻登记机关收到离婚登记申请之日起三十日内，任何一方不愿意离婚的，可以向婚姻登记机关撤回离婚登记申请。

前款规定期限届满后三十日内，双方应当亲自到婚姻登记机关申请发给离婚证；未申请的，视为撤回离婚登记申请。

第一千零七十八条　婚姻登记机关查明双方确实是自愿离婚，并已经对子女抚养、财产以及债务处理等事项协商一致的，予以登记，发给离婚证。

第一千零七十九条　夫妻一方要求离婚的，可以由有关组织进行调解或者直接向人民法院提起离婚诉讼。

人民法院审理离婚案件，应当进行调解；如果感情确已破裂，调解无效的，应当准予离婚。

有下列情形之一，调解无效的，应当准予离婚：

（一）重婚或者与他人同居；

（二）实施家庭暴力或者虐待、遗弃家庭成员；

（三）有赌博、吸毒等恶习屡教不改；

（四）因感情不和分居满二年；

（五）其他导致夫妻感情破裂的情形。

一方被宣告失踪，另一方提起离婚诉讼的，应当准予离婚。

经人民法院判决不准离婚后，双方又分居满一年，一方再次提起离婚诉讼的，应当准予离婚。

第一千零八十一条　现役军人的配偶要求离婚，应当征得军人同意，但是军人一方有重大过错的除外。

第一千零八十二条　女方在怀孕期间、分娩后一年内或者终止妊娠后六个月内，男方不得提出离婚；但是，女方提出离婚或者人民法院认为确有必要受理男方离婚请求的除外。

第一千零八十四条　父母与子女间的关系，不因父母离婚而消除。离婚后，子女无论由父或者母直接抚养，仍是父母双方的子女。

离婚后，父母对于子女仍有抚养、教育、保护的权利和义务。

离婚后，不满两周岁的子女，以由母亲直接抚养为原则。已满两周岁的子女，父母双方对抚养问题协议不成的，由人民法院根据双方的具体情况，按照最有利于未成年子女的原则判决。子女已满八周岁的，应当尊重其真实意愿。

第一千零八十五条　离婚后，子女由一方直接抚养的，另一方应当负担部分或者全部抚养费。负担费用的多少和期限的长短，由双方协议；协议不成的，由人民法院判决。

前款规定的协议或者判决，不妨碍子女在必要时向父母任何一方提出超过协议或者判决原定数额的合理要求。

第一千零八十六条 离婚后，不直接抚养子女的父或者母，有探望子女的权利，另一方有协助的义务。

行使探望权利的方式、时间由当事人协议；协议不成的，由人民法院判决。

父或者母探望子女，不利于子女身心健康的，由人民法院依法中止探望；中止的事由消失后，应当恢复探望。

第一千零八十七条 离婚时，夫妻的共同财产由双方协议处理；协议不成的，由人民法院根据财产的具体情况，按照照顾子女、女方和无过错方权益的原则判决。

对夫或者妻在家庭土地承包经营中享有的权益等，应当依法予以保护。

第一千零八十八条 夫妻一方因抚育子女、照料老年人、协助另一方工作等负担较多义务的，离婚时有权向另一方请求补偿，另一方应当给予补偿。具体办法由双方协议；协议不成的，由人民法院判决。

第一千零八十九条 离婚时，夫妻共同债务应当共同偿还。共同财产不足清偿或者财产归各自所有的，由双方协议清偿；协议不成的，由人民法院判决。

第一千零九十条 离婚时，如果一方生活困难，有负担能力的另一方应当给予适当帮助。具体办法由双方协议；协议不成的，由人民法院判决。

《中华人民共和国涉外民事关系法律适用法》（2011年4月1日施行）

第二十三条 夫妻人身关系，适用共同经常居所地法律；没有共同经常居所地的，适用共同国籍国法律。

第二十四条 夫妻财产关系，当事人可以协议选择适用一方当事人经常居所地法律、国籍国法律或者主要财产所在地法律。当事人没有选择的，适用共同经常居所地法律；没有共同经常居所地的，适用共同国籍国法律。

第二十五条 父母子女人身、财产关系，适用共同经常居所地法律；没有共同经常居所地的，适用一方当事人经常居所地法律或者国籍国法律中有利于保护弱者权益的法律。

第二十六条 协议离婚，当事人可以协议选择适用一方当事人经常居所地法律或者国籍国法律。当事人没有选择的，适用共同经常居所地法律；没有共同经常居所地的，适用共同国籍国法律；没有共同国籍的，适用办理离婚手续机构所在地法律。

第二十七条　诉讼离婚，适用法院地法律。

《最高人民法院关于适用〈中华人民共和国民法典〉婚姻家庭编的解释(一)》（法释〔2020〕22号　2020年12月29日）

第一条　持续性、经常性的家庭暴力，可以认定为民法典第一千零四十二条、第一千零七十九条、第一千零九十一条所称的“虐待”。

第二条　民法典第一千零四十二条、第一千零七十九条、第一千零九十一条规定的“与他人同居”的情形，是指有配偶者与婚外异性，不以夫妻名义，持续、稳定地共同居住。

第二十三条　夫以妻擅自中止妊娠侵犯其生育权为由请求损害赔偿的，人民法院不予支持；夫妻双方因是否生育发生纠纷，致使感情确已破裂，一方请求离婚的，人民法院经调解无效，应依照民法典第一千零七十九条第三款第五项的规定处理。

第二十四条　民法典第一千零六十二条第一款第三项规定的“知识产权的收益”，是指婚姻关系存续期间，实际取得或者已经明确可以取得的财产性收益。

第二十五条　婚姻关系存续期间，下列财产属于民法典第一千零六十二条规定的“其他应当归共同所有的财产”：

（一）一方以个人财产投资取得的收益；

（二）男女双方实际取得或者应当取得的住房补贴、住房公积金；

（三）男女双方实际取得或者应当取得的基本养老金、破产安置补偿费。

第二十六条　夫妻一方个人财产在婚后产生的收益，除孳息和自然增值外，应认定为夫妻共同财产。

第二十七条　由一方婚前承租、婚后用共同财产购买的房屋，登记在一方名下的，应当认定为夫妻共同财产。

第二十八条　一方未经另一方同意出售夫妻共同所有的房屋，第三人善意购买、支付合理对价并已办理不动产登记，另一方主张追回该房屋的，人民法院不予支持。

夫妻一方擅自处分共同所有的房屋造成另一方损失，离婚时另一方请求赔偿损失的，人民法院应予支持。

第二十九条　当事人结婚前，父母为双方购置房屋出资的，该出资应当认定为对自己子女个人的赠与，但父母明确表示赠与双方的除外。

当事人结婚后，父母为双方购置房屋出资的，依照约定处理；没有约定或者约定不明确的，按照民法典第一千零六十二条第一款第四项规定的原则处理。

第三十条 军人的伤亡保险金、伤残补助金、医药生活补助费属于个人财产。

第三十一条 民法典第一千零六十三条规定为夫妻一方的个人财产，不因婚姻关系的延续而转化为夫妻共同财产。但当事人另有约定的除外。

第三十二条 婚前或者婚姻关系存续期间，当事人约定将一方所有的房产赠与另一方或者共有，赠与方在赠与房产变更登记之前撤销赠与，另一方请求判令继续履行的，人民法院可以按照民法典第六百五十八条的规定处理。

第三十三条 债权人就一方婚前所负个人债务向债务人的配偶主张权利的，人民法院不予支持。但债权人能够证明所负债务用于婚后家庭共同生活的除外。

第三十四条 夫妻一方与第三人串通，虚构债务，第三人主张该债务为夫妻共同债务的，人民法院不予支持。

夫妻一方在从事赌博、吸毒等违法犯罪活动中所负债务，第三人主张该债务为夫妻共同债务的，人民法院不予支持。

第三十五条 当事人的离婚协议或者人民法院生效判决、裁定、调解书已经对夫妻财产分割问题作出处理的，债权人仍有权就夫妻共同债务向男女双方主张权利。

一方就夫妻共同债务承担清偿责任后，主张由另一方按照离婚协议或者人民法院的法律文书承担相应债务的，人民法院应予支持。

第三十六条 夫或者妻一方死亡的，生存一方应当对婚姻关系存续期间的夫妻共同债务承担清偿责任。

第三十七条 民法典第一千零六十五条第三款所称“相对人知道该约定的”，夫妻一方对此负有举证责任。

第三十八条 婚姻关系存续期间，除民法典第一千零六十六条规定情形以外，夫妻一方请求分割共同财产的，人民法院不予支持。

第四十一条 尚在校接受高中及其以下学历教育，或者丧失、部分丧失劳动能力等非因主观原因而无法维持正常生活的成年子女，可以认定为民法典第一千零六十七条规定的“不能独立生活的成年子女”。

第四十二条　民法典第一千零六十七条所称“抚养费”，包括子女生活费、教育费、医疗费等费用。

第四十三条　婚姻关系存续期间，父母双方或者一方拒不履行抚养子女义务，未成年子女或者不能独立生活的成年子女请求支付抚养费的，人民法院应予支持。

第四十四条　离婚案件涉及未成年子女抚养的，对不满两周岁的子女，按照民法典第一千零八十四条第三款规定的原则处理。母亲有下列情形之一，父亲请求直接抚养的，人民法院应予支持：

（一）患有久治不愈的传染性疾病或者其他严重疾病，子女不宜与其共同生活；

（二）有抚养条件不尽抚养义务，而父亲要求子女随其生活；

（三）因其他原因，子女确不宜随母亲生活。

第四十五条　父母双方协议不满两周岁子女由父亲直接抚养，并对子女健康成长无不利影响的，人民法院应予支持。

第四十六条　对已满两周岁的未成年子女，父母均要求直接抚养，一方有下列情形之一的，可予优先考虑：

（一）已做绝育手术或者因其他原因丧失生育能力；

（二）子女随其生活时间较长，改变生活环境对子女健康成长明显不利；

（三）无其他子女，而另一方有其他子女；

（四）子女随其生活，对子女成长有利，而另一方患有久治不愈的传染性疾病或者其他严重疾病，或者有其他不利于子女身心健康的情形，不宜与子女共同生活。

第四十七条　父母抚养子女的条件基本相同，双方均要求直接抚养子女，但子女单独随祖父母或者外祖父母共同生活多年，且祖父母或者外祖父母要求并且有能力帮助子女照顾孙子女或者外孙子女的，可以作为父或者母直接抚养子女的优先条件予以考虑。

第四十八条　在有利于保护子女利益的前提下，父母双方协议轮流直接抚养子女的，人民法院应予支持。

第四十九条　抚养费的数额，可以根据子女的实际需要、父母双方的负担能力和当地的实际生活水平确定。

有固定收入的，抚养费一般可以按其月总收入的百分之二十至三十的比例给付。负担两个以上子女抚养费的，比例可以适当提高，但一般不得超过月总收入的百分之五十。

无固定收入的，抚养费的数额可以依据当年总收入或者同行业平均收入，参照上述比例确定。

有特殊情况的，可以适当提高或者降低上述比例。

第五十条 抚养费应当定期给付，有条件的可以一次性给付。

第五十一条 父母一方无经济收入或者下落不明的，可以用其财物折抵抚养费。

第五十二条 父母双方可以协议由一方直接抚养子女并由直接抚养方负担子女全部抚养费。但是，直接抚养方的抚养能力明显不能保障子女所需费用，影响子女健康成长的，人民法院不予支持。

第五十三条 抚养费的给付期限，一般至子女十八周岁为止。

十六周岁以上不满十八周岁，以其劳动收入为主要生活来源，并能维持当地一般生活水平的，父母可以停止给付抚养费。

第五十四条 生父与继母离婚或者生母与继父离婚时，对曾受其抚养教育的继子女，继父或者继母不同意继续抚养的，仍应由生父或者生母抚养。

第五十五条 离婚后，父母一方要求变更子女抚养关系的，或者子女要求增加抚养费的，应当另行提起诉讼。

第五十六条 具有下列情形之一，父母一方要求变更子女抚养关系的，人民法院应予支持：

（一）与子女共同生活的一方因患严重疾病或者因伤残无力继续抚养子女；

（二）与子女共同生活的一方不尽抚养义务或有虐待子女行为，或者其与子女共同生活对子女身心健康确有不利影响；

（三）已满八周岁的子女，愿随另一方生活，该方又有抚养能力；

（四）有其他正当理由需要变更。

第五十七条 父母双方协议变更子女抚养关系的，人民法院应予支持。

第五十八条 具有下列情形之一，子女要求有负担能力的父或者母增加抚养费的，人民法院应予支持：

（一）原定抚养费数额不足以维持当地实际生活水平；

（二）因子女患病、上学，实际需要已超过原定数额；

（三）有其他正当理由应当增加。

第五十九条 父母不得因子女变更姓氏而拒付子女抚养费。父或者母擅自将子女姓氏改为继母或继父姓氏而引起纠纷的，应当责令恢复原姓氏。

第六十条 在离婚诉讼期间，双方均拒绝抚养子女的，可以先行裁定暂由一方抚养。

第六十一条 对拒不履行或者妨害他人履行生效判决、裁定、调解书中有关子女抚养义务的当事人或者其他人，人民法院可依照民事诉讼法第一百一十一条的规定采取强制措施。

第六十二条 无民事行为能力人的配偶有民法典第三十六条第一款规定行为，其他有监护资格的人可以要求撤销其监护资格，并依法指定新的监护人；变更后的监护人代理无民事行为能力一方提起离婚诉讼的，人民法院应予受理。

第六十三条 人民法院审理离婚案件，符合民法典第一千零七十九条第三款规定“应当准予离婚”情形的，不应当因当事人有过错而判决不准离婚。

第六十四条 民法典第一千零八十一条所称的“军人一方有重大过错”，可以依据民法典第一千零七十九条第三款前三项规定及军人有其他重大过错导致夫妻感情破裂的情形予以判断。

第六十五条 人民法院作出的生效的离婚判决中未涉及探望权，当事人就探望权问题单独提起诉讼的，人民法院应予受理。

第六十六条 当事人在履行生效判决、裁定或者调解书的过程中，一方请求中止探望的，人民法院在征询双方当事人意见后，认为需要中止探望的，依法作出裁定；中止探望的情形消失后，人民法院应当根据当事人的请求书面通知其恢复探望。

第六十七条 未成年子女、直接抚养子女的父或者母以及其他对未成年子女负担抚养、教育、保护义务的法定监护人，有权向人民法院提出中止探望的请求。

第六十八条 对于拒不协助另一方行使探望权的有关个人或者组织，可以由人民法院依法采取拘留、罚款等强制措施，但是不能对子女的人身、探望行为进行强制执行。

第六十九条 当事人达成的以协议离婚或者到人民法院调解离婚为条件的财产以及债务处理协议，如果双方离婚未成，一方在离婚诉讼中反悔的，人民法院应当认定该财产以及债务处理协议没有生效，并根据实际情况依照民法典第一千零八十七条和第一千零八十九条的规定判决。

当事人依照民法典第一千零七十六条签订的离婚协议中关于财产以及债务处理的条款，对男女双方具有法律约束力。登记离婚后当事人因履行上述协议发生纠纷提起诉讼的，人民法院应当受理。

第七十条 夫妻双方协议离婚后就财产分割问题反悔，请求撤销财产分割协议的，人民法院应当受理。

人民法院审理后，未发现订立财产分割协议时存在欺诈、胁迫等情形的，应当依法驳回当事人的诉讼请求。

第七十一条 人民法院审理离婚案件，涉及分割发放到军人名下的复员费、自主择业费等一次性费用的，以夫妻婚姻关系存续年限乘以年平均值，所得数额为夫妻共同财产。

前款所称年平均值，是指将发放到军人名下的上述费用总额按具体年限均分得出的数额。其具体年限为人均寿命七十岁与军人入伍时实际年龄的差额。

第七十二条 夫妻双方分割共同财产中的股票、债券、投资基金份额等有价证券以及未上市股份有限公司股份时，协商不成或者按市价分配有困难的，人民法院可以根据数量按比例分配。

第七十三条 人民法院审理离婚案件，涉及分割夫妻共同财产中以一方名义在有限责任公司的出资额，另一方不是该公司股东的，按以下情形分别处理：

（一）夫妻双方协商一致将出资额部分或者全部转让给该股东的配偶，其他股东过半数同意，并且其他股东均明确表示放弃优先购买权的，该股东的配偶可以成为该公司股东；

（二）夫妻双方就出资额转让份额和转让价格等事项协商一致后，其他股东半数以上不同意转让，但愿意以同等条件购买该出资额的，人民法院可以对转让出资所得财产进行分割。其他股东半数以上不同意转让，也不愿意以同等条件购买该出资额的，视为其同意转让，该股东的配偶可以成为该公司股东。

用于证明前款规定的股东同意的证据，可以是股东会议材料，也可以是当事人通过其他合法途径取得的股东的书面声明材料。

第七十四条 人民法院审理离婚案件，涉及分割夫妻共同财产中以一方名义在合伙企业中的出资，另一方不是该企业合伙人的，当夫妻双方协商一致，将其合伙企业中的财产份额全部或者部分转让给对方时，按以下情形分别处理：

（一）其他合伙人一致同意的，该配偶依法取得合伙人地位；

（二）其他合伙人不同意转让，在同等条件下行使优先购买权的，可以对转让所得的财产进行分割；

（三）其他合伙人不同意转让，也不行使优先购买权，但同意该合伙人退伙或者削减部分财产份额的，可以对结算后的财产进行分割；

（四）其他合伙人既不同意转让，也不行使优先购买权，又不同意该合伙人退伙或者削减部分财产份额的，视为全体合伙人同意转让，该配偶依法取得合伙人地位。

第七十五条　夫妻以一方名义投资设立个人独资企业的，人民法院分割夫妻在该个人独资企业中的共同财产时，应当按照以下情形分别处理：

（一）一方主张经营该企业的，对企业资产进行评估后，由取得企业资产所有权一方给予另一方相应的补偿；

（二）双方均主张经营该企业的，在双方竞价基础上，由取得企业资产所有权的一方给予另一方相应的补偿；

（三）双方均不愿意经营该企业的，按照《中华人民共和国个人独资企业法》等有关规定办理。

第七十六条　双方对夫妻共同财产中的房屋价值及归属无法达成协议时，人民法院按以下情形分别处理：

（一）双方均主张房屋所有权并且同意竞价取得的，应当准许；

（二）一方主张房屋所有权的，由评估机构按市场价格对房屋作出评估，取得房屋所有权的一方应当给予另一方相应的补偿；

（三）双方均不主张房屋所有权的，根据当事人的申请拍卖、变卖房屋，就所得价款进行分割。

第七十七条　离婚时双方对尚未取得所有权或者尚未取得完全所有权的房屋有争议且协商不成的，人民法院不宜判决房屋所有权的归属，应当根据实际情况判决由当事人使用。

当事人就前款规定的房屋取得完全所有权后，有争议的，可以另行向人民法院提起诉讼。

第七十八条　夫妻一方婚前签订不动产买卖合同，以个人财产支付首付款并在银行贷款，婚后用夫妻共同财产还贷，不动产登记于首付款支付方名下的，离婚时该不动产由双方协议处理。

依前款规定不能达成协议的，人民法院可以判决该不动产归登记一方，尚未归还的贷款为不动产登记一方的个人债务。双方婚后共同还贷支付的款项及其相对应财产增值部分，离婚时应根据民法典第一千零八十七条第一款规定的原则，由不动产登记一方对另一方进行补偿。

第七十九条 婚姻关系存续期间，双方用夫妻共同财产出资购买以一方父母名义参加房改的房屋，登记在一方父母名下，离婚时另一方主张按照夫妻共同财产对该房屋进行分割的，人民法院不予支持。购买该房屋时的出资，可以作为债权处理。

第八十条 离婚时夫妻一方尚未退休、不符合领取基本养老金条件，另一方请求按照夫妻共同财产分割基本养老金的，人民法院不予支持；婚后以夫妻共同财产缴纳基本养老保险费，离婚时一方主张将养老金账户中婚姻关系存续期间个人实际缴纳部分及利息作为夫妻共同财产分割的，人民法院应予支持。

第八十一条 婚姻关系存续期间，夫妻一方作为继承人依法可以继承的遗产，在继承人之间尚未实际分割，起诉离婚时另一方请求分割的，人民法院应当告知当事人在继承人之间实际分割遗产后另行起诉。

第八十二条 夫妻之间订立借款协议，以夫妻共同财产出借给一方从事个人经营活动或者用于其他个人事务的，应视为双方约定处分夫妻共同财产的行为，离婚时可以按照借款协议的约定处理。

第八十三条 离婚后，一方以尚有夫妻共同财产未处理为由向人民法院起诉请求分割的，经审查该财产确属离婚时未涉及的夫妻共同财产，人民法院应当依法予以分割。

第八十四条 当事人依据民法典第一千零九十二条的规定向人民法院提起诉讼，请求再次分割夫妻共同财产的诉讼时效期间为三年，从当事人发现之日起计算。

第八十五条 夫妻一方申请对配偶的个人财产或者夫妻共同财产采取保全措施的，人民法院可以在采取保全措施可能造成损失的范围内，根据实际情况，确定合理的财产担保数额。

第八十六条 民法典第一千零九十一条规定的“损害赔偿”，包括物质损害赔偿和精神损害赔偿。涉及精神损害赔偿的，适用《最高人民法院关于确定民事侵权精神损害赔偿责任若干问题的解释》的有关规定。

第八十七条 承担民法典第一千零九十一条规定的损害赔偿责任的主

体，为离婚诉讼当事人中无过错方的配偶。

人民法院判决不准离婚的案件，对于当事人基于民法典第一千零九十一条提出的损害赔偿请求，不予支持。

在婚姻关系存续期间，当事人不起诉离婚而单独依据民法典第一千零九十一条提起损害赔偿请求的，人民法院不予受理。

第八十八条　人民法院受理离婚案件时，应当将民法典第一千零九十一条等规定中当事人的有关权利义务，书面告知当事人。在适用民法典第一千零九十一条时，应当区分以下不同情况：

（一）符合民法典第一千零九十一条规定的无过错方作为原告基于该条规定向人民法院提起损害赔偿请求的，必须在离婚诉讼的同时提出。

（二）符合民法典第一千零九十一条规定的无过错方作为被告的离婚诉讼案件，如果被告不同意离婚也不基于该条规定提起损害赔偿请求的，可以就此单独提起诉讼。

（三）无过错方作为被告的离婚诉讼案件，一审时被告未基于民法典第一千零九十一条规定提出损害赔偿请求，二审期间提出的，人民法院应当进行调解；调解不成的，告知当事人另行起诉。双方当事人同意由第二审人民法院一并审理的，第二审人民法院可以一并裁判。

第八十九条　当事人在婚姻登记机关办理离婚登记手续后，以民法典第一千零九十一条规定为由向人民法院提出损害赔偿请求的，人民法院应当受理。但当事人在协议离婚时已经明确表示放弃该项请求的，人民法院不予支持。

第九十条　夫妻双方均有民法典第一千零九十一条规定的过错情形，一方或者双方向对方提出离婚损害赔偿请求的，人民法院不予支持。

15. 离婚后财产纠纷

法律条文及规范索引

《中华人民共和国民法典》（2021年1月1日施行）

第一千零九十二条　夫妻一方隐藏、转移、变卖、毁损、挥霍夫妻共同财产，或者伪造夫妻共同债务企图侵占另一方财产的，在离婚分割夫妻共同财产时，对该方可以少分或者不分。离婚后，另一方发现有上述行为的，可以向人民法院提起诉讼，请求再次分割夫妻共同财产。

《最高人民法院关于适用〈中华人民共和国民法典〉婚姻家庭编的解释(一)》（法释〔2020〕22号　2020年12月29日）

第八十四条　当事人依据民法典第一千零九十二条的规定向人民法院提起诉讼，请求再次分割夫妻共同财产的诉讼时效期间为三年，从当事人发现之日起计算。

第八十五条　夫妻一方申请对配偶的个人财产或者夫妻共同财产采取保全措施的，人民法院可以在采取保全措施可能造成损失的范围内，根据实际情况，确定合理的财产担保数额。

16. 离婚后损害责任纠纷

法律条文及规范索引

《中华人民共和国民法典》（2021年1月1日施行）

第一千零九十一条　有下列情形之一，导致离婚的，无过错方有权请求损害赔偿：

（一）重婚；

（二）与他人同居；

（三）实施家庭暴力；

（四）虐待、遗弃家庭成员；

（五）有其他重大过错。

《最高人民法院关于适用〈中华人民共和国民法典〉婚姻家庭编的解释(一)》（法释〔2020〕22号　2020年12月29日）

第八十六条　民法典第一千零九十一条规定的“损害赔偿”，包括物质损害赔偿和精神损害赔偿。涉及精神损害赔偿的，适用《最高人民法院关于确定民事侵权精神损害赔偿责任若干问题的解释》的有关规定。

第八十七条　承担民法典第一千零九十一条规定的损害赔偿责任的主体，为离婚诉讼当事人中无过错方的配偶。

人民法院判决不准离婚的案件，对于当事人基于民法典第一千零九十一条提出的损害赔偿请求，不予支持。

在婚姻关系存续期间，当事人不起诉离婚而单独依据民法典第一千零九十一条提起损害赔偿请求的，人民法院不予受理。

第八十八条　人民法院受理离婚案件时，应当将民法典第一千零九十一条等规定中当事人的有关权利义务，书面告知当事人。在适用民法典第一千零九十一条时，应当区分以下不同情况：

（一）符合民法典第一千零九十一条规定的无过错方作为原告基于该条规定向人民法院提起损害赔偿请求的，必须在离婚诉讼的同时提出。

（二）符合民法典第一千零九十一条规定的无过错方作为被告的离婚诉讼案件，如果被告不同意离婚也不基于该条规定提起损害赔偿请求的，可以就此单独提起诉讼。

（三）无过错方作为被告的离婚诉讼案件，一审时被告未基于民法典第一千零九十一条规定提出损害赔偿请求，二审期间提出的，人民法院应当进行调解；调解不成的，告知当事人另行起诉。双方当事人同意由第二审人民法院一并审理的，第二审人民法院可以一并裁判。

第八十九条　当事人在婚姻登记机关办理离婚登记手续后，以民法典第一千零九十一条规定为由向人民法院提出损害赔偿请求的，人民法院应当受理。但当事人在协议离婚时已经明确表示放弃该项请求的，人民法院不予支持。

第九十条　夫妻双方均有民法典第一千零九十一条规定的过错情形，一方或者双方向对方提出离婚损害赔偿请求的，人民法院不予支持。

17. 婚姻无效纠纷

法律条文及规范索引

《中华人民共和国民法典》（2021年1月1日施行）

第一千零四十七条　结婚年龄，男不得早于二十二周岁，女不得早于二十周岁。

第一千零四十八条　直系血亲或者三代以内的旁系血亲禁止结婚。

第一千零五十一条　有下列情形之一的，婚姻无效：

（一）重婚；

（二）有禁止结婚的亲属关系；

（三）未到法定婚龄。

第一千零五十四条 无效的或者被撤销的婚姻自始没有法律约束力，当事人不具有夫妻的权利和义务。同居期间所得的财产，由当事人协议处理；协议不成的，由人民法院根据照顾无过错方的原则判决。对重婚导致的无效婚姻的财产处理，不得侵害合法婚姻当事人的财产权益。当事人所生的子女，适用本法关于父母子女的规定。

婚姻无效或者被撤销的，无过错方有权请求损害赔偿。

《中华人民共和国涉外民事关系法律适用法》（2011 年 4 月 1 日施行）

第二十一条 结婚条件，适用当事人共同经常居所地法律；没有共同经常居所地的，适用共同国籍国法律；没有共同国籍，在一方当事人经常居所地或者国籍国缔结婚姻的，适用婚姻缔结地法律。

第二十二条 结婚手续，符合婚姻缔结地法律、一方当事人经常居所地法律或者国籍国法律的，均为有效。

《最高人民法院关于适用〈中华人民共和国民法典〉婚姻家庭编的解释(一)》（法释〔2020〕22 号 2020 年 12 月 29 日）

第九条 有权依据民法典第一千零五十一条规定向人民法院就已办理结婚登记的婚姻请求确认婚姻无效的主体，包括婚姻当事人及利害关系人。其中，利害关系人包括：

（一）以重婚为由的，为当事人的近亲属及基层组织；

（二）以未到法定婚龄为由的，为未到法定婚龄者的近亲属；

（三）以有禁止结婚的亲属关系为由的，为当事人的近亲属。

第十条 当事人依据民法典第一千零五十一条规定向人民法院请求确认婚姻无效，法定的无效婚姻情形在提起诉讼时已经消失的，人民法院不予支持。

第十一条 人民法院受理请求确认婚姻无效案件后，原告申请撤诉的，不予准许。

对婚姻效力的审理不适用调解，应当依法作出判决。

涉及财产分割和子女抚养的，可以调解。调解达成协议的，另行制作调解书；未达成调解协议的，应当一并作出判决。

第十二条 人民法院受理离婚案件后，经审理确属无效婚姻的，应当将婚姻无效的情形告知当事人，并依法作出确认婚姻无效的判决。

第十三条　人民法院就同一婚姻关系分别受理了离婚和请求确认婚姻无效案件的，对于离婚案件的审理，应当待请求确认婚姻无效案件作出判决后进行。

第十四条　夫妻一方或者双方死亡后，生存一方或者利害关系人依据民法典第一千零五十一条的规定请求确认婚姻无效的，人民法院应当受理。

第十五条　利害关系人依据民法典第一千零五十一条的规定，请求人民法院确认婚姻无效的，利害关系人为原告，婚姻关系当事人双方为被告。

夫妻一方死亡的，生存一方为被告。

第十六条　人民法院审理重婚导致的无效婚姻案件时，涉及财产处理的，应当准许合法婚姻当事人作为有独立请求权的第三人参加诉讼。

第十七条　当事人以民法典第一千零五十一条规定的三种无效婚姻以外的情形请求确认婚姻无效的，人民法院应当判决驳回当事人的诉讼请求。

当事人以结婚登记程序存在瑕疵为由提起民事诉讼，主张撤销结婚登记的，告知其可以依法申请行政复议或者提起行政诉讼。

18. 撤销婚姻纠纷

法律条文及规范索引

《中华人民共和国民法典》（2021年1月1日施行）

第一千零五十二条　因胁迫结婚的，受胁迫的一方可以向人民法院请求撤销婚姻。

请求撤销婚姻的，应当自胁迫行为终止之日起一年内提出。

被非法限制人身自由的当事人请求撤销婚姻的，应当自恢复人身自由之日起一年内提出。

第一千零五十三条　一方患有重大疾病的，应当在结婚登记前如实告知另一方；不如实告知的，另一方可以向人民法院请求撤销婚姻。

请求撤销婚姻的，应当自知道或者应当知道撤销事由之日起一年内提出。

第一千零五十四条　无效的或者被撤销的婚姻自始没有法律约束力，当事人不具有夫妻的权利和义务。同居期间所得的财产，由当事人协议处理；协议不成的，由人民法院根据照顾无过错方的原则判决。对重婚导致的无效婚姻的财产处理，不得侵害合法婚姻当事人的财产权益。当事人所生的子女，适用本法关于父母子女的规定。

婚姻无效或者被撤销的，无过错方有权请求损害赔偿。

《最高人民法院关于适用〈中华人民共和国民法典〉婚姻家庭编的解释(一)》（法释〔2020〕22号 2020年12月29日）

第十八条 行为人以给另一方当事人或者其近亲属的生命、身体、健康、名誉、财产等方面造成损害为要挟，迫使另一方当事人违背真实意愿结婚的，可以认定为民法典第一千零五十二条所称的“胁迫”。

因受胁迫而请求撤销婚姻的，只能是受胁迫一方的婚姻关系当事人本人。

第十九条 民法典第一千零五十二条规定的“一年”，不适用诉讼时效中止、中断或者延长的规定。

受胁迫或者被非法限制人身自由的当事人请求撤销婚姻的，不适用民法典第一百五十二条第二款的规定。

第二十条 民法典第一千零五十四条所规定的“自始没有法律约束力”，是指无效婚姻或者可撤销婚姻在依法被确认无效或者被撤销时，才确定该婚姻自始不受法律保护。

第二十一条 人民法院根据当事人的请求，依法确认婚姻无效或者撤销婚姻的，应当收缴双方的结婚证书并将生效的判决书寄送当地婚姻登记管理机关。

第二十二条 被确认无效或者被撤销的婚姻，当事人同居期间所得的财产，除有证据证明为当事人一方所有的以外，按共同共有处理。

《最高人民法院关于适用〈中华人民共和国民法典〉时间效力的若干规定》（法释〔2020〕15号 2020年12月29日）

第二十六条 当事人以民法典施行前受胁迫结婚为由请求人民法院撤销婚姻的，撤销权的行使期限适用民法典第一千零五十二条第二款的规定。

19. 夫妻财产约定纠纷

法律条文及规范索引

《中华人民共和国民法典》（2021年1月1日施行）

第一千零六十二条　夫妻在婚姻关系存续期间所得的下列财产，为夫妻的共同财产，归夫妻共同所有：

（一）工资、奖金、劳务报酬；

（二）生产、经营、投资的收益；

（三）知识产权的收益；

（四）继承或者受赠的财产，但是本法第一千零六十三条第三项规定的除外；

（五）其他应当归共同所有的财产。

夫妻对共同财产，有平等的处理权。

第一千零六十三条　下列财产为夫妻一方的个人财产：

（一）一方的婚前财产；

（二）一方因受到人身损害获得的赔偿或者补偿；

（三）遗嘱或者赠与合同中确定只归一方的财产；

（四）一方专用的生活用品；

（五）其他应当归一方的财产。

第一千零六十五条　男女双方可以约定婚姻关系存续期间所得的财产以及婚前财产归各自所有、共同所有或者部分各自所有、部分共同所有。约定应当采用书面形式。没有约定或者约定不明确的，适用本法第一千零六十二条、第一千零六十三条的规定。

夫妻对婚姻关系存续期间所得的财产以及婚前财产的约定，对双方具有法律约束力。

夫妻对婚姻关系存续期间所得的财产约定归各自所有，夫或者妻一方对外所负的债务，相对人知道该约定的，以夫或者妻一方的个人财产清偿。

《最高人民法院关于适用〈中华人民共和国民法典〉婚姻家庭编的解释(一)》（法释〔2020〕22号　2020年12月29日）

第二十四条　民法典第一千零六十二条第一款第三项规定的“知识产权

的收益”，是指婚姻关系存续期间，实际取得或者已经明确可以取得的财产性收益。

第二十五条 婚姻关系存续期间，下列财产属于民法典第一千零六十二条规定的“其他应当归共同所有的财产”：

（一）一方以个人财产投资取得的收益；

（二）男女双方实际取得或者应当取得的住房补贴、住房公积金；

（三）男女双方实际取得或者应当取得的基本养老金、破产安置补偿费。

第二十六条 夫妻一方个人财产在婚后产生的收益，除孳息和自然增值外，应认定为夫妻共同财产。

第二十七条 由一方婚前承租、婚后用共同财产购买的房屋，登记在一方名下的，应当认定为夫妻共同财产。

第二十八条 一方未经另一方同意出售夫妻共同所有的房屋，第三人善意购买、支付合理对价并已办理不动产登记，另一方主张追回该房屋的，人民法院不予支持。

夫妻一方擅自处分共同所有的房屋造成另一方损失，离婚时另一方请求赔偿损失的，人民法院应予支持。

第二十九条 当事人结婚前，父母为双方购置房屋出资的，该出资应当认定为对自己子女个人的赠与，但父母明确表示赠与双方的除外。

当事人结婚后，父母为双方购置房屋出资的，依照约定处理；没有约定或者约定不明确的，按照民法典第一千零六十二条第一款第四项规定的原则处理。

第三十条 军人的伤亡保险金、伤残补助金、医药生活补助费属于个人财产。

第三十一条 民法典第一千零六十三条规定为夫妻一方的个人财产，不因婚姻关系的延续而转化为夫妻共同财产。但当事人另有约定的除外。

第三十二条 婚前或者婚姻关系存续期间，当事人约定将一方所有的房产赠与另一方或者共有，赠与方在赠与房产变更登记之前撤销赠与，另一方请求判令继续履行的，人民法院可以按照民法典第六百五十八条的规定处理。

第三十三条 债权人就一方婚前所负个人债务向债务人的配偶主张权利的，人民法院不予支持。但债权人能够证明所负债务用于婚后家庭共同生活的除外。

第三十四条　夫妻一方与第三人串通，虚构债务，第三人主张该债务为夫妻共同债务的，人民法院不予支持。

夫妻一方在从事赌博、吸毒等违法犯罪活动中所负债务，第三人主张该债务为夫妻共同债务的，人民法院不予支持。

第三十五条　当事人的离婚协议或者人民法院生效判决、裁定、调解书已经对夫妻财产分割问题作出处理的，债权人仍有权就夫妻共同债务向男女双方主张权利。

一方就夫妻共同债务承担清偿责任后，主张由另一方按照离婚协议或者人民法院的法律文书承担相应债务的，人民法院应予支持。

第三十六条　夫或者妻一方死亡的，生存一方应当对婚姻关系存续期间的夫妻共同债务承担清偿责任。

第三十七条　民法典第一千零六十五条第三款所称“相对人知道该约定的”，夫妻一方对此负有举证责任。

20. 同居关系纠纷

（1）同居关系析产纠纷
（2）同居关系子女抚养纠纷

法律条文及规范索引

《中华人民共和国民法典》（2021年1月1日施行）

第一千零五十四条　无效的或者被撤销的婚姻自始没有法律约束力，当事人不具有夫妻的权利和义务。同居期间所得的财产，由当事人协议处理；协议不成的，由人民法院根据照顾无过错方的原则判决。对重婚导致的无效婚姻的财产处理，不得侵害合法婚姻当事人的财产权益。当事人所生的子女，适用本法关于父母子女的规定。

婚姻无效或者被撤销的，无过错方有权请求损害赔偿。

第一千零七十一条　非婚生子女享有与婚生子女同等的权利，任何组织或者个人不得加以危害和歧视。

不直接抚养非婚生子女的生父或者生母，应当负担未成年子女或者不能独立生活的成年子女的抚养费。

《最高人民法院关于适用〈中华人民共和国民法典〉婚姻家庭编的解释(一)》（法释〔2020〕22号　2020年12月29日）

第二条　民法典第一千零四十二条、第一千零七十九条、第一千零九十一条规定的“与他人同居”的情形，是指有配偶者与婚外异性，不以夫妻名义，持续、稳定地共同居住。

第三条　当事人提起诉讼仅请求解除同居关系的，人民法院不予受理；已经受理的，裁定驳回起诉。

当事人因同居期间财产分割或者子女抚养纠纷提起诉讼的，人民法院应当受理。

第二十条　民法典第一千零五十四条所规定的“自始没有法律约束力”，是指无效婚姻或者可撤销婚姻在依法被确认无效或者被撤销时，才确定该婚姻自始不受法律保护。

第二十一条　人民法院根据当事人的请求，依法确认婚姻无效或者撤销婚姻的，应当收缴双方的结婚证书并将生效的判决书寄送当地婚姻登记管理机关。

第二十二条　被确认无效或者被撤销的婚姻，当事人同居期间所得的财产，除有证据证明为当事人一方所有的以外，按共同共有处理。

第四十条　婚姻关系存续期间，夫妻双方一致同意进行人工授精，所生子女应视为婚生子女，父母子女间的权利义务关系适用民法典的有关规定。

21. 亲子关系纠纷

(1) 确认亲子关系纠纷
(2) 否认亲子关系纠纷

法律条文及规范索引

《中华人民共和国民法典》（2021年1月1日施行）

第一千零七十三条　对亲子关系有异议且有正当理由的，父或者母可以向人民法院提起诉讼，请求确认或者否认亲子关系。

对亲子关系有异议且有正当理由的，成年子女可以向人民法院提起诉讼，请求确认亲子关系。

《最高人民法院关于适用〈中华人民共和国民法典〉婚姻家庭编的解释(一)》（法释〔2020〕22号　2020年12月29日）

第三十九条　父或者母向人民法院起诉请求否认亲子关系，并已提供必要证据予以证明，另一方没有相反证据又拒绝做亲子鉴定的，人民法院可以认定否认亲子关系一方的主张成立。

父或者母以及成年子女起诉请求确认亲子关系，并提供必要证据予以证明，另一方没有相反证据又拒绝做亲子鉴定的，人民法院可以认定确认亲子关系一方的主张成立。

22. 抚养纠纷

（1）抚养费纠纷

（2）变更抚养关系纠纷

法律条文及规范索引

《中华人民共和国民法典》（2021年1月1日施行）

第二十六条第一款　父母对未成年子女负有抚养、教育和保护的义务。

第一千零五十八条　夫妻双方平等享有对未成年子女抚养、教育和保护的权利，共同承担对未成年子女抚养、教育和保护的义务。

第一千零六十七条第一款　父母不履行抚养义务的，未成年子女或者不能独立生活的成年子女，有要求父母给付抚养费的权利。

第一千零七十一条第二款　不直接抚养非婚生子女的生父或者生母，应当负担未成年子女或者不能独立生活的成年子女的抚养费。

第一千零七十二条　继父母与继子女间，不得虐待或者歧视。

继父或者继母和受其抚养教育的继子女间的权利义务关系，适用本法关于父母子女关系的规定。

第一千零七十四条第一款　有负担能力的祖父母、外祖父母，对于父母已经死亡或者父母无力抚养的未成年孙子女、外孙子女，有抚养的义务。

第一千零七十五条第一款 有负担能力的兄、姐，对于父母已经死亡或者父母无力抚养的未成年弟、妹，有扶养的义务。

第一千零八十四条 父母与子女间的关系，不因父母离婚而消除。离婚后，子女无论由父或者母直接抚养，仍是父母双方的子女。

离婚后，父母对于子女仍有抚养、教育、保护的权利和义务。

离婚后，不满两周岁的子女，以由母亲直接抚养为原则。已满两周岁的子女，父母双方对抚养问题协议不成的，由人民法院根据双方的具体情况，按照最有利于未成年子女的原则判决。子女已满八周岁的，应当尊重其真实意愿。

第一千零八十五条 离婚后，子女由一方直接抚养的，另一方应当负担部分或者全部抚养费。负担费用的多少和期限的长短，由双方协议；协议不成的，由人民法院判决。

前款规定的协议或者判决，不妨碍子女在必要时向父母任何一方提出超过协议或者判决原定数额的合理要求。

《最高人民法院关于适用〈中华人民共和国民法典〉婚姻家庭编的解释(一)》（法释〔2020〕22号 2020年12月29日）

第四十条 婚姻关系存续期间，夫妻双方一致同意进行人工授精，所生子女应视为婚生子女，父母子女间的权利义务关系适用民法典的有关规定。

第四十一条 尚在校接受高中及其以下学历教育，或者丧失、部分丧失劳动能力等非因主观原因而无法维持正常生活的成年子女，可以认定为民法典第一千零六十七条规定的“不能独立生活的成年子女”。

第四十二条 民法典第一千零六十七条所称“抚养费”，包括子女生活费、教育费、医疗费等费用。

第四十三条 婚姻关系存续期间，父母双方或者一方拒不履行抚养子女义务，未成年子女或者不能独立生活的成年子女请求支付抚养费的，人民法院应予支持。

第四十四条 离婚案件涉及未成年子女抚养的，对不满两周岁的子女，按照民法典第一千零八十四条第三款规定的原则处理。母亲有下列情形之一，父亲请求直接抚养的，人民法院应予支持：

（一）患有久治不愈的传染性疾病或者其他严重疾病，子女不宜与其共同生活；

（二）有抚养条件不尽抚养义务，而父亲要求子女随其生活；

（三）因其他原因，子女确不宜随母亲生活。

第四十五条　父母双方协议不满两周岁子女由父亲直接抚养，并对子女健康成长无不利影响的，人民法院应予支持。

第四十六条　对已满两周岁的未成年子女，父母均要求直接抚养，一方有下列情形之一的，可予优先考虑：

（一）已做绝育手术或者因其他原因丧失生育能力；

（二）子女随其生活时间较长，改变生活环境对子女健康成长明显不利；

（三）无其他子女，而另一方有其他子女；

（四）子女随其生活，对子女成长有利，而另一方患有久治不愈的传染性疾病或者其他严重疾病，或者有其他不利于子女身心健康的情形，不宜与子女共同生活。

第四十七条　父母抚养子女的条件基本相同，双方均要求直接抚养子女，但子女单独随祖父母或者外祖父母共同生活多年，且祖父母或者外祖父母要求并且有能力帮助子女照顾孙子女或者外孙子女的，可以作为父或者母直接抚养子女的优先条件予以考虑。

第四十八条　在有利于保护子女利益的前提下，父母双方协议轮流直接抚养子女的，人民法院应予支持。

第四十九条　抚养费的数额，可以根据子女的实际需要、父母双方的负担能力和当地的实际生活水平确定。

有固定收入的，抚养费一般可以按其月总收入的百分之二十至三十的比例给付。负担两个以上子女抚养费的，比例可以适当提高，但一般不得超过月总收入的百分之五十。

无固定收入的，抚养费的数额可以依据当年总收入或者同行业平均收入，参照上述比例确定。

有特殊情况的，可以适当提高或者降低上述比例。

第五十条　抚养费应当定期给付，有条件的可以一次性给付。

第五十一条　父母一方无经济收入或者下落不明的，可以用其财物折抵抚养费。

第五十二条　父母双方可以协议由一方直接抚养子女并由直接抚养方负担子女全部抚养费。但是，直接抚养方的抚养能力明显不能保障子女所需费用，影响子女健康成长的，人民法院不予支持。

第五十三条　抚养费的给付期限，一般至子女十八周岁为止。

十六周岁以上不满十八周岁，以其劳动收入为主要生活来源，并能维持当地一般生活水平的，父母可以停止给付抚养费。

第五十四条 生父与继母离婚或者生母与继父离婚时，对曾受其抚养教育的继子女，继父或者继母不同意继续抚养的，仍应由生父或者生母抚养。

第五十五条 离婚后，父母一方要求变更子女抚养关系的，或者子女要求增加抚养费的，应当另行提起诉讼。

第五十六条 具有下列情形之一，父母一方要求变更子女抚养关系的，人民法院应予支持：

（一）与子女共同生活的一方因患严重疾病或者因伤残无力继续抚养子女；

（二）与子女共同生活的一方不尽抚养义务或有虐待子女行为，或者其与子女共同生活对子女身心健康确有不利影响；

（三）已满八周岁的子女，愿随另一方生活，该方又有抚养能力；

（四）有其他正当理由需要变更。

第五十七条 父母双方协议变更子女抚养关系的，人民法院应予支持。

第五十八条 具有下列情形之一，子女要求有负担能力的父或者母增加抚养费的，人民法院应予支持：

（一）原定抚养费数额不足以维持当地实际生活水平；

（二）因子女患病、上学，实际需要已超过原定数额；

（三）有其他正当理由应当增加。

第五十九条 父母不得因子女变更姓氏而拒付子女抚养费。父或者母擅自将子女姓氏改为继母或继父姓氏而引起纠纷的，应当责令恢复原姓氏。

第六十条 在离婚诉讼期间，双方均拒绝抚养子女的，可以先行裁定暂由一方抚养。

第六十一条 对拒不履行或者妨害他人履行生效判决、裁定、调解书中有关子女抚养义务的当事人或者其他人，人民法院可依照民事诉讼法第一百一十一条的规定采取强制措施。

23. 扶养纠纷

（1）扶养费纠纷

（2）变更扶养关系纠纷

法律条文及规范索引

《中华人民共和国民法典》（2021年1月1日施行）

第一千零五十九条 夫妻有相互扶养的义务。

需要扶养的一方，在另一方不履行扶养义务时，有要求其给付扶养费的权利。

第一千零七十五条 有负担能力的兄、姐，对于父母已经死亡或者父母无力抚养的未成年弟、妹，有扶养的义务。

由兄、姐扶养长大的有负担能力的弟、妹，对于缺乏劳动能力又缺乏生活来源的兄、姐，有扶养的义务。

《中华人民共和国老年人权益保障法》（2018年12月29日修正）

第二十三条 老年人与配偶有相互扶养的义务。

由兄、姐扶养的弟、妹成年后，有负担能力的，对年老无赡养人的兄、姐有扶养的义务。

第二十四条 赡养人、扶养人不履行赡养、扶养义务的，基层群众性自治组织、老年人组织或者赡养人、扶养人所在单位应当督促其履行。

《中华人民共和国涉外民事关系法律适用法》（2011年4月1日施行）

第二十九条 扶养，适用一方当事人经常居所地法律、国籍国法律或者主要财产所在地法律中有利于保护被扶养人权益的法律。

24. 赡养纠纷

（1）赡养费纠纷

（2）变更赡养关系纠纷

法律条文及规范索引

《中华人民共和国民法典》（2021年1月1日施行）

第二十六条第二款 成年子女对父母负有赡养、扶助和保护的义务。

第一千零六十七条第二款 成年子女不履行赡养义务的，缺乏劳动能力或者生活困难的父母，有要求成年子女给付赡养费的权利。

第一千零六十九条 子女应当尊重父母的婚姻权利，不得干涉父母离婚、再婚以及婚后的生活。子女对父母的赡养义务，不因父母的婚姻关系变化而终止。

第一千零七十二条 继父母与继子女间，不得虐待或者歧视。

继父或者继母和受其抚养教育的继子女间的权利义务关系，适用本法关于父母子女关系的规定。

第一千零七十四条第二款 有负担能力的孙子女、外孙子女，对于子女已经死亡或者子女无力赡养的祖父母、外祖父母，有赡养的义务。

第一千一百一十一条 自收养关系成立之日起，养父母与养子女间的权利义务关系，适用本法关于父母子女关系的规定；养子女与养父母的近亲属间的权利义务关系，适用本法关于子女与父母的近亲属关系的规定。

养子女与生父母以及其他近亲属间的权利义务关系，因收养关系的成立而消除。

《中华人民共和国老年人权益保障法》（2018年12月29日修正）

第十四条 赡养人应当履行对老年人经济上供养、生活上照料和精神上慰藉的义务，照顾老年人的特殊需要。

赡养人是指老年人的子女以及其他依法负有赡养义务的人。

赡养人的配偶应当协助赡养人履行赡养义务。

第十五条 赡养人应当使患病的老年人及时得到治疗和护理；对经济困

难的老年人，应当提供医疗费用。

对生活不能自理的老年人，赡养人应当承担照料责任；不能亲自照料的，可以按照老年人的意愿委托他人或者养老机构等照料。

第十六条　赡养人应当妥善安排老年人的住房，不得强迫老年人居住或者迁居条件低劣的房屋。

老年人自有的或者承租的住房，子女或者其他亲属不得侵占，不得擅自改变产权关系或者租赁关系。

老年人自有的住房，赡养人有维修的义务。

第十七条　赡养人有义务耕种或者委托他人耕种老年人承包的田地，照管或者委托他人照管老年人的林木和牲畜等，收益归老年人所有。

第十八条　家庭成员应当关心老年人的精神需求，不得忽视、冷落老年人。

与老年人分开居住的家庭成员，应当经常看望或者问候老年人。

用人单位应当按照国家有关规定保障赡养人探亲休假的权利。

第十九条　赡养人不得以放弃继承权或者其他理由，拒绝履行赡养义务。

赡养人不履行赡养义务，老年人有要求赡养人付给赡养费等权利。

赡养人不得要求老年人承担力不能及的劳动。

第二十条　经老年人同意，赡养人之间可以就履行赡养义务签订协议。赡养协议的内容不得违反法律的规定和老年人的意愿。

基层群众性自治组织、老年人组织或者赡养人所在单位监督协议的履行。

第二十一条　老年人的婚姻自由受法律保护。子女或者其他亲属不得干涉老年人离婚、再婚及婚后的生活。

赡养人的赡养义务不因老年人的婚姻关系变化而消除。

《最高人民法院关于适用〈中华人民共和国民事诉讼法〉的解释》（法释〔2015〕5号　2020年12月23日修正）

第九条　追索赡养费、抚育费、扶养费案件的几个被告住所地不在同一辖区的，可以由原告住所地人民法院管辖。

第二百一十八条　赡养费、扶养费、抚育费案件，裁判发生法律效力后，因新情况、新理由，一方当事人再行起诉要求增加或者减少费用的，人民法院应作为新案受理。

25. 收养关系纠纷

(1) 确认收养关系纠纷

(2) 解除收养关系纠纷

法律条文及规范索引

《中华人民共和国民法典》(2021年1月1日施行)

第一千零九十五条 未成年人的父母均不具备完全民事行为能力且可能严重危害该未成年人的，该未成年人的监护人可以将其送养。

第一千零九十七条 生父母送养子女，应当双方共同送养。生父母一方不明或者查找不到的，可以单方送养。

第一千零九十八条 收养人应当同时具备下列条件：

(一) 无子女或者只有一名子女；

(二) 有抚养、教育和保护被收养人的能力；

(三) 未患有在医学上认为不应当收养子女的疾病；

(四) 无不利于被收养人健康成长的违法犯罪记录；

(五) 年满三十周岁。

第一千零九十九条 收养三代以内旁系同辈血亲的子女，可以不受本法第一千零九十三条第三项、第一千零九十四条第三项和第一千一百零二条规定的限制。

华侨收养三代以内旁系同辈血亲的子女，还可以不受本法第一千零九十八条第一项规定的限制。

第一千一百条 无子女的收养人可以收养两名子女；有子女的收养人只能收养一名子女。

收养孤儿、残疾未成年人或者儿童福利机构抚养的查找不到生父母的未成年人，可以不受前款和本法第一千零九十八条第一项规定的限制。

第一千一百零一条 有配偶者收养子女，应当夫妻共同收养。

第一千一百零二条 无配偶者收养异性子女的，收养人与被收养人的年龄应当相差四十周岁以上。

第一千一百零三条 继父或者继母经继子女的生父母同意，可以收养继子女，并可以不受本法第一千零九十三条第三项、第一千零九十四条第三项、第一千零九十八条和第一千一百条第一款规定的限制。

第一千一百零四条 收养人收养与送养人送养，应当双方自愿。收养八周岁以上未成年人的，应当征得被收养人的同意。

第一千一百零五条 收养应当向县级以上人民政府民政部门登记。收养关系自登记之日起成立。

收养查找不到生父母的未成年人的，办理登记的民政部门应当在登记前予以公告。

收养关系当事人愿意签订收养协议的，可以签订收养协议。

收养关系当事人各方或者一方要求办理收养公证的，应当办理收养公证。

县级以上人民政府民政部门应当依法进行收养评估。

第一千一百零六条 收养关系成立后，公安机关应当按照国家有关规定为被收养人办理户口登记。

第一千一百零七条 孤儿或者生父母无力抚养的子女，可以由生父母的亲属、朋友抚养；抚养人与被抚养人的关系不适用本章规定。

第一千一百零八条 配偶一方死亡，另一方送养未成年子女的，死亡一方的父母有优先抚养的权利。

第一千一百零九条 外国人依法可以在中华人民共和国收养子女。

外国人在中华人民共和国收养子女，应当经其所在国主管机关依照该国法律审查同意。收养人应当提供由其所在国有权机构出具的有关其年龄、婚姻、职业、财产、健康、有无受过刑事处罚等状况的证明材料，并与送养人签订书面协议，亲自向省、自治区、直辖市人民政府民政部门登记。

前款规定的证明材料应当经收养人所在国外交机关或者外交机关授权的机构认证，并经中华人民共和国驻该国使领馆认证，但是国家另有规定的除外。

第一千一百一十一条 自收养关系成立之日起，养父母与养子女间的权利义务关系，适用本法关于父母子女关系的规定；养子女与养父母的近亲属间的权利义务关系，适用本法关于子女与父母的近亲属关系的规定。

养子女与生父母以及其他近亲属间的权利义务关系，因收养关系的成立而消除。

第一千一百一十三条 有本法第一编关于民事法律行为无效规定情形或者违反本编规定的收养行为无效。

无效的收养行为自始没有法律约束力。

第一千一百一十四条 收养人在被收养人成年以前，不得解除收养关系，但是收养人、送养人双方协议解除的除外。养子女八周岁以上的，应当征得本人同意。

收养人不履行抚养义务，有虐待、遗弃等侵害未成年养子女合法权益行为的，送养人有权要求解除养父母与养子女间的收养关系。送养人、收养人不能达成解除收养关系协议的，可以向人民法院提起诉讼。

第一千一百一十五条 养父母与成年养子女关系恶化、无法共同生活的，可以协议解除收养关系。不能达成协议的，可以向人民法院提起诉讼。

第一千一百一十六条 当事人协议解除收养关系的，应当到民政部门办理解除收养关系登记。

第一千一百一十七条 收养关系解除后，养子女与养父母以及其他近亲属间的权利义务关系即行消除，与生父母以及其他近亲属间的权利义务关系自行恢复。但是，成年养子女与生父母以及其他近亲属间的权利义务关系是否恢复，可以协商确定。

第一千一百一十八条 收养关系解除后，经养父母抚养的成年养子女，对缺乏劳动能力又缺乏生活来源的养父母，应当给付生活费。因养子女成年后虐待、遗弃养父母而解除收养关系的，养父母可以要求养子女补偿收养期间支出的抚养费。

生父母要求解除收养关系的，养父母可以要求生父母适当补偿收养期间支出的抚养费；但是，因养父母虐待、遗弃养子女而解除收养关系的除外。

《中华人民共和国涉外民事关系法律适用法》（2011 年 4 月 1 日施行）

第二十八条 收养的条件和手续，适用收养人和被收养人经常居所地法律。收养的效力，适用收养时收养人经常居所地法律。收养关系的解除，适用收养时被收养人经常居所地法律或者法院地法律。

26. 监护权纠纷

法律条文及规范索引

《中华人民共和国民法典》（2021年1月1日施行）

第二十七条　父母是未成年子女的监护人。

未成年人的父母已经死亡或者没有监护能力的，由下列有监护能力的人按顺序担任监护人：

（一）祖父母、外祖父母；

（二）兄、姐；

（三）其他愿意担任监护人的个人或者组织，但是须经未成年人住所地的居民委员会、村民委员会或者民政部门同意。

第二十八条　无民事行为能力或者限制民事行为能力的成年人，由下列有监护能力的人按顺序担任监护人：

（一）配偶；

（二）父母、子女；

（三）其他近亲属；

（四）其他愿意担任监护人的个人或者组织，但是须经被监护人住所地的居民委员会、村民委员会或者民政部门同意。

第二十九条　被监护人的父母担任监护人的，可以通过遗嘱指定监护人。

第三十条　依法具有监护资格的人之间可以协议确定监护人。协议确定监护人应当尊重被监护人的真实意愿。

第三十一条　对监护人的确定有争议的，由被监护人住所地的居民委员会、村民委员会或者民政部门指定监护人，有关当事人对指定不服的，可以向人民法院申请指定监护人；有关当事人也可以直接向人民法院申请指定监护人。

居民委员会、村民委员会、民政部门或者人民法院应当尊重被监护人的真实意愿，按照最有利于被监护人的原则在依法具有监护资格的人中指定监护人。

依据本条第一款规定指定监护人前，被监护人的人身权利、财产权利以及其他合法权益处于无人保护状态的，由被监护人住所地的居民委员会、村民委员会、法律规定的有关组织或者民政部门担任临时监护人。

监护人被指定后，不得擅自变更；擅自变更的，不免除被指定的监护人的责任。

第三十二条 没有依法具有监护资格的人的，监护人由民政部门担任，也可以由具备履行监护职责条件的被监护人住所地的居民委员会、村民委员会担任。

第三十三条 具有完全民事行为能力的成年人，可以与其近亲属、其他愿意担任监护人的个人或者组织事先协商，以书面形式确定自己的监护人，在自己丧失或者部分丧失民事行为能力时，由该监护人履行监护职责。

第三十四条 监护人的职责是代理被监护人实施民事法律行为，保护被监护人的人身权利、财产权利以及其他合法权益等。

监护人依法履行监护职责产生的权利，受法律保护。

监护人不履行监护职责或者侵害被监护人合法权益的，应当承担法律责任。

因发生突发事件等紧急情况，监护人暂时无法履行监护职责，被监护人的生活处于无人照料状态的，被监护人住所地的居民委员会、村民委员会或者民政部门应当为被监护人安排必要的临时生活照料措施。

第三十五条 监护人应当按照最有利于被监护人的原则履行监护职责。监护人除为维护被监护人利益外，不得处分被监护人的财产。

未成年人的监护人履行监护职责，在作出与被监护人利益有关的决定时，应当根据被监护人的年龄和智力状况，尊重被监护人的真实意愿。

成年人的监护人履行监护职责，应当最大程度地尊重被监护人的真实意愿，保障并协助被监护人实施与其智力、精神健康状况相适应的民事法律行为。对被监护人有能力独立处理的事务，监护人不得干涉。

《中华人民共和国反家庭暴力法》（2016 年 3 月 1 日施行）

第二十一条 监护人实施家庭暴力严重侵害被监护人合法权益的，人民法院可以根据被监护人的近亲属、居民委员会、村民委员会、县级人民政府民政部门等有关人员或者单位的申请，依法撤销其监护人资格，另行指定监护人。

被撤销监护人资格的加害人，应当继续负担相应的赡养、扶养、抚养费用。

《中华人民共和国涉外民事关系法律适用法》（2011 年 4 月 1 日施行）

第三十条　监护，适用一方当事人经常居所地法律或者国籍国法律中有利于保护被监护人权益的法律。

27. 探望权纠纷

法律条文及规范索引

《中华人民共和国民法典》（2021 年 1 月 1 日施行）

第一千零八十六条　离婚后，不直接抚养子女的父或者母，有探望子女的权利，另一方有协助的义务。

行使探望权利的方式、时间由当事人协议；协议不成的，由人民法院判决。

父或者母探望子女，不利于子女身心健康的，由人民法院依法中止探望；中止的事由消失后，应当恢复探望。

《最高人民法院关于适用〈中华人民共和国民法典〉婚姻家庭编的解释（一）》（法释〔2020〕22 号　2020 年 12 月 29 日）

第六十五条　人民法院作出的生效的离婚判决中未涉及探望权，当事人就探望权问题单独提起诉讼的，人民法院应予受理。

第六十六条　当事人在履行生效判决、裁定或者调解书的过程中，一方请求中止探望的，人民法院在征询双方当事人意见后，认为需要中止探望的，依法作出裁定；中止探望的情形消失后，人民法院应当根据当事人的请求书面通知其恢复探望。

第六十七条　未成年子女、直接抚养子女的父或者母以及其他对未成年子女负担抚养、教育、保护义务的法定监护人，有权向人民法院提出中止探望的请求。

第六十八条　对于拒不协助另一方行使探望权的有关个人或者组织，可以由人民法院依法采取拘留、罚款等强制措施，但是不能对子女的人身、探望行为进行强制执行。

28. 分家析产纠纷

法律条文及规范索引

《中华人民共和国民法典》（2021年1月1日施行）

第二百九十七条 不动产或者动产可以由两个以上组织、个人共有。共有包括按份共有和共同共有。

第二百九十八条 按份共有人对共有的不动产或者动产按照其份额享有所有权。

第二百九十九条 共同共有人对共有的不动产或者动产共同享有所有权。

第三百零三条 共有人约定不得分割共有的不动产或者动产，以维持共有关系的，应当按照约定，但是共有人有重大理由需要分割的，可以请求分割；没有约定或者约定不明确的，按份共有人可以随时请求分割，共同共有人在共有的基础丧失或者有重大理由需要分割时可以请求分割。因分割造成其他共有人损害的，应当给予赔偿。

第三百零四条 共有人可以协商确定分割方式。达不成协议，共有的不动产或者动产可以分割且不会因分割减损价值的，应当对实物予以分割；难以分割或者因分割会减损价值的，应当对折价或者拍卖、变卖取得的价款予以分割。

共有人分割所得的不动产或者动产有瑕疵的，其他共有人应当分担损失。

第三百零七条 因共有的不动产或者动产产生的债权债务，在对外关系上，共有人享有连带债权、承担连带债务，但是法律另有规定或者第三人知道共有人不具有连带债权债务关系的除外；在共有人内部关系上，除共有人另有约定外，按份共有人按照份额享有债权、承担债务，共同共有人共同享有债权、承担债务。偿还债务超过自己应当承担份额的按份共有人，有权向其他共有人追偿。

第三百零八条 共有人对共有的不动产或者动产没有约定为按份共有或者共同共有，或者约定不明确的，除共有人具有家庭关系等外，视为按份共有。

三、继承纠纷

继承纠纷是指因法定继承、遗嘱继承、遗赠扶养协议、遗产管理等问题而引发的纠纷。此次案由修改中，在第二级案由“三、继承纠纷”项下：增加“34. 遗产管理纠纷”。

29. 法定继承纠纷

（1）转继承纠纷

（2）代位继承纠纷

法律条文及规范索引

《中华人民共和国民法典》（2021年1月1日施行）

第十六条　涉及遗产继承、接受赠与等胎儿利益保护的，胎儿视为具有民事权利能力。但是，胎儿娩出时为死体的，其民事权利能力自始不存在。

第一百二十四条　自然人依法享有继承权。

自然人合法的私有财产，可以依法继承。

第九百九十二条　人格权不得放弃、转让或者继承。

第一千零六十一条　夫妻有相互继承遗产的权利。

第一千一百二十条　国家保护自然人的继承权。

第一千一百二十一条　继承从被继承人死亡时开始。

相互有继承关系的数人在同一事件中死亡，难以确定死亡时间的，推定没有其他继承人的人先死亡。都有其他继承人，辈份不同的，推定长辈先死亡；辈份相同的，推定同时死亡，相互不发生继承。

第一千一百二十二条　遗产是自然人死亡时遗留的个人合法财产。

依照法律规定或者根据其性质不得继承的遗产，不得继承。

第一千一百二十三条 继承开始后，按照法定继承办理；有遗嘱的，按照遗嘱继承或者遗赠办理；有遗赠扶养协议的，按照协议办理。

第一千一百二十四条 继承开始后，继承人放弃继承的，应当在遗产处理前，以书面形式作出放弃继承的表示；没有表示的，视为接受继承。

受遗赠人应当在知道受遗赠后六十日内，作出接受或者放弃受遗赠的表示；到期没有表示的，视为放弃受遗赠。

第一千一百二十五条 继承人有下列行为之一的，丧失继承权：

（一）故意杀害被继承人；

（二）为争夺遗产而杀害其他继承人；

（三）遗弃被继承人，或者虐待被继承人情节严重；

（四）伪造、篡改、隐匿或者销毁遗嘱，情节严重；

（五）以欺诈、胁迫手段迫使或者妨碍被继承人设立、变更或者撤回遗嘱，情节严重。

继承人有前款第三项至第五项行为，确有悔改表现，被继承人表示宽恕或者事后在遗嘱中将其列为继承人的，该继承人不丧失继承权。

受遗赠人有本条第一款规定行为的，丧失受遗赠权。

第一千一百二十六条 继承权男女平等。

第一千一百二十七条 遗产按照下列顺序继承：

（一）第一顺序：配偶、子女、父母；

（二）第二顺序：兄弟姐妹、祖父母、外祖父母。

继承开始后，由第一顺序继承人继承，第二顺序继承人不继承；没有第一顺序继承人继承的，由第二顺序继承人继承。

本编所称子女，包括婚生子女、非婚生子女、养子女和有扶养关系的继子女。

本编所称父母，包括生父母、养父母和有扶养关系的继父母。

本编所称兄弟姐妹，包括同父母的兄弟姐妹、同父异母或者同母异父的兄弟姐妹、养兄弟姐妹、有扶养关系的继兄弟姐妹。

第一千一百二十八条 被继承人的子女先于被继承人死亡的，由被继承人的子女的直系晚辈血亲代位继承。

被继承人的兄弟姐妹先于被继承人死亡的，由被继承人的兄弟姐妹的子女代位继承。

代位继承人一般只能继承被代位继承人有权继承的遗产份额。

第一千一百二十九条　丧偶儿媳对公婆，丧偶女婿对岳父母，尽了主要赡养义务的，作为第一顺序继承人。

第一千一百三十条　同一顺序继承人继承遗产的份额，一般应当均等。

对生活有特殊困难又缺乏劳动能力的继承人，分配遗产时，应当予以照顾。

对被继承人尽了主要扶养义务或者与被继承人共同生活的继承人，分配遗产时，可以多分。

有扶养能力和有扶养条件的继承人，不尽扶养义务的，分配遗产时，应当不分或者少分。

继承人协商同意的，也可以不均等。

第一千一百三十一条　对继承人以外的依靠被继承人扶养的人，或者继承人以外的对被继承人扶养较多的人，可以分给适当的遗产。

第一千一百三十二条　继承人应当本着互谅互让、和睦团结的精神，协商处理继承问题。遗产分割的时间、办法和份额，由继承人协商确定；协商不成的，可以由人民调解委员会调解或者向人民法院提起诉讼。

第一千一百五十四条　有下列情形之一的，遗产中的有关部分按照法定继承办理：

（一）遗嘱继承人放弃继承或者受遗赠人放弃受遗赠；

（二）遗嘱继承人丧失继承权或者受遗赠人丧失受遗赠权；

（三）遗嘱继承人、受遗赠人先于遗嘱人死亡或者终止；

（四）遗嘱无效部分所涉及的遗产；

（五）遗嘱未处分的遗产。

第一千一百五十五条　遗产分割时，应当保留胎儿的继承份额。胎儿娩出时是死体的，保留的份额按照法定继承办理。

第一千一百五十六条　遗产分割应当有利于生产和生活需要，不损害遗产的效用。

不宜分割的遗产，可以采取折价、适当补偿或者共有等方法处理。

第一千一百五十七条　夫妻一方死亡后另一方再婚的，有权处分所继承的财产，任何组织或者个人不得干涉。

第一千一百五十九条　分割遗产，应当清偿被继承人依法应当缴纳的税款和债务；但是，应当为缺乏劳动能力又没有生活来源的继承人保留必要的遗产。

第一千一百六十一条 继承人以所得遗产实际价值为限清偿被继承人依法应当缴纳的税款和债务。超过遗产实际价值部分，继承人自愿偿还的不在此限。

继承人放弃继承的，对被继承人依法应当缴纳的税款和债务可以不负清偿责任。

第一千一百六十二条 执行遗赠不得妨碍清偿遗赠人依法应当缴纳的税款和债务。

第一千一百六十三条 既有法定继承又有遗嘱继承、遗赠的，由法定继承人清偿被继承人依法应当缴纳的税款和债务；超过法定继承遗产实际价值部分，由遗嘱继承人和受遗赠人按比例以所得遗产清偿。

《中华人民共和国涉外民事关系法律适用法》（2011 年 4 月 1 日施行）

第三十一条 法定继承，适用被继承人死亡时经常居所地法律，但不动产法定继承，适用不动产所在地法律。

《最高人民法院关于适用〈中华人民共和国民法典〉继承编的解释(一)》（法释〔2020〕23 号 2020 年 12 月 29 日）

第一条 继承从被继承人生理死亡或者被宣告死亡时开始。

宣告死亡的，根据民法典第四十八条规定确定的死亡日期，为继承开始的时间。

第二条 承包人死亡时尚未取得承包收益的，可以将死者生前对承包所投入的资金和所付出的劳动及其增值和孳息，由发包单位或者接续承包合同的人合理折价、补偿。其价额作为遗产。

第三条 被继承人生前与他人订有遗赠扶养协议，同时又立有遗嘱的，继承开始后，如果遗赠扶养协议与遗嘱没有抵触，遗产分别按协议和遗嘱处理；如果有抵触，按协议处理，与协议抵触的遗嘱全部或者部分无效。

第四条 遗嘱继承人依遗嘱取得遗产后，仍有权依照民法典第一千一百三十条的规定取得遗嘱未处分的遗产。

第五条 在遗产继承中，继承人之间因是否丧失继承权发生纠纷，向人民法院提起诉讼的，由人民法院依据民法典第一千一百二十五条的规定，判决确认其是否丧失继承权。

第六条 继承人是否符合民法典第一千一百二十五条第一款第三项规定的“虐待被继承人情节严重”，可以从实施虐待行为的时间、手段、后果和社会影响等方面认定。

虐待被继承人情节严重的，不论是否追究刑事责任，均可确认其丧失继承权。

第七条　继承人故意杀害被继承人的，不论是既遂还是未遂，均应当确认其丧失继承权。

第八条　继承人有民法典第一千一百二十五条第一款第一项或者第二项所列之行为，而被继承人以遗嘱将遗产指定由该继承人继承的，可以确认遗嘱无效，并确认该继承人丧失继承权。

第九条　继承人伪造、篡改、隐匿或者销毁遗嘱，侵害了缺乏劳动能力又无生活来源的继承人的利益，并造成其生活困难的，应当认定为民法典第一千一百二十五条第一款第四项规定的“情节严重”。

第十条　被收养人对养父母尽了赡养义务，同时又对生父母扶养较多的，除可以依照民法典第一千一百二十七条的规定继承养父母的遗产外，还可以依照民法典第一千一百三十一条的规定分得生父母适当的遗产。

第十一条　继子女继承了继父母遗产的，不影响其继承生父母的遗产。

继父母继承了继子女遗产的，不影响其继承生子女的遗产。

第十二条　养子女与生子女之间、养子女与养子女之间，系养兄弟姐妹，可以互为第二顺序继承人。

被收养人与其亲兄弟姐妹之间的权利义务关系，因收养关系的成立而消除，不能互为第二顺序继承人。

第十三条　继兄弟姐妹之间的继承权，因继兄弟姐妹之间的扶养关系而发生。没有扶养关系的，不能互为第二顺序继承人。

继兄弟姐妹之间相互继承了遗产的，不影响其继承亲兄弟姐妹的遗产。

第十四条　被继承人的孙子女、外孙子女、曾孙子女、外曾孙子女都可以代位继承，代位继承人不受辈数的限制。

第十五条　被继承人的养子女、已形成扶养关系的继子女的生子女可以代位继承；被继承人亲生子女的养子女可以代位继承；被继承人养子女的养子女可以代位继承；与被继承人已形成扶养关系的继子女的养子女也可以代位继承。

第十六条　代位继承人缺乏劳动能力又没有生活来源，或者对被继承人尽过主要赡养义务的，分配遗产时，可以多分。

第十七条　继承人丧失继承权的，其晚辈直系血亲不得代位继承。如该代位继承人缺乏劳动能力又没有生活来源，或者对被继承人尽赡养义务较多的，可以适当分给遗产。

第十八条 丧偶儿媳对公婆、丧偶女婿对岳父母，无论其是否再婚，依照民法典第一千一百二十九条规定作为第一顺序继承人时，不影响其子女代位继承。

第十九条 对被继承人生活提供了主要经济来源，或者在劳务等方面给予了主要扶助的，应当认定其尽了主要赡养义务或主要扶养义务。

第二十条 依照民法典第一千一百三十一条规定可以分给适当遗产的人，分给他们遗产时，按具体情况可以多于或者少于继承人。

第二十一条 依照民法典第一千一百三十一条规定可以分给适当遗产的人，在其依法取得被继承人遗产的权利受到侵犯时，本人有权以独立的诉讼主体资格向人民法院提起诉讼。

第二十二条 继承人有扶养能力和扶养条件，愿意尽扶养义务，但被继承人因有固定收入和劳动能力，明确表示不要求其扶养的，分配遗产时，一般不应因此而影响其继承份额。

第二十三条 有扶养能力和扶养条件的继承人虽然与被继承人共同生活，但对需要扶养的被继承人不尽扶养义务，分配遗产时，可以少分或者不分。

《最高人民法院关于适用〈中华人民共和国民法典〉时间效力的若干规定》（法释〔2020〕15号　2020年12月29日）

第十三条 民法典施行前，继承人有民法典第一千一百二十五条第一款第四项和第五项规定行为之一，对该继承人是否丧失继承权发生争议的，适用民法典第一千一百二十五条第一款和第二款的规定。

民法典施行前，受遗赠人有民法典第一千一百二十五条第一款规定行为之一，对受遗赠人是否丧失受遗赠权发生争议的，适用民法典第一千一百二十五条第一款和第三款的规定。

第十四条 被继承人在民法典施行前死亡，遗产无人继承又无人受遗赠，其兄弟姐妹的子女请求代位继承的，适用民法典第一千一百二十八条第二款和第三款的规定，但是遗产已经在民法典施行前处理完毕的除外。

30. 遗嘱继承纠纷

法律条文及规范索引

《中华人民共和国民法典》（2021年1月1日施行）

第一百二十四条　自然人依法享有继承权。

自然人合法的私有财产，可以依法继承。

第一千一百三十三条　自然人可以依照本法规定立遗嘱处分个人财产，并可以指定遗嘱执行人。

自然人可以立遗嘱将个人财产指定由法定继承人中的一人或者数人继承。

自然人可以立遗嘱将个人财产赠与国家、集体或者法定继承人以外的组织、个人。

自然人可以依法设立遗嘱信托。

第一千一百三十四条　自书遗嘱由遗嘱人亲笔书写，签名，注明年、月、日。

第一千一百三十五条　代书遗嘱应当有两个以上见证人在场见证，由其中一人代书，并由遗嘱人、代书人和其他见证人签名，注明年、月、日。

第一千一百三十六条　打印遗嘱应当有两个以上见证人在场见证。遗嘱人和见证人应当在遗嘱每一页签名，注明年、月、日。

第一千一百三十七条　以录音录像形式立的遗嘱，应当有两个以上见证人在场见证。遗嘱人和见证人应当在录音录像中记录其姓名或者肖像，以及年、月、日。

第一千一百三十八条　遗嘱人在危急情况下，可以立口头遗嘱。口头遗嘱应当有两个以上见证人在场见证。危急情况消除后，遗嘱人能够以书面或者录音录像形式立遗嘱的，所立的口头遗嘱无效。

第一千一百三十九条　公证遗嘱由遗嘱人经公证机构办理。

第一千一百四十条　下列人员不能作为遗嘱见证人：

（一）无民事行为能力人、限制民事行为能力人以及其他不具有见证能力的人；

（二）继承人、受遗赠人；

（三）与继承人、受遗赠人有利害关系的人。

第一千一百四十一条 遗嘱应当为缺乏劳动能力又没有生活来源的继承人保留必要的遗产份额。

第一千一百四十二条 遗嘱人可以撤回、变更自己所立的遗嘱。

立遗嘱后，遗嘱人实施与遗嘱内容相反的民事法律行为的，视为对遗嘱相关内容的撤回。

立有数份遗嘱，内容相抵触的，以最后的遗嘱为准。

第一千一百四十三条 无民事行为能力人或者限制民事行为能力人所立的遗嘱无效。

遗嘱必须表示遗嘱人的真实意思，受欺诈、胁迫所立的遗嘱无效。

伪造的遗嘱无效。

遗嘱被篡改的，篡改的内容无效。

第一千一百四十四条 遗嘱继承或者遗赠附有义务的，继承人或者受遗赠人应当履行义务。没有正当理由不履行义务的，经利害关系人或者有关组织请求，人民法院可以取消其接受附义务部分遗产的权利。

《中华人民共和国涉外民事关系法律适用法》（2011年4月1日施行）

第三十二条 遗嘱方式，符合遗嘱人立遗嘱时或者死亡时经常居所地法律、国籍国法律或者遗嘱行为地法律的，遗嘱均为成立。

第三十三条 遗嘱效力，适用遗嘱人立遗嘱时或者死亡时经常居所地法律或者国籍国法律。

第三十四条 遗产管理等事项，适用遗产所在地法律。

第三十五条 无人继承遗产的归属，适用被继承人死亡时遗产所在地法律。

《最高人民法院关于适用〈中华人民共和国民法典〉继承编的解释（一）》（法释〔2020〕23号 2020年12月29日）

第二十四条 继承人、受遗赠人的债权人、债务人，共同经营的合伙人，也应当视为与继承人、受遗赠人有利害关系，不能作为遗嘱的见证人。

第二十五条 遗嘱人未保留缺乏劳动能力又没有生活来源的继承人的遗产份额，遗产处理时，应当为该继承人留下必要的遗产，所剩余的部分，才可参照遗嘱确定的分配原则处理。

继承人是否缺乏劳动能力又没有生活来源，应当按遗嘱生效时该继承人的具体情况确定。

第二十六条　遗嘱人以遗嘱处分了国家、集体或者他人财产的，应当认定该部分遗嘱无效。

第二十七条　自然人在遗书中涉及死后个人财产处分的内容，确为死者的真实意思表示，有本人签名并注明了年、月、日，又无相反证据的，可以按自书遗嘱对待。

第二十八条　遗嘱人立遗嘱时必须具有完全民事行为能力。无民事行为能力人或者限制民事行为能力人所立的遗嘱，即使其本人后来具有完全民事行为能力，仍属无效遗嘱。遗嘱人立遗嘱时具有完全民事行为能力，后来成为无民事行为能力人或者限制民事行为能力人的，不影响遗嘱的效力。

第二十九条　附义务的遗嘱继承或者遗赠，如义务能够履行，而继承人、受遗赠人无正当理由不履行，经受益人或者其他继承人请求，人民法院可以取消其接受附义务部分遗产的权利，由提出请求的继承人或者受益人负责按遗嘱人的意愿履行义务，接受遗产。

《最高人民法院关于适用〈中华人民共和国民法典〉时间效力的若干规定》（法释〔2020〕15 号　2020 年 12 月 29 日）

第十五条　民法典施行前，遗嘱人以打印方式立的遗嘱，当事人对该遗嘱效力发生争议的，适用民法典第一千一百三十六条的规定，但是遗产已经在民法典施行前处理完毕的除外。

第二十三条　被继承人在民法典施行前立有公证遗嘱，民法典施行后又立有新遗嘱，其死亡后，因该数份遗嘱内容相抵触发生争议的，适用民法典第一千一百四十二条第三款的规定。

31. 被继承人债务清偿纠纷

法律条文及规范索引

《中华人民共和国民法典》（2021 年 1 月 1 日施行）

第六百七十四条　借款人应当按照约定的期限支付利息。对支付利息的期限没有约定或者约定不明确，依据本法第五百一十条的规定仍不能确定，借款期间不满一年的，应当在返还借款时一并支付；借款期间一年以上的，应当在每届满一年时支付，剩余期间不满一年的，应当在返还借款时一并支付。

第一千一百六十一条 继承人以所得遗产实际价值为限清偿被继承人依法应当缴纳的税款和债务。超过遗产实际价值部分，继承人自愿偿还的不在此限。

继承人放弃继承的，对被继承人依法应当缴纳的税款和债务可以不负清偿责任。

第一千一百六十二条 执行遗赠不得妨碍清偿遗赠人依法应当缴纳的税款和债务。

32. 遗赠纠纷

法律条文及规范索引

《中华人民共和国民法典》（2021年1月1日施行）

第一千一百二十三条 继承开始后，按照法定继承办理；有遗嘱的，按照遗嘱继承或者遗赠办理；有遗赠扶养协议的，按照协议办理。

第一千一百二十四条 继承开始后，继承人放弃继承的，应当在遗产处理前，以书面形式作出放弃继承的表示；没有表示的，视为接受继承。

受遗赠人应当在知道受遗赠后六十日内，作出接受或者放弃受遗赠的表示；到期没有表示的，视为放弃受遗赠。

第一千一百三十三条 自然人可以依照本法规定立遗嘱处分个人财产，并可以指定遗嘱执行人。

自然人可以立遗嘱将个人财产指定由法定继承人中的一人或者数人继承。

自然人可以立遗嘱将个人财产赠与国家、集体或者法定继承人以外的组织、个人。

自然人可以依法设立遗嘱信托。

第一千一百六十二条 执行遗赠不得妨碍清偿遗赠人依法应当缴纳的税款和债务。

《最高人民法院关于适用〈中华人民共和国民法典〉继承编的解释(一)》（法释〔2020〕23号　2020年12月29日）

第二十四条　继承人、受遗赠人的债权人、债务人，共同经营的合伙人，也应当视为与继承人、受遗赠人有利害关系，不能作为遗嘱的见证人。

第二十九条　附义务的遗嘱继承或者遗赠，如义务能够履行，而继承人、受遗赠人无正当理由不履行，经受益人或者其他继承人请求，人民法院可以取消其接受附义务部分遗产的权利，由提出请求的继承人或者受益人负责按遗嘱人的意愿履行义务，接受遗产。

33. 遗赠扶养协议纠纷

法律条文及规范索引

《中华人民共和国民法典》（2021年1月1日施行）

第一千一百二十三条　继承开始后，按照法定继承办理；有遗嘱的，按照遗嘱继承或者遗赠办理；有遗赠扶养协议的，按照协议办理。

第一千一百五十八条　自然人可以与继承人以外的组织或者个人签订遗赠扶养协议。按照协议，该组织或者个人承担该自然人生养死葬的义务，享有受遗赠的权利。

《最高人民法院关于适用〈中华人民共和国民法典〉继承编的解释(一)》（法释〔2020〕23号　2020年12月29日）

第四十条　继承人以外的组织或者个人与自然人签订遗赠扶养协议后，无正当理由不履行，导致协议解除的，不能享有受遗赠的权利，其支付的供养费用一般不予补偿；遗赠人无正当理由不履行，导致协议解除的，则应当偿还继承人以外的组织或者个人已支付的供养费用。

第四十四条　继承诉讼开始后，如继承人、受遗赠人中有既不愿参加诉讼，又不表示放弃实体权利的，应当追加为共同原告；继承人已书面表示放弃继承、受遗赠人在知道受遗赠后六十日内表示放弃受遗赠或者到期没有表示的，不再列为当事人。

34. 遗产管理纠纷

法律条文及规范索引

《中华人民共和国民法典》（2021年1月1日施行）

第一千一百四十五条 继承开始后，遗嘱执行人为遗产管理人；没有遗嘱执行人的，继承人应当及时推选遗产管理人；继承人未推选的，由继承人共同担任遗产管理人；没有继承人或者继承人均放弃继承的，由被继承人生前住所地的民政部门或者村民委员会担任遗产管理人。

第一千一百四十六条 对遗产管理人的确定有争议的，利害关系人可以向人民法院申请指定遗产管理人。

第一千一百四十七条 遗产管理人应当履行下列职责：

（一）清理遗产并制作遗产清单；

（二）向继承人报告遗产情况；

（三）采取必要措施防止遗产毁损、灭失；

（四）处理被继承人的债权债务；

（五）按照遗嘱或者依照法律规定分割遗产；

（六）实施与管理遗产有关的其他必要行为。

第一千一百四十八条 遗产管理人应当依法履行职责，因故意或者重大过失造成继承人、受遗赠人、债权人损害的，应当承担民事责任。

第一千一百四十九条 遗产管理人可以依照法律规定或者按照约定获得报酬。

《最高人民法院关于适用〈中华人民共和国民法典〉继承编的解释（一）》（法释〔2020〕23号 2020年12月29日）

第三十条 人民法院在审理继承案件时，如果知道有继承人而无法通知的，分割遗产时，要保留其应继承的遗产，并确定该遗产的保管人或者保管单位。

第三十一条 应当为胎儿保留的遗产份额没有保留的，应从继承人所继承的遗产中扣回。

为胎儿保留的遗产份额，如胎儿出生后死亡的，由其继承人继承；如胎儿娩出时是死体的，由被继承人的继承人继承。

第三十二条 继承人因放弃继承权，致其不能履行法定义务的，放弃继承权的行为无效。

第三十三条 继承人放弃继承应当以书面形式向遗产管理人或者其他继承人表示。

第三十四条 在诉讼中，继承人向人民法院以口头方式表示放弃继承的，要制作笔录，由放弃继承的人签名。

第三十五条 继承人放弃继承的意思表示，应当在继承开始后、遗产分割前作出。遗产分割后表示放弃的不再是继承权，而是所有权。

第三十六条 遗产处理前或者在诉讼进行中，继承人对放弃继承反悔的，由人民法院根据其提出的具体理由，决定是否承认。遗产处理后，继承人对放弃继承反悔的，不予承认。

第三十七条 放弃继承的效力，追溯到继承开始的时间。

第三十八条 继承开始后，受遗赠人表示接受遗赠，并于遗产分割前死亡的，其接受遗赠的权利转移给他的继承人。

第三十九条 由国家或者集体组织供给生活费用的烈属和享受社会救济的自然人，其遗产仍应准许合法继承人继承。

第四十条 继承人以外的组织或者个人与自然人签订遗赠扶养协议后，无正当理由不履行，导致协议解除的，不能享有受遗赠的权利，其支付的供养费用一般不予补偿；遗赠人无正当理由不履行，导致协议解除的，则应当偿还继承人以外的组织或者个人已支付的供养费用。

第四十一条 遗产因无人继承又无人受遗赠归国家或者集体所有制组织所有时，按照民法典第一千一百三十一条规定可以分给适当遗产的人提出取得遗产的诉讼请求，人民法院应当视情况适当分给遗产。

第四十二条 人民法院在分割遗产中的房屋、生产资料和特定职业所需要的财产时，应当依据有利于发挥其使用效益和继承人的实际需要，兼顾各继承人的利益进行处理。

第四十三条 人民法院对故意隐匿、侵吞或者争抢遗产的继承人，可以酌情减少其应继承的遗产。

第四十四条 继承诉讼开始后，如继承人、受遗赠人中有既不愿参加诉讼，又不表示放弃实体权利的，应当追加为共同原告；继承人已书面表示放弃继承、受遗赠人在知道受遗赠后六十日内表示放弃受遗赠或者到期没有表示的，不再列为当事人。

第三部分

物权纠纷

四、不动产登记纠纷

《民法典》第二百零九条规定："不动产物权的设立、变更、转让和消灭，经依法登记，发生效力；未经登记，不发生效力，但是法律另有规定的除外。"根据《不动产登记暂行条例》的规定，不动产是指土地、海域以及房屋、林木等定着物。不动产的登记包括首次登记、变更登记、转移登记、注销登记、更正登记、异议登记、预告登记、查封登记等。集体土地所有权；房屋等建筑物、构筑物所有权；森林、林木所有权；耕地、林地、草地等土地承包经营权；建设用地使用权；宅基地使用权；海域使用权；地役权；抵押权；法律规定需要登记的其他不动产权利都需要按照规定办理不动产登记。不动产登记纠纷就是指在不动产的各种登记中产生的纠纷。

35. 异议登记不当损害责任纠纷

法律条文及规范索引

《中华人民共和国民法典》（2021年1月1日施行）

第二百二十条　权利人、利害关系人认为不动产登记簿记载的事项错误的，可以申请更正登记。不动产登记簿记载的权利人书面同意更正或者有证据证明登记确有错误的，登记机构应当予以更正。

不动产登记簿记载的权利人不同意更正的，利害关系人可以申请异议登记。登记机构予以异议登记，申请人自异议登记之日起十五日内不提起诉讼的，异议登记失效。异议登记不当，造成权利人损害的，权利人可以向申请人请求损害赔偿。

《最高人民法院关于适用〈中华人民共和国民法典〉物权编的解释(一)》（法释〔2020〕24号 2020年12月29日）

第二条 当事人有证据证明不动产登记簿的记载与真实权利状态不符、其为该不动产物权的真实权利人，请求确认其享有物权的，应予支持。

第三条 异议登记因民法典第二百二十条第二款规定的事由失效后，当事人提起民事诉讼，请求确认物权归属的，应当依法受理。异议登记失效不影响人民法院对案件的实体审理。

36. 虚假登记损害责任纠纷

法律条文及规范索引

《中华人民共和国民法典》（2021年1月1日施行）

第二百二十二条 当事人提供虚假材料申请登记，造成他人损害的，应当承担赔偿责任。

因登记错误，造成他人损害的，登记机构应当承担赔偿责任。登记机构赔偿后，可以向造成登记错误的人追偿。

《中华人民共和国城市房地产管理法》（2019年8月26修正）

第六十一条 以出让或者划拨方式取得土地使用权，应当向县级以上地方人民政府土地管理部门申请登记，经县级以上地方人民政府土地管理部门核实，由同级人民政府颁发土地使用权证书。

在依法取得的房地产开发用地上建成房屋的，应当凭土地使用权证书向县级以上地方人民政府房产管理部门申请登记，由县级以上地方人民政府房产管理部门核实并颁发房屋所有权证书。

房地产转让或者变更时，应当向县级以上地方人民政府房产管理部门申请房产变更登记，并凭变更后的房屋所有权证书向同级人民政府土地管理部门申请土地使用权变更登记，经同级人民政府土地管理部门核实，由同级人民政府更换或者更改土地使用权证书。

法律另有规定的，依照有关法律的规定办理。

第七十一条 房产管理部门、土地管理部门工作人员玩忽职守、滥用职权，构成犯罪的，依法追究刑事责任；不构成犯罪的，给予行政处分。

房产管理部门、土地管理部门工作人员利用职务上的便利，索取他人财物，或者非法收受他人财物为他人谋取利益，构成犯罪的，依法追究刑事责任；不构成犯罪的，给予行政处分。

《中华人民共和国土地管理法》（2019 年 8 月 26 日修正）

第七十七条 未经批准或者采取欺骗手段骗取批准，非法占用土地的，由县级以上人民政府自然资源主管部门责令退还非法占用的土地，对违反土地利用总体规划擅自将农用地改为建设用地的，限期拆除在非法占用的土地上新建的建筑物和其他设施，恢复土地原状，对符合土地利用总体规划的，没收在非法占用的土地上新建的建筑物和其他设施，可以并处罚款；对非法占用土地单位的直接负责的主管人员和其他直接责任人员，依法给予处分；构成犯罪的，依法追究刑事责任。

超过批准的数量占用土地，多占的土地以非法占用土地论处。

《最高人民法院关于审理房屋登记案件若干问题的规定》（法释〔2010〕15 号 2010 年 11 月 5 日）

第十二条 申请人提供虚假材料办理房屋登记，给原告造成损害，房屋登记机构未尽合理审慎职责的，应当根据其过错程度及其在损害发生中所起作用承担相应的赔偿责任。

第十三条 房屋登记机构工作人员与第三人恶意串通违法登记，侵犯原告合法权益的，房屋登记机构与第三人承担连带赔偿责任。

五、物权保护纠纷

物权保护纠纷是指因侵害物权而产生的纠纷。物权保护纠纷案由是一个兜底性的案由，它作为第二级案由，内容与物权纠纷下的其他二级案由，如所有权纠纷、用益物权纠纷和担保物权纠纷案由多有重合。因此，在处理物权保护纠纷案由与其他二级案由具体的适用关系时，其他二级案由下的第四级、第三级案由要优先适用，只有其他案由不能包括的物权保护纠纷适用物权保护纠纷项下的第三级案由。举例来说，如果因小区车位受到他人侵害而产生的保护纠纷，应当首先适用第二级案由所有权纠纷项下，第三级案由建筑物区分所有权纠纷中的第四级案由车位纠纷。

37. 物权确认纠纷

(1) 所有权确认纠纷
(2) 用益物权确认纠纷
(3) 担保物权确认纠纷

法律条文及规范索引

《中华人民共和国民法典》(2021年1月1日施行)

第二百三十四条 因物权的归属、内容发生争议的，利害关系人可以请求确认权利。

《中华人民共和国涉外民事关系法律适用法》(2011年4月1日施行)

第三十六条 不动产物权，适用不动产所在地法律。

第三十七条 当事人可以协议选择动产物权适用的法律。当事人没有选择的，适用法律事实发生时动产所在地法律。

第三十八条 当事人可以协议选择运输中动产物权发生变更适用的法律。当事人没有选择的，适用运输目的地法律。

38. 返还原物纠纷

法律条文及规范索引

《中华人民共和国民法典》(2021年1月1日施行)

第一百七十九条 承担民事责任的方式主要有：

……

(四) 返还财产；

……

第二百三十五条 无权占有不动产或者动产的，权利人可以请求返还原物。

第二百三十七条 造成不动产或者动产毁损的，权利人可以依法请求修理、重作、更换或者恢复原状。

第二百三十八条 侵害物权，造成权利人损害的，权利人可以依法请求损害赔偿，也可以依法请求承担其他民事责任。

《最高人民法院关于适用〈中华人民共和国民法典〉物权编的解释(一)》（法释〔2020〕24号 2020年12月29日）

第八条 依据民法典第二百二十九条至第二百三十一条规定享有物权，但尚未完成动产交付或者不动产登记的权利人，依据民法典第二百三十五条至第二百三十八条的规定，请求保护其物权的，应予支持。

39. 排除妨害纠纷

法律条文及规范索引

《中华人民共和国民法典》（2021年1月1日施行）

第一百七十九条 承担民事责任的方式主要有：

……

（二）排除妨碍；

……

第二百三十六条 妨害物权或者可能妨害物权的，权利人可以请求排除妨害或者消除危险。

第二百四十条 所有权人对自己的不动产或者动产，依法享有占有、使用、收益和处分的权利。

40. 消除危险纠纷

法律条文及规范索引

《中华人民共和国民法典》（2021 年 1 月 1 日施行）

第一百七十九条　承担民事责任的方式主要有：

……

（三）消除危险；

……

第二百三十六条　妨害物权或者可能妨害物权的，权利人可以请求排除妨害或者消除危险。

41. 修理、重作、更换纠纷

法律条文及规范索引

《中华人民共和国民法典》（2021 年 1 月 1 日施行）

第一百七十九条　承担民事责任的方式主要有：

……

（六）修理、重作、更换；

……

第二百三十七条　造成不动产或者动产毁损的，权利人可以依法请求修理、重作、更换或者恢复原状。

42. 恢复原状纠纷

法律条文及规范索引

《中华人民共和国民法典》（2021年1月1日施行）

第一百七十九条　承担民事责任的方式主要有：

……

（五）恢复原状；

……

第二百三十七条　造成不动产或者动产毁损的，权利人可以依法请求修理、重作、更换或者恢复原状。

43. 财产损害赔偿纠纷

法律条文及规范索引

《中华人民共和国民法典》（2021年1月1日施行）

第一百七十九条　承担民事责任的方式主要有：

……

（八）赔偿损失；

……

第二百三十八条　侵害物权，造成权利人损害的，权利人可以依法请求损害赔偿，也可以依法请求承担其他民事责任。

六、所有权纠纷

所有权是指所有权人对自己的不动产或者动产，依法享有占有、使用、收益和处分的权利。所有权是最基础、最完整的物权，其他物权皆产生于所有权。所有权纠纷就是当事人在对动产或者不动产的占有、使用、收益和处分过程中产生的纠纷。此次案由修改中，在第二级案由“六、所有权纠纷”项下：增加“52. 添附物归属纠纷”；在第三级案由“54. 共有纠纷”项下：增加“（4）债权人代位析产纠纷”。

44. 侵害集体经济组织成员权益纠纷

法律条文及规范索引

《中华人民共和国民法典》（2021年1月1日施行）

第二百六十一条　农民集体所有的不动产和动产，属于本集体成员集体所有。

下列事项应当依照法定程序经本集体成员决定：

（一）土地承包方案以及将土地发包给本集体以外的组织或者个人承包；

（二）个别土地承包经营权人之间承包地的调整；

（三）土地补偿费等费用的使用、分配办法；

（四）集体出资的企业的所有权变动等事项；

（五）法律规定的其他事项。

第二百六十二条　对于集体所有的土地和森林、山岭、草原、荒地、滩涂等，依照下列规定行使所有权：

（一）属于村农民集体所有的，由村集体经济组织或者村民委员会依法代表集体行使所有权；

（二）分别属于村内两个以上农民集体所有的，由村内各该集体经济组织或者村民小组依法代表集体行使所有权；

（三）属于乡镇农民集体所有的，由乡镇集体经济组织代表集体行使所有权。

第二百六十三条　城镇集体所有的不动产和动产，依照法律、行政法规的规定由本集体享有占有、使用、收益和处分的权利。

第二百六十四条　农村集体经济组织或者村民委员会、村民小组应当依照法律、行政法规以及章程、村规民约向本集体成员公布集体财产的状况。集体成员有权查阅、复制相关资料。

第二百六十五条　集体所有的财产受法律保护，禁止任何组织或者个人侵占、哄抢、私分、破坏。

农村集体经济组织、村民委员会或者其负责人作出的决定侵害集体成员合法权益的，受侵害的集体成员可以请求人民法院予以撤销。

45. 建筑物区分所有权纠纷

（1）业主专有权纠纷
（2）业主共有权纠纷
（3）车位纠纷
（4）车库纠纷

法律条文及规范索引

《中华人民共和国民法典》（2021 年 1 月 1 日施行）

第二百零七条　国家、集体、私人的物权和其他权利人的物权受法律平等保护，任何组织或者个人不得侵犯。

第二百三十六条　妨害物权或者可能妨害物权的，权利人可以请求排除妨害或者消除危险。

第二百四十条　所有权人对自己的不动产或者动产，依法享有占有、使用、收益和处分的权利。

第二百七十五条　建筑区划内，规划用于停放汽车的车位、车库的归属，由当事人通过出售、附赠或者出租等方式约定。

占用业主共有的道路或者其他场地用于停放汽车的车位，属于业主共有。

第二百七十六条 建筑区划内，规划用于停放汽车的车位、车库应当首先满足业主的需要。

第二百七十八条 下列事项由业主共同决定：

（一）制定和修改业主大会议事规则；

（二）制定和修改管理规约；

（三）选举业主委员会或者更换业主委员会成员；

（四）选聘和解聘物业服务企业或者其他管理人；

（五）使用建筑物及其附属设施的维修资金；

（六）筹集建筑物及其附属设施的维修资金；

（七）改建、重建建筑物及其附属设施；

（八）改变共有部分的用途或者利用共有部分从事经营活动；

（九）有关共有和共同管理权利的其他重大事项。

业主共同决定事项，应当由专有部分面积占比三分之二以上的业主且人数占比三分之二以上的业主参与表决。决定前款第六项至第八项规定的事项，应当经参与表决专有部分面积四分之三以上的业主且参与表决人数四分之三以上的业主同意。决定前款其他事项，应当经参与表决专有部分面积过半数的业主且参与表决人数过半数的业主同意。

第二百七十九条 业主不得违反法律、法规以及管理规约，将住宅改变为经营性用房。业主将住宅改变为经营性用房的，除遵守法律、法规以及管理规约外，应当经有利害关系的业主一致同意。

第二百八十条 业主大会或者业主委员会的决定，对业主具有法律约束力。

业主大会或者业主委员会作出的决定侵害业主合法权益的，受侵害的业主可以请求人民法院予以撤销。

第二百八十一条 建筑物及其附属设施的维修资金，属于业主共有。经业主共同决定，可以用于电梯、屋顶、外墙、无障碍设施等共有部分的维修、更新和改造。建筑物及其附属设施的维修资金的筹集、使用情况应当定期公布。

紧急情况下需要维修建筑物及其附属设施的，业主大会或者业主委员会可以依法申请使用建筑物及其附属设施的维修资金。

第二百八十二条 建设单位、物业服务企业或者其他管理人等利用业主的共有部分产生的收入，在扣除合理成本之后，属于业主共有。

第二百八十三条 建筑物及其附属设施的费用分摊、收益分配等事项，有约定的，按照约定；没有约定或者约定不明确的，按照业主专有部分面积所占比例确定。

第二百八十四条 业主可以自行管理建筑物及其附属设施，也可以委托物业服务企业或者其他管理人管理。

对建设单位聘请的物业服务企业或者其他管理人，业主有权依法更换。

第二百八十五条 物业服务企业或者其他管理人根据业主的委托，依照本法第三编有关物业服务合同的规定管理建筑区划内的建筑物及其附属设施，接受业主的监督，并及时答复业主对物业服务情况提出的询问。

物业服务企业或者其他管理人应当执行政府依法实施的应急处置措施和其他管理措施，积极配合开展相关工作。

第二百八十六条 业主应当遵守法律、法规以及管理规约，相关行为应当符合节约资源、保护生态环境的要求。对于物业服务企业或者其他管理人执行政府依法实施的应急处置措施和其他管理措施，业主应当依法予以配合。

业主大会或者业主委员会，对任意弃置垃圾、排放污染物或者噪声、违反规定饲养动物、违章搭建、侵占通道、拒付物业费等损害他人合法权益的行为，有权依照法律、法规以及管理规约，请求行为人停止侵害、排除妨碍、消除危险、恢复原状、赔偿损失。

业主或者其他行为人拒不履行相关义务的，有关当事人可以向有关行政主管部门报告或者投诉，有关行政主管部门应当依法处理。

第二百八十七条 业主对建设单位、物业服务企业或者其他管理人以及其他业主侵害自己合法权益的行为，有权请求其承担民事责任。

《最高人民法院关于审理建筑物区分所有权纠纷案件具体应用法律若干问题的解释》（法释〔2009〕7号 2020年12月23日修正）

第十四条 建设单位、物业服务企业或者其他管理人等擅自占用、处分业主共有部分、改变其使用功能或者进行经营性活动，权利人请求排除妨害、恢复原状、确认处分行为无效或者赔偿损失的，人民法院应予支持。

属于前款所称擅自进行经营性活动的情形，权利人请求建设单位、物业服务企业或者其他管理人等将扣除合理成本之后的收益用于补充专项维修资金或者业主共同决定的其他用途的，人民法院应予支持。行为人对成本的支出及其合理性承担举证责任。

46. 业主撤销权纠纷

法律条文及规范索引

《中华人民共和国民法典》（2021年1月1日施行）

第二百七十八条 下列事项由业主共同决定：

（一）制定和修改业主大会议事规则；

（二）制定和修改管理规约；

（三）选举业主委员会或者更换业主委员会成员；

（四）选聘和解聘物业服务企业或者其他管理人；

（五）使用建筑物及其附属设施的维修资金；

（六）筹集建筑物及其附属设施的维修资金；

（七）改建、重建建筑物及其附属设施；

（八）改变共有部分的用途或者利用共有部分从事经营活动；

（九）有关共有和共同管理权利的其他重大事项。

业主共同决定事项，应当由专有部分面积占比三分之二以上的业主且人数占比三分之二以上的业主参与表决。决定前款第六项至第八项规定的事项，应当经参与表决专有部分面积四分之三以上的业主且参与表决人数四分之三以上的业主同意。决定前款其他事项，应当经参与表决专有部分面积过半数的业主且参与表决人数过半数的业主同意。

第二百七十九条 业主不得违反法律、法规以及管理规约，将住宅改变为经营性用房。业主将住宅改变为经营性用房的，除遵守法律、法规以及管理规约外，应当经有利害关系的业主一致同意。

第二百八十条 业主大会或者业主委员会的决定，对业主具有法律约束力。

业主大会或者业主委员会作出的决定侵害业主合法权益的，受侵害的业主可以请求人民法院予以撤销。

《物业管理条例》（2018 年 3 月 19 日修订）

第八条　物业管理区域内全体业主组成业主大会。

业主大会应当代表和维护物业管理区域内全体业主在物业管理活动中的合法权益。

第九条　一个物业管理区域成立一个业主大会。

物业管理区域的划分应当考虑物业的共用设施设备、建筑物规模、社区建设等因素。具体办法由省、自治区、直辖市制定。

第十条　同一个物业管理区域内的业主，应当在物业所在地的区、县人民政府房地产行政主管部门或者街道办事处、乡镇人民政府的指导下成立业主大会，并选举产生业主委员会。但是，只有一个业主的，或者业主人数较少且经全体业主一致同意，决定不成立业主大会的，由业主共同履行业主大会、业主委员会职责。

第十二条　业主大会会议可以采用集体讨论的形式，也可以采用书面征求意见的形式；但是，应当有物业管理区域内专有部分占建筑物总面积过半数的业主且占总人数过半数的业主参加。

业主可以委托代理人参加业主大会会议。

业主大会决定本条例第十一条第（五）项和第（六）项规定的事项，应当经专有部分占建筑物总面积 2/3 以上的业主且占总人数 2/3 以上的业主同意；决定本条例第十一条规定的其他事项，应当经专有部分占建筑物总面积过半数的业主且占总人数过半数的业主同意。

业主大会或者业主委员会的决定，对业主具有约束力。

业主大会或者业主委员会作出的决定侵害业主合法权益的，受侵害的业主可以请求人民法院予以撤销。

第十五条　业主委员会执行业主大会的决定事项，履行下列职责：

（一）召集业主大会会议，报告物业管理的实施情况；

（二）代表业主与业主大会选聘的物业服务企业签订物业服务合同；

（三）及时了解业主、物业使用人的意见和建议，监督和协助物业服务企业履行物业服务合同；

（四）监督管理规约的实施；

（五）业主大会赋予的其他职责。

第十七条　管理规约应当对有关物业的使用、维护、管理，业主的共同利益，业主应当履行的义务，违反管理规约应当承担的责任等事项依法作出约定。

管理规约应当尊重社会公德，不得违反法律、法规或者损害社会公共利益。

管理规约对全体业主具有约束力。

第十九条 业主大会、业主委员会应当依法履行职责，不得作出与物业管理无关的决定，不得从事与物业管理无关的活动。

业主大会、业主委员会作出的决定违反法律、法规的，物业所在地的区、县人民政府房地产行政主管部门或者街道办事处、乡镇人民政府，应当责令限期改正或者撤销其决定，并通告全体业主。

《最高人民法院关于审理建筑物区分所有权纠纷案件具体应用法律若干问题的解释》（法释〔2009〕7号 2020年12月23日修正）

第一条 依法登记取得或者依据民法典第二百二十九条至第二百三十一条规定取得建筑物专有部分所有权的人，应当认定为民法典第二编第六章所称的业主。

基于与建设单位之间的商品房买卖民事法律行为，已经合法占有建筑物专有部分，但尚未依法办理所有权登记的人，可以认定为民法典第二编第六章所称的业主。

第十二条 业主以业主大会或者业主委员会作出的决定侵害其合法权益或者违反了法律规定的程序为由，依据民法典第二百八十条第二款的规定请求人民法院撤销该决定的，应当在知道或者应当知道业主大会或者业主委员会作出决定之日起一年内行使。

47. 业主知情权纠纷

法律条文及规范索引

《中华人民共和国民法典》（2021年1月1日施行）

第二百八十一条 建筑物及其附属设施的维修资金，属于业主共有。经业主共同决定，可以用于电梯、屋顶、外墙、无障碍设施等共有部分的维修、更新和改造。建筑物及其附属设施的维修资金的筹集、使用情况应当定期公布。

紧急情况下需要维修建筑物及其附属设施的，业主大会或者业主委员会可以依法申请使用建筑物及其附属设施的维修资金。

《最高人民法院关于审理建筑物区分所有权纠纷案件具体应用法律若干问题的解释》（法释〔2009〕7号　2020年12月23日修正）

第十三条　业主请求公布、查阅下列应当向业主公开的情况和资料的，人民法院应予支持：

（一）建筑物及其附属设施的维修资金的筹集、使用情况；

（二）管理规约、业主大会议事规则，以及业主大会或者业主委员会的决定及会议记录；

（三）物业服务合同、共有部分的使用和收益情况；

（四）建筑区划内规划用于停放汽车的车位、车库的处分情况；

（五）其他应当向业主公开的情况和资料。

48. 遗失物返还纠纷

法律条文及规范索引

《中华人民共和国民法典》（2021年1月1日施行）

第三百一十二条　所有权人或者其他权利人有权追回遗失物。该遗失物通过转让被他人占有的，权利人有权向无处分权人请求损害赔偿，或者自知道或者应当知道受让人之日起二年内向受让人请求返还原物；但是，受让人通过拍卖或者向具有经营资格的经营者购得该遗失物的，权利人请求返还原物时应当支付受让人所付的费用。权利人向受让人支付所付费用后，有权向无处分权人追偿。

第三百一十三条　善意受让人取得动产后，该动产上的原有权利消灭。但是，善意受让人在受让时知道或者应当知道该权利的除外。

第三百一十四条　拾得遗失物，应当返还权利人。拾得人应当及时通知权利人领取，或者送交公安等有关部门。

第三百一十五条　有关部门收到遗失物，知道权利人的，应当及时通知其领取；不知道的，应当及时发布招领公告。

第三百一十六条　拾得人在遗失物送交有关部门前，有关部门在遗失物被领取前，应当妥善保管遗失物。因故意或者重大过失致使遗失物毁损、灭失的，应当承担民事责任。

第三百一十七条 权利人领取遗失物时，应当向拾得人或者有关部门支付保管遗失物等支出的必要费用。

权利人悬赏寻找遗失物的，领取遗失物时应当按照承诺履行义务。

拾得人侵占遗失物的，无权请求保管遗失物等支出的费用，也无权请求权利人按照承诺履行义务。

第三百一十八条 遗失物自发布招领公告之日起一年内无人认领的，归国家所有。

49. 漂流物返还纠纷
50. 埋藏物返还纠纷
51. 隐藏物返还纠纷

法律条文及规范索引

《中华人民共和国民法典》（2021 年 1 月 1 日施行）

第三百一十九条 拾得漂流物、发现埋藏物或者隐藏物的，参照适用拾得遗失物的有关规定。法律另有规定的，依照其规定。

《中华人民共和国文物保护法》（2017 年 11 月 4 日修正）

第五条 中华人民共和国境内地下、内水和领海中遗存的一切文物，属于国家所有。

古文化遗址、古墓葬、石窟寺属于国家所有。国家指定保护的纪念建筑物、古建筑、石刻、壁画、近代现代代表性建筑等不可移动文物，除国家另有规定的以外，属于国家所有。

国有不可移动文物的所有权不因其所依附的土地所有权或者使用权的改变而改变。

下列可移动文物，属于国家所有：

（一）中国境内出土的文物，国家另有规定的除外；

（二）国有文物收藏单位以及其他国家机关、部队和国有企业、事业组织等收藏、保管的文物；

（三）国家征集、购买的文物；

（四）公民、法人和其他组织捐赠给国家的文物；

（五）法律规定属于国家所有的其他文物。

属于国家所有的可移动文物的所有权不因其保管、收藏单位的终止或者变更而改变。

国有文物所有权受法律保护，不容侵犯。

第三十一条　凡因进行基本建设和生产建设需要的考古调查、勘探、发掘，所需费用由建设单位列入建设工程预算。

第三十二条　在进行建设工程或者在农业生产中，任何单位或者个人发现文物，应当保护现场，立即报告当地文物行政部门，文物行政部门接到报告后，如无特殊情况，应当在二十四小时内赶赴现场，并在七日内提出处理意见。文物行政部门可以报请当地人民政府通知公安机关协助保护现场；发现重要文物的，应当立即上报国务院文物行政部门，国务院文物行政部门应当在接到报告后十五日内提出处理意见。

依照前款规定发现的文物属于国家所有，任何单位或者个人不得哄抢、私分、藏匿。

52. 添附物归属纠纷

法律条文及规范索引

《中华人民共和国民法典》（2021 年 1 月 1 日施行）

第三百二十二条　因加工、附合、混合而产生的物的归属，有约定的，按照约定；没有约定或者约定不明确的，依照法律规定；法律没有规定的，按照充分发挥物的效用以及保护无过错当事人的原则确定。因一方当事人的过错或者确定物的归属造成另一方当事人损害的，应当给予赔偿或者补偿。

53. 相邻关系纠纷

（1）相邻用水、排水纠纷
（2）相邻通行纠纷
（3）相邻土地、建筑物利用关系纠纷
（4）相邻通风纠纷
（5）相邻采光、日照纠纷
（6）相邻污染侵害纠纷
（7）相邻损害防免关系纠纷

法律条文及规范索引

《中华人民共和国民法典》（2021年1月1日施行）

第二百三十六条 妨害物权或者可能妨害物权的，权利人可以请求排除妨害或者消除危险。

第二百三十七条 造成不动产或者动产毁损的，权利人可以依法请求修理、重作、更换或者恢复原状。

第二百八十八条 不动产的相邻权利人应当按照有利生产、方便生活、团结互助、公平合理的原则，正确处理相邻关系。

第二百八十九条 法律、法规对处理相邻关系有规定的，依照其规定；法律、法规没有规定的，可以按照当地习惯。

第二百九十条 不动产权利人应当为相邻权利人用水、排水提供必要的便利。

对自然流水的利用，应当在不动产的相邻权利人之间合理分配。对自然流水的排放，应当尊重自然流向。

第二百九十一条 不动产权利人对相邻权利人因通行等必须利用其土地的，应当提供必要的便利。

第二百九十二条 不动产权利人因建造、修缮建筑物以及铺设电线、电缆、水管、暖气和燃气管线等必须利用相邻土地、建筑物的，该土地、建筑物的权利人应当提供必要的便利。

第二百九十三条　建造建筑物，不得违反国家有关工程建设标准，不得妨碍相邻建筑物的通风、采光和日照。

第二百九十四条　不动产权利人不得违反国家规定弃置固体废物，排放大气污染物、水污染物、土壤污染物、噪声、光辐射、电磁辐射等有害物质。

第二百九十五条　不动产权利人挖掘土地、建造建筑物、铺设管线以及安装设备等，不得危及相邻不动产的安全。

第二百九十六条　不动产权利人因用水、排水、通行、铺设管线等利用相邻不动产的，应当尽量避免对相邻的不动产权利人造成损害。

54. 共有纠纷

(1) 共有权确认纠纷
(2) 共有物分割纠纷
(3) 共有人优先购买权纠纷
(4) 债权人代位析产纠纷

法律条文及规范索引

《中华人民共和国民法典》（2021 年 1 月 1 日施行）

第二百三十四条　因物权的归属、内容发生争议的，利害关系人可以请求确认权利。

第二百四十三条　为了公共利益的需要，依照法律规定的权限和程序可以征收集体所有的土地和组织、个人的房屋以及其他不动产。

征收集体所有的土地，应当依法及时足额支付土地补偿费、安置补助费以及农村村民住宅、其他地上附着物和青苗等的补偿费用，并安排被征地农民的社会保障费用，保障被征地农民的生活，维护被征地农民的合法权益。

征收组织、个人的房屋以及其他不动产，应当依法给予征收补偿，维护被征收人的合法权益；征收个人住宅的，还应当保障被征收人的居住条件。

任何组织或者个人不得贪污、挪用、私分、截留、拖欠征收补偿费等费用。

第二百九十八条 按份共有人对共有的不动产或者动产按照其份额享有所有权。

第二百九十九条 共同共有人对共有的不动产或者动产共同享有所有权。

第三百条 共有人按照约定管理共有的不动产或者动产；没有约定或者约定不明确的，各共有人都有管理的权利和义务。

第三百零一条 处分共有的不动产或者动产以及对共有的不动产或者动产作重大修缮、变更性质或者用途的，应当经占份额三分之二以上的按份共有人或者全体共同共有人同意，但是共有人之间另有约定的除外。

第三百零二条 共有人对共有物的管理费用以及其他负担，有约定的，按照其约定；没有约定或者约定不明确的，按份共有人按照其份额负担，共同共有人共同负担。

第三百零三条 共有人约定不得分割共有的不动产或者动产，以维持共有关系的，应当按照约定，但是共有人有重大理由需要分割的，可以请求分割；没有约定或者约定不明确的，按份共有人可以随时请求分割，共同共有人在共有的基础丧失或者有重大理由需要分割时可以请求分割。因分割造成其他共有人损害的，应当给予赔偿。

第三百零四条 共有人可以协商确定分割方式。达不成协议，共有的不动产或者动产可以分割且不会因分割减损价值的，应当对实物予以分割；难以分割或者因分割会减损价值的，应当对折价或者拍卖、变卖取得的价款予以分割。

共有人分割所得的不动产或者动产有瑕疵的，其他共有人应当分担损失。

第三百零五条 按份共有人可以转让其享有的共有的不动产或者动产份额。其他共有人在同等条件下享有优先购买的权利。

第三百零六条 按份共有人转让其享有的共有的不动产或者动产份额的，应当将转让条件及时通知其他共有人。其他共有人应当在合理期限内行使优先购买权。

两个以上其他共有人主张行使优先购买权的，协商确定各自的购买比例；协商不成的，按照转让时各自的共有份额比例行使优先购买权。

第三百零七条 因共有的不动产或者动产产生的债权债务，在对外关系上，共有人享有连带债权、承担连带债务，但是法律另有规定或者第三人知道共有人不具有连带债权债务关系的除外；在共有人内部关系上，除共有人另有约定外，按份共有人按照份额享有债权、承担债务，共同共有人共同享有债权、承担债务。偿还债务超过自己应当承担份额的按份共有人，有权向其他共有人追偿。

第三百零八条　共有人对共有的不动产或者动产没有约定为按份共有或者共同共有，或者约定不明确的，除共有人具有家庭关系等外，视为按份共有。

第三百零九条　按份共有人对共有的不动产或者动产享有的份额，没有约定或者约定不明确的，按照出资额确定；不能确定出资额的，视为等额享有。

第三百一十条　两个以上组织、个人共同享有用益物权、担保物权的，参照适用本章的有关规定。

第四百六十条　不动产或者动产被占有人占有的，权利人可以请求返还原物及其孳息；但是，应当支付善意占有人因维护该不动产或者动产支出的必要费用。

第一千零六十五条　男女双方可以约定婚姻关系存续期间所得的财产以及婚前财产归各自所有、共同所有或者部分各自所有、部分共同所有。约定应当采用书面形式。没有约定或者约定不明确的，适用本法第一千零六十二条、第一千零六十三条的规定。

夫妻对婚姻关系存续期间所得的财产以及婚前财产的约定，对双方具有法律约束力。

夫妻对婚姻关系存续期间所得的财产约定归各自所有，夫或者妻一方对外所负的债务，相对人知道该约定的，以夫或者妻一方的个人财产清偿。

《最高人民法院关于适用〈中华人民共和国民法典〉物权编的解释(一)》（法释〔2020〕24号　2020年12月29日）

第九条　共有份额的权利主体因继承、遗赠等原因发生变化时，其他按份共有人主张优先购买的，不予支持，但按份共有人之间另有约定的除外。

第十条　民法典第三百零五条所称的“同等条件”，应当综合共有份额的转让价格、价款履行方式及期限等因素确定。

第十一条　优先购买权的行使期间，按份共有人之间有约定的，按照约定处理；没有约定或者约定不明的，按照下列情形确定：

（一）转让人向其他按份共有人发出的包含同等条件内容的通知中载明

行使期间的，以该期间为准；

（二）通知中未载明行使期间，或者载明的期间短于通知送达之日起十五日的，为十五日；

（三）转让人未通知的，为其他按份共有人知道或者应当知道最终确定的同等条件之日起十五日；

（四）转让人未通知，且无法确定其他按份共有人知道或者应当知道最终确定的同等条件的，为共有份额权属转移之日起六个月。

第十二条　按份共有人向共有人之外的人转让其份额，其他按份共有人根据法律、司法解释规定，请求按照同等条件优先购买该共有份额的，应予支持。其他按份共有人的请求具有下列情形之一的，不予支持：

（一）未在本解释第十一条规定的期间内主张优先购买，或者虽主张优先购买，但提出减少转让价款、增加转让人负担等实质性变更要求；

（二）以其优先购买权受到侵害为由，仅请求撤销共有份额转让合同或者认定该合同无效。

第十三条　按份共有人之间转让共有份额，其他按份共有人主张依据民法典第三百零五条规定优先购买的，不予支持，但按份共有人之间另有约定的除外。

七、用益物权纠纷

用益物权是权利人对他人所有的不动产或者动产，依法享有的占有、使用和收益的权利。用益物权是一种他物权或者限制物权，是以物的占有、使用和收益为目的的物权。用益物权纠纷就是因用益物权而产生的纠纷。此次案由修改中，在第二级案由“七、用益物权纠纷”项下：增加“62. 土地经营权纠纷”“65. 居住权纠纷”。

55. 海域使用权纠纷

法律条文及规范索引

《中华人民共和国民法典》（2021年1月1日施行）

第三百二十八条　依法取得的海域使用权受法律保护。

《中华人民共和国海域使用管理法》（2002年1月1日施行）

第十九条　海域使用申请经依法批准后，国务院批准用海的，由国务院海洋行政主管部门登记造册，向海域使用申请人颁发海域使用权证书；地方人民政府批准用海的，由地方人民政府登记造册，向海域使用申请人颁发海域使用权证书。海域使用申请人自领取海域使用权证书之日起，取得海域使用权。

第二十条　海域使用权除依照本法第十九条规定的方式取得外，也可以通过招标或者拍卖的方式取得。招标或者拍卖方案由海洋行政主管部门制订，报有审批权的人民政府批准后组织实施。海洋行政主管部门制订招标或者拍卖方案，应当征求同级有关部门的意见。

招标或者拍卖工作完成后，依法向中标人或者买受人颁发海域使用权证书。中标人或者买受人自领取海域使用权证书之日起，取得海域使用权。

第二十二条　本法施行前，已经由农村集体经济组织或者村民委员会经营、管理的养殖用海，符合海洋功能区划的，经当地县级人民政府核准，可以将海域使用权确定给该农村集体经济组织或者村民委员会，由本集体经济组织的成员承包，用于养殖生产。

第二十三条　海域使用权人依法使用海域并获得收益的权利受法律保护，任何单位和个人不得侵犯。

海域使用权人有依法保护和合理使用海域的义务；海域使用权人对不妨害其依法使用海域的非排他性用海活动，不得阻挠。

第二十四条　海域使用权人在使用海域期间，未经依法批准，不得从事海洋基础测绘。

海域使用权人发现所使用海域的自然资源和自然条件发生重大变化时，应当及时报告海洋行政主管部门。

第二十五条 海域使用权最高期限，按照下列用途确定：

（一）养殖用海十五年；

（二）拆船用海二十年；

（三）旅游、娱乐用海二十五年；

（四）盐业、矿业用海三十年；

（五）公益事业用海四十年；

（六）港口、修造船厂等建设工程用海五十年。

第二十七条 因企业合并、分立或者与他人合资、合作经营，变更海域使用权人的，需经原批准用海的人民政府批准。

海域使用权可以依法转让。海域使用权转让的具体办法，由国务院规定。

海域使用权可以依法继承。

第二十八条 海域使用权人不得擅自改变经批准的海域用途；确需改变的，应当在符合海洋功能区划的前提下，报原批准用海的人民政府批准。

第二十九条 海域使用权期满，未申请续期或者申请续期未获批准的，海域使用权终止。

海域使用权终止后，原海域使用权人应当拆除可能造成海洋环境污染或者影响其他用海项目的用海设施和构筑物。

第三十条 因公共利益或者国家安全的需要，原批准用海的人民政府可以依法收回海域使用权。

依照前款规定在海域使用权期满前提前收回海域使用权的，对海域使用权人应当给予相应的补偿。

第三十一条 因海域使用权发生争议，当事人协商解决不成的，由县级以上人民政府海洋行政主管部门调解；当事人也可以直接向人民法院提起诉讼。

在海域使用权争议解决前，任何一方不得改变海域使用现状。

第三十二条 填海项目竣工后形成的土地，属于国家所有。

海域使用权人应当自填海项目竣工之日起三个月内，凭海域使用权证书，向县级以上人民政府土地行政主管部门提出土地登记申请，由县级以上人民政府登记造册，换发国有土地使用权证书，确认土地使用权。

56. 探矿权纠纷
57. 采矿权纠纷

法律条文及规范索引

《中华人民共和国民法典》（2021年1月1日施行）

第三百二十九条　依法取得的探矿权、采矿权、取水权和使用水域、滩涂从事养殖、捕捞的权利受法律保护。

《中华人民共和国矿产资源法》（2009年8月27日修正）

第三条　矿产资源属于国家所有，由国务院行使国家对矿产资源的所有权。地表或者地下的矿产资源的国家所有权，不因其所依附的土地的所有权或者使用权的不同而改变。

国家保障矿产资源的合理开发利用。禁止任何组织或者个人用任何手段侵占或者破坏矿产资源。各级人民政府必须加强矿产资源的保护工作。

勘查、开采矿产资源，必须依法分别申请、经批准取得探矿权、采矿权，并办理登记；但是，已经依法申请取得采矿权的矿山企业在划定的矿区范围内为本企业的生产而进行的勘查除外。

国家保护探矿权和采矿权不受侵犯，保障矿区和勘查作业区的生产秩序、工作秩序不受影响和破坏。

从事矿产资源勘查和开采的，必须符合规定的资质条件。

第四条　国家保障依法设立的矿山企业开采矿产资源的合法权益。

国有矿山企业是开采矿产资源的主体。国家保障国有矿业经济的巩固和发展。

第五条　国家实行探矿权、采矿权有偿取得的制度；但是，国家对探矿权、采矿权有偿取得的费用，可以根据不同情况规定予以减缴、免缴。具体办法和实施步骤由国务院规定。

开采矿产资源，必须按照国家有关规定缴纳资源税和资源补偿费。

第六条　除按下列规定可以转让外，探矿权、采矿权不得转让：

（一）探矿权人有权在划定的勘查作业区内进行规定的勘查作业，有权优先取得勘查作业区内矿产资源的采矿权。探矿权人在完成规定的最低勘查投入后，经依法批准，可以将探矿权转让他人。

（二）已取得采矿权的矿山企业，因企业合并、分立，与他人合资、合作经营，或者因企业资产出售以及有其他变更企业资产产权的情形而需要变更采矿权主体的，经依法批准可以将采矿权转让他人采矿。

前款规定的具体办法和实施步骤由国务院规定。

禁止将探矿权、采矿权倒卖牟利。

《最高人民法院关于审理矿业权纠纷案件适用法律若干问题的解释》（法释〔2017〕12号　2020年12月23日修正）

第一条　人民法院审理探矿权、采矿权等矿业权纠纷案件，应当依法保护矿业权流转，维护市场秩序和交易安全，保障矿产资源合理开发利用，促进资源节约与环境保护。

第三条　受让人请求自矿产资源勘查许可证、采矿许可证载明的有效期起始日确认其探矿权、采矿权的，人民法院应予支持。

矿业权出让合同生效后、矿产资源勘查许可证或者采矿许可证颁发前，第三人越界或者以其他方式非法勘查开采，经出让人同意已实际占有勘查作业区或者矿区的受让人，请求第三人承担停止侵害、排除妨碍、赔偿损失等侵权责任的，人民法院应予支持。

第十八条　当事人约定在自然保护区、风景名胜区、重点生态功能区、生态环境敏感区和脆弱区等区域内勘查开采矿产资源，违反法律、行政法规的强制性规定或者损害环境公共利益的，人民法院应依法认定合同无效。

第十九条　因越界勘查开采矿产资源引发的侵权责任纠纷，涉及自然资源主管部门批准的勘查开采范围重复或者界限不清的，人民法院应告知当事人先向自然资源主管部门申请解决。

第二十条　因他人越界勘查开采矿产资源，矿业权人请求侵权人承担停止侵害、排除妨碍、返还财产、赔偿损失等侵权责任的，人民法院应予支持，但探矿权人请求侵权人返还越界开采的矿产品及收益的除外。

第二十一条　勘查开采矿产资源造成环境污染，或者导致地质灾害、植被毁损等生态破坏，国家规定的机关或者法律规定的组织提起环境公益诉讼的，人民法院应依法予以受理。

国家规定的机关或者法律规定的组织为保护国家利益、环境公共利益提起诉讼的，不影响因同一勘查开采行为受到人身、财产损害的自然人、法人和非法人组织依据民事诉讼法第一百一十九条的规定提起诉讼。

第二十二条　人民法院在审理案件中，发现无证勘查开采，勘查资质、地质资料造假，或者勘查开采未履行生态环境修复义务等违法情形的，可以向有关行政主管部门提出司法建议，由其依法处理；涉嫌犯罪的，依法移送侦查机关处理。

58. 取水权纠纷

法律条文及规范索引

《中华人民共和国民法典》（2021年1月1日施行）

第三百二十九条　依法取得的探矿权、采矿权、取水权和使用水域、滩涂从事养殖、捕捞的权利受法律保护。

《中华人民共和国水法》（2016年7月2日修正）

第三条　水资源属于国家所有。水资源的所有权由国务院代表国家行使。农村集体经济组织的水塘和由农村集体经济组织修建管理的水库中的水，归各该农村集体经济组织使用。

第六条　国家鼓励单位和个人依法开发、利用水资源，并保护其合法权益。开发、利用水资源的单位和个人有依法保护水资源的义务。

第七条　国家对水资源依法实行取水许可制度和有偿使用制度。但是，农村集体经济组织及其成员使用本集体经济组织的水塘、水库中的水除外。国务院水行政主管部门负责全国取水许可制度和水资源有偿使用制度的组织实施。

第二十八条　任何单位和个人引水、截（蓄）水、排水，不得损害公共利益和他人的合法权益。

59. 养殖权纠纷

法律条文及规范索引

《中华人民共和国民法典》（2021年1月1日施行）

第三百二十九条　依法取得的探矿权、采矿权、取水权和使用水域、滩涂从事养殖、捕捞的权利受法律保护。

《中华人民共和国渔业法》（2013 年 12 月 28 日修正）

第十一条 国家对水域利用进行统一规划，确定可以用于养殖业的水域和滩涂。单位和个人使用国家规划确定用于养殖业的全民所有的水域、滩涂的，使用者应当向县级以上地方人民政府渔业行政主管部门提出申请，由本级人民政府核发养殖证，许可其使用该水域、滩涂从事养殖生产。核发养殖证的具体办法由国务院规定。

集体所有的或者全民所有由农业集体经济组织使用的水域、滩涂，可以由个人或者集体承包，从事养殖生产。

《中华人民共和国渔业法实施细则》（2020 年 11 月 29 日修订）

第十条 使用全民所有的水面、滩涂，从事养殖生产的全民所有制单位和集体所有制单位，应当向县级以上地方人民政府申请养殖使用证。

全民所有的水面、滩涂在一县行政区域内的，由该县人民政府核发养殖使用证；跨县的，由有关县协商核发养殖使用证，必要时由上级人民政府决定核发养殖使用证。

第十一条 领取养殖使用证的单位，无正当理由未从事养殖生产，或者放养最低于当地同类养殖水域平均放养量 60%的，应当视为荒芜。

第十二条 全民所有的水面、滩涂中的鱼、虾、蟹、贝、藻类的自然产卵场、繁殖场、索饵场及重要的洄游通道必须予以保护，不得划作养殖场所。

第十三条 国家建设征用集体所有的水面、滩涂，按照国家土地管理法规办理。

60. 捕捞权纠纷

法律条文及规范索引

《中华人民共和国民法典》（2021 年 1 月 1 日施行）

第三百二十九条 依法取得的探矿权、采矿权、取水权和使用水域、滩涂从事养殖、捕捞的权利受法律保护。

《中华人民共和国渔业法》（2013 年 12 月 28 日修正）

第二十三条　国家对捕捞业实行捕捞许可证制度。

到中华人民共和国与有关国家缔结的协定确定的共同管理的渔区或者公海从事捕捞作业的捕捞许可证，由国务院渔业行政主管部门批准发放。海洋大型拖网、围网作业的捕捞许可证，由省、自治区、直辖市人民政府渔业行政主管部门批准发放。其他作业的捕捞许可证，由县级以上地方人民政府渔业行政主管部门批准发放；但是，批准发放海洋作业的捕捞许可证不得超过国家下达的船网工具控制指标，具体办法由省、自治区、直辖市人民政府规定。

捕捞许可证不得买卖、出租和以其他形式转让，不得涂改、伪造、变造。

到他国管辖海域从事捕捞作业的，应当经国务院渔业行政主管部门批准，并遵守中华人民共和国缔结的或者参加的有关条约、协定和有关国家的法律。

第二十四条　具备下列条件的，方可发给捕捞许可证：

（一）有渔业船舶检验证书；

（二）有渔业船舶登记证书；

（三）符合国务院渔业行政主管部门规定的其他条件。

县级以上地方人民政府渔业行政主管部门批准发放的捕捞许可证，应当与上级人民政府渔业行政主管部门下达的捕捞限额指标相适应。

第二十五条　从事捕捞作业的单位和个人，必须按照捕捞许可证关于作业类型、场所、时限、渔具数量和捕捞限额的规定进行作业，并遵守国家有关保护渔业资源的规定，大中型渔船应当填写渔捞日志。

《最高人民法院关于审理发生在我国管辖海域相关案件若干问题的规定（一）》（法释〔2016〕16 号　2016 年 8 月 1 日）

第二条　中国公民或组织在我国与有关国家缔结的协定确定的共同管理的渔区或公海从事捕捞等作业的，适用本规定。

第六条　在我国管辖海域内，因海上航运、渔业生产及其他海上作业造成污染，破坏海洋生态环境，请求损害赔偿提起的诉讼，由管辖该海域的海事法院管辖。

污染事故发生在我国管辖海域外，对我国管辖海域造成污染或污染威胁，请求损害赔偿或者预防措施费用提起的诉讼，由管辖该海域的海事法院或采取预防措施地的海事法院管辖。

《最高人民法院关于审理发生在我国管辖海域相关案件若干问题的规定(二)》（法释〔2016〕17号 2016年8月1日）

第一条 当事人因船舶碰撞、海洋污染等事故受到损害，请求侵权人赔偿渔船、渔具、渔货损失以及收入损失的，人民法院应予支持。

当事人违反渔业法第二十三条，未取得捕捞许可证从事海上捕捞作业，依照前款规定主张收入损失的，人民法院不予支持。

61. 土地承包经营权纠纷

（1）土地承包经营权确认纠纷

（2）承包地征收补偿费用分配纠纷

（3）土地承包经营权继承纠纷

62. 土地经营权纠纷

法律条文及规范索引

《中华人民共和国民法典》（2021年1月1日施行）

第一百四十七条 基于重大误解实施的民事法律行为，行为人有权请求人民法院或者仲裁机构予以撤销。

第一百四十八条 一方以欺诈手段，使对方在违背真实意思的情况下实施的民事法律行为，受欺诈方有权请求人民法院或者仲裁机构予以撤销。

第一百五十条 一方或者第三人以胁迫手段，使对方在违背真实意思的情况下实施的民事法律行为，受胁迫方有权请求人民法院或者仲裁机构予以撤销。

第一百五十四条 行为人与相对人恶意串通，损害他人合法权益的民事法律行为无效。

第二百四十三条 为了公共利益的需要，依照法律规定的权限和程序可以征收集体所有的土地和组织、个人的房屋以及其他不动产。

征收集体所有的土地，应当依法及时足额支付土地补偿费、安置补助费以及农村村民住宅、其他地上附着物和青苗等的补偿费用，并安排被征地农民的社会保障费用，保障被征地农民的生活，维护被征地农民的合法权益。

征收组织、个人的房屋以及其他不动产，应当依法给予征收补偿，维护被征收人的合法权益；征收个人住宅的，还应当保障被征收人的居住条件。

任何组织或者个人不得贪污、挪用、私分、截留、拖欠征收补偿费等费用。

第二百四十四条 国家对耕地实行特殊保护，严格限制农用地转为建设用地，控制建设用地总量。不得违反法律规定的权限和程序征收集体所有的土地。

第三百三十一条 土地承包经营权人依法对其承包经营的耕地、林地、草地等享有占有、使用和收益的权利，有权从事种植业、林业、畜牧业等农业生产。

第三百三十二条 耕地的承包期为三十年。草地的承包期为三十年至五十年。林地的承包期为三十年至七十年。

前款规定的承包期限届满，由土地承包经营权人依照农村土地承包的法律规定继续承包。

第三百三十三条 土地承包经营权自土地承包经营权合同生效时设立。

登记机构应当向土地承包经营权人发放土地承包经营权证、林权证等证书，并登记造册，确认土地承包经营权。

第三百三十四条 土地承包经营权人依照法律规定，有权将土地承包经营权互换、转让。未经依法批准，不得将承包地用于非农建设。

第三百三十五条 土地承包经营权互换、转让的，当事人可以向登记机构申请登记；未经登记，不得对抗善意第三人。

第三百三十六条 承包期内发包人不得调整承包地。

因自然灾害严重毁损承包地等特殊情形，需要适当调整承包的耕地和草地的，应当依照农村土地承包的法律规定办理。

第三百三十七条 承包期内发包人不得收回承包地。法律另有规定的，依照其规定。

第三百三十八条 承包地被征收的，土地承包经营权人有权依据本法第二百四十三条的规定获得相应补偿。

第三百三十九条 土地承包经营权人可以自主决定依法采取出租、入股或者其他方式向他人流转土地经营权。

第三百四十条 土地经营权人有权在合同约定的期限内占有农村土地，

自主开展农业生产经营并取得收益。

第三百四十一条 流转期限为五年以上的土地经营权，自流转合同生效时设立。当事人可以向登记机构申请土地经营权登记；未经登记，不得对抗善意第三人。

第三百四十二条 通过招标、拍卖、公开协商等方式承包农村土地，经依法登记取得权属证书的，可以依法采取出租、入股、抵押或者其他方式流转土地经营权。

第三百四十三条 国家所有的农用地实行承包经营的，参照适用本编的有关规定。

第五百零六条 合同中的下列免责条款无效：

（一）造成对方人身损害的；

（二）因故意或者重大过失造成对方财产损失的。

第五百四十八条 债务人接到债权转让通知后，债务人对让与人的抗辩，可以向受让人主张。

第五百六十二条 当事人协商一致，可以解除合同。

当事人可以约定一方解除合同的事由。解除合同的事由发生时，解除权人可以解除合同。

第五百六十三条 有下列情形之一的，当事人可以解除合同：

（一）因不可抗力致使不能实现合同目的；

（二）在履行期限届满前，当事人一方明确表示或者以自己的行为表明不履行主要债务；

（三）当事人一方迟延履行主要债务，经催告后在合理期限内仍未履行；

（四）当事人一方迟延履行债务或者有其他违约行为致使不能实现合同目的；

（五）法律规定的其他情形。

以持续履行的债务为内容的不定期合同，当事人可以随时解除合同，但是应当在合理期限之前通知对方。

第五百六十六条 合同解除后，尚未履行的，终止履行；已经履行的，根据履行情况和合同性质，当事人可以请求恢复原状或者采取其他补救措施，并有权请求赔偿损失。

合同因违约解除的，解除权人可以请求违约方承担违约责任，但是当事人另有约定的除外。

主合同解除后，担保人对债务人应当承担的民事责任仍应当承担担保责任，但是担保合同另有约定的除外。

第五百六十八条 当事人互负债务，该债务的标的物种类、品质相同的，任何一方可以将自己的债务与对方的到期债务抵销；但是，根据债务性质、按照当事人约定或者依照法律规定不得抵销的除外。

当事人主张抵销的，应当通知对方。通知自到达对方时生效。抵销不得附条件或者附期限。

第五百七十七条 当事人一方不履行合同义务或者履行合同义务不符合约定的，应当承担继续履行、采取补救措施或者赔偿损失等违约责任。

第五百七十八条 当事人一方明确表示或者以自己的行为表明不履行合同义务的，对方可以在履行期限届满前请求其承担违约责任。

第九百九十六条 因当事人一方的违约行为，损害对方人格权并造成严重精神损害，受损害方选择请求其承担违约责任的，不影响受损害方请求精神损害赔偿。

《中华人民共和国农村土地承包法》（2018 年 12 月 29 日修正）

第九条 承包方承包土地后，享有土地承包经营权，可以自己经营，也可以保留土地承包权，流转其承包地的土地经营权，由他人经营。

第十条 国家保护承包方依法、自愿、有偿流转土地经营权，保护土地经营权人的合法权益，任何组织和个人不得侵犯。

第三十条 承包期内，承包方可以自愿将承包地交回发包方。承包方自愿交回承包地的，可以获得合理补偿，但是应当提前半年以书面形式通知发包方。承包方在承包期内交回承包地的，在承包期内不得再要求承包土地。

第三十二条 承包人应得的承包收益，依照继承法的规定继承。

林地承包的承包人死亡，其继承人可以在承包期内继续承包。

第三十三条 承包方之间为方便耕种或者各自需要，可以对属于同一集体经济组织的土地的土地承包经营权进行互换，并向发包方备案。

第三十六条 承包方可以自主决定依法采取出租（转包）、入股或者其他方式向他人流转土地经营权，并向发包方备案。

第三十八条 土地经营权流转应当遵循以下原则：

（一）依法、自愿、有偿，任何组织和个人不得强迫或者阻碍土地经营权流转；

（二）不得改变土地所有权的性质和土地的农业用途，不得破坏农业综合生产能力和农业生态环境；

（三）流转期限不得超过承包期的剩余期限；

（四）受让方须有农业经营能力或者资质；

（五）在同等条件下，本集体经济组织成员享有优先权。

第三十九条 土地经营权流转的价款，应当由当事人双方协商确定。流转的收益归承包方所有，任何组织和个人不得擅自截留、扣缴。

第四十条 土地经营权流转，当事人双方应当签订书面流转合同。

土地经营权流转合同一般包括以下条款：

（一）双方当事人的姓名、住所；

（二）流转土地的名称、坐落、面积、质量等级；

（三）流转期限和起止日期；

（四）流转土地的用途；

（五）双方当事人的权利和义务；

（六）流转价款及支付方式；

（七）土地被依法征收、征用、占用时有关补偿费的归属；

（八）违约责任。

承包方将土地交由他人代耕不超过一年的，可以不签订书面合同。

第四十一条 土地经营权流转期限为五年以上的，当事人可以向登记机构申请土地经营权登记。未经登记，不得对抗善意第三人。

第四十二条 承包方不得单方解除土地经营权流转合同，但受让方有下列情形之一的除外：

（一）擅自改变土地的农业用途；

（二）弃耕抛荒连续两年以上；

（三）给土地造成严重损害或者严重破坏土地生态环境；

（四）其他严重违约行为。

第四十三条 经承包方同意，受让方可以依法投资改良土壤，建设农业生产附属、配套设施，并按照合同约定对其投资部分获得合理补偿。

第四十四条 承包方流转土地经营权的，其与发包方的承包关系不变。

第四十五条 县级以上地方人民政府应当建立工商企业等社会资本通过流转取得土地经营权的资格审查、项目审核和风险防范制度。

工商企业等社会资本通过流转取得土地经营权的，本集体经济组织可以收取适量管理费用。

具体办法由国务院农业农村、林业和草原主管部门规定。

第四十六条　经承包方书面同意，并向本集体经济组织备案，受让方可以再流转土地经营权。

第四十七条　承包方可以用承包地的土地经营权向金融机构融资担保，并向发包方备案。受让方通过流转取得的土地经营权，经承包方书面同意并向发包方备案，可以向金融机构融资担保。

担保物权自融资担保合同生效时设立。当事人可以向登记机构申请登记；未经登记，不得对抗善意第三人。

实现担保物权时，担保物权人有权就土地经营权优先受偿。

土地经营权融资担保办法由国务院有关部门规定。

第五十条　荒山、荒沟、荒丘、荒滩等可以直接通过招标、拍卖、公开协商等方式实行承包经营，也可以将土地经营权折股分给本集体经济组织成员后，再实行承包经营或者股份合作经营。

承包荒山、荒沟、荒丘、荒滩的，应当遵守有关法律、行政法规的规定，防止水土流失，保护生态环境。

第五十一条　以其他方式承包农村土地，在同等条件下，本集体经济组织成员有权优先承包。

第五十二条　发包方将农村土地发包给本集体经济组织以外的单位或者个人承包，应当事先经本集体经济组织成员的村民会议三分之二以上成员或者三分之二以上村民代表的同意，并报乡（镇）人民政府批准。

由本集体经济组织以外的单位或者个人承包的，应当对承包方的资信情况和经营能力进行审查后，再签订承包合同。

第五十三条　通过招标、拍卖、公开协商等方式承包农村土地，经依法登记取得权属证书的，可以依法采取出租、入股、抵押或者其他方式流转土地经营权。

第五十四条　依照本章规定通过招标、拍卖、公开协商等方式取得土地经营权的，该承包人死亡，其应得的承包收益，依照继承法的规定继承；在承包期内，其继承人可以继续承包。

第五十六条　任何组织和个人侵害土地承包经营权、土地经营权的，应当承担民事责任。

第五十七条　发包方有下列行为之一的，应当承担停止侵害、排除妨碍、消除危险、返还财产、恢复原状、赔偿损失等民事责任：

（一）干涉承包方依法享有的生产经营自主权；

（二）违反本法规定收回、调整承包地；

（三）强迫或者阻碍承包方进行土地承包经营权的互换、转让或者土地经营权流转；

（四）假借少数服从多数强迫承包方放弃或者变更土地承包经营权；

（五）以划分“口粮田”和“责任田”等为由收回承包地搞招标承包；

（六）将承包地收回抵顶欠款；

（七）剥夺、侵害妇女依法享有的土地承包经营权；

（八）其他侵害土地承包经营权的行为。

第五十九条 当事人一方不履行合同义务或者履行义务不符合约定的，应当依法承担违约责任。

第六十一条 任何组织和个人擅自截留、扣缴土地承包经营权互换、转让或者土地经营权流转收益的，应当退还。

第六十三条 承包方、土地经营权人违法将承包地用于非农建设的，由县级以上地方人民政府有关主管部门依法予以处罚。

承包方给承包地造成永久性损害的，发包方有权制止，并有权要求赔偿由此造成的损失。

第六十四条 土地经营权人擅自改变土地的农业用途、弃耕抛荒连续两年以上、给土地造成严重损害或者严重破坏土地生态环境，承包方在合理期限内不解除土地经营权流转合同的，发包方有权要求终止土地经营权流转合同。土地经营权人对土地和土地生态环境造成的损害应当予以赔偿。

第六十五条 国家机关及其工作人员有利用职权干涉农村土地承包经营，变更、解除承包经营合同，干涉承包经营当事人依法享有的生产经营自主权，强迫、阻碍承包经营当事人进行土地承包经营权互换、转让或者土地经营权流转等侵害土地承包经营权、土地经营权的行为，给承包经营当事人造成损失的，应当承担损害赔偿等责任；情节严重的，由上级机关或者所在单位给予直接责任人员处分；构成犯罪的，依法追究刑事责任。

63. 建设用地使用权纠纷

法律条文及规范索引

《中华人民共和国民法典》（2021年1月1日施行）

第三百四十四条 建设用地使用权人依法对国家所有的土地享有占有、使用和收益的权利，有权利用该土地建造建筑物、构筑物及其附属设施。

第三百四十五条 建设用地使用权可以在土地的地表、地上或者地下分别设立。

第三百四十六条 设立建设用地使用权，应当符合节约资源、保护生态环境的要求，遵守法律、行政法规关于土地用途的规定，不得损害已经设立的用益物权。

第三百四十七条 设立建设用地使用权，可以采取出让或者划拨等方式。

工业、商业、旅游、娱乐和商品住宅等经营性用地以及同一土地有两个以上意向用地者的，应当采取招标、拍卖等公开竞价的方式出让。

严格限制以划拨方式设立建设用地使用权。

第三百四十八条 通过招标、拍卖、协议等出让方式设立建设用地使用权的，当事人应当采用书面形式订立建设用地使用权出让合同。

建设用地使用权出让合同一般包括下列条款：

（一）当事人的名称和住所；

（二）土地界址、面积等；

（三）建筑物、构筑物及其附属设施占用的空间；

（四）土地用途、规划条件；

（五）建设用地使用权期限；

（六）出让金等费用及其支付方式；

（七）解决争议的方法。

第三百四十九条 设立建设用地使用权的，应当向登记机构申请建设用地使用权登记。建设用地使用权自登记时设立。登记机构应当向建设用地使用权人发放权属证书。

第三百五十条 建设用地使用权人应当合理利用土地，不得改变土地用途；需要改变土地用途的，应当依法经有关行政主管部门批准。

第三百五十一条 建设用地使用权人应当依照法律规定以及合同约定支付出让金等费用。

第三百五十二条 建设用地使用权人建造的建筑物、构筑物及其附属设施的所有权属于建设用地使用权人，但是有相反证据证明的除外。

第三百五十三条 建设用地使用权人有权将建设用地使用权转让、互换、出资、赠与或者抵押，但是法律另有规定的除外。

第三百五十四条 建设用地使用权转让、互换、出资、赠与或者抵押的，当事人应当采用书面形式订立相应的合同。使用期限由当事人约定，但是不得超过建设用地使用权的剩余期限。

第三百五十五条 建设用地使用权转让、互换、出资或者赠与的，应当向登记机构申请变更登记。

第三百五十六条 建设用地使用权转让、互换、出资或者赠与的，附着于该土地上的建筑物、构筑物及其附属设施一并处分。

第三百五十七条 建筑物、构筑物及其附属设施转让、互换、出资或者赠与的，该建筑物、构筑物及其附属设施占用范围内的建设用地使用权一并处分。

第三百五十八条 建设用地使用权期限届满前，因公共利益需要提前收回该土地的，应当依据本法第二百四十三条的规定对该土地上的房屋以及其他不动产给予补偿，并退还相应的出让金。

第三百五十九条 住宅建设用地使用权期限届满的，自动续期。续期费用的缴纳或者减免，依照法律、行政法规的规定办理。

非住宅建设用地使用权期限届满后的续期，依照法律规定办理。该土地上的房屋以及其他不动产的归属，有约定的，按照约定；没有约定或者约定不明确的，依照法律、行政法规的规定办理。

《中华人民共和国土地管理法》（2019 年 8 月 26 日修正）

第五十四条 建设单位使用国有土地，应当以出让等有偿使用方式取得；但是，下列建设用地，经县级以上人民政府依法批准，可以以划拨方式取得：

（一）国家机关用地和军事用地；

（二）城市基础设施用地和公益事业用地；

（三）国家重点扶持的能源、交通、水利等基础设施用地；

（四）法律、行政法规规定的其他用地。

第五十五条　以出让等有偿使用方式取得国有土地使用权的建设单位，按照国务院规定的标准和办法，缴纳土地使用权出让金等土地有偿使用费和其他费用后，方可使用土地。

自本法施行之日起，新增建设用地的土地有偿使用费，百分之三十上缴中央财政，百分之七十留给有关地方人民政府。具体使用管理办法由国务院财政部门会同有关部门制定，并报国务院批准。

第五十六条　建设单位使用国有土地的，应当按照土地使用权出让等有偿使用合同的约定或者土地使用权划拨批准文件的规定使用土地；确需改变该幅土地建设用途的，应当经有关人民政府自然资源主管部门同意，报原批准用地的人民政府批准。其中，在城市规划区内改变土地用途的，在报批前，应当先经有关城市规划行政主管部门同意。

第五十七条　建设项目施工和地质勘查需要临时使用国有土地或者农民集体所有的土地的，由县级以上人民政府自然资源主管部门批准。其中，在城市规划区内的临时用地，在报批前，应当先经有关城市规划行政主管部门同意。土地使用者应当根据土地权属，与有关自然资源主管部门或者农村集体经济组织、村民委员会签订临时使用土地合同，并按照合同的约定支付临时使用土地补偿费。

临时使用土地的使用者应当按照临时使用土地合同约定的用途使用土地，并不得修建永久性建筑物。

临时使用土地期限一般不超过二年。

第五十八条　有下列情形之一的，由有关人民政府自然资源主管部门报经原批准用地的人民政府或者有批准权的人民政府批准，可以收回国有土地使用权：

（一）为实施城市规划进行旧城区改建以及其他公共利益需要，确需使用土地的；

（二）土地出让等有偿使用合同约定的使用期限届满，土地使用者未申请续期或者申请续期未获批准的；

（三）因单位撤销、迁移等原因，停止使用原划拨的国有土地的；

（四）公路、铁路、机场、矿场等经核准报废的。

依照前款第（一）项的规定收回国有土地使用权的，对土地使用权人应当给予适当补偿。

《中华人民共和国城市房地产管理法》（2019年8月26日修正）

第九条　城市规划区内的集体所有的土地，经依法征收转为国有土地后，该幅国有土地的使用权方可有偿出让，但法律另有规定的除外。

第十三条　土地使用权出让，可以采取拍卖、招标或者双方协议的方式。

商业、旅游、娱乐和豪华住宅用地，有条件的，必须采取拍卖、招标方式；没有条件，不能采取拍卖、招标方式的，可以采取双方协议的方式。

采取双方协议方式出让土地使用权的出让金不得低于按国家规定所确定的最低价。

第十四条　土地使用权出让最高年限由国务院规定。

第十五条　土地使用权出让，应当签订书面出让合同。

土地使用权出让合同由市、县人民政府土地管理部门与土地使用者签订。

第十六条　土地使用者必须按照出让合同约定，支付土地使用权出让金；未按照出让合同约定支付土地使用权出让金的，土地管理部门有权解除合同，并可以请求违约赔偿。

第十七条　土地使用者按照出让合同约定支付土地使用权出让金的，市、县人民政府土地管理部门必须按照出让合同约定，提供出让的土地；未按照出让合同约定提供出让的土地的，土地使用者有权解除合同，由土地管理部门返还土地使用权出让金，土地使用者并可以请求违约赔偿。

第十八条　土地使用者需要改变土地使用权出让合同约定的土地用途的，必须取得出让方和市、县人民政府城市规划行政主管部门的同意，签订土地使用权出让合同变更协议或者重新签订土地使用权出让合同，相应调整土地使用权出让金。

第十九条　土地使用权出让金应当全部上缴财政，列入预算，用于城市基础设施建设和土地开发。土地使用权出让金上缴和使用的具体办法由国务院规定。

第二十条　国家对土地使用者依法取得的土地使用权，在出让合同约定的使用年限届满前不收回；在特殊情况下，根据社会公共利益的需要，可以依照法律程序提前收回，并根据土地使用者使用土地的实际年限和开发土地的实际情况给予相应的补偿。

第二十一条　土地使用权因土地灭失而终止。

第二十二条　土地使用权出让合同约定的使用年限届满，土地使用者需要继续使用土地的，应当至迟于届满前一年申请续期，除根据社会公共利益需要收回该幅土地的，应当予以批准。经批准准予续期的，应当重新签订土地使用权出让合同，依照规定支付土地使用权出让金。

土地使用权出让合同约定的使用年限届满，土地使用者未申请续期或者虽申请续期但依照前款规定未获批准的，土地使用权由国家无偿收回。

第二十三条　土地使用权划拨，是指县级以上人民政府依法批准，在土地使用者缴纳补偿、安置等费用后将该幅土地交付其使用，或者将土地使用权无偿交付给土地使用者使用的行为。

依照本法规定以划拨方式取得土地使用权的，除法律、行政法规另有规定外，没有使用期限的限制。

第二十六条　以出让方式取得土地使用权进行房地产开发的，必须按照土地使用权出让合同约定的土地用途、动工开发期限开发土地。超过出让合同约定的动工开发日期满一年未动工开发的，可以征收相当于土地使用权出让金百分之二十以下的土地闲置费；满二年未动工开发的，可以无偿收回土地使用权；但是，因不可抗力或者政府、政府有关部门的行为或者动工开发必需的前期工作造成动工开发迟延的除外。

第三十二条　房地产转让、抵押时，房屋的所有权和该房屋占用范围内的土地使用权同时转让、抵押。

64. 宅基地使用权纠纷

法律条文及规范索引

《中华人民共和国民法典》（2021年1月1日施行）

第三百六十二条　宅基地使用权人依法对集体所有的土地享有占有和使用的权利，有权依法利用该土地建造住宅及其附属设施。

第三百六十三条　宅基地使用权的取得、行使和转让，适用土地管理的法律和国家有关规定。

第三百六十四条　宅基地因自然灾害等原因灭失的，宅基地使用权消灭。对失去宅基地的村民，应当依法重新分配宅基地。

第三百六十五条 已经登记的宅基地使用权转让或者消灭的，应当及时办理变更登记或者注销登记。

《中华人民共和国土地管理法》（2019年8月26日修正）

第六十二条 农村村民一户只能拥有一处宅基地，其宅基地的面积不得超过省、自治区、直辖市规定的标准。

人均土地少、不能保障一户拥有一处宅基地的地区，县级人民政府在充分尊重农村村民意愿的基础上，可以采取措施，按照省、自治区、直辖市规定的标准保障农村村民实现户有所居。

农村村民建住宅，应当符合乡（镇）土地利用总体规划、村庄规划，不得占用永久基本农田，并尽量使用原有的宅基地和村内空闲地。编制乡（镇）土地利用总体规划、村庄规划应当统筹并合理安排宅基地用地，改善农村村民居住环境和条件。

农村村民住宅用地，由乡（镇）人民政府审核批准；其中，涉及占用农用地的，依照本法第四十四条的规定办理审批手续。

农村村民出卖、出租、赠与住宅后，再申请宅基地的，不予批准。

国家允许进城落户的农村村民依法自愿有偿退出宅基地，鼓励农村集体经济组织及其成员盘活利用闲置宅基地和闲置住宅。

国务院农业农村主管部门负责全国农村宅基地改革和管理有关工作。

《中华人民共和国村民委员会组织法》（2018年12月29日修正）

第二十四条 涉及村民利益的下列事项，经村民会议讨论决定方可办理：

……

（六）宅基地的使用方案；

……

村民会议可以授权村民代表会议讨论决定前款规定的事项。

法律对讨论决定村集体经济组织财产和成员权益的事项另有规定的，依照其规定。

《中华人民共和国妇女权益保障法》（2018年10月26日修正）

第三十二条 妇女在农村土地承包经营、集体经济组织收益分配、土地征收或者征收补偿费使用以及宅基地使用等方面，享有与男子平等的权利。

《第八次全国法院民事商事审判工作会议（民事部分）纪要》（法〔2016〕399号　2016年11月21日）

19. 在国家确定的宅基地制度改革试点地区，可以按照国家政策及相关指导意见处理宅基地使用权因抵押担保、转让而产生的纠纷。

在非试点地区，农民将其宅基地上的房屋出售给本集体经济组织以外的个人，该房屋买卖合同认定为无效。合同无效后，买受人请求返还购房款及其利息，以及请求赔偿翻建或者改建成本的，应当综合考虑当事人过错等因素予以确定。

20. 在涉及农村宅基地或农村集体经营性建设用地的民事纠纷案件中，当事人主张利润分配等合同权利的，应提供政府部门关于土地利用规划、建设用地计划及优先满足集体建设用地等要求的审批文件或者证明。未提供上述手续或者虽提供了上述手续，但在一审法庭辩论终结前土地性质仍未变更为国有土地的，所涉及的相关合同应按无效处理。

65. 居住权纠纷

法律条文及规范索引

《中华人民共和国民法典》（2021年1月1日施行）

第三百六十六条　居住权人有权按照合同约定，对他人的住宅享有占有、使用的用益物权，以满足生活居住的需要。

第三百六十七条　设立居住权，当事人应当采用书面形式订立居住权合同。

居住权合同一般包括下列条款：

（一）当事人的姓名或者名称和住所；

（二）住宅的位置；

（三）居住的条件和要求；

（四）居住权期限；

（五）解决争议的方法。

第三百六十八条　居住权无偿设立，但是当事人另有约定的除外。设立居住权的，应当向登记机构申请居住权登记。居住权自登记时设立。

第三百六十九条 居住权不得转让、继承。设立居住权的住宅不得出租，但是当事人另有约定的除外。

第三百七十条 居住权期限届满或者居住权人死亡的，居住权消灭。居住权消灭的，应当及时办理注销登记。

第三百七十一条 以遗嘱方式设立居住权的，参照适用本章的有关规定。

66. 地役权纠纷

法律条文及规范索引

《中华人民共和国民法典》（2021年1月1日施行）

第三百七十二条 地役权人有权按照合同约定，利用他人的不动产，以提高自己的不动产的效益。

前款所称他人的不动产为供役地，自己的不动产为需役地。

第三百七十三条 设立地役权，当事人应当采用书面形式订立地役权合同。

地役权合同一般包括下列条款：

（一）当事人的姓名或者名称和住所；

（二）供役地和需役地的位置；

（三）利用目的和方法；

（四）地役权期限；

（五）费用及其支付方式；

（六）解决争议的方法。

第三百七十四条 地役权自地役权合同生效时设立。当事人要求登记的，可以向登记机构申请地役权登记；未经登记，不得对抗善意第三人。

第三百七十五条 供役地权利人应当按照合同约定，允许地役权人利用其不动产，不得妨害地役权人行使权利。

第三百七十六条 地役权人应当按照合同约定的利用目的和方法利用供役地，尽量减少对供役地权利人物权的限制。

第三百七十七条 地役权期限由当事人约定；但是，不得超过土地承包经营权、建设用地使用权等用益物权的剩余期限。

第三百七十八条　土地所有权人享有地役权或者负担地役权的，设立土地承包经营权、宅基地使用权等用益物权时，该用益物权人继续享有或者负担已经设立的地役权。

第三百七十九条　土地上已经设立土地承包经营权、建设用地使用权、宅基地使用权等用益物权的，未经用益物权人同意，土地所有权人不得设立地役权。

第三百八十条　地役权不得单独转让。土地承包经营权、建设用地使用权等转让的，地役权一并转让，但是合同另有约定的除外。

第三百八十一条　地役权不得单独抵押。土地经营权、建设用地使用权等抵押的，在实现抵押权时，地役权一并转让。

第三百八十二条　需役地以及需役地上的土地承包经营权、建设用地使用权等部分转让时，转让部分涉及地役权的，受让人同时享有地役权。

第三百八十三条　供役地以及供役地上的土地承包经营权、建设用地使用权等部分转让时，转让部分涉及地役权的，地役权对受让人具有法律约束力。

第三百八十四条　地役权人有下列情形之一的，供役地权利人有权解除地役权合同，地役权消灭：

（一）违反法律规定或者合同约定，滥用地役权；

（二）有偿利用供役地，约定的付款期限届满后在合理期限内经两次催告未支付费用。

第三百八十五条　已经登记的地役权变更、转让或者消灭的，应当及时办理变更登记或者注销登记。

八、担保物权纠纷

担保物权是担保人以自己所有的物为他人设定的能够就担保物的价值优先受偿的物权。担保物权是一种他物权，包括抵押权、质权和留置权三种形式。担保物权人在债务人不履行到期债务或者发生当事人约定的实现担保物权的情形，依法享有就担保财产优先受偿的权利，但是法律另有规定的除外。担保物权纠纷就是因抵押权、质权和留置权而产生的纠纷。此次案由修改中，在第三级案由“67. 抵押权纠纷”项下：变更“（4）土地承包经营权抵押权纠纷”为“（4）土地经营权抵押权纠纷”；增加“（5）探矿权抵押权纠纷”“（6）采矿权抵押权纠纷”“（7）海域使用权抵押权纠纷”。

67. 抵押权纠纷

（1）建筑物和其他土地附着物抵押权纠纷
（2）在建建筑物抵押权纠纷
（3）建设用地使用权抵押权纠纷
（4）土地经营权抵押权纠纷
（5）探矿权抵押权纠纷
（6）采矿权抵押权纠纷
（7）海域使用权抵押权纠纷
（8）动产抵押权纠纷
（9）在建船舶、航空器抵押权纠纷
（10）动产浮动抵押权纠纷
（11）最高额抵押权纠纷

法律条文及规范索引

《中华人民共和国民法典》（2021 年 1 月 1 日施行）

第三百九十四条 为担保债务的履行，债务人或者第三人不转移财产的占有，将该财产抵押给债权人的，债务人不履行到期债务或者发生当事人约定的实现抵押权的情形，债权人有权就该财产优先受偿。

前款规定的债务人或者第三人为抵押人，债权人为抵押权人，提供担保的财产为抵押财产。

第三百九十五条 债务人或者第三人有权处分的下列财产可以抵押：

（一）建筑物和其他土地附着物；

（二）建设用地使用权；

（三）海域使用权；

（四）生产设备、原材料、半成品、产品；

（五）正在建造的建筑物、船舶、航空器；

（六）交通运输工具；

（七）法律、行政法规未禁止抵押的其他财产。

抵押人可以将前款所列财产一并抵押。

第三百九十六条　企业、个体工商户、农业生产经营者可以将现有的以及将有的生产设备、原材料、半成品、产品抵押，债务人不履行到期债务或者发生当事人约定的实现抵押权的情形，债权人有权就抵押财产确定时的动产优先受偿。

第三百九十七条　以建筑物抵押的，该建筑物占用范围内的建设用地使用权一并抵押。以建设用地使用权抵押的，该土地上的建筑物一并抵押。

抵押人未依据前款规定一并抵押的，未抵押的财产视为一并抵押。

第三百九十八条　乡镇、村企业的建设用地使用权不得单独抵押。以乡镇、村企业的厂房等建筑物抵押的，其占用范围内的建设用地使用权一并抵押。

第三百九十九条　下列财产不得抵押：

（一）土地所有权；

（二）宅基地、自留地、自留山等集体所有土地的使用权，但是法律规定可以抵押的除外；

（三）学校、幼儿园、医疗机构等为公益目的成立的非营利法人的教育设施、医疗卫生设施和其他公益设施；

（四）所有权、使用权不明或者有争议的财产；

（五）依法被查封、扣押、监管的财产；

（六）法律、行政法规规定不得抵押的其他财产。

第四百条　设立抵押权，当事人应当采用书面形式订立抵押合同。

抵押合同一般包括下列条款：

（一）被担保债权的种类和数额；

（二）债务人履行债务的期限；

（三）抵押财产的名称、数量等情况；

（四）担保的范围。

第四百零一条　抵押权人在债务履行期限届满前，与抵押人约定债务人不履行到期债务时抵押财产归债权人所有的，只能依法就抵押财产优先受偿。

第四百零二条 以本法第三百九十五条第一款第一项至第三项规定的财产或者第五项规定的正在建造的建筑物抵押的，应当办理抵押登记。抵押权自登记时设立。

第四百零三条 以动产抵押的，抵押权自抵押合同生效时设立；未经登记，不得对抗善意第三人。

第四百零四条 以动产抵押的，不得对抗正常经营活动中已经支付合理价款并取得抵押财产的买受人。

第四百零五条 抵押权设立前，抵押财产已经出租并转移占有的，原租赁关系不受该抵押权的影响。

第四百零六条 抵押期间，抵押人可以转让抵押财产。当事人另有约定的，按照其约定。抵押财产转让的，抵押权不受影响。

抵押人转让抵押财产的，应当及时通知抵押权人。抵押权人能够证明抵押财产转让可能损害抵押权的，可以请求抵押人将转让所得的价款向抵押权人提前清偿债务或者提存。转让的价款超过债权数额的部分归抵押人所有，不足部分由债务人清偿。

第四百零七条 抵押权不得与债权分离而单独转让或者作为其他债权的担保。债权转让的，担保该债权的抵押权一并转让，但是法律另有规定或者当事人另有约定的除外。

第四百零八条 抵押人的行为足以使抵押财产价值减少的，抵押权人有权请求抵押人停止其行为；抵押财产价值减少的，抵押权人有权请求恢复抵押财产的价值，或者提供与减少的价值相应的担保。抵押人不恢复抵押财产的价值，也不提供担保的，抵押权人有权请求债务人提前清偿债务。

第四百零九条 抵押权人可以放弃抵押权或者抵押权的顺位。抵押权人与抵押人可以协议变更抵押权顺位以及被担保的债权数额等内容。但是，抵押权的变更未经其他抵押权人书面同意的，不得对其他抵押权人产生不利影响。

债务人以自己的财产设定抵押，抵押权人放弃该抵押权、抵押权顺位或者变更抵押权的，其他担保人在抵押权人丧失优先受偿权益的范围内免除担保责任，但是其他担保人承诺仍然提供担保的除外。

第四百一十条 债务人不履行到期债务或者发生当事人约定的实现抵押

权的情形，抵押权人可以与抵押人协议以抵押财产折价或者以拍卖、变卖该抵押财产所得的价款优先受偿。协议损害其他债权人利益的，其他债权人可以请求人民法院撤销该协议。

抵押权人与抵押人未就抵押权实现方式达成协议的，抵押权人可以请求人民法院拍卖、变卖抵押财产。

抵押财产折价或者变卖的，应当参照市场价格。

第四百一十一条 依据本法第三百九十六条规定设定抵押的，抵押财产自下列情形之一发生时确定：

（一）债务履行期限届满，债权未实现；

（二）抵押人被宣告破产或者解散；

（三）当事人约定的实现抵押权的情形；

（四）严重影响债权实现的其他情形。

第四百一十二条 债务人不履行到期债务或者发生当事人约定的实现抵押权的情形，致使抵押财产被人民法院依法扣押的，自扣押之日起，抵押权人有权收取该抵押财产的天然孳息或者法定孳息，但是抵押权人未通知应当清偿法定孳息义务人的除外。

前款规定的孳息应当先充抵收取孳息的费用。

第四百一十三条 抵押财产折价或者拍卖、变卖后，其价款超过债权数额的部分归抵押人所有，不足部分由债务人清偿。

第四百一十四条 同一财产向两个以上债权人抵押的，拍卖、变卖抵押财产所得的价款依照下列规定清偿：

（一）抵押权已经登记的，按照登记的时间先后确定清偿顺序；

（二）抵押权已经登记的先于未登记的受偿；

（三）抵押权未登记的，按照债权比例清偿。

其他可以登记的担保物权，清偿顺序参照适用前款规定。

第四百一十五条 同一财产既设立抵押权又设立质权的，拍卖、变卖该财产所得的价款按照登记、交付的时间先后确定清偿顺序。

第四百一十六条 动产抵押担保的主债权是抵押物的价款，标的物交付后十日内办理抵押登记的，该抵押权人优先于抵押物买受人的其他担保物权人受偿，但是留置权人除外。

第四百一十七条 建设用地使用权抵押后，该土地上新增的建筑物不属于抵押财产。该建设用地使用权实现抵押权时，应当将该土地上新增的建筑物与建设用地使用权一并处分。但是，新增建筑物所得的价款，抵押权人无权优先受偿。

第四百一十八条 以集体所有土地的使用权依法抵押的，实现抵押权后，未经法定程序，不得改变土地所有权的性质和土地用途。

第四百一十九条 抵押权人应当在主债权诉讼时效期间行使抵押权；未行使的，人民法院不予保护。

第四百二十条 为担保债务的履行，债务人或者第三人对一定期间内将要连续发生的债权提供担保财产的，债务人不履行到期债务或者发生当事人约定的实现抵押权的情形，抵押权人有权在最高债权额限度内就该担保财产优先受偿。

最高额抵押权设立前已经存在的债权，经当事人同意，可以转入最高额抵押担保的债权范围。

第四百二十一条 最高额抵押担保的债权确定前，部分债权转让的，最高额抵押权不得转让，但是当事人另有约定的除外。

第四百二十二条 最高额抵押担保的债权确定前，抵押权人与抵押人可以通过协议变更债权确定的期间、债权范围以及最高债权额。但是，变更的内容不得对其他抵押权人产生不利影响。

第四百二十三条 有下列情形之一的，抵押权人的债权确定：

（一）约定的债权确定期间届满；

（二）没有约定债权确定期间或者约定不明确，抵押权人或者抵押人自最高额抵押权设立之日起满二年后请求确定债权；

（三）新的债权不可能发生；

（四）抵押权人知道或者应当知道抵押财产被查封、扣押；

（五）债务人、抵押人被宣告破产或者解散；

（六）法律规定债权确定的其他情形。

第四百二十四条 最高额抵押权除适用本节规定外，适用本章第一节的有关规定。

《中华人民共和国城市房地产管理法》（2019 年 8 月 26 日修正）

第四十八条 依法取得的房屋所有权连同该房屋占用范围内的土地使用权，可以设定抵押权。

以出让方式取得的土地使用权，可以设定抵押权。

第四十九条 房地产抵押，应当凭土地使用权证书、房屋所有权证书办理。

第五十一条 设定房地产抵押权的土地使用权是以划拨方式取得的，依法拍卖该房地产后，应当从拍卖所得的价款中缴纳相当于应缴纳的土地使用权出让金的款额后，抵押权人方可优先受偿。

第五十二条 房地产抵押合同签订后，土地上新增的房屋不属于抵押财产。需要拍卖该抵押的房地产时，可以依法将土地上新增的房屋与抵押财产一同拍卖，但对拍卖新增房屋所得，抵押权人无权优先受偿。

《中华人民共和国海商法》（1993年7月1日施行）

第十三条 设定船舶抵押权，由抵押权人和抵押人共同向船舶登记机关办理抵押权登记；未经登记的，不得对抗第三人。

船舶抵押权登记，包括下列主要项目：

（一）船舶抵押权人和抵押人的姓名或者名称、地址；

（二）被抵押船舶的名称、国籍、船舶所有权证书的颁发机关和证书号码；

（三）所担保的债权数额、利息率、受偿期限。

船舶抵押权的登记状况，允许公众查询。

《中华人民共和国民用航空法》（2021年4月29日修正）

第十六条 设定民用航空器抵押权，由抵押权人和抵押人共同向国务院民用航空主管部门办理抵押权登记；未经登记的，不得对抗第三人。

《最高人民法院关于适用〈中华人民共和国民法典〉有关担保制度的解释》（法释〔2020〕28号 2020年12月31日）

第四十条 从物产生于抵押权依法设立前，抵押权人主张抵押权的效力及于从物的，人民法院应予支持，但是当事人另有约定的除外。

从物产生于抵押权依法设立后，抵押权人主张抵押权的效力及于从物的，人民法院不予支持，但是在抵押权实现时可以一并处分。

第四十一条 抵押权依法设立后，抵押财产被添附，添附物归第三人所有，抵押权人主张抵押权效力及于补偿金的，人民法院应予支持。

抵押权依法设立后，抵押财产被添附，抵押人对添附物享有所有权，抵押权人主张抵押权的效力及于添附物的，人民法院应予支持，但是添附导致抵押财产价值增加的，抵押权的效力不及于增加的价值部分。

抵押权依法设立后，抵押人与第三人因添附成为添附物的共有人，抵押权人主张抵押权的效力及于抵押人对共有物享有的份额的，人民法院应予支持。

本条所称添附，包括附合、混合与加工。

第四十二条 抵押权依法设立后，抵押财产毁损、灭失或者被征收等，抵押权人请求按照原抵押权的顺位就保险金、赔偿金或者补偿金等优先受偿的，人民法院应予支持。

给付义务人已经向抵押人给付了保险金、赔偿金或者补偿金，抵押权人请求给付义务人向其给付保险金、赔偿金或者补偿金的，人民法院不予支持，但是给付义务人接到抵押权人要求向其给付的通知后仍然向抵押人给付的除外。

抵押权人请求给付义务人向其给付保险金、赔偿金或者补偿金的，人民法院可以通知抵押人作为第三人参加诉讼。

第四十三条 当事人约定禁止或者限制转让抵押财产但是未将约定登记，抵押人违反约定转让抵押财产，抵押权人请求确认转让合同无效的，人民法院不予支持；抵押财产已经交付或者登记，抵押权人请求确认转让不发生物权效力的，人民法院不予支持，但是抵押权人有证据证明受让人知道的除外；抵押权人请求抵押人承担违约责任的，人民法院依法予以支持。

当事人约定禁止或者限制转让抵押财产且已经将约定登记，抵押人违反约定转让抵押财产，抵押权人请求确认转让合同无效的，人民法院不予支持；抵押财产已经交付或者登记，抵押权人主张转让不发生物权效力的，人民法院应予支持，但是因受让人代替债务人清偿债务导致抵押权消灭的除外。

第四十四条 主债权诉讼时效期间届满后，抵押权人主张行使抵押权的，人民法院不予支持；抵押人以主债权诉讼时效期间届满为由，主张不承担担保责任的，人民法院应予支持。主债权诉讼时效期间届满前，债权人仅对债务人提起诉讼，经人民法院判决或者调解后未在民事诉讼法规定的申请执行时效期间内对债务人申请强制执行，其向抵押人主张行使抵押权的，人民法院不予支持。

主债权诉讼时效期间届满后，财产被留置的债务人或者对留置财产享有所有权的第三人请求债权人返还留置财产的，人民法院不予支持；债务人或者第三人请求拍卖、变卖留置财产并以所得价款清偿债务的，人民法院应予支持。

主债权诉讼时效期间届满的法律后果，以登记作为公示方式的权利质权，参照适用第一款的规定；动产质权、以交付权利凭证作为公示方式的权利质权，参照适用第二款的规定。

第四十五条　当事人约定当债务人不履行到期债务或者发生当事人约定的实现担保物权的情形，担保物权人有权将担保财产自行拍卖、变卖并就所得的价款优先受偿的，该约定有效。因担保人的原因导致担保物权人无法自行对担保财产进行拍卖、变卖，担保物权人请求担保人承担因此增加的费用的，人民法院应予支持。

当事人依照民事诉讼法有关“实现担保物权案件”的规定，申请拍卖、变卖担保财产，被申请人以担保合同约定仲裁条款为由主张驳回申请的，人民法院经审查后，应当按照以下情形分别处理：

（一）当事人对担保物权无实质性争议且实现担保物权条件已经成就的，应当裁定准许拍卖、变卖担保财产；

（二）当事人对实现担保物权有部分实质性争议的，可以就无争议的部分裁定准许拍卖、变卖担保财产，并告知可以就有争议的部分申请仲裁；

（三）当事人对实现担保物权有实质性争议的，裁定驳回申请，并告知可以向仲裁机构申请仲裁。

债权人以诉讼方式行使担保物权的，应当以债务人和担保人作为共同被告。

第四十六条　不动产抵押合同生效后未办理抵押登记手续，债权人请求抵押人办理抵押登记手续的，人民法院应予支持。

抵押财产因不可归责于抵押人自身的原因灭失或者被征收等导致不能办理抵押登记，债权人请求抵押人在约定的担保范围内承担责任的，人民法院不予支持；但是抵押人已经获得保险金、赔偿金或者补偿金等，债权人请求抵押人在其所获金额范围内承担赔偿责任的，人民法院依法予以支持。

因抵押人转让抵押财产或者其他可归责于抵押人自身的原因导致不能办理抵押登记，债权人请求抵押人在约定的担保范围内承担责任的，人民法院依法予以支持，但是不得超过抵押权能够设立时抵押人应当承担的责任范围。

第四十七条　不动产登记簿就抵押财产、被担保的债权范围等所作的记载与抵押合同约定不一致的，人民法院应当根据登记簿的记载确定抵押财产、被担保的债权范围等事项。

第四十八条　当事人申请办理抵押登记手续时，因登记机构的过错致使其不能办理抵押登记，当事人请求登记机构承担赔偿责任的，人民法院依法予以支持。

第四十九条 以违法的建筑物抵押的，抵押合同无效，但是一审法庭辩论终结前已经办理合法手续的除外。抵押合同无效的法律后果，依照本解释第十七条的有关规定处理。

当事人以建设用地使用权依法设立抵押，抵押人以土地上存在违法的建筑物为由主张抵押合同无效的，人民法院不予支持。

第五十条 抵押人以划拨建设用地上的建筑物抵押，当事人以该建设用地使用权不能抵押或者未办理批准手续为由主张抵押合同无效或者不生效的，人民法院不予支持。抵押权依法实现时，拍卖、变卖建筑物所得的价款，应当优先用于补缴建设用地使用权出让金。

当事人以划拨方式取得的建设用地使用权抵押，抵押人以未办理批准手续为由主张抵押合同无效或者不生效的，人民法院不予支持。已经依法办理抵押登记，抵押权人主张行使抵押权的，人民法院应予支持。抵押权依法实现时所得的价款，参照前款有关规定处理。

第五十一条 当事人仅以建设用地使用权抵押，债权人主张抵押权的效力及于土地上已有的建筑物以及正在建造的建筑物已完成部分的，人民法院应予支持。债权人主张抵押权的效力及于正在建造的建筑物的续建部分以及新增建筑物的，人民法院不予支持。

当事人以正在建造的建筑物抵押，抵押权的效力范围限于已办理抵押登记的部分。当事人按照担保合同的约定，主张抵押权的效力及于续建部分、新增建筑物以及规划中尚未建造的建筑物的，人民法院不予支持。

抵押人将建设用地使用权、土地上的建筑物或者正在建造的建筑物分别抵押给不同债权人的，人民法院应当根据抵押登记的时间先后确定清偿顺序。

第五十二条 当事人办理抵押预告登记后，预告登记权利人请求就抵押财产优先受偿，经审查存在尚未办理建筑物所有权首次登记、预告登记的财产与办理建筑物所有权首次登记时的财产不一致、抵押预告登记已经失效等情形，导致不具备办理抵押登记条件的，人民法院不予支持；经审查已经办理建筑物所有权首次登记，且不存在预告登记失效等情形的，人民法院应予支持，并应当认定抵押权自预告登记之日起设立。

当事人办理了抵押预告登记，抵押人破产，经审查抵押财产属于破产财产，预告登记权利人主张就抵押财产优先受偿的，人民法院应当在受理破产申请时抵押财产的价值范围内予以支持，但是在人民法院受理破产申请前一年内，债务人对没有财产担保的债务设立抵押预告登记的除外。

第五十三条　当事人在动产和权利担保合同中对担保财产进行概括描述，该描述能够合理识别担保财产的，人民法院应当认定担保成立。

第五十四条　动产抵押合同订立后未办理抵押登记，动产抵押权的效力按照下列情形分别处理：

（一）抵押人转让抵押财产，受让人占有抵押财产后，抵押权人向受让人请求行使抵押权的，人民法院不予支持，但是抵押权人能够举证证明受让人知道或者应当知道已经订立抵押合同的除外；

（二）抵押人将抵押财产出租给他人并移转占有，抵押权人行使抵押权的，租赁关系不受影响，但是抵押权人能够举证证明承租人知道或者应当知道已经订立抵押合同的除外；

（三）抵押人的其他债权人向人民法院申请保全或者执行抵押财产，人民法院已经作出财产保全裁定或者采取执行措施，抵押权人主张对抵押财产优先受偿的，人民法院不予支持；

（四）抵押人破产，抵押权人主张对抵押财产优先受偿的，人民法院不予支持。

第五十七条　担保人在设立动产浮动抵押并办理抵押登记后又购入或者以融资租赁方式承租新的动产，下列权利人为担保价款债权或者租金的实现而订立担保合同，并在该动产交付后十日内办理登记，主张其权利优先于在先设立的浮动抵押权的，人民法院应予支持：

（一）在该动产上设立抵押权或者保留所有权的出卖人；

（二）为价款支付提供融资而在该动产上设立抵押权的债权人；

（三）以融资租赁方式出租该动产的出租人。

买受人取得动产但未付清价款或者承租人以融资租赁方式占有租赁物但是未付清全部租金，又以标的物为他人设立担保物权，前款所列权利人为担保价款债权或者租金的实现而订立担保合同，并在该动产交付后十日内办理登记，主张其权利优先于买受人为他人设立的担保物权的，人民法院应予支持。

同一动产上存在多个价款优先权的，人民法院应当按照登记的时间先后确定清偿顺序。

《最高人民法院关于适用〈中华人民共和国民法典〉时间效力的若干规定》（法释〔2020〕15号 2020年12月29日）

第七条 民法典施行前，当事人在债务履行期限届满前约定债务人不履行到期债务时抵押财产或者质押财产归债权人所有的，适用民法典第四百零一条和第四百二十八条的规定。

《动产抵押登记办法》（2019年3月18日修订）

第二条 企业、个体工商户、农业生产经营者以《中华人民共和国物权法》第一百八十条第一款第四项、第一百八十一条规定的动产抵押的，应当向抵押人住所地的县级市场监督管理部门（以下简称登记机关）办理登记。抵押权自抵押合同生效时设立；未经登记，不得对抗善意第三人。

第三条 动产抵押登记的设立、变更和注销，可以由抵押合同一方作为代表到登记机关办理，也可以由抵押合同双方共同委托的代理人到登记机关办理。

当事人应当保证其提交的材料内容真实准确。

第四条 当事人设立抵押权符合本办法第二条所规定情形的，应当持下列文件向登记机关办理设立登记：

（一）抵押人、抵押权人签字或者盖章的《动产抵押登记书》；

（二）抵押人、抵押权人主体资格证明或者自然人身份证明文件；

（三）抵押合同双方指定代表或者共同委托代理人的身份证明。

第十一条 当事人有证据证明登记机关的动产抵押登记信息与其提交材料内容不一致的，有权要求登记机关予以更正。

登记机关发现其登记的动产抵押登记信息与当事人提交材料内容不一致的，应当对有关信息进行更正。

第十二条 经当事人或者利害关系人申请，登记机关可以根据人民法院、仲裁委员会生效的法律文书或者人民政府生效的决定等，对相关的动产抵押登记进行变更或者撤销。动产抵押登记变更或者撤销后，登记机关应当告知原抵押合同双方当事人。

《最高人民法院关于审理矿业权纠纷案件适用法律若干问题的解释》（法释〔2017〕12号 2020年12月23日修正）

第十四条 矿业权人为担保自己或者他人债务的履行，将矿业权抵押给债权人的，抵押合同自依法成立之日起生效，但法律、行政法规规定不得抵押的除外。

当事人仅以未经主管部门批准或者登记、备案为由请求确认抵押合同无效的，人民法院不予支持。

第十五条 当事人请求确认矿业权之抵押权自依法登记时设立的，人民法院应予支持。

颁发矿产资源勘查许可证或者采矿许可证的自然资源主管部门根据相关规定办理的矿业权抵押备案手续，视为前款规定的登记。

第十六条 债务人不履行到期债务或者发生当事人约定的实现抵押权的情形，抵押权人依据民事诉讼法第一百九十六条、第一百九十七条规定申请实现抵押权的，人民法院可以拍卖、变卖矿业权或者裁定以矿业权抵债，但矿业权竞买人、受让人应具备相应的资质条件。

第十七条 矿业权抵押期间因抵押人被兼并重组或者矿床被压覆等原因导致矿业权全部或者部分灭失，抵押权人请求就抵押人因此获得的保险金、赔偿金或者补偿金等款项优先受偿或者将该款项予以提存的，人民法院应予支持。

《最高人民法院关于印发〈全国法院民商事审判工作会议纪要〉的通知》（法〔2019〕254号 2019年11月8日）

60.【未办理登记的不动产抵押合同的效力】不动产抵押合同依法成立，但未办理抵押登记手续，债权人请求抵押人办理抵押登记手续的，人民法院依法予以支持。因抵押物灭失以及抵押物转让他人等原因不能办理抵押登记，债权人请求抵押人以抵押物的价值为限承担责任的，人民法院依法予以支持，但其范围不得超过抵押权有效设立时抵押人所应当承担的责任。

61.【房地分别抵押】根据《物权法》第182条之规定，仅以建筑物设定抵押的，抵押权的效力及于占用范围内的土地；仅以建设用地使用权抵押的，抵押权的效力亦及于其上的建筑物。在房地分别抵押，即建设用地使用权抵押给一个债权人，而其上的建筑物又抵押给另一个人的情况下，可能产生两个抵押权的冲突问题。基于“房地一体”规则，此时应当将建筑物和建设用地使用权视为同一财产，从而依照《物权法》第199条的规定确定清偿顺序：登记在先的先清偿；同时登记的，按照债权比例清偿。同一天登记的，视为同时登记。应予注意的是，根据《物权法》第200条的规定，建设用地使用权抵押后，该土地上新增的建筑物不属于抵押财产。

62.【抵押权随主债权转让】抵押权是从属于主合同的从权利，根据“从随主”规则，债权转让的，除法律另有规定或者当事人另有约定外，担保该债权的抵押权一并转让。受让人向抵押人主张行使抵押权，抵押人以受让人不是抵押合同的当事人、未办理变更登记等为由提出抗辩的，人民法院不予支持。

63.【流动质押的设立与监管人的责任】在流动质押中，经常由债权人、出质人与监管人订立三方监管协议，此时应当查明监管人究竟是受债权人的委托还是受出质人的委托监管质物，确定质物是否已经交付债权人，从而判断质权是否有效设立。如果监管人系受债权人的委托监管质物，则其是债权人的直接占有人，应当认定完成了质物交付，质权有效设立。监管人违反监管协议约定，违规向出质人放货、因保管不善导致质物毁损灭失，债权人请求监管人承担违约责任的，人民法院依法予以支持。

如果监管人系受出质人委托监管质物，表明质物并未交付债权人，应当认定质权未有效设立。尽管监管协议约定监管人系受债权人的委托监管质物，但有证据证明其并未履行监管职责，质物实际上仍由出质人管领控制的，也应当认定质物并未实际交付，质权未有效设立。此时，债权人可以基于质押合同的约定请求质押人承担违约责任，但其范围不得超过质权有效设立时质押人所应当承担的责任。监管人未履行监管职责的，债权人也可以请求监管人承担违约责任。

64.【浮动抵押的效力】企业将其现有的以及将有的生产设备、原材料、半成品及产品等财产设定浮动抵押后，又将其中的生产设备等部分财产设定了动产抵押，并都办理了抵押登记的，根据《物权法》第 199 条的规定，登记在先的浮动抵押优先于登记在后的动产抵押。

65.【动产抵押权与质权竞存】同一动产上同时设立质权和抵押权的，应当参照适用《物权法》第 199 条的规定，根据是否完成公示以及公示先后情况来确定清偿顺序：质权有效设立、抵押权办理了抵押登记的，按照公示先后确定清偿顺序；顺序相同的，按照债权比例清偿；质权有效设立，抵押权未办理抵押登记的，质权优先于抵押权；质权未有效设立，抵押权未办理抵押登记的，因此时抵押权已经有效设立，故抵押权优先受偿。

根据《物权法》第 178 条规定的精神，担保法司法解释第 79 条第 1 款不再适用。

68. 质权纠纷

（1）动产质权纠纷
（2）转质权纠纷
（3）最高额质权纠纷
（4）票据质权纠纷
（5）债券质权纠纷
（6）存单质权纠纷
（7）仓单质权纠纷
（8）提单质权纠纷
（9）股权质权纠纷
（10）基金份额质权纠纷
（11）知识产权质权纠纷
（12）应收账款质权纠纷

法律条文及规范索引

《中华人民共和国民法典》（2021 年 1 月 1 日施行）

第四百二十五条　为担保债务的履行，债务人或者第三人将其动产出质给债权人占有的，债务人不履行到期债务或者发生当事人约定的实现质权的情形，债权人有权就该动产优先受偿。

前款规定的债务人或者第三人为出质人，债权人为质权人，交付的动产为质押财产。

第四百二十六条　法律、行政法规禁止转让的动产不得出质。

第四百二十七条　设立质权，当事人应当采用书面形式订立质押合同。

质押合同一般包括下列条款：

（一）被担保债权的种类和数额；

（二）债务人履行债务的期限；

（三）质押财产的名称、数量等情况；

（四）担保的范围；

（五）质押财产交付的时间、方式。

第四百二十八条 质权人在债务履行期限届满前，与出质人约定债务人不履行到期债务时质押财产归债权人所有的，只能依法就质押财产优先受偿。

第四百二十九条 质权自出质人交付质押财产时设立。

第四百三十条 质权人有权收取质押财产的孳息，但是合同另有约定的除外。

前款规定的孳息应当先充抵收取孳息的费用。

第四百三十一条 质权人在质权存续期间，未经出质人同意，擅自使用、处分质押财产，造成出质人损害的，应当承担赔偿责任。

第四百三十二条 质权人负有妥善保管质押财产的义务；因保管不善致使质押财产毁损、灭失的，应当承担赔偿责任。

质权人的行为可能使质押财产毁损、灭失的，出质人可以请求质权人将质押财产提存，或者请求提前清偿债务并返还质押财产。

第四百三十三条 因不可归责于质权人的事由可能使质押财产毁损或者价值明显减少，足以危害质权人权利的，质权人有权请求出质人提供相应的担保；出质人不提供的，质权人可以拍卖、变卖质押财产，并与出质人协议将拍卖、变卖所得的价款提前清偿债务或者提存。

第四百三十四条 质权人在质权存续期间，未经出质人同意转质，造成质押财产毁损、灭失的，应当承担赔偿责任。

第四百三十五条 质权人可以放弃质权。债务人以自己的财产出质，质权人放弃该质权的，其他担保人在质权人丧失优先受偿权益的范围内免除担保责任，但是其他担保人承诺仍然提供担保的除外。

第四百三十六条 债务人履行债务或者出质人提前清偿所担保的债权的，质权人应当返还质押财产。

债务人不履行到期债务或者发生当事人约定的实现质权的情形，质权人可以与出质人协议以质押财产折价，也可以就拍卖、变卖质押财产所得的价款优先受偿。

质押财产折价或者变卖的，应当参照市场价格。

第四百三十七条 出质人可以请求质权人在债务履行期限届满后及时行使质权；质权人不行使的，出质人可以请求人民法院拍卖、变卖质押财产。

出质人请求质权人及时行使质权，因质权人怠于行使权利造成出质人损害的，由质权人承担赔偿责任。

第四百三十八条 质押财产折价或者拍卖、变卖后，其价款超过债权数额的部分归出质人所有，不足部分由债务人清偿。

第四百三十九条 出质人与质权人可以协议设立最高额质权。

最高额质权除适用本节有关规定外，参照适用本编第十七章第二节的有关规定。

第四百四十条 债务人或者第三人有权处分的下列权利可以出质：

（一）汇票、本票、支票；

（二）债券、存款单；

（三）仓单、提单；

（四）可以转让的基金份额、股权；

（五）可以转让的注册商标专用权、专利权、著作权等知识产权中的财产权；

（六）现有的以及将有的应收账款；

（七）法律、行政法规规定可以出质的其他财产权利。

第四百四十一条 以汇票、本票、支票、债券、存款单、仓单、提单出质的，质权自权利凭证交付质权人时设立；没有权利凭证的，质权自办理出质登记时设立。法律另有规定的，依照其规定。

第四百四十二条 汇票、本票、支票、债券、存款单、仓单、提单的兑现日期或者提货日期先于主债权到期的，质权人可以兑现或者提货，并与出质人协议将兑现的价款或者提取的货物提前清偿债务或者提存。

第四百四十三条 以基金份额、股权出质的，质权自办理出质登记时设立。

基金份额、股权出质后，不得转让，但是出质人与质权人协商同意的除外。出质人转让基金份额、股权所得的价款，应当向质权人提前清偿债务或者提存。

第四百四十四条 以注册商标专用权、专利权、著作权等知识产权中的财产权出质的，质权自办理出质登记时设立。

知识产权中的财产权出质后，出质人不得转让或者许可他人使用，但是出质人与质权人协商同意的除外。出质人转让或者许可他人使用出质的知识产权中的财产权所得的价款，应当向质权人提前清偿债务或者提存。

第四百四十五条 以应收账款出质的，质权自办理出质登记时设立。

应收账款出质后，不得转让，但是出质人与质权人协商同意的除外。出质人转让应收账款所得的价款，应当向质权人提前清偿债务或者提存。

第四百四十六条 权利质权除适用本节规定外，适用本章第一节的有关规定。

《中华人民共和国涉外民事关系法律适用法》（2011年4月1日施行）

第三十九条 有价证券，适用有价证券权利实现地法律或者其他与该有价证券有最密切联系的法律。

第四十条 权利质权，适用质权设立地法律。

《最高人民法院关于适用〈中华人民共和国民法典〉有关担保制度的解释》（法释〔2020〕28号 2020年12月31日）

第五十五条 债权人、出质人与监管人订立三方协议，出质人以通过一定数量、品种等概括描述能够确定范围的货物为债务的履行提供担保，当事人有证据证明监管人系受债权人的委托监管并实际控制该货物的，人民法院应当认定质权于监管人实际控制货物之日起设立。监管人违反约定向出质人或者其他人放货、因保管不善导致货物毁损灭失，债权人请求监管人承担违约责任的，人民法院依法予以支持。

在前款规定情形下，当事人有证据证明监管人系受出质人委托监管该货物，或者虽然受债权人委托但是未实际履行监管职责，导致货物仍由出质人实际控制的，人民法院应当认定质权未设立。债权人可以基于质押合同的约定请求出质人承担违约责任，但是不得超过质权有效设立时出质人应当承担的责任范围。监管人未履行监管职责，债权人请求监管人承担责任的，人民法院依法予以支持。

第五十六条 买受人在出卖人正常经营活动中通过支付合理对价取得已被设立担保物权的动产，担保物权人请求就该动产优先受偿的，人民法院不予支持，但是有下列情形之一的除外：

（一）购买商品的数量明显超过一般买受人；

（二）购买出卖人的生产设备；

（三）订立买卖合同的目的在于担保出卖人或者第三人履行债务；

（四）买受人与出卖人存在直接或者间接的控制关系；

（五）买受人应当查询抵押登记而未查询的其他情形。

前款所称出卖人正常经营活动，是指出卖人的经营活动属于其营业执照明确记载的经营范围，且出卖人持续销售同类商品。前款所称担保物权人，是指已经办理登记的抵押权人、所有权保留买卖的出卖人、融资租赁合同的出租人。

第五十七条　担保人在设立动产浮动抵押并办理抵押登记后又购入或者以融资租赁方式承租新的动产，下列权利人为担保价款债权或者租金的实现而订立担保合同，并在该动产交付后十日内办理登记，主张其权利优先于在先设立的浮动抵押权的，人民法院应予支持：

（一）在该动产上设立抵押权或者保留所有权的出卖人；

（二）为价款支付提供融资而在该动产上设立抵押权的债权人；

（三）以融资租赁方式出租该动产的出租人。

买受人取得动产但未付清价款或者承租人以融资租赁方式占有租赁物但是未付清全部租金，又以标的物为他人设立担保物权，前款所列权利人为担保价款债权或者租金的实现而订立担保合同，并在该动产交付后十日内办理登记，主张其权利优先于买受人为他人设立的担保物权的，人民法院应予支持。

同一动产上存在多个价款优先权的，人民法院应当按照登记的时间先后确定清偿顺序。

第五十八条　以汇票出质，当事人以背书记载“质押”字样并在汇票上签章，汇票已经交付质权人的，人民法院应当认定质权自汇票交付质权人时设立。

第五十九条　存货人或者仓单持有人在仓单上以背书记载“质押”字样，并经保管人签章，仓单已经交付质权人的，人民法院应当认定质权自仓单交付质权人时设立。没有权利凭证的仓单，依法可以办理出质登记的，仓单质权自办理出质登记时设立。

出质人既以仓单出质，又以仓储物设立担保，按照公示的先后确定清偿顺序；难以确定先后的，按照债权比例清偿。

保管人为同一货物签发多份仓单，出质人在多份仓单上设立多个质权，按照公示的先后确定清偿顺序；难以确定先后的，按照债权比例受偿。

存在第二款、第三款规定的情形，债权人举证证明其损失系由出质人与保管人的共同行为所致，请求出质人与保管人承担连带赔偿责任的，人民法院应予支持。

第六十条　在跟单信用证交易中，开证行与开证申请人之间约定以提单作为担保的，人民法院应当依照民法典关于质权的有关规定处理。

在跟单信用证交易中，开证行依据其与开证申请人之间的约定或者跟单信用证的惯例持有提单，开证申请人未按照约定付款赎单，开证行主张对提单项下货物优先受偿的，人民法院应予支持；开证行主张对提单项下货物享有所有权的，人民法院不予支持。

在跟单信用证交易中，开证行依据其与开证申请人之间的约定或者跟单信用证的惯例，通过转让提单或者提单项下货物取得价款，开证申请人请求返还超出债权部分的，人民法院应予支持。

前三款规定不影响合法持有提单的开证行以提单持有人身份主张运输合同项下的权利。

第六十一条 以现有的应收账款出质，应收账款债务人向质权人确认应收账款的真实性后，又以应收账款不存在或者已经消灭为由主张不承担责任的，人民法院不予支持。

以现有的应收账款出质，应收账款债务人未确认应收账款的真实性，质权人以应收账款债务人为被告，请求就应收账款优先受偿，能够举证证明办理出质登记时应收账款真实存在的，人民法院应予支持；质权人不能举证证明办理出质登记时应收账款真实存在，仅以已经办理出质登记为由，请求就应收账款优先受偿的，人民法院不予支持。

以现有的应收账款出质，应收账款债务人已经向应收账款债权人履行了债务，质权人请求应收账款债务人履行债务的，人民法院不予支持，但是应收账款债务人接到质权人要求向其履行的通知后，仍然向应收账款债权人履行的除外。

以基础设施和公用事业项目收益权、提供服务或者劳务产生的债权以及其他将有的应收账款出质，当事人为应收账款设立特定账户，发生法定或者约定的质权实现事由时，质权人请求就该特定账户内的款项优先受偿的，人民法院应予支持；特定账户内的款项不足以清偿债务或者未设立特定账户，质权人请求折价或者拍卖、变卖项目收益权等将有的应收账款，并以所得的价款优先受偿的，人民法院依法予以支持。

《专利权质押登记办法》（2010 年 10 月 1 日施行）

第二条 国家知识产权局负责专利权质押登记工作。

第三条 以专利权出质的，出质人与质权人应当订立书面质押合同。

质押合同可以是单独订立的合同，也可以是主合同中的担保条款。

第四条 以共有的专利权出质的，除全体共有人另有约定的以外，应当取得其他共有人的同意。

第五条　在中国没有经常居所或者营业所的外国人、外国企业或者外国其他组织办理专利权质押登记手续的，应当委托依法设立的专利代理机构办理。

中国单位或者个人办理专利权质押登记手续的，可以委托依法设立的专利代理机构办理。

第九条　当事人提交的专利权质押合同应当包括以下与质押登记相关的内容：

（一）当事人的姓名或者名称、地址；

（二）被担保债权的种类和数额；

（三）债务人履行债务的期限；

（四）专利权项数以及每项专利权的名称、专利号、申请日、授权公告日；

（五）质押担保的范围。

第十条　除本办法第九条规定的事项外，当事人可以在专利权质押合同中约定下列事项：

（一）质押期间专利权年费的缴纳；

（二）质押期间专利权的转让、实施许可；

（三）质押期间专利权被宣告无效或者专利权归属发生变更时的处理；

（四）实现质权时，相关技术资料的交付。

第十二条　专利权质押登记申请经审查合格的，国家知识产权局在专利登记簿上予以登记，并向当事人发送《专利权质押登记通知书》。质权自国家知识产权局登记时设立。

经审查发现有下列情形之一的，国家知识产权局作出不予登记的决定，并向当事人发送《专利权质押不予登记通知书》：

（一）出质人与专利登记簿记载的专利权人不一致的；

（二）专利权已终止或者已被宣告无效的；

（三）专利申请尚未被授予专利权的；

（四）专利权处于年费缴纳滞纳期的；

（五）专利权已被启动无效宣告程序的；

（六）因专利权的归属发生纠纷或者人民法院裁定对专利权采取保全措施，专利权的质押手续被暂停办理的；

（七）债务人履行债务的期限超过专利权有效期的；

（八）质押合同约定在债务履行期届满质权人未受清偿时，专利权归质权人所有的；

（九）质押合同不符合本办法第九条规定的；

（十）以共有专利权出质但未取得全体共有人同意的；

（十一）专利权已被申请质押登记且处于质押期间的；

（十二）其他应当不予登记的情形。

第十三条 专利权质押期间，国家知识产权局发现质押登记存在本办法第十二条第二款所列情形并且尚未消除的，或者发现其他应当撤销专利权质押登记的情形的，应当撤销专利权质押登记，并向当事人发出《专利权质押登记撤销通知书》。

专利权质押登记被撤销的，质押登记的效力自始无效。

第十五条 专利权质押期间，出质人未提交质权人同意其放弃该专利权的证明材料的，国家知识产权局不予办理专利权放弃手续。

第十六条 专利权质押期间，出质人未提交质权人同意转让或者许可实施该专利权的证明材料的，国家知识产权局不予办理专利权转让登记手续或者专利实施合同备案手续。

出质人转让或者许可他人实施出质的专利权的，出质人所得的转让费、许可费应当向质权人提前清偿债务或者提存。

第十七条 专利权质押期间，当事人的姓名或者名称、地址、被担保的主债权种类及数额或者质押担保的范围发生变更的，当事人应当自变更之日起30日内持变更协议、原《专利权质押登记通知书》和其他有关文件，向国家知识产权局办理专利权质押登记变更手续。

第十八条 有下列情形之一的，当事人应当持《专利权质押登记通知书》以及相关证明文件，向国家知识产权局办理质押登记注销手续：

（一）债务人按期履行债务或者出质人提前清偿所担保的债务的；

（二）质权已经实现的；

（三）质权人放弃质权的；

（四）因主合同无效、被撤销致使质押合同无效、被撤销的；

（五）法律规定质权消灭的其他情形。

国家知识产权局收到注销登记申请后，经审核，向当事人发出《专利权质押登记注销通知书》。专利权质押登记的效力自注销之日起终止。

《著作权质权登记办法》（2011 年 1 月 1 日施行）

第二条 国家版权局负责著作权质权登记工作。

第三条 《中华人民共和国著作权法》规定的著作权以及与著作权有关权利（以下统称“著作权”）中的财产权可以出质。

以共有的著作权出质的，除另有约定外，应当取得全体共有人的同意。

第四条 以著作权出质的，出质人和质权人应当订立书面质权合同，并由双方共同向登记机构办理著作权质权登记。

出质人和质权人可以自行办理，也可以委托代理人办理。

第五条 著作权质权的设立、变更、转让和消灭，自记载于《著作权质权登记簿》时发生效力。

第七条 著作权质权合同一般包括以下内容：

（一）出质人和质权人的基本信息；

（二）被担保债权的种类和数额；

（三）债务人履行债务的期限；

（四）出质著作权的内容和保护期；

（五）质权担保的范围和期限；

（六）当事人约定的其他事项。

第十二条 有下列情形之一的，登记机构不予登记：

（一）出质人不是著作权人的；

（二）合同违反法律法规强制性规定的；

（三）出质著作权的保护期届满的；

（四）债务人履行债务的期限超过著作权保护期的；

（五）出质著作权存在权属争议的；

（六）其他不符合出质条件的。

第十三条 登记机构办理著作权质权登记前，申请人可以撤回登记申请。

第十四条 著作权出质期间，未经质权人同意，出质人不得转让或者许可他人使用已经出质的权利。

出质人转让或者许可他人使用出质的权利所得的价款，应当向质权人提前清偿债务或者提存。

第十五条 有下列情形之一的，登记机构应当撤销质权登记：

（一）登记后发现有第十二条所列情形的；

（二）根据司法机关、仲裁机关或行政管理机关作出的影响质权效力的生效裁决或行政处罚决定书应当撤销的；

（三）著作权质权合同无效或者被撤销的；

（四）申请人提供虚假文件或者以其他手段骗取著作权质权登记的；

（五）其他应当撤销的。

第十六条　著作权出质期间，申请人的基本信息、著作权的基本信息、担保的债权种类及数额、或者担保的范围等事项发生变更的，申请人持变更协议、原《著作权质权登记证书》和其他相关材料向登记机构申请变更登记。

第十七条　申请变更登记的，登记机构自受理之日起10日内完成审查。经审查符合要求的，对变更事项予以登记。

变更事项涉及证书内容变更的，应交回原登记证书，由登记机构发放新的证书。

第十八条　有下列情形之一的，申请人应当申请注销质权登记：

（一）出质人和质权人协商一致同意注销的；

（二）主合同履行完毕的；

（三）质权实现的；

（四）质权人放弃质权的；

（五）其他导致质权消灭的。

《应收账款质押登记办法》（2020年1月1日施行）

第二条　本办法所称应收账款是指权利人因提供一定的货物、服务或设施而获得的要求义务人付款的权利以及依法享有的其他付款请求权，包括现有的和未来的金钱债权，但不包括因票据或其他有价证券而产生的付款请求权，以及法律、行政法规禁止转让的付款请求权。

本办法所称的应收账款包括下列权利：

（一）销售、出租产生的债权，包括销售货物，供应水、电、气、暖，知识产权的许可使用，出租动产或不动产等；

（二）提供医疗、教育、旅游等服务或劳务产生的债权；

（三）能源、交通运输、水利、环境保护、市政工程等基础设施和公用事业项目收益权；

（四）提供贷款或其他信用活动产生的债权；

（五）其他以合同为基础的具有金钱给付内容的债权。

第三条 本办法所称应收账款质押是指《中华人民共和国物权法》第二百二十三条规定的应收账款出质，具体是指为担保债务的履行，债务人或者第三人将其合法拥有的应收账款出质给债权人，债务人不履行到期债务或者发生当事人约定的实现质权的情形，债权人有权就该应收账款及其收益优先受偿。

前款规定的债务人或者第三人为出质人，债权人为质权人。

第四条 中国人民银行征信中心（以下简称征信中心）是应收账款质押的登记机构。

征信中心建立基于互联网的登记公示系统（以下简称登记公示系统），办理应收账款质押登记，并为社会公众提供查询服务。

第六条 在同一应收账款上设立多个权利的，质权人按照登记的先后顺序行使质权。

第八条 应收账款质押登记由质权人办理。质权人办理质押登记的，应当与出质人就登记内容达成一致。

质权人也可以委托他人办理登记。委托他人办理登记的，适用本办法关于质权人办理登记的规定。

第十条 登记内容包括质权人和出质人的基本信息、应收账款的描述、登记期限。

出质人或质权人为单位的，应当填写单位的法定注册名称、住所、法定代表人或负责人姓名、组织机构代码或金融机构编码、工商注册号、法人和其他组织统一社会信用代码、全球法人机构识别编码等机构代码或编码。

出质人或质权人为个人的，应当填写有效身份证件号码、有效身份证件载明的地址等信息。

质权人可以与出质人约定将主债权金额等项目作为登记内容。

第十一条 质权人应当将填写完毕的登记内容提交登记公示系统。登记公示系统记录提交时间并分配登记编号，生成应收账款质押登记初始登记证明和修改码提供给质权人。

第十二条 质权人应当根据主债权履行期限合理确定登记期限。登记期限最短 1 个月，最长不超过 30 年。

第十三条 在登记期限届满前 90 日内，质权人可以申请展期。

质权人可以多次展期，展期期限最短 1 个月，每次不得超过 30 年。

第十四条 登记内容存在遗漏、错误等情形或登记内容发生变化的，质权人应当办理变更登记。

质权人在原质押登记中增加新的应收账款出质的，新增加的部分视为新的质押登记。

第十五条 质权人办理登记时所填写的出质人法定注册名称或有效身份证件号码变更的，质权人应当在变更之日起4个月内办理变更登记。

第十六条 质权人办理展期、变更登记的，应当与出质人就展期、变更事项达成一致。

第十七条 有下列情形之一的，质权人应当自该情形产生之日起10个工作日内办理注销登记：

（一）主债权消灭；

（二）质权实现；

（三）质权人放弃登记载明的应收账款之上的全部质权；

（四）其他导致所登记权利消灭的情形。

质权人迟延办理注销登记，给他人造成损害的，应当承担相应的法律责任。

第十八条 质权人凭修改码办理展期、变更登记、注销登记。

第十九条 出质人或其他利害关系人认为登记内容错误的，可以要求质权人变更登记或注销登记。质权人不同意变更或注销的，出质人或其他利害关系人可以办理异议登记。

办理异议登记的出质人或其他利害关系人可以自行注销异议登记。

第二十条 出质人或其他利害关系人应当在异议登记办理完毕之日起7日内通知质权人。

第二十一条 出质人或其他利害关系人自异议登记之日起30日内，未将争议起诉或提请仲裁并在登记公示系统提交案件受理通知的，征信中心撤销异议登记。

第二十四条 质权人开展应收账款质押融资业务时，应当严格审核确认应收账款的真实性，并在登记公示系统中查询应收账款的权利负担状况。

第二十五条 质权人、出质人和其他利害关系人应当按照登记公示系统提示项目如实登记，并对登记内容的真实性、完整性和合法性负责。办理登记时，存在提供虚假材料等行为给他人造成损害的，应当承担相应的法律责任。

第二十六条 任何单位和个人均可以在注册为登记公示系统的用户后，

查询应收账款质押登记信息。

69. 留置权纠纷

法律条文及规范索引

《中华人民共和国民法典》（2021年1月1日施行）

第四百四十七条　债务人不履行到期债务，债权人可以留置已经合法占有的债务人的动产，并有权就该动产优先受偿。

前款规定的债权人为留置权人，占有的动产为留置财产。

第四百四十八条　债权人留置的动产，应当与债权属于同一法律关系，但是企业之间留置的除外。

第四百四十九条　法律规定或者当事人约定不得留置的动产，不得留置。

第四百五十条　留置财产为可分物的，留置财产的价值应当相当于债务的金额。

第四百五十一条　留置权人负有妥善保管留置财产的义务；因保管不善致使留置财产毁损、灭失的，应当承担赔偿责任。

第四百五十二条　留置权人有权收取留置财产的孳息。

前款规定的孳息应当先充抵收取孳息的费用。

第四百五十三条　留置权人与债务人应当约定留置财产后的债务履行期限；没有约定或者约定不明确的，留置权人应当给债务人六十日以上履行债务的期限，但是鲜活易腐等不易保管的动产除外。债务人逾期未履行的，留置权人可以与债务人协议以留置财产折价，也可以就拍卖、变卖留置财产所得的价款优先受偿。

留置财产折价或者变卖的，应当参照市场价格。

第四百五十四条　债务人可以请求留置权人在债务履行期限届满后行使留置权；留置权人不行使的，债务人可以请求人民法院拍卖、变卖留置财产。

第四百五十五条　留置财产折价或者拍卖、变卖后，其价款超过债权数额的部分归债务人所有，不足部分由债务人清偿。

第四百五十六条 同一动产上已经设立抵押权或者质权，该动产又被留置的，留置权人优先受偿。

第四百五十七条 留置权人对留置财产丧失占有或者留置权人接受债务人另行提供担保的，留置权消灭。

《最高人民法院关于适用〈中华人民共和国民法典〉有关担保制度的解释》（法释〔2020〕28号 2020年12月31日）

第三十八条 主债权未受全部清偿，担保物权人主张就担保财产的全部行使担保物权的，人民法院应予支持，但是留置权人行使留置权的，应当依照民法典第四百五十条的规定处理。

担保财产被分割或者部分转让，担保物权人主张就分割或者转让后的担保财产行使担保物权的，人民法院应予支持，但是法律或者司法解释另有规定的除外。

第六十二条 债务人不履行到期债务，债权人因同一法律关系留置合法占有的第三人的动产，并主张就该留置财产优先受偿的，人民法院应予支持。第三人以该留置财产并非债务人的财产为由请求返还的，人民法院不予支持。

企业之间留置的动产与债权并非同一法律关系，债务人以该债权不属于企业持续经营中发生的债权为由请求债权人返还留置财产的，人民法院应予支持。

企业之间留置的动产与债权并非同一法律关系，债权人留置第三人的财产，第三人请求债权人返还留置财产的，人民法院应予支持。

九、占有保护纠纷

占有是指占有人对不动产或者动产的实际控制。占有物保护纠纷主要有：（1）占有物返还纠纷，占有的不动产或者动产被侵占的，占有人有权请求返还原物；（2）占有排除妨害和消除危险纠纷，对妨害占有的行为，占有人有权请求排除妨害或者消除危险；（3）占有物损害赔偿纠纷，因侵占或者妨害造成损害的，占有人有权依法请求损害赔偿。占有人返还原物的请求权，自侵占发生之日起一年内未行使的，该请求权消灭。

70. 占有物返还纠纷
71. 占有排除妨害纠纷
72. 占有消除危险纠纷
73. 占有物损害赔偿纠纷

法律条文及规范索引

《中华人民共和国民法典》（2021年1月1日施行）

第一百七十九条　承担民事责任的方式主要有：

（一）停止侵害；

（二）排除妨碍；

（三）消除危险；

（四）返还财产；

（五）恢复原状；

（六）修理、重作、更换；

（七）继续履行；

（八）赔偿损失；

（九）支付违约金；

（十）消除影响、恢复名誉；

（十一）赔礼道歉。

法律规定惩罚性赔偿的，依照其规定。

本条规定的承担民事责任的方式，可以单独适用，也可以合并适用。

第四百五十八条　基于合同关系等产生的占有，有关不动产或者动产的使用、收益、违约责任等，按照合同约定；合同没有约定或者约定不明确的，依照有关法律规定。

第四百五十九条　占有人因使用占有的不动产或者动产，致使该不动产或者动产受到损害的，恶意占有人应当承担赔偿责任。

第四百六十条　不动产或者动产被占有人占有的，权利人可以请求返还原物及其孳息；但是，应当支付善意占有人因维护该不动产或者动产支出的必要费用。

第四百六十一条 占有的不动产或者动产毁损、灭失，该不动产或者动产的权利人请求赔偿的，占有人应当将因毁损、灭失取得的保险金、赔偿金或者补偿金等返还给权利人；权利人的损害未得到足够弥补的，恶意占有人还应当赔偿损失。

第四百六十二条 占有的不动产或者动产被侵占的，占有人有权请求返还原物；对妨害占有的行为，占有人有权请求排除妨害或者消除危险；因侵占或者妨害造成损害的，占有人有权依法请求损害赔偿。

占有人返还原物的请求权，自侵占发生之日起一年内未行使的，该请求权消灭。

《第八次全国法院民事商事审判工作会议（民事部分）纪要》（法〔2016〕399号 2016年11月21日）

24. 已经合法占有转让标的物的受让人请求转让人办理物权变更登记，登记权利人请求无权占有人返还不动产或者动产，利害关系人请求确认物权的归属或内容，权利人请求排除妨害、消除危险，对方当事人以超过诉讼时效期间抗辩的，均应不予支持。

第四部分

合同、准合同纠纷

十、合同纠纷

合同是民事主体之间设立、变更、终止民事法律关系的协议。《民法典》中规定了买卖合同，供用电、水、气、热力合同，赠与合同，借款合同，租赁合同，融资租赁合同，承揽合同，建设工程合同，运输合同，技术合同，保管合同，仓储合同，委托合同，行纪合同，中介合同等 15 种典型合同，增加了 4 种新的典型合同：一是吸收了担保法中关于保证的内容，增加了保证合同；二是适应我国保理行业发展和优化营商环境的需要，增加了保理合同；三是针对物业服务领域的突出问题，增加规定了物业服务合同；四是增加规定合伙合同，将民法通则中有关个人合伙的规定纳入其中。《民法典》及其他法律没有明文规定的合同，适用《民法典》合同编通则的规定，并可以参照适用《民法典》合同编或者其他法律最相类似合同的规定。合同纠纷就是在合同的磋商、订立、生效、履行、保全、变更和转让、终止、解除过程中产生的各类纠纷。

此次案由修改中，在第二级案由“十、合同纠纷”项下：增加“75. 预约合同纠纷”“82. 债务加入纠纷”；变更“75. 招标投标买卖合同纠纷”为第三级案由“84. 买卖合同纠纷”项下的第四级案由“（5）招标投标买卖合同纠纷”；变更“83. 房屋拆迁安置补偿合同纠纷”为“92. 民事主体间房屋拆迁补偿合同纠纷”；增加“97. 排污权交易纠纷”“98. 用能权交易纠纷”“99. 用水权交易纠纷”“100. 碳排放权交易纠纷”“101. 碳汇交易纠纷”“113. 保理合同纠纷”；变更“107. 居间合同纠纷”为“123. 中介合同纠纷”，变更“111. 合伙协议纠纷”为“127. 合伙合同纠纷”，变更“119. 农村土地承包合同纠纷”为“135. 土地承包经营权合同纠纷”；增加“136. 居住权合同纠纷”；删去“ 127. 请求确认人民调解协议效力”。

在第三级案由“84. 买卖合同纠纷”项下：增加“（4）所有权保留买卖合同纠纷”；变更“（6）网络购物合同纠纷”为“（8）信息网络买卖合同纠纷”；删去“（7）电视购物合同纠纷”。在第三级案由“103. 借款合同纠纷”项下：删去“（3）企业借贷纠纷”。在第三级案由“119. 委托合同纠纷”项下：增加“（5）销售代理合同纠纷”。在新变更的第三级案由“135. 土地承包经营权合同纠纷”项下：删去“（1）土地承包经营权转包合同纠纷”；变更“（4）土地承包经营权入股合同纠纷”为“（3）土地经营权入股合同纠纷”，变更“（5）土地承包经营权抵押合同纠纷”为“（4）土地经营权抵押合同纠纷”，变更“（6）土地承包经营权出租合同纠纷”为“（5）土地经营权出租合同纠纷”。在第三级案由“137. 服务合同纠纷”项下：变更“（2）邮寄服务合同纠纷”为“（2）邮政服务合同纠纷”；增加“（3）快递服务合同纠纷”；变更“（15）物业服务合同纠纷”为第三级案由“121. 物业服务合同纠纷”。

74. 缔约过失责任纠纷

法律条文及规范索引

《中华人民共和国民法典》（2021年1月1日施行）

第一百五十七条 民事法律行为无效、被撤销或者确定不发生效力后，行为人因该行为取得的财产，应当予以返还；不能返还或者没有必要返还的，应当折价补偿。有过错的一方应当赔偿对方由此所受到的损失；各方都有过错的，应当各自承担相应的责任。法律另有规定的，依照其规定。

第五百条 当事人在订立合同过程中有下列情形之一，造成对方损失的，应当承担赔偿责任：

（一）假借订立合同，恶意进行磋商；

（二）故意隐瞒与订立合同有关的重要事实或者提供虚假情况；

（三）有其他违背诚信原则的行为。

第五百零一条 当事人在订立合同过程中知悉的商业秘密或者其他应当保密的信息，无论合同是否成立，不得泄露或者不正当地使用；泄露、不正当地使用该商业秘密或者信息，造成对方损失的，应当承担赔偿责任。

75. 预约合同纠纷

法律条文及规范索引

《中华人民共和国民法典》（2021年1月1日施行）

第四百九十五条　当事人约定在将来一定期限内订立合同的认购书、订购书、预订书等，构成预约合同。

当事人一方不履行预约合同约定的订立合同义务的，对方可以请求其承担预约合同的违约责任。

76. 确认合同效力纠纷

（1）确认合同有效纠纷

（2）确认合同无效纠纷

法律条文及规范索引

《中华人民共和国民法典》（2021年1月1日施行）

第十九条　八周岁以上的未成年人为限制民事行为能力人，实施民事法律行为由其法定代理人代理或者经其法定代理人同意、追认；但是，可以独立实施纯获利益的民事法律行为或者与其年龄、智力相适应的民事法律行为。

第一百四十八条　一方以欺诈手段，使对方在违背真实意思的情况下实施的民事法律行为，受欺诈方有权请求人民法院或者仲裁机构予以撤销。

第一百四十九条　第三人实施欺诈行为，使一方在违背真实意思的情况下实施的民事法律行为，对方知道或者应当知道该欺诈行为的，受欺诈方有权请求人民法院或者仲裁机构予以撤销。

第一百五十条　一方或者第三人以胁迫手段，使对方在违背真实意思的情况下实施的民事法律行为，受胁迫方有权请求人民法院或者仲裁机构予以撤销。

第一百五十一条 一方利用对方处于危困状态、缺乏判断能力等情形，致使民事法律行为成立时显失公平的，受损害方有权请求人民法院或者仲裁机构予以撤销。

第一百五十二条 有下列情形之一的，撤销权消灭：

（一）当事人自知道或者应当知道撤销事由之日起一年内、重大误解的当事人自知道或者应当知道撤销事由之日起九十日内没有行使撤销权；

（二）当事人受胁迫，自胁迫行为终止之日起一年内没有行使撤销权；

（三）当事人知道撤销事由后明确表示或者以自己的行为表明放弃撤销权。

当事人自民事法律行为发生之日起五年内没有行使撤销权的，撤销权消灭。

第一百五十三条 违反法律、行政法规的强制性规定的民事法律行为无效。但是，该强制性规定不导致该民事法律行为无效的除外。

违背公序良俗的民事法律行为无效。

第一百五十四条 行为人与相对人恶意串通，损害他人合法权益的民事法律行为无效。

第一百五十五条 无效的或者被撤销的民事法律行为自始没有法律约束力。

第一百五十七条 民事法律行为无效、被撤销或者确定不发生效力后，行为人因该行为取得的财产，应当予以返还；不能返还或者没有必要返还的，应当折价补偿。有过错的一方应当赔偿对方由此所受到的损失；各方都有过错的，应当各自承担相应的责任。法律另有规定的，依照其规定。

第一百五十八条 民事法律行为可以附条件，但是根据其性质不得附条件的除外。附生效条件的民事法律行为，自条件成就时生效。附解除条件的民事法律行为，自条件成就时失效。

第一百五十九条 附条件的民事法律行为，当事人为自己的利益不正当地阻止条件成就的，视为条件已经成就；不正当地促成条件成就的，视为条件不成就。

第一百六十条 民事法律行为可以附期限，但是根据其性质不得附期限的除外。附生效期限的民事法律行为，自期限届至时生效。附终止期限的民事法律行为，自期限届满时失效。

第一百七十一条　行为人没有代理权、超越代理权或者代理权终止后，仍然实施代理行为，未经被代理人追认的，对被代理人不发生效力。

相对人可以催告被代理人自收到通知之日起三十日内予以追认。被代理人未作表示的，视为拒绝追认。行为人实施的行为被追认前，善意相对人有撤销的权利。撤销应当以通知的方式作出。

行为人实施的行为未被追认的，善意相对人有权请求行为人履行债务或者就其受到的损害请求行为人赔偿。但是，赔偿的范围不得超过被代理人追认时相对人所能获得的利益。

相对人知道或者应当知道行为人无权代理的，相对人和行为人按照各自的过错承担责任。

第一百七十二条　行为人没有代理权、超越代理权或者代理权终止后，仍然实施代理行为，相对人有理由相信行为人有代理权的，代理行为有效。

第五百零二条　依法成立的合同，自成立时生效，但是法律另有规定或者当事人另有约定的除外。

依照法律、行政法规的规定，合同应当办理批准等手续的，依照其规定。未办理批准等手续影响合同生效的，不影响合同中履行报批等义务条款以及相关条款的效力。应当办理申请批准等手续的当事人未履行义务的，对方可以请求其承担违反该义务的责任。

依照法律、行政法规的规定，合同的变更、转让、解除等情形应当办理批准等手续的，适用前款规定。

第五百零四条　法人的法定代表人或者非法人组织的负责人超越权限订立的合同，除相对人知道或者应当知道其超越权限外，该代表行为有效，订立的合同对法人或者非法人组织发生效力。

第五百零七条　合同不生效、无效、被撤销或者终止的，不影响合同中有关解决争议方法的条款的效力。

第五百六十二条　当事人协商一致，可以解除合同。

当事人可以约定一方解除合同的事由。解除合同的事由发生时，解除权人可以解除合同。

第五百六十三条　有下列情形之一的，当事人可以解除合同：

（一）因不可抗力致使不能实现合同目的；

（二）在履行期限届满前，当事人一方明确表示或者以自己的行为表明不履行主要债务；

（三）当事人一方迟延履行主要债务，经催告后在合理期限内仍未履行；

（四）当事人一方迟延履行债务或者有其他违约行为致使不能实现合同目的；

（五）法律规定的其他情形。

以持续履行的债务为内容的不定期合同，当事人可以随时解除合同，但是应当在合理期限之前通知对方。

第五百六十六条 合同解除后，尚未履行的，终止履行；已经履行的，根据履行情况和合同性质，当事人可以请求恢复原状或者采取其他补救措施，并有权请求赔偿损失。

合同因违约解除的，解除权人可以请求违约方承担违约责任，但是当事人另有约定的除外。

主合同解除后，担保人对债务人应当承担的民事责任仍应当承担担保责任，但是担保合同另有约定的除外。

第五百八十六条 当事人可以约定一方向对方给付定金作为债权的担保。定金合同自实际交付定金时成立。

定金的数额由当事人约定；但是，不得超过主合同标的额的百分之二十，超过部分不产生定金的效力。实际交付的定金数额多于或者少于约定数额的，视为变更约定的定金数额。

第五百八十七条 债务人履行债务的，定金应当抵作价款或者收回。给付定金的一方不履行债务或者履行债务不符合约定，致使不能实现合同目的的，无权请求返还定金；收受定金的一方不履行债务或者履行债务不符合约定，致使不能实现合同目的的，应当双倍返还定金。

第五百八十八条 当事人既约定违约金，又约定定金的，一方违约时，对方可以选择适用违约金或者定金条款。

定金不足以弥补一方违约造成的损失的，对方可以请求赔偿超过定金数额的损失。

《中华人民共和国电子商务法》（2019 年 1 月 1 日施行）

第四十八条 电子商务当事人使用自动信息系统订立或者履行合同的行为对使用该系统的当事人具有法律效力。

在电子商务中推定当事人具有相应的民事行为能力。但是，有相反证据足以推翻的除外。

第四十九条 电子商务经营者发布的商品或者服务信息符合要约条件

的，用户选择该商品或者服务并提交订单成功，合同成立。当事人另有约定的，从其约定。

电子商务经营者不得以格式条款等方式约定消费者支付价款后合同不成立；格式条款等含有该内容的，其内容无效。

第五十一条　合同标的为交付商品并采用快递物流方式交付的，收货人签收时间为交付时间。合同标的为提供服务的，生成的电子凭证或者实物凭证中载明的时间为交付时间；前述凭证没有载明时间或者载明时间与实际提供服务时间不一致的，实际提供服务的时间为交付时间。

合同标的为采用在线传输方式交付的，合同标的进入对方当事人指定的特定系统并且能够检索识别的时间为交付时间。

合同当事人对交付方式、交付时间另有约定的，从其约定。

第五十二条　电子商务当事人可以约定采用快递物流方式交付商品。

快递物流服务提供者为电子商务提供快递物流服务，应当遵守法律、行政法规，并应当符合承诺的服务规范和时限。快递物流服务提供者在交付商品时，应当提示收货人当面查验；交由他人代收的，应当经收货人同意。

快递物流服务提供者应当按照规定使用环保包装材料，实现包装材料的减量化和再利用。

快递物流服务提供者在提供快递物流服务的同时，可以接受电子商务经营者的委托提供代收货款服务。

《全国法院贯彻实施民法典工作会议纪要》（法〔2021〕94号　2021年4月6日）

2. 行为人因对行为的性质、对方当事人、标的物的品种、质量、规格和数量等的错误认识，使行为的后果与自己的意思相悖，并造成较大损失的，人民法院可以认定为民法典第一百四十七条、第一百五十二条规定的重大误解。

3. 故意告知虚假情况，或者故意隐瞒真实情况，诱使当事人作出错误意思表示的，人民法院可以认定为民法典第一百四十八条、第一百四十九条规定的欺诈。

5. 民法典第一百八十八条第一款规定的普通诉讼时效期间，可以适用民法典有关诉讼时效中止、中断的规定，不适用延长的规定。民法典第一百八十八条第二款规定的“二十年”诉讼时效期间可以适用延长的规定，不适用中止、中断的规定。

诉讼时效根据民法典第一百九十五条的规定中断后，在新的诉讼时效期间内，再次出现第一百九十五条规定的中断事由，可以认定诉讼时效再次中断。权利人向义务人的代理人、财产代管人或者遗产管理人主张权利的，可以认定诉讼时效中断。

6. 当事人对于合同是否成立发生争议，人民法院应当本着尊重合同自由，鼓励和促进交易的精神依法处理。能够确定当事人名称或者姓名、标的和数量的，人民法院一般应当认定合同成立，但法律另有规定或者当事人另有约定的除外。

对合同欠缺的当事人名称或者姓名、标的和数量以外的其他内容，当事人达不成协议的，人民法院依照民法典第四百六十六条、第五百一十条、第五百一十一条等规定予以确定。

7. 提供格式条款的一方对格式条款中免除或者减轻其责任等与对方有重大利害关系的内容，在合同订立时采用足以引起对方注意的文字、符号、字体等特别标识，并按照对方的要求以常人能够理解的方式对该格式条款予以说明的，人民法院应当认定符合民法典第四百九十六条所称“采取合理的方式”。提供格式条款一方对已尽合理提示及说明义务承担举证责任。

12. 除上述内容外，对于民通意见、合同法解释一、合同法解释二的实体性规定所体现的精神，与民法典及有关法律不冲突且在司法实践中行之有效的，如民通意见第2条关于以自己的劳动收入为主要生活来源的认定规则等，人民法院可以在裁判文书说理时阐述。上述司法解释中的程序性规定的精神，与民事诉讼法及相关法律不冲突的，如合同法解释一第十四条、第二十三条等，人民法院可以在办理程序性事项时作为参考。

14. 人民法院审理民事纠纷案件，根据《时间效力规定》应当适用民法典的，同时适用民法典相关司法解释，但是该司法解释另有规定的除外。

《全国法院民商事审判工作会议纪要》（法〔2019〕254号　2019年11月8日）

三、关于合同纠纷案件的审理

会议认为，合同是市场化配置资源的主要方式，合同纠纷也是民商事纠纷的主要类型。人民法院在审理合同纠纷案件时，要坚持鼓励交易原则，充分尊重当事人的意思自治。要依法审慎认定合同效力。要根据诚实信用原则，合理解释合同条款、确定履行内容，合理确定当事人的权利义务关系，审慎适用合同解除制度，依法调整过高的违约金，强化对守约者诚信行为的保护力度，提高违法违约成本，促进诚信社会构建。

（一）关于合同效力

人民法院在审理合同纠纷案件过程中，要依职权审查合同是否存在无效的情形，注意无效与可撤销、未生效、效力待定等合同效力形态之间的区别，准确认定合同效力，并根据效力的不同情形，结合当事人的诉讼请求，确定相应的民事责任。

30.【强制性规定的识别】合同法施行后，针对一些人民法院动辄以违反法律、行政法规的强制性规定为由认定合同无效，不当扩大无效合同范围的情形，合同法司法解释（二）第 14 条将《合同法》第 52 条第 5 项规定的“强制性规定”明确限于“效力性强制性规定”。此后，《最高人民法院关于当前形势下审理民商事合同纠纷案件若干问题的指导意见》进一步提出了“管理性强制性规定”的概念，指出违反管理性强制性规定的，人民法院应当根据具体情形认定合同效力。随着这一概念的提出，审判实践中又出现了另一种倾向，有的人民法院认为凡是行政管理性质的强制性规定都属于“管理性强制性规定”，不影响合同效力。这种望文生义的认定方法，应予纠正。

人民法院在审理合同纠纷案件时，要依据《民法总则》第 153 条第 1 款和合同法司法解释（二）第 14 条的规定慎重判断“强制性规定”的性质，特别是要在考量强制性规定所保护的法益类型、违法行为的法律后果以及交易安全保护等因素的基础上认定其性质，并在裁判文书中充分说明理由。下列强制性规定，应当认定为“效力性强制性规定”：强制性规定涉及金融安全、市场秩序、国家宏观政策等公序良俗的；交易标的禁止买卖的，如禁止人体器官、毒品、枪支等买卖；违反特许经营规定的，如场外配资合同；交易方式严重违法的，如违反招投标等竞争性缔约方式订立的合同；交易场所违法的，如在批准的交易场所之外进行期货交易。关于经营范围、交易时间、交易数量等行政管理性质的强制性规定，一般应当认定为“管理性强制性规定”。

31.【违反规章的合同效力】违反规章一般情况下不影响合同效力，但该规章的内容涉及金融安全、市场秩序、国家宏观政策等公序良俗的，应当认定合同无效。人民法院在认定规章是否涉及公序良俗时，要在考察规范对象基础上，兼顾监管强度、交易安全保护以及社会影响等方面进行慎重考量，并在裁判文书中进行充分说理。

32.【合同不成立、无效或者被撤销的法律后果】《合同法》第 58 条就合同无效或者被撤销时的财产返还责任和损害赔偿责任作了规定，但未规定合同不成立的法律后果。考虑到合同不成立时也可能发生财产返还和损害赔偿责任问题，故应当参照适用该条的规定。

在确定合同不成立、无效或者被撤销后财产返还或者折价补偿范围时，要根据诚实信用原则的要求，在当事人之间合理分配，不能使不诚信的当事人因合同不成立、无效或者被撤销而获益。合同不成立、无效或者被撤销情况下，当事人所承担的缔约过失责任不应超过合同履行利益。比如，依据《最高人民法院关于审理建设工程施工合同纠纷案件适用法律问题的解释》第2条规定，建设工程施工合同无效，在建设工程经竣工验收合格情况下，可以参照合同约定支付工程款，但除非增加了合同约定之外新的工程项目，一般不应超出合同约定支付工程款。

33.【财产返还与折价补偿】合同不成立、无效或者被撤销后，在确定财产返还时，要充分考虑财产增值或者贬值的因素。双务合同不成立、无效或者被撤销后，双方因该合同取得财产的，应当相互返还。应予返还的股权、房屋等财产相对于合同约定价款出现增值或者贬值的，人民法院要综合考虑市场因素、受让人的经营或者添附等行为与财产增值或者贬值之间的关联性，在当事人之间合理分配或者分担，避免一方因合同不成立、无效或者被撤销而获益。在标的物已经灭失、转售他人或者其他无法返还的情况下，当事人主张返还原物的，人民法院不予支持，但其主张折价补偿的，人民法院依法予以支持。折价时，应当以当事人交易时约定的价款为基础，同时考虑当事人在标的物灭失或者转售时的获益情况综合确定补偿标准。标的物灭失时当事人获得的保险金或者其他赔偿金，转售时取得的对价，均属于当事人因标的物而获得的利益。对获益高于或者低于价款的部分，也应当在当事人之间合理分配或者分担。

34.【价款返还】双务合同不成立、无效或者被撤销时，标的物返还与价款返还互为对待给付，双方应当同时返还。关于应否支付利息问题，只要一方对标的物有使用情形的，一般应当支付使用费，该费用可与占有价款一方应当支付的资金占用费相互抵销，故在一方返还原物前，另一方仅须支付本金，而无须支付利息。

35.【损害赔偿】合同不成立、无效或者被撤销时，仅返还财产或者折价补偿不足以弥补损失，一方还可以向有过错的另一方请求损害赔偿。在确定损害赔偿范围时，既要根据当事人的过错程度合理确定责任，又要考虑在确定财产返还范围时已经考虑过的财产增值或者贬值因素，避免双重获利或者双重受损的现象发生。

36.【合同无效时的释明问题】在双务合同中，原告起诉请求确认合同有效并请求继续履行合同，被告主张合同无效的，或者原告起诉请求确认合同无效并返还财产，而被告主张合同有效的，都要防止机械适用“不告不理”原则，仅就当事人的诉讼请求进行审理，而应向原告释明变更或者增加诉讼请求，或者向被告释明提出同时履行抗辩，尽可能一次性解决纠纷。例如，基于合同有给付行为的原告请求确认合同无效，但并未提出返还原物或者折价补偿、赔偿损失等请求的，人民法院应当向其释明，告知其一并提出相应诉讼请求；原告请求确认合同无效并要求被告返还原物或者赔偿损失，被告基于合同也有给付行为的，人民法院同样应当向被告释明，告知其也可以提出返还请求；人民法院经审理认定合同无效的，除了要在判决书“本院认为”部分对同时返还作出认定外，还应当在判项中作出明确表述，避免因判令单方返还而出现不公平的结果。

第一审人民法院未予释明，第二审人民法院认为应当对合同不成立、无效或者被撤销的法律后果作出判决的，可以直接释明并改判。当然，如果返还财产或者赔偿损失的范围确实难以确定或者双方争议较大的，也可以告知当事人通过另行起诉等方式解决，并在裁判文书中予以明确。

当事人按照释明变更诉讼请求或者提出抗辩的，人民法院应当将其归纳为案件争议焦点，组织当事人充分举证、质证、辩论。

37.【未经批准合同的效力】法律、行政法规规定某类合同应当办理批准手续生效的，如商业银行法、证券法、保险法等法律规定购买商业银行、证券公司、保险公司5%以上股权须经相关主管部门批准，依据《合同法》第44条第2款的规定，批准是合同的法定生效条件，未经批准的合同因欠缺法律规定的特别生效条件而未生效。实践中的一个突出问题是，把未生效合同认定为无效合同，或者虽认定为未生效，却按无效合同处理。无效合同从本质上来说是欠缺合同的有效要件，或者具有合同无效的法定事由，自始不发生法律效力。而未生效合同已具备合同的有效要件，对双方具有一定的拘束力，任何一方不得擅自撤回、解除、变更，但因欠缺法律、行政法规规定或当事人约定的特别生效条件，在该生效条件成就前，不能产生请求对方履行合同主要权利义务的法律效力。

38.【报批义务及相关违约条款独立生效】须经行政机关批准生效的合

同，对报批义务及未履行报批义务的违约责任等相关内容作出专门约定的，该约定独立生效。一方因另一方不履行报批义务，请求解除合同并请求其承担合同约定的相应违约责任的，人民法院依法予以支持。

39.【报批义务的释明】须经行政机关批准生效的合同，一方请求另一方履行合同主要权利义务的，人民法院应当向其释明，将诉讼请求变更为请求履行报批义务。一方变更诉讼请求的，人民法院依法予以支持；经释明后当事人拒绝变更的，应当驳回其诉讼请求，但不影响其另行提起诉讼。

40.【判决履行报批义务后的处理】人民法院判决一方履行报批义务后，该当事人拒绝履行，经人民法院强制执行仍未履行，对方请求其承担合同违约责任的，人民法院依法予以支持。一方依据判决履行报批义务，行政机关予以批准，合同发生完全的法律效力，其请求对方履行合同的，人民法院依法予以支持；行政机关没有批准，合同不具有法律上的可履行性，一方请求解除合同的，人民法院依法予以支持。

41.【盖章行为的法律效力】司法实践中，有些公司有意刻制两套甚至多套公章，有的法定代表人或者代理人甚至私刻公章，订立合同时恶意加盖非备案的公章或者假公章，发生纠纷后法人以加盖的是假公章为由否定合同效力的情形并不鲜见。人民法院在审理案件时，应当主要审查签约人于盖章之时有无代表权或者代理权，从而根据代表或者代理的相关规则来确定合同的效力。

法定代表人或者其授权之人在合同上加盖法人公章的行为，表明其是以法人名义签订合同，除《公司法》第 16 条等法律对其职权有特别规定的情形外，应当由法人承担相应的法律后果。法人以法定代表人事后已无代表权、加盖的是假章、所盖之章与备案公章不一致等为由否定合同效力的，人民法院不予支持。

代理人以被代理人名义签订合同，要取得合法授权。代理人取得合法授权后，以被代理人名义签订的合同，应当由被代理人承担责任。被代理人以代理人事后已无代理权、加盖的是假章、所盖之章与备案公章不一致等为由否定合同效力的，人民法院不予支持。

42.【撤销权的行使】撤销权应当由当事人行使。当事人未请求撤销的，人民法院不应当依职权撤销合同。一方请求另一方履行合同，另一方以合同具有可撤销事由提出抗辩的，人民法院应当在审查合同是否具有可撤销事由以及是否超过法定期间等事实的基础上，对合同是否可撤销作出判断，不能仅以当事人未提起诉讼或者反诉为由不予审查或者不予支持。一方主张合同无效，依据的却是可撤销事由，此时人民法院应当全面审查合同是否具有无效事由以及当事人主张的可撤销事由。当事人关于合同无效的事由成立的，人民法院应当认定合同无效。当事人主张合同无效的理由不成立，而可撤销的事由成立的，因合同无效和可撤销的后果相同，人民法院也可以结合当事人的诉讼请求，直接判决撤销合同。

（二）关于合同履行与救济

在认定以物抵债协议的性质和效力时，要根据订立协议时履行期限是否已经届满予以区别对待。合同解除、违约责任都是非违约方寻求救济的主要方式，人民法院在认定合同应否解除时，要根据当事人有无解除权、是约定解除还是法定解除等不同情形，分别予以处理。在确定违约责任时，尤其要注意依法适用违约金调整的相关规则，避免简单地以民间借贷利率的司法保护上限作为调整依据。

43.【抵销】抵销权既可以通知的方式行使，也可以提出抗辩或者提起反诉的方式行使。抵销的意思表示自到达对方时生效，抵销一经生效，其效力溯及自抵销条件成就之时，双方互负的债务在同等数额内消灭。双方互负的债务数额，是截至抵销条件成就之时各自负有的包括主债务、利息、违约金、赔偿金等在内的全部债务数额。行使抵销权一方享有的债权不足以抵销全部债务数额，当事人对抵销顺序又没有特别约定的，应当根据实现债权的费用、利息、主债务的顺序进行抵销。

44.【履行期届满后达成的以物抵债协议】当事人在债务履行期限届满后达成以物抵债协议，抵债物尚未交付债权人，债权人请求债务人交付的，人民法院要着重审查以物抵债协议是否存在恶意损害第三人合法权益等情形，避免虚假诉讼的发生。经审查，不存在以上情况，且无其他无效事由的，人民法院依法予以支持。

当事人在一审程序中因达成以物抵债协议申请撤回起诉的，人民法院可予准许。当事人在二审程序中申请撤回上诉的，人民法院应当告知其申请撤回起诉。当事人申请撤回起诉，经审查不损害国家利益、社会公共利益、他人合法权益的，人民法院可予准许。当事人不申请撤回起诉，请求人民法院出具调解书对以物抵债协议予以确认的，因债务人完全可以立即履行该协议，没有必要由人民法院出具调解书，故人民法院不应准许，同时应当继续对原债权债务关系进行审理。

45.【履行期届满前达成的以物抵债协议】当事人在债务履行期届满前达成以物抵债协议，抵债物尚未交付债权人，债权人请求债务人交付的，因此种情况不同于本纪要第71条规定的让与担保，人民法院应当向其释明，其应当根据原债权债务关系提起诉讼。经释明后当事人仍拒绝变更诉讼请求的，应当驳回其诉讼请求，但不影响其根据原债权债务关系另行提起诉讼。

46.【通知解除的条件】审判实践中，部分人民法院对合同法司法解释（二）第24条的理解存在偏差，认为不论发出解除通知的一方有无解除权，只要另一方未在异议期限内以起诉方式提出异议，就判令解除合同，这不符合合同法关于合同解除权行使的有关规定。对该条的准确理解是，只有享有法定或者约定解除权的当事人才能以通知方式解除合同。不享有解除权的一方向另一方发出解除通知，另一方即便未在异议期限内提起诉讼，也不发生合同解除的效果。人民法院在审理案件时，应当审查发出解除通知的一方是否享有约定或者法定的解除权来决定合同应否解除，不能仅以受通知一方在约定或者法定的异议期限届满内未起诉这一事实就认定合同已经解除。

47.【约定解除条件】合同约定的解除条件成就时，守约方以此为由请求解除合同的，人民法院应当审查违约方的违约程度是否显著轻微，是否影响守约方合同目的的实现，根据诚实信用原则，确定合同应否解除。违约方的违约程度显著轻微，不影响守约方合同目的的实现，守约方请求解除合同的，人民法院不予支持；反之，则依法予以支持。

48.【违约方起诉解除】违约方不享有单方解除合同的权利。但是，在一些长期性合同如房屋租赁合同履行过程中，双方形成合同僵局，一概不允许违约方通过起诉的方式解除合同，有时对双方都不利。在此前提下，符合下列条件，违约方起诉请求解除合同的，人民法院依法予以支持：

（1）违约方不存在恶意违约的情形；

（2）违约方继续履行合同，对其显失公平；

（3）守约方拒绝解除合同，违反诚实信用原则。

人民法院判决解除合同的，违约方本应当承担的违约责任不能因解除合同而减少或者免除。

49.【合同解除的法律后果】合同解除时，一方依据合同中有关违约金、约定损害赔偿的计算方法、定金责任等违约责任条款的约定，请求另一方承担违约责任的，人民法院依法予以支持。

双务合同解除时人民法院的释明问题，参照本纪要第36条的相关规定处理。

50.【违约金过高标准及举证责任】认定约定违约金是否过高，一般应当以《合同法》第113条规定的损失为基础进行判断，这里的损失包括合同履行后可以获得的利益。除借款合同外的双务合同，作为对价的价款或者报酬给付之债，并非借款合同项下的还款义务，不能以受法律保护的民间借贷利率上限作为判断违约金是否过高的标准，而应当兼顾合同履行情况、当事人过错程度以及预期利益等因素综合确定。主张违约金过高的违约方应当对违约金是否过高承担举证责任。

77. 债权人代位权纠纷

法律条文及规范索引

《中华人民共和国民法典》（2021年1月1日施行）

第五百三十五条　因债务人怠于行使其债权或者与该债权有关的从权利，影响债权人的到期债权实现的，债权人可以向人民法院请求以自己的名义代位行使债务人对相对人的权利，但是该权利专属于债务人自身的除外。

代位权的行使范围以债权人的到期债权为限。债权人行使代位权的必要费用，由债务人负担。

相对人对债务人的抗辩，可以向债权人主张。

《全国法院贯彻实施民法典工作会议纪要》（法〔2021〕94号　2021年4月6日）

8. 民法典第五百三十五条规定的“债务人怠于行使其债权或者与该债权有关的从权利，影响债权人的到期债权实现的”，是指债务人不履行其对债权人的到期债务，又不以诉讼方式或者仲裁方式向相对人主张其享有的债权或者与该债权有关的从权利，致使债权人的到期债权未能实现。相对人不认为债务人有怠于行使其债权或者与该债权有关的从权利情况的，应当承担举证责任。

《全国法院民商事审判工作会议纪要》（法〔2019〕254号　2019年11月8日）

43.【抵销】抵销权既可以通知的方式行使，也可以提出抗辩或者提起反诉的方式行使。抵销的意思表示自到达对方时生效，抵销一经生效，其效力溯及自抵销条件成就之时，双方互负的债务在同等数额内消灭。双方互负的债务数额，是截至抵销条件成就之时各自负有的包括主债务、利息、违约金、赔偿金等在内的全部债务数额。行使抵销权一方享有的债权不足以抵销全部债务数额，当事人对抵销顺序又没有特别约定的，应当根据实现债权的费用、利息、主债务的顺序进行抵销。

78. 债权人撤销权纠纷

法律条文及规范索引

《中华人民共和国民法典》（2021年1月1日施行）

第五百三十五条 因债务人怠于行使其债权或者与该债权有关的从权利，影响债权人的到期债权实现的，债权人可以向人民法院请求以自己的名义代位行使债务人对相对人的权利，但是该权利专属于债务人自身的除外。

代位权的行使范围以债权人的到期债权为限。债权人行使代位权的必要费用，由债务人负担。

相对人对债务人的抗辩，可以向债权人主张。

第五百三十八条 债务人以放弃其债权、放弃债权担保、无偿转让财产等方式无偿处分财产权益，或者恶意延长其到期债权的履行期限，影响债权人的债权实现的，债权人可以请求人民法院撤销债务人的行为。

第五百三十九条 债务人以明显不合理的低价转让财产、以明显不合理的高价受让他人财产或者为他人的债务提供担保，影响债权人的债权实现，债务人的相对人知道或者应当知道该情形的，债权人可以请求人民法院撤销债务人的行为。

第五百四十条 撤销权的行使范围以债权人的债权为限。债权人行使撤销权的必要费用，由债务人负担。

第五百四十一条 撤销权自债权人知道或者应当知道撤销事由之日起一年内行使。自债务人的行为发生之日起五年内没有行使撤销权的，该撤销权消灭。

《全国法院贯彻实施民法典工作会议纪要》（法〔2021〕94 号　2021 年 4 月 6 日）

8. 民法典第五百三十五条规定的“债务人怠于行使其债权或者与该债权有关的从权利，影响债权人的到期债权实现的”，是指债务人不履行其对债权人的到期债务，又不以诉讼方式或者仲裁方式向相对人主张其享有的债权或者与该债权有关的从权利，致使债权人的到期债权未能实现。相对人不认为债务人有怠于行使其债权或者与该债权有关的从权利情况的，应当承担举证责任。

《全国法院民商事审判工作会议纪要》（法〔2019〕254 号　2019 年 11 月 8 日）

44. 【履行期届满后达成的以物抵债协议】当事人在债务履行期限届满后达成以物抵债协议，抵债物尚未交付债权人，债权人请求债务人交付的，人民法院要着重审查以物抵债协议是否存在恶意损害第三人合法权益等情形，避免虚假诉讼的发生。经审查，不存在以上情况，且无其他无效事由的，人民法院依法予以支持。

当事人在一审程序中因达成以物抵债协议申请撤回起诉的，人民法院可予准许。当事人在二审程序中申请撤回上诉的，人民法院应当告知其申请撤回起诉。当事人申请撤回起诉，经审查不损害国家利益、社会公共利益、他人合法权益的，人民法院可予准许。当事人不申请撤回起诉，请求人民法院出具调解书对以物抵债协议予以确认的，因债务人完全可以立即履行该协议，没有必要由人民法院出具调解书，故人民法院不应准许，同时应当继续对原债权债务关系进行审理。

45. 【履行期届满前达成的以物抵债协议】当事人在债务履行期届满前达成以物抵债协议，抵债物尚未交付债权人，债权人请求债务人交付的，因此种情况不同于本纪要第 71 条规定的让与担保，人民法院应当向其释明，其应当根据原债权债务关系提起诉讼。经释明后当事人仍拒绝变更诉讼请求的，应当驳回其诉讼请求，但不影响其根据原债权债务关系另行提起诉讼。

79. 债权转让合同纠纷

法律条文及规范索引

《中华人民共和国民法典》（2021年1月1日施行）

第五百四十五条 债权人可以将债权的全部或者部分转让给第三人，但是有下列情形之一的除外：

（一）根据债权性质不得转让；

（二）按照当事人约定不得转让；

（三）依照法律规定不得转让。

当事人约定非金钱债权不得转让的，不得对抗善意第三人。当事人约定金钱债权不得转让的，不得对抗第三人。

第五百四十六条 债权人转让债权，未通知债务人的，该转让对债务人不发生效力。

债权转让的通知不得撤销，但是经受让人同意的除外。

第五百四十七条 债权人转让债权的，受让人取得与债权有关的从权利，但是该从权利专属于债权人自身的除外。

受让人取得从权利不因该从权利未办理转移登记手续或者未转移占有而受到影响。

第五百四十八条 债务人接到债权转让通知后，债务人对让与人的抗辩，可以向受让人主张。

第五百四十九条 有下列情形之一的，债务人可以向受让人主张抵销：

（一）债务人接到债权转让通知时，债务人对让与人享有债权，且债务人的债权先于转让的债权到期或者同时到期；

（二）债务人的债权与转让的债权是基于同一合同产生。

《全国法院贯彻实施民法典工作会议纪要》（法〔2021〕94号　2021年4月6日）

8. 民法典第五百三十五条规定的“债务人怠于行使其债权或者与该债权有关的从权利，影响债权人的到期债权实现的”，是指债务人不履行其对债权人的到期债务，又不以诉讼方式或者仲裁方式向相对人主张其享有的债权或者与该债权有关的从权利，致使债权人的到期债权未能实现。相对人不认为债务人有怠于行使其债权或者与该债权有关的从权利情况的，应当承担举证责任。

9. 对于民法典第五百三十九条规定的明显不合理的低价或者高价，人民法院应当以交易当地一般经营者的判断，并参考交易当时交易地的物价部门指导价或者市场交易价，结合其他相关因素综合考虑予以认定。

转让价格达不到交易时交易地的指导价或者市场交易价百分之七十的，一般可以视为明显不合理的低价；对转让价格高于当地指导价或者市场交易价百分之三十的，一般可以视为明显不合理的高价。当事人对于其所主张的交易时交易地的指导价或者市场交易价承担举证责任。

80. 债务转移合同纠纷

法律条文及规范索引

《中华人民共和国民法典》（2021年1月1日施行）

第五百五十一条　债务人将债务的全部或者部分转移给第三人的，应当经债权人同意。

债务人或者第三人可以催告债权人在合理期限内予以同意，债权人未作表示的，视为不同意。

第五百五十二条　第三人与债务人约定加入债务并通知债权人，或者第三人向债权人表示愿意加入债务，债权人未在合理期限内明确拒绝的，债权人可以请求第三人在其愿意承担的债务范围内和债务人承担连带债务。

第五百五十三条　债务人转移债务的，新债务人可以主张原债务人对债权人的抗辩；原债务人对债权人享有债权的，新债务人不得向债权人主张抵销。

第五百五十四条　债务人转移债务的，新债务人应当承担与主债务有关的从债务，但是该从债务专属于原债务人自身的除外。

《全国法院贯彻实施民法典工作会议纪要》（法〔2021〕94号　2021年4月6日）

8. 民法典第五百三十五条规定的“债务人怠于行使其债权或者与该债权有关的从权利，影响债权人的到期债权实现的”，是指债务人不履行其对债权人的到期债务，又不以诉讼方式或者仲裁方式向相对人主张其享有的债权或者与该债权有关的从权利，致使债权人的到期债权未能实现。相对人不认为债务人有怠于行使其债权或者与该债权有关的从权利情况的，应当承担举证责任。

9. 对于民法典第五百三十九条规定的明显不合理的低价或者高价，人民法院应当以交易当地一般经营者的判断，并参考交易当时交易地的物价部门指导价或者市场交易价，结合其他相关因素综合考虑予以认定。

转让价格达不到交易时交易地的指导价或者市场交易价百分之七十的，一般可以视为明显不合理的低价；对转让价格高于当地指导价或者市场交易价百分之三十的，一般可以视为明显不合理的高价。当事人对于其所主张的交易时交易地的指导价或者市场交易价承担举证责任。

81. 债权债务概括转移合同纠纷

法律条文及规范索引

《中华人民共和国民法典》（2021 年 1 月 1 日旅行）

第五百四十五条　债权人可以将债权的全部或者部分转让给第三人，但是有下列情形之一的除外：

（一）根据债权性质不得转让；

（二）按照当事人约定不得转让；

（三）依照法律规定不得转让。

当事人约定非金钱债权不得转让的，不得对抗善意第三人。当事人约定金钱债权不得转让的，不得对抗第三人。

第五百四十六条　债权人转让债权，未通知债务人的，该转让对债务人不发生效力。

债权转让的通知不得撤销，但是经受让人同意的除外。

第五百四十七条　债权人转让债权的，受让人取得与债权有关的从权利，但是该从权利专属于债权人自身的除外。

受让人取得从权利不因该从权利未办理转移登记手续或者未转移占有而受到影响。

第五百四十八条　债务人接到债权转让通知后，债务人对让与人的抗辩，可以向受让人主张。

第五百四十九条　有下列情形之一的，债务人可以向受让人主张抵销：

（一）债务人接到债权转让通知时，债务人对让与人享有债权，且债务人的债权先于转让的债权到期或者同时到期；

（二）债务人的债权与转让的债权是基于同一合同产生。

第五百五十条　因债权转让增加的履行费用，由让与人负担。

第五百五十一条　债务人将债务的全部或者部分转移给第三人的，应当经债权人同意。

债务人或者第三人可以催告债权人在合理期限内予以同意，债权人未作表示的，视为不同意。

第五百五十二条　第三人与债务人约定加入债务并通知债权人，或者第三人向债权人表示愿意加入债务，债权人未在合理期限内明确拒绝的，债权人可以请求第三人在其愿意承担的债务范围内和债务人承担连带债务。

第五百五十三条　债务人转移债务的，新债务人可以主张原债务人对债权人的抗辩；原债务人对债权人享有债权的，新债务人不得向债权人主张抵销。

第五百五十四条　债务人转移债务的，新债务人应当承担与主债务有关的从债务，但是该从债务专属于原债务人自身的除外。

第五百五十五条　当事人一方经对方同意，可以将自己在合同中的权利和义务一并转让给第三人。

第五百五十六条　合同的权利和义务一并转让的，适用债权转让、债务转移的有关规定。

82. 债务加入纠纷

法律条文及规范索引

《中华人民共和国民法典》（2021 年 1 月 1 日施行）

第五百五十二条　第三人与债务人约定加入债务并通知债权人，或者第三人向债权人表示愿意加入债务，债权人未在合理期限内明确拒绝的，债权人可以请求第三人在其愿意承担的债务范围内和债务人承担连带债务。

83. 悬赏广告纠纷

法律条文及规范索引

《中华人民共和国民法典》（2021年1月1日施行）

第四百七十二条 要约是希望与他人订立合同的意思表示，该意思表示应当符合下列条件：

（一）内容具体确定；

（二）表明经受要约人承诺，要约人即受该意思表示约束。

第四百七十六条 要约可以撤销，但是有下列情形之一的除外：

（一）要约人以确定承诺期限或者其他形式明示要约不可撤销；

（二）受要约人有理由认为要约是不可撤销的，并已经为履行合同做了合理准备工作。

第四百八十条 承诺应当以通知的方式作出；但是，根据交易习惯或者要约表明可以通过行为作出承诺的除外。

第四百九十九条 悬赏人以公开方式声明对完成特定行为的人支付报酬的，完成该行为的人可以请求其支付。

第五百七十九条 当事人一方未支付价款、报酬、租金、利息，或者不履行其他金钱债务的，对方可以请求其支付。

84. 买卖合同纠纷

(1) 分期付款买卖合同纠纷
(2) 凭样品买卖合同纠纷
(3) 试用买卖合同纠纷
(4) 所有权保留买卖合同纠纷
(5) 招标投标买卖合同纠纷
(6) 互易纠纷
(7) 国际货物买卖合同纠纷
(8) 信息网络买卖合同纠纷

法律条文及规范索引

《中华人民共和国民法典》（2021 年 1 月 1 日施行）

第一百五十三条　违反法律、行政法规的强制性规定的民事法律行为无效。但是，该强制性规定不导致该民事法律行为无效的除外。

违背公序良俗的民事法律行为无效。

第一百五十四条　行为人与相对人恶意串通，损害他人合法权益的民事法律行为无效。

第一百五十七条　民事法律行为无效、被撤销或者确定不发生效力后，行为人因该行为取得的财产，应当予以返还；不能返还或者没有必要返还的，应当折价补偿。有过错的一方应当赔偿对方由此所受到的损失；各方都有过错的，应当各自承担相应的责任。法律另有规定的，依照其规定。

第一百八十六条　因当事人一方的违约行为，损害对方人身权益、财产权益的，受损害方有权选择请求其承担违约责任或者侵权责任。

第四百九十一条　当事人采用信件、数据电文等形式订立合同要求签订确认书的，签订确认书时合同成立。

当事人一方通过互联网等信息网络发布的商品或者服务信息符合要约条件的，对方选择该商品或者服务并提交订单成功时合同成立，但是当事人另有约定的除外。

第五百零六条 合同中的下列免责条款无效：

（一）造成对方人身损害的；

（二）因故意或者重大过失造成对方财产损失的。

第五百一十二条 通过互联网等信息网络订立的电子合同的标的为交付商品并采用快递物流方式交付的，收货人的签收时间为交付时间。电子合同的标的为提供服务的，生成的电子凭证或者实物凭证中载明的时间为提供服务时间；前述凭证没有载明时间或者载明时间与实际提供服务时间不一致的，以实际提供服务的时间为准。

电子合同的标的物为采用在线传输方式交付的，合同标的物进入对方当事人指定的特定系统且能够检索识别的时间为交付时间。

电子合同当事人对交付商品或者提供服务的方式、时间另有约定的，按照其约定。

第五百四十九条 有下列情形之一的，债务人可以向受让人主张抵销：

（一）债务人接到债权转让通知时，债务人对让与人享有债权，且债务人的债权先于转让的债权到期或者同时到期；

（二）债务人的债权与转让的债权是基于同一合同产生。

第五百六十三条 有下列情形之一的，当事人可以解除合同：

（一）因不可抗力致使不能实现合同目的；

（二）在履行期限届满前，当事人一方明确表示或者以自己的行为表明不履行主要债务；

（三）当事人一方迟延履行主要债务，经催告后在合理期限内仍未履行；

（四）当事人一方迟延履行债务或者有其他违约行为致使不能实现合同目的；

（五）法律规定的其他情形。

以持续履行的债务为内容的不定期合同，当事人可以随时解除合同，但是应当在合理期限之前通知对方。

第五百六十六条 合同解除后，尚未履行的，终止履行；已经履行的，根据履行情况和合同性质，当事人可以请求恢复原状或者采取其他补救措施，并有权请求赔偿损失。

合同因违约解除的，解除权人可以请求违约方承担违约责任，但是当事人另有约定的除外。

主合同解除后，担保人对债务人应当承担的民事责任仍应当承担担保责任，但是担保合同另有约定的除外。

第五百六十八条　当事人互负债务，该债务的标的物种类、品质相同的，任何一方可以将自己的债务与对方的到期债务抵销；但是，根据债务性质、按照当事人约定或者依照法律规定不得抵销的除外。

当事人主张抵销的，应当通知对方。通知自到达对方时生效。抵销不得附条件或者附期限。

第五百七十七条　当事人一方不履行合同义务或者履行合同义务不符合约定的，应当承担继续履行、采取补救措施或者赔偿损失等违约责任。

第五百七十八条　当事人一方明确表示或者以自己的行为表明不履行合同义务的，对方可以在履行期限届满前请求其承担违约责任。

第五百九十五条　买卖合同是出卖人转移标的物的所有权于买受人，买受人支付价款的合同。

第五百九十六条　买卖合同的内容一般包括标的物的名称、数量、质量、价款、履行期限、履行地点和方式、包装方式、检验标准和方法、结算方式、合同使用的文字及其效力等条款。

第五百九十七条　因出卖人未取得处分权致使标的物所有权不能转移的，买受人可以解除合同并请求出卖人承担违约责任。

法律、行政法规禁止或者限制转让的标的物，依照其规定。

第五百九十八条　出卖人应当履行向买受人交付标的物或者交付提取标的物的单证，并转移标的物所有权的义务。

第五百九十九条　出卖人应当按照约定或者交易习惯向买受人交付提取标的物单证以外的有关单证和资料。

第六百条　出卖具有知识产权的标的物的，除法律另有规定或者当事人另有约定外，该标的物的知识产权不属于买受人。

第六百零一条　出卖人应当按照约定的时间交付标的物。约定交付期限的，出卖人可以在该交付期限内的任何时间交付。

第六百零二条　当事人没有约定标的物的交付期限或者约定不明确的，适用本法第五百一十条、第五百一十一条第四项的规定。

第六百零三条　出卖人应当按照约定的地点交付标的物。

当事人没有约定交付地点或者约定不明确，依据本法第五百一十条的规定仍不能确定的，适用下列规定：

（一）标的物需要运输的，出卖人应当将标的物交付给第一承运人以运交给买受人；

（二）标的物不需要运输，出卖人和买受人订立合同时知道标的物在某一地点的，出卖人应当在该地点交付标的物；不知道标的物在某一地点的，应当在出卖人订立合同时的营业地交付标的物。

第六百零四条 标的物毁损、灭失的风险，在标的物交付之前由出卖人承担，交付之后由买受人承担，但是法律另有规定或者当事人另有约定的除外。

第六百零五条 因买受人的原因致使标的物未按照约定的期限交付的，买受人应当自违反约定时起承担标的物毁损、灭失的风险。

第六百零六条 出卖人出卖交由承运人运输的在途标的物，除当事人另有约定外，毁损、灭失的风险自合同成立时起由买受人承担。

第六百零七条 出卖人按照约定将标的物运送至买受人指定地点并交付给承运人后，标的物毁损、灭失的风险由买受人承担。

当事人没有约定交付地点或者约定不明确，依据本法第六百零三条第二款第一项的规定标的物需要运输的，出卖人将标的物交付给第一承运人后，标的物毁损、灭失的风险由买受人承担。

第六百零八条 出卖人按照约定或者依据本法第六百零三条第二款第二项的规定将标的物置于交付地点，买受人违反约定没有收取的，标的物毁损、灭失的风险自违反约定时起由买受人承担。

第六百零九条 出卖人按照约定未交付有关标的物的单证和资料的，不影响标的物毁损、灭失风险的转移。

第六百一十条 因标的物不符合质量要求，致使不能实现合同目的的，买受人可以拒绝接受标的物或者解除合同。买受人拒绝接受标的物或者解除合同的，标的物毁损、灭失的风险由出卖人承担。

第六百一十一条 标的物毁损、灭失的风险由买受人承担的，不影响因出卖人履行义务不符合约定，买受人请求其承担违约责任的权利。

第六百一十二条 出卖人就交付的标的物，负有保证第三人对该标的物不享有任何权利的义务，但是法律另有规定的除外。

第六百一十三条 买受人订立合同时知道或者应当知道第三人对买卖的标的物享有权利的，出卖人不承担前条规定的义务。

第六百一十四条 买受人有确切证据证明第三人对标的物享有权利的，可以中止支付相应的价款，但是出卖人提供适当担保的除外。

第六百一十五条　出卖人应当按照约定的质量要求交付标的物。出卖人提供有关标的物质量说明的，交付的标的物应当符合该说明的质量要求。

第六百一十六条　当事人对标的物的质量要求没有约定或者约定不明确，依据本法第五百一十条的规定仍不能确定的，适用本法第五百一十一条第一项的规定。

第六百一十七条　出卖人交付的标的物不符合质量要求的，买受人可以依据本法第五百八十二条至第五百八十四条的规定请求承担违约责任。

第六百一十八条　当事人约定减轻或者免除出卖人对标的物瑕疵承担的责任，因出卖人故意或者重大过失不告知买受人标的物瑕疵的，出卖人无权主张减轻或者免除责任。

第六百一十九条　出卖人应当按照约定的包装方式交付标的物。对包装方式没有约定或者约定不明确，依据本法第五百一十条的规定仍不能确定的，应当按照通用的方式包装；没有通用方式的，应当采取足以保护标的物且有利于节约资源、保护生态环境的包装方式。

第六百二十条　买受人收到标的物时应当在约定的检验期限内检验。没有约定检验期限的，应当及时检验。

第六百二十一条　当事人约定检验期限的，买受人应当在检验期限内将标的物的数量或者质量不符合约定的情形通知出卖人。买受人怠于通知的，视为标的物的数量或者质量符合约定。

当事人没有约定检验期限的，买受人应当在发现或者应当发现标的物的数量或者质量不符合约定的合理期限内通知出卖人。买受人在合理期限内未通知或者自收到标的物之日起二年内未通知出卖人的，视为标的物的数量或者质量符合约定；但是，对标的物有质量保证期的，适用质量保证期，不适用该二年的规定。

出卖人知道或者应当知道提供的标的物不符合约定的，买受人不受前两款规定的通知时间的限制。

第六百二十二条　当事人约定的检验期限过短，根据标的物的性质和交易习惯，买受人在检验期限内难以完成全面检验的，该期限仅视为买受人对标的物的外观瑕疵提出异议的期限。

约定的检验期限或者质量保证期短于法律、行政法规规定期限的，应当以法律、行政法规规定的期限为准。

第六百二十三条　当事人对检验期限未作约定，买受人签收的送货单、确认单等载明标的物数量、型号、规格的，推定买受人已经对数量和外观瑕疵进行检验，但是有相关证据足以推翻的除外。

第六百二十四条 出卖人依照买受人的指示向第三人交付标的物，出卖人和买受人约定的检验标准与买受人和第三人约定的检验标准不一致的，以出卖人和买受人约定的检验标准为准。

第六百二十五条 依照法律、行政法规的规定或者按照当事人的约定，标的物在有效使用年限届满后应予回收的，出卖人负有自行或者委托第三人对标的物予以回收的义务。

第六百二十六条 买受人应当按照约定的数额和支付方式支付价款。对价款的数额和支付方式没有约定或者约定不明确的，适用本法第五百一十条、第五百一十一条第二项和第五项的规定。

第六百二十七条 买受人应当按照约定的地点支付价款。对支付地点没有约定或者约定不明确，依据本法第五百一十条的规定仍不能确定的，买受人应当在出卖人的营业地支付；但是，约定支付价款以交付标的物或者交付提取标的物单证为条件的，在交付标的物或者交付提取标的物单证的所在地支付。

第六百二十八条 买受人应当按照约定的时间支付价款。对支付时间没有约定或者约定不明确，依据本法第五百一十条的规定仍不能确定的，买受人应当在收到标的物或者提取标的物单证的同时支付。

第六百二十九条 出卖人多交标的物的，买受人可以接收或者拒绝接收多交的部分。买受人接收多交部分的，按照约定的价格支付价款；买受人拒绝接收多交部分的，应当及时通知出卖人。

第六百三十条 标的物在交付之前产生的孳息，归出卖人所有；交付之后产生的孳息，归买受人所有。但是，当事人另有约定的除外。

第六百三十一条 因标的物的主物不符合约定而解除合同的，解除合同的效力及于从物。因标的物的从物不符合约定被解除的，解除的效力不及于主物。

第六百三十二条 标的物为数物，其中一物不符合约定的，买受人可以就该物解除。但是，该物与他物分离使标的物的价值显受损害的，买受人可以就数物解除合同。

第六百三十三条 出卖人分批交付标的物的，出卖人对其中一批标的物不交付或者交付不符合约定，致使该批标的物不能实现合同目的的，买受人可以就该批标的物解除。

出卖人不交付其中一批标的物或者交付不符合约定，致使之后其他各批标的物的交付不能实现合同目的的，买受人可以就该批以及之后其他各批标的物解除。

买受人如果就其中一批标的物解除，该批标的物与其他各批标的物相互依存的，可以就已经交付和未交付的各批标的物解除。

第六百三十四条　分期付款的买受人未支付到期价款的数额达到全部价款的五分之一，经催告后在合理期限内仍未支付到期价款的，出卖人可以请求买受人支付全部价款或者解除合同。

出卖人解除合同的，可以向买受人请求支付该标的物的使用费。

第六百三十五条　凭样品买卖的当事人应当封存样品，并可以对样品质量予以说明。出卖人交付的标的物应当与样品及其说明的质量相同。

第六百三十六条　凭样品买卖的买受人不知道样品有隐蔽瑕疵的，即使交付的标的物与样品相同，出卖人交付的标的物的质量仍然应当符合同种物的通常标准。

第六百三十七条　试用买卖的当事人可以约定标的物的试用期限。对试用期限没有约定或者约定不明确，依据本法第五百一十条的规定仍不能确定的，由出卖人确定。

第六百三十八条　试用买卖的买受人在试用期内可以购买标的物，也可以拒绝购买。试用期限届满，买受人对是否购买标的物未作表示的，视为购买。

试用买卖的买受人在试用期内已经支付部分价款或者对标的物实施出卖、出租、设立担保物权等行为的，视为同意购买。

第六百三十九条　试用买卖的当事人对标的物使用费没有约定或者约定不明确的，出卖人无权请求买受人支付。

第六百四十条　标的物在试用期内毁损、灭失的风险由出卖人承担。

第六百四十一条　当事人可以在买卖合同中约定买受人未履行支付价款或者其他义务的，标的物的所有权属于出卖人。

出卖人对标的物保留的所有权，未经登记，不得对抗善意第三人。

第六百四十二条　当事人约定出卖人保留合同标的物的所有权，在标的物所有权转移前，买受人有下列情形之一，造成出卖人损害的，除当事人另有约定外，出卖人有权取回标的物：

（一）未按照约定支付价款，经催告后在合理期限内仍未支付；

（二）未按照约定完成特定条件；

（三）将标的物出卖、出质或者作出其他不当处分。

出卖人可以与买受人协商取回标的物；协商不成的，可以参照适用担保物权的实现程序。

第六百四十三条 出卖人依据前条第一款的规定取回标的物后，买受人在双方约定或者出卖人指定的合理回赎期限内，消除出卖人取回标的物的事由的，可以请求回赎标的物。

买受人在回赎期限内没有回赎标的物，出卖人可以以合理价格将标的物出卖给第三人，出卖所得价款扣除买受人未支付的价款以及必要费用后仍有剩余的，应当返还买受人；不足部分由买受人清偿。

第六百四十四条 招标投标买卖的当事人的权利和义务以及招标投标程序等，依照有关法律、行政法规的规定。

第六百四十五条 拍卖的当事人的权利和义务以及拍卖程序等，依照有关法律、行政法规的规定。

第六百四十六条 法律对其他有偿合同有规定的，依照其规定；没有规定的，参照适用买卖合同的有关规定。

第六百四十七条 当事人约定易货交易，转移标的物的所有权的，参照适用买卖合同的有关规定。

《中华人民共和国电子商务法》（2019年1月1日施行）

第四十九条 电子商务经营者发布的商品或者服务信息符合要约条件的，用户选择该商品或者服务并提交订单成功，合同成立。当事人另有约定的，从其约定。

电子商务经营者不得以格式条款等方式约定消费者支付价款后合同不成立；格式条款等含有该内容的，其内容无效。

第五十二条 电子商务当事人可以约定采用快递物流方式交付商品。

快递物流服务提供者为电子商务提供快递物流服务，应当遵守法律、行政法规，并应当符合承诺的服务规范和时限。快递物流服务提供者在交付商品时，应当提示收货人当面查验；交由他人代收的，应当经收货人同意。

快递物流服务提供者应当按照规定使用环保包装材料，实现包装材料的减量化和再利用。

快递物流服务提供者在提供快递物流服务的同时，可以接受电子商务经营者的委托提供代收货款服务。

第五十三条　电子商务当事人可以约定采用电子支付方式支付价款。

电子支付服务提供者为电子商务提供电子支付服务，应当遵守国家规定，告知用户电子支付服务的功能、使用方法、注意事项、相关风险和收费标准等事项，不得附加不合理交易条件。电子支付服务提供者应当确保电子支付指令的完整性、一致性、可跟踪稽核和不可篡改。

电子支付服务提供者应当向用户免费提供对账服务以及最近三年的交易记录。

第五十四条　电子支付服务提供者提供电子支付服务不符合国家有关支付安全管理要求，造成用户损失的，应当承担赔偿责任。

第五十五条　用户在发出支付指令前，应当核对支付指令所包含的金额、收款人等完整信息。

支付指令发生错误的，电子支付服务提供者应当及时查找原因，并采取相关措施予以纠正。造成用户损失的，电子支付服务提供者应当承担赔偿责任，但能够证明支付错误非自身原因造成的除外。

第五十六条　电子支付服务提供者完成电子支付后，应当及时准确地向用户提供符合约定方式的确认支付的信息。

第五十七条　用户应当妥善保管交易密码、电子签名数据等安全工具。用户发现安全工具遗失、被盗用或者未经授权的支付的，应当及时通知电子支付服务提供者。

未经授权的支付造成的损失，由电子支付服务提供者承担；电子支付服务提供者能够证明未经授权的支付是因用户的过错造成的，不承担责任。

电子支付服务提供者发现支付指令未经授权，或者收到用户支付指令未经授权的通知时，应当立即采取措施防止损失扩大。电子支付服务提供者未及时采取措施导致损失扩大的，对损失扩大部分承担责任。

第六十二条　在电子商务争议处理中，电子商务经营者应当提供原始合同和交易记录。因电子商务经营者丢失、伪造、篡改、销毁、隐匿或者拒绝提供前述资料，致使人民法院、仲裁机构或者有关机关无法查明事实的，电子商务经营者应当承担相应的法律责任。

《最高人民法院关于审理买卖合同纠纷案件适用法律问题的解释》（法释〔2012〕8号　2020年12月23日修正）

第一条　当事人之间没有书面合同，一方以送货单、收货单、结算单、发票等主张存在买卖合同关系的，人民法院应当结合当事人之间的交易方式、交易习惯以及其他相关证据，对买卖合同是否成立作出认定。

对账确认函、债权确认书等函件、凭证没有记载债权人名称，买卖合同当事人一方以此证明存在买卖合同关系的，人民法院应予支持，但有相反证据足以推翻的除外。

第二条 标的物为无需以有形载体交付的电子信息产品，当事人对交付方式约定不明确，且依照民法典第五百一十条的规定仍不能确定的，买受人收到约定的电子信息产品或者权利凭证即为交付。

第三条 根据民法典第六百二十九条的规定，买受人拒绝接收多交部分标的物的，可以代为保管多交部分标的物。买受人主张出卖人负担代为保管期间的合理费用的，人民法院应予支持。

买受人主张出卖人承担代为保管期间非因买受人故意或者重大过失造成的损失的，人民法院应予支持。

第四条 民法典第五百九十九条规定的“提取标的物单证以外的有关单证和资料”，主要应当包括保险单、保修单、普通发票、增值税专用发票、产品合格证、质量保证书、质量鉴定书、品质检验证书、产品进出口检疫书、原产地证明书、使用说明书、装箱单等。

第五条 出卖人仅以增值税专用发票及税款抵扣资料证明其已履行交付标的物义务，买受人不认可的，出卖人应当提供其他证据证明交付标的物的事实。

合同约定或者当事人之间习惯以普通发票作为付款凭证，买受人以普通发票证明已经履行付款义务的，人民法院应予支持，但有相反证据足以推翻的除外。

第六条 出卖人就同一普通动产订立多重买卖合同，在买卖合同均有效的情况下，买受人均要求实际履行合同的，应当按照以下情形分别处理：

（一）先行受领交付的买受人请求确认所有权已经转移的，人民法院应予支持；

（二）均未受领交付，先行支付价款的买受人请求出卖人履行交付标的物等合同义务的，人民法院应予支持；

（三）均未受领交付，也未支付价款，依法成立在先合同的买受人请求出卖人履行交付标的物等合同义务的，人民法院应予支持。

第七条 出卖人就同一船舶、航空器、机动车等特殊动产订立多重买卖合同，在买卖合同均有效的情况下，买受人均要求实际履行合同的，应当按照以下情形分别处理：

（一）先行受领交付的买受人请求出卖人履行办理所有权转移登记手续等合同义务的，人民法院应予支持；

（二）均未受领交付，先行办理所有权转移登记手续的买受人请求出卖人履行交付标的物等合同义务的，人民法院应予支持；

（三）均未受领交付，也未办理所有权转移登记手续，依法成立在先合同的买受人请求出卖人履行交付标的物和办理所有权转移登记手续等合同义务的，人民法院应予支持；

（四）出卖人将标的物交付给买受人之一，又为其他买受人办理所有权转移登记，已受领交付的买受人请求将标的物所有权登记在自己名下的，人民法院应予支持。

第八条　民法典第六百零三条第二款第一项规定的“标的物需要运输的”，是指标的物由出卖人负责办理托运，承运人系独立于买卖合同当事人之外的运输业者的情形。标的物毁损、灭失的风险负担，按照民法典第六百零七条第二款的规定处理。

第九条　出卖人根据合同约定将标的物运送至买受人指定地点并交付给承运人后，标的物毁损、灭失的风险由买受人负担，但当事人另有约定的除外。

第十条　出卖人出卖交由承运人运输的在途标的物，在合同成立时知道或者应当知道标的物已经毁损、灭失却未告知买受人，买受人主张出卖人负担标的物毁损、灭失的风险的，人民法院应予支持。

第十一条　当事人对风险负担没有约定，标的物为种类物，出卖人未以装运单据、加盖标记、通知买受人等可识别的方式清楚地将标的物特定于买卖合同，买受人主张不负担标的物毁损、灭失的风险的，人民法院应予支持。

第十二条　人民法院具体认定民法典第六百二十一条第二款规定的“合理期限”时，应当综合当事人之间的交易性质、交易目的、交易方式、交易习惯、标的物的种类、数量、性质、安装和使用情况、瑕疵的性质、买受人应尽的合理注意义务、检验方法和难易程度、买受人或者检验人所处的具体环境、自身技能以及其他合理因素，依据诚实信用原则进行判断。

民法典第六百二十一条第二款规定的“二年”是最长的合理期限。该期限为不变期间，不适用诉讼时效中止、中断或者延长的规定。

第十三条 买受人在合理期限内提出异议，出卖人以买受人已经支付价款、确认欠款数额、使用标的物等为由，主张买受人放弃异议的，人民法院不予支持，但当事人另有约定的除外。

第十四条 民法典第六百二十一条规定的检验期限、合理期限、二年期限经过后，买受人主张标的物的数量或者质量不符合约定的，人民法院不予支持。

出卖人自愿承担违约责任后，又以上述期限经过为由翻悔的，人民法院不予支持。

第十五条 买受人依约保留部分价款作为质量保证金，出卖人在质量保证期未及时解决质量问题而影响标的物的价值或者使用效果，出卖人主张支付该部分价款的，人民法院不予支持。

第十六条 买受人在检验期限、质量保证期、合理期限内提出质量异议，出卖人未按要求予以修理或者因情况紧急，买受人自行或者通过第三人修理标的物后，主张出卖人负担因此发生的合理费用的，人民法院应予支持。

第十七条 标的物质量不符合约定，买受人依照民法典第五百八十二条的规定要求减少价款的，人民法院应予支持。当事人主张以符合约定的标的物和实际交付的标的物按交付时的市场价值计算差价的，人民法院应予支持。

价款已经支付，买受人主张返还减价后多出部分价款的，人民法院应予支持。

第十八条 买卖合同对付款期限作出的变更，不影响当事人关于逾期付款违约金的约定，但该违约金的起算点应当随之变更。

买卖合同约定逾期付款违约金，买受人以出卖人接受价款时未主张逾期付款违约金为由拒绝支付该违约金的，人民法院不予支持。

买卖合同约定逾期付款违约金，但对账单、还款协议等未涉及逾期付款责任，出卖人根据对账单、还款协议等主张欠款时请求买受人依约支付逾期付款违约金的，人民法院应予支持，但对账单、还款协议等明确载有本金及逾期付款利息数额或者已经变更买卖合同中关于本金、利息等约定内容的除外。

买卖合同没有约定逾期付款违约金或者该违约金的计算方法，出卖人以买受人违约为由主张赔偿逾期付款损失，违约行为发生在2019年8月19日之前的，人民法院可以中国人民银行同期同类人民币贷款基准利率为基础，参照逾期罚息利率标准计算；违约行为发生在2019年8月20日之后的，人民法院可以违约行为发生时中国人民银行授权全国银行间同业拆借中心公布的一年期贷款市场报价利率（LPR）标准为基础，加计30—50%计算逾期付款损失。

第十九条 出卖人没有履行或者不当履行从给付义务，致使买受人不能实现合同目的，买受人主张解除合同的，人民法院应当根据民法典第五百六十三条第一款第四项的规定，予以支持。

第二十条 买卖合同因违约而解除后，守约方主张继续适用违约金条款的，人民法院应予支持；但约定的违约金过分高于造成的损失的，人民法院可以参照民法典第五百八十五条第二款的规定处理。

第二十一条 买卖合同当事人一方以对方违约为由主张支付违约金，对方以合同不成立、合同未生效、合同无效或者不构成违约等为由进行免责抗辩而未主张调整过高的违约金的，人民法院应当就法院若不支持免责抗辩，当事人是否需要主张调整违约金进行释明。

一审法院认为免责抗辩成立且未予释明，二审法院认为应当判决支付违约金的，可以直接释明并改判。

第二十二条 买卖合同当事人一方违约造成对方损失，对方主张赔偿可得利益损失的，人民法院在确定违约责任范围时，应当根据当事人的主张，依据民法典第五百八十四条、第五百九十一条、第五百九十二条、本解释第二十三条等规定进行认定。

第二十三条 买卖合同当事人一方因对方违约而获有利益，违约方主张从损失赔偿额中扣除该部分利益的，人民法院应予支持。

第二十四条 买受人在缔约时知道或者应当知道标的物质量存在瑕疵，主张出卖人承担瑕疵担保责任的，人民法院不予支持，但买受人在缔约时不知道该瑕疵会导致标的物的基本效用显著降低的除外。

第二十五条 买卖合同当事人主张民法典第六百四十一条关于标的物所有权保留的规定适用于不动产的，人民法院不予支持。

第二十六条 买受人已经支付标的物总价款的百分之七十五以上，出卖人主张取回标的物的，人民法院不予支持。

在民法典第六百四十二条第一款第三项情形下，第三人依据民法典第三百一十一条的规定已经善意取得标的物所有权或者其他物权，出卖人主张取回标的物的，人民法院不予支持。

第二十七条 民法典第六百三十四条第一款规定的“分期付款”，系指买受人将应付的总价款在一定期限内至少分三次向出卖人支付。

分期付款买卖合同的约定违反民法典第六百三十四条第一款的规定，损害买受人利益，买受人主张该约定无效的，人民法院应予支持。

第二十八条 分期付款买卖合同约定出卖人在解除合同时可以扣留已受领价金，出卖人扣留的金额超过标的物使用费以及标的物受损赔偿额，买受人请求返还超过部分的，人民法院应予支持。

当事人对标的物的使用费没有约定的，人民法院可以参照当地同类标的物的租金标准确定。

第二十九条 合同约定的样品质量与文字说明不一致且发生纠纷时当事人不能达成合意，样品封存后外观和内在品质没有发生变化的，人民法院应当以样品为准；外观和内在品质发生变化，或者当事人对是否发生变化有争议而又无法查明的，人民法院应当以文字说明为准。

第三十条 买卖合同存在下列约定内容之一的，不属于试用买卖。买受人主张属于试用买卖的，人民法院不予支持：

（一）约定标的物经过试用或者检验符合一定要求时，买受人应当购买标的物；

（二）约定第三人经试验对标的物认可时，买受人应当购买标的物；

（三）约定买受人在一定期限内可以调换标的物；

（四）约定买受人在一定期限内可以退还标的物。

第三十一条 出卖人履行交付义务后诉请买受人支付价款，买受人以出卖人违约在先为由提出异议的，人民法院应当按照下列情况分别处理：

（一）买受人拒绝支付违约金、拒绝赔偿损失或者主张出卖人应当采取减少价款等补救措施的，属于提出抗辩；

（二）买受人主张出卖人应支付违约金、赔偿损失或者要求解除合同的，应当提起反诉。

《最高人民法院关于审理食品药品纠纷案件适用法律若干问题的规定》（法释〔2013〕28号　2020年12月23日修正）

第九条 消费者通过网络交易第三方平台购买食品、药品遭受损害，网络交易第三方平台提供者不能提供食品、药品的生产者或者销售者的真实名称、地址与有效联系方式，消费者请求网络交易第三方平台提供者承担责任的，人民法院应予支持。

网络交易第三方平台提供者承担赔偿责任后，向生产者或者销售者行使追偿权的，人民法院应予支持。

网络交易第三方平台提供者知道或者应当知道食品、药品的生产者、销售者利用其平台侵害消费者合法权益，未采取必要措施，给消费者造成损害，消费者要求其与生产者、销售者承担连带责任的，人民法院应予支持。

《中华人民共和国民法典》（2021 年 1 月 1 日施行）

第六百四十四条　招标投标买卖的当事人的权利和义务以及招标投标程序等，依照有关法律、行政法规的规定。

《中华人民共和国招标投标法》（2017 年 12 月 28 日修正）

第二十六条　投标人应当具备承担招标项目的能力；国家有关规定对投标人资格条件或者招标文件对投标人资格条件有规定的，投标人应当具备规定的资格条件。

第二十七条　投标人应当按照招标文件的要求编制投标文件。投标文件应当对招标文件提出的实质性要求和条件作出响应。

招标项目属于建设施工的，投标文件的内容应当包括拟派出的项目负责人与主要技术人员的简历、业绩和拟用于完成招标项目的机械设备等。

第二十八条　投标人应当在招标文件要求提交投标文件的截止时间前，将投标文件送达投标地点。招标人收到投标文件后，应当签收保存，不得开启。投标人少于三个的，招标人应当依照本法重新招标。

在招标文件要求提交投标文件的截止时间后送达的投标文件，招标人应当拒收。

第二十九条　投标人在招标文件要求提交投标文件的截止时间前，可以补充、修改或者撤回已提交的投标文件，并书面通知招标人。补充、修改的内容为投标文件的组成部分。

第三十条　投标人根据招标文件载明的项目实际情况，拟在中标后将中标项目的部分非主体、非关键性工作进行分包的，应当在投标文件中载明。

第三十一条　两个以上法人或者其他组织可以组成一个联合体，以一个投标人的身份共同投标。

联合体各方均应当具备承担招标项目的相应能力；国家有关规定或者招标文件对投标人资格条件有规定的，联合体各方均应当具备规定的相应资格条件。由同一专业的单位组成的联合体，按照资质等级较低的单位确定资质等级。

联合体各方应当签订共同投标协议，明确约定各方拟承担的工作和责任，并将共同投标协议连同投标文件一并提交招标人。联合体中标的，联合体各方应当共同与招标人签订合同，就中标项目向招标人承担连带责任。

招标人不得强制投标人组成联合体共同投标，不得限制投标人之间的竞争。

第六十条 中标人不履行与招标人订立的合同的，履约保证金不予退还，给招标人造成的损失超过履约保证金数额的，还应当对超过部分予以赔偿；没有提交履约保证金的，应当对招标人的损失承担赔偿责任。

中标人不按照与招标人订立的合同履行义务，情节严重的，取消其二年至五年内参加依法必须进行招标的项目的投标资格并予以公告，直至由工商行政管理机关吊销营业执照。

因不可抗力不能履行合同的，不适用前两款规定。

85. 拍卖合同纠纷

法律条文及规范索引

《中华人民共和国民法典》（2021年1月1日施行）

第五百六十三条 有下列情形之一的，当事人可以解除合同：

（一）因不可抗力致使不能实现合同目的；

（二）在履行期限届满前，当事人一方明确表示或者以自己的行为表明不履行主要债务；

（三）当事人一方迟延履行主要债务，经催告后在合理期限内仍未履行；

（四）当事人一方迟延履行债务或者有其他违约行为致使不能实现合同目的；

（五）法律规定的其他情形。

以持续履行的债务为内容的不定期合同，当事人可以随时解除合同，但是应当在合理期限之前通知对方。

第九百三十三条 委托人或者受托人可以随时解除委托合同。因解除合同造成对方损失的，除不可归责于该当事人的事由外，无偿委托合同的解除方应当赔偿因解除时间不当造成的直接损失，有偿委托合同的解除方应当赔偿对方的直接损失和合同履行后可以获得的利益。

《中华人民共和国拍卖法》（2015年4月24日修正）

第六条　拍卖标的应当是委托人所有或者依法可以处分的物品或者财产权利。

第七条　法律、行政法规禁止买卖的物品或者财产权利，不得作为拍卖标的。

第八条　依照法律或者按照国务院规定需经审批才能转让的物品或者财产权利，在拍卖前，应当依法办理审批手续。

第四十一条　委托人委托拍卖物品或者财产权利，应当提供身份证明和拍卖人要求提供的拍卖标的的所有权证明或者依法可以处分拍卖标的的证明及其他资料。

第四十二条　拍卖人应当对委托人提供的有关文件、资料进行核实。拍卖人接受委托的，应当与委托人签订书面委托拍卖合同。

第四十三条　拍卖人认为需要对拍卖标的进行鉴定的，可以进行鉴定。

鉴定结论与委托拍卖合同载明的拍卖标的状况不相符的，拍卖人有权要求变更或者解除合同。

第四十四条　委托拍卖合同应当载明以下事项：

（一）委托人、拍卖人的姓名或者名称、住所；

（二）拍卖标的的名称、规格、数量、质量；

（三）委托人提出的保留价；

（四）拍卖的时间、地点；

（五）拍卖标的交付或者转移的时间、方式；

（六）佣金及其支付的方式、期限；

（七）价款的支付方式、期限；

（八）违约责任；

（九）双方约定的其他事项。

86. 建设用地使用权合同纠纷

（1）建设用地使用权出让合同纠纷

（2）建设用地使用权转让合同纠纷

法律条文及规范索引

《中华人民共和国民法典》（2021年1月1日施行）

规范索引参见第一百五十三条、第一百五十四条、第一百八十六条、第五百零六条、第五百六十二条、第五百六十六条、第五百七十七条、第五百七十八条。

《中华人民共和国城市房地产管理法》（2019年8月26日修正）

第三十九条 以出让方式取得土地使用权的，转让房地产时，应当符合下列条件：

（一）按照出让合同约定已经支付全部土地使用权出让金，并取得土地使用权证书；

（二）按照出让合同约定进行投资开发，属于房屋建设工程的，完成开发投资总额的百分之二十五以上，属于成片开发土地的，形成工业用地或者其他建设用地条件。

转让房地产时房屋已经建成的，还应当持有房屋所有权证书。

《最高人民法院关于审理涉及国有土地使用权合同纠纷案件适用法律问题的解释》（法释〔2005〕5号 2020年12月23日修正）

第二条 开发区管理委员会作为出让方与受让方订立的土地使用权出让合同，应当认定无效。

本解释实施前，开发区管理委员会作为出让方与受让方订立的土地使用权出让合同，起诉前经市、县人民政府自然资源主管部门追认的，可以认定合同有效。

第三条 经市、县人民政府批准同意以协议方式出让的土地使用权，土地使用权出让金低于订立合同时当地政府按照国家规定确定的最低价的，应当认定土地使用权出让合同约定的价格条款无效。

当事人请求按照订立合同时的市场评估价格交纳土地使用权出让金的，应予支持；受让方不同意按照市场评估价格补足，请求解除合同的，应予支持。因此造成的损失，由当事人按照过错承担责任。

第四条　土地使用权出让合同的出让方因未办理土地使用权出让批准手续而不能交付土地，受让方请求解除合同的，应予支持。

第五条　受让方经出让方和市、县人民政府城市规划行政主管部门同意，改变土地使用权出让合同约定的土地用途，当事人请求按照起诉时同种用途的土地出让金标准调整土地出让金的，应予支持。

第六条　受让方擅自改变土地使用权出让合同约定的土地用途，出让方请求解除合同的，应予支持。

第七条　本解释所称的土地使用权转让合同，是指土地使用权人作为转让方将出让土地使用权转让于受让方，受让方支付价款的合同。

第八条　土地使用权人作为转让方与受让方订立土地使用权转让合同后，当事人一方以双方之间未办理土地使用权变更登记手续为由，请求确认合同无效的，不予支持。

第九条　土地使用权人作为转让方就同一出让土地使用权订立数个转让合同，在转让合同有效的情况下，受让方均要求履行合同的，按照以下情形分别处理：

（一）已经办理土地使用权变更登记手续的受让方，请求转让方履行交付土地等合同义务的，应予支持；

（二）均未办理土地使用权变更登记手续，已先行合法占有投资开发土地的受让方请求转让方履行土地使用权变更登记等合同义务的，应予支持；

（三）均未办理土地使用权变更登记手续，又未合法占有投资开发土地，先行支付土地转让款的受让方请求转让方履行交付土地和办理土地使用权变更登记等合同义务的，应予支持；

（四）合同均未履行，依法成立在先的合同受让方请求履行合同的，应予支持。

未能取得土地使用权的受让方请求解除合同、赔偿损失的，依照民法典的有关规定处理。

第十条　土地使用权人与受让方订立合同转让划拨土地使用权，起诉前经有批准权的人民政府同意转让，并由受让方办理土地使用权出让手续的，土地使用权人与受让方订立的合同可以按照补偿性质的合同处理。

第十一条 土地使用权人与受让方订立合同转让划拨土地使用权，起诉前经有批准权的人民政府决定不办理土地使用权出让手续，并将该划拨土地使用权直接划拨给受让方使用的，土地使用权人与受让方订立的合同可以按照补偿性质的合同处理。

《第八次全国法院民事商事审判工作会议（民事部分）纪要》（法〔2016〕399号 2016年11月21日）

13. 城市房地产管理法第三十九条第一款第二项规定并非效力性强制性规定，当事人仅以转让国有土地使用权未达到该项规定条件为由，请求确认转让合同无效的，不予支持。

87. 临时用地合同纠纷

法律条文及规范索引

《中华人民共和国土地管理法》（2019年8月26日修正）

第五十七条 建设项目施工和地质勘查需要临时使用国有土地或者农民集体所有的土地的，由县级以上人民政府自然资源主管部门批准。其中，在城市规划区内的临时用地，在报批前，应当先经有关城市规划行政主管部门同意。土地使用者应当根据土地权属，与有关自然资源主管部门或者农村集体经济组织、村民委员会签订临时使用土地合同，并按照合同的约定支付临时使用土地补偿费。

临时使用土地的使用者应当按照临时使用土地合同约定的用途使用土地，并不得修建永久性建筑物。

临时使用土地期限一般不超过二年。

88. 探矿权转让合同纠纷
89. 采矿权转让合同纠纷

法律条文及规范索引

《中华人民共和国矿产资源法》（2009年8月27日修正）

第六条　除按下列规定可以转让外，探矿权、采矿权不得转让：

（一）探矿权人有权在划定的勘查作业区内进行规定的勘查作业，有权优先取得勘查作业区内矿产资源的采矿权。探矿权人在完成规定的最低勘查投入后，经依法批准，可以将探矿权转让他人。

（二）已取得采矿权的矿山企业，因企业合并、分立，与他人合资、合作经营，或者因企业资产出售以及有其他变更企业资产产权的情形而需要变更采矿权主体的，经依法批准可以将采矿权转让他人采矿。

前款规定的具体办法和实施步骤由国务院规定。

禁止将探矿权、采矿权倒卖牟利。

《探矿权采矿权转让管理办法》（2014年7月29日修订）

第三条　除按照下列规定可以转让外，探矿权、采矿权不得转让：

（一）探矿权人有权在划定的勘查作业区内进行规定的勘查作业，有权优先取得勘查作业区内矿产资源的采矿权。探矿权人在完成规定的最低勘查投入后，经依法批准，可以将探矿权转让他人。

（二）已经取得采矿权的矿山企业，因企业合并、分立，与他人合资、合作经营，或者因企业资产出售以及有其他变更企业资产产权的情形，需要变更采矿权主体的，经依法批准，可以将采矿权转让他人采矿。

第四条　国务院地质矿产主管部门和省、自治区、直辖市人民政府地质矿产主管部门是探矿权、采矿权转让的审批管理机关。

国务院地质矿产主管部门负责由其审批发证的探矿权、采矿权转让的审批。

省、自治区、直辖市人民政府地质矿产主管部门负责本条第二款规定以外的探矿权、采矿权转让的审批。

第五条　转让探矿权，应当具备下列条件：

（一）自颁发勘查许可证之日起满2年，或者在勘查作业区内发现可供进一步勘查或者开采的矿产资源；

（二）完成规定的最低勘查投入；

（三）探矿权属无争议；

（四）按照国家有关规定已经缴纳探矿权使用费、探矿权价款；

（五）国务院地质矿产主管部门规定的其他条件。

第九条　转让国家出资勘查所形成的探矿权、采矿权的，必须进行评估。

国家出资勘查形成的探矿权、采矿权价款，由具有矿业权评估资质的评估机构进行评估；评估报告报探矿权、采矿权登记管理机关备案。

第十二条　探矿权、采矿权转让后，探矿权人、采矿权人的权利、义务随之转移。

第十三条　探矿权、采矿权转让后，勘查许可证、采矿许可证的有效期限，为原勘查许可证、采矿许可证的有效期减去已经进行勘查、采矿的年限的剩余期限。

第十四条　未经审批管理机关批准，擅自转让探矿权、采矿权的，由登记管理机关责令改正，没收违法所得，处10万元以下的罚款；情节严重的，由原发证机关吊销勘查许可证、采矿许可证。

第十五条　违反本办法第三条第（二）项的规定，以承包等方式擅自将采矿权转给他人进行采矿的，由县级以上人民政府负责地质矿产管理工作的部门按照国务院地质矿产主管部门规定的权限，责令改正，没收违法所得，处10万元以下的罚款；情节严重的，由原发证机关吊销采矿许可证。

《最高人民法院关于审理矿业权纠纷案件适用法律若干问题的解释》（法释〔2017〕12号　2020年12月23日修正）

第二条　县级以上人民政府自然资源主管部门作为出让人与受让人签订的矿业权出让合同，除法律、行政法规另有规定的情形外，当事人请求确认自依法成立之日起生效的，人民法院应予支持。

第三条　受让人请求自矿产资源勘查许可证、采矿许可证载明的有效期起始日确认其探矿权、采矿权的，人民法院应予支持。

矿业权出让合同生效后、矿产资源勘查许可证或者采矿许可证颁发前，第三人越界或者以其他方式非法勘查开采，经出让人同意已实际占有勘查作业区或者矿区的受让人，请求第三人承担停止侵害、排除妨碍、赔偿损失等侵权责任的，人民法院应予支持。

第四条　出让人未按照出让合同的约定移交勘查作业区或者矿区、颁发矿产资源勘查许可证或者采矿许可证，受让人请求解除出让合同的，人民法院应予支持。

受让人勘查开采矿产资源未达到自然资源主管部门批准的矿山地质环境保护与土地复垦方案要求，在自然资源主管部门规定的期限内拒不改正，或者因违反法律法规被吊销矿产资源勘查许可证、采矿许可证，或者未按照出让合同的约定支付矿业权出让价款，出让人解除出让合同的，人民法院应予支持。

第五条　未取得矿产资源勘查许可证、采矿许可证，签订合同将矿产资源交由他人勘查开采的，人民法院应依法认定合同无效。

第六条　矿业权转让合同自依法成立之日起具有法律约束力。矿业权转让申请未经自然资源主管部门批准，受让人请求转让人办理矿业权变更登记手续的，人民法院不予支持。

当事人仅以矿业权转让申请未经自然资源主管部门批准为由请求确认转让合同无效的，人民法院不予支持。

第七条　矿业权转让合同依法成立后，在不具有法定无效情形下，受让人请求转让人履行报批义务或者转让人请求受让人履行协助报批义务的，人民法院应予支持，但法律上或者事实上不具备履行条件的除外。

人民法院可以依据案件事实和受让人的请求，判决受让人代为办理报批手续，转让人应当履行协助义务，并承担由此产生的费用。

第八条　矿业权转让合同依法成立后，转让人无正当理由拒不履行报批义务，受让人请求解除合同、返还已付转让款及利息，并由转让人承担违约责任的，人民法院应予支持。

第九条　矿业权转让合同约定受让人支付全部或者部分转让款后办理报批手续，转让人在办理报批手续前请求受让人先履行付款义务的，人民法院应予支持，但受让人有确切证据证明存在转让人将同一矿业权转让给第三人、矿业权人将被兼并重组等符合民法典第五百二十七条规定情形的除外。

第十条　自然资源主管部门不予批准矿业权转让申请致使矿业权转让合同被解除，受让人请求返还已付转让款及利息，采矿权人请求受让人返还获得的矿产品及收益，或者探矿权人请求受让人返还勘查资料和勘查中回收的矿产品及收益的，人民法院应予支持，但受让人可请求扣除相关的成本费用。

当事人一方对矿业权转让申请未获批准有过错的，应赔偿对方因此受到的损失；双方均有过错的，应当各自承担相应的责任。

第十一条 矿业权转让合同依法成立后、自然资源主管部门批准前，矿业权人又将矿业权转让给第三人并经自然资源主管部门批准、登记，受让人请求解除转让合同、返还已付转让款及利息，并由矿业权人承担违约责任的，人民法院应予支持。

90. 房地产开发经营合同纠纷

（1）委托代建合同纠纷
（2）合资、合作开发房地产合同纠纷
（3）项目转让合同纠纷

法律条文及规范索引

《中华人民共和国民法典》（2021年1月1日施行）

规范索引参见第一百五十三条、第一百五十四条、第一百六十八条、第五百零六条、第五百四十九条、第五百六十二条、第五百六十三条、第五百六十六条、第五百六十八条、第五百七十七条、第五百七十八条、第五百七十九条。

《中华人民共和国城市房地产管理法》（2019年8月26日修正）

第十五条 土地使用权出让，应当签订书面出让合同。

土地使用权出让合同由市、县人民政府土地管理部门与土地使用者签订。

第十六条 土地使用者必须按照出让合同约定，支付土地使用权出让金；未按照出让合同约定支付土地使用权出让金的，土地管理部门有权解除合同，并可以请求违约赔偿。

第十七条 土地使用者按照出让合同约定支付土地使用权出让金的，市、县人民政府土地管理部门必须按照出让合同约定，提供出让的土地；未按照出让合同约定提供出让的土地的，土地使用者有权解除合同，由土地管理部门返还土地使用权出让金，土地使用者并可以请求违约赔偿。

第十八条　土地使用者需要改变土地使用权出让合同约定的土地用途的，必须取得出让方和市、县人民政府城市规划行政主管部门的同意，签订土地使用权出让合同变更协议或者重新签订土地使用权出让合同，相应调整土地使用权出让金。

第十九条　土地使用权出让金应当全部上缴财政，列入预算，用于城市基础设施建设和土地开发。土地使用权出让金上缴和使用的具体办法由国务院规定。

第二十条　国家对土地使用者依法取得的土地使用权，在出让合同约定的使用年限届满前不收回；在特殊情况下，根据社会公共利益的需要，可以依照法律程序提前收回，并根据土地使用者使用土地的实际年限和开发土地的实际情况给予相应的补偿。

第二十二条　土地使用权出让合同约定的使用年限届满，土地使用者需要继续使用土地的，应当至迟于届满前一年申请续期，除根据社会公共利益需要收回该幅土地的，应当予以批准。经批准准予续期的，应当重新签订土地使用权出让合同，依照规定支付土地使用权出让金。

土地使用权出让合同约定的使用年限届满，土地使用者未申请续期或者虽申请续期但依照前款规定未获批准的，土地使用权由国家无偿收回。

第四十一条　房地产转让，应当签订书面转让合同，合同中应当载明土地使用权取得的方式。

第四十二条　房地产转让时，土地使用权出让合同载明的权利、义务随之转移。

第四十三条　以出让方式取得土地使用权的，转让房地产后，其土地使用权的使用年限为原土地使用权出让合同约定的使用年限减去原土地使用者已经使用年限后的剩余年限。

第四十四条　以出让方式取得土地使用权的，转让房地产后，受让人改变原土地使用权出让合同约定的土地用途的，必须取得原出让方和市、县人民政府城市规划行政主管部门的同意，签订土地使用权出让合同变更协议或者重新签订土地使用权出让合同，相应调整土地使用权出让金。

91. 房屋买卖合同纠纷

（1）商品房预约合同纠纷
（2）商品房预售合同纠纷
（3）商品房销售合同纠纷
（4）商品房委托代理销售合同纠纷
（5）经济适用房转让合同纠纷
（6）农村房屋买卖合同纠纷

法律条文及规范索引

《中华人民共和国民法典》（2021年1月1日施行）

第四百九十五条 当事人约定在将来一定期限内订立合同的认购书、订购书、预订书等，构成预约合同。

当事人一方不履行预约合同约定的订立合同义务的，对方可以请求其承担预约合同的违约责任。

请求权基础条款参见本法第一百五十三条、第一百五十四条、第一百六十八条、第五百零六条、第五百四十九条、第五百六十二条、第五百六十三条、第五百六十六条、第五百六十八条、第五百七十七条、第五百七十八条。

《城市房地产开发经营管理条例》（2020年11月29日修订）

第二十二条 房地产开发企业预售商品房，应当符合下列条件：

（一）已交付全部土地使用权出让金，取得土地使用权证书；

（二）持有建设工程规划许可证和施工许可证；

（三）按提供的预售商品房计算，投入开发建设的资金达到工程建设总投资的25%以上，并已确定施工进度和竣工交付日期；

（四）已办理预售登记，取得商品房预售许可证明。

第二十三条 房地产开发企业申请办理商品房预售登记，应当提交下列文件：

（一）本条例第二十二条第（一）项至第（三）项规定的证明材料；

（二）营业执照和资质等级证书；

（三）工程施工合同；

（四）预售商品房分层平面图；

（五）商品房预售方案。

第二十四条　房地产开发主管部门应当自收到商品房预售申请之日起10日内，作出同意预售或者不同意预售的答复。同意预售的，应当核发商品房预售许可证明；不同意预售的，应当说明理由。

第二十五条　房地产开发企业不得进行虚假广告宣传，商品房预售广告中应当载明商品房预售许可证明的文号。

第二十六条　房地产开发企业预售商品房时，应当向预购人出示商品房预售许可证明。

房地产开发企业应当自商品房预售合同签订之日起30日内，到商品房所在地的县级以上人民政府房地产开发主管部门和负责土地管理工作的部门备案。

第二十七条　商品房销售，当事人双方应当签订书面合同。合同应当载明商品房的建筑面积和使用面积、价格、交付日期、质量要求、物业管理方式以及双方的违约责任。

第二十八条　房地产开发企业委托中介机构代理销售商品房的，应当向中介机构出具委托书。中介机构销售商品房时，应当向商品房购买人出示商品房的有关证明文件和商品房销售委托书。

第二十九条　房地产开发项目转让和商品房销售价格，由当事人协商议定；但是，享受国家优惠政策的居民住宅价格，应当实行政府指导价或者政府定价。

第三十条　房地产开发企业应当在商品房交付使用时，向购买人提供住宅质量保证书和住宅使用说明书。

住宅质量保证书应当列明工程质量监督单位核验的质量等级、保修范围、保修期和保修单位等内容。房地产开发企业应当按照住宅质量保证书的约定，承担商品房保修责任。

保修期内，因房地产开发企业对商品房进行维修，致使房屋原使用功能受到影响，给购买人造成损失的，应当依法承担赔偿责任。

第三十一条　商品房交付使用后，购买人认为主体结构质量不合格的，可以向工程质量监督单位申请重新核验。经核验，确属主体结构质量不合格的，购买人有权退房；给购买人造成损失的，房地产开发企业应当依法承担赔偿责任。

第三十二条 预售商品房的购买人应当自商品房交付使用之日起90日内，办理土地使用权变更和房屋所有权登记手续；现售商品房的购买人应当自销售合同签订之日起90日内，办理土地使用权变更和房屋所有权登记手续。房地产开发企业应当协助商品房购买人办理土地使用权变更和房屋所有权登记手续，并提供必要的证明文件。

《最高人民法院关于审理商品房买卖合同纠纷案件适用法律若干问题的解释》（法释〔2003〕7号 2020年12月23日修正）

第二条 出卖人未取得商品房预售许可证明，与买受人订立的商品房预售合同，应当认定无效，但是在起诉前取得商品房预售许可证明的，可以认定有效。

第三条 商品房的销售广告和宣传资料为要约邀请，但是出卖人就商品房开发规划范围内的房屋及相关设施所作的说明和允诺具体确定，并对商品房买卖合同的订立以及房屋价格的确定有重大影响的，构成要约。该说明和允诺即使未载入商品房买卖合同，亦应当为合同内容，当事人违反的，应当承担违约责任。

第四条 出卖人通过认购、订购、预订等方式向买受人收受定金作为订立商品房买卖合同担保的，如果因当事人一方原因未能订立商品房买卖合同，应当按照法律关于定金的规定处理；因不可归责于当事人双方的事由，导致商品房买卖合同未能订立的，出卖人应当将定金返还买受人。

第五条 商品房的认购、订购、预订等协议具备《商品房销售管理办法》第十六条规定的商品房买卖合同的主要内容，并且出卖人已经按照约定收受购房款的，该协议应当认定为商品房买卖合同。

第六条 当事人以商品房预售合同未按照法律、行政法规规定办理登记备案手续为由，请求确认合同无效的，不予支持。

当事人约定以办理登记备案手续为商品房预售合同生效条件的，从其约定，但当事人一方已经履行主要义务，对方接受的除外。

第七条 买受人以出卖人与第三人恶意串通，另行订立商品房买卖合同并将房屋交付使用，导致其无法取得房屋为由，请求确认出卖人与第三人订立的商品房买卖合同无效的，应予支持。

第八条 对房屋的转移占有，视为房屋的交付使用，但当事人另有约定的除外。

房屋毁损、灭失的风险，在交付使用前由出卖人承担，交付使用后由买受人承担；买受人接到出卖人的书面交房通知，无正当理由拒绝接收的，房屋毁损、灭失的风险自书面交房通知确定的交付使用之日起由买受人承担，但法律另有规定或者当事人另有约定的除外。

第九条　因房屋主体结构质量不合格不能交付使用，或者房屋交付使用后，房屋主体结构质量经核验确属不合格，买受人请求解除合同和赔偿损失的，应予支持。

第十条　因房屋质量问题严重影响正常居住使用，买受人请求解除合同和赔偿损失的，应予支持。

交付使用的房屋存在质量问题，在保修期内，出卖人应当承担修复责任；出卖人拒绝修复或者在合理期限内拖延修复的，买受人可以自行或者委托他人修复。修复费用及修复期间造成的其他损失由出卖人承担。

第十一条　根据民法典第五百六十三条的规定，出卖人迟延交付房屋或者买受人迟延支付购房款，经催告后在三个月的合理期限内仍未履行，解除权人请求解除合同的，应予支持，但当事人另有约定的除外。

法律没有规定或者当事人没有约定，经对方当事人催告后，解除权行使的合理期限为三个月。对方当事人没有催告的，解除权人自知道或者应当知道解除事由之日起一年内行使。逾期不行使的，解除权消灭。

第十二条　当事人以约定的违约金过高为由请求减少的，应当以违约金超过造成的损失30％为标准适当减少；当事人以约定的违约金低于造成的损失为由请求增加的，应当以违约造成的损失确定违约金数额。

第十三条　商品房买卖合同没有约定违约金数额或者损失赔偿额计算方法，违约金数额或者损失赔偿额可以参照以下标准确定：

逾期付款的，按照未付购房款总额，参照中国人民银行规定的金融机构计收逾期贷款利息的标准计算。

逾期交付使用房屋的，按照逾期交付使用房屋期间有关主管部门公布或者有资格的房地产评估机构评定的同地段同类房屋租金标准确定。

第十四条　由于出卖人的原因，买受人在下列期限届满未能取得不动产权属证书的，除当事人有特殊约定外，出卖人应当承担违约责任：

（一）商品房买卖合同约定的办理不动产登记的期限；

（二）商品房买卖合同的标的物为尚未建成房屋的，自房屋交付使用之日起 90 日；

（三）商品房买卖合同的标的物为已竣工房屋的，自合同订立之日起 90 日。

合同没有约定违约金或者损失数额难以确定的，可以按照已付购房款总额，参照中国人民银行规定的金融机构计收逾期贷款利息的标准计算。

第十五条 商品房买卖合同约定或者《城市房地产开发经营管理条例》第三十二条规定的办理不动产登记的期限届满后超过一年，由于出卖人的原因，导致买受人无法办理不动产登记，买受人请求解除合同和赔偿损失的，应予支持。

第十六条 出卖人与包销人订立商品房包销合同，约定出卖人将其开发建设的房屋交由包销人以出卖人的名义销售的，包销期满未销售的房屋，由包销人按照合同约定的包销价格购买，但当事人另有约定的除外。

第十七条 出卖人自行销售已经约定由包销人包销的房屋，包销人请求出卖人赔偿损失的，应予支持，但当事人另有约定的除外。

第十八条 对于买受人因商品房买卖合同与出卖人发生的纠纷，人民法院应当通知包销人参加诉讼；出卖人、包销人和买受人对各自的权利义务有明确约定的，按照约定的内容确定各方的诉讼地位。

第十九条 商品房买卖合同约定，买受人以担保贷款方式付款、因当事人一方原因未能订立商品房担保贷款合同并导致商品房买卖合同不能继续履行的，对方当事人可以请求解除合同和赔偿损失。因不可归责于当事人双方的事由未能订立商品房担保贷款合同并导致商品房买卖合同不能继续履行的，当事人可以请求解除合同，出卖人应当将收受的购房款本金及其利息或者定金返还买受人。

第二十条 因商品房买卖合同被确认无效或者被撤销、解除，致使商品房担保贷款合同的目的无法实现，当事人请求解除商品房担保贷款合同的，应予支持。

第二十一条 以担保贷款为付款方式的商品房买卖合同的当事人一方请求确认商品房买卖合同无效或者撤销、解除合同的，如果担保权人作为有独立请求权第三人提出诉讼请求，应当与商品房担保贷款合同纠纷合并审理；未提出诉讼请求的，仅处理商品房买卖合同纠纷。担保权人就商品房担保贷款合同纠纷另行起诉的，可以与商品房买卖合同纠纷合并审理。

商品房买卖合同被确认无效或者被撤销、解除后，商品房担保贷款合同也被解除的，出卖人应当将收受的购房贷款和购房款的本金及利息分别返还担保权人和买受人。

《第八次全国法院民事商事审判工作会议（民事部分）纪要》（法〔2016〕399号　2016年11月21日）

15. 审理一房数卖纠纷案件时，如果数份合同均有效且买受人均要求履行合同的，一般应按照已经办理房屋所有权变更登记、合法占有房屋以及合同履行情况、买卖合同成立先后等顺序确定权利保护顺位。但恶意办理登记的买受人，其权利不能优先于已经合法占有该房屋的买受人。对买卖合同的成立时间，应综合主管机关备案时间、合同载明的签订时间以及其他证据确定。

16. 当事人达成以房抵债协议，并要求制作调解书的，人民法院应当严格审查协议是否在平等自愿基础上达成；对存在重大误解或显失公平的，应当予以释明；对利用协议损害其他债权人利益或者规避公共管理政策的，不能制作调解书；对当事人行为构成虚假诉讼的，严格按照民事诉讼法第一百一十二条和《最高人民法院关于适用〈中华人民共和国民事诉讼法〉的解释》第一百九十条、第一百九十一条的规定处理；涉嫌犯罪的，移送刑事侦查机关处理。

17. 当事人在债务清偿期届满后达成以房抵债协议并已经办理了产权转移手续，一方要求确认以房抵债协议无效或者变更、撤销，经审查不属于合同法第五十二条、第五十四条规定情形的，对其主张不予支持。

92. 民事主体间房屋拆迁补偿合同纠纷

法律条文及规范索引

《中华人民共和国民法典》（2021年1月1日施行）

第一百四十七条　基于重大误解实施的民事法律行为，行为人有权请求人民法院或者仲裁机构予以撤销。

第一百四十八条　一方以欺诈手段，使对方在违背真实意思的情况下实施的民事法律行为，受欺诈方有权请求人民法院或者仲裁机构予以撤销。

第一百四十九条　第三人实施欺诈行为，使一方在违背真实意思的情况下实施的民事法律行为，对方知道或者应当知道该欺诈行为的，受欺诈方有权请求人民法院或者仲裁机构予以撤销。

第一百五十条 一方或者第三人以胁迫手段，使对方在违背真实意思的情况下实施的民事法律行为，受胁迫方有权请求人民法院或者仲裁机构予以撤销。

第一百五十一条 一方利用对方处于危困状态、缺乏判断能力等情形，致使民事法律行为成立时显失公平的，受损害方有权请求人民法院或者仲裁机构予以撤销。

《国有土地上房屋征收与补偿条例》（2011 年 1 月 19 日）

第十七条 作出房屋征收决定的市、县级人民政府对被征收人给予的补偿包括：

（一）被征收房屋价值的补偿；

（二）因征收房屋造成的搬迁、临时安置的补偿；

（三）因征收房屋造成的停产停业损失的补偿。

市、县级人民政府应当制定补助和奖励办法，对被征收人给予补助和奖励。

第十八条 征收个人住宅，被征收人符合住房保障条件的，作出房屋征收决定的市、县级人民政府应当优先给予住房保障。具体办法由省、自治区、直辖市制定。

第十九条 对被征收房屋价值的补偿，不得低于房屋征收决定公告之日被征收房屋类似房地产的市场价格。被征收房屋的价值，由具有相应资质的房地产价格评估机构按照房屋征收评估办法评估确定。

对评估确定的被征收房屋价值有异议的，可以向房地产价格评估机构申请复核评估。对复核结果有异议的，可以向房地产价格评估专家委员会申请鉴定。

房屋征收评估办法由国务院住房城乡建设主管部门制定，制定过程中，应当向社会公开征求意见。

第二十一条 被征收人可以选择货币补偿，也可以选择房屋产权调换。

被征收人选择房屋产权调换的，市、县级人民政府应当提供用于产权调换的房屋，并与被征收人计算、结清被征收房屋价值与用于产权调换房屋价值的差价。

因旧城区改建征收个人住宅，被征收人选择在改建地段进行房屋产权调换的，作出房屋征收决定的市、县级人民政府应当提供改建地段或者就近地段的房屋。

第二十二条　因征收房屋造成搬迁的，房屋征收部门应当向被征收人支付搬迁费；选择房屋产权调换的，产权调换房屋交付前，房屋征收部门应当向被征收人支付临时安置费或者提供周转用房。

第二十三条　对因征收房屋造成停产停业损失的补偿，根据房屋被征收前的效益、停产停业期限等因素确定。具体办法由省、自治区、直辖市制定。

第二十五条　房屋征收部门与被征收人依照本条例的规定，就补偿方式、补偿金额和支付期限、用于产权调换房屋的地点和面积、搬迁费、临时安置费或者周转用房、停产停业损失、搬迁期限、过渡方式和过渡期限等事项，订立补偿协议。

补偿协议订立后，一方当事人不履行补偿协议约定的义务的，另一方当事人可以依法提起诉讼。

第二十六条　房屋征收部门与被征收人在征收补偿方案确定的签约期限内达不成补偿协议，或者被征收房屋所有权人不明确的，由房屋征收部门报请作出房屋征收决定的市、县级人民政府依照本条例的规定，按照征收补偿方案作出补偿决定，并在房屋征收范围内予以公告。

补偿决定应当公平，包括本条例第二十五条第一款规定的有关补偿协议的事项。

被征收人对补偿决定不服的，可以依法申请行政复议，也可以依法提起行政诉讼。

《全国法院贯彻实施民法典工作会议纪要》（法〔2021〕94号　2021年4月6日）

2. 行为人因对行为的性质、对方当事人、标的物的品种、质量、规格和数量等的错误认识，使行为的后果与自己的意思相悖，并造成较大损失的，人民法院可以认定为民法典第一百四十七条、第一百五十二条规定的重大误解。

3. 故意告知虚假情况，或者故意隐瞒真实情况，诱使当事人作出错误意思表示的，人民法院可以认定为民法典第一百四十八条、第一百四十九条规定的欺诈。

4. 以给自然人及其亲友的生命、身体、健康、名誉、荣誉、隐私、财产等造成损害或者以给法人、非法人组织的名誉、荣誉、财产等造成损害为要挟，迫使其作出不真实的意思表示的，人民法院可以认定为民法典第一百五十条规定的胁迫。

93. 供用电合同纠纷

法律条文及规范索引

《中华人民共和国民法典》（2021 年 1 月 1 日施行）

第六百五十条 供用电合同的履行地点，按照当事人约定；当事人没有约定或者约定不明确的，供电设施的产权分界处为履行地点。

第六百五十一条 供电人应当按照国家规定的供电质量标准和约定安全供电。供电人未按照国家规定的供电质量标准和约定安全供电，造成用电人损失的，应当承担赔偿责任。

第六百五十二条 供电人因供电设施计划检修、临时检修、依法限电或者用电人违法用电等原因，需要中断供电时，应当按照国家有关规定事先通知用电人；未事先通知用电人中断供电，造成用电人损失的，应当承担赔偿责任。

第六百五十三条 因自然灾害等原因断电，供电人应当按照国家有关规定及时抢修；未及时抢修，造成用电人损失的，应当承担赔偿责任。

第六百五十四条 用电人应当按照国家有关规定和当事人的约定及时支付电费。用电人逾期不支付电费的，应当按照约定支付违约金。经催告用电人在合理期限内仍不支付电费和违约金的，供电人可以按照国家规定的程序中止供电。

供电人依据前款规定中止供电的，应当事先通知用电人。

第六百五十五条 用电人应当按照国家有关规定和当事人的约定安全、节约和计划用电。用电人未按照国家有关规定和当事人的约定用电，造成供电人损失的，应当承担赔偿责任。

《中华人民共和国电力法》（2018 年 12 月 29 日修正）

第二十六条 供电营业区内的供电营业机构，对本营业区内的用户有按照国家规定供电的义务；不得违反国家规定对其营业区内申请用电的单位和个人拒绝供电。

申请新装用电、临时用电、增加用电容量、变更用电和终止用电，应当依照规定的程序办理手续。

供电企业应当在其营业场所公告用电的程序、制度和收费标准，并提供用户须知资料。

第二十七条　电力供应与使用双方应当根据平等自愿、协商一致的原则，按照国务院制定的电力供应与使用办法签订供用电合同，确定双方的权利和义务。

第二十八条　供电企业应当保证供给用户的供电质量符合国家标准。对公用供电设施引起的供电质量问题，应当及时处理。

用户对供电质量有特殊要求的，供电企业应当根据其必要性和电网的可能，提供相应的电力。

第三十一条　用户应当安装用电计量装置。用户使用的电力电量，以计量检定机构依法认可的用电计量装置的记录为准。

用户受电装置的设计、施工安装和运行管理，应当符合国家标准或者电力行业标准。

第三十二条　用户用电不得危害供电、用电安全和扰乱供电、用电秩序。

对危害供电、用电安全和扰乱供电、用电秩序的，供电企业有权制止。

第三十三条　供电企业应当按照国家核准的电价和用电计量装置的记录，向用户计收电费。

供电企业查电人员和抄表收费人员进入用户，进行用电安全检查或者抄表收费时，应当出示有关证件。

用户应当按照国家核准的电价和用电计量装置的记录，按时交纳电费；对供电企业查电人员和抄表收费人员依法履行职责，应当提供方便。

第四十二条　用户用电增容收费标准，由国务院物价行政主管部门会同国务院电力管理部门制定。

第四十三条　任何单位不得超越电价管理权限制定电价。供电企业不得擅自变更电价。

第四十四条　禁止任何单位和个人在电费中加收其他费用；但是，法律、行政法规另有规定的，按照规定执行。

地方集资办电在电费中加收费用的，由省、自治区、直辖市人民政府依照国务院有关规定制定办法。

禁止供电企业在收取电费时，代收其他费用。

94. 供用水合同纠纷

法律条文及规范索引

《中华人民共和国民法典》（2021年1月1日施行）

第六百五十六条 供用水、供用气、供用热力合同，参照适用供用电合同的有关规定。

95. 供用气合同纠纷

法律条文及规范索引

《中华人民共和国民法典》（2021年1月1日施行）

第六百五十六条 供用水、供用气、供用热力合同，参照适用供用电合同的有关规定。

96. 供用热力合同纠纷

法律条文及规范索引

《中华人民共和国民法典》（2021年1月1日施行）

第六百五十六条 供用水、供用气、供用热力合同，参照适用供用电合同的有关规定。

97. 排污权交易纠纷

法律条文及规范索引

《国务院办公厅关于进一步推进排污权有偿使用和交易试点工作的指导意见》（国办发〔2014〕38号 2014年8月6日）

各省、自治区、直辖市人民政府，国务院各部委、各直属机构：

排污权是指排污单位经核定、允许其排放污染物的种类和数量。2007年以来，国务院有关部门组织天津、河北、内蒙古等11个省（区、市）开展排污权有偿使用和交易试点，取得了一定进展。为进一步推进试点工作，促进主要污染物排放总量持续有效减少，经国务院同意，现提出以下指导意见：

一、总体要求

（一）高度重视排污权有偿使用和交易试点工作。建立排污权有偿使用和交易制度，是我国环境资源领域一项重大的、基础性的机制创新和制度改革，是生态文明制度建设的重要内容，将对更好地发挥污染物总量控制制度作用，在全社会树立环境资源有价的理念，促进经济社会持续健康发展产生积极影响。各地区、各有关部门要充分认识做好试点工作的重要意义，妥善处理好政府与市场、制度改革创新与保持经济平稳发展、新企业与老企业、试点地区与非试点地区的关系，把握好试点政策出台的时机、力度和节奏，因地制宜、循序渐进推进试点工作。

（二）工作目标。以邓小平理论、“三个代表”重要思想、科学发展观为指导，贯彻落实党的十八大和十八届二中、三中全会精神，按照党中央、国务院的决策部署，充分发挥市场在资源配置中的决定性作用，积极探索建立环境成本合理负担机制和污染减排激励约束机制，促进排污单位树立环境意识，主动减少污染物排放，加快推进产业结构调整，切实改善环境质量。到2017年，试点地区排污权有偿使用和交易制度基本建立，试点工作基本完成。

二、建立排污权有偿使用制度

（三）严格落实污染物总量控制制度。实施污染物排放总量控制是开展试点的前提。试点地区要严格按照国家确定的污染物减排要求，将污染物总量控制指标分解到基层，不得突破总量控制上限。试点的污染物应为国家作为约束性指标进行总量控制的污染物，试点地区也可选择对本地区环境质量有突出影响的其他污染物开展试点。

（四）合理核定排污权。核定排污权是试点工作的基础。试点地区应于2015年底前全面完成现有排污单位排污权的初次核定，以后原则上每5年核定一次。现有排污单位的排污权，应根据有关法律法规标准、污染物总量控制要求、产业布局和污染物排放现状等核定。新建、改建、扩建项目的排污权，应根据其环境影响评价结果核定。排污权以排污许可证形式予以确认。试点地区不得超过国家确定的污染物排放总量核定排污权，不得为不符合国家产业政策的排污单位核定排污权。排污权由地方环境保护部门按污染源管理权限核定。

（五）实行排污权有偿取得。试点地区实行排污权有偿使用制度，排污单位在缴纳使用费后获得排污权，或通过交易获得排污权。排污单位在规定期限内对排污权拥有使用、转让和抵押等权利。对现有排污单位，要考虑其承受能力、当地环境质量改善要求，逐步实行排污权有偿取得。新建项目排污权和改建、扩建项目新增排污权，原则上要以有偿方式取得。有偿取得排污权的单位，不免除其依法缴纳排污费等相关税费的义务。

（六）规范排污权出让方式。试点地区可以采取定额出让、公开拍卖方式出让排污权。现有排污单位取得排污权，原则上采取定额出让方式，出让标准由试点地区价格、财政、环境保护部门根据当地污染治理成本、环境资源稀缺程度、经济发展水平等因素确定。新建项目排污权和改建、扩建项目新增排污权，原则上通过公开拍卖方式取得，拍卖底价可参照定额出让标准。

（七）加强排污权出让收入管理。排污权使用费由地方环境保护部门按照污染源管理权限收取，全额缴入地方国库，纳入地方财政预算管理。排污权出让收入统筹用于污染防治，任何单位和个人不得截留、挤占和挪用。缴纳排污权使用费金额较大、一次性缴纳确有困难的排污单位，可分期缴纳，缴纳期限不得超过五年，首次缴款不得低于应缴总额的40%。试点地区财政、审计部门要加强对排污权出让收入使用情况的监督。

三、加快推进排污权交易

（八）规范交易行为。排污权交易应在自愿、公平、有利于环境质量改善和优化环境资源配置的原则下进行。交易价格由交易双方自行确定。试点初期，可参照排污权定额出让标准等确定交易指导价格。试点地区要严格按照《国务院关于清理整顿各类交易场所切实防范金融风险的决定》（国发〔2011〕38号）等有关规定，规范排污权交易市场。

（九）控制交易范围。排污权交易原则上在各试点省份内进行。涉及水污染物的排污权交易仅限于在同一流域内进行。火电企业（包括其他行业自备电厂，不含热电联产机组供热部分）原则上不得与其他行业企业进行涉及大气污染物的排污权交易。环境质量未达到要求的地区不得进行增加本地区污染物总量的排污权交易。工业污染源不得与农业污染源进行排污权交易。

（十）激活交易市场。国务院有关部门要研究制定鼓励排污权交易的财税等扶持政策。试点地区要积极支持和指导排污单位通过淘汰落后和过剩产能、清洁生产、污染治理、技术改造升级等减少污染物排放，形成“富余排污权”参加市场交易；建立排污权储备制度，回购排污单位“富余排污权”，适时投放市场，重点支持战略性新兴产业、重大科技示范等项目建设。积极探索排污权抵押融资，鼓励社会资本参与污染物减排和排污权交易。

（十一）加强交易管理。排污权交易按照污染源管理权限由相应的地方环境保护部门负责。跨省级行政区域的排污权交易试点，由环境保护部、财政部和发展改革委负责组织。排污权交易完成后，交易双方应在规定时限内向地方环境保护部门报告，并申请变更其排污许可证。

四、强化试点组织领导和服务保障

（十二）加强组织领导。试点地区地方人民政府要加强对试点工作的组织领导，制定具体可行的工作方案和配套政策规定，建立协调机制，加强能力建设，主动接受社会监督，积极稳妥推进试点工作。财政部、环境保护部、发展改革委负责对地方人民政府的试点申请进行确认，并加强对试点工作的指导、协调，对排污权交易平台建设等给予适当支持，按照各自职能分别研究制定排污权核定、使用费收取使用和交易价格等管理规定。

（十三）提高服务质量。试点地区要及时公开排污权核定、排污权使用费收取使用、排污权拍卖及回购等情况以及当地环境质量状况、污染物总量控制要求等信息，确保试点工作公开透明。要优化工作流程，认真做好排污单位“富余排污权”核定、排污许可证发放变更等工作；加强部门协作配合，积极研究制定帮扶政策，为排污单位参与排污权交易提供便利。

（十四）严格监督管理。排污单位应当准确计量污染物排放量，主动向当地环境保护部门报告。重点排污单位应安装污染源自动监测装置，与当地环境保护部门联网，并确保装置稳定运行、数据真实有效。试点地区要强化对排污单位的监督性监测，加大执法监管力度，对于超排污权排放或在交易中弄虚作假的排污单位，要依法严肃处理，并予以曝光。

试点省份每年要向国务院报告试点工作进展情况，其他地方可参照本意见开展试点工作。财政部、环境保护部、发展改革委要跟踪总结试点地区的经验做法，加强政策研究，为全面推行排污权有偿使用和交易制度奠定基础。

《排污权出让收入管理暂行办法》（财税〔2015〕61 号　2015 年 7 月 23 日）

第一章　总　则

第一条　为了规范排污权出让收入管理，建立健全环境资源有偿使用制度，发挥市场机制作用促进污染物减排，根据《中华人民共和国环境保护法》和《国务院办公厅关于进一步推进排污权有偿使用和交易试点工作的指导意见》（国办发〔2014〕38 号）等规定，制定本办法。

第二条　经财政部、环境保护部、国家发展改革委确认及有关省、自治区、直辖市自行确定开展排污权有偿使用和交易试点地区（以下简称试点地区）的排污权出让收入征收、使用和管理，适用本办法。

第三条　本办法所称污染物，是指国家作为约束性指标进行总量控制的污染物，以及试点地区选择对本地区环境质量有突出影响的其他污染物。

试点地区应当严格按照国家确定的污染物减排要求，将污染物总量控制指标分解到企事业单位，不得突破总量控制上限。

第四条　本办法所称排污权，是指排污单位按照国家或者地方规定的污染物排放标准，以及污染物排放总量控制要求，经核定允许其在一定期限内排放污染物的种类和数量。

排污权由试点地区县级以上地方环境保护主管部门（以下简称地方环境保护部门）按照污染源管理权限核定，并以排污许可证形式予以确认。

第五条　本办法所称排污权出让收入，是指政府以有偿出让方式配置排污权取得的收入，包括采取定额出让方式出让排污权收取的排污权使用费和通过公开拍卖等方式出让排污权取得的收入。

第六条　本办法所称现有排污单位，是指试点地区核定初始排污权以及排污权有效期满后重新核定排污权时，已建成投产或环境影响评价文件通过审批的排污单位。

第七条 排污权出让收入属于政府非税收入，全额上缴地方国库，纳入地方财政预算管理。

第八条 排污权出让收入的征收、使用和管理应当接受审计监督。

第二章 征收缴库

第九条 试点地区地方人民政府采取定额出让或通过市场公开出让（包括拍卖、挂牌、协议等）方式出让排污权。

对现有排污单位取得排污权，采取定额出让方式。

对新建项目排污权和改建、扩建项目新增排污权，以及现有排污单位在排污许可证核定的排污权基础上新增排污权，采取市场公开出让方式。

第十条 采取定额出让方式出让排污权的，排污单位应当按照排污许可证确认的污染物排放种类、数量和规定征收标准缴纳排污权使用费。

第十一条 排污权使用费的征收标准由试点地区省级价格、财政、环境保护部门根据当地环境资源稀缺程度、经济发展水平、污染治理成本等因素确定。

第十二条 排污权有效期原则上为5年。有效期满后，排污单位需要延续排污权的，应当按照地方环境保护部门重新核定的排污权，继续缴纳排污权使用费。

第十三条 缴纳排污权使用费金额较大、一次性缴纳确有困难的排污单位，可在排污权有效期内分次缴纳，首次缴款不得低于应缴总额的40％。

分次缴纳排污权使用费的具体办法由试点地区确定。

第十四条 排污权使用费由地方环境保护部门按照污染源管理权限负责征收。

负责征收排污权使用费的地方环境保护部门，应当根据排污许可证确认的排污单位排放污染物种类、数量和规定征收标准，以及分次缴纳办法，确定排污单位应缴纳的排污权使用费数额，并予以公告。

排污权使用费数额确定后，由负责征收排污权使用费的地方环境保护部门向排污单位送达排污权使用费缴纳通知单。

排污单位应当自接到排污权使用费缴纳通知单之日起7日内，缴纳排污权使用费。

第十五条 对现有排污单位取得排污权，考虑其承受能力，经试点地区省级人民政府批准，在试点初期可暂免缴纳排污权使用费。

现有排污单位将无偿取得的排污权进行转让、抵押的，应当按规定征收标准补缴转让、抵押排污权的使用费。

第十六条 通过市场公开出让方式出让排污权的，出让底价由试点地区省级价格、财政、环境保护部门参照排污权使用费的征收标准确定。

市场公开出让排污权的具体方式、流程和管理办法，由试点地区依据相关法律、行政法规予以规定。

第十七条 试点地区应当建立排污权储备制度，将储备排污权适时投放市场，调控排污权市场，重点支持战略性新兴产业、重大科技示范等项目建设。储备排污权主要来源包括：

（一）预留初始排污权；

（二）通过市场交易回购排污单位的富余排污权；

（三）由政府投入全部资金进行污染治理形成的富余排污权；

（四）排污单位破产、关停、被取缔、迁出本行政区域或不再排放实行总量控制的污染物等原因，收回其无偿取得的排污权。

第十八条 排污单位通过市场公开出让方式购买政府出让排污权的，应当一次性缴清款项，或者按照排污权交易合同的约定缴款。

第十九条 排污单位支付购买排污权的款项，由地方环境保护部门征收或委托排污权交易机构代征。

第二十条 地方环境保护部门或委托的排污权交易机构征收排污权出让收入时，应当向排污单位开具省级财政部门统一印制的票据。

第二十一条 排污权出让收入具体缴库办法按照省级财政部门非税收入收缴管理有关规定执行。

第二十二条 地方环境保护部门及委托的排污权交易机构应当严格按规定范围、标准、时限或排污权交易合同约定征收和代征排污权出让收入，确保将排污权出让收入及时征缴到位。

第二十三条 任何单位和个人均不得违反本办法规定，自行改变排污权出让收入的征收范围和标准，也不得违反排污权交易规则低价出让排污权。

严禁违规对排污单位减免、缓征排污权出让收入，或者以先征后返、补贴等形式变相减免排污权出让收入。

第二十四条 地方环境保护部门应当定期向社会公开污染物总量控制、排污权核定、排污权出让方式、价格和收入、排污权回购和储备等信息。

第三章 使用管理

第二十五条 排污权出让收入纳入一般公共预算，统筹用于污染防治。

第二十六条　政府回购排污单位的排污权、排污权交易平台建设和运行维护等排污权有偿使用和交易相关工作经费，由地方同级财政预算予以安排。

第二十七条　相关资金支付按照财政国库管理制度有关规定执行。

第四章法律责任

第二十八条　单位和个人违反本办法规定，有下列情形之一的，依照《财政违法行为处罚处分条例》和《违反行政事业性收费和罚没收入收支两条线管理规定行政处分暂行规定》等国家有关规定追究法律责任；涉嫌犯罪的，依法移送司法机关处理：

（一）擅自减免排污权出让收入或者改变排污权出让收入征收范围、对象和标准的；

（二）隐瞒、坐支应当上缴的排污权出让收入的；

（三）滞留、截留、挪用应当上缴的排污权出让收入的；

（四）不按照规定的预算级次、预算科目将排污权出让收入缴入国库的；

（五）违反规定使用排污权出让收入的；

（六）其他违反国家财政收入管理规定的行为。

第二十九条　有偿取得排污权的单位，不免除其法定污染治理责任和依法缴纳排污费等其他税费的义务。

第三十条　排污权出让收入征收、使用管理有关部门的工作人员违反本办法规定，在排污权出让收入征收和使用管理工作中徇私舞弊、玩忽职守、滥用职权的，依法给予处分；涉嫌犯罪的，依法移送司法机关。

第五章附则

第三十一条　试点省、自治区、直辖市根据本办法制定具体实施办法，并报财政部、国家发展改革委、环境保护部备案。

第三十二条　本办法由财政部会同国家发展改革委、环境保护部负责解释。

第三十三条　本办法自 2015 年 10 月 1 日起施行。

98. 用能权交易纠纷

法律条文及规范索引

《国家发展改革委关于开展用能权有偿使用和交易试点工作的函》（发改环资〔2016〕1659号 2016年7月28日）

建立用能权有偿使用和交易制度，是党中央、国务院的决策部署，是推进生态文明体制改革的重大举措，对促进“十三五”能源消耗总量和强度“双控”目标完成，推进绿色发展，具有十分重要的意义。根据中共中央、国务院《生态文明体制改革总体方案》（中发［2015］25号）、《中华人民共和国国民经济和社会发展第十三个五年规划纲要》要求，为有序推进用能权有偿使用和交易工作，拟在部分地区开展制度试点，先行先试，制定本试点方案。

一、总体要求

（一）指导思想。全面贯彻党的十八大和十八届三中、四中、五中全会精神，牢固树立创新、协调、绿色、开放、共享的发展理念，推进供给侧结构性改革，以制度突破、机制创新、模式探索为重点，发挥市场在资源配置中的决定性作用和更好发挥政府作用，做好顶层设计与鼓励基层创新相结合，积极稳妥地推进初始用能权确权、有偿使用、交易工作，规范能源消费报告、审核和核查技术要求，严格履约机制，不断完善法规标准体系。通过总结凝练，形成可复制可推广的经验和做法，逐步推广，推动实现“十三五”能源消耗总量和强度“双控”目标任务，提高绿色发展水平。

（二）基本原则

坚持市场主导，政府培育。充分发挥市场配置资源的决定性作用，激发市场主体活力，推动能源要素向优质项目、企业、产业流动和集聚。更好地发挥政府作用，分解落实目标任务，建立健全政策措施，培育和发展交易市场，严格履约机制。

坚持重点突破，综合施策。通过制度创新，着力解决初始用能权确权的科学性，有偿使用制度的公平性，核算核查的规范性，定价机制的有效性。出台配套激励和约束政策，做好与碳排放权交易制度的协调，加强事中事后监管，强化能力建设，统筹推进改革举措。

坚持制度创新、总结推广。发挥地方首创精神，鼓励试点地区结合本地区实际情况大胆探索创新、积极作为，在改革试点过程中允许试错、宽容失败。注重巩固改革成果，及时总结凝练，形成可复制可推广的经验、做法和制度，逐步推广应用。

（三）主要目标。在部分地区开展试点，通过探索创新，推动用能权有偿使用和交易改革任务取得积极进展，形成若干可操作、有效的制度成果。在试点地区建立较为完善的制度体系、监管体系、技术体系、配套政策和交易系统，推动能源要素更高效配置。

二、试点范围和时间

（四）试点地区。按照统筹规划、试点先行、分步实施、有序推进的原则，选择在已有一定的工作基础，开展试点工作积极性较高，具有代表性的浙江省、福建省、河南省、四川省开展用能权有偿使用和交易试点。试点地区可以在本区域内全面开展试点，也可以根据实际情况先选择若干地市开展试点，然后逐步扩大试点区域。

（五）试点时间。2016 年做好试点顶层设计和准备工作；2017 年开始试点，并根据情况不断完善实施方案；到 2019 年，试点任务取得阶段性成果，形成可复制可推广的经验、做法和制度；2020 年，开展试点效果评估，总结提炼经验，视情况逐步推广。

三、试点内容

（六）科学合理确定用能权指标。试点地区要根据国家下达的能源消费总量控制目标，结合本地区经济社会发展水平和阶段、产业结构和布局、节能潜力和资源禀赋等因素，合理确定各地市能源消费总量控制目标。在能源消费总量控制目标的“天花板”下，合理确定用能单位初始用能权。制定科学的初始用能权确权方法，区分产能过剩行业和其他行业、高耗能行业和非高耗能行业、重点用能单位和非重点用能单位、现有产能和新增产能，实施分类指导。产能严重过剩行业、高耗能行业可采用基准法，即结合近几年产量、行业能效“领跑者”水平以及化解过剩产能目标任务，确定初始用能权；其他用能单位可采取历史法，即近几年综合能源消费量平均值确定初始用能权；结合节能评估审查制度，从严确定新增产能的初始用能权。鼓励可再生能源生产和使用，用能单位自产自用可再生能源不计入其综合能源消费量。规范初始用能权确权行为，做到公平、公开、透明、有序，减少自由裁量权，建立争端解决机制。

（七）推进用能权有偿使用。用能权有偿使用的主体为试点地区用能单位特别是重点用能单位。设计用能权有偿使用制度应兼顾公平和效益，平衡现有产能和新增产能的利益，既有利于鼓励先进，推进结构调整，推动能源要素高效配置，又不大幅增加现有企业负担。配额内的用能权以免费为主，超限额用能有偿使用。用能权有偿使用的收入应专款专用，主要用于本地区节能减排的投入以及相关工作。

（八）建立能源消费报告、审核和核查制度。试点地区要制定发布能源消费报告、审核、核查指南、标准等技术规范，明确能源消费统计、计量、计算的范围、方法、流程和操作规范，确保能源消费数据的准确性和可追溯、可核查。制定审核机构管理办法，公告机构名单，规范机构行为，建立用能单位能源消费数据平台。用能单位年综合能源消费量通过自我报告、第三方审核、政府抽查（核查）等方式予以确认。用能单位、审核机构对出具的能源消费报告、第三方审核报告的准确性和真实性负责。

（九）明确交易要素。交易主体一般为试点地区用能单位，也可以选择其他能源消耗总量和强度“双控”目标责任主体作为交易主体。交易主体可以将所持有的用能权指标在交易市场中进行交易。交易标的为用能权指标，以吨标准煤为单位。用能权指标每年清算一次，卖出的用能权从当年或上一年度用能权指标中扣除，但不影响下一年度的用能权指标；买入的用能权计入当年或上一年度用能权指标，但不计入下一年度；剩余的用能权指标不计入下一年度。

（十）完善交易系统。交易实施登记注册制，交易主体需在交易所开设交易账户。不断完善交易活动所需的登记、交易和结算系统和软硬件设施，确保交易活动安全、可靠、便捷。研究推动用能权交易平台与统一的公共资源交易平台有效对接。

（十一）构建公平有序的市场环境。试点地区要制定用能权交易管理办法，明确交易规则及流程等，完善交易争议解决机制。建立公平、公开、透明的市场环境，及时发布用能权供需信息，建立预测预警机制。完善价格形成机制，用能权初始交易价格由试点地区确定，伴随市场发展，逐步过渡到由交易方集合竞价方式形成交易价格。探索研究设立交易调节基金，用于引导市场预期，交易初期驱动市场，平抑市场价格异常波动，维护市场秩序。

（十二）落实履约机制。试点地区要建立奖惩机制，确保责任主体及时履行履约义务。公布用能单位履约情况，树立履约单位履行社会责任的良好形象，曝光拒不履约单位名单。加大处罚力度，将拒不履约的单位纳入失信企业黑名单，纳入当地信用信息共享平台，并与全国信用信息共享平台对接。探索对严重失信主体实施跨部门联合惩戒，维护制度的权威性和公信力。

四、保障措施

（十三）完善政策引导。试点地区要加大财政、税收等激励政策力度，支持企业节能改造，确保完成“十三五”能源消耗总量和强度“双控”目标任务。鼓励金融机构积极创新和运用金融产品，为用能权交易市场参与者提供灵活多样的金融产品和服务。严格节能评估审查，新增高耗能产能能效要达到行业“领跑者”水平，选用一级能效设备。编制并落实用能预算管理方案，推动用能管理精细化、科学化，实现用能的高效配置。

（十四）提升基础能力。试点地区要加强用能权相关理论和重大问题研究，不断拓展思路创新政策。强化能源计量统计工作，提高用能单位能源计量器具配备和能源计量数据分析利用水平，规范能源统计台帐。推进重点用能单位能耗在线监测系统和能源管理体系建设。积极培育和规范第三方技术机构，强化能力建设，壮大专家资源，加大培训力度，提升管理人员业务水平。试点地区要安排一定的试点工作经费，支持平台建设、监督管理、培训评估和制度研究等工作。

（十五）加强监督管理。试点地区要建立用能单位、技术机构黑名单制度。加大随机抽查力度，充分发挥节能监察机构作用，依法对弄虚作假的用能单位、技术机构进行曝光和处罚，对其违法失信行为建立信用记录，纳入当地信用信息共享平台，并与全国信用信息共享平台对接。严格用能权交易市场管理，严厉打击扰乱交易市场秩序、利益输送等不法行为。

五、组织实施

（十六）加强组织领导。试点地区要高度重视，建立健全试点工作机制，成立试点工作领导小组，统筹推进试点工作。按照本方案要求，抓紧研究制定实施方案，落实工作责任，细化任务分工，确保实现改革各项目标任务。采取多种形式，广泛宣传节能低碳、绿色发展的重要意义，增强用能单位的责任意识，营造良好的试点氛围。试点地区用能权有偿使用和交易工作实施方案报国家发展改革委批准后实施。

（十七）强化支持指导。国家发展改革委会同有关部门统筹研究重大问题、协调重大政策，指导和支持地方开展交易试点工作，定期开展培训。强化能源消耗总量和强度“双控”目标责任评价考核和结果运用，将用能权交易工作开展情况纳入考核内容，鼓励试点地区努力推进改革工作。在节能减排等相关政策方面适度向试点地区倾斜。完善节能标准体系，继续推进用能产品能效标准、单位产品能耗限额标准等强制性标准，能源统计、计量、审计等基础性标准的制修订工作。

（十八）做好效果评估。在试点工作中，要鼓励创新，允许试错，宽容失败，充分调动各方面的积极性、主动性和创造性。对试点过程中发现的问题和实践中存在的漏洞，要及时纠正，不断调适制度，逐步完善政策措施。国家发展改革委会同有关部门及时总结试点地区有效做法和成功经验，凝练推广模式，根据成熟程度分类总结，视情况逐步推广应用。

各有关部门和地区要充分认识建立用能权有偿使用和交易制度的重大意义，按照本方案要求，密切配合，扎实工作，大胆探索，协调解决有关困难，共同推进试点工作，为我国节能减排、绿色发展做出积极贡献。对试点过程中出现的重大情况和问题，试点地区要及时向国家发展改革委报告。

99. 用水权交易纠纷

法律条文及规范索引

《最高人民法院行政审判庭关于用水单位从水库取水应否缴纳水资源费问题的答复》（〔2004〕行他字第24号　2004年4月25日）

湖北省高级人民法院：

你院〔2004〕鄂行他字第5号《关于荆门市供水总公司诉湖北省水利厅水利行政征收一案法律适用问题的请示报告》收悉。

经研究并征求国务院法制办的意见，现答复如下：

水法对水资源属于国有和水资源实行有偿使用只作了原则性规定，在国务院制定水资源费征收办法前，除法律、行政法规明确规定不得征收水资源费的情况外，水资源费征收范围应暂按省、自治区、直辖市的规定执行。目前水库分为设计有供水功能的水库和没有供水功能的水库。有供水功能的水库，且水库管理单位已向水行政主管部门申请取水许可证并缴纳水资源费的，用水户仅需按用水量和水利工程供水价格向水库管理单位支付水利工程水费，无需再向国家缴纳水资源费；没有供水功能的水库，则用水户应当依法直接向水行政主管部门申请取水许可并缴纳水资源费。

此复。

《最高人民法院关于人民法院是否受理水利工程管理单位与用水单位之间拖欠水费纠纷问题的复函》（1990 年 5 月 23 日〔1990〕经复字第 18 号）

新疆自治区高级人民法院：

你院（1990）新法经字第 23 号关于水利工程管理单位与用水单位之间因拖欠水费纠纷是否属于水事纠纷、人民法院是否受理的问题，经研究答复如下：

博河水管处与五师红星电站之间发生的供水用水关系属商品水供应关系。博河水管处作为供方有权利收取水费，五师红星电站作为用水方应按交费标准按期向博河水管处缴纳水费。双方发生的拖欠水费的纠纷属于平等主体之间的“水事纠纷”，应按《中华人民共和国水法》第三十四条关于“使用供水工程供应的水，应按照规定向供水单位缴纳水费”和第三十六条关于“单位之间、个人之间、单位与个人之间发生的水事纠纷，应当通过协商或者调解解决。当事人不愿通过协商、调解解决或者协商、调解不成的，可以请求县级以上地方人民政府或者其授权的主管部门处理，也可以直接向人民法院起诉”的规定处理。本案博乐市人民法院已经作出一审判决，可依法进行上诉审。

你院请示中提到国务院 1985 年颁布的《水利工程水费核订、计收和管理办法》第七条第三款关于“用水单位要按规定日期交付水费，逾期不交的，应加计滞纳金。经一再催交无效，水利工程管理单位有权限制供水，直至停止供水”的规定，与《水法》第三十四条、第三十六条的规定并无抵触。

100. 碳排放权交易纠纷

法律条文及规范索引

《碳排放权交易管理办法（试行）》（生态环境部令第19号 2020年12月31日）

第一章 总 则

第一条 为落实党中央、国务院关于建设全国碳排放权交易市场的决策部署，在应对气候变化和促进绿色低碳发展中充分发挥市场机制作用，推动温室气体减排，规范全国碳排放权交易及相关活动，根据国家有关温室气体排放控制的要求，制定本办法。

第二条 本办法适用于全国碳排放权交易及相关活动，包括碳排放配额分配和清缴，碳排放权登记、交易、结算，温室气体排放报告与核查等活动，以及对前述活动的监督管理。

第三条 全国碳排放权交易及相关活动应当坚持市场导向、循序渐进、公平公开和诚实守信的原则。

第四条 生态环境部按照国家有关规定建设全国碳排放权交易市场。

全国碳排放权交易市场覆盖的温室气体种类和行业范围，由生态环境部拟订，按程序报批后实施，并向社会公开。

第五条 生态环境部按照国家有关规定，组织建立全国碳排放权注册登记机构和全国碳排放权交易机构，组织建设全国碳排放权注册登记系统和全国碳排放权交易系统。

全国碳排放权注册登记机构通过全国碳排放权注册登记系统，记录碳排放配额的持有、变更、清缴、注销等信息，并提供结算服务。全国碳排放权注册登记系统记录的信息是判断碳排放配额归属的最终依据。

全国碳排放权交易机构负责组织开展全国碳排放权集中统一交易。

全国碳排放权注册登记机构和全国碳排放权交易机构应当定期向生态环境部报告全国碳排放权登记、交易、结算等活动和机构运行有关情况，以及应当报告的其他重大事项，并保证全国碳排放权注册登记系统和全国碳排放权交易系统安全稳定可靠运行。

第六条　生态环境部负责制定全国碳排放权交易及相关活动的技术规范，加强对地方碳排放配额分配、温室气体排放报告与核查的监督管理，并会同国务院其他有关部门对全国碳排放权交易及相关活动进行监督管理和指导。

省级生态环境主管部门负责在本行政区域内组织开展碳排放配额分配和清缴、温室气体排放报告的核查等相关活动，并进行监督管理。

设区的市级生态环境主管部门负责配合省级生态环境主管部门落实相关具体工作，并根据本办法有关规定实施监督管理。

第七条　全国碳排放权注册登记机构和全国碳排放权交易机构及其工作人员，应当遵守全国碳排放权交易及相关活动的技术规范，并遵守国家其他有关主管部门关于交易监管的规定。

第二章　温室气体重点排放单位

第八条　温室气体排放单位符合下列条件的，应当列入温室气体重点排放单位（以下简称重点排放单位）名录：

（一）属于全国碳排放权交易市场覆盖行业；

（二）年度温室气体排放量达到2．6万吨二氧化碳当量。

第九条　省级生态环境主管部门应当按照生态环境部的有关规定，确定本行政区域重点排放单位名录，向生态环境部报告，并向社会公开。

第十条　重点排放单位应当控制温室气体排放，报告碳排放数据，清缴碳排放配额，公开交易及相关活动信息，并接受生态环境主管部门的监督管理。

第十一条　存在下列情形之一的，确定名录的省级生态环境主管部门应当将相关温室气体排放单位从重点排放单位名录中移出：

（一）连续二年温室气体排放未达到2．6万吨二氧化碳当量的；

（二）因停业、关闭或者其他原因不再从事生产经营活动，因而不再排放温室气体的。

第十二条　温室气体排放单位申请纳入重点排放单位名录的，确定名录的省级生态环境主管部门应当进行核实；经核实符合本办法第八条规定条件的，应当将其纳入重点排放单位名录。

第十三条　纳入全国碳排放权交易市场的重点排放单位，不再参与地方碳排放权交易试点市场。

第三章　分配与登记

第十四条　生态环境部根据国家温室气体排放控制要求，综合考虑经济增长、产业结构调整、能源结构优化、大气污染物排放协同控制等因素，制定碳排放配额总量确定与分配方案。

省级生态环境主管部门应当根据生态环境部制定的碳排放配额总量确定与分配方案，向本行政区域内的重点排放单位分配规定年度的碳排放配额。

第十五条　碳排放配额分配以免费分配为主，可以根据国家有关要求适时引入有偿分配。

第十六条　省级生态环境主管部门确定碳排放配额后，应当书面通知重点排放单位。

重点排放单位对分配的碳排放配额有异议的，可以自接到通知之日起七个工作日内，向分配配额的省级生态环境主管部门申请复核；省级生态环境主管部门应当自接到复核申请之日起十个工作日内，作出复核决定。

第十七条　重点排放单位应当在全国碳排放权注册登记系统开立账户，进行相关业务操作。

第十八条　重点排放单位发生合并、分立等情形需要变更单位名称、碳排放配额等事项的，应当报经所在地省级生态环境主管部门审核后，向全国碳排放权注册登记机构申请变更登记。全国碳排放权注册登记机构应当通过全国碳排放权注册登记系统进行变更登记，并向社会公开。

第十九条　国家鼓励重点排放单位、机构和个人，出于减少温室气体排放等公益目的自愿注销其所持有的碳排放配额。

自愿注销的碳排放配额，在国家碳排放配额总量中予以等量核减，不再进行分配、登记或者交易。相关注销情况应当向社会公开。

第四章　排放交易

第二十条　全国碳排放权交易市场的交易产品为碳排放配额，生态环境部可以根据国家有关规定适时增加其他交易产品。

第二十一条　重点排放单位以及符合国家有关交易规则的机构和个人，是全国碳排放权交易市场的交易主体。

第二十二条　碳排放权交易应当通过全国碳排放权交易系统进行，可以采取协议转让、单向竞价或者其他符合规定的方式。

全国碳排放权交易机构应当按照生态环境部有关规定，采取有效措施，发挥全国碳排放权交易市场引导温室气体减排的作用，防止过度投机的交易行为，维护市场健康发展。

第二十三条　全国碳排放权注册登记机构应当根据全国碳排放权交易机构提供的成交结果，通过全国碳排放权注册登记系统为交易主体及时更新相关信息。

第二十四条　全国碳排放权注册登记机构和全国碳排放权交易机构应当按照国家有关规定，实现数据及时、准确、安全交换。

第五章　排放核查与配额清缴

第二十五条　重点排放单位应当根据生态环境部制定的温室气体排放核算与报告技术规范，编制该单位上一年度的温室气体排放报告，载明排放量，并于每年3月31日前报生产经营场所所在地的省级生态环境主管部门。排放报告所涉数据的原始记录和管理台账应当至少保存五年。

重点排放单位对温室气体排放报告的真实性、完整性、准确性负责。

重点排放单位编制的年度温室气体排放报告应当定期公开，接受社会监督，涉及国家秘密和商业秘密的除外。

第二十六条　省级生态环境主管部门应当组织开展对重点排放单位温室气体排放报告的核查，并将核查结果告知重点排放单位。核查结果应当作为重点排放单位碳排放配额清缴依据。

省级生态环境主管部门可以通过政府购买服务的方式委托技术服务机构提供核查服务。技术服务机构应当对提交的核查结果的真实性、完整性和准确性负责。

第二十七条　重点排放单位对核查结果有异议的，可以自被告知核查结果之日起七个工作日内，向组织核查的省级生态环境主管部门申请复核；省级生态环境主管部门应当自接到复核申请之日起十个工作日内，作出复核决定。

第二十八条　重点排放单位应当在生态环境部规定的时限内，向分配配额的省级生态环境主管部门清缴上年度的碳排放配额。清缴量应当大于等于省级生态环境主管部门核查结果确认的该单位上年度温室气体实际排放量。

第二十九条　重点排放单位每年可以使用国家核证自愿减排量抵销碳排放配额的清缴，抵销比例不得超过应清缴碳排放配额的5%。相关规定由生态环境部另行制定。

用于抵销的国家核证自愿减排量，不得来自纳入全国碳排放权交易市场配额管理的减排项目。

第六章 监督管理

第三十条 上级生态环境主管部门应当加强对下级生态环境主管部门的重点排放单位名录确定、全国碳排放权交易及相关活动情况的监督检查和指导。

第三十一条 设区的市级以上地方生态环境主管部门根据对重点排放单位温室气体排放报告的核查结果，确定监督检查重点和频次。

设区的市级以上地方生态环境主管部门应当采取“双随机、一公开”的方式，监督检查重点排放单位温室气体排放和碳排放配额清缴情况，相关情况按程序报生态环境部。

第三十二条 生态环境部和省级生态环境主管部门，应当按照职责分工，定期公开重点排放单位年度碳排放配额清缴情况等信息。

第三十三条 全国碳排放权注册登记机构和全国碳排放权交易机构应当遵守国家交易监管等相关规定，建立风险管理机制和信息披露制度，制定风险管理预案，及时公布碳排放权登记、交易、结算等信息。

全国碳排放权注册登记机构和全国碳排放权交易机构的工作人员不得利用职务便利谋取不正当利益，不得泄露商业秘密。

第三十四条 交易主体违反本办法关于碳排放权注册登记、结算或者交易相关规定的，全国碳排放权注册登记机构和全国碳排放权交易机构可以按照国家有关规定，对其采取限制交易措施。

第三十五条 鼓励公众、新闻媒体等对重点排放单位和其他交易主体的碳排放权交易及相关活动进行监督。

重点排放单位和其他交易主体应当按照生态环境部有关规定，及时公开有关全国碳排放权交易及相关活动信息，自觉接受公众监督。

第三十六条 公民、法人和其他组织发现重点排放单位和其他交易主体有违反本办法规定行为的，有权向设区的市级以上地方生态环境主管部门举报。

接受举报的生态环境主管部门应当依法予以处理，并按照有关规定反馈处理结果，同时为举报人保密。

第七章 罚 则

第三十七条 生态环境部、省级生态环境主管部门、设区的市级生态环境主管部门的有关工作人员，在全国碳排放权交易及相关活动的监督管理中滥用职权、玩忽职守、徇私舞弊的，由其上级行政机关或者监察机关责令改正，并依法给予处分。

第三十八条　全国碳排放权注册登记机构和全国碳排放权交易机构及其工作人员违反本办法规定，有下列行为之一的，由生态环境部依法给予处分，并向社会公开处理结果：

（一）利用职务便利谋取不正当利益的；

（二）有其他滥用职权、玩忽职守、徇私舞弊行为的。

全国碳排放权注册登记机构和全国碳排放权交易机构及其工作人员违反本办法规定，泄露有关商业秘密或者有构成其他违反国家交易监管规定行为的，依照其他有关规定处理。

第三十九条　重点排放单位虚报、瞒报温室气体排放报告，或者拒绝履行温室气体排放报告义务的，由其生产经营场所所在地设区的市级以上地方生态环境主管部门责令限期改正，处一万元以上三万元以下的罚款。逾期未改正的，由重点排放单位生产经营场所所在地的省级生态环境主管部门测算其温室气体实际排放量，并将该排放量作为碳排放配额清缴的依据；对虚报、瞒报部分，等量核减其下一年度碳排放配额。

第四十条　重点排放单位未按时足额清缴碳排放配额的，由其生产经营场所所在地设区的市级以上地方生态环境主管部门责令限期改正，处二万元以上三万元以下的罚款；逾期未改正的，对欠缴部分，由重点排放单位生产经营场所所在地的省级生态环境主管部门等量核减其下一年度碳排放配额。

第四十一条　违反本办法规定，涉嫌构成犯罪的，有关生态环境主管部门应当依法移送司法机关。

第八章　附　则

第四十二条　本办法中下列用语的含义：

（一）温室气体：是指大气中吸收和重新放出红外辐射的自然和人为的气态成分，包括二氧化碳（CO_2）、甲烷（CH_4）、氧化亚氮（N_2O）、氢氟碳化物（HFCs）、全氟化碳（PFCs）、六氟化硫（SF_6）和三氟化氮（NF_3）。

（二）碳排放：是指煤炭、石油、天然气等化石能源燃烧活动和工业生产过程以及土地利用变化与林业等活动产生的温室气体排放，也包括因使用外购的电力和热力等所导致的温室气体排放。

（三）碳排放权：是指分配给重点排放单位的规定时期内的碳排放额度。

（四）国家核证自愿减排量：是指对我国境内可再生能源、林业碳汇、甲烷利用等项目的温室气体减排效果进行量化核证，并在国家温室气体自愿减排交易注册登记系统中登记的温室气体减排量。

第四十三条 本办法自 2021 年 2 月 1 日起施行。

101. 碳汇交易纠纷

法律条文及规范索引

《国家林业局关于推进林业碳汇交易工作的指导意见》（林造发〔2014〕55 号 2014 年 6 月 1 日）

各省、自治区、直辖市林业厅（局），内蒙古、吉林、龙江、大兴安岭森工（林业）集团公司，新疆生产建设兵团林业局：

为深入贯彻落实党的十八届三中全会和全国林业厅局长会议精神，指导各地规范有序推进林业碳汇交易工作，根据《国务院关于印发“十二五”控制温室气体排放工作方案的通知》（国发〔2011〕41 号）、《清洁发展机制项目运行管理办法》（国家发展改革委、科技部、外交部、财政部第 11 号令）、《国家发展改革委关于印发温室气体自愿减排交易管理暂行办法的通知》（发改气候〔2012〕1668 号）、《国家发展改革委办公厅关于开展碳排放权交易试点工作的通知》（发改办气候〔2011〕2601 号）等有关规定，经商国家发展改革委并结合我国林业实际，提出以下指导意见。

一、指导思想

（一）以党的十八大和十八届三中全会精神为指导，按照建设生态文明、应对气候变化的目标要求，根据国家构建碳市场的总体部署，加快生态林业和民生林业建设，努力增加林业碳汇，积极推进林业碳汇交易，为实现 2020 年我国控制温室气体排放行动目标作出贡献。

二、基本原则

（二）坚持清洁发展机制（以下简称 CDM）林业碳汇项目交易、林业碳汇自愿交易、碳排放权交易下的林业碳汇交易统筹推进，重点探索推进碳排放权交易下的林业碳汇交易的原则。

（三）坚持统筹兼顾、分类指导、试点先行、稳步推进的原则。

（四）坚持公开、公平、公正、诚信和林业碳汇的可测量、可报告、可核查的原则。

（五）坚持有助于保护和建设森林生态系统、管理和恢复湿地生态系统、改善和治理荒漠生态系统、维护和增加生物多样性的原则。

（六）坚持有助于实现2020年国家控制温室气体排放行动目标的原则。

三、完善CDM林业碳汇项目交易

（七）CDM林业碳汇项目交易按照国家发展改革委、科技部、外交部、财政部联合制定的《清洁发展机制项目运行管理办法》执行。

（八）为确保CDM林业碳汇项目科学实施，在开展相关项目活动时，项目实施单位应就土地合格性、权属、项目组织实施等问题与林业主管部门沟通协商。项目申请按照《清洁发展机制项目运行管理办法》要求，报国家发展改革委批准。

（九）省级林业主管部门要为项目实施单位在本辖区内开展CDM林业碳汇项目相关活动提供相应业务指导，积极做好协调和服务工作。

（十）省级林业主管部门要及时掌握本辖区内所开展的CDM林业碳汇项目活动有关情况，主要包括资金来源、国内审批、国际注册、项目组织实施、碳汇计量与监测、碳汇审定与核证，以及碳汇量签发与转让等情况，及时报告国家林业局。

四、推进林业碳汇自愿交易

（十一）林业碳汇自愿交易按照国家发展改革委制定的《温室气体自愿减排交易管理暂行办法》开展。

（十二）在遵守我国相关法律法规和政策规定的前提下，国内外相关机构、企业、团体、个人均可参与林业碳汇自愿交易。

（十三）国家发展改革委依据《温室气体自愿减排交易管理暂行办法》，对林业碳汇自愿交易采取备案管理。申请备案的林业碳汇自愿交易项目应是2005年2月16日后开工建设的项目。

（十四）鼓励各地根据实际需求，积极组织开发林业碳汇项目方法学，为开展林业碳汇自愿交易提供必要的技术规范。林业碳汇项目方法学的开发主体在向国家发展改革委申请方法学备案前，应先征求国家林业局的意见。林业碳汇自愿交易项目产生的碳汇量，须采用经备案的方法学进行科学测算。

（十五）林业碳汇自愿交易项目有关审定与核证，依据国家发展改革委制定的《温室气体自愿减排项目审定与核证指南》，应由具备相应资格的单位开展。各有关单位要创造条件，组织林业系统符合条件的单位申请温室气体自愿减排项目审定与核证机构资格。

（十六）林业碳汇自愿交易项目产生的碳汇量经备案后，在国家登记簿中登记，并在经国家发展改革委备案的交易机构内交易。已用于抵消碳排放的碳汇量，应于交易完成后在国家登记簿中注销。

五、探索碳排放权交易下的林业碳汇交易

（十七）碳排放权交易下的林业碳汇交易原则上按照国家“十二五”规划纲要提出的“逐步建立碳排放交易市场”的部署、十八届三中全会明确的“推行碳排放权交易制度”的决定和《国家发展改革委办公厅关于开展碳排放权交易试点工作的通知》的要求，积极探索推进。

（十八）国家发展改革委已确定北京、天津、上海、重庆、湖北、广东、深圳（以下简称七省市）为国家碳排放权交易试点地区，要求试点地区结合本地实际情况，研究考虑通过包括林业在内的相关措施，积极探索推进碳排放权交易试点，促进国家温室气体排放控制目标实现。

（十九）七省市林业主管部门要积极协调本级发展改革部门，主动参与本地区碳排放权交易制度设计及有关法律法规、实施方案、管理办法等研究制定，体现林业碳汇的作用和内容。要抓住试点机遇，结合本地实际，用改革的精神和创新的思路，积极探索碳排放权交易下的林业碳汇交易模式，努力作出样板。

（二十）七省市林业主管部门在探索碳排放权交易下的林业碳汇交易模式的过程中，要积极研究林业碳汇交易与碳排放权交易的关系。一方面，要支持和鼓励林业碳汇自愿交易项目作为抵消项目，参与碳排放权交易；另一方面，要结合本地实际，加强森林管理，控制森林温室气体排放。针对森林温室气体排放，研究探索推进排放配额管理，参与碳排放权交易。

（二十一）七省市林业主管部门要积极参与全国林业碳汇计量监测体系建设，依托体系建设，准确掌握本地区森林碳储量与森林碳汇量的现状、变化与潜力情况，查实摸清林业碳汇资源本底，为研究制定推进本地区碳排放权交易下的林业碳汇交易相关政策提供科学依据。

（二十二）碳排放权交易下的林业碳汇交易是一项全新的工作，是利用市场机制拓展林业融资渠道的重要途径和促进实现国家控制温室气体排放目标的重要手段，是加强生态文明制度建设的内在要求。七省市之外的其他省（区、市），可结合自身实际，参照上述有关要求探索推进相关工作。

六、保障措施

（二十三）加强组织领导。省级林业主管部门要把林业碳汇交易工作列入重要议事日程，切实加强组织领导，明确目标任务，充分发挥管理、指导、协调和服务的作用。要在相关政策、资金、人员等方面统筹考虑，确保相关工作稳步推进、规范开展、取得实效。

（二十四）加强立法研究。有关单位要在加强林业应对气候变化立法研究的同时，积极参与国家应对气候变化立法进程，在有关制度设计、条款设置上，努力体现林业碳汇相关内容，积极推进确立林业碳汇交易的法律基础。

（二十五）认真研究碳价。林业碳汇交易价格对林业碳汇交易市场的健康发展影响重大。要加强林业碳汇交易的成本研究分析，为科学确定碳价提供依据。要体现市场对碳价的基础作用，同时切实注重有效发挥政府对碳价的宏观调控作用，确保碳价在合理的区间运行。

（二十六）搞好学习宣传。要认真学习领会国家建立碳市场、推进碳交易的有关政策，学以致用。要加强宣传和技术培训，正确引导舆论，引导社会公众深刻认识林业增汇减排对于建设生态文明、应对气候变化、拓展发展空间的重大意义。要严防利用林业碳汇交易炒作，确保国家和人民群众利益得到有效保护。

（二十七）开展国际合作。要适应气候变化国际谈判形势变化，积极参与相关国际交流与合作，借鉴国际碳市场做法和经验，与时俱进地完善推进林业碳汇交易工作的政策措施，逐步推动林业碳汇交易由点及面，由省域走向区域、全国乃至国际。

本意见自 2014 年 6 月 1 日起实施，有效期至 2017 年 5 月 31 日。

102. 赠与合同纠纷

（1）公益事业捐赠合同纠纷

（2）附义务赠与合同纠纷

法律条文及规范索引

《中华人民共和国民法典》（2021 年 1 月 1 日施行）

第十六条　涉及遗产继承、接受赠与等胎儿利益保护的，胎儿视为具有民事权利能力。但是，胎儿娩出时为死体的，其民事权利能力自始不存在。

第十九条 八周岁以上的未成年人为限制民事行为能力人，实施民事法律行为由其法定代理人代理或者经其法定代理人同意、追认；但是，可以独立实施纯获利益的民事法律行为或者与其年龄、智力相适应的民事法律行为。

第二十条 不满八周岁的未成年人为无民事行为能力人，由其法定代理人代理实施民事法律行为。

第二十一条 不能辨认自己行为的成年人为无民事行为能力人，由其法定代理人代理实施民事法律行为。

八周岁以上的未成年人不能辨认自己行为的，适用前款规定。

第二十二条 不能完全辨认自己行为的成年人为限制民事行为能力人，实施民事法律行为由其法定代理人代理或者经其法定代理人同意、追认；但是，可以独立实施纯获利益的民事法律行为或者与其智力、精神健康状况相适应的民事法律行为。

第九十四条 捐助人有权向捐助法人查询捐助财产的使用、管理情况，并提出意见和建议，捐助法人应当及时、如实答复。

捐助法人的决策机构、执行机构或者法定代表人作出决定的程序违反法律、行政法规、法人章程，或者决定内容违反法人章程的，捐助人等利害关系人或者主管机关可以请求人民法院撤销该决定。但是，捐助法人依据该决定与善意相对人形成的民事法律关系不受影响。

第六百五十七条 赠与合同是赠与人将自己的财产无偿给予受赠人，受赠人表示接受赠与的合同。

第六百五十八条 赠与人在赠与财产的权利转移之前可以撤销赠与。

经过公证的赠与合同或者依法不得撤销的具有救灾、扶贫、助残等公益、道德义务性质的赠与合同，不适用前款规定。

第六百五十九条 赠与的财产依法需要办理登记或者其他手续的，应当办理有关手续。

第六百六十条 经过公证的赠与合同或者依法不得撤销的具有救灾、扶贫、助残等公益、道德义务性质的赠与合同，赠与人不交付赠与财产的，受赠人可以请求交付。

依据前款规定应当交付的赠与财产因赠与人故意或者重大过失致使毁损、灭失的，赠与人应当承担赔偿责任。

第六百六十一条　赠与可以附义务。

赠与附义务的，受赠人应当按照约定履行义务。

第六百六十二条　赠与的财产有瑕疵的，赠与人不承担责任。附义务的赠与，赠与的财产有瑕疵的，赠与人在附义务的限度内承担与出卖人相同的责任。

赠与人故意不告知瑕疵或者保证无瑕疵，造成受赠人损失的，应当承担赔偿责任。

第六百六十三条　受赠人有下列情形之一的，赠与人可以撤销赠与：

（一）严重侵害赠与人或者赠与人近亲属的合法权益；

（二）对赠与人有扶养义务而不履行；

（三）不履行赠与合同约定的义务。

赠与人的撤销权，自知道或者应当知道撤销事由之日起一年内行使。

第六百六十四条　因受赠人的违法行为致使赠与人死亡或者丧失民事行为能力的，赠与人的继承人或者法定代理人可以撤销赠与。

赠与人的继承人或者法定代理人的撤销权，自知道或者应当知道撤销事由之日起六个月内行使。

第六百六十五条　撤销权人撤销赠与的，可以向受赠人请求返还赠与的财产。

第六百六十六条　赠与人的经济状况显著恶化，严重影响其生产经营或者家庭生活的，可以不再履行赠与义务。

《中华人民共和国慈善法》（2016 年 9 月 1 日施行）

第三十五条　捐赠人可以通过慈善组织捐赠，也可以直接向受益人捐赠。

第三十六条　捐赠人捐赠的财产应当是其有权处分的合法财产。捐赠财产包括货币、实物、房屋、有价证券、股权、知识产权等有形和无形财产。

捐赠人捐赠的实物应当具有使用价值，符合安全、卫生、环保等标准。

捐赠人捐赠本企业产品的，应当依法承担产品质量责任和义务。

第三十七条　自然人、法人和其他组织开展演出、比赛、销售、拍卖等经营性活动，承诺将全部或者部分所得用于慈善目的的，应当在举办活动前与慈善组织或者其他接受捐赠的人签订捐赠协议，活动结束后按照捐赠协议履行捐赠义务，并将捐赠情况向社会公开。

第三十八条　慈善组织接受捐赠，应当向捐赠人开具由财政部门统一监

（印）制的捐赠票据。捐赠票据应当载明捐赠人、捐赠财产的种类及数量、慈善组织名称和经办人姓名、票据日期等。捐赠人匿名或者放弃接受捐赠票据的，慈善组织应当做好相关记录。

第三十九条 慈善组织接受捐赠，捐赠人要求签订书面捐赠协议的，慈善组织应当与捐赠人签订书面捐赠协议。

书面捐赠协议包括捐赠人和慈善组织名称，捐赠财产的种类、数量、质量、用途、交付时间等内容。

第四十条 捐赠人与慈善组织约定捐赠财产的用途和受益人时，不得指定捐赠人的利害关系人作为受益人。

任何组织和个人不得利用慈善捐赠违反法律规定宣传烟草制品，不得利用慈善捐赠以任何方式宣传法律禁止宣传的产品和事项。

第四十一条 捐赠人应当按照捐赠协议履行捐赠义务。捐赠人违反捐赠协议逾期未交付捐赠财产，有下列情形之一的，慈善组织或者其他接受捐赠的人可以要求交付；捐赠人拒不交付的，慈善组织和其他接受捐赠的人可以依法向人民法院申请支付令或者提起诉讼：

（一）捐赠人通过广播、电视、报刊、互联网等媒体公开承诺捐赠的；

（二）捐赠财产用于本法第三条第一项至第三项规定的慈善活动，并签订书面捐赠协议的。

捐赠人公开承诺捐赠或者签订书面捐赠协议后经济状况显著恶化，严重影响其生产经营或者家庭生活的，经向公开承诺捐赠地或者书面捐赠协议签订地的民政部门报告并向社会公开说明情况后，可以不再履行捐赠义务。

第四十二条 捐赠人有权查询、复制其捐赠财产管理使用的有关资料，慈善组织应当及时主动向捐赠人反馈有关情况。

慈善组织违反捐赠协议约定的用途，滥用捐赠财产的，捐赠人有权要求其改正；拒不改正的，捐赠人可以向民政部门投诉、举报或者向人民法院提起诉讼。

第四十三条 国有企业实施慈善捐赠应当遵守有关国有资产管理的规定，履行批准和备案程序。

第五十五条 慈善组织开展慈善活动，应当依照法律法规和章程的规定，按照募捐方案或者捐赠协议使用捐赠财产。慈善组织确需变更募捐方案规定的捐赠财产用途的，应当报民政部门备案；确需变更捐赠协议约定的捐赠财产用途的，应当征得捐赠人同意。

第五十七条　慈善项目终止后捐赠财产有剩余的，按照募捐方案或者捐赠协议处理；募捐方案未规定或者捐赠协议未约定的，慈善组织应当将剩余财产用于目的相同或者相近的其他慈善项目，并向社会公开。

第五十八条　慈善组织确定慈善受益人，应当坚持公开、公平、公正的原则，不得指定慈善组织管理人员的利害关系人作为受益人。

第五十九条　慈善组织根据需要可以与受益人签订协议，明确双方权利义务，约定慈善财产的用途、数额和使用方式等内容。

受益人应当珍惜慈善资助，按照协议使用慈善财产。受益人未按照协议使用慈善财产或者有其他严重违反协议情形的，慈善组织有权要求其改正；受益人拒不改正的，慈善组织有权解除协议并要求受益人返还财产。

103. 借款合同纠纷

（1）金融借款合同纠纷
（2）同业拆借纠纷
（3）民间借贷纠纷
（4）小额借款合同纠纷
（5）金融不良债权转让合同纠纷
（6）金融不良债权追偿纠纷

法律条文及规范索引

《中华人民共和国民法典》（2021 年 1 月 1 日施行）

第六百六十八条　借款合同应当采用书面形式，但是自然人之间借款另有约定的除外。

借款合同的内容一般包括借款种类、币种、用途、数额、利率、期限和还款方式等条款。

第六百六十九条　订立借款合同，借款人应当按照贷款人的要求提供与借款有关的业务活动和财务状况的真实情况。

第六百七十条　借款的利息不得预先在本金中扣除。利息预先在本金中扣除的，应当按照实际借款数额返还借款并计算利息。

第六百七十一条 贷款人未按照约定的日期、数额提供借款，造成借款人损失的，应当赔偿损失。

借款人未按照约定的日期、数额收取借款的，应当按照约定的日期、数额支付利息。

第六百七十二条 贷款人按照约定可以检查、监督借款的使用情况。借款人应当按照约定向贷款人定期提供有关财务会计报表或者其他资料。

第六百七十三条 借款人未按照约定的借款用途使用借款的，贷款人可以停止发放借款、提前收回借款或者解除合同。

第六百七十四条 借款人应当按照约定的期限支付利息。对支付利息的期限没有约定或者约定不明确，依据本法第五百一十条的规定仍不能确定，借款期间不满一年的，应当在返还借款时一并支付；借款期间一年以上的，应当在每届满一年时支付，剩余期间不满一年的，应当在返还借款时一并支付。

第六百七十五条 借款人应当按照约定的期限返还借款。对借款期限没有约定或者约定不明确，依据本法第五百一十条的规定仍不能确定的，借款人可以随时返还；贷款人可以催告借款人在合理期限内返还。

第六百七十六条 借款人未按照约定的期限返还借款的，应当按照约定或者国家有关规定支付逾期利息。

第六百七十七条 借款人提前返还借款的，除当事人另有约定外，应当按照实际借款的期间计算利息。

第六百七十八条 借款人可以在还款期限届满前向贷款人申请展期；贷款人同意的，可以展期。

第六百七十九条 自然人之间的借款合同，自贷款人提供借款时成立。

第六百八十条 禁止高利放贷，借款的利率不得违反国家有关规定。

借款合同对支付利息没有约定的，视为没有利息。

借款合同对支付利息约定不明确，当事人不能达成补充协议的，按照当地或者当事人的交易方式、交易习惯、市场利率等因素确定利息；自然人之间借款的，视为没有利息。

另，请求权基础条款参见本法第一百四十七条～第一百五十一条，第一百五十三条、第一百五十四条、第一百六十八条、第五百零六条、第五百四十九条、第五百六十三条、第五百六十六条、第五百七十七条、第五百七十八条、第五百七十九条。

《中华人民共和国商业银行法》（2015年8月29日修正）

第三十五条　商业银行贷款，应当对借款人的借款用途、偿还能力、还款方式等情况进行严格审查。

商业银行贷款，应当实行审贷分离、分级审批的制度。

第三十六条　商业银行贷款，借款人应当提供担保。商业银行应当对保证人的偿还能力，抵押物、质物的权属和价值以及实现抵押权、质权的可行性进行严格审查。

经商业银行审查、评估，确认借款人资信良好，确能偿还贷款的，可以不提供担保。

第三十七条　商业银行贷款，应当与借款人订立书面合同。合同应当约定贷款种类、借款用途、金额、利率、还款期限、还款方式、违约责任和双方认为需要约定的其他事项。

第三十八条　商业银行应当按照中国人民银行规定的贷款利率的上下限，确定贷款利率。

第三十九条　商业银行贷款，应当遵守下列资产负债比例管理的规定：

（一）资本充足率不得低于百分之八；

（二）流动性资产余额与流动性负债余额的比例不得低于百分之二十五；

（三）对同一借款人的贷款余额与商业银行资本余额的比例不得超过百分之十；

（四）国务院银行业监督管理机构对资产负债比例管理的其他规定。

本法施行前设立的商业银行，在本法施行后，其资产负债比例不符合前款规定的，应当在一定的期限内符合前款规定。具体办法由国务院规定。

第四十条　商业银行不得向关系人发放信用贷款；向关系人发放担保贷款的条件不得优于其他借款人同类贷款的条件。

前款所称关系人是指：

（一）商业银行的董事、监事、管理人员、信贷业务人员及其近亲属；

（二）前项所列人员投资或者担任高级管理职务的公司、企业和其他经济组织。

第四十一条　任何单位和个人不得强令商业银行发放贷款或者提供担保。商业银行有权拒绝任何单位和个人强令要求其发放贷款或者提供担保。

第四十二条　借款人应当按期归还贷款的本金和利息。

借款人到期不归还担保贷款的，商业银行依法享有要求保证人归还贷款本金和利息或者就该担保物优先受偿的权利。商业银行因行使抵押权、质权而取得的不动产或者股权，应当自取得之日起二年内予以处分。

借款人到期不归还信用贷款的，应当按照合同约定承担责任。

第四十六条 同业拆借，应当遵守中国人民银行的规定。禁止利用拆入资金发放固定资产贷款或者用于投资。

拆出资金限于交足存款准备金、留足备付金和归还中国人民银行到期贷款之后的闲置资金。拆入资金用于弥补票据结算、联行汇差头寸的不足和解决临时性周转资金的需要。

《最高人民法院关于审理民间借贷案件适用法律若干问题的规定》（法释〔2020〕6号 2020年12月23日修正）

第一条 本规定所称的民间借贷，是指自然人、法人和非法人组织之间进行资金融通的行为。

经金融监管部门批准设立的从事贷款业务的金融机构及其分支机构，因发放贷款等相关金融业务引发的纠纷，不适用本规定。

第二条 出借人向人民法院提起民间借贷诉讼时，应当提供借据、收据、欠条等债权凭证以及其他能够证明借贷法律关系存在的证据。

当事人持有的借据、收据、欠条等债权凭证没有载明债权人，持有债权凭证的当事人提起民间借贷诉讼的，人民法院应予受理。被告对原告的债权人资格提出有事实依据的抗辩，人民法院经审查认为原告不具有债权人资格的，裁定驳回起诉。

第三条 借贷双方就合同履行地未约定或者约定不明确，事后未达成补充协议，按照合同相关条款或者交易习惯仍不能确定的，以接受货币一方所在地为合同履行地。

第四条 保证人为借款人提供连带责任保证，出借人仅起诉借款人的，人民法院可以不追加保证人为共同被告；出借人仅起诉保证人的，人民法院可以追加借款人为共同被告。

保证人为借款人提供一般保证，出借人仅起诉保证人的，人民法院应当追加借款人为共同被告；出借人仅起诉借款人的，人民法院可以不追加保证人为共同被告。

第五条 人民法院立案后，发现民间借贷行为本身涉嫌非法集资等犯罪的，应当裁定驳回起诉，并将涉嫌非法集资等犯罪的线索、材料移送公安或者检察机关。

公安或者检察机关不予立案，或者立案侦查后撤销案件，或者检察机关作出不起诉决定，或者经人民法院生效判决认定不构成非法集资等犯罪，当事人又以同一事实向人民法院提起诉讼的，人民法院应予受理。

第六条　人民法院立案后，发现与民间借贷纠纷案件虽有关联但不是同一事实的涉嫌非法集资等犯罪的线索、材料的，人民法院应当继续审理民间借贷纠纷案件，并将涉嫌非法集资等犯罪的线索、材料移送公安或者检察机关。

第七条　民间借贷纠纷的基本案件事实必须以刑事案件的审理结果为依据，而该刑事案件尚未审结的，人民法院应当裁定中止诉讼。

第八条　借款人涉嫌犯罪或者生效判决认定其有罪，出借人起诉请求担保人承担民事责任的，人民法院应予受理。

第九条　自然人之间的借款合同具有下列情形之一的，可以视为合同成立：

（一）以现金支付的，自借款人收到借款时；

（二）以银行转账、网上电子汇款等形式支付的，自资金到达借款人账户时；

（三）以票据交付的，自借款人依法取得票据权利时；

（四）出借人将特定资金账户支配权授权给借款人的，自借款人取得对该账户实际支配权时；

（五）出借人以与借款人约定的其他方式提供借款并实际履行完成时。

第十条　法人之间、非法人组织之间以及它们相互之间为生产、经营需要订立的民间借贷合同，除存在民法典第一百四十六条、第一百五十三条、第一百五十四条以及本规定第十三条规定的情形外，当事人主张民间借贷合同有效的，人民法院应予支持。

第十一条　法人或者非法人组织在本单位内部通过借款形式向职工筹集资金，用于本单位生产、经营，且不存在民法典第一百四十四条、第一百四十六条、第一百五十三条、第一百五十四条以及本规定第十三条规定的情形，当事人主张民间借贷合同有效的，人民法院应予支持。

第十二条　借款人或者出借人的借贷行为涉嫌犯罪，或者已经生效的裁判认定构成犯罪，当事人提起民事诉讼的，民间借贷合同并不当然无效。人民法院应当依据民法典第一百四十四条、第一百四十六条、第一百五十三条、第一百五十四条以及本规定第十三条之规定，认定民间借贷合同的效力。

担保人以借款人或者出借人的借贷行为涉嫌犯罪或者已经生效的裁判认定构成犯罪为由，主张不承担民事责任的，人民法院应当依据民间借贷合同与担保合同的效力、当事人的过错程度，依法确定担保人的民事责任。

第十三条 具有下列情形之一的，人民法院应当认定民间借贷合同无效：

（一）套取金融机构贷款转贷的；

（二）以向其他营利法人借贷、向本单位职工集资，或者以向公众非法吸收存款等方式取得的资金转贷的；

（三）未依法取得放贷资格的出借人，以营利为目的向社会不特定对象提供借款的；

（四）出借人事先知道或者应当知道借款人借款用于违法犯罪活动仍然提供借款的；

（五）违反法律、行政法规强制性规定的；

（六）违背公序良俗的。

第十四条 原告以借据、收据、欠条等债权凭证为依据提起民间借贷诉讼，被告依据基础法律关系提出抗辩或者反诉，并提供证据证明债权纠纷非民间借贷行为引起的，人民法院应当依据查明的案件事实，按照基础法律关系审理。

当事人通过调解、和解或者清算达成的债权债务协议，不适用前款规定。

第十五条 原告仅依据借据、收据、欠条等债权凭证提起民间借贷诉讼，被告抗辩已经偿还借款的，被告应当对其主张提供证据证明。被告提供相应证据证明其主张后，原告仍应就借贷关系的存续承担举证责任。

被告抗辩借贷行为尚未实际发生并能作出合理说明的，人民法院应当结合借贷金额、款项交付、当事人的经济能力、当地或者当事人之间的交易方式、交易习惯、当事人财产变动情况以及证人证言等事实和因素，综合判断查证借贷事实是否发生。

第十六条 原告仅依据金融机构的转账凭证提起民间借贷诉讼，被告抗辩转账系偿还双方之前借款或者其他债务的，被告应当对其主张提供证据证明。被告提供相应证据证明其主张后，原告仍应就借贷关系的成立承担举证责任。

第十七条 依据《最高人民法院关于适用〈中华人民共和国民事诉讼法〉的解释》第一百七十四条第二款之规定，负有举证责任的原告无正当理由拒不到庭，经审查现有证据无法确认借贷行为、借贷金额、支付方式等案件主要事实的，人民法院对原告主张的事实不予认定。

第十八条 人民法院审理民间借贷纠纷案件时发现有下列情形之一的，应当严格审查借贷发生的原因、时间、地点、款项来源、交付方式、款项流向以及借贷双方的关系、经济状况等事实，综合判断是否属于虚假民事诉讼：

（一）出借人明显不具备出借能力；

（二）出借人起诉所依据的事实和理由明显不符合常理；

（三）出借人不能提交债权凭证或者提交的债权凭证存在伪造的可能；

（四）当事人双方在一定期限内多次参加民间借贷诉讼；

（五）当事人无正当理由拒不到庭参加诉讼，委托代理人对借贷事实陈述不清或者陈述前后矛盾；

（六）当事人双方对借贷事实的发生没有任何争议或者诉辩明显不符合常理；

（七）借款人的配偶或者合伙人、案外人的其他债权人提出有事实依据的异议；

（八）当事人在其他纠纷中存在低价转让财产的情形；

（九）当事人不正当放弃权利；

（十）其他可能存在虚假民间借贷诉讼的情形。

第十九条 经查明属于虚假民间借贷诉讼，原告申请撤诉的，人民法院不予准许，并应当依据民事诉讼法第一百一十二条之规定，判决驳回其请求。

诉讼参与人或者其他人恶意制造、参与虚假诉讼，人民法院应当依据民事诉讼法第一百一十一条、第一百一十二条和第一百一十三条之规定，依法予以罚款、拘留；构成犯罪的，应当移送有管辖权的司法机关追究刑事责任。

单位恶意制造、参与虚假诉讼的，人民法院应当对该单位进行罚款，并可以对其主要负责人或者直接责任人员予以罚款、拘留；构成犯罪的，应当移送有管辖权的司法机关追究刑事责任。

第二十条 他人在借据、收据、欠条等债权凭证或者借款合同上签名或者盖章，但是未表明其保证人身份或者承担保证责任，或者通过其他事实不能推定其为保证人，出借人请求其承担保证责任的，人民法院不予支持。

第二十一条　借贷双方通过网络贷款平台形成借贷关系，网络贷款平台的提供者仅提供媒介服务，当事人请求其承担担保责任的，人民法院不予支持。

网络贷款平台的提供者通过网页、广告或者其他媒介明示或者有其他证据证明其为借贷提供担保，出借人请求网络贷款平台的提供者承担担保责任的，人民法院应予支持。

第二十二条　法人的法定代表人或者非法人组织的负责人以单位名义与出借人签订民间借贷合同，有证据证明所借款项系法定代表人或者负责人个人使用，出借人请求将法定代表人或者负责人列为共同被告或者第三人的，人民法院应予准许。

法人的法定代表人或者非法人组织的负责人以个人名义与出借人订立民间借贷合同，所借款项用于单位生产经营，出借人请求单位与个人共同承担责任的，人民法院应予支持。

第二十三条　当事人以订立买卖合同作为民间借贷合同的担保，借款到期后借款人不能还款，出借人请求履行买卖合同的，人民法院应当按照民间借贷法律关系审理。当事人根据法庭审理情况变更诉讼请求的，人民法院应当准许。

按照民间借贷法律关系审理作出的判决生效后，借款人不履行生效判决确定的金钱债务，出借人可以申请拍卖买卖合同标的物，以偿还债务。就拍卖所得的价款与应偿还借款本息之间的差额，借款人或者出借人有权主张返还或者补偿。

第二十四条　借贷双方没有约定利息，出借人主张支付利息的，人民法院不予支持。

自然人之间借贷对利息约定不明，出借人主张支付利息的，人民法院不予支持。除自然人之间借贷的外，借贷双方对借贷利息约定不明，出借人主张利息的，人民法院应当结合民间借贷合同的内容，并根据当地或者当事人的交易方式、交易习惯、市场报价利率等因素确定利息。

第二十五条　出借人请求借款人按照合同约定利率支付利息的，人民法院应予支持，但是双方约定的利率超过合同成立时一年期贷款市场报价利率四倍的除外。

前款所称“一年期贷款市场报价利率”，是指中国人民银行授权全国银行间同业拆借中心自2019年8月20日起每月发布的一年期贷款市场报价利率。

第二十六条　借据、收据、欠条等债权凭证载明的借款金额，一般认定为本金。预先在本金中扣除利息的，人民法院应当将实际出借的金额认定为本金。

第二十七条　借贷双方对前期借款本息结算后将利息计入后期借款本金并重新出具债权凭证，如果前期利率没有超过合同成立时一年期贷款市场报价利率四倍，重新出具的债权凭证载明的金额可认定为后期借款本金。超过部分的利息，不应认定为后期借款本金。

按前款计算，借款人在借款期间届满后应当支付的本息之和，超过以最初借款本金与以最初借款本金为基数、以合同成立时一年期贷款市场报价利率四倍计算的整个借款期间的利息之和的，人民法院不予支持。

第二十八条　借贷双方对逾期利率有约定的，从其约定，但是以不超过合同成立时一年期贷款市场报价利率四倍为限。

未约定逾期利率或者约定不明的，人民法院可以区分不同情况处理：

（一）既未约定借期内利率，也未约定逾期利率，出借人主张借款人自逾期还款之日起参照当时一年期贷款市场报价利率标准计算的利息承担逾期还款违约责任的，人民法院应予支持；

（二）约定了借期内利率但是未约定逾期利率，出借人主张借款人自逾期还款之日起按照借期内利率支付资金占用期间利息的，人民法院应予支持。

第二十九条　出借人与借款人既约定了逾期利率，又约定了违约金或者其他费用，出借人可以选择主张逾期利息、违约金或者其他费用，也可以一并主张，但是总计超过合同成立时一年期贷款市场报价利率四倍的部分，人民法院不予支持。

第三十条　借款人可以提前偿还借款，但是当事人另有约定的除外。

借款人提前偿还借款并主张按照实际借款期限计算利息的，人民法院应予支持。

第三十一条　本规定施行后，人民法院新受理的一审民间借贷纠纷案件，适用本规定。

2020年8月20日之后新受理的一审民间借贷案件，借贷合同成立于

2020年8月20日之前，当事人请求适用当时的司法解释计算自合同成立到2020年8月19日的利息部分的，人民法院应予支持；对于自2020年8月20日到借款返还之日的利息部分，适用起诉时本规定的利率保护标准计算。

本规定施行后，最高人民法院以前作出的相关司法解释与本规定不一致的，以本规定为准。

《最高人民法院关于新民间借贷司法解释适用范围问题的批复》（法释〔2020〕27号　2020年12月29日）

广东省高级人民法院：

你院《关于新民间借贷司法解释有关法律适用问题的请示》（粤高法〔2020〕108号）收悉。经研究，批复如下：

一、关于适用范围问题。经征求金融监管部门意见，由地方金融监管部门监管的小额贷款公司、融资担保公司、区域性股权市场、典当行、融资租赁公司、商业保理公司、地方资产管理公司等七类地方金融组织，属于经金融监管部门批准设立的金融机构，其因从事相关金融业务引发的纠纷，不适用新民间借贷司法解释。

二、其它两问题已在修订后的司法解释中予以明确，请遵照执行。

三、本批复自2021年1月1日起施行。

《最高人民法院关于印发〈全国法院民商事审判工作会议纪要〉的通知》（法〔2019〕254号　2019年11月8日）

人民法院在审理借款合同纠纷案件过程中，要根据防范化解重大金融风险、金融服务实体经济、降低融资成本的精神，区别对待金融借贷与民间借贷，并适用不同规则与利率标准。要依法否定高利转贷行为、职业放贷行为的效力，充分发挥司法的示范、引导作用，促进金融服务实体经济。要注意到，为深化利率市场化改革，推动降低实体利率水平，自2019年8月20日起，中国人民银行已经授权全国银行间同业拆借中心于每月20日（遇节假日顺延）9时30分公布贷款市场报价利率（LPR），中国人民银行贷款基准利率这一标准已经取消。因此，自此之后人民法院裁判贷款利息的基本标准应改为全国银行间同业拆借中心公布的贷款市场报价利率。应予注意的是，贷款利率标准尽管发生了变化，但存款基准利率并未发生相应变化，相关标准仍可适用。

51.【变相利息的认定】金融借款合同纠纷中，借款人认为金融机构以服务费、咨询费、顾问费、管理费等为名变相收取利息，金融机构或者由其指定的人收取的相关费用不合理的，人民法院可以根据提供服务的实际情况确定借款人应否支付或者酌减相关费用。

52.【高利转贷】民间借贷中，出借人的资金必须是自有资金。出借人套取金融机构信贷资金又高利转贷给借款人的民间借贷行为，既增加了融资成本，又扰乱了信贷秩序，根据民间借贷司法解释第14条第1项的规定，应当认定此类民间借贷行为无效。人民法院在适用该条规定时，应当注意把握以下几点：一是要审查出借人的资金来源。借款人能够举证证明在签订借款合同时出借人尚欠银行贷款未还的，一般可以推定为出借人套取信贷资金，但出借人能够举反证予以推翻的除外；二是从宽认定“高利”转贷行为的标准，只要出借人通过转贷行为牟利的，就可以认定为是“高利”转贷行为；三是对该条规定的“借款人事先知道或者应当知道的”要件，不宜把握过苛。实践中，只要出借人在签订借款合同时存在尚欠银行贷款未还事实的，一般可以认为满足了该条规定的“借款人事先知道或者应当知道”这一要件。

53.【职业放贷人】未依法取得放贷资格的以民间借贷为业的法人，以及以民间借贷为业的非法人组织或者自然人从事的民间借贷行为，应当依法认定无效。同一出借人在一定期间内多次反复从事有偿民间借贷行为的，一般可以认定为是职业放贷人。民间借贷比较活跃的地方的高级人民法院或者经其授权的中级人民法院，可以根据本地区的实际情况制定具体的认定标准。

《最高人民法院、国家发展和改革委员会关于为新时代加快完善社会主义市场经济体制提供司法服务和保障的意见》（法发〔2020〕25号 2020年7月22日）

13. 促进金融和民间资本为实体经济服务。依法支持能够降低交易成本、实现普惠金融、合法合规的交易模式，为解决中小微企业融资难、融资贵问题提供司法保障。统筹兼顾利率市场化改革与维护正常金融秩序的关系，对于借贷合同中一方主张的利息、复利、罚息、违约金和其他费用总和超出司法保护上限的，不予支持。对于当事人以预扣利息、租金、保证金或加收中介费、服务费等方式变相提高实体经济融资成本、规避民间借贷利率司法保护上限的行为，按照实际形成的借款关系确定各方权利义务。规范、遏制国有企业贷款通道业务，引导其回归实体经济。抓紧修改完善关于审理民间借贷案件适用法律问题的司法解释，大幅度降低民间借贷利率的司法保护上限，坚决否定高利转贷行为、违法放贷行为的效力，维护金融市场秩序，服务实体经济发展。

104. 保证合同纠纷

法律条文及规范索引

《中华人民共和国民法典》（2021年1月1日施行）

第六百八十四条 保证合同的内容一般包括被保证的主债权的种类、数额，债务人履行债务的期限，保证的方式、范围和期间等条款。

第六百八十五条 保证合同可以是单独订立的书面合同，也可以是主债权债务合同中的保证条款。

第三人单方以书面形式向债权人作出保证，债权人接收且未提出异议的，保证合同成立。

第六百八十六条 保证的方式包括一般保证和连带责任保证。

当事人在保证合同中对保证方式没有约定或者约定不明确的，按照一般保证承担保证责任。

第六百八十七条 当事人在保证合同中约定，债务人不能履行债务时，由保证人承担保证责任的，为一般保证。

一般保证的保证人在主合同纠纷未经审判或者仲裁，并就债务人财产依法强制执行仍不能履行债务前，有权拒绝向债权人承担保证责任，但是有下列情形之一的除外：

（一）债务人下落不明，且无财产可供执行；

（二）人民法院已经受理债务人破产案件；

（三）债权人有证据证明债务人的财产不足以履行全部债务或者丧失履行债务能力；

（四）保证人书面表示放弃本款规定的权利。

第六百八十八条 当事人在保证合同中约定保证人和债务人对债务承担连带责任的，为连带责任保证。

连带责任保证的债务人不履行到期债务或者发生当事人约定的情形时，债权人可以请求债务人履行债务，也可以请求保证人在其保证范围内承担保证责任。

第六百九十条　保证人与债权人可以协商订立最高额保证的合同，约定在最高债权额限度内就一定期间连续发生的债权提供保证。

最高额保证除适用本章规定外，参照适用本法第二编最高额抵押权的有关规定。

第六百九十一条　保证的范围包括主债权及其利息、违约金、损害赔偿金和实现债权的费用。当事人另有约定的，按照其约定。

第六百九十二条　保证期间是确定保证人承担保证责任的期间，不发生中止、中断和延长。

债权人与保证人可以约定保证期间，但是约定的保证期间早于主债务履行期限或者与主债务履行期限同时届满的，视为没有约定；没有约定或者约定不明确的，保证期间为主债务履行期限届满之日起六个月。

债权人与债务人对主债务履行期限没有约定或者约定不明确的，保证期间自债权人请求债务人履行债务的宽限期届满之日起计算。

第六百九十三条　一般保证的债权人未在保证期间对债务人提起诉讼或者申请仲裁的，保证人不再承担保证责任。

连带责任保证的债权人未在保证期间请求保证人承担保证责任的，保证人不再承担保证责任。

第六百九十四条　一般保证的债权人在保证期间届满前对债务人提起诉讼或者申请仲裁的，从保证人拒绝承担保证责任的权利消灭之日起，开始计算保证债务的诉讼时效。

连带责任保证的债权人在保证期间届满前请求保证人承担保证责任的，从债权人请求保证人承担保证责任之日起，开始计算保证债务的诉讼时效。

第六百九十五条　债权人和债务人未经保证人书面同意，协商变更主债权债务合同内容，减轻债务的，保证人仍对变更后的债务承担保证责任；加重债务的，保证人对加重的部分不承担保证责任。

债权人和债务人变更主债权债务合同的履行期限，未经保证人书面同意的，保证期间不受影响。

第六百九十六条　债权人转让全部或者部分债权，未通知保证人的，该转让对保证人不发生效力。

保证人与债权人约定禁止债权转让，债权人未经保证人书面同意转让债权的，保证人对受让人不再承担保证责任。

第六百九十七条 债权人未经保证人书面同意，允许债务人转移全部或者部分债务，保证人对未经其同意转移的债务不再承担保证责任，但是债权人和保证人另有约定的除外。

第三人加入债务的，保证人的保证责任不受影响。

第六百九十八条 一般保证的保证人在主债务履行期限届满后，向债权人提供债务人可供执行财产的真实情况，债权人放弃或者怠于行使权利致使该财产不能被执行的，保证人在其提供可供执行财产的价值范围内不再承担保证责任。

第六百九十九条 同一债务有两个以上保证人的，保证人应当按照保证合同约定的保证份额，承担保证责任；没有约定保证份额的，债权人可以请求任何一个保证人在其保证范围内承担保证责任。

第七百条 保证人承担保证责任后，除当事人另有约定外，有权在其承担保证责任的范围内向债务人追偿，享有债权人对债务人的权利，但是不得损害债权人的利益。

第七百零一条 保证人可以主张债务人对债权人的抗辩。债务人放弃抗辩的，保证人仍有权向债权人主张抗辩。

第七百零二条 债务人对债权人享有抵销权或者撤销权的，保证人可以在相应范围内拒绝承担保证责任。

另，请求权基础条款参见本法第一百五十三条、第一百五十四条、第五百零六条、第五百六十二条、第五百六十三条、第五百六十六条、第五百六十八条、第五百七十八条。

《最高人民法院关于适用〈中华人民共和国民法典〉有关担保制度的解释》（法释〔2020〕28 号　2020 年 12 月 31 日）

第二十五条 当事人在保证合同中约定了保证人在债务人不能履行债务或者无力偿还债务时才承担保证责任等类似内容，具有债务人应当先承担责任的意思表示的，人民法院应当将其认定为一般保证。

当事人在保证合同中约定了保证人在债务人不履行债务或者未偿还债务时即承担保证责任、无条件承担保证责任等类似内容，不具有债务人应当先承担责任的意思表示的，人民法院应当将其认定为连带责任保证。

第二十六条 一般保证中，债权人以债务人为被告提起诉讼的，人民法院应予受理。债权人未就主合同纠纷提起诉讼或者申请仲裁，仅起诉一般保证人的，人民法院应当驳回起诉。

一般保证中，债权人一并起诉债务人和保证人的，人民法院可以受理，但是在作出判决时，除有民法典第六百八十七条第二款但书规定的情形外，应当在判决书主文中明确，保证人仅对债务人财产依法强制执行后仍不能履行的部分承担保证责任。

债权人未对债务人的财产申请保全，或者保全的债务人的财产足以清偿债务，债权人申请对一般保证人的财产进行保全的，人民法院不予准许。

第二十七条　一般保证的债权人取得对债务人赋予强制执行效力的公证债权文书后，在保证期间内向人民法院申请强制执行，保证人以债权人未在保证期间内对债务人提起诉讼或者申请仲裁为由主张不承担保证责任的，人民法院不予支持。

第二十八条　一般保证中，债权人依据生效法律文书对债务人的财产依法申请强制执行，保证债务诉讼时效的起算时间按照下列规则确定：

（一）人民法院作出终结本次执行程序裁定，或者依照民事诉讼法第二百五十七条第三项、第五项的规定作出终结执行裁定的，自裁定送达债权人之日起开始计算；

（二）人民法院自收到申请执行书之日起一年内未作出前项裁定的，自人民法院收到申请执行书满一年之日起开始计算，但是保证人有证据证明债务人仍有财产可供执行的除外。

一般保证的债权人在保证期间届满前对债务人提起诉讼或者申请仲裁，债权人举证证明存在民法典第六百八十七条第二款但书规定情形的，保证债务的诉讼时效自债权人知道或者应当知道该情形之日起开始计算。

第二十九条　同一债务有两个以上保证人，债权人以其已经在保证期间内依法向部分保证人行使权利为由，主张已经在保证期间内向其他保证人行使权利的，人民法院不予支持。

同一债务有两个以上保证人，保证人之间相互有追偿权，债权人未在保证期间内依法向部分保证人行使权利，导致其他保证人在承担保证责任后丧失追偿权，其他保证人主张在其不能追偿的范围内免除保证责任的，人民法院应予支持。

第三十条　最高额保证合同对保证期间的计算方式、起算时间等有约定的，按照其约定。

最高额保证合同对保证期间的计算方式、起算时间等没有约定或者约定不明，被担保债权的履行期限均已届满的，保证期间自债权确定之日起开始计算；被担保债权的履行期限尚未届满的，保证期间自最后到期债权的履行期限届满之日起开始计算。

前款所称债权确定之日，依照民法典第四百二十三条的规定认定。

第三十一条 一般保证的债权人在保证期间内对债务人提起诉讼或者申请仲裁后，又撤回起诉或者仲裁申请，债权人在保证期间届满前未再行提起诉讼或者申请仲裁，保证人主张不再承担保证责任的，人民法院应予支持。

连带责任保证的债权人在保证期间内对保证人提起诉讼或者申请仲裁后，又撤回起诉或者仲裁申请，起诉状副本或者仲裁申请书副本已经送达保证人的，人民法院应当认定债权人已经在保证期间内向保证人行使了权利。

第三十二条 保证合同约定保证人承担保证责任直至主债务本息还清时为止等类似内容的，视为约定不明，保证期间为主债务履行期限届满之日起六个月。

第三十三条 保证合同无效，债权人未在约定或者法定的保证期间内依法行使权利，保证人主张不承担赔偿责任的，人民法院应予支持。

第三十四条 人民法院在审理保证合同纠纷案件时，应当将保证期间是否届满、债权人是否在保证期间内依法行使权利等事实作为案件基本事实予以查明。

债权人在保证期间内未依法行使权利的，保证责任消灭。保证责任消灭后，债权人书面通知保证人要求承担保证责任，保证人在通知书上签字、盖章或者按指印，债权人请求保证人继续承担保证责任的，人民法院不予支持，但是债权人有证据证明成立了新的保证合同的除外。

第三十五条 保证人知道或者应当知道主债权诉讼时效期间届满仍然提供保证或者承担保证责任，又以诉讼时效期间届满为由拒绝承担保证责任或者请求返还财产的，人民法院不予支持；保证人承担保证责任后向债务人追偿的，人民法院不予支持，但是债务人放弃诉讼时效抗辩的除外。

第三十六条 第三人向债权人提供差额补足、流动性支持等类似承诺文件作为增信措施，具有提供担保的意思表示，债权人请求第三人承担保证责任的，人民法院应当依照保证的有关规定处理。

第三人向债权人提供的承诺文件，具有加入债务或者与债务人共同承担债务等意思表示的，人民法院应当认定为民法典第五百五十二条规定的债务加入。

前两款中第三人提供的承诺文件难以确定是保证还是债务加入的，人民法院应当将其认定为保证。

第三人向债权人提供的承诺文件不符合前三款规定的情形，债权人请求第三人承担保证责任或者连带责任的，人民法院不予支持，但是不影响其依据承诺文件请求第三人履行约定的义务或者承担相应的民事责任。

《最高人民法院关于适用〈中华人民共和国民事诉讼法〉的解释》（法释〔2015〕5号　2020年12月23日修正）

第六十六条　因保证合同纠纷提起的诉讼，债权人向保证人和被保证人一并主张权利的，人民法院应当将保证人和被保证人列为共同被告。保证合同约定为一般保证，债权人仅起诉保证人的，人民法院应当通知被保证人作为共同被告参加诉讼；债权人仅起诉被保证人的，可以只列被保证人为被告。

105. 抵押合同纠纷

法律条文及规范索引

《中华人民共和国民法典》（2021年1月1日施行）

第四百条　设立抵押权，当事人应当采用书面形式订立抵押合同。

抵押合同一般包括下列条款：

（一）被担保债权的种类和数额；

（二）债务人履行债务的期限；

（三）抵押财产的名称、数量等情况；

（四）担保的范围。

106. 质押合同纠纷

法律条文及规范索引

《中华人民共和国民法典》（2021年1月1日施行）

第四百二十七条　设立质权，当事人应当采用书面形式订立质押合同。

质押合同一般包括下列条款：

（一）被担保债权的种类和数额；

（二）债务人履行债务的期限；

（三）质押财产的名称、数量等情况；

（四）担保的范围；

（五）质押财产交付的时间、方式。

第四百二十八条 质权人在债务履行期限届满前，与出质人约定债务人不履行到期债务时质押财产归债权人所有的，只能依法就质押财产优先受偿。

第四百二十九条 质权自出质人交付质押财产时设立。

第四百三十条 质权人有权收取质押财产的孳息，但是合同另有约定的除外。

前款规定的孳息应当先充抵收取孳息的费用。

第四百三十一条 质权人在质权存续期间，未经出质人同意，擅自使用、处分质押财产，造成出质人损害的，应当承担赔偿责任。

第四百三十二条 质权人负有妥善保管质押财产的义务；因保管不善致使质押财产毁损、灭失的，应当承担赔偿责任。

质权人的行为可能使质押财产毁损、灭失的，出质人可以请求质权人将质押财产提存，或者请求提前清偿债务并返还质押财产。

第四百三十三条 因不可归责于质权人的事由可能使质押财产毁损或者价值明显减少，足以危害质权人权利的，质权人有权请求出质人提供相应的担保；出质人不提供的，质权人可以拍卖、变卖质押财产，并与出质人协议将拍卖、变卖所得的价款提前清偿债务或者提存。

第四百三十四条 质权人在质权存续期间，未经出质人同意转质，造成质押财产毁损、灭失的，应当承担赔偿责任。

第四百三十五条 质权人可以放弃质权。债务人以自己的财产出质，质权人放弃该质权的，其他担保人在质权人丧失优先受偿权益的范围内免除担保责任，但是其他担保人承诺仍然提供担保的除外。

《最高人民法院关于适用〈中华人民共和国民法典〉有关担保制度的解释》（法释〔2020〕28号 2020年12月31日）

第一条 因抵押、质押、留置、保证等担保发生的纠纷，适用本解释。所有权保留买卖、融资租赁、保理等涉及担保功能发生的纠纷，适用本解释的有关规定。

第五十五条　债权人、出质人与监管人订立三方协议，出质人以通过一定数量、品种等概括描述能够确定范围的货物为债务的履行提供担保，当事人有证据证明监管人系受债权人的委托监管并实际控制该货物的，人民法院应当认定质权于监管人实际控制货物之日起设立。监管人违反约定向出质人或者其他人放货、因保管不善导致货物毁损灭失，债权人请求监管人承担违约责任的，人民法院依法予以支持。

在前款规定情形下，当事人有证据证明监管人系受出质人委托监管该货物，或者虽然受债权人委托但是未实际履行监管职责，导致货物仍由出质人实际控制的，人民法院应当认定质权未设立。债权人可以基于质押合同的约定请求出质人承担违约责任，但是不得超过质权有效设立时出质人应当承担的责任范围。监管人未履行监管职责，债权人请求监管人承担责任的，人民法院依法予以支持。

第五十七条　担保人在设立动产浮动抵押并办理抵押登记后又购入或者以融资租赁方式承租新的动产，下列权利人为担保价款债权或者租金的实现而订立担保合同，并在该动产交付后十日内办理登记，主张其权利优先于在先设立的浮动抵押权的，人民法院应予支持：

（一）在该动产上设立抵押权或者保留所有权的出卖人；

（二）为价款支付提供融资而在该动产上设立抵押权的债权人；

（三）以融资租赁方式出租该动产的出租人。

买受人取得动产但未付清价款或者承租人以融资租赁方式占有租赁物但是未付清全部租金，又以标的物为他人设立担保物权，前款所列权利人为担保价款债权或者租金的实现而订立担保合同，并在该动产交付后十日内办理登记，主张其权利优先于买受人为他人设立的担保物权的，人民法院应予支持。

同一动产上存在多个价款优先权的，人民法院应当按照登记的时间先后确定清偿顺序。

第五十八条　以汇票出质，当事人以背书记载“质押”字样并在汇票上签章，汇票已经交付质权人的，人民法院应当认定质权自汇票交付质权人时设立。

第五十九条　存货人或者仓单持有人在仓单上以背书记载“质押”字样，并经保管人签章，仓单已经交付质权人的，人民法院应当认定质权自仓单交付质权人时设立。没有权利凭证的仓单，依法可以办理出质登记的，仓单质权自办理出质登记时设立。

出质人既以仓单出质，又以仓储物设立担保，按照公示的先后确定清偿顺序；难以确定先后的，按照债权比例清偿。

保管人为同一货物签发多份仓单，出质人在多份仓单上设立多个质权，按照公示的先后确定清偿顺序；难以确定先后的，按照债权比例受偿。

存在第二款、第三款规定的情形，债权人举证证明其损失系由出质人与保管人的共同行为所致，请求出质人与保管人承担连带赔偿责任的，人民法院应予支持。

第六十条 在跟单信用证交易中，开证行与开证申请人之间约定以提单作为担保的，人民法院应当依照民法典关于质权的有关规定处理。

在跟单信用证交易中，开证行依据其与开证申请人之间的约定或者跟单信用证的惯例持有提单，开证申请人未按照约定付款赎单，开证行主张对提单项下货物优先受偿的，人民法院应予支持；开证行主张对提单项下货物享有所有权的，人民法院不予支持。

在跟单信用证交易中，开证行依据其与开证申请人之间的约定或者跟单信用证的惯例，通过转让提单或者提单项下货物取得价款，开证申请人请求返还超出债权部分的，人民法院应予支持。

前三款规定不影响合法持有提单的开证行以提单持有人身份主张运输合同项下的权利。

第六十一条 以现有的应收账款出质，应收账款债务人向质权人确认应收账款的真实性后，又以应收账款不存在或者已经消灭为由主张不承担责任的，人民法院不予支持。

以现有的应收账款出质，应收账款债务人未确认应收账款的真实性，质权人以应收账款债务人为被告，请求就应收账款优先受偿，能够举证证明办理出质登记时应收账款真实存在的，人民法院应予支持；质权人不能举证证明办理出质登记时应收账款真实存在，仅以已经办理出质登记为由，请求就应收账款优先受偿的，人民法院不予支持。

以现有的应收账款出质，应收账款债务人已经向应收账款债权人履行了债务，质权人请求应收账款债务人履行债务的，人民法院不予支持，但是应收账款债务人接到质权人要求向其履行的通知后，仍然向应收账款债权人履行的除外。

以基础设施和公用事业项目收益权、提供服务或者劳务产生的债权以及其他将有的应收账款出质，当事人为应收账款设立特定账户，发生法定或者约定的质权实现事由时，质权人请求就该特定账户内的款项优先受偿的，人民法院应予支持；特定账户内的款项不足以清偿债务或者未设立特定账户，质权人请求折价或者拍卖、变卖项目收益权等将有的应收账款，并以所得的价款优先受偿的，人民法院依法予以支持。

107. 定金合同纠纷

法律条文及规范索引

《中华人民共和国民法典》（2021年1月1日施行）

第五百八十六条　当事人可以约定一方向对方给付定金作为债权的担保。定金合同自实际交付定金时成立。

定金的数额由当事人约定；但是，不得超过主合同标的额的百分之二十，超过部分不产生定金的效力。实际交付的定金数额多于或者少于约定数额的，视为变更约定的定金数额。

第五百八十七条　债务人履行债务的，定金应当抵作价款或者收回。给付定金的一方不履行债务或者履行债务不符合约定，致使不能实现合同目的的，无权请求返还定金；收受定金的一方不履行债务或者履行债务不符合约定，致使不能实现合同目的的，应当双倍返还定金。

第五百八十八条　当事人既约定违约金，又约定定金的，一方违约时，对方可以选择适用违约金或者定金条款。

定金不足以弥补一方违约造成的损失的，对方可以请求赔偿超过定金数额的损失。

另，请求权基础条款参见本法第一百四十七条～第一百五十一条，第一百五十三条、第一百五十四条、第一百八十六条、第五百零六条、第五百四十九条、第五百六十二条、第五百六十三条、第五百六十六条、第五百六十八条、第五百七十七条、第五百七十八条、第五百八十六条、第五百八十七条、第五百九十二条。

108. 进出口押汇纠纷

法律条文及规范索引

进出口押汇是指从事信用证业务的银行与进出口商之间的一种短期融资方式，又分为进口押汇和出口押汇。进口押汇是开证银行接受开证申请人（进口商）委托对外签发进口信用证后，在收到议付行寄来跟单汇票及议付通知书时，经审单相符，即以货运单据为抵押，立即对外垫付进口货款及从属费用的一种资金融通方式。出口押汇是指企业（信用证受益人）在向银行提交信用证项下单据议付时，银行（议付行）根据企业的申请，凭企业提交的全套单证相符的单据作为质押进行审核，审核无误后，参照票面金额将款项垫付给企业，然后向开证行寄单索汇，并向企业收取押汇利息和银行费用并保留追索权的一种短期出口融资业务。银行在与进口商之间办理进口押汇以及与出口商之间办理出口押汇过程中形成的纠纷就是进出口押汇纠纷。本案由法律条文及规范索引可参考《民法典》物权编担保物权及合同编的相关规定。

109. 储蓄存款合同纠纷

法律条文及规范索引

《中华人民共和国民法典》（2021 年 1 月 1 日施行）

第五百七十七条 当事人一方不履行合同义务或者履行合同义务不符合约定的，应当承担继续履行、采取补救措施或者赔偿损失等违约责任。

《中华人民共和国商业银行法》（2015 年 8 月 29 日修正）

第二十九条 商业银行办理个人储蓄存款业务，应当遵循存款自愿、取款自由、存款有息、为存款人保密的原则。

对个人储蓄存款，商业银行有权拒绝任何单位或者个人查询、冻结、扣划，但法律另有规定的除外。

第三十条　对单位存款，商业银行有权拒绝任何单位或者个人查询，但法律、行政法规另有规定的除外；有权拒绝任何单位或者个人冻结、扣划，但法律另有规定的除外。

第三十一条　商业银行应当按照中国人民银行规定的存款利率的上下限，确定存款利率，并予以公告。

第三十三条　商业银行应当保证存款本金和利息的支付，不得拖延、拒绝支付存款本金和利息。

《储蓄管理条例》（2011年1月8日修订）

第二十四条　未到期的定期储蓄存款，全部提前支取的，按支取日挂牌公告的活期储蓄存款利率计付利息；部分提前支取的，提前支取的部分按支取日挂牌公告的活期储蓄存款利率计付利息，其余部分到期时按存单开户日挂牌公告的定期储蓄存款利率计付利息。

第二十五条　逾期支取的定期储蓄存款，其超过原定存期的部分，除约定自动转存的外，按支取日挂牌公告的活期储蓄存款利率计付利息。

第二十六条　定期储蓄存款在存期内遇有利率调整，按存单开户日挂牌公告的相应的定期储蓄存款利率计付利息。

第二十七条　活期储蓄存款在存入期间遇有利率调整，按结息日挂牌公告的活期储蓄存款利率计付利息。全部支取活期储蓄存款，按清户日挂牌公告的活期储蓄存款利率计付利息。

第二十八条　储户认为储蓄存款利息支付有错误时，有权向经办的储蓄机构申请复核；经办的储蓄机构应当及时受理、复核。

第二十九条　未到期的定期储蓄存款，储户提前支取的，必须持存单和存款人的身份证明办理；代储户支取的，代支取人还必须持其身份证明。

第三十条　存单、存折分为记名式和不记名式。记名式的存单、存折可以挂失，不记名式的存单、存折不能挂失。

第三十一条　储户遗失存单、存折或者预留印鉴的印章的，必须立即持本人身份证明，并提供储户的姓名、开户时间、储蓄种类、金额、帐号及住址等有关情况，向其开户的储蓄机构书面申请挂失。在特殊情况下，储户可以用口头或者函电形式申请挂失，但必须在五天内补办书面申请挂失手续。

储蓄机构受理挂失后，必须立即停止支付该储蓄存款；受理挂失前该储蓄存款已被他人支取的，储蓄机构不负赔偿责任。

第三十二条 储蓄机构及其工作人员对储户的储蓄情况负有保密责任。

储蓄机构不代任何单位和个人查询、冻结或者划拨储蓄存款，国家法律、行政法规另有规定的除外。

第三十三条 储蓄存款的所有权发生争议，涉及办理过户的，储蓄机构依据人民法院发生法律效力的判决书、裁定书或者调解书办理过户手续。

《最高人民法院关于审理存单纠纷案件的若干规定》（法释〔1997〕8号 2020年12月23日修正）

第五条 对一般存单纠纷案件的认定和处理

（一）认定

当事人以存单或进账单、对账单、存款合同等凭证为主要证据向人民法院提起诉讼的存单纠纷案件和金融机构向人民法院提起的确认存单或进账单、对账单、存款合同等凭证无效的存单纠纷案件，为一般存单纠纷案件。

（二）处理

人民法院在审理一般存单纠纷案件中，除应审查存单、进账单、对账单、存款合同等凭证的真实性外，还应审查持有人与金融机构间存款关系的真实性，并以存单、进账单、对账单、存款合同等凭证的真实性以及存款关系的真实性为依据，作出正确处理。

1. 持有人以上述真实凭证为证据提起诉讼的，金融机构应当对持有人与金融机构间是否存在存款关系负举证责任。如金融机构有充分证据证明持有人未向金融机构交付上述凭证所记载的款项的，人民法院应当认定持有人与金融机构间不存在存款关系，并判决驳回原告的诉讼请求。

2. 持有人以上述真实凭证为证据提起诉讼的，如金融机构不能提供证明存款关系不真实的证据，或仅以金融机构底单的记载内容与上述凭证记载内容不符为由进行抗辩的，人民法院应认定持有人与金融机构间存款关系成立，金融机构应当承担兑付款项的义务。

3. 持有人以在样式、印鉴、记载事项上有别于真实凭证，但无充分证据证明系伪造或变造的瑕疵凭证提起诉讼的，持有人应对瑕疵凭证的取得提供合理的陈述。如持有人对瑕疵凭证的取得提供了合理陈述，而金融机构否认存款关系存在的，金融机构应当对持有人与金融机构间是否存在存款关系负举证责任。如金融机构有充分证据证明持有人未向金融机构交付上述凭证所记载的款项的，人民法院应当认定持有人与金融机构间不存在存款关系，判决驳回原告的诉讼请求；如金融机构不能提供证明存款关系不真实的证据，或仅以金融机构底单的记载内容与上述凭证记载内容不符为由进行抗辩的，人民法院应认定持有人与金融机构间存款关系成立，金融机构应当承担兑付款项的义务。

4. 存单纠纷案件的审理中，如有充足证据证明存单、进账单、对账单、存款合同等凭证系伪造、变造，人民法院应在查明案件事实的基础上，依法确认上述凭证无效，并可驳回持上述凭证起诉的原告的诉讼请求或根据实际存款数额进行判决。如有本规定第三条中止审理情形的，人民法院应当中止审理。

110. 银行卡纠纷

（1）借记卡纠纷

（2）信用卡纠纷

法律条文及规范索引

《最高人民法院关于审理银行卡民事纠纷案件若干问题的规定》（法释〔2021〕10 号　2021 年 5 月 24 日）

为正确审理银行卡民事纠纷案件，保护当事人的合法权益，根据《中华人民共和国民法典》《中华人民共和国民事诉讼法》等规定，结合司法实践，制定本规定。

第一条　持卡人与发卡行、非银行支付机构、收单行、特约商户等当事人之间因订立银行卡合同、使用银行卡等产生的民事纠纷，适用本规定。

本规定所称银行卡民事纠纷，包括借记卡纠纷和信用卡纠纷。

第二条　发卡行在与持卡人订立银行卡合同时，对收取利息、复利、费用、违约金等格式条款未履行提示或者说明义务，致使持卡人没有注意或者理解该条款，持卡人主张该条款不成为合同的内容、对其不具有约束力的，人民法院应予支持。

发卡行请求持卡人按照信用卡合同的约定给付透支利息、复利、违约金等，或者给付分期付款手续费、利息、违约金等，持卡人以发卡行主张的总额过高为由请求予以适当减少的，人民法院应当综合考虑国家有关金融监管规定、未还款的数额及期限、当事人过错程度、发卡行的实际损失等因素，根据公平原则和诚信原则予以衡量，并作出裁决。

第三条 具有下列情形之一的，应当认定发卡行对持卡人享有的债权请求权诉讼时效中断：

（一）发卡行按约定在持卡人账户中扣划透支款本息、违约金等；

（二）发卡行以向持卡人预留的电话号码、通讯地址、电子邮箱发送手机短信、书面信件、电子邮件等方式催收债权；

（三）发卡行以持卡人恶意透支存在犯罪嫌疑为由向公安机关报案；

（四）其他可以认定为诉讼时效中断的情形。

第四条 持卡人主张争议交易为伪卡盗刷交易或者网络盗刷交易的，可以提供生效法律文书、银行卡交易时真卡所在地、交易行为地、账户交易明细、交易通知、报警记录、挂失记录等证据材料进行证明。

发卡行、非银行支付机构主张争议交易为持卡人本人交易或者其授权交易的，应当承担举证责任。发卡行、非银行支付机构可以提供交易单据、对账单、监控录像、交易身份识别信息、交易验证信息等证据材料进行证明。

第五条 在持卡人告知发卡行其账户发生非因本人交易或者本人授权交易导致的资金或者透支数额变动后，发卡行未及时向持卡人核实银行卡的持有及使用情况，未及时提供或者保存交易单据、监控录像等证据材料，导致有关证据材料无法取得的，应承担举证不能的法律后果。

第六条 人民法院应当全面审查当事人提交的证据，结合银行卡交易行为地与真卡所在地距离、持卡人是否进行了基础交易、交易时间和报警时间、持卡人用卡习惯、银行卡被盗刷的次数及频率、交易系统、技术和设备是否具有安全性等事实，综合判断是否存在伪卡盗刷交易或者网络盗刷交易。

第七条 发生伪卡盗刷交易或者网络盗刷交易，借记卡持卡人基于借记卡合同法律关系请求发卡行支付被盗刷存款本息并赔偿损失的，人民法院依法予以支持。

发生伪卡盗刷交易或者网络盗刷交易，信用卡持卡人基于信用卡合同法律关系请求发卡行返还扣划的透支款本息、违约金并赔偿损失的，人民法院依法予以支持；发卡行请求信用卡持卡人偿还透支款本息、违约金等的，人民法院不予支持。

前两款情形，持卡人对银行卡、密码、验证码等身份识别信息、交易验证信息未尽妥善保管义务具有过错，发卡行主张持卡人承担相应责任的，人民法院应予支持。

持卡人未及时采取挂失等措施防止损失扩大，发卡行主张持卡人自行承担扩大损失责任的，人民法院应予支持。

第八条　发卡行在与持卡人订立银行卡合同或者在开通网络支付业务功能时，未履行告知持卡人银行卡具有相关网络支付功能义务，持卡人以其未与发卡行就争议网络支付条款达成合意为由请求不承担因使用该功能而导致网络盗刷责任的，人民法院应予支持，但有证据证明持卡人同意使用该网络支付功能的，适用本规定第七条规定。

非银行支付机构新增网络支付业务类型时，未向持卡人履行前款规定义务的，参照前款规定处理。

第九条　发卡行在与持卡人订立银行卡合同或者新增网络支付业务时，未完全告知某一网络支付业务持卡人身份识别方式、交易验证方式、交易规则等足以影响持卡人决定是否使用该功能的内容，致使持卡人没有全面准确理解该功能，持卡人以其未与发卡行就相关网络支付条款达成合意为由请求不承担因使用该功能而导致网络盗刷责任的，人民法院应予支持，但持卡人对于网络盗刷具有过错的，应当承担相应过错责任。发卡行虽然未尽前述义务，但是有证据证明持卡人知道并理解该网络支付功能的，适用本规定第七条规定。

非银行支付机构新增网络支付业务类型时，存在前款未完全履行告知义务情形，参照前款规定处理。

第十条　发卡行或者非银行支付机构向持卡人提供的宣传资料载明其承担网络盗刷先行赔付责任，该允诺具体明确，应认定为合同的内容。持卡人据此请求发卡行或者非银行支付机构承担先行赔付责任的，人民法院应予支持。

因非银行支付机构相关网络支付业务系统、设施和技术不符合安全要求导致网络盗刷，持卡人请求判令该机构承担先行赔付责任的，人民法院应予支持。

第十一条　在收单行与发卡行不是同一银行的情形下，因收单行未尽保障持卡人用卡安全义务或者因特约商户未尽审核持卡人签名真伪、银行卡真伪等审核义务导致发生伪卡盗刷交易，持卡人请求收单行或者特约商户承担赔偿责任的，人民法院应予支持，但持卡人对伪卡盗刷交易具有过错，可以减轻或者免除收单行或者特约商户相应责任。

持卡人请求发卡行承担责任，发卡行申请追加收单行或者特约商户作为第三人参加诉讼的，人民法院可以准许。

发卡行承担责任后，可以依法主张存在过错的收单行或者特约商户承担相应责任。

第十二条 发卡行、非银行支付机构、收单行、特约商户承担责任后，请求盗刷者承担侵权责任的，人民法院应予支持。

第十三条 因同一伪卡盗刷交易或者网络盗刷交易，持卡人向发卡行、非银行支付机构、收单行、特约商户、盗刷者等主体主张权利，所获赔偿数额不应超过其因银行卡被盗刷所致损失总额。

第十四条 持卡人依据其对伪卡盗刷交易或者网络盗刷交易不承担或者不完全承担责任的事实，请求发卡行及时撤销相应不良征信记录的，人民法院应予支持。

第十五条 本规定所称伪卡盗刷交易，是指他人使用伪造的银行卡刷卡进行取现、消费、转账等，导致持卡人账户发生非基于本人意思的资金减少或者透支数额增加的行为。

本规定所称网络盗刷交易，是指他人盗取并使用持卡人银行卡网络交易身份识别信息和交易验证信息进行网络交易，导致持卡人账户发生非因本人意思的资金减少或者透支数额增加的行为。

第十六条 本规定施行后尚未终审的案件，适用本规定。本规定施行前已经终审，当事人申请再审或者按照审判监督程序决定再审的案件，不适用本规定。

《中国人民银行银行卡业务管理办法》（银发〔1999〕17号 1999年1月5日）

第五十一条 发卡银行的权利：

（一）发卡银行有权审查申请人的资信状况、索取申请人的个人资料，并有权决定是否向申请人发卡及确定信用卡持卡人的透支额度。

（二）发卡银行对持卡人透支有追偿权。对持卡人不在规定期限内归还透支款项的，发卡银行有权申请法律保护并依法追究持卡人或有关当事人的法律责任。

（三）发卡银行对不遵守其章程规定的持卡人，有权取消其持卡人资格，并可授权有关单位收回其银行卡。

（四）发卡银行对储值卡和IC卡内的电子钱包可不予挂失。

第五十二条 发卡银行的义务：

（一）发卡银行应当向银行卡申请人提供有关银行卡的使用说明资料，包括章程、使用说明及收费标准。现有持卡人亦可索取上述资料。

（二）发卡银行应当设立针对银行卡服务的公平、有效的投诉制度，并公开投诉程序和投诉电话。发卡银行对持卡人关于账务情况的查询和改正要求应当在30天内给予答复。

（三）发卡银行应当向持卡人提供对账服务。按月向持卡人提供账户结单，在下列情况下发卡银行可不向持卡人提供账户结单：

1. 已向持卡人提供存折或其他交易记录；

2. 自上一份月结单后，没有进行任何交易，账户没有任何未偿还余额；

3. 已与持卡人另行商定。

（四）发卡银行向持卡人提供的银行卡对账单应当列出以下内容：

1. 交易金额、账户余额（贷记卡还应列出到期还款日、最低还款额、可信用额度）；

2. 交易金额记入有关账户或自有关账户扣除的日期；

3. 交易日期与类别；

4. 交易记录号码；

5. 作为支付对象的商户名称或代号（异地交易除外）；

6. 查询或报告不符账务的地址或电话号码。

（五）发卡银行应当向持卡人提供银行卡挂失服务，应当设立24小时挂失服务电话，提供电话和书面两种挂失方式，书面挂失为正式挂失方式。并在章程或有关协议中明确发卡银行与持卡人之间的挂失责任。

（六）发卡银行应当在有关卡的章程或使用说明中向持卡人说明密码的重要性及丢失的责任。

（七）发卡银行对持卡人的资信资料负有保密的责任。

第五十三条 持卡人的权利：

（一）持卡人享有发卡银行对其银行卡所承诺的各项服务的权利，有权监督服务质量并对不符服务质量进行投诉。

（二）申请人、持卡人有权知悉其选用的银行卡的功能、使用方法、收费项目、收费标准、适用利率及有关的计算公式。

（三）持卡人有权在规定时间内向发卡银行索取对账单，并有权要求对不符账务内容进行查询或改正。

（四）借记卡的挂失手续办妥后，持卡人不再承担相应卡账户资金变动的责任，司法机关、仲裁机关另有判决的除外。

（五）持卡人有权索取信用卡领用合约，并应妥善保管。

第五十四条 持卡人的义务：

（一）申请人应当向发卡银行提供真实的申请资料并按照发卡银行规定向其提供符合条件的担保。

（二）持卡人应当遵守发卡银行的章程及《领用合约》的有关条款。

（三）持卡人或保证人通讯地址、职业等发生变化，应当及时书面通知发卡银行。

（四）持卡人不得以和商户发生纠纷为由拒绝支付所欠银行款项。

第五十五条 商业银行发展受理银行卡的商户，应当与商户签订受理合约，受理合约不得包括排他性条款。受理合约中的手续费率标准低于本办法规定标准的不受法律保护。

111. 租赁合同纠纷

（1）土地租赁合同纠纷

（2）房屋租赁合同纠纷

（3）车辆租赁合同纠纷

（4）建筑设备租赁合同纠纷

法律条文及规范索引

《中华人民共和国民法典》（2021年1月1日施行）

第七百零三条 租赁合同是出租人将租赁物交付承租人使用、收益，承租人支付租金的合同。

第七百零四条 租赁合同的内容一般包括租赁物的名称、数量、用途、租赁期限、租金及其支付期限和方式、租赁物维修等条款。

第七百零五条 租赁期限不得超过二十年。超过二十年的，超过部分无效。

租赁期限届满，当事人可以续订租赁合同；但是，约定的租赁期限自续订之日起不得超过二十年。

第七百零六条　当事人未依照法律、行政法规规定办理租赁合同登记备案手续的，不影响合同的效力。

第七百零七条　租赁期限六个月以上的，应当采用书面形式。当事人未采用书面形式，无法确定租赁期限的，视为不定期租赁。

第七百零八条　出租人应当按照约定将租赁物交付承租人，并在租赁期限内保持租赁物符合约定的用途。

第七百零九条　承租人应当按照约定的方法使用租赁物。对租赁物的使用方法没有约定或者约定不明确，依据本法第五百一十条的规定仍不能确定的，应当根据租赁物的性质使用。

第七百一十条　承租人按照约定的方法或者根据租赁物的性质使用租赁物，致使租赁物受到损耗的，不承担赔偿责任。

第七百一十一条　承租人未按照约定的方法或者未根据租赁物的性质使用租赁物，致使租赁物受到损失的，出租人可以解除合同并请求赔偿损失。

第七百一十二条　出租人应当履行租赁物的维修义务，但是当事人另有约定的除外。

第七百一十三条　承租人在租赁物需要维修时可以请求出租人在合理期限内维修。出租人未履行维修义务的，承租人可以自行维修，维修费用由出租人负担。因维修租赁物影响承租人使用的，应当相应减少租金或者延长租期。

因承租人的过错致使租赁物需要维修的，出租人不承担前款规定的维修义务。

第七百一十四条　承租人应当妥善保管租赁物，因保管不善造成租赁物毁损、灭失的，应当承担赔偿责任。

第七百一十五条　承租人经出租人同意，可以对租赁物进行改善或者增设他物。

承租人未经出租人同意，对租赁物进行改善或者增设他物的，出租人可以请求承租人恢复原状或者赔偿损失。

第七百一十六条　承租人经出租人同意，可以将租赁物转租给第三人。承租人转租的，承租人与出租人之间的租赁合同继续有效；第三人造成租赁物损失的，承租人应当赔偿损失。

承租人未经出租人同意转租的，出租人可以解除合同。

第七百一十七条 承租人经出租人同意将租赁物转租给第三人，转租期限超过承租人剩余租赁期限的，超过部分的约定对出租人不具有法律约束力，但是出租人与承租人另有约定的除外。

第七百一十八条 出租人知道或者应当知道承租人转租，但是在六个月内未提出异议的，视为出租人同意转租。

第七百一十九条 承租人拖欠租金的，次承租人可以代承租人支付其欠付的租金和违约金，但是转租合同对出租人不具有法律约束力的除外。

次承租人代为支付的租金和违约金，可以充抵次承租人应当向承租人支付的租金；超出其应付的租金数额的，可以向承租人追偿。

第七百二十条 在租赁期限内因占有、使用租赁物获得的收益，归承租人所有，但是当事人另有约定的除外。

第七百二十一条 承租人应当按照约定的期限支付租金。对支付租金的期限没有约定或者约定不明确，依据本法第五百一十条的规定仍不能确定，租赁期限不满一年的，应当在租赁期限届满时支付；租赁期限一年以上的，应当在每届满一年时支付，剩余期限不满一年的，应当在租赁期限届满时支付。

第七百二十二条 承租人无正当理由未支付或者迟延支付租金的，出租人可以请求承租人在合理期限内支付；承租人逾期不支付的，出租人可以解除合同。

第七百二十三条 因第三人主张权利，致使承租人不能对租赁物使用、收益的，承租人可以请求减少租金或者不支付租金。

第三人主张权利的，承租人应当及时通知出租人。

第七百二十四条 有下列情形之一，非因承租人原因致使租赁物无法使用的，承租人可以解除合同：

（一）租赁物被司法机关或者行政机关依法查封、扣押；

（二）租赁物权属有争议；

（三）租赁物具有违反法律、行政法规关于使用条件的强制性规定情形。

第七百二十五条 租赁物在承租人按照租赁合同占有期限内发生所有权变动的，不影响租赁合同的效力。

第七百二十六条 出租人出卖租赁房屋的，应当在出卖之前的合理期限内通知承租人，承租人享有以同等条件优先购买的权利；但是，房屋按份共有人行使优先购买权或者出租人将房屋出卖给近亲属的除外。

出租人履行通知义务后，承租人在十五日内未明确表示购买的，视为承租人放弃优先购买权。

第七百二十七条　出租人委托拍卖人拍卖租赁房屋的，应当在拍卖五日前通知承租人。承租人未参加拍卖的，视为放弃优先购买权。

第七百二十八条　出租人未通知承租人或者有其他妨害承租人行使优先购买权情形的，承租人可以请求出租人承担赔偿责任。但是，出租人与第三人订立的房屋买卖合同的效力不受影响。

第七百二十九条　因不可归责于承租人的事由，致使租赁物部分或者全部毁损、灭失的，承租人可以请求减少租金或者不支付租金；因租赁物部分或者全部毁损、灭失，致使不能实现合同目的的，承租人可以解除合同。

第七百三十条　当事人对租赁期限没有约定或者约定不明确，依据本法第五百一十条的规定仍不能确定的，视为不定期租赁；当事人可以随时解除合同，但是应当在合理期限之前通知对方。

第七百三十一条　租赁物危及承租人的安全或者健康的，即使承租人订立合同时明知该租赁物质量不合格，承租人仍然可以随时解除合同。

第七百三十二条　承租人在房屋租赁期限内死亡的，与其生前共同居住的人或者共同经营人可以按照原租赁合同租赁该房屋。

第七百三十三条　租赁期限届满，承租人应当返还租赁物。返还的租赁物应当符合按照约定或者根据租赁物的性质使用后的状态。

第七百三十四条　租赁期限届满，承租人继续使用租赁物，出租人没有提出异议的，原租赁合同继续有效，但是租赁期限为不定期。

租赁期限届满，房屋承租人享有以同等条件优先承租的权利。

另，请求权基础条款参见本法第一百五十三条、第一百五十四条、第一百四十八条～第一百五十一条，第五百四十九条、第五百六十二条、第五百六十三条、第五百六十六条、第五百六十八条、第五百七十七条、第五百七十八条。

《最高人民法院关于审理城镇房屋租赁合同纠纷案件具体问题应用法律若干问题的解释》（法释〔2009〕11号　2020年12月23日修正）

第一条　本解释所称城镇房屋，是指城市、镇规划区内的房屋。

乡、村庄规划区内的房屋租赁合同纠纷案件，可以参照本解释处理。但法律另有规定的，适用其规定。

当事人依照国家福利政策租赁公有住房、廉租住房、经济适用住房产生的纠纷案件，不适用本解释。

第二条 出租人就未取得建设工程规划许可证或者未按照建设工程规划许可证的规定建设的房屋，与承租人订立的租赁合同无效。但在一审法庭辩论终结前取得建设工程规划许可证或者经主管部门批准建设的，人民法院应当认定有效。

第三条 出租人就未经批准或者未按照批准内容建设的临时建筑，与承租人订立的租赁合同无效。但在一审法庭辩论终结前经主管部门批准建设的，人民法院应当认定有效。

租赁期限超过临时建筑的使用期限，超过部分无效。但在一审法庭辩论终结前经主管部门批准延长使用期限的，人民法院应当认定延长使用期限内的租赁期间有效。

第四条 房屋租赁合同无效，当事人请求参照合同约定的租金标准支付房屋占有使用费的，人民法院一般应予支持。

当事人请求赔偿因合同无效受到的损失，人民法院依照民法典第一百五十七条和本解释第七条、第十一条、第十二条的规定处理。

第五条 出租人就同一房屋订立数份租赁合同，在合同均有效的情况下，承租人均主张履行合同的，人民法院按照下列顺序确定履行合同的承租人：

（一）已经合法占有租赁房屋的；

（二）已经办理登记备案手续的；

（三）合同成立在先的。

不能取得租赁房屋的承租人请求解除合同、赔偿损失的，依照民法典的有关规定处理。

第六条 承租人擅自变动房屋建筑主体和承重结构或者扩建，在出租人要求的合理期限内仍不予恢复原状，出租人请求解除合同并要求赔偿损失的，人民法院依照民法典第七百一十一条的规定处理。

第七条 承租人经出租人同意装饰装修，租赁合同无效时，未形成附合的装饰装修物，出租人同意利用的，可折价归出租人所有；不同意利用的，可由承租人拆除。因拆除造成房屋毁损的，承租人应当恢复原状。

已形成附合的装饰装修物，出租人同意利用的，可折价归出租人所有；

不同意利用的，由双方各自按照导致合同无效的过错分担现值损失。

第八条　承租人经出租人同意装饰装修，租赁期间届满或者合同解除时，除当事人另有约定外，未形成附合的装饰装修物，可由承租人拆除。因拆除造成房屋毁损的，承租人应当恢复原状。

第九条　承租人经出租人同意装饰装修，合同解除时，双方对已形成附合的装饰装修物的处理没有约定的，人民法院按照下列情形分别处理：

（一）因出租人违约导致合同解除，承租人请求出租人赔偿剩余租赁期内装饰装修残值损失的，应予支持；

（二）因承租人违约导致合同解除，承租人请求出租人赔偿剩余租赁期内装饰装修残值损失的，不予支持。但出租人同意利用的，应在利用价值范围内予以适当补偿；

（三）因双方违约导致合同解除，剩余租赁期内的装饰装修残值损失，由双方根据各自的过错承担相应的责任；

（四）因不可归责于双方的事由导致合同解除的，剩余租赁期内的装饰装修残值损失，由双方按照公平原则分担。法律另有规定的，适用其规定。

第十条　承租人经出租人同意装饰装修，租赁期间届满时，承租人请求出租人补偿附合装饰装修费用的，不予支持。但当事人另有约定的除外。

第十一条　承租人未经出租人同意装饰装修或者扩建发生的费用，由承租人负担。出租人请求承租人恢复原状或者赔偿损失的，人民法院应予支持。

第十二条　承租人经出租人同意扩建，但双方对扩建费用的处理没有约定的，人民法院按照下列情形分别处理：

（一）办理合法建设手续的，扩建造价费用由出租人负担；

（二）未办理合法建设手续的，扩建造价费用由双方按照过错分担。

第十三条　房屋租赁合同无效、履行期限届满或者解除，出租人请求负有腾房义务的次承租人支付逾期腾房占有使用费的，人民法院应予支持。

第十四条　租赁房屋在承租人按照租赁合同占有期限内发生所有权变动，承租人请求房屋受让人继续履行原租赁合同的，人民法院应予支持。但租赁房屋具有下列情形或者当事人另有约定的除外：

（一）房屋在出租前已设立抵押权，因抵押权人实现抵押权发生所有权变动的；

（二）房屋在出租前已被人民法院依法查封的。

第十五条 出租人与抵押权人协议折价、变卖租赁房屋偿还债务，应当在合理期限内通知承租人。承租人请求以同等条件优先购买房屋的，人民法院应予支持。

112. 融资租赁合同纠纷

法律条文及规范索引

《中华人民共和国民法典》（2021年1月1日施行）

第七百三十六条 融资租赁合同的内容一般包括租赁物的名称、数量、规格、技术性能、检验方法，租赁期限，租金构成及其支付期限和方式、币种，租赁期限届满租赁物的归属等条款。

融资租赁合同应当采用书面形式。

第七百三十七条 当事人以虚构租赁物方式订立的融资租赁合同无效。

第七百三十八条 依照法律、行政法规的规定，对于租赁物的经营使用应当取得行政许可的，出租人未取得行政许可不影响融资租赁合同的效力。

第七百三十九条 出租人根据承租人对出卖人、租赁物的选择订立的买卖合同，出卖人应当按照约定向承租人交付标的物，承租人享有与受领标的物有关的买受人的权利。

第七百四十条 出卖人违反向承租人交付标的物的义务，有下列情形之一的，承租人可以拒绝受领出卖人向其交付的标的物：

（一）标的物严重不符合约定；

（二）未按照约定交付标的物，经承租人或者出租人催告后在合理期限内仍未交付。

承租人拒绝受领标的物的，应当及时通知出租人。

第七百四十一条 出租人、出卖人、承租人可以约定，出卖人不履行买卖合同义务的，由承租人行使索赔的权利。承租人行使索赔权利的，出租人应当协助。

第七百四十二条 承租人对出卖人行使索赔权利，不影响其履行支付租金的义务。但是，承租人依赖出租人的技能确定租赁物或者出租人干预选择租赁物的，承租人可以请求减免相应租金。

第七百四十三条　出租人有下列情形之一，致使承租人对出卖人行使索赔权利失败的，承租人有权请求出租人承担相应的责任：

（一）明知租赁物有质量瑕疵而不告知承租人；

（二）承租人行使索赔权利时，未及时提供必要协助。

出租人怠于行使只能由其对出卖人行使的索赔权利，造成承租人损失的，承租人有权请求出租人承担赔偿责任。

第七百四十四条　出租人根据承租人对出卖人、租赁物的选择订立的买卖合同，未经承租人同意，出租人不得变更与承租人有关的合同内容。

第七百四十五条　出租人对租赁物享有的所有权，未经登记，不得对抗善意第三人。

第七百四十六条　融资租赁合同的租金，除当事人另有约定外，应当根据购买租赁物的大部分或者全部成本以及出租人的合理利润确定。

第七百四十七条　租赁物不符合约定或者不符合使用目的的，出租人不承担责任。但是，承租人依赖出租人的技能确定租赁物或者出租人干预选择租赁物的除外。

第七百四十八条　出租人应当保证承租人对租赁物的占有和使用。

出租人有下列情形之一的，承租人有权请求其赔偿损失：

（一）无正当理由收回租赁物；

（二）无正当理由妨碍、干扰承租人对租赁物的占有和使用；

（三）因出租人的原因致使第三人对租赁物主张权利；

（四）不当影响承租人对租赁物占有和使用的其他情形。

第七百四十九条　承租人占有租赁物期间，租赁物造成第三人人身损害或者财产损失的，出租人不承担责任。

第七百五十条　承租人应当妥善保管、使用租赁物。

承租人应当履行占有租赁物期间的维修义务。

第七百五十一条　承租人占有租赁物期间，租赁物毁损、灭失的，出租人有权请求承租人继续支付租金，但是法律另有规定或者当事人另有约定的除外。

第七百五十二条　承租人应当按照约定支付租金。承租人经催告后在合理期限内仍不支付租金的，出租人可以请求支付全部租金；也可以解除合同，收回租赁物。

第七百五十三条　承租人未经出租人同意，将租赁物转让、抵押、质押、投资入股或者以其他方式处分的，出租人可以解除融资租赁合同。

第七百五十四条 有下列情形之一的，出租人或者承租人可以解除融资租赁合同：

（一）出租人与出卖人订立的买卖合同解除、被确认无效或者被撤销，且未能重新订立买卖合同；

（二）租赁物因不可归责于当事人的原因毁损、灭失，且不能修复或者确定替代物；

（三）因出卖人的原因致使融资租赁合同的目的不能实现。

第七百五十五条 融资租赁合同因买卖合同解除、被确认无效或者被撤销而解除，出卖人、租赁物系由承租人选择的，出租人有权请求承租人赔偿相应损失；但是，因出租人原因致使买卖合同解除、被确认无效或者被撤销的除外。

出租人的损失已经在买卖合同解除、被确认无效或者被撤销时获得赔偿的，承租人不再承担相应的赔偿责任。

第七百五十六条 融资租赁合同因租赁物交付承租人后意外毁损、灭失等不可归责于当事人的原因解除的，出租人可以请求承租人按照租赁物折旧情况给予补偿。

第七百五十七条 出租人和承租人可以约定租赁期限届满租赁物的归属；对租赁物的归属没有约定或者约定不明确，依据本法第五百一十条的规定仍不能确定的，租赁物的所有权归出租人。

第七百五十八条 当事人约定租赁期限届满租赁物归承租人所有，承租人已经支付大部分租金，但是无力支付剩余租金，出租人因此解除合同收回租赁物，收回的租赁物的价值超过承租人欠付的租金以及其他费用的，承租人可以请求相应返还。

当事人约定租赁期限届满租赁物归出租人所有，因租赁物毁损、灭失或者附合、混合于他物致使承租人不能返还的，出租人有权请求承租人给予合理补偿。

第七百五十九条 当事人约定租赁期限届满，承租人仅需向出租人支付象征性价款的，视为约定的租金义务履行完毕后租赁物的所有权归承租人。

第七百六十条 融资租赁合同无效，当事人就该情形下租赁物的归属有约定的，按照其约定；没有约定或者约定不明确的，租赁物应当返还出租人。但是，因承租人原因致使合同无效，出租人不请求返还或者返还后会显著降低租赁物效用的，租赁物的所有权归承租人，由承租人给予出租人合理补偿。

《最高人民法院关于审理融资租赁合同纠纷案件适用法律问题的解释》（法释〔2014〕3号　2020年12月23日修正）

第二条　承租人将其自有物出卖给出租人，再通过融资租赁合同将租赁物从出租人处租回的，人民法院不应仅以承租人和出卖人系同一人为由认定不构成融资租赁法律关系。

第三条　承租人拒绝受领租赁物，未及时通知出租人，或者无正当理由拒绝受领租赁物，造成出租人损失，出租人向承租人主张损害赔偿的，人民法院应予支持。

第四条　出租人转让其在融资租赁合同项下的部分或者全部权利，受让方以此为由请求解除或者变更融资租赁合同的，人民法院不予支持。

第五条　有下列情形之一，出租人请求解除融资租赁合同的，人民法院应予支持：

（一）承租人未按照合同约定的期限和数额支付租金，符合合同约定的解除条件，经出租人催告后在合理期限内仍不支付的；

（二）合同对于欠付租金解除合同的情形没有明确约定，但承租人欠付租金达到两期以上，或者数额达到全部租金百分之十五以上，经出租人催告后在合理期限内仍不支付的；

（三）承租人违反合同约定，致使合同目的不能实现的其他情形。

第六条　因出租人的原因致使承租人无法占有、使用租赁物，承租人请求解除融资租赁合同的，人民法院应予支持。

第七条　当事人在一审诉讼中仅请求解除融资租赁合同，未对租赁物的归属及损失赔偿提出主张的，人民法院可以向当事人进行释明。

第八条　租赁物不符合融资租赁合同的约定且出租人实施了下列行为之一，承租人依照民法典第七百四十四条、第七百四十七条的规定，要求出租人承担相应责任的，人民法院应予支持：

（一）出租人在承租人选择出卖人、租赁物时，对租赁物的选定起决定作用的；

（二）出租人干预或者要求承租人按照出租人意愿选择出卖人或者租赁物的；

（三）出租人擅自变更承租人已经选定的出卖人或者租赁物的。

承租人主张其系依赖出租人的技能确定租赁物或者出租人干预选择租赁物的，对上述事实承担举证责任。

第九条　承租人逾期履行支付租金义务或者迟延履行其他付款义务，出租人按照融资租赁合同的约定要求承租人支付逾期利息、相应违约金的，人民法院应予支持。

第十条　出租人既请求承租人支付合同约定的全部未付租金又请求解除融资租赁合同的，人民法院应告知其依照民法典第七百五十二条的规定作出选择。

出租人请求承租人支付合同约定的全部未付租金，人民法院判决后承租人未予履行，出租人再行起诉请求解除融资租赁合同、收回租赁物的，人民法院应予受理。

第十一条　出租人依照本解释第五条的规定请求解除融资租赁合同，同时请求收回租赁物并赔偿损失的，人民法院应予支持。

前款规定的损失赔偿范围为承租人全部未付租金及其他费用与收回租赁物价值的差额。合同约定租赁期间届满后租赁物归出租人所有的，损失赔偿范围还应包括融资租赁合同到期后租赁物的残值。

第十二条　诉讼期间承租人与出租人对租赁物的价值有争议的，人民法院可以按照融资租赁合同的约定确定租赁物价值；融资租赁合同未约定或者约定不明的，可以参照融资租赁合同约定的租赁物折旧以及合同到期后租赁物的残值确定租赁物价值。

承租人或者出租人认为依前款确定的价值严重偏离租赁物实际价值的，可以请求人民法院委托有资质的机构评估或者拍卖确定。

第十三条　出卖人与买受人因买卖合同发生纠纷，或者出租人与承租人因融资租赁合同发生纠纷，当事人仅对其中一个合同关系提起诉讼，人民法院经审查后认为另一合同关系的当事人与案件处理结果有法律上的利害关系的，可以通知其作为第三人参加诉讼。

承租人与租赁物的实际使用人不一致，融资租赁合同当事人未对租赁物的实际使用人提起诉讼，人民法院经审查后认为租赁物的实际使用人与案件处理结果有法律上的利害关系的，可以通知其作为第三人参加诉讼。

承租人基于买卖合同和融资租赁合同直接向出卖人主张受领租赁物、索赔等买卖合同权利的，人民法院应通知出租人作为第三人参加诉讼。

第十四条　当事人因融资租赁合同租金欠付争议向人民法院请求保护其

权利的诉讼时效期间为三年，自租赁期限届满之日起计算。

113. 保理合同纠纷

法律条文及规范索引

《中华人民共和国民法典》（2021年1月1日施行）

第七百六十一条　保理合同是应收账款债权人将现有的或者将有的应收账款转让给保理人，保理人提供资金融通、应收账款管理或者催收、应收账款债务人付款担保等服务的合同。

第七百六十二条　保理合同的内容一般包括业务类型、服务范围、服务期限、基础交易合同情况、应收账款信息、保理融资款或者服务报酬及其支付方式等条款。

保理合同应当采用书面形式。

第七百六十三条　应收账款债权人与债务人虚构应收账款作为转让标的，与保理人订立保理合同的，应收账款债务人不得以应收账款不存在为由对抗保理人，但是保理人明知虚构的除外。

第七百六十四条　保理人向应收账款债务人发出应收账款转让通知的，应当表明保理人身份并附有必要凭证。

第七百六十五条　应收账款债务人接到应收账款转让通知后，应收账款债权人与债务人无正当理由协商变更或者终止基础交易合同，对保理人产生不利影响的，对保理人不发生效力。

第七百六十六条　当事人约定有追索权保理的，保理人可以向应收账款债权人主张返还保理融资款本息或者回购应收账款债权，也可以向应收账款债务人主张应收账款债权。保理人向应收账款债务人主张应收账款债权，在扣除保理融资款本息和相关费用后有剩余的，剩余部分应当返还给应收账款债权人。

第七百六十七条　当事人约定无追索权保理的，保理人应当向应收账款债务人主张应收账款债权，保理人取得超过保理融资款本息和相关费用的部分，无需向应收账款债权人返还。

第七百六十八条　应收账款债权人就同一应收账款订立多个保理合同，

致使多个保理人主张权利的，已经登记的先于未登记的取得应收账款；均已经登记的，按照登记时间的先后顺序取得应收账款；均未登记的，由最先到达应收账款债务人的转让通知中载明的保理人取得应收账款；既未登记也未通知的，按照保理融资款或者服务报酬的比例取得应收账款。

第七百六十九条 本章没有规定的，适用本编第六章债权转让的有关规定。

114. 承揽合同纠纷

(1) 加工合同纠纷
(2) 定作合同纠纷
(3) 修理合同纠纷
(4) 复制合同纠纷
(5) 测试合同纠纷
(6) 检验合同纠纷
(7) 铁路机车、车辆建造合同纠纷

法律条文及规范索引

《中华人民共和国民法典》(2021 年 1 月 1 日施行)

第七百七十条 承揽合同是承揽人按照定作人的要求完成工作，交付工作成果，定作人支付报酬的合同。

承揽包括加工、定作、修理、复制、测试、检验等工作。

第七百七十一条 承揽合同的内容一般包括承揽的标的、数量、质量、报酬，承揽方式，材料的提供，履行期限，验收标准和方法等条款。

第七百七十二条 承揽人应当以自己的设备、技术和劳力，完成主要工作，但是当事人另有约定的除外。

承揽人将其承揽的主要工作交由第三人完成的，应当就该第三人完成的工作成果向定作人负责；未经定作人同意的，定作人也可以解除合同。

第七百七十三条 承揽人可以将其承揽的辅助工作交由第三人完成。承揽人将其承揽的辅助工作交由第三人完成的，应当就该第三人完成的工作成果向定作人负责。

第七百七十四条　承揽人提供材料的，应当按照约定选用材料，并接受定作人检验。

第七百七十五条　定作人提供材料的，应当按照约定提供材料。承揽人对定作人提供的材料应当及时检验，发现不符合约定时，应当及时通知定作人更换、补齐或者采取其他补救措施。

承揽人不得擅自更换定作人提供的材料，不得更换不需要修理的零部件。

第七百七十六条　承揽人发现定作人提供的图纸或者技术要求不合理的，应当及时通知定作人。因定作人怠于答复等原因造成承揽人损失的，应当赔偿损失。

第七百七十七条　定作人中途变更承揽工作的要求，造成承揽人损失的，应当赔偿损失。

第七百七十八条　承揽工作需要定作人协助的，定作人有协助的义务。定作人不履行协助义务致使承揽工作不能完成的，承揽人可以催告定作人在合理期限内履行义务，并可以顺延履行期限；定作人逾期不履行的，承揽人可以解除合同。

第七百七十九条　承揽人在工作期间，应当接受定作人必要的监督检验。定作人不得因监督检验妨碍承揽人的正常工作。

第七百八十条　承揽人完成工作的，应当向定作人交付工作成果，并提交必要的技术资料和有关质量证明。定作人应当验收该工作成果。

第七百八十一条　承揽人交付的工作成果不符合质量要求的，定作人可以合理选择请求承揽人承担修理、重作、减少报酬、赔偿损失等违约责任。

第七百八十二条　定作人应当按照约定的期限支付报酬。对支付报酬的期限没有约定或者约定不明确，依据本法第五百一十条的规定仍不能确定的，定作人应当在承揽人交付工作成果时支付；工作成果部分交付的，定作人应当相应支付。

第七百八十三条　定作人未向承揽人支付报酬或者材料费等价款的，承揽人对完成的工作成果享有留置权或者有权拒绝交付，但是当事人另有约定的除外。

第七百八十四条　承揽人应当妥善保管定作人提供的材料以及完成的工作成果，因保管不善造成毁损、灭失的，应当承担赔偿责任。

第七百八十五条 承揽人应当按照定作人的要求保守秘密，未经定作人许可，不得留存复制品或者技术资料。

第七百八十六条 共同承揽人对定作人承担连带责任，但是当事人另有约定的除外。

第七百八十七条 定作人在承揽人完成工作前可以随时解除合同，造成承揽人损失的，应当赔偿损失。

另，请求权基础条款参见本法第一百五十三条、第一百五十四条、第一百四十八条～第一百五十一条，第一百八十六条，第五百零六条，第五百四十九条、第五百六十二条、第五百六十三条、第五百六十六条、第五百六十八条、第五百七十七条、第五百七十八条。

115. 建设工程合同纠纷

（1）建设工程勘察合同纠纷

（2）建设工程设计合同纠纷

（3）建设工程施工合同纠纷

（4）建设工程价款优先受偿权纠纷

（5）建设工程分包合同纠纷

（6）建设工程监理合同纠纷

（7）装饰装修合同纠纷

（8）铁路修建合同纠纷

（9）农村建房施工合同纠纷

法律条文及规范索引

《中华人民共和国民法典》（2021年1月1日施行）

第七百八十八条 建设工程合同是承包人进行工程建设，发包人支付价款的合同。

建设工程合同包括工程勘察、设计、施工合同。

第七百八十九条 建设工程合同应当采用书面形式。

第七百九十条 建设工程的招标投标活动，应当依照有关法律的规定公开、公平、公正进行。

第七百九十一条　发包人可以与总承包人订立建设工程合同，也可以分别与勘察人、设计人、施工人订立勘察、设计、施工承包合同。发包人不得将应当由一个承包人完成的建设工程支解成若干部分发包给数个承包人。

总承包人或者勘察、设计、施工承包人经发包人同意，可以将自己承包的部分工作交由第三人完成。第三人就其完成的工作成果与总承包人或者勘察、设计、施工承包人向发包人承担连带责任。承包人不得将其承包的全部建设工程转包给第三人或者将其承包的全部建设工程支解以后以分包的名义分别转包给第三人。

禁止承包人将工程分包给不具备相应资质条件的单位。禁止分包单位将其承包的工程再分包。建设工程主体结构的施工必须由承包人自行完成。

第七百九十二条　国家重大建设工程合同，应当按照国家规定的程序和国家批准的投资计划、可行性研究报告等文件订立。

第七百九十三条　建设工程施工合同无效，但是建设工程经验收合格的，可以参照合同关于工程价款的约定折价补偿承包人。

建设工程施工合同无效，且建设工程经验收不合格的，按照以下情形处理：

（一）修复后的建设工程经验收合格的，发包人可以请求承包人承担修复费用；

（二）修复后的建设工程经验收不合格的，承包人无权请求参照合同关于工程价款的约定折价补偿。

发包人对因建设工程不合格造成的损失有过错的，应当承担相应的责任。

第七百九十四条　勘察、设计合同的内容一般包括提交有关基础资料和概预算等文件的期限、质量要求、费用以及其他协作条件等条款。

第七百九十五条　施工合同的内容一般包括工程范围、建设工期、中间交工工程的开工和竣工时间、工程质量、工程造价、技术资料交付时间、材料和设备供应责任、拨款和结算、竣工验收、质量保修范围和质量保证期、相互协作等条款。

第七百九十六条　建设工程实行监理的，发包人应当与监理人采用书面形式订立委托监理合同。发包人与监理人的权利和义务以及法律责任，应当依照本编委托合同以及其他有关法律、行政法规的规定。

第七百九十七条 发包人在不妨碍承包人正常作业的情况下，可以随时对作业进度、质量进行检查。

第七百九十八条 隐蔽工程在隐蔽以前，承包人应当通知发包人检查。发包人没有及时检查的，承包人可以顺延工程日期，并有权请求赔偿停工、窝工等损失。

第七百九十九条 建设工程竣工后，发包人应当根据施工图纸及说明书、国家颁发的施工验收规范和质量检验标准及时进行验收。验收合格的，发包人应当按照约定支付价款，并接收该建设工程。

建设工程竣工经验收合格后，方可交付使用；未经验收或者验收不合格的，不得交付使用。

第八百条 勘察、设计的质量不符合要求或者未按照期限提交勘察、设计文件拖延工期，造成发包人损失的，勘察人、设计人应当继续完善勘察、设计，减收或者免收勘察、设计费并赔偿损失。

第八百零一条 因施工人的原因致使建设工程质量不符合约定的，发包人有权请求施工人在合理期限内无偿修理或者返工、改建。经过修理或者返工、改建后，造成逾期交付的，施工人应当承担违约责任。

第八百零二条 因承包人的原因致使建设工程在合理使用期限内造成人身损害和财产损失的，承包人应当承担赔偿责任。

第八百零三条 发包人未按照约定的时间和要求提供原材料、设备、场地、资金、技术资料的，承包人可以顺延工程日期，并有权请求赔偿停工、窝工等损失。

第八百零四条 因发包人的原因致使工程中途停建、缓建的，发包人应当采取措施弥补或者减少损失，赔偿承包人因此造成的停工、窝工、倒运、机械设备调迁、材料和构件积压等损失和实际费用。

第八百零五条 因发包人变更计划，提供的资料不准确，或者未按照期限提供必需的勘察、设计工作条件而造成勘察、设计的返工、停工或者修改设计，发包人应当按照勘察人、设计人实际消耗的工作量增付费用。

第八百零六条 承包人将建设工程转包、违法分包的，发包人可以解除合同。

发包人提供的主要建筑材料、建筑构配件和设备不符合强制性标准或者不履行协助义务，致使承包人无法施工，经催告后在合理期限内仍未履行相应义务的，承包人可以解除合同。

合同解除后，已经完成的建设工程质量合格的，发包人应当按照约定支付相应的工程价款；已经完成的建设工程质量不合格的，参照本法第七百九十三条的规定处理。

第八百零七条　发包人未按照约定支付价款的，承包人可以催告发包人在合理期限内支付价款。发包人逾期不支付的，除根据建设工程的性质不宜折价、拍卖外，承包人可以与发包人协议将该工程折价，也可以请求人民法院将该工程依法拍卖。建设工程的价款就该工程折价或者拍卖的价款优先受偿。

第八百零八条　本章没有规定的，适用承揽合同的有关规定。

另，请求权基础条款参见本法第一百五十三条、第一百五十四条、第一百四十八条～第一百五十一条，第一百八十六条，第五百零六条，第五百四十九条、第五百六十二条、第五百六十三条、第五百六十六条、第五百六十八条、第五百七十七条、第五百七十八条。

《最高人民法院关于审理建设工程施工合同纠纷案件适用法律问题的解释（一）》（法释〔2020〕25号　2020年12月29日）

第一条　建设工程施工合同具有下列情形之一的，应当依据民法典第一百五十三条第一款的规定，认定无效：

（一）承包人未取得建筑业企业资质或者超越资质等级的；

（二）没有资质的实际施工人借用有资质的建筑施工企业名义的；

（三）建设工程必须进行招标而未招标或者中标无效的。

承包人因转包、违法分包建设工程与他人签订的建设工程施工合同，应当依据民法典第一百五十三条第一款及第七百九十一条第二款、第三款的规定，认定无效。

第二条　招标人和中标人另行签订的建设工程施工合同约定的工程范围、建设工期、工程质量、工程价款等实质性内容，与中标合同不一致，一方当事人请求按照中标合同确定权利义务的，人民法院应予支持。

招标人和中标人在中标合同之外就明显高于市场价格购买承建房产、无偿建设住房配套设施、让利、向建设单位捐赠财物等另行签订合同，变相降低工程价款，一方当事人以该合同背离中标合同实质性内容为由请求确认无效的，人民法院应予支持。

第三条　当事人以发包人未取得建设工程规划许可证等规划审批手续为由，请求确认建设工程施工合同无效的，人民法院应予支持，但发包人在起诉前取得建设工程规划许可证等规划审批手续的除外。

发包人能够办理审批手续而未办理，并以未办理审批手续为由请求确认建设工程施工合同无效的，人民法院不予支持。

第四条 承包人超越资质等级许可的业务范围签订建设工程施工合同，在建设工程竣工前取得相应资质等级，当事人请求按照无效合同处理的，人民法院不予支持。

第五条 具有劳务作业法定资质的承包人与总承包人、分包人签订的劳务分包合同，当事人请求确认无效的，人民法院依法不予支持。

第六条 建设工程施工合同无效，一方当事人请求对方赔偿损失的，应当就对方过错、损失大小、过错与损失之间的因果关系承担举证责任。

损失大小无法确定，一方当事人请求参照合同约定的质量标准、建设工期、工程价款支付时间等内容确定损失大小的，人民法院可以结合双方过错程度、过错与损失之间的因果关系等因素作出裁判。

第七条 缺乏资质的单位或者个人借用有资质的建筑施工企业名义签订建设工程施工合同，发包人请求出借方与借用方对建设工程质量不合格等因出借资质造成的损失承担连带赔偿责任的，人民法院应予支持。

第八条 当事人对建设工程开工日期有争议的，人民法院应当分别按照以下情形予以认定：

（一）开工日期为发包人或者监理人发出的开工通知载明的开工日期；开工通知发出后，尚不具备开工条件的，以开工条件具备的时间为开工日期；因承包人原因导致开工时间推迟的，以开工通知载明的时间为开工日期。

（二）承包人经发包人同意已经实际进场施工的，以实际进场施工时间为开工日期。

（三）发包人或者监理人未发出开工通知，亦无相关证据证明实际开工日期的，应当综合考虑开工报告、合同、施工许可证、竣工验收报告或者竣工验收备案表等载明的时间，并结合是否具备开工条件的事实，认定开工日期。

第九条 当事人对建设工程实际竣工日期有争议的，人民法院应当分别按照以下情形予以认定：

（一）建设工程经竣工验收合格的，以竣工验收合格之日为竣工日期；

（二）承包人已经提交竣工验收报告，发包人拖延验收的，以承包人提交验收报告之日为竣工日期；

（三）建设工程未经竣工验收，发包人擅自使用的，以转移占有建设工程之日为竣工日期。

第十条　当事人约定顺延工期应当经发包人或者监理人签证等方式确认，承包人虽未取得工期顺延的确认，但能够证明在合同约定的期限内向发包人或者监理人申请过工期顺延且顺延事由符合合同约定，承包人以此为由主张工期顺延的，人民法院应予支持。

当事人约定承包人未在约定期限内提出工期顺延申请视为工期不顺延的，按照约定处理，但发包人在约定期限后同意工期顺延或者承包人提出合理抗辩的除外。

第十一条　建设工程竣工前，当事人对工程质量发生争议，工程质量经鉴定合格的，鉴定期间为顺延工期期间。

第十二条　因承包人的原因造成建设工程质量不符合约定，承包人拒绝修理、返工或者改建，发包人请求减少支付工程价款的，人民法院应予支持。

第十三条　发包人具有下列情形之一，造成建设工程质量缺陷，应当承担过错责任：

（一）提供的设计有缺陷；

（二）提供或者指定购买的建筑材料、建筑构配件、设备不符合强制性标准；

（三）直接指定分包人分包专业工程。

承包人有过错的，也应当承担相应的过错责任。

第十四条　建设工程未经竣工验收，发包人擅自使用后，又以使用部分质量不符合约定为由主张权利的，人民法院不予支持；但是承包人应当在建设工程的合理使用寿命内对地基基础工程和主体结构质量承担民事责任。

第十五条　因建设工程质量发生争议的，发包人可以以总承包人、分包人和实际施工人为共同被告提起诉讼。

第十六条　发包人在承包人提起的建设工程施工合同纠纷案件中，以建设工程质量不符合合同约定或者法律规定为由，就承包人支付违约金或者赔偿修理、返工、改建的合理费用等损失提出反诉的，人民法院可以合并审理。

第十七条　有下列情形之一，承包人请求发包人返还工程质量保证金的，人民法院应予支持：

（一）当事人约定的工程质量保证金返还期限届满；

（二）当事人未约定工程质量保证金返还期限的，自建设工程通过竣工验收之日起满二年；

（三）因发包人原因建设工程未按约定期限进行竣工验收的，自承包人提交工程竣工验收报告九十日后当事人约定的工程质量保证金返还期限届满；当事人未约定工程质量保证金返还期限的，自承包人提交工程竣工验收报告九十日后起满二年。

发包人返还工程质量保证金后，不影响承包人根据合同约定或者法律规定履行工程保修义务。

第十八条　因保修人未及时履行保修义务，导致建筑物毁损或者造成人身损害、财产损失的，保修人应当承担赔偿责任。

保修人与建筑物所有人或者发包人对建筑物毁损均有过错的，各自承担相应的责任。

第十九条　当事人对建设工程的计价标准或者计价方法有约定的，按照约定结算工程价款。

因设计变更导致建设工程的工程量或者质量标准发生变化，当事人对该部分工程价款不能协商一致的，可以参照签订建设工程施工合同时当地建设行政主管部门发布的计价方法或者计价标准结算工程价款。

建设工程施工合同有效，但建设工程经竣工验收不合格的，依照民法典第五百七十七条规定处理。

第二十条　当事人对工程量有争议的，按照施工过程中形成的签证等书面文件确认。承包人能够证明发包人同意其施工，但未能提供签证文件证明工程量发生的，可以按照当事人提供的其他证据确认实际发生的工程量。

第二十一条　当事人约定，发包人收到竣工结算文件后，在约定期限内不予答复，视为认可竣工结算文件的，按照约定处理。承包人请求按照竣工结算文件结算工程价款的，人民法院应予支持。

第二十二条　当事人签订的建设工程施工合同与招标文件、投标文件、中标通知书载明的工程范围、建设工期、工程质量、工程价款不一致，一方当事人请求将招标文件、投标文件、中标通知书作为结算工程价款的依据的，人民法院应予支持。

第二十三条　发包人将依法不属于必须招标的建设工程进行招标后，与承包人另行订立的建设工程施工合同背离中标合同的实质性内容，当事人请求以中标合同作为结算建设工程价款依据的，人民法院应予支持，但发包人与承包人因客观情况发生了在招标投标时难以预见的变化而另行订立建设工程施工合同的除外。

第二十四条　当事人就同一建设工程订立的数份建设工程施工合同均无效，但建设工程质量合格，一方当事人请求参照实际履行的合同关于工程价款的约定折价补偿承包人的，人民法院应予支持。

实际履行的合同难以确定，当事人请求参照最后签订的合同关于工程价款的约定折价补偿承包人的，人民法院应予支持。

第二十五条　当事人对垫资和垫资利息有约定，承包人请求按照约定返还垫资及其利息的，人民法院应予支持，但是约定的利息计算标准高于垫资时的同类贷款利率或者同期贷款市场报价利率的部分除外。

当事人对垫资没有约定的，按照工程欠款处理。

当事人对垫资利息没有约定，承包人请求支付利息的，人民法院不予支持。

第二十六条　当事人对欠付工程价款利息计付标准有约定的，按照约定处理。没有约定的，按照同期同类贷款利率或者同期贷款市场报价利率计息。

第二十七条　利息从应付工程价款之日开始计付。当事人对付款时间没有约定或者约定不明的，下列时间视为应付款时间：

（一）建设工程已实际交付的，为交付之日；

（二）建设工程没有交付的，为提交竣工结算文件之日；

（三）建设工程未交付，工程价款也未结算的，为当事人起诉之日。

第二十八条　当事人约定按照固定价结算工程价款，一方当事人请求对建设工程造价进行鉴定的，人民法院不予支持。

第二十九条　当事人在诉讼前已经对建设工程价款结算达成协议，诉讼中一方当事人申请对工程造价进行鉴定的，人民法院不予准许。

第三十条　当事人在诉讼前共同委托有关机构、人员对建设工程造价出具咨询意见，诉讼中一方当事人不认可该咨询意见申请鉴定的，人民法院应予准许，但双方当事人明确表示受该咨询意见约束的除外。

第三十一条　当事人对部分案件事实有争议的，仅对有争议的事实进行鉴定，但争议事实范围不能确定，或者双方当事人请求对全部事实鉴定的除外。

第三十二条 当事人对工程造价、质量、修复费用等专门性问题有争议，人民法院认为需要鉴定的，应当向负有举证责任的当事人释明。当事人经释明未申请鉴定，虽申请鉴定但未支付鉴定费用或者拒不提供相关材料的，应当承担举证不能的法律后果。

一审诉讼中负有举证责任的当事人未申请鉴定，虽申请鉴定但未支付鉴定费用或者拒不提供相关材料，二审诉讼中申请鉴定，人民法院认为确有必要的，应当依照民事诉讼法第一百七十条第一款第三项的规定处理。

第三十三条 人民法院准许当事人的鉴定申请后，应当根据当事人申请及查明案件事实的需要，确定委托鉴定的事项、范围、鉴定期限等，并组织当事人对争议的鉴定材料进行质证。

第三十四条 人民法院应当组织当事人对鉴定意见进行质证。鉴定人将当事人有争议且未经质证的材料作为鉴定依据的，人民法院应当组织当事人就该部分材料进行质证。经质证认为不能作为鉴定依据的，根据该材料作出的鉴定意见不得作为认定案件事实的依据。

第三十五条 与发包人订立建设工程施工合同的承包人，依据民法典第八百零七条的规定请求其承建工程的价款就工程折价或者拍卖的价款优先受偿的，人民法院应予支持。

第三十六条 承包人根据民法典第八百零七条规定享有的建设工程价款优先受偿权优于抵押权和其他债权。

第三十七条 装饰装修工程具备折价或者拍卖条件，装饰装修工程的承包人请求工程价款就该装饰装修工程折价或者拍卖的价款优先受偿的，人民法院应予支持。

第三十八条 建设工程质量合格，承包人请求其承建工程的价款就工程折价或者拍卖的价款优先受偿的，人民法院应予支持。

第三十九条 未竣工的建设工程质量合格，承包人请求其承建工程的价款就其承建工程部分折价或者拍卖的价款优先受偿的，人民法院应予支持。

第四十条 承包人建设工程价款优先受偿的范围依照国务院有关行政主管部门关于建设工程价款范围的规定确定。

承包人就逾期支付建设工程价款的利息、违约金、损害赔偿金等主张优先受偿的，人民法院不予支持。

第四十一条 承包人应当在合理期限内行使建设工程价款优先受偿权，

但最长不得超过十八个月，自发包人应当给付建设工程价款之日起算。

第四十二条　发包人与承包人约定放弃或者限制建设工程价款优先受偿权，损害建筑工人利益，发包人根据该约定主张承包人不享有建设工程价款优先受偿权的，人民法院不予支持。

第四十三条　实际施工人以转包人、违法分包人为被告起诉的，人民法院应当依法受理。

实际施工人以发包人为被告主张权利的，人民法院应当追加转包人或者违法分包人为本案第三人，在查明发包人欠付转包人或者违法分包人建设工程价款的数额后，判决发包人在欠付建设工程价款范围内对实际施工人承担责任。

第四十四条　实际施工人依据民法典第五百三十五条规定，以转包人或者违法分包人怠于向发包人行使到期债权或者与该债权有关的从权利，影响其到期债权实现，提起代位权诉讼的，人民法院应予支持。

《第八次全国法院民事商事审判工作会议（民事部分）纪要》（法〔2016〕399号　2016年11月21日）

30. 要依法维护通过招投标所签订的中标合同的法律效力。当事人违反工程建设强制性标准，任意压缩合理工期、降低工程质量标准的约定，应认定无效。对于约定无效后的工程价款结算，应依据建设工程施工合同司法解释的相关规定处理。

31. 招标人和中标人另行签订改变工期、工程价款、工程项目性质等影响中标结果实质性内容的协议，导致合同双方当事人就实质性内容享有的权利义务发生较大变化的，应认定为变更中标合同实质性内容。

32. 因发包人未按照约定提供原材料、设备、场地、资金、技术资料的，隐蔽工程在隐蔽之前，承包人已通知发包人检查，发包人未及时检查等原因致使工程中途停、缓建，发包人应当赔偿因此给承包人造成的停（窝）工损失，包括停（窝）工人员人工费、机械设备窝工费和因窝工造成设备租赁费用等停（窝）工损失。

33. 发包人不履行告知变更后的施工方案、施工技术交底、完善施工条件等协作义务，致使承包人停（窝）工，以至难以完成工程项目建设的，承包人催告在合理期限内履行，发包人逾期仍不履行的，人民法院视违约情节，可以依据合同法第二百五十九条、第二百八十三条规定裁判顺延工期，并有权要求赔偿停（窝）工损失。

34. 承包人不履行配合工程档案备案、开具发票等协作义务的，人民法院视违约情节，可以依据合同法第六十条、第一百零七条规定，判令承包人限期履行、赔偿损失等。

116. 运输合同纠纷

（1）公路旅客运输合同纠纷
（2）公路货物运输合同纠纷
（3）水路旅客运输合同纠纷
（4）水路货物运输合同纠纷
（5）航空旅客运输合同纠纷
（6）航空货物运输合同纠纷
（7）出租汽车运输合同纠纷
（8）管道运输合同纠纷
（9）城市公交运输合同纠纷
（10）联合运输合同纠纷
（11）多式联运合同纠纷
（12）铁路货物运输合同纠纷
（13）铁路旅客运输合同纠纷
（14）铁路行李运输合同纠纷
（15）铁路包裹运输合同纠纷
（16）国际铁路联运合同纠纷

法律条文及规范索引

《中华人民共和国民法典》（2021年1月1日施行）

第八百一十条 从事公共运输的承运人不得拒绝旅客、托运人通常、合理的运输要求。

第八百一十一条 承运人应当在约定期限或者合理期限内将旅客、货物安全运输到约定地点。

第八百一十二条 承运人应当按照约定的或者通常的运输路线将旅客、

货物运输到约定地点。

第八百一十三条 旅客、托运人或者收货人应当支付票款或者运输费用。承运人未按照约定路线或者通常路线运输增加票款或者运输费用的，旅客、托运人或者收货人可以拒绝支付增加部分的票款或者运输费用。

第八百一十四条 客运合同自承运人向旅客出具客票时成立，但是当事人另有约定或者另有交易习惯的除外。

第八百一十五条 旅客应当按照有效客票记载的时间、班次和座位号乘坐。旅客无票乘坐、超程乘坐、越级乘坐或者持不符合减价条件的优惠客票乘坐的，应当补交票款，承运人可以按照规定加收票款；旅客不支付票款的，承运人可以拒绝运输。

实名制客运合同的旅客丢失客票的，可以请求承运人挂失补办，承运人不得再次收取票款和其他不合理费用。

第八百一十六条 旅客因自己的原因不能按照客票记载的时间乘坐的，应当在约定的期限内办理退票或者变更手续；逾期办理的，承运人可以不退票款，并不再承担运输义务。

第八百一十七条 旅客随身携带行李应当符合约定的限量和品类要求；超过限量或者违反品类要求携带行李的，应当办理托运手续。

第八百一十八条 旅客不得随身携带或者在行李中夹带易燃、易爆、有毒、有腐蚀性、有放射性以及可能危及运输工具上人身和财产安全的危险物品或者违禁物品。

旅客违反前款规定的，承运人可以将危险物品或者违禁物品卸下、销毁或者送交有关部门。旅客坚持携带或者夹带危险物品或者违禁物品的，承运人应当拒绝运输。

第八百一十九条 承运人应当严格履行安全运输义务，及时告知旅客安全运输应当注意的事项。旅客对承运人为安全运输所作的合理安排应当积极协助和配合。

第八百二十条 承运人应当按照有效客票记载的时间、班次和座位号运输旅客。承运人迟延运输或者有其他不能正常运输情形的，应当及时告知和提醒旅客，采取必要的安置措施，并根据旅客的要求安排改乘其他班次或者退票；由此造成旅客损失的，承运人应当承担赔偿责任，但是不可归责于承运人的除外。

第八百二十一条 承运人擅自降低服务标准的，应当根据旅客的请求退票或者减收票款；提高服务标准的，不得加收票款。

第八百二十二条 承运人在运输过程中，应当尽力救助患有急病、分娩、遇险的旅客。

第八百二十三条 承运人应当对运输过程中旅客的伤亡承担赔偿责任；但是，伤亡是旅客自身健康原因造成的或者承运人证明伤亡是旅客故意、重大过失造成的除外。

前款规定适用于按照规定免票、持优待票或者经承运人许可搭乘的无票旅客。

第八百二十四条 在运输过程中旅客随身携带物品毁损、灭失，承运人有过错的，应当承担赔偿责任。

旅客托运的行李毁损、灭失的，适用货物运输的有关规定。

第八百二十五条 托运人办理货物运输，应当向承运人准确表明收货人的姓名、名称或者凭指示的收货人，货物的名称、性质、重量、数量，收货地点等有关货物运输的必要情况。

因托运人申报不实或者遗漏重要情况，造成承运人损失的，托运人应当承担赔偿责任。

第八百二十六条 货物运输需要办理审批、检验等手续的，托运人应当将办理完有关手续的文件提交承运人。

第八百二十七条 托运人应当按照约定的方式包装货物。对包装方式没有约定或者约定不明确的，适用本法第六百一十九条的规定。

托运人违反前款规定的，承运人可以拒绝运输。

第八百二十八条 托运人托运易燃、易爆、有毒、有腐蚀性、有放射性等危险物品的，应当按照国家有关危险物品运输的规定对危险物品妥善包装，做出危险物品标志和标签，并将有关危险物品的名称、性质和防范措施的书面材料提交承运人。

托运人违反前款规定的，承运人可以拒绝运输，也可以采取相应措施以避免损失的发生，因此产生的费用由托运人负担。

第八百二十九条 在承运人将货物交付收货人之前，托运人可以要求承运人中止运输、返还货物、变更到达地或者将货物交给其他收货人，但是应当赔偿承运人因此受到的损失。

第八百三十条 货物运输到达后，承运人知道收货人的，应当及时通知收货人，收货人应当及时提货。收货人逾期提货的，应当向承运人支付保管费等费用。

第八百三十一条　收货人提货时应当按照约定的期限检验货物。对检验货物的期限没有约定或者约定不明确，依据本法第五百一十条的规定仍不能确定的，应当在合理期限内检验货物。收货人在约定的期限或者合理期限内对货物的数量、毁损等未提出异议的，视为承运人已经按照运输单证的记载交付的初步证据。

第八百三十二条　承运人对运输过程中货物的毁损、灭失承担赔偿责任。但是，承运人证明货物的毁损、灭失是因不可抗力、货物本身的自然性质或者合理损耗以及托运人、收货人的过错造成的，不承担赔偿责任。

第八百三十三条　货物的毁损、灭失的赔偿额，当事人有约定的，按照其约定；没有约定或者约定不明确，依据本法第五百一十条的规定仍不能确定的，按照交付或者应当交付时货物到达地的市场价格计算。法律、行政法规对赔偿额的计算方法和赔偿限额另有规定的，依照其规定。

第八百三十四条　两个以上承运人以同一运输方式联运的，与托运人订立合同的承运人应当对全程运输承担责任；损失发生在某一运输区段的，与托运人订立合同的承运人和该区段的承运人承担连带责任。

第八百三十五条　货物在运输过程中因不可抗力灭失，未收取运费的，承运人不得请求支付运费；已经收取运费的，托运人可以请求返还。法律另有规定的，依照其规定。

第八百三十六条　托运人或者收货人不支付运费、保管费或者其他费用的，承运人对相应的运输货物享有留置权，但是当事人另有约定的除外。

第八百三十七条　收货人不明或者收货人无正当理由拒绝受领货物的，承运人依法可以提存货物。

第八百三十八条　多式联运经营人负责履行或者组织履行多式联运合同，对全程运输享有承运人的权利，承担承运人的义务。

第八百三十九条　多式联运经营人可以与参加多式联运的各区段承运人就多式联运合同的各区段运输约定相互之间的责任；但是，该约定不影响多式联运经营人对全程运输承担的义务。

第八百四十条　多式联运经营人收到托运人交付的货物时，应当签发多式联运单据。按照托运人的要求，多式联运单据可以是可转让单据，也可以是不可转让单据。

第八百四十一条　因托运人托运货物时的过错造成多式联运经营人损失

的，即使托运人已经转让多式联运单据，托运人仍然应当承担赔偿责任。

第八百四十二条 货物的毁损、灭失发生于多式联运的某一运输区段的，多式联运经营人的赔偿责任和责任限额，适用调整该区段运输方式的有关法律规定；货物毁损、灭失发生的运输区段不能确定的，依照本章规定承担赔偿责任。

另，请求权基础条款参见本法第一百一十九条，第一百五十三条、第一百五十四条、第一百四十八条～第一百五十一条，第一百八十六条，第五百零六条，第五百四十九条、第五百六十二条、第五百六十三条、第五百六十六条、第五百六十八条、第五百七十七条、第五百七十八条。

《中华人民共和国铁路法》（2015 年 4 月 24 日修正）

第十一条 铁路运输合同是明确铁路运输企业与旅客、托运人之间权利义务关系的协议。

旅客车票、行李票、包裹票和货物运单是合同或者合同的组成部分。

第十二条 铁路运输企业应当保证旅客按车票载明的日期、车次乘车，并到达目的站。因铁路运输企业的责任造成旅客不能按车票载明的日期、车次乘车的，铁路运输企业应当按照旅客的要求，退还全部票款或者安排改乘到达相同目的站的其他列车。

第十三条 铁路运输企业应当采取有效措施做好旅客运输服务工作，做到文明礼貌、热情周到，保持车站和车厢内的清洁卫生，提供饮用开水，做好列车上的饮食供应工作。

铁路运输企业应当采取措施，防止对铁路沿线环境的污染。

第十四条 旅客乘车应当持有效车票。对无票乘车或者持失效车票乘车的，应当补收票款，并按照规定加收票款；拒不交付的，铁路运输企业可以责令下车。

117. 保管合同纠纷

法律条文及规范索引

《中华人民共和国民法典》（2021 年 1 月 1 日施行）

第八百八十八条 保管合同是保管人保管寄存人交付的保管物，并返还该物的合同。

寄存人到保管人处从事购物、就餐、住宿等活动，将物品存放在指定场所的，视为保管，但是当事人另有约定或者另有交易习惯的除外。

第九百条　保管期限届满或者寄存人提前领取保管物的，保管人应当将原物及其孳息归还寄存人。

第九百零二条　有偿的保管合同，寄存人应当按照约定的期限向保管人支付保管费。

当事人对支付期限没有约定或者约定不明确，依据本法第五百一十条的规定仍不能确定的，应当在领取保管物的同时支付。

另，请求权基础条款参见本法第一百五十三条、第一百五十四条、第一百八十六条、第五百六十二条、第五百六十三条、第五百六十六条、第五百七十七条。

118. 仓储合同纠纷

法律条文及规范索引

《中华人民共和国民法典》（2021年1月1日施行）

第九百零六条　储存易燃、易爆、有毒、有腐蚀性、有放射性等危险物品或者易变质物品的，存货人应当说明该物品的性质，提供有关资料。

存货人违反前款规定的，保管人可以拒收仓储物，也可以采取相应措施以避免损失的发生，因此产生的费用由存货人负担。

保管人储存易燃、易爆、有毒、有腐蚀性、有放射性等危险物品的，应当具备相应的保管条件。

第九百零七条　保管人应当按照约定对入库仓储物进行验收。保管人验收时发现入库仓储物与约定不符合的，应当及时通知存货人。保管人验收后，发生仓储物的品种、数量、质量不符合约定的，保管人应当承担赔偿责任。

第九百零八条　存货人交付仓储物的，保管人应当出具仓单、入库单等凭证。

第九百零九条　保管人应当在仓单上签名或者盖章。仓单包括下列事项：

（一）存货人的姓名或者名称和住所；

（二）仓储物的品种、数量、质量、包装及其件数和标记；

（三）仓储物的损耗标准；

（四）储存场所；

（五）储存期限；

（六）仓储费；

（七）仓储物已经办理保险的，其保险金额、期间以及保险人的名称；

（八）填发人、填发地和填发日期。

第九百一十条 仓单是提取仓储物的凭证。存货人或者仓单持有人在仓单上背书并经保管人签名或者盖章的，可以转让提取仓储物的权利。

第九百一十一条 保管人根据存货人或者仓单持有人的要求，应当同意其检查仓储物或者提取样品。

第九百一十二条 保管人发现入库仓储物有变质或者其他损坏的，应当及时通知存货人或者仓单持有人。

第九百一十三条 保管人发现入库仓储物有变质或者其他损坏，危及其他仓储物的安全和正常保管的，应当催告存货人或者仓单持有人作出必要的处置。因情况紧急，保管人可以作出必要的处置；但是，事后应当将该情况及时通知存货人或者仓单持有人。

第九百一十四条 当事人对储存期限没有约定或者约定不明确的，存货人或者仓单持有人可以随时提取仓储物，保管人也可以随时请求存货人或者仓单持有人提取仓储物，但是应当给予必要的准备时间。

第九百一十五条 储存期限届满，存货人或者仓单持有人应当凭仓单、入库单等提取仓储物。存货人或者仓单持有人逾期提取的，应当加收仓储费；提前提取的，不减收仓储费。

第九百一十六条 储存期限届满，存货人或者仓单持有人不提取仓储物的，保管人可以催告其在合理期限内提取；逾期不提取的，保管人可以提存仓储物。

第九百一十七条 储存期内，因保管不善造成仓储物毁损、灭失的，保管人应当承担赔偿责任。因仓储物本身的自然性质、包装不符合约定或者超过有效储存期造成仓储物变质、损坏的，保管人不承担赔偿责任。

第九百一十八条 本章没有规定的，适用保管合同的有关规定。

另，请求权基础条款参见本法第一百五十三条、第一百五十四条、第一百四十八条～第一百五十一条、第一百八十六条、第五百六十二条、第五百六十三条、第五百六十六条、第五百七十七条、第五百七十八条。

119. 委托合同纠纷

(1) 进出口代理合同纠纷
(2) 货运代理合同纠纷
(3) 民用航空运输销售代理合同纠纷
(4) 诉讼、仲裁、人民调解代理合同纠纷
(5) 销售代理合同纠纷

法律条文及规范索引

《中华人民共和国民法典》（2021年1月1日施行）

第一百六十一条　民事主体可以通过代理人实施民事法律行为。

依照法律规定、当事人约定或者民事法律行为的性质，应当由本人亲自实施的民事法律行为，不得代理。

第一百六十二条　代理人在代理权限内，以被代理人名义实施的民事法律行为，对被代理人发生效力。

第一百六十三条　代理包括委托代理和法定代理。

委托代理人按照被代理人的委托行使代理权。法定代理人依照法律的规定行使代理权。

第一百六十四条　代理人不履行或者不完全履行职责，造成被代理人损害的，应当承担民事责任。

代理人和相对人恶意串通，损害被代理人合法权益的，代理人和相对人应当承担连带责任。

第一百六十五条　委托代理授权采用书面形式的，授权委托书应当载明代理人的姓名或者名称、代理事项、权限和期限，并由被代理人签名或者盖章。

第一百六十六条　数人为同一代理事项的代理人的，应当共同行使代理

权，但是当事人另有约定的除外。

第一百六十七条 代理人知道或者应当知道代理事项违法仍然实施代理行为，或者被代理人知道或者应当知道代理人的代理行为违法未作反对表示的，被代理人和代理人应当承担连带责任。

第一百六十八条 代理人不得以被代理人的名义与自己实施民事法律行为，但是被代理人同意或者追认的除外。

代理人不得以被代理人的名义与自己同时代理的其他人实施民事法律行为，但是被代理的双方同意或者追认的除外。

第一百六十九条 代理人需要转委托第三人代理的，应当取得被代理人的同意或者追认。

转委托代理经被代理人同意或者追认的，被代理人可以就代理事务直接指示转委托的第三人，代理人仅就第三人的选任以及对第三人的指示承担责任。

转委托代理未经被代理人同意或者追认的，代理人应当对转委托的第三人的行为承担责任；但是，在紧急情况下代理人为了维护被代理人的利益需要转委托第三人代理的除外。

第一百七十条 执行法人或者非法人组织工作任务的人员，就其职权范围内的事项，以法人或者非法人组织的名义实施的民事法律行为，对法人或者非法人组织发生效力。

法人或者非法人组织对执行其工作任务的人员职权范围的限制，不得对抗善意相对人。

第一百七十一条 行为人没有代理权、超越代理权或者代理权终止后，仍然实施代理行为，未经被代理人追认的，对被代理人不发生效力。

相对人可以催告被代理人自收到通知之日起三十日内予以追认。被代理人未作表示的，视为拒绝追认。行为人实施的行为被追认前，善意相对人有撤销的权利。撤销应当以通知的方式作出。

行为人实施的行为未被追认的，善意相对人有权请求行为人履行债务或者就其受到的损害请求行为人赔偿。但是，赔偿的范围不得超过被代理人追认时相对人所能获得的利益。

相对人知道或者应当知道行为人无权代理的，相对人和行为人按照各自的过错承担责任。

第一百七十二条 行为人没有代理权、超越代理权或者代理权终止后，仍然实施代理行为，相对人有理由相信行为人有代理权的，代理行为有效。

第一百七十三条 有下列情形之一的，委托代理终止：

（一）代理期限届满或者代理事务完成；

（二）被代理人取消委托或者代理人辞去委托；

（三）代理人丧失民事行为能力；

（四）代理人或者被代理人死亡；

（五）作为代理人或者被代理人的法人、非法人组织终止。

第一百七十四条 被代理人死亡后，有下列情形之一的，委托代理人实施的代理行为有效：

（一）代理人不知道且不应当知道被代理人死亡；

（二）被代理人的继承人予以承认；

（三）授权中明确代理权在代理事务完成时终止；

（四）被代理人死亡前已经实施，为了被代理人的继承人的利益继续代理。

作为被代理人的法人、非法人组织终止的，参照适用前款规定。

第一百七十五条 有下列情形之一的，法定代理终止：

（一）被代理人取得或者恢复完全民事行为能力；

（二）代理人丧失民事行为能力；

（三）代理人或者被代理人死亡；

（四）法律规定的其他情形。

第九百二十条 委托人可以特别委托受托人处理一项或者数项事务，也可以概括委托受托人处理一切事务。

第九百二十一条 委托人应当预付处理委托事务的费用。受托人为处理委托事务垫付的必要费用，委托人应当偿还该费用并支付利息。

第九百二十二条 受托人应当按照委托人的指示处理委托事务。需要变更委托人指示的，应当经委托人同意；因情况紧急，难以和委托人取得联系的，受托人应当妥善处理委托事务，但是事后应当将该情况及时报告委托人。

第九百二十三条 受托人应当亲自处理委托事务。经委托人同意，受托人可以转委托。转委托经同意或者追认的，委托人可以就委托事务直接指示转委托的第三人，受托人仅就第三人的选任及其对第三人的指示承担责任。转委托未经同意或者追认的，受托人应当对转委托的第三人的行为承担责任；但是，在紧急情况下受托人为了维护委托人的利益需要转委托第三人的除外。

第九百二十四条 受托人应当按照委托人的要求，报告委托事务的处理情况。委托合同终止时，受托人应当报告委托事务的结果。

第九百二十五条 受托人以自己的名义，在委托人的授权范围内与第三人订立的合同，第三人在订立合同时知道受托人与委托人之间的代理关系的，该合同直接约束委托人和第三人；但是，有确切证据证明该合同只约束受托人和第三人的除外。

第九百二十六条 受托人以自己的名义与第三人订立合同时，第三人不知道受托人与委托人之间的代理关系的，受托人因第三人的原因对委托人不履行义务，受托人应当向委托人披露第三人，委托人因此可以行使受托人对第三人的权利。但是，第三人与受托人订立合同时如果知道该委托人就不会订立合同的除外。

受托人因委托人的原因对第三人不履行义务，受托人应当向第三人披露委托人，第三人因此可以选择受托人或者委托人作为相对人主张其权利，但是第三人不得变更选定的相对人。

委托人行使受托人对第三人的权利的，第三人可以向委托人主张其对受托人的抗辩。第三人选定委托人作为其相对人的，委托人可以向第三人主张其对受托人的抗辩以及受托人对第三人的抗辩。

第九百二十七条 受托人处理委托事务取得的财产，应当转交给委托人。

第九百二十八条 受托人完成委托事务的，委托人应当按照约定向其支付报酬。

因不可归责于受托人的事由，委托合同解除或者委托事务不能完成的，委托人应当向受托人支付相应的报酬。当事人另有约定的，按照其约定。

第九百二十九条 有偿的委托合同，因受托人的过错造成委托人损失的，委托人可以请求赔偿损失。无偿的委托合同，因受托人的故意或者重大过失造成委托人损失的，委托人可以请求赔偿损失。

受托人超越权限造成委托人损失的，应当赔偿损失。

第九百三十条 受托人处理委托事务时，因不可归责于自己的事由受到损失的，可以向委托人请求赔偿损失。

第九百三十一条 委托人经受托人同意，可以在受托人之外委托第三人处理委托事务。因此造成受托人损失的，受托人可以向委托人请求赔偿损失。

第九百三十二条　两个以上的受托人共同处理委托事务的，对委托人承担连带责任。

第九百三十三条　委托人或者受托人可以随时解除委托合同。因解除合同造成对方损失的，除不可归责于该当事人的事由外，无偿委托合同的解除方应当赔偿因解除时间不当造成的直接损失，有偿委托合同的解除方应当赔偿对方的直接损失和合同履行后可以获得的利益。

第九百三十四条　委托人死亡、终止或者受托人死亡、丧失民事行为能力、终止的，委托合同终止；但是，当事人另有约定或者根据委托事务的性质不宜终止的除外。

第九百三十五条　因委托人死亡或者被宣告破产、解散，致使委托合同终止将损害委托人利益的，在委托人的继承人、遗产管理人或者清算人承受委托事务之前，受托人应当继续处理委托事务。

第九百三十六条　因受托人死亡、丧失民事行为能力或者被宣告破产、解散，致使委托合同终止的，受托人的继承人、遗产管理人、法定代理人或者清算人应当及时通知委托人。因委托合同终止将损害委托人利益的，在委托人作出善后处理之前，受托人的继承人、遗产管理人、法定代理人或者清算人应当采取必要措施。

《中华人民共和国民事诉讼法》（2017年6月27日修正）

第五十八条　当事人、法定代理人可以委托一至二人作为诉讼代理人。

下列人员可以被委托为诉讼代理人：

（一）律师、基层法律服务工作者；

（二）当事人的近亲属或者工作人员；

（三）当事人所在社区、单位以及有关社会团体推荐的公民。

《中华人民共和国仲裁法》（2017年9月1日修正）

第二十九条　当事人、法定代理人可以委托律师和其他代理人进行仲裁活动。委托律师和其他代理人进行仲裁活动的，应当向仲裁委员会提交授权委托书。

《全国法院民商事审判工作会议纪要》（法〔2019〕254号　2019年11月8日）

41. **【盖章行为的法律效力】**司法实践中，有些公司有意刻制两套甚至多套公章，有的法定代表人或者代理人甚至私刻公章，订立合同时恶意加盖非备案的公章或者假公章，发生纠纷后法人以加盖的是假公章为由否定合同效力的情形并不鲜见。人民法院在审理案件时，应当主要审查签约人于盖章之时有无代表权或者代理权，从而根据代表或者代理的相关规则来确定合同的效力。

法定代表人或者其授权之人在合同上加盖法人公章的行为，表明其是以法人名义签订合同，除《公司法》第16条等法律对其职权有特别规定的情形外，应当由法人承担相应的法律后果。法人以法定代表人事后已无代表权、加盖的是假章、所盖之章与备案公章不一致等为由否定合同效力的，人民法院不予支持。

代理人以被代理人名义签订合同，要取得合法授权。代理人取得合法授权后，以被代理人名义签订的合同，应当由被代理人承担责任。被代理人以代理人事后已无代理权、加盖的是假章、所盖之章与备案公章不一致等为由否定合同效力的，人民法院不予支持。

120. 委托理财合同纠纷

（1）金融委托理财合同纠纷

（2）民间委托理财合同纠纷

法律条文及规范索引

《中华人民共和国民法典》（2021年1月1日施行）

第一百五十七条 民事法律行为无效、被撤销或者确定不发生效力后，行为人因该行为取得的财产，应当予以返还；不能返还或者没有必要返还的，应当折价补偿。有过错的一方应当赔偿对方由此所受到的损失；各方都有过错的，应当各自承担相应的责任。法律另有规定的，依照其规定。

《中华人民共和国证券法》（2019年12月28日修订）

第一百三十三条 证券公司接受证券买卖的委托，应当根据委托书载明的证券名称、买卖数量、出价方式、价格幅度等，按照交易规则代理买卖证券，如实进行交易记录；买卖成交后，应当按照规定制作买卖成交报告单交付客户。

证券交易中确认交易行为及其交易结果的对账单必须真实，保证账面证券余额与实际持有的证券相一致。

第一百三十四条　证券公司办理经纪业务，不得接受客户的全权委托而决定证券买卖、选择证券种类、决定买卖数量或者买卖价格。

证券公司不得允许他人以证券公司的名义直接参与证券的集中交易。

第一百三十五条　证券公司不得对客户证券买卖的收益或者赔偿证券买卖的损失作出承诺。

第一百三十六条　证券公司的从业人员在证券交易活动中，执行所属的证券公司的指令或者利用职务违反交易规则的，由所属的证券公司承担全部责任。

证券公司的从业人员不得私下接受客户委托买卖证券。

《中华人民共和国信托法》（2001年10月1日施行）

第二十六条　受托人除依照本法规定取得报酬外，不得利用信托财产为自己谋取利益。

受托人违反前款规定，利用信托财产为自己谋取利益的，所得利益归入信托财产。

第二十七条　受托人不得将信托财产转为其固有财产。受托人将信托财产转为其固有财产的，必须恢复该信托财产的原状；造成信托财产损失的，应当承担赔偿责任。

第二十八条　受托人不得将其固有财产与信托财产进行交易或者将不同委托人的信托财产进行相互交易，但信托文件另有规定或者经委托人或者受益人同意，并以公平的市场价格进行交易的除外。

受托人违反前款规定，造成信托财产损失的，应当承担赔偿责任。

第二十九条　受托人必须将信托财产与其固有财产分别管理、分别记帐，并将不同委托人的信托财产分别管理、分别记帐。

第三十条　受托人应当自己处理信托事务，但信托文件另有规定或者有不得已事由的，可以委托他人代为处理。

受托人依法将信托事务委托他人代理的，应当对他人处理信托事务的行为承担责任。

第三十一条　同一信托的受托人有两个以上的，为共同受托人。

共同受托人应当共同处理信托事务，但信托文件规定对某些具体事务由受托人分别处理的，从其规定。

共同受托人共同处理信托事务，意见不一致时，按信托文件规定处理；信托文件未规定的，由委托人、受益人或者其利害关系人决定。

第三十二条 共同受托人处理信托事务对第三人所负债务，应当承担连带清偿责任。第三人对共同受托人之一所作的意思表示，对其他受托人同样有效。

共同受托人之一违反信托目的处分信托财产或者因违背管理职责、处理信托事务不当致使信托财产受到损失的，其他受托人应当承担连带赔偿责任。

《最高人民法院关于印发〈全国法院民商事审判工作会议纪要〉的通知》（法〔2019〕254 号 2019 年 11 月 8 日）

72.【适当性义务】适当性义务是指卖方机构在向金融消费者推介、销售银行理财产品、保险投资产品、信托理财产品、券商集合理财计划、杠杆基金份额、期权及其他场外衍生品等高风险等级金融产品，以及为金融消费者参与融资融券、新三板、创业板、科创板、期货等高风险等级投资活动提供服务的过程中，必须履行的了解客户、了解产品、将适当的产品（或者服务）销售（或者提供）给适合的金融消费者等义务。卖方机构承担适当性义务的目的是为了确保金融消费者能够在充分了解相关金融产品、投资活动的性质及风险的基础上作出自主决定，并承受由此产生的收益和风险。在推介、销售高风险等级金融产品和提供高风险等级金融服务领域，适当性义务的履行是“卖者尽责”的主要内容，也是“买者自负”的前提和基础。

73.【法律适用规则】在确定卖方机构适当性义务的内容时，应当以合同法、证券法、证券投资基金法、信托法等法律规定的基本原则和国务院发布的规范性文件作为主要依据。相关部门在部门规章、规范性文件中对高风险等级金融产品的推介、销售，以及为金融消费者参与高风险等级投资活动提供服务作出的监管规定，与法律和国务院发布的规范性文件的规定不相抵触的，可以参照适用。

74.【责任主体】金融产品发行人、销售者未尽适当性义务，导致金融消费者在购买金融产品过程中遭受损失的，金融消费者既可以请求金融产品的发行人承担赔偿责任，也可以请求金融产品的销售者承担赔偿责任，还可以根据《民法总则》第 167 条的规定，请求金融产品的发行人、销售者共同承担连带赔偿责任。发行人、销售者请求人民法院明确各自的责任份额的，人民法院可以在判决发行人、销售者对金融消费者承担连带赔偿责任的同时，明确发行人、销售者在实际承担了赔偿责任后，有权向责任方追偿其应当承担的赔偿份额。

金融服务提供者未尽适当性义务，导致金融消费者在接受金融服务后参与高风险等级投资活动遭受损失的，金融消费者可以请求金融服务提供者承担赔偿责任。

75.【举证责任分配】在案件审理过程中，金融消费者应当对购买产品(或者接受服务)、遭受的损失等事实承担举证责任。卖方机构对其是否履行了适当性义务承担举证责任。卖方机构不能提供其已经建立了金融产品（或者服务）的风险评估及相应管理制度、对金融消费者的风险认知、风险偏好和风险承受能力进行了测试、向金融消费者告知产品（或者服务）的收益和主要风险因素等相关证据的，应当承担举证不能的法律后果。

76.【告知说明义务】告知说明义务的履行是金融消费者能够真正了解各类高风险等级金融产品或者高风险等级投资活动的投资风险和收益的关键，人民法院应当根据产品、投资活动的风险和金融消费者的实际情况，综合理性人能够理解的客观标准和金融消费者能够理解的主观标准来确定卖方机构是否已经履行了告知说明义务。卖方机构简单地以金融消费者手写了诸如“本人明确知悉可能存在本金损失风险”等内容主张其已经履行了告知说明义务，不能提供其他相关证据的，人民法院对其抗辩理由不予支持。

77.【损失赔偿数额】卖方机构未尽适当性义务导致金融消费者损失的，应当赔偿金融消费者所受的实际损失。实际损失为损失的本金和利息，利息按照中国人民银行发布的同期同类存款基准利率计算。

金融消费者因购买高风险等级金融产品或者为参与高风险投资活动接受服务，以卖方机构存在欺诈行为为由，主张卖方机构应当根据《消费者权益保护法》第55条的规定承担惩罚性赔偿责任的，人民法院不予支持。卖方机构的行为构成欺诈的，对金融消费者提出赔偿其支付金钱总额的利息损失请求，应当注意区分不同情况进行处理：

（1）金融产品的合同文本中载明了预期收益率、业绩比较基准或者类似约定的，可以将其作为计算利息损失的标准；

（2）合同文本以浮动区间的方式对预期收益率或者业绩比较基准等进行约定，金融消费者请求按照约定的上限作为利息损失计算标准的，人民法院依法予以支持；

（3）合同文本虽然没有关于预期收益率、业绩比较基准或者类似约定，但金融消费者能够提供证据证明产品发行的广告宣传资料中载明了预期收益率、业绩比较基准或者类似表述的，应当将宣传资料作为合同文本的组成部分；

（4）合同文本及广告宣传资料中未载明预期收益率、业绩比较基准或者类似表述的，按照全国银行间同业拆借中心公布的贷款市场报价利率计算。

78.【免责事由】因金融消费者故意提供虚假信息、拒绝听取卖方机构的建议等自身原因导致其购买产品或者接受服务不适当，卖方机构请求免除相应责任的，人民法院依法予以支持，但金融消费者能够证明该虚假信息的出具系卖方机构误导的除外。卖方机构能够举证证明根据金融消费者的既往投资经验、受教育程度等事实，适当性义务的违反并未影响金融消费者作出自主决定的，对其关于应当由金融消费者自负投资风险的抗辩理由，人民法院依法予以支持。

（有关代理的规定等另参见“104. 委托合同纠纷”案由相关部分。）

121. 物业服务合同纠纷

法律条文及规范索引

《中华人民共和国民法典》（2021年1月1日施行）

第九百三十七条 物业服务合同是物业服务人在物业服务区域内，为业主提供建筑物及其附属设施的维修养护、环境卫生和相关秩序的管理维护等物业服务，业主支付物业费的合同。

物业服务人包括物业服务企业和其他管理人。

第九百三十八条 物业服务合同的内容一般包括服务事项、服务质量、服务费用的标准和收取办法、维修资金的使用、服务用房的管理和使用、服务期限、服务交接等条款。

物业服务人公开作出的有利于业主的服务承诺，为物业服务合同的组成部分。

物业服务合同应当采用书面形式。

第九百三十九条 建设单位依法与物业服务人订立的前期物业服务合

同，以及业主委员会与业主大会依法选聘的物业服务人订立的物业服务合同，对业主具有法律约束力。

第九百四十条 建设单位依法与物业服务人订立的前期物业服务合同约定的服务期限届满前，业主委员会或者业主与新物业服务人订立的物业服务合同生效的，前期物业服务合同终止。

第九百四十一条 物业服务人将物业服务区域内的部分专项服务事项委托给专业性服务组织或者其他第三人的，应当就该部分专项服务事项向业主负责。

物业服务人不得将其应当提供的全部物业服务转委托给第三人，或者将全部物业服务支解后分别转委托给第三人。

第九百四十二条 物业服务人应当按照约定和物业的使用性质，妥善维修、养护、清洁、绿化和经营管理物业服务区域内的业主共有部分，维护物业服务区域内的基本秩序，采取合理措施保护业主的人身、财产安全。

对物业服务区域内违反有关治安、环保、消防等法律法规的行为，物业服务人应当及时采取合理措施制止、向有关行政主管部门报告并协助处理。

第九百四十三条 物业服务人应当定期将服务的事项、负责人员、质量要求、收费项目、收费标准、履行情况，以及维修资金使用情况、业主共有部分的经营与收益情况等以合理方式向业主公开并向业主大会、业主委员会报告。

第九百四十四条 业主应当按照约定向物业服务人支付物业费。物业服务人已经按照约定和有关规定提供服务的，业主不得以未接受或者无需接受相关物业服务为由拒绝支付物业费。

业主违反约定逾期不支付物业费的，物业服务人可以催告其在合理期限内支付；合理期限届满仍不支付的，物业服务人可以提起诉讼或者申请仲裁。

物业服务人不得采取停止供电、供水、供热、供燃气等方式催交物业费。

第九百四十五条 业主装饰装修房屋的，应当事先告知物业服务人，遵守物业服务人提示的合理注意事项，并配合其进行必要的现场检查。

业主转让、出租物业专有部分、设立居住权或者依法改变共有部分用途的，应当及时将相关情况告知物业服务人。

第九百四十六条 业主依照法定程序共同决定解聘物业服务人的，可以解除物业服务合同。决定解聘的，应当提前六十日书面通知物业服务人，但是合同对通知期限另有约定的除外。

依据前款规定解除合同造成物业服务人损失的，除不可归责于业主的事由外，业主应当赔偿损失。

第九百四十七条 物业服务期限届满前，业主依法共同决定续聘的，应当与原物业服务人在合同期限届满前续订物业服务合同。

物业服务期限届满前，物业服务人不同意续聘的，应当在合同期限届满前九十日书面通知业主或者业主委员会，但是合同对通知期限另有约定的除外。

第九百四十八条 物业服务期限届满后，业主没有依法作出续聘或者另聘物业服务人的决定，物业服务人继续提供物业服务的，原物业服务合同继续有效，但是服务期限为不定期。

当事人可以随时解除不定期物业服务合同，但是应当提前六十日书面通知对方。

第九百四十九条 物业服务合同终止的，原物业服务人应当在约定期限或者合理期限内退出物业服务区域，将物业服务用房、相关设施、物业服务所必需的相关资料等交还给业主委员会、决定自行管理的业主或者其指定的人，配合新物业服务人做好交接工作，并如实告知物业的使用和管理状况。

原物业服务人违反前款规定的，不得请求业主支付物业服务合同终止后的物业费；造成业主损失的，应当赔偿损失。

第九百五十条 物业服务合同终止后，在业主或者业主大会选聘的新物业服务人或者决定自行管理的业主接管之前，原物业服务人应当继续处理物业服务事项，并可以请求业主支付该期间的物业费。

122. 行纪合同纠纷

法律条文及规范索引

《中华人民共和国民法典》（2021年1月1日施行）

第九百五十二条 行纪人处理委托事务支出的费用，由行纪人负担，但是当事人另有约定的除外。

第九百五十三条　行纪人占有委托物的，应当妥善保管委托物。

第九百五十四条　委托物交付给行纪人时有瑕疵或者容易腐烂、变质的，经委托人同意，行纪人可以处分该物；不能与委托人及时取得联系的，行纪人可以合理处分。

第九百五十五条　行纪人低于委托人指定的价格卖出或者高于委托人指定的价格买入的，应当经委托人同意；未经委托人同意，行纪人补偿其差额的，该买卖对委托人发生效力。

行纪人高于委托人指定的价格卖出或者低于委托人指定的价格买入的，可以按照约定增加报酬；没有约定或者约定不明确，依据本法第五百一十条的规定仍不能确定的，该利益属于委托人。

委托人对价格有特别指示的，行纪人不得违背该指示卖出或者买入。

第九百五十六条　行纪人卖出或者买入具有市场定价的商品，除委托人有相反的意思表示外，行纪人自己可以作为买受人或者出卖人。

行纪人有前款规定情形的，仍然可以请求委托人支付报酬。

第九百五十七条　行纪人按照约定买入委托物，委托人应当及时受领。经行纪人催告，委托人无正当理由拒绝受领的，行纪人依法可以提存委托物。

委托物不能卖出或者委托人撤回出卖，经行纪人催告，委托人不取回或者不处分该物的，行纪人依法可以提存委托物。

第九百五十八条　行纪人与第三人订立合同的，行纪人对该合同直接享有权利、承担义务。

第三人不履行义务致使委托人受到损害的，行纪人应当承担赔偿责任，但是行纪人与委托人另有约定的除外。

第九百五十九条　行纪人完成或者部分完成委托事务的，委托人应当向其支付相应的报酬。委托人逾期不支付报酬的，行纪人对委托物享有留置权，但是当事人另有约定的除外。

第九百六十条　本章没有规定的，参照适用委托合同的有关规定。

（有关代理的规定等另参见“104. 委托合同纠纷”之“法律条文及规范指引”。）

123. 中介合同纠纷

法律条文及规范索引

《中华人民共和国民法典》（2021 年 1 月 1 日施行）

第一百六十一条 民事主体可以通过代理人实施民事法律行为。

依照法律规定、当事人约定或者民事法律行为的性质，应当由本人亲自实施的民事法律行为，不得代理。

第一百六十二条 代理人在代理权限内，以被代理人名义实施的民事法律行为，对被代理人发生效力。

第一百六十三条 代理包括委托代理和法定代理。

委托代理人按照被代理人的委托行使代理权。法定代理人依照法律的规定行使代理权。

第一百六十四条 代理人不履行或者不完全履行职责，造成被代理人损害的，应当承担民事责任。

代理人和相对人恶意串通，损害被代理人合法权益的，代理人和相对人应当承担连带责任。

第一百六十五条 委托代理授权采用书面形式的，授权委托书应当载明代理人的姓名或者名称、代理事项、权限和期限，并由被代理人签名或者盖章。

第一百六十六条 数人为同一代理事项的代理人的，应当共同行使代理权，但是当事人另有约定的除外。

第一百六十七条 代理人知道或者应当知道代理事项违法仍然实施代理行为，或者被代理人知道或者应当知道代理人的代理行为违法未作反对表示的，被代理人和代理人应当承担连带责任。

第一百六十八条 代理人不得以被代理人的名义与自己实施民事法律行为，但是被代理人同意或者追认的除外。

代理人不得以被代理人的名义与自己同时代理的其他人实施民事法律行为，但是被代理的双方同意或者追认的除外。

第一百六十九条 代理人需要转委托第三人代理的，应当取得被代理人的同意或者追认。

转委托代理经被代理人同意或者追认的，被代理人可以就代理事务直接指示转委托的第三人，代理人仅就第三人的选任以及对第三人的指示承担责任。

转委托代理未经被代理人同意或者追认的，代理人应当对转委托的第三人的行为承担责任；但是，在紧急情况下代理人为了维护被代理人的利益需要转委托第三人代理的除外。

第一百七十条　执行法人或者非法人组织工作任务的人员，就其职权范围内的事项，以法人或者非法人组织的名义实施的民事法律行为，对法人或者非法人组织发生效力。

法人或者非法人组织对执行其工作任务的人员职权范围的限制，不得对抗善意相对人。

第一百七十一条　行为人没有代理权、超越代理权或者代理权终止后，仍然实施代理行为，未经被代理人追认的，对被代理人不发生效力。

相对人可以催告被代理人自收到通知之日起三十日内予以追认。被代理人未作表示的，视为拒绝追认。行为人实施的行为被追认前，善意相对人有撤销的权利。撤销应当以通知的方式作出。

行为人实施的行为未被追认的，善意相对人有权请求行为人履行债务或者就其受到的损害请求行为人赔偿。但是，赔偿的范围不得超过被代理人追认时相对人所能获得的利益。

相对人知道或者应当知道行为人无权代理的，相对人和行为人按照各自的过错承担责任。

第一百七十二条　行为人没有代理权、超越代理权或者代理权终止后，仍然实施代理行为，相对人有理由相信行为人有代理权的，代理行为有效。

第一百七十三条　有下列情形之一的，委托代理终止：

（一）代理期限届满或者代理事务完成；

（二）被代理人取消委托或者代理人辞去委托；

（三）代理人丧失民事行为能力；

（四）代理人或者被代理人死亡；

（五）作为代理人或者被代理人的法人、非法人组织终止。

第一百七十四条　被代理人死亡后，有下列情形之一的，委托代理人实施的代理行为有效：

（一）代理人不知道且不应当知道被代理人死亡；

（二）被代理人的继承人予以承认；

（三）授权中明确代理权在代理事务完成时终止；

（四）被代理人死亡前已经实施，为了被代理人的继承人的利益继续代理。

作为被代理人的法人、非法人组织终止的，参照适用前款规定。

第一百七十五条 有下列情形之一的，法定代理终止：

（一）被代理人取得或者恢复完全民事行为能力；

（二）代理人丧失民事行为能力；

（三）代理人或者被代理人死亡；

（四）法律规定的其他情形。

第九百六十一条 中介合同是中介人向委托人报告订立合同的机会或者提供订立合同的媒介服务，委托人支付报酬的合同。

第九百六十二条 中介人应当就有关订立合同的事项向委托人如实报告。

中介人故意隐瞒与订立合同有关的重要事实或者提供虚假情况，损害委托人利益的，不得请求支付报酬并应当承担赔偿责任。

第九百六十三条 中介人促成合同成立的，委托人应当按照约定支付报酬。对中介人的报酬没有约定或者约定不明确，依据本法第五百一十条的规定仍不能确定的，根据中介人的劳务合理确定。因中介人提供订立合同的媒介服务而促成合同成立的，由该合同的当事人平均负担中介人的报酬。

中介人促成合同成立的，中介活动的费用，由中介人负担。

第九百六十四条 中介人未促成合同成立的，不得请求支付报酬；但是，可以按照约定请求委托人支付从事中介活动支出的必要费用。

第九百六十五条 委托人在接受中介人的服务后，利用中介人提供的交易机会或者媒介服务，绕开中介人直接订立合同的，应当向中介人支付报酬。

第九百六十六条 本章没有规定的，参照适用委托合同的有关规定。

124. 补偿贸易纠纷

法律条文及规范索引

关于补偿贸易，目前没有法律、行政法规和司法解释的专门规定，可参考适用有关的部门规章和地方性法规。

125. 借用合同纠纷

法律条文及规范索引

《中华人民共和国文物保护法》（2017 年 11 月 4 日修正）

第四十条　文物收藏单位应当充分发挥馆藏文物的作用，通过举办展览、科学研究等活动，加强对中华民族优秀的历史文化和革命传统的宣传教育。

国有文物收藏单位之间因举办展览、科学研究等需借用馆藏文物的，应当报主管的文物行政部门备案；借用馆藏一级文物，应当同时报国务院文物行政部门备案。

非国有文物收藏单位和其他单位举办展览需借用国有馆藏文物的，应当报主管的文物行政部门批准；借用国有馆藏一级文物，应当同时报国务院文物行政部门备案。

文物收藏单位之间借用文物的最长期限不得超过三年。

第四十三条　依法调拨、交换、借用国有馆藏文物，取得文物的文物收藏单位可以对提供文物的文物收藏单位给予合理补偿，具体管理办法由国务院文物行政部门制定。

国有文物收藏单位调拨、交换、出借文物所得的补偿费用，必须用于改善文物的收藏条件和收集新的文物，不得挪作他用；任何单位或者个人不得侵占。

调拨、交换、借用的文物必须严格保管，不得丢失、损毁。

第四十九条 文物行政部门和国有文物收藏单位的工作人员不得借用国有文物，不得非法侵占国有文物。

《中华人民共和国文物保护法实施条例》（2017年10月7日修订）

第三十条 文物收藏单位之间借用馆藏文物，借用人应当对借用的馆藏文物采取必要的保护措施，确保文物的安全。

借用的馆藏文物的灭失、损坏风险，除当事人另有约定外，由借用该馆藏文物的文物收藏单位承担。

第三十一条 国有文物收藏单位未依照文物保护法第三十六条的规定建立馆藏文物档案并将馆藏文物档案报主管的文物行政主管部门备案的，不得交换、借用馆藏文物。

126. 典当纠纷

法律条文及规范索引

《中华人民共和国民法典》（2021年1月1日施行）

请求权基础条款参见本法第一百五十三条、第一百五十四条、第五百零六条、第五百六十六条、第五百八十五条。

《典当管理办法》（2005年4月1日施行）

第一章 总 则

第一条 为规范典当行为，加强监督管理，促进典当业规范发展，根据有关法律规定，制定本办法。

第二条 在中华人民共和国境内设立典当行，从事典当活动，适用本办法。

第三条 本办法所称典当，是指当户将其动产、财产权利作为当物质押或者将其房地产作为当物抵押给典当行，交付一定比例费用，取得当金，并在约定期限内支付当金利息、偿还当金、赎回当物的行为。

本办法所称典当行，是指依照本办法设立的专门从事典当活动的企业法人，其组织形式与组织机构适用《中华人民共和国公司法》的有关规定。

第四条 商务主管部门对典当业实施监督管理，公安机关对典当业进行治安管理。

第五条 典当行的名称应当符合企业名称登记管理的有关规定。典当行名称中的行业表述应当标明“典当”字样。其他任何经营性组织和机构的名称不得含有“典当”字样，不得经营或者变相经营典当业务。

第六条 典当行从事经营活动，应当遵守法律、法规和规章，遵循平等、自愿、诚信、互利的原则。

第二章 设 立

第七条 申请设立典当行，应当具备下列条件：

（一）有符合法律、法规规定的章程；

（二）有符合本办法规定的最低限额的注册资本；

（三）有符合要求的营业场所和办理业务必需的设施；

（四）有熟悉典当业务的经营管理人员及鉴定评估人员；

（五）有2个以上法人股东，且法人股相对控股；

（六）符合本办法第九条和第十条规定的治安管理要求；

（七）符合国家对典当行统筹规划、合理布局的要求。

第八条 典当行注册资本最低限额为300万元；从事房地产抵押典当业务的，注册资本最低限额为500万元；从事财产权利质押典当业务的，注册资本最低限额为1000万元。

典当行的注册资本最低限额应当为股东实缴的货币资本，不包括以实物、工业产权、非专利技术、土地使用权作价出资的资本。

第九条 典当行应当建立、健全以下安全制度：

（一）收当、续当、赎当查验证件（照）制度；

（二）当物查验、保管制度；

（三）通缉协查核对制度；

（四）可疑情况报告制度；

（五）配备保安人员制度。

第十条 典当行房屋建筑和经营设施应当符合国家有关安全标准和消防管理规定，具备下列安全防范设施：

（一）经营场所内设置录像设备（录像资料至少保存2个月）；

（二）营业柜台设置防护设施；

（三）设置符合安全要求的典当物品保管库房和保险箱（柜、库）；

（四）设置报警装置；

（五）门窗设置防护设施；

（六）配备必要的消防设施及器材。

第十一条 设立典当行，申请人应当向拟设典当行所在地设区的市（地）级商务主管部门提交下列材料：

（一）设立申请（应当载明拟设立典当行的名称、住所、注册资本、股东及出资额、经营范围等内容）及可行性研究报告；

（二）典当行章程、出资协议及出资承诺书；

（三）典当行业务规则、内部管理制度及安全防范措施；

（四）具有法定资格的验资机构出具的验资证明；

（五）档案所在单位人事部门出具的个人股东、拟任法定代表人和其他高级管理人员的简历；

（六）具有法定资格的会计师事务所出具的法人股东近期财务审计报告及出资能力证明、法人股东的董事会（股东会）决议及营业执照副本复印件；

（七）符合要求的营业场所的所有权或者使用权的有效证明文件；

（八）工商行政管理机关核发的《企业名称预先核准通知书》。

第十二条 具备下列条件的典当行可以跨省（自治区、直辖市）设立分支机构：

（一）经营典当业务3年以上，注册资本不少于人民币1500万元；

（二）最近2年连续盈利；

（三）最近2年无违法违规经营记录。

典当行的分支机构应当执行本办法第九条规定的安全制度，具备本办法第十条规定的安全防范设施。

第十三条 典当行应当对每个分支机构拨付不少于500万元的营运资金。

典当行各分支机构营运资金总额不得超过典当行注册资本的50%。

第十四条 典当行申请设立分支机构，应当向拟设分支机构所在地设区的市（地）级商务主管部门提交下列材料：

（一）设立分支机构的申请报告（应当载明拟设立分支机构的名称、住所、负责人、营运资金数额等）、可行性研究报告、董事会（股东会）决议；

（二）具有法定资格的会计师事务所出具的该典当行最近2年的财务会计报告；

（三）档案所在地人事部门出具的拟任分支机构负责人的简历；

（四）符合要求的营业场所的所有权或者使用权的有效证明文件；

（五）省级商务主管部门及所在地县级人民政府公安机关出具的最近 2 年无违法违规经营记录的证明。

第十五条　收到设立典当行或者典当行申请设立分支机构的申请后，设区的市（地）级商务主管部门应当报省级商务主管部门审核，省级商务主管部门将审核意见和申请材料报送商务部，由商务部批准并颁发《典当经营许可证》。省级商务主管部门应当在收到商务部批准文件后 5 日（工作日，下同）内将有关情况通报同级人民政府公安机关。省级人民政府公安机关应当在 5 日内将通报情况通知设区的市（地）级人民政府公安机关。

第十六条　申请人领取《典当经营许可证》后，应当在 10 日内向所在地县级人民政府公安机关申请典当行《特种行业许可证》，并提供下列材料：

（一）申请报告；

（二）《典当经营许可证》及复印件；

（三）法定代表人、个人股东和其他高级管理人员的简历及有效身份证件复印件；

（四）法定代表人、个人股东和其他高级管理人员的户口所在地县级人民政府公安机关出具的无故意犯罪记录证明；

（五）典当行经营场所及保管库房平面图、建筑结构图；

（六）录像设备、防护设施、保险箱（柜、库）及消防设施安装、设置位置分布图；

（七）各项治安保卫、消防安全管理制度；

（八）治安保卫组织或者治安保卫人员基本情况。

第十七条　所在地县级人民政府公安机关受理后应当在 10 日内将申请材料及初步审核结果报设区的市（地）级人民政府公安机关审核批准，设区的市（地）级人民政府公安机关应当在 10 日内审核批准完毕。经批准的，颁发《特种行业许可证》。

设区的市（地）级人民政府公安机关直接受理的申请，应当在 20 日内审核批准完毕。经批准的，颁发《特种行业许可证》。

设区的市（地）级人民政府公安机关应当在发证后 5 日内将审核批准情况报省级人民政府公安机关备案；省级人民政府公安机关应当在 5 日内将有关情况通报同级商务主管部门。

申请人领取《特种行业许可证》后，应当在 10 日内到工商行政管理机关申请登记注册，领取营业执照后，方可营业。

第三章 变更、终止

第十八条 典当行变更机构名称、注册资本（变更后注册资本在5000万元以上的除外）、法定代表人、在本市（地、州、盟）范围内变更住所、转让股份（对外转让股份累计达50%以上的除外）的，应当经省级商务主管部门批准。省级商务主管部门应当在批准后20日内向商务部备案。商务部于每年6月、12月集中换发《典当经营许可证》。

典当行分立、合并、跨市（地、州、盟）迁移住所、对外转让股份累计达50%以上、以及变更后注册资本在5000万元以上的，应当经省级商务主管部门同意，报商务部批准，并换发《典当经营许可证》。

申请人领取《典当经营许可证》后，依照本办法第十七条的有关规定申请换发《特种行业许可证》和营业执照。

第十九条 典当行增加注册资本应当符合下列条件：

（一）与开业时间或者前一次增资相隔的时间在1年以上；

（二）1年内没有违法违规经营记录。

第二十条 典当行变更注册资本或者调整股本结构，新进入的个人股东和拟任高级管理人员应当接受资格审查；新进入的法人股东及增资的法人股东应当具备相应的投资能力与投资资格。

第二十一条 无正当理由未按照规定办理《特种行业许可证》及营业执照的，或者自核发营业执照之日起无正当理由超过6个月未营业，或者营业后自行停业连续达6个月以上的，省级商务主管部门、设区的市（地）级人民政府公安机关应当分别收回《典当经营许可证》、《特种行业许可证》，原批准文件自动撤销。收回的《典当经营许可证》应当交回商务部。

省级商务主管部门收回《典当经营许可证》，或者设区的市（地）级人民政府公安机关收回《特种行业许可证》的，应当在10日内通过省级人民政府公安机关相互通报情况。

许可证被收回后，典当行应当依法向工商行政管理机关申请注销登记。

第二十二条 典当行解散应当提前3个月向省级商务主管部门提出申请，经批准后，应当停止除赎当和处理绝当物品以外的其他业务，并依法成立清算组，进行清算。

第二十三条 典当行清算结束后，清算组应当将清算报告报省级商务主管部门确认，由省级商务主管部门收回《典当经营许可证》，并在5日内通报同级人民政府公安机关。

省级人民政府公安机关应当在5日内通知作出原批准决定的设区的市（地）级人民政府公安机关收回《特种行业许可证》。

典当行在清算结束后，应当依法向工商行政管理机关申请注销登记。

第二十四条　省级商务主管部门对终止经营的典当行应当予以公告，并报商务部备案。

第四章　经营范围

第二十五条　经批准，典当行可以经营下列业务：

（一）动产质押典当业务；

（二）财产权利质押典当业务；

（三）房地产（外省、自治区、直辖市的房地产或者未取得商品房预售许可证的在建工程除外）抵押典当业务；

（四）限额内绝当物品的变卖；

（五）鉴定评估及咨询服务；

（六）商务部依法批准的其他典当业务。

第二十六条　典当行不得经营下列业务：

（一）非绝当物品的销售以及旧物收购、寄售；

（二）动产抵押业务；

（三）集资、吸收存款或者变相吸收存款；

（四）发放信用贷款；

（五）未经商务部批准的其他业务。

第二十七条　典当行不得收当下列财物：

（一）依法被查封、扣押或者已经被采取其他保全措施的财产；

（二）赃物和来源不明的物品；

（三）易燃、易爆、剧毒、放射性物品及其容器；

（四）管制刀具，枪支、弹药，军、警用标志、制式服装和器械；

（五）国家机关公文、印章及其管理的财物；

（六）国家机关核发的除物权证书以外的证照及有效身份证件；

（七）当户没有所有权或者未能依法取得处分权的财产；

（八）法律、法规及国家有关规定禁止流通的自然资源或者其他财物。

第二十八条　典当行不得有下列行为：

（一）从商业银行以外的单位和个人借款；

（二）与其他典当行拆借或者变相拆借资金；

（三）超过规定限额从商业银行贷款；

（四）对外投资。

第二十九条 典当行收当国家统收、专营、专卖物品，须经有关部门批准。

第五章 当 票

第三十条 当票是典当行与当户之间的借贷契约，是典当行向当户支付当金的付款凭证。

典当行和当户就当票以外事项进行约定的，应当补充订立书面合同，但约定的内容不得违反有关法律、法规和本办法的规定。

第三十一条 当票应当载明下列事项：

（一）典当行机构名称及住所；

（二）当户姓名（名称）、住所（址）、有效证件（照）及号码；

（三）当物名称、数量、质量、状况；

（四）估价金额、当金数额；

（五）利率、综合费率；

（六）典当日期、典当期、续当期；

（七）当户须知。

第三十二条 典当行和当户不得将当票转让、出借或者质押给第三人。

第三十三条 典当行和当户应当真实记录并妥善保管当票。

当票遗失，当户应当及时向典当行办理挂失手续。未办理挂失手续或者挂失前被他人赎当，典当行无过错的，典当行不负赔偿责任。

第六章 经营规则

第三十四条 典当行不得委托其他单位和个人代办典当业务，不得向其他组织、机构和经营场所派驻业务人员从事典当业务。

第三十五条 办理出当与赎当，当户均应当出具本人的有效身份证件。当户为单位的，经办人员应当出具单位证明和经办人的有效身份证件；委托典当中，被委托人应当出具典当委托书、本人和委托人的有效身份证件。

除前款所列证件外，出当时，当户应当如实向典当行提供当物的来源及相关证明材料。赎当时，当户应当出示当票。

典当行应当查验当户出具的本条第二款所列证明文件。

第三十六条 当物的估价金额及当金数额应当由双方协商确定。

房地产的当金数额经协商不能达成一致的，双方可以委托有资质的房地产价格评估机构进行评估，估价金额可以作为确定当金数额的参考。

典当期限由双方约定，最长不得超过6个月。

第三十七条　典当当金利率，按中国人民银行公布的银行机构6个月期法定贷款利率及典当期限折算后执行。

典当当金利息不得预扣。

第三十八条　典当综合费用包括各种服务及管理费用。

动产质押典当的月综合费率不得超过当金的42‰。

房地产抵押典当的月综合费率不得超过当金的27‰。

财产权利质押典当的月综合费率不得超过当金的24‰。

当期不足5日的，按5日收取有关费用。

第三十九条　典当期内或典当期限届满后5日内，经双方同意可以续当，续当1次的期限最长为6个月。续当期自典当期限或者前1次续当期限届满日起算。续当时，当户应当结清前期利息和当期费用。

第四十条　典当期限或者续当期限届满后，当户应当在5日内赎当或者续当。逾期不赎当也不续当的，为绝当。

当户于典当期限或者续当期限届满至绝当前赎当的，除须偿还当金本息、综合费用外，还应当根据中国人民银行规定的银行等金融机构逾期贷款罚息水平、典当行制定的费用标准和逾期天数，补交当金利息和有关费用。

第四十一条　典当行在当期内不得出租、质押、抵押和使用当物。

质押当物在典当期内或者续当期内发生遗失或者损毁的，典当行应当按照估价金额进行赔偿。遇有不可抗力导致质押当物损毁的，典当行不承担赔偿责任。

第四十二条　典当行经营房地产抵押典当业务，应当和当户依法到有关部门先行办理抵押登记，再办理抵押典当手续。

典当行经营机动车质押典当业务，应当到车辆管理部门办理质押登记手续。

典当行经营其他典当业务，有关法律、法规要求登记的，应当依法办理登记手续。

第四十三条　典当行应当按照下列规定处理绝当物品：

（一）当物估价金额在3万元以上的，可以按照《中华人民共和国担保法》的有关规定处理，也可以双方事先约定绝当后由典当行委托拍卖行公开拍卖。拍卖收入在扣除拍卖费用及当金本息后，剩余部分应当退还当户，不足部分向当户追索。

（二）绝当物估价金额不足3万元的，典当行可以自行变卖或者折价处理，损溢自负。

（三）对国家限制流通的绝当物，应当根据有关法律、法规，报有关管理部门批准后处理或者交售指定单位。

（四）典当行在营业场所以外设立绝当物品销售点应当报省级商务主管部门备案，并自觉接受当地商务主管部门监督检查。

（五）典当行处分绝当物品中的上市公司股份应当取得当户的同意和配合，典当行不得自行变卖、折价处理或者委托拍卖行公开拍卖绝当物品中的上市公司股份。

第四十四条 典当行的资产应当按照下列比例进行管理：

（一）典当行自初始营业起至第1次向省级商务主管部门及所在地商务主管部门报送年度财务会计报告的时期内从商业银行贷款的，贷款余额不得超过其注册资本。典当行第1次向省级商务主管部门及所在地商务主管部门报送财务会计报告之后从商业银行贷款的，贷款余额不得超过上1年度向主管部门报送的财务会计报告中的所有者权益。典当行不得从本市（地、州、盟）以外的商业银行贷款。典当行分支机构不得从商业银行贷款。

（二）典当行对同一法人或者自然人的典当余额不得超过注册资本的25%。

（三）典当行对其股东的典当余额不得超过该股东入股金额，且典当条件不得优于普通当户。

（四）典当行净资产低于注册资本的90%时，各股东应当按比例补足或者申请减少注册资本，但减少后的注册资本不得违反本办法关于典当行注册资本最低限额的规定。

（五）典当行财产权利质押典当余额不得超过注册资本的50%。房地产抵押典当余额不得超过注册资本。注册资本不足1000万元的，房地产抵押典当单笔当金数额不得超过100万元。注册资本在1000万元以上的，房地产抵押典当单笔当金数额不得超过注册资本的10%。

第四十五条 典当行应当依照法律和国家统一的会计制度，建立、健全财务会计制度和内部审计制度。

典当行应当按照国家有关规定，真实记录并全面反映其业务活动和财务状况，编制月度报表和年度财务会计报告，并按要求向省级商务主管部门及所在地设区的市（地）级商务主管部门报送。

典当行年度财务会计报告须经会计师事务所或者其他法定机构审查验证。

第七章　监督管理

第四十六条　商务部对典当业实行归口管理，履行以下监督管理职责：

（一）制定有关规章、政策；

（二）负责典当行市场准入和退出管理；

（三）负责典当行日常业务监管；

（四）对典当行业自律组织进行业务指导。

第四十七条　商务部参照省级商务主管部门拟定的年度发展规划对全国范围内典当行的总量、布局及资本规模进行调控。

第四十八条　《典当经营许可证》由商务部统一印制。《典当经营许可证》实行统一编码管理，编码管理办法由商务部另行制定。

当票由商务部统一设计，省级商务主管部门监制。省级商务主管部门应当每半年向商务部报告当票的印制、使用情况。任何单位和个人不得伪造和变造当票。

第四十九条　省级商务主管部门应当按季度向商务部报送本地典当行经营情况。具体要求和报表格式由商务部另行规定。

第五十条　典当行的从业人员应当持有有效身份证件；外国人及其他境外人员在典当行就业的，应当按照国家有关规定，取得外国人就业许可证书。

典当行不得雇佣不能提供前款所列证件的人员。

第五十一条　典当行应当如实记录、统计质押当物和当户信息，并按照所在地县级以上人民政府公安机关的要求报送备查。

第五十二条　典当行发现公安机关通报协查的人员或者赃物以及本办法第二十七条所列其他财物的，应当立即向公安机关报告有关情况。

第五十三条　对属于赃物或者有赃物嫌疑的当物，公安机关应当依法予以扣押，并依照国家有关规定处理。

第五十四条　省级商务主管部门以及设区的市（地）级商务主管部门应当根据本地实际建立定期检查及不定期抽查制度，及时发现和处理有关问题；对于辖区内典当行发生的盗抢、火灾、集资吸储及重大涉讼案件等情况，应当在24小时之内将有关情况报告上级商务主管部门和当地人民政府，并通报同级人民政府公安机关。

第五十五条 全国性典当行业协会是典当行业的全国性自律组织，经国务院民政部门核准登记后成立，接受国务院商务、公安等部门的业务指导。

地方性典当行业协会是本地典当行业的自律性组织，经当地民政部门核准登记后成立，接受所在地商务、公安等部门的业务指导。

第五十六条 商务部授权省级商务主管部门对典当行进行年审。具体办法由商务部另行制定。

省级商务主管部门应当在年审后10日内将有关情况通报同级人民政府公安机关和工商行政管理机关。

第五十七条 国家推行典当执业水平认证制度。具体办法由商务部会同国务院人事行政部门制定。

第八章 罚 则

第五十八条 非法设立典当行及分支机构或者以其他方式非法经营典当业务的，依据国务院《无照经营查处取缔办法》予以处罚。

第五十九条 典当行违反本办法第二十六条第（三）、（四）项规定，构成犯罪的，依法追究刑事责任。

第六十条 典当行违反本办法第二十八条第（一）、（二）、（三）项或者第四十四条第（一）、（二）、（五）项规定的，由省级商务主管部门责令改正，并处5000元以上3万元以下罚款；构成犯罪的，依法追究刑事责任。

第六十一条 典当行违反本办法第三十七条第一款或者第三十八条第二、三、四款规定的，由省级商务主管部门责令改正，并处5000元以上3万元以下罚款；构成犯罪的，依法追究刑事责任。

第六十二条 典当行违反本办法第四十五条规定，隐瞒真实经营情况，提供虚假财务会计报告及财务报表，或者采用其他方式逃避税收与监管的，由省级商务主管部门责令改正，并通报相关部门依法查处；构成犯罪的，依法追究刑事责任。

第六十三条 典当行违反本办法第二十七条规定的，由县级以上人民政府公安机关责令改正，并处5000元以上3万元以下罚款；构成犯罪的，依法追究刑事责任。

第六十四条 典当行违反本办法第二十六条第（一）、（二）、（五）项，第二十八条第（四）项或者第三十四条规定的，由所在地设区的市（地）级商务主管部门责令改正，单处或者并处5000元以上3万元以下罚款。

典当行违反本办法第二十九条或者第四十三条第（三）、（五）项的规定，收当限制流通物或者处理绝当物未获得相应批准或者同意的，由所在地设区的市（地）级商务主管部门责令改正，并处1000元以上5000元以下罚款。

典当行违反本办法第四十四条第（三）、（四）项规定，资本不实，扰乱经营秩序的，由所在地设区的市（地）级商务主管部门责令限期补足或者减少注册资本，并处以5000元以上3万元以下罚款。

第六十五条　典当行违反本办法第三十五条第三款或者第五十一条规定的，由县级以上人民政府公安机关责令改正，并处200元以上1000元以下罚款。

第六十六条　典当行违反本办法第五十二条规定的，由县级以上人民政府公安机关责令改正，并处2000元以上1万元以下罚款；造成严重后果或者屡教不改的，处5000元以上3万元以下罚款。

对明知是赃物而窝藏、销毁、转移的，依法给予治安管理处罚；构成犯罪的，依法追究刑事责任。

第六十七条　典当行采用暴力、威胁手段强迫他人典当，或者以其他不正当手段侵犯当户合法权益，构成违反治安管理行为的，由公安机关依法给予治安管理处罚；构成犯罪的，依法追究刑事责任。

第六十八条　在调查、侦查典当行违法犯罪行为过程中，商务主管部门与公安机关应当相互配合。商务主管部门和公安机关发现典当行有违反本办法行为的，应当进行调查、核实，并相互通报查处结果；涉嫌构成犯罪的，商务主管部门应当及时移送公安机关处理。

第六十九条　商务主管部门、公安机关工作人员在典当行设立、变更及终止审批中违反法律、法规和本办法规定，或者在监督管理工作中滥用职权、徇私舞弊、玩忽职守的，对直接负责的主管人员和其他直接责任人员依法给予行政处分；构成犯罪的，依法追究刑事责任。

第九章　附　则

第七十条　各省、自治区、直辖市商务主管部门、公安机关可以依据本办法，制定具体实施办法或者就有关授权委托管理事项作出规定，并报商务部、公安部备案。

第七十一条　外商及港、澳、台商投资典当行的管理办法由商务部会同有关部门另行制定。

第七十二条 本办法由商务部、公安部负责解释。

第七十三条 本办法自2005年4月1日起施行。《典当行管理办法》（国家经贸委令第22号）、《典当业治安管理办法》（公安部第26号令）同时废止。

127. 合伙合同纠纷

法律条文及规范索引

《中华人民共和国民法典》（2021年1月1日施行）

第九百六十七条 合伙合同是两个以上合伙人为了共同的事业目的，订立的共享利益、共担风险的协议。

第九百六十八条 合伙人应当按照约定的出资方式、数额和缴付期限，履行出资义务。

第九百六十九条 合伙人的出资、因合伙事务依法取得的收益和其他财产，属于合伙财产。

合伙合同终止前，合伙人不得请求分割合伙财产。

第九百七十条 合伙人就合伙事务作出决定的，除合伙合同另有约定外，应当经全体合伙人一致同意。

合伙事务由全体合伙人共同执行。按照合伙合同的约定或者全体合伙人的决定，可以委托一个或者数个合伙人执行合伙事务；其他合伙人不再执行合伙事务，但是有权监督执行情况。

合伙人分别执行合伙事务的，执行事务合伙人可以对其他合伙人执行的事务提出异议；提出异议后，其他合伙人应当暂停该项事务的执行。

第九百七十一条 合伙人不得因执行合伙事务而请求支付报酬，但是合伙合同另有约定的除外。

第九百七十二条 合伙的利润分配和亏损分担，按照合伙合同的约定办理；合伙合同没有约定或者约定不明确的，由合伙人协商决定；协商不成的，由合伙人按照实缴出资比例分配、分担；无法确定出资比例的，由合伙人平均分配、分担。

第九百七十三条　合伙人对合伙债务承担连带责任。清偿合伙债务超过自己应当承担份额的合伙人，有权向其他合伙人追偿。

第九百七十四条　除合伙合同另有约定外，合伙人向合伙人以外的人转让其全部或者部分财产份额的，须经其他合伙人一致同意。

第九百七十五条　合伙人的债权人不得代位行使合伙人依照本章规定和合伙合同享有的权利，但是合伙人享有的利益分配请求权除外。

第九百七十六条　合伙人对合伙期限没有约定或者约定不明确，依据本法第五百一十条的规定仍不能确定的，视为不定期合伙。

合伙期限届满，合伙人继续执行合伙事务，其他合伙人没有提出异议的，原合伙合同继续有效，但是合伙期限为不定期。

合伙人可以随时解除不定期合伙合同，但是应当在合理期限之前通知其他合伙人。

第九百七十七条　合伙人死亡、丧失民事行为能力或者终止的，合伙合同终止；但是，合伙合同另有约定或者根据合伙事务的性质不宜终止的除外。

第九百七十八条　合伙合同终止后，合伙财产在支付因终止而产生的费用以及清偿合伙债务后有剩余的，依据本法第九百七十二条的规定进行分配。

《中华人民共和国合伙企业法》（2006 年 8 月 27 日修正）

第三条　国有独资公司、国有企业、上市公司以及公益性的事业单位、社会团体不得成为普通合伙人。

第十一条　合伙企业的营业执照签发日期，为合伙企业成立日期。

合伙企业领取营业执照前，合伙人不得以合伙企业名义从事合伙业务。

第十六条　合伙人可以用货币、实物、知识产权、土地使用权或者其他财产权利出资，也可以用劳务出资。

合伙人以实物、知识产权、土地使用权或者其他财产权利出资，需要评估作价的，可以由全体合伙人协商确定，也可以由全体合伙人委托法定评估机构评估。

合伙人以劳务出资的，其评估办法由全体合伙人协商确定，并在合伙协议中载明。

第十七条　合伙人应当按照合伙协议约定的出资方式、数额和缴付期限，履行出资义务。

以非货币财产出资的，依照法律、行政法规的规定，需要办理财产权转移手续的，应当依法办理。

第二十二条 除合伙协议另有约定外，合伙人向合伙人以外的人转让其在合伙企业中的全部或者部分财产份额时，须经其他合伙人一致同意。

合伙人之间转让在合伙企业中的全部或者部分财产份额时，应当通知其他合伙人。

第二十三条 合伙人向合伙人以外的人转让其在合伙企业中的财产份额的，在同等条件下，其他合伙人有优先购买权；但是，合伙协议另有约定的除外。

第二十四条 合伙人以外的人依法受让合伙人在合伙企业中的财产份额的，经修改合伙协议即成为合伙企业的合伙人，依照本法和修改后的合伙协议享有权利，履行义务。

第二十五条 合伙人以其在合伙企业中的财产份额出质的，须经其他合伙人一致同意；未经其他合伙人一致同意，其行为无效，由此给善意第三人造成损失的，由行为人依法承担赔偿责任。

第三十三条 合伙企业的利润分配、亏损分担，按照合伙协议的约定办理；合伙协议未约定或者约定不明确的，由合伙人协商决定；协商不成的，由合伙人按照实缴出资比例分配、分担；无法确定出资比例的，由合伙人平均分配、分担。

合伙协议不得约定将全部利润分配给部分合伙人或者由部分合伙人承担全部亏损。

第三十九条 合伙企业不能清偿到期债务的，合伙人承担无限连带责任。

第四十条 合伙人由于承担无限连带责任，清偿数额超过本法第三十三条第一款规定的其亏损分担比例的，有权向其他合伙人追偿。

第四十一条 合伙人发生与合伙企业无关的债务，相关债权人不得以其债权抵销其对合伙企业的债务；也不得代位行使合伙人在合伙企业中的权利。

第四十二条 合伙人的自有财产不足清偿其与合伙企业无关的债务的，该合伙人可以以其从合伙企业中分取的收益用于清偿；债权人也可以依法请求人民法院强制执行该合伙人在合伙企业中的财产份额用于清偿。

人民法院强制执行合伙人的财产份额时，应当通知全体合伙人，其他合伙人有优先购买权；其他合伙人未购买，又不同意将该财产份额转让给他人的，依照本法第五十一条的规定为该合伙人办理退伙结算，或者办理削减该合伙人相应财产份额的结算。

第八十五条　合伙企业有下列情形之一的，应当解散：

（一）合伙期限届满，合伙人决定不再经营；

（二）合伙协议约定的解散事由出现；

（三）全体合伙人决定解散；

（四）合伙人已不具备法定人数满三十天；

（五）合伙协议约定的合伙目的已经实现或者无法实现；

（六）依法被吊销营业执照、责令关闭或者被撤销；

（七）法律、行政法规规定的其他原因。

第八十六条　合伙企业解散，应当由清算人进行清算。

清算人由全体合伙人担任；经全体合伙人过半数同意，可以自合伙企业解散事由出现后十五日内指定一个或者数个合伙人，或者委托第三人，担任清算人。

自合伙企业解散事由出现之日起十五日内未确定清算人的，合伙人或者其他利害关系人可以申请人民法院指定清算人。

第九十二条　合伙企业不能清偿到期债务的，债权人可以依法向人民法院提出破产清算申请，也可以要求普通合伙人清偿。

合伙企业依法被宣告破产的，普通合伙人对合伙企业债务仍应承担无限连带责任。

第九十六条　合伙人执行合伙事务，或者合伙企业从业人员利用职务上的便利，将应当归合伙企业的利益据为己有的，或者采取其他手段侵占合伙企业财产的，应当将该利益和财产退还合伙企业；给合伙企业或者其他合伙人造成损失的，依法承担赔偿责任。

第九十八条　不具有事务执行权的合伙人擅自执行合伙事务，给合伙企业或者其他合伙人造成损失的，依法承担赔偿责任。

第一百零三条　合伙人违反合伙协议的，应当依法承担违约责任。

合伙人履行合伙协议发生争议的，合伙人可以通过协商或者调解解决。不愿通过协商、调解解决或者协商、调解不成的，可以按照合伙协议约定的仲裁条款或者事后达成的书面仲裁协议，向仲裁机构申请仲裁。合伙协议中未订立仲裁条款，事后又没有达成书面仲裁协议的，可以向人民法院起诉。

128. 种植、养殖回收合同纠纷

法律条文及规范索引

种植、养殖回收合同属于无名合同，该类纠纷的法律依据主要是《民法典》合同编中关于买卖合同、技术合同的相关规定。对于烟草种植回收合同纠纷，还可以参照国家烟草专卖局于 2007 年 1 月 12 日颁布的《烟叶种植收购合同管理暂行办法》的相关规定。

129. 彩票、奖券纠纷

法律条文及规范索引

《彩票管理条例》（2009 年 7 月 1 日施行）

第二条 本条例所称彩票，是指国家为筹集社会公益资金，促进社会公益事业发展而特许发行、依法销售，自然人自愿购买，并按照特定规则获得中奖机会的凭证。

彩票不返还本金、不计付利息。

第八条 彩票发行机构申请开设彩票品种，应当经国务院民政部门或国务院体育行政部门审核同意，向国务院提交下列申请材料：

（一）申请书；

（二）彩票品种的规则；

（三）发行方式，发行范围；

（四）市场分析报告及技术可行性分析报告；

（五）开奖、兑奖操作规程；

（六）风险控制方案。

国务院财政部门应当自受理申请之日起 90 个工作日内，通过专家评审、听证会等方式对开设彩票品种听取社会意见，对申请进行审查并作出书面决定。

第十四条　彩票发行机构、彩票销售机构应当建立风险管理体系和可疑资金报告制度，保障彩票发行、销售的安全。

彩票发行机构、彩票销售机构负责彩票销售系统的数据管理、开奖兑奖管理以及彩票资金的归集管理，不得委托他人管理。

第十五条　彩票发行机构、彩票销售机构可以委托单位、个人代理销售彩票。彩票发行机构、彩票销售机构应当与接受委托的彩票代销者签订彩票代销合同。福利彩票、体育彩票的代销合同示范文本分别由国务院民政部门、体育行政部门制定。

彩票代销者不得委托他人代销彩票。

第十六条　彩票销售机构应当为彩票代销者配置彩票投注专用设备。彩票投注专用设备属于彩票销售机构所有，彩票代销者不得转借、出租、出售。

第十七条　彩票销售机构应当在彩票发行机构的指导下，统筹规划彩票销售场所的布局。彩票销售场所应当按照彩票发行机构的统一要求，设置彩票销售标识，张贴警示标语。

第十八条　彩票发行机构、彩票销售机构、彩票代销者不得有下列行为：

（一）进行虚假性、误导性宣传；

（二）以诋毁同业者等手段进行不正当竞争；

（三）向未成年人销售彩票；

（四）以赊销或者信用方式销售彩票。

第十九条　需要销毁彩票的，由彩票发行机构报国务院财政部门批准后，在国务院民政部门或者国务院体育行政部门的监督下销毁。

第二十条　彩票发行机构、彩票销售机构应当及时将彩票发行、销售情况向社会全面公布，接受社会公众的监督。

第二十一条　彩票发行机构、彩票销售机构应当按照批准的彩票品种的规则和开奖操作规程开奖。

国务院民政部门、体育行政部门和省、自治区、直辖市人民政府民政部门、体育行政部门应当加强对彩票开奖活动的监督，确保彩票开奖的公开、公正。

第二十二条　彩票发行机构、彩票销售机构应当确保彩票销售数据的完整、准确和安全。当期彩票销售数据封存后至开奖活动结束前，不得查阅、变更或者删除销售数据。

第二十三条 彩票发行机构、彩票销售机构应当加强对开奖设备的管理，确保开奖设备正常运行，并配置备用开奖设备。

第二十四条 彩票发行机构、彩票销售机构应当在每期彩票销售结束后，及时向社会公布当期彩票的销售情况和开奖结果。

第二十五条 彩票中奖者应当自开奖之日起60个自然日内，持中奖彩票到指定的地点兑奖彩票品种的规则规定需要出示身份证件的，还应当出示本人身份证件。逾期不兑奖的视为弃奖。

禁止使用伪造、变造的彩票兑奖。

第二十六条 彩票发行机构、彩票销售机构、彩票代销者应当按照彩票品种的规则和兑奖操作规程兑奖。

彩票中奖奖金应当以人民币现金或者现金支票形式一次性兑付。

不得向未成年人兑奖。

第二十七条 彩票发行机构、彩票销售机构、彩票代销者以及其他因职务或者业务便利知悉彩票中奖者个人信息的人员，应当对彩票中奖者个人信息予以保密。

130. 中外合作勘探开发自然资源合同纠纷

法律条文及规范索引

《中华人民共和国民法典》（2021年1月1日施行）

第四百六十七条 本法或者其他法律没有明文规定的合同，适用本编通则的规定，并可以参照适用本编或者其他法律最相类似合同的规定。

在中华人民共和国境内履行的中外合资经营企业合同、中外合作经营企业合同、中外合作勘探开发自然资源合同，适用中华人民共和国法律。

131. 农业承包合同纠纷
132. 林业承包合同纠纷
133. 渔业承包合同纠纷
134. 牧业承包合同纠纷

法律条文及规范索引

《中华人民共和国农村土地承包法》（2018 年 12 月 29 日修正）

第十三条　农民集体所有的土地依法属于村农民集体所有的，由村集体经济组织或者村民委员会发包；已经分别属于村内两个以上农村集体经济组织的农民集体所有的，由村内各该农村集体经济组织或者村民小组发包。村集体经济组织或者村民委员会发包的，不得改变村内各集体经济组织农民集体所有的土地的所有权。

国家所有依法由农民集体使用的农村土地，由使用该土地的农村集体经济组织、村民委员会或者村民小组发包。

第十四条　发包方享有下列权利：

（一）发包本集体所有的或者国家所有依法由本集体使用的农村土地；

（二）监督承包方依照承包合同约定的用途合理利用和保护土地；

（三）制止承包方损害承包地和农业资源的行为；

（四）法律、行政法规规定的其他权利。

第十五条　发包方承担下列义务：

（一）维护承包方的土地承包经营权，不得非法变更、解除承包合同；

（二）尊重承包方的生产经营自主权，不得干涉承包方依法进行正常的生产经营活动；

（三）依照承包合同约定为承包方提供生产、技术、信息等服务；

（四）执行县、乡（镇）土地利用总体规划，组织本集体经济组织内的农业基础设施建设；

（五）法律、行政法规规定的其他义务。

第十六条　家庭承包的承包方是本集体经济组织的农户。

农户内家庭成员依法平等享有承包土地的各项权益。

第十七条 承包方享有下列权利：

（一）依法享有承包地使用、收益和土地承包经营权流转的权利，有权自主组织生产经营和处置产品；

（二）承包地被依法征用、占用的，有权依法获得相应的补偿；

（三）法律、行政法规规定的其他权利。

第十八条 承包方承担下列义务：

（一）维持土地的农业用途，未经依法批准不得用于非农建设；

（二）依法保护和合理利用土地，不得给土地造成永久性损害；

（三）法律、行政法规规定的其他义务。

第二十二条 发包方应当与承包方签订书面承包合同。

承包合同一般包括以下条款：

（一）发包方、承包方的名称，发包方负责人和承包方代表的姓名、住所；

（二）承包土地的名称、坐落、面积、质量等级；

（三）承包期限和起止日期；

（四）承包土地的用途；

（五）发包方和承包方的权利和义务；

（六）违约责任。

第二十三条 承包合同自成立之日起生效。承包方自承包合同生效时取得土地承包经营权。

第二十四条 国家对耕地、林地和草地等实行统一登记，登记机构应当向承包方颁发土地承包经营权证或者林权证等证书，并登记造册，确认土地承包经营权。

土地承包经营权证或者林权证等证书应当将具有土地承包经营权的全部家庭成员列入。

登记机构除按规定收取证书工本费外，不得收取其他费用。

第二十五条 承包合同生效后，发包方不得因承办人或者负责人的变动而变更或者解除，也不得因集体经济组织的分立或者合并而变更或者解除。

第二十六条 国家机关及其工作人员不得利用职权干涉农村土地承包或者变更、解除承包合同。

第四十条 土地经营权流转，当事人双方应当签订书面流转合同。

土地经营权流转合同一般包括以下条款：

（一）双方当事人的姓名、住所；

（二）流转土地的名称、坐落、面积、质量等级；

（三）流转期限和起止日期；

（四）流转土地的用途；

（五）双方当事人的权利和义务；

（六）流转价款及支付方式；

（七）土地被依法征收、征用、占用时有关补偿费的归属；

（八）违约责任。

承包方将土地交由他人代耕不超过一年的，可以不签订书面合同。

第四十八条　不宜采取家庭承包方式的荒山、荒沟、荒丘、荒滩等农村土地，通过招标、拍卖、公开协商等方式承包的，适用本章规定。

第四十九条　以其他方式承包农村土地的，应当签订承包合同，承包方取得土地经营权。当事人的权利和义务、承包期限等，由双方协商确定。以招标、拍卖方式承包的，承包费通过公开竞标、竞价确定；以公开协商等方式承包的，承包费由双方议定。

135. 土地承包经营权合同纠纷

(1) 土地承包经营权转让合同纠纷

(2) 土地承包经营权互换合同纠纷

(3) 土地经营权入股合同纠纷

(4) 土地经营权抵押合同纠纷

(5) 土地经营权出租合同纠纷

法律条文及规范索引

《中华人民共和国民法典》（2021 年 1 月 1 日施行）

第三百三十四条　土地承包经营权人依照法律规定，有权将土地承包经营权互换、转让。未经依法批准，不得将承包地用于非农建设。

第三百三十五条　土地承包经营权互换、转让的，当事人可以向登记机构申请登记；未经登记，不得对抗善意第三人。

《中华人民共和国农村土地承包法》（2018年12月29日修正）

第十三条 农民集体所有的土地依法属于村农民集体所有的，由村集体经济组织或者村民委员会发包；已经分别属于村内两个以上农村集体经济组织的农民集体所有的，由村内各该农村集体经济组织或者村民小组发包。村集体经济组织或者村民委员会发包的，不得改变村内各集体经济组织农民集体所有的土地的所有权。

国家所有依法由农民集体使用的农村土地，由使用该土地的农村集体经济组织、村民委员会或者村民小组发包。

第十四条 发包方享有下列权利：

（一）发包本集体所有的或者国家所有依法由本集体使用的农村土地；

（二）监督承包方依照承包合同约定的用途合理利用和保护土地；

（三）制止承包方损害承包地和农业资源的行为；

（四）法律、行政法规规定的其他权利。

第十五条 发包方承担下列义务：

（一）维护承包方的土地承包经营权，不得非法变更、解除承包合同；

（二）尊重承包方的生产经营自主权，不得干涉承包方依法进行正常的生产经营活动；

（三）依照承包合同约定为承包方提供生产、技术、信息等服务；

（四）执行县、乡（镇）土地利用总体规划，组织本集体经济组织内的农业基础设施建设；

（五）法律、行政法规规定的其他义务。

第十六条 家庭承包的承包方是本集体经济组织的农户。

农户内家庭成员依法平等享有承包土地的各项权益。

第十七条 承包方享有下列权利：

（一）依法享有承包地使用、收益和土地承包经营权流转的权利，有权自主组织生产经营和处置产品；

（二）承包地被依法征用、占用的，有权依法获得相应的补偿；

（三）法律、行政法规规定的其他权利。

第三十六条 承包方可以自主决定依法采取出租（转包）、入股或者其他方式向他人流转土地经营权，并向发包方备案。

第三十九条 土地经营权流转的价款，应当由当事人双方协商确定。流转的收益归承包方所有，任何组织和个人不得擅自截留、扣缴。

第四十条　土地经营权流转，当事人双方应当签订书面流转合同。

土地经营权流转合同一般包括以下条款：

（一）双方当事人的姓名、住所；

（二）流转土地的名称、坐落、面积、质量等级；

（三）流转期限和起止日期；

（四）流转土地的用途；

（五）双方当事人的权利和义务；

（六）流转价款及支付方式；

（七）土地被依法征收、征用、占用时有关补偿费的归属；

（八）违约责任。

承包方将土地交由他人代耕不超过一年的，可以不签订书面合同。”第三十八条土地承包经营权采取互换、转让方式流转，当事人要求登记的，应当向县级以上地方人民政府申请登记。未经登记，不得对抗善意第三人。

第四十九条　以其他方式承包农村土地的，应当签订承包合同，承包方取得土地经营权。当事人的权利和义务、承包期限等，由双方协商确定。以招标、拍卖方式承包的，承包费通过公开竞标、竞价确定；以公开协商等方式承包的，承包费由双方议定。

第五十三条　通过招标、拍卖、公开协商等方式承包农村土地，经依法登记取得权属证书的，可以依法采取出租、入股、抵押或者其他方式流转土地经营权。

136. 居住权合同纠纷

法律条文及规范索引

《中华人民共和国民法典》（2021 年 1 月 1 日施行）

第三百六十六条　居住权人有权按照合同约定，对他人的住宅享有占有、使用的用益物权，以满足生活居住的需要。

第三百六十七条　设立居住权，当事人应当采用书面形式订立居住权合同。

居住权合同一般包括下列条款：

（一）当事人的姓名或者名称和住所；

（二）住宅的位置；

（三）居住的条件和要求；

（四）居住权期限；

（五）解决争议的方法。

第三百六十八条 居住权无偿设立，但是当事人另有约定的除外。设立居住权的，应当向登记机构申请居住权登记。居住权自登记时设立。

第三百六十九条 居住权不得转让、继承。设立居住权的住宅不得出租，但是当事人另有约定的除外。

第三百七十条 居住权期限届满或者居住权人死亡的，居住权消灭。居住权消灭的，应当及时办理注销登记。

第三百七十一条 以遗嘱方式设立居住权的，参照适用本章的有关规定。

137. 服务合同纠纷

（1）电信服务合同纠纷

(2) 邮政服务合同纠纷

(3) 快递服务合同纠纷

（4）医疗服务合同纠纷

（5）法律服务合同纠纷

（6）旅游合同纠纷

（7）房地产咨询合同纠纷

（8）房地产价格评估合同纠纷

（9）旅店服务合同纠纷

（10）财会服务合同纠纷

（11）餐饮服务合同纠纷

（12）娱乐服务合同纠纷

（13）有线电视服务合同纠纷

（14）网络服务合同纠纷
（15）教育培训合同纠纷
（16）家政服务合同纠纷
（17）庆典服务合同纠纷
（18）殡葬服务合同纠纷
（19）农业技术服务合同纠纷
（20）农机作业服务合同纠纷
（21）保安服务合同纠纷
（22）银行结算合同纠纷

法律条文及规范索引

《中华人民共和国民法典》（2021年1月1日施行）

第九百三十七条　物业服务合同是物业服务人在物业服务区域内，为业主提供建筑物及其附属设施的维修养护、环境卫生和相关秩序的管理维护等物业服务，业主支付物业费的合同。

物业服务人包括物业服务企业和其他管理人。

第九百三十八条　物业服务合同的内容一般包括服务事项、服务质量、服务费用的标准和收取办法、维修资金的使用、服务用房的管理和使用、服务期限、服务交接等条款。

物业服务人公开作出的有利于业主的服务承诺，为物业服务合同的组成部分。

物业服务合同应当采用书面形式。

第九百三十九条　建设单位依法与物业服务人订立的前期物业服务合同，以及业主委员会与业主大会依法选聘的物业服务人订立的物业服务合同，对业主具有法律约束力。

第九百四十条　建设单位依法与物业服务人订立的前期物业服务合同约定的服务期限届满前，业主委员会或者业主与新物业服务人订立的物业服务合同生效的，前期物业服务合同终止。

第九百四十一条　物业服务人将物业服务区域内的部分专项服务事项委托给专业性服务组织或者其他第三人的，应当就该部分专项服务事项向业主负责。

物业服务人不得将其应当提供的全部物业服务转委托给第三人，或者将全部物业服务支解后分别转委托给第三人。

第九百四十二条　物业服务人应当按照约定和物业的使用性质，妥善维修、养护、清洁、绿化和经营管理物业服务区域内的业主共有部分，维护物业服务区域内的基本秩序，采取合理措施保护业主的人身、财产安全。

对物业服务区域内违反有关治安、环保、消防等法律法规的行为，物业服务人应当及时采取合理措施制止、向有关行政主管部门报告并协助处理。

第九百四十三条　物业服务人应当定期将服务的事项、负责人员、质量要求、收费项目、收费标准、履行情况，以及维修资金使用情况、业主共有部分的经营与收益情况等以合理方式向业主公开并向业主大会、业主委员会报告。

第九百四十四条　业主应当按照约定向物业服务人支付物业费。物业服务人已经按照约定和有关规定提供服务的，业主不得以未接受或者无需接受相关物业服务为由拒绝支付物业费。

业主违反约定逾期不支付物业费的，物业服务人可以催告其在合理期限内支付；合理期限届满仍不支付的，物业服务人可以提起诉讼或者申请仲裁。

物业服务人不得采取停止供电、供水、供热、供燃气等方式催交物业费。

第九百四十五条　业主装饰装修房屋的，应当事先告知物业服务人，遵守物业服务人提示的合理注意事项，并配合其进行必要的现场检查。

业主转让、出租物业专有部分、设立居住权或者依法改变共有部分用途的，应当及时将相关情况告知物业服务人。

第九百四十六条　业主依照法定程序共同决定解聘物业服务人的，可以解除物业服务合同。决定解聘的，应当提前六十日书面通知物业服务人，但是合同对通知期限另有约定的除外。

依据前款规定解除合同造成物业服务人损失的，除不可归责于业主的事由外，业主应当赔偿损失。

第九百四十七条　物业服务期限届满前，业主依法共同决定续聘的，应当与原物业服务人在合同期限届满前续订物业服务合同。

物业服务期限届满前，物业服务人不同意续聘的，应当在合同期限届满前九十日书面通知业主或者业主委员会，但是合同对通知期限另有约定的除外。

第九百四十八条　物业服务期限届满后，业主没有依法作出续聘或者另聘物业服务人的决定，物业服务人继续提供物业服务的，原物业服务合同继续有效，但是服务期限为不定期。

当事人可以随时解除不定期物业服务合同，但是应当提前六十日书面通知对方。

第九百四十九条　物业服务合同终止的，原物业服务人应当在约定期限或者合理期限内退出物业服务区域，将物业服务用房、相关设施、物业服务所必需的相关资料等交还给业主委员会、决定自行管理的业主或者其指定的人，配合新物业服务人做好交接工作，并如实告知物业的使用和管理状况。

原物业服务人违反前款规定的，不得请求业主支付物业服务合同终止后的物业费；造成业主损失的，应当赔偿损失。

第九百五十条　物业服务合同终止后，在业主或者业主大会选聘的新物业服务人或者决定自行管理的业主接管之前，原物业服务人应当继续处理物业服务事项，并可以请求业主支付该期间的物业费。

《中华人民共和国电信条例》（2016 年 2 月 6 日修订）

第三十条　电信业务经营者应当按照国家规定的电信服务标准向电信用户提供服务。电信业务经营者提供服务的种类、范围、资费标准和时限，应当向社会公布，并报省、自治区、直辖市电信管理机构备案。

电信用户有权自主选择使用依法开办的各类电信业务。

第三十一条　电信用户申请安装、移装电信终端设备的，电信业务经营者应当在其公布的时限内保证装机开通；由于电信业务经营者的原因逾期未能装机开通的，应当每日按照收取的安装费、移装费或者其他费用数额 1% 的比例，向电信用户支付违约金。

第三十二条　电信用户申告电信服务障碍的，电信业务经营者应当自接到申告之日起，城镇 48 小时、农村 72 小时内修复或者调通；不能按期修复或者调通的，应当及时通知电信用户，并免收障碍期间的月租费用。但是，属于电信终端设备的原因造成电信服务障碍的除外。

第三十三条　电信业务经营者应当为电信用户交费和查询提供方便。电信用户要求提供国内长途通信、国际通信、移动通信和信息服务等收费清单的，电信业务经营者应当免费提供。

电信用户出现异常的巨额电信费用时，电信业务经营者一经发现，应当尽可能迅速告知电信用户，并采取相应的措施。

前款所称巨额电信费用，是指突然出现超过电信用户此前 3 个月平均电信费用 5 倍以上的费用。

第三十四条 电信用户应当按照约定的时间和方式及时、足额地向电信业务经营者交纳电信费用；电信用户逾期不交纳电信费用的，电信业务经营者有权要求补交电信费用，并可以按照所欠费用每日加收 3‰的违约金。

对超过收费约定期限 30 日仍不交纳电信费用的电信用户，电信业务经营者可以暂停向其提供电信服务。电信用户在电信业务经营者暂停服务 60 日内仍未补交电信费用和违约金的，电信业务经营者可以终止提供服务，并可以依法追缴欠费和违约金。

经营移动电信业务的经营者可以与电信用户约定交纳电信费用的期限、方式，不受前款规定期限的限制。

电信业务经营者应当在迟延交纳电信费用的电信用户补足电信费用、违约金后的 48 小时内，恢复暂停的电信服务。

第三十五条 电信业务经营者因工程施工、网络建设等原因，影响或者可能影响正常电信服务的，必须按照规定的时限及时告知用户，并向省、自治区、直辖市电信管理机构报告。

因前款原因中断电信服务的，电信业务经营者应当相应减免用户在电信服务中断期间的相关费用。

出现本条第一款规定的情形，电信业务经营者未及时告知用户的，应当赔偿由此给用户造成的损失。

第三十六条 经营本地电话业务和移动电话业务的电信业务经营者，应当免费向用户提供火警、匪警、医疗急救、交通事故报警等公益性电信服务并保障通信线路畅通。

第三十七条 电信业务经营者应当及时为需要通过中继线接入其电信网的集团用户，提供平等、合理的接入服务。

未经批准，电信业务经营者不得擅自中断接入服务。

第三十八条 电信业务经营者应当建立健全内部服务质量管理制度，并可以制定并公布施行高于国家规定的电信服务标准的企业标准。

电信业务经营者应当采取各种形式广泛听取电信用户意见，接受社会监督，不断提高电信服务质量。

第三十九条 电信业务经营者提供的电信服务达不到国家规定的电信服

务标准或者其公布的企业标准的，或者电信用户对交纳电信费用持有异议的，电信用户有权要求电信业务经营者予以解决；电信业务经营者拒不解决或者电信用户对解决结果不满意的，电信用户有权向国务院信息产业主管部门或者省、自治区、直辖市电信管理机构或者其他有关部门申诉。收到申诉的机关必须对申诉及时处理，并自收到申诉之日起30日内向申诉者作出答复。

电信用户对交纳本地电话费用有异议的，电信业务经营者还应当应电信用户的要求免费提供本地电话收费依据，并有义务采取必要措施协助电信用户查找原因。

第四十条　电信业务经营者在电信服务中，不得有下列行为：

（一）以任何方式限定电信用户使用其指定的业务；

（二）限定电信用户购买其指定的电信终端设备或者拒绝电信用户使用自备的已经取得入网许可的电信终端设备；

（三）无正当理由拒绝、拖延或者中止对电信用户的电信服务；

（四）对电信用户不履行公开作出的承诺或者作容易引起误解的虚假宣传；

（五）以不正当手段刁难电信用户或者对投诉的电信用户打击报复。

《中华人民共和国邮政法》（2015年4月24日修正）

第四十六条　邮政企业对平常邮件的损失不承担赔偿责任。但是，邮政企业因故意或者重大过失造成平常邮件损失的除外。

第四十七条　邮政企业对给据邮件的损失依照下列规定赔偿：

（一）保价的给据邮件丢失或者全部损毁的，按照保价额赔偿；部分损毁或者内件短少的，按照保价额与邮件全部价值的比例对邮件的实际损失予以赔偿。

（二）未保价的给据邮件丢失、损毁或者内件短少的，按照实际损失赔偿，但最高赔偿额不超过所收取资费的三倍；挂号信件丢失、损毁的，按照所收取资费的三倍予以赔偿。

邮政企业应当在营业场所的告示中和提供给用户的给据邮件单据上，以足以引起用户注意的方式载明前款规定。

邮政企业因故意或者重大过失造成给据邮件损失，或者未履行前款规定义务的，无权援用本条第一款的规定限制赔偿责任。

第四十八条　因下列原因之一造成的给据邮件损失，邮政企业不承担赔偿责任：

（一）不可抗力，但因不可抗力造成的保价的给据邮件的损失除外；

（二）所寄物品本身的自然性质或者合理损耗；

（三）寄件人、收件人的过错。

《快递暂行条例》（2019 年 3 月 2 日修订）

第二十一条 经营快递业务的企业在寄件人填写快递运单前，应当提醒其阅读快递服务合同条款、遵守禁止寄递和限制寄递物品的有关规定，告知相关保价规则和保险服务项目。

寄件人交寄贵重物品的，应当事先声明；经营快递业务的企业可以要求寄件人对贵重物品予以保价。

第二十二条 寄件人交寄快件，应当如实提供以下事项：

（一）寄件人姓名、地址、联系电话；

（二）收件人姓名（名称）、地址、联系电话；

（三）寄递物品的名称、性质、数量。

除信件和已签订安全协议用户交寄的快件外，经营快递业务的企业收寄快件，应当对寄件人身份进行查验，并登记身份信息，但不得在快递运单上记录除姓名（名称）、地址、联系电话以外的用户身份信息。寄件人拒绝提供身份信息或者提供身份信息不实的，经营快递业务的企业不得收寄。

第二十四条 经营快递业务的企业应当规范操作，防止造成快件损毁。

法律法规对食品、药品等特定物品的运输有特殊规定的，寄件人、经营快递业务的企业应当遵守相关规定。

第二十五条 经营快递业务的企业应当将快件投递到约定的收件地址、收件人或者收件人指定的代收人，并告知收件人或者代收人当面验收。收件人或者代收人有权当面验收。

第二十六条 快件无法投递的，经营快递业务的企业应当退回寄件人或者根据寄件人的要求进行处理；属于进出境快件的，经营快递业务的企业应当依法办理海关和检验检疫手续。

快件无法投递又无法退回的，依照下列规定处理：

（一）属于信件，自确认无法退回之日起超过 6 个月无人认领的，由经营快递业务的企业在所在地邮政管理部门的监督下销毁；

（二）属于信件以外其他快件的，经营快递业务的企业应当登记，并按照国务院邮政管理部门的规定处理；

（三）属于进境快件的，交由海关依法处理。

第二十七条　快件延误、丢失、损毁或者内件短少的，对保价的快件，应当按照经营快递业务的企业与寄件人约定的保价规则确定赔偿责任；对未保价的快件，依照民事法律的有关规定确定赔偿责任。

国家鼓励保险公司开发快件损失赔偿责任险种，鼓励经营快递业务的企业投保。

《中华人民共和国律师法》（2017年9月1日修正）

第五十四条　律师违法执业或者因过错给当事人造成损失的，由其所在的律师事务所承担赔偿责任。律师事务所赔偿后，可以向有故意或者重大过失行为的律师追偿。

《中华人民共和国旅游法》（2018年10月26日修正）

第二条　在中华人民共和国境内的和在中华人民共和国境内组织到境外的游览、度假、休闲等形式的旅游活动以及为旅游活动提供相关服务的经营活动，适用本法。

第五十七条　旅行社组织和安排旅游活动，应当与旅游者订立合同。

第五十九条　旅行社应当在旅游行程开始前向旅游者提供旅游行程单。旅游行程单是包价旅游合同的组成部分。

第六十条　旅行社委托其他旅行社代理销售包价旅游产品并与旅游者订立包价旅游合同的，应当在包价旅游合同中载明委托社和代理社的基本信息。

旅行社依照本法规定将包价旅游合同中的接待业务委托给地接社履行的，应当在包价旅游合同中载明地接社的基本信息。

安排导游为旅游者提供服务的，应当在包价旅游合同中载明导游服务费用。

第六十一条　旅行社应当提示参加团队旅游的旅游者按照规定投保人身意外伤害保险。

第六十二条　订立包价旅游合同时，旅行社应当向旅游者告知下列事项：

（一）旅游者不适合参加旅游活动的情形；

（二）旅游活动中的安全注意事项；

（三）旅行社依法可以减免责任的信息；

（四）旅游者应当注意的旅游目的地相关法律、法规和风俗习惯、宗教禁忌，依照中国法律不宜参加的活动等；

（五）法律、法规规定的其他应当告知的事项。

在包价旅游合同履行中，遇有前款规定事项的，旅行社也应当告知旅游者。

第六十三条 旅行社招徕旅游者组团旅游，因未达到约定人数不能出团的，组团社可以解除合同。但是，境内旅游应当至少提前七日通知旅游者，出境旅游应当至少提前三十日通知旅游者。

因未达到约定人数不能出团的，组团社经征得旅游者书面同意，可以委托其他旅行社履行合同。组团社对旅游者承担责任，受委托的旅行社对组团社承担责任。旅游者不同意的，可以解除合同。

因未达到约定的成团人数解除合同的，组团社应当向旅游者退还已收取的全部费用。

第六十四条 旅游行程开始前，旅游者可以将包价旅游合同中自身的权利义务转让给第三人，旅行社没有正当理由的不得拒绝，因此增加的费用由旅游者和第三人承担。

第六十五条 旅游行程结束前，旅游者解除合同的，组团社应当在扣除必要的费用后，将余款退还旅游者。

第六十六条 旅游者有下列情形之一的，旅行社可以解除合同：

（一）患有传染病等疾病，可能危害其他旅游者健康和安全的；

（二）携带危害公共安全的物品且不同意交有关部门处理的；

（三）从事违法或者违反社会公德的活动的；

（四）从事严重影响其他旅游者权益的活动，且不听劝阻、不能制止的；

（五）法律规定的其他情形。

因前款规定情形解除合同的，组团社应当在扣除必要的费用后，将余款退还旅游者；给旅行社造成损失的，旅游者应当依法承担赔偿责任。

第六十七条 因不可抗力或者旅行社、履行辅助人已尽合理注意义务仍不能避免的事件，影响旅游行程的，按照下列情形处理：

（一）合同不能继续履行的，旅行社和旅游者均可以解除合同。合同不能完全履行的，旅行社经向旅游者作出说明，可以在合理范围内变更合同；旅游者不同意变更的，可以解除合同。

（二）合同解除的，组团社应当在扣除已向地接社或者履行辅助人支付且不可退还的费用后，将余款退还旅游者；合同变更的，因此增加的费用由旅游者承担，减少的费用退还旅游者。

（三）危及旅游者人身、财产安全的，旅行社应当采取相应的安全措施，因此支出的费用，由旅行社与旅游者分担。

（四）造成旅游者滞留的，旅行社应当采取相应的安置措施。因此增加的食宿费用，由旅游者承担；增加的返程费用，由旅行社与旅游者分担。

第六十八条　旅游行程中解除合同的，旅行社应当协助旅游者返回出发地或者旅游者指定的合理地点。由于旅行社或者履行辅助人的原因导致合同解除的，返程费用由旅行社承担。

第六十九条　旅行社应当按照包价旅游合同的约定履行义务，不得擅自变更旅游行程安排。

经旅游者同意，旅行社将包价旅游合同中的接待业务委托给其他具有相应资质的地接社履行的，应当与地接社订立书面委托合同，约定双方的权利和义务，向地接社提供与旅游者订立的包价旅游合同的副本，并向地接社支付不低于接待和服务成本的费用。地接社应当按照包价旅游合同和委托合同提供服务。

第七十条　旅行社不履行包价旅游合同义务或者履行合同义务不符合约定的，应当依法承担继续履行、采取补救措施或者赔偿损失等违约责任；造成旅游者人身损害、财产损失的，应当依法承担赔偿责任。旅行社具备履行条件，经旅游者要求仍拒绝履行合同，造成旅游者人身损害、滞留等严重后果的，旅游者还可以要求旅行社支付旅游费用一倍以上三倍以下的赔偿金。

由于旅游者自身原因导致包价旅游合同不能履行或者不能按照约定履行，或者造成旅游者人身损害、财产损失的，旅行社不承担责任。

在旅游者自行安排活动期间，旅行社未尽到安全提示、救助义务的，应当对旅游者的人身损害、财产损失承担相应责任。

第七十一条　由于地接社、履行辅助人的原因导致违约的，由组团社承担责任；组团社承担责任后可以向地接社、履行辅助人追偿。

由于地接社、履行辅助人的原因造成旅游者人身损害、财产损失的，旅游者可以要求地接社、履行辅助人承担赔偿责任，也可以要求组团社承担赔偿责任；组团社承担责任后可以向地接社、履行辅助人追偿。但是，由于公共交通经营者的原因造成旅游者人身损害、财产损失的，由公共交通经营者依法承担赔偿责任，旅行社应当协助旅游者向公共交通经营者索赔。

第七十二条　旅游者在旅游活动中或者在解决纠纷时，损害旅行社、履行辅助人、旅游从业人员或者其他旅游者的合法权益的，依法承担赔偿责任。

第八十二条 旅游者在人身、财产安全遇有危险时，有权请求旅游经营者、当地政府和相关机构进行及时救助。

中国出境旅游者在境外陷于困境时，有权请求我国驻当地机构在其职责范围内给予协助和保护。

旅游者接受相关组织或者机构的救助后，应当支付应由个人承担的费用。

《最高人民法院关于审理旅游纠纷案件适用法律若干问题的规定》（法释〔2010〕13号 2020年12月23日修正）

第二条 以单位、家庭等集体形式与旅游经营者订立旅游合同，在履行过程中发生纠纷，除集体以合同一方当事人名义起诉外，旅游者个人提起旅游合同纠纷诉讼的，人民法院应予受理。

第三条 因旅游经营者方面的同一原因造成旅游者人身损害、财产损失，旅游者选择请求旅游经营者承担违约责任或者侵权责任的，人民法院应当根据当事人选择的案由进行审理。

第四条 因旅游辅助服务者的原因导致旅游经营者违约，旅游者仅起诉旅游经营者的，人民法院可以将旅游辅助服务者追加为第三人。

第五条 旅游经营者已投保责任险，旅游者因保险责任事故仅起诉旅游经营者的，人民法院可以应当事人的请求将保险公司列为第三人。

第六条 旅游经营者以格式条款、通知、声明、店堂告示等方式作出排除或者限制旅游者权利、减轻或者免除旅游经营者责任、加重旅游者责任等对旅游者不公平、不合理的规定，旅游者依据消费者权益保护法第二十六条的规定请求认定该内容无效的，人民法院应予支持。

第七条 旅游经营者、旅游辅助服务者未尽到安全保障义务，造成旅游者人身损害、财产损失，旅游者请求旅游经营者、旅游辅助服务者承担责任的，人民法院应予支持。

因第三人的行为造成旅游者人身损害、财产损失，由第三人承担责任；旅游经营者、旅游辅助服务者未尽安全保障义务，旅游者请求其承担相应补充责任的，人民法院应予支持。

第八条 旅游经营者、旅游辅助服务者对可能危及旅游者人身、财产安全的旅游项目未履行告知、警示义务，造成旅游者人身损害、财产损失，旅游者请求旅游经营者、旅游辅助服务者承担责任的，人民法院应予支持。

旅游者未按旅游经营者、旅游辅助服务者的要求提供与旅游活动相关的个人健康信息并履行如实告知义务，或者不听从旅游经营者、旅游辅助服务者的告知、警示，参加不适合自身条件的旅游活动，导致旅游过程中出现人身损害、财产损失，旅游者请求旅游经营者、旅游辅助服务者承担责任的，人民法院不予支持。

第九条 旅游经营者、旅游辅助服务者以非法收集、存储、使用、加工、传输、买卖、提供、公开等方式处理旅游者个人信息，旅游者请求其承担相应责任的，人民法院应予支持。

第十条 旅游经营者将旅游业务转让给其他旅游经营者，旅游者不同意转让，请求解除旅游合同、追究旅游经营者违约责任的，人民法院应予支持。

旅游经营者擅自将其旅游业务转让给其他旅游经营者，旅游者在旅游过程中遭受损害，请求与其签订旅游合同的旅游经营者和实际提供旅游服务的旅游经营者承担连带责任的，人民法院应予支持。

第十一条 除合同性质不宜转让或者合同另有约定之外，在旅游行程开始前的合理期间内，旅游者将其在旅游合同中的权利义务转让给第三人，请求确认转让合同效力的，人民法院应予支持。

因前款所述原因，旅游经营者请求旅游者、第三人给付增加的费用或者旅游者请求旅游经营者退还减少的费用的，人民法院应予支持。

第十二条 旅游行程开始前或者进行中，因旅游者单方解除合同，旅游者请求旅游经营者退还尚未实际发生的费用，或者旅游经营者请求旅游者支付合理费用的，人民法院应予支持。

第十三条 签订旅游合同的旅游经营者将其部分旅游业务委托旅游目的地的旅游经营者，因受托方未尽旅游合同义务，旅游者在旅游过程中受到损害，要求作出委托的旅游经营者承担赔偿责任的，人民法院应予支持。

旅游经营者委托除前款规定以外的人从事旅游业务，发生旅游纠纷，旅游者起诉旅游经营者的，人民法院应予受理。

第十四条 旅游经营者准许他人挂靠其名下从事旅游业务，造成旅游者人身损害、财产损失，旅游者依据民法典第一千一百六十八条的规定请求旅游经营者与挂靠人承担连带责任的，人民法院应予支持。

第十五条 旅游经营者违反合同约定，有擅自改变旅游行程、遗漏旅游景点、减少旅游服务项目、降低旅游服务标准等行为，旅游者请求旅游经营者赔偿未完成约定旅游服务项目等合理费用的，人民法院应予支持。

旅游经营者提供服务时有欺诈行为，旅游者依据消费者权益保护法第五十五条第一款规定请求旅游经营者承担惩罚性赔偿责任的，人民法院应予支持。

第十六条 因飞机、火车、班轮、城际客运班车等公共客运交通工具延误，导致合同不能按照约定履行，旅游者请求旅游经营者退还未实际发生的费用的，人民法院应予支持。合同另有约定的除外。

第十七条 旅游者在自行安排活动期间遭受人身损害、财产损失，旅游经营者未尽到必要的提示义务、救助义务，旅游者请求旅游经营者承担相应责任的，人民法院应予支持。

前款规定的自行安排活动期间，包括旅游经营者安排的在旅游行程中独立的自由活动期间、旅游者不参加旅游行程的活动期间以及旅游者经导游或者领队同意暂时离队的个人活动期间等。

第十八条 旅游者在旅游行程中未经导游或者领队许可，故意脱离团队，遭受人身损害、财产损失，请求旅游经营者赔偿损失的，人民法院不予支持。

第十九条 旅游经营者或者旅游辅助服务者为旅游者代管的行李物品损毁、灭失，旅游者请求赔偿损失的，人民法院应予支持，但下列情形除外：

（一）损失是由于旅游者未听从旅游经营者或者旅游辅助服务者的事先声明或者提示，未将现金、有价证券、贵重物品由其随身携带而造成的；

（二）损失是由于不可抗力造成的；

（三）损失是由于旅游者的过错造成的；

（四）损失是由于物品的自然属性造成的。

第二十条 旅游者要求旅游经营者返还下列费用的，人民法院应予支持：

（一）因拒绝旅游经营者安排的购物活动或者另行付费的项目被增收的费用；

（二）在同一旅游行程中，旅游经营者提供相同服务，因旅游者的年龄、职业等差异而增收的费用。

第二十一条 旅游经营者因过错致其代办的手续、证件存在瑕疵，或者未尽妥善保管义务而遗失、毁损，旅游者请求旅游经营者补办或者协助补办相关手续、证件并承担相应费用的，人民法院应予支持。

因上述行为影响旅游行程，旅游者请求旅游经营者退还尚未发生的费用、赔偿损失的，人民法院应予支持。

第二十二条 旅游经营者事先设计，并以确定的总价提供交通、住宿、游览等一项或者多项服务，不提供导游和领队服务，由旅游者自行安排游览行程的旅游过程中，旅游经营者提供的服务不符合合同约定，侵害旅游者合法权益，旅游者请求旅游经营者承担相应责任的，人民法院应予支持。

《房地产估价机构管理办法》（2015 年 5 月 4 日修正）

第四十七条 未取得房地产估价机构资质从事房地产估价活动或者超越资质等级承揽估价业务的，出具的估价报告无效，由县级以上人民政府房地产主管部门给予警告，责令限期改正，并处 1 万元以上 3 万元以下的罚款；造成当事人损失的，依法承担赔偿责任。

第五十四条 违反本办法第三十五条规定，房地产估价机构擅自对外提供估价过程中获知的当事人的商业秘密和业务资料，给当事人造成损失的，依法承担赔偿责任；构成犯罪的，依法追究刑事责任。

《物业管理条例》（2018 年 3 月 19 日修订）

第三十五条 物业服务企业应当按照物业服务合同的约定，提供相应的服务。

物业服务企业未能履行物业服务合同的约定，导致业主人身、财产安全受到损害的，应当依法承担相应的法律责任。

第三十八条 物业服务合同终止时，物业服务企业应当将物业管理用房和本条例第二十九条第一款规定的资料交还给业主委员会。

物业服务合同终止时，业主大会选聘了新的物业服务企业的，物业服务企业之间应当做好交接工作。

《最高人民法院关于审理物业服务纠纷案件具体应用法律若干问题的解释》（法释〔2009〕8 号 2020 年 12 月 23 日修正）

第一条 业主违反物业服务合同或者法律、法规、管理规约，实施妨碍物业服务与管理的行为，物业服务人请求业主承担停止侵害、排除妨碍、恢复原状等相应民事责任的，人民法院应予支持。

第二条 物业服务人违反物业服务合同约定或者法律、法规、部门规章规定，擅自扩大收费范围、提高收费标准或者重复收费，业主以违规收费为由提出抗辩的，人民法院应予支持。

业主请求物业服务人退还其已经收取的违规费用的，人民法院应予支持。

第三条 物业服务合同的权利义务终止后，业主请求物业服务人退还已经预收，但尚未提供物业服务期间的物业费的，人民法院应予支持。

第四条 因物业的承租人、借用人或者其他物业使用人实施违反物业服务合同，以及法律、法规或者管理规约的行为引起的物业服务纠纷，人民法院可以参照关于业主的规定处理。

《中华人民共和国注册会计师法》（2014 年 8 月 31 日修正）

第十六条 注册会计师承办业务，由其所在的会计师事务所统一受理并与委托人签订委托合同。

会计师事务所对本所注册会计师依照前款规定承办的业务，承担民事责任。

第十七条 注册会计师执行业务，可以根据需要查阅委托人的有关会计资料和文件，查看委托人的业务现场和设施，要求委托人提供其他必要的协助。

第十八条 注册会计师与委托人有利害关系的，应当回避；委托人有权要求其回避。

第十九条 注册会计师对在执行业务中知悉的商业秘密，负有保密义务。

第四十二条 会计师事务所违反本法规定，给委托人、其他利害关系人造成损失的，应当依法承担赔偿责任。

《娱乐场所管理条例》（2016 年 2 月 6 日修订）

第十四条 娱乐场所及其从业人员不得实施下列行为，不得为进入娱乐场所的人员实施下列行为提供条件：

（一）贩卖、提供毒品，或者组织、强迫、教唆、引诱、欺骗、容留他人吸食、注射毒品；

（二）组织、强迫、引诱、容留、介绍他人卖淫、嫖娼；

（三）制作、贩卖、传播淫秽物品；

（四）提供或者从事以营利为目的的陪侍；

（五）赌博；

（六）从事邪教、迷信活动；

（七）其他违法犯罪行为。娱乐场所的从业人员不得吸食、注射毒品，不得卖淫、嫖娼；

娱乐场所及其从业人员不得为进入娱乐场所的人员实施上述行为提供条件。

第十八条　娱乐场所使用的音像制品或者电子游戏应当是依法出版、生产或者进口的产品。

歌舞娱乐场所播放的曲目和屏幕画面以及游艺娱乐场所的电子游戏机内的游戏项目，不得含有本条例第十三条禁止的内容；歌舞娱乐场所使用的歌曲点播系统不得与境外的曲库联接。

第十九条　游艺娱乐场所不得设置具有赌博功能的电子游戏机机型、机种、电路板等游戏设施设备，不得以现金或者有价证券作为奖品，不得回购奖品。

第二十条　娱乐场所的法定代表人或者主要负责人应当对娱乐场所的消防安全和其他安全负责。

娱乐场所应当确保其建筑、设施符合国家安全标准和消防技术规范，定期检查消防设施状况，并及时维护、更新。娱乐场所应当制定安全工作方案和应急疏散预案。

第二十一条　营业期间，娱乐场所应当保证疏散通道和安全出口畅通，不得封堵、锁闭疏散通道和安全出口，不得在疏散通道和安全出口设置栅栏等影响疏散的障碍物。

娱乐场所应当在疏散通道和安全出口设置明显指示标志，不得遮挡、覆盖指示标志。

第二十二条　任何人不得非法携带枪支、弹药、管制器具或者携带爆炸性、易燃性、毒害性、放射性、腐蚀性等危险物品和传染病病原体进入娱乐场所。

迪斯科舞厅应当配备安全检查设备，对进入营业场所的人员进行安全检查。

《有线电视基本收视维护费管理暂行办法》（发改价格〔2004〕2787 号 2004 年 12 月 2 日）

第四条　有线电视基本收视维护费是有线电视网络经营者通过电缆、光缆等方式，向有线电视用户提供经国家广播电视行政部门批准的基本收视频道传送服务，按价格主管部门制定的收费标准向用户收取的费用。

第五条　有线电视网络经营者对用户遵循入网自愿、退网自由的原则。

第六条 有线电视网络经营者应按照国家广播电视行政部门制定的有线电视服务标准和规范向有线电视用户提供服务。

第十一条 有线电视网络经营者采用新技术，应充分考虑技术的可行性，并与当地的经济发展水平和社会承受能力相适应。有线电视网络经营者采用新技术和提高服务质量导致经营成本或支出发生明显变化的，可以申请调整有线电视基本收视维护费的收费标准。因采用新技术和提高服务质量需要调整有线电视基本收视维护费收费标准，有线电视网络经营者应采取妥善过渡措施保护有线电视用户的权益。

《中华人民共和国电子商务法》（2018 年 8 月 31 日施行）

第四十七条 电子商务当事人订立和履行合同，适用本章和《中华人民共和国民法总则》《中华人民共和国合同法》《中华人民共和国电子签名法》等法律的规定。

第四十八条 电子商务当事人使用自动信息系统订立或者履行合同的行为对使用该系统的当事人具有法律效力。

在电子商务中推定当事人具有相应的民事行为能力。但是，有相反证据足以推翻的除外。

第四十九条 电子商务经营者发布的商品或者服务信息符合要约条件的，用户选择该商品或者服务并提交订单成功，合同成立。当事人另有约定的，从其约定。

电子商务经营者不得以格式条款等方式约定消费者支付价款后合同不成立；格式条款等含有该内容的，其内容无效。

第五十条 电子商务经营者应当清晰、全面、明确地告知用户订立合同的步骤、注意事项、下载方法等事项，并保证用户能够便利、完整地阅览和下载。

电子商务经营者应当保证用户在提交订单前可以更正输入错误。

第五十一条 合同标的为交付商品并采用快递物流方式交付的，收货人签收时间为交付时间。合同标的为提供服务的，生成的电子凭证或者实物凭证中载明的时间为交付时间；前述凭证没有载明时间或者载明时间与实际提供服务时间不一致的，实际提供服务的时间为交付时间。

合同标的为采用在线传输方式交付的，合同标的进入对方当事人指定的特定系统并且能够检索识别的时间为交付时间。

合同当事人对交付方式、交付时间另有约定的，从其约定。

第五十二条 电子商务当事人可以约定采用快递物流方式交付商品。

快递物流服务提供者为电子商务提供快递物流服务，应当遵守法律、行政法规，并应当符合承诺的服务规范和时限。快递物流服务提供者在交付商品时，应当提示收货人当面查验；交由他人代收的，应当经收货人同意。

快递物流服务提供者应当按照规定使用环保包装材料，实现包装材料的减量化和再利用。

快递物流服务提供者在提供快递物流服务的同时，可以接受电子商务经营者的委托提供代收货款服务。

第五十三条　电子商务当事人可以约定采用电子支付方式支付价款。

电子支付服务提供者为电子商务提供电子支付服务，应当遵守国家规定，告知用户电子支付服务的功能、使用方法、注意事项、相关风险和收费标准等事项，不得附加不合理交易条件。电子支付服务提供者应当确保电子支付指令的完整性、一致性、可跟踪稽核和不可篡改。

电子支付服务提供者应当向用户免费提供对账服务以及最近三年的交易记录。

第五十四条　电子支付服务提供者提供电子支付服务不符合国家有关支付安全管理要求，造成用户损失的，应当承担赔偿责任。

第五十五条　用户在发出支付指令前，应当核对支付指令所包含的金额、收款人等完整信息。

支付指令发生错误的，电子支付服务提供者应当及时查找原因，并采取相关措施予以纠正。造成用户损失的，电子支付服务提供者应当承担赔偿责任，但能够证明支付错误非自身原因造成的除外。

第五十六条　电子支付服务提供者完成电子支付后，应当及时准确地向用户提供符合约定方式的确认支付的信息。

第五十七条　用户应当妥善保管交易密码、电子签名数据等安全工具。用户发现安全工具遗失、被盗用或者未经授权的支付的，应当及时通知电子支付服务提供者。

未经授权的支付造成的损失，由电子支付服务提供者承担；电子支付服务提供者能够证明未经授权的支付是因用户的过错造成的，不承担责任。

电了支付服务提供者发现支付指令未经授权，或者收到用户支付指令未经授权的通知时，应当立即采取措施防止损失扩大。电子支付服务提供者未及时采取措施导致损失扩大的，对损失扩大部分承担责任。

第七十四条　电子商务经营者销售商品或者提供服务，不履行合同义务或者履行合同义务不符合约定，或者造成他人损害的，依法承担民事责任。

《最高人民法院关于审理侵害信息网络传播权民事纠纷案件适用法律若干问题的规定》（法释〔2012〕20号 2020年12月23日修正）

第三条 网络用户、网络服务提供者未经许可，通过信息网络提供权利人享有信息网络传播权的作品、表演、录音录像制品，除法律、行政法规另有规定外，人民法院应当认定其构成侵害信息网络传播权行为。

通过上传到网络服务器、设置共享文件或者利用文件分享软件等方式，将作品、表演、录音录像制品置于信息网络中，使公众能够在个人选定的时间和地点以下载、浏览或者其他方式获得的，人民法院应当认定其实施了前款规定的提供行为。

第四条 有证据证明网络服务提供者与他人以分工合作等方式共同提供作品、表演、录音录像制品，构成共同侵权行为的，人民法院应当判令其承担连带责任。网络服务提供者能够证明其仅提供自动接入、自动传输、信息存储空间、搜索、链接、文件分享技术等网络服务，主张其不构成共同侵权行为的，人民法院应予支持。

第五条 网络服务提供者以提供网页快照、缩略图等方式实质替代其他网络服务提供者向公众提供相关作品的，人民法院应当认定其构成提供行为。

前款规定的提供行为不影响相关作品的正常使用，且未不合理损害权利人对该作品的合法权益，网络服务提供者主张其未侵害信息网络传播权的，人民法院应予支持。

第六条 原告有初步证据证明网络服务提供者提供了相关作品、表演、录音录像制品，但网络服务提供者能够证明其仅提供网络服务，且无过错的，人民法院不应认定为构成侵权。

第七条 网络服务提供者在提供网络服务时教唆或者帮助网络用户实施侵害信息网络传播权行为的，人民法院应当判令其承担侵权责任。

网络服务提供者以言语、推介技术支持、奖励积分等方式诱导、鼓励网络用户实施侵害信息网络传播权行为的，人民法院应当认定其构成教唆侵权行为。

网络服务提供者明知或者应知网络用户利用网络服务侵害信息网络传播权，未采取删除、屏蔽、断开链接等必要措施，或者提供技术支持等帮助行为的，人民法院应当认定其构成帮助侵权行为。

第八条　人民法院应当根据网络服务提供者的过错，确定其是否承担教唆、帮助侵权责任。网络服务提供者的过错包括对于网络用户侵害信息网络传播权行为的明知或者应知。

网络服务提供者未对网络用户侵害信息网络传播权的行为主动进行审查的，人民法院不应据此认定其具有过错。

网络服务提供者能够证明已采取合理、有效的技术措施，仍难以发现网络用户侵害信息网络传播权行为的，人民法院应当认定其不具有过错。

第九条　人民法院应当根据网络用户侵害信息网络传播权的具体事实是否明显，综合考虑以下因素，认定网络服务提供者是否构成应知：

（一）基于网络服务提供者提供服务的性质、方式及其引发侵权的可能性大小，应当具备的管理信息的能力；

（二）传播的作品、表演、录音录像制品的类型、知名度及侵权信息的明显程度；

（三）网络服务提供者是否主动对作品、表演、录音录像制品进行了选择、编辑、修改、推荐等；

（四）网络服务提供者是否积极采取了预防侵权的合理措施；

（五）网络服务提供者是否设置便捷程序接收侵权通知并及时对侵权通知作出合理的反应；

（六）网络服务提供者是否针对同一网络用户的重复侵权行为采取了相应的合理措施；

（七）其他相关因素。

第十条　网络服务提供者在提供网络服务时，对热播影视作品等以设置榜单、目录、索引、描述性段落、内容简介等方式进行推荐，且公众可以在其网页上直接以下载、浏览或者其他方式获得的，人民法院可以认定其应知网络用户侵害信息网络传播权。

第十一条　网络服务提供者从网络用户提供的作品、表演、录音录像制品中直接获得经济利益的，人民法院应当认定其对该网络用户侵害信息网络传播权的行为负有较高的注意义务。

网络服务提供者针对特定作品、表演、录音录像制品投放广告获取收益，或者获取与其传播的作品、表演、录音录像制品存在其他特定联系的经济利益，应当认定为前款规定的直接获得经济利益。网络服务提供者因提供网络服务而收取一般性广告费、服务费等，不属于本款规定的情形。

第十二条 有下列情形之一的，人民法院可以根据案件具体情况，认定提供信息存储空间服务的网络服务提供者应知网络用户侵害信息网络传播权：

（一）将热播影视作品等置于首页或者其他主要页面等能够为网络服务提供者明显感知的位置的；

（二）对热播影视作品等的主题、内容主动进行选择、编辑、整理、推荐，或者为其设立专门的排行榜的；

（三）其他可以明显感知相关作品、表演、录音录像制品为未经许可提供，仍未采取合理措施的情形。

第十三条 网络服务提供者接到权利人以书信、传真、电子邮件等方式提交的通知及构成侵权的初步证据，未及时根据初步证据和服务类型采取必要措施的，人民法院应当认定其明知相关侵害信息网络传播权行为。

第十四条 人民法院认定网络服务提供者转送通知、采取必要措施是否及时，应当根据权利人提交通知的形式，通知的准确程度，采取措施的难易程度，网络服务的性质，所涉作品、表演、录音录像制品的类型、知名度、数量等因素综合判断。

第十五条 侵害信息网络传播权民事纠纷案件由侵权行为地或者被告住所地人民法院管辖。侵权行为地包括实施被诉侵权行为的网络服务器、计算机终端等设备所在地。侵权行为地和被告住所地均难以确定或者在境外的，原告发现侵权内容的计算机终端等设备所在地可以视为侵权行为地。

《最高人民法院关于审理技术合同纠纷案件适用法律若干问题的解释》（法释〔2004〕20号 2020年12月23日修正）

第三十六条 民法典第八百八十七条规定的“技术培训合同”，是指当事人一方委托另一方对指定的学员进行特定项目的专业技术训练和技术指导所订立的合同，不包括职业培训、文化学习和按照行业、法人或者非法人组织的计划进行的职工业余教育。

第三十七条 当事人对技术培训必需的场地、设施和试验条件等工作条件的提供和管理责任没有约定或者约定不明确的，由委托人负责提供和管理。

技术培训合同委托人派出的学员不符合约定条件，影响培训质量的，由委托人按照约定支付报酬。

受托人配备的教员不符合约定条件，影响培训质量，或者受托人未按照计划和项目进行培训，导致不能实现约定培训目标的，应当减收或者免收报酬。

受托人发现学员不符合约定条件或者委托人发现教员不符合约定条件，未在合理期限内通知对方，或者接到通知的一方未在合理期限内按约定改派的，应当由负有履行义务的当事人承担相应的民事责任。

《保安服务管理条例》（2020 年 11 月 23 日修订）

第二十一条　保安服务公司提供保安服务应当与客户单位签订保安服务合同，明确规定服务的项目、内容以及双方的权利义务。保安服务合同终止后，保安服务公司应当将保安服务合同至少留存 2 年备查。

保安服务公司应当对客户单位要求提供的保安服务的合法性进行核查，对违法的保安服务要求应当拒绝，并向公安机关报告。

第二十四条　保安服务公司应当按照保安服务业服务标准提供规范的保安服务，保安服务公司派出的保安员应当遵守客户单位的有关规章制度。客户单位应当为保安员从事保安服务提供必要的条件和保障。

第二十五条　保安服务中使用的技术防范产品，应当符合有关的产品质量要求。保安服务中安装监控设备应当遵守国家有关技术规范，使用监控设备不得侵犯他人合法权益或者个人隐私。

保安服务中形成的监控影像资料、报警记录，应当至少留存 30 日备查，保安从业单位和客户单位不得删改或者扩散。

138. 演出合同纠纷

法律条文及规范索引

《营业性演出管理条例》（2020 年 11 月 29 日修订）

第四十七条　有下列行为之一的，对演出举办单位、文艺表演团体、演员，由国务院文化主管部门或者省、自治区、直辖市人民政府文化主管部门向社会公布；演出举办单位、文艺表演团体在 2 年内再次被公布的，由原发证机关吊销营业性演出许可证；个体演员在 2 年内再次被公布的，由工商行政管理部门吊销营业执照：

（一）非因不可抗力中止、停止或者退出演出的；

（二）文艺表演团体、主要演员或者主要节目内容等发生变更未及时告知观众的；

（三）以假唱欺骗观众的；

（四）为演员假唱提供条件的。

有前款第（一）项、第（二）项和第（三）项所列行为之一的，观众有权在退场后依照有关消费者权益保护的法律规定要求演出举办单位赔偿损失；演出举办单位可以依法向负有责任的文艺表演团体、演员追偿。

有本条第一款第（一）项、第（二）项和第（三）项所列行为之一的，由县级人民政府文化主管部门处 5 万元以上 10 万元以下的罚款；有本条第一款第（四）项所列行为的，由县级人民政府文化主管部门处 5000 元以上 1 万元以下的罚款。

第四十八条 以政府或者政府部门的名义举办营业性演出，或者营业性演出冠以“中国”、“中华”、“全国”、“国际”等字样的，由县级人民政府文化主管部门责令改正，没收违法所得，并处违法所得 3 倍以上 5 倍以下的罚款；没有违法所得或者违法所得不足 1 万元的，并处 3 万元以上 5 万元以下的罚款；拒不改正或者造成严重后果的，由原发证机关吊销营业性演出许可证。

营业性演出广告的内容误导、欺骗公众或者含有其他违法内容的，由工商行政管理部门责令停止发布，并依法予以处罚。

第四十九条 演出举办单位或者其法定代表人、主要负责人及其他直接责任人员在募捐义演中获取经济利益的，由县级以上人民政府文化主管部门依据各自职权责令其退回并交付受捐单位；构成犯罪的，依法追究刑事责任；尚不构成犯罪的，由县级以上人民政府文化主管部门依据各自职权处违法所得 3 倍以上 5 倍以下的罚款，并由国务院文化主管部门或者省、自治区、直辖市人民政府文化主管部门向社会公布违法行为人的名称或者姓名，直至由原发证机关吊销演出举办单位的营业性演出许可证。

文艺表演团体或者演员、职员在募捐义演中获取经济利益的，由县级以上人民政府文化主管部门依据各自职权责令其退回并交付受捐单位。

139. 劳务合同纠纷
140. 离退休人员返聘合同纠纷

法律条文及规范索引

《中华人民共和国民法典》（2021年1月1日施行）

第一千一百七十九条 侵害他人造成人身损害的，应当赔偿医疗费、护理费、交通费、营养费、住院伙食补助费等为治疗和康复支出的合理费用，以及因误工减少的收入。造成残疾的，还应当赔偿辅助器具费和残疾赔偿金；造成死亡的，还应当赔偿丧葬费和死亡赔偿金。

第一千一百九十二条 个人之间形成劳务关系，提供劳务一方因劳务造成他人损害的，由接受劳务一方承担侵权责任。接受劳务一方承担侵权责任后，可以向有故意或者重大过失的提供劳务一方追偿。提供劳务一方因劳务受到损害的，根据双方各自的过错承担相应的责任。

141. 广告合同纠纷

法律条文及规范索引

《中华人民共和国广告法》（2021年4月29日修正）

第二条 在中华人民共和国境内，商品经营者或者服务提供者通过一定媒介和形式直接或者间接地介绍自己所推销的商品或者服务的商业广告活动，适用本法。

本法所称广告主，是指为推销商品或者服务，自行或者委托他人设计、制作、发布广告的自然人、法人或者其他组织。

本法所称广告经营者，是指接受委托提供广告设计、制作、代理服务的自然人、法人或者其他组织。

本法所称广告发布者，是指为广告主或者广告主委托的广告经营者发布广告的自然人、法人或者其他组织。

本法所称广告代言人，是指广告主以外的，在广告中以自己的名义或者形象对商品、服务作推荐、证明的自然人、法人或者其他组织。

第三十条 广告主、广告经营者、广告发布者之间在广告活动中应当依法订立书面合同。

第三十一条 广告主、广告经营者、广告发布者不得在广告活动中进行任何形式的不正当竞争。

第三十二条 广告主委托设计、制作、发布广告，应当委托具有合法经营资格的广告经营者、广告发布者。

142. 展览合同纠纷

法律条文及规范索引

《建设部关于展览会管理若干规定》（建办〔2000〕240号 2000年10月23日）

第二条 本规定所指的展览会，包括由部机关、直属单位及部属社团组织在境内外主办、协办、合办和支持的各种类型的展览会、展销会、洽谈会、博览会等。

第六条 展览会的举办单位应具有法人资格，能够独立承担民事责任。

举办单位应具有制定并组织实施展览会的方案、组织招展、布展及财务管理的能力和条件。

第十条 未经批准，任何单位不得擅自以部指导、支持、赞助的名义进行招展；展览过程中，不得进行各种名目的评比活动；不得转包展览会。

对违反上述规定的，部将视情节作出处理。

《国务院办公厅关于对在我国境内举办对外经济技术展览会加强管理的通知》（国办函〔2002〕93号 2002年11月21日）

二、对外经济技术展览会的主办和承办单位，必须具有外经贸主管部门批准的主办和承办资格；境外机构在华举办经济技术展览会，必须联合或委托我国境内有主办资格的单位进行。

（一）境内主办单位：

1. 具有组织招商招展能力和承担举办展览的民事责任能力，设有专门从事办展的部门或机构并有相应的展览专业（包括策划、设计、组织、管理及外语）人员，具有完善的办展规章制度，曾参与协办或承办5个以上较大规模的国际性展览会的展览公司或外经贸公司，省级经济贸易促进机构或行业（专业）协会、商会可获得主办资格。

对外贸易经济合作部应会同有关部门，近期内重新清理审核主办单位，对符合条件的单位授予主办资格，并分期公布名单。工商行政管理机关凭对外贸易经济合作部的批准文件，重新核定有关单位的经营范围。

2. 省级、副省级市人民政府，或省级外经贸主管部门可以主办对外经济贸易洽谈会和出口商品交易会。

3. 国务院部门可以部门名义主办与其主管业务有关的国际性展览会。

（二）来华办展的境外主办单位应是具有相当规模和办展实力，在国际上影响良好的展览机构、大型跨国公司、经济团体或组织（包括经济贸易促进机构、商会、行业协会等）。

（三）主办单位主要负责制定并实施展览方案和计划，组织招商招展。

（四）承办单位主要负责布展、安全保卫及会务事项。具有主办资格的单位均具有相应的承办资格；受主办单位委托，有关公司可以承办展览的单项业务（包括设计、布展、展览施工、广告）。

（五）国家间双边、多边及国内外友好省市间的展览（含交流展），按对等原则和实际需要由相应单位主办和承办。

143. 追偿权纠纷

法律条文及规范索引

《中华人民共和国民法典》（2021年1月1日施行）

第三百九十二条 被担保的债权既有物的担保又有人的担保的，债务人不履行到期债务或者发生当事人约定的实现担保物权的情形，债权人应当按照约定实现债权；没有约定或者约定不明确，债务人自己提供物的担保的，债权人应当先就该物的担保实现债权；第三人提供物的担保的，债权人可以就物的担保实现债权，也可以请求保证人承担保证责任。提供担保的第三人承担担保责任后，有权向债务人追偿。

第六百九十九条 同一债务有两个以上保证人的，保证人应当按照保证合同约定的保证份额，承担保证责任；没有约定保证份额的，债权人可以请求任何一个保证人在其保证范围内承担保证责任。

第七百条 保证人承担保证责任后，除当事人另有约定外，有权在其承担保证责任的范围内向债务人追偿，享有债权人对债务人的权利，但是不得损害债权人的利益。

《中华人民共和国合伙企业法》（2007年6月1日施行）

第四十条 合伙人由于承担无限连带责任，清偿数额超过本法第三十三条第一款规定的其亏损分担比例的，有权向其他合伙人追偿。

十一、不当得利纠纷

不当得利是指得利人没有法律根据取得不当利益的，受损失的人可以请求得利人返还取得的利益，但是有下列情形之一的除外：（一）为履行道德义务进行的给付；（二）债务到期之前的清偿；（三）明知无给付义务而进行的债务清偿。不当得利纠纷是指因不当得利这一事实关系而引起的权利义务纠纷。

144. 不当得利纠纷

法律条文及规范索引

《中华人民共和国民法典》（2021年1月1日施行）

第一百二十二条 因他人没有法律根据，取得不当利益，受损失的人有权请求其返还不当利益。

第九百八十五条 得利人没有法律根据取得不当利益的，受损失的人可以请求得利人返还取得的利益，但是有下列情形之一的除外：

（一）为履行道德义务进行的给付；

（二）债务到期之前的清偿；

（三）明知无给付义务而进行的债务清偿。

第九百八十六条　得利人不知道且不应当知道取得的利益没有法律根据，取得的利益已经不存在的，不承担返还该利益的义务。

第九百八十七条　得利人知道或者应当知道取得的利益没有法律根据的，受损失的人可以请求得利人返还其取得的利益并依法赔偿损失。

第九百八十八条　得利人已经将取得的利益无偿转让给第三人的，受损失的人可以请求第三人在相应范围内承担返还义务。

《中华人民共和国涉外民事关系法律适用法》（2011年4月1日施行）

第四十七条　不当得利、无因管理，适用当事人协议选择适用的法律。当事人没有选择的，适用当事人共同经常居所地法律；没有共同经常居所地的，适用不当得利、无因管理发生地法律。

十二、无因管理纠纷

无因管理是指管理人没有法定的或者约定的义务，为避免他人利益受损失而管理他人事务的事实行为。无因管理人可以请求受益人偿还因管理事务而支出的必要费用；管理人因管理事务受到损失的，可以请求受益人给予适当补偿。无因管理纠纷是指当事人因为无因管理这一行为引起的权利义务纠纷。

145. 无因管理纠纷

法律条文及规范索引

《中华人民共和国民法典》（2021年1月1日施行）

第一百二十一条　没有法定的或者约定的义务，为避免他人利益受损失而进行管理的人，有权请求受益人偿还由此支出的必要费用。

第九百七十九条 管理人没有法定的或者约定的义务，为避免他人利益受损失而管理他人事务的，可以请求受益人偿还因管理事务而支出的必要费用；管理人因管理事务受到损失的，可以请求受益人给予适当补偿。

管理事务不符合受益人真实意思的，管理人不享有前款规定的权利；但是，受益人的真实意思违反法律或者违背公序良俗的除外。

第九百八十条 管理人管理事务不属于前条规定的情形，但是受益人享有管理利益的，受益人应当在其获得的利益范围内向管理人承担前条第一款规定的义务。

第九百八十一条 管理人管理他人事务，应当采取有利于受益人的方法。中断管理对受益人不利的，无正当理由不得中断。

第九百八十二条 管理人管理他人事务，能够通知受益人的，应当及时通知受益人。管理的事务不需要紧急处理的，应当等待受益人的指示。

第九百八十三条 管理结束后，管理人应当向受益人报告管理事务的情况。管理人管理事务取得的财产，应当及时转交给受益人。

第九百八十四条 管理人管理事务经受益人事后追认的，从管理事务开始时起，适用委托合同的有关规定，但是管理人另有意思表示的除外。

《中华人民共和国涉外民事关系法律适用法》（2011年4月1日施行）

第四十七条 不当得利、无因管理，适用当事人协议选择适用的法律。当事人没有选择的，适用当事人共同经常居所地法律；没有共同经常居所地的，适用不当得利、无因管理发生地法律。

第五部分

知识产权与竞争纠纷

十三、知识产权合同纠纷

知识产权是指人们就其智力劳动成果所依法享有的专有权利，通常是国家赋予创造者对其智力成果在一定时期内享有的专有权或独占权，它是一种无形财产权。知识产权合同纠纷是指因知识产权合同关系而引起的权利义务纠纷。根据知识产权类型的不同，主要包括：著作权合同纠纷，商标合同纠纷，专利合同纠纷，植物新品种合同纠纷，集成电路布图设计合同纠纷，商业秘密合同纠纷，技术合同纠纷，特许经营合同纠纷，企业名称（商号）合同纠纷，特殊标志合同纠纷，网络域名合同纠纷，知识产权质押合同纠纷等。

此次案由修改中，在第三级案由“136. 技术合同纠纷”项下：增加“（5）技术许可合同纠纷”。

146. 著作权合同纠纷

（1）委托创作合同纠纷
（2）合作创作合同纠纷
（3）著作权转让合同纠纷
（4）著作权许可使用合同纠纷
（5）出版合同纠纷
（6）表演合同纠纷
（7）音像制品制作合同纠纷
（8）广播电视播放合同纠纷
（9）邻接权转让合同纠纷
（10）邻接权许可使用合同纠纷
（11）计算机软件开发合同纠纷
（12）计算机软件著作权转让合同纠纷
（13）计算机软件著作权许可使用合同纠纷

法律条文及规范索引

《中华人民共和国民法典》（2021年1月1日施行）

第一百二十三条 民事主体依法享有知识产权。

知识产权是权利人依法就下列客体享有的专有的权利：

（一）作品；

（二）发明、实用新型、外观设计；

（三）商标；

（四）地理标志；

（五）商业秘密；

（六）集成电路布图设计；

（七）植物新品种；

（八）法律规定的其他客体。

第八百七十六条 集成电路布图设计专有权、植物新品种权、计算机软件著作权等其他知识产权的转让和许可，参照适用本节的有关规定。

《中华人民共和国著作权法》（2020年11月11日修正）

第十条 著作权包括下列人身权和财产权：

（一）发表权，即决定作品是否公之于众的权利；

（二）署名权，即表明作者身份，在作品上署名的权利；

（三）修改权，即修改或者授权他人修改作品的权利；

（四）保护作品完整权，即保护作品不受歪曲、篡改的权利；

（五）复制权，即以印刷、复印、拓印、录音、录像、翻录、翻拍、数字化等方式将作品制作一份或者多份的权利；

（六）发行权，即以出售或者赠与方式向公众提供作品的原件或者复制件的权利；

（七）出租权，即有偿许可他人临时使用视听作品、计算机软件的原件或者复制件的权利，计算机软件不是出租的主要标的的除外；

（八）展览权，即公开陈列美术作品、摄影作品的原件或者复制件的权利；

（九）表演权，即公开表演作品，以及用各种手段公开播送作品的表演的权利；

（十）放映权，即通过放映机、幻灯机等技术设备公开再现美术、摄影、视听作品等的权利；

（十一）广播权，即以有线或者无线方式公开传播或者转播作品，以及通过扩音器或者其他传送符号、声音、图像的类似工具向公众传播广播的作品的权利，但不包括本款第十二项规定的权利；

（十二）信息网络传播权，即以有线或者无线方式向公众提供，使公众可以在其选定的时间和地点获得作品的权利；

（十三）摄制权，即以摄制视听作品的方法将作品固定在载体上的权利；

（十四）改编权，即改变作品，创作出具有独创性的新作品的权利；

（十五）翻译权，即将作品从一种语言文字转换成另一种语言文字的权利；

（十六）汇编权，即将作品或者作品的片段通过选择或者编排，汇集成新作品的权利；

（十七）应当由著作权人享有的其他权利。

著作权人可以许可他人行使前款第五项至第十七项规定的权利，并依照约定或者本法有关规定获得报酬。

著作权人可以全部或者部分转让本条第一款第五项至第十七项规定的权利，并依照约定或者本法有关规定获得报酬。

第十一条 著作权属于作者，本法另有规定的除外。

创作作品的自然人是作者。

由法人或者非法人组织主持，代表法人或者非法人组织意志创作，并由法人或者非法人组织承担责任的作品，法人或者非法人组织视为作者。

第二十六条 使用他人作品应当同著作权人订立许可使用合同，本法规定可以不经许可的除外。

许可使用合同包括下列主要内容：

（一）许可使用的权利种类；

（二）许可使用的权利是专有使用权或者非专有使用权；

（三）许可使用的地域范围、期间；

（四）付酬标准和办法；

（五）违约责任；

（六）双方认为需要约定的其他内容。

第二十七条 转让本法第十条第一款第五项至第十七项规定的权利，应当订立书面合同。

权利转让合同包括下列主要内容：

（一）作品的名称；

（二）转让的权利种类、地域范围；

（三）转让价金；

（四）交付转让价金的日期和方式；

（五）违约责任；

（六）双方认为需要约定的其他内容。

第二十八条 以著作权中的财产权出质的，由出质人和质权人依法办理出质登记。

第二十九条 许可使用合同和转让合同中著作权人未明确许可、转让的权利，未经著作权人同意，另一方当事人不得行使。

第三十条 使用作品的付酬标准可以由当事人约定，也可以按照国家著作权主管部门会同有关部门制定的付酬标准支付报酬。当事人约定不明确的，按照国家著作权主管部门会同有关部门制定的付酬标准支付报酬。

第三十一条 出版者、表演者、录音录像制作者、广播电台、电视台等依照本法有关规定使用他人作品的，不得侵犯作者的署名权、修改权、保护作品完整权和获得报酬的权利。

第五十四条 侵犯著作权或者与著作权有关的权利的，侵权人应当按照权利人因此受到的实际损失或者侵权人的违法所得给予赔偿；权利人的实际损失或者侵权人的违法所得难以计算的，可以参照该权利使用费给予赔偿。对故意侵犯著作权或者与著作权有关的权利，情节严重的，可以在按照上述方法确定数额的一倍以上五倍以下给予赔偿。

权利人的实际损失、侵权人的违法所得、权利使用费难以计算的，由人民法院根据侵权行为的情节，判决给予五百元以上五百万元以下的赔偿。

赔偿数额还应当包括权利人为制止侵权行为所支付的合理开支。

人民法院为确定赔偿数额，在权利人已经尽了必要举证责任，而与侵权行为相关的账簿、资料等主要由侵权人掌握的，可以责令侵权人提供与侵权行为相关的账簿、资料等；侵权人不提供，或者提供虚假的账簿、资料等的，人民法院可以参考权利人的主张和提供的证据确定赔偿数额。

人民法院审理著作权纠纷案件，应权利人请求，对侵权复制品，除特殊情况外，责令销毁；对主要用于制造侵权复制品的材料、工具、设备等，责令销毁，且不予补偿；或者在特殊情况下，责令禁止前述材料、工具、设备等进入商业渠道，且不予补偿。

《中华人民共和国著作权法实施条例》（2013年1月30日修订）

第二十三条　使用他人作品应当同著作权人订立许可使用合同，许可使用的权利是专有使用权的，应当采取书面形式，但是报社、期刊社刊登作品除外。

第二十四条　著作权法第二十四条规定的专有使用权的内容由合同约定，合同没有约定或者约定不明的，视为被许可人有权排除包括著作权人在内的任何人以同样的方式使用作品；除合同另有约定外，被许可人许可第三人行使同一权利，必须取得著作权人的许可。

第二十五条　与著作权人订立专有许可使用合同、转让合同的，可以向著作权行政管理部门备案。

第二十八条　图书出版合同中约定图书出版者享有专有出版权但没有明确其具体内容的，视为图书出版者享有在合同有效期限内和在合同约定的地域范围内以同种文字的原版、修订版出版图书的专有权利。

第二十九条　著作权人寄给图书出版者的两份订单在6个月内未能得到履行，视为著作权法第三十一条所称图书脱销。

《最高人民法院关于审理著作权民事纠纷案件适用法律若干问题的解释》（法释〔2002〕31号　2020年12月23日修正）

第一条　人民法院受理以下著作权民事纠纷案件：

（一）著作权及与著作权有关权益权属、侵权、合同纠纷案件；

（二）申请诉前停止侵害著作权、与著作权有关权益行为，申请诉前财产保全、诉前证据保全案件；

（三）其他著作权、与著作权有关权益纠纷案件。

第二十一条　计算机软件用户未经许可或者超过许可范围商业使用计算机软件的，依据著作权法第四十八条第（一）项、《计算机软件保护条例》第二十四条第（一）项的规定承担民事责任。

第二十二条　著作权转让合同未采取书面形式的，人民法院依据民法典第四百九十条的规定审查合同是否成立。

第二十三条　出版者将著作权人交付出版的作品丢失、毁损致使出版合同不能履行的，著作权人有权依据民法典第一百八十六条、第二百三十八条、第一千一百八十四条等规定要求出版者承担相应的民事责任。

《计算机软件保护条例》（2013 年 1 月 30 日修订）

第八条 软件著作权人享有下列各项权利：

（一）发表权，即决定软件是否公之于众的权利；

（二）署名权，即表明开发者身份，在软件上署名的权利；

（三）修改权，即对软件进行增补、删节，或者改变指令、语句顺序的权利；

《信息网络传播权保护条例》（2013 年 1 月 30 日修订）

第二条 权利人享有的信息网络传播权受著作权法和本条例保护。除法律、行政法规另有规定的外，任何组织或者个人将他人的作品、表演、录音录像制品通过信息网络向公众提供，应当取得权利人许可，并支付报酬。

第三条 依法禁止提供的作品、表演、录音录像制品，不受本条例保护。

权利人行使信息网络传播权，不得违反宪法和法律、行政法规，不得损害公共利益。

第四条 为了保护信息网络传播权，权利人可以采取技术措施。

任何组织或者个人不得故意避开或者破坏技术措施，不得故意制造、进口或者向公众提供主要用于避开或者破坏技术措施的装置或者部件，不得故意为他人避开或者破坏技术措施提供技术服务。但是，法律、行政法规规定可以避开的除外。

第五条 未经权利人许可，任何组织或者个人不得进行下列行为：

（一）故意删除或者改变通过信息网络向公众提供的作品、表演、录音录像制品的权利管理电子信息，但由于技术上的原因无法避免删除或者改变的除外；

（二）通过信息网络向公众提供明知或者应知未经权利人许可被删除或者改变权利管理电子信息的作品、表演、录音录像制品。

第六条 通过信息网络提供他人作品，属于下列情形的，可以不经著作权人许可，不向其支付报酬：

（一）为介绍、评论某一作品或者说明某一问题，在向公众提供的作品中适当引用已经发表的作品；

（二）为报道时事新闻，在向公众提供的作品中不可避免地再现或者引用已经发表的作品；

（三）为学校课堂教学或者科学研究，向少数教学、科研人员提供少量已经发表的作品；

（四）国家机关为执行公务，在合理范围内向公众提供已经发表的作品；

（五）将中国公民、法人或者其他组织已经发表的、以汉语言文字创作的作品翻译成的少数民族语言文字作品，向中国境内少数民族提供；

（六）不以营利为目的，以盲人能够感知的独特方式向盲人提供已经发表的文字作品；

（七）向公众提供在信息网络上已经发表的关于政治、经济问题的时事性文章；

（八）向公众提供在公众集会上发表的讲话。

第七条　图书馆、档案馆、纪念馆、博物馆、美术馆等可以不经著作权人许可，通过信息网络向本馆馆舍内服务对象提供本馆收藏的合法出版的数字作品和依法为陈列或者保存版本的需要以数字化形式复制的作品，不向其支付报酬，但不得直接或者间接获得经济利益。当事人另有约定的除外。

前款规定的为陈列或者保存版本需要以数字化形式复制的作品，应当是已经损毁或者濒临损毁、丢失或者失窃，或者其存储格式已经过时，并且在市场上无法购买或者只能以明显高于标定的价格购买的作品。

第八条　为通过信息网络实施九年制义务教育或者国家教育规划，可以不经著作权人许可，使用其已经发表作品的片断或者短小的文字作品、音乐作品或者单幅的美术作品、摄影作品制作课件，由制作课件或者依法取得课件的远程教育机构通过信息网络向注册学生提供，但应当向著作权人支付报酬。

第九条　为扶助贫困，通过信息网络向农村地区的公众免费提供中国公民、法人或者其他组织已经发表的种植养殖、防病治病、防灾减灾等与扶助贫困有关的作品和适应基本文化需求的作品，网络服务提供者应当在提供前公告拟提供的作品及其作者、拟支付报酬的标准。自公告之日起 30 日内，著作权人不同意提供的，网络服务提供者不得提供其作品；自公告之日起满 30 日，著作权人没有异议的，网络服务提供者可以提供其作品，并按照公告的标准向著作权人支付报酬。网络服务提供者提供著作权人的作品后，著作权人不同意提供的，网络服务提供者应当立即删除著作权人的作品，并按照公告的标准向著作权人支付提供作品期间的报酬。

依照前款规定提供作品的，不得直接或者间接获得经济利益。

第十条　依照本条例规定不经著作权人许可、通过信息网络向公众提供其作品的，还应当遵守下列规定：

（一）除本条例第六条第一项至第六项、第七条规定的情形外，不得提供作者事先声明不许提供的作品；

（二）指明作品的名称和作者的姓名（名称）；

（三）依照本条例规定支付报酬；

（四）采取技术措施，防止本条例第七条、第八条、第九条规定的服务对象以外的其他人获得著作权人的作品，并防止本条例第七条规定的服务对象的复制行为对著作权人利益造成实质性损害；

（五）不得侵犯著作权人依法享有的其他权利。

第十一条 通过信息网络提供他人表演、录音录像制品的，应当遵守本条例第六条至第十条的规定。

第十二条 属于下列情形的，可以避开技术措施，但不得向他人提供避开技术措施的技术、装置或者部件，不得侵犯权利人依法享有的其他权利：

（一）为学校课堂教学或者科学研究，通过信息网络向少数教学、科研人员提供已经发表的作品、表演、录音录像制品，而该作品、表演、录音录像制品只能通过信息网络获取；

（二）不以营利为目的，通过信息网络以盲人能够感知的独特方式向盲人提供已经发表的文字作品，而该作品只能通过信息网络获取；

（三）国家机关依照行政、司法程序执行公务；

（四）在信息网络上对计算机及其系统或者网络的安全性能进行测试。

147. 商标合同纠纷

（1）商标权转让合同纠纷

（2）商标使用许可合同纠纷

（3）商标代理合同纠纷

法律条文及规范索引

《中华人民共和国民法典》（2021年1月1日施行）

第一百二十三条 民事主体依法享有知识产权。

知识产权是权利人依法就下列客体享有的专有的权利：

……

（三）商标；

……

《中华人民共和国商标法》（2019 年 4 月 23 日修正）

第四十二条　转让注册商标的，转让人和受让人应当签订转让协议，并共同向商标局提出申请。受让人应当保证使用该注册商标的商品质量。

转让注册商标的，商标注册人对其在同一种商品上注册的近似的商标，或者在类似商品上注册的相同或者近似的商标，应当一并转让。

对容易导致混淆或者有其他不良影响的转让，商标局不予核准，书面通知申请人并说明理由。

转让注册商标经核准后，予以公告。受让人自公告之日起享有商标专用权。

第四十三条　商标注册人可以通过签订商标使用许可合同，许可他人使用其注册商标。许可人应当监督被许可人使用其注册商标的商品质量。被许可人应当保证使用该注册商标的商品质量。

第六十条　有本法第五十七条所列侵犯注册商标专用权行为之一，引起纠纷的，由当事人协商解决；不愿协商或者协商不成的，商标注册人或者利害关系人可以向人民法院起诉，也可以请求工商行政管理部门处理。

工商行政管理部门处理时，认定侵权行为成立的，责令立即停止侵权行为，没收、销毁侵权商品和主要用于制造侵权商品、伪造注册商标标识的工具，违法经营额五万元以上的，可以处违法经营额五倍以下的罚款，没有违法经营额或者违法经营额不足五万元的，可以处二十五万元以下的罚款。对五年内实施两次以上商标侵权行为或者有其他严重情节的，应当从重处罚。销售不知道是侵犯注册商标专用权的商品，能证明该商品是自己合法取得并说明提供者的，由工商行政管理部门责令停止销售。

对侵犯商标专用权的赔偿数额的争议，当事人可以请求进行处理的工商行政管理部门调解，也可以依照《中华人民共和国民事诉讼法》向人民法院起诉。经工商行政管理部门调解，当事人未达成协议或者调解书生效后不履行的，当事人可以依照《中华人民共和国民事诉讼法》向人民法院起诉。

《中华人民共和国商标法实施条例》（2014 年 5 月 1 日施行）

第五条　当事人委托商标代理机构申请商标注册或者办理其他商标事

宜，应当提交代理委托书。代理委托书应当载明代理内容及权限；外国人或者外国企业的代理委托书还应当载明委托人的国籍。

外国人或者外国企业的代理委托书及与其有关的证明文件的公证、认证手续，按照对等原则办理。

申请商标注册或者转让商标，商标注册申请人或者商标转让受让人为外国人或者外国企业的，应当在申请书中指定中国境内接收人负责接收商标局、商标评审委员会后继商标业务的法律文件。商标局、商标评审委员会后继商标业务的法律文件向中国境内接收人送达。

商标法第十八条所称外国人或者外国企业，是指在中国没有经常居所或者营业所的外国人或者外国企业。

第三十一条 转让注册商标的，转让人和受让人应当向商标局提交转让注册商标申请书。转让注册商标申请手续应当由转让人和受让人共同办理。商标局核准转让注册商标申请的，发给受让人相应证明，并予以公告。

转让注册商标，商标注册人对其在同一种或者类似商品上注册的相同或者近似的商标未一并转让的，由商标局通知其限期改正；期满未改正的，视为放弃转让该注册商标的申请，商标局应当书面通知申请人。

第三十二条 注册商标专用权因转让以外的继承等其他事由发生移转的，接受该注册商标专用权的当事人应当凭有关证明文件或者法律文书到商标局办理注册商标专用权移转手续。

注册商标专用权移转的，注册商标专用权人在同一种或者类似商品上注册的相同或者近似的商标，应当一并移转；未一并移转的，由商标局通知其限期改正；期满未改正的，视为放弃该移转注册商标的申请，商标局应当书面通知申请人。

商标移转申请经核准的，予以公告。接受该注册商标专用权移转的当事人自公告之日起享有商标专用权。

148. 专利合同纠纷

(1) 专利申请权转让合同纠纷
(2) 专利权转让合同纠纷
(3) 发明专利实施许可合同纠纷
(4) 实用新型专利实施许可合同纠纷
(5) 外观设计专利实施许可合同纠纷
(6) 专利代理合同纠纷

法律条文及规范索引

《中华人民共和国民法典》（2021 年 1 月 1 日施行）

第一百二十三条 民事主体依法享有知识产权。

知识产权是权利人依法就下列客体享有的专有的权利：

……

（二）发明、实用新型、外观设计；

……

第八百六十二条 技术转让合同是合法拥有技术的权利人，将现有特定的专利、专利申请、技术秘密的相关权利让与他人所订立的合同。

技术许可合同是合法拥有技术的权利人，将现有特定的专利、技术秘密的相关权利许可他人实施、使用所订立的合同。

技术转让合同和技术许可合同中关于提供实施技术的专用设备、原材料或者提供有关的技术咨询、技术服务的约定，属于合同的组成部分。

第八百六十三条 技术转让合同包括专利权转让、专利申请权转让、技术秘密转让等合同。

技术许可合同包括专利实施许可、技术秘密使用许可等合同。

技术转让合同和技术许可合同应当采用书面形式。

第八百六十四条 技术转让合同和技术许可合同可以约定实施专利或者使用技术秘密的范围，但是不得限制技术竞争和技术发展。

第八百六十五条 专利实施许可合同仅在该专利权的存续期限内有效。

专利权有效期限届满或者专利权被宣告无效的，专利权人不得就该专利与他人订立专利实施许可合同。

第八百六十六条 专利实施许可合同的许可人应当按照约定许可被许可人实施专利，交付实施专利有关的技术资料，提供必要的技术指导。

第八百六十七条 专利实施许可合同的被许可人应当按照约定实施专利，不得许可约定以外的第三人实施该专利，并按照约定支付使用费。

第八百六十八条 技术秘密转让合同的让与人和技术秘密使用许可合同的许可人应当按照约定提供技术资料，进行技术指导，保证技术的实用性、可靠性，承担保密义务。

前款规定的保密义务，不限制许可人申请专利，但是当事人另有约定的除外。

第八百六十九条 技术秘密转让合同的受让人和技术秘密使用许可合同的被许可人应当按照约定使用技术，支付转让费、使用费，承担保密义务。

第八百七十条 技术转让合同的让与人和技术许可合同的许可人应当保证自己是所提供的技术的合法拥有者，并保证所提供的技术完整、无误、有效，能够达到约定的目标。

第八百七十一条 技术转让合同的受让人和技术许可合同的被许可人应当按照约定的范围和期限，对让与人、许可人提供的技术中尚未公开的秘密部分，承担保密义务。

第八百七十二条 许可人未按照约定许可技术的，应当返还部分或者全部使用费，并应当承担违约责任；实施专利或者使用技术秘密超越约定的范围的，违反约定擅自许可第三人实施该项专利或者使用该项技术秘密的，应当停止违约行为，承担违约责任；违反约定的保密义务的，应当承担违约责任。

让与人承担违约责任，参照适用前款规定。

第八百七十三条 被许可人未按照约定支付使用费的，应当补交使用费并按照约定支付违约金；不补交使用费或者支付违约金的，应当停止实施专利或者使用技术秘密，交还技术资料，承担违约责任；实施专利或者使用技术秘密超越约定的范围的，未经许可人同意擅自许可第三人实施该专利或者使用该技术秘密的，应当停止违约行为，承担违约责任；违反约定的保密义务的，应当承担违约责任。

受让人承担违约责任，参照适用前款规定。

第八百七十四条　受让人或者被许可人按照约定实施专利、使用技术秘密侵害他人合法权益的，由让与人或者许可人承担责任，但是当事人另有约定的除外。

第八百七十五条　当事人可以按照互利的原则，在合同中约定实施专利、使用技术秘密后续改进的技术成果的分享办法；没有约定或者约定不明确，依据本法第五百一十条的规定仍不能确定的，一方后续改进的技术成果，其他各方无权分享。

第八百七十六条　集成电路布图设计专有权、植物新品种权、计算机软件著作权等其他知识产权的转让和许可，参照适用本节的有关规定。

第八百七十七条　法律、行政法规对技术进出口合同或者专利、专利申请合同另有规定的，依照其规定。

另，请求权基础条款参见本法第一百五十三条、第一百五十四条、第五百零六条、第五百六十二条、第五百六十三条、第五百七十九条、第五百八十三条～第五百八十五条。

《中华人民共和国专利法》（2020 年 10 月 17 日修正）

第十条　专利申请权和专利权可以转让。中国单位或者个人向外国人、外国企业或者外国其他组织转让专利申请权或者专利权的，应当依照有关法律、行政法规的规定办理手续。转让专利申请权或者专利权的，当事人应当订立书面合同，并向国务院专利行政部门登记，由国务院专利行政部门予以公告。专利申请权或者专利权的转让自登记之日起生效。

第十二条　任何单位或者个人实施他人专利的，应当与专利权人订立实施许可合同，向专利权人支付专利使用费。被许可人无权允许合同规定以外的任何单位或者个人实施该专利。

第十八条　在中国没有经常居所或者营业所的外国人、外国企业或者外国其他组织在中国申请专利和办理其他专利事务的，应当委托依法设立的专利代理机构办理。

中国单位或者个人在国内申请专利和办理其他专利事务的，可以委托依法设立的专利代理机构办理。

专利代理机构应当遵守法律、行政法规，按照被代理人的委托办理专利申请或者其他专利事务；对被代理人发明创造的内容，除专利申请已经公布或者公告的以外，负有保密责任。专利代理机构的具体管理办法由国务院规定。

《中华人民共和国专利法实施细则》（2010 年 1 月 9 日修订）

第十四条 除依照专利法第十条规定转让专利权外，专利权因其他事由发生转移的，当事人应当凭有关证明文件或者法律文书向国务院专利行政部门办理专利权转移手续。

专利权人与他人订立的专利实施许可合同，应当自合同生效之日起 3 个月内向国务院专利行政部门备案。

以专利权出质的，由出质人和质权人共同向国务院专利行政部门办理出质登记。

《专利代理条例》（2018 年 9 月 6 日修订）

第十三条 专利代理机构可以接受委托，代理专利申请、宣告专利权无效、转让专利申请权或者专利权以及订立专利实施许可合同等专利事务，也可以应当事人要求提供专利事务方面的咨询。

第十四条 专利代理机构接受委托，应当与委托人订立书面委托合同。专利代理机构接受委托后，不得就同一专利申请或者专利权的事务接受有利益冲突的其他当事人的委托。

专利代理机构应当指派在本机构执业的专利代理师承办专利代理业务，指派的专利代理师本人及其近亲属不得与其承办的专利代理业务有利益冲突。

第十五条 专利代理机构解散或者被撤销、吊销执业许可证的，应当妥善处理各种尚未办结的专利代理业务。

第十六条 专利代理师应当根据专利代理机构的指派承办专利代理业务，不得自行接受委托。

专利代理师不得同时在两个以上专利代理机构从事专利代理业务。

专利代理师对其签名办理的专利代理业务负责。

第十七条 专利代理机构和专利代理师对其在执业过程中了解的发明创造的内容，除专利申请已经公布或者公告的以外，负有保守秘密的义务。

《最高人民法院关于审理技术合同纠纷案件适用法律若干问题的解释》（法释〔2004〕20 号 2020 年 12 月 23 日修正）

第二十三条 专利申请权转让合同当事人以专利申请被驳回或者被视为撤回为由请求解除合同，该事实发生在依照专利法第十条第三款的规定办理专利申请权转让登记之前的，人民法院应当予以支持；发生在转让登记之后的，不予支持，但当事人另有约定的除外。

专利申请因专利申请权转让合同成立时即存在尚未公开的同样发明创造的在先专利申请被驳回，当事人依据民法典第五百六十三条第一款第（四）项的规定请求解除合同的，人民法院应当予以支持。

第二十四条 订立专利权转让合同或者专利申请权转让合同前，让与人自己已经实施发明创造，在合同生效后，受让人要求让与人停止实施的，人民法院应当予以支持，但当事人另有约定的除外。

让与人与受让人订立的专利权、专利申请权转让合同，不影响在合同成立前让与人与他人订立的相关专利实施许可合同或者技术秘密转让合同的效力。

第二十五条 专利实施许可包括以下方式：

（一）独占实施许可，是指许可人在约定许可实施专利的范围内，将该专利仅许可一个被许可人实施，许可人依约定不得实施该专利；

（二）排他实施许可，是指许可人在约定许可实施专利的范围内，将该专利仅许可一个被许可人实施，但许可人依约定可以自行实施该专利；

（三）普通实施许可，是指许可人在约定许可实施专利的范围内许可他人实施该专利，并且可以自行实施该专利。

当事人对专利实施许可方式没有约定或者约定不明确的，认定为普通实施许可。专利实施许可合同约定被许可人可以再许可他人实施专利的，认定该再许可为普通实施许可，但当事人另有约定的除外。

技术秘密的许可使用方式，参照本条第一、二款的规定确定。

第二十六条 专利实施许可合同许可人负有在合同有效期内维持专利权有效的义务，包括依法缴纳专利年费和积极应对他人提出宣告专利权无效的请求，但当事人另有约定的除外。

第二十七条 排他实施许可合同许可人不具备独立实施其专利的条件，以一个普通许可的方式许可他人实施专利的，人民法院可以认定为许可人自己实施专利，但当事人另有约定的除外。

第二十八条 民法典第八百六十四条所称“实施专利或者使用技术秘密的范围”，包括实施专利或者使用技术秘密的期限、地域、方式以及接触技术秘密的人员等。

当事人对实施专利或者使用技术秘密的期限没有约定或者约定不明确的，受让人、被许可人实施专利或者使用技术秘密不受期限限制。

第二十九条 当事人之间就申请专利的技术成果所订立的许可使用合

同，专利申请公开以前，适用技术秘密许可合同的有关规定；发明专利申请公开以后、授权以前，参照适用专利实施许可合同的有关规定；授权以后，原合同即为专利实施许可合同，适用专利实施许可合同的有关规定。

人民法院不以当事人就已经申请专利但尚未授权的技术订立专利实施许可合同为由，认定合同无效。

149. 植物新品种合同纠纷

（1）植物新品种育种合同纠纷
（2）植物新品种申请权转让合同纠纷
（3）植物新品种权转让合同纠纷
（4）植物新品种实施许可合同纠纷

法律条文及规范索引

《中华人民共和国民法典》（2021年1月1日施行）

第一百二十三条 民事主体依法享有知识产权。

知识产权是权利人依法就下列客体享有的专有的权利：

……

（七）植物新品种；

……

第八百七十六条 集成电路布图设计专有权、植物新品种权、计算机软件著作权等其他知识产权的转让和许可，参照适用本节的有关规定。

《中华人民共和国植物新品种保护条例》（2014年7月29日修订）

第七条 执行本单位的任务或者主要是利用本单位的物质条件所完成的职务育种，植物新品种的申请权属于该单位；非职务育种，植物新品种的申请权属于完成育种的个人。申请被批准后，品种权属于申请人。

委托育种或者合作育种，品种权的归属由当事人在合同中约定；没有合同约定的，品种权属于受委托完成或者共同完成育种的单位或者个人。

第九条 植物新品种的申请权和品种权可以依法转让。

中国的单位或者个人就其在国内培育的植物新品种向外国人转让申请权

或者品种权的，应当经审批机关批准。

国有单位在国内转让申请权或者品种权的，应当按照国家有关规定报经有关行政主管部门批准。

转让申请权或者品种权的，当事人应当订立书面合同，并向审批机关登记，由审批机关予以公告。

《最高人民法院关于审理侵害植物新品种权纠纷案件具体应用法律问题的若干规定》（法释〔2007〕1号 2020年12月23日修正）

第一条 植物新品种权所有人（以下称品种权人）或者利害关系人认为植物新品种权受到侵害的，可以依法向人民法院提起诉讼。

前款所称利害关系人，包括植物新品种实施许可合同的被许可人、品种权财产权利的合法继承人等。

独占实施许可合同的被许可人可以单独向人民法院提起诉讼；排他实施许可合同的被许可人可以和品种权人共同起诉，也可以在品种权人不起诉时，自行提起诉讼；普通实施许可合同的被许可人经品种权人明确授权，可以提起诉讼。

第二条 未经品种权人许可，生产、繁殖或者销售授权品种的繁殖材料，或者为商业目的将授权品种的繁殖材料重复使用于生产另一品种的繁殖材料的，人民法院应当认定为侵害植物新品种权。

被诉侵权物的特征、特性与授权品种的特征、特性相同，或者特征、特性的不同是因非遗传变异所致的，人民法院一般应当认定被诉侵权物属于生产、繁殖或者销售授权品种的繁殖材料。

被诉侵权人重复以授权品种的繁殖材料为亲本与其他亲本另行繁殖的，人民法院一般应当认定属于为商业目的将授权品种的繁殖材料重复使用于生产另一品种的繁殖材料。

《最高人民法院关于审理植物新品种纠纷案件若干问题的解释》（法释〔2001〕5号 2020年12月23日修正）

第一条 人民法院受理的植物新品种纠纷案件主要包括以下几类：

（一）植物新品种申请驳回复审行政纠纷案件；

（二）植物新品种权无效行政纠纷案件；

（三）植物新品种权更名行政纠纷案件；

（四）植物新品种权强制许可纠纷案件；

（五）植物新品种权实施强制许可使用费纠纷案件；

（六）植物新品种申请权权属纠纷案件；

（七）植物新品种权权属纠纷案件；

（八）植物新品种申请权转让合同纠纷案件；

（九）植物新品种权转让合同纠纷案件；

（十）侵害植物新品种权纠纷案件；

（十一）假冒他人植物新品种权纠纷案件；

（十二）植物新品种培育人署名权纠纷案件；

（十三）植物新品种临时保护期使用费纠纷案件；

（十四）植物新品种行政处罚纠纷案件；

（十五）植物新品种行政复议纠纷案件；

（十六）植物新品种行政赔偿纠纷案件；

（十七）植物新品种行政奖励纠纷案件；

（十八）其他植物新品种权纠纷案件。

第五条 关于植物新品种申请驳回复审行政纠纷案件、植物新品种权无效或者更名行政纠纷案件，应当以植物新品种审批机关为被告；关于植物新品种强制许可纠纷案件，应当以植物新品种审批机关为被告；关于实施强制许可使用费纠纷案件，应当根据原告所请求的事项和所起诉的当事人确定被告。

第六条 人民法院审理侵害植物新品种权纠纷案件，被告在答辩期间内向植物新品种审批机关请求宣告该植物新品种权无效的，人民法院一般不中止诉讼。

150. 集成电路布图设计合同纠纷

（1）集成电路布图设计创作合同纠纷

（2）集成电路布图设计专有权转让合同纠纷

（3）集成电路布图设计许可使用合同纠纷

法律条文及规范索引

《中华人民共和国民法典》（2021年1月1日施行）

第一百二十三条 民事主体依法享有知识产权。

知识产权是权利人依法就下列客体享有的专有的权利：

……

（六）集成电路布图设计；

……

第八百七十六条　集成电路布图设计专有权、植物新品种权、计算机软件著作权等其他知识产权的转让和许可，参照适用本节的有关规定。

《集成电路布图设计保护条例》（2001 年 10 月 1 日施行）

第十条　两个以上自然人、法人或者其他组织合作创作的布图设计，其专有权的归属由合作者约定；未作约定或者约定不明的，其专有权由合作者共同享有。

第十一条　受委托创作的布图设计，其专有权的归属由委托人和受托人双方约定；未作约定或者约定不明的，其专有权由受托人享有。

第二十二条　布图设计权利人可以将其专有权转让或者许可他人使用其布图设计。转让布图设计专有权的，当事人应当订立书面合同，并向国务院知识产权行政部门登记，由国务院知识产权行政部门予以公告。布图设计专有权的转让自登记之日起生效。

许可他人使用其布图设计的，当事人应当订立书面合同。

《集成电路布图设计保护条例实施细则》（2001 年 10 月 1 日施行）

第四条　中国单位或者个人在国内申请布图设计登记和办理其他与布图设计有关的事务的，可以委托专利代理机构办理。

在中国没有经常居所或者营业所的外国人、外国企业或者外国其他组织在中国申请布图设计登记和办理其他与布图设计有关的事务的，应当委托国家知识产权局指定的专利代理机构办理。

第十一条　中国单位或者个人向外国人转让布图设计专有权的，在向国家知识产权局办理转让登记时应当提交国务院有关主管部门允许其转让的证明文件。

布图设计专有权发生转移的，当事人应当凭有关证明文件或者法律文书向国家知识产权局办理著录项目变更手续。

151. 商业秘密合同纠纷

（1）技术秘密让与合同纠纷
（2）技术秘密许可使用合同纠纷
（3）经营秘密让与合同纠纷
（4）经营秘密许可使用合同纠纷

法律条文及规范索引

《中华人民共和国民法典》（2021年1月1日施行）

第一百二十三条 民事主体依法享有知识产权。

知识产权是权利人依法就下列客体享有的专有的权利：

……

（五）商业秘密；

……

第八百六十八条 技术秘密转让合同的让与人和技术秘密使用许可合同的许可人应当按照约定提供技术资料，进行技术指导，保证技术的实用性、可靠性，承担保密义务。

前款规定的保密义务，不限制许可人申请专利，但是当事人另有约定的除外。

第八百六十九条 技术秘密转让合同的受让人和技术秘密使用许可合同的被许可人应当按照约定使用技术，支付转让费、使用费，承担保密义务。

第八百七十条 技术转让合同的让与人和技术许可合同的许可人应当保证自己是所提供的技术的合法拥有者，并保证所提供的技术完整、无误、有效，能够达到约定的目标。

第八百七十一条 技术转让合同的受让人和技术许可合同的被许可人应当按照约定的范围和期限，对让与人、许可人提供的技术中尚未公开的秘密部分，承担保密义务。

第八百七十二条 许可人未按照约定许可技术的，应当返还部分或者全部使用费，并应当承担违约责任；实施专利或者使用技术秘密超越约定的范围的，违反约定擅自许可第三人实施该项专利或者使用该项技术秘密的，应当停止违约行为，承担违约责任；违反约定的保密义务的，应当承担违约责任。

让与人承担违约责任，参照适用前款规定。

第八百七十三条 被许可人未按照约定支付使用费的，应当补交使用费并按照约定支付违约金；不补交使用费或者支付违约金的，应当停止实施专利或者使用技术秘密，交还技术资料，承担违约责任；实施专利或者使用技术秘密超越约定的范围的，未经许可人同意擅自许可第三人实施该专利或者使用该技术秘密的，应当停止违约行为，承担违约责任；违反约定的保密义务的，应当承担违约责任。

受让人承担违约责任，参照适用前款规定。

第八百七十四条 受让人或者被许可人按照约定实施专利、使用技术秘密侵害他人合法权益的，由让与人或者许可人承担责任，但是当事人另有约定的除外。

第八百七十五条 当事人可以按照互利的原则，在合同中约定实施专利、使用技术秘密后续改进的技术成果的分享办法；没有约定或者约定不明确，依据本法第五百一十条的规定仍不能确定的，一方后续改进的技术成果，其他各方无权分享。

第八百七十七条 法律、行政法规对技术进出口合同或者专利、专利申请合同另有规定的，依照其规定。

《中华人民共和国反不正当竞争法》（2019 年 4 月 23 日修正）

第九条 经营者不得实施下列侵犯商业秘密的行为：

（一）以盗窃、贿赂、欺诈、胁迫、电子侵入或者其他不正当手段获取权利人的商业秘密；

（二）披露、使用或者允许他人使用以前项手段获取的权利人的商业秘密；

（三）违反保密义务或者违反权利人有关保守商业秘密的要求，披露、使用或者允许他人使用其所掌握的商业秘密；

（四）教唆、引诱、帮助他人违反保密义务或者违反权利人有关保守商业秘密的要求，获取、披露、使用或者允许他人使用权利人的商业秘密。

经营者以外的其他自然人、法人和非法人组织实施前款所列违法行为的，视为侵犯商业秘密。

第三人明知或者应知商业秘密权利人的员工、前员工或者其他单位、个人实施本条第一款所列违法行为，仍获取、披露、使用或者允许他人使用该商业秘密的，视为侵犯商业秘密。

本法所称的商业秘密，是指不为公众所知悉、具有商业价值并经权利人采取相应保密措施的技术信息、经营信息等商业信息。

《最高人民法院关于审理技术合同纠纷案件适用法律若干问题的解释》（法释〔2004〕20号　2020年12月23日修正）

第九条　当事人一方采取欺诈手段，就其现有技术成果作为研究开发标的与他人订立委托开发合同收取研究开发费用，或者就同一研究开发课题先后与两个或者两个以上的委托人分别订立委托开发合同重复收取研究开发费用，使对方在违背真实意思的情况下订立的合同，受损害方依照民法典第一百四十八条规定请求撤销合同的，人民法院应当予以支持。

第十条　下列情形，属于民法典第八百五十条所称的"非法垄断技术"：

（一）限制当事人一方在合同标的技术基础上进行新的研究开发或者限制其使用所改进的技术，或者双方交换改进技术的条件不对等，包括要求一方将其自行改进的技术无偿提供给对方、非互惠性转让给对方、无偿独占或者共享该改进技术的知识产权；

（二）限制当事人一方从其他来源获得与技术提供方类似技术或者与其竞争的技术；

（三）阻碍当事人一方根据市场需求，按照合理方式充分实施合同标的技术，包括明显不合理地限制技术接受方实施合同标的技术生产产品或者提供服务的数量、品种、价格、销售渠道和出口市场；

（四）要求技术接受方接受并非实施技术必不可少的附带条件，包括购买非必需的技术、原材料、产品、设备、服务以及接收非必需的人员等；

（五）不合理地限制技术接受方购买原材料、零部件、产品或者设备等的渠道或者来源；

（六）禁止技术接受方对合同标的技术知识产权的有效性提出异议或者对提出异议附加条件。

第十一条　技术合同无效或者被撤销后，技术开发合同研究开发人、技术转让合同让与人、技术许可合同许可人、技术咨询合同和技术服务合同的受托人已经履行或者部分履行了约定的义务，并且造成合同无效或者被撤销的过错在对方的，对其已履行部分应当收取的研究开发经费、技术使用费、提供咨询服务的报酬，人民法院可以认定为因对方原因导致合同无效或者被撤销给其造成的损失。

技术合同无效或者被撤销后，因履行合同所完成新的技术成果或者在他人技术成果基础上完成后续改进技术成果的权利归属和利益分享，当事人不能重新协议确定的，人民法院可以判决由完成技术成果的一方享有。

第二十二条 就尚待研究开发的技术成果或者不涉及专利、专利申请或者技术秘密的知识、技术、经验和信息所订立的合同，不属于民法典第八百六十二条规定的技术转让合同或者技术许可合同。

技术转让合同中关于让与人向受让人提供实施技术的专用设备、原材料或者提供有关的技术咨询、技术服务的约定，属于技术转让合同的组成部分。因此发生的纠纷，按照技术转让合同处理。

当事人以技术入股方式订立联营合同，但技术入股人不参与联营体的经营管理，并且以保底条款形式约定联营体或者联营对方支付其技术价款或者使用费的，视为技术转让合同或者技术许可合同。

第二十三条 专利申请权转让合同当事人以专利申请被驳回或者被视为撤回为由请求解除合同，该事实发生在依照专利法第十条第三款的规定办理专利申请权转让登记之前的，人民法院应当予以支持；发生在转让登记之后的，不予支持，但当事人另有约定的除外。

专利申请因专利申请权转让合同成立时即存在尚未公开的同样发明创造的在先专利申请被驳回，当事人依据民法典第五百六十三条第一款第（四）项的规定请求解除合同的，人民法院应当予以支持。

第二十四条 订立专利权转让合同或者专利申请权转让合同前，让与人自己已经实施发明创造，在合同生效后，受让人要求让与人停止实施的，人民法院应当予以支持，但当事人另有约定的除外。

让与人与受让人订立的专利权、专利申请权转让合同，不影响在合同成立前让与人与他人订立的相关专利实施许可合同或者技术秘密转让合同的效力。

第二十五条 专利实施许可包括以下方式：

（一）独占实施许可，是指许可人在约定许可实施专利的范围内，将该专利仅许可一个被许可人实施，许可人依约定不得实施该专利；

（二）排他实施许可，是指许可人在约定许可实施专利的范围内，将该专利仅许可一个被许可人实施，但许可人依约定可以自行实施该专利；

（三）普通实施许可，是指许可人在约定许可实施专利的范围内许可他人实施该专利，并且可以自行实施该专利。

当事人对专利实施许可方式没有约定或者约定不明确的，认定为普通实施许可。专利实施许可合同约定被许可人可以再许可他人实施专利的，认定该再许可为普通实施许可，但当事人另有约定的除外。

技术秘密的许可使用方式，参照本条第一、二款的规定确定。

第二十六条 专利实施许可合同许可人负有在合同有效期内维持专利权有效的义务，包括依法缴纳专利年费和积极应对他人提出宣告专利权无效的请求，但当事人另有约定的除外。

第二十七条 排他实施许可合同许可人不具备独立实施其专利的条件，以一个普通许可的方式许可他人实施专利的，人民法院可以认定为许可人自己实施专利，但当事人另有约定的除外。

第二十八条 民法典第八百六十四条所称“实施专利或者使用技术秘密的范围”，包括实施专利或者使用技术秘密的期限、地域、方式以及接触技术秘密的人员等。

当事人对实施专利或者使用技术秘密的期限没有约定或者约定不明确的，受让人、被许可人实施专利或者使用技术秘密不受期限限制。

第二十九条 当事人之间就申请专利的技术成果所订立的许可使用合同，专利申请公开以前，适用技术秘密许可合同的有关规定；发明专利申请公开以后、授权以前，参照适用专利实施许可合同的有关规定；授权以后，原合同即为专利实施许可合同，适用专利实施许可合同的有关规定。

人民法院不以当事人就已经申请专利但尚未授权的技术订立专利实施许可合同为由，认定合同无效。

第四十六条 计算机软件开发等合同争议，著作权法以及其他法律、行政法规另有规定的，依照其规定；没有规定的，适用民法典第三编第一分编的规定，并可以参照民法典第三编第二分编第二十章和本解释的有关规定处理。

《最高人民法院关于审理不正当竞争民事案件应用法律若干问题的解释》
（法释〔2007〕2号　2020年12月23日修正）

第十一条 权利人为防止信息泄漏所采取的与其商业价值等具体情况相适应的合理保护措施，应当认定为反不正当竞争法第十条第三款规定的“保密措施”。

人民法院应当根据所涉信息载体的特性、权利人保密的意愿、保密措施的可识别程度、他人通过正当方式获得的难易程度等因素，认定权利人是否采取了保密措施。

具有下列情形之一，在正常情况下足以防止涉密信息泄漏的，应当认定权利人采取了保密措施：

（一）限定涉密信息的知悉范围，只对必须知悉的相关人员告知其内容；

（二）对于涉密信息载体采取加锁等防范措施；

（三）在涉密信息的载体上标有保密标志；

（四）对于涉密信息采用密码或者代码等；

（五）签订保密协议；

（六）对于涉密的机器、厂房、车间等场所限制来访者或者提出保密要求；

（七）确保信息秘密的其他合理措施。

第十二条　通过自行开发研制或者反向工程等方式获得的商业秘密，不认定为反不正当竞争法第十条第（一）、（二）项规定的侵犯商业秘密行为。

前款所称“反向工程”，是指通过技术手段对从公开渠道取得的产品进行拆卸、测绘、分析等而获得该产品的有关技术信息。当事人以不正当手段知悉了他人的商业秘密之后，又以反向工程为由主张获取行为合法的，不予支持。

第十三条　商业秘密中的客户名单，一般是指客户的名称、地址、联系方式以及交易的习惯、意向、内容等构成的区别于相关公知信息的特殊客户信息，包括汇集众多客户的客户名册，以及保持长期稳定交易关系的特定客户。

客户基于对职工个人的信赖而与职工所在单位进行市场交易，该职工离职后，能够证明客户自愿选择与自己或者其新单位进行市场交易的，应当认定没有采用不正当手段，但职工与原单位另有约定的除外。

第十四条　当事人指称他人侵犯其商业秘密的，应当对其拥有的商业秘密符合法定条件、对方当事人的信息与其商业秘密相同或者实质相同以及对方当事人采取不正当手段的事实负举证责任。其中，商业秘密符合法定条件的证据，包括商业秘密的载体、具体内容、商业价值和对该项商业秘密所采取的具体保密措施等。

第十五条　对于侵犯商业秘密行为，商业秘密独占使用许可合同的被许可人提起诉讼的，人民法院应当依法受理。

排他使用许可合同的被许可人和权利人共同提起诉讼，或者在权利人不起诉的情况下，自行提起诉讼，人民法院应当依法受理。

普通使用许可合同的被许可人和权利人共同提起诉讼，或者经权利人书面授权，单独提起诉讼的，人民法院应当依法受理。

152. 技术合同纠纷

(1) 技术委托开发合同纠纷

(2) 技术合作开发合同纠纷

(3) 技术转化合同纠纷

(4) 技术转让合同纠纷

(5) 技术许可合同纠纷

(6) 技术咨询合同纠纷

(7) 技术服务合同纠纷

(8) 技术培训合同纠纷

(9) 技术中介合同纠纷

(10) 技术进口合同纠纷

(11) 技术出口合同纠纷

(12) 职务技术成果完成人奖励、报酬纠纷

(13) 技术成果完成人署名权、荣誉权、奖励权纠纷

法律条文及规范索引

《中华人民共和国民法典》（2021 年 1 月 1 日施行）

第八百五十一条 技术开发合同是当事人之间就新技术、新产品、新工艺、新品种或者新材料及其系统的研究开发所订立的合同。

技术开发合同包括委托开发合同和合作开发合同。

技术开发合同应当采用书面形式。

当事人之间就具有实用价值的科技成果实施转化订立的合同，参照适用技术开发合同的有关规定。

第八百五十二条　委托开发合同的委托人应当按照约定支付研究开发经费和报酬，提供技术资料，提出研究开发要求，完成协作事项，接受研究开发成果。

第八百五十三条　委托开发合同的研究开发人应当按照约定制定和实施研究开发计划，合理使用研究开发经费，按期完成研究开发工作，交付研究开发成果，提供有关的技术资料和必要的技术指导，帮助委托人掌握研究开发成果。

第八百五十四条　委托开发合同的当事人违反约定造成研究开发工作停滞、延误或者失败的，应当承担违约责任。

第八百五十五条　合作开发合同的当事人应当按照约定进行投资，包括以技术进行投资，分工参与研究开发工作，协作配合研究开发工作。

第八百五十六条　合作开发合同的当事人违反约定造成研究开发工作停滞、延误或者失败的，应当承担违约责任。

第八百五十七条　作为技术开发合同标的的技术已经由他人公开，致使技术开发合同的履行没有意义的，当事人可以解除合同。

第八百五十八条　技术开发合同履行过程中，因出现无法克服的技术困难，致使研究开发失败或者部分失败的，该风险由当事人约定；没有约定或者约定不明确，依据本法第五百一十条的规定仍不能确定的，风险由当事人合理分担。

当事人一方发现前款规定的可能致使研究开发失败或者部分失败的情形时，应当及时通知另一方并采取适当措施减少损失；没有及时通知并采取适当措施，致使损失扩大的，应当就扩大的损失承担责任。

第八百五十九条　委托开发完成的发明创造，除法律另有规定或者当事人另有约定外，申请专利的权利属于研究开发人。研究开发人取得专利权的，委托人可以依法实施该专利。

研究开发人转让专利申请权的，委托人享有以同等条件优先受让的权利。

第八百六十条　合作开发完成的发明创造，申请专利的权利属于合作开发的当事人共有；当事人一方转让其共有的专利申请权的，其他各方享有以同等条件优先受让的权利。但是，当事人另有约定的除外。

合作开发的当事人一方声明放弃其共有的专利申请权的，除当事人另有约定外，可以由另一方单独申请或者由其他各方共同申请。申请人取得专利权的，放弃专利申请权的一方可以免费实施该专利。

合作开发的当事人一方不同意申请专利的，另一方或者其他各方不得申请专利。

第八百六十一条 委托开发或者合作开发完成的技术秘密成果的使用权、转让权以及收益的分配办法，由当事人约定；没有约定或者约定不明确，依据本法第五百一十条的规定仍不能确定的，在没有相同技术方案被授予专利权前，当事人均有使用和转让的权利。但是，委托开发的研究开发人不得在向委托人交付研究开发成果之前，将研究开发成果转让给第三人。

第八百六十二条 技术转让合同是合法拥有技术的权利人，将现有特定的专利、专利申请、技术秘密的相关权利让与他人所订立的合同。

技术许可合同是合法拥有技术的权利人，将现有特定的专利、技术秘密的相关权利许可他人实施、使用所订立的合同。

技术转让合同和技术许可合同中关于提供实施技术的专用设备、原材料或者提供有关的技术咨询、技术服务的约定，属于合同的组成部分。

第八百六十三条 技术转让合同包括专利权转让、专利申请权转让、技术秘密转让等合同。

技术许可合同包括专利实施许可、技术秘密使用许可等合同。

技术转让合同和技术许可合同应当采用书面形式。

第八百六十九条 技术秘密转让合同的受让人和技术秘密使用许可合同的被许可人应当按照约定使用技术，支付转让费、使用费，承担保密义务。

第八百七十三条 被许可人未按照约定支付使用费的，应当补交使用费并按照约定支付违约金；不补交使用费或者支付违约金的，应当停止实施专利或者使用技术秘密，交还技术资料，承担违约责任；实施专利或者使用技术秘密超越约定的范围的，未经许可人同意擅自许可第三人实施该专利或者使用该技术秘密的，应当停止违约行为，承担违约责任；违反约定的保密义务的，应当承担违约责任。

受让人承担违约责任，参照适用前款规定。

《最高人民法院关于审理技术合同纠纷案件适用法律若干问题的解释》（法释〔2004〕20号　2020年12月23日修正）

第十七条 民法典第八百五十一条第一款所称“新技术、新产品、新工艺、新品种或者新材料及其系统”，包括当事人在订立技术合同时尚未掌握的产品、工艺、材料及其系统等技术方案，但对技术上没有创新的现有产品的改型、工艺变更、材料配方调整以及对技术成果的验证、测试和使用除外。

第十八条　民法典第八百五十一条第四款规定的“当事人之间就具有实用价值的科技成果实施转化订立的”技术转化合同，是指当事人之间就具有实用价值但尚未实现工业化应用的科技成果包括阶段性技术成果，以实现该科技成果工业化应用为目标，约定后续试验、开发和应用等内容的合同。

第十九条　民法典第八百五十五条所称“分工参与研究开发工作”，包括当事人按照约定的计划和分工，共同或者分别承担设计、工艺、试验、试制等工作。

技术开发合同当事人一方仅提供资金、设备、材料等物质条件或者承担辅助协作事项，另一方进行研究开发工作的，属于委托开发合同。

第二十条　民法典第八百六十一条所称“当事人均有使用和转让的权利”，包括当事人均有不经对方同意而自己使用或者以普通使用许可的方式许可他人使用技术秘密，并独占由此所获利益的权利。当事人一方将技术秘密成果的转让权让与他人，或者以独占或者排他使用许可的方式许可他人使用技术秘密，未经对方当事人同意或者追认的，应当认定该让与或者许可行为无效。

第二十一条　技术开发合同当事人依照民法典的规定或者约定自行实施专利或使用技术秘密，但因其不具备独立实施专利或者使用技术秘密的条件，以一个普通许可方式许可他人实施或者使用的，可以准许。

第二十二条　就尚待研究开发的技术成果或者不涉及专利、专利申请或者技术秘密的知识、技术、经验和信息所订立的合同，不属于民法典第八百六十二条规定的技术转让合同或者技术许可合同。

技术转让合同中关于让与人向受让人提供实施技术的专用设备、原材料或者提供有关的技术咨询、技术服务的约定，属于技术转让合同的组成部分。因此发生的纠纷，按照技术转让合同处理。

当事人以技术入股方式订立联营合同，但技术入股人不参与联营体的经营管理，并且以保底条款形式约定联营体或者联营对方支付其技术价款或者使用费的，视为技术转让合同或者技术许可合同。

153. 特许经营合同纠纷

法律条文及规范索引

《中华人民共和国民法典》（2021年1月1日施行）

第四百六十七条 本法或者其他法律没有明文规定的合同，适用本编通则的规定，并可以参照适用本编或者其他法律最相类似合同的规定。

在中华人民共和国境内履行的中外合资经营企业合同、中外合作经营企业合同、中外合作勘探开发自然资源合同，适用中华人民共和国法律。

《商业特许经营管理条例》（2007年5月1日施行）

第三条 本条例所称商业特许经营（以下简称特许经营），是指拥有注册商标、企业标志、专利、专有技术等经营资源的企业（以下称特许人），以合同形式将其拥有的经营资源许可其他经营者（以下称被特许人）使用，被特许人按照合同约定在统一的经营模式下开展经营，并向特许人支付特许经营费用的经营活动。

企业以外的其他单位和个人不得作为特许人从事特许经营活动。

第十一条 从事特许经营活动，特许人和被特许人应当采用书面形式订立特许经营合同。

特许经营合同应当包括下列主要内容：

（一）特许人、被特许人的基本情况；

（二）特许经营的内容、期限；

（三）特许经营费用的种类、金额及其支付方式；

（四）经营指导、技术支持以及业务培训等服务的具体内容和提供方式；

（五）产品或者服务的质量、标准要求和保证措施；

（六）产品或者服务的促销与广告宣传；

（七）特许经营中的消费者权益保护和赔偿责任的承担；

（八）特许经营合同的变更、解除和终止；

（九）违约责任；

（十）争议的解决方式；

（十一）特许人与被特许人约定的其他事项。

第十二条　特许人和被特许人应当在特许经营合同中约定，被特许人在特许经营合同订立后一定期限内，可以单方解除合同。

第十三条　特许经营合同约定的特许经营期限应当不少于3年。但是，被特许人同意的除外。

特许人和被特许人续签特许经营合同的，不适用前款规定。

第十四条　特许人应当向被特许人提供特许经营操作手册，并按照约定的内容和方式为被特许人持续提供经营指导、技术支持、业务培训等服务。

第十五条　特许经营的产品或者服务的质量、标准应当符合法律、行政法规和国家有关规定的要求。

第十六条　特许人要求被特许人在订立特许经营合同前支付费用的，应当以书面形式向被特许人说明该部分费用的用途以及退还的条件、方式。

第十七条　特许人向被特许人收取的推广、宣传费用，应当按照合同约定的用途使用。推广、宣传费用的使用情况应当及时向被特许人披露。

第十八条　未经特许人同意，被特许人不得向他人转让特许经营权。

被特许人不得向他人泄露或者允许他人使用其所掌握的特许人的商业秘密。

154. 企业名称（商号）合同纠纷

（1）企业名称（商号）转让合同纠纷

（2）企业名称（商号）使用合同纠纷

法律条文及规范索引

《中华人民共和国民法典》（2021年1月1日施行）

第一百一十条第二款　法人、非法人组织享有名称权、名誉权和荣誉权。

第一千零一十三条　法人、非法人组织享有名称权，有权依法决定、使用、变更、转让或者许可他人使用自己的名称。

第一千零一十四条　任何组织或者个人不得以干涉、盗用、假冒等方式侵害他人的姓名权或者名称权。

《中华人民共和国商标法》（2019年4月23日修正）

第六十条　有本法第五十七条所列侵犯注册商标专用权行为之一，引起纠纷的，由当事人协商解决；不愿协商或者协商不成的，商标注册人或者利害关系人可以向人民法院起诉，也可以请求工商行政管理部门处理。

工商行政管理部门处理时，认定侵权行为成立的，责令立即停止侵权行为，没收、销毁侵权商品和主要用于制造侵权商品、伪造注册商标标识的工具，违法经营额五万元以上的，可以处违法经营额五倍以下的罚款，没有违法经营额或者违法经营额不足五万元的，可以处二十五万元以下的罚款。对五年内实施两次以上商标侵权行为或者有其他严重情节的，应当从重处罚。销售不知道是侵犯注册商标专用权的商品，能证明该商品是自己合法取得并说明提供者的，由工商行政管理部门责令停止销售。

对侵犯商标专用权的赔偿数额的争议，当事人可以请求进行处理的工商行政管理部门调解，也可以依照《中华人民共和国民事诉讼法》向人民法院起诉。经工商行政管理部门调解，当事人未达成协议或者调解书生效后不履行的，当事人可以依照《中华人民共和国民事诉讼法》向人民法院起诉。

第六十三条　侵犯商标专用权的赔偿数额，按照权利人因被侵权所受到的实际损失确定；实际损失难以确定的，可以按照侵权人因侵权所获得的利益确定；权利人的损失或者侵权人获得的利益难以确定的，参照该商标许可使用费的倍数合理确定。对恶意侵犯商标专用权，情节严重的，可以在按照上述方法确定数额的一倍以上五倍以下确定赔偿数额。赔偿数额应当包括权利人为制止侵权行为所支付的合理开支。

人民法院为确定赔偿数额，在权利人已经尽力举证，而与侵权行为相关的账簿、资料主要由侵权人掌握的情况下，可以责令侵权人提供与侵权行为相关的账簿、资料；侵权人不提供或者提供虚假的账簿、资料的，人民法院可以参考权利人的主张和提供的证据判定赔偿数额。

权利人因被侵权所受到的实际损失、侵权人因侵权所获得的利益、注册商标许可使用费难以确定的，由人民法院根据侵权行为的情节判决给予五百万元以下的赔偿。

人民法院审理商标纠纷案件，应权利人请求，对属于假冒注册商标的商品，除特殊情况外，责令销毁；对主要用于制造假冒注册商标的商品的材料、工具，责令销毁，且不予补偿；或者在特殊情况下，责令禁止前述材料、工具进入商业渠道，且不予补偿。

假冒注册商标的商品不得在仅去除假冒注册商标后进入商业渠道。

《企业名称登记管理规定》（2020年12月14日修订）

第二十三条　企业名称可以随企业或者企业的一部分一并转让。

企业名称只能转让给一户企业。企业名称的转让方与受让方应当签订书面合同或者协议，报原登记主管机关核准。

企业名称转让后，转让方不得继续使用已转让的企业名称。

155. 特殊标志合同纠纷

法律条文及规范索引

《特殊标志管理条例》（1996年7月13日施行）

第二条　本条例所称特殊标志，是指经国务院批准举办的全国性和国际性的文化、体育、科学研究及其他社会公益活动所使用的，由文字、图形组成的名称及缩写、会徽、吉祥物等标志。

第十四条　特殊标志的使用人应当是依法成立的企业、事业单位、社会团体、个体工商户。

特殊标志使用人应当同所有人签订书面使用合同。

特殊标志使用人应当自合同签订之日起1个月内，将合同副本报国务院工商行政管理部门备案，并报使用人所在地县级以上人民政府工商行政管理部门存查。

156. 网络域名合同纠纷

（1）网络域名注册合同纠纷
（2）网络域名转让合同纠纷
（3）网络域名许可使用合同纠纷

法律条文及规范索引

《最高人民法院关于审理涉及计算机网络域名民事纠纷案件适用法律若干问题的解释》（法释〔2001〕24号　2020年12月23日修正）

第一条　对于涉及计算机网络域名注册、使用等行为的民事纠纷，当事人向人民法院提起诉讼，经审查符合民事诉讼法第一百一十九条规定的，人民法院应当受理。

第三条　域名纠纷案件的案由，根据双方当事人争议的法律关系的性质确定，并在其前冠以计算机网络域名；争议的法律关系的性质难以确定的，可以通称为计算机网络域名纠纷案件。

157. 知识产权质押合同纠纷

法律条文及规范索引

《中华人民共和国民法典》（2021年1月1日施行）

第四百四十条　债务人或者第三人有权处分的下列权利可以出质：

（一）汇票、本票、支票；

（二）债券、存款单；

（三）仓单、提单；

（四）可以转让的基金份额、股权；

（五）可以转让的注册商标专用权、专利权、著作权等知识产权中的财产权；

（六）现有的以及将有的应收账款；

（七）法律、行政法规规定可以出质的其他财产权利。

第四百四十四条　以注册商标专用权、专利权、著作权等知识产权中的财产权出质的，质权自办理出质登记时设立。

知识产权中的财产权出质后，出质人不得转让或者许可他人使用，但是出质人与质权人协商同意的除外。出质人转让或者许可他人使用出质的知识产权中的财产权所得的价款，应当向质权人提前清偿债务或者提存。

十四、知识产权权属、侵权纠纷

知识产权权利人依法享有的权利包括人身权和财产权两个方面，也称之为精神权利和经济权利。所谓人身权利，是指权利同取得智力成果的人的人身不可分离，是人身关系在法律上的反映。例如，作者在其作品上署名的权利，或对其作品的发表权、修改权等，即为精神权利。所谓财产权是指智力成果被法律承认以后，权利人可利用这些智力成果取得报酬或者得到奖励的权利，这种权利也称之为经济权利。它是指智力创造性劳动取得的成果，并且是由智力劳动者对其成果依法享有的一种权利。知识产权权属、侵权纠纷即是指当事人之间因知识产权和邻接权权属、侵犯知识产权和邻接权而发生的纠纷。

此次案由修改中，在第三级案由“160. 专利权权属、侵权纠纷”项下：增加“（10）标准必要专利使用费纠纷”。

158. 著作权权属、侵权纠纷

(1) 著作权权属纠纷
(2) 侵害作品发表权纠纷
(3) 侵害作品署名权纠纷
(4) 侵害作品修改权纠纷
(5) 侵害保护作品完整权纠纷
(6) 侵害作品复制权纠纷
(7) 侵害作品发行权纠纷
(8) 侵害作品出租权纠纷
(9) 侵害作品展览权纠纷
(10) 侵害作品表演权纠纷
(11) 侵害作品放映权纠纷
(12) 侵害作品广播权纠纷
(13) 侵害作品信息网络传播权纠纷
(14) 侵害作品摄制权纠纷
(15) 侵害作品改编权纠纷
(16) 侵害作品翻译权纠纷
(17) 侵害作品汇编权纠纷
(18) 侵害其他著作财产权纠纷
(19) 出版者权权属纠纷
(20) 表演者权权属纠纷
(21) 录音录像制作者权权属纠纷
(22) 广播组织权权属纠纷
(23) 侵害出版者权纠纷
(24) 侵害表演者权纠纷
(25) 侵害录音录像制作者权纠纷

（26）侵害广播组织权纠纷

（27）计算机软件著作权权属纠纷

（28）侵害计算机软件著作权纠纷

法律条文及规范索引

《中华人民共和国民法典》（2021年1月1日施行）

第一百二十三条　民事主体依法享有知识产权。

知识产权是权利人依法就下列客体享有的专有的权利：

（一）作品；

（二）发明、实用新型、外观设计；

（三）商标；

（四）地理标志；

（五）商业秘密；

（六）集成电路布图设计；

（七）植物新品种；

（八）法律规定的其他客体。

《中华人民共和国著作权法》（2020年11月11日修正）

第五十二条　人民法院审理案件，对于侵犯著作权或者与著作权有关的权利的，可以没收违法所得、侵权复制品以及进行违法活动的财物。

第五十三条　复制品的出版者、制作者不能证明其出版、制作有合法授权的，复制品的发行者或者电影作品或者以类似摄制电影的方法创作的作品、计算机软件、录音录像制品的复制品的出租者不能证明其发行、出租的复制品有合法来源的，应当承担法律责任。

第五十四条　当事人不履行合同义务或者履行合同义务不符合约定条件的，应当依照《中华人民共和国民法通则》、《中华人民共和国合同法》等有关法律规定承担民事责任。

第五十六条　当事人对行政处罚不服的，可以自收到行政处罚决定书之日起三个月内向人民法院起诉，期满不起诉又不履行的，著作权行政管理部门可以申请人民法院执行。

第五十七条　本法所称的著作权即版权。

第五十九条　计算机软件、信息网络传播权的保护办法由国务院另行规定。

《中华人民共和国电子商务法》（2018 年 8 月 31 日施行）

第四十二条 知识产权权利人认为其知识产权受到侵害的，有权通知电子商务平台经营者采取删除、屏蔽、断开链接、终止交易和服务等必要措施。通知应当包括构成侵权的初步证据。

电子商务平台经营者接到通知后，应当及时采取必要措施，并将该通知转送平台内经营者；未及时采取必要措施的，对损害的扩大部分与平台内经营者承担连带责任。

因通知错误造成平台内经营者损害的，依法承担民事责任。恶意发出错误通知，造成平台内经营者损失的，加倍承担赔偿责任。

第四十三条 平台内经营者接到转送的通知后，可以向电子商务平台经营者提交不存在侵权行为的声明。声明应当包括不存在侵权行为的初步证据。

电子商务平台经营者接到声明后，应当将该声明转送发出通知的知识产权权利人，并告知其可以向有关主管部门投诉或者向人民法院起诉。电子商务平台经营者在转送声明到达知识产权权利人后十五日内，未收到权利人已经投诉或者起诉通知的，应当及时终止所采取的措施。

第四十四条 电子商务平台经营者应当及时公示收到的本法第四十二条、第四十三条规定的通知、声明及处理结果。

第四十五条 电子商务平台经营者知道或者应当知道平台内经营者侵犯知识产权的，应当采取删除、屏蔽、断开链接、终止交易和服务等必要措施；未采取必要措施的，与侵权人承担连带责任。

《中华人民共和国涉外民事关系法律适用法》（2011 年 4 月 1 日施行）

第五十条 知识产权的侵权责任，适用被请求保护地法律，当事人也可以在侵权行为发生后协议选择适用法院地法律。

《中华人民共和国著作权法实施条例》（2013 年 1 月 30 日修订）

第九条 合作作品不可以分割使用的，其著作权由各合作作者共同享有，通过协商一致行使；不能协商一致，又无正当理由的，任何一方不得阻止他方行使除转让以外的其他权利，但是所得收益应当合理分配给所有合作作者。

第十条 著作权人许可他人将其作品摄制成电影作品和以类似摄制电影的方法创作的作品的，视为已同意对其作品进行必要的改动，但是这种改动不得歪曲篡改原作品。

第十二条　职务作品完成两年内，经单位同意，作者许可第三人以与单位使用的相同方式使用作品所获报酬，由作者与单位按约定的比例分配。

作品完成两年的期限，自作者向单位交付作品之日起计算。

第十三条　作者身份不明的作品，由作品原件的所有人行使除署名权以外的著作权。作者身份确定后，由作者或者其继承人行使著作权。

第十四条　合作作者之一死亡后，其对合作作品享有的著作权法第十条第一款第（五）项至第（十七）项规定的权利无人继承又无人受遗赠的，由其他合作作者享有。

第十五条　作者死亡后，其著作权中的署名权、修改权和保护作品完整权由作者的继承人或者受遗赠人保护。

著作权无人继承又无人受遗赠的，其署名权、修改权和保护作品完整权由著作权行政管理部门保护。

第十六条　国家享有著作权的作品的使用，由国务院著作权行政管理部门管理。

第十七条　作者生前未发表的作品，如果作者未明确表示不发表，作者死亡后50年内，其发表权可由继承人或者受遗赠人行使；没有继承人又无人受遗赠的，由作品原件的所有人行使。

第十八条　作者身份不明的作品，其著作权法第十条第一款第（五）项至第（十七）项规定的权利的保护期截止于作品首次发表后第50年的12月31日。作者身份确定后，适用著作权法第二十一条的规定。

第十九条　使用他人作品的，应当指明作者姓名、作品名称；但是，当事人另有约定或者由于作品使用方式的特性无法指明的除外。

第二十条　著作权法所称已经发表的作品，是指著作权人自行或者许可他人公之于众的作品。

第二十一条　依照著作权法有关规定，使用可以不经著作权人许可的已经发表的作品的，不得影响该作品的正常使用，也不得不合理地损害著作权人的合法利益。

第二十三条　使用他人作品应当同著作权人订立许可使用合同，许可使用的权利是专有使用权的，应当采取书面形式，但是报社、期刊社刊登作品除外。

第二十四条　著作权法第二十四条规定的专有使用权的内容由合同约

定，合同没有约定或者约定不明的，视为被许可人有权排除包括著作权人在内的任何人以同样的方式使用作品；除合同另有约定外，被许可人许可第三人行使同一权利，必须取得著作权人的许可。

《最高人民法院关于审理著作权民事纠纷案件适用法律若干问题的解释》

（法释〔2002〕31号 2020年12月23日修正）

第十一条 因作品署名顺序发生的纠纷，人民法院按照下列原则处理：

有约定的按约定确定署名顺序；

没有约定的，可以按照创作作品付出的劳动、作品排列、作者姓氏笔划等确定署名顺序。

第十二条 按照著作权法第十七条规定委托作品著作权属于受托人的情形，委托人在约定的使用范围内享有使用作品的权利；

双方没有约定使用作品范围的，委托人可以在委托创作的特定目的范围内免费使用该作品。

第十三条 除著作权法第十一条第三款规定的情形外，由他人执笔，本人审阅定稿并以本人名义发表的报告、讲话等作品，著作权归报告人或者讲话人享有。

著作权人可以支付执笔人适当的报酬。

第十四条 当事人合意以特定人物经历为题材完成的自传体作品，当事人对著作权权属有约定的，依其约定；

没有约定的，著作权归该特定人物享有，执笔人或整理人对作品完成付出劳动的，著作权人可以向其支付适当的报酬。

第十五条 由不同作者就同一题材创作的作品，作品的表达系独立完成并且有创作性的，应当认定作者各自享有独立著作权。

第十六条 通过大众传播媒介传播的单纯事实消息属于著作权法第五条第（二）项规定的时事新闻。

传播报道他人采编的时事新闻，应当注明出处。

第十七条 著作权法第三十三条第二款规定的转载，是指报纸、期刊登载其他报刊已发表作品的行为。

转载未注明被转载作品的作者和最初登载的报刊出处的，应当承担消除影响、赔礼道歉等民事责任。

第十八条 著作权法第二十二条第（十）项规定的室外公共场所的艺术作品，是指设置或者陈列在室外社会公众活动处所的雕塑、绘画、书法等艺术作品。

对前款规定艺术作品的临摹、绘画、摄影、录像人，可以对其成果以合理的方式和范围再行使用，不构成侵权。

第十九条　出版者、制作者应当对其出版、制作有合法授权承担举证责任，发行者、出租者应当对其发行或者出租的复制品有合法来源承担举证责任。

举证不能的，依据著作权法第四十七条、第四十八条的相应规定承担法律责任。

第二十条　出版物侵害他人著作权的，出版者应当根据其过错、侵权程度及损害后果等承担赔偿损失的责任。

出版者对其出版行为的授权、稿件来源和署名、所编辑出版物的内容等未尽到合理注意义务的，依据著作权法第四十九条的规定，承担赔偿损失的责任。

出版者应对其已尽合理注意义务承担举证责任。

第二十一条　计算机软件用户未经许可或者超过许可范围商业使用计算机软件的，依据著作权法第四十八条第（一）项、《计算机软件保护条例》第二十四条第（一）项的规定承担民事责任。

《最高人民法院关于审理侵害信息网络传播权民事纠纷案件适用法律若干问题的规定》（法释〔2012〕20号　2020年12月23日修正）

第一条　人民法院审理侵害信息网络传播权民事纠纷案件，在依法行使裁量权时，应当兼顾权利人、网络服务提供者和社会公众的利益。

第二条　本规定所称信息网络，包括以计算机、电视机、固定电话机、移动电话机等电子设备为终端的计算机互联网、广播电视网、固定通信网、移动通信网等信息网络，以及向公众开放的局域网络。

第三条　网络用户、网络服务提供者未经许可，通过信息网络提供权利人享有信息网络传播权的作品、表演、录音录像制品，除法律、行政法规另有规定外，人民法院应当认定其构成侵害信息网络传播权行为。

通过上传到网络服务器、设置共享文件或者利用文件分享软件等方式，将作品、表演、录音录像制品置于信息网络中，使公众能够在个人选定的时间和地点以下载、浏览或者其他方式获得的，人民法院应当认定其实施了前款规定的提供行为。

第四条　有证据证明网络服务提供者与他人以分工合作等方式共同提供

作品、表演、录音录像制品，构成共同侵权行为的，人民法院应当判令其承担连带责任。网络服务提供者能够证明其仅提供自动接入、自动传输、信息存储空间、搜索、链接、文件分享技术等网络服务，主张其不构成共同侵权行为的，人民法院应予支持。

第五条 网络服务提供者以提供网页快照、缩略图等方式实质替代其他网络服务提供者向公众提供相关作品的，人民法院应当认定其构成提供行为。

前款规定的提供行为不影响相关作品的正常使用，且未不合理损害权利人对该作品的合法权益，网络服务提供者主张其未侵害信息网络传播权的，人民法院应予支持。

第六条 原告有初步证据证明网络服务提供者提供了相关作品、表演、录音录像制品，但网络服务提供者能够证明其仅提供网络服务，且无过错的，人民法院不应认定为构成侵权。

第七条 网络服务提供者在提供网络服务时教唆或者帮助网络用户实施侵害信息网络传播权行为的，人民法院应当判令其承担侵权责任。

网络服务提供者以言语、推介技术支持、奖励积分等方式诱导、鼓励网络用户实施侵害信息网络传播权行为的，人民法院应当认定其构成教唆侵权行为。

网络服务提供者明知或者应知网络用户利用网络服务侵害信息网络传播权，未采取删除、屏蔽、断开链接等必要措施，或者提供技术支持等帮助行为的，人民法院应当认定其构成帮助侵权行为。

第八条 人民法院应当根据网络服务提供者的过错，确定其是否承担教唆、帮助侵权责任。网络服务提供者的过错包括对于网络用户侵害信息网络传播权行为的明知或者应知。

网络服务提供者未对网络用户侵害信息网络传播权的行为主动进行审查的，人民法院不应据此认定其具有过错。

网络服务提供者能够证明已采取合理、有效的技术措施，仍难以发现网络用户侵害信息网络传播权行为的，人民法院应当认定其不具有过错。

第九条 人民法院应当根据网络用户侵害信息网络传播权的具体事实是否明显，综合考虑以下因素，认定网络服务提供者是否构成应知：

（一）基于网络服务提供者提供服务的性质、方式及其引发侵权的可能性大小，应当具备的管理信息的能力；

（二）传播的作品、表演、录音录像制品的类型、知名度及侵权信息的明显程度；

（三）网络服务提供者是否主动对作品、表演、录音录像制品进行了选择、编辑、修改、推荐等；

（四）网络服务提供者是否积极采取了预防侵权的合理措施；

（五）网络服务提供者是否设置便捷程序接收侵权通知并及时对侵权通知作出合理的反应；

（六）网络服务提供者是否针对同一网络用户的重复侵权行为采取了相应的合理措施；

（七）其他相关因素。

第十条　网络服务提供者在提供网络服务时，对热播影视作品等以设置榜单、目录、索引、描述性段落、内容简介等方式进行推荐，且公众可以在其网页上直接以下载、浏览或者其他方式获得的，人民法院可以认定其应知网络用户侵害信息网络传播权。

第十一条　网络服务提供者从网络用户提供的作品、表演、录音录像制品中直接获得经济利益的，人民法院应当认定其对该网络用户侵害信息网络传播权的行为负有较高的注意义务。

网络服务提供者针对特定作品、表演、录音录像制品投放广告获取收益，或者获取与其传播的作品、表演、录音录像制品存在其他特定联系的经济利益，应当认定为前款规定的直接获得经济利益。网络服务提供者因提供网络服务而收取一般性广告费、服务费等，不属于本款规定的情形。

第十二条　有下列情形之一的，人民法院可以根据案件具体情况，认定提供信息存储空间服务的网络服务提供者应知网络用户侵害信息网络传播权：

（一）将热播影视作品等置于首页或者其他主要页面等能够为网络服务提供者明显感知的位置的；

（二）对热播影视作品等的主题、内容主动进行选择、编辑、整理、推荐，或者为其设立专门的排行榜的；

（三）其他可以明显感知相关作品、表演、录音录像制品为未经许可提供，仍未采取合理措施的情形。

第十三条　网络服务提供者接到权利人以书信、传真、电子邮件等方式提交的通知及构成侵权的初步证据，未及时根据初步证据和服务类型采取必要措施的，人民法院应当认定其明知相关侵害信息网络传播权行为。

第十四条 人民法院认定网络服务提供者转送通知、采取必要措施是否及时，应当根据权利人提交通知的形式，通知的准确程度，采取措施的难易程度，网络服务的性质，所涉作品、表演、录音录像制品的类型、知名度、数量等因素综合判断。

第十五条 侵害信息网络传播权民事纠纷案件由侵权行为地或者被告住所地人民法院管辖。侵权行为地包括实施被诉侵权行为的网络服务器、计算机终端等设备所在地。侵权行为地和被告住所地均难以确定或者在境外的，原告发现侵权内容的计算机终端等设备所在地可以视为侵权行为地。

《最高人民法院关于知识产权侵权诉讼中被告以原告滥用权利为由请求赔偿合理开支问题的批复》（法释〔2021〕11号 2021年6月3日）

上海市高级人民法院：

你院《关于知识产权侵权诉讼中被告以原告滥用权利为由请求赔偿合理开支问题的请示》（沪高法〔2021〕215号）收悉。经研究，批复如下：

在知识产权侵权诉讼中，被告提交证据证明原告的起诉构成法律规定的滥用权利损害其合法权益，依法请求原告赔偿其因该诉讼所支付的合理的律师费、交通费、食宿费等开支的，人民法院依法予以支持。被告也可以另行起诉请求原告赔偿上述合理开支。

《最高人民法院关于审理侵害知识产权民事案件适用惩罚性赔偿的解释》（法释〔2021〕4号 2021年3月2日）

为正确实施知识产权惩罚性赔偿制度，依法惩处严重侵害知识产权行为，全面加强知识产权保护，根据《中华人民共和国民法典》《中华人民共和国著作权法》《中华人民共和国商标法》《中华人民共和国专利法》《中华人民共和国反不正当竞争法》《中华人民共和国种子法》《中华人民共和国民事诉讼法》等有关法律规定，结合审判实践，制定本解释。

第一条 原告主张被告故意侵害其依法享有的知识产权且情节严重，请求判令被告承担惩罚性赔偿责任的，人民法院应当依法审查处理。

本解释所称故意，包括商标法第六十三条第一款和反不正当竞争法第十七条第三款规定的恶意。

第二条 原告请求惩罚性赔偿的，应当在起诉时明确赔偿数额、计算方式以及所依据的事实和理由。

原告在一审法庭辩论终结前增加惩罚性赔偿请求的，人民法院应当准许；在二审中增加惩罚性赔偿请求的，人民法院可以根据当事人自愿的原则进行调解，调解不成的，告知当事人另行起诉。

第三条　对于侵害知识产权的故意的认定，人民法院应当综合考虑被侵害知识产权客体类型、权利状态和相关产品知名度、被告与原告或者利害关系人之间的关系等因素。

对于下列情形，人民法院可以初步认定被告具有侵害知识产权的故意：

（一）被告经原告或者利害关系人通知、警告后，仍继续实施侵权行为的；

（二）被告或其法定代表人、管理人是原告或者利害关系人的法定代表人、管理人、实际控制人的；

（三）被告与原告或者利害关系人之间存在劳动、劳务、合作、许可、经销、代理、代表等关系，且接触过被侵害的知识产权的；

（四）被告与原告或者利害关系人之间有业务往来或者为达成合同等进行过磋商，且接触过被侵害的知识产权的；

（五）被告实施盗版、假冒注册商标行为的；

（六）其他可以认定为故意的情形。

第四条　对于侵害知识产权情节严重的认定，人民法院应当综合考虑侵权手段、次数，侵权行为的持续时间、地域范围、规模、后果，侵权人在诉讼中的行为等因素。

被告有下列情形的，人民法院可以认定为情节严重：

（一）因侵权被行政处罚或者法院裁判承担责任后，再次实施相同或者类似侵权行为；

（二）以侵害知识产权为业；

（三）伪造、毁坏或者隐匿侵权证据；

（四）拒不履行保全裁定；

（五）侵权获利或者权利人受损巨大；

（六）侵权行为可能危害国家安全、公共利益或者人身健康；

（七）其他可以认定为情节严重的情形。

第五条　人民法院确定惩罚性赔偿数额时，应当分别依照相关法律，以原告实际损失数额、被告违法所得数额或者因侵权所获得的利益作为计算基数。该基数不包括原告为制止侵权所支付的合理开支；法律另有规定的，依照其规定。

前款所称实际损失数额、违法所得数额、因侵权所获得的利益均难以计算的，人民法院依法参照该权利许可使用费的倍数合理确定，并以此作为惩罚性赔偿数额的计算基数。

人民法院依法责令被告提供其掌握的与侵权行为相关的账簿、资料，被告无正当理由拒不提供或者提供虚假账簿、资料的，人民法院可以参考原告的主张和证据确定惩罚性赔偿数额的计算基数。构成民事诉讼法第一百一十一条规定情形的，依法追究法律责任。

第六条 人民法院依法确定惩罚性赔偿的倍数时，应当综合考虑被告主观过错程度、侵权行为的情节严重程度等因素。

因同一侵权行为已经被处以行政罚款或者刑事罚金且执行完毕，被告主张减免惩罚性赔偿责任的，人民法院不予支持，但在确定前款所称倍数时可以综合考虑。

第七条 本解释自2021年3月3日起施行。最高人民法院以前发布的相关司法解释与本解释不一致的，以本解释为准。

《最高人民法院关于审理涉电子商务平台知识产权民事案件的指导意见》（法发〔2020〕32号 2020年9月10日）

为公正审理涉电子商务平台知识产权民事案件，依法保护电子商务领域各方主体的合法权益，促进电子商务平台经营活动规范、有序、健康发展，结合知识产权审判实际，制定本指导意见。

一、人民法院审理涉电子商务平台知识产权纠纷案件，应当坚持严格保护知识产权的原则，依法惩治通过电子商务平台提供假冒、盗版等侵权商品或者服务的行为，积极引导当事人遵循诚实信用原则，依法正当行使权利，并妥善处理好知识产权权利人、电子商务平台经营者、平台内经营者等各方主体之间的关系。

二、人民法院审理涉电子商务平台知识产权纠纷案件，应当依照《中华人民共和国电子商务法》（以下简称电子商务法）第九条的规定，认定有关当事人是否属于电子商务平台经营者或者平台内经营者。

人民法院认定电子商务平台经营者的行为是否属于开展自营业务，可以考量下列因素：商品销售页面上标注的“自营”信息；商品实物上标注的销售主体信息；发票等交易单据上标注的销售主体信息等。

三、电子商务平台经营者知道或者应当知道平台内经营者侵害知识产权的，应当根据权利的性质、侵权的具体情形和技术条件，以及构成侵权的初步证据、服务类型，及时采取必要措施。采取的必要措施应当遵循合理审慎的原则，包括但不限于删除、屏蔽、断开链接等下架措施。平台内经营者多次、故意侵害知识产权的，电子商务平台经营者有权采取终止交易和服务的措施。

四、依据电子商务法第四十一条、第四十二条、第四十三条的规定，电子商务平台经营者可以根据知识产权权利类型、商品或者服务的特点等，制定平台内通知与声明机制的具体执行措施。但是，有关措施不能对当事人依法维护权利的行为设置不合理的条件或者障碍。

五、知识产权权利人依据电子商务法第四十二条的规定，向电子商务平台经营者发出的通知一般包括：知识产权权利证明及权利人的真实身份信息；能够实现准确定位的被诉侵权商品或者服务信息；构成侵权的初步证据；通知真实性的书面保证等。通知应当采取书面形式。

通知涉及专利权的，电子商务平台经营者可以要求知识产权权利人提交技术特征或者设计特征对比的说明、实用新型或者外观设计专利权评价报告等材料。

六、人民法院认定通知人是否具有电子商务法第四十二条第三款所称的“恶意”，可以考量下列因素：提交伪造、变造的权利证明；提交虚假侵权对比的鉴定意见、专家意见；明知权利状态不稳定仍发出通知；明知通知错误仍不及时撤回或者更正；反复提交错误通知等。

电子商务平台经营者、平台内经营者以错误通知、恶意发出错误通知造成其损害为由，向人民法院提起诉讼的，可以与涉电子商务平台知识产权纠纷案件一并审理。

七、平台内经营者依据电子商务法第四十三条的规定，向电子商务平台经营者提交的不存在侵权行为的声明一般包括：平台内经营者的真实身份信息；能够实现准确定位、要求终止必要措施的商品或者服务信息；权属证明、授权证明等不存在侵权行为的初步证据；声明真实性的书面保证等。声明应当采取书面形式。

声明涉及专利权的，电子商务平台经营者可以要求平台内经营者提交技术特征或者设计特征对比的说明等材料。

八、人民法院认定平台内经营者发出声明是否具有恶意，可以考量下列因素：提供伪造或者无效的权利证明、授权证明；声明包含虚假信息或者具有明显误导性；通知已经附有认定侵权的生效裁判或者行政处理决定，仍发出声明；明知声明内容错误，仍不及时撤回或者更正等。

九、因情况紧急，电子商务平台经营者不立即采取商品下架等措施将会使其合法利益受到难以弥补的损害的，知识产权权利人可以依据《中华人民共和国民事诉讼法》第一百条、第一百零一条的规定，向人民法院申请采取保全措施。

因情况紧急，电子商务平台经营者不立即恢复商品链接、通知人不立即撤回通知或者停止发送通知等行为将会使其合法利益受到难以弥补的损害的，平台内经营者可以依据前款所述法律规定，向人民法院申请采取保全措施。

知识产权权利人、平台内经营者的申请符合法律规定的，人民法院应当依法予以支持。

十、人民法院判断电子商务平台经营者是否采取了合理的措施，可以考量下列因素：构成侵权的初步证据；侵权成立的可能性；侵权行为的影响范围；侵权行为的具体情节，包括是否存在恶意侵权、重复侵权情形；防止损害扩大的有效性；对平台内经营者利益可能的影响；电子商务平台的服务类型和技术条件等。

平台内经营者有证据证明通知所涉专利权已经被国家知识产权局宣告无效，电子商务平台经营者据此暂缓采取必要措施，知识产权权利人请求认定电子商务平台经营者未及时采取必要措施的，人民法院不予支持。

十一、电子商务平台经营者存在下列情形之一的，人民法院可以认定其“应当知道”侵权行为的存在：

（一）未履行制定知识产权保护规则、审核平台内经营者经营资质等法定义务；

（二）未审核平台内店铺类型标注为“旗舰店”“品牌店”等字样的经营者的权利证明；

（三）未采取有效技术手段，过滤和拦截包含“高仿”“假货”等字样的侵权商品链接、被投诉成立后再次上架的侵权商品链接；

（四）其他未履行合理审查和注意义务的情形。

159. 商标权权属、侵权纠纷

（1）商标权权属纠纷

（2）侵害商标权纠纷

法律条文及规范索引

《中华人民共和国民法典》（2021年1月1日施行）

第一百二十三条　民事主体依法享有知识产权。

知识产权是权利人依法就下列客体享有的专有的权利：

……

（三）商标；

……

《中华人民共和国商标法》（2019年4月23日修正）

第三十条　申请注册的商标，凡不符合本法有关规定或者同他人在同一种商品或者类似商品上已经注册的或者初步审定的商标相同或者近似的，由商标局驳回申请，不予公告。

第三十一条　两个或者两个以上的商标注册申请人，在同一种商品或者类似商品上，以相同或者近似的商标申请注册的，初步审定并公告申请在先的商标；同一天申请的，初步审定并公告使用在先的商标，驳回其他人的申请，不予公告。

第三十二条　申请商标注册不得损害他人现有的在先权利，也不得以不正当手段抢先注册他人已经使用并有一定影响的商标。

第三十三条　对初步审定公告的商标，自公告之日起三个月内，在先权利人、利害关系人认为违反本法第十三条第二款和第三款、第十五条、第十六条第一款、第三十条、第三十一条、第三十二条规定的，或者任何人认为违反本法第四条、第十条、第十一条、第十二条、第十九条第四款规定的，可以向商标局提出异议。公告期满无异议的，予以核准注册，发给商标注册证，并予公告。

第五十六条　注册商标的专用权，以核准注册的商标和核定使用的商品为限。

第五十七条 有下列行为之一的，均属侵犯注册商标专用权：

（一）未经商标注册人的许可，在同一种商品上使用与其注册商标相同的商标的；

（二）未经商标注册人的许可，在同一种商品上使用与其注册商标近似的商标，或者在类似商品上使用与其注册商标相同或者近似的商标，容易导致混淆的；

（三）销售侵犯注册商标专用权的商品的；

（四）伪造、擅自制造他人注册商标标识或者销售伪造、擅自制造的注册商标标识的；

（五）未经商标注册人同意，更换其注册商标并将该更换商标的商品又投入市场的；

（六）故意为侵犯他人商标专用权行为提供便利条件，帮助他人实施侵犯商标专用权行为的；

（七）给他人的注册商标专用权造成其他损害的。

第六十条 有本法第五十七条所列侵犯注册商标专用权行为之一，引起纠纷的，由当事人协商解决；不愿协商或者协商不成的，商标注册人或者利害关系人可以向人民法院起诉，也可以请求工商行政管理部门处理。

工商行政管理部门处理时，认定侵权行为成立的，责令立即停止侵权行为，没收、销毁侵权商品和主要用于制造侵权商品、伪造注册商标标识的工具，违法经营额五万元以上的，可以处违法经营额五倍以下的罚款，没有违法经营额或者违法经营额不足五万元的，可以处二十五万元以下的罚款。对五年内实施两次以上商标侵权行为或者有其他严重情节的，应当从重处罚。销售不知道是侵犯注册商标专用权的商品，能证明该商品是自己合法取得并说明提供者的，由工商行政管理部门责令停止销售。

对侵犯商标专用权的赔偿数额的争议，当事人可以请求进行处理的工商行政管理部门调解，也可以依照《中华人民共和国民事诉讼法》向人民法院起诉。经工商行政管理部门调解，当事人未达成协议或者调解书生效后不履行的，当事人可以依照《中华人民共和国民事诉讼法》向人民法院起诉。

第六十二条 县级以上工商行政管理部门根据已经取得的违法嫌疑证据或者举报，对涉嫌侵犯他人注册商标专用权的行为进行查处时，可以行使下列职权：

（一）询问有关当事人，调查与侵犯他人注册商标专用权有关的情况；

（二）查阅、复制当事人与侵权活动有关的合同、发票、账簿以及其他有关资料；

（三）对当事人涉嫌从事侵犯他人注册商标专用权活动的场所实施现场检查；

（四）检查与侵权活动有关的物品；对有证据证明是侵犯他人注册商标专用权的物品，可以查封或者扣押。

工商行政管理部门依法行使前款规定的职权时，当事人应当予以协助、配合，不得拒绝、阻挠。

在查处商标侵权案件过程中，对商标权属存在争议或者权利人同时向人民法院提起商标侵权诉讼的，工商行政管理部门可以中止案件的查处。中止原因消除后，应当恢复或者终结案件查处程序。

第六十三条　侵犯商标专用权的赔偿数额，按照权利人因被侵权所受到的实际损失确定；实际损失难以确定的，可以按照侵权人因侵权所获得的利益确定；权利人的损失或者侵权人获得的利益难以确定的，参照该商标许可使用费的倍数合理确定。对恶意侵犯商标专用权，情节严重的，可以在按照上述方法确定数额的一倍以上五倍以下确定赔偿数额。赔偿数额应当包括权利人为制止侵权行为所支付的合理开支。

人民法院为确定赔偿数额，在权利人已经尽力举证，而与侵权行为相关的账簿、资料主要由侵权人掌握的情况下，可以责令侵权人提供与侵权行为相关的账簿、资料；侵权人不提供或者提供虚假的账簿、资料的，人民法院可以参考权利人的主张和提供的证据判定赔偿数额。

权利人因被侵权所受到的实际损失、侵权人因侵权所获得的利益、注册商标许可使用费难以确定的，由人民法院根据侵权行为的情节判决给予五百万元以下的赔偿。

人民法院审理商标纠纷案件，应权利人请求，对属于假冒注册商标的商品，除特殊情况外，责令销毁；对主要用于制造假冒注册商标的商品的材料、工具，责令销毁，且不予补偿；或者在特殊情况下，责令禁止前述材料、工具进入商业渠道，且不予补偿。

假冒注册商标的商品不得在仅去除假冒注册商标后进入商业渠道。

第六十四条　注册商标专用权人请求赔偿，被控侵权人以注册商标专用权人未使用注册商标提出抗辩的，人民法院可以要求注册商标专用权人提供此前三年内实际使用该注册商标的证据。注册商标专用权人不能证明此前三年内实际使用过该注册商标，也不能证明因侵权行为受到其他损失的，被控侵权人不承担赔偿责任。

销售不知道是侵犯注册商标专用权的商品，能证明该商品是自己合法取得并说明提供者的，不承担赔偿责任。

《中华人民共和国电子商务法》（2019 年 1 月 1 日施行）

第四十一条 电子商务平台经营者应当建立知识产权保护规则，与知识产权权利人加强合作，依法保护知识产权。

第四十二条 知识产权权利人认为其知识产权受到侵害的，有权通知电子商务平台经营者采取删除、屏蔽、断开链接、终止交易和服务等必要措施。通知应当包括构成侵权的初步证据。

电子商务平台经营者接到通知后，应当及时采取必要措施，并将该通知转送平台内经营者；未及时采取必要措施的，对损害的扩大部分与平台内经营者承担连带责任。

因通知错误造成平台内经营者损害的，依法承担民事责任。恶意发出错误通知，造成平台内经营者损失的，加倍承担赔偿责任。

第四十三条 平台内经营者接到转送的通知后，可以向电子商务平台经营者提交不存在侵权行为的声明。声明应当包括不存在侵权行为的初步证据。

电子商务平台经营者接到声明后，应当将该声明转送发出通知的知识产权权利人，并告知其可以向有关主管部门投诉或者向人民法院起诉。电子商务平台经营者在转送声明到达知识产权权利人后十五日内，未收到权利人已经投诉或者起诉通知的，应当及时终止所采取的措施。

第四十四条 电子商务平台经营者应当及时公示收到的本法第四十二条、第四十三条规定的通知、声明及处理结果。

第四十五条 电子商务平台经营者知道或者应当知道平台内经营者侵犯知识产权的，应当采取删除、屏蔽、断开链接、终止交易和服务等必要措施；未采取必要措施的，与侵权人承担连带责任。

《中华人民共和国涉外民事关系法律适用法》（2011 年 4 月 1 日施行）

第五十条 知识产权的侵权责任，适用被请求保护地法律，当事人也可以在侵权行为发生后协议选择适用法院地法律。

《中华人民共和国商标法实施条例》（2014 年 5 月 1 日修订）

第七十五条　为侵犯他人商标专用权提供仓储、运输、邮寄、印制、隐匿、经营场所、网络商品交易平台等，属于商标法第五十七条第六项规定的提供便利条件。

第七十六条　在同一种商品或者类似商品上将与他人注册商标相同或者近似的标志作为商品名称或者商品装潢使用，误导公众的，属于商标法第五十七条第二项规定的侵犯注册商标专用权的行为。

第七十七条　对侵犯注册商标专用权的行为，任何人可以向工商行政管理部门投诉或者举报。

第七十八条　计算商标法第六十条规定的违法经营额，可以考虑下列因素：

（一）侵权商品的销售价格；

（二）未销售侵权商品的标价；

（三）已查清侵权商品实际销售的平均价格；

（四）被侵权商品的市场中间价格；

（五）侵权人因侵权所产生的营业收入；

（六）其他能够合理计算侵权商品价值的因素。

《最高人民法院关于审理商标民事纠纷案件适用法律若干问题的解释》（法释〔2002〕32 号　2020 年 12 月 23 日修正）

第一条　下列行为属于商标法第五十七条第（七）项规定的给他人注册商标专用权造成其他损害的行为：

（一）将与他人注册商标相同或者相近似的文字作为企业的字号在相同或者类似商品上突出使用，容易使相关公众产生误认的；

（二）复制、摹仿、翻译他人注册的驰名商标或其主要部分在不相同或者不相类似商品上作为商标使用，误导公众，致使该驰名商标注册人的利益可能受到损害的；

（三）将与他人注册商标相同或者相近似的文字注册为域名，并且通过该域名进行相关商品交易的电子商务，容易使相关公众产生误认的。

第二条　依据商标法第十三条第二款的规定，复制、摹仿、翻译他人未在中国注册的驰名商标或其主要部分，在相同或者类似商品上作为商标使用，容易导致混淆的，应当承担停止侵害的民事法律责任。

160. 专利权权属、侵权纠纷

(1) 专利申请权权属纠纷
(2) 专利权权属纠纷
(3) 侵害发明专利权纠纷
(4) 侵害实用新型专利权纠纷
(5) 侵害外观设计专利权纠纷
(6) 假冒他人专利纠纷
(7) 发明专利临时保护期使用费纠纷
(8) 职务发明创造发明人、设计人奖励、报酬纠纷
(9) 发明创造发明人、设计人署名权纠纷
(10) 标准必要专利使用费纠纷

法律条文及规范索引

《中华人民共和国民法典》(2021年1月1日施行)

第一百二十三条 民事主体依法享有知识产权。

知识产权是权利人依法就下列客体享有的专有的权利:

……

(二)发明、实用新型、外观设计;

……

第一百七十九条 承担民事责任的方式主要有:

(一)停止侵害;

(二)排除妨碍;

(三)消除危险;

(四)返还财产;

(五)恢复原状;

(六)修理、重作、更换;

(七)继续履行;

(八)赔偿损失;

（九）支付违约金；

（十）消除影响、恢复名誉；

（十一）赔礼道歉。

法律规定惩罚性赔偿的，依照其规定。

本条规定的承担民事责任的方式，可以单独适用，也可以合并适用。

《中华人民共和国专利法》（2021年6月1日修正）

第八条　两个以上单位或者个人合作完成的发明创造、一个单位或者个人接受其他单位或者个人委托所完成的发明创造，除另有协议的以外，申请专利的权利属于完成或者共同完成的单位或者个人；申请被批准后，申请的单位或者个人为专利权人。

第十一条　发明和实用新型专利权被授予后，除本法另有规定的以外，任何单位或者个人未经专利权人许可，都不得实施其专利，即不得为生产经营目的制造、使用、许诺销售、销售、进口其专利产品，或者使用其专利方法以及使用、许诺销售、销售、进口依照该专利方法直接获得的产品。外观设计专利权被授予后，任何单位或者个人未经专利权人许可，都不得实施其专利，即不得为生产经营目的制造、许诺销售、销售、进口其外观设计专利产品。

第十五条　被授予专利权的单位应当对职务发明创造的发明人或者设计人给予奖励；发明创造专利实施后，根据其推广应用的范围和取得的经济效益，对发明人或者设计人给予合理的报酬。

国家鼓励被授予专利权的单位实行产权激励，采取股权、期权、分红等方式，使发明人或者设计人合理分享创新收益。

第六十五条　未经专利权人许可，实施其专利，即侵犯其专利权，引起纠纷的，由当事人协商解决；不愿协商或者协商不成的，专利权人或者利害关系人可以向人民法院起诉，也可以请求管理专利工作的部门处理。管理专利工作的部门处理时，认定侵权行为成立的，可以责令侵权人立即停止侵权行为，当事人不服的，可以自收到处理通知之日起十五日内依照《中华人民共和国行政诉讼法》向人民法院起诉；侵权人期满不起诉又不停止侵权行为的，管理专利工作的部门可以申请人民法院强制执行。进行处理的管理专利工作的部门应当事人的请求，可以就侵犯专利权的赔偿数额进行调解；调解不成的，当事人可以依照《中华人民共和国民事诉讼法》向人民法院起诉。

第六十六条　专利侵权纠纷涉及新产品制造方法的发明专利的，制造同样产品的单位或者个人应当提供其产品制造方法不同于专利方法的证明。

专利侵权纠纷涉及实用新型专利或者外观设计专利的，人民法院或者管理专利工作的部门可以要求专利权人或者利害关系人出具由国务院专利行政部门对相关实用新型或者外观设计进行检索、分析和评价后作出的专利权评价报告，作为审理、处理专利侵权纠纷的证据；专利权人、利害关系人或者被控侵权人也可以主动出具专利权评价报告。

第六十七条 在专利侵权纠纷中，被控侵权人有证据证明其实施的技术或者设计属于现有技术或者现有设计的，不构成侵犯专利权。

第七十一条 侵犯专利权的赔偿数额按照权利人因被侵权所受到的实际损失或者侵权人因侵权所获得的利益确定；权利人的损失或者侵权人获得的利益难以确定的，参照该专利许可使用费的倍数合理确定。对故意侵犯专利权，情节严重的，可以在按照上述方法确定数额的一倍以上五倍以下确定赔偿数额。

权利人的损失、侵权人获得的利益和专利许可使用费均难以确定的，人民法院可以根据专利权的类型、侵权行为的性质和情节等因素，确定给予三万元以上五百万元以下的赔偿。

赔偿数额还应当包括权利人为制止侵权行为所支付的合理开支。

人民法院为确定赔偿数额，在权利人已经尽力举证，而与侵权行为相关的账簿、资料主要由侵权人掌握的情况下，可以责令侵权人提供与侵权行为相关的账簿、资料；侵权人不提供或者提供虚假的账簿、资料的，人民法院可以参考权利人的主张和提供的证据判定赔偿数额。

《中华人民共和国专利法实施细则》（2010 年 1 月 9 日修订）

第十二条 专利法所称发明人或者设计人，是指对发明创造的实质性特点作出创造性贡献的人。在完成发明创造过程中，只负责组织工作的人、为物质技术条件的利用提供方便的人或者从事其他辅助工作的人，不是发明人或者设计人。

第八十四条 下列行为属于假冒他人专利的行为：

（一）未经许可，在其制造或者销售的产品、产品的包装上标注他人的专利号；

（二）未经许可，在广告或者其他宣传材料中使用他人的专利号，使人将所涉及的技术误认为是他人的专利技术；

（三）未经许可，在合同中使用他人的专利号，使人将合同涉及的技术误认为是他人的专利技术；

（四）伪造或者变造他人的专利证书、专利文件或者专利申请文件。

《中华人民共和国电子商务法》（2019 年 1 月 1 日施行）

第四十一条　电子商务平台经营者应当建立知识产权保护规则，与知识产权权利人加强合作，依法保护知识产权。

第四十二条　知识产权权利人认为其知识产权受到侵害的，有权通知电子商务平台经营者采取删除、屏蔽、断开链接、终止交易和服务等必要措施。通知应当包括构成侵权的初步证据。

电子商务平台经营者接到通知后，应当及时采取必要措施，并将该通知转送平台内经营者；未及时采取必要措施的，对损害的扩大部分与平台内经营者承担连带责任。

因通知错误造成平台内经营者损害的，依法承担民事责任。恶意发出错误通知，造成平台内经营者损失的，加倍承担赔偿责任。

第四十三条　平台内经营者接到转送的通知后，可以向电子商务平台经营者提交不存在侵权行为的声明。声明应当包括不存在侵权行为的初步证据。

电子商务平台经营者接到声明后，应当将该声明转送发出通知的知识产权权利人，并告知其可以向有关主管部门投诉或者向人民法院起诉。电子商务平台经营者在转送声明到达知识产权权利人后十五日内，未收到权利人已经投诉或者起诉通知的，应当及时终止所采取的措施。

第四十四条　电子商务平台经营者应当及时公示收到的本法第四十二条、第四十三条规定的通知、声明及处理结果。

第四十五条　电子商务平台经营者知道或者应当知道平台内经营者侵犯知识产权的，应当采取删除、屏蔽、断开链接、终止交易和服务等必要措施；未采取必要措施的，与侵权人承担连带责任。

《中华人民共和国涉外民事关系法律适用法》（2011 年 4 月 1 日施行）

第五十条　知识产权的侵权责任，适用被请求保护地法律，当事人也可以在侵权行为发生后协议选择适用法院地法律。

《最高人民法院关于审理专利纠纷案件适用法律问题的若干规定》（法释〔2015〕4 号　2020 年 12 月 23 日修正）

第一条　人民法院受理下列专利纠纷案件：

1. 专利申请权权属纠纷案件；

2. 专利权权属纠纷案件；

3. 专利合同纠纷案件；

4. 侵害专利权纠纷案件；

5. 假冒他人专利纠纷案件；

6. 发明专利临时保护期使用费纠纷案件；

7. 职务发明创造发明人、设计人奖励、报酬纠纷案件；

8. 诉前申请行为保全纠纷案件；

9. 诉前申请财产保全纠纷案件；

10. 因申请行为保全损害责任纠纷案件；

11. 因申请财产保全损害责任纠纷案件；

12. 发明创造发明人、设计人署名权纠纷案件；

13. 确认不侵害专利权纠纷案件；

14. 专利权宣告无效后返还费用纠纷案件；

15. 因恶意提起专利权诉讼损害责任纠纷案件；

16. 标准必要专利使用费纠纷案件；

17. 不服国务院专利行政部门维持驳回申请复审决定案件；

18. 不服国务院专利行政部门专利权无效宣告请求决定案件；

19. 不服国务院专利行政部门实施强制许可决定案件；

20. 不服国务院专利行政部门实施强制许可使用费裁决案件；

21. 不服国务院专利行政部门行政复议决定案件；

22. 不服国务院专利行政部门作出的其他行政决定案件；

23. 不服管理专利工作的部门行政决定案件；

24. 确认是否落入专利权保护范围纠纷案件；

25. 其他专利纠纷案件。

第二条 因侵犯专利权行为提起的诉讼，由侵权行为地或者被告住所地人民法院管辖。

侵权行为地包括：被诉侵犯发明、实用新型专利权的产品的制造、使用、许诺销售、销售、进口等行为的实施地；专利方法使用行为的实施地，依照该专利方法直接获得的产品的使用、许诺销售、销售、进口等行为的实施地；外观设计专利产品的制造、许诺销售、销售、进口等行为的实施地；假冒他人专利的行为实施地。上述侵权行为的侵权结果发生地。

第三条 原告仅对侵权产品制造者提起诉讼，未起诉销售者，侵权产品制造地与销售地不一致的，制造地人民法院有管辖权；以制造者与销售者为共同被告起诉的，销售地人民法院有管辖权。

销售者是制造者分支机构，原告在销售地起诉侵权产品制造者制造、销售行为的，销售地人民法院有管辖权。

第四条　对申请日在2009年10月1日前（不含该日）的实用新型专利提起侵犯专利权诉讼，原告可以出具由国务院专利行政部门作出的检索报告；对申请日在2009年10月1日以后的实用新型或者外观设计专利提起侵犯专利权诉讼，原告可以出具由国务院专利行政部门作出的专利权评价报告。根据案件审理需要，人民法院可以要求原告提交检索报告或者专利权评价报告。原告无正当理由不提交的，人民法院可以裁定中止诉讼或者判令原告承担可能的不利后果。

侵犯实用新型、外观设计专利权纠纷案件的被告请求中止诉讼的，应当在答辩期内对原告的专利权提出宣告无效的请求。

第五条　人民法院受理的侵犯实用新型、外观设计专利权纠纷案件，被告在答辩期间内请求宣告该项专利权无效的，人民法院应当中止诉讼，但具备下列情形之一的，可以不中止诉讼：

（一）原告出具的检索报告或者专利权评价报告未发现导致实用新型或者外观设计专利权无效的事由的；

（二）被告提供的证据足以证明其使用的技术已经公知的；

（三）被告请求宣告该项专利权无效所提供的证据或者依据的理由明显不充分的；

（四）人民法院认为不应当中止诉讼的其他情形。

第六条　人民法院受理的侵犯实用新型、外观设计专利权纠纷案件，被告在答辩期间届满后请求宣告该项专利权无效的，人民法院不应当中止诉讼，但经审查认为有必要中止诉讼的除外。

第七条　人民法院受理的侵犯发明专利权纠纷案件或者经国务院专利行政部门审查维持专利权的侵犯实用新型、外观设计专利权纠纷案件，被告在答辩期间内请求宣告该项专利权无效的，人民法院可以不中止诉讼。

第八条　人民法院决定中止诉讼，专利权人或者利害关系人请求责令被告停止有关行为或者采取其他制止侵权损害继续扩大的措施，并提供了担保，人民法院经审查符合有关法律规定的，可以在裁定中止诉讼的同时一并作出有关裁定。

第九条 人民法院对专利权进行财产保全，应当向国务院专利行政部门发出协助执行通知书，载明要求协助执行的事项，以及对专利权保全的期限，并附人民法院作出的裁定书。

对专利权保全的期限一次不得超过六个月，自国务院专利行政部门收到协助执行通知书之日起计算。如果仍然需要对该专利权继续采取保全措施的，人民法院应当在保全期限届满前向国务院专利行政部门另行送达继续保全的协助执行通知书。保全期限届满前未送达的，视为自动解除对该专利权的财产保全。

人民法院对出质的专利权可以采取财产保全措施，质权人的优先受偿权不受保全措施的影响；专利权人与被许可人已经签订的独占实施许可合同，不影响人民法院对该专利权进行财产保全。

人民法院对已经进行保全的专利权，不得重复进行保全。

第十条 2001 年 7 月 1 日以前利用本单位的物质技术条件所完成的发明创造，单位与发明人或者设计人订有合同，对申请专利的权利和专利权的归属作出约定的，从其约定。

第十一条 人民法院受理的侵犯专利权纠纷案件，涉及权利冲突的，应当保护在先依法享有权利的当事人的合法权益。

第十二条 专利法第二十三条第三款所称的合法权利，包括就作品、商标、地理标志、姓名、企业名称、肖像，以及有一定影响的商品名称、包装、装潢等享有的合法权利或者权益。

第十三条 专利法第五十九条第一款所称的“发明或者实用新型专利权的保护范围以其权利要求的内容为准，说明书及附图可以用于解释权利要求的内容”，是指专利权的保护范围应当以权利要求记载的全部技术特征所确定的范围为准，也包括与该技术特征相等同的特征所确定的范围。

等同特征，是指与所记载的技术特征以基本相同的手段，实现基本相同的功能，达到基本相同的效果，并且本领域普通技术人员在被诉侵权行为发生时无需经过创造性劳动就能够联想到的特征。

第十四条 专利法第六十五条规定的权利人因被侵权所受到的实际损失可以根据专利权人的专利产品因侵权所造成销售量减少的总数乘以每件专利产品的合理利润所得之积计算。权利人销售量减少的总数难以确定的，侵权产品在市场上销售的总数乘以每件专利产品的合理利润所得之积可以视为权利人因被侵权所受到的实际损失。

专利法第六十五条规定的侵权人因侵权所获得的利益可以根据该侵权产品在市场上销售的总数乘以每件侵权产品的合理利润所得之积计算。侵权人因侵权所获得的利益一般按照侵权人的营业利润计算，对于完全以侵权为业的侵权人，可以按照销售利润计算。

第十五条　权利人的损失或者侵权人获得的利益难以确定，有专利许可使用费可以参照的，人民法院可以根据专利权的类型、侵权行为的性质和情节、专利许可的性质、范围、时间等因素，参照该专利许可使用费的倍数合理确定赔偿数额；没有专利许可使用费可以参照或者专利许可使用费明显不合理的，人民法院可以根据专利权的类型、侵权行为的性质和情节等因素，依照专利法第六十五条第二款的规定确定赔偿数额。

第十六条　权利人主张其为制止侵权行为所支付合理开支的，人民法院可以在专利法第六十五条确定的赔偿数额之外另行计算。

第十七条　侵犯专利权的诉讼时效为三年，自专利权人或者利害关系人知道或者应当知道权利受到损害以及义务人之日起计算。权利人超过三年起诉的，如果侵权行为在起诉时仍在继续，在该项专利权有效期内，人民法院应当判决被告停止侵权行为，侵权损害赔偿数额应当自权利人向人民法院起诉之日起向前推算三年计算。

第十八条　专利法第十一条、第六十九条所称的许诺销售，是指以做广告、在商店橱窗中陈列或者在展销会上展出等方式作出销售商品的意思表示。

第十九条　人民法院受理的侵犯专利权纠纷案件，已经过管理专利工作的部门作出侵权或者不侵权认定的，人民法院仍应当就当事人的诉讼请求进行全面审查。

《最高人民法院关于审理侵犯专利权纠纷案件应用法律若干问题的解释》

（法释〔2009〕21号　2009年12月28日）

第五条　对于仅在说明书或者附图中描述而在权利要求中未记载的技术方案，权利人在侵犯专利权纠纷案件中将其纳入专利权保护范围的，人民法院不予支持。

第六条　专利申请人、专利权人在专利授权或者无效宣告程序中，通过对权利要求、说明书的修改或者意见陈述而放弃的技术方案，权利人在侵犯专利权纠纷案件中又将其纳入专利权保护范围的，人民法院不予支持。

第十二条　将侵犯发明或者实用新型专利权的产品作为零部件，制造另一产品的，人民法院应当认定属于专利法第十一条规定的使用行为；销售该另一产品的，人民法院应当认定属于专利法第十一条规定的销售行为。

将侵犯外观设计专利权的产品作为零部件，制造另一产品并销售的，人民法院应当认定属于专利法第十一条规定的销售行为，但侵犯外观设计专利权的产品在该另一产品中仅具有技术功能的除外。

对于前两款规定的情形，被诉侵权人之间存在分工合作的，人民法院应当认定为共同侵权。

第十三条 对于使用专利方法获得的原始产品，人民法院应当认定为专利法第十一条规定的依照专利方法直接获得的产品。

对于将上述原始产品进一步加工、处理而获得后续产品的行为，人民法院应当认定属于专利法第十一条规定的使用依照该专利方法直接获得的产品。

第十四条 被诉落入专利权保护范围的全部技术特征，与一项现有技术方案中的相应技术特征相同或者无实质性差异的，人民法院应当认定被诉侵权人实施的技术属于专利法第六十二条规定的现有技术。

被诉侵权设计与一个现有设计相同或者无实质性差异的，人民法院应当认定被诉侵权人实施的设计属于专利法第六十二条规定的现有设计。

第十五条 被诉侵权人以非法获得的技术或者设计主张先用权抗辩的，人民法院不予支持。

有下列情形之一的，人民法院应当认定属于专利法第六十九条第（二）项规定的已经作好制造、使用的必要准备：

（一）已经完成实施发明创造所必需的主要技术图纸或者工艺文件；

（二）已经制造或者购买实施发明创造所必需的主要设备或者原材料。

专利法第六十九条第（二）项规定的原有范围，包括专利申请日前已有的生产规模以及利用已有的生产设备或者根据已有的生产准备可以达到的生产规模。

先用权人在专利申请日后将其已经实施或作好实施必要准备的技术或设计转让或者许可他人实施，被诉侵权人主张该实施行为属于在原有范围内继续实施的，人民法院不予支持，但该技术或设计与原有企业一并转让或者承继的除外。

第十六条 人民法院依据专利法第六十五条第一款的规定确定侵权人因侵权所获得的利益，应当限于侵权人因侵犯专利权行为所获得的利益；因其他权利所产生的利益，应当合理扣除。

侵犯发明、实用新型专利权的产品系另一产品的零部件的，人民法院应当根据该零部件本身的价值及其在实现成品利润中的作用等因素合理确定赔偿数额。

侵犯外观设计专利权的产品为包装物的，人民法院应当按照包装物本身的价值及其在实现被包装产品利润中的作用等因素合理确定赔偿数额。

第十七条　产品或者制造产品的技术方案在专利申请日以前为国内外公众所知的，人民法院应当认定该产品不属于专利法第六十一条第一款规定的新产品。

第十八条　权利人向他人发出侵犯专利权的警告，被警告人或者利害关系人经书面催告权利人行使诉权，自权利人收到该书面催告之日起一个月内或者自书面催告发出之日起二个月内，权利人不撤回警告也不提起诉讼，被警告人或者利害关系人向人民法院提起请求确认其行为不侵犯专利权的诉讼的，人民法院应当受理。

第十九条　被诉侵犯专利权行为发生在 2009 年 10 月 1 日以前的，人民法院适用修改前的专利法；发生在 2009 年 10 月 1 日以后的，人民法院适用修改后的专利法。

被诉侵犯专利权行为发生在 2009 年 10 月 1 日以前且持续到 2009 年 10 月 1 日以后，依据修改前和修改后的专利法的规定侵权人均应承担赔偿责任的，人民法院适用修改后的专利法确定赔偿数额。

《最高人民法院关于审理侵犯专利权纠纷案件应用法律若干问题的解释(二)》（法释〔2016〕1 号　2020 年 12 月 23 日修正）

第一条　权利要求书有两项以上权利要求的，权利人应当在起诉状中载明据以起诉被诉侵权人侵犯其专利权的权利要求。起诉状对此未记载或者记载不明的，人民法院应当要求权利人明确。经释明，权利人仍不予明确的，人民法院可以裁定驳回起诉。

第二条　权利人在专利侵权诉讼中主张的权利要求被国务院专利行政部门宣告无效的，审理侵犯专利权纠纷案件的人民法院可以裁定驳回权利人基于该无效权利要求的起诉。

有证据证明宣告上述权利要求无效的决定被生效的行政判决撤销的，权利人可以另行起诉。

专利权人另行起诉的，诉讼时效期间从本条第二款所称行政判决书送达之日起计算。

第三条 因明显违反专利法第二十六条第三款、第四款导致说明书无法用于解释权利要求，且不属于本解释第四条规定的情形，专利权因此被请求宣告无效的，审理侵犯专利权纠纷案件的人民法院一般应当裁定中止诉讼；在合理期限内专利权未被请求宣告无效的，人民法院可以根据权利要求的记载确定专利权的保护范围。

第四条 权利要求书、说明书及附图中的语法、文字、标点、图形、符号等存有歧义，但本领域普通技术人员通过阅读权利要求书、说明书及附图可以得出唯一理解的，人民法院应当根据该唯一理解予以认定。

第五条 在人民法院确定专利权的保护范围时，独立权利要求的前序部分、特征部分以及从属权利要求的引用部分、限定部分记载的技术特征均有限定作用。

第六条 人民法院可以运用与涉案专利存在分案申请关系的其他专利及其专利审查档案、生效的专利授权确权裁判文书解释涉案专利的权利要求。

专利审查档案，包括专利审查、复审、无效程序中专利申请人或者专利权人提交的书面材料，国务院专利行政部门制作的审查意见通知书、会晤记录、口头审理记录、生效的专利复审请求审查决定书和专利权无效宣告请求审查决定书等。

第七条 被诉侵权技术方案在包含封闭式组合物权利要求全部技术特征的基础上增加其他技术特征的，人民法院应当认定被诉侵权技术方案未落入专利权的保护范围，但该增加的技术特征属于不可避免的常规数量杂质的除外。

前款所称封闭式组合物权利要求，一般不包括中药组合物权利要求。

第八条 功能性特征，是指对于结构、组分、步骤、条件或其之间的关系等，通过其在发明创造中所起的功能或者效果进行限定的技术特征，但本领域普通技术人员仅通过阅读权利要求即可直接、明确地确定实现上述功能或者效果的具体实施方式的除外。

与说明书及附图记载的实现前款所称功能或者效果不可缺少的技术特征相比，被诉侵权技术方案的相应技术特征是以基本相同的手段，实现相同的功能，达到相同的效果，且本领域普通技术人员在被诉侵权行为发生时无需经过创造性劳动就能够联想到的，人民法院应当认定该相应技术特征与功能性特征相同或者等同。

第九条 被诉侵权技术方案不能适用于权利要求中使用环境特征所限定

的使用环境的，人民法院应当认定被诉侵权技术方案未落入专利权的保护范围。

第十条　对于权利要求中以制备方法界定产品的技术特征，被诉侵权产品的制备方法与其不相同也不等同的，人民法院应当认定被诉侵权技术方案未落入专利权的保护范围。

第十一条　方法权利要求未明确记载技术步骤的先后顺序，但本领域普通技术人员阅读权利要求书、说明书及附图后直接、明确地认为该技术步骤应当按照特定顺序实施的，人民法院应当认定该步骤顺序对于专利权的保护范围具有限定作用。

第十二条　权利要求采用“至少”“不超过”等用语对数值特征进行界定，且本领域普通技术人员阅读权利要求书、说明书及附图后认为专利技术方案特别强调该用语对技术特征的限定作用，权利人主张与其不相同的数值特征属于等同特征的，人民法院不予支持。

第十三条　权利人证明专利申请人、专利权人在专利授权确权程序中对权利要求书、说明书及附图的限缩性修改或者陈述被明确否定的，人民法院应当认定该修改或者陈述未导致技术方案的放弃。

第十四条　人民法院在认定一般消费者对于外观设计所具有的知识水平和认知能力时，一般应当考虑被诉侵权行为发生时授权外观设计所属相同或者相近种类产品的设计空间。设计空间较大的，人民法院可以认定一般消费者通常不容易注意到不同设计之间的较小区别；设计空间较小的，人民法院可以认定一般消费者通常更容易注意到不同设计之间的较小区别。

第十五条　对于成套产品的外观设计专利，被诉侵权设计与其一项外观设计相同或者近似的，人民法院应当认定被诉侵权设计落入专利权的保护范围。

第十六条　对于组装关系唯一的组件产品的外观设计专利，被诉侵权设计与其组合状态下的外观设计相同或者近似的，人民法院应当认定被诉侵权设计落入专利权的保护范围。

对于各构件之间无组装关系或者组装关系不唯一的组件产品的外观设计专利，被诉侵权设计与其全部单个构件的外观设计均相同或者近似的，人民法院应当认定被诉侵权设计落入专利权的保护范围；被诉侵权设计缺少其单个构件的外观设计或者与之不相同也不近似的，人民法院应当认定被诉侵权设计未落入专利权的保护范围。

第十七条 对于变化状态产品的外观设计专利，被诉侵权设计与变化状态图所示各种使用状态下的外观设计均相同或者近似的，人民法院应当认定被诉侵权设计落入专利权的保护范围；被诉侵权设计缺少其一种使用状态下的外观设计或者与之不相同也不近似的，人民法院应当认定被诉侵权设计未落入专利权的保护范围。

第十八条 权利人依据专利法第十三条诉请在发明专利申请公布日至授权公告日期间实施该发明的单位或者个人支付适当费用的，人民法院可以参照有关专利许可使用费合理确定。

发明专利申请公布时申请人请求保护的范围与发明专利公告授权时的专利权保护范围不一致，被诉技术方案均落入上述两种范围的，人民法院应当认定被告在前款所称期间内实施了该发明；被诉技术方案仅落入其中一种范围的，人民法院应当认定被告在前款所称期间内未实施该发明。

发明专利公告授权后，未经专利权人许可，为生产经营目的使用、许诺销售、销售在本条第一款所称期间内已由他人制造、销售、进口的产品，且该他人已支付或者书面承诺支付专利法第十三条规定的适当费用的，对于权利人关于上述使用、许诺销售、销售行为侵犯专利权的主张，人民法院不予支持。

第十九条 产品买卖合同依法成立的，人民法院应当认定属于专利法第十一条规定的销售。

第二十条 对于将依照专利方法直接获得的产品进一步加工、处理而获得的后续产品，进行再加工、处理的，人民法院应当认定不属于专利法第十一条规定的“使用依照该专利方法直接获得的产品”。

第二十一条 明知有关产品系专门用于实施专利的材料、设备、零部件、中间物等，未经专利权人许可，为生产经营目的将该产品提供给他人实施了侵犯专利权的行为，权利人主张该提供者的行为属于民法典第一千一百六十九条规定的帮助他人实施侵权行为的，人民法院应予支持。

明知有关产品、方法被授予专利权，未经专利权人许可，为生产经营目的积极诱导他人实施了侵犯专利权的行为，权利人主张该诱导者的行为属于民法典第一千一百六十九条规定的教唆他人实施侵权行为的，人民法院应予支持。

第二十二条 对于被诉侵权人主张的现有技术抗辩或者现有设计抗辩，人民法院应当依照专利申请日时施行的专利法界定现有技术或者现有设计。

第二十三条　被诉侵权技术方案或者外观设计落入在先的涉案专利权的保护范围，被诉侵权人以其技术方案或者外观设计被授予专利权为由抗辩不侵犯涉案专利权的，人民法院不予支持。

第二十四条　推荐性国家、行业或者地方标准明示所涉必要专利的信息，被诉侵权人以实施该标准无需专利权人许可为由抗辩不侵犯该专利权的，人民法院一般不予支持。

推荐性国家、行业或者地方标准明示所涉必要专利的信息，专利权人、被诉侵权人协商该专利的实施许可条件时，专利权人故意违反其在标准制定中承诺的公平、合理、无歧视的许可义务，导致无法达成专利实施许可合同，且被诉侵权人在协商中无明显过错的，对于权利人请求停止标准实施行为的主张，人民法院一般不予支持。

本条第二款所称实施许可条件，应当由专利权人、被诉侵权人协商确定。经充分协商，仍无法达成一致的，可以请求人民法院确定。人民法院在确定上述实施许可条件时，应当根据公平、合理、无歧视的原则，综合考虑专利的创新程度及其在标准中的作用、标准所属的技术领域、标准的性质、标准实施的范围和相关的许可条件等因素。

法律、行政法规对实施标准中的专利另有规定的，从其规定。

第二十五条　为生产经营目的使用、许诺销售或者销售不知道是未经专利权人许可而制造并售出的专利侵权产品，且举证证明该产品合法来源的，对于权利人请求停止上述使用、许诺销售、销售行为的主张，人民法院应予支持，但被诉侵权产品的使用者举证证明其已支付该产品的合理对价的除外。

本条第一款所称不知道，是指实际不知道且不应当知道。

本条第一款所称合法来源，是指通过合法的销售渠道、通常的买卖合同等正常商业方式取得产品。对于合法来源，使用者、许诺销售者或者销售者应当提供符合交易习惯的相关证据。

第二十六条　被告构成对专利权的侵犯，权利人请求判令其停止侵权行为的，人民法院应予支持，但基于国家利益、公共利益的考量，人民法院可以不判令被告停止被诉行为，而判令其支付相应的合理费用。

第二十七条　权利人因被侵权所受到的实际损失难以确定的，人民法院应当依照专利法第六十五条第一款的规定，要求权利人对侵权人因侵权所获得的利益进行举证；在权利人已经提供侵权人所获利益的初步证据，而与专利侵权行为相关的账簿、资料主要由侵权人掌握的情况下，人民法院可以责令侵权人提供该账簿、资料；侵权人无正当理由拒不提供或者提供虚假的账簿、资料的，人民法院可以根据权利人的主张和提供的证据认定侵权人因侵权所获得的利益。

第二十八条 权利人、侵权人依法约定专利侵权的赔偿数额或者赔偿计算方法，并在专利侵权诉讼中主张依据该约定确定赔偿数额的，人民法院应予支持。

第二十九条 宣告专利权无效的决定作出后，当事人根据该决定依法申请再审，请求撤销专利权无效宣告前人民法院作出但未执行的专利侵权的判决、调解书的，人民法院可以裁定中止再审审查，并中止原判决、调解书的执行。

专利权人向人民法院提供充分、有效的担保，请求继续执行前款所称判决、调解书的，人民法院应当继续执行；侵权人向人民法院提供充分、有效的反担保，请求中止执行的，人民法院应当准许。人民法院生效裁判未撤销宣告专利权无效的决定的，专利权人应当赔偿因继续执行给对方造成的损失；宣告专利权无效的决定被人民法院生效裁判撤销，专利权仍有效的，人民法院可以依据前款所称判决、调解书直接执行上述反担保财产。

第三十条 在法定期限内对宣告专利权无效的决定不向人民法院起诉或者起诉后生效裁判未撤销该决定，当事人根据该决定依法申请再审，请求撤销宣告专利权无效前人民法院作出但未执行的专利侵权的判决、调解书的，人民法院应当再审。当事人根据该决定，依法申请终结执行宣告专利权无效前人民法院作出但未执行的专利侵权的判决、调解书的，人民法院应当裁定终结执行。

《最高人民法院关于审理申请注册的药品相关的专利权纠纷民事案件适用法律若干问题的规定》（法释〔2021〕13号　2021年7月4日）

为正确审理申请注册的药品相关的专利权纠纷民事案件，根据《中华人民共和国专利法》《中华人民共和国民事诉讼法》等有关法律规定，结合知识产权审判实际，制定本规定。

第一条 当事人依据专利法第七十六条规定提起的确认是否落入专利权保护范围纠纷的第一审案件，由北京知识产权法院管辖。

第二条 专利法第七十六条所称相关的专利，是指适用国务院有关行政部门关于药品上市许可审批与药品上市许可申请阶段专利权纠纷解决的具体衔接办法（以下简称衔接办法）的专利。

专利法第七十六条所称利害关系人，是指前款所称专利的被许可人、相关药品上市许可持有人。

第三条　专利权人或者利害关系人依据专利法第七十六条起诉的，应当按照民事诉讼法第一百一十九条第三项的规定提交下列材料：

（一）国务院有关行政部门依据衔接办法所设平台中登记的相关专利信息，包括专利名称、专利号、相关的权利要求等；

（二）国务院有关行政部门依据衔接办法所设平台中公示的申请注册药品的相关信息，包括药品名称、药品类型、注册类别以及申请注册药品与所涉及的上市药品之间的对应关系等；

（三）药品上市许可申请人依据衔接办法作出的四类声明及声明依据。

药品上市许可申请人应当在一审答辩期内，向人民法院提交其向国家药品审评机构申报的、与认定是否落入相关专利权保护范围对应的必要技术资料副本。

第四条　专利权人或者利害关系人在衔接办法规定的期限内未向人民法院提起诉讼的，药品上市许可申请人可以向人民法院起诉，请求确认申请注册药品未落入相关专利权保护范围。

第五条　当事人以国务院专利行政部门已经受理专利法第七十六条所称行政裁决请求为由，主张不应当受理专利法第七十六条所称诉讼或者申请中止诉讼的，人民法院不予支持。

第六条　当事人依据专利法第七十六条起诉后，以国务院专利行政部门已经受理宣告相关专利权无效的请求为由，申请中止诉讼的，人民法院一般不予支持。

第七条　药品上市许可申请人主张具有专利法第六十七条、第七十五条第二项等规定情形的，人民法院经审查属实，可以判决确认申请注册的药品相关技术方案未落入相关专利权保护范围。

第八条　当事人对其在诉讼中获取的商业秘密或者其他需要保密的商业信息负有保密义务，擅自披露或者在该诉讼活动之外使用、允许他人使用的，应当依法承担民事责任。构成民事诉讼法第一百一十一条规定情形的，人民法院应当依法处理。

第九条　药品上市许可申请人向人民法院提交的申请注册的药品相关技术方案，与其向国家药品审评机构申报的技术资料明显不符，妨碍人民法院审理案件的，人民法院依照民事诉讼法第一百一十一条的规定处理。

第十条 专利权人或者利害关系人在专利法第七十六条所称诉讼中申请行为保全，请求禁止药品上市许可申请人在相关专利权有效期内实施专利法第十一条规定的行为的，人民法院依照专利法、民事诉讼法有关规定处理；请求禁止药品上市申请行为或者审评审批行为的，人民法院不予支持。

第十一条 在针对同一专利权和申请注册药品的侵害专利权或者确认不侵害专利权诉讼中，当事人主张依据专利法第七十六条所称诉讼的生效判决认定涉案药品技术方案是否落入相关专利权保护范围的，人民法院一般予以支持。但是，有证据证明被诉侵权药品技术方案与申请注册的药品相关技术方案不一致或者新主张的事由成立的除外。

第十二条 专利权人或者利害关系人知道或者应当知道其主张的专利权应当被宣告无效或者申请注册药品的相关技术方案未落入专利权保护范围，仍提起专利法第七十六条所称诉讼或者请求行政裁决的，药品上市许可申请人可以向北京知识产权法院提起损害赔偿之诉。

第十三条 人民法院依法向当事人在国务院有关行政部门依据衔接办法所设平台登载的联系人、通讯地址、电子邮件等进行的送达，视为有效送达。当事人向人民法院提交送达地址确认书后，人民法院也可以向该确认书载明的送达地址送达。

第十四条 本规定自 2021 年 7 月 5 日起施行。本院以前发布的相关司法解释与本规定不一致的，以本规定为准。

161. 植物新品种权权属、侵权纠纷

（1）植物新品种申请权权属纠纷
（2）植物新品种权权属纠纷
（3）侵害植物新品种权纠纷
（4）植物新品种临时保护期使用费纠纷

法律条文及规范索引

《中华人民共和国民法典》（2021 年 1 月 1 日施行）

第一百二十三条 民事主体依法享有知识产权。

知识产权是权利人依法就下列客体享有的专有的权利：

……

（七）植物新品种；

……

《中华人民共和国涉外民事关系法律适用法》（2011年4月1日施行）

第五十条　知识产权的侵权责任，适用被请求保护地法律，当事人也可以在侵权行为发生后协议选择适用法院地法律。

《中华人民共和国植物新品种保护条例》（2014年7月29日修订）

第七条　执行本单位的任务或者主要是利用本单位的物质条件所完成的职务育种，植物新品种的申请权属于该单位；非职务育种，植物新品种的申请权属于完成育种的个人。申请被批准后，品种权属于申请人。

委托育种或者合作育种，品种权的归属由当事人在合同中约定；没有合同约定的，品种权属于受委托完成或者共同完成育种的单位或者个人。

第八条　一个植物新品种只能授予一项品种权。两个以上的申请人分别就同一个植物新品种申请品种权的，品种权授予最先申请的人；同时申请的，品种权授予最先完成该植物新品种育种的人。

第三十三条　品种权被授予后，在自初步审查合格公告之日起至被授予品种权之日止的期间，对未经申请人许可，为商业目的生产或者销售该授权品种的繁殖材料的单位和个人，品种权人享有追偿的权利。

《最高人民法院关于审理侵害植物新品种权纠纷案件具体应用法律问题的若干规定》（法释〔2007〕1号　2020年12月23日修正）

为正确处理侵害植物新品种权纠纷案件，根据《中华人民共和国民法典》《中华人民共和国种子法》《中华人民共和国民事诉讼法》《全国人民代表大会常务委员会关于在北京、上海、广州设立知识产权法院的决定》和《全国人民代表大会常务委员会关于专利等知识产权案件诉讼程序若干问题的决定》等有关规定，结合侵害植物新品种权纠纷案件的审判经验和实际情况，就具体应用法律的若干问题规定如下：

第一条　植物新品种权所有人（以下称品种权人）或者利害关系人认为植物新品种权受到侵害的，可以依法向人民法院提起诉讼。

前款所称利害关系人，包括植物新品种实施许可合同的被许可人、品种权财产权利的合法继承人等。

独占实施许可合同的被许可人可以单独向人民法院提起诉讼；排他实施

许可合同的被许可人可以和品种权人共同起诉，也可以在品种权人不起诉时，自行提起诉讼；普通实施许可合同的被许可人经品种权人明确授权，可以提起诉讼。

第二条 未经品种权人许可，生产、繁殖或者销售授权品种的繁殖材料，或者为商业目的将授权品种的繁殖材料重复使用于生产另一品种的繁殖材料的，人民法院应当认定为侵害植物新品种权。

被诉侵权物的特征、特性与授权品种的特征、特性相同，或者特征、特性的不同是因非遗传变异所致的，人民法院一般应当认定被诉侵权物属于生产、繁殖或者销售授权品种的繁殖材料。

被诉侵权人重复以授权品种的繁殖材料为亲本与其他亲本另行繁殖的，人民法院一般应当认定属于为商业目的将授权品种的繁殖材料重复使用于生产另一品种的繁殖材料。

第三条 侵害植物新品种权纠纷案件涉及的专门性问题需要鉴定的，由双方当事人协商确定的有鉴定资格的鉴定机构、鉴定人鉴定；协商不成的，由人民法院指定的有鉴定资格的鉴定机构、鉴定人鉴定。

没有前款规定的鉴定机构、鉴定人的，由具有相应品种检测技术水平的专业机构、专业人员鉴定。

第四条 对于侵害植物新品种权纠纷案件涉及的专门性问题可以采取田间观察检测、基因指纹图谱检测等方法鉴定。

对采取前款规定方法作出的鉴定意见，人民法院应当依法质证，认定其证明力。

第五条 品种权人或者利害关系人向人民法院提起侵害植物新品种权诉讼前，可以提出行为保全或者证据保全请求，人民法院经审查作出裁定。

人民法院采取证据保全措施时，可以根据案件具体情况，邀请有关专业技术人员按照相应的技术规程协助取证。

第六条 人民法院审理侵害植物新品种权纠纷案件，应当依照民法典第一百七十九条、第一千一百八十五条和种子法第七十三条的规定，结合案件具体情况，判决侵权人承担停止侵害、赔偿损失等民事责任。

人民法院可以根据权利人的请求，按照权利人因被侵权所受实际损失或者侵权人因侵权所得利益确定赔偿数额。权利人的损失或者侵权人获得的利益难以确定的，可以参照该植物新品种权许可使用费的倍数合理确定。权利人为制止侵权行为所支付的合理开支应当另行计算。

依照前款规定难以确定赔偿数额的，人民法院可以综合考虑侵权的性质、期间、后果，植物新品种权许可使用费的数额，植物新品种实施许可的种类、时间、范围及权利人调查、制止侵权所支付的合理费用等因素，在300万元以下确定赔偿数额。

故意侵害他人植物新品种权，情节严重的，可以按照第二款确定数额的一倍以上三倍以下确定赔偿数额。

第七条 权利人和侵权人均同意将侵权物折价抵扣权利人所受损失的，人民法院应当准许。权利人或者侵权人不同意折价抵扣的，人民法院依照当事人的请求，责令侵权人对侵权物作消灭活性等使其不能再被用作繁殖材料的处理。

侵权物正处于生长期或者销毁侵权物将导致重大不利后果的，人民法院可以不采取责令销毁侵权物的方法，而判令其支付相应的合理费用。但法律、行政法规另有规定的除外。

第八条 以农业或者林业种植为业的个人、农村承包经营户接受他人委托代为繁殖侵害品种权的繁殖材料，不知道代繁物是侵害品种权的繁殖材料并说明委托人的，不承担赔偿责任。

《最高人民法院关于审理侵害植物新品种权纠纷案件具体应用法律问题的若干规定（二）》（法释〔2021〕14号 2021年7月5日）

为正确审理侵害植物新品种权纠纷案件，根据《中华人民共和国民法典》《中华人民共和国种子法》《中华人民共和国民事诉讼法》等法律规定，结合审判实践，制定本规定。

第一条 植物新品种权（以下简称品种权）或者植物新品种申请权的共有人对权利行使有约定的，人民法院按照其约定处理。没有约定或者约定不明的，共有人主张其可以单独实施或者以普通许可方式许可他人实施的，人民法院应予支持。

共有人单独实施该品种权，其他共有人主张该实施收益在共有人之间分配的，人民法院不予支持，但是其他共有人有证据证明其不具备实施能力或者实施条件的除外。

共有人之一许可他人实施该品种权，其他共有人主张收取的许可费在共有人之间分配的，人民法院应予支持。

第二条 品种权转让未经国务院农业、林业主管部门登记、公告，受让人以品种权人名义提起侵害品种权诉讼的，人民法院不予受理。

第三条 受品种权保护的繁殖材料应当具有繁殖能力，且繁殖出的新个体与该授权品种的特征、特性相同。

前款所称的繁殖材料不限于以品种权申请文件所描述的繁殖方式获得的繁殖材料。

第四条 以广告、展陈等方式作出销售授权品种的繁殖材料的意思表示的，人民法院可以以销售行为认定处理。

第五条 种植授权品种的繁殖材料的，人民法院可以根据案件具体情况，以生产、繁殖行为认定处理。

第六条 品种权人或者利害关系人（以下合称权利人）举证证明被诉侵权品种繁殖材料使用的名称与授权品种相同的，人民法院可以推定该被诉侵权品种繁殖材料属于授权品种的繁殖材料；有证据证明不属于该授权品种的繁殖材料的，人民法院可以认定被诉侵权人构成假冒品种行为，并参照假冒注册商标行为的有关规定确定民事责任。

第七条 受托人、被许可人超出与品种权人约定的规模或者区域生产、繁殖授权品种的繁殖材料，或者超出与品种权人约定的规模销售授权品种的繁殖材料，品种权人请求判令受托人、被许可人承担侵权责任的，人民法院依法予以支持。

第八条 被诉侵权人知道或者应当知道他人实施侵害品种权的行为，仍然提供收购、存储、运输、以繁殖为目的的加工处理等服务或者提供相关证明材料等条件的，人民法院可以依据民法典第一千一百六十九条的规定认定为帮助他人实施侵权行为。

第九条 被诉侵权物既可以作为繁殖材料又可以作为收获材料，被诉侵权人主张被诉侵权物系作为收获材料用于消费而非用于生产、繁殖的，应当承担相应的举证责任。

第十条 授权品种的繁殖材料经品种权人或者经其许可的单位、个人售出后，权利人主张他人生产、繁殖、销售该繁殖材料构成侵权的，人民法院一般不予支持，但是下列情形除外：

（一）对该繁殖材料生产、繁殖后获得的繁殖材料进行生产、繁殖、销售；

（二）为生产、繁殖目的将该繁殖材料出口到不保护该品种所属植物属或者种的国家或者地区。

第十一条 被诉侵权人主张对授权品种进行的下列生产、繁殖行为属于科研活动的，人民法院应予支持：

（一）利用授权品种培育新品种；

（二）利用授权品种培育形成新品种后，为品种权申请、品种审定、品种登记需要而重复利用授权品种的繁殖材料。

第十二条　农民在其家庭农村土地承包经营合同约定的土地范围内自繁自用授权品种的繁殖材料，权利人对此主张构成侵权的，人民法院不予支持。

对前款规定以外的行为，被诉侵权人主张其行为属于种子法规定的农民自繁自用授权品种的繁殖材料的，人民法院应当综合考虑被诉侵权行为的目的、规模、是否营利等因素予以认定。

第十三条　销售不知道也不应当知道是未经品种权人许可而售出的被诉侵权品种繁殖材料，且举证证明具有合法来源的，人民法院可以不判令销售者承担赔偿责任，但应当判令其停止销售并承担权利人为制止侵权行为所支付的合理开支。

对于前款所称合法来源，销售者一般应当举证证明购货渠道合法、价格合理、存在实际的具体供货方、销售行为符合相关生产经营许可制度等。

第十四条　人民法院根据已经查明侵害品种权的事实，认定侵权行为成立的，可以先行判决停止侵害，并可以依据当事人的请求和具体案情，责令采取消灭活性等阻止被诉侵权物扩散、繁殖的措施。

第十五条　人民法院为确定赔偿数额，在权利人已经尽力举证，而与侵权行为相关的账簿、资料主要由被诉侵权人掌握的情况下，可以责令被诉侵权人提供与侵权行为相关的账簿、资料；被诉侵权人不提供或者提供虚假账簿、资料的，人民法院可以参考权利人的主张和提供的证据判定赔偿数额。

第十六条　被诉侵权人有抗拒保全或者擅自拆封、转移、毁损被保全物等举证妨碍行为，致使案件相关事实无法查明的，人民法院可以推定权利人就该证据所涉证明事项的主张成立。构成民事诉讼法第一百一十一条规定情形的，依法追究法律责任。

第十七条　除有关法律和司法解释规定的情形以外，以下情形也可以认定为侵权行为情节严重：

（一）因侵权被行政处罚或者法院裁判承担责任后，再次实施相同或者类似侵权行为；

（二）以侵害品种权为业；

（三）伪造品种权证书；

（四）以无标识、标签的包装销售授权品种；

（五）违反种子法第七十七条第一款第一项、第二项、第四项的规定；

（六）拒不提供被诉侵权物的生产、繁殖、销售和储存地点。

存在前款第一项至第五项情形的，在依法适用惩罚性赔偿时可以按照计算基数的二倍以上确定惩罚性赔偿数额。

第十八条 品种权终止后依法恢复权利，权利人要求实施品种权的单位或者个人支付终止期间实施品种权的费用的，人民法院可以参照有关品种权实施许可费，结合品种类型、种植时间、经营规模、当时的市场价值等因素合理确定。

第十九条 他人未经许可，自品种权初步审查合格公告之日起至被授予品种权之日止，生产、繁殖或者销售该授权品种的繁殖材料，或者为商业目的将该授权品种的繁殖材料重复使用于生产另一品种的繁殖材料，权利人对此主张追偿利益损失的，人民法院可以按照临时保护期使用费纠纷处理，并参照有关品种权实施许可费，结合品种类型、种植时间、经营规模、当时的市场价值等因素合理确定该使用费数额。

前款规定的被诉行为延续到品种授权之后，权利人对品种权临时保护期使用费和侵权损害赔偿均主张权利的，人民法院可以合并审理，但应当分别计算处理。

第二十条 侵害品种权纠纷案件涉及的专门性问题需要鉴定的，由当事人在相关领域鉴定人名录或者国务院农业、林业主管部门向人民法院推荐的鉴定人中协商确定；协商不成的，由人民法院从中指定。

第二十一条 对于没有基因指纹图谱等分子标记检测方法进行鉴定的品种，可以采用行业通用方法对授权品种与被诉侵权物的特征、特性进行同一性判断。

第二十二条 对鉴定意见有异议的一方当事人向人民法院申请复检、补充鉴定或者重新鉴定，但未提出合理理由和证据的，人民法院不予准许。

第二十三条 通过基因指纹图谱等分子标记检测方法进行鉴定，待测样品与对照样品的差异位点小于但接近临界值，被诉侵权人主张二者特征、特性不同的，应当承担举证责任；人民法院也可以根据当事人的申请，采取扩大检测位点进行加测或者提取授权品种标准样品进行测定等方法，并结合其他相关因素作出认定。

第二十四条　田间观察检测与基因指纹图谱等分子标记检测的结论不同的，人民法院应当以田间观察检测结论为准。

第二十五条　本规定自2021年7月7日起施行。本院以前发布的相关司法解释与本规定不一致的，按照本规定执行。

162. 集成电路布图设计专有权权属、侵权纠纷

（1）集成电路布图设计专有权权属纠纷

（2）侵害集成电路布图设计专有权纠纷

法律条文及规范索引

《中华人民共和国民法典》（2021年1月1日施行）

第一百二十三条　民事主体依法享有知识产权。

知识产权是权利人依法就下列客体享有的专有的权利：

……

（六）集成电路布图设计；

……

第八百七十六条　集成电路布图设计专有权、植物新品种权、计算机软件著作权等其他知识产权的转让和许可，参照适用本节的有关规定。

《中华人民共和国涉外民事关系法律适用法》（2011年4月1日施行）

第五十条　知识产权的侵权责任，适用被请求保护地法律，当事人也可以在侵权行为发生后协议选择适用法院地法律。

《集成电路布图设计保护条例》（2001年10月1日施行）

第九条　布图设计专有权属于布图设计创作者，本条例另有规定的除外。

由法人或者其他组织主持，依据法人或者其他组织的意志而创作，并由法人或者其他组织承担责任的布图设计，该法人或者其他组织是创作者。

由自然人创作的布图设计，该自然人是创作者。

第十条　两个以上自然人、法人或者其他组织合作创作的布图设计，其专有权的归属由合作者约定；未作约定或者约定不明的，其专有权由合作者

共同享有。

第十一条 受委托创作的布图设计，其专有权的归属由委托人和受托人双方约定；未作约定或者约定不明的，其专有权由受托人享有。

第十二条 布图设计专有权的保护期为10年，自布图设计登记申请之日或者在世界任何地方首次投入商业利用之日起计算，以较前日期为准。但是，无论是否登记或者投入商业利用，布图设计自创作完成之日起15年后，不再受本条例保护。

第十三条 布图设计专有权属于自然人的，该自然人死亡后，其专有权在本条例规定的保护期内依照继承法的规定转移。

布图设计专有权属于法人或者其他组织的，法人或者其他组织变更、终止后，其专有权在本条例规定的保护期内由承继其权利、义务的法人或者其他组织享有；没有承继其权利、义务的法人或者其他组织的，该布图设计进入公有领域。

163. 侵害企业名称（商号）权纠纷

法律条文及规范索引

《中华人民共和国民法典》（2021年1月1日施行）

第一百一十条第二款 法人、非法人组织享有名称权、名誉权和荣誉权。

第一千零一十三条 法人、非法人组织享有名称权，有权依法决定、使用、变更、转让或者许可他人使用自己的名称。

第一千零一十四条 任何组织或者个人不得以干涉、盗用、假冒等方式侵害他人的姓名权或者名称权。

《中华人民共和国反不正当竞争法》（2019年4月23日修正）

第六条 经营者不得实施下列混淆行为，引人误认为是他人商品或者与他人存在特定联系：

（一）擅自使用与他人有一定影响的商品名称、包装、装潢等相同或者近似的标识；

（二）擅自使用他人有一定影响的企业名称（包括简称、字号等）、社会组织名称（包括简称等）、姓名（包括笔名、艺名、译名等）；

（三）擅自使用他人有一定影响的域名主体部分、网站名称、网页等；

（四）其他足以引人误认为是他人商品或者与他人存在特定联系的混淆行为。

《中华人民共和国涉外民事关系法律适用法》（2011年4月1日施行）

第五十条　知识产权的侵权责任，适用被请求保护地法律，当事人也可以在侵权行为发生后协议选择适用法院地法律。

《企业名称登记管理实施办法》（2004年7月1日施行）

第三条　企业应当依法选择自己的名称，并申请登记注册。企业自成立之日起享有名称权。

第三十四条　外国（地区）企业名称，依据我国参加的国际公约、协定、条约等有关规定予以保护。

第四十一条　已经登记注册的企业名称，在使用中对公众造成欺骗或者误解的，或者损害他人合法权益的，应当认定为不适宜的企业名称予以纠正。

第四十二条　企业因名称与他人发生争议，可以向工商行政管理机关申请处理，也可以向人民法院起诉。

《最高人民法院关于审理注册商标、企业名称与在先权利冲突的民事纠纷案件若干问题的规定》（法释〔2008〕3号　2020年12月23日修正）

第一条　原告以他人注册商标使用的文字、图形等侵犯其著作权、外观设计专利权、企业名称权等在先权利为由提起诉讼，符合民事诉讼法第一百一十九条规定的，人民法院应当受理。

原告以他人使用在核定商品上的注册商标与其在先的注册商标相同或者近似为由提起诉讼的，人民法院应当根据民事诉讼法第一百二十四条第（三）项的规定，告知原告向有关行政主管机关申请解决。但原告以他人超出核定商品的范围或者以改变显著特征、拆分、组合等方式使用的注册商标，与其注册商标相同或者近似为由提起诉讼的，人民法院应当受理。

第二条　原告以他人企业名称与其在先的企业名称相同或者近似，足以使相关公众对其商品的来源产生混淆，违反反不正当竞争法第六条第（二）项的规定为由提起诉讼，符合民事诉讼法第一百一十九条规定的，人民法院应当受理。

第三条　人民法院应当根据原告的诉讼请求和争议民事法律关系的性质，按照民事案件案由规定，确定注册商标或者企业名称与在先权利冲突的民事纠纷案件的案由，并适用相应的法律。

第四条 被诉企业名称侵犯注册商标专用权或者构成不正当竞争的，人民法院可以根据原告的诉讼请求和案件具体情况，确定被告承担停止使用、规范使用等民事责任。

164. 侵害特殊标志专有权纠纷

法律条文及规范索引

《中华人民共和国涉外民事关系法律适用法》（2011年4月1日施行）

第五十条 知识产权的侵权责任，适用被请求保护地法律，当事人也可以在侵权行为发生后协议选择适用法院地法律。

《特殊标志管理条例》（1996年7月13日施行）

第十三条 特殊标志所有人可以在与其公益活动相关的广告、纪念品及其他物品上使用该标志，并许可他人在国务院工商行政管理部门核准使用该标志的商品或者服务项目上使用。

第十六条 有下列行为之一的，由县级以上人民政府工商行政管理部门责令侵权人立即停止侵权行为，没收侵权商品，没收违法所得，并处违法所得5倍以下的罚款，没有违法所得的，处1万元以下的罚款：

（一）擅自使用与所有人的特殊标志相同或者近似的文字、图形或者其组合的；

（二）未经特殊标志所有人许可，擅自制造、销售其特殊标志或者将其特殊标志用于商业活动的；

（三）有给特殊标志所有人造成经济损失的其他行为的。

165. 网络域名权属、侵权纠纷

（1）网络域名权属纠纷

（2）侵害网络域名纠纷

法律条文及规范索引

《中华人民共和国涉外民事关系法律适用法》（2011年4月1日施行）

第五十条　知识产权的侵权责任，适用被请求保护地法律，当事人也可以在侵权行为发生后协议选择适用法院地法律。

《最高人民法院关于审理涉及计算机网络域名民事纠纷案件适用法律若干问题的解释》（法释〔2001〕24号　2020年12月23日修正）

第四条　人民法院审理域名纠纷案件，对符合以下各项条件的，应当认定被告注册、使用域名等行为构成侵权或者不正当竞争：

（一）原告请求保护的民事权益合法有效；

（二）被告域名或其主要部分构成对原告驰名商标的复制、模仿、翻译或音译；或者与原告的注册商标、域名等相同或近似，足以造成相关公众的误认；

（三）被告对该域名或其主要部分不享有权益，也无注册、使用该域名的正当理由；

（四）被告对该域名的注册、使用具有恶意。

第五条　被告的行为被证明具有下列情形之一的，人民法院应当认定其具有恶意：

（一）为商业目的将他人驰名商标注册为域名的；

（二）为商业目的注册、使用与原告的注册商标、域名等相同或近似的域名，故意造成与原告提供的产品、服务或者原告网站的混淆，误导网络用户访问其网站或其他在线站点的；

（三）曾要约高价出售、出租或者以其他方式转让该域名获取不正当利益的；

（四）注册域名后自己并不使用也未准备使用，而有意阻止权利人注册该域名的；

（五）具有其他恶意情形的。

被告举证证明在纠纷发生前其所持有的域名已经获得一定的知名度，且能与原告的注册商标、域名等相区别，或者具有其他情形足以证明其不具有恶意的，人民法院可以不认定被告具有恶意。

第六条 人民法院审理域名纠纷案件，根据当事人的请求以及案件的具体情况，可以对涉及的注册商标是否驰名依法作出认定。

第七条 人民法院认定域名注册、使用等行为构成侵权或者不正当竞争的，可以判令被告停止侵权、注销域名，或者依原告的请求判令由原告注册使用该域名；给权利人造成实际损害的，可以判令被告赔偿损失。

侵权人故意侵权且情节严重，原告有权向人民法院请求惩罚性赔偿。

166. 发现权纠纷

法律条文及规范索引

《中华人民共和国民法典》（2021年1月1日施行）

第一百二十三条 民事主体依法享有知识产权。

知识产权是权利人依法就下列客体享有的专有的权利：

（一）作品；

（二）发明、实用新型、外观设计；

（三）商标；

（四）地理标志；

（五）商业秘密；

（六）集成电路布图设计；

（七）植物新品种；

（八）法律规定的其他客体。

《中华人民共和国科学技术进步法》（2007年12月29日修订）

第十五条 国家建立科学技术奖励制度，对在科学技术进步活动中作出重要贡献的组织和个人给予奖励。具体办法由国务院规定。

国家鼓励国内外的组织或者个人设立科学技术奖项，对科学技术进步给予奖励。

167. 发明权纠纷

法律条文及规范索引

《中华人民共和国民法典》（2021年1月1日施行）

第一百二十三条　民事主体依法享有知识产权。

知识产权是权利人依法就下列客体享有的专有的权利：

（一）作品；

（二）发明、实用新型、外观设计；

（三）商标；

（四）地理标志；

（五）商业秘密；

（六）集成电路布图设计；

（七）植物新品种；

（八）法律规定的其他客体。

《中华人民共和国科学技术进步法》（2007年12月29日修订）

第十五条　国家建立科学技术奖励制度，对在科学技术进步活动中作出重要贡献的组织和个人给予奖励。具体办法由国务院规定。

国家鼓励国内外的组织或者个人设立科学技术奖项，对科学技术进步给予奖励。

《中华人民共和国专利法实施细则》（2010年1月9日修订）

第七十六条　被授予专利权的单位可以与发明人、设计人约定或者在其依法制定的规章制度中规定专利法第十六条规定的奖励、报酬的方式和数额。

企业、事业单位给予发明人或者设计人的奖励、报酬，按照国家有关财务、会计制度的规定进行处理。

第七十七条　被授予专利权的单位未与发明人、设计人约定也未在其依法制定的规章制度中规定专利法第十六条规定的奖励的方式和数额的，应当自专利权公告之日起3个月内发给发明人或者设计人奖金。一项发明专利的奖金最低不少于3000元；一项实用新型专利或者外观设计专利的奖金最低不少于1000元。

由于发明人或者设计人的建议被其所属单位采纳而完成的发明创造，被授予专利权的单位应当从优发给奖金。

第七十八条　被授予专利权的单位未与发明人、设计人约定也未在其依法制定的规章制度中规定专利法第十六条规定的报酬的方式和数额的，在专利权有效期限内，实施发明创造专利后，每年应当从实施该项发明或者实用新型专利的营业利润中提取不低于2%或者从实施该项外观设计专利的营业利润中提取不低于0.2%，作为报酬给予发明人或者设计人，或者参照上述比例，给予发明人或者设计人一次性报酬；被授予专利权的单位许可其他单位或者个人实施其专利的，应当从收取的使用费中提取不低于10%，作为报酬给予发明人或者设计人。

168. 其他科技成果权纠纷

法律条文及规范索引

《中华人民共和国民法典》（2021年1月1日施行）

第一百二十三条　民事主体依法享有知识产权。

知识产权是权利人依法就下列客体享有的专有的权利：

（一）作品；

（二）发明、实用新型、外观设计；

（三）商标；

（四）地理标志；

（五）商业秘密；

（六）集成电路布图设计；

（七）植物新品种；

（八）法律规定的其他客体。

《中华人民共和国促进科技成果转化法》（2015年8月29日修正）

第十六条　科技成果持有者可以采用下列方式进行科技成果转化：

（一）自行投资实施转化；

（二）向他人转让该科技成果；

（三）许可他人使用该科技成果；

（四）以该科技成果作为合作条件，与他人共同实施转化；

（五）以该科技成果作价投资，折算股份或者出资比例；

（六）其他协商确定的方式。

第四十条　科技成果完成单位与其他单位合作进行科技成果转化的，应当依法由合同约定该科技成果有关权益的归属。合同未作约定的，按照下列原则办理：

（一）在合作转化中无新的发明创造的，该科技成果的权益，归该科技成果完成单位；

（二）在合作转化中产生新的发明创造的，该新发明创造的权益归合作各方共有；

（三）对合作转化中产生的科技成果，各方都有实施该项科技成果的权利，转让该科技成果应经合作各方同意。

第四十一条　科技成果完成单位与其他单位合作进行科技成果转化的，合作各方应当就保守技术秘密达成协议；当事人不得违反协议或者违反权利人有关保守技术秘密的要求，披露、允许他人使用该技术。

169. 确认不侵害知识产权纠纷

（1）确认不侵害专利权纠纷

（2）确认不侵害商标权纠纷

（3）确认不侵害著作权纠纷

（4）确认不侵害植物新品种权纠纷

（5）确认不侵害集成电路布图设计专用权纠纷

（6）确认不侵害计算机软件著作权纠纷

法律条文及规范索引

《最高人民法院关于审理侵犯专利权纠纷案件应用法律若干问题的解释》（法释〔2009〕21号　2009年12月28日）

第十八条　权利人向他人发出侵犯专利权的警告，被警告人或者利害关系人经书面催告权利人行使诉权，自权利人收到该书面催告之日起一个月内或者自书面催告发出之日起二个月内，权利人不撤回警告也不提起诉讼，被警告人或者利害关系人向人民法院提起请求确认其行为不侵犯专利权的诉讼的，人民法院应当受理。

170. 因申请知识产权临时措施损害责任纠纷

（1）因申请诉前停止侵害专利权损害责任纠纷
（2）因申请诉前停止侵害注册商标专用权损害责任纠纷
（3）因申请诉前停止侵害著作权损害责任纠纷
（4）因申请诉前停止侵害植物新品种权损害责任纠纷
（5）因申请海关知识产权保护措施损害责任纠纷
（6）因申请诉前停止侵害计算机软件著作权损害责任纠纷
（7）因申请诉前停止侵害集成电路布图设计专用权损害责任纠纷

法律条文及规范索引

《中华人民共和国民事诉讼法》（2017年6月27日修正）

第一百条 人民法院对于可能因当事人一方的行为或者其他原因，使判决难以执行或者造成当事人其他损害的案件，根据对方当事人的申请，可以裁定对其财产进行保全、责令其作出一定行为或者禁止其作出一定行为；当事人没有提出申请的，人民法院在必要时也可以裁定采取保全措施。

人民法院采取保全措施，可以责令申请人提供担保，申请人不提供担保的，裁定驳回申请。

人民法院接受申请后，对情况紧急的，必须在四十八小时内作出裁定；裁定采取保全措施的，应当立即开始执行。

第一百零一条 利害关系人因情况紧急，不立即申请保全将会使其合法权益受到难以弥补的损害的，可以在提起诉讼或者申请仲裁前向被保全财产所在地、被申请人住所地或者对案件有管辖权的人民法院申请采取保全措施。申请人应当提供担保，不提供担保的，裁定驳回申请。

人民法院接受申请后，必须在四十八小时内作出裁定；裁定采取保全措施的，应当立即开始执行。

申请人在人民法院采取保全措施后三十日内不依法提起诉讼或者申请仲裁的，人民法院应当解除保全。

第一百零二条　保全限于请求的范围，或者与本案有关的财物。

第一百零三条　财产保全采取查封、扣押、冻结或者法律规定的其他方法。人民法院保全财产后，应当立即通知被保全财产的人。

财产已被查封、冻结的，不得重复查封、冻结。

第一百零四条　财产纠纷案件，被申请人提供担保的，人民法院应当裁定解除保全。

第一百零五条　申请有错误的，申请人应当赔偿被申请人因保全所遭受的损失。

《中华人民共和国商标法》（2019 年 4 月 23 日修正）

第六十五条　商标注册人或者利害关系人有证据证明他人正在实施或者即将实施侵犯其注册商标专用权的行为，如不及时制止将会使其合法权益受到难以弥补的损害的，可以依法在起诉前向人民法院申请采取责令停止有关行为和财产保全的措施。

第六十六条　为制止侵权行为，在证据可能灭失或者以后难以取得的情况下，商标注册人或者利害关系人可以依法在起诉前向人民法院申请保全证据。

《集成电路布图设计保护条例》（2001 年 10 月 1 日施行）

第三十二条　布图设计权利人或者利害关系人有证据证明他人正在实施或者即将实施侵犯其专有权的行为，如不及时制止将会使其合法权益受到难以弥补的损害的，可以在起诉前依法向人民法院申请采取责令停止有关行为和财产保全的措施。

《知识产权海关保护条例》（2018 年 3 月 19 日修订）

第二十八条　海关接受知识产权保护备案和采取知识产权保护措施的申请后，因知识产权权利人未提供确切情况而未能发现侵权货物、未能及时采取保护措施或者采取保护措施不力的，由知识产权权利人自行承担责任。

知识产权权利人请求海关扣留侵权嫌疑货物后，海关不能认定被扣留的侵权嫌疑货物侵犯知识产权权利人的知识产权，或者人民法院判定不侵犯知识产权权利人的知识产权的，知识产权权利人应当依法承担赔偿责任。

《最高人民法院关于审查知识产权纠纷行为保全案件适用法律若干问题的规定》（法释〔2018〕21号　2018年12月12日）

第二条　知识产权纠纷的当事人在判决、裁定或者仲裁裁决生效前，依据民事诉讼法第一百条、第一百零一条规定申请行为保全的，人民法院应当受理。

知识产权许可合同的被许可人申请诉前责令停止侵害知识产权行为的，独占许可合同的被许可人可以单独向人民法院提出申请；排他许可合同的被许可人在权利人不申请的情况下，可以单独提出申请；普通许可合同的被许可人经权利人明确授权以自己的名义起诉的，可以单独提出申请。

第四条　向人民法院申请行为保全，应当递交申请书和相应证据。申请书应当载明下列事项：

（一）申请人与被申请人的身份、送达地址、联系方式；

（二）申请采取行为保全措施的内容和期限；

（三）申请所依据的事实、理由，包括被申请人的行为将会使申请人的合法权益受到难以弥补的损害或者造成案件裁决难以执行等损害的具体说明；

（四）为行为保全提供担保的财产信息或资信证明，或者不需要提供担保的理由；

（五）其他需要载明的事项。

第五条　人民法院裁定采取行为保全措施前，应当询问申请人和被申请人，但因情况紧急或者询问可能影响保全措施执行等情形除外。

人民法院裁定采取行为保全措施或者裁定驳回申请的，应当向申请人、被申请人送达裁定书。向被申请人送达裁定书可能影响采取保全措施的，人民法院可以在采取保全措施后及时向被申请人送达裁定书，至迟不得超过五日。

当事人在仲裁过程中申请行为保全的，应当通过仲裁机构向人民法院提交申请书、仲裁案件受理通知书等相关材料。人民法院裁定采取行为保全措施或者裁定驳回申请的，应当将裁定书送达当事人，并通知仲裁机构。

第六条　有下列情况之一，不立即采取行为保全措施即足以损害申请人利益的，应当认定属于民事诉讼法第一百条、第一百零一条规定的“情况紧急”：

（一）申请人的商业秘密即将被非法披露；

（二）申请人的发表权、隐私权等人身权利即将受到侵害；

（三）诉争的知识产权即将被非法处分；

（四）申请人的知识产权在展销会等时效性较强的场合正在或者即将受到侵害；

（五）时效性较强的热播节目正在或者即将受到侵害；

（六）其他需要立即采取行为保全措施的情况。

第七条　人民法院审查行为保全申请，应当综合考量下列因素：

（一）申请人的请求是否具有事实基础和法律依据，包括请求保护的知识产权效力是否稳定；

（二）不采取行为保全措施是否会使申请人的合法权益受到难以弥补的损害或者造成案件裁决难以执行等损害；

（三）不采取行为保全措施对申请人造成的损害是否超过采取行为保全措施对被申请人造成的损害；

（四）采取行为保全措施是否损害社会公共利益；

（五）其他应当考量的因素。

第八条　人民法院审查判断申请人请求保护的知识产权效力是否稳定，应当综合考量下列因素：

（一）所涉权利的类型或者属性；

（二）所涉权利是否经过实质审查；

（三）所涉权利是否处于宣告无效或者撤销程序中以及被宣告无效或者撤销的可能性；

（四）所涉权利是否存在权属争议；

（五）其他可能导致所涉权利效力不稳定的因素。

第九条　申请人以实用新型或者外观设计专利权为依据申请行为保全的，应当提交由国务院专利行政部门作出的检索报告、专利权评价报告或者专利复审委员会维持该专利权有效的决定。申请人无正当理由拒不提交的，人民法院应当裁定驳回其申请。

第十条　在知识产权与不正当竞争纠纷行为保全案件中，有下列情形之一的，应当认定属于民事诉讼法第一百零一条规定的“难以弥补的损害”：

（一）被申请人的行为将会侵害申请人享有的商誉或者发表权、隐私权等人身性质的权利且造成无法挽回的损害；

（二）被申请人的行为将会导致侵权行为难以控制且显著增加申请人

损害；

（三）被申请人的侵害行为将会导致申请人的相关市场份额明显减少；

（四）对申请人造成其他难以弥补的损害。

第十一条 申请人申请行为保全的，应当依法提供担保。

申请人提供的担保数额，应当相当于被申请人可能因执行行为保全措施所遭受的损失，包括责令停止侵权行为所涉产品的销售收益、保管费用等合理损失。

在执行行为保全措施过程中，被申请人可能因此遭受的损失超过申请人担保数额的，人民法院可以责令申请人追加相应的担保。申请人拒不追加的，可以裁定解除或者部分解除保全措施。

第十二条 人民法院采取的行为保全措施，一般不因被申请人提供担保而解除，但是申请人同意的除外。

第十三条 人民法院裁定采取行为保全措施的，应当根据申请人的请求或者案件具体情况等因素合理确定保全措施的期限。

裁定停止侵害知识产权行为的效力，一般应当维持至案件裁判生效时止。

人民法院根据申请人的请求、追加担保等情况，可以裁定继续采取保全措施。申请人请求续行保全措施的，应当在期限届满前七日内提出。

第十四条 当事人不服行为保全裁定申请复议的，人民法院应当在收到复议申请后十日内审查并作出裁定。

第十五条 人民法院采取行为保全的方法和措施，依照执行程序相关规定处理。

第十六条 有下列情形之一的，应当认定属于民事诉讼法第一百零五条规定的“申请有错误”：

（一）申请人在采取行为保全措施后三十日内不依法提起诉讼或者申请仲裁；

（二）行为保全措施因请求保护的知识产权被宣告无效等原因自始不当；

（三）申请责令被申请人停止侵害知识产权或者不正当竞争，但生效裁判认定不构成侵权或者不正当竞争；

（四）其他属于申请有错误的情形。

第十七条 当事人申请解除行为保全措施，人民法院收到申请后经审查符合《最高人民法院关于适用〈中华人民共和国民事诉讼法〉的解释》第一百六十六条规定的情形的，应当在五日内裁定解除。

申请人撤回行为保全申请或者申请解除行为保全措施的，不因此免除民事诉讼法第一百零五条规定的赔偿责任。

第十八条　被申请人依据民事诉讼法第一百零五条规定提起赔偿诉讼，申请人申请诉前行为保全后没有起诉或者当事人约定仲裁的，由采取保全措施的人民法院管辖；申请人已经起诉的，由受理起诉的人民法院管辖。

第十九条　申请人同时申请行为保全、财产保全或者证据保全的，人民法院应当依法分别审查不同类型保全申请是否符合条件，并作出裁定。

为避免被申请人实施转移财产、毁灭证据等行为致使保全目的无法实现，人民法院可以根据案件具体情况决定不同类型保全措施的执行顺序。

171. 因恶意提起知识产权诉讼损害责任纠纷

法律条文及规范索引

《中华人民共和国民法典》（2021 年 1 月 1 日施行）

第一百七十六条　民事主体依照法律规定或者按照当事人约定，履行民事义务，承担民事责任。

《中华人民共和国专利法》（2020 年 10 月 17 日修正）

第四十七条　宣告无效的专利权视为自始即不存在。

宣告专利权无效的决定，对在宣告专利权无效前人民法院作出并已执行的专利侵权的判决、调解书，已经履行或者强制执行的专利侵权纠纷处理决定，以及已经履行的专利实施许可合同和专利权转让合同，不具有追溯力。但是因专利权人的恶意给他人造成的损失，应当给予赔偿。

依照前款规定不返还专利侵权赔偿金、专利使用费、专利权转让费，明显违反公平原则的，应当全部或者部分返还。

《中华人民共和国民事诉讼法》（2017 年 6 月 27 日修正）

第一百一十二条　当事人之间恶意串通，企图通过诉讼、调解等方式侵害他人合法权益的，人民法院应当驳回其请求，并根据情节轻重予以罚款、拘留；构成犯罪的，依法追究刑事责任。

《最高人民法院关于适用〈中华人民共和国民事诉讼法〉的解释》（法释〔2015〕5号　2020年12月23日修正）

第一百九十条　民事诉讼法第一百一十二条规定的他人合法权益，包括案外人的合法权益、国家利益、社会公共利益。

第三人根据民事诉讼法第五十六条第三款规定提起撤销之诉，经审查，原案当事人之间恶意串通进行虚假诉讼的，适用民事诉讼法第一百一十二条规定处理。

第一百九十一条　单位有民事诉讼法第一百一十二条或者第一百一十三条规定行为的，人民法院应当对该单位进行罚款，并可以对其主要负责人或者直接责任人员予以罚款、拘留；构成犯罪的，依法追究刑事责任。

172. 专利权宣告无效后返还费用纠纷

法律条文及规范索引

《中华人民共和国专利法》（2020年10月17日修正）

第四十七条　宣告无效的专利权视为自始即不存在。

宣告专利权无效的决定，对在宣告专利权无效前人民法院作出并已执行的专利侵权的判决、调解书，已经履行或者强制执行的专利侵权纠纷处理决定，以及已经履行的专利实施许可合同和专利权转让合同，不具有追溯力。但是因专利权人的恶意给他人造成的损失，应当给予赔偿。

依照前款规定不返还专利侵权赔偿金、专利使用费、专利权转让费，明显违反公平原则的，应当全部或者部分返还。

十五、不正当竞争纠纷

经营者在生产经营活动中，应当遵循自愿、平等、公平、诚信的原则，遵守法律和商业道德。不正当竞争行为，是指经营者在生产经营活动中，违反法律规定，扰乱市场竞争秩序，损害其他经营者或者消费者的合法权益的行为。不正当竞争纠纷就是指经营者之间或者经营者和消费者之间因不正当竞争行为而产生的纠纷。

此次案由修改中，在第二级案由“十五、不正当竞争纠纷”项下：增加“182. 网络不正当竞争纠纷”。在第三级案由“173. 仿冒纠纷”项下：变更“（1）擅自使用知名商品特有名称、包装、装潢纠纷”为“（1）擅自使用与他人有一定影响的商品名称、包装、装潢等相同或者近似的标识纠纷”，变更“（2）擅自使用他人企业名称、姓名纠纷”为“（2）擅自使用他人有一定影响的企业名称、社会组织名称、姓名纠纷”；删去“（3）伪造、冒用产品质量标志纠纷”“（4）伪造产地纠纷”；增加“（3）擅自使用他人有一定影响的域名主体部分、网站名称、网页纠纷”。

173. 仿冒纠纷

（1）擅自使用与他人有一定影响的商品名称、包装、装潢等相同或者近似的标识纠纷

（2）擅自使用他人有一定影响的企业名称、社会组织名称、姓名纠纷

（3）擅自使用他人有一定影响的域名主体部分、网站名称、网页纠纷

法律条文及规范索引

《中华人民共和国反不正当竞争法》（2019 年 4 月 23 日修正）

第六条 经营者不得实施下列混淆行为，引人误认为是他人商品或者与他人存在特定联系：

（一）擅自使用与他人有一定影响的商品名称、包装、装潢等相同或者近似的标识；

（二）擅自使用他人有一定影响的企业名称（包括简称、字号等）、社会组织名称（包括简称等）、姓名（包括笔名、艺名、译名等）；

（三）擅自使用他人有一定影响的域名主体部分、网站名称、网页等；

（四）其他足以引人误认为是他人商品或者与他人存在特定联系的混淆行为。

《最高人民法院关于审理不正当竞争民事案件应用法律若干问题的解释》（法释〔2007〕2号 2020年12月23日修正）

第二条 具有区别商品来源的显著特征的商品的名称、包装、装潢，应当认定为反不正当竞争法第五条第（二）项规定的“特有的名称、包装、装潢”。有下列情形之一的，人民法院不认定为知名商品特有的名称、包装、装潢：

（一）商品的通用名称、图形、型号；

（二）仅仅直接表示商品的质量、主要原料、功能、用途、重量、数量及其他特点的商品名称；

（三）仅由商品自身的性质产生的形状，为获得技术效果而需有的商品形状以及使商品具有实质性价值的形状；

（四）其他缺乏显著特征的商品名称、包装、装潢。

前款第（一）、（二）、（四）项规定的情形经过使用取得显著特征的，可以认定为特有的名称、包装、装潢。

知名商品特有的名称、包装、装潢中含有本商品的通用名称、图形、型号，或者直接表示商品的质量、主要原料、功能、用途、重量、数量以及其他特点，或者含有地名，他人因客观叙述商品而正当使用的，不构成不正当竞争行为。

第三条 由经营者营业场所的装饰、营业用具的式样、营业人员的服饰等构成的具有独特风格的整体营业形象，可以认定为反不正当竞争法第五条第（二）项规定的“装潢”。

第四条 足以使相关公众对商品的来源产生误认，包括误认为与知名商品的经营者具有许可使用、关联企业关系等特定联系的，应当认定为反不正当竞争法第五条第（二）项规定的“造成和他人的知名商品相混淆，使购买者误认为是该知名商品”。

在相同商品上使用相同或者视觉上基本无差别的商品名称、包装、装潢，应当视为足以造成和他人知名商品相混淆。

认定与知名商品特有名称、包装、装潢相同或者近似，可以参照商标相同或者近似的判断原则和方法。

第五条 商品的名称、包装、装潢属于商标法第十条第一款规定的不得作为商标使用的标志，当事人请求依照反不正当竞争法第五条第（二）项规定予以保护的，人民法院不予支持。

第六条　企业登记主管机关依法登记注册的企业名称，以及在中国境内进行商业使用的外国（地区）企业名称，应当认定为反不正当竞争法第五条第（三）项规定的“企业名称”。具有一定的市场知名度、为相关公众所知悉的企业名称中的字号，可以认定为反不正当竞争法第五条第（三）项规定的“企业名称”。

在商品经营中使用的自然人的姓名，应当认定为反不正当竞争法第五条第（三）项规定的“姓名”。具有一定的市场知名度、为相关公众所知悉的自然人的笔名、艺名等，可以认定为反不正当竞争法第五条第（三）项规定的“姓名”。

第七条　在中国境内进行商业使用，包括将知名商品特有的名称、包装、装潢或者企业名称、姓名用于商品、商品包装以及商品交易文书上，或者用于广告宣传、展览以及其他商业活动中，应当认定为反不正当竞争法第五条第（二）项、第（三）项规定的“使用”。

第十八条　反不正当竞争法第五条、第九条、第十条、第十四条规定的不正当竞争民事第一审案件，一般由中级人民法院管辖。

各高级人民法院根据本辖区的实际情况，经最高人民法院批准，可以确定若干基层人民法院受理不正当竞争民事第一审案件，已经批准可以审理知识产权民事案件的基层人民法院，可以继续受理。

174. 商业贿赂不正当竞争纠纷

法律条文及规范索引

《中华人民共和国反不正当竞争法》（2019 年 4 月 23 日修正）

第七条　经营者不得采用财物或者其他手段贿赂下列单位或者个人，以谋取交易机会或者竞争优势：

（一）交易相对方的工作人员；

（二）受交易相对方委托办理相关事务的单位或者个人；

（三）利用职权或者影响力影响交易的单位或者个人。

经营者在交易活动中，可以以明示方式向交易相对方支付折扣，或者向中间人支付佣金。经营者向交易相对方支付折扣、向中间人支付佣金的，应当如实入账。接受折扣、佣金的经营者也应当如实入账。

经营者的工作人员进行贿赂的，应当认定为经营者的行为；但是，经营者有证据证明该工作人员的行为与为经营者谋取交易机会或者竞争优势无关的除外。

《最高人民法院关于审理不正当竞争民事案件应用法律若干问题的解释》（法释〔2007〕2号 2020年12月23日修正）

第十八条 反不正当竞争法第五条、第九条、第十条、第十四条规定的不正当竞争民事第一审案件，一般由中级人民法院管辖。

各高级人民法院根据本辖区的实际情况，经最高人民法院批准，可以确定若干基层人民法院受理不正当竞争民事第一审案件，已经批准可以审理知识产权民事案件的基层人民法院，可以继续受理。

175. 虚假宣传纠纷

法律条文及规范索引

《中华人民共和国反不正当竞争法》（2019年4月23日修正）

第八条 经营者不得对其商品的性能、功能、质量、销售状况、用户评价、曾获荣誉等作虚假或者引人误解的商业宣传，欺骗、误导消费者。

经营者不得通过组织虚假交易等方式，帮助其他经营者进行虚假或者引人误解的商业宣传。

《中华人民共和国广告法》（2021年4月29日修订）

第八条 广告中对商品的性能、功能、产地、用途、质量、成分、价格、生产者、有效期限、允诺等或者对服务的内容、提供者、形式、质量、价格、允诺等有表示的，应当准确、清楚、明白。

广告中表明推销的商品或者服务附带赠送的，应当明示所附带赠送商品或者服务的品种、规格、数量、期限和方式。

法律、行政法规规定广告中应当明示的内容，应当显著、清晰表示。

第十一条 广告内容涉及的事项需要取得行政许可的，应当与许可的内容相符合。

广告使用数据、统计资料、调查结果、文摘、引用语等引证内容的，应当真实、准确，并表明出处。引证内容有适用范围和有效期限的，应当明确表示。

第二十八条 广告以虚假或者引人误解的内容欺骗、误导消费者的，构成虚假广告。

广告有下列情形之一的，为虚假广告：

（一）商品或者服务不存在的；

（二）商品的性能、功能、产地、用途、质量、规格、成分、价格、生产者、有效期限、销售状况、曾获荣誉等信息，或者服务的内容、提供者、形式、质量、价格、销售状况、曾获荣誉等信息，以及与商品或者服务有关的允诺等信息与实际情况不符，对购买行为有实质性影响的；

（三）使用虚构、伪造或者无法验证的科研成果、统计资料、调查结果、文摘、引用语等信息作证明材料的；

（四）虚构使用商品或者接受服务的效果的；

（五）以虚假或者引人误解的内容欺骗、误导消费者的其他情形。

《最高人民法院关于审理不正当竞争民事案件应用法律若干问题的解释》（法释〔2007〕2号 2020年12月23日修正）

第八条 经营者具有下列行为之一，足以造成相关公众误解的，可以认定为反不正当竞争法第九条第一款规定的引人误解的虚假宣传行为：

（一）对商品作片面的宣传或者对比的；

（二）将科学上未定论的观点、现象等当作定论的事实用于商品宣传的；

（三）以歧义性语言或者其他引人误解的方式进行商品宣传的。

以明显的夸张方式宣传商品，不足以造成相关公众误解的，不属于引人误解的虚假宣传行为。

人民法院应当根据日常生活经验、相关公众一般注意力、发生误解的事实和被宣传对象的实际情况等因素，对引人误解的虚假宣传行为进行认定。

第十七条 确定反不正当竞争法第十条规定的侵犯商业秘密行为的损害赔偿额，可以参照确定侵犯专利权的损害赔偿额的方法进行；确定反不正当竞争法第五条、第九条、第十四条规定的不正当竞争行为的损害赔偿额，可以参照确定侵犯注册商标专用权的损害赔偿额的方法进行。

因侵权行为导致商业秘密已为公众所知悉的，应当根据该项商业秘密的商业价值确定损害赔偿额。商业秘密的商业价值，根据其研究开发成本、实施该项商业秘密的收益、可得利益、可保持竞争优势的时间等因素确定。

176. 侵害商业秘密纠纷

（1）侵害技术秘密纠纷

（2）侵害经营秘密纠纷

法律条文及规范索引

《中华人民共和国反不正当竞争法》（2019年4月23日修正）

第九条 经营者不得实施下列侵犯商业秘密的行为：

（一）以盗窃、贿赂、欺诈、胁迫、电子侵入或者其他不正当手段获取权利人的商业秘密；

（二）披露、使用或者允许他人使用以前项手段获取的权利人的商业秘密；

（三）违反保密义务或者违反权利人有关保守商业秘密的要求，披露、使用或者允许他人使用其所掌握的商业秘密；

（四）教唆、引诱、帮助他人违反保密义务或者违反权利人有关保守商业秘密的要求，获取、披露、使用或者允许他人使用权利人的商业秘密。

经营者以外的其他自然人、法人和非法人组织实施前款所列违法行为的，视为侵犯商业秘密。

第三人明知或者应知商业秘密权利人的员工、前员工或者其他单位、个人实施本条第一款所列违法行为，仍获取、披露、使用或者允许他人使用该商业秘密的，视为侵犯商业秘密。

本法所称的商业秘密，是指不为公众所知悉、具有商业价值并经权利人采取相应保密措施的技术信息、经营信息等商业信息。

《中华人民共和国劳动合同法》（2012年12月28日修正）

第二十三条 用人单位与劳动者可以在劳动合同中约定保守用人单位的商业秘密和与知识产权相关的保密事项。

对负有保密义务的劳动者，用人单位可以在劳动合同或者保密协议中与劳动者约定竞业限制条款，并约定在解除或者终止劳动合同后，在竞业限制期限内按月给予劳动者经济补偿。劳动者违反竞业限制约定的，应当按照约定向用人单位支付违约金。

第二十四条　竞业限制的人员限于用人单位的高级管理人员、高级技术人员和其他负有保密义务的人员。竞业限制的范围、地域、期限由用人单位与劳动者约定，竞业限制的约定不得违反法律、法规的规定。

在解除或者终止劳动合同后，前款规定的人员到与本单位生产或者经营同类产品、从事同类业务的有竞争关系的其他用人单位，或者自己开业生产或者经营同类产品、从事同类业务的竞业限制期限，不得超过二年。

《最高人民法院关于审理侵犯商业秘密民事案件适用法律若干问题的规定》（法释〔2020〕7 号　2020 年 9 月 10 日）

为正确审理侵犯商业秘密民事案件，根据《中华人民共和国反不正当竞争法》《中华人民共和国民事诉讼法》等有关法律规定，结合审判实际，制定本规定。

第一条　与技术有关的结构、原料、组分、配方、材料、样品、样式、植物新品种繁殖材料、工艺、方法或其步骤、算法、数据、计算机程序及其有关文档等信息，人民法院可以认定构成反不正当竞争法第九条第四款所称的技术信息。

与经营活动有关的创意、管理、销售、财务、计划、样本、招投标材料、客户信息、数据等信息，人民法院可以认定构成反不正当竞争法第九条第四款所称的经营信息。

前款所称的客户信息，包括客户的名称、地址、联系方式以及交易习惯、意向、内容等信息。

第二条　当事人仅以与特定客户保持长期稳定交易关系为由，主张该特定客户属于商业秘密的，人民法院不予支持。

客户基于对员工个人的信赖而与该员工所在单位进行交易，该员工离职后，能够证明客户自愿选择与该员工或者该员工所在的新单位进行交易的，人民法院应当认定该员工没有采用不正当手段获取权利人的商业秘密。

第三条　权利人请求保护的信息在被诉侵权行为发生时不为所属领域的相关人员普遍知悉和容易获得的，人民法院应当认定为反不正当竞争法第九条第四款所称的不为公众所知悉。

第四条　具有下列情形之一的，人民法院可以认定有关信息为公众所知悉：

（一）该信息在所属领域属于一般常识或者行业惯例的；

（二）该信息仅涉及产品的尺寸、结构、材料、部件的简单组合等内容，所属领域的相关人员通过观察上市产品即可直接获得的；

（三）该信息已经在公开出版物或者其他媒体上公开披露的；

（四）该信息已通过公开的报告会、展览等方式公开的；

（五）所属领域的相关人员从其他公开渠道可以获得该信息的。

将为公众所知悉的信息进行整理、改进、加工后形成的新信息，符合本规定第三条规定的，应当认定该新信息不为公众所知悉。

第五条 权利人为防止商业秘密泄露，在被诉侵权行为发生以前所采取的合理保密措施，人民法院应当认定为反不正当竞争法第九条第四款所称的相应保密措施。

人民法院应当根据商业秘密及其载体的性质、商业秘密的商业价值、保密措施的可识别程度、保密措施与商业秘密的对应程度以及权利人的保密意愿等因素，认定权利人是否采取了相应保密措施。

第六条 具有下列情形之一，在正常情况下足以防止商业秘密泄露的，人民法院应当认定权利人采取了相应保密措施：

（一）签订保密协议或者在合同中约定保密义务的；

（二）通过章程、培训、规章制度、书面告知等方式，对能够接触、获取商业秘密的员工、前员工、供应商、客户、来访者等提出保密要求的；

（三）对涉密的厂房、车间等生产经营场所限制来访者或者进行区分管理的；

（四）以标记、分类、隔离、加密、封存、限制能够接触或者获取的人员范围等方式，对商业秘密及其载体进行区分和管理的；

（五）对能够接触、获取商业秘密的计算机设备、电子设备、网络设备、存储设备、软件等，采取禁止或者限制使用、访问、存储、复制等措施的；

（六）要求离职员工登记、返还、清除、销毁其接触或者获取的商业秘密及其载体，继续承担保密义务的；

（七）采取其他合理保密措施的。

第七条 权利人请求保护的信息因不为公众所知悉而具有现实的或者潜在的商业价值的，人民法院经审查可以认定为反不正当竞争法第九条第四款所称的具有商业价值。

生产经营活动中形成的阶段性成果符合前款规定的，人民法院经审查可以认定该成果具有商业价值。

第八条　被诉侵权人以违反法律规定或者公认的商业道德的方式获取权利人的商业秘密的，人民法院应当认定属于反不正当竞争法第九条第一款所称的以其他不正当手段获取权利人的商业秘密。

第九条　被诉侵权人在生产经营活动中直接使用商业秘密，或者对商业秘密进行修改、改进后使用，或者根据商业秘密调整、优化、改进有关生产经营活动的，人民法院应当认定属于反不正当竞争法第九条所称的使用商业秘密。

第十条　当事人根据法律规定或者合同约定所承担的保密义务，人民法院应当认定属于反不正当竞争法第九条第一款所称的保密义务。

当事人未在合同中约定保密义务，但根据诚信原则以及合同的性质、目的、缔约过程、交易习惯等，被诉侵权人知道或者应当知道其获取的信息属于权利人的商业秘密的，人民法院应当认定被诉侵权人对其获取的商业秘密承担保密义务。

第十一条　法人、非法人组织的经营、管理人员以及具有劳动关系的其他人员，人民法院可以认定为反不正当竞争法第九条第三款所称的员工、前员工。

第十二条　人民法院认定员工、前员工是否有渠道或者机会获取权利人的商业秘密，可以考虑与其有关的下列因素：

（一）职务、职责、权限；

（二）承担的本职工作或者单位分配的任务；

（三）参与和商业秘密有关的生产经营活动的具体情形；

（四）是否保管、使用、存储、复制、控制或者以其他方式接触、获取商业秘密及其载体；

（五）需要考虑的其他因素。

第十三条　被诉侵权信息与商业秘密不存在实质性区别的，人民法院可以认定被诉侵权信息与商业秘密构成反不正当竞争法第三十二条第二款所称的实质上相同。

人民法院认定是否构成前款所称的实质上相同，可以考虑下列因素：

（一）被诉侵权信息与商业秘密的异同程度；

（二）所属领域的相关人员在被诉侵权行为发生时是否容易想到被诉侵权信息与商业秘密的区别；

（三）被诉侵权信息与商业秘密的用途、使用方式、目的、效果等是否具有实质性差异；

（四）公有领域中与商业秘密相关信息的情况；

（五）需要考虑的其他因素。

第十四条 通过自行开发研制或者反向工程获得被诉侵权信息的，人民法院应当认定不属于反不正当竞争法第九条规定的侵犯商业秘密行为。

前款所称的反向工程，是指通过技术手段对从公开渠道取得的产品进行拆卸、测绘、分析等而获得该产品的有关技术信息。

被诉侵权人以不正当手段获取权利人的商业秘密后，又以反向工程为由主张未侵犯商业秘密的，人民法院不予支持。

第十五条 被申请人试图或者已经以不正当手段获取、披露、使用或者允许他人使用权利人所主张的商业秘密，不采取行为保全措施会使判决难以执行或者造成当事人其他损害，或者将会使权利人的合法权益受到难以弥补的损害的，人民法院可以依法裁定采取行为保全措施。

前款规定的情形属于民事诉讼法第一百条、第一百零一条所称情况紧急的，人民法院应当在四十八小时内作出裁定。

第十六条 经营者以外的其他自然人、法人和非法人组织侵犯商业秘密，权利人依据反不正当竞争法第十七条的规定主张侵权人应当承担的民事责任的，人民法院应予支持。

第十七条 人民法院对于侵犯商业秘密行为判决停止侵害的民事责任时，停止侵害的时间一般应当持续到该商业秘密已为公众所知悉时为止。

依照前款规定判决停止侵害的时间明显不合理的，人民法院可以在依法保护权利人的商业秘密竞争优势的情况下，判决侵权人在一定期限或者范围内停止使用该商业秘密。

第十八条 权利人请求判决侵权人返还或者销毁商业秘密载体，清除其控制的商业秘密信息的，人民法院一般应予支持。

第十九条 因侵权行为导致商业秘密为公众所知悉的，人民法院依法确定赔偿数额时，可以考虑商业秘密的商业价值。

人民法院认定前款所称的商业价值，应当考虑研究开发成本、实施该项商业秘密的收益、可得利益、可保持竞争优势的时间等因素。

第二十条 权利人请求参照商业秘密许可使用费确定因被侵权所受到的实际损失的，人民法院可以根据许可的性质、内容、实际履行情况以及侵权行为的性质、情节、后果等因素确定。

人民法院依照反不正当竞争法第十七条第四款确定赔偿数额的，可以考虑商业秘密的性质、商业价值、研究开发成本、创新程度、能带来的竞争优势以及侵权人的主观过错、侵权行为的性质、情节、后果等因素。

第二十一条　对于涉及当事人或者案外人的商业秘密的证据、材料，当事人或者案外人书面申请人民法院采取保密措施的，人民法院应当在保全、证据交换、质证、委托鉴定、询问、庭审等诉讼活动中采取必要的保密措施。

违反前款所称的保密措施的要求，擅自披露商业秘密或者在诉讼活动之外使用或者允许他人使用在诉讼中接触、获取的商业秘密的，应当依法承担民事责任。构成民事诉讼法第一百一十一条规定情形的，人民法院可以依法采取强制措施。构成犯罪的，依法追究刑事责任。

第二十二条　人民法院审理侵犯商业秘密民事案件时，对在侵犯商业秘密犯罪刑事诉讼程序中形成的证据，应当按照法定程序，全面、客观地审查。

由公安机关、检察机关或者人民法院保存的与被诉侵权行为具有关联性的证据，侵犯商业秘密民事案件的当事人及其诉讼代理人因客观原因不能自行收集，申请调查收集的，人民法院应当准许，但可能影响正在进行的刑事诉讼程序的除外。

第二十三条　当事人主张依据生效刑事裁判认定的实际损失或者违法所得确定涉及同一侵犯商业秘密行为的民事案件赔偿数额的，人民法院应予支持。

第二十四条　权利人已经提供侵权人因侵权所获得的利益的初步证据，但与侵犯商业秘密行为相关的账簿、资料由侵权人掌握的，人民法院可以根据权利人的申请，责令侵权人提供该账簿、资料。侵权人无正当理由拒不提供或者不如实提供的，人民法院可以根据权利人的主张和提供的证据认定侵权人因侵权所获得的利益。

第二十五条　当事人以涉及同一被诉侵犯商业秘密行为的刑事案件尚未审结为由，请求中止审理侵犯商业秘密民事案件，人民法院在听取当事人意见后认为必须以该刑事案件的审理结果为依据的，应予支持。

第二十六条　对于侵犯商业秘密行为，商业秘密独占使用许可合同的被许可人提起诉讼的，人民法院应当依法受理。

排他使用许可合同的被许可人和权利人共同提起诉讼，或者在权利人不起诉的情况下自行提起诉讼的，人民法院应当依法受理。

普通使用许可合同的被许可人和权利人共同提起诉讼，或者经权利人书面授权单独提起诉讼的，人民法院应当依法受理。

第二十七条 权利人应当在一审法庭辩论结束前明确所主张的商业秘密具体内容。仅能明确部分的，人民法院对该明确的部分进行审理。

权利人在第二审程序中另行主张其在一审中未明确的商业秘密具体内容的，第二审人民法院可以根据当事人自愿的原则就与该商业秘密具体内容有关的诉讼请求进行调解；调解不成的，告知当事人另行起诉。双方当事人均同意由第二审人民法院一并审理的，第二审人民法院可以一并裁判。

第二十八条 人民法院审理侵犯商业秘密民事案件，适用被诉侵权行为发生时的法律。被诉侵权行为在法律修改之前已经发生且持续到法律修改之后的，适用修改后的法律。

第二十九条 本规定自 2020 年 9 月 12 日起施行。最高人民法院以前发布的相关司法解释与本规定不一致的，以本规定为准。

本规定施行后，人民法院正在审理的一审、二审案件适用本规定；施行前已经作出生效裁判的案件，不适用本规定再审。

《最高人民法院关于审理不正当竞争民事案件应用法律若干问题的解释》
（法释〔2007〕2 号　2020 年 12 月 23 日修正）

第九条 有关信息不为其所属领域的相关人员普遍知悉和容易获得，应当认定为反不正当竞争法第十条第三款规定的“不为公众所知悉”。

具有下列情形之一的，可以认定有关信息不构成不为公众所知悉：

（一）该信息为其所属技术或者经济领域的人的一般常识或者行业惯例；

（二）该信息仅涉及产品的尺寸、结构、材料、部件的简单组合等内容，进入市场后相关公众通过观察产品即可直接获得；

（三）该信息已经在公开出版物或者其他媒体上公开披露；

（四）该信息已通过公开的报告会、展览等方式公开；

（五）该信息从其他公开渠道可以获得；

（六）该信息无需付出一定的代价而容易获得。

第十条 有关信息具有现实的或者潜在的商业价值，能为权利人带来竞争优势的，应当认定为反不正当竞争法第十条第三款规定的“能为权利人带来经济利益、具有实用性”。

第十一条 权利人为防止信息泄漏所采取的与其商业价值等具体情况相

适应的合理保护措施，应当认定为反不正当竞争法第十条第三款规定的“保密措施”。

人民法院应当根据所涉信息载体的特性、权利人保密的意愿、保密措施的可识别程度、他人通过正当方式获得的难易程度等因素，认定权利人是否采取了保密措施。

具有下列情形之一，在正常情况下足以防止涉密信息泄漏的，应当认定权利人采取了保密措施：

（一）限定涉密信息的知悉范围，只对必须知悉的相关人员告知其内容；

（二）对于涉密信息载体采取加锁等防范措施；

（三）在涉密信息的载体上标有保密标志；

（四）对于涉密信息采用密码或者代码等；

（五）签订保密协议；

（六）对于涉密的机器、厂房、车间等场所限制来访者或者提出保密要求；

（七）确保信息秘密的其他合理措施。

第十二条　通过自行开发研制或者反向工程等方式获得的商业秘密，不认定为反不正当竞争法第十条第（一）、（二）项规定的侵犯商业秘密行为。

前款所称“反向工程”，是指通过技术手段对从公开渠道取得的产品进行拆卸、测绘、分析等而获得该产品的有关技术信息。当事人以不正当手段知悉了他人的商业秘密之后，又以反向工程为由主张获取行为合法的，不予支持。

第十三条　商业秘密中的客户名单，一般是指客户的名称、地址、联系方式以及交易的习惯、意向、内容等构成的区别于相关公知信息的特殊客户信息，包括汇集众多客户的客户名册，以及保持长期稳定交易关系的特定客户。

客户基于对职工个人的信赖而与职工所在单位进行市场交易，该职工离职后，能够证明客户自愿选择与自己或者其新单位进行市场交易的，应当认定没有采用不正当手段，但职工与原单位另有约定的除外。

《最高人民法院关于审理技术合同纠纷案件适用法律若干问题的解释》

（法释〔2004〕20号　2020年12月23日修正）

第一条　技术成果，是指利用科学技术知识、信息和经验作出的涉及产品、工艺、材料及其改进等的技术方案，包括专利、专利申请、技术秘密、计算机软件、集成电路布图设计、植物新品种等。

技术秘密，是指不为公众所知悉、具有商业价值并经权利人采取保密措施的技术信息。

177. 低价倾销不正当竞争纠纷

法律条文及规范索引

《中华人民共和国反不正当竞争法》（1993 年 12 月 1 日施行）

第十一条[①] 经营者不得以排挤竞争对手为目的，以低于成本的价格销售商品。

有下列情形之一的，不属于不正当竞争行为：

（一）销售鲜活商品；

（二）处理有效期限即将到期的商品或者其他积压的商品；

（三）季节性降价；

（四）因清偿债务、转产、歇业降价销售商品。

178. 捆绑销售不正当竞争纠纷

法律条文及规范索引

《中华人民共和国反不正当竞争法》（1993 年 12 月 1 日施行）

第十二条[②] 经营者销售商品，不得违背购买者的意愿搭售商品或者附加其他不合理的条件。

---

① 《中华人民共和国反不正当竞争法》于 2017 年 11 月 4 日修订时删除了本条规定，关于低价倾销不正当竞争行为，法律上尚未做进一步规定。本书将修订前相关法条列入，供读者参考。

② 《中华人民共和国反不正当竞争法》于 2017 年 11 月 4 日修订时删除了本条规定，关于捆绑销售不正当竞争行为，法律上尚未做进一步规定。本书将修订前相关法条列入，供读者参考。

179. 有奖销售纠纷

法律条文及规范索引

《中华人民共和国反不正当竞争法》（2019 年 4 月 23 日修正）

第十条　经营者进行有奖销售不得存在下列情形：

（一）所设奖的种类、兑奖条件、奖金金额或者奖品等有奖销售信息不明确，影响兑奖；

（二）采用谎称有奖或者故意让内定人员中奖的欺骗方式进行有奖销售；

（三）抽奖式的有奖销售，最高奖的金额超过五万元。

180. 商业诋毁纠纷

法律条文及规范索引

《中华人民共和国反不正当竞争法》（2019 年 4 月 23 日修正）

第十一条　经营者不得编造、传播虚假信息或者误导性信息，损害竞争对手的商业信誉、商品声誉。

《中华人民共和国广告法》（2021 年 4 月 29 日修正）

第十三条　广告不得贬低其他生产经营者的商品或者服务。

181. 串通投标不正当竞争纠纷

法律条文及规范索引

《中华人民共和国招标投标法》（2017 年 12 月 28 日修正）

第三十二条　投标人不得相互串通投标报价，不得排挤其他投标人的公平竞争，损害招标人或者其他投标人的合法权益。

投标人不得与招标人串通投标，损害国家利益、社会公共利益与他人的合法权益。禁止投标人以向招标人或者评标委员会成员行贿的手段谋取中标。

第五十三条 投标人相互串通投标或者与招标人串通投标的，投标人以向招标人或者评标委员会成员行贿的手段谋取中标的，中标无效，处中标项目金额千分之五以上千分之十以下的罚款，对单位直接负责的主管人员和其他直接责任人员处单位罚款数额百分之五以上百分之十以下的罚款；有违法所得的，并处没收违法所得；情节严重的，取消其一年至二年内参加依法必须进行招标的项目的投标资格并予以公告，直至由工商行政管理机关吊销营业执照；构成犯罪的，依法追究刑事责任。给他人造成损失的，依法承担赔偿责任。

182. 网络不正当竞争纠纷

法律条文及规范索引

中华人民共和国反不正当竞争法（2019 年 4 月 23 日修正）

第十二条 经营者利用网络从事生产经营活动，应当遵守本法的各项规定。

经营者不得利用技术手段，通过影响用户选择或者其他方式，实施下列妨碍、破坏其他经营者合法提供的网络产品或者服务正常运行的行为：

（一）未经其他经营者同意，在其合法提供的网络产品或者服务中，插入链接、强制进行目标跳转；

（二）误导、欺骗、强迫用户修改、关闭、卸载其他经营者合法提供的网络产品或者服务；

（三）恶意对其他经营者合法提供的网络产品或者服务实施不兼容；

（四）其他妨碍、破坏其他经营者合法提供的网络产品或者服务正常运行的行为。

第二十四条 经营者违反本法第十二条规定妨碍、破坏其他经营者合法提供的网络产品或者服务正常运行的，由监督检查部门责令停止违法行为，处十万元以上五十万元以下的罚款；情节严重的，处五十万元以上三百万元以下的罚款。

十六、垄断纠纷

垄断行为包括：（一）经营者达成垄断协议；（二）经营者滥用市场支配地位；（三）具有或者可能具有排除、限制竞争效果的经营者集中。

垄断协议，是指两个或者两个以上的经营者（包括行业协会等经营者团体），通过协议或者其他协同一致的行为，实施固定价格、划分市场、限制产量、排挤其他竞争对手等排除、限制竞争的行为。垄断协议纠纷，是指两个或两个以上的经营者，通过协议或者其他协同一致的行为实施排除、限制竞争的行为而引起的纠纷。

滥用市场支配地位，是指经营者获得一定的市场优势地位后滥用这种地位，对市场中的其他主体进行排除或限制竞争的行为。滥用市场支配地位纠纷，是指具有市场支配地位的经营者滥用其市场支配地位，对市场中的其他主体进行排除或限制竞争所引起的纠纷。

经营者集中，是指经营者通过合并、资产购买、股份购买、合同约定（联营、合营）、人事安排、技术控制等方式取得对其他经营者的控制权或者能够对其他经营者施加决定性影响的情形。其中，合并是最重要和最常见的一种经营者集中形式。根据《反垄断法》第20条的规定，经营者集中是指下列情形：（1）经营者合并。（2）经营者通过取得股权或者资产的方式取得对其他经营者的控制权。（3）经营者通过合同等方式取得对其他经营者的控制权或者能够对其他经营者施加决定性影响。经营者集中纠纷，是指经营者通过合并、资产购买、股份购买、合同约定（联营、合营）、人事安排、技术控制等方式取得对其他经营者的控制权或者能够对其他经营者施加决定性影响所引发的纠纷。

183. 垄断协议纠纷

（1）横向垄断协议纠纷

（2）纵向垄断协议纠纷

法律条文及规范索引

《中华人民共和国反垄断法》（2008年8月1日施行）

第十三条 禁止具有竞争关系的经营者达成下列垄断协议：

（一）固定或者变更商品价格；

（二）限制商品的生产数量或者销售数量；

（三）分割销售市场或者原材料采购市场；

（四）限制购买新技术、新设备或者限制开发新技术、新产品；

（五）联合抵制交易；

（六）国务院反垄断执法机构认定的其他垄断协议。

本法所称垄断协议，是指排除、限制竞争的协议、决定或者其他协同行为。

第十四条 禁止经营者与交易相对人达成下列垄断协议：

（一）固定向第三人转售商品的价格；

（二）限定向第三人转售商品的最低价格；

（三）国务院反垄断执法机构认定的其他垄断协议。

第十五条 经营者能够证明所达成的协议属于下列情形之一的，不适用本法第十三条、第十四条的规定：

（一）为改进技术、研究开发新产品的；

（二）为提高产品质量、降低成本、增进效率，统一产品规格、标准或者实行专业化分工的；

（三）为提高中小经营者经营效率，增强中小经营者竞争力的；

（四）为实现节约能源、保护环境、救灾救助等社会公共利益的；

（五）因经济不景气，为缓解销售量严重下降或者生产明显过剩的；

（六）为保障对外贸易和对外经济合作中的正当利益的；

（七）法律和国务院规定的其他情形。

属于前款第一项至第五项情形，不适用本法第十三条、第十四条规定的，经营者还应当证明所达成的协议不会严重限制相关市场的竞争，并且能够使消费者分享由此产生的利益。

第十六条 行业协会不得组织本行业的经营者从事本章禁止的垄断行为。

第五十条 经营者实施垄断行为，给他人造成损失的，依法承担民事责任。

《最高人民法院关于审理因垄断行为引发的民事纠纷案件应用法律若干问题的规定》（法释〔2012〕5号 2020年12月23日修正）

第五条 民事纠纷案件立案时的案由并非垄断纠纷，被告以原告实施了垄断行为为由提出抗辩或者反诉且有证据支持，或者案件需要依据反垄断法作出裁判，但受诉人民法院没有垄断民事纠纷案件管辖权的，应当将案件移送有管辖权的人民法院。

第六条 两个或者两个以上原告因同一垄断行为向有管辖权的同一法院分别提起诉讼的，人民法院可以合并审理。

两个或者两个以上原告因同一垄断行为向有管辖权的不同法院分别提起诉讼的，后立案的法院在得知有关法院先立案的情况后，应当在七日内裁定将案件移送先立案的法院；受移送的法院可以合并审理。被告应当在答辩阶段主动向受诉人民法院提供其因同一行为在其他法院涉诉的相关信息。

第七条 被诉垄断行为属于反垄断法第十三条第一款第一项至第五项规定的垄断协议的，被告应对该协议不具有排除、限制竞争的效果承担举证责任。

第八条 被诉垄断行为属于反垄断法第十七条第一款规定的滥用市场支配地位的，原告应当对被告在相关市场内具有支配地位和其滥用市场支配地位承担举证责任。

被告以其行为具有正当性为由进行抗辩的，应当承担举证责任。

第九条 被诉垄断行为属于公用企业或者其他依法具有独占地位的经营者滥用市场支配地位的，人民法院可以根据市场结构和竞争状况的具体情况，认定被告在相关市场内具有支配地位，但有相反证据足以推翻的除外。

第十条 原告可以以被告对外发布的信息作为证明其具有市场支配地位的证据。被告对外发布的信息能够证明其在相关市场内具有支配地位的，人民法院可以据此作出认定，但有相反证据足以推翻的除外。

第十一条 证据涉及国家秘密、商业秘密、个人隐私或者其他依法应当保密的内容的，人民法院可以依职权或者当事人的申请采取不公开开庭、限制或者禁止复制、仅对代理律师展示、责令签署保密承诺书等保护措施。

第十二条 当事人可以向人民法院申请一至二名具有相应专门知识的人员出庭，就案件的专门性问题进行说明。

第十三条 当事人可以向人民法院申请委托专业机构或者专业人员就案件的专门性问题作出市场调查或者经济分析报告。经人民法院同意，双方当事人可以协商确定专业机构或者专业人员；协商不成的，由人民法院指定。

人民法院可以参照民事诉讼法及相关司法解释有关鉴定意见的规定，对前款规定的市场调查或者经济分析报告进行审查判断。

第十四条 被告实施垄断行为，给原告造成损失的，根据原告的诉讼请求和查明的事实，人民法院可以依法判令被告承担停止侵害、赔偿损失等民事责任。

根据原告的请求，人民法院可以将原告因调查、制止垄断行为所支付的合理开支计入损失赔偿范围。

第十五条 被诉合同内容、行业协会的章程等违反反垄断法或者其他法律、行政法规的强制性规定的，人民法院应当依法认定其无效。但是，该强制性规定不导致该民事法律行为无效的除外。

第十六条 因垄断行为产生的损害赔偿请求权诉讼时效期间，从原告知道或者应当知道权益受到损害以及义务人之日起计算。

原告向反垄断执法机构举报被诉垄断行为的，诉讼时效从其举报之日起中断。反垄断执法机构决定不立案、撤销案件或者决定终止调查的，诉讼时效期间从原告知道或者应当知道不立案、撤销案件或者终止调查之日起重新计算。反垄断执法机构调查后认定构成垄断行为的，诉讼时效期间从原告知道或者应当知道反垄断执法机构认定构成垄断行为的处理决定发生法律效力之日起重新计算。

原告知道或者应当知道权益受到损害以及义务人之日起超过三年，如果起诉时被诉垄断行为仍然持续，被告提出诉讼时效抗辩的，损害赔偿应当自原告向人民法院起诉之日起向前推算三年计算。自权利受到损害之日起超过二十年的，人民法院不予保护，有特殊情况的，人民法院可以根据权利人的申请决定延长。

《禁止垄断协议暂行规定》（2019 年 9 月 1 日施行）

第五条 垄断协议是指排除、限制竞争的协议、决定或者其他协同行为。

协议或者决定可以是书面、口头等形式。

其他协同行为是指经营者之间虽未明确订立协议或者决定，但实质上存在协调一致的行为。

第六条　认定其他协同行为，应当考虑下列因素：

（一）经营者的市场行为是否具有一致性；

（二）经营者之间是否进行过意思联络或者信息交流；

（三）经营者能否对行为的一致性作出合理解释；

（四）相关市场的市场结构、竞争状况、市场变化等情况。

第七条　禁止具有竞争关系的经营者就商品或者服务（以下统称商品）价格达成下列垄断协议：

（一）固定或者变更价格水平、价格变动幅度、利润水平或者折扣、手续费等其他费用；

（二）约定采用据以计算价格的标准公式；

（三）限制参与协议的经营者的自主定价权；

（四）通过其他方式固定或者变更价格。

第八条　禁止具有竞争关系的经营者就限制商品的生产数量或者销售数量达成下列垄断协议：

（一）以限制产量、固定产量、停止生产等方式限制商品的生产数量，或者限制特定品种、型号商品的生产数量；

（二）以限制商品投放量等方式限制商品的销售数量，或者限制特定品种、型号商品的销售数量；

（三）通过其他方式限制商品的生产数量或者销售数量。

第九条　禁止具有竞争关系的经营者就分割销售市场或者原材料采购市场达成下列垄断协议：

（一）划分商品销售地域、市场份额、销售对象、销售收入、销售利润或者销售商品的种类、数量、时间；

（二）划分原料、半成品、零部件、相关设备等原材料的采购区域、种类、数量、时间或者供应商；

（三）通过其他方式分割销售市场或者原材料采购市场。

前款规定中的原材料还包括经营者生产经营所必需的技术和服务。

第十条　禁止具有竞争关系的经营者就限制购买新技术、新设备或者限制开发新技术、新产品达成下列垄断协议：

（一）限制购买、使用新技术、新工艺；

（二）限制购买、租赁、使用新设备、新产品；

（三）限制投资、研发新技术、新工艺、新产品；

（四）拒绝使用新技术、新工艺、新设备、新产品；

（五）通过其他方式限制购买新技术、新设备或者限制开发新技术、新产品。

第十一条 禁止具有竞争关系的经营者就联合抵制交易达成下列垄断协议：

（一）联合拒绝向特定经营者供应或者销售商品；

（二）联合拒绝采购或者销售特定经营者的商品；

（三）联合限定特定经营者不得与其具有竞争关系的经营者进行交易；

（四）通过其他方式联合抵制交易。

第十二条 禁止经营者与交易相对人就商品价格达成下列垄断协议：

（一）固定向第三人转售商品的价格水平、价格变动幅度、利润水平或者折扣、手续费等其他费用；

（二）限定向第三人转售商品的最低价格，或者通过限定价格变动幅度、利润水平或者折扣、手续费等其他费用限定向第三人转售商品的最低价格；

（三）通过其他方式固定转售商品价格或者限定转售商品最低价格。

第十三条 不属于本规定第七条至第十二条所列情形的其他协议、决定或者协同行为，有证据证明排除、限制竞争的，应当认定为垄断协议并予以禁止。

前款规定的垄断协议由市场监管总局负责认定，认定时应当考虑下列因素：

（一）经营者达成、实施协议的事实；

（二）市场竞争状况；

（三）经营者在相关市场中的市场份额及其对市场的控制力；

（四）协议对商品价格、数量、质量等方面的影响；

（五）协议对市场进入、技术进步等方面的影响；

（六）协议对消费者、其他经营者的影响；

（七）与认定垄断协议有关的其他因素。

第十四条 禁止行业协会从事下列行为：

（一）制定、发布含有排除、限制竞争内容的行业协会章程、规则、决定、通知、标准等；

（二）召集、组织或者推动本行业的经营者达成含有排除、限制竞争内容的协议、决议、纪要、备忘录等；

（三）其他组织本行业经营者达成或者实施垄断协议的行为。

本规定所称行业协会是指由同行业经济组织和个人组成，行使行业服务和自律管理职能的各种协会、学会、商会、联合会、促进会等社会团体法人。

184. 滥用市场支配地位纠纷

（1）垄断定价纠纷

（2）掠夺定价纠纷

（3）拒绝交易纠纷

（4）限定交易纠纷

（5）捆绑交易纠纷

（6）差别待遇纠纷

法律条文及规范索引

《中华人民共和国反垄断法》（2008年8月1日施行）

第十七条　禁止具有市场支配地位的经营者从事下列滥用市场支配地位的行为：

（一）以不公平的高价销售商品或者以不公平的低价购买商品；

（二）没有正当理由，以低于成本的价格销售商品；

（三）没有正当理由，拒绝与交易相对人进行交易；

（四）没有正当理由，限定交易相对人只能与其进行交易或者只能与其指定的经营者进行交易；

（五）没有正当理由搭售商品，或者在交易时附加其他不合理的交易条件；

（六）没有正当理由，对条件相同的交易相对人在交易价格等交易条件上实行差别待遇；

（七）国务院反垄断执法机构认定的其他滥用市场支配地位的行为。

本法所称市场支配地位，是指经营者在相关市场内具有能够控制商品价格、数量或者其他交易条件，或者能够阻碍、影响其他经营者进入相关市场能力的市场地位。

第十八条 认定经营者具有市场支配地位，应当依据下列因素：

（一）该经营者在相关市场的市场份额，以及相关市场的竞争状况；

（二）该经营者控制销售市场或者原材料采购市场的能力；

（三）该经营者的财力和技术条件；

（四）其他经营者对该经营者在交易上的依赖程度；

（五）其他经营者进入相关市场的难易程度；

（六）与认定该经营者市场支配地位有关的其他因素。

第十九条 有下列情形之一的，可以推定经营者具有市场支配地位：

（一）一个经营者在相关市场的市场份额达到二分之一的；

（二）两个经营者在相关市场的市场份额合计达到三分之二的；

（三）三个经营者在相关市场的市场份额合计达到四分之三的。

有前款第二项、第三项规定的情形，其中有的经营者市场份额不足十分之一的，不应当推定该经营者具有市场支配地位。

被推定具有市场支配地位的经营者，有证据证明不具有市场支配地位的，不应当认定其具有市场支配地位。

第五十条 经营者实施垄断行为，给他人造成损失的，依法承担民事责任。

《最高人民法院关于审理因垄断行为引发的民事纠纷案件应用法律若干问题的规定》（法释〔2012〕5号 2020年12月23日修正）

第一条 本规定所称因垄断行为引发的民事纠纷案件（以下简称垄断民事纠纷案件），是指因垄断行为受到损失以及因合同内容、行业协会的章程等违反反垄断法而发生争议的自然人、法人或者非法人组织，向人民法院提起的民事诉讼案件。

第二条 原告直接向人民法院提起民事诉讼，或者在反垄断执法机构认定构成垄断行为的处理决定发生法律效力后向人民法院提起民事诉讼，并符合法律规定的其他受理条件的，人民法院应当受理。

第三条 第一审垄断民事纠纷案件，由知识产权法院，省、自治区、直辖市人民政府所在地的市、计划单列市中级人民法院以及最高人民法院指定的中级人民法院管辖。

第四条 垄断民事纠纷案件的地域管辖，根据案件具体情况，依照民事诉讼法及相关司法解释有关侵权纠纷、合同纠纷等的管辖规定确定。

第五条 民事纠纷案件立案时的案由并非垄断纠纷，被告以原告实施了垄断行为为由提出抗辩或者反诉且有证据支持，或者案件需要依据反垄断法作出裁判，但受诉人民法院没有垄断民事纠纷案件管辖权的，应当将案件移送有管辖权的人民法院。

第六条 两个或者两个以上原告因同一垄断行为向有管辖权的同一法院分别提起诉讼的，人民法院可以合并审理。

两个或者两个以上原告因同一垄断行为向有管辖权的不同法院分别提起诉讼的，后立案的法院在得知有关法院先立案的情况后，应当在七日内裁定将案件移送先立案的法院；受移送的法院可以合并审理。被告应当在答辩阶段主动向受诉人民法院提供其因同一行为在其他法院涉诉的相关信息。

第七条 被诉垄断行为属于反垄断法第十三条第一款第一项至第五项规定的垄断协议的，被告应对该协议不具有排除、限制竞争的效果承担举证责任。

第八条 被诉垄断行为属于反垄断法第十七条第一款规定的滥用市场支配地位的，原告应当对被告在相关市场内具有支配地位和其滥用市场支配地位承担举证责任。

被告以其行为具有正当性为由进行抗辩的，应当承担举证责任。

第九条 被诉垄断行为属于公用企业或者其他依法具有独占地位的经营者滥用市场支配地位的，人民法院可以根据市场结构和竞争状况的具体情况，认定被告在相关市场内具有支配地位，但有相反证据足以推翻的除外。

第十条 原告可以以被告对外发布的信息作为证明其具有市场支配地位的证据。被告对外发布的信息能够证明其在相关市场内具有支配地位的，人民法院可以据此作出认定，但有相反证据足以推翻的除外。

第十一条 证据涉及国家秘密、商业秘密、个人隐私或者其他依法应当保密的内容的，人民法院可以依职权或者当事人的申请采取不公开开庭、限制或者禁止复制、仅对代理律师展示、责令签署保密承诺书等保护措施。

第十二条 当事人可以向人民法院申请一至二名具有相应专门知识的人员出庭，就案件的专门性问题进行说明。

第十三条 当事人可以向人民法院申请委托专业机构或者专业人员就案

件的专门性问题作出市场调查或者经济分析报告。经人民法院同意，双方当事人可以协商确定专业机构或者专业人员；协商不成的，由人民法院指定。

人民法院可以参照民事诉讼法及相关司法解释有关鉴定意见的规定，对前款规定的市场调查或者经济分析报告进行审查判断。

第十四条　被告实施垄断行为，给原告造成损失的，根据原告的诉讼请求和查明的事实，人民法院可以依法判令被告承担停止侵害、赔偿损失等民事责任。

根据原告的请求，人民法院可以将原告因调查、制止垄断行为所支付的合理开支计入损失赔偿范围。

第十五条　被诉合同内容、行业协会的章程等违反反垄断法或者其他法律、行政法规的强制性规定的，人民法院应当依法认定其无效。但是，该强制性规定不导致该民事法律行为无效的除外。

第十六条　因垄断行为产生的损害赔偿请求权诉讼时效期间，从原告知道或者应当知道权益受到损害以及义务人之日起计算。

原告向反垄断执法机构举报被诉垄断行为的，诉讼时效从其举报之日起中断。反垄断执法机构决定不立案、撤销案件或者决定终止调查的，诉讼时效期间从原告知道或者应当知道不立案、撤销案件或者终止调查之日起重新计算。反垄断执法机构调查后认定构成垄断行为的，诉讼时效期间从原告知道或者应当知道反垄断执法机构认定构成垄断行为的处理决定发生法律效力之日起重新计算。

原告知道或者应当知道权益受到损害以及义务人之日起超过三年，如果起诉时被诉垄断行为仍然持续，被告提出诉讼时效抗辩的，损害赔偿应当自原告向人民法院起诉之日起向前推算三年计算。自权利受到损害之日起超过二十年的，人民法院不予保护，有特殊情况的，人民法院可以根据权利人的申请决定延长。

185. 经营者集中纠纷

法律条文及规范索引

《国务院关于经营者集中申报标准的规定》（国务院令第703号，2018年9月18日修正）

第一条　为了明确经营者集中的申报标准，根据《中华人民共和国反垄断法》，制定本规定。

第二条　经营者集中是指下列情形：

（一）经营者合并；

（二）经营者通过取得股权或者资产的方式取得对其他经营者的控制权；

（三）经营者通过合同等方式取得对其他经营者的控制权或者能够对其他经营者施加决定性影响。

第三条　经营者集中达到下列标准之一的，经营者应当事先向国务院反垄断执法机构申报，未申报的不得实施集中：

（一）参与集中的所有经营者上一会计年度在全球范围内的营业额合计超过100亿元人民币，并且其中至少两个经营者上一会计年度在中国境内的营业额均超过4亿元人民币；

（二）参与集中的所有经营者上一会计年度在中国境内的营业额合计超过20亿元人民币，并且其中至少两个经营者上一会计年度在中国境内的营业额均超过4亿元人民币。

营业额的计算，应当考虑银行、保险、证券、期货等特殊行业、领域的实际情况，具体办法由国务院反垄断执法机构会同国务院有关部门制定。

第四条　经营者集中未达到本规定第三条规定的申报标准，但按照规定程序收集的事实和证据表明该经营者集中具有或者可能具有排除、限制竞争效果的，国务院反垄断执法机构应当依法进行调查。

第五条　本规定自公布之日起施行。

《经营者集中审查暂行规定》（国家市场监督管理总局令第 30 号 2020 年 12 月 1 日）

第一章 总 则

第一条 为规范经营者集中反垄断审查工作，根据《中华人民共和国反垄断法》（以下简称反垄断法）和《国务院关于经营者集中申报标准的规定》，制定本规定。

第二条 国家市场监督管理总局（以下简称市场监管总局）负责经营者集中反垄断审查工作，并对违法实施的经营者集中进行调查处理。

市场监管总局根据工作需要，可以委托省、自治区、直辖市市场监管部门实施经营者集中审查。

第三条 本规定所称经营者集中，是指反垄断法第二十条所规定的下列情形：

（一）经营者合并；

（二）经营者通过取得股权或者资产的方式取得对其他经营者的控制权；

（三）经营者通过合同等方式取得对其他经营者的控制权或者能够对其他经营者施加决定性影响。

第四条 判断经营者是否通过交易取得对其他经营者的控制权或者能够对其他经营者施加决定性影响，应当考虑下列因素：

（一）交易的目的和未来的计划；

（二）交易前后其他经营者的股权结构及其变化；

（三）其他经营者股东大会的表决事项及其表决机制，以及其历史出席率和表决情况；

（四）其他经营者董事会或者监事会的组成及其表决机制；

（五）其他经营者高级管理人员的任免等；

（六）其他经营者股东、董事之间的关系，是否存在委托行使投票权、一致行动人等；

（七）该经营者与其他经营者是否存在重大商业关系、合作协议等；

（八）其他应当考虑的因素。

第五条 市场监管总局开展经营者集中反垄断审查工作时，应当平等对待所有经营者。

第二章 经营者集中申报

第六条 经营者集中达到国务院规定的申报标准（以下简称申报标准）

的，经营者应当事先向市场监管总局申报，未申报的不得实施集中。

经营者集中未达到申报标准，但按照规定程序收集的事实和证据表明该经营者集中具有或者可能具有排除、限制竞争效果的，市场监管总局应当依法进行调查。

第七条　营业额包括相关经营者上一会计年度内销售产品和提供服务所获得的收入，扣除相关税金及附加。

第八条　参与集中的经营者的营业额，应当为该经营者以及申报时与该经营者存在直接或者间接控制关系的所有经营者的营业额总和，但是不包括上述经营者之间的营业额。

经营者取得其他经营者的组成部分时，出让方不再对该组成部分拥有控制权或者不能施加决定性影响的，目标经营者的营业额仅包括该组成部分的营业额。

参与集中的经营者之间或者参与集中的经营者和未参与集中的经营者之间有共同控制的其他经营者时，参与集中的经营者的营业额应当包括被共同控制的经营者与第三方经营者之间的营业额，且此营业额只计算一次。

金融业经营者营业额的计算，按照金融业经营者集中申报营业额计算相关规定执行。

第九条　相同经营者之间在两年内多次实施的未达到申报标准的经营者集中，应当视为一次集中，集中时间从最后一次交易算起，参与集中的经营者的营业额应当将多次交易合并计算。经营者通过与其有控制关系的其他经营者实施上述行为，依照本规定处理。

前款所称两年内是指从第一次交易完成之日起至最后一次交易签订协议之日止的期间。

第十条　市场监管总局加强对经营者集中申报的指导。在正式申报前，经营者可以以书面方式就集中申报事宜向市场监管总局提出商谈的具体问题。

第十一条　通过合并方式实施的经营者集中，合并各方均为申报义务人；其他情形的经营者集中，取得控制权或者能够施加决定性影响的经营者为申报义务人，其他经营者予以配合。

同一项经营者集中有多个申报义务人的，可以委托一个申报义务人申报。被委托的申报义务人未申报的，其他申报义务人不能免除申报义务。申报义务人未申报的，其他参与集中的经营者可以提出申报。

申报人可以自行申报，也可以依法委托他人代理申报。

第十二条 申报文件、资料应当包括如下内容：

（一）申报书。申报书应当载明参与集中的经营者的名称、住所、经营范围、预定实施集中的日期，并附申报人身份证件或者注册登记文件，境外申报人还须提交当地公证机关的公证文件和相关的认证文件。委托代理人申报的，应当提交授权委托书。

（二）集中对相关市场竞争状况影响的说明。包括集中交易概况；相关市场界定；参与集中的经营者在相关市场的市场份额及其对市场的控制力；主要竞争者及其市场份额；市场集中度；市场进入；行业发展现状；集中对市场竞争结构、行业发展、技术进步、国民经济发展、消费者以及其他经营者的影响；集中对相关市场竞争影响的效果评估及依据。

（三）集中协议。包括各种形式的集中协议文件，如协议书、合同以及相应的补充文件等。

（四）参与集中的经营者经会计师事务所审计的上一会计年度财务会计报告。

（五）市场监管总局要求提交的其他文件、资料。

申报人应当对申报文件、资料的真实性负责。

第十三条 申报人应当对申报文件、资料中的商业秘密、未披露信息或者保密商务信息进行标注，并且同时提交申报文件、资料的公开版本和保密版本。申报文件、资料应当使用中文。

第十四条 市场监管总局应当对申报人提交的文件、资料进行核查，发现申报文件、资料不完备的，可以要求申报人在规定期限内补交。申报人逾期未补交的，视为未申报。

第十五条 市场监管总局经核查认为申报文件、资料符合法定要求的，应当自收到完备的申报文件、资料之日予以立案并书面通知申报人。

第十六条 经营者集中未达到申报标准，参与集中的经营者自愿提出经营者集中申报，市场监管总局收到申报文件、资料后经审查认为有必要立案的，应当按照反垄断法予以立案审查并作出决定。

第十七条 符合下列情形之一的，经营者可以作为简易案件申报，市场监管总局按照简易案件程序进行审查：

（一）在同一相关市场，参与集中的经营者所占的市场份额之和小于百分之十五；在上下游市场，参与集中的经营者所占的市场份额均小于百分之二十五；不在同一相关市场也不存在上下游关系的参与集中的经营者，在与交易有关的每个市场所占的市场份额均小于百分之二十五；

（二）参与集中的经营者在中国境外设立合营企业，合营企业不在中国境内从事经济活动的；

（三）参与集中的经营者收购境外企业股权或者资产，该境外企业不在中国境内从事经济活动的；

（四）由两个以上经营者共同控制的合营企业，通过集中被其中一个或者一个以上经营者控制的。

第十八条　符合本规定第十七条但存在下列情形之一的经营者集中，不视为简易案件：

（一）由两个以上经营者共同控制的合营企业，通过集中被其中的一个经营者控制，该经营者与合营企业属于同一相关市场的竞争者，且市场份额之和大于百分之十五的；

（二）经营者集中涉及的相关市场难以界定的；

（三）经营者集中对市场进入、技术进步可能产生不利影响的；

（四）经营者集中对消费者和其他有关经营者可能产生不利影响的；

（五）经营者集中对国民经济发展可能产生不利影响的；

（六）市场监管总局认为可能对市场竞争产生不利影响的其他情形。

第三章　经营者集中审查

第十九条　市场监管总局应当自立案之日起三十日内，对申报的经营者集中进行初步审查，作出是否实施进一步审查的决定，并书面通知经营者。

市场监管总局决定实施进一步审查的，应当自决定之日起九十日内审查完毕，作出是否禁止经营者集中的决定，并书面通知经营者。符合反垄断法第二十六条第二款规定情形的，市场监管总局可以延长本款规定的审查期限，最长不得超过六十日。

第二十条　在市场监管总局作出审查决定之前，申报人要求撤回经营者集中申报的，应当提交书面申请并说明理由。经市场监管总局同意，申报人可以撤回申报。

集中交易情况或者相关市场竞争状况发生重大变化，需要重新申报的，申报人应当申请撤回。

撤回经营者集中申报的，审查程序终止。市场监管总局同意撤回申报不视为对集中的批准。

第二十一条 在审查过程中，市场监管总局可以根据审查需要，要求申报人在规定时限内补充提供相关文件、资料。

申报人可以主动提供有助于对经营者集中进行审查和作出决定的有关文件、资料。

第二十二条 在审查过程中，参与集中的经营者可以通过信函、传真、电子邮件等方式向市场监管总局就有关申报事项进行书面陈述，市场监管总局应当听取当事人的陈述。

第二十三条 在审查过程中，市场监管总局可以根据审查需要，征求有关政府部门、行业协会、经营者、消费者等单位或者个人的意见。

第二十四条 审查经营者集中，应当考虑下列因素：

（一）参与集中的经营者在相关市场的市场份额及其对市场的控制力；

（二）相关市场的市场集中度；

（三）经营者集中对市场进入、技术进步的影响；

（四）经营者集中对消费者和其他有关经营者的影响；

（五）经营者集中对国民经济发展的影响；

（六）应当考虑的影响市场竞争的其他因素。

第二十五条 评估经营者集中的竞争影响，可以考察相关经营者单独或者共同排除、限制竞争的能力、动机及可能性。

集中涉及上下游市场或者关联市场的，可以考察相关经营者利用在一个或者多个市场的控制力，排除、限制其他市场竞争的能力、动机及可能性。

第二十六条 评估参与集中的经营者对市场的控制力，可以考虑参与集中的经营者在相关市场的市场份额、产品或者服务的替代程度、控制销售市场或者原材料采购市场的能力、财力和技术条件，以及相关市场的市场结构、其他经营者的生产能力、下游客户购买能力和转换供应商的能力、潜在竞争者进入的抵消效果等因素。

评估相关市场的市场集中度，可以考虑相关市场的经营者数量及市场份额等因素。

第二十七条 评估经营者集中对市场进入的影响，可以考虑经营者通过控制生产要素、销售和采购渠道、关键技术、关键设施等方式影响市场进入的情况，并考虑进入的可能性、及时性和充分性。

评估经营者集中对技术进步的影响，可以考虑经营者集中对技术创新动力、技术研发投入和利用、技术资源整合等方面的影响。

第二十八条 评估经营者集中对消费者的影响，可以考虑经营者集中对产品或者服务的数量、价格、质量、多样化等方面的影响。

评估经营者集中对其他有关经营者的影响，可以考虑经营者集中对同一相关市场、上下游市场或者关联市场经营者的市场进入、交易机会等竞争条件的影响。

第二十九条 评估经营者集中对国民经济发展的影响，可以考虑经营者集中对经济效率、经营规模及其对相关行业发展等方面的影响。

第三十条 评估经营者集中的竞争影响，还可以综合考虑集中对公共利益的影响、参与集中的经营者是否为濒临破产的企业等因素。

第三十一条 市场监管总局认为经营者集中具有或者可能具有排除、限制竞争效果的，应当告知申报人，并设定一个允许参与集中的经营者提交书面意见的合理期限。

参与集中的经营者的书面意见应当包括相关事实和理由，并提供相应证据。参与集中的经营者逾期未提交书面意见的，视为无异议。

第三十二条 为减少集中具有或者可能具有的排除、限制竞争的效果，参与集中的经营者可以向市场监管总局提出附加限制性条件承诺方案。

市场监管总局应当对承诺方案的有效性、可行性和及时性进行评估，并及时将评估结果通知申报人。

市场监管总局认为承诺方案不足以减少集中对竞争的不利影响的，可以与参与集中的经营者就限制性条件进行磋商，要求其在合理期限内提出其他承诺方案。

第三十三条 根据经营者集中交易具体情况，限制性条件可以包括如下种类：

（一）剥离有形资产、知识产权等无形资产或者相关权益（以下简称剥离业务）等结构性条件；

（二）开放其网络或者平台等基础设施、许可关键技术（包括专利、专有技术或者其他知识产权）、终止排他性协议等行为性条件；

（三）结构性条件和行为性条件相结合的综合性条件。

剥离业务一般应当具有在相关市场开展有效竞争所需要的所有要素，包括有形资产、无形资产、股权、关键人员以及客户协议或者供应协议等权益。剥离对象可以是参与集中经营者的子公司、分支机构或者业务部门。

第三十四条 承诺方案存在不能实施的风险的，参与集中的经营者可以提出备选方案。备选方案应当在首选方案无法实施后生效，并且比首选方案的条件更为严格。

承诺方案为剥离，但存在下列情形之一的，参与集中的经营者可以在承诺方案中提出特定买方和剥离时间建议：

（一）剥离存在较大困难；

（二）剥离前维持剥离业务的竞争性和可销售性存在较大风险；

（三）买方身份对剥离业务能否恢复市场竞争具有重要影响；

（四）市场监管总局认为有必要的其他情形。

第三十五条 对于具有或者可能具有排除、限制竞争效果的经营者集中，参与集中的经营者提出的附加限制性条件承诺方案能够有效减少集中对竞争产生的不利影响的，市场监管总局可以作出附加限制性条件批准决定。参与集中的经营者未能在规定期限内提出附加限制性条件承诺方案，或者所提出的承诺方案不能有效减少集中对竞争产生的不利影响的，市场监管总局应当作出禁止经营者集中的决定。

第四章 限制性条件的监督和实施

第三十六条 对于附加限制性条件批准的经营者集中，义务人应当严格履行审查决定规定的义务，并按规定向市场监管总局报告限制性条件履行情况。

市场监管总局可以自行或者通过受托人对义务人履行限制性条件的行为进行监督检查。通过受托人监督检查的，市场监管总局应当在审查决定中予以明确。受托人包括监督受托人和剥离受托人。

义务人，是指附加限制性条件批准经营者集中的审查决定中要求履行相关义务的经营者。

监督受托人，是指受义务人委托并经市场监管总局评估确定，负责对义务人实施限制性条件进行监督并向市场监管总局报告的自然人、法人或者其他组织。

剥离受托人，是指受义务人委托并经市场监管总局评估确定，在受托剥离阶段负责出售剥离业务并向市场监管总局报告的自然人、法人或者其他组织。

第三十七条 通过受托人监督检查的，义务人应当在市场监管总局作出审查决定之日起十五日内向市场监管总局提交监督受托人人选。限制性条件为剥离的，义务人应当在进入受托剥离阶段三十日前向市场监管总局提交剥离受托人人选。受托人应当符合下列要求：

（一）独立于义务人和剥离业务的买方；

（二）具有履行受托人职责的专业团队，团队成员应当具有对限制性条件进行监督所需的专业知识、技能及相关经验；

（三）能够提出可行的工作方案；

（四）过去五年未在担任受托人过程中受到处罚；

（五）市场监管总局提出的其他要求。

市场监管总局评估确定受托人后，义务人应当与受托人签订书面协议，明确各自权利和义务，并报市场监管总局同意。受托人应当勤勉、尽职地履行职责。义务人支付受托人报酬，并为受托人提供必要的支持和便利。

第三十八条　附加限制性条件为剥离的，剥离义务人应当在审查决定规定的期限内，自行找到合适的剥离业务买方、签订出售协议，并报经市场监管总局批准后完成剥离。剥离义务人未能在规定期限内完成剥离的，市场监管总局可以要求义务人委托剥离受托人在规定的期限内寻找合适的剥离业务买方。剥离业务买方应当符合下列要求：

（一）独立于参与集中的经营者；

（二）拥有必要的资源、能力并有意愿使用剥离业务参与市场竞争；

（三）取得其他监管机构的批准；

（四）不得向参与集中的经营者融资购买剥离业务；

（五）市场监管总局根据具体案件情况提出的其他要求。

买方已有或者能够从其他途径获得剥离业务中的部分资产或者权益时，可以向市场监管总局申请对剥离业务的范围进行必要调整。

第三十九条　义务人提交市场监管总局审查的监督受托人、剥离受托人、剥离业务买方人选原则上各不少于三家。在特殊情况下，经市场监管总局同意，上述人选可少于三家。

市场监管总局应当对义务人提交的受托人及委托协议、剥离业务买方人选及出售协议进行审查，以确保其符合审查决定要求。

限制性条件为剥离的，市场监管总局上述审查所用时间不计入剥离期限。

第四十条　审查决定未规定自行剥离期限的，剥离义务人应当在审查决定作出之日起六个月内找到适当的买方并签订出售协议。经剥离义务人申请并说明理由，市场监管总局可以酌情延长自行剥离期限，但延期最长不得超过三个月。

审查决定未规定受托剥离期限的，剥离受托人应当在受托剥离开始之日起六个月内找到适当的买方并签订出售协议。

第四十一条 剥离义务人应当在市场监管总局审查批准买方和出售协议后，与买方签订出售协议，并自签订之日起三个月内将剥离业务转移给买方，完成所有权转移等相关法律程序。经剥离义务人申请并说明理由，市场监管总局可以酌情延长业务转移的期限。

第四十二条 经市场监管总局批准的买方购买剥离业务达到申报标准的，取得控制权的经营者应当将其作为一项新的经营者集中向市场监管总局申报。市场监管总局作出审查决定之前，剥离义务人不得将剥离业务出售给买方。

第四十三条 在剥离完成之前，为确保剥离业务的存续性、竞争性和可销售性，剥离义务人应当履行下列义务：

（一）保持剥离业务与其保留的业务之间相互独立，并采取一切必要措施以最符合剥离业务发展的方式进行管理；

（二）不得实施任何可能对剥离业务有不利影响的行为，包括聘用被剥离业务的关键员工，获得剥离业务的商业秘密或者其他保密信息等；

（三）指定专门的管理人，负责管理剥离业务。管理人在监督受托人的监督下履行职责，其任命和更换应当得到监督受托人的同意；

（四）确保潜在买方能够以公平合理的方式获得有关剥离业务的充分信息，评估剥离业务的商业价值和发展潜力；

（五）根据买方的要求向其提供必要的支持和便利，确保剥离业务的顺利交接和稳定经营；

（六）向买方及时移交剥离业务并履行相关法律程序。

第四十四条 监督受托人应当在市场监管总局的监督下履行下列职责：

（一）监督义务人履行本规定、审查决定及相关协议规定的义务；

（二）对剥离义务人推荐的买方人选、拟签订的出售协议进行评估，并向市场监管总局提交评估报告；

（三）监督剥离业务出售协议的执行，并定期向市场监管总局提交监督报告；

（四）协调剥离义务人与潜在买方就剥离事项产生的争议；

（五）按照市场监管总局的要求提交其他与义务人履行限制性条件有关

的报告。

未经市场监管总局同意，监督受托人不得披露其在履行职责过程中向市场监管总局提交的各种报告及相关信息。

第四十五条　在受托剥离阶段，剥离受托人负责为剥离业务找到买方并达成出售协议。

剥离受托人有权以无底价方式出售剥离业务。

第四十六条　审查决定应当规定附加限制性条件的期限。

根据审查决定，限制性条件到期自动解除的，经市场监管总局核查，义务人未违反审查决定的，限制性条件自动解除。义务人存在违反审查决定情形的，市场监管总局可以适当延长附加限制性条件的期限，并及时向社会公布。

根据审查决定，限制性条件到期后义务人需要申请解除的，义务人应当提交书面申请并说明理由。市场监管总局评估后决定解除限制性条件的，应当及时向社会公布。

限制性条件为剥离，经市场监管总局核查，义务人履行完成所有义务的，限制性条件自动解除。

第四十七条　审查决定生效期间，市场监管总局可以主动或者应义务人申请对限制性条件进行重新审查，变更或者解除限制性条件。市场监管总局决定变更或者解除限制性条件的，应当及时向社会公布。

市场监管总局变更或者解除限制性条件时，应当考虑下列因素：

（一）集中交易方是否发生重大变化；

（二）相关市场竞争状况是否发生实质性变化；

（三）实施限制性条件是否无必要或者不可能；

（四）应当考虑的其他因素。

第五章　对违法实施经营者集中的调查

第四十八条　经营者集中达到申报标准，经营者未申报实施集中、申报后未经批准实施集中或者违反审查决定的，依照本章规定进行调查。

第四十九条　对涉嫌违法实施经营者集中，任何单位和个人有权向市场监管总局举报。市场监管总局应当为举报人保密。

举报采用书面形式，并提供举报人和被举报人基本情况、涉嫌违法实施经营者集中的相关事实和证据等内容的，市场监管总局应当进行必要的核查。

第五十条 对有初步事实和证据表明存在违法实施经营者集中嫌疑的，市场监管总局应当予以立案，并书面通知被调查的经营者。

第五十一条 被调查的经营者应当在立案通知送达之日起三十日内，向市场监管总局提交是否属于经营者集中、是否达到申报标准、是否申报、是否违法实施等有关的文件、资料。

第五十二条 市场监管总局应当自收到被调查的经营者依照本规定第五十一条提交的文件、资料之日起三十日内，对被调查的交易是否属于违法实施经营者集中完成初步调查。

属于违法实施经营者集中的，市场监管总局应当作出实施进一步调查的决定，并书面通知被调查的经营者。经营者应当停止违法行为。

不属于违法实施经营者集中的，市场监管总局应当作出不实施进一步调查的决定，并书面通知被调查的经营者。

第五十三条 市场监管总局决定实施进一步调查的，被调查的经营者应当自收到市场监管总局书面通知之日起三十日内，依照本规定关于经营者集中申报文件、资料的规定向市场监管总局提交相关文件、资料。

市场监管总局应当自收到被调查的经营者提交的符合前款规定的文件、资料之日起一百二十日内，完成进一步调查。

在进一步调查阶段，市场监管总局应当按照反垄断法及本规定，对被调查的交易是否具有或者可能具有排除、限制竞争效果进行评估。

第五十四条 在调查过程中，被调查的经营者、利害关系人有权陈述意见。市场监管总局应当对被调查的经营者、利害关系人提出的事实、理由和证据进行核实。

第五十五条 市场监管总局在作出行政处罚决定前，应当将作出行政处罚决定的事实、理由和依据告知被调查的经营者。

被调查的经营者应当在市场监管总局规定的期限内提交书面意见。书面意见应当包括相关事实和证据。

第五十六条 市场监管总局对违法实施经营者集中应当依法作出处理决定，并可以向社会公布。

第六章 法律责任

第五十七条 经营者违反反垄断法规定实施集中的，依照反垄断法第四十八条规定予以处罚。

第五十八条 申报人隐瞒有关情况或者提供虚假材料的，市场监管总局对经营者集中申报不予立案或者撤销立案，并可以依照反垄断法第五十二条规定予以处罚。

第五十九条　受托人未按要求履行职责的，由市场监管总局责令改正；情节严重的，可以要求义务人更换受托人，并对受托人处三万元以下的罚款。

第六十条　剥离业务的买方未按规定履行义务，影响限制性条件实施的，由市场监管总局责令改正，并可以处三万元以下的罚款。

第七章　附　则

第六十一条　市场监管总局以及其他单位和个人对于知悉的商业秘密、未披露信息或者保密商务信息承担保密义务，但根据法律法规规定应当披露的或者事先取得权利人同意的除外。

第六十二条　对未达到申报标准但是具有或者可能具有排除、限制竞争效果的经营者集中，市场监管总局可以依照本规定收集事实和证据，并进行调查。

第六十三条　在审查或者调查过程中，市场监管总局可以组织听证。听证程序依照《市场监督管理行政许可程序暂行规定》《市场监督管理行政处罚听证暂行办法》执行。

第六十四条　对于需要送达经营者的书面文件，送达方式参照《市场监督管理行政处罚程序暂行规定》执行。

第六十五条　本规定自 2020 年 12 月 1 日起施行。

第六部分

劳动争议、人事争议

十七、劳动争议

劳动争议主要包括劳动合同纠纷、社会保险纠纷和福利待遇纠纷。劳动合同纠纷主要有：

（1）确认劳动关系纠纷，劳动者与用人单位之间，就劳动关系是否存在，劳动关系是否终止与劳动关系是否有效等问题所引发的纠纷。

（2）集体合同纠纷，是指劳动者一方与用人单位之间，就劳动报酬、工作时间、休息休假、劳动安全卫生、保险福利等事项在集体协商、履行过程中发生的纠纷。

（3）劳务派遣合同纠纷，是指劳动者一方与用人单位之间，就劳务派遣合同的签订、履行发生的纠纷。劳务派遣合同是劳动者与劳务派遣公司签订的合同和用人单位与派遣公司签订的合同，派遣劳动者至用人单位工作，它的关系涉及劳动者、派出公司、服务单位三方，由实际用人单位向派遣劳工给付劳务报酬，而实际用人单位和派遣劳工之间并没有签订合同。

（4）非全日制用工纠纷，是指用人单位与非全日制劳动者就非全日制用工合同的签订、履行发生的纠纷。非全日制用工是指以小时计酬、劳动者在同一用人单位平均每日工作时间不超过 4 小时，累计每周工作时间不超过 24 小时的用工形式。从事非全日制工作的劳动者，可以与一个或一个以上用人单位建立劳动关系。用人单位与非全日制劳动者建立劳动关系，应当订立劳动合同。

（5）追索劳动报酬纠纷，是指劳动者与用人单位在履行劳动合同期间，因劳动报酬发生的争议。

（6）经济补偿金纠纷，是指劳动者与用人单位之间解除劳动合同时，就依法应当给予劳动者的经济补偿而引发的纠纷。

（7）竞业限制纠纷，是指劳动者与用人单位之间就竞业限制而发生的纠纷。所谓竞业限制是指禁止特定劳动者在与用人单位存在竞争的行业任职的制度，也称竞业禁止。按照法律依据的不同，竞业限制可分为法定竞业限制和约定竞业限制。约定竞业限制是指当事人自愿达成竞业限制协议，劳动者根据协议承担竞业限制的义务。法定竞业限制是指某些特殊主体根据法律规定必须承担竞业禁止义务。《劳动合同法》赋予了用人单位与劳动者约定竞业限制的权利，其中规定：第一，用人单位与劳动者可以在劳动合同中约定保守用人单位的商业秘密和与知识产权相关的保密事项。对负有保密义务的劳动者，用人单位可以在劳动合同或者保密协议中与劳动者约定竞业限制条款。第二，约定竞业限制条款的，要同时约定在解除或者终止劳动合同后，在竞业限制期限内按月给予劳动者经济补偿。第三，劳动者违反竞业限制约定的，应当按照约定向用人单位支付违约金。

社会保险，是国家通过立法建立的，用于保障劳动者在因年老、患病、伤残、死亡、失业等原因，丧失劳动能力或中断就业时，能够从国家和社会获得物质帮助的一种社会保障制度。社会保险的主要项目包括养老保险、医疗保险、失业保险、工伤保险、生育保险，等等。社会保险纠纷，是指社会保险关系当事人之间因社会保险关系的建立和社会保险权利义务的实现所发生的争议。依据社会保险险种的不同，社会保险争议可以分为养老保险纠纷、医疗保险纠纷、工伤保险纠纷、失业保险纠纷和生育保险纠纷。

（1）养老保险待遇纠纷，是指养老保险关系当事人之间因养老保险关系的建立和养老保险权利义务的实现所发生的争议。养老保险是指国家和社会根据一定的法律和法规，为解决劳动者在达到国家规定的解除劳动义务的劳动年龄界线，或因年老丧失劳动能力退出劳动岗位后的基本生活而建立的一种社会保险制度。

（2）工伤保险待遇纠纷，是指工伤保险关系当事人之间因工伤保险关系的建立和工伤保险权利义务的实现所发生的争议。工伤保险是指劳动者在工作中或在规定的特殊情况下，遭受意外伤害或患职业病导致暂时或永久丧失劳动能力以及死亡时，劳动者或其遗属从国家和社会获得物质帮助的一种社会保险制度。

（3）医疗保险待遇纠纷，是指医疗保险关系当事人之间因医疗保险关系的建立和医疗保险权利义务的实现所发生的争议。医疗保险是为补偿疾病所带来的医疗费用的一种保险。职工因疾病、负伤、生育时，由社会或企业提供必要的医疗服务或物质帮助的社会保险。

（4）生育保险待遇纠纷，是指生育保险关系当事人之间因生育保险关系的建立和生育保险权利义务的实现所发生的争议。生育保险是国家通过立法，在怀孕和分娩的妇女劳动者暂时中断劳动时，由国家和社会提供医疗服务、生育津贴和产假的一种社会保险制度，国家或社会对生育的职工给予必要的经济补偿和医疗保健的社会保险制度。

（5）失业保险待遇纠纷，是指失业保险关系当事人之间因失业保险关系的建立和失业保险权利义务的实现所发生的争议。国家通过立法强制实行的，由社会集中建立基金，对因失业而暂时中断生活来源的劳动者提供物质帮助的制度。

福利待遇是劳动法所规定的对劳动者的劳动保障和社会保障，主要是指企业为了保留和激励员工，采用的非现金形式的报酬。福利的形式包括保险、实物、股票期权、培训、带薪假等。福利待遇纠纷，是指用工单位与劳动者之间因为福利待遇问题而引发的纠纷。

186. 劳动合同纠纷

（1）确认劳动关系纠纷
（2）集体合同纠纷
（3）劳务派遣合同纠纷
（4）非全日制用工纠纷
（5）追索劳动报酬纠纷
（6）经济补偿金纠纷
（7）竞业限制纠纷

法律条文及规范索引

《中华人民共和国劳动法》（2018 年 12 月 29 日修正）

第二十四条　经劳动合同当事人协商一致，劳动合同可以解除。

第二十五条　劳动者有下列情形之一的，用人单位可以解除劳动合同：

（一）在试用期间被证明不符合录用条件的；

（二）严重违反劳动纪律或者用人单位规章制度的；

（三）严重失职，营私舞弊，对用人单位利益造成重大损害的；

（四）被依法追究刑事责任的。

第二十六条　有下列情形之一的，用人单位可以解除劳动合同，但是应当提前三十日以书面形式通知劳动者本人：

（一）劳动者患病或者非因工负伤，医疗期满后，不能从事原工作也不能从事由用人单位另行安排的工作的；

（二）劳动者不能胜任工作，经过培训或者调整工作岗位，仍不能胜任工作的；

（三）劳动合同订立时所依据的客观情况发生重大变化，致使原劳动合同无法履行，经当事人协商不能就变更劳动合同达成协议的。

第二十七条　用人单位濒临破产进行法定整顿期间或者生产经营状况发生严重困难，确需裁减人员的，应当提前三十日向工会或者全体职工说明情况，听取工会或者职工的意见，经向劳动行政部门报告后，可以裁减人员。

用人单位依据本条规定裁减人员，在六个月内录用人员的，应当优先录用被裁减的人员。

第二十八条　用人单位依据本法第二十四条、第二十六条、第二十七条的规定解除劳动合同的，应当依照国家有关规定给予经济补偿。

第三十二条　有下列情形之一的，劳动者可以随时通知用人单位解除劳动合同：

（一）在试用期内的；

（二）用人单位以暴力、威胁或者非法限制人身自由的手段强迫劳动的；

（三）用人单位未按照劳动合同约定支付劳动报酬或者提供劳动条件的。

第三十三条　企业职工一方与企业可以就劳动报酬、工作时间、休息休假、劳动安全卫生、保险福利等事项，签订集体合同。集体合同草案应当提交职工代表大会或者全体职工讨论通过。

集体合同由工会代表职工与企业签订；没有建立工会的企业，由职工推举的代表与企业签订。

第四十四条　有下列情形之一的，用人单位应当按照下列标准支付高于劳动者正常工作时间工资的工资报酬：

（一）安排劳动者延长工作时间的，支付不低于工资的百分之一百五十的工资报酬；

（二）休息日安排劳动者工作又不能安排补休的，支付不低于工资的百分之二百的工资报酬；

（三）法定休假日安排劳动者工作的，支付不低于工资的百分之三百的工资报酬。

第五十条　工资应当以货币形式按月支付给劳动者本人。不得克扣或者无故拖欠劳动者的工资。

第七十九条　劳动争议发生后，当事人可以向本单位劳动争议调解委员会申请调解；调解不成，当事人一方要求仲裁的，可以向劳动争议仲裁委员会申请仲裁。当事人一方也可以直接向劳动争议仲裁委员会申请仲裁。对仲裁裁决不服的，可以向人民法院提起诉讼。

第八十二条　提出仲裁要求的一方应当自劳动争议发生之日起六十日内向劳动争议仲裁委员会提出书面申请。仲裁裁决一般应在收到仲裁申请的六十日内作出。对仲裁裁决无异议的，当事人必须履行。

第八十三条　劳动争议当事人对仲裁裁决不服的，可以自收到仲裁裁决书之日起十五日内向人民法院提起诉讼。一方当事人在法定期限内不起诉又不履行仲裁裁决的，另一方当事人可以申请人民法院强制执行。

第九十一条　用人单位有下列侵害劳动者合法权益情形之一的，由劳动行政部门责令支付劳动者的工资报酬、经济补偿，并可以责令支付赔偿金：

（一）克扣或者无故拖欠劳动者工资的；

（二）拒不支付劳动者延长工作时间工资报酬的；

（三）低于当地最低工资标准支付劳动者工资的；

（四）解除劳动合同后，未依照本法规定给予劳动者经济补偿的。

《中华人民共和国劳动合同法》（2012 年 12 月 28 日修正）

第十条　建立劳动关系，应当订立书面劳动合同。

已建立劳动关系，未同时订立书面劳动合同的，应当自用工之日起一个月内订立书面劳动合同。

用人单位与劳动者在用工前订立劳动合同的，劳动关系自用工之日起建立。

第二十三条　用人单位与劳动者可以在劳动合同中约定保守用人单位的商业秘密和与知识产权相关的保密事项。

对负有保密义务的劳动者，用人单位可以在劳动合同或者保密协议中与劳动者约定竞业限制条款，并约定在解除或者终止劳动合同后，在竞业限制期限内按月给予劳动者经济补偿。劳动者违反竞业限制约定的，应当按照约定向用人单位支付违约金。

第二十四条　竞业限制的人员限于用人单位的高级管理人员、高级技术人员和其他负有保密义务的人员。竞业限制的范围、地域、期限由用人单位与劳动者约定，竞业限制的约定不得违反法律、法规的规定。

在解除或者终止劳动合同后，前款规定的人员到与本单位生产或者经营同类产品、从事同类业务的有竞争关系的其他用人单位，或者自己开业生产或者经营同类产品、从事同类业务的竞业限制期限，不得超过二年。

第二十六条 下列劳动合同无效或者部分无效：

（一）以欺诈、胁迫的手段或者乘人之危，使对方在违背真实意思的情况下订立或者变更劳动合同的；

（二）用人单位免除自己的法定责任、排除劳动者权利的；

（三）违反法律、行政法规强制性规定的。

对劳动合同的无效或者部分无效有争议的，由劳动争议仲裁机构或者人民法院确认。

第三十一条 用人单位应当严格执行劳动定额标准，不得强迫或者变相强迫劳动者加班。用人单位安排加班的，应当按照国家有关规定向劳动者支付加班费。

第三十六条 用人单位与劳动者协商一致，可以解除劳动合同。

第三十八条 用人单位有下列情形之一的，劳动者可以解除劳动合同：

（一）未按照劳动合同约定提供劳动保护或者劳动条件的；

（二）未及时足额支付劳动报酬的；

（三）未依法为劳动者缴纳社会保险费的；

（四）用人单位的规章制度违反法律、法规的规定，损害劳动者权益的；

（五）因本法第二十六条第一款规定的情形致使劳动合同无效的；

（六）法律、行政法规规定劳动者可以解除劳动合同的其他情形。

用人单位以暴力、威胁或者非法限制人身自由的手段强迫劳动者劳动的，或者用人单位违章指挥、强令冒险作业危及劳动者人身安全的，劳动者可以立即解除劳动合同，不需事先告知用人单位。

第四十四条 有下列情形之一的，劳动合同终止：

（一）劳动合同期满的；

（二）劳动者开始依法享受基本养老保险待遇的；

（三）劳动者死亡，或者被人民法院宣告死亡或者宣告失踪的；

（四）用人单位被依法宣告破产的；

（五）用人单位被吊销营业执照、责令关闭、撤销或者用人单位决定提前解散的；

（六）法律、行政法规规定的其他情形。

第四十六条　有下列情形之一的，用人单位应当向劳动者支付经济补偿：

（一）劳动者依照本法第三十八条规定解除劳动合同的；

（二）用人单位依照本法第三十六条规定向劳动者提出解除劳动合同并与劳动者协商一致解除劳动合同的；

（三）用人单位依照本法第四十条规定解除劳动合同的；

（四）用人单位依照本法第四十一条第一款规定解除劳动合同的；

（五）除用人单位维持或者提高劳动合同约定条件续订劳动合同，劳动者不同意续订的情形外，依照本法第四十四条第一项规定终止固定期限劳动合同的；

（六）依照本法第四十四条第四项、第五项规定终止劳动合同的；

（七）法律、行政法规规定的其他情形。

第四十七条　经济补偿按劳动者在本单位工作的年限，每满一年支付一个月工资的标准向劳动者支付。六个月以上不满一年的，按一年计算；不满六个月的，向劳动者支付半个月工资的经济补偿。

劳动者月工资高于用人单位所在直辖市、设区的市级人民政府公布的本地区上年度职工月平均工资三倍的，向其支付经济补偿的标准按职工月平均工资三倍的数额支付，向其支付经济补偿的年限最高不超过十二年。

本条所称月工资是指劳动者在劳动合同解除或者终止前十二个月的平均工资。

第四十八条　用人单位违反本法规定解除或者终止劳动合同，劳动者要求继续履行劳动合同的，用人单位应当继续履行；劳动者不要求继续履行劳动合同或者劳动合同已经不能继续履行的，用人单位应当依照本法第八十七条规定支付赔偿金。

第五十一条　企业职工一方与用人单位通过平等协商，可以就劳动报酬、工作时间、休息休假、劳动安全卫生、保险福利等事项订立集体合同。集体合同草案应当提交职工代表大会或者全体职工讨论通过。

集体合同由工会代表企业职工一方与用人单位订立；尚未建立工会的用人单位，由上级工会指导劳动者推举的代表与用人单位订立。

第五十二条　企业职工一方与用人单位可以订立劳动安全卫生、女职工权益保护、工资调整机制等专项集体合同。

第五十三条 在县级以下区域内，建筑业、采矿业、餐饮服务业等行业可以由工会与企业方面代表订立行业性集体合同，或者订立区域性集体合同。

第五十四条 集体合同订立后，应当报送劳动行政部门；劳动行政部门自收到集体合同文本之日起十五日内未提出异议的，集体合同即行生效。

依法订立的集体合同对用人单位和劳动者具有约束力。行业性、区域性集体合同对当地本行业、本区域的用人单位和劳动者具有约束力。

第五十五条 集体合同中劳动报酬和劳动条件等标准不得低于当地人民政府规定的最低标准；用人单位与劳动者订立的劳动合同中劳动报酬和劳动条件等标准不得低于集体合同规定的标准。

第五十六条 用人单位违反集体合同，侵犯职工劳动权益的，工会可以依法要求用人单位承担责任；因履行集体合同发生争议，经协商解决不成的，工会可以依法申请仲裁、提起诉讼。

第五十八条 劳务派遣单位是本法所称用人单位，应当履行用人单位对劳动者的义务。劳务派遣单位与被派遣劳动者订立的劳动合同，除应当载明本法第十七条规定的事项外，还应当载明被派遣劳动者的用工单位以及派遣期限、工作岗位等情况。

劳务派遣单位应当与被派遣劳动者订立二年以上的固定期限劳动合同，按月支付劳动报酬；被派遣劳动者在无工作期间，劳务派遣单位应当按照所在地人民政府规定的最低工资标准，向其按月支付报酬。

第五十九条 劳务派遣单位派遣劳动者应当与接受以劳务派遣形式用工的单位（以下称用工单位）订立劳务派遣协议。劳务派遣协议应当约定派遣岗位和人员数量、派遣期限、劳动报酬和社会保险费的数额与支付方式以及违反协议的责任。

用工单位应当根据工作岗位的实际需要与劳务派遣单位确定派遣期限，不得将连续用工期限分割订立数个短期劳务派遣协议。

第六十条 劳务派遣单位应当将劳务派遣协议的内容告知被派遣劳动者。

劳务派遣单位不得克扣用工单位按照劳务派遣协议支付给被派遣劳动者的劳动报酬。

劳务派遣单位和用工单位不得向被派遣劳动者收取费用。

第六十一条 劳务派遣单位跨地区派遣劳动者的，被派遣劳动者享有的劳动报酬和劳动条件，按照用工单位所在地的标准执行。

第六十二条　用工单位应当履行下列义务：

（一）执行国家劳动标准，提供相应的劳动条件和劳动保护；

（二）告知被派遣劳动者的工作要求和劳动报酬；

（三）支付加班费、绩效奖金，提供与工作岗位相关的福利待遇；

（四）对在岗被派遣劳动者进行工作岗位所必需的培训；

（五）连续用工的，实行正常的工资调整机制。

用工单位不得将被派遣劳动者再派遣到其他用人单位。

第六十三条　被派遣劳动者享有与用工单位的劳动者同工同酬的权利。用工单位无同类岗位劳动者的，参照用工单位所在地相同或者相近岗位劳动者的劳动报酬确定。

第六十五条　被派遣劳动者可以依照本法第三十六条、第三十八条的规定与劳务派遣单位解除劳动合同。

被派遣劳动者有本法第三十九条和第四十条第一项、第二项规定情形的，用工单位可以将劳动者退回劳务派遣单位，劳务派遣单位依照本法有关规定，可以与劳动者解除劳动合同。

第六十九条　非全日制用工双方当事人可以订立口头协议。

从事非全日制用工的劳动者可以与一个或者一个以上用人单位订立劳动合同；但是，后订立的劳动合同不得影响先订立的劳动合同的履行。

第七十条　非全日制用工双方当事人不得约定试用期。

第七十一条　非全日制用工双方当事人任何一方都可以随时通知对方终止用工。终止用工，用人单位不向劳动者支付经济补偿。

第七十二条　非全日制用工小时计酬标准不得低于用人单位所在地人民政府规定的最低小时工资标准。

非全日制用工劳动报酬结算支付周期最长不得超过十五日。

第八十二条　用人单位自用工之日起超过一个月不满一年未与劳动者订立书面劳动合同的，应当向劳动者每月支付二倍的工资。

用人单位违反本法规定不与劳动者订立无固定期限劳动合同的，自应当订立无固定期限劳动合同之日起向劳动者每月支付二倍的工资。

第八十五条　用人单位有下列情形之一的，由劳动行政部门责令限期支付劳动报酬、加班费或者经济补偿；劳动报酬低于当地最低工资标准的，应当支付其差额部分；逾期不支付的，责令用人单位按应付金额百分之五十以上百分之一百以下的标准向劳动者加付赔偿金：

（一）未按照劳动合同的约定或者国家规定及时足额支付劳动者劳动报酬的；

（二）低于当地最低工资标准支付劳动者工资的；

（三）安排加班不支付加班费的；

（四）解除或者终止劳动合同，未依照本法规定向劳动者支付经济补偿的。

第八十七条 单位违反本法规定解除或者终止劳动合同的，应当依照本法第四十七条规定的经济补偿标准的二倍向劳动者支付赔偿金。

第九十条 劳动者违反本法规定解除劳动合同，或者违反劳动合同中约定的保密义务或者竞业限制，给用人单位造成损失的，应当承担赔偿责任。

《中华人民共和国劳动争议调解仲裁法》（2008年5月1日施行）

第二条 中华人民共和国境内的用人单位与劳动者发生的下列劳动争议，适用本法：

（一）因确认劳动关系发生的争议；

（二）因订立、履行、变更、解除和终止劳动合同发生的争议；

（三）因除名、辞退和辞职、离职发生的争议；

（四）因工作时间、休息休假、社会保险、福利、培训以及劳动保护发生的争议；

（五）因劳动报酬、工伤医疗费、经济补偿或者赔偿金等发生的争议；

（六）法律、法规规定的其他劳动争议。

《中华人民共和国涉外民事关系法律适用法》（2011年4月1日施行）

第四十三条 劳动合同，适用劳动者工作地法律；难以确定劳动者工作地的，适用用人单位主营业地法律。劳务派遣，可以适用劳务派出地法律。

《最高人民法院关于审理劳动争议案件适用法律若干问题的解释（一）》（法释〔2020〕26号 2020年12月29日）

第一条 劳动者与用人单位之间发生的下列纠纷，属于劳动争议，当事人不服劳动争议仲裁机构作出的裁决，依法提起诉讼的，人民法院应予受理：

（一）劳动者与用人单位在履行劳动合同过程中发生的纠纷；

（二）劳动者与用人单位之间没有订立书面劳动合同，但已形成劳动关系后发生的纠纷；

（三）劳动者与用人单位因劳动关系是否已经解除或者终止，以及应否支付解除或者终止劳动关系经济补偿金发生的纠纷；

（四）劳动者与用人单位解除或者终止劳动关系后，请求用人单位返还其收取的劳动合同定金、保证金、抵押金、抵押物发生的纠纷，或者办理劳动者的人事档案、社会保险关系等移转手续发生的纠纷；

（五）劳动者以用人单位未为其办理社会保险手续，且社会保险经办机构不能补办导致其无法享受社会保险待遇为由，要求用人单位赔偿损失发生的纠纷；

（六）劳动者退休后，与尚未参加社会保险统筹的原用人单位因追索养老金、医疗费、工伤保险待遇和其他社会保险待遇而发生的纠纷；

（七）劳动者因为工伤、职业病，请求用人单位依法给予工伤保险待遇发生的纠纷；

（八）劳动者依据劳动合同法第八十五条规定，要求用人单位支付加付赔偿金发生的纠纷；

（九）因企业自主进行改制发生的纠纷。

第二条　下列纠纷不属于劳动争议：

（一）劳动者请求社会保险经办机构发放社会保险金的纠纷；

（二）劳动者与用人单位因住房制度改革产生的公有住房转让纠纷；

（三）劳动者对劳动能力鉴定委员会的伤残等级鉴定结论或者对职业病诊断鉴定委员会的职业病诊断鉴定结论的异议纠纷；

（四）家庭或者个人与家政服务人员之间的纠纷；

（五）个体工匠与帮工、学徒之间的纠纷；

（六）农村承包经营户与受雇人之间的纠纷。

第三条　劳动争议案件由用人单位所在地或者劳动合同履行地的基层人民法院管辖。

劳动合同履行地不明确的，由用人单位所在地的基层人民法院管辖。

法律另有规定的，依照其规定。

第四条　劳动者与用人单位均不服劳动争议仲裁机构的同一裁决，向同一人民法院起诉的，人民法院应当并案审理，双方当事人互为原告和被告，对双方的诉讼请求，人民法院应当一并作出裁决。在诉讼过程中，一方当事人撤诉的，人民法院应当根据另一方当事人的诉讼请求继续审理。双方当事人就同一仲裁裁决分别向有管辖权的人民法院起诉的，后受理的人民法院应当将案件移送给先受理的人民法院。

第五条 劳动争议仲裁机构以无管辖权为由对劳动争议案件不予受理，当事人提起诉讼的，人民法院按照以下情形分别处理：

（一）经审查认为该劳动争议仲裁机构对案件确无管辖权的，应当告知当事人向有管辖权的劳动争议仲裁机构申请仲裁；

（二）经审查认为该劳动争议仲裁机构有管辖权的，应当告知当事人申请仲裁，并将审查意见书面通知该劳动争议仲裁机构；劳动争议仲裁机构仍不受理，当事人就该劳动争议事项提起诉讼的，人民法院应予受理。

第六条 劳动争议仲裁机构以当事人申请仲裁的事项不属于劳动争议为由，作出不予受理的书面裁决、决定或者通知，当事人不服依法提起诉讼的，人民法院应当分别情况予以处理：

（一）属于劳动争议案件的，应当受理；

（二）虽不属于劳动争议案件，但属于人民法院主管的其他案件，应当依法受理。

第七条 劳动争议仲裁机构以申请仲裁的主体不适格为由，作出不予受理的书面裁决、决定或者通知，当事人不服依法提起诉讼，经审查确属主体不适格的，人民法院不予受理；已经受理的，裁定驳回起诉。

第八条 劳动争议仲裁机构为纠正原仲裁裁决错误重新作出裁决，当事人不服依法提起诉讼的，人民法院应当受理。

第九条 劳动争议仲裁机构仲裁的事项不属于人民法院受理的案件范围，当事人不服依法提起诉讼的，人民法院不予受理；已经受理的，裁定驳回起诉。

第十条 当事人不服劳动争议仲裁机构作出的预先支付劳动者劳动报酬、工伤医疗费、经济补偿或者赔偿金的裁决，依法提起诉讼的，人民法院不予受理。

用人单位不履行上述裁决中的给付义务，劳动者依法申请强制执行的，人民法院应予受理。

第十一条 劳动争议仲裁机构作出的调解书已经发生法律效力，一方当事人反悔提起诉讼的，人民法院不予受理；已经受理的，裁定驳回起诉。

第十二条 劳动争议仲裁机构逾期未作出受理决定或仲裁裁决，当事人直接提起诉讼的，人民法院应予受理，但申请仲裁的案件存在下列事由的除外：

（一）移送管辖的；

（二）正在送达或者送达延误的；

（三）等待另案诉讼结果、评残结论的；

（四）正在等待劳动争议仲裁机构开庭的；

（五）启动鉴定程序或者委托其他部门调查取证的；

（六）其他正当事由。

当事人以劳动争议仲裁机构逾期未作出仲裁裁决为由提起诉讼的，应当提交该仲裁机构出具的受理通知书或者其他已接受仲裁申请的凭证、证明。

第十三条　劳动者依据劳动合同法第三十条第二款和调解仲裁法第十六条规定向人民法院申请支付令，符合民事诉讼法第十七章督促程序规定的，人民法院应予受理。

依据劳动合同法第三十条第二款规定申请支付令被人民法院裁定终结督促程序后，劳动者就劳动争议事项直接提起诉讼的，人民法院应当告知其先向劳动争议仲裁机构申请仲裁。

依据调解仲裁法第十六条规定申请支付令被人民法院裁定终结督促程序后，劳动者依据调解协议直接提起诉讼的，人民法院应予受理。

第十四条　人民法院受理劳动争议案件后，当事人增加诉讼请求的，如该诉讼请求与讼争的劳动争议具有不可分性，应当合并审理；如属独立的劳动争议，应当告知当事人向劳动争议仲裁机构申请仲裁。

第十五条　劳动者以用人单位的工资欠条为证据直接提起诉讼，诉讼请求不涉及劳动关系其他争议的，视为拖欠劳动报酬争议，人民法院按照普通民事纠纷受理。

第十六条　劳动争议仲裁机构作出仲裁裁决后，当事人对裁决中的部分事项不服，依法提起诉讼的，劳动争议仲裁裁决不发生法律效力。

第十七条　劳动争议仲裁机构对多个劳动者的劳动争议作出仲裁裁决后，部分劳动者对仲裁裁决不服，依法提起诉讼的，仲裁裁决对提起诉讼的劳动者不发生法律效力；对未提起诉讼的部分劳动者，发生法律效力，如其申请执行的，人民法院应当受理。

第十八条　仲裁裁决的类型以仲裁裁决书确定为准。仲裁裁决书未载明该裁决为终局裁决或者非终局裁决，用人单位不服该仲裁裁决向基层人民法院提起诉讼的，应当按照以下情形分别处理：

（一）经审查认为该仲裁裁决为非终局裁决的，基层人民法院应予受理；

（二）经审查认为该仲裁裁决为终局裁决的，基层人民法院不予受理，但应告知用人单位可以自收到不予受理裁定书之日起三十日内向劳动争议仲裁机构所在地的中级人民法院申请撤销该仲裁裁决；已经受理的，裁定驳回起诉。

第十九条　仲裁裁决书未载明该裁决为终局裁决或者非终局裁决，劳动者依据调解仲裁法第四十七条第一项规定，追索劳动报酬、工伤医疗费、经济补偿或者赔偿金，如果仲裁裁决涉及数项，每项确定的数额均不超过当地月最低工资标准十二个月金额的，应当按照终局裁决处理。

第二十条　劳动争议仲裁机构作出的同一仲裁裁决同时包含终局裁决事项和非终局裁决事项，当事人不服该仲裁裁决向人民法院提起诉讼的，应当按照非终局裁决处理。

第二十一条　劳动者依据调解仲裁法第四十八条规定向基层人民法院提起诉讼，用人单位依据调解仲裁法第四十九条规定向劳动争议仲裁机构所在地的中级人民法院申请撤销仲裁裁决的，中级人民法院应当不予受理；已经受理的，应当裁定驳回申请。

被人民法院驳回起诉或者劳动者撤诉的，用人单位可以自收到裁定书之日起三十日内，向劳动争议仲裁机构所在地的中级人民法院申请撤销仲裁裁决。

第二十二条　用人单位依据调解仲裁法第四十九条规定向中级人民法院申请撤销仲裁裁决，中级人民法院作出的驳回申请或者撤销仲裁裁决的裁定为终审裁定。

第二十三条　中级人民法院审理用人单位申请撤销终局裁决的案件，应当组成合议庭开庭审理。经过阅卷、调查和询问当事人，对没有新的事实、证据或者理由，合议庭认为不需要开庭审理的，可以不开庭审理。

中级人民法院可以组织双方当事人调解。达成调解协议的，可以制作调解书。一方当事人逾期不履行调解协议的，另一方可以申请人民法院强制执行。

第二十四条　当事人申请人民法院执行劳动争议仲裁机构作出的发生法律效力的裁决书、调解书，被申请人提出证据证明劳动争议仲裁裁决书、调解书有下列情形之一，并经审查核实的，人民法院可以根据民事诉讼法第二百三十七条规定，裁定不予执行：

（一）裁决的事项不属于劳动争议仲裁范围，或者劳动争议仲裁机构无权仲裁的；

（二）适用法律、法规确有错误的；

（三）违反法定程序的；

（四）裁决所根据的证据是伪造的；

（五）对方当事人隐瞒了足以影响公正裁决的证据的；

（六）仲裁员在仲裁该案时有索贿受贿、徇私舞弊、枉法裁决行为的；

（七）人民法院认定执行该劳动争议仲裁裁决违背社会公共利益的。

人民法院在不予执行的裁定书中，应当告知当事人在收到裁定书之次日起三十日内，可以就该劳动争议事项向人民法院提起诉讼。

第二十五条　劳动争议仲裁机构作出终局裁决，劳动者向人民法院申请执行，用人单位向劳动争议仲裁机构所在地的中级人民法院申请撤销的，人民法院应当裁定中止执行。

用人单位撤回撤销终局裁决申请或者其申请被驳回的，人民法院应当裁定恢复执行。仲裁裁决被撤销的，人民法院应当裁定终结执行。

用人单位向人民法院申请撤销仲裁裁决被驳回后，又在执行程序中以相同理由提出不予执行抗辩的，人民法院不予支持。

第二十六条　用人单位与其他单位合并的，合并前发生的劳动争议，由合并后的单位为当事人；用人单位分立为若干单位的，其分立前发生的劳动争议，由分立后的实际用人单位为当事人。

用人单位分立为若干单位后，具体承受劳动权利义务的单位不明确的，分立后的单位均为当事人。

第二十七条　用人单位招用尚未解除劳动合同的劳动者，原用人单位与劳动者发生的劳动争议，可以列新的用人单位为第三人。

原用人单位以新的用人单位侵权为由提起诉讼的，可以列劳动者为第三人。

原用人单位以新的用人单位和劳动者共同侵权为由提起诉讼的，新的用人单位和劳动者列为共同被告。

第二十八条　劳动者在用人单位与其他平等主体之间的承包经营期间，与发包方和承包方双方或者一方发生劳动争议，依法提起诉讼的，应当将承包方和发包方作为当事人。

第二十九条　劳动者与未办理营业执照、营业执照被吊销或者营业期限届满仍继续经营的用人单位发生争议的，应当将用人单位或者其出资人列为当事人。

第三十条 未办理营业执照、营业执照被吊销或者营业期限届满仍继续经营的用人单位，以挂靠等方式借用他人营业执照经营的，应当将用人单位和营业执照出借方列为当事人。

第三十一条 当事人不服劳动争议仲裁机构作出的仲裁裁决，依法提起诉讼，人民法院审查认为仲裁裁决遗漏了必须共同参加仲裁的当事人的，应当依法追加遗漏的人为诉讼当事人。

被追加的当事人应当承担责任的，人民法院应当一并处理。

第三十二条 用人单位与其招用的已经依法享受养老保险待遇或者领取退休金的人员发生用工争议而提起诉讼的，人民法院应当按劳务关系处理。

企业停薪留职人员、未达到法定退休年龄的内退人员、下岗待岗人员以及企业经营性停产放长假人员，因与新的用人单位发生用工争议而提起诉讼的，人民法院应当按劳动关系处理。

第三十三条 外国人、无国籍人未依法取得就业证件即与中华人民共和国境内的用人单位签订劳动合同，当事人请求确认与用人单位存在劳动关系的，人民法院不予支持。

持有《外国专家证》并取得《外国人来华工作许可证》的外国人，与中华人民共和国境内的用人单位建立用工关系的，可以认定为劳动关系。

第三十四条 劳动合同期满后，劳动者仍在原用人单位工作，原用人单位未表示异议的，视为双方同意以原条件继续履行劳动合同。一方提出终止劳动关系的，人民法院应予支持。

根据劳动合同法第十四条规定，用人单位应当与劳动者签订无固定期限劳动合同而未签订的，人民法院可以视为双方之间存在无固定期限劳动合同关系，并以原劳动合同确定双方的权利义务关系。

第三十五条 劳动者与用人单位就解除或者终止劳动合同办理相关手续、支付工资报酬、加班费、经济补偿或者赔偿金等达成的协议，不违反法律、行政法规的强制性规定，且不存在欺诈、胁迫或者乘人之危情形的，应当认定有效。

前款协议存在重大误解或者显失公平情形，当事人请求撤销的，人民法院应予支持。

第三十六条 当事人在劳动合同或者保密协议中约定了竞业限制，但未约定解除或者终止劳动合同后给予劳动者经济补偿，劳动者履行了竞业限制义务，要求用人单位按照劳动者在劳动合同解除或者终止前十二个月平均工资的30%按月支付经济补偿的，人民法院应予支持。

前款规定的月平均工资的30%低于劳动合同履行地最低工资标准的，按照劳动合同履行地最低工资标准支付。

第三十七条　当事人在劳动合同或者保密协议中约定了竞业限制和经济补偿，当事人解除劳动合同时，除另有约定外，用人单位要求劳动者履行竞业限制义务，或者劳动者履行了竞业限制义务后要求用人单位支付经济补偿的，人民法院应予支持。

第三十八条　当事人在劳动合同或者保密协议中约定了竞业限制和经济补偿，劳动合同解除或者终止后，因用人单位的原因导致三个月未支付经济补偿，劳动者请求解除竞业限制约定的，人民法院应予支持。

第三十九条　在竞业限制期限内，用人单位请求解除竞业限制协议的，人民法院应予支持。

在解除竞业限制协议时，劳动者请求用人单位额外支付劳动者三个月的竞业限制经济补偿的，人民法院应予支持。

第四十条　劳动者违反竞业限制约定，向用人单位支付违约金后，用人单位要求劳动者按照约定继续履行竞业限制义务的，人民法院应予支持。

第四十一条　劳动合同被确认为无效，劳动者已付出劳动的，用人单位应当按照劳动合同法第二十八条、第四十六条、第四十七条的规定向劳动者支付劳动报酬和经济补偿。

由于用人单位原因订立无效劳动合同，给劳动者造成损害的，用人单位应当赔偿劳动者因合同无效所造成的经济损失。

第四十二条　劳动者主张加班费的，应当就加班事实的存在承担举证责任。但劳动者有证据证明用人单位掌握加班事实存在的证据，用人单位不提供的，由用人单位承担不利后果。

第四十三条　用人单位与劳动者协商一致变更劳动合同，虽未采用书面形式，但已经实际履行了口头变更的劳动合同超过一个月，变更后的劳动合同内容不违反法律、行政法规且不违背公序良俗，当事人以未采用书面形式为由主张劳动合同变更无效的，人民法院不予支持。

第四十四条　因用人单位作出的开除、除名、辞退、解除劳动合同、减少劳动报酬、计算劳动者工作年限等决定而发生的劳动争议，用人单位负举证责任。

第四十五条 用人单位有下列情形之一，迫使劳动者提出解除劳动合同的，用人单位应当支付劳动者的劳动报酬和经济补偿，并可支付赔偿金：

（一）以暴力、威胁或者非法限制人身自由的手段强迫劳动的；

（二）未按照劳动合同约定支付劳动报酬或者提供劳动条件的；

（三）克扣或者无故拖欠劳动者工资的；

（四）拒不支付劳动者延长工作时间工资报酬的；

（五）低于当地最低工资标准支付劳动者工资的。

第四十六条 劳动者非因本人原因从原用人单位被安排到新用人单位工作，原用人单位未支付经济补偿，劳动者依据劳动合同法第三十八条规定与新用人单位解除劳动合同，或者新用人单位向劳动者提出解除、终止劳动合同，在计算支付经济补偿或赔偿金的工作年限时，劳动者请求把在原用人单位的工作年限合并计算为新用人单位工作年限的，人民法院应予支持。

用人单位符合下列情形之一的，应当认定属于“劳动者非因本人原因从原用人单位被安排到新用人单位工作”：

（一）劳动者仍在原工作场所、工作岗位工作，劳动合同主体由原用人单位变更为新用人单位；

（二）用人单位以组织委派或任命形式对劳动者进行工作调动；

（三）因用人单位合并、分立等原因导致劳动者工作调动；

（四）用人单位及其关联企业与劳动者轮流订立劳动合同；

（五）其他合理情形。

第四十七条 建立了工会组织的用人单位解除劳动合同符合劳动合同法第三十九条、第四十条规定，但未按照劳动合同法第四十三条规定事先通知工会，劳动者以用人单位违法解除劳动合同为由请求用人单位支付赔偿金的，人民法院应予支持，但起诉前用人单位已经补正有关程序的除外。

第四十八条 劳动合同法施行后，因用人单位经营期限届满不再继续经营导致劳动合同不能继续履行，劳动者请求用人单位支付经济补偿的，人民法院应予支持。

第四十九条 在诉讼过程中，劳动者向人民法院申请采取财产保全措施，人民法院经审查认为申请人经济确有困难，或者有证据证明用人单位存在欠薪逃匿可能的，应当减轻或者免除劳动者提供担保的义务，及时采取保全措施。

人民法院作出的财产保全裁定中，应当告知当事人在劳动争议仲裁机构的裁决书或者在人民法院的裁判文书生效后三个月内申请强制执行。逾期不申请的，人民法院应当裁定解除保全措施。

第五十条　用人单位根据劳动合同法第四条规定，通过民主程序制定的规章制度，不违反国家法律、行政法规及政策规定，并已向劳动者公示的，可以作为确定双方权利义务的依据。

用人单位制定的内部规章制度与集体合同或者劳动合同约定的内容不一致，劳动者请求优先适用合同约定的，人民法院应予支持。

第五十一条　当事人在调解仲裁法第十条规定的调解组织主持下达成的具有劳动权利义务内容的调解协议，具有劳动合同的约束力，可以作为人民法院裁判的根据。

当事人在调解仲裁法第十条规定的调解组织主持下仅就劳动报酬争议达成调解协议，用人单位不履行调解协议确定的给付义务，劳动者直接提起诉讼的，人民法院可以按照普通民事纠纷受理。

第五十二条　当事人在人民调解委员会主持下仅就给付义务达成的调解协议，双方认为有必要的，可以共同向人民调解委员会所在地的基层人民法院申请司法确认。

第五十三条　用人单位对劳动者作出的开除、除名、辞退等处理，或者因其他原因解除劳动合同确有错误的，人民法院可以依法判决予以撤销。

对于追索劳动报酬、养老金、医疗费以及工伤保险待遇、经济补偿金、培训费及其他相关费用等案件，给付数额不当的，人民法院可以予以变更。

《第八次全国法院民事商事审判工作会议（民事部分）纪要》（法〔2016〕399号　2016年11月21日）

26. 劳动人事仲裁机构作出仲裁裁决，当事人在法定期限内未提起诉讼但再次申请仲裁，劳动人事仲裁机构作出不予受理裁决、决定或通知，当事人不服提起诉讼，经审查认为前后两次申请仲裁事项属于不同事项的，人民法院予以受理；经审查认为属于同一事项的，人民法院不予受理，已经受理的裁定驳回起诉。

27. 当事人在仲裁阶段未提出超过仲裁申请期间的抗辩，劳动人事仲裁机构作出实体裁决后，当事人在诉讼阶段又以超过仲裁时效期间为由进行抗辩的，人民法院不予支持。

当事人未按照规定提出仲裁时效抗辩，又以仲裁时效期间届满为由申请再审或者提出再审抗辩的，人民法院不予支持。

28. 用人单位和劳动者在竞业限制协议中约定的违约金过分高于或者低于实际损失，当事人请求调整违约金数额的，人民法院可以参照《最高人民法院关于适用〈中华人民共和国合同法〉若干问题的解释（二）》第二十九条的规定予以处理。

29. 用人单位在劳动合同期限内通过“末位淘汰”或“竞争上岗”等形式单方解除劳动合同，劳动者可以用人单位违法解除劳动合同为由，请求用人单位继续履行劳动合同或者支付赔偿金。

187. 社会保险纠纷

（1）养老保险待遇纠纷
（2）工伤保险待遇纠纷
（3）医疗保险待遇纠纷
（4）生育保险待遇纠纷
（5）失业保险待遇纠纷

法律条文及规范索引

《中华人民共和国劳动法》（2018年12月29日修正）

第七十二条 社会保险基金按照保险类型确定资金来源，逐步实行社会统筹。用人单位和劳动者必须依法参加社会保险，缴纳社会保险费。

第七十三条 劳动者在下列情形下，依法享受社会保险待遇：

（一）退休；

（二）患病、负伤；

（三）因工伤残或者患职业病；

（四）失业；

（五）生育。

劳动者死亡后，其遗属依法享受遗属津贴。

劳动者享受社会保险待遇的条件和标准由法律、法规规定。

劳动者享受的社会保险金必须按时足额支付。

第七十四条 社会保险基金经办机构依照法律规定收支、管理和运营社会保险基金，并负有使社会保险基金保值增值的责任。

社会保险基金监督机构依照法律规定，对社会保险基金的收支、管理和运营实施监督。

社会保险基金经办机构和社会保险基金监督机构的设立和职能由法律规定。

任何组织和个人不得挪用社会保险基金。

第七十五条　国家鼓励用人单位根据本单位实际情况为劳动者建立补充保险。

国家提倡劳动者个人进行储蓄性保险。

第一百条　用人单位无故不缴纳社会保险费的，由劳动行政部门责令其限期缴纳；逾期不缴的，可以加收滞纳金。

第一百零四条　国家工作人员和社会保险基金经办机构的工作人员挪用社会保险基金，构成犯罪的，依法追究刑事责任。

《中华人民共和国社会保险法》（2018年12月29日修正）

第二条　国家建立基本养老保险、基本医疗保险、工伤保险、失业保险、生育保险等社会保险制度，保障公民在年老、疾病、工伤、失业、生育等情况下依法从国家和社会获得物质帮助的权利。

第四条　中华人民共和国境内的用人单位和个人依法缴纳社会保险费，有权查询缴费记录、个人权益记录，要求社会保险经办机构提供社会保险咨询等相关服务。

个人依法享受社会保险待遇，有权监督本单位为其缴费情况。

第十条　职工应当参加基本养老保险，由用人单位和职工共同缴纳基本养老保险费。

无雇工的个体工商户、未在用人单位参加基本养老保险的非全日制从业人员以及其他灵活就业人员可以参加基本养老保险，由个人缴纳基本养老保险费。

公务员和参照公务员法管理的工作人员养老保险的办法由国务院规定。

第十一条　基本养老保险实行社会统筹与个人账户相结合。

基本养老保险基金由用人单位和个人缴费以及政府补贴等组成。

第十二条　用人单位应当按照国家规定的本单位职工工资总额的比例缴纳基本养老保险费，记入基本养老保险统筹基金。

职工应当按照国家规定的本人工资的比例缴纳基本养老保险费，记入个人账户。

无雇工的个体工商户、未在用人单位参加基本养老保险的非全日制从业人员以及其他灵活就业人员参加基本养老保险的，应当按照国家规定缴纳基本养老保险费，分别记入基本养老保险统筹基金和个人账户。

第十三条 国有企业、事业单位职工参加基本养老保险前，视同缴费年限期间应当缴纳的基本养老保险费由政府承担。

基本养老保险基金出现支付不足时，政府给予补贴。

第十四条 个人账户不得提前支取，记账利率不得低于银行定期存款利率，免征利息税。个人死亡的，个人账户余额可以继承。

第十五条 基本养老金由统筹养老金和个人账户养老金组成。

基本养老金根据个人累计缴费年限、缴费工资、当地职工平均工资、个人账户金额、城镇人口平均预期寿命等因素确定。

第十六条 参加基本养老保险的个人，达到法定退休年龄时累计缴费满十五年的，按月领取基本养老金。

参加基本养老保险的个人，达到法定退休年龄时累计缴费不足十五年的，可以缴费至满十五年，按月领取基本养老金；也可以转入新型农村社会养老保险或者城镇居民社会养老保险，按照国务院规定享受相应的养老保险待遇。

第十七条 参加基本养老保险的个人，因病或者非因工死亡的，其遗属可以领取丧葬补助金和抚恤金；在未达到法定退休年龄时因病或者非因工致残完全丧失劳动能力的，可以领取病残津贴。所需资金从基本养老保险基金中支付。

第十八条 国家建立基本养老金正常调整机制。根据职工平均工资增长、物价上涨情况，适时提高基本养老保险待遇水平。

第十九条 个人跨统筹地区就业的，其基本养老保险关系随本人转移，缴费年限累计计算。个人达到法定退休年龄时，基本养老金分段计算、统一支付。具体办法由国务院规定。

第二十条 国家建立和完善新型农村社会养老保险制度。

新型农村社会养老保险实行个人缴费、集体补助和政府补贴相结合。

第二十一条 新型农村社会养老保险待遇由基础养老金和个人账户养老金组成。

参加新型农村社会养老保险的农村居民，符合国家规定条件的，按月领取新型农村社会养老保险待遇。

第二十二条　国家建立和完善城镇居民社会养老保险制度。

省、自治区、直辖市人民政府根据实际情况，可以将城镇居民社会养老保险和新型农村社会养老保险合并实施。

第二十三条　职工应当参加职工基本医疗保险，由用人单位和职工按照国家规定共同缴纳基本医疗保险费。

无雇工的个体工商户、未在用人单位参加职工基本医疗保险的非全日制从业人员以及其他灵活就业人员可以参加职工基本医疗保险，由个人按照国家规定缴纳基本医疗保险费。

第二十四条　国家建立和完善新型农村合作医疗制度。

新型农村合作医疗的管理办法，由国务院规定。

第二十五条　国家建立和完善城镇居民基本医疗保险制度。

城镇居民基本医疗保险实行个人缴费和政府补贴相结合。

享受最低生活保障的人、丧失劳动能力的残疾人、低收入家庭六十周岁以上的老年人和未成年人等所需个人缴费部分，由政府给予补贴。

第二十六条　职工基本医疗保险、新型农村合作医疗和城镇居民基本医疗保险的待遇标准按照国家规定执行。

第二十七条　参加职工基本医疗保险的个人，达到法定退休年龄时累计缴费达到国家规定年限的，退休后不再缴纳基本医疗保险费，按照国家规定享受基本医疗保险待遇；未达到国家规定年限的，可以缴费至国家规定年限。

第二十八条　符合基本医疗保险药品目录、诊疗项目、医疗服务设施标准以及急诊、抢救的医疗费用，按照国家规定从基本医疗保险基金中支付。

第二十九条　参保人员医疗费用中应当由基本医疗保险基金支付的部分，由社会保险经办机构与医疗机构、药品经营单位直接结算。

社会保险行政部门和卫生行政部门应当建立异地就医医疗费用结算制度，方便参保人员享受基本医疗保险待遇。

第三十条　下列医疗费用不纳入基本医疗保险基金支付范围：

（一）应当从工伤保险基金中支付的；

（二）应当由第三人负担的；

（三）应当由公共卫生负担的；

（四）在境外就医的。

医疗费用依法应当由第三人负担，第三人不支付或者无法确定第三人的，由基本医疗保险基金先行支付。基本医疗保险基金先行支付后，有权向第三人追偿。

第三十一条 社会保险经办机构根据管理服务的需要，可以与医疗机构、药品经营单位签订服务协议，规范医疗服务行为。

医疗机构应当为参保人员提供合理、必要的医疗服务。

第三十二条 个人跨统筹地区就业的，其基本医疗保险关系随本人转移，缴费年限累计计算。

第三十三条 职工应当参加工伤保险，由用人单位缴纳工伤保险费，职工不缴纳工伤保险费。

第三十四条 国家根据不同行业的工伤风险程度确定行业的差别费率，并根据使用工伤保险基金、工伤发生率等情况在每个行业内确定费率档次。行业差别费率和行业内费率档次由国务院社会保险行政部门制定，报国务院批准后公布施行。

社会保险经办机构根据用人单位使用工伤保险基金、工伤发生率和所属行业费率档次等情况，确定用人单位缴费费率。

第三十五条 用人单位应当按照本单位职工工资总额，根据社会保险经办机构确定的费率缴纳工伤保险费。

第三十六条 职工因工作原因受到事故伤害或者患职业病，且经工伤认定的，享受工伤保险待遇；其中，经劳动能力鉴定丧失劳动能力的，享受伤残待遇。

工伤认定和劳动能力鉴定应当简捷、方便。

第三十七条 职工因下列情形之一导致本人在工作中伤亡的，不认定为工伤：

（一）故意犯罪；

（二）醉酒或者吸毒；

（三）自残或者自杀；

（四）法律、行政法规规定的其他情形。

第三十八条 因工伤发生的下列费用，按照国家规定从工伤保险基金中支付：

（一）治疗工伤的医疗费用和康复费用；

（二）住院伙食补助费；

（三）到统筹地区以外就医的交通食宿费；

（四）安装配置伤残辅助器具所需费用；

（五）生活不能自理的，经劳动能力鉴定委员会确认的生活护理费；

（六）一次性伤残补助金和一至四级伤残职工按月领取的伤残津贴；

（七）终止或者解除劳动合同时，应当享受的一次性医疗补助金；

（八）因工死亡的，其遗属领取的丧葬补助金、供养亲属抚恤金和因工死亡补助金；

（九）劳动能力鉴定费。

第三十九条　因工伤发生的下列费用，按照国家规定由用人单位支付：

（一）治疗工伤期间的工资福利；

（二）五级、六级伤残职工按月领取的伤残津贴；

（三）终止或者解除劳动合同时，应当享受的一次性伤残就业补助金。

第四十条　工伤职工符合领取基本养老金条件的，停发伤残津贴，享受基本养老保险待遇。基本养老保险待遇低于伤残津贴的，从工伤保险基金中补足差额。

第四十一条　职工所在用人单位未依法缴纳工伤保险费，发生工伤事故的，由用人单位支付工伤保险待遇。用人单位不支付的，从工伤保险基金中先行支付。

从工伤保险基金中先行支付的工伤保险待遇应当由用人单位偿还。用人单位不偿还的，社会保险经办机构可以依照本法第六十三条的规定追偿。

第四十二条　由于第三人的原因造成工伤，第三人不支付工伤医疗费用或者无法确定第三人的，由工伤保险基金先行支付。工伤保险基金先行支付后，有权向第三人追偿。

第四十三条　工伤职工有下列情形之一的，停止享受工伤保险待遇：

（一）丧失享受待遇条件的；

（二）拒不接受劳动能力鉴定的；

（三）拒绝治疗的。

第四十四条　职工应当参加失业保险，由用人单位和职工按照国家规定共同缴纳失业保险费。

第四十五条　失业人员符合下列条件的，从失业保险基金中领取失业保险金：

（一）失业前用人单位和本人已经缴纳失业保险费满一年的；

（二）非因本人意愿中断就业的；

（三）已经进行失业登记，并有求职要求的。

第四十六条 失业人员失业前用人单位和本人累计缴费满一年不足五年的，领取失业保险金的期限最长为十二个月；累计缴费满五年不足十年的，领取失业保险金的期限最长为十八个月；累计缴费十年以上的，领取失业保险金的期限最长为二十四个月。重新就业后，再次失业的，缴费时间重新计算，领取失业保险金的期限与前次失业应当领取而尚未领取的失业保险金的期限合并计算，最长不超过二十四个月。

第四十七条 失业保险金的标准，由省、自治区、直辖市人民政府确定，不得低于城市居民最低生活保障标准。

第四十八条 失业人员在领取失业保险金期间，参加职工基本医疗保险，享受基本医疗保险待遇。

失业人员应当缴纳的基本医疗保险费从失业保险基金中支付，个人不缴纳基本医疗保险费。

第四十九条 失业人员在领取失业保险金期间死亡的，参照当地对在职职工死亡的规定，向其遗属发给一次性丧葬补助金和抚恤金。所需资金从失业保险基金中支付。

个人死亡同时符合领取基本养老保险丧葬补助金、工伤保险丧葬补助金和失业保险丧葬补助金条件的，其遗属只能选择领取其中的一项。

第五十条 用人单位应当及时为失业人员出具终止或者解除劳动关系的证明，并将失业人员的名单自终止或者解除劳动关系之日起十五日内告知社会保险经办机构。

失业人员应当持本单位为其出具的终止或者解除劳动关系的证明，及时到指定的公共就业服务机构办理失业登记。

失业人员凭失业登记证明和个人身份证明，到社会保险经办机构办理领取失业保险金的手续。失业保险金领取期限自办理失业登记之日起计算。

第五十一条 失业人员在领取失业保险金期间有下列情形之一的，停止领取失业保险金，并同时停止享受其他失业保险待遇：

（一）重新就业的；

（二）应征服兵役的；

（三）移居境外的；

（四）享受基本养老保险待遇的；

（五）无正当理由，拒不接受当地人民政府指定部门或者机构介绍的适当工作或者提供的培训的。

第五十二条　职工跨统筹地区就业的，其失业保险关系随本人转移，缴费年限累计计算。

第五十三条　职工应当参加生育保险，由用人单位按照国家规定缴纳生育保险费，职工不缴纳生育保险费。

第五十四条　用人单位已经缴纳生育保险费的，其职工享受生育保险待遇；职工未就业配偶按照国家规定享受生育医疗费用待遇。所需资金从生育保险基金中支付。

生育保险待遇包括生育医疗费用和生育津贴。

第五十五条　生育医疗费用包括下列各项：

（一）生育的医疗费用；

（二）计划生育的医疗费用；

（三）法律、法规规定的其他项目费用。

第五十六条　职工有下列情形之一的，可以按照国家规定享受生育津贴：

（一）女职工生育享受产假；

（二）享受计划生育手术休假；

（三）法律、法规规定的其他情形。

生育津贴按照职工所在用人单位上年度职工月平均工资计发。

第五十八条　用人单位应当自用工之日起三十日内为其职工向社会保险经办机构申请办理社会保险登记。未办理社会保险登记的，由社会保险经办机构核定其应当缴纳的社会保险费。

自愿参加社会保险的无雇工的个体工商户、未在用人单位参加社会保险的非全日制从业人员以及其他灵活就业人员，应当向社会保险经办机构申请办理社会保险登记。

国家建立全国统一的个人社会保障号码。个人社会保障号码为公民身份号码。

第六十条　用人单位应当自行申报、按时足额缴纳社会保险费，非因不可抗力等法定事由不得缓缴、减免。职工应当缴纳的社会保险费由用人单位代扣代缴，用人单位应当按月将缴纳社会保险费的明细情况告知本人。

无雇工的个体工商户、未在用人单位参加社会保险的非全日制从业人员以及其他灵活就业人员，可以直接向社会保险费征收机构缴纳社会保险费。

第八十四条　用人单位不办理社会保险登记的，由社会保险行政部门责令限期改正；逾期不改正的，对用人单位处应缴社会保险费数额一倍以上三倍以下的罚款，对其直接负责的主管人员和其他直接责任人员处五百元以上三千元以下的罚款。

第八十六条　用人单位未按时足额缴纳社会保险费的，由社会保险费征收机构责令限期缴纳或者补足，并自欠缴之日起，按日加收万分之五的滞纳金；逾期仍不缴纳的，由有关行政部门处欠缴数额一倍以上三倍以下的罚款。

第八十八条　以欺诈、伪造证明材料或者其他手段骗取社会保险待遇的，由社会保险行政部门责令退回骗取的社会保险金，处骗取金额二倍以上五倍以下的罚款。

《工伤保险条例》（2010年12月20日修订）

第三十条　职工因工作遭受事故伤害或者患职业病进行治疗，享受工伤医疗待遇。

职工治疗工伤应当在签订服务协议的医疗机构就医，情况紧急时可以先到就近的医疗机构急救。

治疗工伤所需费用符合工伤保险诊疗项目目录、工伤保险药品目录、工伤保险住院服务标准的，从工伤保险基金支付。工伤保险诊疗项目目录、工伤保险药品目录、工伤保险住院服务标准，由国务院社会保险行政部门会同国务院卫生行政部门、食品药品监督管理部门等部门规定。

职工住院治疗工伤的伙食补助费，以及经医疗机构出具证明，报经办机构同意，工伤职工到统筹地区以外就医所需的交通、食宿费用从工伤保险基金支付，基金支付的具体标准由统筹地区人民政府规定。

工伤职工治疗非工伤引发的疾病，不享受工伤医疗待遇，按照基本医疗保险办法处理。

工伤职工到签订服务协议的医疗机构进行工伤康复的费用，符合规定的，从工伤保险基金支付。

第三十三条第一款　职工因工作遭受事故伤害或者患职业病需要暂停工作接受工伤医疗的，在停工留薪期内，原工资福利待遇不变，由所在单位按月支付。

第三十四条　工伤职工已经评定伤残等级并经劳动能力鉴定委员会确认

需要生活护理的，从工伤保险基金按月支付生活护理费。

生活护理费按照生活完全不能自理、生活大部分不能自理或者生活部分不能自理3个不同等级支付，其标准分别为统筹地区上年度职工月平均工资的50%、40%或者30%。

《第八次全国法院民事商事审判工作会议（民事部分）纪要》（法〔2016〕399号 2016年11月21日）

9. 被侵权人有权获得工伤保险待遇或者其他社会保险待遇的，侵权人的侵权责任不因受害人获得社会保险而减轻或者免除。根据社会保险法第三十条和四十二条的规定，被侵权人有权请求工伤保险基金或者其他社会保险支付工伤保险待遇或者其他保险待遇。

10. 用人单位未依法缴纳工伤保险费，劳动者因第三人侵权造成人身损害并构成工伤，侵权人已经赔偿的，劳动者有权请求用人单位支付除医疗费之外的工伤保险待遇。用人单位先行支付工伤保险待遇的，可以就医疗费用在第三人应承担的赔偿责任范围内向其追偿。

188. 福利待遇纠纷

法律条文及规范索引

《中华人民共和国劳动法》（2018年12月29日修正）

第七十六条 国家发展社会福利事业，兴建公共福利设施，为劳动者休息、休养和疗养提供条件。用人单位应当创造条件，改善集体福利，提高劳动者的福利待遇。

《中华人民共和国劳动合同法》（2012年12月28日修正）

第六十二条 用工单位应当履行下列义务：

（一）执行国家劳动标准，提供相应的劳动条件和劳动保护；

（二）告知被派遣劳动者的工作要求和劳动报酬；

（三）支付加班费、绩效奖金，提供与工作岗位相关的福利待遇；

（四）对在岗被派遣劳动者进行工作岗位所必需的培训；

（五）连续用工的，实行正常的工资调整机制。

用工单位不得将被派遣劳动者再派遣到其他用人单位。

《中华人民共和国妇女权益保障法》（2018年10月26日修正）

第二十五条 在晋职、晋级、评定专业技术职务等方面，应当坚持男女平等的原则，不得歧视妇女。

十八、人事争议

人事争议是指聘任制公务员、事业单位工作人员、军队文职人员与所在单位因录用、聘用或聘任合同、职务任免、福利待遇、工资调整、奖励处分、辞职辞退等人事管理事项所引发，人事管理行为侵害相对人（工作人员）权益所引起的纠纷。人事争议诉讼属于民事诉讼的范围。人事争议诉讼当事人向人民法院提起诉讼，必须是不服人事争议仲裁机构的裁决才受理，没有经过人事争议仲裁机构裁决的人事争议案件，人民法院一般不予受理。

（1）聘用合同纠纷，是指军队文职人员、事业单位工作人员因履行聘用合同关系所引发的争议。聘用合同是劳动合同的一种，是确立聘用单位与应聘的劳动者之间权利义务关系的协议。

（2）聘任合同纠纷，是指军队文职人员、事业单位工作人员因履行聘任合同关系所引发的争议。

（3）辞职争议，是指聘任制公务员、军队文职人员、事业单位工作人员因某种原因主动辞职与单位发生的纠纷。

（4）辞退争议，是指聘任制公务员、军队文职人员、事业单位工作人员由于某种原因被单位强行解除劳动关系与单位发生的纠纷。

此次案由修改中，在第二级案由“十八、人事争议”项下：删去“172. 人事争议”；增加“190. 聘任合同纠纷”。在第三级案由“172. 人事争议”项下：变更“（1）辞职争议”为第三级案由“191. 辞职纠纷”，变更“（2）辞退争议”为第三级案由“192. 辞退纠纷”，变更“（3）聘用合同争议”为第三级案由“189. 聘用合同纠纷”。

189. 聘用合同纠纷
190. 聘任合同纠纷
191. 辞职纠纷
192. 辞退纠纷

法律条文及规范索引

《中华人民共和国公务员法》（2018年12月29日修订）

第一百零五条　聘任制公务员与所在机关之间因履行聘任合同发生争议的，可以自争议发生之日起六十日内申请仲裁。

省级以上公务员主管部门根据需要设立人事争议仲裁委员会，受理仲裁申请。人事争议仲裁委员会由公务员主管部门的代表、聘用机关的代表、聘任制公务员的代表以及法律专家组成。

当事人对仲裁裁决不服的，可以自接到仲裁裁决书之日起十五日内向人民法院提起诉讼。仲裁裁决生效后，一方当事人不履行的，另一方当事人可以申请人民法院执行。

《中华人民共和国劳动合同法》（2012年12月28日修正）

第四十八条　用人单位违反本法规定解除或者终止劳动合同，劳动者要求继续履行劳动合同的，用人单位应当继续履行；劳动者不要求继续履行劳动合同或者劳动合同已经不能继续履行的，用人单位应当依照本法第八十七条规定支付赔偿金。

第八十二条　用人单位自用工之日起超过一个月不满一年未与劳动者订立书面劳动合同的，应当向劳动者每月支付二倍的工资。

用人单位违反本法规定不与劳动者订立无固定期限劳动合同的，自应当订立无固定期限劳动合同之日起向劳动者每月支付二倍的工资。

第八十五条　用人单位有下列情形之一的，由劳动行政部门责令限期支付劳动报酬、加班费或者经济补偿；劳动报酬低于当地最低工资标准的，应当支付其差额部分；逾期不支付的，责令用人单位按应付金额百分之五十以上百分之一百以下的标准向劳动者加付赔偿金：

（一）未按照劳动合同的约定或者国家规定及时足额支付劳动者劳动报

酬的；

（二）低于当地最低工资标准支付劳动者工资的；

（三）安排加班不支付加班费的；

（四）解除或者终止劳动合同，未依照本法规定向劳动者支付经济补偿的。

《中华人民共和国劳动合同法实施条例》（2008年9月18日施行）

第十条 劳动者非因本人原因从原用人单位被安排到新用人单位工作的，劳动者在原用人单位的工作年限合并计算为新用人单位的工作年限。原用人单位已经向劳动者支付经济补偿的，新用人单位在依法解除、终止劳动合同计算支付经济补偿的工作年限时，不再计算劳动者在原用人单位的工作年限。

《事业单位人事管理条例》（2014年7月1日施行）

第三十七条 事业单位工作人员与所在单位发生人事争议的，依照《中华人民共和国劳动争议调解仲裁法》等有关规定处理。

第三十八条 事业单位工作人员对涉及本人的考核结果、处分决定等不服的，可以按照国家有关规定申请复核、提出申诉。

第三十九条 负有事业单位聘用、考核、奖励、处分、人事争议处理等职责的人员履行职责，有下列情形之一的，应当回避：

（一）与本人有利害关系的；

（二）与本人近亲属有利害关系的；

（三）其他可能影响公正履行职责的。

《最高人民法院关于人民法院审理事业单位人事争议案件若干问题的规定》（法释〔2003〕13号 2003年8月27日）

第一条 事业单位与其工作人员之间因辞职、辞退及履行聘用合同所发生的争议，适用《中华人民共和国劳动法》的规定处理。

第二条 当事人对依照国家有关规定设立的人事争议仲裁机构所作的人事争议仲裁裁决不服，自收到仲裁裁决之日起十五日内向人民法院提起诉讼的，人民法院应当依法受理。一方当事人在法定期间内不起诉又不履行仲裁裁决，另一方当事人向人民法院申请执行的，人民法院应当依法执行。

第三条 本规定所称人事争议是指事业单位与其工作人员之间因辞职、辞退及履行聘用合同所发生的争议。

《最高人民法院关于事业单位人事争议案件适用法律等问题的答复》（法函〔2004〕30号　2004年4月30日）

《最高人民法院关于人民法院审理事业单位人事争议案件若干问题的规定》第一条规定，“事业单位与其工作人员之间因辞职、辞退及履行聘用合同所发生的争议，适用《中华人民共和国劳动法》。”这里“适用《中华人民共和国劳动法》的规定处理”是指人民法院审理事业单位人事争议案件的程序运用《中华人民共和国劳动法》的相关规定。人民法院对事业单位人事争议案件的实体处理应当适用人事方面的法律规定，但涉及事业单位工作人员劳动权利的内容在人事法律中没有规定，适用《中华人民共和国劳动法》的有关规定。

新编
民事案件案由适用法律规范指引

第二版

下

司伟 编著

中国法制出版社
CHINA LEGAL PUBLISHING HOUSE

目　录

（下册）

第七部分　海事海商纠纷

十九、海事海商纠纷

第八部分　与公司、证券、保险、票据等有关的民事纠纷

二十、与企业有关的纠纷

二十一、与公司有关的纠纷

二十二、合伙企业纠纷

二十三、与破产有关的纠纷

二十四、证券纠纷

二十五、期货交易纠纷

二十六、信托纠纷

二十七、保险纠纷

二十八、票据纠纷

二十九、信用证纠纷

三十、独立保函纠纷

第九部分 侵权责任纠纷

三十一、侵权责任纠纷

第十部分　非讼程序案件案由

三十二、选民资格案件

三十三、宣告失踪、宣告死亡案件

三十四、认定自然人无民事行为能力、限制民事行为能力案件

三十五、指定遗产管理人案件

三十六、认定财产无主案件

三十七、确认调解协议案件

三十八、实现担保物权案件

三十九、监护权特别程序案件

四十、督促程序案件

四十一、公示催告程序案件

四十二、公司清算案件

四十三、破产程序案件

四十四、申请诉前停止侵害知识产权案件

四十五、申请保全案件

四十六、申请人身安全保护令案件

四十七、申请人格权侵害禁令案件

四十八、仲裁程序案件

四十九、海事诉讼特别程序案件

五十、申请承认与执行法院判决、仲裁裁决案件

第十一部分　特殊诉讼程序案件案由

五十一、与宣告失踪、宣告死亡案件有关的纠纷

五十二、公益诉讼

五十三、第三人撤销之诉

五十四、执行程序中的异议之诉

附录：

第七部分

海事海商纠纷

十九、海事海商纠纷

海事海商纠纷是指因海事海商事务而产生的纠纷，如海事侵权纠纷、海商合同纠纷、海上运输纠纷、船舶碰撞损害纠纷、海损事故纠纷、海难救助纠纷、港口作业纠纷等。

193. 船舶碰撞损害责任纠纷

法律条文及规范索引

《中华人民共和国海商法》（1993年7月1日施行）

第三条　本法所称船舶，是指海船和其他海上移动式装置，但是用于军事的、政府公务的船舶和20总吨以下的小型船艇除外。

前款所称船舶，包括船舶属具。

第一百六十五条　船舶碰撞，是指船舶在海上或者与海相通的可航水域发生接触造成损害的事故。

前款所称船舶，包括与本法和三条所指船舶碰撞的任何其他非用于军事的或者政府公务的船艇。

第一百六十六条　船舶发生碰撞，当事船舶的船长在不严重危及本船和船上人员安全的情况下，对于相碰的船舶和船上的人员必须尽力施救。

碰撞船舶的船长应当尽可能将其船舶名称、船籍港、出发港和目的港通知对方。

第一百六十七条　船舶发生碰撞，是由于不可抗力或者其他不能归责于任何一方的原因或者无法查明的原因造成的，碰撞各方互相不负赔偿责任。

第一百六十八条　船舶发生碰撞，是由于一船的过失造成的，由于过失的船舶负赔偿责任。

第一百六十九条　船舶发生碰撞，碰撞的船舶互有过失的，各船按照过失程度的比例负赔偿责任；过失程度相当或者过失程度的比例无法判定的，平均负赔偿责任。

互有过失的船舶，对碰撞造成的船舶以及船上货物和其他财产的损失，依照前款规定的比例负赔偿责任。碰撞造成第三人财产损失的，各船的赔偿责任均不超过其应当承担的比例。

互有过失的船舶，对造成的第三人的人身伤亡，负连带赔偿责任。一船连带支付的赔偿超过本条第一款规定的比例的，有权向其他有过失的船舶追偿。

第一百七十条 船舶因操纵不当或者不遵守航行规章，虽然实际上没有同其他船舶发生碰撞，但是使其他船舶以及船上的人员、货物或者其他财产遭受损失的，适用本章的规定。

《中华人民共和国海事诉讼特别程序法》（2000年7月1日施行）

第八十二条 原告在起诉时、被告在答辩时，应当如实填写《海事事故调查表》。

第八十四条 当事人应当在开庭审理前完成举证。当事人完成举证并向海事法院出具完成举证说明书后，可以申请查阅有关船舶碰撞的事实证据材料。

《最高人民法院关于审理船舶碰撞纠纷案件若干问题的规定》（法释〔2008〕7号 2020年12月23日修正）

第四条 船舶碰撞产生的赔偿责任由船舶所有人承担，碰撞船舶在光船租赁期间并经依法登记的，由光船承租人承担。

第五条 因船舶碰撞发生的船上人员的人身伤亡属于海商法第一百六十九条第三款规定的第三人的人身伤亡。

第六条 碰撞船舶互有过失造成船载货物损失，船载货物的权利人对承运货物的本船提起违约赔偿之诉，或者对碰撞船舶一方或者双方提起侵权赔偿之诉的，人民法院应当依法予以受理。

第七条 船载货物的权利人因船舶碰撞造成其货物损失向承运货物的本船提起诉讼的，承运船舶可以依照海商法第一百六十九条第二款的规定主张按照过失程度的比例承担赔偿责任。

前款规定不影响承运人和实际承运人援用海商法第四章关于承运人抗辩理由和限制赔偿责任的规定。

第八条 碰撞船舶船载货物权利人或者第三人向碰撞船舶一方或者双方

就货物或其他财产损失提出赔偿请求的，由碰撞船舶方提供证据证明过失程度的比例。无正当理由拒不提供证据的，由碰撞船舶一方承担全部赔偿责任或者由双方承担连带赔偿责任。

前款规定的证据指具有法律效力的判决书、裁定书、调解书和仲裁裁决书。对于碰撞船舶提交的国外的判决书、裁定书、调解书和仲裁裁决书，依照民事诉讼法第二百八十二条和第二百八十三条规定的程序审查。

第九条　因起浮、清除、拆毁由船舶碰撞造成的沉没、遇难、搁浅或被弃船舶及船上货物或者使其无害的费用提出的赔偿请求，责任人不能依照海商法第十一章的规定享受海事赔偿责任限制。

《最高人民法院关于审理发生在我国管辖海域相关案件若干问题的规定(二)》（法释〔2016〕17号　2016年8月1日）

第一条　当事人因船舶碰撞、海洋污染等事故受到损害，请求侵权人赔偿渔船、渔具、渔货损失以及收入损失的，人民法院应予支持。

当事人违反渔业法第二十三条，未取得捕捞许可证从事海上捕捞作业，依照前款规定主张收入损失的，人民法院不予支持。

194. 船舶触碰损害责任纠纷

法律条文及规范索引

《中华人民共和国海商法》（1993年7月1日施行）

第一百六十九条　船舶发生碰撞，碰撞的船舶互有过失的，各船按照过失程度的比例负赔偿责任；过失程度相当或者过失程度的比例无法判定的，平均负赔偿责任。

互有过失的船舶，对碰撞造成的船舶以及船上货物和其他财产的损失，依照前款规定的比例负赔偿责任。碰撞造成第三人财产损失的，各船的赔偿责任均不超过其应当承担的比例。

互有过失的船舶，对造成的第三人的人身伤亡，负连带赔偿责任。一船连带支付的赔偿超过本条第一款规定的比例的，有权向其他有过失的船舶追偿。

《中华人民共和国海上交通安全法》（2016年11月7日修正）

第二十三条　禁止损坏助航标志和导航设施。损坏助航标志或导航设施的，应当立即向主管机关报告，并承担赔偿责任。

《中华人民共和国海事诉讼特别程序法》（2000 年 7 月 1 日施行）

第六条 海事诉讼的地域管辖，依照《中华人民共和国民事诉讼法》的有关规定。

下列海事诉讼的地域管辖，依照以下规定：

（一）因海事侵权行为提起的诉讼，除依照《中华人民共和国民事诉讼法》第二十八条的规定以外，还可以由船籍港所在地海事法院管辖；

《最高人民法院关于适用〈中华人民共和国海事诉讼特别程序法〉若干问题的解释》（法释〔2003〕3 号 2008 年 12 月 16 日修正）

第六十一条 依据《中华人民共和国海商法》第一百七十条的规定提起的诉讼和因船舶触碰造成损害提起的诉讼，参照海事诉讼特别程序法关于审理船舶碰撞案件的有关规定审理。

《最高人民法院关于审理发生在我国管辖海域相关案件若干问题的规定（二）》（法释〔2016〕17 号 2016 年 8 月 1 日）

第一条 当事人因船舶碰撞、海洋污染等事故受到损害，请求侵权人赔偿渔船、渔具、渔货损失以及收入损失的，人民法院应予支持。

当事人违反渔业法第二十三条，未取得捕捞许可证从事海上捕捞作业，依照前款规定主张收入损失的，人民法院不予支持。

195. 船舶损坏空中设施、水下设施损害责任纠纷

法律条文及规范索引

《中华人民共和国海商法》（1993 年 7 月 1 日施行）

第一百六十九条 船舶发生碰撞，碰撞的船舶互有过失的，各船按照过失程度的比例负赔偿责任；过失程度相当或者过失程度的比例无法判定的，平均负赔偿责任。

互有过失的船舶，对碰撞造成的船舶以及船上货物和其他财产的损失，依照前款规定的比例负赔偿责任。碰撞造成第三人财产损失的，各船的赔偿责任均不超过其应当承担的比例。

互有过失的船舶，对造成的第三人的人身伤亡，负连带赔偿责任。一船

连带支付的赔偿超过本条第一款规定的比例的，有权向其他有过失的船舶追偿。

《中华人民共和国海上交通安全法》（2016年11月7日修正）

第二十三条　禁止损坏助航标志和导航设施。损坏助航标志或导航设施的，应当立即向主管机关报告，并承担赔偿责任。

《最高人民法院关于审理船舶碰撞和触碰案件财产损害赔偿的规定》（法发〔1995〕17号　2020年12月23日修正）

十二、设施损害赔偿的计算：

期限：以实际停止使用期间扣除常规检修的期间为限；设施部分损坏或者全损，分别以合理的修复费用或者重新建造的费用，扣除已使用年限的折旧费计算；设施使用的收益损失，以实际减少的净收益，即按停止使用前三个月的平均净盈利计算；部分使用并有收益的，应当扣减。

十六、本规定中下列用语的含义：

"设施"是指人为设置的固定或者可移动的构造物，包括固定平台、浮鼓、码头、堤坝、桥梁、敷设或者架设的电缆、管道等。

196. 船舶污染损害责任纠纷
197. 海上、通海水域污染损害责任纠纷
198. 海上、通海水域养殖损害责任纠纷

法律条文及规范索引

《中华人民共和国民法典》（2021年1月1日施行）

第一千二百二十九条　因污染环境、破坏生态造成他人损害的，侵权人应当承担侵权责任。

第一千二百三十条　因污染环境、破坏生态发生纠纷，行为人应当就法律规定的不承担责任或者减轻责任的情形及其行为与损害之间不存在因果关系承担举证责任。

第一千二百三十一条　两个以上侵权人污染环境、破坏生态的，承担责任的大小，根据污染物的种类、浓度、排放量，破坏生态的方式、范围、程度，以及行为对损害后果所起的作用等因素确定。

第一千二百三十二条 侵权人违反法律规定故意污染环境、破坏生态造成严重后果的，被侵权人有权请求相应的惩罚性赔偿。

第一千二百三十三条 因第三人的过错污染环境、破坏生态的，被侵权人可以向侵权人请求赔偿，也可以向第三人请求赔偿。侵权人赔偿后，有权向第三人追偿。

《中华人民共和国环境保护法》（2014 年 4 月 24 日修订）

第六十六条 提起环境损害赔偿诉讼的时效期间为三年，从当事人知道或者应当知道其受到损害时起计算。

《中华人民共和国海洋环境保护法》（2017 年 11 月 4 日修正）

第三十三条 禁止向海域排放油类、酸液、碱液、剧毒废液和高、中水平放射性废水。

严格限制向海域排放低水平放射性废水；确需排放的，必须严格执行国家辐射防护规定。

严格控制向海域排放含有不易降解的有机物和重金属的废水。

第八十九条 造成海洋环境污染损害的责任者，应当排除危害，并赔偿损失；完全由于第三者的故意或者过失，造成海洋环境污染损害的，由第三者排除危害，并承担赔偿责任。

对破坏海洋生态、海洋水产资源、海洋保护区，给国家造成重大损失的，由依照本法规定行使海洋环境监督管理权的部门代表国家对责任者提出损害赔偿要求。

第九十一条 完全属于下列情形之一，经过及时采取合理措施，仍然不能避免对海洋环境造成污染损害的，造成污染损害的有关责任者免予承担责任：

（一）战争；

（二）不可抗拒的自然灾害；

（三）负责灯塔或者其他助航设备的主管部门，在执行职责时的疏忽，或者其他过失行为。

《最高人民法院关于审理海洋自然资源与生态环境损害赔偿纠纷案件若干问题的规定》（法释〔2017〕23 号　2017 年 12 月 29 日）

第三条 海洋环境保护法第五条规定的行使海洋环境监督管理权的机关，根据其职能分工提起海洋自然资源与生态环境损害赔偿诉讼，人民法院应予受理。

第四条 人民法院受理海洋自然资源与生态环境损害赔偿诉讼，应当在立案之日起五日内公告案件受理情况。

人民法院在审理中发现可能存在下列情形之一的，可以书面告知其他依法行使海洋环境监督管理权的机关：

（一）同一损害涉及不同区域或者不同部门；

（二）不同损害应由其他依法行使海洋环境监督管理权的机关索赔。

本规定所称不同损害，包括海洋自然资源与生态环境损害中不同种类和同种类但可以明确区分属不同机关索赔范围的损害。

第五条 在人民法院依照本规定第四条的规定发布公告之日起三十日内，或者书面告知之日起七日内，对同一损害有权提起诉讼的其他机关申请参加诉讼，经审查符合法定条件的，人民法院应当将其列为共同原告；逾期申请的，人民法院不予准许。裁判生效后另行起诉的，人民法院参照《最高人民法院关于审理环境民事公益诉讼案件适用法律若干问题的解释》第二十八条的规定处理。

对于不同损害，可以由各依法行使海洋环境监督管理权的机关分别提起诉讼；索赔人共同起诉或者在规定期限内申请参加诉讼的，人民法院依照民事诉讼法第五十二条第一款的规定决定是否按共同诉讼进行审理。

第六条 依法行使海洋环境监督管理权的机关请求造成海洋自然资源与生态环境损害的责任者承担停止侵害、排除妨碍、消除危险、恢复原状、赔礼道歉、赔偿损失等民事责任的，人民法院应当根据诉讼请求以及具体案情，合理判定责任者承担民事责任。

第七条 海洋自然资源与生态环境损失赔偿范围包括：

（一）预防措施费用，即为减轻或者防止海洋环境污染、生态恶化、自然资源减少所采取合理应急处置措施而发生的费用；

（二）恢复费用，即采取或者将要采取措施恢复或者部分恢复受损害海洋自然资源与生态环境功能所需费用；

（三）恢复期间损失，即受损害的海洋自然资源与生态环境功能部分或者完全恢复前的海洋自然资源损失、生态环境服务功能损失；

（四）调查评估费用，即调查、勘查、监测污染区域和评估污染等损害风险与实际损害所发生的费用。

第八条 恢复费用，限于现实修复实际发生和未来修复必然发生的合理费用，包括制定和实施修复方案和监测、监管产生的费用。

未来修复必然发生的合理费用和恢复期间损失，可以根据有资格的鉴定评估机构依据法律法规、国家主管部门颁布的鉴定评估技术规范作出的鉴定意见予以确定，但当事人有相反证据足以反驳的除外。

预防措施费用和调查评估费用，以实际发生和未来必然发生的合理费用计算。

责任者已经采取合理预防、恢复措施，其主张相应减少损失赔偿数额的，人民法院应予支持。

第九条　依照本规定第八条的规定难以确定恢复费用和恢复期间损失的，人民法院可以根据责任者因损害行为所获得的收益或者所减少支付的污染防治费用，合理确定损失赔偿数额。

前款规定的收益或者费用无法认定的，可以参照政府部门相关统计资料或者其他证据所证明的同区域同类生产经营者同期平均收入、同期平均污染防治费用，合理酌定。

第十条　人民法院判决责任者赔偿海洋自然资源与生态环境损失的，可以一并写明依法行使海洋环境监督管理权的机关受领赔款后向国库账户交纳。

发生法律效力的裁判需要采取强制执行措施的，应当移送执行。

第十一条　海洋自然资源与生态环境损害赔偿诉讼当事人达成调解协议或者自行达成和解协议的，人民法院依照《最高人民法院关于审理环境民事公益诉讼案件适用法律若干问题的解释》第二十五条的规定处理。

第十二条　人民法院审理海洋自然资源与生态环境损害赔偿纠纷案件，本规定没有规定的，适用《最高人民法院关于审理环境侵权责任纠纷案件适用法律若干问题的解释》《最高人民法院关于审理环境民事公益诉讼案件适用法律若干问题的解释》等相关司法解释的规定。

在海上或者沿海陆域内从事活动，对中华人民共和国管辖海域内海洋自然资源与生态环境形成损害威胁，人民法院审理由此引起的赔偿纠纷案件，参照适用本规定。

人民法院审理因船舶引起的海洋自然资源与生态环境损害赔偿纠纷案件，法律、行政法规、司法解释另有特别规定的，依照其规定。

199. 海上、通海水域财产损害责任纠纷

法律条文及规范索引

《中华人民共和国海商法》（1993年7月1日施行）

第一百六十九条 船舶发生碰撞，碰撞的船舶互有过失的，各船按照过失程度的比例负赔偿责任；过失程度相当或者过失程度的比例无法判定的，平均负赔偿责任。

互有过失的船舶，对碰撞造成的船舶以及船上货物和其他财产的损失，依照前款规定的比例负赔偿责任。碰撞造成第三人财产损失的，各船的赔偿责任均不超过其应当承担的比例。

互有过失的船舶，对造成的第三人的人身伤亡，负连带赔偿责任。一船连带支付的赔偿超过本条第一款规定的比例的，有权向其他有过失的船舶追偿。

《中华人民共和国民法典》（2021年1月1日施行）

第一千一百六十七条 侵权行为危及他人人身、财产安全的，被侵权人有权请求侵权人承担停止侵害、排除妨碍、消除危险等侵权责任。

第一千一百八十四条 侵害他人财产的，财产损失按照损失发生时的市场价格或者其他合理方式计算。

第一千一百八十七条 损害发生后，当事人可以协商赔偿费用的支付方式。协商不一致的，赔偿费用应当一次性支付；一次性支付确有困难的，可以分期支付，但是被侵权人有权请求提供相应的担保。

200. 海上、通海水域人身损害责任纠纷

法律条文及规范索引

《中华人民共和国海商法》（1993年7月1日施行）

第一百一十四条 在本法第一百一十一条规定的旅客及其行李的运送期

间，因承运人或者承运人的受雇人、代理人在受雇或者受委托的范围内的过失引起事故，造成旅客人身伤亡或者行李灭失、损坏的，承运人应当负赔偿责任。

请求人对承运人或者承运人的受雇人、代理人的过失，应当负举证责任；但是，本条第三款和第四款规定的情形除外。

旅客的人身伤亡或者自带行李的灭失、损坏，是由于船舶的沉没、碰撞、搁浅、爆炸、火灾所引起或者是由于船舶的缺陷所引起的，承运人或者承运人的受雇人、代理人除非提出反证，应当视为其有过失。

旅客自带行李以外的其他行李的灭失或者损坏，不论由于何种事故所引起，承运人或者承运人的受雇人、代理人除非提出反证，应当视为其有过失。

第一百一十五条 经承运人证明，旅客的人身伤亡或者行李的灭失、损坏，是由于旅客本人的过失或者旅客和承运人的共同过失造成的，可以免除或者相应减轻承运人的赔偿责任。

经承运人证明，旅客的人身伤亡或者行李的灭失、损坏，是由于旅客本人的故意造成的，或者旅客的人身伤亡是由于旅客本人健康状况造成的，承运人不负赔偿责任。

第一百一十七条 除本条第四款规定的情形外，承运人在每次海上旅客运输中的赔偿责任限额，依照下列规定执行：

（一）旅客人身伤亡的，每名旅客不超过46666计算单位；

（二）旅客自带行李灭失或者损坏的，每名旅客不超过833计算单位；

（三）旅客车辆包括该车辆所载行李灭失或者损坏的，每一车辆不超过3333计算单位；

（四）本款第（二）、（三）项以外的旅客其他行李灭失或者损坏的，每名旅客不超过1200计算单位。

承运人和旅客可以约定，承运人对旅客车辆和旅客车辆以外的其他行李损失的免赔额。但是，对每一车辆损失的免赔额不得超过117计算单位，对每名旅客的车辆以外的其他行李损失的免赔额不得超过13计算单位。在计算每一车辆或者每名旅客的车辆以外的其他行李的损失赔偿数额时，应当扣除约定的承运人免赔额。

承运人和旅客可以书面约定高于本条第一款规定的赔偿责任限额。

中华人民共和国港口之间的海上旅客运输，承运人的赔偿责任限额，由国务院交通主管部门制定，报国务院批准后施行。

第一百一十八条 经证明，旅客的人身伤亡或者行李的灭失、损坏，是由于承运人的故意或者明知可能造成损害而轻率地作为或者不作为造成的，承运人不得援用本法第一百一十六条和第一百一十七条限制赔偿责任的规定。

经证明，旅客的人身伤亡或者行李的灭失、损坏，是由于承运人的受雇人、代理人的故意或者明知可能造成损害而轻率地作为或者不作为造成的，承运人的受雇人、代理人不得援用本法第一百一十六条和第一百一十七条限制赔偿责任的规定。

第一百二十四条 就旅客的人身伤亡或者行李的灭失、损坏，分别向承运人、实际承运人以及他们的受雇人、代理人提出赔偿请求的，赔偿总额不得超过本法第一百一十七条规定的限额。

第二百一十条 除本法第二百一十一条另有规定外，海事赔偿责任限制，依照下列规定计算赔偿限额：

（一）关于人身伤亡的赔偿请求

1. 总吨位 300 吨至 500 吨的船舶，赔偿限额为 333000 计算单位；

2. 总吨位超过 500 吨的船舶，500 吨以下部分适用本项第 1 目的规定，500 吨以上的部分，应当增加下列数额：

501 吨至 3000 吨的部分，每吨增加 500 计算单位；

3001 吨至 30000 吨的部分，每吨增加 333 计算单位；

30001 吨至 70000 吨的部分，每吨增加 250 计算单位；

超过 70000 吨的部分，每吨增加 167 计算单位。

（二）关于非人身伤亡的赔偿请求

1. 总吨位 300 吨至 500 吨的船舶，赔偿限额为 167000 计算单位；

2. 总吨位超过 500 吨的船舶，500 吨以下部分适用本项第 1 目的规定，500 吨以上的部分，应当增加下列数额：

501 吨至 30000 吨的部分，每吨增加 167 计算单位；

30001 吨至 70000 吨的部分，每吨增加 125 计算单位；

超过 70000 吨的部分，每吨增加 83 计算单位。

（三）依照第（一）项规定的限额，不足以支付全部人身伤亡的赔偿请求的，其差额应当与非人身伤亡的赔偿请求并列，从第（二）项数额中按照比例受偿。

（四）在不影响第（三）项关于人身伤亡赔偿请求的情况下，就港口工程、港池、航道和助航设施的损害提出的赔偿请求，应当较第（二）项中的其他赔偿请求优先受偿。

（五）不以船舶进行救助作业或者在被救船舶上进行救助作业的救助人，其责任限额按照总吨位为1500吨的船舶计算。

总吨位不满300吨的船舶，从事中华人民共和国港口之间的运输的船舶，以及从事沿海作业的船舶，其赔偿限额由国务院交通主管部门制定，报国务院批准后施行。

第二百一十一条 海上旅客运输的旅客人身伤亡赔偿责任限制，按照46666计算单位乘以船舶证书规定的载客定额计算赔偿限额，但是最高不超过25000000计算单位。

中华人民共和国港口之间海上旅客运输的旅客人身伤亡，赔偿限额由国务院交通主管部门制定，报国务院批准后施行。

第一百六十九条 船舶发生碰撞，碰撞的船舶互有过失的，各船按照过失程度的比例负赔偿责任；过失程度相当或者过失程度的比例无法判定的，平均负赔偿责任。

互有过失的船舶，对碰撞造成的船舶以及船上货物和其他财产的损失，依照前款规定的比例负赔偿责任。碰撞造成第三人财产损失的，各船的赔偿责任均不超过其应当承担的比例。

互有过失的船舶，对造成的第三人的人身伤亡，负连带赔偿责任。一船连带支付的赔偿超过本条第一款规定的比例的，有权向其他有过失的船舶追偿。

201. 非法留置船舶、船载货物、船用燃油、船用物料损害责任纠纷

法律条文及规范索引

《中华人民共和国海商法》（1993年7月1日施行）

第八十七条 应当向承运人支付的运费、共同海损分摊、滞期和费承运人为货物垫付的必要费用以及应当向承运人支付的其他费用没有付清，又没

有提供适当担保的，承运人可以在合理的限度内留置货物。

第八十八条 承运人根据本法第八十七条规定留置的货物，自船舶达抵卸货港的次日起满六十日无人提取的，承运人可以申请法院裁定拍卖；货物易腐烂变质或者货物的保管费用可能超过其价值的，可以申请提前拍卖。

拍卖所得价款，用于清偿保管、拍卖货物的费用和运费以及应当向承运人支付的其他有关费用；不足的金额，承运人有权向托运人追偿；剩余的金额，退还托运人；无法退还、自拍卖之日起满一年又无人领取的，上缴国库。

第一百四十一条 承租人未向出租人支付租金或者合同约定的其他款项的，出租人对船上属于承租人的货物和财产以及转租船舶的收入有留置权。

第一百六十一条 被拖方未按照约定支付拖航费和其他合理费用的，承拖方对被拖物有留置权。

《中华人民共和国民法典》（2021年1月1日施行）

第四百四十七条 债务人不履行到期债务，债权人可以留置已经合法占有的债务人的动产，并有权就该动产优先受偿。

前款规定的债权人为留置权人，占有的动产为留置财产。

202. 海上、通海水域货物运输合同纠纷

法律条文及规范索引

《中华人民共和国海商法》（1993年7月1日施行）

第四十一条 海上货物运输合同，是指承运人收取运费，负责将托运人托运的货物经海路由一港运至另一港的合同。

第四十二条 本章下列用语的含义：

（一）“承运人”，是指本人或者委托他人以本人名义与托运人订立海上货物运输合同的人。

（二）“实际承运人”，是指接受承运人委托，从事货物运输或者部分运输的人，包括接受转委托从事此项运输的其他人。

（三）“托运人”，是指：

1. 本人或者委托他人以本人名义或者委托他人为本人与承运人订立海上

货物运输合同的人；

2. 本人或者委托他人以本人名义或者委托他人为本人将货物交给与海上货物运输合同有关的承运人的人。

（四）“收货人”，是指有权提取货物的人。

（五）“货物”，包括活动物和由托运人提供的用于集装货物的集装箱、货盘或者类似的装动器具。

第四十三条 承运人或者托运人可以要求书面确认海上货物运输合同的成立。但是，航次租船合同应当书面订立。电报、电传和传真具有书面效力。

第四十四条 海上货物运输合同和作为合同凭证的提单或者其他运输单证中的条款，违反本章规定的，无效。此类条款的无效，不影响该合同和提单或者其他运输单证中其他条款的效力。将货物的保险利益转让给承运人的条款或者类似条款，无效。

第四十五条 本法第四十四条的规定不影响承运人在本章规定的承运人责任和义务之外，增加其责任和义务。

《中华人民共和国民法典》（2021年1月1日施行）

第八百三十二条 承运人对运输过程中货物的毁损、灭失承担赔偿责任。但是，承运人证明货物的毁损、灭失是因不可抗力、货物本身的自然性质或者合理损耗以及托运人、收货人的过错造成的，不承担赔偿责任。

《最高人民法院关于国内水路货物运输纠纷案件法律问题的指导意见》（法发〔2012〕28号 2012年12月24日）

3. 根据《国内水路运输管理条例》和《国内水路运输经营资质管理规定》的有关规定，从事国内水路运输的企业和个人，应当达到并保持相应的经营资质条件，并在核定的经营范围内从事水路运输经营活动。没有取得国内水路运输经营资质的承运人签订的国内水路货物运输合同，人民法院应当根据合同法第五十二条第（五）项的规定认定合同无效。

4. 国内水路货物运输合同无效，但是承运人已经按照运输合同的约定将货物安全运输到约定地点，承运人请求托运人或者收货人参照合同的约定支付运费，人民法院可以适当予以保护。

国内水路货物运输合同无效，而且运输过程中货物发生了毁损、灭失，托运人或者收货人向承运人主张损失赔偿的，人民法院可以综合考虑托运人或者收货人和承运人对合同无效和货物损失的过错程度，依法判定相应的民事责任。

5. 人民法院审理国内水路货物运输纠纷案件过程中发现从事国内水路货物运输的承运人没有取得相应的运输经营资质，应及时向相关行政主管机关发出司法建议。

7. 国内水路货物运输合同履行完毕，托运人或者收货人没有按照约定支付运费、保管费或者其他运输费用，依照合同法第三百一十五条的规定，承运人对相应的运输货物享有留置权。人民法院在审查承运人的留置权时，应当重点审查承运人留置货物的数量是否是在合理的限度之内，以及承运人留置的货物是否是其合法占有的货物。债务人对留置货物是否具有所有权并不必然影响承运人留置权的行使，除非运输合同当事人对承运人的留置权另有特殊约定。

8. 没有运营资质的个体运输船舶的实际所有人，为了进入国内水路货物运输市场，规避国家有关水路运输经营资质的管理规定，将船舶所有权登记在具有水路运输经营资质的船舶运输企业名下，向该运输企业交纳管理费，并以该运输企业的名义从事国内水路货物运输活动，是国内水路货物运输中普遍存在的一种挂靠经营方式。这种挂靠经营方式导致挂靠船舶的所有权登记形同虚设，船舶管理混乱，被挂靠企业对挂靠船舶疏于安全管理，严重冲击了航运市场的安全秩序，导致大量国内水路货物运输纠纷的产生。人民法院在审理与船舶挂靠有关的合同纠纷时，应当严格依照现行船舶管理的法律规范确定法律关系，坚持合同相对性的基本原则，根据合同的签订主体和合同的履行等基本事实，准确认定合同当事人。

9. 挂靠船舶的实际所有人以自己的名义签订运输合同，应当认定其为运输合同承运人，承担相应的合同责任。

10. 挂靠船舶的实际所有人以被挂靠企业的名义签订运输合同，被挂靠企业亦签章予以确认，应当认定被挂靠企业为运输合同承运人，承担相应的合同责任。

11. 在没有签订水路货物运输合同的情形下，可以依照运单上承运人的记载判断运输合同的承运人。如果运单上仅仅加盖了承运船舶的船名章，应当认定该承运船舶的登记所有人为运输合同的承运人，承担相应的合同责任。

12. 挂靠船舶因侵权行为造成他人财产、人身损害，依据民法通则、侵权责任法、海商法和有关司法解释的规定，挂靠船舶的实际所有人和被挂靠企业应当承担连带赔偿责任。

203. 海上、通海水域旅客运输合同纠纷

法律条文及规范索引

《中华人民共和国海商法》（1993年7月1日施行）

第一百零七条 海上旅客运输合同，是指承运人以适合运送旅客的船舶经海路将旅客及其行李从一港运送至另一港，由旅客支付票款的合同。

第一百零八条 本章下列用语的含义：

（一）“承运人”，是指本人或者委托他人以本人名义与旅客订立海上旅客运输合同的人。

（二）“实际承运人”，是指接受承运人委托，从事旅客运送或者部分运送的人，包括接受转委托从事此项运送的其他人。

（三）“旅客”，是指根据海上旅客运输合同运送的人；经承运人同意，根据海上货物运输合同，随船护送货物的人，视为旅客。

（四）“行李”，是指根据海上旅客运输合同由承运人载运的任何物品和车辆，但是活动物除外。

（五）“自带行李”，是指旅客自行携带、保管或者放置在客舱中的行李。

第一百零九条 本章关于承运人责任的规定，适用于实际承运人。本章关于承运人的受雇人代理人责任的规定，适用于实际承运人的受雇人、代理人。

第一百一十条 旅客客票是海上旅客运输合同成立的凭证。

第一百一十一条 海上旅客运输的运送期间，自旅客登船时起至旅客离船时止。客票票价含接送费用的，运送期间并包括承运人经水路将旅客从岸上接到船上和从船上送到岸上的时间，但是不包括旅客在港站内、码头上或者在港口其他设施内的时间。

旅客的自带行李，运送期间同前款规定。旅客自带行李以外的其他行李。运送期间旅客将行李交付承运人或者承运人的受雇人、代理人时起至承运人或者承运人的受雇人、代理人交还旅客时止。

第一百一十二条 旅客无票乘船、越级乘船或者超程乘船，应当按照规

定补足票款，承运人可以按照规定加收票款；拒不交付的，船长有权在适当地点令其离船，承运人有权向其追偿。

第一百一十五条　经承运人证明，旅客的人身伤亡或者行李的灭失、损坏，是由于旅客本人的过失或者旅客和承运人的共同过失造成的，可以免除或者相应减轻承运人的赔偿责任。

经承运人证明，旅客的人身伤亡或者行李的灭失、损坏，是由于旅客本人的故意造成的，或者旅客的人身伤亡是由于旅客本人健康状况造成的，承运人不负赔偿责任。

第一百一十六条　承运人对旅客的货币、金银、珠宝、有价证券或者其他贵重物品所发生的灭失、损失，不负赔偿责任。

旅客与承运人约定将前款规定的物品交由承运人保管的，承运人应当依照本法第一百一十七条的规定负赔偿责任；双方以书面约定的赔偿限额高于本法第一进一十七条的规定的，承运人应当按照约定的数额负赔偿责任。

第一百一十七条　除本条第四款规定的情形外，承运人在每次海上旅客运输中的赔偿责任限额，依照下列规定执行：

（一）旅客人身伤亡的，每名旅客不超过46666计算单位；

（二）旅客自带行李灭失或者损坏的，每名旅客不超过833计算单位；

（三）旅客车辆包括该车辆所载行李灭失或者损坏的，每一车辆不超过3333计算单位；

（四）本款第（二）、（三）项以外的旅客其他行李灭失或者损坏的，每名旅客不超过1200计算单位。

承运人和旅客可以约定，承运人对旅客车辆和旅客车辆以外的其他行李损失的免赔额。但是对每一车辆损失的免赔额不得超过117计算单位，对每名旅客的车辆以外的其他行李损失的免赔额不得超过13计算单位。在计算每一车辆或者每名旅客的车辆以外的其他行李的损失赔偿数额时，应当扣除约定的承运人免赔额。承运人和旅客可以书面约定高于本条第一款规定的赔偿责任限额。

中华人民共和国港口之间的海上旅客运输，承运人的赔偿责任限额，由国务院交通主管部门制定，报国务院批准后施行。

第一百一十八条　经证明，旅客的人身伤亡或者行李的灭失、损坏，是由于承运人的故意或者明知可能造成损害而轻率地作为或者不作为造成的，承运人不得援用本法第一百一十六条和第一百一十七条限制赔偿责任的规定。

经证明，旅客的人身伤亡或者行李的灭失、损坏，是由于承运人的受雇人、代理人的故意或者明知可能造成损害而轻率地作为或者不作为造成的，承运人的受雇人、代理人不得援用本法第一百一十六条和第一百一十七条限制赔偿责任的规定。

第一百二十条 向承运人的受雇人、代理人提出的赔偿请求，受雇人或者代理人证明其行为是在受雇或者受委托的范围内的，有权援用本法第一百一十五条、第一百一十六条和第一百一十七条的抗辩理由和赔偿责任限制的规定。

第一百二十一条 承运人将旅客运送或者部分运送委托给实际承运人履行的，仍然应当依照本章规定，对全程运送负责。实际承运人履行运送，承运人应当对实际承运人的行为或者实际承运人的受雇人、代理人在受雇或者受委托的范围内行为负责。

第一百二十二条 承运人承担本章未规定的义务或者放弃本章赋予的权利的任何特别协议，经实际承运人书面明确同意的，对实际承运人发生效力；实际承运人是否同意，不影响此项特别协议对承运人的效力。

第一百二十三条 承运人与实际承运人均负有赔偿责任的，应当在此项责任限度内负连带责任。

第一百二十四条 就旅客的人身伤亡或者行李的灭失、损坏，分别向承运人、实际承运人以及他们的受雇人、代理人提出赔偿请求的，赔偿总额不得超过本法第一百一十七条规定的限额。

第一百二十五条 本法第一百二十一条至第一百二十四条的规定，不影响承运人和实际承运人之间相互追偿。

第一百二十六条 海上旅客运输合同中含有下列内容之一的条款无效。

（一）免除承运人对旅客应当承担的法定责任；

（二）降低本章规定的承运人责任限额；

（三）对本章规定的举证责任作出相反的约定；

（四）限制旅客提出赔偿请求的权利。

前款规定的合同条款的无效，不影响合同其他条款的效力。

第二百一十一条 海上旅客运输的旅客人身伤亡赔偿责任限制，按照46666计算单位乘以船舶证书规定的载客定额计算赔偿限额，但是最高不超过25000000计算单位。

中华人民共和国港口之间海上旅客运输的旅客人身伤亡，赔偿限额由国务院交通主管部门制定，报国务院批准后施行。

204. 海上、通海水域行李运输合同纠纷

法律条文及规范索引

《中华人民共和国民法典》（2021 年 1 月 1 日施行）

第八百一十七条　旅客随身携带行李应当符合约定的限量和品类要求；超过限量或者违反品类要求携带行李的，应当办理托运手续。

第八百一十八条　旅客不得随身携带或者在行李中夹带易燃、易爆、有毒、有腐蚀性、有放射性以及可能危及运输工具上人身和财产安全的危险物品或者违禁物品。

旅客违反前款规定的，承运人可以将危险物品或者违禁物品卸下、销毁或者送交有关部门。旅客坚持携带或者夹带危险物品或者违禁物品的，承运人应当拒绝运输。

第八百二十四条　在运输过程中旅客随身携带物品毁损、灭失，承运人有过错的，应当承担赔偿责任。

旅客托运的行李毁损、灭失的，适用货物运输的有关规定。

《中华人民共和国海商法》（1993 年 7 月 1 日施行）

第一百零八条　本章下列用语的含义：

……

（四）“行李”是指根据海上旅客运输合同由承运人载运的任何物品和车辆，但是活动物除外。

（五）“自带行李”是指旅客自行携带、保管或者放置在客舱中的行李。

第一百一十三条　旅客不得随身携带或者在行李中夹带违禁品、或者易燃、易爆、有毒、有腐蚀性、有放射性以及有可能危及船上人身和财产安全的其他危险品。

承运人可以在任何时间、任何地点将旅客违反前款规定随身携带或者在行李中夹带的违禁品危险品卸下、销毁或者使之不能为害，或者送交有关部门，而不负赔偿责任。

旅客违反本条第一款规定，造成损害的，应当负赔偿责任。

第一百一十四条 在本法第一百一十一条规定的旅客及其行李的运送期间，因承运人或者承运人的受雇人、代理人在受雇或者受委托的范围内的过失引起事故，造成旅客人身伤亡或者行李灭失、损坏的，承运人应当负赔偿责任。

请求人对承运人或者承运人的受雇人、代理人的过失，应当负举证责任；但是，本条第三款和第四款规定的情形除外。

旅客的人身伤亡或者自带行李的灭失、损坏，是由于船舶的沉没、碰撞、搁浅、爆炸、火灾所引起或者是由于船舶的缺陷所引起的，承运人或者承运人的受雇人、代理人除非提出反证，应当视为其有过失。

旅客自带行李以外的其他行李的灭失或者损坏，不论由于何种事故所引起，承运人或者承运人的受雇人、代理人除非提出反证，应当视为其有过失。

205. 船舶经营管理合同纠纷

法律条文及规范索引

《中华人民共和国海商法》（1993年7月1日施行）

第四条 中华人民共和国港口之间的海上运输和拖航，由悬挂中华人民共和国国旗的船舶经营。但是，法律、行政法规另有规定的除外。

非经国务院交通主管部门批准，外国籍船舶不得经营中华人民共和国港口之间的海上运输和拖航。

《国内水路运输管理条例》（2017年3月1日修订）

第二十五条 运输船舶的所有人、经营人可以委托船舶管理业务经营者为其提供船舶海务、机务管理等服务。

第二十六条 申请经营船舶管理业务，申请人应当符合下列条件：

（一）取得企业法人资格；

（二）有健全的安全管理制度；

（三）有与其申请管理的船舶运力相适应的海务、机务管理人员；

（四）法律、行政法规规定的其他条件。

第二十七条　经营船舶管理业务，应当经设区的市级以上地方人民政府负责水路运输管理的部门批准。

申请经营船舶管理业务，应当向前款规定的部门提交申请书和证明申请人符合本条例第二十六条规定条件的相关材料。

受理申请的部门应当自受理申请之日起30个工作日内审查完毕，作出准予许可或者不予许可的决定。予以许可的，发给船舶管理业务经营许可证件，并向国务院交通运输主管部门备案；不予许可的，应当书面通知申请人并说明理由。

第二十八条　船舶管理业务经营者接受委托提供船舶管理服务，应当与委托人订立书面合同，并将合同报所在地海事管理机构备案。

船舶管理业务经营者应当按照国家有关规定和合同约定履行有关船舶安全和防止污染的管理义务。

206. 船舶买卖合同纠纷

法律条文及规范索引

《中华人民共和国海商法》（1993年7月1日施行）

第九条　船舶所有权的取得、转让和消灭，应当向船舶登记机关登记；未经登记的，不得对抗第三人。船舶所有权的转让，应当签订书面合同。

第十条　船舶由两个以上的法人或者个人共有的，应当向船舶登记机关登记；未经登记的，不得对抗第三人。

《中华人民共和国民法典》（2021年1月1日施行）

第五百九十五条　买卖合同是出卖人转移标的物的所有权于买受人，买受人支付价款的合同。

第五百九十六条　买卖合同的内容一般包括标的物的名称、数量、质量、价款、履行期限、履行地点和方式、包装方式、检验标准和方法、结算方式、合同使用的文字及其效力等条款。

第五百九十七条　因出卖人未取得处分权致使标的物所有权不能转移的，买受人可以解除合同并请求出卖人承担违约责任。

法律、行政法规禁止或者限制转让的标的物，依照其规定。

第五百九十八条 出卖人应当履行向买受人交付标的物或者交付提取标的物的单证，并转移标的物所有权的义务。

第五百九十九条 出卖人应当按照约定或者交易习惯向买受人交付提取标的物单证以外的有关单证和资料。

第六百条 出卖具有知识产权的标的物的，除法律另有规定或者当事人另有约定外，该标的物的知识产权不属于买受人。

第六百零一条 出卖人应当按照约定的时间交付标的物。约定交付期限的，出卖人可以在该交付期限内的任何时间交付。

第六百零二条 当事人没有约定标的物的交付期限或者约定不明确的，适用本法第五百一十条、第五百一十一条第四项的规定。

第六百零三条 出卖人应当按照约定的地点交付标的物。

当事人没有约定交付地点或者约定不明确，依据本法第五百一十条的规定仍不能确定的，适用下列规定：

（一）标的物需要运输的，出卖人应当将标的物交付给第一承运人以运交给买受人；

（二）标的物不需要运输，出卖人和买受人订立合同时知道标的物在某一地点的，出卖人应当在该地点交付标的物；不知道标的物在某一地点的，应当在出卖人订立合同时的营业地交付标的物。

第六百零四条 标的物毁损、灭失的风险，在标的物交付之前由出卖人承担，交付之后由买受人承担，但是法律另有规定或者当事人另有约定的除外。

第六百零五条 因买受人的原因致使标的物未按照约定的期限交付的，买受人应当自违反约定时起承担标的物毁损、灭失的风险。

第六百零六条 出卖人出卖交由承运人运输的在途标的物，除当事人另有约定外，毁损、灭失的风险自合同成立时起由买受人承担。

第六百零七条 出卖人按照约定将标的物运送至买受人指定地点并交付给承运人后，标的物毁损、灭失的风险由买受人承担。

当事人没有约定交付地点或者约定不明确，依据本法第六百零三条第二款第一项的规定标的物需要运输的，出卖人将标的物交付给第一承运人后，标的物毁损、灭失的风险由买受人承担。

第六百零八条 出卖人按照约定或者依据本法第六百零三条第二款第二项的规定将标的物置于交付地点，买受人违反约定没有收取的，标的物毁损、灭失的风险自违反约定时起由买受人承担。

第六百零九条 出卖人按照约定未交付有关标的物的单证和资料的，不影响标的物毁损、灭失风险的转移。

第六百一十条 因标的物不符合质量要求，致使不能实现合同目的的，买受人可以拒绝接受标的物或者解除合同。买受人拒绝接受标的物或者解除合同的，标的物毁损、灭失的风险由出卖人承担。

第六百一十一条 标的物毁损、灭失的风险由买受人承担的，不影响因出卖人履行义务不符合约定，买受人请求其承担违约责任的权利。

第六百一十二条 出卖人就交付的标的物，负有保证第三人对该标的物不享有任何权利的义务，但是法律另有规定的除外。

第六百一十三条 买受人订立合同时知道或者应当知道第三人对买卖的标的物享有权利的，出卖人不承担前条规定的义务。

第六百一十四条 买受人有确切证据证明第三人对标的物享有权利的，可以中止支付相应的价款，但是出卖人提供适当担保的除外。

第六百一十五条 出卖人应当按照约定的质量要求交付标的物。出卖人提供有关标的物质量说明的，交付的标的物应当符合该说明的质量要求。

第六百一十六条 当事人对标的物的质量要求没有约定或者约定不明确，依据本法第五百一十条的规定仍不能确定的，适用本法第五百一十一条第一项的规定。

第六百一十七条 出卖人交付的标的物不符合质量要求的，买受人可以依据本法第五百八十二条至第五百八十四条的规定请求承担违约责任。

第六百一十八条 当事人约定减轻或者免除出卖人对标的物瑕疵承担的责任，因出卖人故意或者重大过失不告知买受人标的物瑕疵的，出卖人无权主张减轻或者免除责任。

第六百一十九条 出卖人应当按照约定的包装方式交付标的物。对包装方式没有约定或者约定不明确，依据本法第五百一十条的规定仍不能确定的，应当按照通用的方式包装；没有通用方式的，应当采取足以保护标的物且有利于节约资源、保护生态环境的包装方式。

第六百二十条 买受人收到标的物时应当在约定的检验期限内检验。没有约定检验期限的，应当及时检验。

第六百二十一条 当事人约定检验期限的，买受人应当在检验期限内将标的物的数量或者质量不符合约定的情形通知出卖人。买受人怠于通知的，视为标的物的数量或者质量符合约定。

当事人没有约定检验期限的，买受人应当在发现或者应当发现标的物的数量或者质量不符合约定的合理期限内通知出卖人。买受人在合理期限内未通知或者自收到标的物之日起二年内未通知出卖人的，视为标的物的数量或者质量符合约定；但是，对标的物有质量保证期的，适用质量保证期，不适用该二年的规定。

出卖人知道或者应当知道提供的标的物不符合约定的，买受人不受前两款规定的通知时间的限制。

第六百二十二条 当事人约定的检验期限过短，根据标的物的性质和交易习惯，买受人在检验期限内难以完成全面检验的，该期限仅视为买受人对标的物的外观瑕疵提出异议的期限。

约定的检验期限或者质量保证期短于法律、行政法规规定期限的，应当以法律、行政法规规定的期限为准。

第六百二十三条 当事人对检验期限未作约定，买受人签收的送货单、确认单等载明标的物数量、型号、规格的，推定买受人已经对数量和外观瑕疵进行检验，但是有相关证据足以推翻的除外。

第六百二十四条 出卖人依照买受人的指示向第三人交付标的物，出卖人和买受人约定的检验标准与买受人和第三人约定的检验标准不一致的，以出卖人和买受人约定的检验标准为准。

第六百二十五条 依照法律、行政法规的规定或者按照当事人的约定，标的物在有效使用年限届满后应予回收的，出卖人负有自行或者委托第三人对标的物予以回收的义务。

第六百二十六条 买受人应当按照约定的数额和支付方式支付价款。对价款的数额和支付方式没有约定或者约定不明确的，适用本法第五百一十条、第五百一十一条第二项和第五项的规定。

第六百二十七条 买受人应当按照约定的地点支付价款。对支付地点没有约定或者约定不明确，依据本法第五百一十条的规定仍不能确定的，买受人应当在出卖人的营业地支付；但是，约定支付价款以交付标的物或者交付提取标的物单证为条件的，在交付标的物或者交付提取标的物单证的所在地支付。

第六百二十八条 买受人应当按照约定的时间支付价款。对支付时间没有约定或者约定不明确，依据本法第五百一十条的规定仍不能确定的，买受人应当在收到标的物或者提取标的物单证的同时支付。

第六百二十九条　出卖人多交标的物的，买受人可以接收或者拒绝接收多交的部分。买受人接收多交部分的，按照约定的价格支付价款；买受人拒绝接收多交部分的，应当及时通知出卖人。

第六百三十条　标的物在交付之前产生的孳息，归出卖人所有；交付之后产生的孳息，归买受人所有。但是，当事人另有约定的除外。

第六百三十一条　因标的物的主物不符合约定而解除合同的，解除合同的效力及于从物。因标的物的从物不符合约定被解除的，解除的效力不及于主物。

第六百三十二条　标的物为数物，其中一物不符合约定的，买受人可以就该物解除。但是，该物与他物分离使标的物的价值显受损害的，买受人可以就数物解除合同。

第六百三十三条　出卖人分批交付标的物的，出卖人对其中一批标的物不交付或者交付不符合约定，致使该批标的物不能实现合同目的的，买受人可以就该批标的物解除。

出卖人不交付其中一批标的物或者交付不符合约定，致使之后其他各批标的物的交付不能实现合同目的的，买受人可以就该批以及之后其他各批标的物解除。

买受人如果就其中一批标的物解除，该批标的物与其他各批标的物相互依存的，可以就已经交付和未交付的各批标的物解除。

第六百三十四条　分期付款的买受人未支付到期价款的数额达到全部价款的五分之一，经催告后在合理期限内仍未支付到期价款的，出卖人可以请求买受人支付全部价款或者解除合同。

出卖人解除合同的，可以向买受人请求支付该标的物的使用费。

第六百三十五条　凭样品买卖的当事人应当封存样品，并可以对样品质量予以说明。出卖人交付的标的物应当与样品及其说明的质量相同。

第六百三十六条　凭样品买卖的买受人不知道样品有隐蔽瑕疵的，即使交付的标的物与样品相同，出卖人交付的标的物的质量仍然应当符合同种物的通常标准。

第六百三十七条　试用买卖的当事人可以约定标的物的试用期限。对试用期限没有约定或者约定不明确，依据本法第五百一十条的规定仍不能确定的，由出卖人确定。

第六百三十八条 试用买卖的买受人在试用期内可以购买标的物，也可以拒绝购买。试用期限届满，买受人对是否购买标的物未作表示的，视为购买。

试用买卖的买受人在试用期内已经支付部分价款或者对标的物实施出卖、出租、设立担保物权等行为的，视为同意购买。

第六百三十九条 试用买卖的当事人对标的物使用费没有约定或者约定不明确的，出卖人无权请求买受人支付。

第六百四十条 标的物在试用期内毁损、灭失的风险由出卖人承担。

第六百四十一条 当事人可以在买卖合同中约定买受人未履行支付价款或者其他义务的，标的物的所有权属于出卖人。

出卖人对标的物保留的所有权，未经登记，不得对抗善意第三人。

第六百四十二条 当事人约定出卖人保留合同标的物的所有权，在标的物所有权转移前，买受人有下列情形之一，造成出卖人损害的，除当事人另有约定外，出卖人有权取回标的物：

（一）未按照约定支付价款，经催告后在合理期限内仍未支付；

（二）未按照约定完成特定条件；

（三）将标的物出卖、出质或者作出其他不当处分。

出卖人可以与买受人协商取回标的物；协商不成的，可以参照适用担保物权的实现程序。

第六百四十三条 出卖人依据前条第一款的规定取回标的物后，买受人在双方约定或者出卖人指定的合理回赎期限内，消除出卖人取回标的物的事由的，可以请求回赎标的物。

买受人在回赎期限内没有回赎标的物，出卖人可以以合理价格将标的物出卖给第三人，出卖所得价款扣除买受人未支付的价款以及必要费用后仍有剩余的，应当返还买受人；不足部分由买受人清偿。

第六百四十四条 招标投标买卖的当事人的权利和义务以及招标投标程序等，依照有关法律、行政法规的规定。

第六百四十五条 拍卖的当事人的权利和义务以及拍卖程序等，依照有关法律、行政法规的规定。

第六百四十六条 法律对其他有偿合同有规定的，依照其规定；没有规定的，参照适用买卖合同的有关规定。

第六百四十七条 当事人约定易货交易，转移标的物的所有权的，参照适用买卖合同的有关规定。

207. 船舶建造合同纠纷
208. 船舶修理合同纠纷
209. 船舶改建合同纠纷
210. 船舶拆解合同纠纷

法律条文及规范索引

《中华人民共和国民法典》（2021年1月1日施行）

第四百六十七条 本法或者其他法律没有明文规定的合同，适用本编通则的规定，并可以参照适用本编或者其他法律最相类似合同的规定。

在中华人民共和国境内履行的中外合资经营企业合同、中外合作经营企业合同、中外合作勘探开发自然资源合同，适用中华人民共和国法律。

第七百七十条 承揽合同是承揽人按照定作人的要求完成工作，交付工作成果，定作人支付报酬的合同。

承揽包括加工、定作、修理、复制、测试、检验等工作。

第七百七十一条 承揽合同的内容一般包括承揽的标的、数量、质量、报酬，承揽方式，材料的提供，履行期限，验收标准和方法等条款。

第七百七十二条 承揽人应当以自己的设备、技术和劳力，完成主要工作，但是当事人另有约定的除外。

承揽人将其承揽的主要工作交由第三人完成的，应当就该第三人完成的工作成果向定作人负责；未经定作人同意的，定作人也可以解除合同。

第七百七十三条 承揽人可以将其承揽的辅助工作交由第三人完成。承揽人将其承揽的辅助工作交由第三人完成的，应当就该第三人完成的工作成果向定作人负责。

第七百七十四条 承揽人提供材料的，应当按照约定选用材料，并接受定作人检验。

第七百七十五条 定作人提供材料的，应当按照约定提供材料。承揽人对定作人提供的材料应当及时检验，发现不符合约定时，应当及时通知定作人更换、补齐或者采取其他补救措施。

承揽人不得擅自更换定作人提供的材料，不得更换不需要修理的零部件。

第七百七十六条 承揽人发现定作人提供的图纸或者技术要求不合理的，应当及时通知定作人。因定作人怠于答复等原因造成承揽人损失的，应当赔偿损失。

第七百七十七条 定作人中途变更承揽工作的要求，造成承揽人损失的，应当赔偿损失。

第七百七十八条 承揽工作需要定作人协助的，定作人有协助的义务。定作人不履行协助义务致使承揽工作不能完成的，承揽人可以催告定作人在合理期限内履行义务，并可以顺延履行期限；定作人逾期不履行的，承揽人可以解除合同。

第七百七十九条 承揽人在工作期间，应当接受定作人必要的监督检验。定作人不得因监督检验妨碍承揽人的正常工作。

第七百八十条 承揽人完成工作的，应当向定作人交付工作成果，并提交必要的技术资料和有关质量证明。定作人应当验收该工作成果。

第七百八十一条 承揽人交付的工作成果不符合质量要求的，定作人可以合理选择请求承揽人承担修理、重作、减少报酬、赔偿损失等违约责任。

第七百八十二条 定作人应当按照约定的期限支付报酬。对支付报酬的期限没有约定或者约定不明确，依据本法第五百一十条的规定仍不能确定的，定作人应当在承揽人交付工作成果时支付；工作成果部分交付的，定作人应当相应支付。

第七百八十三条 定作人未向承揽人支付报酬或者材料费等价款的，承揽人对完成的工作成果享有留置权或者有权拒绝交付，但是当事人另有约定的除外。

第七百八十四条 承揽人应当妥善保管定作人提供的材料以及完成的工作成果，因保管不善造成毁损、灭失的，应当承担赔偿责任。

第七百八十五条 承揽人应当按照定作人的要求保守秘密，未经定作人许可，不得留存复制品或者技术资料。

第七百八十六条 共同承揽人对定作人承担连带责任，但是当事人另有约定的除外。

第七百八十七条 定作人在承揽人完成工作前可以随时解除合同，造成承揽人损失的，应当赔偿损失。

第七百八十八条　建设工程合同是承包人进行工程建设，发包人支付价款的合同。

建设工程合同包括工程勘察、设计、施工合同。

第七百八十九条　建设工程合同应当采用书面形式。

第七百九十条　建设工程的招标投标活动，应当依照有关法律的规定公开、公平、公正进行。

第七百九十一条　发包人可以与总承包人订立建设工程合同，也可以分别与勘察人、设计人、施工人订立勘察、设计、施工承包合同。发包人不得将应当由一个承包人完成的建设工程支解成若干部分发包给数个承包人。

总承包人或者勘察、设计、施工承包人经发包人同意，可以将自己承包的部分工作交由第三人完成。第三人就其完成的工作成果与总承包人或者勘察、设计、施工承包人向发包人承担连带责任。承包人不得将其承包的全部建设工程转包给第三人或者将其承包的全部建设工程支解以后以分包的名义分别转包给第三人。

禁止承包人将工程分包给不具备相应资质条件的单位。禁止分包单位将其承包的工程再分包。建设工程主体结构的施工必须由承包人自行完成。

第七百九十二条　国家重大建设工程合同，应当按照国家规定的程序和国家批准的投资计划、可行性研究报告等文件订立。

第七百九十三条　建设工程施工合同无效，但是建设工程经验收合格的，可以参照合同关于工程价款的约定折价补偿承包人。

建设工程施工合同无效，且建设工程经验收不合格的，按照以下情形处理：

（一）修复后的建设工程经验收合格的，发包人可以请求承包人承担修复费用；

（二）修复后的建设工程经验收不合格的，承包人无权请求参照合同关于工程价款的约定折价补偿。

发包人对因建设工程不合格造成的损失有过错的，应当承担相应的责任。

第七百九十四条　勘察、设计合同的内容一般包括提交有关基础资料和概预算等文件的期限、质量要求、费用以及其他协作条件等条款。

第七百九十五条　施工合同的内容一般包括工程范围、建设工期、中间交工工程的开工和竣工时间、工程质量、工程造价、技术资料交付时间、材料和设备供应责任、拨款和结算、竣工验收、质量保修范围和质量保证期、相互协作等条款。

第七百九十六条 建设工程实行监理的，发包人应当与监理人采用书面形式订立委托监理合同。发包人与监理人的权利和义务以及法律责任，应当依照本编委托合同以及其他有关法律、行政法规的规定。

第七百九十七条 发包人在不妨碍承包人正常作业的情况下，可以随时对作业进度、质量进行检查。

第七百九十八条 隐蔽工程在隐蔽以前，承包人应当通知发包人检查。发包人没有及时检查的，承包人可以顺延工程日期，并有权请求赔偿停工、窝工等损失。

第七百九十九条 建设工程竣工后，发包人应当根据施工图纸及说明书、国家颁发的施工验收规范和质量检验标准及时进行验收。验收合格的，发包人应当按照约定支付价款，并接收该建设工程。

建设工程竣工经验收合格后，方可交付使用；未经验收或者验收不合格的，不得交付使用。

第八百条 勘察、设计的质量不符合要求或者未按照期限提交勘察、设计文件拖延工期，造成发包人损失的，勘察人、设计人应当继续完善勘察、设计，减收或者免收勘察、设计费并赔偿损失。

第八百零一条 因施工人的原因致使建设工程质量不符合约定的，发包人有权请求施工人在合理期限内无偿修理或者返工、改建。经过修理或者返工、改建后，造成逾期交付的，施工人应当承担违约责任。

第八百零二条 因承包人的原因致使建设工程在合理使用期限内造成人身损害和财产损失的，承包人应当承担赔偿责任。

第八百零三条 发包人未按照约定的时间和要求提供原材料、设备、场地、资金、技术资料的，承包人可以顺延工程日期，并有权请求赔偿停工、窝工等损失。

第八百零四条 因发包人的原因致使工程中途停建、缓建的，发包人应当采取措施弥补或者减少损失，赔偿承包人因此造成的停工、窝工、倒运、机械设备调迁、材料和构件积压等损失和实际费用。

第八百零五条 因发包人变更计划，提供的资料不准确，或者未按照期限提供必需的勘察、设计工作条件而造成勘察、设计的返工、停工或者修改设计，发包人应当按照勘察人、设计人实际消耗的工作量增付费用。

第八百零六条　承包人将建设工程转包、违法分包的，发包人可以解除合同。

发包人提供的主要建筑材料、建筑构配件和设备不符合强制性标准或者不履行协助义务，致使承包人无法施工，经催告后在合理期限内仍未履行相应义务的，承包人可以解除合同。

合同解除后，已经完成的建设工程质量合格的，发包人应当按照约定支付相应的工程价款；已经完成的建设工程质量不合格的，参照本法第七百九十三条的规定处理。

第八百零七条　发包人未按照约定支付价款的，承包人可以催告发包人在合理期限内支付价款。发包人逾期不支付的，除根据建设工程的性质不宜折价、拍卖外，承包人可以与发包人协议将该工程折价，也可以请求人民法院将该工程依法拍卖。建设工程的价款就该工程折价或者拍卖的价款优先受偿。

第八百零八条　本章没有规定的，适用承揽合同的有关规定。

211. 船舶抵押合同纠纷

法律条文及规范索引

《中华人民共和国海商法》（1993年7月1日施行）

第十一条　船舶抵押权，是指抵押权人对于抵押人提供的作为债务担保的船舶，在抵押人不履行债务时，可以依法拍卖，从卖得的价款中优先受偿的权利。

第十二条　船舶所有人或者船舶所有人授权的人可以设定船舶抵押权。船舶抵押权的设定，应当签订书面合同。

第十四条　建造中的船舶可以设定船舶抵押权。

建造中的船舶办理抵押权登记，还应当向船舶登记机关提交船舶建造合同。

《中华人民共和国民法典》（2021年1月1日施行）

第三百九十四条　为担保债务的履行，债务人或者第三人不转移财产的占有，将该财产抵押给债权人的，债务人不履行到期债务或者发生当事人约定的实现抵押权的情形，债权人有权就该财产优先受偿。

前款规定的债务人或者第三人为抵押人，债权人为抵押权人，提供担保的财产为抵押财产。

第三百九十五条 债务人或者第三人有权处分的下列财产可以抵押：

（一）建筑物和其他土地附着物；

（二）建设用地使用权；

（三）海域使用权；

（四）生产设备、原材料、半成品、产品；

（五）正在建造的建筑物、船舶、航空器；

（六）交通运输工具；

（七）法律、行政法规未禁止抵押的其他财产。

抵押人可以将前款所列财产一并抵押。

第四百六十七条 本法或者其他法律没有明文规定的合同，适用本编通则的规定，并可以参照适用本编或者其他法律最相类似合同的规定。

在中华人民共和国境内履行的中外合资经营企业合同、中外合作经营企业合同、中外合作勘探开发自然资源合同，适用中华人民共和国法律。

212. 航次租船合同纠纷

法律条文及规范索引

《中华人民共和国海商法》（1993年7月1日施行）

第四十七条 承运人在船舶开航前和开航当时，应当谨慎处理，使船舶处于适航状态，妥善配备船员、装备船舶和配备供应品，并使货舱、冷藏舱、冷气舱和其他载货处所适于并能安全收受、载运和保管货物。

第四十八条 承运人应当妥善地、谨慎地装载、搬移、积载、运输、保管照料和卸载所运货物。

第四十九条 承运人应当按照约定的或者习惯的或者地理上的船线将货物运往卸货港。船舶在海上为救助或者企图救助人命或者财产而发生的绕航或者其他合理绕航，不属于违反前款规定的行为。

第九十二条 航次租船合同，是指船舶出租人向承担人提供船舶或者船舶的部分舱位，装运约定的货物，从一港运至另一港，由承租人支付约定运费的合同。

第九十三条　航次租船合同的内容，主要包括出租人和承租人的名称、船名、船籍、载货重量、容积、货名、装货港和目的港、受载期限、装卸期限、运费、滞期费、速遣费以及其他有关事项。

第九十四条　本法第四十七条和第四十九条的规定，适用于航次租船合同的出租人。

本章其他有关合同当事人之间的权利、义务的规定，仅在航次租船合同没有约定或者没有不同约定时，适用于航次租船合同的出租人的承租人。

第九十五条　对按照航次租船合同运输的货物签发的提单，提单持有人不是承租人的，承运人与该提单持有人之间的权利、义务关系适用提单的约定。但是，提单中载明适用航次租船合同条款的，适用该航次租船合同的条款。

第九十六条　出租人应当提供约定的船舶；经承租人同意，可以更换船舶。但是提供的船舶或者更换的船舶不符合合同的约定的，承租人有权拒绝或者解除合同。因出租人过失未提供约定的船舶致使承租人遭受损失的，出租人应当负赔偿责任。

第九十七条　出租人在约定的受载期限内未能提供船舶的，承租人有权解除合同。但是，出租人将船舶延误情况和船舶抵达装货港的日期通知承租人的，承租人应当自收到通知时起四十八小时内，将是否解除合同的决定通知出租人。

因预期出租人过失延误提供船舶致使承租人遭受损失的，出租人应当负赔偿责任。

第九十八条　航次租船合同的装货、卸货期限及其计算办法，超过装货、卸货期限后的滞期费和提前完成装货、卸货的速运费，由双方约定。

第九十九条　承租人可以将其租用的船舶转租；转租后，原合同约定的权利和义务不受影响。

第一百条　承租人应当提供约定的货物；经出租人同意，可以更换货物。但是，更换的货物对出租人不利的，出租人有权拒绝或者解除合同。

因未提供约定的货物致使出租人遭受损失的，承租人应当负赔偿责任。

第一百零一条　出租人应当在合同约定的卸货港卸货。合同订有承租人选择卸货港条款的，在承租人未按照合同约定及时通知确定的卸货港时，船长可以从约定的选卸港中自行选定一港卸货。承租人未按照合同约定及时通知确定的卸货港。致使出租人遭受损失的，应当负赔偿责任。出租人未按照合同约定，擅自选定港口卸货致使承租人遭受损失的，应当负赔偿责任。

213. 船舶租用合同纠纷

（1）定期租船合同纠纷

（2）光船租赁合同纠纷

法律条文及规范索引

《中华人民共和国海商法》（1993年7月1日施行）

第一百二十七条 本章关于出租人和承租人之间权利、义务的规定，仅在船舶租用合同没有约定或者没有不同的约定时适用。

第一百二十八条 船舶租用合同，包括定期租船合同和光船租赁合同，均应当书面订立。

第一百二十九条 定期租船合同，是指船舶出租人向承租人提供约定的由出租人配备船员的船舶，由承租人在约定的期间内按照约定的用途使用，并支付租金的合同。

第一百三十条 定期租船合同的内容，主要包括出租人和承租人的名称、船名、船籍、船级、吨位、容积、船速、燃料消耗、航区、用途、租船期间、交船和还船的时间和地点以及条件、租金及其支付，以及其他有关事项。

第一百四十四条 光船租赁合同，是指船舶出租人向承租人提供不配备船员的船舶，在约定的期间内由承租人占有、使用和营运，并向出租人支付租金的合同。

第一百四十五条 光船租赁合同的内容，主要包括出租人和承租人的名称、船名、船籍、船级、吨位、容积、航区、用途、租船期间、交船和还船的时间和地点以及条件、船舶检验、船舶的保养维修、租金及其支付、船舶保险、合同解除的时间和条件，以及其他有关事项。

第一百四十七条 在光船租赁期间，承租人负责船舶的保养、维修。

第一百四十八条 在光船租赁期间，承租人应当按照合同约定的船舶价值，以出租人同意的保险方式为船舶进行保险，并负担保险费用。

第一百四十九条　在光船租赁期间，因承租人对船舶占有、使用和营运的原因使出租人的利益受到影响或者遭受损失的，承租人应当负责消除影响或者赔偿损失。

因船舶所有权争议或者出租人所负的债务致使船舶被扣押的，出租人应当保证承租人的利益不受影响；致使承租人遭受损失的，出租人应当负赔偿责任。

第一百五十条　在光船租赁期间，未经出租人书面同意，承租人不得转让合同的权利和义务或者以光船租赁的方式将船舶进行转租。

第一百五十一条　未经承租人事先书面同意，出租人不得在光船租赁期间对船舶设定抵押权。

出租人违反前款规定，致使承租人遭受损失的，应当负赔偿责任。

第一百五十三条　本法第一百三十四条、第一百三十五条第一款、第一百四十二条和第一百四十三条的规定，适用于光船租赁合同。

第一百五十四条　订有租购条款的光船租赁合同，承租人按照合同约定向出租人付清租购费时，船舶所有权即归于承租人。

214. 船舶融资租赁合同纠纷

法律条文及规范索引

《中华人民共和国海商法》（1993年7月1日施行）

第一百二十七条　本章关于出租人和承租人之间权利、义务的规定，仅在船舶租用合同没有约定或者没有不同约定时适用。

第一百二十八条　船舶租用合同，包括定期租船合同和光船租赁合同，均应当书面订立。

第一百二十九条　定期租船合同，是指船舶出租人向承租人提供约定的由出租人配备船员的船舶，由承租人在约定的期间内按照约定的用途使用，并支付租金的合同。

第一百三十条　定期租船合同的内容，主要包括出租人和承租人的名称、船名、船籍、船级、吨位、容积、船速、燃料消耗、航区、用途、租船期间、交船和还船的时间和地点以及条件、租金及其支付，以及其他有关事项。

第一百四十四条 光船租赁合同，是指船舶出租人向承租人提供不配备船员的船舶，在约定的期间内由承租人占有、使用和营运，并向出租人支付租金的合同。

第一百四十五条 光船租赁合同的内容，主要包括出租人和承租人的名称、船名、船籍、船级、吨位、容积、航区、用途、租船期间、交船和还船的时间和地点以及条件、船舶检验、船舶的保养维修、租金及其支付、船舶保险、合同解除的时间和条件，以及其他有关事项。

第一百四十六条 出租人应当在合同约定的港口或者地点，按照合同约定的时间，向承租人交付船舶以及船舶证书。交船时，出租人应当做到谨慎处理，使船舶适航。交付的船舶应当适于合同约定的用途。

出租人违反前款规定的，承租人有权解除合同，并有权要求赔偿因此遭受的损失。

第一百四十七条 在光船租赁期间，承租人负责船舶的保养、维修。

第一百四十八条 在光船租赁期间，承租人应当按照合同约定的船舶价值，以出租人同意的保险方式为船舶进行保险，并负担保险费用。

第一百四十九条 在光船租赁期间，因承租人对船舶占有、使用和营运的原因使出租人的利益受到影响或者遭受损失的，承租人应当负责消除影响或者赔偿损失。

因船舶所有权争议或者出租人所负的债务致使船舶被扣押的，出租人应当保证承租人的利益不受影响；致使承租人遭受损失的，出租人应当负赔偿责任。

第一百五十条 在光船租赁期间，未经出租人书面同意，承租人不得转让合同的权利和义务或者以光船租赁的方式将船舶进行转租。

第一百五十一条 未经承租人事先书面同意，出租人不得在光船租赁期间对船舶设定抵押权。

出租人违反前款规定，致使承租人遭受损失的，应当负赔偿责任。

第一百五十二条 承租人应当按照合同约定支付租金。承租人未按照合同约定的时间支付租金连续超过七日的，出租人有权解除合同，并有权要求赔偿因此遭受的损失。

船舶发生灭失或者失踪的，租金应当自船舶灭失或者得知其最后消息之日起停止支付，预付租金应当按照比例退还。

第一百五十三条　本法第一百三十四条、第一百三十五条第一款、第一百四十二条和第一百四十三条的规定，适用于光船租赁合同。

第一百五十四条　订有租购条款的光船租赁合同，承租人按照合同约定向出租人付清租购费时，船舶所有权即归于承租人。

《中华人民共和国民法典》（2021年1月1日施行）

第七百三十六条　融资租赁合同的内容一般包括租赁物的名称、数量、规格、技术性能、检验方法，租赁期限，租金构成及其支付期限和方式、币种，租赁期限届满租赁物的归属等条款。

融资租赁合同应当采用书面形式。

第七百三十七条　当事人以虚构租赁物方式订立的融资租赁合同无效。

第七百三十八条　依照法律、行政法规的规定，对于租赁物的经营使用应当取得行政许可的，出租人未取得行政许可不影响融资租赁合同的效力。

第七百三十九条　出租人根据承租人对出卖人、租赁物的选择订立的买卖合同，出卖人应当按照约定向承租人交付标的物，承租人享有与受领标的物有关的买受人的权利。

第七百四十条　出卖人违反向承租人交付标的物的义务，有下列情形之一的，承租人可以拒绝受领出卖人向其交付的标的物：

（一）标的物严重不符合约定；

（二）未按照约定交付标的物，经承租人或者出租人催告后在合理期限内仍未交付。

承租人拒绝受领标的物的，应当及时通知出租人。

第七百四十一条　出租人、出卖人、承租人可以约定，出卖人不履行买卖合同义务的，由承租人行使索赔的权利。承租人行使索赔权利的，出租人应当协助。

第七百四十二条　承租人对出卖人行使索赔权利，不影响其履行支付租金的义务。但是，承租人依赖出租人的技能确定租赁物或者出租人干预选择租赁物的，承租人可以请求减免相应租金。

第七百四十三条　出租人有下列情形之一，致使承租人对出卖人行使索赔权利失败的，承租人有权请求出租人承担相应的责任：

（一）明知租赁物有质量瑕疵而不告知承租人；

（二）承租人行使索赔权利时，未及时提供必要协助。

出租人怠于行使只能由其对出卖人行使的索赔权利，造成承租人损失的，承租人有权请求出租人承担赔偿责任。

第七百四十四条 出租人根据承租人对出卖人、租赁物的选择订立的买卖合同，未经承租人同意，出租人不得变更与承租人有关的合同内容。

第七百四十五条 出租人对租赁物享有的所有权，未经登记，不得对抗善意第三人。

第七百四十六条 融资租赁合同的租金，除当事人另有约定外，应当根据购买租赁物的大部分或者全部成本以及出租人的合理利润确定。

第七百四十七条 租赁物不符合约定或者不符合使用目的的，出租人不承担责任。但是，承租人依赖出租人的技能确定租赁物或者出租人干预选择租赁物的除外。

第七百四十八条 出租人应当保证承租人对租赁物的占有和使用。

出租人有下列情形之一的，承租人有权请求其赔偿损失：

（一）无正当理由收回租赁物；

（二）无正当理由妨碍、干扰承租人对租赁物的占有和使用；

（三）因出租人的原因致使第三人对租赁物主张权利；

（四）不当影响承租人对租赁物占有和使用的其他情形。

第七百四十九条 承租人占有租赁物期间，租赁物造成第三人人身损害或者财产损失的，出租人不承担责任。

第七百五十条 承租人应当妥善保管、使用租赁物。

承租人应当履行占有租赁物期间的维修义务。

第七百五十一条 承租人占有租赁物期间，租赁物毁损、灭失的，出租人有权请求承租人继续支付租金，但是法律另有规定或者当事人另有约定的除外。

第七百五十二条 承租人应当按照约定支付租金。承租人经催告后在合理期限内仍不支付租金的，出租人可以请求支付全部租金；也可以解除合同，收回租赁物。

第七百五十三条 承租人未经出租人同意，将租赁物转让、抵押、质押、投资入股或者以其他方式处分的，出租人可以解除融资租赁合同。

第七百五十四条 有下列情形之一的，出租人或者承租人可以解除融资租赁合同：

（一）出租人与出卖人订立的买卖合同解除、被确认无效或者被撤销，且未能重新订立买卖合同；

（二）租赁物因不可归责于当事人的原因毁损、灭失，且不能修复或者确定替代物；

（三）因出卖人的原因致使融资租赁合同的目的不能实现。

第七百五十五条　融资租赁合同因买卖合同解除、被确认无效或者被撤销而解除，出卖人、租赁物系由承租人选择的，出租人有权请求承租人赔偿相应损失；但是，因出租人原因致使买卖合同解除、被确认无效或者被撤销的除外。

出租人的损失已经在买卖合同解除、被确认无效或者被撤销时获得赔偿的，承租人不再承担相应的赔偿责任。

第七百五十六条　融资租赁合同因租赁物交付承租人后意外毁损、灭失等不可归责于当事人的原因解除的，出租人可以请求承租人按照租赁物折旧情况给予补偿。

第七百五十七条　出租人和承租人可以约定租赁期限届满租赁物的归属；对租赁物的归属没有约定或者约定不明确，依据本法第五百一十条的规定仍不能确定的，租赁物的所有权归出租人。

第七百五十八条　当事人约定租赁期限届满租赁物归承租人所有，承租人已经支付大部分租金，但是无力支付剩余租金，出租人因此解除合同收回租赁物，收回的租赁物的价值超过承租人欠付的租金以及其他费用的，承租人可以请求相应返还。

当事人约定租赁期限届满租赁物归出租人所有，因租赁物毁损、灭失或者附合、混合于他物致使承租人不能返还的，出租人有权请求承租人给予合理补偿。

第七百五十九条　当事人约定租赁期限届满，承租人仅需向出租人支付象征性价款的，视为约定的租金义务履行完毕后租赁物的所有权归承租人。

第七百六十条　融资租赁合同无效，当事人就该情形下租赁物的归属有约定的，按照其约定；没有约定或者约定不明确的，租赁物应当返还出租人。但是，因承租人原因致使合同无效，出租人不请求返还或者返还后会显著降低租赁物效用的，租赁物的所有权归承租人，由承租人给予出租人合理补偿。

215. 海上、通海水域运输船舶承包合同纠纷
216. 渔船承包合同纠纷

法律条文及规范索引

《中华人民共和国民法典》（2021年1月1日施行）

第五百七十七条 当事人一方不履行合同义务或者履行合同义务不符合约定的，应当承担继续履行、采取补救措施或者赔偿损失等违约责任。

第四百六十七条 本法或者其他法律没有明文规定的合同，适用本编通则的规定，并可以参照适用本编或者其他法律最相类似合同的规定。

在中华人民共和国境内履行的中外合资经营企业合同、中外合作经营企业合同、中外合作勘探开发自然资源合同，适用中华人民共和国法律。

217. 船舶属具租赁合同纠纷

法律条文及规范索引

《中华人民共和国民法典》（2021年1月1日施行）

第七百零三条 租赁合同是出租人将租赁物交付承租人使用、收益，承租人支付租金的合同。

第七百零四条 租赁合同的内容一般包括租赁物的名称、数量、用途、租赁期限、租金及其支付期限和方式、租赁物维修等条款。

第七百零五条 租赁期限不得超过二十年。超过二十年的，超过部分无效。

租赁期限届满，当事人可以续订租赁合同；但是，约定的租赁期限自续订之日起不得超过二十年。

第七百零六条 当事人未依照法律、行政法规规定办理租赁合同登记备案手续的，不影响合同的效力。

第七百零七条 租赁期限六个月以上的，应当采用书面形式。当事人未

采用书面形式，无法确定租赁期限的，视为不定期租赁。

第七百零八条　出租人应当按照约定将租赁物交付承租人，并在租赁期限内保持租赁物符合约定的用途。

第七百零九条　承租人应当按照约定的方法使用租赁物。对租赁物的使用方法没有约定或者约定不明确，依据本法第五百一十条的规定仍不能确定的，应当根据租赁物的性质使用。

第七百一十条　承租人按照约定的方法或者根据租赁物的性质使用租赁物，致使租赁物受到损耗的，不承担赔偿责任。

第七百一十一条　承租人未按照约定的方法或者未根据租赁物的性质使用租赁物，致使租赁物受到损失的，出租人可以解除合同并请求赔偿损失。

第七百一十二条　出租人应当履行租赁物的维修义务，但是当事人另有约定的除外。

第七百一十三条　承租人在租赁物需要维修时可以请求出租人在合理期限内维修。出租人未履行维修义务的，承租人可以自行维修，维修费用由出租人负担。因维修租赁物影响承租人使用的，应当相应减少租金或者延长租期。

因承租人的过错致使租赁物需要维修的，出租人不承担前款规定的维修义务。

第七百一十四条　承租人应当妥善保管租赁物，因保管不善造成租赁物毁损、灭失的，应当承担赔偿责任。

第七百一十五条　承租人经出租人同意，可以对租赁物进行改善或者增设他物。

承租人未经出租人同意，对租赁物进行改善或者增设他物的，出租人可以请求承租人恢复原状或者赔偿损失。

第七百一十六条　承租人经出租人同意，可以将租赁物转租给第三人。承租人转租的，承租人与出租人之间的租赁合同继续有效；第三人造成租赁物损失的，承租人应当赔偿损失。

承租人未经出租人同意转租的，出租人可以解除合同。

第七百一十七条　承租人经出租人同意将租赁物转租给第三人，转租期限超过承租人剩余租赁期限的，超过部分的约定对出租人不具有法律约束力，但是出租人与承租人另有约定的除外。

第七百一十八条　出租人知道或者应当知道承租人转租，但是在六个月内未提出异议的，视为出租人同意转租。

第七百一十九条 承租人拖欠租金的，次承租人可以代承租人支付其欠付的租金和违约金，但是转租合同对出租人不具有法律约束力的除外。

次承租人代为支付的租金和违约金，可以充抵次承租人应当向承租人支付的租金；超出其应付的租金数额的，可以向承租人追偿。

第七百二十条 在租赁期限内因占有、使用租赁物获得的收益，归承租人所有，但是当事人另有约定的除外。

第七百二十一条 承租人应当按照约定的期限支付租金。对支付租金的期限没有约定或者约定不明确，依据本法第五百一十条的规定仍不能确定，租赁期限不满一年的，应当在租赁期限届满时支付；租赁期限一年以上的，应当在每届满一年时支付，剩余期限不满一年的，应当在租赁期限届满时支付。

第七百二十二条 承租人无正当理由未支付或者迟延支付租金的，出租人可以请求承租人在合理期限内支付；承租人逾期不支付的，出租人可以解除合同。

第七百二十三条 因第三人主张权利，致使承租人不能对租赁物使用、收益的，承租人可以请求减少租金或者不支付租金。

第三人主张权利的，承租人应当及时通知出租人。

第七百二十四条 有下列情形之一，非因承租人原因致使租赁物无法使用的，承租人可以解除合同：

（一）租赁物被司法机关或者行政机关依法查封、扣押；

（二）租赁物权属有争议；

（三）租赁物具有违反法律、行政法规关于使用条件的强制性规定情形。

第七百二十五条 租赁物在承租人按照租赁合同占有期限内发生所有权变动的，不影响租赁合同的效力。

第七百二十六条 出租人出卖租赁房屋的，应当在出卖之前的合理期限内通知承租人，承租人享有以同等条件优先购买的权利；但是，房屋按份共有人行使优先购买权或者出租人将房屋出卖给近亲属的除外。

出租人履行通知义务后，承租人在十五日内未明确表示购买的，视为承租人放弃优先购买权。

第七百二十七条 出租人委托拍卖人拍卖租赁房屋的，应当在拍卖五日前通知承租人。承租人未参加拍卖的，视为放弃优先购买权。

第七百二十八条　出租人未通知承租人或者有其他妨害承租人行使优先购买权情形的，承租人可以请求出租人承担赔偿责任。但是，出租人与第三人订立的房屋买卖合同的效力不受影响。

第七百二十九条　因不可归责于承租人的事由，致使租赁物部分或者全部毁损、灭失的，承租人可以请求减少租金或者不支付租金；因租赁物部分或者全部毁损、灭失，致使不能实现合同目的的，承租人可以解除合同。

第七百三十条　当事人对租赁期限没有约定或者约定不明确，依据本法第五百一十条的规定仍不能确定的，视为不定期租赁；当事人可以随时解除合同，但是应当在合理期限之前通知对方。

第七百三十一条　租赁物危及承租人的安全或者健康的，即使承租人订立合同时明知该租赁物质量不合格，承租人仍然可以随时解除合同。

第七百三十二条　承租人在房屋租赁期限内死亡的，与其生前共同居住的人或者共同经营人可以按照原租赁合同租赁该房屋。

第七百三十三条　租赁期限届满，承租人应当返还租赁物。返还的租赁物应当符合按照约定或者根据租赁物的性质使用后的状态。

第七百三十四条　租赁期限届满，承租人继续使用租赁物，出租人没有提出异议的，原租赁合同继续有效，但是租赁期限为不定期。

租赁期限届满，房屋承租人享有以同等条件优先承租的权利。

《中华人民共和国海商法》（1993年7月1日施行）

第三条　本法所称船舶，是指海船和其他海上移动式装置，但是用于军事的、政府公务的船舶和20总吨以下的小型船艇除外。

前款所称船舶，包括船舶属具。

218. 船舶属具保管合同纠纷

法律条文及规范索引

《中华人民共和国民法典》（2021年1月1日施行）

第八百八十八条　保管合同是保管人保管寄存人交付的保管物，并返还该物的合同。

寄存人到保管人处从事购物、就餐、住宿等活动，将物品存放在指定场所的，视为保管，但是当事人另有约定或者另有交易习惯的除外。

第八百八十九条 寄存人应当按照约定向保管人支付保管费。

当事人对保管费没有约定或者约定不明确，依据本法第五百一十条的规定仍不能确定的，视为无偿保管。

第八百九十条 保管合同自保管物交付时成立，但是当事人另有约定的除外。

第八百九十一条 寄存人向保管人交付保管物的，保管人应当出具保管凭证，但是另有交易习惯的除外。

第八百九十二条 保管人应当妥善保管保管物。

当事人可以约定保管场所或者方法。除紧急情况或者为维护寄存人利益外，不得擅自改变保管场所或者方法。

第八百九十三条 寄存人交付的保管物有瑕疵或者根据保管物的性质需要采取特殊保管措施的，寄存人应当将有关情况告知保管人。寄存人未告知，致使保管物受损失的，保管人不承担赔偿责任；保管人因此受损失的，除保管人知道或者应当知道且未采取补救措施外，寄存人应当承担赔偿责任。

第八百九十四条 保管人不得将保管物转交第三人保管，但是当事人另有约定的除外。

保管人违反前款规定，将保管物转交第三人保管，造成保管物损失的，应当承担赔偿责任。

第八百九十五条 保管人不得使用或者许可第三人使用保管物，但是当事人另有约定的除外。

第八百九十六条 第三人对保管物主张权利的，除依法对保管物采取保全或者执行措施外，保管人应当履行向寄存人返还保管物的义务。

第三人对保管人提起诉讼或者对保管物申请扣押的，保管人应当及时通知寄存人。

第八百九十七条 保管期内，因保管人保管不善造成保管物毁损、灭失的，保管人应当承担赔偿责任。但是，无偿保管人证明自己没有故意或者重大过失的，不承担赔偿责任。

第八百九十八条 寄存人寄存货币、有价证券或者其他贵重物品的，应当向保管人声明，由保管人验收或者封存；寄存人未声明的，该物品毁损、灭失后，保管人可以按照一般物品予以赔偿。

第八百九十九条　寄存人可以随时领取保管物。

当事人对保管期限没有约定或者约定不明确的，保管人可以随时请求寄存人领取保管物；约定保管期限的，保管人无特别事由，不得请求寄存人提前领取保管物。

第九百条　保管期限届满或者寄存人提前领取保管物的，保管人应当将原物及其孳息归还寄存人。

第九百零一条　保管人保管货币的，可以返还相同种类、数量的货币；保管其他可替代物的，可以按照约定返还相同种类、品质、数量的物品。

第九百零二条　有偿的保管合同，寄存人应当按照约定的期限向保管人支付保管费。

当事人对支付期限没有约定或者约定不明确，依据本法第五百一十条的规定仍不能确定的，应当在领取保管物的同时支付。

第九百零三条　寄存人未按照约定支付保管费或者其他费用的，保管人对保管物享有留置权，但是当事人另有约定的除外。

《中华人民共和国海商法》（1993 年 7 月 1 日施行）

第三条　本法所称船舶，是指海船和其他海上移动式装置，但是用于军事的、政府公务的船舶和 20 总吨以下的小型船艇除外。

前款所称船舶，包括船舶属具。

219. 海运集装箱租赁合同纠纷

法律条文及规范索引

《中华人民共和国民法典》（2021 年 1 月 1 日施行）

第七百零三条至第七百三十四条，见本书第 274 页。

220. 海运集装箱保管合同纠纷

法律条文及规范索引

《中华人民共和国民法典》（2021年1月1日施行）

第八百八十八条至第九百零三条，见本书第589页。

221. 港口货物保管合同纠纷

法律条文及规范索引

《中华人民共和国民法典》（2021年1月1日施行）

第八百八十八条至第九百零三条，见本书第589页。

222. 船舶代理合同纠纷

法律条文及规范索引

《中华人民共和国民法典》（2021年1月1日施行）

第九百二十条　委托人可以特别委托受托人处理一项或者数项事务，也可以概括委托受托人处理一切事务。

第九百二十一条　委托人应当预付处理委托事务的费用。受托人为处理委托事务垫付的必要费用，委托人应当偿还该费用并支付利息。

第九百二十二条　受托人应当按照委托人的指示处理委托事务。需要变更委托人指示的，应当经委托人同意；因情况紧急，难以和委托人取得联系的，受托人应当妥善处理委托事务，但是事后应当将该情况及时报告委托人。

第九百二十三条　受托人应当亲自处理委托事务。经委托人同意，受托人可以转委托。转委托经同意或者追认的，委托人可以就委托事务直接指示转委托的第三人，受托人仅就第三人的选任及其对第三人的指示承担责任。转委托未经同意或者追认的，受托人应当对转委托的第三人的行为承担责任；但是，在紧急情况下受托人为了维护委托人的利益需要转委托第三人的除外。

第九百二十四条 受托人应当按照委托人的要求，报告委托事务的处理情况。委托合同终止时，受托人应当报告委托事务的结果。

第九百二十五条 受托人以自己的名义，在委托人的授权范围内与第三人订立的合同，第三人在订立合同时知道受托人与委托人之间的代理关系的，该合同直接约束委托人和第三人；但是，有确切证据证明该合同只约束受托人和第三人的除外。

第九百二十六条 受托人以自己的名义与第三人订立合同时，第三人不知道受托人与委托人之间的代理关系的，受托人因第三人的原因对委托人不履行义务，受托人应当向委托人披露第三人，委托人因此可以行使受托人对第三人的权利。但是，第三人与受托人订立合同时如果知道该委托人就不会订立合同的除外。

受托人因委托人的原因对第三人不履行义务，受托人应当向第三人披露委托人，第三人因此可以选择受托人或者委托人作为相对人主张其权利，但是第三人不得变更选定的相对人。

委托人行使受托人对第三人的权利的，第三人可以向委托人主张其对受托人的抗辩。第三人选定委托人作为其相对人的，委托人可以向第三人主张其对受托人的抗辩以及受托人对第三人的抗辩。

第九百二十七条 受托人处理委托事务取得的财产，应当转交给委托人。

第九百二十八条 受托人完成委托事务的，委托人应当按照约定向其支付报酬。

因不可归责于受托人的事由，委托合同解除或者委托事务不能完成的，委托人应当向受托人支付相应的报酬。当事人另有约定的，按照其约定。

第九百二十九条 有偿的委托合同，因受托人的过错造成委托人损失的，委托人可以请求赔偿损失。无偿的委托合同，因受托人的故意或者重大过失造成委托人损失的，委托人可以请求赔偿损失。

受托人超越权限造成委托人损失的，应当赔偿损失。

第九百三十条　受托人处理委托事务时，因不可归责于自己的事由受到损失的，可以向委托人请求赔偿损失。

第九百三十一条　委托人经受托人同意，可以在受托人之外委托第三人处理委托事务。因此造成受托人损失的，受托人可以向委托人请求赔偿损失。

第九百三十二条　两个以上的受托人共同处理委托事务的，对委托人承担连带责任。

第九百三十三条　委托人或者受托人可以随时解除委托合同。因解除合同造成对方损失的，除不可归责于该当事人的事由外，无偿委托合同的解除方应当赔偿因解除时间不当造成的直接损失，有偿委托合同的解除方应当赔偿对方的直接损失和合同履行后可以获得的利益。

第九百三十四条　委托人死亡、终止或者受托人死亡、丧失民事行为能力、终止的，委托合同终止；但是，当事人另有约定或者根据委托事务的性质不宜终止的除外。

第九百三十五条　因委托人死亡或者被宣告破产、解散，致使委托合同终止将损害委托人利益的，在委托人的继承人、遗产管理人或者清算人承受委托事务之前，受托人应当继续处理委托事务。

第九百三十六条　因受托人死亡、丧失民事行为能力或者被宣告破产、解散，致使委托合同终止的，受托人的继承人、遗产管理人、法定代理人或者清算人应当及时通知委托人。因委托合同终止将损害委托人利益的，在委托人作出善后处理之前，受托人的继承人、遗产管理人、法定代理人或者清算人应当采取必要措施。

《国内水路运输管理条例》（2017 年 3 月 1 日修订）

第二十九条　水路运输经营者可以委托船舶代理、水路旅客运输代理、水路货物运输代理业务的经营者，代办船舶进出港手续等港口业务，代为签订运输合同，代办旅客、货物承揽业务以及其他水路运输代理业务。

第三十条　船舶代理、水路旅客运输代理业务的经营者应当自企业设立登记之日起 15 个工作日内，向所在地设区的市级人民政府负责水路运输管理的部门备案。

第三十一条　船舶代理、水路旅客运输代理、水路货物运输代理业务的经营者接受委托提供代理服务，应当与委托人订立书面合同，按照国家有关规定和合同约定办理代理业务，不得强行代理，不得为未依法取得水路运输业务经营许可或者超越许可范围的经营者办理代理业务。

《中华人民共和国国际海运条例》（2019年3月2日修订）

第二十五条 国际船舶代理经营者接受船舶所有人或者船舶承租人、船舶经营人的委托，可以经营下列业务：

（一）办理船舶进出港口手续，联系安排引航、靠泊和装卸；

（二）代签提单、运输合同，代办接受订舱业务；

（三）办理船舶、集装箱以及货物的报关手续；

（四）承揽货物、组织货载，办理货物、集装箱的托运和中转；

（五）代收运费，代办结算；

（六）组织客源，办理有关海上旅客运输业务；

（七）其他相关业务。

国际船舶代理经营者应当按照国家有关规定代扣代缴其所代理的外国国际船舶运输经营者的税款。

《中华人民共和国国际海运条例实施细则》（2019年11月28日修正）

第三条 《海运条例》和本实施细则中下列用语的含义是：

（六）国际船舶代理经营者，是指依照中国法律设立从事《海运条例》第二十五条规定业务的中国企业法人。

223. 海上、通海水域货运代理合同纠纷

法律条文及规范索引

《中华人民共和国海商法》（1993年7月1日施行）

第五十九条 经证明，货物的灭失、损坏或者迟延交付是由于承运人的故意或者明知可能造成损失而轻率地作为或者不作为造成的，承运人不得援用本法第五十六条或者第五十七条限制赔偿责任的规定。

经证明，货物的灭失、损坏或者迟延交付是由于承运人的受雇人、代理人的故意或者明知可能造成损失而轻率地作为或者不作为造成的，承运人的受雇人或者代理人不得援用本法第五十六条或者第五十七条限制赔偿责任的规定。

第六十条 承运人将货物运输或者部分运输委托给实际承运人履行的，承运人仍然应当依照本章规定对全部运输负责。对实际承运人承担的运输，

承运人应当对实际承运人的行为或者实际承运人的受雇人、代理人在受雇或者受委托的范围内的行为负责。

虽有前款规定，在海上运输合同中明确约定合同所包括的特定的部分运输由承运人以外的指定的实际承运人履行的，合同可以同时约定，货物在指定的实际承运人掌管期间发生的灭失、损坏或者迟延交付，承运人不负赔偿责任。

第七十条 托运人对承运人、实际承运人所遭受的损失或者船舶所遭受的损坏，不负赔偿责任；但是，此种损失或者损坏是由于托运人或者托运人的受雇人、代理人的过失造成的除外。

托运人的受雇人、代理人对承运人、实际承运人所遭受的损失或者船舶所遭受的损坏，不负赔偿责任；但是，这种损失或者损坏是由于托运人的受雇人、代理人的过失造成的除外。

第一百零二条 本法所称多式联运合同，是指多式联运经营人以两种以上的不同运输方式，其中一种是海上运输方式，负责将货物从接收地运至目的地交付收货人，并收取全程运费的合同。

前款所称多式联运经营人，是指本人或者委托他人以本人名义与托运人订立多式联运合同的人。

《中华人民共和国民法典》（2021 年 1 月 1 日施行）

第九百二十条至第九百三十六条，见本书第 592 页。

《最高人民法院关于审理海上货运代理纠纷案件若干问题的规定》（法释〔2012〕3 号　2020 年 12 月 23 日修正）

第一条 本规定适用于货运代理企业接受委托人委托处理与海上货物运输有关的货运代理事务时发生的下列纠纷：

（一）因提供订舱、报关、报检、报验、保险服务所发生的纠纷；

（二）因提供货物的包装、监装、监卸、集装箱装拆箱、分拨、中转服务所发生的纠纷；

（三）因缮制、交付有关单证、费用结算所发生的纠纷；

（四）因提供仓储、陆路运输服务所发生的纠纷；

（五）因处理其他海上货运代理事务所发生的纠纷。

第二条 人民法院审理海上货运代理纠纷案件，认定货运代理企业因处理海上货运代理事务与委托人之间形成代理、运输、仓储等不同法律关系的，应分别适用相关的法律规定。

第三条　人民法院应根据书面合同约定的权利义务的性质，并综合考虑货运代理企业取得报酬的名义和方式、开具发票的种类和收费项目、当事人之间的交易习惯以及合同实际履行的其他情况，认定海上货运代理合同关系是否成立。

第四条　货运代理企业在处理海上货运代理事务过程中以自己的名义签发提单、海运单或者其他运输单证，委托人据此主张货运代理企业承担承运人责任的，人民法院应予支持。

货运代理企业以承运人代理人名义签发提单、海运单或者其他运输单证，但不能证明取得承运人授权，委托人据此主张货运代理企业承担承运人责任的，人民法院应予支持。

第五条　委托人与货运代理企业约定了转委托权限，当事人就权限范围内的海上货运代理事务主张委托人同意转委托的，人民法院应予支持。

没有约定转委托权限，货运代理企业或第三人以委托人知道货运代理企业将海上货运代理事务转委托或部分转委托第三人处理而未表示反对为由，主张委托人同意转委托的，人民法院不予支持，但委托人的行为明确表明其接受转委托的除外。

第六条　一方当事人根据双方的交易习惯，有理由相信行为人有权代表对方当事人订立海上货运代理合同，该方当事人依据民法典第一百七十二条的规定主张合同成立的，人民法院应予支持。

第七条　海上货运代理合同约定货运代理企业交付处理海上货运代理事务取得的单证以委托人支付相关费用为条件，货运代理企业以委托人未支付相关费用为由拒绝交付单证的，人民法院应予支持。

合同未约定或约定不明确，货运代理企业以委托人未支付相关费用为由拒绝交付单证的，人民法院应予支持，但提单、海运单或者其他运输单证除外。

第八条　货运代理企业接受契约托运人的委托办理订舱事务，同时接受实际托运人的委托向承运人交付货物，实际托运人请求货运代理企业交付其取得的提单、海运单或者其他运输单证的，人民法院应予支持。

契约托运人是指本人或者委托他人以本人名义或者委托他人为本人与承运人订立海上货物运输合同的人。

实际托运人是指本人或者委托他人以本人名义或者委托他人为本人将货物交给与海上货物运输合同有关的承运人的人。

第九条 货运代理企业按照概括委托权限完成海上货运代理事务，请求委托人支付相关合理费用的，人民法院应予支持。

第十条 委托人以货运代理企业处理海上货运代理事务给委托人造成损失为由，主张由货运代理企业承担相应赔偿责任的，人民法院应予支持，但货运代理企业证明其没有过错的除外。

第十一条 货运代理企业未尽谨慎义务，与未在我国交通主管部门办理提单登记的无船承运业务经营者订立海上货物运输合同，造成委托人损失的，应承担相应的赔偿责任。

第十二条 货运代理企业接受未在我国交通主管部门办理提单登记的无船承运业务经营者的委托签发提单，当事人主张由货运代理企业和无船承运业务经营者对提单项下的损失承担连带责任的，人民法院应予支持。

货运代理企业承担赔偿责任后，有权向无船承运业务经营者追偿。

第十三条 因本规定第一条所列纠纷提起的诉讼，由海事法院管辖。

第十四条 人民法院在案件审理过程中，发现不具有无船承运业务经营资格的货运代理企业违反《中华人民共和国国际海运条例》的规定，以自己的名义签发提单、海运单或者其他运输单证的，应当向有关交通主管部门发出司法建议，建议交通主管部门予以处罚。

第十五条 本规定不适用于与沿海、内河货物运输有关的货运代理纠纷案件。

第十六条 本规定施行前本院作出的有关司法解释与本规定相抵触的，以本规定为准。

本规定施行后，案件尚在一审或者二审阶段的，适用本规定；本规定施行前已经终审的案件，本规定施行后当事人申请再审或者按照审判监督程序决定再审的案件，不适用本规定。

224. 理货合同纠纷

法律条文及规范索引

《中华人民共和国民法典》（2021 年 1 月 1 日施行）

第四百六十七条 本法或者其他法律没有明文规定的合同，适用本编通则的规定，并可以参照适用本编或者其他法律最相类似合同的规定。

在中华人民共和国境内履行的中外合资经营企业合同、中外合作经营企业合同、中外合作勘探开发自然资源合同，适用中华人民共和国法律。

第五百七十七条　当事人一方不履行合同义务或者履行合同义务不符合约定的，应当承担继续履行、采取补救措施或者赔偿损失等违约责任。

第九百二十条　委托人可以特别委托受托人处理一项或者数项事务，也可以概括委托受托人处理一切事务。

第九百二十二条　受托人应当按照委托人的指示处理委托事务。需要变更委托人指示的，应当经委托人同意；因情况紧急，难以和委托人取得联系的，受托人应当妥善处理委托事务，但是事后应当将该情况及时报告委托人。

第九百二十四条　受托人应当按照委托人的要求，报告委托事务的处理情况。委托合同终止时，受托人应当报告委托事务的结果。

第九百二十八条　受托人完成委托事务的，委托人应当按照约定向其支付报酬。

因不可归责于受托人的事由，委托合同解除或者委托事务不能完成的，委托人应当向受托人支付相应的报酬。当事人另有约定的，按照其约定。

第九百三十条　受托人处理委托事务时，因不可归责于自己的事由受到损失的，可以向委托人请求赔偿损失。

225. 船舶物料和备品供应合同纠纷

法律条文及规范索引

《中华人民共和国民法典》（2021 年 1 月 1 日施行）

第五百七十七条　当事人一方不履行合同义务或者履行合同义务不符合约定的，应当承担继续履行、采取补救措施或者赔偿损失等违约责任。

第五百九十五条　买卖合同是出卖人转移标的物的所有权于买受人，买受人支付价款的合同。

第五百九十八条　出卖人应当履行向买受人交付标的物或者交付提取标的物的单证，并转移标的物所有权的义务。

第六百零一条　出卖人应当按照约定的时间交付标的物。约定交付期限的，出卖人可以在该交付期限内的任何时间交付。

第六百零二条　当事人没有约定标的物的交付期限或者约定不明确的，适用本法第五百一十条、第五百一十一条第四项的规定。

226. 船员劳务合同纠纷

法律条文及规范索引

《中华人民共和国劳动法》（2018年12月29日修正）

第三条　劳动者享有平等就业和选择职业的权利、取得劳动报酬的权利、休息休假的权利、获得劳动安全卫生保护的权利、接受职业技能培训的权利、享受社会保险和福利的权利、提请劳动争议处理的权利以及法律规定的其他劳动权利。

劳动者应当完成劳动任务，提高职业技能，执行劳动安全卫生规程，遵守劳动纪律和职业道德。

第四条　用人单位应当依法建立和完善规章制度，保障劳动者享有劳动权利和履行劳动义务。

《中华人民共和国海商法》（1993年7月1日施行）

第二十二条　下列各项海事请求具有船舶优先权：

（一）船长、船员和在船上工作的其他在编人员根据劳动法律、行政法规或者劳动合同所产生的工资、其他劳动报酬、船员遣返费用和社会保险费用的给付请求；

第三十一条　船员，是指包括船长在内的船上一切任职人员。

第三十二条　船长、驾驶员、轮机长、轮机员、电机员、报务员，必须由持有相应适任证书的人担任。

第三十三条　从事国际航行的船舶的中国籍船员，必须持有中华人民共和国港务监督机构颁发的海员证和有关证书。

第三十四条　船员的任用和劳动方面的权利、义务，本法没有规定的，适用有关法律、行政法规的规定。

《中华人民共和国船员条例》（2020 年 3 月 27 日修订）

第二十一条　船员用人单位和船员应当按照国家有关规定参加工伤保险、医疗保险、养老保险、失业保险以及其他社会保险，并依法按时足额缴纳各项保险费用。

船员用人单位应当为在驶往或者驶经战区、疫区或者运输有毒、有害物质的船舶上工作的船员，办理专门的人身、健康保险，并提供相应的防护措施。

第二十二条　船舶上船员生活和工作的场所，应当符合国家船舶检验规范中有关船员生活环境、作业安全和防护的要求。

船员用人单位应当为船员提供必要的生活用品、防护用品、医疗用品，建立船员健康档案，并为船员定期进行健康检查，防治职业疾病。

船员在船工作期间患病或者受伤的，船员用人单位应当及时给予救治；船员失踪或者死亡的，船员用人单位应当及时做好相应的善后工作。

第二十三条　船员用人单位应当依照有关劳动合同的法律、法规和中华人民共和国缔结或者加入的有关船员劳动与社会保障国际条约的规定，与船员订立劳动合同。

船员用人单位不得招用未取得本条例规定证件的人员上船工作。

第二十四条　船员工会组织应当加强对船员合法权益的保护，指导、帮助船员与船员用人单位订立劳动合同。

第二十五条　船员用人单位应当根据船员职业的风险性、艰苦性、流动性等因素，向船员支付合理的工资，并按时足额发放给船员。任何单位和个人不得克扣船员的工资。

船员用人单位应当向在劳动合同有效期内的待派船员，支付不低于船员用人单位所在地人民政府公布的最低工资。

第二十六条　船员在船工作时间应当符合国务院交通主管部门规定的标准，不得疲劳值班。

船员除享有国家法定节假日的假期外，还享有在船舶上每工作 2 个月不少于 5 日的年休假。

船员用人单位应当在船员年休假期间，向其支付不低于该船员在船工作期间平均工资的报酬。

第二十七条　船员在船工作期间，有下列情形之一的，可以要求遣返：

（一）船员的劳动合同终止或者依法解除的；

（二）船员不具备履行船上岗位职责能力的；

（三）船舶灭失的；

（四）未经船员同意，船舶驶往战区、疫区的；

（五）由于破产、变卖船舶、改变船舶登记或者其他原因，船员用人单位、船舶所有人不能继续履行对船员的法定或者约定义务的。

第二十八条 船员可以从下列地点中选择遣返地点：

（一）船员接受招用的地点或者上船任职的地点；

（二）船员的居住地、户籍所在地或者船籍登记国；

（三）船员与船员用人单位或者船舶所有人约定的地点。

第二十九条 船员的遣返费用由船员用人单位支付。遣返费用包括船员乘坐交通工具的费用、旅途中合理的食宿及医疗费用和30公斤行李的运输费用。

第三十条 船员的遣返权利受到侵害的，船员当时所在地民政部门或者中华人民共和国驻境外领事机构，应当向船员提供援助；必要时，可以直接安排船员遣返。民政部门或者中华人民共和国驻境外领事机构为船员遣返所垫付的费用，船员用人单位应当及时返还。

《最高人民法院关于审理涉船员纠纷案件若干问题的规定》（法释〔2020〕11号 2020年9月27日）

为正确审理涉船员纠纷案件，根据《中华人民共和国劳动合同法》《中华人民共和国海商法》《中华人民共和国劳动争议调解仲裁法》《中华人民共和国海事诉讼特别程序法》等法律的规定，结合审判实践，制定本规定。

第一条 船员与船舶所有人之间的劳动争议不涉及船员登船、在船工作、离船遣返，当事人直接向海事法院提起诉讼的，海事法院告知当事人依照《中华人民共和国劳动争议调解仲裁法》的规定处理。

第二条 船员与船舶所有人之间的劳务合同纠纷，当事人向原告住所地、合同签订地、船员登船港或者离船港所在地、被告住所地海事法院提起诉讼的，海事法院应予受理。

第三条 船员服务机构仅代理船员办理相关手续，或者仅为船员提供就业信息，且不属于劳务派遣情形，船员服务机构主张其与船员仅成立居间或委托合同关系的，应予支持。

第四条 船舶所有人以被挂靠单位的名义对外经营，船舶所有人未与船员签订书面劳动合同，其聘用的船员因工伤亡，船员主张被挂靠单位为承担工伤保险责任的单位的，应予支持。船舶所有人与船员成立劳动关系的除外。

第五条 与船员登船、在船工作、离船遣返无关的劳动争议提交劳动争议仲裁委员会仲裁，仲裁庭根据船员的申请，就船员工资和其他劳动报酬、工伤医疗费、经济补偿或赔偿金裁决先予执行的，移送地方人民法院审查。

船员申请扣押船舶的，仲裁庭应将扣押船舶申请提交船籍港所在地或者船舶所在地的海事法院审查，或交地方人民法院委托船籍港所在地或者船舶所在地的海事法院审查。

第六条 具有船舶优先权的海事请求，船员未依照《中华人民共和国海商法》第二十八条的规定请求扣押产生船舶优先权的船舶，仅请求确认其在一定期限内对该产生船舶优先权的船舶享有优先权的，应予支持。

前款规定的期限自优先权产生之日起以一年为限。

第七条 具有船舶优先权的海事请求，船员未申请限制船舶继续营运，仅申请对船舶采取限制处分、限制抵押等保全措施的，应予支持。船员主张该保全措施构成《中华人民共和国海商法》第二十八条规定的船舶扣押的，不予支持。

第八条 因登船、在船工作、离船遣返产生的下列工资、其他劳动报酬，船员主张船舶优先权的，应予支持：

（一）正常工作时间的报酬或基本工资；

（二）延长工作时间的加班工资，休息日、法定休假日加班工资；

（三）在船服务期间的奖金、相关津贴和补贴，以及特殊情况下支付的工资等；

（四）未按期支付上述款项产生的孳息。

《中华人民共和国劳动法》和《中华人民共和国劳动合同法》中规定的相关经济补偿金、赔偿金，未依据《中华人民共和国劳动合同法》第八十二条之规定签订书面劳动合同而应支付的双倍工资，以及因未按期支付本款规定的前述费用而产生的孳息，船员主张船舶优先权的，不予支持。

第九条 船员因登船、在船工作、离船遣返而产生的工资、其他劳动报酬、船员遣返费用、社会保险费用，船舶所有人未依约支付，第三方向船员垫付全部或部分费用，船员将相应的海事请求权转让给第三方，第三方就受让的海事请求权请求确认或行使船舶优先权的，应予支持。

第十条 船员境外工作期间被遗弃，或遭遇其他突发事件，船舶所有人或其财务担保人、船员外派机构未承担相应责任，船员请求财务担保人、船员外派机构从财务担保费用、海员外派备用金中先行支付紧急救助所需相关费用的，应予支持。

第十一条 对于船员工资构成是否涵盖船员登船、在船工作、离船遣返期间的工作日加班工资、休息日加班工资、法定休假日加班工资，当事人有约定并主张依据约定确定双方加班工资的，应予支持。但约定标准低于法定最低工资标准的，不予支持。

第十二条 标准工时制度下，船员就休息日加班主张加班工资，船舶所有人举证证明已做补休安排，不应按法定标准支付加班工资的，应予支持。综合计算工时工作制下，船员对综合计算周期内的工作时间总量超过标准工作时间总量的部分主张加班工资的，应予支持。

船员就法定休假日加班主张加班工资，船舶所有人抗辩对法定休假日加班已做补休安排，不应支付法定休假日加班工资的，对船舶所有人的抗辩不予支持。双方另有约定的除外。

第十三条 当事人对船员工资或其他劳动报酬的支付标准、支付方式未作约定或约定不明，当事人主张以同工种、同级别、同时期市场的平均标准确定的，应予支持。

第十四条 船员因受欺诈、受胁迫在禁渔期、禁渔区或使用禁用的工具、方法捕捞水产品，或者捕捞珍稀、濒危海洋生物，或者进行其他违法作业，对船员主张的登船、在船工作、离船遣返期间的船员工资、其他劳动报酬，应予支持。

船舶所有人举证证明船员对违法作业自愿且明知的，对船员的上述请求不予支持。

船舶所有人或者船员的行为应受行政处罚或涉嫌刑事犯罪的，依照相关法定程序处理。

第十五条 船员因劳务受到损害，船舶所有人举证证明船员自身存在过错，并请求判令船员自担相应责任的，对船舶所有人的抗辩予以支持。

第十六条 因第三人的原因遭受工伤，船员对第三人提起民事诉讼请求民事赔偿，第三人以船员已获得工伤保险待遇为由，抗辩其不应承担民事赔偿责任的，对第三人的抗辩不予支持。但船员已经获得医疗费用的，对船员关于医疗费用的诉讼请求不予支持。

第十七条 船员与船舶所有人之间的劳动合同具有涉外因素，当事人请求依照《中华人民共和国涉外民事关系法律适用法》第四十三条确定应适用的法律的，应予支持。

船员与船舶所有人之间的劳务合同，当事人没有选择应适用的法律，当事人主张适用劳务派出地、船舶所有人主营业地、船旗国法律的，应予支持。

船员与船员服务机构之间，以及船员服务机构与船舶所有人之间的居间或委托协议，当事人未选择应适用的法律，当事人主张适用与该合同有最密切联系的法律的，应予支持。

第十八条　本规定中的船舶所有人，包括光船承租人、船舶管理人、船舶经营人。

第十九条　本规定施行后尚未终审的案件，适用本规定；本规定施行前已经终审，当事人申请再审或者按照审判监督程序决定再审的案件，不适用本规定。

第二十条　本院以前发布的规定与本规定不一致的，以本规定为准。

第二十一条　本规定自2020年9月29日起实施。

227. 海难救助合同纠纷

法律条文及规范索引

《中华人民共和国海商法》（1993年7月1日施行）

第一百七十一条　本章规定适用于在海上或者与海相通的河航水域，对遇险的船舶和其他财产进行救助。

第一百七十二条　本章下列用语的含义：

（一）“船舶”，是指本法第三条所称的船舶和与其发生救助关系的任何其他非用于军事的或者是政府公务的船艇。

（二）“财产”，是指非永久地和非有意地依附于岸线的任何财产，包括有风险的运费。

（三）“救助款项”，是指依照本章规定，被救助方应当向救助方支付的任何救助报酬、酬金或者补偿。

第一百七十三条　本章规定，不适用于海上已经就位的从事海底矿物资源的勘探、开发或者生产的固定式、浮动式平台和移动式近海钻井装置。

第一百七十四条 船长在不严重危及本船和船上人员安全的情况下，有义务尽力救助海上人命。

第一百七十五条 救助方与被救助方就海难救助达成协议，救助合同成立。

遇险船舶的船长有权代表船舶所有人订立救助合同。遇险船舶的船长或者船舶所有人有权代表船上财产所有人订立救助合同。

第一百七十六条 有下列情形之一，经一方当事人起诉或者双方当事人协议仲裁的，受理争议的法院或者仲裁机构可以判决或者裁决变更救助合同：

（一）合同在不正当的或者危险情况的影响下订立，合同条款显失公平的；

（二）根据合同支付的救助款项明显过高或者过低于实际提供的救助服务的。

第一百七十七条 在救助作业过程中，救助方对被救助方负有下列义务。

（一）以应有的谨慎进行救助。

（二）以应有的谨慎防止或者减少环境污染损害。

（三）在合同需要的情况下，寻求其他救助方援助；

（四）当被救助方合理地要求其他救助方参与救助作业时，接受此种要求，但是要求不合理的，原救助方的救助报酬金额不受影响。

第一百七十八条 在救助作业过程中，被救助方对救助方负有以下列义务：

（一）与救助方通力合作。

（二）以应有的谨慎防止或者减少环境污染损害。

（三）当获救的船舶或者其他财产已经被送至安全地点时，及时接受救助方提出的合理的移交要求。

第一百七十九条 救助方对遇险的船舶和其他财产的救助，取得效果的，有权获得救助报酬；救助未取得效果的，除本法第一百八十二条或其他法律另有规定或者合同另有约定外，无权获得救助款项。

第一百八十条 确定救助报酬，应当体现对救助作业的鼓励，并综合考虑下列各项因素。

（一）船舶和其他财产的获救的价值；

（二）救助方在防止或者减少环境污染损害方面的技能和努力；

（三）救助方的救助成效；

（四）危险的性质和程度；

（五）救助方在救助船舶、其他财产和人命方面的技能和努力；

（六）救助方所用的时间、支出的费用和遭受的损失；

（七）救助方或者救助设备所冒的责任风险和其他风险；

（八）救助方提供救助服务的及时性；

（九）用于救助作业的船舶和其他设备的可用性和使用情况；

（十）救助设备的备用状况、效能和设备的价值。

救助报酬不得超过船舶和其他财产的获救价值。

第一百八十一条　船舶和其他财产的获救价值，是指船舶和其他财产获救后的估计价值或者实际出卖的收入，扣除有关税款和海关、检疫、检验费用以及进行卸载、保管、估价、出卖而产生的费用后的价值。

前款规定的价值不包括船员的获救的私人物品和旅客的获救的自带行李的价值。

第一百八十二条　对构成环境污染损害危险的船舶或者船上货物进行的救助，救助方依照本法第一百八十条规定获得的救助报酬，少于依照本条规定可以得到的特别补偿的，救助方有权依照本条规定，从船舶所有人处获得相当于救助费用的特别补偿。

救助人进行前款规定的救助作业，取得防止或者减少环境污染损害效果的，船舶所有人依照前款规定应当向救助方支付的特别补偿可以另行增加，增加的数额可以达到救助费用的百分之三十。受理争议的法院或者仲裁机构认为适当，并且考虑到本法第一百八十条第一款的规定，可以判决或者裁决进一步增加特别数额；但是，在任何情况下，增加部分不得超过救助费用的百分之一百。

本条所称救助费用，是指救助方在救助作业中直接支付的合理费用以及实际使用救助设备、投入救助人员的合理费用。确定救助费用应当考虑本法第一百八十条第一款（八）、（九）、（十）项的规定。

在任何情况下，本条规定的全部特别补偿，只有在超过救助方依照本法第一百八十条规定能够获得的救助报酬时，方可支付，支付金额为特别补偿超过救助报酬的差额部分。

由于救助方的过失未能防止或者减少环境污染损害的，可以全部或者部分地剥夺救助方获得特别补偿的权利。

本条规定不影响船舶所有人对其他被救助方的追偿权。

第一百八十三条 救助报酬的金额，应当由获救的船舶和其他财产的各所有人，按照船舶和其他各项财产各自的获救价值占全部获救价值的比例承担。

第一百八十四条 参加同一救助作业的各救助方的救助报酬，应当根据本法第一百八十条规定的标准。由各方协商确定；协商不成的，可以提请受理争议的法院判决或者经各方协议提请仲裁机构裁决。

第一百八十五条 在救助作业中救助人命的救助方，对获救人员不得请求酬金，但是有权从救助船舶或者其他财产、防止或者减少环境污染损害的救助方获得的救助款项中，获得合理的份额。

第一百八十六条 下列救助行为无权获得救助款项：

（一）正常履行拖航合同或者其服务合同的义务进行救助的，但是提供不属于履行上述义务的特殊劳务除外；

（二）不顾遇险的船舶的船长、船舶所有人或者其他财产所有人明确的和合理的拒绝，仍然进行救助的。

第一百八十七条 由于救助方的过失致使救助作业成为必需或者更加困难的，可能救助方有欺诈或者其他不诚实行为的，应当取消或者减少向救助方支付的救助款项。

第一百八十八条 被救助方在救助作业的结束后，应当根据救助方的要求，对救助款项提供满意的担保。

在不影响前款规定的情况下，获救船舶的船舶所有人应当在获救的货物交还前，尽力使货物的所有人对其应当承担的求助款项提供满意的担保。

在未根据救助人的要求对获救的船舶或者其他财产提供满意的提保以前，未经救助方同意，不得将获救的船舶和其他财产从救助作业完成后最初到达的港口或者地点移走。

228. 海上、通海水域打捞合同纠纷

法律条文及规范索引

《中华人民共和国民法典》（2021年1月1日施行）

第四百六十七条　本法或者其他法律没有明文规定的合同，适用本编通则的规定，并可以参照适用本编或者其他法律最相类似合同的规定。

在中华人民共和国境内履行的中外合资经营企业合同、中外合作经营企业合同、中外合作勘探开发自然资源合同，适用中华人民共和国法律。

第五百七十七条　当事人一方不履行合同义务或者履行合同义务不符合约定的，应当承担继续履行、采取补救措施或者赔偿损失等违约责任。

《中华人民共和国打捞沉船管理办法》（1957年10月11日）

第三条　下列沉船应当进行打捞：

（一）妨碍船舶航行、航道整治或者工程建筑的沉船；

（二）有修复使用价值的沉船；

（三）虽无修复使用价值而有拆卸利用价值的沉船。

第五条　妨碍船舶航行、航道整治或者工程建筑的沉船，有关港（航）务主管机关应当根据具体情况规定申请期限和打捞期限，通知或公告沉船所有人。

沉船所有人必须在规定期限以内提出申请和进行打捞；否则，有关港（航）务主管机关可以进行打捞或者予以解体清除。

第六条　其他不属于第五条规定范围的沉船，沉船所有人应当自船舶沉没之日起一年以内提出打捞计划和完工期限，经有关港（航）务主管机关批准后进行打捞。

第七条　沉船所有人除遇有特殊情况向有关港（航）务主管机关申请延期并经核准外，在下列情况下即丧失各该沉船的所有权：

（一）妨碍船舶航行、航道整治或者工程建筑的沉船，在申请期限以内没有申请或者声明放弃；或者打捞期限届满，而没有完成打捞。

（二）其他不属于第五条规定范围的沉船自沉没之日起一年以内没有申请打捞；或者完工期限已经届满，而没有打捞。

第八条 有关港（航）务主管机关根据第四条规定所捞起的船体、船用器物、货物或者解体所得的钢材、机件等，在无法或者不易保管的情况下，可以作价处理。

沉船所有人自船舶沉没之日起一年以内，可以申请发还捞起的原物或者处理原物所得的价款，过期如不申请即丧失其所有权。

沉船所有人在领回原物或者价款时，应当偿还有关打捞、保管和处理等费用。

229. 海上、通海水域拖航合同纠纷

法律条文及规范索引

《中华人民共和国海商法》（1993 年 7 月 1 日施行）

第一百五十五条 海上拖航合同，是指承拖方用拖轮将被拖物经海路从一地拖至另一地，而由被拖方支付航费的合同。

本章规定不适用于在港区内对船舶提供的拖轮服务。

第一百五十六条 海上拖航合同应当书面订立。海上拖航合同的内容，主要包括承拖方和被拖方的名称和住所、拖轮和被拖物的名称和主要尺度、拖轮马力、起拖地和目的地、起拖日期、拖航费及其支付方式，以及其他有关事项。

第一百五十七条 承拖方在起拖前和起拖当时，应当谨慎处理，使拖轮处于适航、适拖状态，妥善配备船员，配置拖航索具和配备供应品以及该航次必备的其他装置、设备。

被拖方在起拖前和起拖当时，应当做好被拖物的拖航准备，谨慎处理，使被拖物处于适拖状态，并向承拖方如实说明被拖物的情况，提供有关检验机构签发的被拖物适合拖航的证书和有关文件。

第一百五十八条 起拖前，因不可抗力或者其他不能归责于双方的原因致使合同不能履行的，双方均可以解除合同，并互相不负赔偿责任。除合同另有约定处，拖航费已经支付的，承拖方应当退还给被拖方。

第一百五十九条 起拖后，因不可抗力或者其他不能归责于双方的原因致使合同不能继续履行的，双方均可以解除合同，并互相不负赔偿责任。

第一百六十条 因不可抗力或者其他不能归责于双方的原因致使被拖物不能拖至目的地的，除合同另有约定外，承拖方可以在目的地的邻近地点或者拖轮船长选定的安全的港口或者锚泊地，将被拖物移交给被拖方或者其代理人，视为已经履行合同。

第一百六十一条 被拖方未按照约定支付拖航费和其他合理费用的，承拖方对被拖物有留置权。

第一百六十二条 在海上拖航过程中，承拖方或者被拖方遭受的损失，由一方的过失造成的，有过失的一方应当负赔偿责任；由双方过失造成的，各方按照过失程度的比例负赔偿责任。虽有前款规定，经承拖方证明，被拖方的损失是由于下列原因之一造成的，承拖方不负赔偿责任：

（一）拖轮船长、船员、引航员或者承拖的其他受雇人、代理人在驾驶拖轮或者管理拖轮中的过失；

（二）拖轮在海上救助或者企图救助人命或者财产时的过失。

本条规定仅在海上拖航合同没有约定或者没有不同约定的适用。

第一百六十三条 在海上拖航过程中，由于承拖方或者被拖方的过失，造成第三人人身伤亡或者财产损失的，承拖方和被拖方对第三人负连带赔偿责任。除合同另有约定外，一方连带支付的赔偿超过其应当承担的比例的，对另一方有追偿权。

第一百六十四条 拖轮所有人拖带其所有的或者经营的驳船载运货物，经海路由一港运至另一港的，视为海上货物运输。

230. 海上、通海水域保险合同纠纷
231. 海上、通海水域保赔合同纠纷

法律条文及规范索引

《中华人民共和国海商法》（1993年7月1日施行）

第二百一十六条 海上保险合同，是指保险人按照约定，对被保险人遭受保险事故造成保险标的损失和产生的责任负责赔偿，而由被保险人支付保险费的合同。

前款所称保险事故，是指保险人与被保险人约定的任何海上事故，包括

与海上航行有关的发生于内河或者陆上的事故。

第二百一十九条 保险标的的保险价值由保险人与被保险人约定。

保险人与被保险人未约定保险价值的，保险价值依照下列规定计算：

（一）船舶的保险价值，是保险责任开始时船舶的价值，包括船壳、机器、设备的价值，以及船上燃料、物料、索具、给养、淡水的价值和保险费的总和；

（二）货物的保险价值，是保险责任开始时货物在起运地的发票价格或者非贸易商品及运地的实际价值以及运费和保险费的总和；

（三）运费的保险价值，是保险责任开始时承运人应收运费总额和保险费的总和；

（四）其他保险标的的保险价值，是保险责任开始时保险标的的实际价值和保险费的总和。

第二百二十条 保险金额由保险人与被保险人约定。保险金额不得超过保险价值；超过保险价值的，超过部分无效。

第二百二十一条 被保险人提出保险要求，经保险人同意承保，并就海上保险合同的条款达成协议后，合同成立。保险人应当及时向被保险人签发保险单或者其他保险单证，并在保险单或者其他保险单证中载明当事人双方约定的合同内容。

第二百三十七条 发生保险事故造成损失后，保险人应当及时向被保险人支付保险赔偿。

第二百三十八条 保险人赔偿保险事故造成的损失，以保险金额为限。保险金额低于保险价值的，在保险标的发生部分损失时，保险人按照保险金额与保险价值的比例负赔偿责任。

第二百四十五条 保险标的发生保险事故后灭失，或者受到严重损坏完全失去原有形体、效用，或者不能再归被保险人所拥有的，为实际全损。

第二百四十六条 船舶发生保险事故后，认为实际全损已经不可避免，或者为避免发生实际全损所需支付的费用超过保险价值的，为推定全损。

货物发生保险事故后，认为实际全损已经不可避免，或者为避免发生实际全损所需支付的费用与继续将货物运抵目的地的费用之和超过保险价值的，为推定全损。

第二百四十七条 不属于实际全损和推定全损的损失，为部分损失。

第二百五十一条 保险事故发生后，保险人向被保险人支付保险赔偿前，可以要求被保险人提供与确认保险事故性质和损失程度有关的证明和资料。

第二百五十二条　保险标的发生保险责任范围内的损失是由第三人造成的，被保险人向第三人要求赔偿的权利，自保险人支付赔偿之日起，相应转移给保险人。

被保险人应当向保险人提供必要的文件和其所需要知道的情况，并尽力协助保险人向第三人追偿。

《最高人民法院关于审理海上保险纠纷案件若干问题的规定》（法释〔2006〕10号　2020年12月23日修正）

第一条　审理海上保险合同纠纷案件，适用海商法的规定；海商法没有规定的，适用保险法的有关规定；海商法、保险法均没有规定的，适用民法典等其他相关法律的规定。

第二条　审理非因海上事故引起的港口设施或者码头作为保险标的的保险合同纠纷案件，适用保险法等法律的规定。

第三条　审理保险人因发生船舶触碰港口设施或者码头等保险事故，行使代位请求赔偿权利向造成保险事故的第三人追偿的案件，适用海商法的规定。

第四条　保险人知道被保险人未如实告知海商法第二百二十二条第一款规定的重要情况，仍收取保险费或者支付保险赔偿，保险人又以被保险人未如实告知重要情况为由请求解除合同的，人民法院不予支持。

第五条　被保险人未按照海商法第二百三十四条的规定向保险人支付约定的保险费的，保险责任开始前，保险人有权解除保险合同，但保险人已经签发保险单证的除外；保险责任开始后，保险人以被保险人未支付保险费请求解除合同的，人民法院不予支持。

第六条　保险人以被保险人违反合同约定的保证条款未立即书面通知保险人为由，要求从违反保证条款之日起解除保险合同的，人民法院应予支持。

第七条　保险人收到被保险人违反合同约定的保证条款书面通知后仍支付保险赔偿，又以被保险人违反合同约定的保证条款为由请求解除合同的，人民法院不予支持。

第八条　保险人收到被保险人违反合同约定的保证条款的书面通知后，就修改承保条件、增加保险费等事项与被保险人协商未能达成一致的，保险合同于违反保证条款之日解除。

第九条 在航次之中发生船舶转让的，未经保险人同意转让的船舶保险合同至航次终了时解除。船舶转让时起至航次终了时止的船舶保险合同的权利、义务由船舶出让人享有、承担，也可以由船舶受让人继受。

船舶受让人根据前款规定向保险人请求赔偿时，应当提交有效的保险单证及船舶转让合同的证明。

第十条 保险人与被保险人在订立保险合同时均不知道保险标的已经发生保险事故而遭受损失，或者保险标的已经不可能因发生保险事故而遭受损失的，不影响保险合同的效力。

第十一条 海上货物运输中因承运人无正本提单交付货物造成的损失不属于保险人的保险责任范围。保险合同当事人另有约定的，依约定。

第十二条 发生保险事故后，被保险人为防止或者减少损失而采取的合理措施没有效果，要求保险人支付由此产生的合理费用的，人民法院应予支持。

第十三条 保险人在行使代位请求赔偿权利时，未依照海事诉讼特别程序法的规定，向人民法院提交其已经向被保险人实际支付保险赔偿凭证的，人民法院不予受理；已经受理的，裁定驳回起诉。

第十四条 受理保险人行使代位请求赔偿权利纠纷案件的人民法院应当仅就造成保险事故的第三人与被保险人之间的法律关系进行审理。

第十五条 保险人取得代位请求赔偿权利后，以被保险人向第三人提起诉讼、提交仲裁、申请扣押船舶或者第三人同意履行义务为由主张诉讼时效中断的，人民法院应予支持。

第十六条 保险人取得代位请求赔偿权利后，主张享有被保险人因申请扣押船舶取得的担保权利的，人民法院应予支持。

232. 海上、通海水域运输联营合同纠纷

法律条文及规范索引

关于联营合同的具体规定，参见“238. 联营合同纠纷”之“法律条文及规范索引”。

233. 船舶营运借款合同纠纷

法律条文及规范索引

《中华人民共和国民法典》（2021年1月1日施行）

第六百六十八条 借款合同应当采用书面形式，但是自然人之间借款另有约定的除外。

借款合同的内容一般包括借款种类、币种、用途、数额、利率、期限和还款方式等条款。

第六百七十一条 贷款人未按照约定的日期、数额提供借款，造成借款人损失的，应当赔偿损失。

借款人未按照约定的日期、数额收取借款的，应当按照约定的日期、数额支付利息。

234. 海事担保合同纠纷

法律条文及规范索引

《中华人民共和国海事诉讼特别程序法》（2000年7月1日施行）

第六条 海事诉讼的地域管辖，依照《中华人民共和国民事诉讼法》的有关规定。

下列海事诉讼的地域管辖，依照以下规定：

（六）因海事担保纠纷提起的诉讼，由担保物所在地、被告住所地海事法院管辖；因船舶抵押纠纷提起的诉讼，还可以由船籍港所在地海事法院管辖；

第七十三条 海事担保包括本法规定的海事请求保全、海事强制令、海事证据保全等程序中所涉及的担保。

担保的方式为提供现金或者保证、设置抵押或者质押。

第七十四条 海事请求人的担保应当提交给海事法院；被请求人的担保

可以提交给海事法院，也可以提供给海事请求人。

第七十五条 海事请求人提供的担保，其方式、数额由海事法院决定。被请求人提供的担保，其方式、数额由海事请求人和被请求人协商；协商不成的，由海事法院决定。

第七十六条 海事请求人要求被请求人就海事请求保全提供担保的数额，应当与其债权数额相当，但不得超过被保全的财产价值。

海事请求人提供担保的数额，应当相当于因其申请可能给被请求人造成的损失。具体数额由海事法院决定。

第七十八条 海事请求人请求担保的数额过高，造成被请求人损失的，应当承担赔偿责任。

《中华人民共和国民法典》（2021 年 1 月 1 日施行）

第六百八十一条 保证合同是为保障债权的实现，保证人和债权人约定，当债务人不履行到期债务或者发生当事人约定的情形时，保证人履行债务或者承担责任的合同。

第六百九十二条 保证期间是确定保证人承担保证责任的期间，不发生中止、中断和延长。

债权人与保证人可以约定保证期间，但是约定的保证期间早于主债务履行期限或者与主债务履行期限同时届满的，视为没有约定；没有约定或者约定不明确的，保证期间为主债务履行期限届满之日起六个月。

债权人与债务人对主债务履行期限没有约定或者约定不明确的，保证期间自债权人请求债务人履行债务的宽限期届满之日起计算。

《最高人民法院关于适用〈中华人民共和国海事诉讼特别程序法〉若干问题的解释》（法释〔2003〕3 号　2008 年 12 月 16 日修正）

第五十二条 海事诉讼特别程序法第七十七条规定的正当理由指：

（1）海事请求人请求担保的数额过高。

（2）被请求人已采取其他有效的担保方式。

（3）海事请求人的请求权消灭。

235. 航道、港口疏浚合同纠纷

法律条文及规范索引

《中华人民共和国民法典》（2021年1月1日施行）

第四百六十七条　本法或者其他法律没有明文规定的合同，适用本编通则的规定，并可以参照适用本编或者其他法律最相类似合同的规定。

在中华人民共和国境内履行的中外合资经营企业合同、中外合作经营企业合同、中外合作勘探开发自然资源合同，适用中华人民共和国法律。

第五百七十七条　当事人一方不履行合同义务或者履行合同义务不符合约定的，应当承担继续履行、采取补救措施或者赔偿损失等违约责任。

236. 船坞、码头建造合同纠纷

法律条文及规范索引

《中华人民共和国民法典》（2021年1月1日施行）

第七百八十八条　建设工程合同是承包人进行工程建设，发包人支付价款的合同。

建设工程合同包括工程勘察、设计、施工合同。

第七百八十九条　建设工程合同应当采用书面形式。

第七百九十条　建设工程的招标投标活动，应当依照有关法律的规定公开、公平、公正进行。

第七百九十一条　发包人可以与总承包人订立建设工程合同，也可以分别与勘察人、设计人、施工人订立勘察、设计、施工承包合同。发包人不得将应当由一个承包人完成的建设工程支解成若干部分发包给数个承包人。

总承包人或者勘察、设计、施工承包人经发包人同意，可以将自己承包的部分工作交由第三人完成。第三人就其完成的工作成果与总承包人或者勘察、设计、施工承包人向发包人承担连带责任。承包人不得将其承包的全部建设工程转包给第三人或者将其承包的全部建设工程支解以后以分包的名义分别转包给第三人。

禁止承包人将工程分包给不具备相应资质条件的单位。禁止分包单位将其承包的工程再分包。建设工程主体结构的施工必须由承包人自行完成。

237. 船舶检验合同纠纷

法律条文及规范索引

《中华人民共和国民法典》（2021 年 1 月 1 日施行）

第四百六十七条 本法或者其他法律没有明文规定的合同，适用本编通则的规定，并可以参照适用本编或者其他法律最相类似合同的规定。

在中华人民共和国境内履行的中外合资经营企业合同、中外合作经营企业合同、中外合作勘探开发自然资源合同，适用中华人民共和国法律。

第五百七十七条 当事人一方不履行合同义务或者履行合同义务不符合约定的，应当承担继续履行、采取补救措施或者赔偿损失等违约责任。

《中华人民共和国船舶和海上设施检验条例》（2019 年 3 月 2 日修订）

第六条 船舶检验分别由下列机构实施：

（一）船检局设置的船舶检验机构；

（二）省、自治区、直辖市人民政府交通主管部门设置的地方船舶检验机构；

（三）船检局委托、指定或者认可的检验机构。

前款所列机构，以下统称船舶检验机构。

第七条 中国籍船舶的所有人或者经营人，必须向船舶检验机构申请下列检验：

（一）建造或者改建船舶时，申请建造检验；

（二）营运中的船舶，申请定期检验；

（三）由外国籍船舶改为中国籍船舶的，申请初次检验。

238. 海事请求担保纠纷

法律条文及规范索引

《中华人民共和国海事诉讼特别程序法》（2000 年 7 月 1 日施行）

第六条　海事诉讼的地域管辖，依照《中华人民共和国民事诉讼法》的有关规定。

下列海事诉讼的地域管辖，依照以下规定：

（六）因海事担保纠纷提起的诉讼，由担保物所在地、被告住所地海事法院管辖；因船舶抵押纠纷提起的诉讼，还可以由船籍港所在地海事法院管辖；

第七十五条　海事请求人提供的担保，其方式、数额由海事法院决定。被请求人提供的担保，其方式、数额由海事请求人和被请求人协商；协商不成的，由海事法院决定。

第七十六条　海事请求人要求被请求人就海事请求保全提供担保的数额，应当与其债权数额相当，但不得超过被保全的财产价值。

海事请求人提供担保的数额，应当相当于因其申请可能给被请求人造成的损失。具体数额由海事法院决定。

第七十八条　海事请求人请求担保的数额过高，造成被请求人损失的，应当承担赔偿责任。

239. 海上、通海水域运输重大责任事故责任纠纷

法律条文及规范索引

《中华人民共和国民法典》（2021 年 1 月 1 日施行）

第一百七十六条　民事主体依照法律规定或者按照当事人约定，履行民事义务，承担民事责任。

第一千一百六十五条　行为人因过错侵害他人民事权益造成损害的，应

当承担侵权责任。

依照法律规定推定行为人有过错，其不能证明自己没有过错的，应当承担侵权责任。

第一千一百六十六条 行为人造成他人民事权益损害，不论行为人有无过错，法律规定应当承担侵权责任的，依照其规定。

《中华人民共和国海商法》（1993 年 7 月 1 日施行）

第四十七条 承运人在船舶开航前和开航当时，应当谨慎处理，使船舶处于适航状态，妥善配备船员、装备船舶和配备供应品，并使货舱、冷藏舱、冷气舱和其他载货处所适于并能安全收受、载运和保管货物。

第五十九条 经证明，货物的灭失、损坏或者迟延交付是由于承运人的故意或者明知可能造成损失而轻率地作为或者不作为造成的，承运人不得援用本法第五十六条或者第五十七条限制赔偿责任的规定。

经证明，货物的灭失、损坏或者迟延交付是由于承运人的受雇人、代理人的故意或者明知可能造成损失而轻率地作为或者不作为造成的，承运人的受雇人或者代理人不得援用本法第五十六条或者第五十七条限制赔偿责任的规定。

240. 港口作业重大责任事故责任纠纷

法律条文及规范索引

《中华人民共和国民法典》（2021 年 1 月 1 日施行）

第一百七十六条 民事主体依照法律规定或者按照当事人约定，履行民事义务，承担民事责任。

第一千一百六十五条 行为人因过错侵害他人民事权益造成损害的，应当承担侵权责任。

依照法律规定推定行为人有过错，其不能证明自己没有过错的，应当承担侵权责任。

第一千一百六十六条 行为人造成他人民事权益损害，不论行为人有无过错，法律规定应当承担侵权责任的，依照其规定。

《中华人民共和国港口法》（2018年12月29日修正）

第三十二条　港口经营人必须依照《中华人民共和国安全生产法》等有关法律、法规和国务院交通主管部门有关港口安全作业规则的规定，加强安全生产管理，建立健全安全生产责任制等规章制度，完善安全生产条件，采取保障安全生产的有效措施，确保安全生产。

港口经营人应当依法制定本单位的危险货物事故应急预案、重大生产安全事故的旅客紧急疏散和救援预案以及预防自然灾害预案，保障组织实施。

第三十三条　港口行政管理部门应当依法制定可能危及社会公共利益的港口危险货物事故应急预案、重大生产安全事故的旅客紧急疏散和救援预案以及预防自然灾害预案，建立健全港口重大生产安全事故的应急救援体系。

第三十四条　船舶进出港口，应当依照有关水上交通安全的法律、行政法规的规定向海事管理机构报告。海事管理机构接到报告后，应当及时通报港口行政管理部门。

船舶载运危险货物进出港口，应当按照国务院交通主管部门的规定将危险货物的名称、特性、包装和进出港口的时间报告海事管理机构。海事管理机构接到报告后，应当在国务院交通主管部门规定的时间内作出是否同意的决定，通知报告人，并通报港口行政管理部门。但是，定船舶、定航线、定货种的船舶可以定期报告。

第三十五条　在港口内进行危险货物的装卸、过驳作业，应当按照国务院交通主管部门的规定将危险货物的名称、特性、包装和作业的时间、地点报告港口行政管理部门。港口行政管理部门接到报告后，应当在国务院交通主管部门规定的时间内作出是否同意的决定，通知报告人，并通报海事管理机构。

第三十六条　港口行政管理部门应当依法对港口安全生产情况实施监督检查，对旅客上下集中、货物装卸量较大或者有特殊用途的码头进行重点巡查；检查中发现安全隐患的，应当责令被检查人立即排除或者限期排除。

负责安全生产监督管理的部门和其他有关部门依照法律、法规的规定，在各自职责范围内对港口安全生产实施监督检查。

241. 港口作业纠纷

法律条文及规范索引

《港口货物作业规则》（2001 年 1 月 1 日施行）①

第二条 在中华人民共和国境内，为水路运输货物提供的装卸、驳运、储存、装拆集装箱等港口作业适用本规则。

第四十五条 港口经营人对港口作业合同履行过程中货物的损坏、灭失或者迟延交付承担损害赔偿责任，但港口经营人证明货物的损坏、灭失或者迟延交付是由于下列原因造成的除外：

（一）不可抗力；

（二）货物的自然属性和潜在缺陷；

（三）货物的自然减量和合理损耗；

（四）包装不符合要求；

（五）包装完好但货物与港口经营人签发的收据记载内容不符；

（六）作业委托人申报的货物重量不准确；

（七）普通货物中夹带危险、流质、易腐货物；

（八）作业委托人、货物接收人的其他过错。

第四十六条 除另有约定外，港口经营人与船方在水路运输货物港口装卸作业过程中的交接，适用本章规定。

（另参见“218. 港口作业重大责任事故责任纠纷”之“法律条文及规范索引”。）

---

① 本件已被废止，收入本书仅供参考。

242. 共同海损纠纷

法律条文及规范索引

《中华人民共和国海商法》（1993年7月1日施行）

第一百九十三条　共同海损，是指在同一海上航程中，船舶、货物和其他财产遭遇共同危险，为了共同安全，有意地合理地采取措施所直接造成的特殊牺牲、支付的特殊费用。

无论在航程中或者在航程结束所发生的船舶或者货物因迟延所造成的损失，包括船期损失和行市损失以及其他间接损失，均不得列入共同海损。

第一百九十四条　船舶因发生意外、牺牲或者其他牺牲情况而损坏时，为了安全完成本航程，驶入避难港口、避难地点或者驶回装货港口、装货地点进行必要的修理，在该港口或者地点额外停留期间所支付的港口费，船员工资、给养，船舶所消耗的燃料、物料，为修理而卸载、储存、重装或者搬移船上货物、燃料、物料以及其他财产所造成的损失、支付的费用，应当列入共同海损。

第一百九十五条　为代替可以列为共同海损的特殊费用而支付的额外费用，可以作为代替费用列入共同海损；但是，列入共同海损的代替费用的金额，不得超过被代替的共同海损的特殊费用。

第一百九十六条　提出共同海损分摊请求的一方应当负举证责任，证明其损失应当列入共同海损。

第一百九十七条　引起共同海损特殊牺牲、特殊费用的事故，可能是由航程中一方的过失造成的，不影响该方要求分摊共同海损的权利；但是，非过失方或者过失方可以就此项过失提出赔偿请求或者进行抗辩。

第一百九十八条　船舶、货物和运费的共同海损牺牲的金额，依照下列规定确定；

（一）船舶共同海损牺牲的金额，按照实际支付的修理费，减除合理的以新换旧的扣减额计算船舶尚未修理的，按照牺牲金额造成合理贬值计算，但是不得超过估计的修理费。

船舶发生实际全损或者修理费用超过修复后的船舶价值的，共同海损牺牲金额按照该船舶在完好状态下的估计价值，减除不属于共同海损损坏的估计的修理费和该船舶受损后的价值价的余额计算。

（二）货物共同海损牺牲的金额，货物灭失的，按照货物在装船时的价值加保险费加运费，减除由于牺牲无需支付的运费计算。货物损坏，在就损坏程度达成协议前出售的，按照货物在装船时的价值加保险费加运费，与出售货物净得的差额计算。

（三）运费共同海损牺牲的金额，按照货物遭受牺牲造成的运费的损失金额，减除为取得这笔运费本应支付，但是由于牺牲无需支付的营运费用计算。

第一百九十九条 共同海损应当由受益方按照各自的分摊价值的比例分摊。

船舶、货物和运费的共同海损分摊价值，分别依照下列规定确定：

（一）船舶共同海损分摊价值，按照船舶在航程终止时的完好价值，减除不属于共同海损的损失金额计算，或者按照船舶在航程终止时的实际价值，加上共同海损牺牲的金额计算。

（二）货物共同海损分摊价值，按照货物在装船时的价值加保险费加运费，减除不属于共同海损的损失金额和承运人承担风险的运费计算。货物在抵达目的港以前售出的，按照出售净得金额，加上共同海损牺牲的金额计算。旅客的行李和私人物品，不分摊共同海损。

（三）运费分摊价值，按照承运人承担风险并于航程终止时有权收取的运费，减除为取得该项运费而在共同海损事故发生后，为完成本航程所支付的营运费用，加上共同海损牺牲的金额计算。

第二百条 未申报的货物或者谎报的货物，应当参加共同海损分摊；其遭受的特殊牺牲，不得列入共同海损。

不正当地以低于货物实际价值作为申报价值的，按照实际价值分摊共同海损；在发生共同海损牺牲时，按照申报价值计算牺牲金额。

第二百零一条 对共同海损特殊牺牲和垫付的共同海损特殊费用，应当计算利息，对垫付的共同海损特殊费用，除船员工资、给养和船舶消耗的燃料、物料外，应当计算手续费。

第二百零二条 经利益关系人要求，各分摊方应当提供共同海损担保。

以提供保证金方式进行共同海损担保的，保证金应当交由海损理算师以保管人名义存入银行。

保证金的提供、使用或者退还，不影响各方最终的分摊责任。

第二百零三条　共同海损理算，适用合同约定的理算规则；合同未约定的，适用本章的规定。

《中华人民共和国海事诉讼特别程序法》（2000年7月1日施行）

第六条　海事诉讼的地域管辖，依照《中华人民共和国民事诉讼法》的有关规定。

下列海事诉讼的地域管辖，依照以下规定：

（一）因海事侵权行为提起的诉讼，除依照《中华人民共和国民事诉讼法》第二十九条至第三十一条的规定以外，还可以由船籍港所在地海事法院管辖；

……

第二十一条　下列海事请求，可以申请扣押船舶：

……

（九）共同海损；……

第八十八条　当事人就共同海损的纠纷，可以协议委托理算机构理算，也可以直接向海事法院提起诉讼。海事法院受理未经理算的共同海损纠纷，可以委托理算机构理算。

第八十九条　理算机构作出的共同海损理算报告，当事人没有提出异议的，可以作为分摊责任的依据；当事人提出异议的，由海事法院决定是否采纳。

第九十条　当事人可以不受因同一海损事故提起的共同海损诉讼程序的影响，就非共同海损损失向责任人提起诉讼。

第九十一条　当事人就同一海损事故向受理共同海损案件的海事法院提起非共同海损的诉讼，以及对共同海损分摊向责任人提起追偿诉讼的，海事法院可以合并审理。

第九十二条　海事法院审理共同海损案件，应当在立案后一年内审结。有特殊情况需要延长的，由本院院长批准。

《最高人民法院关于适用〈中华人民共和国海事诉讼特别程序法〉若干问题的解释》（法释〔2003〕3号　2008年12月16日修正）

第一条　在海上或者通海水域发生的与船舶或者运输、生产、作业相关的海事侵权纠纷、海商合同纠纷，以及法律或者相关司法解释规定的其他海事纠纷案件由海事法院及其上级人民法院专门管辖。

第六十二条 未经理算的共同海损纠纷诉至海事法院的，海事法院应责令当事人自行委托共同海损理算。确有必要由海事法院委托理算的，由当事人提出申请，委托理算的费用由主张共同海损的当事人垫付。

第六十三条 当事人对共同海损理算报告提出异议，经海事法院审查异议成立，需要补充理算或者重新理算的，应当由原委托人通知理算人进行理算。原委托人不通知理算的，海事法院可以通知理算人重新理算，有关费用由异议人垫付；异议人拒绝垫付费用的，视为撤销异议。

第六十四条 因与共同海损纠纷有关的非共同海损损失向责任人提起的诉讼，适用海事诉讼特别程序法第九十二条规定的审限。

243. 海洋开发利用纠纷

法律条文及规范索引

《中华人民共和国海洋环境保护法》（2017年11月4日修正）

第二条 本法适用于中华人民共和国内水、领海、毗连区、专属经济区、大陆架以及中华人民共和国管辖的其他海域。

在中华人民共和国管辖海域内从事航行、勘探、开发、生产、旅游、科学研究及其他活动，或者在沿海陆域内从事影响海洋环境活动的任何单位和个人，都必须遵守本法。

在中华人民共和国管辖海域以外，造成中华人民共和国管辖海域污染的，也适用本法。

《中华人民共和国领海及毗连区法》（1992年2月25日施行）

第十一条 任何国际组织、外国的组织或者个人，在中华人民共和国领海内进行科学研究、海洋作业等活动，须经中华人民共和国政府或者其有关主管部门批准，遵守中华人民共和国法律、法规。

违反前款规定，非法进入中华人民共和国领海进行科学研究、海洋作业等活动的，由中华人民共和国有关机关依法处理。

《中华人民共和国专属经济区和大陆架法》（1998年6月26日施行）

第三条 中华人民共和国在专属经济区为勘查、开发、养护和管理海床上覆水域、海床及其底土的自然资源，以及进行其他经济性开发和勘查，如利用海水、海流和风力生产能等活动，行使主权权利。

中华人民共和国对专属经济区的人工岛屿、设施和结构的建造、使用和海洋科学研究、海洋环境的保护和保全，行使管辖权。

本法所称专属经济区的自然资源，包括生物资源和非生物资源。

第四条 中华人民共和国为勘查大陆架和开发大陆架的自然资源，对大陆架行使主权权利。

中华人民共和国对大陆架的人工岛屿、设施和结构的建造、使用和海洋科学研究、海洋环境的保护和保全，行使管辖权。

中华人民共和国拥有授权和管理为一切目的在大陆架上进行钻探的专属权利。

本法所称大陆架的自然资源，包括海床和底土的矿物和其他非生物资源，以及属于定居种的生物，即在可捕捞阶段在海床上或者海床下不能移动或者其躯体须与海床或者底土保持接触才能移动的生物。

第五条 任何国际组织、外国的组织或者个人进入中华人民共和国的专属经济区从事渔业活动，必须经中华人民共和国主管机关批准，并遵守中华人民共和国的法律、法规及中华人民共和国与有关国家签订的条约、协定。

中华人民共和国主管机关有权采取各种必要的养护和管理措施，确保专属经济区的生物资源不受过度开发的危害。

第六条 中华人民共和国主管机关有权对专属经济区的跨界种群、高度洄游鱼种、海洋哺乳动物、源自中华人民共和国河流的溯河产卵种群、在中华人民共和国水域内度过大部分生命周期的降河产卵鱼种，进行养护和管理。

中华人民共和国对源自本国河流的溯河产卵种群，享有主要利益。

第七条 任何国际组织、外国的组织或者个人对中华人民共和国的专属经济区和大陆架的自然资源进行勘查、开发活动或者在中华人民共和国的大陆架上为任何目的进行钻探，必须经中华人民共和国主管机关批准，并遵守中华人民共和国的法律、法规。

第八条 中华人民共和国在专属经济区和大陆架有专属权利建造并授权和管理建造、操作和使用人工岛屿、设施和结构。

中华人民共和国对专属经济区和大陆架的人工岛屿、设施和结构行使专属管辖权，包括有关海关、财政、卫生、安全和出境入境的法律和法规方面的管辖权。

中华人民共和国主管机关有权在专属经济区和大陆架的人工岛屿、设施和结构周围设置安全地带，并可以在该地带采取适当措施，确保航行安全以及人工岛屿、设施和结构的安全。

第九条 任何国际组织、外国的组织或者个人在中华人民共和国的专属经济区和大陆架进行海洋科学研究，必须经中华人民共和国主管机关批准，并遵守中华人民共和国的法律、法规。

第十条 中华人民共和国主管机关有权采取必要的措施，防止、减少和控制海洋环境的污染，保护和保全专属经济区和大陆架的海洋环境。

第十一条 任何国家在遵守国际法和中华人民共和国的法律、法规的前提下，在中华人民共和国的专属经济区享有航行、飞越的自由，在中华人民共和国的专属经济区和大陆架享有铺设海底电缆和管道的自由，以及与上述自由有关的其他合法使用海洋的便利。铺设海底电缆和管道的路线，必须经中华人民共和国主管机关同意。

第十二条 中华人民共和国在行使勘查、开发、养护和管理专属经济区的生物资源的主权权利时，为确保中华人民共和国的法律、法规得到遵守，可以采取登临、检查、逮捕、扣留和进行司法程序等必要的措施。

244. 船舶共有纠纷

法律条文及规范索引

《中华人民共和国海商法》（1993 年 7 月 1 日施行）

第十条 船舶由两个以上的法人或者个人共有的，应当向船舶登记机关登记；未经登记的，不得对抗第三人。

《中华人民共和国民法典》（2021 年 1 月 1 日施行）

第二百九十七条 不动产或者动产可以由两个以上组织、个人共有。共有包括按份共有和共同共有。

第二百九十八条 按份共有人对共有的不动产或者动产按照其份额享有所有权。

第二百九十九条 共同共有人对共有的不动产或者动产共同享有所有权。

245. 船舶权属纠纷

法律条文及规范索引

《中华人民共和国海商法》（1993年7月1日施行）

第九条　船舶所有权的取得、转让和消灭，应当向船舶登记机关登记；未经登记的，不得对抗第三人。

船舶所有权的转让，应当签订书面合同。

第十条　船舶由两个以上的法人或者个人共有的，应当向船舶登记机关登记；未经登记的，不得对抗第三人。

第十三条　设定船舶抵押权，由抵押权人和抵押人共同向船舶登记机关办理抵押权登记；未经登记的，不得对抗第三人。

船舶抵押权登记，包括下列主要项目：

（一）船舶抵押权人和抵押人的姓名或者名称、地址；

（二）被抵押船舶的名称、国籍、船舶所有权证书的颁发机关和证书号码；

（三）所担保的债权数额、利息率、受偿期限。

船舶抵押权的登记状况，允许公众查询。

第二十一条　船舶优先权，是指海事请求人依照本法第二十二条的规定，向船舶所有人、光船承租人、船舶经营人提出海事请求，对产生该海事请求的船舶具有优先受偿的权利。

246. 海运欺诈纠纷

法律条文及规范索引

《中华人民共和国海商法》（1993年7月1日施行）

第一百八十七条　由于救助方的过失致使救助作业成为必需或者更加困难的，可能救助方有欺诈或者其他不诚实行为的，应当取消或者减少向救助方支付的救助款项。

《中华人民共和国民法典》（2021年1月1日施行）

第一百四十八条 一方以欺诈手段，使对方在违背真实意思的情况下实施的民事法律行为，受欺诈方有权请求人民法院或者仲裁机构予以撤销。

第一百四十九条 第三人实施欺诈行为，使一方在违背真实意思的情况下实施的民事法律行为，对方知道或者应当知道该欺诈行为的，受欺诈方有权请求人民法院或者仲裁机构予以撤销。

第一百五十条 一方或者第三人以胁迫手段，使对方在违背真实意思的情况下实施的民事法律行为，受胁迫方有权请求人民法院或者仲裁机构予以撤销。

第一百五十一条 一方利用对方处于危困状态、缺乏判断能力等情形，致使民事法律行为成立时显失公平的，受损害方有权请求人民法院或者仲裁机构予以撤销。

第一百五十三条 违反法律、行政法规的强制性规定的民事法律行为无效。但是，该强制性规定不导致该民事法律行为无效的除外。

违背公序良俗的民事法律行为无效。

第一百五十四条 行为人与相对人恶意串通，损害他人合法权益的民事法律行为无效。

第一百五十七条 民事法律行为无效、被撤销或者确定不发生效力后，行为人因该行为取得的财产，应当予以返还；不能返还或者没有必要返还的，应当折价补偿。有过错的一方应当赔偿对方由此所受到的损失；各方都有过错的，应当各自承担相应的责任。法律另有规定的，依照其规定。

247. 海事债权确权纠纷

法律条文及规范索引

《中华人民共和国民事诉讼法》（2017年6月27日修正）

第二百八十一条 外国法院作出的发生法律效力的判决、裁定，需要中华人民共和国人民法院承认和执行的，可以由当事人直接向中华人民共和国有管辖权的中级人民法院申请承认和执行，也可以由外国法院依照该国与中华人民共和国缔结或者参加的国际条约的规定，或者按照互惠原则，请求人民法院承认和执行。

第二百八十二条　人民法院对申请或者请求承认和执行的外国法院作出的发生法律效力的判决、裁定，依照中华人民共和国缔结或者参加的国际条约，或者按照互惠原则进行审查后，认为不违反中华人民共和国法律的基本原则或者国家主权、安全、社会公共利益的，裁定承认其效力，需要执行的，发出执行令，依照本法的有关规定执行。违反中华人民共和国法律的基本原则或者国家主权、安全、社会公共利益的，不予承认和执行。

第二百八十三条　国外仲裁机构的裁决，需要中华人民共和国人民法院承认和执行的，应当由当事人直接向被执行人住所地或者其财产所在地的中级人民法院申请，人民法院应当依照中华人民共和国缔结或者参加的国际条约，或者按照互惠原则办理。

《中华人民共和国海事诉讼特别程序法》（2000年7月1日施行）

第一百一十一条　海事法院裁定强制拍卖船舶的公告发布后，债权人应当在公告期间，就与被拍卖船舶有关的债权申请登记。公告期间届满不登记的，视为放弃在本次拍卖船舶价款中受偿的权利。

第一百一十二条　海事法院受理设立海事赔偿责任限制基金的公告发布后，债权人应当在公告期间就与特定场合发生的海事事故有关的债权申请登记。公告期间届满不登记的，视为放弃债权。

第一百一十三条　债权人向海事法院申请登记债权的，应当提交书面申请，并提供有关债权证据。

债权证据，包括证明债权的具有法律效力的判决书、裁定书、调解书、仲裁裁决书和公证债权文书，以及其他证明具有海事请求的证据材料。

第一百一十四条　海事法院应当对债权人的申请进行审查，对提供债权证据的，裁定准予登记；对不提供债权证据的，裁定驳回申请。

第一百一十五条　债权人提供证明债权的判决书、裁定书、调解书、仲裁裁决书或者公证债权文书的，海事法院经审查认定上述文书真实合法的，裁定予以确认。

第一百一十六条　债权人提供其他海事请求证据的，应当在办理债权登记以后，在受理债权登记的海事法院提起确权诉讼。当事人之间有仲裁协议的，应当及时申请仲裁。

海事法院对确权诉讼作出的判决、裁定具有法律效力，当事人不得提起上诉。

第一百一十七条　海事法院审理并确认债权后，应当向债权人发出债权人会议通知书，组织召开债权人会议。

第一百一十八条　债权人会议可以协商提出船舶价款或者海事赔偿责任限制基金的分配方案，签订受偿协议。

受偿协议经海事法院裁定认可，具有法律效力。

债权人会议协商不成的，由海事法院依照《中华人民共和国海商法》以及其他有关法律规定的受偿顺序，裁定船舶价款或者海事赔偿责任限制基金的分配方案。

第一百一十九条　拍卖船舶所得价款及其利息，或者海事赔偿责任限制基金及其利息，应当一并予以分配。

分配船舶价款时，应当由责任人承担的诉讼费用，为保存、拍卖船舶和分配船舶价款产生的费用，以及为债权人的共同利益支付的其他费用，应当从船舶价款中先行拨付。

清偿债务后的余款，应当退还船舶原所有人或者海事赔偿责任限制基金设立人。

《最高人民法院关于适用〈中华人民共和国海事诉讼特别程序法〉若干问题的解释》（法释〔2003〕3号　2008年12月16日修正）

第八十七条　海事诉讼特别程序法第一百一十一条规定的与被拍卖船舶有关的债权指与被拍卖船舶有关的海事债权。

第八十八条　海事诉讼特别程序法第一百一十五条规定的判决书、裁定书、调解书和仲裁裁决书指我国国内的判决书、裁定书、调解书和仲裁裁决书。对于债权人提供的国外的判决书、裁定书、调解书和仲裁裁决书，适用民事诉讼法第二百六十八条和第二百六十九条规定的程序审查。

第八十九条　在债权登记前，债权人已向受理债权登记的海事法院以外的海事法院起诉的，受理案件的海事法院应当将案件移送至登记债权的海事法院一并审理，但案件已经进入二审的除外。

第九十条　债权人依据海事诉讼特别程序法第一百一十六条规定向受理债权登记的海事法院提起确权诉讼的，应当在办理债权登记后七日内提起。

第八部分

与公司、证券、保险、票据有关的民事纠纷

二十、与企业有关的纠纷

企业一般是指以盈利为目的，运用各种生产要素（土地、劳动力、资本、技术和企业家才能等），向市场提供商品或服务，实行自主经营、自负盈亏、独立核算的法人或其他社会经济组织。与企业有关的纠纷为一个综合概括性的二级案由，涵盖了与企业的生产经营活动相关的纠纷类型。

248. 企业出资人权益确认纠纷

法律条文及规范索引

《中华人民共和国民法典》（2021年1月1日施行）

第二百五十七条　国家出资的企业，由国务院、地方人民政府依照法律、行政法规规定分别代表国家履行出资人职责，享有出资人权益。

第二百六十八条　国家、集体和私人依法可以出资设立有限责任公司、股份有限公司或者其他企业。国家、集体和私人所有的不动产或者动产投到企业的，由出资人按照约定或者出资比例享有资产收益、重大决策以及选择经营管理者等权利并履行义务。

《中华人民共和国公司法》（2018年10月26日修正）

第十五条　公司可以向其他企业投资；但是，除法律另有规定外，不得成为对所投资企业的债务承担连带责任的出资人。

第三十二条第一款　有限责任公司应当置备股东名册，记载下列事项：

……

（二）股东的出资额；

……

记载于股东名册的股东，可以依股东名册主张行使股东权利。

第八十一条　股份有限公司章程应当载明下列事项：

……

（四）公司股份总数、每股金额和注册资本；

（五）发起人的姓名或者名称、认购的股份数、出资方式和出资时间；

……

《中华人民共和国中小企业促进法》（2017年9月1日修订）

第六条第一款 国家保护中小企业及其出资人的合法投资，及因投资取得的合法收益。任何单位和个人不得侵犯中小企业财产及其合法收益。

《企业国有资产监督管理暂行条例》（2019年3月2日修订）

第五条 国务院代表国家对关系国民经济命脉和国家安全的大型国有及国有控股、国有参股企业，重要基础设施和重要自然资源等领域的国有及国有控股、国有参股企业，履行出资人职责。国务院履行出资人职责的企业，由国务院确定、公布。

省、自治区、直辖市人民政府和设区的市、自治州级人民政府分别代表国家对由国务院履行出资人职责以外的国有及国有控股、国有参股企业，履行出资人职责。其中，省、自治区、直辖市人民政府履行出资人职责的国有及国有控股、国有参股企业，由省、自治区、直辖市人民政府确定、公布，并报国务院国有资产监督管理机构备案；其他由设区的市、自治州级人民政府履行出资人职责的国有及国有控股、国有参股企业，由设区的市、自治州级人民政府确定、公布，并报省、自治区、直辖市人民政府国有资产监督管理机构备案。

国务院，省、自治区、直辖市人民政府，设区的市、自治州级人民政府履行出资人职责的企业，以下统称所出资企业。

第十条 所出资企业及其投资设立的企业，享有有关法律、行政法规规定的企业经营自主权。

第二十三条 国有资产监督管理机构决定其所出资企业的国有股权转让。其中，转让全部国有股权或者转让部分国有股权致使国家不再拥有控股地位的，报本级人民政府批准。

第二十四条 所出资企业投资设立的重要子企业的重大事项，需由所出资企业报国有资产监督管理机构批准的，管理办法由国务院国有资产监督管理机构另行制定，报国务院批准。

《最高人民法院关于审理中央级财政资金转为部分中央企业国家资本金有关纠纷案件的通知》（法〔2012〕295号　2012年12月11日）

一、有关中央企业就《通知》所涉中央级财政资金转为国家资本金引发的确认公司或企业出资人权益、返还资金等纠纷提起民事诉讼的，人民法院应予受理。《通知》发布前人民法院已经受理的相关案件，人民法院可以继续审理。

有关中央企业请求返还资金案件的案由为资金返还纠纷。

二、《通知》发布前，当事人之间就确认公司或企业出资人权益、资金返还等达成的协议，不违反国家相关政策规定的，其效力应予认可。

三、除人民法院已经受理的案件外，有关中央企业返还资金请求权的诉讼时效期间自《通知》第五条规定的期限届满之日起算。

当事人主张确认公司或企业出资人权益请求权不适用诉讼时效的规定。

五、本通知发布前尚未审结的一、二审案件适用本通知；本通知发布前已经审结的案件，当事人申请再审或按审判监督程序提起再审的案件，不适用本通知。但依照《最高人民法院关于因政府调整划转企业国有资产引起的纠纷是否受理问题的批复》（法复〔1996〕4号）的规定或者以相关政策不明确为由，作出不予受理或者驳回起诉裁定的案件除外。

249. 侵害企业出资人权益纠纷

法律条文及规范索引

《中华人民共和国民法典》（2021年1月1日施行）

第二百五十七条　国家出资的企业，由国务院、地方人民政府依照法律、行政法规规定分别代表国家履行出资人职责，享有出资人权益。

第二百六十八条　国家、集体和私人依法可以出资设立有限责任公司、股份有限公司或者其他企业。国家、集体和私人所有的不动产或者动产投到企业的，由出资人按照约定或者出资比例享有资产收益、重大决策以及选择经营管理者等权利并履行义务。

《中华人民共和国公司法》（2018年10月26日修正）

第十五条　公司可以向其他企业投资；但是，除法律另有规定外，不得成为对所投资企业的债务承担连带责任的出资人。

《中华人民共和国中小企业促进法》（2017 年 9 月 1 日修订）

第六条第一款 国家保护中小企业及其出资人的合法投资，及因投资取得的合法收益。任何单位和个人不得侵犯中小企业财产及其合法收益。

《企业国有资产监督管理暂行条例》（2019 年 3 月 2 日修订）

第十一条 所出资企业应当努力提高经济效益，对其经营管理的企业国有资产承担保值增值责任。

所出资企业应当接受国有资产监督管理机构依法实施的监督管理，不得损害企业国有资产所有者和其他出资人的合法权益。

《最高人民法院关于审理与企业改制相关民事纠纷案件若干问题的规定》（法释〔2003〕1 号 2020 年 12 月 23 日修正）

第十一条 企业在进行股份合作制改造时，参照公司法的有关规定，公告通知了债权人。企业股份合作制改造后，债权人就原企业资产管理人（出资人）隐瞒或者遗漏的债务起诉股份合作制企业的，如债权人在公告期内申报过该债权，股份合作制企业在承担民事责任后，可再向原企业资产管理人（出资人）追偿。如债权人在公告期内未申报过该债权，则股份合作制企业不承担民事责任，人民法院可告知债权人另行起诉原企业资产管理人（出资人）。

第三十三条 企业吸收合并或新设合并后，被兼并企业应当办理而未办理工商注销登记，债权人起诉被兼并企业的，人民法院应当根据企业兼并后的具体情况，告知债权人追加责任主体，并判令责任主体承担民事责任。

250. 企业公司制改造合同纠纷

法律条文及规范索引

《中华人民共和国全民所有制工业企业法》（2009 年 8 月 27 日修正）

第二条 全民所有制工业企业（以下简称企业）是依法自主经营、自负盈亏、独立核算的社会主义商品生产和经营单位。

企业的财产属于全民所有，国家依照所有权和经营权分离的原则授予企业经营管理。企业对国家授予其经营管理的财产享有占有、使用和依法处分的权利。企业依法取得法人资格，以国家授予其经营管理的财产承担民事责任。

第十八条　企业合并或者分立，依照法律、行政法规的规定，由政府或者政府主管部门批准。

《全民所有制工业企业转换经营机制条例》（2011 年 1 月 8 日修订）

第二条　企业转换经营机制的目标是：使企业适应市场的要求，成为依法自主经营、自负盈亏、自我发展、自我约束的商品生产和经营单位，成为独立享有民事权利和承担民事义务的企业法人。

第十四条　企业享有留用资金支配权。

企业在保证实现企业财产保值、增殖的前提下，有权自主确定税后留用利润中各项基金的比例和用途，报政府有关部门备案。

企业可以将生产发展基金用于购置固定资产、进行技术改造、开发新产品或者补充流动资金，也可以将折旧费、大修理费和其他生产性资金合并用于技术改造或者生产性投资。

企业有权拒绝任何部门和单位无偿调拨企业留用资金或者强令企业以折旧费、大修理费补交上交利润。国务院有特殊规定的，从其规定。

《最高人民法院关于审理与企业改制相关民事纠纷案件若干问题的规定》（法释〔2003〕1 号　2020 年 12 月 23 日修正）

第四条　国有企业依公司法整体改造为国有独资有限责任公司的，原企业的债务，由改造后的有限责任公司承担。

第五条　企业通过增资扩股或者转让部分产权，实现他人对企业的参股，将企业整体改造为有限责任公司或者股份有限公司的，原企业债务由改造后的新设公司承担。

第六条　企业以其部分财产和相应债务与他人组建新公司，对所转移的债务债权人认可的，由新组建的公司承担民事责任；对所转移的债务未通知债权人或者虽通知债权人，而债权人不予认可的，由原企业承担民事责任。原企业无力偿还债务，债权人就此向新设公司主张债权的，新设公司在所接收的财产范围内与原企业承担连带民事责任。

第七条　企业以其优质财产与他人组建新公司，而将债务留在原企业，债权人以新设公司和原企业作为共同被告提起诉讼主张债权的，新设公司应当在所接收的财产范围内与原企业共同承担连带责任。

251. 企业股份合作制改造合同纠纷

法律条文及规范索引

《轻工业集体企业股份合作制试行办法》（1993年3月1日）

第二条 股份合作制是按照合作制原则，吸引股份制形式，兼有劳动联合和资金联合的一种企业经营组织形式。

第三条 股份合作制企业（以下简称企业）是劳动群众自愿组合，自筹资金，并以股份形式投入，财产属于举办该企业的劳动群众集体所有与按股所有相结合，实行集体占有，共同劳动，民主管理，按劳分配，按股分红的社会主义集体所有制经济组织。

第四条 本办法适用于改组为股份合作制的轻工集体企业和新组合的股份合作制企业。

《农民股份合作企业暂行规定》（1997年12月25日修正）

第二条 本暂行规定所称农民股份合作企业是指，由三户以上劳动农民，按照协议，以资金、实物、技术、劳力等作为股份，自愿组织起来从事生产经营活动，接受国家计划指导，实行民主管理，以按劳分配为主，又有一定比例的股金分红，有公共积累，能独立承担民事责任，经依法批准建立的经济组织。

《最高人民法院关于审理与企业改制相关的民事纠纷案件若干问题的规定》（法释〔2003〕1号　2020年12月23日修正）

第八条 由企业职工买断企业产权，将原企业改造为股份合作制的，原企业的债务，由改造后的股份合作制企业承担。

第九条 企业向其职工转让部分产权，由企业与职工共同组建股份合作制企业的，原企业的债务由改造后的股份合作制企业承担。

第十条 企业通过其职工投资增资扩股，将原企业改造为股份合作制企业的，原企业的债务由改造后的股份合作制企业承担。

第十一条 企业在进行股份合作制改造时，参照公司法的有关规定，公告通知了债权人。企业股份合作制改造后，债权人就原企业资产管理人（出资人）隐瞒或者遗漏的债务起诉股份合作制企业的，如债权人在公告期内申报过该债权，股份合作制企业在承担民事责任后，可再向原企业资产管理人（出资人）追偿。如债权人在公告期内未申报过该债权，则股份合作制企业不承担民事责任，人民法院可告知债权人另行起诉原企业资产管理人（出资人）。

252. 企业债权转股权合同纠纷

法律条文及规范索引

《中华人民共和国民法典》（2021年1月1日施行）

第五百四十三条　当事人协商一致，可以变更合同。

《金融资产管理公司条例》（2000年11月10日施行）

第十六条　金融资产管理公司可以将收购国有银行不良贷款取得的债权转为对借款企业的股权。金融资产管理公司持有的股权，不受本公司净资产额或者注册资本的比例限制。

第十七条　实施债权转股权，应当贯彻国家产业政策，有利于优化经济结构，促进有关企业的技术进步和产品升级。

第十八条　实施债权转股权的企业，由国家经济贸易委员会向金融资产管理公司推荐。金融资产管理公司对被推荐的企业进行独立评审，制定企业债权转股权的方案并与企业签订债权转股权协议。债权转股权的方案和协议由国家经济贸易委员会会同财政部、中国人民银行审核，报国务院批准后实施。

第十九条　实施债权转股权的企业，应当按照现代企业制度的要求，转换经营机制，建立规范的公司法人治理结构，加强企业管理。有关地方人民政府应当帮助企业减员增效、下岗分流，分离企业办社会的职能。

第二十条　金融资产管理公司的债权转股权后，作为企业的股东，可以派员参加企业董事会、监事会，依法行使股东权利。

第二十一条　金融资产管理公司持有的企业股权，可以按照国家有关规定向境内外投资者转让，也可以由债权转股权企业依法回购。

第二十二条　企业实施债权转股权后，应当按照国家有关规定办理企业产权变更等有关登记。

第二十三条 国家经济贸易委员会负责组织、指导、协调企业债权转股权工作。

《最高人民法院关于审理与企业改制相关的民事纠纷案件若干问题的规定》（法释〔2003〕1号 2020年12月23日修正）

第十四条 债权人与债务人自愿达成债权转股权协议，且不违反法律和行政法规强制性规定的，人民法院在审理相关的民事纠纷案件中，应当确认债权转股权协议有效。

政策性债权转股权，按照国务院有关部门的规定处理。

第十五条 债务人以隐瞒企业资产或者虚列企业资产为手段，骗取债权人与其签订债权转股权协议，债权人在法定期间内行使撤销权的，人民法院应当予以支持。

债权转股权协议被撤销后，债权人有权要求债务人清偿债务。

第十六条 部分债权人进行债权转股权的行为，不影响其他债权人向债务人主张债权。

253. 企业分立合同纠纷

法律条文及规范索引

《中华人民共和国民法典》（2021年1月1日施行）

第六十七条 法人合并的，其权利和义务由合并后的法人享有和承担。

法人分立的，其权利和义务由分立后的法人享有连带债权，承担连带债务，但是债权人和债务人另有约定的除外。

第五百二十九条 债权人分立、合并或者变更住所没有通知债务人，致使履行债务发生困难的，债务人可以中止履行或者将标的物提存。

第五百四十三条 当事人协商一致，可以变更合同。

第五百四十五条 债权人可以将债权的全部或者部分转让给第三人，但是有下列情形之一的除外：

（一）根据债权性质不得转让；

（二）按照当事人约定不得转让；

（三）依照法律规定不得转让。

当事人约定非金钱债权不得转让的，不得对抗善意第三人。当事人约定金钱债权不得转让的，不得对抗第三人。

第五百四十六条 债权人转让债权，未通知债务人的，该转让对债务人不发生效力。

债权转让的通知不得撤销，但是经受让人同意的除外。

第五百四十七条 债权人转让债权的，受让人取得与债权有关的从权利，但是该从权利专属于债权人自身的除外。

受让人取得从权利不因该从权利未办理转移登记手续或者未转移占有而受到影响。

第五百四十八条 债务人接到债权转让通知后，债务人对让与人的抗辩，可以向受让人主张。

第五百四十九条 有下列情形之一的，债务人可以向受让人主张抵销：

（一）债务人接到债权转让通知时，债务人对让与人享有债权，且债务人的债权先于转让的债权到期或者同时到期；

（二）债务人的债权与转让的债权是基于同一合同产生。

第五百五十条 因债权转让增加的履行费用，由让与人负担。

第五百五十一条 债务人将债务的全部或者部分转移给第三人的，应当经债权人同意。

债务人或者第三人可以催告债权人在合理期限内予以同意，债权人未作表示的，视为不同意。

第五百五十二条 第三人与债务人约定加入债务并通知债权人，或者第三人向债权人表示愿意加入债务，债权人未在合理期限内明确拒绝的，债权人可以请求第三人在其愿意承担的债务范围内和债务人承担连带债务。

第五百五十三条 债务人转移债务的，新债务人可以主张原债务人对债权人的抗辩；原债务人对债权人享有债权的，新债务人不得向债权人主张抵销。

第五百五十四条 债务人转移债务的，新债务人应当承担与主债务有关的从债务，但是该从债务专属于原债务人自身的除外。

第五百五十五条 当事人一方经对方同意，可以将自己在合同中的权利和义务一并转让给第三人。

《最高人民法院关于审理与企业改制相关的民事纠纷案件若干问题的规定》（法释〔2003〕1号 2020年12月23日修正）

第八条 由企业职工买断企业产权，将原企业改造为股份合作制的，原企业的债务，由改造后的股份合作制企业承担。

第九条 企业向其职工转让部分产权，由企业与职工共同组建股份合作制企业的，原企业的债务由改造后的股份合作制企业承担。

第十条 企业通过其职工投资增资扩股，将原企业改造为股份合作制企业的，原企业的债务由改造后的股份合作制企业承担。

第十一条 企业在进行股份合作制改造时，参照公司法的有关规定，公告通知了债权人。企业股份合作制改造后，债权人就原企业资产管理人（出资人）隐瞒或者遗漏的债务起诉股份合作制企业的，如债权人在公告期内申报过该债权，股份合作制企业在承担民事责任后，可再向原企业资产管理人（出资人）追偿。如债权人在公告期内未申报过该债权，则股份合作制企业不承担民事责任，人民法院可告知债权人另行起诉原企业资产管理人（出资人）。

第十二条 债权人向分立后的企业主张债权，企业分立时对原企业的债务承担有约定，并经债权人认可的，按照当事人的约定处理；企业分立时对原企业债务承担没有约定或者约定不明，或者虽然有约定但债权人不予认可的，分立后的企业应当承担连带责任。

第十三条 分立的企业在承担连带责任后，各分立的企业间对原企业债务承担有约定的，按照约定处理；没有约定或者约定不明的，根据企业分立时的资产比例分担。

254. 企业租赁经营合同纠纷

法律条文及规范索引

《全民所有制小型工业企业租赁经营暂行条例》（1990年2月24日修订）

第二条 本条例所称租赁经营，是指在不改变企业的全民所有制性质的条件下，实行所有权与经营权的分离，国家授权单位为出租方将企业有期限地交给承租方经营，承租方向出租方交付租金并依照合同规定对企业实行自主经营的方式。

第六条　国家授权企业所在地方人民政府委托的部门为出租方，代表国家行使企业的出租权。

第七条　按照本条例规定承租经营企业的为承租方。

承租方可以采取下列形式承租经营企业：

（一）一个人承租经营企业（以下简称个人承租）；

（二）二至五人合伙承租经营企业（以下简称合伙承租）；

（三）本企业全体职工承租经营企业（以下简称全员承租）；

（四）一个企业承租经营另一个企业（以下简称企业承租）；

（五）国家允许的其他租赁经营形式。

第八条　租赁期限每届为三至五年。承租方不得将企业转租。

第九条　承租经营者是指承租经营企业的个人，或者合伙承租、全员承租确定的厂长，或者承租企业派出的厂长。承租经营者是企业租赁期间的法定代表人，行使厂长职权，对企业全面负责。

第十条　承租经营者必须具备国家规定的厂长条件。

第十一条　承租方必须提供下列担保：

（一）个人承租的，必须出具与租赁企业资产成一定比例的个人财产（其中应当有一定比例的现金）作为担保，现金必须专款存入银行，并有不少于两名有相应财产可资担保的保证人；

（二）合伙承租、全员承租的承租成员必须出具与租赁企业资产成一定比例的个人财产（其中应当有一定比例的现金）作为担保，现金必须专款存入银行；

（三）企业承租的，必须出具与租赁企业资产成一定比例的留用资金作为担保，并存入银行。存入银行后，除征得出租方同意可作为流动资金参加周转外，不得挪作他用。

前款各项担保财产与租赁企业的资产的具体比例，由出租方所在地方人民政府根据具体情况确定。

第十二条　出租方在企业出租前必须会同有关部门对企业进行清产核资、清理债权债务、评估资产（包括有形资产和无形资产），根据行业和本企业资金利润率确定标底。

第十三条　出租方选择承租方的步骤：

（一）公布招标通告，进行招标登记，对招标登记者进行资格审查，确定投标者；

（二）组织投标者进厂考察，由投标者编制投标书，提出治厂方案；

（三）组织投标者公开答辩，对投标者进行综合考评，征求职工代表大会（职工大会）的意见，确定中标者。

第十五条 出租方选定承租方后，出租方与承租方必须订立租赁经营合同，按照国家有关规定办理法人变更登记手续。

第十六条 租赁期满，出租方同意承租方继续承租的，必须重新订立合同并按照国家有关规定办理法人变更登记手续。

租赁期满前六个月，出租方和承租方应当互相明确是否继续租赁关系。

第十七条 租赁经营合同应当采用书面形式。订立租赁经营合同的双方必须坚持自愿、平等、协商的原则。

租赁经营合同依照本条例订立，即具有法律约束力。

第十九条 未经协商同意，任何一方不得擅自变更、解除租赁经营合同。

第二十条 有下列情况之一，使租赁经营合同无法履行时，允许变更或者解除合同：

（一）由于不可抗力，或者由于一方当事人虽无过失但无法防止的外因；

（二）由于承租方经营管理不善达不到合同规定的年度经营目标；

（三）由于一方违约；

（四）由于合同规定的其他变更或者解除合同的条件出现。

第二十一条 租赁经营合同一方要求变更或者解除合同时，应当及时以书面形式通知对方，双方未达成书面协议以前，原合同仍然有效。

租赁经营合同一方接到另一方要求变更或者解除合同的书面通知后，应当自收到书面通知之日起十五日内作出书面答复，逾期未作出答复的，即视为默认。

第二十二条 租赁经营合同双方发生纠纷，应当协商解决。协商不成的，可以根据合同规定向工商行政管理机关申请调解或者仲裁。租赁经营合同任何一方对仲裁机关的仲裁决定不服的，可以在接到仲裁决定书之日起十日内向上一级仲裁机关申请复议。上一级仲裁机关作出的决定，即为终局裁决。逾期未申请复议，发生法律效力的仲裁决定，即为终局裁决。

租赁经营合同任何一方可以根据租赁经营合同规定直接向人民法院起诉。

第二十八条　出租方可视企业技术改造任务情况，将承租方交付租金的全部或者一部交给企业，用于生产发展和技术改造，或者清偿企业租赁前的债务及遗留亏损。

第二十九条　租赁经营企业实现的利润依法纳税后，分为承租方的收入（含租金）、企业生产发展基金、职工集体福利基金、职工奖励基金四部分，按照合同规定的比例进行分配。

第三十一条　企业租赁经营前的债权债务及遗留亏损的处理办法，按照租赁经营合同规定办理。

第三十五条　租赁经营合同解除时，出租方应当会同有关部门对承租方经营成果进行审查。凡达到租赁经营合同规定的经营总目标并按照租赁经营合同规定交付租金的，出租方应当根据企业的经营情况，商得职工代表大会（职工大会）的同意，从企业的风险保证金中按照承租方担保现金数额的一至五倍支付给承租方。承租方在租赁期内达不到租赁经营合同规定的经营总目标或者欠交租金时，应当以企业的风险保证金、预支的生活费（或承租成员的年度收入）抵补；不足部分，由承租方、保证人提供的担保财产抵补。保证人以其保证财产抵补后，有权向承租方追偿。

第三十六条　个人承租的承租经营者对保证人的风险补偿，应当从个人收入中支付并订立书面协议。

255. 企业出售合同纠纷
256. 挂靠经营合同纠纷

法律条文及规范索引

《中华人民共和国民法典》（2021年1月1日施行）

第一百一十九条　依法成立的合同，对当事人具有法律约束力。

第一百四十八条　一方以欺诈手段，使对方在违背真实意思的情况下实施的民事法律行为，受欺诈方有权请求人民法院或者仲裁机构予以撤销。

第一百四十九条　第三人实施欺诈行为，使一方在违背真实意思的情况下实施的民事法律行为，对方知道或者应当知道该欺诈行为的，受欺诈方有权请求人民法院或者仲裁机构予以撤销。

第一百五十条 一方或者第三人以胁迫手段，使对方在违背真实意思的情况下实施的民事法律行为，受胁迫方有权请求人民法院或者仲裁机构予以撤销。

第一百五十一条 一方利用对方处于危困状态、缺乏判断能力等情形，致使民事法律行为成立时显失公平的，受损害方有权请求人民法院或者仲裁机构予以撤销。

第一百五十三条 违反法律、行政法规的强制性规定的民事法律行为无效。但是，该强制性规定不导致该民事法律行为无效的除外。

违背公序良俗的民事法律行为无效。

第一百五十四条 行为人与相对人恶意串通，损害他人合法权益的民事法律行为无效。

第一百五十七条 民事法律行为无效、被撤销或者确定不发生效力后，行为人因该行为取得的财产，应当予以返还；不能返还或者没有必要返还的，应当折价补偿。有过错的一方应当赔偿对方由此所受到的损失；各方都有过错的，应当各自承担相应的责任。法律另有规定的，依照其规定。

第五百六十二条 当事人协商一致，可以解除合同。

当事人可以约定一方解除合同的事由。解除合同的事由发生时，解除权人可以解除合同。

第五百六十三条 有下列情形之一的，当事人可以解除合同：

（一）因不可抗力致使不能实现合同目的；

（二）在履行期限届满前，当事人一方明确表示或者以自己的行为表明不履行主要债务；

（三）当事人一方迟延履行主要债务，经催告后在合理期限内仍未履行；

（四）当事人一方迟延履行债务或者有其他违约行为致使不能实现合同目的；

（五）法律规定的其他情形。

以持续履行的债务为内容的不定期合同，当事人可以随时解除合同，但是应当在合理期限之前通知对方。

第五百六十六条 合同解除后，尚未履行的，终止履行；已经履行的，根据履行情况和合同性质，当事人可以请求恢复原状或者采取其他补救措施，并有权请求赔偿损失。

合同因违约解除的，解除权人可以请求违约方承担违约责任，但是当事人另有约定的除外。

主合同解除后，担保人对债务人应当承担的民事责任仍应当承担担保责任，但是担保合同另有约定的除外。

第五百四十九条　有下列情形之一的，债务人可以向受让人主张抵销：

（一）债务人接到债权转让通知时，债务人对让与人享有债权，且债务人的债权先于转让的债权到期或者同时到期；

（二）债务人的债权与转让的债权是基于同一合同产生。

第五百六十八条　当事人互负债务，该债务的标的物种类、品质相同的，任何一方可以将自己的债务与对方的到期债务抵销；但是，根据债务性质、按照当事人约定或者依照法律规定不得抵销的除外。

当事人主张抵销的，应当通知对方。通知自到达对方时生效。抵销不得附条件或者附期限。

第五百七十七条　当事人一方不履行合同义务或者履行合同义务不符合约定的，应当承担继续履行、采取补救措施或者赔偿损失等违约责任。

第五百七十八条　当事人一方明确表示或者以自己的行为表明不履行合同义务的，对方可以在履行期限届满前请求其承担违约责任。

第六百八十八条　当事人在保证合同中约定保证人和债务人对债务承担连带责任的，为连带责任保证。

连带责任保证的债务人不履行到期债务或者发生当事人约定的情形时，债权人可以请求债务人履行债务，也可以请求保证人在其保证范围内承担保证责任。

第九百九十六条　因当事人一方的违约行为，损害对方人格权并造成严重精神损害，受损害方选择请求其承担违约责任的，不影响受损害方请求精神损害赔偿。

《最高人民法院关于审理与企业改制相关的民事纠纷案件若干问题的规定》（法释〔2003〕1号　2020年12月23日修正）

第十七条　以协议转让形式出售企业，企业出售合同未经有审批权的地方人民政府或其授权的职能部门审批的，人民法院在审理相关的民事纠纷案件时，应当确认该企业出售合同不生效。

第十八条　企业出售中，当事人双方恶意串通，损害国家利益的，人民法院在审理相关的民事纠纷案件时，应当确认该企业出售行为无效。

第十九条　企业出售中，出卖人实施的行为具有法律规定的撤销情形，买受人在法定期限内行使撤销权的，人民法院应当予以支持。

第二十条 企业出售合同约定的履行期限届满，一方当事人拒不履行合同，或者未完全履行合同义务，致使合同目的不能实现，对方当事人要求解除合同并要求赔偿损失的，人民法院应当予以支持。

第二十一条 企业出售合同约定的履行期限届满，一方当事人未完全履行合同义务，对方当事人要求继续履行合同并要求赔偿损失的，人民法院应当予以支持。双方当事人均未完全履行合同义务的，应当根据当事人的过错，确定各自应当承担的民事责任。

第二十二条 企业出售时，出卖人对所售企业的资产负债状况、损益状况等重大事项未履行如实告知义务，影响企业出售价格，买受人就此向人民法院起诉主张补偿的，人民法院应当予以支持。

第二十三条 企业出售合同被确认无效或者被撤销的，企业售出后买受人经营企业期间发生的经营盈亏，由买受人享有或者承担。

第二十四条 企业售出后，买受人将所购企业资产纳入本企业或者将所购企业变更为所属分支机构的，所购企业的债务，由买受人承担。但买卖双方另有约定，并经债权人认可的除外。

第二十五条 企业售出后，买受人将所购企业资产作价入股与他人重新组建新公司，所购企业法人予以注销的，对所购企业出售前的债务，买受人应当以其所有财产，包括在新组建公司中的股权承担民事责任。

第二十六条 企业售出后，买受人将所购企业重新注册为新的企业法人，所购企业法人被注销的，所购企业出售前的债务，应当由新注册的企业法人承担。但买卖双方另有约定，并经债权人认可的除外。

第二十七条 企业售出后，应当办理而未办理企业法人注销登记，债权人起诉该企业的，人民法院应当根据企业资产转让后的具体情况，告知债权人追加责任主体，并判令责任主体承担民事责任。

第二十八条 出售企业时，参照公司法的有关规定，出卖人公告通知了债权人。企业售出后，债权人就出卖人隐瞒或者遗漏的原企业债务起诉买受人的，如债权人在公告期内申报过该债权，买受人在承担民事责任后，可再行向出卖人追偿。如债权人在公告期内未申报过该债权，则买受人不承担民事责任。人民法院可告知债权人另行起诉出卖人。

第二十九条 出售企业的行为具有民法典第五百三十八条、第五百三十九条规定的情形，债权人在法定期限内行使撤销权的，人民法院应当予以支持。

257. 企业兼并合同纠纷

法律条文及规范索引

《最高人民法院关于审理与企业改制相关的民事纠纷案件若干问题的规定》（法释〔2003〕1号　2020年12月23日修正）

第三十条　企业兼并协议自当事人签字盖章之日起生效。需经政府主管部门批准的，兼并协议自批准之日起生效；未经批准的，企业兼并协议不生效。但当事人在一审法庭辩论终结前补办报批手续的，人民法院应当确认该兼并协议有效。

第三十一条　企业吸收合并后，被兼并企业的债务应当由兼并方承担。

第三十二条　企业新设合并后，被兼并企业的债务由新设合并后的企业法人承担。

第三十三条　企业吸收合并或新设合并后，被兼并企业应当办理而未办理工商注销登记，债权人起诉被兼并企业的，人民法院应当根据企业兼并后的具体情况，告知债权人追加责任主体，并判令责任主体承担民事责任。

第三十四条　以收购方式实现对企业控股的，被控股企业的债务，仍由其自行承担。但因控股企业抽逃资金、逃避债务，致被控股企业无力偿还债务的，被控股企业的债务则由控股企业承担。

《最高人民法院关于适用〈中华人民共和国民事诉讼法〉的解释》（法释〔2015〕5号　2020年12月23日修正）

第六十三条　企业法人合并的，因合并前的民事活动发生的纠纷，以合并后的企业为当事人；企业法人分立的，因分立前的民事活动发生的纠纷，以分立后的企业为共同诉讼人。

258. 联营合同纠纷

法律条文及规范索引

《中华人民共和国民法典》（2021年1月1日施行）

第一百四十八条 一方以欺诈手段，使对方在违背真实意思的情况下实施的民事法律行为，受欺诈方有权请求人民法院或者仲裁机构予以撤销。

第一百四十九条 第三人实施欺诈行为，使一方在违背真实意思的情况下实施的民事法律行为，对方知道或者应当知道该欺诈行为的，受欺诈方有权请求人民法院或者仲裁机构予以撤销。

第一百五十条 一方或者第三人以胁迫手段，使对方在违背真实意思的情况下实施的民事法律行为，受胁迫方有权请求人民法院或者仲裁机构予以撤销。

第一百五十一条 一方利用对方处于危困状态、缺乏判断能力等情形，致使民事法律行为成立时显失公平的，受损害方有权请求人民法院或者仲裁机构予以撤销。

第一百五十三条 违反法律、行政法规的强制性规定的民事法律行为无效。但是，该强制性规定不导致该民事法律行为无效的除外。

违背公序良俗的民事法律行为无效。

第一百五十四条 行为人与相对人恶意串通，损害他人合法权益的民事法律行为无效。

第一百八十六条 因当事人一方的违约行为，损害对方人身权益、财产权益的，受损害方有权选择请求其承担违约责任或者侵权责任。

第五百零六条 合同中的下列免责条款无效：

（一）造成对方人身损害的；

（二）因故意或者重大过失造成对方财产损失的。

第五百六十二条 当事人协商一致，可以解除合同。

当事人可以约定一方解除合同的事由。解除合同的事由发生时，解除权人可以解除合同。

第五百六十三条 有下列情形之一的，当事人可以解除合同：

（一）因不可抗力致使不能实现合同目的；

（二）在履行期限届满前，当事人一方明确表示或者以自己的行为表明不履行主要债务；

（三）当事人一方迟延履行主要债务，经催告后在合理期限内仍未履行；

（四）当事人一方迟延履行债务或者有其他违约行为致使不能实现合同目的；

（五）法律规定的其他情形。

以持续履行的债务为内容的不定期合同，当事人可以随时解除合同，但是应当在合理期限之前通知对方。

第五百六十六条　合同解除后，尚未履行的，终止履行；已经履行的，根据履行情况和合同性质，当事人可以请求恢复原状或者采取其他补救措施，并有权请求赔偿损失。

合同因违约解除的，解除权人可以请求违约方承担违约责任，但是当事人另有约定的除外。

主合同解除后，担保人对债务人应当承担的民事责任仍应当承担担保责任，但是担保合同另有约定的除外。

第五百七十八条　当事人一方明确表示或者以自己的行为表明不履行合同义务的，对方可以在履行期限届满前请求其承担违约责任。

《全民所有制工业企业法》（2009年8月27日修正）

第三十四条　企业必须履行依法订立的合同。

第六十六条　自治区人民代表大会常务委员会可以根据本法和《中华人民共和国民族区域自治法》的原则，结合当地的特点，制定实施办法，报全国人民代表大会常务委员会备案。

《全民所有制工业企业转换经营机制条例》（2011年1月8日修订）

第十六条　企业享有联营、兼并权。

企业有权按照下列方式与其他企业、事业单位联营：

（一）与其他企业、事业单位组成新的经济实体，独立承担民事责任、具备法人条件的，经政府有关部门核准登记，取得法人资格；

（二）与其他企业、事业单位共同经营，联营各方按照出资比例或者协议的约定，承担民事责任；

（三）与其他企业、事业单位订立联营合同，确立各方的权利和义务。联营各方各自独立经营、各自承担民事责任。

企业按照自愿、有偿的原则，可以兼并其他企业，报政府主管部门备案。

259. 企业承包经营合同纠纷

（1）中外合资经营企业承包经营合同纠纷
（2）中外合作经营企业承包经营合同纠纷
（3）外商独资企业承包经营合同纠纷
（4）乡镇企业承包经营合同纠纷

260. 中外合资经营企业合同纠纷
261. 中外合作经营企业合同纠纷

法律条文及规范索引

《中华人民共和国民法典》（2021 年 1 月 1 日施行）

第四百六十七条 本法或者其他法律没有明文规定的合同，适用本编通则的规定，并可以参照适用本编或者其他法律最相类似合同的规定。

在中华人民共和国境内履行的中外合资经营企业合同、中外合作经营企业合同、中外合作勘探开发自然资源合同，适用中华人民共和国法律。

《中华人民共和国外商投资法》（2020 年 1 月 1 日施行）

第二条 在中华人民共和国境内（以下简称中国境内）的外商投资，适用本法。

本法所称外商投资，是指外国的自然人、企业或者其他组织（以下称外国投资者）直接或者间接在中国境内进行的投资活动，包括下列情形：

（一）外国投资者单独或者与其他投资者共同在中国境内设立外商投资企业；

（二）外国投资者取得中国境内企业的股份、股权、财产份额或者其他类似权益；

（三）外国投资者单独或者与其他投资者共同在中国境内投资新建项目；

（四）法律、行政法规或者国务院规定的其他方式的投资。

本法所称外商投资企业，是指全部或者部分由外国投资者投资，依照中国法律在中国境内经登记注册设立的企业。

第四条　国家对外商投资实行准入前国民待遇加负面清单管理制度。

前款所称准入前国民待遇，是指在投资准入阶段给予外国投资者及其投资不低于本国投资者及其投资的待遇；所称负面清单，是指国家规定在特定领域对外商投资实施的准入特别管理措施。国家对负面清单之外的外商投资，给予国民待遇。

负面清单由国务院发布或者批准发布。

中华人民共和国缔结或者参加的国际条约、协定对外国投资者准入待遇有更优惠规定的，可以按照相关规定执行。

第五条　国家依法保护外国投资者在中国境内的投资、收益和其他合法权益。

第六条　在中国境内进行投资活动的外国投资者、外商投资企业，应当遵守中国法律法规，不得危害中国国家安全、损害社会公共利益。

第二十八条　外商投资准入负面清单规定禁止投资的领域，外国投资者不得投资。

外商投资准入负面清单规定限制投资的领域，外国投资者进行投资应当符合负面清单规定的条件。

外商投资准入负面清单以外的领域，按照内外资一致的原则实施管理。

第三十一条　外商投资企业的组织形式、组织机构及其活动准则，适用《中华人民共和国公司法》、《中华人民共和国合伙企业法》等法律的规定。

第三十二条　外商投资企业开展生产经营活动，应当遵守法律、行政法规有关劳动保护、社会保险的规定，依照法律、行政法规和国家有关规定办理税收、会计、外汇等事宜，并接受相关主管部门依法实施的监督检查。

第三十三条　外国投资者并购中国境内企业或者以其他方式参与经营者集中的，应当依照《中华人民共和国反垄断法》的规定接受经营者集中审查。

第三十四条　国家建立外商投资信息报告制度。外国投资者或者外商投资企业应当通过企业登记系统以及企业信用信息公示系统向商务主管部门报送投资信息。

外商投资信息报告的内容和范围按照确有必要的原则确定；通过部门信息共享能够获得的投资信息，不得再行要求报送。

第三十五条　国家建立外商投资安全审查制度，对影响或者可能影响国家安全的外商投资进行安全审查。

依法作出的安全审查决定为最终决定。

第三十六条　外国投资者投资外商投资准入负面清单规定禁止投资的领域的，由有关主管部门责令停止投资活动，限期处分股份、资产或者采取其他必要措施，恢复到实施投资前的状态；有违法所得的，没收违法所得。

外国投资者的投资活动违反外商投资准入负面清单规定的限制性准入特别管理措施的，由有关主管部门责令限期改正，采取必要措施满足准入特别管理措施的要求；逾期不改正的，依照前款规定处理。

外国投资者的投资活动违反外商投资准入负面清单规定的，除依照前两款规定处理外，还应当依法承担相应的法律责任。

《最高人民法院关于审理外商投资企业纠纷案件若干问题的规定（一）》
（法释〔2010〕9号　2020年12月23日修正）

第一条　当事人在外商投资企业设立、变更等过程中订立的合同，依法律、行政法规的规定应当经外商投资企业审批机关批准后才生效的，自批准之日起生效；未经批准的，人民法院应当认定该合同未生效。当事人请求确认该合同无效的，人民法院不予支持。

前款所述合同因未经批准而被认定未生效的，不影响合同中当事人履行报批义务条款及因该报批义务而设定的相关条款的效力。

第二条　当事人就外商投资企业相关事项达成的补充协议对已获批准的合同不构成重大或实质性变更的，人民法院不应以未经外商投资企业审批机关批准为由认定该补充协议未生效。

前款规定的重大或实质性变更包括注册资本、公司类型、经营范围、营业期限、股东认缴的出资额、出资方式的变更以及公司合并、公司分立、股权转让等。

第三条　人民法院在审理案件中，发现经外商投资企业审批机关批准的外商投资企业合同具有法律、行政法规规定的无效情形的，应当认定合同无效；该合同具有法律、行政法规规定的可撤销情形，当事人请求撤销的，人民法院应予支持。

二十一、与公司有关的纠纷

公司是指依照《公司法》在中国境内设立的以营利为目的的企业法人，包括有限责任公司和股份有限公司。公司有独立的法人财产，享有法人财产权。公司以其全部财产对公司的债务承担责任。有限责任公司的股东以其认缴的出资额为限对公司承担责任；股份有限公司的股东以其认购的股份为限对公司承担责任。与公司有关的纠纷，就是指与公司的设立、合并、分立、增资、减资、解散、清算、收购等行为有关的纠纷以及股东、股权、公司经营管理、损害公司利益等纠纷。

此次案由修改中，在第二级案由“二十一、与公司有关的纠纷”项下：变更“257. 股东损害公司债权人利益责任纠纷”为“277. 损害公司债权人利益责任纠纷”；变更“264. 申请公司清算”为新增加的第二级案由“四十二、公司清算案件”项下的第三级案由“420. 申请公司清算”。在新变更的第三级案由“277. 损害公司债权人利益责任纠纷”项下：增加“(1) 股东损害公司债权人利益责任纠纷”“(2) 实际控制人损害公司债权人利益责任纠纷”。

262. 股东资格确认纠纷

法律条文及规范索引

《中华人民共和国民法典》（2021年1月1日施行）

第一百二十五条　民事主体依法享有股权和其他投资性权利。

《中华人民共和国公司法》（2018年10月26日修正）

第三十一条　有限责任公司成立后，应当向股东签发出资证明书。

出资证明书应当载明下列事项：

（一）公司名称；

（二）公司成立日期；

（三）公司注册资本；

（四）股东的姓名或者名称、缴纳的出资额和出资日期；

（五）出资证明书的编号和核发日期。

出资证明书由公司盖章。

第三十二条 有限责任公司应当置备股东名册，记载下列事项：

（一）股东的姓名或者名称及住所；

（二）股东的出资额；

（三）出资证明书编号。

记载于股东名册的股东，可以依股东名册主张行使股东权利。

公司应当将股东的姓名或者名称及其出资额向公司登记机关登记；登记事项发生变更的，应当办理变更登记。未经登记或者变更登记的，不得对抗第三人。

第七十三条 依照本法第七十一条、第七十二条转让股权后，公司应当注销原股东的出资证明书，向新股东签发出资证明书，并相应修改公司章程和股东名册中有关股东及其出资额的记载。对公司章程的该项修改不需再由股东会表决。

第一百二十九条 公司发行的股票，可以为记名股票，也可以为无记名股票。

公司向发起人、法人发行的股票，应当为记名股票，并应当记载该发起人、法人的名称或者姓名，不得另立户名或者以代表人姓名记名。

第一百三十条 公司发行记名股票的，应当置备股东名册，记载下列事项：

（一）股东的姓名或者名称及住所；

（二）各股东所持股份数；

（三）各股东所持股票的编号；

（四）各股东取得股份的日期。

发行无记名股票的，公司应当记载其股票数量、编号及发行日期。

第一百三十九条 记名股票，由股东以背书方式或者法律、行政法规规定的其他方式转让；转让后由公司将受让人的姓名或者名称及住所记载于股东名册。

股东大会召开前二十日内或者公司决定分配股利的基准日前五日内，不得进行前款规定的股东名册的变更登记。但是，法律对上市公司股东名册变更登记另有规定的，从其规定。

第一百四十条　无记名股票的转让，由股东将该股票交付给受让人后即发生转让的效力。

《中华人民共和国公司登记管理条例》（2016 年 2 月 6 日修正）

第三十四条　有限责任公司变更股东的，应当自变更之日起 30 日内申请变更登记，并应当提交新股东的主体资格证明或者自然人身份证明。

有限责任公司的自然人股东死亡后，其合法继承人继承股东资格的，公司应当依照前款规定申请变更登记。

有限责任公司的股东或者股份有限公司的发起人改变姓名或者名称的，应当自改变姓名或者名称之日起 30 日内申请变更登记。

《最高人民法院关于适用〈中华人民共和国公司法〉若干问题的规定（三）》（法释〔2014〕2 号　2020 年 12 月 23 日修正）

第二十一条　当事人向人民法院起诉请求确认其股东资格的，应当以公司为被告，与案件争议股权有利害关系的人作为第三人参加诉讼。

第二十二条　当事人之间对股权归属发生争议，一方请求人民法院确认其享有股权的，应当证明以下事实之一：

（一）已经依法向公司出资或者认缴出资，且不违反法律法规强制性规定；

（二）已经受让或者以其他形式继受公司股权，且不违反法律法规强制性规定。

第二十三条　当事人依法履行出资义务或者依法继受取得股权后，公司未根据公司法第三十一条、第三十二条的规定签发出资证明书、记载于股东名册并办理公司登记机关登记，当事人请求公司履行上述义务的，人民法院应予支持。

263. 股东名册记载纠纷

法律条文及规范索引

《中华人民共和国民法典》（2021 年 1 月 1 日施行）

第一百二十五条　民事主体依法享有股权和其他投资性权利。

《中华人民共和国公司法》（2018年10月26日修正）

第三十一条 有限责任公司成立后，应当向股东签发出资证明书。

出资证明书应当载明下列事项：

（一）公司名称；

（二）公司成立日期；

（三）公司注册资本；

（四）股东的姓名或者名称、缴纳的出资额和出资日期；

（五）出资证明书的编号和核发日期。

出资证明书由公司盖章。

第三十二条 有限责任公司应当置备股东名册，记载下列事项：

（一）股东的姓名或者名称及住所；

（二）股东的出资额；

（三）出资证明书编号。

记载于股东名册的股东，可以依股东名册主张行使股东权利。

公司应当将股东的姓名或者名称及其出资额向公司登记机关登记；登记事项发生变更的，应当办理变更登记。未经登记或者变更登记的，不得对抗第三人。

第七十三条 依照本法第七十一条、第七十二条转让股权后，公司应当注销原股东的出资证明书，向新股东签发出资证明书，并相应修改公司章程和股东名册中有关股东及其出资额的记载。对公司章程的该项修改不需再由股东会表决。

《最高人民法院关于适用〈中华人民共和国公司法〉若干问题的规定(三)》（法释〔2014〕2号 2020年12月23日修正）

第二十三条 当事人依法履行出资义务或者依法继受取得股权后，公司未根据公司法第三十一条、第三十二条的规定签发出资证明书、记载于股东名册并办理公司登记机关登记，当事人请求公司履行上述义务的，人民法院应予支持。

264. 请求变更公司登记纠纷

法律条文及规范索引

《中华人民共和国民法典》（2021年1月1日施行）

第六十五条　法人的实际情况与登记的事项不一致的，不得对抗善意相对人。

《中华人民共和国公司法》（2018年10月26日修正）

第三十二条　有限责任公司应当置备股东名册，记载下列事项：

（一）股东的姓名或者名称及住所；

（二）股东的出资额；

（三）出资证明书编号。

记载于股东名册的股东，可以依股东名册主张行使股东权利。

公司应当将股东的姓名或者名称及其出资额向公司登记机关登记；登记事项发生变更的，应当办理变更登记。未经登记或者变更登记的，不得对抗第三人。

第一百三十六条　公司发行新股募足股款后，必须向公司登记机关办理变更登记，并公告。

《最高人民法院关于适用〈中华人民共和国公司法〉若干问题的规定(三)》（法释〔2014〕2号　2020年12月23日修正）

第二十七条　股权转让后尚未向公司登记机关办理变更登记，原股东将仍登记于其名下的股权转让、质押或者以其他方式处分，受让股东以其对于股权享有实际权利为由，请求认定处分股权行为无效的，人民法院可以参照民法典第三百一十一条的规定处理。

原股东处分股权造成受让股东损失，受让股东请求原股东承担赔偿责任、对于未及时办理变更登记有过错的董事、高级管理人员或者实际控制人承担相应责任的，人民法院应予支持；受让股东对于未及时办理变更登记也有过错的，可以适当减轻上述董事、高级管理人员或者实际控制人的责任。

第二十八条　冒用他人名义出资并将该他人作为股东在公司登记机关登记的，冒名登记行为人应当承担相应责任；公司、其他股东或者公司债权人以未履行出资义务为由，请求被冒名登记为股东的承担补足出资责任或者对公司债务不能清偿部分的赔偿责任的，人民法院不予支持。

265. 股东出资纠纷

法律条文及规范索引

《中华人民共和国民法典》（2021年1月1日施行）

第一百二十五条 民事主体依法享有股权和其他投资性权利。

《中华人民共和国公司法》（2018年10月26日修正）

第二十六条 有限责任公司的注册资本为在公司登记机关登记的全体股东认缴的出资额。

法律、行政法规以及国务院决定对有限责任公司注册资本实缴、注册资本最低限额另有规定的，从其规定。

第二十七条 股东可以用货币出资，也可以用实物、知识产权、土地使用权等可以用货币估价并可以依法转让的非货币财产作价出资；但是，法律、行政法规规定不得作为出资的财产除外。

对作为出资的非货币财产应当评估作价，核实财产，不得高估或者低估作价。法律、行政法规对评估作价有规定的，从其规定。

第二十八条 股东应当按期足额缴纳公司章程中规定的各自所认缴的出资额。股东以货币出资的，应当将货币出资足额存入有限责任公司在银行开设的账户；以非货币财产出资的，应当依法办理其财产权的转移手续。

股东不按照前款规定缴纳出资的，除应当向公司足额缴纳外，还应当向已按期足额缴纳出资的股东承担违约责任。

第二十九条 股东认足公司章程规定的出资后，由全体股东指定的代表或者共同委托的代理人向公司登记机关报送公司登记申请书、公司章程等文件，申请设立登记。

第三十条 有限责任公司成立后，发现作为设立公司出资的非货币财产的实际价额显著低于公司章程所定价额的，应当由交付该出资的股东补足其差额；公司设立时的其他股东承担连带责任。

第三十五条 公司成立后，股东不得抽逃出资。

第八十条　股份有限公司采取发起设立方式设立的，注册资本为在公司登记机关登记的全体发起人认购的股本总额。在发起人认购的股份缴足前，不得向他人募集股份。

股份有限公司采取募集方式设立的，注册资本为在公司登记机关登记的实收股本总额。

法律、行政法规以及国务院决定对股份有限公司注册资本实缴、注册资本最低限额另有规定的，从其规定。

第八十一条　股份有限公司章程应当载明下列事项：

……

（四）公司股份总数、每股金额和注册资本；

（五）发起人的姓名或者名称、认购的股份数、出资方式和出资时间；

……

第八十二条　发起人的出资方式，适用本法第二十七条的规定。

第八十三条　以发起设立方式设立股份有限公司的，发起人应当书面认足公司章程规定其认购的股份，并按照公司章程规定缴纳出资。以非货币财产出资的，应当依法办理其财产权的转移手续。

发起人不依照前款规定缴纳出资的，应当按照发起人协议承担违约责任。

发起人认足公司章程规定的出资后，应当选举董事会和监事会，由董事会向公司登记机关报送公司章程以及法律、行政法规规定的其他文件，申请设立登记。

第八十四条　以募集设立方式设立股份有限公司的，发起人认购的股份不得少于公司股份总数的百分之三十五；但是，法律、行政法规另有规定的，从其规定。

第九十一条　发起人、认股人缴纳股款或者交付抵作股款的出资后，除未按期募足股份、发起人未按期召开创立大会或者创立大会决议不设立公司的情形外，不得抽回其股本。

第九十三条　股份有限公司成立后，发起人未按照公司章程的规定缴足出资的，应当补缴；其他发起人承担连带责任。

股份有限公司成立后，发现作为设立公司出资的非货币财产的实际价额显著低于公司章程所定价额的，应当由交付该出资的发起人补足其差额；其他发起人承担连带责任。

第一百九十九条 公司的发起人、股东虚假出资，未交付或者未按期交付作为出资的货币或者非货币财产的，由公司登记机关责令改正，处以虚假出资金额百分之五以上百分之十五以下的罚款。

第二百条 公司的发起人、股东在公司成立后，抽逃其出资的，由公司登记机关责令改正，处以所抽逃出资金额百分之五以上百分之十五以下的罚款。

《最高人民法院关于适用〈中华人民共和国公司法〉若干问题的规定(三)》（法释〔2014〕2号 2020年12月23日修正）

第七条 出资人以不享有处分权的财产出资，当事人之间对于出资行为效力产生争议的，人民法院可以参照民法典第三百一十一条的规定予以认定。

以贪污、受贿、侵占、挪用等违法犯罪所得的货币出资后取得股权的，对违法犯罪行为予以追究、处罚时，应当采取拍卖或者变卖的方式处置其股权。

第八条 出资人以划拨土地使用权出资，或者以设定权利负担的土地使用权出资，公司、其他股东或者公司债权人主张认定出资人未履行出资义务的，人民法院应当责令当事人在指定的合理期间内办理土地变更手续或者解除权利负担；逾期未办理或者未解除的，人民法院应当认定出资人未依法全面履行出资义务。

第九条 出资人以非货币财产出资，未依法评估作价，公司、其他股东或者公司债权人请求认定出资人未履行出资义务的，人民法院应当委托具有合法资格的评估机构对该财产评估作价。评估确定的价额显著低于公司章程所定价额的，人民法院应当认定出资人未依法全面履行出资义务。

第十条 出资人以房屋、土地使用权或者需要办理权属登记的知识产权等财产出资，已经交付公司使用但未办理权属变更手续，公司、其他股东或者公司债权人主张认定出资人未履行出资义务的，人民法院应当责令当事人在指定的合理期间内办理权属变更手续；在前述期间内办理了权属变更手续的，人民法院应当认定其已经履行了出资义务；出资人主张自其实际交付财产给公司使用时享有相应股东权利的，人民法院应予支持。

出资人以前款规定的财产出资，已经办理权属变更手续但未交付给公司使用，公司或者其他股东主张其向公司交付、并在实际交付之前不享有相应股东权利的，人民法院应予支持。

第十一条　出资人以其他公司股权出资，符合下列条件的，人民法院应当认定出资人已履行出资义务：

（一）出资的股权由出资人合法持有并依法可以转让；

（二）出资的股权无权利瑕疵或者权利负担；

（三）出资人已履行关于股权转让的法定手续；

（四）出资的股权已依法进行了价值评估。

股权出资不符合前款第（一）、（二）、（三）项的规定，公司、其他股东或者公司债权人请求认定出资人未履行出资义务的，人民法院应当责令该出资人在指定的合理期间内采取补正措施，以符合上述条件；逾期未补正的，人民法院应当认定其未依法全面履行出资义务。

股权出资不符合本条第一款第（四）项的规定，公司、其他股东或者公司债权人请求认定出资人未履行出资义务的，人民法院应当按照本规定第九条的规定处理。

第十二条　公司成立后，公司、股东或者公司债权人以相关股东的行为符合下列情形之一且损害公司权益为由，请求认定该股东抽逃出资的，人民法院应予支持：

（一）制作虚假财务会计报表虚增利润进行分配；

（二）通过虚构债权债务关系将其出资转出；

（三）利用关联交易将出资转出；

（四）其他未经法定程序将出资抽回的行为。

第十三条　股东未履行或者未全面履行出资义务，公司或者其他股东请求其向公司依法全面履行出资义务的，人民法院应予支持。

公司债权人请求未履行或者未全面履行出资义务的股东在未出资本息范围内对公司债务不能清偿的部分承担补充赔偿责任的，人民法院应予支持；未履行或者未全面履行出资义务的股东已经承担上述责任，其他债权人提出相同请求的，人民法院不予支持。

股东在公司设立时未履行或者未全面履行出资义务，依照本条第一款或者第二款提起诉讼的原告，请求公司的发起人与被告股东承担连带责任的，人民法院应予支持；公司的发起人承担责任后，可以向被告股东追偿。

股东在公司增资时未履行或者未全面履行出资义务，依照本条第一款或者第二款提起诉讼的原告，请求未尽公司法第一百四十七条第一款规定的义务而使出资未缴足的董事、高级管理人员承担相应责任的，人民法院应予支持；董事、高级管理人员承担责任后，可以向被告股东追偿。

第十四条 股东抽逃出资，公司或者其他股东请求其向公司返还出资本息、协助抽逃出资的其他股东、董事、高级管理人员或者实际控制人对此承担连带责任的，人民法院应予支持。

公司债权人请求抽逃出资的股东在抽逃出资本息范围内对公司债务不能清偿的部分承担补充赔偿责任、协助抽逃出资的其他股东、董事、高级管理人员或者实际控制人对此承担连带责任的，人民法院应予支持；抽逃出资的股东已经承担上述责任，其他债权人提出相同请求的，人民法院不予支持。

第十五条 出资人以符合法定条件的非货币财产出资后，因市场变化或者其他客观因素导致出资财产贬值，公司、其他股东或者公司债权人请求该出资人承担补足出资责任的，人民法院不予支持。但是，当事人另有约定的除外。

第十六条 股东未履行或者未全面履行出资义务或者抽逃出资，公司根据公司章程或者股东会决议对其利润分配请求权、新股优先认购权、剩余财产分配请求权等股东权利作出相应的合理限制，该股东请求认定该限制无效的，人民法院不予支持。

第十七条 有限责任公司的股东未履行出资义务或者抽逃全部出资，经公司催告缴纳或者返还，其在合理期间内仍未缴纳或者返还出资，公司以股东会决议解除该股东的股东资格，该股东请求确认该解除行为无效的，人民法院不予支持。

在前款规定的情形下，人民法院在判决时应当释明，公司应当及时办理法定减资程序或者由其他股东或者第三人缴纳相应的出资。在办理法定减资程序或者其他股东或者第三人缴纳相应的出资之前，公司债权人依照本规定第十三条或者第十四条请求相关当事人承担相应责任的，人民法院应予支持。

第十八条 有限责任公司的股东未履行或者未全面履行出资义务即转让股权，受让人对此知道或者应当知道，公司请求该股东履行出资义务、受让人对此承担连带责任的，人民法院应予支持；公司债权人依照本规定第十三条第二款向该股东提起诉讼，同时请求前述受让人对此承担连带责任的，人民法院应予支持。

受让人根据前款规定承担责任后，向该未履行或者未全面履行出资义务的股东追偿的，人民法院应予支持。但是，当事人另有约定的除外。

第十九条　公司股东未履行或者未全面履行出资义务或者抽逃出资，公司或者其他股东请求其向公司全面履行出资义务或者返还出资，被告股东以诉讼时效为由进行抗辩的，人民法院不予支持。

公司债权人的债权未过诉讼时效期间，其依照本规定第十三条第二款、第十四条第二款的规定请求未履行或者未全面履行出资义务或者抽逃出资的股东承担赔偿责任，被告股东以出资义务或者返还出资义务超过诉讼时效期间为由进行抗辩的，人民法院不予支持。

《最高人民法院关于印发〈全国法院民商事审判工作会议纪要〉的通知》（法〔2019〕254号　2019年11月8日）

6.【股东出资应否加速到期】在注册资本认缴制下，股东依法享有期限利益。债权人以公司不能清偿到期债务为由，请求未届出资期限的股东在未出资范围内对公司不能清偿的债务承担补充赔偿责任的，人民法院不予支持。但是，下列情形除外：

（1）公司作为被执行人的案件，人民法院穷尽执行措施无财产可供执行，已具备破产原因，但不申请破产的；

（2）在公司债务产生后，公司股东（大）会决议或以其他方式延长股东出资期限的。

7.【表决权能否受限】股东认缴的出资未届履行期限，对未缴纳部分的出资是否享有以及如何行使表决权等问题，应当根据公司章程来确定。公司章程没有规定的，应当按照认缴出资的比例确定。如果股东（大）会作出不按认缴出资比例而按实际出资比例或者其他标准确定表决权的决议，股东请求确认决议无效的，人民法院应当审查该决议是否符合修改公司章程所要求的表决程序，即必须经代表三分之二以上表决权的股东通过。符合的，人民法院不予支持；反之，则依法予以支持。

266. 新增资本认购纠纷

法律条文及规范索引

《中华人民共和国民法典》（2021年1月1日施行）

第一百二十五条　民事主体依法享有股权和其他投资性权利。

《中华人民共和国公司法》（2018年10月26日修正）

第三十四条 股东按照实缴的出资比例分取红利；公司新增资本时，股东有权优先按照实缴的出资比例认缴出资。但是，全体股东约定不按照出资比例分取红利或者不按照出资比例优先认缴出资的除外。

第一百三十三条 公司发行新股，股东大会应当对下列事项作出决议：

（一）新股种类及数额；

（二）新股发行价格；

（三）新股发行的起止日期；

（四）向原有股东发行新股的种类及数额。

第一百三十四条 公司经国务院证券监督管理机构核准公开发行新股时，必须公告新股招股说明书和财务会计报告，并制作认股书。

本法第八十七条、第八十八条的规定适用于公司公开发行新股。

第一百三十五条 公司发行新股，可以根据公司经营情况和财务状况，确定其作价方案。

第一百三十六条 公司发行新股募足股款后，必须向公司登记机关办理变更登记，并公告。

《最高人民法院关于适用〈中华人民共和国公司法〉若干问题的规定（三）》（法释〔2014〕2号 2020年12月23日修正）

第十一条 出资人以其他公司股权出资，符合下列条件的，人民法院应当认定出资人已履行出资义务：

（一）出资的股权由出资人合法持有并依法可以转让；

（二）出资的股权无权利瑕疵或者权利负担；

（三）出资人已履行关于股权转让的法定手续；

（四）出资的股权已依法进行了价值评估。

股权出资不符合前款第（一）、（二）、（三）项的规定，公司、其他股东或者公司债权人请求认定出资人未履行出资义务的，人民法院应当责令该出资人在指定的合理期间内采取补正措施，以符合上述条件；逾期未补正的，人民法院应当认定其未依法全面履行出资义务。

股权出资不符合本条第一款第（四）项的规定，公司、其他股东或者公司债权人请求认定出资人未履行出资义务的，人民法院应当按照本规定第九条的规定处理。

第十三条 股东未履行或者未全面履行出资义务，公司或者其他股东请求其向公司依法全面履行出资义务的，人民法院应予支持。

公司债权人请求未履行或者未全面履行出资义务的股东在未出资本息范围内对公司债务不能清偿的部分承担补充赔偿责任的，人民法院应予支持；未履行或者未全面履行出资义务的股东已经承担上述责任，其他债权人提出相同请求的，人民法院不予支持。

股东在公司设立时未履行或者未全面履行出资义务，依照本条第一款或者第二款提起诉讼的原告，请求公司的发起人与被告股东承担连带责任的，人民法院应予支持；公司的发起人承担责任后，可以向被告股东追偿。

股东在公司增资时未履行或者未全面履行出资义务，依照本条第一款或者第二款提起诉讼的原告，请求未尽公司法第一百四十七条第一款规定的义务而使出资未缴足的董事、高级管理人员承担相应责任的，人民法院应予支持；董事、高级管理人员承担责任后，可以向被告股东追偿。

267. 股东知情权纠纷

法律条文及规范索引

《中华人民共和国民法典》（2021 年 1 月 1 日施行）

第一百二十五条　民事主体依法享有股权和其他投资性权利。

《中华人民共和国公司法》（2018 年 10 月 26 日修正）

第三十三条　股东有权查阅、复制公司章程、股东会会议记录、董事会会议决议、监事会会议决议和财务会计报告。

股东可以要求查阅公司会计账簿。股东要求查阅公司会计账簿的，应当向公司提出书面请求，说明目的。公司有合理根据认为股东查阅会计账簿有不正当目的，可能损害公司合法利益的，可以拒绝提供查阅，并应当自股东提出书面请求之日起十五日内书面答复股东并说明理由。公司拒绝提供查阅的，股东可以请求人民法院要求公司提供查阅。

第九十六条　股份有限公司应当将公司章程、股东名册、公司债券存根、股东大会会议记录、董事会会议记录、监事会会议记录、财务会计报告置备于本公司。

第九十七条　股东有权查阅公司章程、股东名册、公司债券存根、股东大会会议记录、董事会会议决议、监事会会议决议、财务会计报告，对公司的经营提出建议或者质询。

第一百一十六条 公司应当定期向股东披露董事、监事、高级管理人员从公司获得报酬的情况。

第一百六十五条 有限责任公司应当依照公司章程规定的期限将财务会计报告送交各股东。

股份有限公司的财务会计报告应当在召开股东大会年会的二十日前置备于本公司，供股东查阅；公开发行股票的股份有限公司必须公告其财务会计报告。

《最高人民法院关于适用〈中华人民共和国公司法〉若干问题的规定(四)》（法释〔2017〕16号 2020年12月23日修正）

第七条 股东依据公司法第三十三条、第九十七条或者公司章程的规定，起诉请求查阅或者复制公司特定文件材料的，人民法院应当依法予以受理。

公司有证据证明前款规定的原告在起诉时不具有公司股东资格的，人民法院应当驳回起诉，但原告有初步证据证明在持股期间其合法权益受到损害，请求依法查阅或者复制其持股期间的公司特定文件材料的除外。

第八条 有限责任公司有证据证明股东存在下列情形之一的，人民法院应当认定股东有公司法第三十三条第二款规定的“不正当目的”：

（一）股东自营或者为他人经营与公司主营业务有实质性竞争关系业务的，但公司章程另有规定或者全体股东另有约定的除外；

（二）股东为了向他人通报有关信息查阅公司会计账簿，可能损害公司合法利益的；

（三）股东在向公司提出查阅请求之日前的三年内，曾通过查阅公司会计账簿，向他人通报有关信息损害公司合法利益的；

（四）股东有不正当目的的其他情形。

第九条 公司章程、股东之间的协议等实质性剥夺股东依据公司法第三十三条、第九十七条规定查阅或者复制公司文件材料的权利，公司以此为由拒绝股东查阅或者复制的，人民法院不予支持。

第十条 人民法院审理股东请求查阅或者复制公司特定文件材料的案件，对原告诉讼请求予以支持的，应当在判决中明确查阅或者复制公司特定文件材料的时间、地点和特定文件材料的名录。

股东依据人民法院生效判决查阅公司文件材料的，在该股东在场的情况下，可以由会计师、律师等依法或者依据执业行为规范负有保密义务的中介机构执业人员辅助进行。

第十一条　股东行使知情权后泄露公司商业秘密导致公司合法利益受到损害，公司请求该股东赔偿相关损失的，人民法院应当予以支持。

根据本规定第十条辅助股东查阅公司文件材料的会计师、律师等泄露公司商业秘密导致公司合法利益受到损害，公司请求其赔偿相关损失的，人民法院应当予以支持。

第十二条　公司董事、高级管理人员等未依法履行职责，导致公司未依法制作或者保存公司法第三十三条、第九十七条规定的公司文件材料，给股东造成损失，股东依法请求负有相应责任的公司董事、高级管理人员承担民事赔偿责任的，人民法院应当予以支持。

268. 请求公司收购股份纠纷

法律条文及规范索引

《中华人民共和国民法典》（2021 年 1 月 1 日施行）

第一百二十五条　民事主体依法享有股权和其他投资性权利。

《中华人民共和国公司法》（2018 年 10 月 26 日修正）

第七十四条　有下列情形之一的，对股东会该项决议投反对票的股东可以请求公司按照合理的价格收购其股权：

（一）公司连续五年不向股东分配利润，而公司该五年连续盈利，并且符合本法规定的分配利润条件的；

（二）公司合并、分立、转让主要财产的；

（三）公司章程规定的营业期限届满或者章程规定的其他解散事由出现，股东会会议通过决议修改章程使公司存续的。

自股东会会议决议通过之日起六十日内，股东与公司不能达成股权收购协议的，股东可以自股东会会议决议通过之日起九十日内向人民法院提起诉讼。

第一百四十二条　公司不得收购本公司股份。但是，有下列情形之一的除外：

（一）减少公司注册资本；

（二）与持有本公司股份的其他公司合并；

（三）将股份用于员工持股计划或者股权激励；

（四）股东因对股东大会作出的公司合并、分立决议持异议，要求公司收购其股份；

（五）将股份用于转换上市公司发行的可转换为股票的公司债券；

（六）上市公司为维护公司价值及股东权益所必需。

公司因前款第（一）项、第（二）项规定的情形收购本公司股份的，应当经股东大会决议；公司因前款第（三）项、第（五）项、第（六）项规定的情形收购本公司股份的，可以依照公司章程的规定或者股东大会的授权，经三分之二以上董事出席的董事会会议决议。

公司依照本条第一款规定收购本公司股份后，属于第（一）项情形的，应当自收购之日起十日内注销；属于第（二）项、第（四）项情形的，应当在六个月内转让或者注销；属于第（三）项、第（五）项、第（六）项情形的，公司合计持有的本公司股份数不得超过本公司已发行股份总额的百分之十，并应当在三年内转让或者注销。

上市公司收购本公司股份的，应当依照《中华人民共和国证券法》的规定履行信息披露义务。上市公司因本条第一款第（三）项、第（五）项、第（六）项规定的情形收购本公司股份的，应当通过公开的集中交易方式进行。

公司不得接受本公司的股票作为质押权的标的。

269. 股权转让纠纷

法律条文及规范索引

《中华人民共和国民法典》（2021年1月1日施行）

第一百二十五条 民事主体依法享有股权和其他投资性权利。

可参见本法第一百四十八条～第一百五十一条、第一百五十三条、第一百五十四条、第一百五十七条、第五百六十二条、第五百六十三条、第五百六十六条。

《中华人民共和国公司法》（2018 年 10 月 26 日修正）

第七十一条 有限责任公司的股东之间可以相互转让其全部或者部分股权。

股东向股东以外的人转让股权，应当经其他股东过半数同意。股东应就其股权转让事项书面通知其他股东征求同意，其他股东自接到书面通知之日起满三十日未答复的，视为同意转让。其他股东半数以上不同意转让的，不同意的股东应当购买该转让的股权；不购买的，视为同意转让。

经股东同意转让的股权，在同等条件下，其他股东有优先购买权。两个以上股东主张行使优先购买权的，协商确定各自的购买比例；协商不成的，按照转让时各自的出资比例行使优先购买权。

公司章程对股权转让另有规定的，从其规定。

第七十二条 人民法院依照法律规定的强制执行程序转让股东的股权时，应当通知公司及全体股东，其他股东在同等条件下有优先购买权。其他股东自人民法院通知之日起满二十日不行使优先购买权的，视为放弃优先购买权。

第七十五条 自然人股东死亡后，其合法继承人可以继承股东资格；但是，公司章程另有规定的除外。

第一百三十八条 股东转让其股份，应当在依法设立的证券交易场所进行或者按照国务院规定的其他方式进行。

第一百三十九条 记名股票，由股东以背书方式或者法律、行政法规规定的其他方式转让；转让后由公司将受让人的姓名或者名称及住所记载于股东名册。

股东大会召开前二十日内或者公司决定分配股利的基准日前五日内，不得进行前款规定的股东名册的变更登记。但是，法律对上市公司股东名册变更登记另有规定的，从其规定。

第一百四十条 无记名股票的转让，由股东将该股票交付给受让人后即发生转让的效力。

第一百四十一条 发起人持有的本公司股份，自公司成立之日起一年内不得转让。公司公开发行股份前已发行的股份，自公司股票在证券交易所上市交易之日起一年内不得转让。

公司董事、监事、高级管理人员应当向公司申报所持有的本公司的股份及其变动情况，在任职期间每年转让的股份不得超过其所持有本公司股份总数的百分之二十五；所持本公司股份自公司股票上市交易之日起一年内不得转让。上述人员离职后半年内，不得转让其所持有的本公司股份。公司章程可以对公司董事、监事、高级管理人员转让其所持有的本公司股份作出其他限制性规定。

第一百四十四条 上市公司的股票，依照有关法律、行政法规及证券交易所交易规则上市交易。

《最高人民法院关于适用〈中华人民共和国公司法〉若干问题的规定(四)》（法释〔2017〕16号 2020年12月23日修正）

第十六条 有限责任公司的自然人股东因继承发生变化时，其他股东主张依据公司法第七十一条第三款规定行使优先购买权的，人民法院不予支持，但公司章程另有规定或者全体股东另有约定的除外。

第十七条 有限责任公司的股东向股东以外的人转让股权，应就其股权转让事项以书面或者其他能够确认收悉的合理方式通知其他股东征求同意。其他股东半数以上不同意转让，不同意的股东不购买的，人民法院应当认定视为同意转让。

经股东同意转让的股权，其他股东主张转让股东应当向其以书面或者其他能够确认收悉的合理方式通知转让股权的同等条件的，人民法院应当予以支持。

经股东同意转让的股权，在同等条件下，转让股东以外的其他股东主张优先购买的，人民法院应当予以支持，但转让股东依据本规定第二十条放弃转让的除外。

第十八条 人民法院在判断是否符合公司法第七十一条第三款及本规定所称的“同等条件”时，应当考虑转让股权的数量、价格、支付方式及期限等因素。

第十九条 有限责任公司的股东主张优先购买转让股权的，应当在收到通知后，在公司章程规定的行使期间内提出购买请求。公司章程没有规定行使期间或者规定不明确的，以通知确定的期间为准，通知确定的期间短于三十日或者未明确行使期间的，行使期间为三十日。

第二十条 有限责任公司的转让股东，在其他股东主张优先购买后又不同意转让股权的，对其他股东优先购买的主张，人民法院不予支持，但公司章程另有规定或者全体股东另有约定的除外。其他股东主张转让股东赔偿其损失合理的，人民法院应当予以支持。

第二十一条　有限责任公司的股东向股东以外的人转让股权，未就其股权转让事项征求其他股东意见，或者以欺诈、恶意串通等手段，损害其他股东优先购买权，其他股东主张按照同等条件购买该转让股权的，人民法院应当予以支持，但其他股东自知道或者应当知道行使优先购买权的同等条件之日起三十日内没有主张，或者自股权变更登记之日起超过一年的除外。

前款规定的其他股东仅提出确认股权转让合同及股权变动效力等请求，未同时主张按照同等条件购买转让股权的，人民法院不予支持，但其他股东非因自身原因导致无法行使优先购买权，请求损害赔偿的除外。

股东以外的股权受让人，因股东行使优先购买权而不能实现合同目的的，可以依法请求转让股东承担相应民事责任。

第二十二条　通过拍卖向股东以外的人转让有限责任公司股权的，适用公司法第七十一条第二款、第三款或者第七十二条规定的“书面通知”“通知”“同等条件”时，根据相关法律、司法解释确定。

在依法设立的产权交易场所转让有限责任公司国有股权的，适用公司法第七十一条第二款、第三款或者第七十二条规定的“书面通知”“通知”“同等条件”时，可以参照产权交易场所的交易规则。

《最高人民法院关于印发〈全国法院民商事审判工作会议纪要〉的通知》（法〔2019〕254号　2019年11月8日）

8.【有限责任公司的股权变动】当事人之间转让有限责任公司股权，受让人以其姓名或者名称已记载于股东名册为由主张其已经取得股权的，人民法院依法予以支持，但法律、行政法规规定应当办理批准手续生效的股权转让除外。未向公司登记机关办理股权变更登记的，不得对抗善意相对人。

9.【侵犯优先购买权的股权转让合同的效力】审判实践中，部分人民法院对公司法司法解释（四）第21条规定的理解存在偏差，往往以保护其他股东的优先购买权为由认定股权转让合同无效。准确理解该条规定，既要注意保护其他股东的优先购买权，也要注意保护股东以外的股权受让人的合法权益，正确认定有限责任公司的股东与股东以外的股权受让人订立的股权转让合同的效力。一方面，其他股东依法享有优先购买权，在其主张按照股权转让合同约定的同等条件购买股权的情况下，应当支持其诉讼请求，除非出现该条第1款规定的情形。另一方面，为保护股东以外的股权受让人的合法权益，股权转让合同如无其他影响合同效力的事由，应当认定有效。其他股东行使优先购买权的，虽然股东以外的股权受让人关于继续履行股权转让合同的请求不能得到支持，但不影响其依约请求转让股东承担相应的违约责任。

270. 公司决议纠纷

（1）公司决议效力确认纠纷

（2）公司决议撤销纠纷

法律条文及规范索引

《中华人民共和国民法典》（2021年1月1日施行）

第八十五条 营利法人的权力机构、执行机构作出决议的会议召集程序、表决方式违反法律、行政法规、法人章程，或者决议内容违反法人章程的，营利法人的出资人可以请求人民法院撤销该决议。但是，营利法人依据该决议与善意相对人形成的民事法律关系不受影响。

《中华人民共和国公司法》（2018年10月26日修正）

第二十二条 公司股东会或者股东大会、董事会的决议内容违反法律、行政法规的无效。

股东会或者股东大会、董事会的会议召集程序、表决方式违反法律、行政法规或者公司章程，或者决议内容违反公司章程的，股东可以自决议作出之日起六十日内，请求人民法院撤销。

股东依照前款规定提起诉讼的，人民法院可以应公司的请求，要求股东提供相应担保。

公司根据股东会或者股东大会、董事会决议已办理变更登记的，人民法院宣告该决议无效或者撤销该决议后，公司应当向公司登记机关申请撤销变更登记。

第四十二条 股东会会议由股东按照出资比例行使表决权；但是，公司章程另有规定的除外。

第四十三条 股东会的议事方式和表决程序，除本法有规定的外，由公司章程规定。

股东会会议作出修改公司章程、增加或者减少注册资本的决议，以及公司合并、分立、解散或者变更公司形式的决议，必须经代表三分之二以上表决权的股东通过。

《最高人民法院关于适用〈中华人民共和国公司法〉若干问题的规定(四)》（法释〔2017〕16号　2020年12月23日修正）

第一条　公司股东、董事、监事等请求确认股东会或者股东大会、董事会决议无效或者不成立的，人民法院应当依法予以受理。

第二条　依据民法典第八十五条、公司法第二十二条第二款请求撤销股东会或者股东大会、董事会决议的原告，应当在起诉时具有公司股东资格。

第三条　原告请求确认股东会或者股东大会、董事会决议不成立、无效或者撤销决议的案件，应当列公司为被告。对决议涉及的其他利害关系人，可以依法列为第三人。

一审法庭辩论终结前，其他有原告资格的人以相同的诉讼请求申请参加前款规定诉讼的，可以列为共同原告。

第四条　股东请求撤销股东会或者股东大会、董事会决议，符合民法典第八十五条、公司法第二十二条第二款规定的，人民法院应当予以支持，但会议召集程序或者表决方式仅有轻微瑕疵，且对决议未产生实质影响的，人民法院不予支持。

第五条　股东会或者股东大会、董事会决议存在下列情形之一，当事人主张决议不成立的，人民法院应当予以支持：

（一）公司未召开会议的，但依据公司法第三十七条第二款或者公司章程规定可以不召开股东会或者股东大会而直接作出决定，并由全体股东在决定文件上签名、盖章的除外；

（二）会议未对决议事项进行表决的；

（三）出席会议的人数或者股东所持表决权不符合公司法或者公司章程规定的；

（四）会议的表决结果未达到公司法或者公司章程规定的通过比例的；

（五）导致决议不成立的其他情形。

第六条　股东会或者股东大会、董事会决议被人民法院判决确认无效或者撤销的，公司依据该决议与善意相对人形成的民事法律关系不受影响。

271. 公司设立纠纷

法律条文及规范索引

《中华人民共和国民法典》（2021年1月1日施行）

第七十五条 设立人为设立法人从事的民事活动，其法律后果由法人承受；法人未成立的，其法律后果由设立人承受，设立人为二人以上的，享有连带债权，承担连带债务。

设立人为设立法人以自己的名义从事民事活动产生的民事责任，第三人有权选择请求法人或者设立人承担。

《最高人民法院关于适用〈中华人民共和国公司法〉若干问题的规定（三）》（法释〔2014〕2号 2020年12月23日修正）

第二条 发起人为设立公司以自己名义对外签订合同，合同相对人请求该发起人承担合同责任的，人民法院应予支持；公司成立后合同相对人请求公司承担合同责任的，人民法院应予支持。

第三条 发起人以设立中公司名义对外签订合同，公司成立后合同相对人请求公司承担合同责任的，人民法院应予支持。

公司成立后有证据证明发起人利用设立中公司的名义为自己的利益与相对人签订合同，公司以此为由主张不承担合同责任的，人民法院应予支持，但相对人为善意的除外。

第四条 公司因故未成立，债权人请求全体或者部分发起人对设立公司行为所产生的费用和债务承担连带清偿责任的，人民法院应予支持。

部分发起人依照前款规定承担责任后，请求其他发起人分担的，人民法院应当判令其他发起人按照约定的责任承担比例分担责任；没有约定责任承担比例的，按照约定的出资比例分担责任；没有约定出资比例的，按照均等份额分担责任。

因部分发起人的过错导致公司未成立，其他发起人主张其承担设立行为所产生的费用和债务的，人民法院应当根据过错情况，确定过错一方的责任范围。

第五条 发起人因履行公司设立职责造成他人损害，公司成立后受害人请求公司承担侵权赔偿责任的，人民法院应予支持；公司未成立，受害人请求全体发起人承担连带赔偿责任的，人民法院应予支持。

公司或者无过错的发起人承担赔偿责任后，可以向有过错的发起人追偿。

272. 公司证照返还纠纷

法律条文及规范索引

《中华人民共和国民法典》（2021年1月1日施行）

第二百三十五条　无权占有不动产或者动产的，权利人可以请求返还原物。

第四百五十九条　占有人因使用占有的不动产或者动产，致使该不动产或者动产受到损害的，恶意占有人应当承担赔偿责任。

第四百六十条　不动产或者动产被占有人占有的，权利人可以请求返还原物及其孳息；但是，应当支付善意占有人因维护该不动产或者动产支出的必要费用。

273. 发起人责任纠纷

法律条文及规范索引

《中华人民共和国公司法》（2018年10月26日修正）

第三十条　有限责任公司成立后，发现作为设立公司出资的非货币财产的实际价额显著低于公司章程所定价额的，应当由交付该出资的股东补足其差额；公司设立时的其他股东承担连带责任。

第八十三条　以发起设立方式设立股份有限公司的，发起人应当书面认足公司章程规定其认购的股份；一次缴纳的，应即缴纳全部出资；分期缴纳的，应即缴纳首期出资。以非货币财产出资的，应当依法办理其财产权的转移手续。

发起人不依照前款规定缴纳出资的，应当按照发起人协议承担违约责任。

发起人首次缴纳出资后，应当选举董事会和监事会，由董事会向公司登记机关报送公司章程、由依法设定的验资机构出具的验资证明以及法律、行政法规规定的其他文件，申请设立登记。

第九十三条 股份有限公司成立后，发起人未按照公司章程的规定缴足出资的，应当补缴；其他发起人承担连带责任。

股份有限公司成立后，发现作为设立公司出资的非货币财产的实际价额显著低于公司章程所定价额的，应当由交付该出资的发起人补足其差额；其他发起人承担连带责任。

第九十四条 股份有限公司的发起人应当承担下列责任：

（一）公司不能成立时，对设立行为所产生的债务和费用负连带责任；

（二）公司不能成立时，对认股人已缴纳的股款，负返还股款并加算银行同期存款利息的连带责任；

（三）在公司设立过程中，由于发起人的过失致使公司利益受到损害的，应当对公司承担赔偿责任。

274. 公司盈余分配纠纷

法律条文及规范索引

《中华人民共和国公司法》（2018年10月26日修正）

第二十二条 公司股东会或者股东大会、董事会的决议内容违反法律、行政法规的无效。

股东会或者股东大会、董事会的会议召集程序、表决方式违反法律、行政法规或者公司章程，或者决议内容违反公司章程的，股东可以自决议作出之日起六十日内，请求人民法院撤销。

股东依照前款规定提起诉讼的，人民法院可以应公司的请求，要求股东提供相应担保。

公司根据股东会或者股东大会、董事会决议已办理变更登记的，人民法院宣告该决议无效或者撤销该决议后，公司应当向公司登记机关申请撤销变更登记。

第三十四条 股东按照实缴的出资比例分取红利；公司新增资本时，股东有权优先按照实缴的出资比例认缴出资。但是，全体股东约定不按照出资比例分取红利或者不按照出资比例优先认缴出资的除外。

第一百六十六条 公司分配当年税后利润时，应当提取利润的百分之十列入公司法定公积金。公司法定公积金累计额为公司注册资本的百分之五十以上的，可以不再提取。

公司的法定公积金不足以弥补以前年度亏损的，在依照前款规定提取法定公积金之前，应当先用当年利润弥补亏损。

公司从税后利润中提取法定公积金后，经股东会或者股东大会决议，还可以从税后利润中提取任意公积金。

公司弥补亏损和提取公积金后所余税后利润，有限责任公司依照本法第三十五条的规定分配；股份有限公司按照股东持有的股份比例分配，但股份有限公司章程规定不按持股比例分配的除外。

股东会、股东大会或者董事会违反前款规定，在公司弥补亏损和提取法定公积金之前向股东分配利润的，股东必须将违反规定分配的利润退还公司。

公司持有的本公司股份不得分配利润。

《最高人民法院关于适用〈中华人民共和国公司法〉若干问题的规定(四)》（法释〔2017〕16号 2020年12月23日修正）

第十三条 股东请求公司分配利润案件，应当列公司为被告。

一审法庭辩论终结前，其他股东基于同一分配方案请求分配利润并申请参加诉讼的，应当列为共同原告。

第十四条 股东提交载明具体分配方案的股东会或者股东大会的有效决议，请求公司分配利润，公司拒绝分配利润且其关于无法执行决议的抗辩理由不成立的，人民法院应当判决公司按照决议载明的具体分配方案向股东分配利润。

第十五条 股东未提交载明具体分配方案的股东会或者股东大会决议，请求公司分配利润的，人民法院应当驳回其诉讼请求，但违反法律规定滥用股东权利导致公司不分配利润，给其他股东造成损失的除外。

《最高人民法院关于适用〈中华人民共和国公司法〉若干问题的规定(五)》（法释〔2019〕7号 2020年12月23日修正）

第四条 分配利润的股东会或者股东大会决议作出后，公司应当在决议载明的时间内完成利润分配。决议没有载明时间的，以公司章程规定的为准。决议、章程中均未规定时间或者时间超过一年的，公司应当自决议作出之日起一年内完成利润分配。

决议中载明的利润分配完成时间超过公司章程规定时间的，股东可以依据民法典第八十五条、公司法第二十二条第二款规定请求人民法院撤销决议中关于该时间的规定。

275. 损害股东利益责任纠纷

法律条文及规范索引

《中华人民共和国公司法》（2018年10月26日修正）

第一百五十二条 董事、高级管理人员违反法律、行政法规或者公司章程的规定，损害股东利益的，股东可以向人民法院提起诉讼。

276. 损害公司利益责任纠纷

法律条文及规范索引

《中华人民共和国民法典》（2021年1月1日施行）

第八十四条 营利法人的控股出资人、实际控制人、董事、监事、高级管理人员不得利用其关联关系损害法人的利益；利用关联关系造成法人损失的，应当承担赔偿责任。

《中华人民共和国公司法》（2018年10月26日修正）

第二十条 公司股东应当遵守法律、行政法规和公司章程，依法行使股东权利，不得滥用股东权利损害公司或者其他股东的利益；不得滥用公司法人独立地位和股东有限责任损害公司债权人的利益。

公司股东滥用股东权利给公司或者其他股东造成损失的，应当依法承担赔偿责任。

公司股东滥用公司法人独立地位和股东有限责任，逃避债务，严重损害公司债权人利益的，应当对公司债务承担连带责任。

第一百四十七条　董事、监事、高级管理人员应当遵守法律、行政法规和公司章程，对公司负有忠实义务和勤勉义务。

董事、监事、高级管理人员不得利用职权收受贿赂或者其他非法收入，不得侵占公司的财产。

第一百四十八条　董事、高级管理人员不得有下列行为：

（一）挪用公司资金；

（二）将公司资金以其个人名义或者以其他个人名义开立账户存储；

（三）违反公司章程的规定，未经股东会、股东大会或者董事会同意，将公司资金借贷给他人或者以公司财产为他人提供担保；

（四）违反公司章程的规定或者未经股东会、股东大会同意，与本公司订立合同或者进行交易；

（五）未经股东会或者股东大会同意，利用职务便利为自己或者他人谋取属于公司的商业机会，自营或者为他人经营与所任职公司同类的业务；

（六）接受他人与公司交易的佣金归为己有；

（七）擅自披露公司秘密；

（八）违反对公司忠实义务的其他行为。

董事、高级管理人员违反前款规定所得的收入应当归公司所有。

第一百四十九条　董事、监事、高级管理人员执行公司职务时违反法律、行政法规或者公司章程的规定，给公司造成损失的，应当承担赔偿责任。

第一百五十一条　董事、高级管理人员有本法第一百五十条规定的情形的，有限责任公司的股东、股份有限公司连续一百八十日以上单独或者合计持有公司百分之一以上股份的股东，可以书面请求监事会或者不设监事会的有限责任公司的监事向人民法院提起诉讼；监事有本法第一百五十条规定的情形的，前述股东可以书面请求董事会或者不设董事会的有限责任公司的执行董事向人民法院提起诉讼。

监事会、不设监事会的有限责任公司的监事，或者董事会、执行董事收到前款规定的股东书面请求后拒绝提起诉讼，或者自收到请求之日起三十日内未提起诉讼，或者情况紧急、不立即提起诉讼将会使公司利益受到难以弥补的损害的，前款规定的股东有权为了公司的利益以自己的名义直接向人民法院提起诉讼。

他人侵犯公司合法权益，给公司造成损失的，本条第一款规定的股东可以依照前两款的规定向人民法院提起诉讼。

《最高人民法院关于适用〈中华人民共和国公司法〉若干问题的规定(四)》（法释〔2017〕16号 2020年12月23日修正）

第二十三条 监事会或者不设监事会的有限责任公司的监事依据公司法第一百五十一条第一款规定对董事、高级管理人员提起诉讼的，应当列公司为原告，依法由监事会主席或者不设监事会的有限责任公司的监事代表公司进行诉讼。

董事会或者不设董事会的有限责任公司的执行董事依据公司法第一百五十一条第一款规定对监事提起诉讼的，或者依据公司法第一百五十一条第三款规定对他人提起诉讼的，应当列公司为原告，依法由董事长或者执行董事代表公司进行诉讼。

第二十四条 符合公司法第一百五十一条第一款规定条件的股东，依据公司法第一百五十一条第二款、第三款规定，直接对董事、监事、高级管理人员或者他人提起诉讼的，应当列公司为第三人参加诉讼。

一审法庭辩论终结前，符合公司法第一百五十一条第一款规定条件的其他股东，以相同的诉讼请求申请参加诉讼的，应当列为共同原告。

第二十五条 股东依据公司法第一百五十一条第二款、第三款规定直接提起诉讼的案件，胜诉利益归属于公司。股东请求被告直接向其承担民事责任的，人民法院不予支持。

第二十六条 股东依据公司法第一百五十一条第二款、第三款规定直接提起诉讼的案件，其诉讼请求部分或者全部得到人民法院支持的，公司应当承担股东因参加诉讼支付的合理费用。

277. 损害公司债权人利益责任纠纷

(1) 股东损害公司债权人利益责任纠纷

(2) 实际控制人损害公司债权人利益责任纠纷

法律条文及规范索引

《中华人民共和国公司法》（2018年10月26日修正）

第二十条 公司股东应当遵守法律、行政法规和公司章程，依法行使股东权利，不得滥用股东权利损害公司或者其他股东的利益；不得滥用公司法人独立地位和股东有限责任损害公司债权人的利益。

公司股东滥用股东权利给公司或者其他股东造成损失的，应当依法承担赔偿责任。

公司股东滥用公司法人独立地位和股东有限责任，逃避债务，严重损害公司债权人利益的，应当对公司债务承担连带责任。

《最高人民法院关于印发〈全国法院民商事审判工作会议纪要〉的通知》（法〔2019〕254 号　2019 年 11 月 8 日）

10.【人格混同】认定公司人格与股东人格是否存在混同，最根本的判断标准是公司是否具有独立意思和独立财产，最主要的表现是公司的财产与股东的财产是否混同且无法区分。在认定是否构成人格混同时，应当综合考虑以下因素：

（1）股东无偿使用公司资金或者财产，不作财务记载的；

（2）股东用公司的资金偿还股东的债务，或者将公司的资金供关联公司无偿使用，不作财务记载的；

（3）公司账簿与股东账簿不分，致使公司财产与股东财产无法区分的；

（4）股东自身收益与公司盈利不加区分，致使双方利益不清的；

（5）公司的财产记载于股东名下，由股东占有、使用的；

（6）人格混同的其他情形。

在出现人格混同的情况下，往往同时出现以下混同：公司业务和股东业务混同；公司员工与股东员工混同，特别是财务人员混同；公司住所与股东住所混同。人民法院在审理案件时，关键要审查是否构成人格混同，而不要求同时具备其他方面的混同，其他方面的混同往往只是人格混同的补强。

11.【过度支配与控制】公司控制股东对公司过度支配与控制，操纵公司的决策过程，使公司完全丧失独立性，沦为控制股东的工具或躯壳，严重损害公司债权人利益，应当否认公司人格，由滥用控制权的股东对公司债务承担连带责任。实践中常见的情形包括：

（1）母子公司之间或者子公司之间进行利益输送的；

（2）母子公司或者子公司之间进行交易，收益归一方，损失却由另一方承担的；

（3）先从原公司抽走资金，然后再成立经营目的相同或者类似的公司，逃避原公司债务的；

（4）先解散公司，再以原公司场所、设备、人员及相同或者相似的经营目的另设公司，逃避原公司债务的；

（5）过度支配与控制的其他情形。

控制股东或实际控制人控制多个子公司或者关联公司，滥用控制权使多个子公司或者关联公司财产边界不清、财务混同，利益相互输送，丧失人格独立性，沦为控制股东逃避债务、非法经营，甚至违法犯罪工具的，可以综合案件事实，否认子公司或者关联公司法人人格，判令承担连带责任。

12.【资本显著不足】资本显著不足指的是，公司设立后在经营过程中，股东实际投入公司的资本数额与公司经营所隐含的风险相比明显不匹配。股东利用较少资本从事力所不及的经营，表明其没有从事公司经营的诚意，实质是恶意利用公司独立人格和股东有限责任把投资风险转嫁给债权人。由于资本显著不足的判断标准有很大的模糊性，特别是要与公司采取“以小博大”的正常经营方式相区分，因此在适用时要十分谨慎，应当与其他因素结合起来综合判断。

13.【诉讼地位】人民法院在审理公司人格否认纠纷案件时，应当根据不同情形确定当事人的诉讼地位：

（1）债权人对债务人公司享有的债权已经由生效裁判确认，其另行提起公司人格否认诉讼，请求股东对公司债务承担连带责任的，列股东为被告，公司为第三人；

（2）债权人对债务人公司享有的债权提起诉讼的同时，一并提起公司人格否认诉讼，请求股东对公司债务承担连带责任的，列公司和股东为共同被告；

（3）债权人对债务人公司享有的债权尚未经生效裁判确认，直接提起公司人格否认诉讼，请求公司股东对公司债务承担连带责任的，人民法院应当向债权人释明，告知其追加公司为共同被告。债权人拒绝追加的，人民法院应当裁定驳回起诉。

278. 公司关联交易损害责任纠纷

法律条文及规范索引

《中华人民共和国民法典》（2021年1月1日施行）

第八十四条　营利法人的控股出资人、实际控制人、董事、监事、高级管理人员不得利用其关联关系损害法人的利益；利用关联关系造成法人损失的，应当承担赔偿责任。

《中华人民共和国公司法》（2018年10月26日修正）

第二十一条　公司的控股股东、实际控制人、董事、监事、高级管理人员不得利用其关联关系损害公司利益。

违反前款规定，给公司造成损失的，应当承担赔偿责任。

第二百一十六条　本法下列用语的含义：

（四）关联关系，是指公司控股股东、实际控制人、董事、监事、高级管理人员与其直接或者间接控制的企业之间的关系，以及可能导致公司利益转移的其他关系。但是，国家控股的企业之间不仅因为同受国家控股而具有关联关系。

《最高人民法院关于适用〈中华人民共和国公司法〉若干问题的规定(五)》（法释〔2019〕7号　2020年12月23日修正）

第一条　关联交易损害公司利益，原告公司依据民法典第八十四条、公司法第二十一条规定请求控股股东、实际控制人、董事、监事、高级管理人员赔偿所造成的损失，被告仅以该交易已经履行了信息披露、经股东会或者股东大会同意等法律、行政法规或者公司章程规定的程序为由抗辩的，人民法院不予支持。

公司没有提起诉讼的，符合公司法第一百五十一条第一款规定条件的股东，可以依据公司法第一百五十一条第二款、第三款规定向人民法院提起诉讼。

第二条　关联交易合同存在无效、可撤销或者对公司不发生效力的情形，公司没有起诉合同相对方的，符合公司法第一百五十一条第一款规定条件的股东，可以依据公司法第一百五十一条第二款、第三款规定向人民法院提起诉讼。

第三条 董事任期届满前被股东会或者股东大会有效决议解除职务，其主张解除不发生法律效力的，人民法院不予支持。

董事职务被解除后，因补偿与公司发生纠纷提起诉讼的，人民法院应当依据法律、行政法规、公司章程的规定或者合同的约定，综合考虑解除的原因、剩余任期、董事薪酬等因素，确定是否补偿以及补偿的合理数额。

279. 公司合并纠纷

法律条文及规范索引

《中华人民共和国民法典》（2021年1月1日施行）

第六十七条 法人合并的，其权利和义务由合并后的法人享有和承担。

法人分立的，其权利和义务由分立后的法人享有连带债权，承担连带债务，但是债权人和债务人另有约定的除外。

《中华人民共和国公司法》（2018年10月26日修正）

第二十二条 公司股东会或者股东大会、董事会的决议内容违反法律、行政法规的无效。

股东会或者股东大会、董事会的会议召集程序、表决方式违反法律、行政法规或者公司章程，或者决议内容违反公司章程的，股东可以自决议作出之日起六十日内，请求人民法院撤销。

股东依照前款规定提起诉讼的，人民法院可以应公司的请求，要求股东提供相应担保。

公司根据股东会或者股东大会、董事会决议已办理变更登记的，人民法院宣告该决议无效或者撤销该决议后，公司应当向公司登记机关申请撤销变更登记。

第一百七十三条 公司合并，应当由合并各方签订合并协议，并编制资产负债表及财产清单。公司应当自作出合并决议之日起十日内通知债权人，并于三十日内在报纸上公告。债权人自接到通知书之日起三十日内，未接到通知书的自公告之日起四十五日内，可以要求公司清偿债务或者提供相应的担保。

第一百七十四条　公司合并时，合并各方的债权、债务，应当由合并后存续的公司或者新设的公司承继。

280. 公司分立纠纷

法律条文及规范索引

《中华人民共和国民法典》（2021年1月1日施行）

第六十七条　法人合并的，其权利和义务由合并后的法人享有和承担。

法人分立的，其权利和义务由分立后的法人享有连带债权，承担连带债务，但是债权人和债务人另有约定的除外。

《中华人民共和国公司法》（2018年10月26日修正）

第一百七十五条　公司分立，其财产作相应的分割。

公司分立，应当编制资产负债表及财产清单。公司应当自作出分立决议之日起十日内通知债权人，并于三十日内在报纸上公告。

第一百七十六条　公司分立前的债务由分立后的公司承担连带责任。但是，公司在分立前与债权人就债务清偿达成的书面协议另有约定的除外。

281. 公司减资纠纷

法律条文及规范索引

《中华人民共和国公司法》（2018年10月26日修正）

第二十二条　公司股东会或者股东大会、董事会的决议内容违反法律、行政法规的无效。

股东会或者股东大会、董事会的会议召集程序、表决方式违反法律、行政法规或者公司章程，或者决议内容违反公司章程的，股东可以自决议作出之日起六十日内，请求人民法院撤销。

股东依照前款规定提起诉讼的，人民法院可以应公司的请求，要求股东提供相应担保。

公司根据股东会或者股东大会、董事会决议已办理变更登记的，人民法院宣告该决议无效或者撤销该决议后，公司应当向公司登记机关申请撤销变更登记。

第一百七十七条 公司需要减少注册资本时，必须编制资产负债表及财产清单。

公司应当自作出减少注册资本决议之日起十日内通知债权人，并于三十日内在报纸上公告。债权人自接到通知书之日起三十日内，未接到通知书的自公告之日起四十五日内，有权要求公司清偿债务或者提供相应的担保。

282. 公司增资纠纷

法律条文及规范索引

《中华人民共和国公司法》（2018年10月26日修正）

第二十二条 公司股东会或者股东大会、董事会的决议内容违反法律、行政法规的无效。

股东会或者股东大会、董事会的会议召集程序、表决方式违反法律、行政法规或者公司章程，或者决议内容违反公司章程的，股东可以自决议作出之日起六十日内，请求人民法院撤销。

股东依照前款规定提起诉讼的，人民法院可以应公司的请求，要求股东提供相应担保。

公司根据股东会或者股东大会、董事会决议已办理变更登记的，人民法院宣告该决议无效或者撤销该决议后，公司应当向公司登记机关申请撤销变更登记。

第三十四条 股东按照实缴的出资比例分取红利；公司新增资本时，股东有权优先按照实缴的出资比例认缴出资。但是，全体股东约定不按照出资比例分取红利或者不按照出资比例优先认缴出资的除外。

第一百零三条 股东出席股东大会会议，所持每一股份有一表决权。但是，公司持有的本公司股份没有表决权。

股东大会作出决议，必须经出席会议的股东所持表决权过半数通过。但是，股东大会作出修改公司章程、增加或者减少注册资本的决议，以及公司合并、分立、解散或者变更公司形式的决议，必须经出席会议的股东所持表决权的三分之二以上通过。

第一百七十八条　有限责任公司增加注册资本时，股东认缴新增资本的出资，依照本法设立有限责任公司缴纳出资的有关规定执行。

股份有限公司为增加注册资本发行新股时，股东认购新股，依照本法设立股份有限公司缴纳股款的有关规定执行。

《最高人民法院关于适用〈中华人民共和国公司法〉若干问题的规定(三)》（法释〔2014〕2号　2020年12月23日修正）

第十三条　股东未履行或者未全面履行出资义务，公司或者其他股东请求其向公司依法全面履行出资义务的，人民法院应予支持。

公司债权人请求未履行或者未全面履行出资义务的股东在未出资本息范围内对公司债务不能清偿的部分承担补充赔偿责任的，人民法院应予支持；未履行或者未全面履行出资义务的股东已经承担上述责任，其他债权人提出相同请求的，人民法院不予支持。

股东在公司设立时未履行或者未全面履行出资义务，依照本条第一款或者第二款提起诉讼的原告，请求公司的发起人与被告股东承担连带责任的，人民法院应予支持；公司的发起人承担责任后，可以向被告股东追偿。

股东在公司增资时未履行或者未全面履行出资义务，依照本条第一款或者第二款提起诉讼的原告，请求未尽公司法第一百四十七条第一款规定的义务而使出资未缴足的董事、高级管理人员承担相应责任的，人民法院应予支持；董事、高级管理人员承担责任后，可以向被告股东追偿。

283. 公司解散纠纷

法律条文及规范索引

《中华人民共和国民法典》（2021年1月1日施行）

第六十八条　有下列原因之一并依法完成清算、注销登记的，法人终止：

（一）法人解散；

（二）法人被宣告破产；

（三）法律规定的其他原因。

法人终止，法律、行政法规规定须经有关机关批准的，依照其规定。

第六十九条 有下列情形之一的，法人解散：

（一）法人章程规定的存续期间届满或者法人章程规定的其他解散事由出现；

（二）法人的权力机构决议解散；

（三）因法人合并或者分立需要解散；

（四）法人依法被吊销营业执照、登记证书，被责令关闭或者被撤销；

（五）法律规定的其他情形。

《中华人民共和国公司法》（2018年10月26日修正）

第一百八十二条 公司经营管理发生严重困难，继续存续会使股东利益受到重大损失，通过其他途径不能解决的，持有公司全部股东表决权百分之十以上的股东，可以请求人民法院解散公司。

《最高人民法院关于适用〈中华人民共和国公司法〉若干问题的规定(二)》（法释〔2014〕2号 2020年12月23日修正）

第一条 单独或者合计持有公司全部股东表决权百分之十以上的股东，以下列事由之一提起解散公司诉讼，并符合公司法第一百八十二条规定的，人民法院应予受理：

（一）公司持续两年以上无法召开股东会或者股东大会，公司经营管理发生严重困难的；

（二）股东表决时无法达到法定或者公司章程规定的比例，持续两年以上不能做出有效的股东会或者股东大会决议，公司经营管理发生严重困难的；

（三）公司董事长期冲突，且无法通过股东会或者股东大会解决，公司经营管理发生严重困难的；

（四）经营管理发生其他严重困难，公司继续存续会使股东利益受到重大损失的情形。

股东以知情权、利润分配请求权等权益受到损害，或者公司亏损、财产不足以偿还全部债务，以及公司被吊销企业法人营业执照未进行清算等为由，提起解散公司诉讼的，人民法院不予受理。

第四条 股东提起解散公司诉讼应当以公司为被告。

原告以其他股东为被告一并提起诉讼的，人民法院应当告知原告将其他股东变更为第三人；原告坚持不予变更的，人民法院应当驳回原告对其他股东的起诉。

原告提起解散公司诉讼应当告知其他股东，或者由人民法院通知其参加诉讼。其他股东或者有关利害关系人申请以共同原告或者第三人身份参加诉讼的，人民法院应予准许。

第六条　人民法院关于解散公司诉讼作出的判决，对公司全体股东具有法律约束力。

人民法院判决驳回解散公司诉讼请求后，提起该诉讼的股东或者其他股东又以同一事实和理由提起解散公司诉讼的，人民法院不予受理。

284. 清算责任纠纷

法律条文及规范索引

《中华人民共和国民法典》（2021 年 1 月 1 日施行）

第七十条　法人解散的，除合并或者分立的情形外，清算义务人应当及时组成清算组进行清算。

法人的董事、理事等执行机构或者决策机构的成员为清算义务人。法律、行政法规另有规定的，依照其规定。

清算义务人未及时履行清算义务，造成损害的，应当承担民事责任；主管机关或者利害关系人可以申请人民法院指定有关人员组成清算组进行清算。

《中华人民共和国公司法》（2018 年 10 月 26 日修正）

第一百八十九条　清算组成员应当忠于职守，依法履行清算义务。

清算组成员不得利用职权收受贿赂或者其他非法收入，不得侵占公司财产。

清算组成员因故意或者重大过失给公司或者债权人造成损失的，应当承担赔偿责任。

《最高人民法院关于适用〈中华人民共和国公司法〉若干问题的规定（二）》（法释〔2014〕2 号　2020 年 12 月 23 日修正）

第十八条　有限责任公司的股东、股份有限公司的董事和控股股东未在法定期限内成立清算组开始清算，导致公司财产贬值、流失、毁损或者灭失，债权人主张其在造成损失范围内对公司债务承担赔偿责任的，人民法院应依法予以支持。

有限责任公司的股东、股份有限公司的董事和控股股东因怠于履行义务，导致公司主要财产、账册、重要文件等灭失，无法进行清算，债权人主张其对公司债务承担连带清偿责任的，人民法院应依法予以支持。

上述情形系实际控制人原因造成，债权人主张实际控制人对公司债务承担相应民事责任的，人民法院应依法予以支持。

第十九条 有限责任公司的股东、股份有限公司的董事和控股股东，以及公司的实际控制人在公司解散后，恶意处置公司财产给债权人造成损失，或者未经依法清算，以虚假的清算报告骗取公司登记机关办理法人注销登记，债权人主张其对公司债务承担相应赔偿责任的，人民法院应依法予以支持。

第二十条 公司解散应当在依法清算完毕后，申请办理注销登记。公司未经清算即办理注销登记，导致公司无法进行清算，债权人主张有限责任公司的股东、股份有限公司的董事和控股股东，以及公司的实际控制人对公司债务承担清偿责任的，人民法院应依法予以支持。

公司未经依法清算即办理注销登记，股东或者第三人在公司登记机关办理注销登记时承诺对公司债务承担责任，债权人主张其对公司债务承担相应民事责任的，人民法院应依法予以支持。

《最高人民法院关于印发〈全国法院民商事审判工作会议纪要〉的通知》（法〔2019〕254 号 2019 年 11 月 8 日）

14.【怠于履行清算义务的认定】公司法司法解释（二）第 18 条第 2 款规定的“怠于履行义务”，是指有限责任公司的股东在法定清算事由出现后，在能够履行清算义务的情况下，故意拖延、拒绝履行清算义务，或者因过失导致无法进行清算的消极行为。股东举证证明其已经为履行清算义务采取了积极措施，或者小股东举证证明其既不是公司董事会或者监事会成员，也没有选派人员担任该机关成员，且从未参与公司经营管理，以不构成“怠于履行义务”为由，主张其不应当对公司债务承担连带清偿责任的，人民法院依法予以支持。

15.【因果关系抗辩】有限责任公司的股东举证证明其“怠于履行义务”的消极不作为与“公司主要财产、账册、重要文件等灭失，无法进行清算”

的结果之间没有因果关系，主张其不应对公司债务承担连带清偿责任的，人民法院依法予以支持。

16.【诉讼时效期间】公司债权人请求股东对公司债务承担连带清偿责任，股东以公司债权人对公司的债权已经超过诉讼时效期间为由抗辩，经查证属实的，人民法院依法予以支持。

公司债权人以公司法司法解释（二）第 18 条第 2 款为依据，请求有限责任公司的股东对公司债务承担连带清偿责任的，诉讼时效期间自公司债权人知道或者应当知道公司无法进行清算之日起计算。

285. 上市公司收购纠纷

法律条文及规范索引

《中华人民共和国证券法》（2019 年 12 月 28 日修订）

第六十五条　通过证券交易所的证券交易，投资者持有或者通过协议、其他安排与他人共同持有一个上市公司已发行的有表决权股份达到百分之三十时，继续进行收购的，应当依法向该上市公司所有股东发出收购上市公司全部或者部分股份的要约。

收购上市公司部分股份的要约应当约定，被收购公司股东承诺出售的股份数额超过预定收购的股份数额的，收购人按比例进行收购。

第六十六条　依照前条规定发出收购要约，收购人必须公告上市公司收购报告书，并载明下列事项：

（一）收购人的名称、住所；

（二）收购人关于收购的决定；

（三）被收购的上市公司名称；

（四）收购目的；

（五）收购股份的详细名称和预定收购的股份数额；

（六）收购期限、收购价格；

（七）收购所需资金额及资金保证；

（八）公告上市公司收购报告书时持有被收购公司股份数占该公司已发行的股份总数的比例。

第六十七条 收购要约约定的收购期限不得少于三十日，并不得超过六十日。

第六十八条 在收购要约确定的承诺期限内，收购人不得撤销其收购要约。收购人需要变更收购要约的，应当及时公告，载明具体变更事项，且不得存在下列情形：

（一）降低收购价格；

（二）减少预定收购股份数额；

（三）缩短收购期限；

（四）国务院证券监督管理机构规定的其他情形。

第六十九条 收购要约提出的各项收购条件，适用于被收购公司的所有股东。

上市公司发行不同种类股份的，收购人可以针对不同种类股份提出不同的收购条件。

第七十条 采取要约收购方式的，收购人在收购期限内，不得卖出被收购公司的股票，也不得采取要约规定以外的形式和超出要约的条件买入被收购公司的股票。

第七十一条 采取协议收购方式的，收购人可以依照法律、行政法规的规定同被收购公司的股东以协议方式进行股份转让。

以协议方式收购上市公司时，达成协议后，收购人必须在三日内将该收购协议向国务院证券监督管理机构及证券交易所作出书面报告，并予公告。

在公告前不得履行收购协议。

二十二、合伙企业纠纷

合伙企业，是指自然人、法人和其他组织依照《合伙企业法》在中国境内设立的普通合伙企业和有限合伙企业。普通合伙企业由普通合伙人组成，合伙人对合伙企业债务承担无限连带责任。有限合伙企业由普通合伙人和有限合伙人组成，普通合伙人对合伙企业债务承担无限连带责任，有限合伙人以其认缴的出资额为限对合伙企业债务承担责任。合伙企业纠纷包括入伙、退伙、合伙企业财产份额转让等纠纷。

286. 入伙纠纷

法律条文及规范索引

《中华人民共和国合伙企业法》（2007年6月1日施行）

第四十三条　新合伙人入伙，除合伙协议另有约定外，应当经全体合伙人一致同意，并依法订立书面入伙协议。

订立入伙协议时，原合伙人应当向新合伙人如实告知原合伙企业的经营状况和财务状况。

第四十四条　入伙的新合伙人与原合伙人享有同等权利，承担同等责任。入伙协议另有约定的，从其约定。

新合伙人对入伙前合伙企业的债务承担无限连带责任。

287. 退伙纠纷

法律条文及规范索引

《中华人民共和国合伙企业法》（2007年6月1日施行）

第四十五条　合伙协议约定合伙期限的，在合伙企业存续期间，有下列情形之一的，合伙人可以退伙：

（一）合伙协议约定的退伙事由出现；

（二）经全体合伙人一致同意；

（三）发生合伙人难以继续参加合伙的事由；

（四）其他合伙人严重违反合伙协议约定的义务。

第四十六条　合伙协议未约定合伙期限的，合伙人在不给合伙企业事务执行造成不利影响的情况下，可以退伙，但应当提前三十日通知其他合伙人。

第四十七条　合伙人违反本法第四十五条、第四十六条的规定退伙的，应当赔偿由此给合伙企业造成的损失。

第四十八条 合伙人有下列情形之一的，当然退伙：

（一）作为合伙人的自然人死亡或者被依法宣告死亡；

（二）个人丧失偿债能力；

（三）作为合伙人的法人或者其他组织依法被吊销营业执照、责令关闭、撤销，或者被宣告破产；

（四）法律规定或者合伙协议约定合伙人必须具有相关资格而丧失该资格；

（五）合伙人在合伙企业中的全部财产份额被人民法院强制执行。

合伙人被依法认定为无民事行为能力人或者限制民事行为能力人的，经其他合伙人一致同意，可以依法转为有限合伙人，普通合伙企业依法转为有限合伙企业。其他合伙人未能一致同意的，该无民事行为能力或者限制民事行为能力的合伙人退伙。

退伙事由实际发生之日为退伙生效日。

第四十九条 合伙人有下列情形之一的，经其他合伙人一致同意，可以决议将其除名：

（一）未履行出资义务；

（二）因故意或者重大过失给合伙企业造成损失；

（三）执行合伙事务时有不正当行为；

（四）发生合伙协议约定的事由。

对合伙人的除名决议应当书面通知被除名人。被除名人接到除名通知之日，除名生效，被除名人退伙。

被除名人对除名决议有异议的，可以自接到除名通知之日起三十日内，向人民法院起诉。

第五十条 合伙人死亡或者被依法宣告死亡的，对该合伙人在合伙企业中的财产份额享有合法继承权的继承人，按照合伙协议的约定或者经全体合伙人一致同意，从继承开始之日起，取得该合伙企业的合伙人资格。

有下列情形之一的，合伙企业应当向合伙人的继承人退还被继承合伙人的财产份额：

（一）继承人不愿意成为合伙人；

（二）法律规定或者合伙协议约定合伙人必须具有相关资格，而该继承人未取得该资格；

（三）合伙协议约定不能成为合伙人的其他情形。

合伙人的继承人为无民事行为能力人或者限制民事行为能力人的，经全体合伙人一致同意，可以依法成为有限合伙人，普通合伙企业依法转为有限合伙企业。全体合伙人未能一致同意的，合伙企业应当将被继承合伙人的财产份额退还该继承人。

第五十一条　合伙人退伙，其他合伙人应当与该退伙人按照退伙时的合伙企业财产状况进行结算，退还退伙人的财产份额。退伙人对给合伙企业造成的损失负有赔偿责任的，相应扣减其应当赔偿的数额。

退伙时有未了结的合伙企业事务的，待该事务了结后进行结算。

第五十二条　退伙人在合伙企业中财产份额的退还办法，由合伙协议约定或者由全体合伙人决定，可以退还货币，也可以退还实物。

第五十三条　退伙人对基于其退伙前的原因发生的合伙企业债务，承担无限连带责任。

第五十四条　合伙人退伙时，合伙企业财产少于合伙企业债务的，退伙人应当依照本法第三十三条第一款的规定分担亏损。

288. 合伙企业财产份额转让纠纷

法律条文及规范索引

《中华人民共和国合伙企业法》（2007年6月1日施行）

第二十二条　除合伙协议另有约定外，合伙人向合伙人以外的人转让其在合伙企业中的全部或者部分财产份额时，须经其他合伙人一致同意。

合伙人之间转让在合伙企业中的全部或者部分财产份额时，应当通知其他合伙人。

第二十三条　合伙人向合伙人以外的人转让其在合伙企业中的财产份额的，在同等条件下，其他合伙人有优先购买权；但是，合伙协议另有约定的除外。

第四十二条　合伙人的自有财产不足清偿其与合伙企业无关的债务的，该合伙人可以以其从合伙企业中分取的收益用于清偿；债权人也可以依法请求人民法院强制执行该合伙人在合伙企业中的财产份额用于清偿。

人民法院强制执行合伙人的财产份额时，应当通知全体合伙人，其他合伙人有优先购买权；其他合伙人未购买，又不同意将该财产份额转让给他人的，依照本法第五十一条的规定为该合伙人办理退伙结算，或者办理削减该合伙人相应财产份额的结算。

第七十三条 有限合伙人可以按照合伙协议的约定向合伙人以外的人转让其在有限合伙企业中的财产份额，但应当提前三十日通知其他合伙人。

二十三、与破产有关的纠纷

企业法人不能清偿到期债务，并且资产不足以清偿全部债务或者明显缺乏清偿能力的，以及有明显丧失清偿能力可能的，可以依照《企业破产法》的规定清理债务、进行重整或者向人民法院提出破产清算申请。与破产有关的纠纷就是在企业法人申请破产过程中产生的与之相关的纠纷。与破产程序相关的纠纷不在此二级案由下，另外归为破产程序案件二级案由下。

此次案由修改中，在第二级案由“二十三、与破产有关的纠纷”项下：变更“270. 申请破产清算”“271. 申请破产重整”“272. 申请破产和解”为新增加的第二级案由“四十三、破产程序案件”项下的第三级案由“421. 申请破产清算”“422. 申请破产重整”“423. 申请破产和解”。

289. 请求撤销个别清偿行为纠纷

法律条文及规范索引

《中华人民共和国企业破产法》（2007 年 6 月 1 日施行）

第三十二条 人民法院受理破产申请前六个月内，债务人有本法第二条第一款规定的情形，仍对个别债权人进行清偿的，管理人有权请求人民法院予以撤销。但是，个别清偿使债务人财产受益的除外。

第三十四条 因本法第三十一条、第三十二条或者第三十三条规定的行为而取得的债务人的财产，管理人有权追回。

《最高人民法院关于适用〈中华人民共和国企业破产法〉若干问题的规定（二）》（法释〔2013〕22号　2020年12月23日修正）

第九条　管理人依据企业破产法第三十一条和第三十二条的规定提起诉讼，请求撤销涉及债务人财产的相关行为并由相对人返还债务人财产的，人民法院应予支持。

管理人因过错未依法行使撤销权导致债务人财产不当减损，债权人提起诉讼主张管理人对其损失承担相应赔偿责任的，人民法院应予支持。

第十条　债务人经过行政清理程序转入破产程序的，企业破产法第三十一条和第三十二条规定的可撤销行为的起算点，为行政监管机构作出撤销决定之日。

债务人经过强制清算程序转入破产程序的，企业破产法第三十一条和第三十二条规定的可撤销行为的起算点，为人民法院裁定受理强制清算申请之日。

第十二条　破产申请受理前一年内债务人提前清偿的未到期债务，在破产申请受理前已经到期，管理人请求撤销该清偿行为的，人民法院不予支持。但是，该清偿行为发生在破产申请受理前六个月内且债务人有企业破产法第二条第一款规定情形的除外。

第十四条　债务人对以自有财产设定担保物权的债权进行的个别清偿，管理人依据企业破产法第三十二条的规定请求撤销的，人民法院不予支持。但是，债务清偿时担保财产的价值低于债权额的除外。

第十五条　债务人经诉讼、仲裁、执行程序对债权人进行的个别清偿，管理人依据企业破产法第三十二条的规定请求撤销的，人民法院不予支持。但是，债务人与债权人恶意串通损害其他债权人利益的除外。

第十六条　债务人对债权人进行的以下个别清偿，管理人依据企业破产法第三十二条的规定请求撤销的，人民法院不予支持：

（一）债务人为维系基本生产需要而支付水费、电费等的；

（二）债务人支付劳动报酬、人身损害赔偿金的；

（三）使债务人财产受益的其他个别清偿。

290. 请求确认债务人行为无效纠纷

法律条文及规范索引

《中华人民共和国企业破产法》（2007年6月1日施行）

第三十三条 涉及债务人财产的下列行为无效：

（一）为逃避债务而隐匿、转移财产的；

（二）虚构债务或者承认不真实的债务的。

《最高人民法院关于适用〈中华人民共和国企业破产法〉若干问题的规定（二）》（法释〔2013〕22号 2020年12月23日修正）

第十七条 管理人依据企业破产法第三十三条的规定提起诉讼，主张被隐匿、转移财产的实际占有人返还债务人财产，或者主张债务人虚构债务或者承认不真实债务的行为无效并返还债务人财产的，人民法院应予支持。

291. 对外追收债权纠纷

法律条文及规范索引

《中华人民共和国企业破产法》（2007年6月1日施行）

第十七条 人民法院受理破产申请后，债务人的债务人或者财产持有人应当向管理人清偿债务或者交付财产。

债务人的债务人或者财产持有人故意违反前款规定向债务人清偿债务或者交付财产，使债权人受到损失的，不免除其清偿债务或者交付财产的义务。

《最高人民法院关于适用〈中华人民共和国企业破产法〉若干问题的规定（二）》（法释〔2013〕22号 2020年12月23日修正）

第二十三条 破产申请受理后，债权人就债务人财产向人民法院提起本规定第二十一条第一款所列诉讼的，人民法院不予受理。

债权人通过债权人会议或者债权人委员会，要求管理人依法向次债务人、债务人的出资人等追收债务人财产，管理人无正当理由拒绝追收，债权人会议依据企业破产法第二十二条的规定，申请人民法院更换管理人的，人民法院应予支持。

管理人不予追收，个别债权人代表全体债权人提起相关诉讼，主张次债务人或者债务人的出资人等向债务人清偿或者返还债务人财产，或者依法申请合并破产的，人民法院应予受理。

292. 追收未缴出资纠纷

法律条文及规范索引

《中华人民共和国企业破产法》（2007年6月1日施行）

第三十五条　人民法院受理破产申请后，债务人的出资人尚未完全履行出资义务的，管理人应当要求该出资人缴纳所认缴的出资，而不受出资期限的限制。

《中华人民共和国公司法》（2018年10月26日修正）

第二十八条　股东应当按期足额缴纳公司章程中规定的各自所认缴的出资额。股东以货币出资的，应当将货币出资足额存入有限责任公司在银行开设的账户；以非货币财产出资的，应当依法办理其财产权的转移手续。

股东不按照前款规定缴纳出资的，除应当向公司足额缴纳外，还应当向已按期足额缴纳出资的股东承担违约责任。

第三十条　有限责任公司成立后，发现作为设立公司出资的非货币财产的实际价额显著低于公司章程所定价额的，应当由交付该出资的股东补足其差额；公司设立时的其他股东承担连带责任。

第九十三条　股份有限公司成立后，发起人未按照公司章程的规定缴足出资的，应当补缴；其他发起人承担连带责任。

股份有限公司成立后，发现作为设立公司出资的非货币财产的实际价额显著低于公司章程所定价额的，应当由交付该出资的发起人补足其差额；其他发起人承担连带责任。

《最高人民法院关于适用〈中华人民共和国企业破产法〉若干问题的规定（二）》（法释〔2013〕22号　2020年12月23日修正）

第二十条　管理人代表债务人提起诉讼，主张出资人向债务人依法缴付未履行的出资或者返还抽逃的出资本息，出资人以认缴出资尚未届至公司章程规定的缴纳期限或者违反出资义务已经超过诉讼时效为由抗辩的，人民法院不予支持。

管理人依据公司法的相关规定代表债务人提起诉讼，主张公司的发起人和负有监督股东履行出资义务的董事、高级管理人员，或者协助抽逃出资的其他股东、董事、高级管理人员、实际控制人等，对股东违反出资义务或者抽逃出资承担相应责任，并将财产归入债务人财产的，人民法院应予支持。

293. 追收抽逃出资纠纷

法律条文及规范索引

《中华人民共和国企业破产法》（2007年6月1日施行）

第二十五条 管理人履行下列职责：

……

（六）管理和处分债务人的财产；

（七）代表债务人参加诉讼、仲裁或者其他法律程序；

……

本法对管理人的职责另有规定的，适用其规定。

《中华人民共和国公司法》（2018年10月26日修正）

第三十五条 公司成立后，股东不得抽逃出资。

《最高人民法院关于适用〈中华人民共和国企业破产法〉若干问题的规定（二）》（法释〔2013〕22号 2020年12月23日修正）

第二十条 管理人代表债务人提起诉讼，主张出资人向债务人依法缴付未履行的出资或者返还抽逃的出资本息，出资人以认缴出资尚未届至公司章程规定的缴纳期限或者违反出资义务已经超过诉讼时效为由抗辩的，人民法院不予支持。

管理人依据公司法的相关规定代表债务人提起诉讼，主张公司的发起人和负有监督股东履行出资义务的董事、高级管理人员，或者协助抽逃出资的其他股东、董事、高级管理人员、实际控制人等，对股东违反出资义务或者抽逃出资承担相应责任，并将财产归入债务人财产的，人民法院应予支持。

294. 追收非正常收入纠纷

法律条文及规范索引

《中华人民共和国企业破产法》（2007年6月1日施行）

第三十六条　债务人的董事、监事和高级管理人员利用职权从企业获取的非正常收入和侵占的企业财产，管理人应当追回。

《最高人民法院关于适用〈中华人民共和国企业破产法〉若干问题的规定（二）》（法释〔2013〕22号　2020年12月23日修正）

第二十四条　债务人有企业破产法第二条第一款规定的情形时，债务人的董事、监事和高级管理人员利用职权获取的以下收入，人民法院应当认定为企业破产法第三十六条规定的非正常收入：

（一）绩效奖金；

（二）普遍拖欠职工工资情况下获取的工资性收入；

（三）其他非正常收入。

债务人的董事、监事和高级管理人员拒不向管理人返还上述债务人财产，管理人主张上述人员予以返还的，人民法院应予支持。

债务人的董事、监事和高级管理人员因返还第一款第（一）项、第（三）项非正常收入形成的债权，可以作为普通破产债权清偿。因返还第一款第（二）项非正常收入形成的债权，依据企业破产法第一百一十三条第三款的规定，按照该企业职工平均工资计算的部分作为拖欠职工工资清偿；高出该企业职工平均工资计算的部分，可以作为普通破产债权清偿。

第四十六条　债务人的股东主张以下列债务与债务人对其负有的债务抵销，债务人管理人提出异议的，人民法院应予支持：

（一）债务人股东因欠缴债务人的出资或者抽逃出资对债务人所负的债务；

（二）债务人股东滥用股东权利或者关联关系损害公司利益对债务人所负的债务。

295. 破产债权确认纠纷

（1）职工破产债权确认纠纷

（2）普通破产债权确认纠纷

法律条文及规范索引

《中华人民共和国企业破产法》（2007年6月1日施行）

第四十八条 债权人应当在人民法院确定的债权申报期限内向管理人申报债权。

债务人所欠职工的工资和医疗、伤残补助、抚恤费用，所欠的应当划入职工个人账户的基本养老保险、基本医疗保险费用，以及法律、行政法规规定应当支付给职工的补偿金，不必申报，由管理人调查后列出清单并予以公示。职工对清单记载有异议的，可以要求管理人更正；管理人不予更正的，职工可以向人民法院提起诉讼。

第五十六条 在人民法院确定的债权申报期限内，债权人未申报债权的，可以在破产财产最后分配前补充申报；但是，此前已进行的分配，不再对其补充分配。为审查和确认补充申报债权的费用，由补充申报人承担。

债权人未依照本法规定申报债权的，不得依照本法规定的程序行使权利。

第五十八条 依照本法第五十七条规定编制的债权表，应当提交第一次债权人会议核查。

债务人、债权人对债权表记载的债权无异议的，由人民法院裁定确认。

债务人、债权人对债权表记载的债权有异议的，可以向受理破产申请的人民法院提起诉讼。

《最高人民法院关于税务机关就破产企业欠缴税款产生的滞纳金提起的债权确认之诉应否受理问题的批复》（法释〔2012〕9号　2012年6月4日）

青海省高级人民法院：

你院《关于税务机关就税款滞纳金提起债权确认之诉应否受理问题的请示》（青民他字〔2011〕1号）收悉。经研究，答复如下：

税务机关就破产企业欠缴税款产生的滞纳金提起的债权确认之诉，人民法院应依法受理。依照企业破产法、税收征收管理法的有关规定，破产企业在破产案件受理前因欠缴税款产生的滞纳金属于普通破产债权。对于破产案件受理后因欠缴税款产生的滞纳金，人民法院应当依照《最高人民法院关于审理企业破产案件若干问题的规定》第六十一条规定处理。

此复。

《最高人民法院关于适用〈中华人民共和国企业破产法〉若干问题的规定（二）》（法释〔2013〕22号　2020年12月23日修正）

第二十二条　破产申请受理前，债权人就债务人财产向人民法院提起本规定第二十一条第一款所列诉讼，人民法院已经作出生效民事判决书或者调解书但尚未执行完毕的，破产申请受理后，相关执行行为应当依据企业破产法第十九条的规定中止，债权人应当依法向管理人申报相关债权。

第三十条　债务人占有的他人财产被违法转让给第三人，依据民法典第三百一十一条的规定第三人已善意取得财产所有权，原权利人无法取回该财产的，人民法院应当按照以下规定处理：

（一）转让行为发生在破产申请受理前的，原权利人因财产损失形成的债权，作为普通破产债权清偿；

（二）转让行为发生在破产申请受理后的，因管理人或者相关人员执行职务导致原权利人损害产生的债务，作为共益债务清偿。

第三十一条　债务人占有的他人财产被违法转让给第三人，第三人已向债务人支付了转让价款，但依据民法典第三百一十一条的规定未取得财产所有权，原权利人依法追回转让财产的，对因第三人已支付对价而产生的债务，人民法院应当按照以下规定处理：

（一）转让行为发生在破产申请受理前的，作为普通破产债权清偿；

（二）转让行为发生在破产申请受理后的，作为共益债务清偿。

第三十二条　债务人占有的他人财产毁损、灭失，因此获得的保险金、赔偿金、代偿物尚未交付给债务人，或者代偿物虽已交付给债务人但能与债务人财产予以区分的，权利人主张取回就此获得的保险金、赔偿金、代偿物的，人民法院应予支持。

保险金、赔偿金已经交付给债务人，或者代偿物已经交付给债务人且不能与债务人财产予以区分的，人民法院应当按照以下规定处理：

（一）财产毁损、灭失发生在破产申请受理前的，权利人因财产损失形成的债权，作为普通破产债权清偿；

（二）财产毁损、灭失发生在破产申请受理后的，因管理人或者相关人员执行职务导致权利人损害产生的债务，作为共益债务清偿。

债务人占有的他人财产毁损、灭失，没有获得相应的保险金、赔偿金、代偿物，或者保险金、赔偿物、代偿物不足以弥补其损失的部分，人民法院应当按照本条第二款的规定处理。

第三十六条 出卖人破产，其管理人决定解除所有权保留买卖合同，并依据企业破产法第十七条的规定要求买受人向其交付买卖标的物的，人民法院应予支持。

买受人以其不存在未依约支付价款或者履行完毕其他义务，或者将标的物出卖、出质或者作出其他不当处分情形抗辩的，人民法院不予支持。

买受人依法履行合同义务并依据本条第一款将买卖标的物交付出卖人管理人后，买受人已支付价款损失形成的债权作为共益债务清偿。但是，买受人违反合同约定，出卖人管理人主张上述债权作为普通破产债权清偿的，人民法院应予支持。

296. 取回权纠纷

（1）一般取回权纠纷

（2）出卖人取回权纠纷

法律条文及规范索引

《中华人民共和国企业破产法》（2007年6月1日施行）

第三十八条 人民法院受理破产申请后，债务人占有的不属于债务人的财产，该财产的权利人可以通过管理人取回。但是，本法另有规定的除外。

第三十九条 人民法院受理破产申请时，出卖人已将买卖标的物向作为买受人的债务人发运，债务人尚未收到且未付清全部价款的，出卖人可以取回在运途中的标的物。但是，管理人可以支付全部价款，请求出卖人交付标的物。

《最高人民法院关于适用〈中华人民共和国企业破产法〉若干问题的规定（二）》（法释〔2013〕22号　2020年12月23日修正）

第二十六条　权利人依据企业破产法第三十八条的规定行使取回权，应当在破产财产变价方案或者和解协议、重整计划草案提交债权人会议表决前向管理人提出。权利人在上述期限后主张取回相关财产的，应当承担延迟行使取回权增加的相关费用。

第二十七条　权利人依据企业破产法第三十八条的规定向管理人主张取回相关财产，管理人不予认可，权利人以债务人为被告向人民法院提起诉讼请求行使取回权的，人民法院应予受理。

权利人依据人民法院或者仲裁机关的相关生效法律文书向管理人主张取回所涉争议财产，管理人以生效法律文书错误为由拒绝其行使取回权的，人民法院不予支持。

第二十八条　权利人行使取回权时未依法向管理人支付相关的加工费、保管费、托运费、委托费、代销费等费用，管理人拒绝其取回相关财产的，人民法院应予支持。

第二十九条　对债务人占有的权属不清的鲜活易腐等不易保管的财产或者不及时变现价值将严重贬损的财产，管理人及时变价并提存变价款后，有关权利人就该变价款行使取回权的，人民法院应予支持。

第三十条　债务人占有的他人财产被违法转让给第三人，依据民法典第三百一十一条的规定第三人已善意取得财产所有权，原权利人无法取回该财产的，人民法院应当按照以下规定处理：

（一）转让行为发生在破产申请受理前的，原权利人因财产损失形成的债权，作为普通破产债权清偿；

（二）转让行为发生在破产申请受理后的，因管理人或者相关人员执行职务导致原权利人损害产生的债务，作为共益债务清偿。

第三十二条　债务人占有的他人财产毁损、灭失，因此获得的保险金、赔偿金、代偿物尚未交付给债务人，或者代偿物虽已交付给债务人但能与债务人财产予以区分的，权利人主张取回就此获得的保险金、赔偿金、代偿物的，人民法院应予支持。

保险金、赔偿金已经交付给债务人，或者代偿物已经交付给债务人且不能与债务人财产予以区分的，人民法院应当按照以下规定处理：

（一）财产毁损、灭失发生在破产申请受理前的，权利人因财产损失形成的债权，作为普通破产债权清偿；

（二）财产毁损、灭失发生在破产申请受理后的，因管理人或者相关人员执行职务导致权利人损害产生的债务，作为共益债务清偿。

债务人占有的他人财产毁损、灭失，没有获得相应的保险金、赔偿金、代偿物，或者保险金、赔偿物、代偿物不足以弥补其损失的部分，人民法院应当按照本条第二款的规定处理。

第三十八条　买受人破产，其管理人决定解除所有权保留买卖合同，出卖人依据企业破产法第三十八条的规定主张取回买卖标的物的，人民法院应予支持。

出卖人取回买卖标的物，买受人管理人主张出卖人返还已支付价款的，人民法院应予支持。取回的标的物价值明显减少给出卖人造成损失的，出卖人可从买受人已支付价款中优先予以抵扣后，将剩余部分返还给买受人；对买受人已支付价款不足以弥补出卖人标的物价值减损损失形成的债权，出卖人主张作为共益债务清偿的，人民法院应予支持。

第三十九条　出卖人依据企业破产法第三十九条的规定，通过通知承运人或者实际占有人中止运输、返还货物、变更到达地，或者将货物交给其他收货人等方式，对在运途中标的物主张了取回权但未能实现，或者在货物未达管理人前已向管理人主张取回在运途中标的物，在买卖标的物到达管理人后，出卖人向管理人主张取回的，管理人应予准许。

出卖人对在运途中标的物未及时行使取回权，在买卖标的物到达管理人后向管理人行使在运途中标的物取回权的，管理人不应准许。

第四十条　债务人重整期间，权利人要求取回债务人合法占有的权利人的财产，不符合双方事先约定条件的，人民法院不予支持。但是，因管理人或者自行管理的债务人违反约定，可能导致取回物被转让、毁损、灭失或者价值明显减少的除外。

《最高人民法院印发〈关于推进破产案件依法高效审理的意见〉的通知》
（法发〔2020〕14 号　2020 年 4 月 15 日）

8. 管理人应当及时接管债务人的财产、印章和账簿、文书等资料。债务人拒不移交的，人民法院可以根据管理人的申请或者依职权对直接责任人员处以罚款，并可以就债务人应当移交的内容和期限作出裁定。债务人不履行裁定确定的义务的，人民法院可以依照民事诉讼法执行程序的有关规定采取搜查、强制交付等必要措施予以强制执行。

接管过程中，对于债务人占有的不属于债务人的财产，权利人可以依据企业破产法第三十八条的规定向管理人主张取回。管理人不予认可的，权利人可以向破产案件受理法院提起诉讼请求行使取回权。诉讼期间不停止管理人的接管。

297. 破产抵销权纠纷

法律条文及规范索引

《中华人民共和国企业破产法》（2007 年 6 月 1 日施行）

第四十条　债权人在破产申请受理前对债务人负有债务的，可以向管理人主张抵销。但是，有下列情形之一的，不得抵销：

（一）债务人的债务人在破产申请受理后取得他人对债务人的债权的；

（二）债权人已知债务人有不能清偿到期债务或者破产申请的事实，对债务人负担债务的；但是，债权人因为法律规定或者有破产申请一年前所发生的原因而负担债务的除外；

（三）债务人的债务人已知债务人有不能清偿到期债务或者破产申请的事实，对债务人取得债权的；但是，债务人的债务人因为法律规定或者有破产申请一年前所发生的原因而取得债权的除外。

《最高人民法院关于适用〈中华人民共和国企业破产法〉若干问题的规定（二）》（法释〔2013〕22 号　2020 年 12 月 23 日修正）

第四十一条　债权人依据企业破产法第四十条的规定行使抵销权，应当向管理人提出抵销主张。

管理人不得主动抵销债务人与债权人的互负债务，但抵销使债务人财产受益的除外。

第四十二条　管理人收到债权人提出的主张债务抵销的通知后，经审查无异议的，抵销自管理人收到通知之日起生效。

管理人对抵销主张有异议的，应当在约定的异议期限内或者自收到主张债务抵销的通知之日起三个月内向人民法院提起诉讼。无正当理由逾期提起的，人民法院不予支持。

人民法院判决驳回管理人提起的抵销无效诉讼请求的，该抵销自管理人收到主张债务抵销的通知之日起生效。

第四十三条 债权人主张抵销，管理人以下列理由提出异议的，人民法院不予支持：

（一）破产申请受理时，债务人对债权人负有的债务尚未到期；

（二）破产申请受理时，债权人对债务人负有的债务尚未到期；

（三）双方互负债务标的物种类、品质不同。

第四十四条 破产申请受理前六个月内，债务人有企业破产法第二条第一款规定的情形，债务人与个别债权人以抵销方式对个别债权人清偿，其抵销的债权债务属于企业破产法第四十条第（二）、（三）项规定的情形之一，管理人在破产申请受理之日起三个月内向人民法院提起诉讼，主张该抵销无效的，人民法院应予支持。

第四十五条 企业破产法第四十条所列不得抵销情形的债权人，主张以其对债务人特定财产享有优先受偿权的债权，与债务人对其不享有优先受偿权的债权抵销，债务人管理人以抵销存在企业破产法第四十条规定的情形提出异议的，人民法院不予支持。但是，用以抵销的债权大于债权人享有优先受偿权财产价值的除外。

第四十六条 债务人的股东主张以下列债务与债务人对其负有的债务抵销，债务人管理人提出异议的，人民法院应予支持：

（一）债务人股东因欠缴债务人的出资或者抽逃出资对债务人所负的债务；

（二）债务人股东滥用股东权利或者关联关系损害公司利益对债务人所负的债务。

298. 别除权纠纷

法律条文及规范索引

《中华人民共和国企业破产法》（2007年6月1日施行）

第四十九条 债权人申报债权时，应当书面说明债权的数额和有无财产担保，并提交有关证据。申报的债权是连带债权的，应当说明。

第五十九条 依法申报债权的债权人为债权人会议的成员，有权参加债权人会议，享有表决权。

债权尚未确定的债权人，除人民法院能够为其行使表决权而临时确定债权额的外，不得行使表决权。

对债务人的特定财产享有担保权的债权人，未放弃优先受偿权利的，对于本法第六十一条第一款第七项、第十项规定的事项不享有表决权。

债权人可以委托代理人出席债权人会议，行使表决权。代理人出席债权人会议，应当向人民法院或者债权人会议主席提交债权人的授权委托书。

债权人会议应当有债务人的职工和工会的代表参加，对有关事项发表意见。

第一百零九条　对破产人的特定财产享有担保权的权利人，对该特定财产享有优先受偿的权利。

第一百一十条　享有本法第一百零九条规定权利的债权人行使优先受偿权利未能完全受偿的，其未受偿的债权作为普通债权；放弃优先受偿权利的，其债权作为普通债权。

第一百三十二条　本法施行后，破产人在本法公布之日前所欠职工的工资和医疗、伤残补助、抚恤费用，所欠的应当划入职工个人账户的基本养老保险、基本医疗保险费用，以及法律、行政法规规定应当支付给职工的补偿金，依照本法第一百一十三条的规定清偿后不足以清偿的部分，以本法第一百零九条规定的特定财产优先于对该特定财产享有担保权的权利人受偿。

《最高人民法院关于适用〈中华人民共和国企业破产法〉若干问题的规定（二）》（法释〔2013〕22号　2020年12月23日修正）

第四十五条　企业破产法第四十条所列不得抵销情形的债权人，主张以其对债务人特定财产享有优先受偿权的债权，与债务人对其不享有优先受偿权的债权抵销，债务人管理人以抵销存在企业破产法第四十条规定的情形提出异议的，人民法院不予支持。但是，用以抵销的债权大于债权人享有优先受偿权财产价值的除外。

299. 破产撤销权纠纷

法律条文及规范索引

《中华人民共和国企业破产法》（2007年6月1日施行）

第三十一条 人民法院受理破产申请前一年内，涉及债务人财产的下列行为，管理人有权请求人民法院予以撤销：

（一）无偿转让财产的；

（二）以明显不合理的价格进行交易的；

（三）对没有财产担保的债务提供财产担保的；

（四）对未到期的债务提前清偿的；

（五）放弃债权的。

第三十四条 因本法第三十一条、第三十二条或者第三十三条规定的行为而取得的债务人的财产，管理人有权追回。

《最高人民法院关于适用〈中华人民共和国企业破产法〉若干问题的规定（二）》（法释〔2013〕22号 2020年12月23日修正）

第九条 管理人依据企业破产法第三十一条和第三十二条的规定提起诉讼，请求撤销涉及债务人财产的相关行为并由相对人返还债务人财产的，人民法院应予支持。

管理人因过错未依法行使撤销权导致债务人财产不当减损，债权人提起诉讼主张管理人对其损失承担相应赔偿责任的，人民法院应予支持。

第十条 债务人经过行政清理程序转入破产程序的，企业破产法第三十一条和第三十二条规定的可撤销行为的起算点，为行政监管机构作出撤销决定之日。

债务人经过强制清算程序转入破产程序的，企业破产法第三十一条和第三十二条规定的可撤销行为的起算点，为人民法院裁定受理强制清算申请之日。

第十三条 破产申请受理后，管理人未依据企业破产法第三十一条的规定请求撤销债务人无偿转让财产、以明显不合理价格交易、放弃债权行为的，债权人依据民法典第五百三十八条、第五百三十九条等规定提起诉讼，请求撤销债务人上述行为并将因此追回的财产归入债务人财产的，人民法院应予受理。

相对人以债权人行使撤销权的范围超出债权人的债权抗辩的，人民法院不予支持。

300. 损害债务人利益赔偿纠纷

法律条文及规范索引

《中华人民共和国企业破产法》（2007年6月1日施行）

第一百二十五条　企业董事、监事或者高级管理人员违反忠实义务、勤勉义务，致使所在企业破产的，依法承担民事责任。

有前款规定情形的人员，自破产程序终结之日起三年内不得担任任何企业的董事、监事、高级管理人员。

第一百二十八条　债务人有本法第三十一条、第三十二条、第三十三条规定的行为，损害债权人利益的，债务人的法定代表人和其他直接责任人员依法承担赔偿责任。

《中华人民共和国公司法》（2018年10月26日修正）

第一百四十七条　董事、监事、高级管理人员应当遵守法律、行政法规和公司章程，对公司负有忠实义务和勤勉义务。

董事、监事、高级管理人员不得利用职权收受贿赂或者其他非法收入，不得侵占公司的财产。

第一百四十九条　董事、监事、高级管理人员执行公司职务时违反法律、行政法规或者公司章程的规定，给公司造成损失的，应当承担赔偿责任。

301. 管理人责任纠纷

法律条文及规范索引

《中华人民共和国企业破产法》（2007年6月1日施行）

第一百三十条　管理人未依照本法规定勤勉尽责，忠实执行职务的，人民法院可以依法处以罚款；给债权人、债务人或者第三人造成损失的，依法承担赔偿责任。

《最高人民法院关于审理企业破产案件指定管理人的规定》（法释〔2007〕8号 2007年4月12日）

第三十九条 管理人申请辞去职务未获人民法院许可，但仍坚持辞职并不再履行管理人职责，或者人民法院决定更换管理人后，原管理人拒不向新任管理人移交相关事务，人民法院可以根据企业破产法第一百三十条的规定和具体情况，决定对管理人罚款。对社会中介机构为管理人的罚款5万元至20万元人民币，对个人为管理人的罚款1万元至5万元人民币。

管理人有前款规定行为或者无正当理由拒绝人民法院指定的，编制管理人名册的人民法院可以决定停止其担任管理人一年至三年，或者将其从管理人名册中除名。

《最高人民法院关于适用〈中华人民共和国企业破产法〉若干问题的规定（二）》（法释〔2013〕22号 2020年12月23日修正）

第九条 管理人依据企业破产法第三十一条和第三十二条的规定提起诉讼，请求撤销涉及债务人财产的相关行为并由相对人返还债务人财产的，人民法院应予支持。

管理人因过错未依法行使撤销权导致债务人财产不当减损，债权人提起诉讼主张管理人对其损失承担相应赔偿责任的，人民法院应予支持。

第三十三条 管理人或者相关人员在执行职务过程中，因故意或者重大过失不当转让他人财产或者造成他人财产毁损、灭失，导致他人损害产生的债务作为共益债务，由债务人财产随时清偿不足弥补损失，权利人向管理人或者相关人员主张承担补充赔偿责任的，人民法院应予支持。

上述债务作为共益债务由债务人财产随时清偿后，债权人以管理人或者相关人员执行职务不当导致债务人财产减少给其造成损失为由提起诉讼，主张管理人或者相关人员承担相应赔偿责任的，人民法院应予支持。

二十四、证券纠纷

我国《证券法》规定，股票、公司债券、存托凭证和国务院依法认定的其他证券的发行和交易，适用本法，本法未规定的，适用《中华人民共和国公司法》和其他法律、行政法规的规定。政府债券、证券投资基金份额的上市交易，适用本法；其他法律、行政法规另有规定的，适用其规定。资产支持证券、资产管理产品发行、交易的管理办法，由国务院依照本法的原则规定。证券纠纷就是指与这些证券的发行和交易行为有关的纠纷。

302. 证券权利确认纠纷

（1）股票权利确认纠纷

（2）公司债券权利确认纠纷

（3）国债权利确认纠纷

（4）证券投资基金权利确认纠纷

法律条文及规范索引

《中华人民共和国民法典》（2021年1月1日施行）

第一百二十五条　民事主体依法享有股权和其他投资性权利。

《中华人民共和国证券法》（2019年12月28日修订）

第二条　在中华人民共和国境内，股票、公司债券、存托凭证和国务院依法认定的其他证券的发行和交易，适用本法；本法未规定的，适用《中华人民共和国公司法》和其他法律、行政法规的规定。

政府债券、证券投资基金份额的上市交易，适用本法；其他法律、行政法规另有规定的，适用其规定。

资产支持证券、资产管理产品发行、交易的管理办法，由国务院依照本法的原则规定。

在中华人民共和国境外的证券发行和交易活动，扰乱中华人民共和国境内市场秩序，损害境内投资者合法权益的，依照本法有关规定处理并追究法律责任。

《中华人民共和国证券投资基金法》（2015 年 4 月 24 日修正）

第二条 在中华人民共和国境内，通过公开发售基金份额募集证券投资基金（以下简称基金），由基金管理人管理，基金托管人托管，为基金份额持有人的利益，以资产组合方式进行证券投资活动，适用本法；本法未规定的，适用《中华人民共和国信托法》《中华人民共和国证券法》和其他有关法律、行政法规的规定。

《最高人民法院关于适用〈中华人民共和国公司法〉若干问题的规定(三)》（法释〔2011〕3 号 2020 年 12 月 23 日修正）

第二十一条 当事人向人民法院起诉请求确认其股东资格的，应当以公司为被告，与案件争议股权有利害关系的人作为第三人参加诉讼。

第二十二条 当事人之间对股权归属发生争议，一方请求人民法院确认其享有股权的，应当证明以下事实之一：

（一）已经依法向公司出资或者认缴出资，且不违反法律法规强制性规定；

（二）已经受让或者以其他形式继受公司股权，且不违反法律法规强制性规定。

303. 证券交易合同纠纷

（1）股票交易纠纷

（2）公司债券交易纠纷

（3）国债交易纠纷

（4）证券投资基金交易纠纷

法律条文及规范索引

《中华人民共和国民法典》（2021 年 1 月 1 日施行）

第一百二十五条 民事主体依法享有股权和其他投资性权利。

《中华人民共和国证券法》（2019年12月28日修订）

第三条　证券的发行、交易活动，必须遵循公开、公平、公正的原则。

第四条　证券发行、交易活动的当事人具有平等的法律地位，应当遵守自愿、有偿、诚实信用的原则。

第五条　证券的发行、交易活动，必须遵守法律、行政法规；禁止欺诈、内幕交易和操纵证券市场的行为。

第三十五条　证券交易当事人依法买卖的证券，必须是依法发行并交付的证券。

非依法发行的证券，不得买卖。

第三十六条　依法发行的证券，《中华人民共和国公司法》和其他法律对其转让期限有限制性规定的，在限定的期限内不得转让。

上市公司持有百分之五以上股份的股东、实际控制人、董事、监事、高级管理人员，以及其他持有发行人首次公开发行前发行的股份或者上市公司向特定对象发行的股份的股东，转让其持有的本公司股份的，不得违反法律、行政法规和国务院证券监督管理机构关于持有期限、卖出时间、卖出数量、卖出方式、信息披露等规定，并应当遵守证券交易所的业务规则。

第三十七条　公开发行的证券，应当在依法设立的证券交易所上市交易或者在国务院批准的其他全国性证券交易场所交易。

非公开发行的证券，可以在证券交易所、国务院批准的其他全国性证券交易场所、按照国务院规定设立的区域性股权市场转让。

第三十八条　证券在证券交易所上市交易，应当采用公开的集中交易方式或者国务院证券监督管理机构批准的其他方式。

第三十九条　证券交易当事人买卖的证券可以采用纸面形式或者国务院证券监督管理机构规定的其他形式。

《中华人民共和国公司法》（2018年10月26日修正）

第一百三十七条　股东持有的股份可以依法转让。

第一百三十八条　股东转让其股份，应当在依法设立的证券交易场所进行或者按照国务院规定的其他方式进行。

第一百三十九条　记名股票，由股东以背书方式或者法律、行政法规规定的其他方式转让；转让后由公司将受让人的姓名或者名称及住所记载于股东名册。

股东大会召开前二十日内或者公司决定分配股利的基准日前五日内，不得进行前款规定的股东名册的变更登记。但是，法律对上市公司股东名册变更登记另有规定的，从其规定。

第一百四十条 无记名股票的转让，由股东将该股票交付给受让人后即发生转让的效力。

《中华人民共和国证券投资基金法》（2015 年 4 月 24 日修正）

第四十四条 基金合同应当约定基金的运作方式。

第四十五条 基金的运作方式可以采用封闭式、开放式或者其他方式。

采用封闭式运作方式的基金（以下简称封闭式基金），是指基金份额总额在基金合同期限内固定不变，基金份额持有人不得申请赎回的基金；采用开放式运作方式的基金（以下简称开放式基金），是指基金份额总额不固定，基金份额可以在基金合同约定的时间和场所申购或者赎回的基金。

采用其他运作方式的基金的基金份额发售、交易、申购、赎回的办法，由国务院证券监督管理机构另行规定。

304. 金融衍生品种交易纠纷

法律条文及规范索引

《中华人民共和国证券法》（2019 年 12 月 28 日修订）

第二条 在中华人民共和国境内，股票、公司债券、存托凭证和国务院依法认定的其他证券的发行和交易，适用本法；本法未规定的，适用《中华人民共和国公司法》和其他法律、行政法规的规定。

政府债券、证券投资基金份额的上市交易，适用本法；其他法律、行政法规另有规定的，适用其规定。

资产支持证券、资产管理产品发行、交易的管理办法，由国务院依照本法的原则规定。

在中华人民共和国境外的证券发行和交易活动，扰乱中华人民共和国境内市场秩序，损害境内投资者合法权益的，依照本法有关规定处理并追究法律责任。

《银行业金融机构衍生产品交易业务管理暂行办法》（中国银行业监督管理委员会令 2011 年第 1 号　2011 年 1 月 5 日）

第三条 本办法所称衍生产品是一种金融合约，其价值取决于一种或多种基础资产或指数，合约的基本种类包括远期、期货、掉期（互换）和期权。衍生产品还包括具有远期、期货、掉期（互换）和期权中一种或多种特征的混合金融工具。

第四条　本办法所称银行业金融机构衍生产品交易业务按照交易目的分为两类：

（一）套期保值类衍生产品交易。即银行业金融机构主动发起，为规避自有资产、负债的信用风险、市场风险或流动性风险而进行的衍生产品交易。此类交易需符合套期会计规定，并划入银行账户管理。

（二）非套期保值类衍生产品交易。即除套期保值类以外的衍生产品交易。包括由客户发起，银行业金融机构为满足客户需求提供的代客交易和银行业金融机构为对冲前述交易相关风险而进行的交易；银行业金融机构为承担做市义务持续提供市场买、卖双边价格，并按其报价与其他市场参与者进行的做市交易；以及银行业金融机构主动发起，运用自有资金，根据对市场走势的判断，以获利为目的进行的自营交易。此类交易划入交易账户管理。

第六条　银行业金融机构开办衍生产品交易业务，应当经中国银监会批准，接受中国银监会的监督与检查。获得衍生产品交易业务资格的银行业金融机构，应当从事与其自身风险管理能力相适应的业务活动。

第七条　银行业金融机构从事与外汇、商品、能源和股权有关的衍生产品交易以及场内衍生产品交易，应当具有中国银监会批准的衍生产品交易业务资格，并遵守国家外汇管理及其他相关规定。

305. 证券承销合同纠纷

（1）证券代销合同纠纷

（2）证券包销合同纠纷

法律条文及规范索引

《中华人民共和国证券法》（2019 年 12 月 28 日修订）

第二十六条　发行人向不特定对象发行的证券，法律、行政法规规定应当由证券公司承销的，发行人应当同证券公司签订承销协议。证券承销业务采取代销或者包销方式。

证券代销是指证券公司代发行人发售证券，在承销期结束时，将未售出的证券全部退还给发行人的承销方式。

证券包销是指证券公司将发行人的证券按照协议全部购入或者在承销期结束时将售后剩余证券全部自行购入的承销方式。

第二十七条 公开发行证券的发行人有权依法自主选择承销的证券公司。

第二十八条 证券公司承销证券，应当同发行人签订代销或者包销协议，载明下列事项：

（一）当事人的名称、住所及法定代表人姓名；

（二）代销、包销证券的种类、数量、金额及发行价格；

（三）代销、包销的期限及起止日期；

（四）代销、包销的付款方式及日期；

（五）代销、包销的费用和结算办法；

（六）违约责任；

（七）国务院证券监督管理机构规定的其他事项。

第二十九条 证券公司承销证券，应当对公开发行募集文件的真实性、准确性、完整性进行核查。发现有虚假记载、误导性陈述或者重大遗漏的，不得进行销售活动；已经销售的，必须立即停止销售活动，并采取纠正措施。

证券公司承销证券，不得有下列行为：

（一）进行虚假的或者误导投资者的广告宣传或者其他宣传推介活动；

（二）以不正当竞争手段招揽承销业务；

（三）其他违反证券承销业务规定的行为。

证券公司有前款所列行为，给其他证券承销机构或者投资者造成损失的，应当依法承担赔偿责任。

第三十条 向不特定对象发行证券聘请承销团承销的，承销团应当由主承销和参与承销的证券公司组成。

第三十一条 证券的代销、包销期限最长不得超过九十日。

证券公司在代销、包销期内，对所代销、包销的证券应当保证先行出售给认购人，证券公司不得为本公司预留所代销的证券和预先购入并留存所包销的证券。

第三十二条 股票发行采取溢价发行的，其发行价格由发行人与承销的证券公司协商确定。

第三十三条　股票发行采用代销方式，代销期限届满，向投资者出售的股票数量未达到拟公开发行股票数量百分之七十的，为发行失败。发行人应当按照发行价并加算银行同期存款利息返还股票认购人。

第三十四条　公开发行股票，代销、包销期限届满，发行人应当在规定的期限内将股票发行情况报国务院证券监督管理机构备案。

第一百八十三条　证券公司承销或者销售擅自公开发行或者变相公开发行的证券的，责令停止承销或者销售，没收违法所得，并处以违法所得一倍以上十倍以下的罚款；没有违法所得或者违法所得不足一百万元的，处以一百万元以上一千万元以下的罚款；情节严重的，并处暂停或者撤销相关业务许可。给投资者造成损失的，应当与发行人承担连带赔偿责任。对直接负责的主管人员和其他直接责任人员给予警告，并处以五十万元以上五百万元以下的罚款。

第一百八十四条　证券公司承销证券违反本法第二十九条规定的，责令改正，给予警告，没收违法所得，可以并处五十万元以上五百万元以下的罚款；情节严重的，暂停或者撤销相关业务许可。对直接负责的主管人员和其他直接责任人员给予警告，可以并处二十万元以上二百万元以下的罚款；情节严重的，并处以五十万元以上五百万元以下的罚款。

《中华人民共和国公司法》（2018 年 10 月 26 日修正）

第八十七条　发起人向社会公开募集股份，应当由依法设立的证券公司承销，签订承销协议。

306. 证券投资咨询纠纷

法律条文及规范索引

《中华人民共和国证券法》（2019 年 12 月 28 日修订）

第一百六十一条　证券投资咨询机构及其从业人员从事证券服务业务不得有下列行为：

（一）代理委托人从事证券投资；

（二）与委托人约定分享证券投资收益或者分担证券投资损失；

（三）买卖本证券投资咨询机构提供服务的证券；

（四）法律、行政法规禁止的其他行为。

有前款所列行为之一，给投资者造成损失的，应当依法承担赔偿责任。

第一百六十二条 证券服务机构应当妥善保存客户委托文件、核查和验证资料、工作底稿以及与质量控制、内部管理、业务经营有关的信息和资料，任何人不得泄露、隐匿、伪造、篡改或者毁损。上述信息和资料的保存期限不得少于十年，自业务委托结束之日起算。

第一百六十三条 证券服务机构为证券的发行、上市、交易等证券业务活动制作、出具审计报告及其他鉴证报告、资产评估报告、财务顾问报告、资信评级报告或者法律意见书等文件，应当勤勉尽责，对所依据的文件资料内容的真实性、准确性、完整性进行核查和验证。其制作、出具的文件有虚假记载、误导性陈述或者重大遗漏，给他人造成损失的，应当与委托人承担连带赔偿责任，但是能够证明自己没有过错的除外。

307. 证券资信评级服务合同纠纷

法律条文及规范索引

《中华人民共和国证券法》（2019 年 12 月 28 日修订）

第一百六十一条 证券投资咨询机构及其从业人员从事证券服务业务不得有下列行为：

（一）代理委托人从事证券投资；

（二）与委托人约定分享证券投资收益或者分担证券投资损失；

（三）买卖本证券投资咨询机构提供服务的证券；

（四）法律、行政法规禁止的其他行为。

有前款所列行为之一，给投资者造成损失的，应当依法承担赔偿责任。

第一百六十二条 证券服务机构应当妥善保存客户委托文件、核查和验证资料、工作底稿以及与质量控制、内部管理、业务经营有关的信息和资料，任何人不得泄露、隐匿、伪造、篡改或者毁损。上述信息和资料的保存期限不得少于十年，自业务委托结束之日起算。

第一百六十三条 证券服务机构为证券的发行、上市、交易等证券业务活动制作、出具审计报告及其他鉴证报告、资产评估报告、财务顾问报告、资信评级报告或者法律意见书等文件，应当勤勉尽责，对所依据的文件资料内容的真实性、准确性、完整性进行核查和验证。其制作、出具的文件有虚假记载、误导性陈述或者重大遗漏，给他人造成损失的，应当与委托人承担连带赔偿责任，但是能够证明自己没有过错的除外。

《资信评级机构出具证券公司债券信用评级报告准则》（证监发行字〔2003〕106号　2003年10月8日）

第五条　资信评级机构应建立健全统一的内部信用评级标准和程序，并在出具评级报告时保持所依据的标准和程序的一致性。

第十二条　评级结论应包括发行人名称、受评债券名称、信用级别及释义、评级结论的主要依据等，并简要说明本次评级的过程和发行人、受评债券的风险程度。

发行人为受评债券提供担保的，应对比说明有无担保情况下评级结论的差异。

第十四条　评级报告分析应当针对证券行业和发行人的特点，重点揭示风险，反映发行人及受评债券的信用水平及信用风险。

第十五条　评级报告分析可在显要位置作“特别风险提示”，必要时应详细分析该风险及其形成的原因，说明过去特别是最近一个会计年度曾经因该风险因素遭受的损失，判断将来遭受损失的可能程度。

308. 证券回购合同纠纷

（1）股票回购合同纠纷

（2）国债回购合同纠纷

（3）公司债券回购合同纠纷

（4）证券投资基金回购合同纠纷

（5）质押式证券回购纠纷

法律条文及规范索引

《全国银行间债券市场债券交易管理办法》（中国人民银行令〔2000〕第2号　2000年4月30日）

第八条　下列机构可成为全国银行间债券市场参与者，从事债券交易业务：

（一）在中国境内具有法人资格的商业银行及其授权分支机构；

（二）在中国境内具有法人资格的非银行金融机构和非金融机构；

（三）经中国人民银行批准经营人民币业务的外国银行分行。

第九条 上述机构进入全国银行间债券市场，应签署债券回购主协议。

第十条 金融机构可直接进行债券交易和结算，也可委托结算代理人进行债券交易和结算；非金融机构应委托结算代理人进行债券交易和结算。

第十七条 以债券为质押进行回购交易，应办理登记；回购合同在办理质押登记后生效。

第十八条 合同一经成立，交易双方应全面履行合同规定的义务，不得擅自变更或解除合同。

第十九条 债券交易现券买卖价格或回购利率由交易双方自行确定。

第二十条 参与者进行债券交易不得在合同约定的价款或利息之外收取未经批准的其他费用。

第二十一条 回购期间，交易双方不得动用质押的债券。

第二十二条 回购期限最长为365天。回购到期应按照合同约定全额返还回购项下的资金，并解除质押关系，不得以任何方式展期。

《中国人民银行、财政部、中国证券监督管理委员会关于重申对进一步规范证券回购业务有关问题的通知》（1995年8月7日施行）

三、证券回购券种只能是国库券和经中国人民银行批准发行的金融债券；回购期限最长不得超过1年；回购资金不得用于固定资产投资，不得用于期货市场投资和股本投资，不得以贷款、拆借等任何名义用于企业。

四、回购方必须有百分之百的属于自己所有的国库券和金融债券，并将国库券和金融债券集中在中国人民银行省、自治区、直辖市、计划单列市分行指定的一家证券登记托管机构保管代保管单只能由该机构出具凡出具虚假代保管单的机构，比照全国人大《关于惩治破坏金融秩序犯罪的决定》中的第十条、第十五条等规定惩治返售方在回购期内不得动用回购证券禁止任何金融机构挪用个人或机构委托其保管的证券。

五、禁止任何金融机构以租券、借券等方式从事证券回购业务。

六、凡从事证券回购业务的金融机构必须在8月30日以前到当地人民银行逐笔填写《证券回购业务登记表》由人民银行省、自治区、直辖市、计划单列市分行汇总并报中国人民银行总行和财政部逾期不登记者，取消其从事证券回购业务的资格。

309. 证券上市合同纠纷

法律条文及规范索引

《中华人民共和国证券法》（2019 年 12 月 28 日修订）

第四十五条　通过计算机程序自动生成或者下达交易指令进行程序化交易的，应当符合国务院证券监督管理机构的规定，并向证券交易所报告，不得影响证券交易所系统安全或者正常交易秩序。

第四十七条　申请证券上市交易，应当符合证券交易所上市规则规定的上市条件。

证券交易所上市规则规定的上市条件，应当对发行人的经营年限、财务状况、最低公开发行比例和公司治理、诚信记录等提出要求。

第四十八条　上市交易的证券，有证券交易所规定的终止上市情形的，由证券交易所按照业务规则终止其上市交易。

证券交易所决定终止证券上市交易的，应当及时公告，并报国务院证券监督管理机构备案。

310. 证券交易代理合同纠纷

法律条文及规范索引

《中华人民共和国证券法》（2019 年 12 月 28 日修订）

第一百三十三条　证券公司接受证券买卖的委托，应当根据委托书载明的证券名称、买卖数量、出价方式、价格幅度等，按照交易规则代理买卖证券，如实进行交易记录；买卖成交后，应当按照规定制作买卖成交报告单交付客户。

证券交易中确认交易行为及其交易结果的对账单必须真实，保证账面证券余额与实际持有的证券相一致。

《中华人民共和国民法典》（2021年1月1日施行）

第一百六十四条 代理人不履行或者不完全履行职责，造成被代理人损害的，应当承担民事责任。

代理人和相对人恶意串通，损害被代理人合法权益的，代理人和相对人应当承担连带责任。

第一百六十五条 委托代理授权采用书面形式的，授权委托书应当载明代理人的姓名或者名称、代理事项、权限和期限，并由被代理人签名或者盖章。

第一百七十一条 行为人没有代理权、超越代理权或者代理权终止后，仍然实施代理行为，未经被代理人追认的，对被代理人不发生效力。

相对人可以催告被代理人自收到通知之日起三十日内予以追认。被代理人未作表示的，视为拒绝追认。行为人实施的行为被追认前，善意相对人有撤销的权利。撤销应当以通知的方式作出。

行为人实施的行为未被追认的，善意相对人有权请求行为人履行债务或者就其受到的损害请求行为人赔偿。但是，赔偿的范围不得超过被代理人追认时相对人所能获得的利益。

相对人知道或者应当知道行为人无权代理的，相对人和行为人按照各自的过错承担责任。

第九百二十九条 有偿的委托合同，因受托人的过错造成委托人损失的，委托人可以请求赔偿损失。无偿的委托合同，因受托人的故意或者重大过失造成委托人损失的，委托人可以请求赔偿损失。

受托人超越权限造成委托人损失的，应当赔偿损失。

第九百三十条 受托人处理委托事务时，因不可归责于自己的事由受到损失的，可以向委托人请求赔偿损失。

第九百三十一条 委托人经受托人同意，可以在受托人之外委托第三人处理委托事务。因此造成受托人损失的，受托人可以向委托人请求赔偿损失。

第九百三十二条 两个以上的受托人共同处理委托事务的，对委托人承担连带责任。

第九百三十三条 委托人或者受托人可以随时解除委托合同。因解除合同造成对方损失的，除不可归责于该当事人的事由外，无偿委托合同的解除方应当赔偿因解除时间不当造成的直接损失，有偿委托合同的解除方应当赔偿对方的直接损失和合同履行后可以获得的利益。

可参见本法第一百五十三条、第一百五十四条、第一百八十六条、第四百六十五条、第五百零六条、第五百七十七条、第五百七十八条、第五百八十三条。

311. 证券上市保荐合同纠纷

法律条文及规范索引

《中华人民共和国证券法》（2019 年 12 月 28 日修订）

第十条　发行人申请公开发行股票、可转换为股票的公司债券，依法采取承销方式的，或者公开发行法律、行政法规规定实行保荐制度的其他证券的，应当聘请证券公司担任保荐人。

保荐人应当遵守业务规则和行业规范，诚实守信，勤勉尽责，对发行人的申请文件和信息披露资料进行审慎核查，督导发行人规范运作。

保荐人的管理办法由国务院证券监督管理机构规定。

第一百八十二条　保荐人出具有虚假记载、误导性陈述或者重大遗漏的保荐书，或者不履行其他法定职责的，责令改正，给予警告，没收业务收入，并处以业务收入一倍以上十倍以下的罚款；没有业务收入或者业务收入不足一百万元的，处以一百万元以上一千万元以下的罚款；情节严重的，并处暂停或者撤销保荐业务许可。对直接负责的主管人员和其他直接责任人员给予警告，并处以五十万元以上五百万元以下的罚款。

《证券发行上市保荐业务管理办法》（2020 年 6 月 12 日施行）

第二十六条　在发行保荐书和上市保荐书中，保荐机构应当就下列事项做出承诺：

（一）有充分理由确信发行人符合法律法规及中国证监会有关证券发行上市的相关规定；

（二）有充分理由确信发行人申请文件和信息披露资料不存在虚假记载、误导性陈述或者重大遗漏；

（三）有充分理由确信发行人及其董事在申请文件和信息披露资料中表达意见的依据充分合理；

（四）有充分理由确信申请文件和信息披露资料与证券服务机构发表的意见不存在实质性差异；

（五）保证所指定的保荐代表人及本保荐机构的相关人员已勤勉尽责，对发行人申请文件和信息披露资料进行了尽职调查、审慎核查；

（六）保证保荐书、与履行保荐职责有关的其他文件不存在虚假记载、误导性陈述或者重大遗漏；

（七）保证对发行人提供的专业服务和出具的专业意见符合法律、行政法规、中国证监会的规定和行业规范；

（八）自愿接受中国证监会依照本办法采取的监管措施；

（九）中国证监会规定的其他事项。

在实施证券发行注册制的板块，前款规定的上市保荐书承诺事项由证券交易所具体规定。

第二十七条 保荐机构提交发行保荐书后，应当配合中国证监会的审核，并承担下列工作：

（一）组织发行人及证券服务机构对中国证监会的意见进行答复；

（二）按照中国证监会的要求对涉及本次证券发行上市的特定事项进行尽职调查或者核查；

（三）指定保荐代表人与中国证监会职能部门进行专业沟通，保荐代表人在发行审核委员会会议上接受委员质询；

（四）中国证监会规定的其他工作。

在实施证券发行注册制的板块，保荐机构应当配合证券交易所、中国证监会的发行上市审核和注册工作，并按规定承担相应工作。

第二十八条 保荐机构应当针对发行人的具体情况，确定证券发行上市后持续督导的内容，督导发行人履行有关上市公司规范运作、信守承诺和信息披露等义务，审阅信息披露文件及向中国证监会、证券交易所提交的其他文件，并承担下列工作：

（一）督导发行人有效执行并完善防止控股股东、实际控制人、其他关联方违规占用发行人资源的制度；

（二）督导发行人有效执行并完善防止其董事、监事、高级管理人员利用职务之便损害发行人利益的内控制度；

（三）督导发行人有效执行并完善保障关联交易公允性和合规性的制度，并对关联交易发表意见；

（四）持续关注发行人募集资金的专户存储、投资项目的实施等承诺事项；

（五）持续关注发行人为他人提供担保等事项，并发表意见；

（六）中国证监会、证券交易所规定及保荐协议约定的其他工作。

312. 证券发行纠纷

（1）证券认购纠纷

（2）证券发行失败纠纷

法律条文及规范索引

《中华人民共和国证券法》（2019年12月28日修订）

第二十一条　国务院证券监督管理机构或者国务院授权的部门依照法定条件负责证券发行申请的注册。证券公开发行注册的具体办法由国务院规定。

按照国务院的规定，证券交易所等可以审核公开发行证券申请，判断发行人是否符合发行条件、信息披露要求，督促发行人完善信息披露内容。

依照前两款规定参与证券发行申请注册的人员，不得与发行申请人有利害关系，不得直接或者间接接受发行申请人的馈赠，不得持有所注册的发行申请的证券，不得私下与发行申请人进行接触。

第三十一条　证券的代销、包销期限最长不得超过九十日。

证券公司在代销、包销期内，对所代销、包销的证券应当保证先行出售给认购人，证券公司不得为本公司预留所代销的证券和预先购入并留存所包销的证券。

第三十二条　股票发行采取溢价发行的，其发行价格由发行人与承销的证券公司协商确定。

第三十三条　股票发行采用代销方式，代销期限届满，向投资者出售的股票数量未达到拟公开发行股票数量百分之七十的，为发行失败。发行人应当按照发行价并加算银行同期存款利息返还股票认购人。

《中华人民共和国公司法》（2018 年 10 月 26 日修正）

第二十六条 有限责任公司的注册资本为在公司登记机关登记的全体股东认缴的出资额。

法律、行政法规以及国务院决定对有限责任公司注册资本实缴、注册资本最低限额另有规定的，从其规定。

第二十七条 股东可以用货币出资，也可以用实物、知识产权、土地使用权等可以用货币估价并可以依法转让的非货币财产作价出资；但是，法律、行政法规规定不得作为出资的财产除外。

对作为出资的非货币财产应当评估作价，核实财产，不得高估或者低估作价。法律、行政法规对评估作价有规定的，从其规定。

第二十八条 股东应当按期足额缴纳公司章程中规定的各自所认缴的出资额。股东以货币出资的，应当将货币出资足额存入有限责任公司在银行开设的账户；以非货币财产出资的，应当依法办理其财产权的转移手续。

股东不按照前款规定缴纳出资的，除应当向公司足额缴纳外，还应当向已按期足额缴纳出资的股东承担违约责任。

《上市公司证券发行管理办法》（2020 年 2 月 14 日修正）

第十二条 向原股东配售股份（以下简称配股），除符合本章第一节规定外，还应当符合下列规定：

（一）拟配售股份数量不超过本次配售股份前股本总额的百分之三十；

（二）控股股东应当在股东大会召开前公开承诺认配股份的数量；

（三）采用证券法规定的代销方式发行。

控股股东不履行认配股份的承诺，或者代销期限届满，原股东认购股票的数量未达到拟配售数量百分之七十的，发行人应当按照发行价并加算银行同期存款利息返还已经认购的股东。

第十三条 向不特定对象公开募集股份（简称“增发”），除符合本章第一节规定外，还应当符合下列规定：

（一）最近三个会计年度加权平均净资产收益率平均不低于百分之六。扣除非经常性损益后的净利润与扣除前的净利润相比，以低者作为加权平均净资产收益率的计算依据；

（二）除金融类企业外，最近一期末不存在持有金额较大的交易性金融资产和可供出售的金融资产、借予他人款项、委托理财等财务性投资的情形；

（三）发行价格应不低于公告招股意向书前二十个交易日公司股票均价或前一个交易日的均价。

313. 证券返还纠纷

法律条文及规范索引

《中华人民共和国证券法》（2019 年 12 月 28 日修订）

第五十八条　任何单位和个人不得违反规定，出借自己的证券账户或者借用他人的证券账户从事证券交易。

第一百零六条　投资者应当与证券公司签订证券交易委托协议，并在证券公司实名开立账户，以书面、电话、自助终端、网络等方式，委托该证券公司代其买卖证券。

第一百零七条　证券公司为投资者开立账户，应当按照规定对投资者提供的身份信息进行核对。

证券公司不得将投资者的账户提供给他人使用。

投资者应当使用实名开立的账户进行交易。

第一百五十七条　投资者委托证券公司进行证券交易，应当通过证券公司申请在证券登记结算机构开立证券账户。证券登记结算机构应当按照规定为投资者开立证券账户。

投资者申请开立账户，应当持有证明中华人民共和国公民、法人、合伙企业身份的合法证件。国家另有规定的除外。

第一百九十五条　违反本法第五十八条的规定，出借自己的证券账户或者借用他人的证券账户从事证券交易的，责令改正，给予警告，可以处五十万元以下的罚款。

《中华人民共和国民法典》（2021 年 1 月 1 日施行）

第九百二十六条　受托人以自己的名义与第三人订立合同时，第三人不知道受托人与委托人之间的代理关系的，受托人因第三人的原因对委托人不履行义务，受托人应当向委托人披露第三人，委托人因此可以行使受托人对第三人的权利。但是，第三人与受托人订立合同时如果知道该委托人就不会订立合同的除外。

受托人因委托人的原因对第三人不履行义务，受托人应当向第三人披露委托人，第三人因此可以选择受托人或者委托人作为相对人主张其权利，但是第三人不得变更选定的相对人。

委托人行使受托人对第三人的权利的，第三人可以向委托人主张其对受托人的抗辩。第三人选定委托人作为其相对人的，委托人可以向第三人主张其对受托人的抗辩以及受托人对第三人的抗辩。

第九百二十九条 有偿的委托合同，因受托人的过错造成委托人损失的，委托人可以请求赔偿损失。无偿的委托合同，因受托人的故意或者重大过失造成委托人损失的，委托人可以请求赔偿损失。

受托人超越权限造成委托人损失的，应当赔偿损失。

第九百三十条 受托人处理委托事务时，因不可归责于自己的事由受到损失的，可以向委托人请求赔偿损失。

《证券登记结算管理办法》（2018 年 8 月 15 日修正）

第十七条 投资者通过证券账户持有证券，证券账户用于记录投资者持有证券的余额及其变动情况。

第十八条 证券应当记录在证券持有人本人的证券账户内，但依据法律、行政法规和中国证监会的规定，证券记录在名义持有人证券账户内的，从其规定。

证券登记结算机构为依法履行职责，可以要求名义持有人提供其名下证券权益拥有人的相关资料。

第二十二条 投资者不得将本人的证券账户提供给他人使用。

第二十三条 证券登记结算机构应当根据业务规则，对开户代理机构开立证券账户的活动进行监督。开户代理机构违反业务规则的，证券登记结算机构可以根据业务规则暂停、取消其开户代理资格，并提请中国证监会按照相关规定采取暂停或撤销其相关证券业务许可；对直接负责的主管人员和其他直接责任人员，单处或并处警告、罚款、撤销任职资格或证券从业资格等处罚措施。

第二十四条 证券公司应当掌握其客户的资料及资信状况，并对其客户证券账户的使用情况进行监督。证券公司发现其客户在证券账户使用过程中存在违规行为的，应当按照证券登记结算机构的业务规则处理，并及时向证券登记结算机构和证券交易所报告。涉及法人以他人名义设立证券账户或者利用他人证券账户买卖证券的，还应当向中国证监会报告，由中国证监会依法予以处罚。

第二十五条　投资者在证券账户开立和使用过程中存在违规行为的，证券登记结算机构应当依法对违规证券账户采取限制使用、注销等处置措施。

314. 证券欺诈责任纠纷

（1）证券内幕交易责任纠纷

（2）操纵证券交易市场责任纠纷

（3）证券虚假陈述责任纠纷

（4）欺诈客户责任纠纷

法律条文及规范索引

《中华人民共和国证券法》（2019 年 12 月 28 日修订）

第五十条　禁止证券交易内幕信息的知情人和非法获取内幕信息的人利用内幕信息从事证券交易活动。

第五十一条　证券交易内幕信息的知情人包括：

（一）发行人及其董事、监事、高级管理人员；

（二）持有公司百分之五以上股份的股东及其董事、监事、高级管理人员，公司的实际控制人及其董事、监事、高级管理人员；

（三）发行人控股或者实际控制的公司及其董事、监事、高级管理人员；

（四）由于所任公司职务或者因与公司业务往来可以获取公司有关内幕信息的人员；

（五）上市公司收购人或者重大资产交易方及其控股股东、实际控制人、董事、监事和高级管理人员；

（六）因职务、工作可以获取内幕信息的证券交易场所、证券公司、证券登记结算机构、证券服务机构的有关人员；

（七）因职责、工作可以获取内幕信息的证券监督管理机构工作人员；

（八）因法定职责对证券的发行、交易或者对上市公司及其收购、重大资产交易进行管理可以获取内幕信息的有关主管部门、监管机构的工作人员；

（九）国务院证券监督管理机构规定的可以获取内幕信息的其他人员。

第五十二条 证券交易活动中，涉及发行人的经营、财务或者对该发行人证券的市场价格有重大影响的尚未公开的信息，为内幕信息。

本法第八十条第二款、第八十一条第二款所列重大事件属于内幕信息。

第五十三条 证券交易内幕信息的知情人和非法获取内幕信息的人，在内幕信息公开前，不得买卖该公司的证券，或者泄露该信息，或者建议他人买卖该证券。

持有或者通过协议、其他安排与他人共同持有公司百分之五以上股份的自然人、法人、非法人组织收购上市公司的股份，本法另有规定的，适用其规定。

内幕交易行为给投资者造成损失的，应当依法承担赔偿责任。

第五十四条 禁止证券交易场所、证券公司、证券登记结算机构、证券服务机构和其他金融机构的从业人员、有关监管部门或者行业协会的工作人员，利用因职务便利获取的内幕信息以外的其他未公开的信息，违反规定，从事与该信息相关的证券交易活动，或者明示、暗示他人从事相关交易活动。

利用未公开信息进行交易给投资者造成损失的，应当依法承担赔偿责任。

第五十五条 禁止任何人以下列手段操纵证券市场，影响或者意图影响证券交易价格或者证券交易量：

（一）单独或者通过合谋，集中资金优势、持股优势或者利用信息优势联合或者连续买卖；

（二）与他人串通，以事先约定的时间、价格和方式相互进行证券交易；

（三）在自己实际控制的账户之间进行证券交易；

（四）不以成交为目的，频繁或者大量申报并撤销申报；

（五）利用虚假或者不确定的重大信息，诱导投资者进行证券交易；

（六）对证券、发行人公开作出评价、预测或者投资建议，并进行反向证券交易；

（七）利用在其他相关市场的活动操纵证券市场；

（八）操纵证券市场的其他手段。

操纵证券市场行为给投资者造成损失的，应当依法承担赔偿责任。

第五十六条 禁止任何单位和个人编造、传播虚假信息或者误导性信息，扰乱证券市场。

禁止证券交易场所、证券公司、证券登记结算机构、证券服务机构及其从业人员，证券业协会、证券监督管理机构及其工作人员，在证券交易活动中作出虚假陈述或者信息误导。

各种传播媒介传播证券市场信息必须真实、客观，禁止误导。传播媒介及其从事证券市场信息报道的工作人员不得从事与其工作职责发生利益冲突的证券买卖。

编造、传播虚假信息或者误导性信息，扰乱证券市场，给投资者造成损失的，应当依法承担赔偿责任。

第五十七条　禁止证券公司及其从业人员从事下列损害客户利益的行为：

（一）违背客户的委托为其买卖证券；

（二）不在规定时间内向客户提供交易的确认文件；

（三）未经客户的委托，擅自为客户买卖证券，或者假借客户的名义买卖证券；

（四）为牟取佣金收入，诱使客户进行不必要的证券买卖；

（五）其他违背客户真实意思表示，损害客户利益的行为。

违反前款规定给客户造成损失的，应当依法承担赔偿责任。

第五十八条　任何单位和个人不得违反规定，出借自己的证券账户或者借用他人的证券账户从事证券交易。

《最高人民法院关于审理证券市场因虚假陈述引发的民事赔偿案件的若干规定》（法释〔2003〕2号　2002年12月26日）

第二十一条　发起人、发行人或者上市公司对其虚假陈述给投资人造成的损失承担民事赔偿责任。

发行人、上市公司负有责任的董事、监事和经理等高级管理人员对前款的损失承担连带赔偿责任。但有证据证明无过错的，应予免责。

第二十二条　实际控制人操纵发行人或者上市公司违反证券法律规定，以发行人或者上市公司名义虚假陈述并给投资人造成损失的，可以由发行人或者上市公司承担赔偿责任。发行人或者上市公司承担赔偿责任后，可以向实际控制人追偿。

实际控制人违反证券法第四条、第五条以及第一百八十八条规定虚假陈述，给投资人造成损失的，由实际控制人承担赔偿责任。

第二十三条 证券承销商、证券上市推荐人对虚假陈述给投资人造成的损失承担赔偿责任。但有证据证明无过错的，应予免责。

负有责任的董事、监事和经理等高级管理人员对证券承销商、证券上市推荐人承担的赔偿责任负连带责任。其免责事由同前款规定。

315. 证券托管纠纷

法律条文及规范索引

《证券登记结算管理办法》（2018年8月15日修正）

第三十四条 投资者应当委托证券公司托管其持有的证券，证券公司应当将其自有证券和所托管的客户证券交由证券登记结算机构存管，但法律、行政法规和中国证监会另有规定的除外。

第三十六条 投资者买卖证券，应当与证券公司签订证券交易、托管与结算协议。

证券登记结算机构应当制定和公布证券交易、托管与结算协议中与证券登记结算业务有关的必备条款。必备条款应当包括但不限于以下内容：

（一）证券公司根据客户的委托，按照证券交易规则提出交易申报，根据成交结果完成其与客户的证券和资金的交收，并承担相应的交收责任；客户应当同意集中交易结束后，由证券公司委托证券登记结算机构办理其证券账户与证券公司证券交收账户之间的证券划付；

（二）实行质押式回购交易的，投资者和证券公司应当按照业务规则的规定向证券登记结算机构提交用于回购的质押券。投资者和证券公司之间债权债务关系不影响证券登记结算机构按照业务规则对证券公司提交的质押券行使质押权；

（三）客户出现资金交收违约时，证券公司可以委托证券登记结算机构将客户净买入证券划付到其证券处置账户内，并要求客户在约定期限内补足资金。客户出现证券交收违约时，证券公司可以将相当于证券交收违约金额的资金暂不划付给该客户。

第三十七条 证券公司应当将其与客户之间建立、变更和终止证券托管关系的事项报送证券登记结算机构。

证券登记结算机构应当对上述事项加以记录。

《中华人民共和国证券投资基金法》（2015 年 4 月 24 日修正）

第三十二条　基金托管人由依法设立的商业银行或者其他金融机构担任。

商业银行担任基金托管人的，由国务院证券监督管理机构会同国务院银行业监督管理机构核准；其他金融机构担任基金托管人的，由国务院证券监督管理机构核准。

第四十条　国务院证券监督管理机构、国务院银行业监督管理机构对有下列情形之一的基金托管人，可以取消其基金托管资格：

（一）连续三年没有开展基金托管业务的；

（二）违反本法规定，情节严重的；

（三）法律、行政法规规定的其他情形。

第四十一条　有下列情形之一的，基金托管人职责终止：

（一）被依法取消基金托管资格；

（二）被基金份额持有人大会解任；

（三）依法解散、被依法撤销或者被依法宣告破产；

（四）基金合同约定的其他情形。

第四十二条　基金托管人职责终止的，基金份额持有人大会应当在六个月内选任新基金托管人；新基金托管人产生前，由国务院证券监督管理机构指定临时基金托管人。

基金托管人职责终止的，应当妥善保管基金财产和基金托管业务资料，及时办理基金财产和基金托管业务的移交手续，新基金托管人或者临时基金托管人应当及时接收。

316. 证券登记、存管、结算纠纷

法律条文及规范索引

《证券登记结算管理办法》（2018 年 8 月 15 日修正）

第二十六条　上市证券的发行人，应当委托证券登记结算机构办理其所发行证券的登记业务。

证券登记结算机构应当与委托其办理证券登记业务的证券发行人签订证券登记及服务协议，明确双方的权利义务。

证券登记结算机构应当制定并公布证券登记及服务协议的范本。

证券登记结算机构可以根据政府债券主管部门的要求办理上市政府债券的登记业务。

第三十四条 投资者应当委托证券公司托管其持有的证券，证券公司应当将其自有证券和所托管的客户证券交由证券登记结算机构存管，但法律、行政法规和中国证监会另有规定的除外。

第三十五条 证券登记结算机构为证券公司设立客户证券总账和自有证券总账，用以统计证券公司交存的客户证券和自有证券。

证券公司应当委托证券登记结算机构维护其客户及自有证券账户，但法律、行政法规和中国证监会另有规定的除外。

第四十一条 证券公司参与证券和资金的集中清算交收，应当向证券登记结算机构申请取得结算参与人资格，与证券登记结算机构签订结算协议，明确双方的权利义务。

没有取得结算参与人资格的证券公司，应当与结算参与人签订委托结算协议，委托结算参与人代其进行证券和资金的集中清算交收。

证券登记结算机构应当制定并公布结算协议和委托结算协议范本。

《中华人民共和国证券法》（2019 年 12 月 28 日修订）

第一百四十五条 证券登记结算机构为证券交易提供集中登记、存管与结算服务，不以营利为目的，依法登记，取得法人资格。

设立证券登记结算机构必须经国务院证券监督管理机构批准。

第一百四十六条 设立证券登记结算机构，应当具备下列条件：

（一）自有资金不少于人民币二亿元；

（二）具有证券登记、存管和结算服务所必须的场所和设施；

（三）国务院证券监督管理机构规定的其他条件。

证券登记结算机构的名称中应当标明证券登记结算字样。

317. 融资融券交易纠纷

法律条文及规范索引

《证券公司融资融券业务管理办法》（2015 年 7 月 1 日施行）

第十条　证券公司经营融资融券业务，应当以自己的名义，在证券登记结算机构分别开立融券专用证券账户、客户信用交易担保证券账户、信用交易证券交收账户和信用交易资金交收账户。

融券专用证券账户用于记录证券公司持有的拟向客户融出的证券和客户归还的证券，不得用于证券买卖；客户信用交易担保证券账户用于记录客户委托证券公司持有、担保证券公司因向客户融资融券所生债权的证券；信用交易证券交收账户用于客户融资融券交易的证券结算；信用交易资金交收账户用于客户融资融券交易的资金结算。

第十一条　证券公司经营融资融券业务，应当以自己的名义，在商业银行分别开立融资专用资金账户和客户信用交易担保资金账户。

融资专用资金账户用于存放证券公司拟向客户融出的资金及客户归还的资金；客户信用交易担保资金账户用于存放客户交存的、担保证券公司因向客户融资融券所生债权的资金。

第十三条　证券公司在向客户融资、融券前，应当与其签订载入中国证券业协会规定的必备条款的融资融券合同，明确约定下列事项：

（一）融资、融券的额度、期限、利率（费率）、利息（费用）的计算方式；

（二）保证金比例、维持担保比例、可充抵保证金的证券的种类及折算率、担保债权范围；

（三）追加保证金的通知方式、追加保证金的期限；

（四）客户清偿债务的方式及证券公司对担保物的处分权利；

（五）融资买入证券和融券卖出证券的权益处理；

（六）违约责任。

（七）其他有关事项。

第十四条　融资融券合同应当约定，证券公司客户信用交易担保证券账户内的证券和客户信用交易担保资金账户内的资金，为担保证券公司因融资融券所生对客户债权的信托财产。

证券公司与客户约定的融资、融券期限不得超过证券交易所规定的期限；融资利率、融券费率由证券公司与客户自主商定。

合约到期前，证券公司可以根据客户的申请为客户办理展期，每次展期期限不得超过证券交易所规定的期限。

证券公司在为客户办理合约展期前，应当对客户的信用状况、负债情况、维持担保比例水平等进行评估。

第十五条 证券公司与客户签订融资融券合同前，应当采用适当的方式向客户讲解业务规则和合同内容，明确告知客户权利、义务及风险，特别是关于违约处置的风险控制安排，并将融资融券交易风险揭示书交由客户书面确认。

第十八条 证券公司向客户融资，只能使用融资专用资金账户内的资金；向客户融券，只能使用融券专用证券账户内的证券。

客户融资买入、融券卖出的证券，不得超出证券交易所规定的范围。

客户在融券期间卖出其持有的、与所融入证券相同的证券的，应当符合证券交易所的规定，不得以违反规定卖出该证券的方式操纵市场。

第二十一条 客户融资买入证券的，应当以卖券还款或者直接还款的方式偿还向证券公司融入的资金。

客户融券卖出的，应当以买券还券或者直接还券的方式偿还向证券公司融入的证券。

客户融券卖出的证券暂停交易的，可以按照约定以现金等方式偿还向证券公司融入的证券。

第二十二条 客户融资买入或者融券卖出的证券暂停交易，且交易恢复日在融资融券债务到期日之后的，融资融券的期限顺延。融资融券合同另有约定的，从其约定。

第二十三条 客户融资买入或者融券卖出的证券预定终止交易，且最后交易日在融资融券债务到期日之前的，融资融券的期限缩短至最后交易日的前一交易日。融资融券合同另有约定的，从其约定。

第二十六条 证券公司应当在符合证券交易所规定的前提下，根据客户信用状况、担保物质量等情况，与客户约定最低维持担保比例、补足担保物的期限以及违约处置方式等。

证券公司应当逐日计算客户交存的担保物价值与其所欠债务的比例。当该比例低于约定的维持担保比例时，应当通知客户在约定的期限内补交担保物，客户经证券公司认可后，可以提交除可充抵保证金证券以外的其他证券、不动产、股权等资产。

客户未能按期交足担保物或者到期未偿还债务的，证券公司可以按照约定处分其担保物。

第三十四条　客户融入证券后、归还证券前，证券发行人分配投资收益、向证券持有人配售或者无偿派发证券、发行证券持有人有优先认购权的证券的，客户应当按照融资融券合同的约定，在偿还债务时，向证券公司支付与所融入证券可得利益相等的证券或者资金。

318. 客户交易结算资金纠纷

法律条文及规范索引

《中华人民共和国证券法》（2019 年 12 月 28 日修订）

第五十七条　禁止证券公司及其从业人员从事下列损害客户利益的行为：

（一）违背客户的委托为其买卖证券；

（二）不在规定时间内向客户提供交易的确认文件；

（三）未经客户的委托，擅自为客户买卖证券，或者假借客户的名义买卖证券；

（四）为牟取佣金收入，诱使客户进行不必要的证券买卖；

（五）其他违背客户真实意思表示，损害客户利益的行为。

违反前款规定给客户造成损失的，应当依法承担赔偿责任。

第一百三十一条　证券公司客户的交易结算资金应当存放在商业银行，以每个客户的名义单独立户管理。

证券公司不得将客户的交易结算资金和证券归入其自有财产。禁止任何单位或者个人以任何形式挪用客户的交易结算资金和证券。证券公司破产或者清算时，客户的交易结算资金和证券不属于其破产财产或者清算财产。非因客户本身的债务或者法律规定的其他情形，不得查封、冻结、扣划或者强制执行客户的交易结算资金和证券。

第一百五十九条 证券登记结算机构按照业务规则收取的各类结算资金和证券，必须存放于专门的清算交收账户，只能按业务规则用于已成交的证券交易的清算交收，不得被强制执行。

二十五、期货交易纠纷

《期货交易管理条例》中规定，期货交易，是指采用公开的集中交易方式或者国务院期货监督管理机构批准的其他方式进行的以期货合约或者期权合约为交易标的的交易活动。期货合约，是指期货交易场所统一制定的、规定在将来某一特定的时间和地点交割一定数量标的物的标准化合约。期货合约包括商品期货合约和金融期货合约及其他期货合约。期权合约，是指期货交易场所统一制定的、规定买方有权在将来某一时间以特定价格买入或者卖出约定标的物（包括期货合约）的标准化合约。期货交易纠纷就是指在期货交易活动中产生的纠纷。

319. 期货经纪合同纠纷

法律条文及规范索引

《中华人民共和国民法典》（2021 年 1 月 1 日施行）

第一百五十三条、第一百五十四条、第一百五十七条、第一百八十六条、第四百六十五条、第五百零六条、第五百六十二条、第五百六十三条、第五百六十六条、第五百七十七条、第五百七十八条。

《期货交易管理条例》（2017 年 3 月 1 日修订）

第十七条 期货公司业务实行许可制度，由国务院期货监督管理机构按照其商品期货、金融期货业务种类颁发许可证。期货公司除申请经营境内期货经纪业务外，还可以申请经营境外期货经纪、期货投资咨询以及国务院期货监督管理机构规定的其他期货业务。

期货公司不得从事与期货业务无关的活动，法律、行政法规或者国务院期货监督管理机构另有规定的除外。

期货公司不得从事或者变相从事期货自营业务。

期货公司不得为其股东、实际控制人或者其他关联人提供融资，不得对外担保。

第十八条　期货公司从事经纪业务，接受客户委托，以自己的名义为客户进行期货交易，交易结果由客户承担。

第二十四条　期货公司接受客户委托为其进行期货交易，应当事先向客户出示风险说明书，经客户签字确认后，与客户签订书面合同。期货公司不得未经客户委托或者不按照客户委托内容，擅自进行期货交易。

期货公司不得向客户做获利保证；不得在经纪业务中与客户约定分享利益或者共担风险。

第三十条　期货公司经营期货经纪业务又同时经营其他期货业务的，应当严格执行业务分离和资金分离制度，不得混合操作。

《最高人民法院关于审理期货纠纷案件若干问题的规定》（法释〔2003〕10号　2020年12月23日修正）

第十三条　有下列情形之一的，应当认定期货经纪合同无效：

（一）没有从事期货经纪业务的主体资格而从事期货经纪业务的；

（二）不具备从事期货交易主体资格的客户从事期货交易的；

（三）违反法律、行政法规的强制性规定的。

第十六条　期货公司在与客户订立期货经纪合同时，未提示客户注意《期货交易风险说明书》内容，并由客户签字或者盖章，对于客户在交易中的损失，应当依据民法典第五百条第三项的规定承担相应的赔偿责任。但是，根据以往交易结果记载，证明客户已有交易经历的，应当免除期货公司的责任。

第十七条　期货公司接受客户全权委托进行期货交易的，对交易产生的损失，承担主要赔偿责任，赔偿额不超过损失的百分之八十，法律、行政法规另有规定的除外。

第十八条　期货公司与客户签订的期货经纪合同对下达交易指令的方式未作约定或者约定不明确的，期货公司不能证明其所进行的交易是依据客户交易指令进行的，对该交易造成客户的损失，期货公司应当承担赔偿责任，客户予以追认的除外。

第十九条 期货公司执行非受托人的交易指令造成客户损失，应当由期货公司承担赔偿责任，非受托人承担连带责任，客户予以追认的除外。

第二十条 客户下达的交易指令没有品种、数量、买卖方向的，期货公司未予拒绝而进行交易造成客户的损失，由期货公司承担赔偿责任，客户予以追认的除外。

第二十一条 客户下达的交易指令数量和买卖方向明确，没有有效期限的，应当视为当日有效；没有成交价格的，应当视为按市价交易；没有开平仓方向的，应当视为开仓交易。

第二十二条 期货公司错误执行客户交易指令，除客户认可的以外，交易的后果由期货公司承担，并按下列方式分别处理：

（一）交易数量发生错误的，多于指令数量的部分由期货公司承担，少于指令数量的部分，由期货公司补足或者赔偿直接损失；

（二）交易价格超出客户指令价位范围的，交易差价损失或者交易结果由期货公司承担。

第二十三条 期货公司不当延误执行客户交易指令给客户造成损失的，应当承担赔偿责任，但由于市场原因致客户交易指令未能全部或者部分成交的，期货公司不承担责任。

第二十四条 期货公司超出客户指令价位的范围，将高于客户指令价格卖出或者低于客户指令价格买入后的差价利益占为己有的，客户要求期货公司返还的，人民法院应予支持，期货公司与客户另有约定的除外。

第二十五条 期货交易所未按交易规则规定的期限、方式，将交易或者持仓头寸的结算结果通知期货公司，造成期货公司损失的，由期货交易所承担赔偿责任。

期货公司未按期货经纪合同约定的期限、方式，将交易或者持仓头寸的结算结果通知客户，造成客户损失的，由期货公司承担赔偿责任。

320. 期货透支交易纠纷

法律条文及规范索引

《中华人民共和国民法典》（2021年1月1日施行）

第一百五十三条、第一百五十四条、第一百五十七条、第一百八十六条、第四百六十五条、第五百零六条、第五百六十二条、第五百六十三条、第五百六十六条、第五百七十七条、第五百七十八条。

《最高人民法院关于审理期货纠纷案件若干问题的规定》（法释〔2003〕10号　2020年12月23日修正）

第三十一条　期货交易所在期货公司没有保证金或者保证金不足的情况下，允许期货公司开仓交易或者继续持仓，应当认定为透支交易。

期货公司在客户没有保证金或者保证金不足的情况下，允许客户开仓交易或者继续持仓，应当认定为透支交易。

审查期货公司或者客户是否透支交易，应当以期货交易所规定的保证金比例为标准。

第三十二条　期货公司的交易保证金不足，期货交易所未按规定通知期货公司追加保证金的，由于行情向持仓不利的方向变化导致期货公司透支发生的扩大损失，期货交易所应当承担主要赔偿责任，赔偿额不超过损失的百分之六十。

客户的交易保证金不足，期货公司未按约定通知客户追加保证金的，由于行情向持仓不利的方向变化导致客户透支发生的扩大损失，期货公司应当承担主要赔偿责任，赔偿额不超过损失的百分之八十。

第三十三条　期货公司的交易保证金不足，期货交易所履行了通知义务，而期货公司未及时追加保证金，期货公司要求保留持仓并经书面协商一致的，对保留持仓期间造成的损失，由期货公司承担；穿仓造成的损失，由期货交易所承担。

客户的交易保证金不足，期货公司履行了通知义务而客户未及时追加保证金，客户要求保留持仓并经书面协商一致的，对保留持仓期间造成的损失，由客户承担；穿仓造成的损失，由期货公司承担。

第三十四条 期货交易所允许期货公司开仓透支交易的，对透支交易造成的损失，由期货交易所承担主要赔偿责任，赔偿额不超过损失的百分之六十。

期货公司允许客户开仓透支交易的，对透支交易造成的损失，由期货公司承担主要赔偿责任，赔偿额不超过损失的百分之八十。

第三十五条 期货交易所允许期货公司透支交易，并与其约定分享利益，共担风险的，对透支交易造成的损失，期货交易所承担相应的赔偿责任。

期货公司允许客户透支交易，并与其约定分享利益，共担风险的，对透支交易造成的损失，期货公司承担相应的赔偿责任。

321. 期货强行平仓纠纷

法律条文及规范索引

《最高人民法院关于审理期货纠纷案件若干问题的规定》（法释〔2003〕10号 2020年12月23日修正）

第三十六条 期货公司的交易保证金不足，又未能按期货交易所规定的时间追加保证金的，按交易规则的规定处理；规定不明确的，期货交易所有权就其未平仓的期货合约强行平仓，强行平仓所造成的损失，由期货公司承担。

客户的交易保证金不足，又未能按期货经纪合同约定的时间追加保证金的，按期货经纪合同的约定处理；约定不明确的，期货公司有权就其未平仓的期货合约强行平仓，强行平仓造成的损失，由客户承担。

第三十七条 期货交易所因期货公司违规超仓或者其他违规行为而必须强行平仓的，强行平仓所造成的损失，由期货公司承担。

期货公司因客户违规超仓或者其他违规行为而必须强行平仓的，强行平仓所造成的损失，由客户承担。

第三十八条 期货公司或者客户交易保证金不足，符合强行平仓条件后，应当自行平仓而未平仓造成的扩大损失，由期货公司或者客户自行承担。法律、行政法规另有规定或者当事人另有约定的除外。

第三十九条　期货交易所或者期货公司强行平仓数额应当与期货公司或者客户需追加的保证金数额基本相当。因超量平仓引起的损失，由强行平仓者承担。

第四十条　期货交易所对期货公司、期货公司对客户未按期货交易所交易规则规定或者期货经纪合同约定的强行平仓条件、时间、方式进行强行平仓，造成期货公司或者客户损失的，期货交易所或者期货公司应当承担赔偿责任。

第四十一条　期货交易所依法或依交易规则强行平仓发生的费用，由被平仓的期货公司承担；期货公司承担责任后有权向有过错的客户追偿。

期货公司依法或依约定强行平仓所发生的费用，由客户承担。

《期货交易所管理办法》（2021年1月15日修正）

第八十四条　有根据认为会员或者客户违反期货交易所交易规则及其实施细则并且对市场正在产生或者即将产生重大影响，为防止违规行为后果进一步扩大，期货交易所可以对该会员或者客户采取下列临时处置措施：

（一）限制入金；

（二）限制出金；

（三）限制开仓；

（四）提高保证金标准；

（五）限期平仓；

（六）强行平仓。

期货交易所按交易规则及其实施细则规定的程序采取前款第（四）项、第（五）项或者第（六）项措施的，应当在采取措施后及时报告中国证监会。

期货交易所对会员或者客户采取临时处置措施，应当按照期货交易所交易规则及其实施细则规定的方式通知会员或者客户，并列明采取临时处置措施的根据。

322. 期货实物交割纠纷

法律条文及规范索引

《最高人民法院关于审理期货纠纷案件若干问题的规定》（法释〔2003〕10号 2020年12月23日修正）

第四十二条 交割仓库未履行货物验收职责或者因保管不善给仓单持有人造成损失的，应当承担赔偿责任。

第四十三条 期货公司没有代客户履行申请交割义务的，应当承担违约责任；造成客户损失的，应当承担赔偿责任。

第四十四条 在交割日，卖方期货公司未向期货交易所交付标准仓单，或者买方期货公司未向期货交易所账户交付足额货款，构成交割违约。

构成交割违约的，违约方应当承担违约责任；具有民法典第五百六十三条第一款第四项规定情形的，对方有权要求终止交割或者要求违约方继续交割。

征购或者竞卖失败的，应当由违约方按照交易所有关赔偿办法的规定承担赔偿责任。

第四十五条 在期货合约交割期内，买方或者卖方客户违约的，期货交易所应当代期货公司、期货公司应当代客户向对方承担违约责任。

第四十六条 买方客户未在期货交易所交易规则规定的期限内对货物的质量、数量提出异议的，应视为其对货物的数量、质量无异议。

第四十七条 交割仓库不能在期货交易所交易规则规定的期限内，向标准仓单持有人交付符合期货合约要求的货物，造成标准仓单持有人损失的，交割仓库应当承担责任，期货交易所承担连带责任。

期货交易所承担责任后，有权向交割仓库追偿。

《期货交易所管理办法》（2021年1月15日修正）

第八十九条 期货交易所应当以适当方式发布下列信息：

（一）即时行情；

（二）持仓量、成交量排名情况；

（三）期货交易所交易规则及其实施细则规定的其他信息。

期货交易涉及商品实物交割的，期货交易所还应当发布标准仓单数量和可用库容情况。

《期货交易管理条例》（2017 年 3 月 1 日修订）

第三十五条　期货交易的交割，由期货交易所统一组织进行。

交割仓库由期货交易所指定。期货交易所不得限制实物交割总量，并应当与交割仓库签订协议，明确双方的权利和义务。交割仓库不得有下列行为：

（一）出具虚假仓单；

（二）违反期货交易所业务规则，限制交割商品的入库、出库；

（三）泄露与期货交易有关的商业秘密；

（四）违反国家有关规定参与期货交易；

（五）国务院期货监督管理机构规定的其他行为。

第六十四条　期货交易所、非期货公司结算会员有下列行为之一的，责令改正，给予警告，没收违法所得：

……

（十）限制会员实物交割总量的；

……

有前款所列行为之一的，对直接负责的主管人员和其他直接责任人员给予纪律处分，处 1 万元以上 10 万元以下的罚款。

有本条第一款第二项所列行为的，应当责令退还多收取的手续费。

期货保证金安全存管监控机构有本条第一款第五项、第六项、第九项、第十一项、第十二项所列行为的，依照本条第一款、第二款的规定处罚、处分。期货保证金存管银行有本条第一款第九项、第十二项所列行为的，依照本条第一款、第二款的规定处罚、处分。

323. 期货保证合约纠纷

法律条文及规范索引

《最高人民法院关于审理期货纠纷案件若干问题的规定》（法释〔2003〕10 号　2020 年 12 月 23 日修正）

第四十八条　期货公司未按照每日无负债结算制度的要求，履行相应的金钱给付义务，期货交易所亦未代期货公司履行，造成交易对方损失的，期货交易所应当承担赔偿责任。

期货交易所代期货公司履行义务或者承担赔偿责任后，有权向不履行义务的一方追偿。

第四十九条 期货交易所未代期货公司履行期货合约，期货公司应当根据客户请求向期货交易所主张权利。

期货公司拒绝代客户向期货交易所主张权利的，客户可直接起诉期货交易所，期货公司可作为第三人参加诉讼。

第五十条 因期货交易所的过错导致信息发布、交易指令处理错误，造成期货公司或者客户直接经济损失的，期货交易所应当承担赔偿责任，但其能够证明系不可抗力的除外。

第五十一条 期货交易所依据有关规定对期货市场出现的异常情况采取合理的紧急措施造成客户损失的，期货交易所不承担赔偿责任。

期货公司执行期货交易所的合理的紧急措施造成客户损失的，期货公司不承担赔偿责任。

《期货交易管理条例》（2017 年 3 月 1 日修订）

第十条 期货交易所应当依照本条例和国务院期货监督管理机构的规定，建立、健全各项规章制度，加强对交易活动的风险控制和对会员以及交易所工作人员的监督管理。期货交易所履行下列职责：

（一）提供交易的场所、设施和服务；

（二）设计合约，安排合约上市；

（三）组织并监督交易、结算和交割；

（四）为期货交易提供集中履约担保；

（五）按照章程和交易规则对会员进行监督管理；

（六）国务院期货监督管理机构规定的其他职责。

期货交易所不得直接或者间接参与期货交易。未经国务院期货监督管理机构审核并报国务院批准，期货交易所不得从事信托投资、股票投资、非自用不动产投资等与其职责无关的业务。

第三十六条 会员在期货交易中违约的，期货交易所先以该会员的保证金承担违约责任；保证金不足的，期货交易所应当以风险准备金和自有资金代为承担违约责任，并由此取得对该会员的相应追偿权。

客户在期货交易中违约的，期货公司先以该客户的保证金承担违约责任；保证金不足的，期货公司应当以风险准备金和自有资金代为承担违约责任，并由此取得对该客户的相应追偿权。

324. 期货交易代理合同纠纷

法律条文及规范索引

《中华人民共和国民法典》（2021年1月1日施行）

第一百五十三条、第一百五十四条、第一百五十七条、第一百八十六条、第四百六十五条、第五百零六条、第五百六十二条、第五百六十三条、第五百六十六条、第五百七十七条、第五百七十八条。

《最高人民法院关于审理期货纠纷案件若干问题的规定》（法释〔2003〕10号　2020年12月23日修正）

第十六条　期货公司在与客户订立期货经纪合同时，未提示客户注意《期货交易风险说明书》内容，并由客户签字或者盖章，对于客户在交易中的损失，应当依据民法典第五百条第三项的规定承担相应的赔偿责任。但是，根据以往交易结果记载，证明客户已有交易经历的，应当免除期货公司的责任。

第十七条　期货公司接受客户全权委托进行期货交易的，对交易产生的损失，承担主要赔偿责任，赔偿额不超过损失的百分之八十，法律、行政法规另有规定的除外。

第十八条　期货公司与客户签订的期货经纪合同对下达交易指令的方式未作约定或者约定不明确的，期货公司不能证明其所进行的交易是依据客户交易指令进行的，对该交易造成客户的损失，期货公司应当承担赔偿责任，客户予以追认的除外。

第十九条　期货公司执行非受托人的交易指令造成客户损失，应当由期货公司承担赔偿责任，非受托人承担连带责任，客户予以追认的除外。

第二十条　客户下达的交易指令没有品种、数量、买卖方向的，期货公司未予拒绝而进行交易造成客户的损失，由期货公司承担赔偿责任，客户予以追认的除外。

第二十一条　客户下达的交易指令数量和买卖方向明确，没有有效期限的，应当视为当日有效；没有成交价格的，应当视为按市价交易；没有开平仓方向的，应当视为开仓交易。

第二十二条 期货公司错误执行客户交易指令，除客户认可的以外，交易的后果由期货公司承担，并按下列方式分别处理：

（一）交易数量发生错误的，多于指令数量的部分由期货公司承担，少于指令数量的部分，由期货公司补足或者赔偿直接损失；

（二）交易价格超出客户指令价位范围的，交易差价损失或者交易结果由期货公司承担。

第二十三条 期货公司不当延误执行客户交易指令给客户造成损失的，应当承担赔偿责任，但由于市场原因致客户交易指令未能全部或者部分成交的，期货公司不承担责任。

第二十四条 期货公司超出客户指令价位的范围，将高于客户指令价格卖出或者低于客户指令价格买入后的差价利益占为己有的，客户要求期货公司返还的，人民法院应予支持，期货公司与客户另有约定的除外。

第二十五条 期货交易所未按交易规则规定的期限、方式，将交易或者持仓头寸的结算结果通知期货公司，造成期货公司损失的，由期货交易所承担赔偿责任。

期货公司未按期货经纪合同约定的期限、方式，将交易或者持仓头寸的结算结果通知客户，造成客户损失的，由期货公司承担赔偿责任。

第二十六条 期货公司与客户对交易结算结果的通知方式未作约定或者约定不明确，期货公司未能提供证据证明已经发出上述通知的，对客户因继续持仓而造成扩大的损失，应当承担主要赔偿责任，赔偿额不超过损失的百分之八十。

第二十七条 客户对当日交易结算结果的确认，应当视为对该日之前所有持仓和交易结算结果的确认，所产生的交易后果由客户自行承担。

第二十八条 期货公司对交易结算结果提出异议，期货交易所未及时采取措施导致损失扩大的，对造成期货公司扩大的损失应当承担赔偿责任。

客户对交易结算结果提出异议，期货公司未及时采取措施导致损失扩大的，期货公司对造成客户扩大的损失应当承担赔偿责任。

第二十九条 期货公司对期货交易所或者客户对期货公司的交易结算结果有异议，而未在期货交易所交易规则规定或者期货经纪合同约定的时间内提出的，视为期货公司或者客户对交易结算结果已予以确认。

第三十条　期货公司进行混码交易的，客户不承担责任，但期货公司能够举证证明其已按照客户交易指令入市交易的，客户应当承担相应的交易结果。

325. 侵占期货交易保证金纠纷

法律条文及规范索引

《最高人民法院关于审理期货纠纷案件若干问题的规定》（法释〔2003〕10号　2020年12月23日修正）

第五十五条　期货公司挪用客户保证金，或者违反有关规定划转客户保证金造成客户损失的，应当承担赔偿责任。

《期货公司监督管理办法》（2019年6月4日施行）

第四条　期货公司的股东、实际控制人和其他关联人不得滥用权利，不得占用期货公司资产或者挪用客户资产，不得侵害期货公司、客户的合法权益。

326. 期货欺诈责任纠纷

法律条文及规范索引

《期货交易管理条例》（2017年3月1日修订）

第三条　从事期货交易活动，应当遵循公开、公平、公正和诚实信用的原则。禁止欺诈、内幕交易和操纵期货交易价格等违法行为。

第六十七条　期货公司有下列欺诈客户行为之一的，责令改正，给予警告，没收违法所得，并处违法所得1倍以上5倍以下的罚款；没有违法所得或者违法所得不满10万元的，并处10万元以上50万元以下的罚款；情节严重的，责令停业整顿或者吊销期货业务许可：

（一）向客户作获利保证或者不按照规定向客户出示风险说明书的；

（二）在经纪业务中与客户约定分享利益、共担风险的；

（三）不按照规定接受客户委托或者不按照客户委托内容擅自进行期货交易的；

（四）隐瞒重要事项或者使用其他不正当手段，诱骗客户发出交易指令的；

（五）向客户提供虚假成交回报的；

（六）未将客户交易指令下达到期货交易所的；

（七）挪用客户保证金的；

（八）不按照规定在期货保证金存管银行开立保证金账户，或者违规划转客户保证金的；

（九）国务院期货监督管理机构规定的其他欺诈客户的行为。

期货公司有前款所列行为之一的，对直接负责的主管人员和其他直接责任人员给予警告，并处1万元以上10万元以下的罚款；情节严重的，暂停或者撤销期货从业人员资格。

任何单位或者个人编造并且传播有关期货交易的虚假信息，扰乱期货交易市场的，依照本条第一款、第二款的规定处罚。

327. 操纵期货交易市场责任纠纷

法律条文及规范索引

《期货交易管理条例》（2017年3月1日修订）

第四十条 任何单位或者个人不得违规使用信贷资金、财政资金进行期货交易。

银行业金融机构从事期货交易融资或者担保业务的资格，由国务院银行业监督管理机构批准。

第七十条 任何单位或者个人有下列行为之一，操纵期货交易价格的，责令改正，没收违法所得，并处违法所得1倍以上5倍以下的罚款；没有违法所得或者违法所得不满20万元的，处20万元以上100万元以下的罚款：

（一）单独或者合谋，集中资金优势、持仓优势或者利用信息优势联合或者连续买卖合约，操纵期货交易价格的；

（二）蓄意串通，按事先约定的时间、价格和方式相互进行期货交易，影响期货交易价格或者期货交易量的；

（三）以自己为交易对象，自买自卖，影响期货交易价格或者期货交易量的；

（四）为影响期货市场行情囤积现货的；

（五）国务院期货监督管理机构规定的其他操纵期货交易价格的行为。

单位有前款所列行为之一的，对直接负责的主管人员和其他直接责任人员给予警告，并处1万元以上10万元以下的罚款。

《中华人民共和国刑法》（2020年12月26日修正）

第一百八十二条　有下列情形之一，操纵证券、期货市场，情节严重的，处五年以下有期徒刑或者拘役，并处或者单处罚金；情节特别严重的，处五年以上十年以下有期徒刑，并处罚金：

（一）单独或者合谋，集中资金优势、持股或者持仓优势或者利用信息优势联合或者连续买卖，操纵证券、期货交易价格或者证券、期货交易量的；

（二）与他人串通，以事先约定的时间、价格和方式相互进行证券、期货交易，影响证券、期货交易价格或者证券、期货交易量的；

（三）在自己实际控制的账户之间进行证券交易，或者以自己为交易对象，自买自卖期货合约，影响证券、期货交易价格或者证券、期货交易量的；

（四）以其他方法操纵证券、期货市场的。

单位犯前款罪的，对单位判处罚金，并对其直接负责的主管人员和其他直接责任人员，依照前款的规定处罚。

328. 期货内幕交易责任纠纷

法律条文及规范索引

《期货交易管理条例》（2017年3月1日修订）

第四十七条　国务院期货监督管理机构依法履行职责，可以采取下列措施：

（一）对期货交易所、期货公司及其他期货经营机构、非期货公司结算会员、期货保证金安全存管监控机构和交割仓库进行现场检查；

（二）进入涉嫌违法行为发生场所调查取证；

（三）询问当事人和与被调查事件有关的单位和个人，要求其对与被调查事件有关的事项作出说明；

（四）查阅、复制与被调查事件有关的财产权登记等资料；

（五）查阅、复制当事人和与被调查事件有关的单位和个人的期货交易记录、财务会计资料以及其他相关文件和资料；对可能被转移、隐匿或者毁损的文件和资料，可以予以封存；

（六）查询与被调查事件有关的单位的保证金账户和银行账户；

（七）在调查操纵期货交易价格、内幕交易等重大期货违法行为时，经国务院期货监督管理机构主要负责人批准，可以限制被调查事件当事人的期货交易，但限制的时间不得超过 15 个交易日；案情复杂的，可以延长至 30 个交易日；

（八）法律、行政法规规定的其他措施。

第六十九条 期货交易内幕信息的知情人或者非法获取期货交易内幕信息的人，在对期货交易价格有重大影响的信息尚未公开前，利用内幕信息从事期货交易，或者向他人泄露内幕信息，使他人利用内幕信息进行期货交易的，没收违法所得，并处违法所得 1 倍以上 5 倍以下的罚款；没有违法所得或者违法所得不满 10 万元的，处 10 万元以上 50 万元以下的罚款。单位从事内幕交易的，还应当对直接负责的主管人员和其他直接责任人员给予警告，并处 3 万元以上 30 万元以下的罚款。

国务院期货监督管理机构、期货交易所和期货保证金安全存管监控机构的工作人员进行内幕交易的，从重处罚。

329. 期货虚假信息责任纠纷

法律条文及规范索引

《期货交易管理条例》（2017 年 3 月 1 日修订）

第六十七条 期货公司有下列欺诈客户行为之一的，责令改正，给予警告，没收违法所得，并处违法所得 1 倍以上 5 倍以下的罚款；没有违法所得或者违法所得不满10万元的，并处10万元以上50万元以下的罚款；情节严重的，责令停业整顿或者吊销期货业务许可证：

（一）向客户作获利保证或者不按照规定向客户出示风险说明书的；

（二）在经纪业务中与客户约定分享利益、共担风险的；

（三）不按照规定接受客户委托或者不按照客户委托内容擅自进行期货交易的；

（四）隐瞒重要事项或者使用其他不正当手段，诱骗客户发出交易指令的；

（五）向客户提供虚假成交回报的；

（六）未将客户交易指令下达到期货交易所的；

（七）挪用客户保证金的；

（八）不按照规定在期货保证金存管银行开立保证金账户，或者违规划转客户保证金；

（九）国务院期货监督管理机构规定的其他欺诈客户的行为。

期货公司有前款所列行为之一的，对直接负责的主管人员和其他直接责任人员给予警告，并处1万元以上10万元以下的罚款；情节严重的，暂停或者撤销任职资格、期货从业人员资格。

任何单位或者个人编造并且传播有关期货交易的虚假信息，扰乱期货交易市场的，依照本条第一款、第二款的规定处罚。

《最高人民法院关于审理期货纠纷案件若干问题的规定》（法释〔2003〕10号　2020年12月23日修正）

第五十二条　期货交易所、期货公司故意提供虚假信息误导客户下单的，由此造成客户的经济损失由期货交易所、期货公司承担。

二十六、信托纠纷

信托是指委托人基于对受托人的信任，将其财产权委托给受托人，由受托人按委托人的意愿以自己的名义，为受益人的利益或者特定目的，进行管理或者处分的行为。信托纠纷就是指基于信托关系而产生的民事纠纷。民事案件案由将信托纠纷分为民事信托纠纷、营业信托纠纷和公益信托纠纷。

330. 民事信托纠纷

法律条文及规范索引

《中华人民共和国信托法》（2001年10月1日施行）

第二条 本法所称信托，是指委托人基于对受托人的信任，将其财产权委托给受托人，由受托人按委托人的意愿以自己的名义，为受益人的利益或者特定目的，进行管理或者处分的行为。

第三条 委托人、受托人、受益人（以下统称信托当事人）在中华人民共和国境内进行民事、营业、公益信托活动，适用本法。

第四条 受托人采取信托机构形式从事信托活动，其组织和管理由国务院制定具体办法。

第五条 信托当事人进行信托活动，必须遵守法律、行政法规，遵循自愿、公平和诚实信用原则，不得损害国家利益和社会公共利益。

第六条 设立信托，必须有合法的信托目的。

第七条 设立信托，必须有确定的信托财产，并且该信托财产必须是委托人合法所有的财产。

本法所称财产包括合法的财产权利。

第八条 设立信托，应当采取书面形式。

书面形式包括信托合同、遗嘱或者法律、行政法规规定的其他书面文件等。

采取信托合同形式设立信托的，信托合同签订时，信托成立。采取其他书面形式设立信托的，受托人承诺信托时，信托成立。

第九条 设立信托，其书面文件应当载明下列事项：

（一）信托目的；

（二）委托人、受托人的姓名或者名称、住所；

（三）受益人或者受益人范围；

（四）信托财产的范围、种类及状况；

（五）受益人取得信托利益的形式、方法。

除前款所列事项外，可以载明信托期限、信托财产的管理方法、受托人的报酬、新受托人的选任方式、信托终止事由等事项。

第十条　设立信托，对于信托财产，有关法律、行政法规规定应当办理登记手续的，应当依法办理信托登记。

未依照前款规定办理信托登记的，应当补办登记手续；不补办的，该信托不产生效力。

第十一条　有下列情形之一的，信托无效：

（一）信托目的违反法律、行政法规或者损害社会公共利益；

（二）信托财产不能确定；

（三）委托人以非法财产或者本法规定不得设立信托的财产设立信托；

（四）专以诉讼或者讨债为目的设立信托；

（五）受益人或者受益人范围不能确定；

（六）法律、行政法规规定的其他情形。

第十二条　委托人设立信托损害其债权人利益的，债权人有权申请人民法院撤销该信托。

人民法院依照前款规定撤销信托的，不影响善意受益人已经取得的信托利益。

本条第一款规定的申请权，自债权人知道或者应当知道撤销原因之日起一年内不行使的，归于消灭。

第十三条　设立遗嘱信托，应当遵守继承法关于遗嘱的规定。

遗嘱指定的人拒绝或者无能力担任受托人的，由受益人另行选任受托人；受益人为无民事行为能力人或者限制民事行为能力人的，依法由其监护人代行选任。遗嘱对选任受托人另有规定的，从其规定。

第十四条　受托人因承诺信托而取得的财产是信托财产。

受托人因信托财产的管理运用、处分或者其他情形而取得的财产，也归入信托财产。

法律、行政法规禁止流通的财产，不得作为信托财产。

法律、行政法规限制流通的财产，依法经有关主管部门批准后，可以作为信托财产。

第十五条　信托财产与委托人未设立信托的其他财产相区别。设立信托后，委托人死亡或者依法解散、被依法撤销、被宣告破产时，委托人是唯一受益人的，信托终止，信托财产作为其遗产或者清算财产；委托人不是唯一受益人的，信托存续，信托财产不作为其遗产或者清算财产；但作为共同受益人的委托人死亡或者依法解散、被依法撤销、被宣告破产时，其信托受益权作为其遗产或者清算财产。

第十六条　信托财产与属于受托人所有的财产（以下简称固有财产）相区别，不得归入受托人的固有财产或者成为固有财产的一部分。

受托人死亡或者依法解散、被依法撤销、被宣告破产而终止，信托财产不属于其遗产或者清算财产。

第十七条　除因下列情形之一外，对信托财产不得强制执行：

（一）设立信托前债权人已对该信托财产享有优先受偿的权利，并依法行使该权利的；

（二）受托人处理信托事务所产生债务，债权人要求清偿该债务的；

（三）信托财产本身应担负的税款；

（四）法律规定的其他情形。

对于违反前款规定而强制执行信托财产，委托人、受托人或者受益人有权向人民法院提出异议。

第十八条　受托人管理运用、处分信托财产所产生的债权，不得与其固有财产产生的债务相抵销。

受托人管理运用、处分不同委托人的信托财产所产生的债权债务，不得相互抵销。

第十九条　委托人应当是具有完全民事行为能力的自然人、法人或者依法成立的其他组织。

第二十条　委托人有权了解其信托财产的管理运用、处分及收支情况，并有权要求受托人作出说明。

委托人有权查阅、抄录或者复制与其信托财产有关的信托帐目以及处理信托事务的其他文件。

第二十一条　因设立信托时未能预见的特别事由，致使信托财产的管理方法不利于实现信托目的或者不符合受益人的利益时，委托人有权要求受托人调整该信托财产的管理方法。

第二十二条　受托人违反信托目的处分信托财产或者因违背管理职责、处理信托事务不当致使信托财产受到损失的，委托人有权申请人民法院撤销该处分行为，并有权要求受托人恢复信托财产的原状或者予以赔偿；该信托财产的受让人明知是违反信托目的而接受该财产的，应当予以返还或者予以赔偿。

前款规定的申请权，自委托人知道或者应当知道撤销原因之日起一年内不行使的，归于消灭。

第二十三条　受托人违反信托目的处分信托财产或者管理运用、处分信托财产有重大过失的，委托人有权依照信托文件的规定解任受托人，或者申请人民法院解任受托人。

第二十四条　受托人应当是具有完全民事行为能力的自然人、法人。

法律、行政法规对受托人的条件另有规定的，从其规定。

第二十五条　受托人应当遵守信托文件的规定，为受益人的最大利益处理信托事务。

受托人管理信托财产，必须恪尽职守，履行诚实、信用、谨慎、有效管理的义务。

第二十六条　受托人除依照本法规定取得报酬外，不得利用信托财产为自己谋取利益。

受托人违反前款规定，利用信托财产为自己谋取利益的，所得利益归入信托财产。

第二十七条　受托人不得将信托财产转为其固有财产。受托人将信托财产转为其固有财产的，必须恢复该信托财产的原状；造成信托财产损失的，应当承担赔偿责任。

第二十八条　受托人不得将其固有财产与信托财产进行交易或者将不同委托人的信托财产进行相互交易，但信托文件另有规定或者经委托人或者受益人同意，并以公平的市场价格进行交易的除外。

受托人违反前款规定，造成信托财产损失的，应当承担赔偿责任。

第二十九条　受托人必须将信托财产与其固有财产分别管理、分别记帐，并将不同委托人的信托财产分别管理、分别记帐。

第三十条　受托人应当自己处理信托事务，但信托文件另有规定或者有不得已事由的，可以委托他人代为处理。

受托人依法将信托事务委托他人代理的，应当对他人处理信托事务的行为承担责任。

第三十一条　同一信托的受托人有两个以上的，为共同受托人。

共同受托人应当共同处理信托事务，但信托文件规定对某些具体事务由受托人分别处理的，从其规定。

共同受托人共同处理信托事务，意见不一致时，按信托文件规定处理；信托文件未规定的，由委托人、受益人或者其利害关系人决定。

第三十二条 共同受托人处理信托事务对第三人所负债务，应当承担连带清偿责任。第三人对共同受托人之一所作的意思表示，对其他受托人同样有效。

共同受托人之一违反信托目的处分信托财产或者因违背管理职责、处理信托事务不当致使信托财产受到损失的，其他受托人应当承担连带赔偿责任。

第三十三条 受托人必须保存处理信托事务的完整记录。

受托人应当每年定期将信托财产的管理运用、处分及收支情况，报告委托人和受益人。

受托人对委托人、受益人以及处理信托事务的情况和资料负有依法保密的义务。

第三十四条 受托人以信托财产为限向受益人承担支付信托利益的义务。

第三十五条 受托人有权依照信托文件的约定取得报酬。信托文件未作事先约定的，经信托当事人协商同意，可以作出补充约定；未作事先约定和补充约定的，不得收取报酬。

约定的报酬经信托当事人协商同意，可以增减其数额。

第三十六条 受托人违反信托目的处分信托财产或者因违背管理职责、处理信托事务不当致使信托财产受到损失的，在未恢复信托财产的原状或者未予赔偿前，不得请求给付报酬。

第三十七条 受托人因处理信托事务所支出的费用、对第三人所负债务，以信托财产承担。受托人以其固有财产先行支付的，对信托财产享有优先受偿的权利。

受托人违背管理职责或者处理信托事务不当对第三人所负债务或者自己所受到的损失，以其固有财产承担。

第三十八条 设立信托后，经委托人和受益人同意，受托人可以辞任。本法对公益信托的受托人辞任另有规定的，从其规定。

受托人辞任的，在新受托人选出前仍应履行管理信托事务的职责。

第三十九条 受托人有下列情形之一的，其职责终止：

（一）死亡或者被依法宣告死亡；

（二）被依法宣告为无民事行为能力人或者限制民事行为能力人；

（三）被依法撤销或者被宣告破产；

（四）依法解散或者法定资格丧失；

（五）辞任或者被解任；

（六）法律、行政法规规定的其他情形。

受托人职责终止时，其继承人或者遗产管理人、监护人、清算人应当妥善保管信托财产，协助新受托人接管信托事务。

第四十条　受托人职责终止的，依照信托文件规定选任新受托人；信托文件未规定的，由委托人选任；委托人不指定或者无能力指定的，由受益人选任；受益人为无民事行为能力人或者限制民事行为能力人的，依法由其监护人代行选任。

原受托人处理信托事务的权利和义务，由新受托人承继。

第四十一条　受托人有本法第三十九条第一款第（三）项至第（六）项所列情形之一，职责终止的，应当作出处理信托事务的报告，并向新受托人办理信托财产和信托事务的移交手续。

前款报告经委托人或者受益人认可，原受托人就报告中所列事项解除责任。但原受托人有不正当行为的除外。

第四十二条　共同受托人之一职责终止的，信托财产由其他受托人管理和处分。

第四十三条　受益人是在信托中享有信托受益权的人。受益人可以是自然人、法人或者依法成立的其他组织。

委托人可以是受益人，也可以是同一信托的唯一受益人。

受托人可以是受益人，但不得是同一信托的唯一受益人。

第四十四条　受益人自信托生效之日起享有信托受益权。信托文件另有规定的，从其规定。

第四十五条　共同受益人按照信托文件的规定享受信托利益。信托文件对信托利益的分配比例或者分配方法未作规定的，各受益人按照均等的比例享受信托利益。

第四十六条　受益人可以放弃信托受益权。

全体受益人放弃信托受益权的，信托终止。

部分受益人放弃信托受益权的，被放弃的信托受益权按下列顺序确定归属：

（一）信托文件规定的人；

（二）其他受益人；

（三）委托人或者其继承人。

第四十七条 受益人不能清偿到期债务的，其信托受益权可以用于清偿债务，但法律、行政法规以及信托文件有限制性规定的除外。

第四十八条 受益人的信托受益权可以依法转让和继承，但信托文件有限制性规定的除外。

第四十九条 受益人可以行使本法第二十条至第二十三条规定的委托人享有的权利。受益人行使上述权利，与委托人意见不一致时，可以申请人民法院作出裁定。

受托人有本法第二十二条第一款所列行为，共同受益人之一申请人民法院撤销该处分行为的，人民法院所作出的撤销裁定，对全体共同受益人有效。

第五十条 委托人是唯一受益人的，委托人或者其继承人可以解除信托。信托文件另有规定的，从其规定。

第五十一条 设立信托后，有下列情形之一的，委托人可以变更受益人或者处分受益人的信托受益权：

（一）受益人对委托人有重大侵权行为；

（二）受益人对其他共同受益人有重大侵权行为；

（三）经受益人同意；

（四）信托文件规定的其他情形。

有前款第（一）项、第（三）项、第（四）项所列情形之一的，委托人可以解除信托。

第五十二条 信托不因委托人或者受托人的死亡、丧失民事行为能力、依法解散、被依法撤销或者被宣告破产而终止，也不因受托人的辞任而终止。但本法或者信托文件另有规定的除外。

第五十三条 有下列情形之一的，信托终止：

（一）信托文件规定的终止事由发生；

（二）信托的存续违反信托目的；

（三）信托目的已经实现或者不能实现；

（四）信托当事人协商同意；

（五）信托被撤销；

（六）信托被解除。

第五十四条 信托终止的，信托财产归属于信托文件规定的人；信托文件未规定的，按下列顺序确定归属：

（一）受益人或者其继承人；

（二）委托人或者其继承人。

第五十五条 依照前条规定，信托财产的归属确定后，在该信托财产转移给权利归属人的过程中，信托视为存续，权利归属人视为受益人。

第五十六条 信托终止后，人民法院依据本法第十七条的规定对原信托财产进行强制执行的，以权利归属人为被执行人。

第五十七条 信托终止后，受托人依照本法规定行使请求给付报酬、从信托财产中获得补偿的权利时，可以留置信托财产或者对信托财产的权利归属人提出请求。

第五十八条 信托终止的，受托人应当作出处理信托事务的清算报告。受益人或者信托财产的权利归属人对清算报告无异议的，受托人就清算报告所列事项解除责任。但受托人有不正当行为的除外。

331. 营业信托纠纷

法律条文及规范索引

《中华人民共和国信托法》（2001年10月1日施行）

第二条～第五十八条，见本书第760页。

《信托公司管理办法》（2007年3月1日施行）

第三十五条 信托公司开展关联交易，应以公平的市场价格进行，逐笔向中国银行业监督管理委员会事前报告，并按照有关规定进行信息披露。

第三十六条 信托公司经营信托业务，应依照信托文件约定以手续费或者佣金的方式收取报酬，中国银行业监督管理委员会另有规定的除外。

信托公司收取报酬，应当向受益人公开，并向受益人说明收费的具体标准。

第三十七条 信托公司违反信托目的处分信托财产，或者因违背管理职责、处理信托事务不当致使信托财产受到损失的，在恢复信托财产的原状或者予以赔偿前，信托公司不得请求给付报酬。

第三十八条 信托公司因处理信托事务而支出的费用、负担的债务，以信托财产承担，但应在信托合同中列明或明确告知受益人。信托公司以其固有财产先行支付的，对信托财产享有优先受偿的权利。因信托公司违背管理职责或者管理信托事务不当所负债务及所受到的损害，以其固有财产承担。

《最高人民法院关于印发〈全国法院民商事审判工作会议纪要〉的通知》（法〔2019〕254号 2019年11月8日）

会议认为，从审判实践看，营业信托纠纷主要表现为事务管理信托纠纷和主动管理信托纠纷两种类型。在事务管理信托纠纷案件中，对信托公司开展和参与的多层嵌套、通道业务、回购承诺等融资活动，要以其实际构成的法律关系确定其效力，并在此基础上依法确定各方的权利义务。在主动管理信托纠纷案件中，应当重点审查受托人在"受人之托，忠人之事"的财产管理过程中，是否恪尽职守，履行了谨慎、有效管理等法定或者约定义务。

88.【营业信托纠纷的认定】信托公司根据法律法规以及金融监督管理部门的监管规定，以取得信托报酬为目的接受委托人的委托，以受托人身份处理信托事务的经营行为，属于营业信托。由此产生的信托当事人之间的纠纷，为营业信托纠纷。

根据《关于规范金融机构资产管理业务的指导意见》的规定，其他金融机构开展的资产管理业务构成信托关系的，当事人之间的纠纷适用信托法及其他有关规定处理。

89.【资产或者资产收益权转让及回购】信托公司在资金信托成立后，以募集的信托资金受让特定资产或者特定资产收益权，属于信托公司在资金依法募集后的资金运用行为，由此引发的纠纷不应当认定为营业信托纠纷。如果合同中约定由转让方或者其指定的第三方在一定期间后以交易本金加上溢价款等固定价款无条件回购的，无论转让方所转让的标的物是否真实存在、是否实际交付或者过户，只要合同不存在法定无效事由，对信托公司提出的由转让方或者其指定的第三方按约定承担责任的诉讼请求，人民法院依法予以支持。

当事人在相关合同中同时约定采用信托公司受让目标公司股权、向目标公司增资方式并以相应股权担保债权实现的，应当认定在当事人之间成立让与担保法律关系。当事人之间的具体权利义务，根据本纪要第71条的规定加以确定。

90.【劣后级受益人的责任承担】信托文件及相关合同将受益人区分为优先级受益人和劣后级受益人等不同类别，约定优先级受益人以其财产认购信托计划份额，在信托到期后，劣后级受益人负有对优先级受益人从信托财产获得利益与其投资本金及约定收益之间的差额承担补足义务，优先级受益人请求劣后级受益人按照约定承担责任的，人民法院依法予以支持。

信托文件中关于不同类型受益人权利义务关系的约定，不影响受益人与受托人之间信托法律关系的认定。

91.【增信文件的性质】信托合同之外的当事人提供第三方差额补足、代为履行到期回购义务、流动性支持等类似承诺文件作为增信措施，其内容符合法律关于保证的规定的，人民法院应当认定当事人之间成立保证合同关系。其内容不符合法律关于保证的规定的，依据承诺文件的具体内容确定相应的权利义务关系，并根据案件事实情况确定相应的民事责任。

92.【保底或者刚兑条款无效】信托公司、商业银行等金融机构作为资产管理产品的受托人与受益人订立的含有保证本息固定回报、保证本金不受损失等保底或者刚兑条款的合同，人民法院应当认定该条款无效。受益人请求受托人对其损失承担与其过错相适应的赔偿责任的，人民法院依法予以支持。

实践中，保底或者刚兑条款通常不在资产管理产品合同中明确约定，而是以“抽屉协议”或者其他方式约定，不管形式如何，均应认定无效。

93.【通道业务的效力】当事人在信托文件中约定，委托人自主决定信托设立、信托财产运用对象、信托财产管理运用处分方式等事宜，自行承担信托资产的风险管理责任和相应风险损失，受托人仅提供必要的事务协助或者服务，不承担主动管理职责的，应当认定为通道业务。《中国人民银行、中国银行保险监督管理委员会、中国证券监督管理委员会、国家外汇管理局关于规范金融机构资产管理业务的指导意见》第22条在规定“金融机构不得为其他金融机构的资产管理产品提供规避投资范围、杠杆约束等监管要求的通道服务”的同时，也在第29条明确按照“新老划断”原则，将过渡期设置为截止2020年底，确保平稳过渡。在过渡期内，对通道业务中存在的利用信托通道掩盖风险，规避资金投向、资产分类、拨备计提和资本占用等监管规定，或者通过信托通道将表内资产虚假出表等信托业务，如果不存在其他无效事由，一方以信托目的违法违规为由请求确认无效的，人民法院不予支持。至于委托人和受托人之间的权利义务关系，应当依据信托文件的约定加以确定。

94.【受托人的举证责任】资产管理产品的委托人以受托人未履行勤勉尽责、公平对待客户等义务损害其合法权益为由，请求受托人承担损害赔偿责任的，应当由受托人举证证明其已经履行了义务。受托人不能举证证明，委托人请求其承担相应赔偿责任的，人民法院依法予以支持。

95.【信托财产的诉讼保全】信托财产在信托存续期间独立于委托人、受托人、受益人各自的固有财产。委托人将其财产委托给受托人进行管理，在信托依法设立后，该信托财产即独立于委托人未设立信托的其他固有财产。受托人因承诺信托而取得的信托财产，以及通过对信托财产的管理、运用、处分等方式取得的财产，均独立于受托人的固有财产。受益人对信托财产享有的权利表现为信托受益权，信托财产并非受益人的责任财产。因此，当事人因其与委托人、受托人或者受益人之间的纠纷申请对存管银行或者信托公司专门账户中的信托资金采取保全措施的，除符合《信托法》第 17 条规定的情形外，人民法院不应当准许。已经采取保全措施的，存管银行或者信托公司能够提供证据证明该账户为信托账户的，应当立即解除保全措施。对信托公司管理的其他信托财产的保全，也应当根据前述规则办理。

当事人申请对受益人的受益权采取保全措施的，人民法院应当根据《信托法》第 47 条的规定进行审查，决定是否采取保全措施。决定采取保全措施的，应当将保全裁定送达受托人和受益人。

96.【信托公司固有财产的诉讼保全】除信托公司作为被告外，原告申请对信托公司固有资金账户的资金采取保全措施的，人民法院不应准许。信托公司作为被告，确有必要对其固有财产采取诉讼保全措施的，必须强化善意执行理念，防范发生金融风险。要严格遵守相应的适用条件与法定程序，坚决杜绝超标的执行。在采取具体保全措施时，要尽量寻求依法平等保护各方利益的平衡点，优先采取方便执行且对信托公司正常经营影响最小的执行措施，能采取“活封”“活扣”措施的，尽量不进行“死封”“死扣”。在条件允许的情况下，可以为信托公司预留必要的流动资金和往来账户，最大限度降低对信托公司正常经营活动的不利影响。信托公司申请解除财产保全符合法律、司法解释规定情形的，应当在法定期限内及时解除保全措施。

332. 公益信托纠纷

法律条文及规范索引

《中华人民共和国信托法》（2001年10月1日施行）

第六十条　为了下列公共利益目的之一而设立的信托，属于公益信托：

（一）救济贫困；

（二）救助灾民；

（三）扶助残疾人；

（四）发展教育、科技、文化、艺术、体育事业；

（五）发展医疗卫生事业；

（六）发展环境保护事业，维护生态环境；

（七）发展其他社会公益事业。

第六十二条　公益信托的设立和确定其受托人，应当经有关公益事业的管理机构（以下简称公益事业管理机构）批准。

未经公益事业管理机构的批准，不得以公益信托的名义进行活动。

公益事业管理机构对于公益信托活动应当给予支持。

第六十三条　公益信托的信托财产及其收益，不得用于非公益目的。

第六十四条　公益信托应当设置信托监察人。

信托监察人由信托文件规定。信托文件未规定的，由公益事业管理机构指定。

第六十五条　信托监察人有权以自己的名义，为维护受益人的利益，提起诉讼或者实施其他法律行为。

第六十六条　公益信托的受托人未经公益事业管理机构批准，不得辞任。

第六十七条　公益事业管理机构应当检查受托人处理公益信托事务的情况及财产状况。

受托人应当至少每年一次作出信托事务处理情况及财产状况报告，经信托监察人认可后，报公益事业管理机构核准，并由受托人予以公告。

第六十八条　公益信托的受托人违反信托义务或者无能力履行其职责

的，由公益事业管理机构变更受托人。

第六十九条 公益信托成立后，发生设立信托时不能预见的情形，公益事业管理机构可以根据信托目的，变更信托文件中的有关条款。

第七十条 公益信托终止的，受托人应当于终止事由发生之日起十五日内，将终止事由和终止日期报告公益事业管理机构。

第七十一条 公益信托终止的，受托人作出的处理信托事务的清算报告，应当经信托监察人认可后，报公益事业管理机构核准，并由受托人予以公告。

第七十二条 公益信托终止，没有信托财产权利归属人或者信托财产权利归属人是不特定的社会公众的，经公益事业管理机构批准，受托人应当将信托财产用于与原公益目的相近似的目的，或者将信托财产转移给具有近似目的的公益组织或者其他公益信托。

第七十三条 公益事业管理机构违反本法规定的，委托人、受托人或者受益人有权向人民法院起诉。

二十七、保险纠纷

保险，是指投保人根据合同约定，向保险人支付保险费，保险人对于合同约定的可能发生的事故因其发生所造成的财产损失承担赔偿保险金责任，或者当被保险人死亡、伤残、疾病或者达到合同约定的年龄、期限等条件时承担给付保险金责任的商业保险行为。保险纠纷多因各类保险合同而产生，也包括保险费纠纷。保险合同是投保人与保险人约定保险权利义务关系的协议。投保人是指与保险人订立保险合同，并按照合同约定负有支付保险费义务的人。保险人是指与投保人订立保险合同，并按照合同约定承担赔偿或者给付保险金责任的保险公司。保险合同主要有财产保险合同、人身保险合同、再保险合同、保险经纪合同、保险代理合同、进出口信用保险合同等。

333. 财产保险合同纠纷

(1) 财产损失保险合同纠纷
(2) 责任保险合同纠纷
(3) 信用保险合同纠纷
(4) 保证保险合同纠纷
(5) 保险人代位求偿权纠纷

法律条文及规范索引

《中华人民共和国民法典》（2021 年 1 月 1 日施行）

第一百四十八条～第一百五十一条、第一百五十三条、第一百五十四条、第一百八十六条、第五百六十二条、第五百六十三条、第五百六十六条、第五百七十七条、第五百七十八条。

《中华人民共和国保险法》（2015 年 4 月 24 日修正）

第二十三条　保险人收到被保险人或者受益人的赔偿或者给付保险金的请求后，应当及时作出核定；情形复杂的，应当在三十日内作出核定，但合同另有约定的除外。保险人应当将核定结果通知被保险人或者受益人；对属于保险责任的，在与被保险人或者受益人达成赔偿或者给付保险金的协议后十日内，履行赔偿或者给付保险金义务。保险合同对赔偿或者给付保险金的期限有约定的，保险人应当按照约定履行赔偿或者给付保险金义务。

保险人未及时履行前款规定义务的，除支付保险金外，应当赔偿被保险人或者受益人因此受到的损失。

任何单位和个人不得非法干预保险人履行赔偿或者给付保险金的义务，也不得限制被保险人或者受益人取得保险金的权利。

第四十八条　保险事故发生时，被保险人对保险标的不具有保险利益的，不得向保险人请求赔偿保险金。

第四十九条　保险标的转让的，保险标的的受让人承继被保险人的权利和义务。

保险标的转让的，被保险人或者受让人应当及时通知保险人，但货物运输保险合同和另有约定的合同除外。

因保险标的转让导致危险程度显著增加的，保险人自收到前款规定的通知之日起三十日内，可以按照合同约定增加保险费或者解除合同。保险人解除合同的，应当将已收取的保险费，按照合同约定扣除自保险责任开始之日起至合同解除之日止应收的部分后，退还投保人。

被保险人、受让人未履行本条第二款规定的通知义务的，因转让导致保险标的危险程度显著增加而发生的保险事故，保险人不承担赔偿保险金的责任。

第五十条 货物运输保险合同和运输工具航程保险合同，保险责任开始后，合同当事人不得解除合同。

第五十一条 被保险人应当遵守国家有关消防、安全、生产操作、劳动保护等方面的规定，维护保险标的的安全。

保险人可以按照合同约定对保险标的的安全状况进行检查，及时向投保人、被保险人提出消除不安全因素和隐患的书面建议。

投保人、被保险人未按照约定履行其对保险标的的安全应尽责任的，保险人有权要求增加保险费或者解除合同。

保险人为维护保险标的的安全，经被保险人同意，可以采取安全预防措施。

第五十九条 保险事故发生后，保险人已支付了全部保险金额，并且保险金额等于保险价值的，受损保险标的的全部权利归于保险人；保险金额低于保险价值的，保险人按照保险金额与保险价值的比例取得受损保险标的的部分权利。

第六十条 因第三者对保险标的的损害而造成保险事故的，保险人自向被保险人赔偿保险金之日起，在赔偿金额范围内代位行使被保险人对第三者请求赔偿的权利。

前款规定的保险事故发生后，被保险人已经从第三者取得损害赔偿的，保险人赔偿保险金时，可以相应扣减被保险人从第三者已取得的赔偿金额。

保险人依照本条第一款规定行使代位请求赔偿的权利，不影响被保险人就未取得赔偿的部分向第三者请求赔偿的权利。

第六十一条 保险事故发生后，保险人未赔偿保险金之前，被保险人放弃对第三者请求赔偿的权利的，保险人不承担赔偿保险金的责任。

保险人向被保险人赔偿保险金后，被保险人未经保险人同意放弃对第三者请求赔偿的权利的，该行为无效。

被保险人故意或者因重大过失致使保险人不能行使代位请求赔偿的权利的，保险人可以扣减或者要求返还相应的保险金。

第六十二条　除被保险人的家庭成员或者其组成人员故意造成本法第六十条第一款规定的保险事故外，保险人不得对被保险人的家庭成员或者其组成人员行使代位请求赔偿的权利。

第六十三条　保险人向第三者行使代位请求赔偿的权利时，被保险人应当向保险人提供必要的文件和所知道的有关情况。

第六十五条　保险人对责任保险的被保险人给第三者造成的损害，可以依照法律的规定或者合同的约定，直接向该第三者赔偿保险金。

责任保险的被保险人给第三者造成损害，被保险人对第三者应负的赔偿责任确定的，根据被保险人的请求，保险人应当直接向该第三者赔偿保险金。被保险人怠于请求的，第三者有权就其应获赔偿部分直接向保险人请求赔偿保险金。

责任保险的被保险人给第三者造成损害，被保险人未向该第三者赔偿的，保险人不得向被保险人赔偿保险金。

责任保险是指以被保险人对第三者依法应负的赔偿责任为保险标的的保险。

第六十六条　责任保险的被保险人因给第三者造成损害的保险事故而被提起仲裁或者诉讼的，被保险人支付的仲裁或者诉讼费用以及其他必要的、合理的费用，除合同另有约定外，由保险人承担。

《最高人民法院关于适用〈中华人民共和国保险法〉若干问题的解释(二)》（法释〔2013〕14号　2020年12月23日修正）

第一条　财产保险中，不同投保人就同一保险标的分别投保，保险事故发生后，被保险人在其保险利益范围内依据保险合同主张保险赔偿的，人民法院应予支持。

第二条　人身保险中，因投保人对被保险人不具有保险利益导致保险合同无效，投保人主张保险人退还扣减相应手续费后的保险费的，人民法院应予支持。

第三条　投保人或者投保人的代理人订立保险合同时没有亲自签字或者盖章，而由保险人或者保险人的代理人代为签字或者盖章的，对投保人不生效。但投保人已经交纳保险费的，视为其对代签字或者盖章行为的追认。

保险人或者保险人的代理人代为填写保险单证后经投保人签字或者盖章确认的，代为填写的内容视为投保人的真实意思表示。但有证据证明保险人或者保险人的代理人存在保险法第一百一十六条、第一百三十一条相关规定情形的除外。

第四条 保险人接受了投保人提交的投保单并收取了保险费，尚未作出是否承保的意思表示，发生保险事故，被保险人或者受益人请求保险人按照保险合同承担赔偿或者给付保险金责任，符合承保条件的，人民法院应予支持；不符合承保条件的，保险人不承担保险责任，但应当退还已经收取的保险费。

保险人主张不符合承保条件的，应承担举证责任。

第五条 保险合同订立时，投保人明知的与保险标的或者被保险人有关的情况，属于保险法第十六条第一款规定的投保人“应当如实告知”的内容。

第六条 投保人的告知义务限于保险人询问的范围和内容。当事人对询问范围及内容有争议的，保险人负举证责任。

保险人以投保人违反了对投保单询问表中所列概括性条款的如实告知义务为由请求解除合同的，人民法院不予支持。但该概括性条款有具体内容的除外。

第七条 保险人在保险合同成立后知道或者应当知道投保人未履行如实告知义务，仍然收取保险费，又依照保险法第十六条第二款的规定主张解除合同的，人民法院不予支持。

第八条 保险人未行使合同解除权，直接以存在保险法第十六条第四款、第五款规定的情形为由拒绝赔偿的，人民法院不予支持。但当事人就拒绝赔偿事宜及保险合同存续另行达成一致的情况除外。

第九条 保险人提供的格式合同文本中的责任免除条款、免赔额、免赔率、比例赔付或者给付等免除或者减轻保险人责任的条款，可以认定为保险法第十七条第二款规定的“免除保险人责任的条款”。

保险人因投保人、被保险人违反法定或者约定义务，享有解除合同权利的条款，不属于保险法第十七条第二款规定的“免除保险人责任的条款”。

第十条 保险人将法律、行政法规中的禁止性规定情形作为保险合同免责条款的免责事由，保险人对该条款作出提示后，投保人、被保险人或者受益人以保险人未履行明确说明义务为由主张该条款不成为合同内容的，人民法院不予支持。

第十一条 保险合同订立时，保险人在投保单或者保险单等其他保险凭证上，对保险合同中免除保险人责任的条款，以足以引起投保人注意的文字、字体、符号或者其他明显标志作出提示的，人民法院应当认定其履行了保险法第十七条第二款规定的提示义务。

保险人对保险合同中有关免除保险人责任条款的概念、内容及其法律后果以书面或者口头形式向投保人作出常人能够理解的解释说明的，人民法院应当认定保险人履行了保险法第十七条第二款规定的明确说明义务。

第十二条 通过网络、电话等方式订立的保险合同，保险人以网页、音频、视频等形式对免除保险人责任条款予以提示和明确说明的，人民法院可以认定其履行了提示和明确说明义务。

第十三条 保险人对其履行了明确说明义务负举证责任。

投保人对保险人履行了符合本解释第十一条第二款要求的明确说明义务在相关文书上签字、盖章或者以其他形式予以确认的，应当认定保险人履行了该项义务。但另有证据证明保险人未履行明确说明义务的除外。

第十四条 保险合同中记载的内容不一致的，按照下列规则认定：

（一）投保单与保险单或者其他保险凭证不一致的，以投保单为准。但不一致的情形系经保险人说明并经投保人同意的，以投保人签收的保险单或者其他保险凭证载明的内容为准；

（二）非格式条款与格式条款不一致的，以非格式条款为准；

（三）保险凭证记载的时间不同的，以形成时间在后的为准；

（四）保险凭证存在手写和打印两种方式的，以双方签字、盖章的手写部分的内容为准。

第十五条 保险法第二十三条规定的三十日核定期间，应自保险人初次收到索赔请求及投保人、被保险人或者受益人提供的有关证明和资料之日起算。

保险人主张扣除投保人、被保险人或者受益人补充提供有关证明和资料期间的，人民法院应予支持。扣除期间自保险人根据保险法第二十二条规定作出的通知到达投保人、被保险人或者受益人之日起，至投保人、被保险人或者受益人按照通知要求补充提供的有关证明和资料到达保险人之日止。

第十六条 保险人应以自己的名义行使保险代位求偿权。

根据保险法第六十条第一款的规定，保险人代位求偿权的诉讼时效期间应自其取得代位求偿权之日起算。

第十七条 保险人在其提供的保险合同格式条款中对非保险术语所作的解释符合专业意义，或者虽不符合专业意义，但有利于投保人、被保险人或者受益人的，人民法院应予认可。

第十八条 行政管理部门依据法律规定制作的交通事故认定书、火灾事故认定书等，人民法院应当依法审查并确认其相应的证明力，但有相反证据能够推翻的除外。

第十九条 保险事故发生后，被保险人或者受益人起诉保险人，保险人以被保险人或者受益人未要求第三者承担责任为由抗辩不承担保险责任的，人民法院不予支持。

财产保险事故发生后，被保险人就其所受损失从第三者取得赔偿后的不足部分提起诉讼，请求保险人赔偿的，人民法院应予依法受理。

第二十条 保险公司依法设立并取得营业执照的分支机构属于《中华人民共和国民事诉讼法》第四十八条规定的其他组织，可以作为保险合同纠纷案件的当事人参加诉讼。

第二十一条 本解释施行后尚未终审的保险合同纠纷案件，适用本解释；本解释施行前已经终审，当事人申请再审或者按照审判监督程序决定再审的案件，不适用本解释。

《最高人民法院关于适用〈中华人民共和国保险法〉若干问题的解释(四)》（法释〔2018〕13号　2020年12月23日修正）

第一条 保险标的已交付受让人，但尚未依法办理所有权变更登记，承担保险标的毁损灭失风险的受让人，依照保险法第四十八条、第四十九条的规定主张行使被保险人权利的，人民法院应予支持。

第二条 保险人已向投保人履行了保险法规定的提示和明确说明义务，保险标的受让人以保险标的转让后保险人未向其提示或者明确说明为由，主张免除保险人责任的条款不成为合同内容的，人民法院不予支持。

第三条 被保险人死亡，继承保险标的的当事人主张承继被保险人的权利和义务的，人民法院应予支持。

第四条 人民法院认定保险标的是否构成保险法第四十九条、第五十二条规定的“危险程度显著增加”时，应当综合考虑以下因素：

（一）保险标的用途的改变；

（二）保险标的使用范围的改变；

（三）保险标的所处环境的变化；

（四）保险标的因改装等原因引起的变化；

（五）保险标的使用人或者管理人的改变；

（六）危险程度增加持续的时间；

（七）其他可能导致危险程度显著增加的因素。

保险标的危险程度虽然增加，但增加的危险属于保险合同订立时保险人预见或者应当预见的保险合同承保范围的，不构成危险程度显著增加。

第五条　被保险人、受让人依法及时向保险人发出保险标的转让通知后，保险人作出答复前，发生保险事故，被保险人或者受让人主张保险人按照保险合同承担赔偿保险金的责任的，人民法院应予支持。

第六条　保险事故发生后，被保险人依照保险法第五十七条的规定，请求保险人承担为防止或者减少保险标的的损失所支付的必要、合理费用，保险人以被保险人采取的措施未产生实际效果为由抗辩的，人民法院不予支持。

第七条　保险人依照保险法第六十条的规定，主张代位行使被保险人因第三者侵权或者违约等享有的请求赔偿的权利的，人民法院应予支持。

第八条　投保人和被保险人为不同主体，因投保人对保险标的的损害而造成保险事故，保险人依法主张代位行使被保险人对投保人请求赔偿的权利的，人民法院应予支持，但法律另有规定或者保险合同另有约定的除外。

第九条　在保险人以第三者为被告提起的代位求偿权之诉中，第三者以被保险人在保险合同订立前已放弃对其请求赔偿的权利为由进行抗辩，人民法院认定上述放弃行为合法有效，保险人就相应部分主张行使代位求偿权的，人民法院不予支持。

保险合同订立时，保险人就是否存在上述放弃情形提出询问，投保人未如实告知，导致保险人不能代位行使请求赔偿的权利，保险人请求返还相应保险金的，人民法院应予支持，但保险人知道或者应当知道上述情形仍同意承保的除外。

第十条　因第三者对保险标的的损害而造成保险事故，保险人获得代位请求赔偿的权利的情况未通知第三者或者通知到达第三者前，第三者在被保险人已经从保险人处获赔的范围内又向被保险人作出赔偿，保险人主张代位行使被保险人对第三者请求赔偿的权利的，人民法院不予支持。保险人就相应保险金主张被保险人返还的，人民法院应予支持。

保险人获得代位请求赔偿的权利的情况已经通知到第三者，第三者又向被保险人作出赔偿，保险人主张代位行使请求赔偿的权利，第三者以其已经向被保险人赔偿为由抗辩的，人民法院不予支持。

第十一条 被保险人因故意或者重大过失未履行保险法第六十三条规定的义务，致使保险人未能行使或者未能全部行使代位请求赔偿的权利，保险人主张在其损失范围内扣减或者返还相应保险金的，人民法院应予支持。

第十二条 保险人以造成保险事故的第三者为被告提起代位求偿权之诉的，以被保险人与第三者之间的法律关系确定管辖法院。

第十三条 保险人提起代位求偿权之诉时，被保险人已经向第三者提起诉讼的，人民法院可以依法合并审理。

保险人行使代位求偿权时，被保险人已经向第三者提起诉讼，保险人向受理该案的人民法院申请变更当事人，代位行使被保险人对第三者请求赔偿的权利，被保险人同意的，人民法院应予准许；被保险人不同意的，保险人可以作为共同原告参加诉讼。

第十四条 具有下列情形之一的，被保险人可以依照保险法第六十五条第二款的规定请求保险人直接向第三者赔偿保险金：

（一）被保险人对第三者所负的赔偿责任经人民法院生效裁判、仲裁裁决确认；

（二）被保险人对第三者所负的赔偿责任经被保险人与第三者协商一致；

（三）被保险人对第三者应负的赔偿责任能够确定的其他情形。

前款规定的情形下，保险人主张按照保险合同确定保险赔偿责任的，人民法院应予支持。

第十五条 被保险人对第三者应负的赔偿责任确定后，被保险人不履行赔偿责任，且第三者以保险人为被告或者以保险人与被保险人为共同被告提起诉讼时，被保险人尚未向保险人提出直接向第三者赔偿保险金的请求的，可以认定为属于保险法第六十五条第二款规定的“被保险人怠于请求”的情形。

第十六条 责任保险的被保险人因共同侵权依法承担连带责任，保险人以该连带责任超出被保险人应承担的责任份额为由，拒绝赔付保险金的，人民法院不予支持。保险人承担保险责任后，主张就超出被保险人责任份额的部分向其他连带责任人追偿的，人民法院应予支持。

第十七条 责任保险的被保险人对第三者所负的赔偿责任已经生效判决

确认并已进入执行程序，但未获得清偿或者未获得全部清偿，第三者依法请求保险人赔偿保险金，保险人以前述生效判决已进入执行程序为由抗辩的，人民法院不予支持。

第十八条　商业责任险的被保险人向保险人请求赔偿保险金的诉讼时效期间，自被保险人对第三者应负的赔偿责任确定之日起计算。

第十九条　责任保险的被保险人与第三者就被保险人的赔偿责任达成和解协议且经保险人认可，被保险人主张保险人在保险合同范围内依据和解协议承担保险责任的，人民法院应予支持。

被保险人与第三者就被保险人的赔偿责任达成和解协议，未经保险人认可，保险人主张对保险责任范围以及赔偿数额重新予以核定的，人民法院应予支持。

第二十条　责任保险的保险人在被保险人向第三者赔偿之前向被保险人赔偿保险金，第三者依照保险法第六十五条第二款的规定行使保险金请求权时，保险人以其已向被保险人赔偿为由拒绝赔偿保险金的，人民法院不予支持。保险人向第三者赔偿后，请求被保险人返还相应保险金的，人民法院应予支持。

《最高人民法院关于印发〈全国法院民商事审判工作会议纪要〉的通知》（法〔2019〕254号　2019年11月8日）

97.【未依约支付保险费的合同效力】当事人在财产保险合同中约定以投保人支付保险费作为合同生效条件，但对该生效条件是否为全额支付保险费约定不明，已经支付了部分保险费的投保人主张保险合同已经生效的，人民法院依法予以支持。

98.【仲裁协议对保险人的效力】被保险人和第三者在保险事故发生前达成的仲裁协议，对行使保险代位求偿权的保险人是否具有约束力，实务中存在争议。保险代位求偿权是一种法定债权转让，保险人在向被保险人赔偿保险金后，有权行使被保险人对第三者请求赔偿的权利。被保险人和第三者在保险事故发生前达成的仲裁协议，对保险人具有约束力。考虑到涉外民商事案件的处理常常涉及国际条约、国际惯例的适用，相关问题具有特殊性，故具有涉外因素的民商事纠纷案件中该问题的处理，不纳入本条规范的范围。

99.【直接索赔的诉讼时效】商业责任保险的被保险人给第三者造成损害，被保险人对第三者应当承担的赔偿责任确定后，保险人应当根据被保险人的请求，直接向第三者赔偿保险金。被保险人怠于提出请求的，第三者有权依据《保险法》第 65 条第 2 款的规定，就其应获赔偿部分直接向保险人请求赔偿保险金。保险人拒绝赔偿的，第三者请求保险人直接赔偿保险金的诉讼时效期间的起算时间如何认定，实务中存在争议。根据诉讼时效制度的基本原理，第三者请求保险人直接赔偿保险金的诉讼时效期间，自其知道或者应当知道向保险人的保险金赔偿请求权行使条件成就之日起计算。

334. 人身保险合同纠纷

（1）人寿保险合同纠纷

（2）意外伤害保险合同纠纷

（3）健康保险合同纠纷

法律条文及规范索引

《中华人民共和国保险法》（2015 年 4 月 24 日修正）

第三十一条 投保人对下列人员具有保险利益：

（一）本人；

（二）配偶、子女、父母；

（三）前项以外与投保人有抚养、赡养或者扶养关系的家庭其他成员、近亲属；

（四）与投保人有劳动关系的劳动者。

除前款规定外，被保险人同意投保人为其订立合同的，视为投保人对被保险人具有保险利益。

订立合同时，投保人对被保险人不具有保险利益的，合同无效。

第三十二条 投保人申报的被保险人年龄不真实，并且其真实年龄不符合合同约定的年龄限制的，保险人可以解除合同，并按照合同约定退还保险单的现金价值。保险人行使合同解除权，适用本法第十六条第三款、第六款的规定。

投保人申报的被保险人年龄不真实，致使投保人支付的保险费少于应付保险费的，保险人有权更正并要求投保人补交保险费，或者在给付保险金时按照实付保险费与应付保险费的比例支付。

投保人申报的被保险人年龄不真实，致使投保人支付的保险费多于应付保险费的，保险人应当将多收的保险费退还投保人。

第三十三条　投保人不得为无民事行为能力人投保以死亡为给付保险金条件的人身保险，保险人也不得承保。

父母为其未成年子女投保的人身保险，不受前款规定限制。但是，因被保险人死亡给付的保险金总和不得超过国务院保险监督管理机构规定的限额。

第三十四条　以死亡为给付保险金条件的合同，未经被保险人同意并认可保险金额的，合同无效。

按照以死亡为给付保险金条件的合同所签发的保险单，未经被保险人书面同意，不得转让或者质押。

父母为其未成年子女投保的人身保险，不受本条第一款规定限制。

第三十五条　投保人可以按照合同约定向保险人一次支付全部保险费或者分期支付保险费。

第三十六条　合同约定分期支付保险费，投保人支付首期保险费后，除合同另有约定外，投保人自保险人催告之日起超过三十日未支付当期保险费，或者超过约定的期限六十日未支付当期保险费的，合同效力中止，或者由保险人按照合同约定的条件减少保险金额。

被保险人在前款规定期限内发生保险事故的，保险人应当按照合同约定给付保险金，但可以扣减欠交的保险费。

第三十七条　合同效力依照本法第三十六条规定中止的，经保险人与投保人协商并达成协议，在投保人补交保险费后，合同效力恢复。但是，自合同效力中止之日起满二年双方未达成协议的，保险人有权解除合同。

保险人依照前款规定解除合同的，应当按照合同约定退还保险单的现金价值。

第三十八条　保险人对人寿保险的保险费，不得用诉讼方式要求投保人支付。

第三十九条　人身保险的受益人由被保险人或者投保人指定。

投保人指定受益人时须经被保险人同意。投保人为与其有劳动关系的劳动者投保人身保险，不得指定被保险人及其近亲属以外的人为受益人。

被保险人为无民事行为能力人或者限制民事行为能力人的，可以由其监护人指定受益人。

第四十条 被保险人或者投保人可以指定一人或者数人为受益人。

受益人为数人的，被保险人或者投保人可以确定受益顺序和受益份额；未确定受益份额的，受益人按照相等份额享有受益权。

第四十一条 被保险人或者投保人可以变更受益人并书面通知保险人。保险人收到变更受益人的书面通知后，应当在保险单或者其他保险凭证上批注或者附贴批单。

投保人变更受益人时须经被保险人同意。

第四十二条 被保险人死亡后，有下列情形之一的，保险金作为被保险人的遗产，由保险人依照《中华人民共和国继承法》的规定履行给付保险金的义务：

（一）没有指定受益人，或者受益人指定不明无法确定的；

（二）受益人先于被保险人死亡，没有其他受益人的；

（三）受益人依法丧失受益权或者放弃受益权，没有其他受益人的。

受益人与被保险人在同一事件中死亡，且不能确定死亡先后顺序的，推定受益人死亡在先。

第四十三条 投保人故意造成被保险人死亡、伤残或者疾病的，保险人不承担给付保险金的责任。投保人已交足二年以上保险费的，保险人应当按照合同约定向其他权利人退还保险单的现金价值。

受益人故意造成被保险人死亡、伤残、疾病的，或者故意杀害被保险人未遂的，该受益人丧失受益权。

第四十四条 以被保险人死亡为给付保险金条件的合同，自合同成立或者合同效力恢复之日起二年内，被保险人自杀的，保险人不承担给付保险金的责任，但被保险人自杀时为无民事行为能力人的除外。

保险人依照前款规定不承担给付保险金责任的，应当按照合同约定退还保险单的现金价值。

第四十五条 因被保险人故意犯罪或者抗拒依法采取的刑事强制措施导致其伤残或者死亡的，保险人不承担给付保险金的责任。投保人已交足二年以上保险费的，保险人应当按照合同约定退还保险单的现金价值。

第四十六条 被保险人因第三者的行为而发生死亡、伤残或者疾病等保险事故的，保险人向被保险人或者受益人给付保险金后，不享有向第三者追偿的权利，但被保险人或者受益人仍有权向第三者请求赔偿。

第四十七条　投保人解除合同的，保险人应当自收到解除合同通知之日起三十日内，按照合同约定退还保险单的现金价值。

《最高人民法院关于适用〈中华人民共和国保险法〉若干问题的解释（三）》（法释〔2015〕21号　2020年12月23日修正）

第一条　当事人订立以死亡为给付保险金条件的合同，根据保险法第三十四条的规定，“被保险人同意并认可保险金额”可以采取书面形式、口头形式或者其他形式；可以在合同订立时作出，也可以在合同订立后追认。

有下列情形之一的，应认定为被保险人同意投保人为其订立保险合同并认可保险金额：

（一）被保险人明知他人代其签名同意而未表示异议的；

（二）被保险人同意投保人指定的受益人的；

（三）有证据足以认定被保险人同意投保人为其投保的其他情形。

第二条　被保险人以书面形式通知保险人和投保人撤销其依据保险法第三十四条第一款规定所作出的同意意思表示的，可认定为保险合同解除。

第三条　人民法院审理人身保险合同纠纷案件时，应主动审查投保人订立保险合同时是否具有保险利益，以及以死亡为给付保险金条件的合同是否经过被保险人同意并认可保险金额。

第四条　保险合同订立后，因投保人丧失对被保险人的保险利益，当事人主张保险合同无效的，人民法院不予支持。

第五条　保险合同订立时，被保险人根据保险人的要求在指定医疗服务机构进行体检，当事人主张投保人如实告知义务免除的，人民法院不予支持。

保险人知道被保险人的体检结果，仍以投保人未就相关情况履行如实告知义务为由要求解除合同的，人民法院不予支持。

第六条　未成年人父母之外的其他履行监护职责的人为未成年人订立以死亡为给付保险金条件的合同，当事人主张参照保险法第三十三条第二款、第三十四条第三款的规定认定该合同有效的，人民法院不予支持，但经未成年人父母同意的除外。

第七条　当事人以被保险人、受益人或者他人已经代为支付保险费为由，主张投保人对应的交费义务已经履行的，人民法院应予支持。

第八条　保险合同效力依照保险法第三十六条规定中止，投保人提出恢复效力申请并同意补交保险费的，除被保险人的危险程度在中止期间显著增加外，保险人拒绝恢复效力的，人民法院不予支持。

保险人在收到恢复效力申请后，三十日内未明确拒绝的，应认定为同意恢复效力。

保险合同自投保人补交保险费之日恢复效力。保险人要求投保人补交相应利息的，人民法院应予支持。

第九条 投保人指定受益人未经被保险人同意的，人民法院应认定指定行为无效。

当事人对保险合同约定的受益人存在争议，除投保人、被保险人在保险合同之外另有约定外，按以下情形分别处理：

（一）受益人约定为“法定”或者“法定继承人”的，以民法典规定的法定继承人为受益人；

（二）受益人仅约定为身份关系，投保人与被保险人为同一主体的，根据保险事故发生时与被保险人的身份关系确定受益人；投保人与被保险人为不同主体的，根据保险合同成立时与被保险人的身份关系确定受益人；

（三）约定的受益人包括姓名和身份关系，保险事故发生时身份关系发生变化的，认定为未指定受益人。

第十条 投保人或者被保险人变更受益人，当事人主张变更行为自变更意思表示发出时生效的，人民法院应予支持。

投保人或者被保险人变更受益人未通知保险人，保险人主张变更对其不发生效力的，人民法院应予支持。

投保人变更受益人未经被保险人同意的，人民法院应认定变更行为无效。

第十一条 投保人或者被保险人在保险事故发生后变更受益人，变更后的受益人请求保险人给付保险金的，人民法院不予支持。

第十二条 投保人或者被保险人指定数人为受益人，部分受益人在保险事故发生前死亡、放弃受益权或者依法丧失受益权的，该受益人应得的受益份额按照保险合同的约定处理；保险合同没有约定或者约定不明的，该受益人应得的受益份额按照以下情形分别处理：

（一）未约定受益顺序和受益份额的，由其他受益人平均享有；

（二）未约定受益顺序但约定受益份额的，由其他受益人按照相应比例享有；

（三）约定受益顺序但未约定受益份额的，由同顺序的其他受益人平均享有；同一顺序没有其他受益人的，由后一顺序的受益人平均享有；

（四）约定受益顺序和受益份额的，由同顺序的其他受益人按照相应比例享有；同一顺序没有其他受益人的，由后一顺序的受益人按照相应比例享有。

第十三条　保险事故发生后，受益人将与本次保险事故相对应的全部或者部分保险金请求权转让给第三人，当事人主张该转让行为有效的，人民法院应予支持，但根据合同性质、当事人约定或者法律规定不得转让的除外。

第十四条　保险金根据保险法第四十二条规定作为被保险人的遗产，被保险人的继承人要求保险人给付保险金，保险人以其已向持有保险单的被保险人的其他继承人给付保险金为由抗辩的，人民法院应予支持。

第十五条　受益人与被保险人存在继承关系，在同一事件中死亡且不能确定死亡先后顺序的，人民法院应根据保险法第四十二条第二款的规定推定受益人死亡在先，并按照保险法及本解释的相关规定确定保险金归属。

第十六条　保险合同解除时，投保人与被保险人、受益人为不同主体，被保险人或者受益人要求退还保险单的现金价值的，人民法院不予支持，但保险合同另有约定的除外。

投保人故意造成被保险人死亡、伤残或者疾病，保险人依照保险法第四十三条规定退还保险单的现金价值的，其他权利人按照被保险人、被保险人继承人的顺序确定。

第十七条　投保人解除保险合同，当事人以其解除合同未经被保险人或者受益人同意为由主张解除行为无效的，人民法院不予支持，但被保险人或者受益人已向投保人支付相当于保险单现金价值的款项并通知保险人的除外。

第十八条　保险人给付费用补偿型的医疗费用保险金时，主张扣减被保险人从公费医疗或者社会医疗保险取得的赔偿金额的，应当证明该保险产品在厘定医疗费用保险费率时已经将公费医疗或者社会医疗保险部分相应扣除，并按照扣减后的标准收取保险费。

第十九条　保险合同约定按照基本医疗保险的标准核定医疗费用，保险人以被保险人的医疗支出超出基本医疗保险范围为由拒绝给付保险金的，人民法院不予支持；保险人有证据证明被保险人支出的费用超过基本医疗保险同类医疗费用标准，要求对超出部分拒绝给付保险金的，人民法院应予支持。

第二十条 保险人以被保险人未在保险合同约定的医疗服务机构接受治疗为由拒绝给付保险金的，人民法院应予支持，但被保险人因情况紧急必须立即就医的除外。

第二十一条 保险人以被保险人自杀为由拒绝给付保险金的，由保险人承担举证责任。

受益人或者被保险人的继承人以被保险人自杀时无民事行为能力为由抗辩的，由其承担举证责任。

第二十二条 保险法第四十五条规定的"被保险人故意犯罪"的认定，应当以刑事侦查机关、检察机关和审判机关的生效法律文书或者其他结论性意见为依据。

第二十三条 保险人主张根据保险法第四十五条的规定不承担给付保险金责任的，应当证明被保险人的死亡、伤残结果与其实施的故意犯罪或者抗拒依法采取的刑事强制措施的行为之间存在因果关系。

被保险人在羁押、服刑期间因意外或者疾病造成伤残或者死亡，保险人主张根据保险法第四十五条的规定不承担给付保险金责任的，人民法院不予支持。

第二十四条 投保人为被保险人订立以死亡为给付保险金条件的保险合同，被保险人被宣告死亡后，当事人要求保险人按照保险合同约定给付保险金的，人民法院应予支持。

被保险人被宣告死亡之日在保险责任期间之外，但有证据证明下落不明之日在保险责任期间之内，当事人要求保险人按照保险合同约定给付保险金的，人民法院应予支持。

第二十五条 被保险人的损失系由承保事故或者非承保事故、免责事由造成难以确定，当事人请求保险人给付保险金的，人民法院可以按照相应比例予以支持。

335. 再保险合同纠纷

法律条文及规范索引

《中华人民共和国保险法》（2015年4月24日修正）

第二十八条 保险人将其承担的保险业务，以分保形式部分转移给其他保险人的，为再保险。

应再保险接受人的要求，再保险分出人应当将其自负责任及原保险的有关情况书面告知再保险接受人。

第二十九条　再保险接受人不得向原保险的投保人要求支付保险费。

原保险的被保险人或者受益人不得向再保险接受人提出赔偿或者给付保险金的请求。

再保险分出人不得以再保险接受人未履行再保险责任为由，拒绝履行或者迟延履行其原保险责任。

《再保险业务管理规定》（2015年10月19日修订）

第六条　再保险分出人、再保险接受人和保险经纪人，对在办理再保险业务中知悉的商业秘密，应当负有保密义务。

第九条　再保险业务分为寿险再保险和非寿险再保险。保险人对寿险再保险和非寿险再保险应当单独列账、分别核算。

第十条　保险人应当依照《保险法》规定，确定当年总自留保险费和每一危险单位自留责任；超过的部分，应当办理再保险。

第十五条　再保险分出人应当将影响再保险定价和分保条件的重要信息向再保险接受人书面告知。再保险合同成立后，再保险分出人应及时向再保险接受人提供重大赔案信息、赔款准备金等对再保险接受人的准备金建立及预期赔付有重大影响的信息。

第十六条　保险人和保险经纪人可以利用金融工具开发设计新型风险转移产品。保险人应当按照有关规定向中国保监会报告。

第十七条　中国境内的专业再保险接受人，应当配备在中国境内有住所的专职再保险核保人和再保险核赔人。

336. 保险经纪合同纠纷

法律条文及规范索引

《中华人民共和国保险法》（2015年4月24日修正）

第一百一十八条　保险经纪人是基于投保人的利益，为投保人与保险人订立保险合同提供中介服务，并依法收取佣金的机构。

第一百一十九条 保险代理机构、保险经纪人应当具备国务院保险监督管理机构规定的条件，取得保险监督管理机构颁发的经营保险代理业务许可证、保险经纪业务许可证。

第一百二十条 以公司形式设立保险专业代理机构、保险经纪人，其注册资本最低限额适用《中华人民共和国公司法》的规定。

国务院保险监督管理机构根据保险专业代理机构、保险经纪人的业务范围和经营规模，可以调整其注册资本的最低限额，但不得低于《中华人民共和国公司法》规定的限额。

保险专业代理机构、保险经纪人的注册资本或者出资额必须为实缴货币资本。

第一百二十一条 保险专业代理机构、保险经纪人的高级管理人员，应当品行良好，熟悉保险法律、行政法规，具有履行职责所需的经营管理能力，并在任职前取得保险监督管理机构核准的任职资格。

第一百二十二条 个人保险代理人、保险代理机构的代理从业人员、保险经纪人的经纪从业人员，应当品行良好，具有从事保险代理业务或者保险经纪业务所需的专业能力。

第一百二十三条 保险代理机构、保险经纪人应当有自己的经营场所，设立专门账簿记载保险代理业务、经纪业务的收支情况。

第一百二十四条 保险代理机构、保险经纪人应当按照国务院保险监督管理机构的规定缴存保证金或者投保职业责任保险。

第一百二十五条 个人保险代理人在代为办理人寿保险业务时，不得同时接受两个以上保险人的委托。

第一百二十六条 保险人委托保险代理人代为办理保险业务，应当与保险代理人签订委托代理协议，依法约定双方的权利和义务。

第一百二十七条 保险代理人根据保险人的授权代为办理保险业务的行为，由保险人承担责任。

保险代理人没有代理权、超越代理权或者代理权终止后以保险人名义订立合同，使投保人有理由相信其有代理权的，该代理行为有效。保险人可以依法追究越权的保险代理人的责任。

第一百二十八条 保险经纪人因过错给投保人、被保险人造成损失的，依法承担赔偿责任。

第一百二十九条 保险活动当事人可以委托保险公估机构等依法设立的

独立评估机构或者具有相关专业知识的人员，对保险事故进行评估和鉴定。

接受委托对保险事故进行评估和鉴定的机构和人员，应当依法、独立、客观、公正地进行评估和鉴定，任何单位和个人不得干涉。

前款规定的机构和人员，因故意或者过失给保险人或者被保险人造成损失的，依法承担赔偿责任。

第一百三十条　保险佣金只限于向保险代理人、保险经纪人支付，不得向其他人支付。

第一百三十一条　保险代理人、保险经纪人及其从业人员在办理保险业务活动中不得有下列行为：

（一）欺骗保险人、投保人、被保险人或者受益人；

（二）隐瞒与保险合同有关的重要情况；

（三）阻碍投保人履行本法规定的如实告知义务，或者诱导其不履行本法规定的如实告知义务；

（四）给予或者承诺给予投保人、被保险人或者受益人保险合同约定以外的利益；

（五）利用行政权力、职务或者职业便利以及其他不正当手段强迫、引诱或者限制投保人订立保险合同；

（六）伪造、擅自变更保险合同，或者为保险合同当事人提供虚假证明材料；

（七）挪用、截留、侵占保险费或者保险金；

（八）利用业务便利为其他机构或者个人牟取不正当利益；

（九）串通投保人、被保险人或者受益人，骗取保险金；

（十）泄露在业务活动中知悉的保险人、投保人、被保险人的商业秘密。

337. 保险代理合同纠纷

法律条文及规范索引

《中华人民共和国民法典》（2021年1月1日施行）

第九百二十九条　有偿的委托合同，因受托人的过错造成委托人损失的，委托人可以请求赔偿损失。无偿的委托合同，因受托人的故意或者重大过失造成委托人损失的，委托人可以请求赔偿损失。

受托人超越权限造成委托人损失的，应当赔偿损失。

第一百四十八条～第一百五十一条、第一百八十六条、第五百六十三条、第五百六十六条、第五百六十八条、第五百七十七条、第五百七十八条。

338. 进出口信用保险合同纠纷

法律条文及规范索引

《最高人民法院关于审理进出口信用保险合同纠纷案件适用相关法律问题的批复》（法释〔2013〕13号　2013年5月2日）

广东省高级人民法院：

你院《关于出口信用保险合同法律适用问题的请示》（粤高法〔2012〕442号）收悉。经研究，批复如下：

对出口信用保险合同的法律适用问题，保险法没有作出明确规定。鉴于出口信用保险的特殊性，人民法院审理出口信用保险合同纠纷案件，可以参照适用保险法的相关规定；出口信用保险合同另有约定的，从其约定。

（关于保险合同的一般规定，参见“333. 财产保险合同纠纷”之“法律条文及规范索引”。）

339. 保险费纠纷

法律条文及规范索引

《中华人民共和国保险法》（2015年4月24日修正）

第十条　保险合同是投保人与保险人约定保险权利义务关系的协议。投保人是指与保险人订立保险合同，并按照合同约定负有支付保险费义务的人。

第十四条　保险合同成立后，投保人按照约定交付保险费，保险人按照约定的时间开始承担保险责任。

第十六条　投保人故意不履行如实告知义务的，保险人对于合同解除前发生的保险事故，不承担赔偿或者给付保险金的责任，并不退还保险费。

投保人因重大过失未履行如实告知义务，对保险事故的发生有严重影响的，保险人对于合同解除前发生的保险事故，不承担赔偿或者给付保险金的责任，但应当退还保险费。

第二十七条　未发生保险事故，被保险人或者受益人谎称发生了保险事故，向保险人提出赔偿或者给付保险金请求的，保险人有权解除合同，并不退还保险费。

投保人、被保险人故意制造保险事故的，保险人有权解除合同，不承担赔偿或者给付保险金的责任；除本法第四十三条规定外，不退还保险费。

第二十九条　再保险接受人不得向原保险的投保人要求支付保险费。

《最高人民法院关于适用〈中华人民共和国保险法〉若干问题的解释(二)》（法释〔2013〕14号　2020年12月23日修正）

第四条　保险人接受了投保人提交的投保单并收取了保险费，尚未作出是否承保的意思表示，发生保险事故，被保险人或者受益人请求保险人按照保险合同承担赔偿或者给付保险金责任，符合承保条件的，人民法院应予支持；不符合承保条件的，保险人不承担保险责任，但应当退还已经收取的保险费。

保险人主张不符合承保条件的，应承担举证责任。

第七条　保险人在保险合同成立后知道或者应当知道投保人未履行如实告知义务，仍然收取保险费，又依照保险法第十六条第二款的规定主张解除合同的，人民法院不予支持。

二十八、票据纠纷

我国《票据法》中所称的票据是指汇票、本票和支票。票据纠纷是指因行使票据权利或者票据法上的非票据权利而引起的纠纷。根据《最高人民法院关于审理票据纠纷案件若干问题的规定》第6条的规定，因票据纠纷提起的诉讼，依法由票据支付地或者被告住所地人民法院管辖。票据支付地是指票据上载明的付款地，票据上未载明付款地的，汇票付款人或者代理付款人的营业场所、住所或者经常居住地，本票出票人的营业场所，支票付款人或者代理付款人的营业场所所在地为票据付款地。代理付款人即付款人的委托代理人，是指根据付款人的委托代为支付票据金额的银行、信用合作社等金融机构。

340. 票据付款请求权纠纷

法律条文及规范索引

《中华人民共和国票据法》（2004 年 8 月 28 日修正）

第十六条 持票人对票据债务人行使票据权利，或者保全票据权利，应当在票据当事人的营业场所和营业时间内进行，票据当事人无营业场所的，应当在其住所进行。

第十七条 票据权利在下列期限内不行使而消灭：

（一）持票人对票据的出票人和承兑人的权利，自票据到期日起二年。见票即付的汇票、本票，自出票日起二年；

（二）持票人对支票出票人的权利，自出票日起六个月；

（三）持票人对前手的追索权，自被拒绝承兑或者被拒绝付款之日起六个月；

（四）持票人对前手的再追索权，自清偿日或者被提起诉讼之日起三个月。

票据的出票日、到期日由票据当事人依法确定。

第五十三条 持票人应当按照下列期限提示付款：

（一）见票即付的汇票，自出票日起一个月内向付款人提示付款；

（二）定日付款、出票后定期付款或者见票后定期付款的汇票，自到期日起十日内向承兑人提示付款。

持票人未按照前款规定期限提示付款的，在作出说明后，承兑人或者付款人仍应当继续对持票人承担付款责任。

通过委托收款银行或者通过票据交换系统向付款人提示付款的，视同持票人提示付款。

第五十四条　持票人依照前条规定提示付款的，付款人必须在当日足额付款。

第五十七条　付款人及其代理付款人付款时，应当审查汇票背书的连续，并审查提示付款人的合法身份证明或者有效证件。

付款人及其代理付款人以恶意或者有重大过失付款的，应当自行承担责任。

第五十八条　对定日付款、出票后定期付款或者见票后定期付款的汇票，付款人在到期日前付款的，由付款人自行承担所产生的责任。

第五十九条　汇票金额为外币的，按照付款日的市场汇价，以人民币支付。

汇票当事人对汇票支付的货币种类另有约定的，从其约定。

第六十条　付款人依法足额付款后，全体汇票债务人的责任解除。

《最高人民法院关于审理票据纠纷案件若干问题的规定》（法释〔2000〕32号　2020年12月23日修正）

第五条　付款请求权是持票人享有的第一顺序权利，追索权是持票人享有的第二顺序权利，即汇票到期被拒绝付款或者具有票据法第六十一条第二款所列情形的，持票人请求背书人、出票人以及汇票的其他债务人支付票据法第七十条第一款所列金额和费用的权利。

341. 票据追索权纠纷

法律条文及规范索引

《中华人民共和国票据法》（2004年8月28日修正）

第六十一条　汇票到期被拒绝付款的，持票人可以对背书人、出票人以及汇票的其他债务人行使追索权。

汇票到期日前，有下列情形之一的，持票人也可以行使追索权：

（一）汇票被拒绝承兑的；

（二）承兑人或者付款人死亡、逃匿的；

（三）承兑人或者付款人被依法宣告破产的或者因违法被责令终止业务

活动的。

第六十二条 持票人行使追索权时，应当提供被拒绝承兑或者被拒绝付款的有关证明。

持票人提示承兑或者提示付款被拒绝的，承兑人或者付款人必须出具拒绝证明，或者出具退票理由书。未出具拒绝证明或者退票理由书的，应当承担由此产生的民事责任。

第六十五条 持票人不能出示拒绝证明、退票理由书或者未按照规定期限提供其他合法证明的，丧失对其前手的追索权。但是，承兑人或者付款人仍应当对持票人承担责任。

第六十六条 持票人应当自收到被拒绝承兑或者被拒绝付款的有关证明之日起三日内，将被拒绝事由书面通知其前手；其前手应当自收到通知之日起三日内书面通知其再前手。持票人也可以同时向各汇票债务人发出书面通知。

未按照前款规定期限通知的，持票人仍可以行使追索权。因延期通知给其前手或者出票人造成损失的，由没有按照规定期限通知的汇票当事人，承担对该损失的赔偿责任，但是所赔偿的金额以汇票金额为限。

在规定期限内将通知按照法定地址或者约定的地址邮寄的，视为已经发出通知。

第六十七条 依照前条第一款所作的书面通知，应当记明汇票的主要记载事项，并说明该汇票已被退票。

第六十八条 汇票的出票人、背书人、承兑人和保证人对持票人承担连带责任。

持票人可以不按照汇票债务人的先后顺序，对其中任何一人、数人或者全体行使追索权。

持票人对汇票债务人中的一人或者数人已经进行追索的，对其他汇票债务人仍可以行使追索权。被追索人清偿债务后，与持票人享有同一权利。

第六十九条 持票人为出票人的，对其前手无追索权。持票人为背书人的，对其后手无追索权。

第七十条 持票人行使追索权，可以请求被追索人支付下列金额和费用：

（一）被拒绝付款的汇票金额；

（二）汇票金额自到期日或者提示付款日起至清偿日止，按照中国人民银行规定的利率计算的利息；

（三）取得有关拒绝证明和发出通知书的费用。

被追索人清偿债务时，持票人应当交出汇票和有关拒绝证明，并出具所收到利息和费用的收据。

第七十一条　被追索人依照前条规定清偿后，可以向其他汇票债务人行使再追索权，请求其他汇票债务人支付下列金额和费用：

（一）已清偿的全部金额；

（二）前项金额自清偿日起至再追索清偿日止，按照中国人民银行规定的利率计算的利息；

（三）发出通知书的费用。

行使再追索权的被追索人获得清偿时，应当交出汇票和有关拒绝证明，并出具所收到利息和费用的收据。

第七十二条　被追索人依照前二条规定清偿债务后，其责任解除。

第八十条第一款　本票的背书、保证、付款行为和追索权的行使，除本章规定外，适用本法第二章有关汇票的规定。

第九十三条第一款　支票的背书、付款行为和追索权的行使，除本章规定外，适用本法第二章有关汇票的规定。

《最高人民法院关于审理票据纠纷案件若干问题的规定》（法释〔2000〕32号　2020年12月23日修正）

第三条　依照票据法第三十六条的规定，票据被拒绝承兑、被拒绝付款或者汇票、支票超过提示付款期限后，票据持有人背书转让的，被背书人以背书人为被告行使追索权而提起诉讼的，人民法院应当依法受理。

第四条　持票人不先行使付款请求权而先行使追索权遭拒绝提起诉讼的，人民法院不予受理。除有票据法第六十一条第二款和本规定第三条所列情形外，持票人只能在首先向付款人行使付款请求权而得不到付款时，才可以行使追索权。

第五条　付款请求权是持票人享有的第一顺序权利，追索权是持票人享有的第二顺序权利，即汇票到期被拒绝付款或者具有票据法第六十一条第二款所列情形的，持票人请求背书人、出票人以及汇票的其他债务人支付票据法第七十条第一款所列金额和费用的权利。

342. 票据交付请求权纠纷

法律条文及规范索引

《中华人民共和国票据法》（2004 年 8 月 28 日修正）

第二十条 出票是指出票人签发票据并将其交付给收款人的票据行为。

第二十七条 持票人可以将汇票权利转让给他人或者将一定的汇票权利授予他人行使。

出票人在汇票上记载“不得转让”字样的，汇票不得转让。

持票人行使第一款规定的权利时，应当背书并交付汇票。

背书是指在票据背面或者粘单上记载有关事项并签章的票据行为。

第五十五条 持票人获得付款的，应当在汇票上签收，并将汇票交给付款人。持票人委托银行收款的，受委托的银行将代收的汇票金额转账收入持票人账户，视同签收。

第七十条 持票人行使追索权，可以请求被追索人支付下列金额和费用：

（一）被拒绝付款的汇票金额；

（二）汇票金额自到期日或者提示付款日起至清偿日止，按照中国人民银行规定的利率计算的利息；

（三）取得有关拒绝证明和发出通知书的费用。

被追索人清偿债务时，持票人应当交出汇票和有关拒绝证明，并出具所收到利息和费用的收据。

343. 票据返还请求权纠纷

法律条文及规范索引

《中华人民共和国票据法》（2004 年 8 月 28 日修正）

第十二条 以欺诈、偷盗或者胁迫等手段取得票据的，或者明知有前列情形，出于恶意取得票据的，不得享有票据权利。

持票人因重大过失取得不符合本法规定的票据的，也不得享有票据权利。

第十八条　持票人因超过票据权利时效或者因票据记载事项欠缺而丧失票据权利的，仍享有民事权利，可以请求出票人或者承兑人返还其与未支付的票据金额相当的利益。

《最高人民法院关于审理票据纠纷案件若干问题的规定》（法释〔2000〕32号　2020年12月23日修正）

第二条　依照票据法第十条的规定，票据债务人（即出票人）以在票据未转让时的基础关系违法、双方不具有真实的交易关系和债权债务关系、持票人应付对价而未付对价为由，要求返还票据而提起诉讼的，人民法院应当依法受理。

344. 票据损害责任纠纷

法律条文及规范索引

《中华人民共和国票据法》（2004年8月28日修正）

第五十七条　付款人及其代理付款人付款时，应当审查汇票背书的连续，并审查提示付款人的合法身份证明或者有效证件。

付款人及其代理付款人以恶意或者有重大过失付款的，应当自行承担责任。

第六十二条　持票人行使追索权时，应当提供被拒绝承兑或者被拒绝付款的有关证明。

持票人提示承兑或者提示付款被拒绝的，承兑人或者付款人必须出具拒绝证明，或者出具退票理由书。未出具拒绝证明或者退票理由书的，应当承担由此产生的民事责任。

第六十五条　持票人不能出示拒绝证明、退票理由书或者未按照规定期限提供其他合法证明的，丧失对其前手的追索权。但是，承兑人或者付款人仍应当对持票人承担责任。

第六十六条　持票人应当自收到被拒绝承兑或者被拒绝付款的有关证明

之日起三日内，将被拒绝事由书面通知其前手；其前手应当自收到通知之日起三日内书面通知其再前手。持票人也可以同时向各汇票债务人发出书面通知。

未按照前款规定期限通知的，持票人仍可以行使追索权。因延期通知给其前手或者出票人造成损失的，由没有按照规定期限通知的汇票当事人，承担对该损失的赔偿责任，但是所赔偿的金额以汇票金额为限。

在规定期限内将通知按照法定地址或者约定的地址邮寄的，视为已经发出通知。

第八十七条 支票的出票人所签发的支票金额不得超过其付款时在付款人处实有的存款金额。

出票人签发的支票金额超过其付款时在付款人处实有的存款金额的，为空头支票。禁止签发空头支票。

第一百零四条 金融机构工作人员在票据业务中玩忽职守，对违反本法规定的票据予以承兑、付款或者保证的，给予处分；造成重大损失，构成犯罪的，依法追究刑事责任。

由于金融机构工作人员因前款行为给当事人造成损失的，由该金融机构和直接责任人员依法承担赔偿责任。

第一百零五条 票据的付款人对见票即付或者到期的票据，故意压票，拖延支付的，由金融行政管理部门处以罚款，对直接责任人员给予处分。

票据的付款人故意压票，拖延支付，给持票人造成损失的，依法承担赔偿责任。

第一百零六条 依照本法规定承担赔偿责任以外的其他违反本法规定的行为，给他人造成损失的，应当依法承担民事责任。

《最高人民法院关于审理票据纠纷案件若干问题的规定》（法释〔2000〕32号 2020年12月23日修正）

第六十条 票据保证无效的，票据的保证人应当承担与其过错相应的民事责任。

第六十六条 依照票据法第十四条、第一百零二条、第一百零三条的规定，伪造、变造票据者除应当依法承担刑事、行政责任外，给他人造成损失的，还应当承担民事赔偿责任。被伪造签章者不承担票据责任。

第六十七条 对票据未记载事项或者未完全记载事项作补充记载，补充事项超出授权范围的，出票人对补充后的票据应当承担票据责任。给他人造成损失的，出票人还应当承担相应的民事责任。

第六十八条　付款人或者代理付款人未能识别出伪造、变造的票据或者身份证件而错误付款，属于票据法第五十七条规定的“重大过失”，给持票人造成损失的，应当依法承担民事责任。付款人或者代理付款人承担责任后有权向伪造者、变造者依法追偿。

持票人有过错的，也应当承担相应的民事责任。

第六十九条　付款人及其代理付款人有下列情形之一的，应当自行承担责任：

（一）未依照票据法第五十七条的规定对提示付款人的合法身份证明或者有效证件以及汇票背书的连续性履行审查义务而错误付款的；

（二）公示催告期间对公示催告的票据付款的；

（三）收到人民法院的止付通知后付款的；

（四）其他以恶意或者重大过失付款的。

第七十二条　因出票人签发空头支票、与其预留本名的签名式样或者印鉴不符的支票给他人造成损失的，支票的出票人和背书人应当依法承担民事责任。

第七十四条　依照票据法第一百零四条的规定，由于金融机构工作人员在票据业务中玩忽职守，对违反票据法规定的票据予以承兑、付款、贴现或者保证，给当事人造成损失的，由该金融机构与直接责任人员依法承担连带责任。

第七十五条　依照票据法第一百零六条的规定，由于出票人制作票据，或者其他票据债务人未按照法定条件在票据上签章，给他人造成损失的，除应当按照所记载事项承担票据责任外，还应当承担相应的民事责任。

持票人明知或者应当知道前款情形而接受的，可以适当减轻出票人或者票据债务人的责任。

345. 票据利益返还请求权纠纷

法律条文及规范索引

《中华人民共和国票据法》（2004年8月28日修正）

第十八条　持票人因超过票据权利时效或者因票据记载事项欠缺而丧失

票据权利的，仍享有民事权利，可以请求出票人或者承兑人返还其与未支付的票据金额相当的利益。

346. 汇票回单签发请求权纠纷

法律条文及规范索引

《中华人民共和国票据法》（2004 年 8 月 28 日修正）

第四十一条 付款人对向其提示承兑的汇票，应当自收到提示承兑的汇票之日起三日内承兑或者拒绝承兑。

付款人收到持票人提示承兑的汇票时，应当向持票人签发收到汇票的回单。回单上应当记明汇票提示承兑日期并签章。

347. 票据保证纠纷

法律条文及规范索引

《中华人民共和国票据法》（2004 年 8 月 28 日修正）

第四十五条 汇票的债务可以由保证人承担保证责任。

保证人由汇票债务人以外的他人担当。

第四十六条 保证人必须在汇票或者粘单上记载下列事项：

（一）表明“保证”的字样；

（二）保证人名称和住所；

（三）被保证人的名称；

（四）保证日期；

（五）保证人签章。

第四十七条 保证人在汇票或者粘单上未记载前条第（三）项的，已承兑的汇票，承兑人为被保证人；未承兑的汇票，出票人为被保证人。

保证人在汇票或者粘单上未记载前条第（四）项的，出票日期为保证日期。

第四十八条　保证不得附有条件；附有条件的，不影响对汇票的保证责任。

第四十九条　保证人对合法取得汇票的持票人所享有的汇票权利，承担保证责任。但是，被保证人的债务因汇票记载事项欠缺而无效的除外。

第五十条　被保证的汇票，保证人应当与被保证人对持票人承担连带责任。汇票到期后得不到付款的，持票人有权向保证人请求付款，保证人应当足额付款。

第五十一条　保证人为二人以上的，保证人之间承担连带责任。

第五十二条　保证人清偿汇票债务后，可以行使持票人对被保证人及其前手的追索权。

第八十条　本票的背书、保证、付款行为和追索权的行使，除本章规定外，适用本法第二章有关汇票的规定。

本票的出票行为，除本章规定外，适用本法第二十四条关于汇票的规定。

《最高人民法院关于审理票据纠纷案件若干问题的规定》（法释〔2000〕32号　2020年12月23日修正）

第五十九条　国家机关、以公益为目的的事业单位、社会团体作为票据保证人的，票据保证无效，但经国务院批准为使用外国政府或者国际经济组织贷款进行转贷，国家机关提供票据保证的除外。

第六十条　票据保证无效的，票据的保证人应当承担与其过错相应的民事责任。

第六十一条　保证人未在票据或者粘单上记载“保证”字样而另行签订保证合同或者保证条款的，不属于票据保证，人民法院应当适用《中华人民共和国民法典》的有关规定。

348. 确认票据无效纠纷

法律条文及规范索引

《中华人民共和国票据法》（2004年8月28日修正）

第八条　票据金额以中文大写和数码同时记载，二者必须一致，二者不一致的，票据无效。

第九条 票据上的记载事项必须符合本法的规定。

票据金额、日期、收款人名称不得更改，更改的票据无效。

对票据上的其他记载事项，原记载人可以更改，更改时应当由原记载人签章证明。

第十四条 票据上的记载事项应当真实，不得伪造、变造。伪造、变造票据上的签章和其他记载事项的，应当承担法律责任。

票据上有伪造、变造的签章的，不影响票据上其他真实签章的效力。

票据上其他记载事项被变造的，在变造之前签章的人，对原记载事项负责；在变造之后签章的人，对变造之后的记载事项负责；不能辨别是在票据被变造之前或者之后签章的，视同在变造之前签章。

第十五条 票据丧失，失票人可以及时通知票据的付款人挂失止付，但是，未记载付款人或者无法确定付款人及其代理付款人的票据除外。

收到挂失止付通知的付款人，应当暂停支付。

失票人应当在通知挂失止付后三日内，也可以在票据丧失后，依法向人民法院申请公示催告，或者向人民法院提起诉讼。

第二十二条 汇票必须记载下列事项：

（一）表明“汇票”的字样；

（二）无条件支付的委托；

（三）确定的金额；

（四）付款人名称；

（五）收款人名称；

（六）出票日期；

（七）出票人签章。

汇票上未记载前款规定事项之一的，汇票无效。

第七十五条 本票必须记载下列事项：

（一）表明“本票”的字样；

（二）无条件支付的承诺；

（三）确定的金额；

（四）收款人名称；

（五）出票日期；

（六）出票人签章。

本票上未记载前款规定事项之一的，本票无效。

第八十四条　支票必须记载下列事项：

（一）表明“支票”的字样；

（二）无条件支付的委托；

（三）确定的金额；

（四）付款人名称；

（五）出票日期；

（六）出票人签章。

支票上未记载前款规定事项之一的，支票无效。

《最高人民法院关于审理票据纠纷案件若干问题的规定》（法释〔2000〕32号　2020年12月23日修正）

第三十九条　依照票据法第一百零八条以及经国务院批准的《票据管理实施办法》的规定，票据当事人使用的不是中国人民银行规定的统一格式票据的，按照《票据管理实施办法》的规定认定，但在中国境外签发的票据除外。

第四十条　票据出票人在票据上的签章上不符合票据法以及下述规定的，该签章不具有票据法上的效力：

（一）商业汇票上的出票人的签章，为该法人或者该单位的财务专用章或者公章加其法定代表人、单位负责人或者其授权的代理人的签名或者盖章；

（二）银行汇票上的出票人的签章和银行承兑汇票的承兑人的签章，为该银行汇票专用章加其法定代表人或者其授权的代理人的签名或者盖章；

（三）银行本票上的出票人的签章，为该银行的本票专用章加其法定代表人或者其授权的代理人的签名或者盖章；

（四）支票上的出票人的签章，出票人为单位的，为与该单位在银行预留签章一致的财务专用章或者公章加其法定代表人或者其授权的代理人的签名或者盖章；出票人为个人的，为与该个人在银行预留签章一致的签名或者盖章。

第四十一条　银行汇票、银行本票的出票人以及银行承兑汇票的承兑人在票据上未加盖规定的专用章而加盖该银行的公章，支票的出票人在票据上未加盖与该单位在银行预留签章一致的财务专用章而加盖该出票人公章的，签章人应当承担票据责任。

第四十二条 依照票据法第九条以及《票据管理实施办法》的规定，票据金额的中文大写与数码不一致，或者票据载明的金额、出票日期或者签发日期、收款人名称更改，或者违反规定加盖银行部门印章代替专用章，付款人或者代理付款人对此类票据付款的，应当承担责任。

第四十三条 因更改银行汇票的实际结算金额引起纠纷而提起诉讼，当事人请求认定汇票效力的，人民法院应当认定该银行汇票无效。

第四十四条 空白授权票据的持票人行使票据权利时未对票据必须记载事项补充完全，因付款人或者代理付款人拒绝接收该票据而提起诉讼的，人民法院不予支持。

第四十五条 票据的背书人、承兑人、保证人在票据上的签章不符合票据法以及《票据管理实施办法》规定的，或者无民事行为能力人、限制民事行为能力人在票据上签章的，其签章无效，但不影响人民法院对票据上其他签章效力的认定。

349. 票据代理纠纷

法律条文及规范索引

《中华人民共和国票据法》（2004 年 8 月 28 日修正）

第五条 票据当事人可以委托其代理人在票据上签章，并应当在票据上表明其代理关系。

没有代理权而以代理人名义在票据上签章的，应当由签章人承担票据责任；代理人超越代理权限的，应当就其超越权限的部分承担票据责任。

350. 票据回购纠纷

法律条文及规范索引

中华人民共和国民事诉讼法（2017 年 6 月 27 日第三次修正）

第二十五条 因票据纠纷提起的诉讼，由票据支付地或者被告住所地人民法院管辖。

《最高人民法院关于审理票据纠纷案件若干问题的规定》（2020 年 12 月 29 日修正）

第六条　因票据纠纷提起的诉讼，依法由票据支付地或者被告住所地人民法院管辖。

票据支付地是指票据上载明的付款地，票据上未载明付款地的，汇票付款人或者代理付款人的营业场所、住所或者经常居住地，本票出票人的营业场所，支票付款人或者代理付款人的营业场所所在地为票据付款地。代理付款人即付款人的委托代理人，是指根据付款人的委托代为支付票据金额的银行、信用合作社等金融机构。

二十九、信用证纠纷

信用证纠纷，是指在信用证开立、通知、修改、撤销、保兑、议付、偿付等环节产生的纠纷。人民法院审理信用证纠纷案件时，当事人约定适用相关国际惯例或者其他规定的，从其约定；当事人没有约定的，适用国际商会《跟单信用证统一惯例》或者其他相关国际惯例。开证申请人与开证行之间因申请开立信用证而产生的欠款纠纷、委托人和受托人之间因委托开立信用证产生的纠纷、担保人为申请开立信用证或者委托开立信用证提供担保而产生的纠纷以及信用证项下融资产生的纠纷，适用《最高人民法院关于审理信用证纠纷案件若干问题的规定》。因申请开立信用证而产生的欠款纠纷、委托开立信用证纠纷和因此产生的担保纠纷以及信用证项下融资产生的纠纷应当适用中华人民共和国相关法律。涉外合同当事人对法律适用另有约定的除外。

351. 委托开立信用证纠纷

法律条文及规范索引

《最高人民法院关于审理信用证纠纷案件若干问题的规定》（法释〔2005〕13号 2020年12月23日修正）

第三条 开证申请人与开证行之间因申请开立信用证而产生的欠款纠纷、委托人和受托人之间因委托开立信用证产生的纠纷、担保人为申请开立信用证或者委托开立信用证提供担保而产生的纠纷以及信用证项下融资产生的纠纷，适用本规定。

第四条 因申请开立信用证而产生的欠款纠纷、委托开立信用证纠纷和因此产生的担保纠纷以及信用证项下融资产生的纠纷应当适用中华人民共和国相关法律。涉外合同当事人对法律适用另有约定的除外。

（另，关于委托合同相关规定，参见“119. 委托合同纠纷”之“法律条文及规范指引”。）

352. 信用证开证纠纷

法律条文及规范索引

《最高人民法院关于审理信用证纠纷案件若干问题的规定》（法释〔2005〕13号 2020年12月23日修正）

第三条 开证申请人与开证行之间因申请开立信用证而产生的欠款纠纷、委托人和受托人之间因委托开立信用证产生的纠纷、担保人为申请开立信用证或者委托开立信用证提供担保而产生的纠纷以及信用证项下融资产生的纠纷，适用本规定。

第四条 因申请开立信用证而产生的欠款纠纷、委托开立信用证纠纷和因此产生的担保纠纷以及信用证项下融资产生的纠纷应当适用中华人民共和国相关法律。涉外合同当事人对法律适用另有约定的除外。

第五条　开证行在作出付款、承兑或者履行信用证项下其他义务的承诺后，只要单据与信用证条款、单据与单据之间在表面上相符，开证行应当履行在信用证规定的期限内付款的义务。当事人以开证申请人与受益人之间的基础交易提出抗辩的，人民法院不予支持。具有本规定第八条的情形除外。

第六条　人民法院在审理信用证纠纷案件中涉及单证审查的，应当根据当事人约定适用的相关国际惯例或者其他规定进行；当事人没有约定的，应当按照国际商会《跟单信用证统一惯例》以及国际商会确定的相关标准，认定单据与信用证条款、单据与单据之间是否在表面上相符。

信用证项下单据与信用证条款之间、单据与单据之间在表面上不完全一致，但并不导致相互之间产生歧义的，不应认定为不符点。

第七条　开证行有独立审查单据的权利和义务，有权自行作出单据与信用证条款、单据与单据之间是否在表面上相符的决定，并自行决定接受或者拒绝接受单据与信用证条款、单据与单据之间的不符点。

开证行发现信用证项下存在不符点后，可以自行决定是否联系开证申请人接受不符点。开证申请人决定是否接受不符点，并不影响开证行最终决定是否接受不符点。开证行和开证申请人另有约定的除外。

开证行向受益人明确表示接受不符点的，应当承担付款责任。

开证行拒绝接受不符点时，受益人以开证申请人已接受不符点为由要求开证行承担信用证项下付款责任的，人民法院不予支持。

第八条　凡有下列情形之一的，应当认定存在信用证欺诈：

（一）受益人伪造单据或者提交记载内容虚假的单据；

（二）受益人恶意不交付货物或者交付的货物无价值；

（三）受益人和开证申请人或者其他第三方串通提交假单据，而没有真实的基础交易；

（四）其他进行信用证欺诈的情形。

第九条　开证申请人、开证行或者其他利害关系人发现有本规定第八条的情形，并认为将会给其造成难以弥补的损害时，可以向有管辖权的人民法院申请中止支付信用证项下的款项。

第十条　人民法院认定存在信用证欺诈的，应当裁定中止支付或者判决终止支付信用证项下款项，但有下列情形之一的除外：

（一）开证行的指定人、授权人已按照开证行的指令善意地进行了付款；

（二）开证行或者其指定人、授权人已对信用证项下票据善意地作出了承兑；

（三）保兑行善意地履行了付款义务；

（四）议付行善意地进行了议付。

《跟单信用证统一惯例》（UCP600）（2007 年）

第一条 UCP 的适用范围《跟单信用证统一惯例——2007 年修订本，国际商会第 600 号出版物》（简称“UCP”）乃一套规则，适用于所有的其文本中明确表明受本惯例约束的跟单信用证（下称信用证）（在其可适用的范围内，包括备用信用证）。除非信用证明确修改或排除，本惯例各条文对信用证所有当事人均具有约束力。

（7）信用证与合同

a. 就其性质而言，信用证与可能作为其开立基础的销售合同或其他合同是相互独立的交易，即使信用证中含有对此类合同的任何援引，银行也与该合同无关，且不受其约束。因此，银行关于承付、议付或履行信用证项下其他义务的承诺，不受申请人基于与开证行或与受益人之间的关系而产生的任何请求或抗辩的影响。

受益人在任何情况下不得利用银行之间或申请人与开证行之间的合同关系。

b. 开证行应劝阻申请人试图将基础合同、形式发票等文件作为信用证组成部分的做法。

第七条 开证行责任

a. 只要规定的单据提交给指定银行或开证行，并且构成相符交单，则开证行必须承付，如果信用证为以下情形之一：

i. 信用证规定由开证行即期付款，延期付款或承兑；

ii. 信用证规定由指定银行即期付款但其未付款；

iii. 信用证规定由指定银行延期付款但其未承诺延期付款，或虽已承诺延期付款，但未在到期日付款；

iv. 信用证规定由指定银行承兑，但其未承兑以其为付款人的汇票，或虽然承兑了汇票，但未在到期日付款。

v. 信用证规定由指定银行议付但其未议付。

b. 开证行自开立信用证之时起即不可撤销地承担承付责任。

c. 指定银行承付或议付相符交单并将单据转给开证行之后，开证行即承担偿付该指定银行的责任。对承兑或延期付款信用证下相符交单金额的偿付应在到期日办理，无论指定银行是否在到期日之前预付或购买了单据。开证行偿付指定银行的责任独立于开证行对受益人的责任。

353. 信用证议付纠纷

法律条文及规范索引

《跟单信用证统一惯例》（UCP600）（2007 年）

第二条　定义

就本惯例而言：

通知行指应开证行的要求通知信用证的银行。

申请人指要求开立信用证的一方。

银行工作日指银行在其履行受本惯例约束的行为的地点通常开业的一天。

受益人指接受信用证并享受其利益的一方。

相符交单指与信用证条款、本惯例的相关适用条款以及国际标准银行实务一致的交单。

保兑指保兑行在开证行承诺之外做出的承付或议付相符交单的确定承诺。

保兑行指根据开证行的授权或要求对信用证加具保兑的银行。

信用证指一项不可撤销的安排，无论其名称或描述如何，该项安排构成开证行对相符交单予以承付的确定承诺。

承付指：

a. 如果信用证为即期付款信用证，则即期付款。

b. 如果信用证为延期付款信用证，则承诺延期付款并在承诺到期日付款。

c. 如果信用证为承兑信用证，则承兑受益人开出的汇票并在汇票到期日付款。

开证行指应申请人要求或者代表自己开出信用证的银行。

议付指指定银行在相符交单下，在其应获偿付的银行工作日当天或之前向受益人预付或者同意预付款项，从而购买汇票（其付款人为指定银行以外的其他银行）及/或单据的行为。

指定银行指信用证可在其处兑用的银行，如信用证可在任一银行兑用，则任何银行均为指定银行。

交单指向开证行或指定银行提交信用证项下单据的行为，或指按此方式提交的单据。

交单人指实施交单行为的受益人、银行或其他人。

第十二条 指定

a. 除非指定银行为保兑行，对于承付或议付的授权并不赋予指定银行承付或议付的义务，除非该指定银行明确表示同意并且告知受益人。

b. 开证行指定一银行承兑汇票或做出延期付款承诺，即为授权该指定银行预付或购买其已承兑的汇票或已做出的延期付款承诺。

c. 非保兑行的指定银行收到或审核并转递单据的行为并不使其承担承付或议付的责任，也不构成其承付或议付的行为。

第十三条 银行之间的偿付安排

a. 如果信用证规定指定银行（"索偿行"）向另一方（"偿付行"）获取偿付时，必须同时规定该偿付是否按信用证开立时有效的ICC银行间偿付规则进行。

b. 如果信用证没有规定偿付遵守ICC银行间偿付规则，则按照以下规定：

i. 开证行必须给予偿付行有关偿付的授权，授权应符合信用证关于兑用方式的规定，且不应设定截止日。

ii. 开证行不应要求索偿行向偿付行提供与信用证条款相符的证明。

iii. 如果偿付行未按信用证条款见索即偿，开证行将承担利息损失以及产生的任何其他费用。

iv. 偿付行的费用应由开证行承担。然而，如果此项费用由受益人承担，开证行有责任在信用证及偿付授权中注明。如果偿付行的费用由受益人承担，该费用应在偿付时从付给索偿行的金额中扣取。如果偿付未发生，偿付行的费用仍由开证行负担。

c. 如果偿付行未能见索即偿，开证行不能免除偿付责任。

第十四条 单据审核标准

a. 按指定行事的指定银行、保兑行（如果有的话）及开证行须审核交单，并仅基于单据本身确定其是否在表面上构成相符交单。

b. 按指定行事的指定银行、保兑行（如有的话）及开证行各有从交单次日起至多五个银行工作日用以确定交单是否相符。这一期限不因在交单日当天或之后信用证截止日或最迟交单日届至而受到缩减或影响。

c. 如果单据中包含一份或多份受第十九、二十、二十一、二十二、二十三、二十四或二十五条规制的正本运输单据，则须由受益人或其代表在不迟于本惯例所指的发运日之后的二十一个日历日内交单，但是在任何情况下都不得迟于信用证的截止日。

d. 单据中的数据，在与信用证、单据本身以及国际标准银行实务参照解读时，无须与该单据本身中的数据、其他要求的单据或信用证中的数据等同一致、但不得矛盾。

e. 除商业发票外，其他单据中的货物、服务或履约行为的描述，如果有的话，可使用与信用证中的描述不矛盾的概括性用语。

f. 如果信用证要求提交运输单据、保险单据或者商业发票之外的单据，却未规定出单人或其数据内容，则只要提交的单据内容看似满足所要求单据的功能，且其他方面符合第十四条 d 款，银行将接受该单据。

g. 提交的非信用证所要求的单据将被不予理会，并可被退还给交单人。

h. 如果信用证含有一项条件，但未规定用以表明该条件得到满足的单据，银行将视为未作规定并不予理会。

i. 单据日期可以早于信用证的开立日期，但不得晚于交单日期。

j. 当受益人和申请人的地址出现在任何规定的单据中时，无须与信用证或其他规定单据中所载相同，但必须与信用证中规定的相应地址同在一国。联络细节（传真、电话、电子邮件及类似细节）作为受益人和申请人地址的一部分时将被不予理会。然而，如果申请人的地址和联络细节为第十九、二十、二十一、二十二、二十三、二十四或二十五条规定的运输单据上的收货人或通知方细节的一部分时，应与信用证规定的相同。

k. 在任何单据中注明的托运人或发货人无须为信用证的受益人。

l. 运输单据可以由任何人出具，无须为承运人、船东、船长或租船人，只要其符合第十九、二十、二十一、二十二、二十三或二十四条的要求。

第十五条　相符交单

a. 当开证行确定交单相符时，必须承付。

b. 当保兑行确定交单相符时，必须承付或者议付并将单据转递给开证行。

c. 当指定银行确定交单相符并承付或议付时，必须将单据转递给保兑行或开证行。

第十六条 不符单据、放弃及通知 a. 当按照指定行事的指定银行、保兑行（如有的话）或者开证行确定交单不符时，可以拒绝承付或议付。

b. 当开证行确定交单不符时，可以自行决定联系申请人放弃不符点。然而这并不能延长第十四条 b 款所指的期限。

c. 当按照指定行事的指定银行、保兑行（如有的话）或开证行决定拒绝承付或议付时，必须给予交单人一份单独的拒付通知。

该通知必须声明：

i. 银行拒绝承付或议付；及

ii. 银行拒绝承付或者议付所依据的每一个不符点；及

iii. a）银行留存单据听候交单人的进一步指示；或者

b）开证行留存单据直到其从申请人处接到放弃不符点的通知并同意接受该放弃，或者其同意接受对不符点的放弃之前从交单人处收到其进一步指示；或者

c）银行将退回单据；或者

d）银行将按之前从交单人处获得的指示处理。

d. 第十六条 c 款要求的通知必须以电讯方式，如不可能，则以其他快捷方式，在不迟于自交单之翌日起第五个银行工作日结束前发出。

e. 按照指定行事的指定银行、保兑行（如有的话）或开证行在按照第十六条 c 款 iii 项 a）或 b 发出了通知后，可以在任何时候将单据退还交单人。

f. 如果开证行或保兑行未能按照本条行事，则无权宣称交单不符。

g. 当开证行拒绝承付或保兑行拒绝承付或者议付，并且按照本条发出了拒付通知后，有权要求返还已偿付的款项及利息。

《最高人民法院关于审理信用证纠纷案件若干问题的规定》（法释〔2005〕13 号 2020 年 12 月 23 日修正）

第十条 人民法院认定存在信用证欺诈的，应当裁定中止支付或者判决终止支付信用证项下款项，但有下列情形之一的除外：

（一）开证行的指定人、授权人已按照开证行的指令善意地进行了付款；

（二）开证行或者其指定人、授权人已对信用证项下票据善意地作出了承兑；

（三）保兑行善意地履行了付款义务；

（四）议付行善意地进行了议付。

第十四条　人民法院在审理信用证欺诈案件过程中，必要时可以将信用证纠纷与基础交易纠纷一并审理。

当事人以基础交易欺诈为由起诉的，可以将与案件有关的开证行、议付行或者其他信用证法律关系的利害关系人列为第三人；第三人可以申请参加诉讼，人民法院也可以通知第三人参加诉讼。

354. 信用证欺诈纠纷

法律条文及规范索引

《最高人民法院关于审理信用证纠纷案件若干问题的规定》（法释〔2005〕13号　2020年12月23日修正）

第八条　凡有下列情形之一的，应当认定存在信用证欺诈：

（一）受益人伪造单据或者提交记载内容虚假的单据；

（二）受益人恶意不交付货物或者交付的货物无价值；

（三）受益人和开证申请人或者其他第三方串通提交假单据，而没有真实的基础交易；

（四）其他进行信用证欺诈的情形。

第九条　开证申请人、开证行或者其他利害关系人发现有本规定第八条的情形，并认为将会给其造成难以弥补的损害时，可以向有管辖权的人民法院申请中止支付信用证项下的款项。

第十条　人民法院认定存在信用证欺诈的，应当裁定中止支付或者判决终止支付信用证项下款项，但有下列情形之一的除外：

（一）开证行的指定人、授权人已按照开证行的指令善意地进行了付款；

（二）开证行或者其指定人、授权人已对信用证项下票据善意地作出了承兑；

（三）保兑行善意地履行了付款义务；

（四）议付行善意地进行了议付。

第十四条　人民法院在审理信用证欺诈案件过程中，必要时可以将信用证纠纷与基础交易纠纷一并审理。

当事人以基础交易欺诈为由起诉的，可以将与案件有关的开证行、议付行或者其他信用证法律关系的利害关系人列为第三人；第三人可以申请参加诉讼，人民法院也可以通知第三人参加诉讼。

第十五条 人民法院通过实体审理，认定构成信用证欺诈并且不存在本规定第十条的情形的，应当判决终止支付信用证项下的款项。

355. 信用证融资纠纷

法律条文及规范索引

《中华人民共和国民法典》（2021 年 1 月 1 日施行）

第六百七十六条 借款人未按照约定的期限返还借款的，应当按照约定或者国家有关规定支付逾期利息。

第六百九十一条 保证的范围包括主债权及其利息、违约金、损害赔偿金和实现债权的费用。当事人另有约定的，按照其约定。

第六百九十九条 同一债务有两个以上保证人的，保证人应当按照保证合同约定的保证份额，承担保证责任；没有约定保证份额的，债权人可以请求任何一个保证人在其保证范围内承担保证责任。

356. 信用证转让纠纷

法律条文及规范索引

《跟单信用证统一惯例》（UCP600）（2007 年）

第三十八条 可转让信用证

a. 银行无办理信用证转让的义务，除非其明确同意。

b. 就本条而言：

可转让信用证系指特别注明“可转让（transferable）”字样的信用证。可转让信用证可应受益人（第一受益人）的要求转为全部或部分由另一受益人（第二受益人）兑用。

转让行系指办理信用证转让的指定银行，或当信用证规定可在任何银行兑用时，指开证行特别如此授权并实际办理转让的银行。开证行也可担任转让行。

已转让信用证指已由转让行转为可由第二受益人兑用的信用证。

c. 除非转让时另有约定，有关转让的所有费用（诸如佣金、手续费，成本或开支）须由第一受益人支付。

d. 只要信用证允许部分支款或部分发运，信用证可以分部分地转让给数名第二受益人。

已转让信用证不得应第二受益人的要求转让给任何其后受益人。第一受益人不视为其后受益人。

e. 任何转让要求须说明是否允许及在何条件下允许将修改通知第二受益人。已转让信用证须明确说明该项条件。

f. 如果信用证转让给数名第二受益人，其中一名或多名第二受益人对信用证修改的拒绝并不影响其他第二受益人接受修改。对接受者而言该已转让信用证即被相应修改，而对拒绝改的第二受益人而言，该信用证未被修改。

g. 已转让信用证须准确转载原证条款，包括保兑（如果有的话），但下列项目除外：

——信用证金额，

——规定的任何单价，

——截止日，

——交单期限，或

——最迟发运日或发运期间。

以上任何一项或全部均可减少或缩短。

必须投保的保险比例可以增加，以达到原信用证或本惯例规定的保险金额。

可用第一受益人的名称替换原证中的开证申请人名称。

如果原证特别要求开证申请人名称应在除发票以外的任何单据出现时，已转让信用证必须反映该项要求。

h. 第一受益人有权以自己的发票和汇票（如有的话）替换第二受益人的发票的汇票，其金额不得超过原信用证的金额。经过替换后，第一受益人可在原信用证项下支取自己发票与第二受益人发票间的差价（如有的话）。

i. 如果第一受益人应提交其自己的发票和汇票（如有的话），但未能在第一次要求的照办，或第一受益人提交的发票导致了第二受益人的交单中本不存在的不符点，而其未能在第一次要求时修正，转让行有权将从第二受益人处收到的单据照交开证行，并不再对第一受益人承担责任。

j. 在要求转让时，第一受益人可以要求在信用证转让后的兑用地点，在原信用证的截止日之前（包括截止日），对第二受益人承付或议付。本规定并不得损害第一受益人在第三十八条 h 款下的权利。

k. 第二受益人或代表第二受益人的交单必须交给转让行。

三十、独立保函纠纷

独立保函，是指银行或非银行金融机构作为开立人，以书面形式向受益人出具的，同意在受益人请求付款并提交符合保函要求的单据时，向其支付特定款项或在保函最高金额内付款的承诺。前述所称的单据，是指独立保函载明的受益人应提交的付款请求书、违约声明、第三方签发的文件、法院判决、仲裁裁决、汇票、发票等表明发生付款到期事件的书面文件。独立保函可以依保函申请人的申请而开立，也可以依另一金融机构的指示而开立。开立人依指示开立独立保函的，可以要求指示人向其开立用以保障追偿权的独立保函。独立保函纠纷，是指在独立保函的开立、撤销、修改、转让、付款、追偿等环节产生的纠纷。

此次案由修改中，增加第二级案由“三十、独立保函纠纷”。在新增加的第二级案由“三十、独立保函纠纷”项下：增加“357. 独立保函开立纠纷”“358. 独立保函付款纠纷”“359. 独立保函追偿纠纷”“360. 独立保函欺诈纠纷”“361. 独立保函转让纠纷”“362. 独立保函通知纠纷”“363. 独立保函撤销纠纷”。

357. 独立保函开立纠纷
358. 独立保函付款纠纷
359. 独立保函追偿纠纷
360. 独立保函欺诈纠纷
361. 独立保函转让纠纷
362. 独立保函通知纠纷
363. 独立保函撤销纠纷

法律条文及规范索引

《最高人民法院关于审理独立保函纠纷案件若干问题的规定》（法释〔2016〕24号　2020年12月23日修正）

第一条　本规定所称的独立保函，是指银行或非银行金融机构作为开立人，以书面形式向受益人出具的，同意在受益人请求付款并提交符合保函要求的单据时，向其支付特定款项或在保函最高金额内付款的承诺。

前款所称的单据，是指独立保函载明的受益人应提交的付款请求书、违约声明、第三方签发的文件、法院判决、仲裁裁决、汇票、发票等表明发生付款到期事件的书面文件。

独立保函可以依保函申请人的申请而开立，也可以依另一金融机构的指示而开立。开立人依指示开立独立保函的，可以要求指示人向其开立用以保障追偿权的独立保函。

第二条　本规定所称的独立保函纠纷，是指在独立保函的开立、撤销、修改、转让、付款、追偿等环节产生的纠纷。

第三条　保函具有下列情形之一，当事人主张保函性质为独立保函的，人民法院应予支持，但保函未载明据以付款的单据和最高金额的除外：

（一）保函载明见索即付；

（二）保函载明适用国际商会《见索即付保函统一规则》等独立保函交易示范规则；

（三）根据保函文本内容，开立人的付款义务独立于基础交易关系及保函申请法律关系，其仅承担相符交单的付款责任。

当事人以独立保函记载了对应的基础交易为由，主张该保函性质为一般保证或连带保证的，人民法院不予支持。

当事人主张独立保函适用民法典关于一般保证或连带保证规定的，人民法院不予支持。

第四条 独立保函的开立时间为开立人发出独立保函的时间。

独立保函一经开立即生效，但独立保函载明生效日期或事件的除外。

独立保函未载明可撤销，当事人主张独立保函开立后不可撤销的，人民法院应予支持。

第五条 独立保函载明适用《见索即付保函统一规则》等独立保函交易示范规则，或开立人和受益人在一审法庭辩论终结前一致援引的，人民法院应当认定交易示范规则的内容构成独立保函条款的组成部分。

不具有前款情形，当事人主张独立保函适用相关交易示范规则的，人民法院不予支持。

第六条 受益人提交的单据与独立保函条款之间、单据与单据之间表面相符，受益人请求开立人依据独立保函承担付款责任的，人民法院应予支持。

开立人以基础交易关系或独立保函申请关系对付款义务提出抗辩的，人民法院不予支持，但有本规定第十二条情形的除外。

第七条 人民法院在认定是否构成表面相符时，应当根据独立保函载明的审单标准进行审查；独立保函未载明的，可以参照适用国际商会确定的相关审单标准。

单据与独立保函条款之间、单据与单据之间表面上不完全一致，但并不导致相互之间产生歧义的，人民法院应当认定构成表面相符。

第八条 开立人有独立审查单据的权利与义务，有权自行决定单据与独立保函条款之间、单据与单据之间是否表面相符，并自行决定接受或拒绝接受不符点。

开立人已向受益人明确表示接受不符点，受益人请求开立人承担付款责任的，人民法院应予支持。

开立人拒绝接受不符点，受益人以保函申请人已接受不符点为由请求开立人承担付款责任的，人民法院不予支持。

第九条 开立人依据独立保函付款后向保函申请人追偿的，人民法院应予支持，但受益人提交的单据存在不符点的除外。

第十条　独立保函未同时载明可转让和据以确定新受益人的单据，开立人主张受益人付款请求权的转让对其不发生效力的，人民法院应予支持。独立保函对受益人付款请求权的转让有特别约定的，从其约定。

第十一条　独立保函具有下列情形之一，当事人主张独立保函权利义务终止的，人民法院应予支持：

（一）独立保函载明的到期日或到期事件届至，受益人未提交符合独立保函要求的单据；

（二）独立保函项下的应付款项已经全部支付；

（三）独立保函的金额已减额至零；

（四）开立人收到受益人出具的免除独立保函项下付款义务的文件；

（五）法律规定或者当事人约定终止的其他情形。

独立保函具有前款权利义务终止的情形，受益人以其持有独立保函文本为由主张享有付款请求权的，人民法院不予支持。

第十二条　具有下列情形之一的，人民法院应当认定构成独立保函欺诈：

（一）受益人与保函申请人或其他人串通，虚构基础交易的；

（二）受益人提交的第三方单据系伪造或内容虚假的；

（三）法院判决或仲裁裁决认定基础交易债务人没有付款或赔偿责任的；

（四）受益人确认基础交易债务已得到完全履行或者确认独立保函载明的付款到期事件并未发生的；

（五）受益人明知其没有付款请求权仍滥用该权利的其他情形。

第十三条　独立保函的申请人、开立人或指示人发现有本规定第十二条情形的，可以在提起诉讼或申请仲裁前，向开立人住所地或其他对独立保函欺诈纠纷案件具有管辖权的人民法院申请中止支付独立保函项下的款项，也可以在诉讼或仲裁过程中提出申请。

第十四条　人民法院裁定中止支付独立保函项下的款项，必须同时具备下列条件：

（一）止付申请人提交的证据材料证明本规定第十二条情形的存在具有高度可能性；

（二）情况紧急，不立即采取止付措施，将给止付申请人的合法权益造成难以弥补的损害；

（三）止付申请人提供了足以弥补被申请人因止付可能遭受损失的担保。

止付申请人以受益人在基础交易中违约为由请求止付的，人民法院不予支持。

开立人在依指示开立的独立保函项下已经善意付款的，对保障该开立人追偿权的独立保函，人民法院不得裁定止付。

第十五条　因止付申请错误造成损失，当事人请求止付申请人赔偿的，人民法院应予支持。

第十六条　人民法院受理止付申请后，应当在四十八小时内作出书面裁定。裁定应当列明申请人、被申请人和第三人，并包括初步查明的事实和是否准许止付申请的理由。

裁定中止支付的，应当立即执行。

止付申请人在止付裁定作出后三十日内未依法提起独立保函欺诈纠纷诉讼或申请仲裁的，人民法院应当解除止付裁定。

第十七条　当事人对人民法院就止付申请作出的裁定有异议的，可以在裁定书送达之日起十日内向作出裁定的人民法院申请复议。复议期间不停止裁定的执行。

人民法院应当在收到复议申请后十日内审查，并询问当事人。

第十八条　人民法院审理独立保函欺诈纠纷案件或处理止付申请，可以就当事人主张的本规定第十二条的具体情形，审查认定基础交易的相关事实。

第十九条　保函申请人在独立保函欺诈诉讼中仅起诉受益人的，独立保函的开立人、指示人可以作为第三人申请参加，或由人民法院通知其参加。

第二十条　人民法院经审理独立保函欺诈纠纷案件，能够排除合理怀疑地认定构成独立保函欺诈，并且不存在本规定第十四条第三款情形的，应当判决开立人终止支付独立保函项下被请求的款项。

第二十一条　受益人和开立人之间因独立保函而产生的纠纷案件，由开立人住所地或被告住所地人民法院管辖，独立保函载明由其他法院管辖或提交仲裁的除外。当事人主张根据基础交易合同争议解决条款确定管辖法院或提交仲裁的，人民法院不予支持。

独立保函欺诈纠纷案件由被请求止付的独立保函的开立人住所地或被告住所地人民法院管辖，当事人书面协议由其他法院管辖或提交仲裁的除外。当事人主张根据基础交易合同或独立保函的争议解决条款确定管辖法院或提交仲裁的，人民法院不予支持。

第二十二条　涉外独立保函未载明适用法律，开立人和受益人在一审法庭辩论终结前亦未就适用法律达成一致的，开立人和受益人之间因涉外独立保函而产生的纠纷适用开立人经常居所地法律；独立保函由金融机构依法登记设立的分支机构开立的，适用分支机构登记地法律。

涉外独立保函欺诈纠纷，当事人就适用法律不能达成一致的，适用被请求止付的独立保函的开立人经常居所地法律；独立保函由金融机构依法登记设立的分支机构开立的，适用分支机构登记地法律；当事人有共同经常居所地的，适用共同经常居所地法律。

涉外独立保函止付保全程序，适用中华人民共和国法律。

第二十三条　当事人约定在国内交易中适用独立保函，一方当事人以独立保函不具有涉外因素为由，主张保函独立性的约定无效的，人民法院不予支持。

第二十四条　对于按照特户管理并移交开立人占有的独立保函开立保证金，人民法院可以采取冻结措施，但不得扣划。保证金账户内的款项丧失开立保证金的功能时，人民法院可以依法采取扣划措施。

开立人已履行对外支付义务的，根据该开立人的申请，人民法院应当解除对开立保证金相应部分的冻结措施。

第九部分

侵权责任纠纷

三十一、侵权责任纠纷

侵权责任纠纷是指因侵害他人合法民事权益而产生的纠纷。侵权行为危及他人人身、财产安全的，被侵权人有权请求侵权人承担停止侵害、排除妨碍、消除危险等侵权责任。侵害他人造成人身损害的，应当赔偿医疗费、护理费、交通费、营养费、住院伙食补助费等为治疗和康复支出的合理费用，以及因误工减少的收入。造成残疾的，还应当赔偿辅助器具费和残疾赔偿金；造成死亡的，还应当赔偿丧葬费和死亡赔偿金。侵害自然人人身权益造成严重精神损害的，被侵权人还有权请求精神损害赔偿。侵害他人财产的，财产损失按照损失发生时的市场价格或者其他合理方式计算。故意侵害他人知识产权，情节严重的，被侵权人有权请求相应的惩罚性赔偿。

此次案由修改中，在第二级案由“三十、侵权责任纠纷”项下：变更“348之一、性骚扰损害责任纠纷”为“372. 性骚扰损害责任纠纷”；增加“375. 非机动车交通事故责任纠纷”“378. 生态破坏责任纠纷”；变更“355. 物件损害责任纠纷”为“381. 建筑物和物件损害责任纠纷”，变更“366. 因申请诉前财产保全损害责任纠纷”为“392. 因申请财产保全损害责任纠纷”；增加“393. 因申请行为保全损害责任纠纷”；变更“367. 因申请诉前证据保全损害责任纠纷”为“394. 因申请证据保全损害责任纠纷”，删去“368. 因申请诉中财产保全损害责任纠纷”“369. 因申请诉中证据保全损害责任纠纷”。

在第三级案由“369. 网络侵权责任纠纷”项下：增加“(1) 网络侵害虚拟财产纠纷”。在第三级案由“370. 违反安全保障义务责任纠纷”项下：变更“(1) 公共场所管理人责任纠纷”为“(1) 经营场所、公共场所的经营者、管理者责任纠纷”。在第三级案由“377. 环境污染责任纠纷”项下：增加“(7) 光污染责任纠纷”；将“(3) 噪声污染责任纠纷”“(4) 放射性污染责任纠纷”“(5) 土壤污染责任纠纷”“(6) 电子废物污染责任纠纷”“(7) 固体废物污染责任纠纷”的顺序调整为“(3) 土壤污染责任纠纷”“(4) 电子废物污染责任纠纷”“(5) 固体废物污染责任纠纷”“(6) 噪声污染责任纠纷”“（8）放射性污染责任纠纷”。在第三级案由“379. 高度危险责任纠纷”项下：变更“（1）民用核设施损害责任纠纷”为“（1）民用核设施、核材料损害责任纠纷”。在新变更的三级案由“381. 建筑物和物件损害责任纠纷”项下：变更“（2）建筑物、构筑物倒塌损害责任纠纷”为“（2）建筑物、构筑物倒塌、塌陷损害责任纠纷”，变更“（3）不明抛掷物、坠落物损害责任纠纷”为“（3）高空抛物、坠物损害责任纠纷”，变更“（4）堆放物倒塌致害责任纠纷”为“（4）堆放物倒塌、滚落、滑落损害责任纠纷”，变更“（6）林木折断损害责任纠纷”为“（6）林木折断、倾倒、果实坠落损害责任纠纷”。

364. 监护人责任纠纷

法律条文及规范索引

《中华人民共和国民法典》（2021 年 1 月 1 日施行）

第二十六条 父母对未成年子女负有抚养、教育和保护的义务。

成年子女对父母负有赡养、扶助和保护的义务。

第二十七条 父母是未成年子女的监护人。

未成年人的父母已经死亡或者没有监护能力的，由下列有监护能力的人按顺序担任监护人：

（一）祖父母、外祖父母；

（二）兄、姐；

（三）其他愿意担任监护人的个人或者组织，但是须经未成年人住所地的居民委员会、村民委员会或者民政部门同意。

第二十八条 无民事行为能力或者限制民事行为能力的成年人，由下列有监护能力的人按顺序担任监护人：

（一）配偶；

（二）父母、子女；

（三）其他近亲属；

（四）其他愿意担任监护人的个人或者组织，但是须经被监护人住所地的居民委员会、村民委员会或者民政部门同意。

第三十四条　监护人的职责是代理被监护人实施民事法律行为，保护被监护人的人身权利、财产权利以及其他合法权益等。

监护人依法履行监护职责产生的权利，受法律保护。

监护人不履行监护职责或者侵害被监护人合法权益的，应当承担法律责任。

因发生突发事件等紧急情况，监护人暂时无法履行监护职责，被监护人的生活处于无人照料状态的，被监护人住所地的居民委员会、村民委员会或者民政部门应当为被监护人安排必要的临时生活照料措施。

第三十五条　监护人应当按照最有利于被监护人的原则履行监护职责。监护人除为维护被监护人利益外，不得处分被监护人的财产。

未成年人的监护人履行监护职责，在作出与被监护人利益有关的决定时，应当根据被监护人的年龄和智力状况，尊重被监护人的真实意愿。

成年人的监护人履行监护职责，应当最大程度地尊重被监护人的真实意愿，保障并协助被监护人实施与其智力、精神健康状况相适应的民事法律行为。对被监护人有能力独立处理的事务，监护人不得干涉。

第一百二十条　民事权益受到侵害的，被侵权人有权请求侵权人承担侵权责任。

第一千一百八十八条　无民事行为能力人、限制民事行为能力人造成他人损害的，由监护人承担侵权责任。监护人尽到监护职责的，可以减轻其侵权责任。

有财产的无民事行为能力人、限制民事行为能力人造成他人损害的，从本人财产中支付赔偿费用；不足部分，由监护人赔偿。

365. 用人单位责任纠纷

法律条文及规范索引

《中华人民共和国民法典》（2021年1月1日施行）

第一百二十条　民事权益受到侵害的，被侵权人有权请求侵权人承担侵权责任。

第一千一百九十一条第一款　用人单位的工作人员因执行工作任务造成

他人损害的，由用人单位承担侵权责任。用人单位承担侵权责任后，可以向有故意或者重大过失的工作人员追偿。

366. 劳务派遣工作人员侵权责任纠纷

法律条文及规范索引

《中华人民共和国民法典》（2021年1月1日施行）

第一百二十条 民事权益受到侵害的，被侵权人有权请求侵权人承担侵权责任。

第一千一百九十一条第二款 劳务派遣期间，被派遣的工作人员因执行工作任务造成他人损害的，由接受劳务派遣的用工单位承担侵权责任；劳务派遣单位有过错的，承担相应的责任。

367. 提供劳务者致害责任纠纷
368. 提供劳务者受害责任纠纷

法律条文及规范索引

《中华人民共和国民法典》（2021年1月1日施行）

第一百二十条 民事权益受到侵害的，被侵权人有权请求侵权人承担侵权责任。

第一千一百七十三条 被侵权人对同一损害的发生或者扩大有过错的，可以减轻侵权人的责任。

第一千一百七十九条 侵害他人造成人身损害的，应当赔偿医疗费、护理费、交通费、营养费、住院伙食补助费等为治疗和康复支出的合理费用，以及因误工减少的收入。造成残疾的，还应当赔偿辅助器具费和残疾赔偿金；造成死亡的，还应当赔偿丧葬费和死亡赔偿金。

第一千一百八十三条 侵害自然人人身权益造成严重精神损害的，被侵权人有权请求精神损害赔偿。

因故意或者重大过失侵害自然人具有人身意义的特定物造成严重精神损害的，被侵权人有权请求精神损害赔偿。

第一千一百九十二条 个人之间形成劳务关系，提供劳务一方因劳务造成他人损害的，由接受劳务一方承担侵权责任。接受劳务一方承担侵权责任后，可以向有故意或者重大过失的提供劳务一方追偿。提供劳务一方因劳务受到损害的，根据双方各自的过错承担相应的责任。

提供劳务期间，因第三人的行为造成提供劳务一方损害的，提供劳务一方有权请求第三人承担侵权责任，也有权请求接受劳务一方给予补偿。接受劳务一方补偿后，可以向第三人追偿。

《最高人民法院关于审理人身损害赔偿案件适用法律若干问题的解释》（法释〔2003〕20号 2020年12月23日修正）

第四条 无偿提供劳务的帮工人，在从事帮工活动中致人损害的，被帮工人应当承担赔偿责任。被帮工人承担赔偿责任后向有故意或者重大过失的帮工人追偿的，人民法院应予支持。被帮工人明确拒绝帮工的，不承担赔偿责任。

369. 网络侵权责任纠纷

(1) 网络侵害虚拟财产纠纷

法律条文及规范索引

《中华人民共和国民法典》（2021年1月1日施行）

第一百一十一条 自然人的个人信息受法律保护。任何组织或者个人需要获取他人个人信息的，应当依法取得并确保信息安全，不得非法收集、使用、加工、传输他人个人信息，不得非法买卖、提供或者公开他人个人信息。

第一百二十条 民事权益受到侵害的，被侵权人有权请求侵权人承担侵权责任。

第一千一百九十四条 网络用户、网络服务提供者利用网络侵害他人民事权益的，应当承担侵权责任。法律另有规定的，依照其规定。

第一千一百九十五条 网络用户利用网络服务实施侵权行为的，权利人有权通知网络服务提供者采取删除、屏蔽、断开链接等必要措施。通知应当包括构成侵权的初步证据及权利人的真实身份信息。

网络服务提供者接到通知后，应当及时将该通知转送相关网络用户，并根据构成侵权的初步证据和服务类型采取必要措施；未及时采取必要措施的，对损害的扩大部分与该网络用户承担连带责任。

权利人因错误通知造成网络用户或者网络服务提供者损害的，应当承担侵权责任。法律另有规定的，依照其规定。

第一千一百九十六条 网络用户接到转送的通知后，可以向网络服务提供者提交不存在侵权行为的声明。声明应当包括不存在侵权行为的初步证据及网络用户的真实身份信息。

网络服务提供者接到声明后，应当将该声明转送发出通知的权利人，并告知其可以向有关部门投诉或者向人民法院提起诉讼。网络服务提供者在转送声明到达权利人后的合理期限内，未收到权利人已经投诉或者提起诉讼通知的，应当及时终止所采取的措施。

第一千一百九十七条 网络服务提供者知道或者应当知道网络用户利用其网络服务侵害他人民事权益，未采取必要措施的，与该网络用户承担连带责任。

《中华人民共和国网络安全法》（2017年6月1日施行）

第四十四条 任何个人和组织不得窃取或者以其他非法方式获取个人信息，不得非法出售或者非法向他人提供个人信息。

第四十五条 依法负有网络安全监督管理职责的部门及其工作人员，必须对在履行职责中知悉的个人信息、隐私和商业秘密严格保密，不得泄露、出售或者非法向他人提供。

第七十四条 违反本法规定，给他人造成损害的，依法承担民事责任。

违反本法规定，构成违反治安管理行为的，依法给予治安管理处罚；构成犯罪的，依法追究刑事责任。

第七十六条 本法下列用语的含义：

（一）网络，是指由计算机或者其他信息终端及相关设备组成的按照一定的规则和程序对信息进行收集、存储、传输、交换、处理的系统。

（二）网络安全，是指通过采取必要措施，防范对网络的攻击、侵入、干扰、破坏和非法使用以及意外事故，使网络处于稳定可靠运行的状态，以及保障网络数据的完整性、保密性、可用性的能力。

（三）网络运营者，是指网络的所有者、管理者和网络服务提供者。

（四）网络数据，是指通过网络收集、存储、传输、处理和产生的各种电子数据。

（五）个人信息，是指以电子或者其他方式记录的能够单独或者与其他信息结合识别自然人个人身份的各种信息，包括但不限于自然人的姓名、出生日期、身份证件号码、个人生物识别信息、住址、电话号码等。

《中华人民共和国涉外民事关系法律适用法》（2011年4月1日施行）

第四十六条　通过网络或者采用其他方式侵害姓名权、肖像权、名誉权、隐私权等人格权的，适用被侵权人经常居所地法律。

《最高人民法院关于审理利用信息网络侵害人身权益民事纠纷案件适用法律若干问题的规定》（法释〔2014〕11号　2020年12月23日修正）

第一条　本规定所称的利用信息网络侵害人身权益民事纠纷案件，是指利用信息网络侵害他人姓名权、名称权、名誉权、荣誉权、肖像权、隐私权等人身权益引起的纠纷案件。

第二条　原告依据民法典第一千一百九十五条、第一千一百九十七条的规定起诉网络用户或者网络服务提供者的，人民法院应予受理。

原告仅起诉网络用户，网络用户请求追加涉嫌侵权的网络服务提供者为共同被告或者第三人的，人民法院应予准许。

原告仅起诉网络服务提供者，网络服务提供者请求追加可以确定的网络用户为共同被告或者第三人的，人民法院应予准许。

第三条　原告起诉网络服务提供者，网络服务提供者以涉嫌侵权的信息系网络用户发布为由抗辩的，人民法院可以根据原告的请求及案件的具体情况，责令网络服务提供者向人民法院提供能够确定涉嫌侵权的网络用户的姓名（名称）、联系方式、网络地址等信息。

网络服务提供者无正当理由拒不提供的，人民法院可以依据民事诉讼法第一百一十四条的规定对网络服务提供者采取处罚等措施。

原告根据网络服务提供者提供的信息请求追加网络用户为被告的，人民法院应予准许。

第四条　人民法院适用民法典第一千一百九十五条第二款的规定，认定网络服务提供者采取的删除、屏蔽、断开链接等必要措施是否及时，应当根据网络服务的类型和性质、有效通知的形式和准确程度、网络信息侵害权益的类型和程度等因素综合判断。

第五条　其发布的信息被采取删除、屏蔽、断开链接等措施的网络用户，主张网络服务提供者承担违约责任或者侵权责任，网络服务提供者以收到民法典第一千一百九十五条第一款规定的有效通知为由抗辩的，人民法院应予支持。

第六条　人民法院依据民法典第一千一百九十七条认定网络服务提供者是否“知道或者应当知道”，应当综合考虑下列因素：

（一）网络服务提供者是否以人工或者自动方式对侵权网络信息以推荐、排名、选择、编辑、整理、修改等方式作出处理；

（二）网络服务提供者应当具备的管理信息的能力，以及所提供服务的性质、方式及其引发侵权的可能性大小；

（三）该网络信息侵害人身权益的类型及明显程度；

（四）该网络信息的社会影响程度或者一定时间内的浏览量；

（五）网络服务提供者采取预防侵权措施的技术可能性及其是否采取了相应的合理措施；

（六）网络服务提供者是否针对同一网络用户的重复侵权行为或者同一侵权信息采取了相应的合理措施；

（七）与本案相关的其他因素。

第七条　人民法院认定网络用户或者网络服务提供者转载网络信息行为的过错及其程度，应当综合以下因素：

（一）转载主体所承担的与其性质、影响范围相适应的注意义务；

（二）所转载信息侵害他人人身权益的明显程度；

（三）对所转载信息是否作出实质性修改，是否添加或者修改文章标题，导致其与内容严重不符以及误导公众的可能性。

第八条　网络用户或者网络服务提供者采取诽谤、诋毁等手段，损害公众对经营主体的信赖，降低其产品或者服务的社会评价，经营主体请求网络用户或者网络服务提供者承担侵权责任的，人民法院应依法予以支持。

第九条　网络用户或者网络服务提供者，根据国家机关依职权制作的文书和公开实施的职权行为等信息来源所发布的信息，有下列情形之一，侵害他人人身权益，被侵权人请求侵权人承担侵权责任的，人民法院应予支持：

（一）网络用户或者网络服务提供者发布的信息与前述信息来源内容不符；

（二）网络用户或者网络服务提供者以添加侮辱性内容、诽谤性信息、不当标题或者通过增删信息、调整结构、改变顺序等方式致人误解；

（三）前述信息来源已被公开更正，但网络用户拒绝更正或者网络服务提供者不予更正；

（四）前述信息来源已被公开更正，网络用户或者网络服务提供者仍然发布更正之前的信息。

第十条　被侵权人与构成侵权的网络用户或者网络服务提供者达成一方支付报酬，另一方提供删除、屏蔽、断开链接等服务的协议，人民法院应认定为无效。

擅自篡改、删除、屏蔽特定网络信息或者以断开链接的方式阻止他人获取网络信息，发布该信息的网络用户或者网络服务提供者请求侵权人承担侵权责任的，人民法院应予支持。接受他人委托实施该行为的，委托人与受托人承担连带责任。

第十一条　网络用户或者网络服务提供者侵害他人人身权益，造成财产损失或者严重精神损害，被侵权人依据民法典第一千一百八十二条和第一千一百八十三条的规定，请求其承担赔偿责任的，人民法院应予支持。

第十二条　被侵权人为制止侵权行为所支付的合理开支，可以认定为民法典第一千一百八十二条规定的财产损失。合理开支包括被侵权人或者委托代理人对侵权行为进行调查、取证的合理费用。人民法院根据当事人的请求和具体案情，可以将符合国家有关部门规定的律师费用计算在赔偿范围内。

被侵权人因人身权益受侵害造成的财产损失以及侵权人因此获得的利益难以确定的，人民法院可以根据具体案情在50万元以下的范围内确定赔偿数额。

第十三条　本规定施行后人民法院正在审理的一审、二审案件适用本规定。

本规定施行前已经终审，本规定施行后当事人申请再审或者按照审判监督程序决定再审的案件，不适用本规定。

370. 违反安全保障义务责任纠纷

(1) 经营场所、公共场所的经营者、管理者责任纠纷

(2) 群众性活动组织者责任纠纷

法律条文及规范索引

《中华人民共和国民法典》(2021年1月1日施行)

第一百二十条 民事权益受到侵害的,被侵权人有权请求侵权人承担侵权责任。

第一千一百九十八条 宾馆、商场、银行、车站、机场、体育场馆、娱乐场所等经营场所、公共场所的经营者、管理者或者群众性活动的组织者,未尽到安全保障义务,造成他人损害的,应当承担侵权责任。

因第三人的行为造成他人损害的,由第三人承担侵权责任;经营者、管理者或者组织者未尽到安全保障义务的,承担相应的补充责任。经营者、管理者或者组织者承担补充责任后,可以向第三人追偿。

371. 教育机构责任纠纷

法律条文及规范索引

《中华人民共和国民法典》(2021年1月1日施行)

第一百二十条 民事权益受到侵害的,被侵权人有权请求侵权人承担侵权责任。

第一千一百九十九条 无民事行为能力人在幼儿园、学校或者其他教育机构学习、生活期间受到人身损害的,幼儿园、学校或者其他教育机构应当承担侵权责任;但是,能够证明尽到教育、管理职责的,不承担侵权责任。

第一千二百条 限制民事行为能力人在学校或者其他教育机构学习、生活期间受到人身损害,学校或者其他教育机构未尽到教育、管理职责的,应

当承担侵权责任。

第一千二百零一条　无民事行为能力人或者限制民事行为能力人在幼儿园、学校或者其他教育机构学习、生活期间，受到幼儿园、学校或者其他教育机构以外的第三人人身损害的，由第三人承担侵权责任；幼儿园、学校或者其他教育机构未尽到管理职责的，承担相应的补充责任。幼儿园、学校或者其他教育机构承担补充责任后，可以向第三人追偿。

372. 性骚扰损害责任纠纷

法律条文及规范索引

《中华人民共和国民法典》（2021 年 1 月 1 日施行）

第一千零一十条　违背他人意愿，以言语、文字、图像、肢体行为等方式对他人实施性骚扰的，受害人有权依法请求行为人承担民事责任。

机关、企业、学校等单位应当采取合理的预防、受理投诉、调查处置等措施，防止和制止利用职权、从属关系等实施性骚扰。

《中华人民共和国妇女权益保障法》（2018 年 10 月 26 日修正）

第四十条　禁止对妇女实施性骚扰。受害妇女有权向单位和有关机关投诉。

第五十八条　违反本法规定，对妇女实施性骚扰或者家庭暴力，构成违反治安管理行为的，受害人可以提请公安机关对违法行为人依法给予行政处罚，也可以依法向人民法院提起民事诉讼。

《最高人民法院关于审理人身损害赔偿案件适用法律若干问题的解释》（法释〔2003〕20 号　2020 年 12 月 23 日修正）

第一条　因生命、身体、健康遭受侵害，赔偿权利人起诉请求赔偿义务人赔偿物质损害和精神损害的，人民法院应予受理。

本条所称“赔偿权利人”，是指因侵权行为或者其他致害原因直接遭受人身损害的受害人以及死亡受害人的近亲属。

本条所称“赔偿义务人”，是指因自己或者他人的侵权行为以及其他致害原因依法应当承担民事责任的自然人、法人或者非法人组织。

《最高人民法院关于确定民事侵权精神损害赔偿责任若干问题的解释》（法释〔2001〕7号 2020年12月23日修正）

第三条 死者的姓名、肖像、名誉、荣誉、隐私、遗体、遗骨等受到侵害，其近亲属向人民法院提起诉讼请求精神损害赔偿的，人民法院应当依法予以支持。

第五条 精神损害的赔偿数额根据以下因素确定：

（一）侵权人的过错程度，但是法律另有规定的除外；

（二）侵权行为的目的、方式、场合等具体情节；

（三）侵权行为所造成的后果；

（四）侵权人的获利情况；

（五）侵权人承担责任的经济能力；

（六）受理诉讼法院所在地的平均生活水平。

373. 产品责任纠纷

（1）产品生产者责任纠纷

（2）产品销售者责任纠纷

（3）产品运输者责任纠纷

（4）产品仓储者责任纠纷

法律条文及规范索引

《中华人民共和国民法典》（2021年1月1日施行）

第五百六十六条 合同解除后，尚未履行的，终止履行；已经履行的，根据履行情况和合同性质，当事人可以请求恢复原状或者采取其他补救措施，并有权请求赔偿损失。

合同因违约解除的，解除权人可以请求违约方承担违约责任，但是当事人另有约定的除外。

主合同解除后，担保人对债务人应当承担的民事责任仍应当承担担保责任，但是担保合同另有约定的除外。

第一千二百零四条 因运输者、仓储者等第三人的过错使产品存在缺陷，造成他人损害的，产品的生产者、销售者赔偿后，有权向第三人追偿。

第一千二百零五条　因产品缺陷危及他人人身、财产安全的，被侵权人有权请求生产者、销售者承担停止侵害、排除妨碍、消除危险等侵权责任。

第一千二百零六条　产品投入流通后发现存在缺陷的，生产者、销售者应当及时采取停止销售、警示、召回等补救措施；未及时采取补救措施或者补救措施不力造成损害扩大的，对扩大的损害也应当承担侵权责任。

依据前款规定采取召回措施的，生产者、销售者应当负担被侵权人因此支出的必要费用。

第一千二百零七条　明知产品存在缺陷仍然生产、销售，或者没有依据前条规定采取有效补救措施，造成他人死亡或者健康严重损害的，被侵权人有权请求相应的惩罚性赔偿。

《中华人民共和国产品质量法》（2018年12月29日修正）

第四十一条　因产品存在缺陷造成人身、缺陷产品以外的其他财产（以下简称他人财产）损害的，生产者应当承担赔偿责任。

生产者能够证明有下列情形之一的，不承担赔偿责任：

（一）未将产品投入流通的；

（二）产品投入流通时，引起损害的缺陷尚不存在的；

（三）将产品投入流通时的科学技术水平尚不能发现缺陷的存在的。

第四十二条　由于销售者的过错使产品存在缺陷，造成人身、他人财产损害的，销售者应当承担赔偿责任。

销售者不能指明缺陷产品的生产者也不能指明缺陷产品的供货者的，销售者应当承担赔偿责任。

第四十三条　因产品存在缺陷造成人身、他人财产损害的，受害人可以向产品的生产者要求赔偿，也可以向产品的销售者要求赔偿。属于产品的生产者的责任，产品的销售者赔偿的，产品的销售者有权向产品的生产者追偿。属于产品的销售者的责任，产品的生产者赔偿的，产品的生产者有权向产品的销售者追偿。

第四十四条　因产品存在缺陷造成受害人人身伤害的，侵害人应当赔偿医疗费、治疗期间的护理费、因误工减少的收入等费用；造成残疾的，还应当支付残疾者生活自助具费、生活补助费、残疾赔偿金以及由其扶养的人所必需的生活费等费用；造成受害人死亡的，并应当支付丧葬费、死亡赔偿金以及由死者生前扶养的人所必需的生活费等费用。

因产品存在缺陷造成受害人财产损失的，侵害人应当恢复原状或者折价赔偿。受害人因此遭受其他重大损失的，侵害人应当赔偿损失。

第四十五条 因产品存在缺陷造成损害要求赔偿的诉讼时效期间为二年，自当事人知道或者应当知道其权益受到损害时起计算。

因产品存在缺陷造成损害要求赔偿的请求权，在造成损害的缺陷产品交付最初消费者满十年丧失；但是，尚未超过明示的安全使用期的除外。

《中华人民共和国电子商务法》（2019年1月1日施行）

第三十八条 电子商务平台经营者知道或者应当知道平台内经营者销售的商品或者提供的服务不符合保障人身、财产安全的要求，或者有其他侵害消费者合法权益行为，未采取必要措施的，依法与该平台内经营者承担连带责任。

对关系消费者生命健康的商品或者服务，电子商务平台经营者对平台内经营者的资质资格未尽到审核义务，或者对消费者未尽到安全保障义务，造成消费者损害的，依法承担相应的责任。

《中华人民共和国涉外民事关系法律适用法》（2011年4月1日施行）

第四十二条 消费者合同，适用消费者经常居所地法律；消费者选择适用商品、服务提供地法律或者经营者在消费者经常居所地没有从事相关经营活动的，适用商品、服务提供地法律。

第四十五条 产品责任，适用被侵权人经常居所地法律；被侵权人选择适用侵权人主营业地法律、损害发生地法律的，或者侵权人在被侵权人经常居所地没有从事相关经营活动的，适用侵权人主营业地法律或者损害发生地法律。

《最高人民法院关于审理食品安全民事纠纷案件适用法律若干问题的解释（一）》（法释〔2020〕14号 2020年12月8日）

为正确审理食品安全民事纠纷案件，保障公众身体健康和生命安全，根据《中华人民共和国民法典》《中华人民共和国食品安全法》《中华人民共和国消费者权益保护法》《中华人民共和国民事诉讼法》等法律的规定，结合民事审判实践，制定本解释。

第一条 消费者因不符合食品安全标准的食品受到损害，依据食品安全法第一百四十八条第一款规定诉请食品生产者或者经营者赔偿损失，被诉的生产者或者经营者以赔偿责任应由生产经营者中的另一方承担为由主张免责的，人民法院不予支持。属于生产者责任的，经营者赔偿后有权向生产者追偿；属于经营者责任的，生产者赔偿后有权向经营者追偿。

第二条 电子商务平台经营者以标记自营业务方式所销售的食品或者虽未标记自营但实际开展自营业务所销售的食品不符合食品安全标准，消费者依据食品安全法第一百四十八条规定主张电子商务平台经营者承担作为食品经营者的赔偿责任的，人民法院应予支持。

电子商务平台经营者虽非实际开展自营业务，但其所作标识等足以误导消费者让消费者相信系电子商务平台经营者自营，消费者依据食品安全法第一百四十八条规定主张电子商务平台经营者承担作为食品经营者的赔偿责任的，人民法院应予支持。

第三条 电子商务平台经营者违反食品安全法第六十二条和第一百三十一条规定，未对平台内食品经营者进行实名登记、审查许可证，或者未履行报告、停止提供网络交易平台服务等义务，使消费者的合法权益受到损害，消费者主张电子商务平台经营者与平台内食品经营者承担连带责任的，人民法院应予支持。

第四条 公共交通运输的承运人向旅客提供的食品不符合食品安全标准，旅客主张承运人依据食品安全法第一百四十八条规定承担作为食品生产者或者经营者的赔偿责任的，人民法院应予支持；承运人以其不是食品的生产经营者或者食品是免费提供为由进行免责抗辩的，人民法院不予支持。

第五条 有关单位或者个人明知食品生产经营者从事食品安全法第一百二十三条第一款规定的违法行为而仍为其提供设备、技术、原料、销售渠道、运输、储存或者其他便利条件，消费者主张该单位或者个人依据食品安全法第一百二十三条第二款的规定与食品生产经营者承担连带责任的，人民法院应予支持。

第六条 食品经营者具有下列情形之一，消费者主张构成食品安全法第一百四十八条规定的“明知”的，人民法院应予支持：

（一）已过食品标明的保质期但仍然销售的；

（二）未能提供所售食品的合法进货来源的；

（三）以明显不合理的低价进货且无合理原因的；

（四）未依法履行进货查验义务的；

（五）虚假标注、更改食品生产日期、批号的；

（六）转移、隐匿、非法销毁食品进销货记录或者故意提供虚假信息的；

（七）其他能够认定为明知的情形。

第七条 消费者认为生产经营者生产经营不符合食品安全标准的食品同时构成欺诈的，有权选择依据食品安全法第一百四十八条第二款或者消费者权益保护法第五十五条第一款规定主张食品生产者或者经营者承担惩罚性赔偿责任。

第八条 经营者经营明知是不符合食品安全标准的食品，但向消费者承诺的赔偿标准高于食品安全法第一百四十八条规定的赔偿标准，消费者主张经营者按照承诺赔偿的，人民法院应当依法予以支持。

第九条 食品符合食品安全标准但未达到生产经营者承诺的质量标准，消费者依照民法典、消费者权益保护法等法律规定主张生产经营者承担责任的，人民法院应予支持，但消费者主张生产经营者依据食品安全法第一百四十八条规定承担赔偿责任的，人民法院不予支持。

第十条 食品不符合食品安全标准，消费者主张生产者或者经营者依据食品安全法第一百四十八条第二款规定承担惩罚性赔偿责任，生产者或者经营者以未造成消费者人身损害为由抗辩的，人民法院不予支持。

第十一条 生产经营未标明生产者名称、地址、成分或者配料表，或者未清晰标明生产日期、保质期的预包装食品，消费者主张生产者或者经营者依据食品安全法第一百四十八条第二款规定承担惩罚性赔偿责任的，人民法院应予支持，但法律、行政法规、食品安全国家标准对标签标注事项另有规定的除外。

第十二条 进口的食品不符合我国食品安全国家标准或者国务院卫生行政部门决定暂予适用的标准，消费者主张销售者、进口商等经营者依据食品安全法第一百四十八条规定承担赔偿责任，销售者、进口商等经营者仅以进口的食品符合出口地食品安全标准或者已经过我国出入境检验检疫机构检验检疫为由进行免责抗辩的，人民法院不予支持。

第十三条 生产经营不符合食品安全标准的食品，侵害众多消费者合法权益，损害社会公共利益，民事诉讼法、消费者权益保护法等法律规定的机关和有关组织依法提起公益诉讼的，人民法院应予受理。

第十四条 本解释自 2021 年 1 月 1 日起施行。

本解释施行后人民法院正在审理的一审、二审案件适用本解释。

本解释施行前已经终审，本解释施行后当事人申请再审或者按照审判监督程序决定再审的案件，不适用本解释。

最高人民法院以前发布的司法解释与本解释不一致的，以本解释为准。

374. 机动车交通事故责任纠纷

法律条文及规范索引

《中华人民共和国民法典》（2021年1月1日施行）

第一百二十条　民事权益受到侵害的，被侵权人有权请求侵权人承担侵权责任。

第一千二百零八条　机动车发生交通事故造成损害的，依照道路交通安全法律和本法的有关规定承担赔偿责任。

第一千二百零九条　因租赁、借用等情形机动车所有人、管理人与使用人不是同一人时，发生交通事故造成损害，属于该机动车一方责任的，由机动车使用人承担赔偿责任；机动车所有人、管理人对损害的发生有过错的，承担相应的赔偿责任。

第一千二百一十条　当事人之间已经以买卖或者其他方式转让并交付机动车但是未办理登记，发生交通事故造成损害，属于该机动车一方责任的，由受让人承担赔偿责任。

第一千二百一十一条　以挂靠形式从事道路运输经营活动的机动车，发生交通事故造成损害，属于该机动车一方责任的，由挂靠人和被挂靠人承担连带责任。

第一千二百一十二条　未经允许驾驶他人机动车，发生交通事故造成损害，属于该机动车一方责任的，由机动车使用人承担赔偿责任；机动车所有人、管理人对损害的发生有过错的，承担相应的赔偿责任，但是本章另有规定的除外。

第一千二百一十三条　机动车发生交通事故造成损害，属于该机动车一方责任的，先由承保机动车强制保险的保险人在强制保险责任限额范围内予以赔偿；不足部分，由承保机动车商业保险的保险人按照保险合同的约定予以赔偿；仍然不足或者没有投保机动车商业保险的，由侵权人赔偿。

第一千二百一十四条　以买卖或者其他方式转让拼装或者已经达到报废标准的机动车，发生交通事故造成损害的，由转让人和受让人承担连带责任。

第一千二百一十五条 盗窃、抢劫或者抢夺的机动车发生交通事故造成损害的，由盗窃人、抢劫人或者抢夺人承担赔偿责任。盗窃人、抢劫人或者抢夺人与机动车使用人不是同一人，发生交通事故造成损害，属于该机动车一方责任的，由盗窃人、抢劫人或者抢夺人与机动车使用人承担连带责任。

保险人在机动车强制保险责任限额范围内垫付抢救费用的，有权向交通事故责任人追偿。

第一千二百一十六条 机动车驾驶人发生交通事故后逃逸，该机动车参加强制保险的，由保险人在机动车强制保险责任限额范围内予以赔偿；机动车不明、该机动车未参加强制保险或者抢救费用超过机动车强制保险责任限额，需要支付被侵权人人身伤亡的抢救、丧葬等费用的，由道路交通事故社会救助基金垫付。道路交通事故社会救助基金垫付后，其管理机构有权向交通事故责任人追偿。

第一千二百一十七条 非营运机动车发生交通事故造成无偿搭乘人损害，属于该机动车一方责任的，应当减轻其赔偿责任，但是机动车使用人有故意或者重大过失的除外。

《中华人民共和国道路交通安全法》（2021年4月29日修正）

第七十六条 机动车发生交通事故造成人身伤亡、财产损失的，由保险公司在机动车第三者责任强制保险责任限额范围内予以赔偿；不足的部分，按照下列规定承担赔偿责任：

（一）机动车之间发生交通事故的，由有过错的一方承担赔偿责任；双方都有过错的，按照各自过错的比例分担责任。

（二）机动车与非机动车驾驶人、行人之间发生交通事故，非机动车驾驶人、行人没有过错的，由机动车一方承担赔偿责任；有证据证明非机动车驾驶人、行人有过错的，根据过错程度适当减轻机动车一方的赔偿责任；机动车一方没有过错的，承担不超过百分之十的赔偿责任。

交通事故的损失是由非机动车驾驶人、行人故意碰撞机动车造成的，机动车一方不承担赔偿责任。

《最高人民法院关于审理道路交通事故损害赔偿案件适用法律若干问题的解释》（法释〔2012〕19号　2020年12月23日修正）

第一条 机动车发生交通事故造成损害，机动车所有人或者管理人有下列情形之一，人民法院应当认定其对损害的发生有过错，并适用民法典第一千二百零九条的规定确定其相应的赔偿责任：

（一）知道或者应当知道机动车存在缺陷，且该缺陷是交通事故发生原因之一的；

（二）知道或者应当知道驾驶人无驾驶资格或者未取得相应驾驶资格的；

（三）知道或者应当知道驾驶人因饮酒、服用国家管制的精神药品或者麻醉药品，或者患有妨碍安全驾驶机动车的疾病等依法不能驾驶机动车的；

（四）其他应当认定机动车所有人或者管理人有过错的。

第二条　被多次转让但是未办理登记的机动车发生交通事故造成损害，属于该机动车一方责任，当事人请求由最后一次转让并交付的受让人承担赔偿责任的，人民法院应予支持。

第三条　套牌机动车发生交通事故造成损害，属于该机动车一方责任，当事人请求由套牌机动车的所有人或者管理人承担赔偿责任的，人民法院应予支持；被套牌机动车所有人或者管理人同意套牌的，应当与套牌机动车的所有人或者管理人承担连带责任。

第四条　拼装车、已达到报废标准的机动车或者依法禁止行驶的其他机动车被多次转让，并发生交通事故造成损害，当事人请求由所有的转让人和受让人承担连带责任的，人民法院应予支持。

第五条　接受机动车驾驶培训的人员，在培训活动中驾驶机动车发生交通事故造成损害，属于该机动车一方责任，当事人请求驾驶培训单位承担赔偿责任的，人民法院应予支持。

第六条　机动车试乘过程中发生交通事故造成试乘人损害，当事人请求提供试乘服务者承担赔偿责任的，人民法院应予支持。试乘人有过错的，应当减轻提供试乘服务者的赔偿责任。

第七条　因道路管理维护缺陷导致机动车发生交通事故造成损害，当事人请求道路管理者承担相应赔偿责任的，人民法院应予支持。但道路管理者能够证明已经依照法律、法规、规章的规定，或者按照国家标准、行业标准、地方标准的要求尽到安全防护、警示等管理维护义务的除外。

依法不得进入高速公路的车辆、行人，进入高速公路发生交通事故造成自身损害，当事人请求高速公路管理者承担赔偿责任的，适用民法典第一千二百四十三条的规定。

第八条　未按照法律、法规、规章或者国家标准、行业标准、地方标准的强制性规定设计、施工，致使道路存在缺陷并造成交通事故，当事人请求建设单位与施工单位承担相应赔偿责任的，人民法院应予支持。

第九条 机动车存在产品缺陷导致交通事故造成损害，当事人请求生产者或者销售者依照民法典第七编第四章的规定承担赔偿责任的，人民法院应予支持。

第十条 多辆机动车发生交通事故造成第三人损害，当事人请求多个侵权人承担赔偿责任的，人民法院应当区分不同情况，依照民法典第一千一百七十条、第一千一百七十一条、第一千一百七十二条的规定，确定侵权人承担连带责任或者按份责任。

第十一条 道路交通安全法第七十六条规定的“人身伤亡”，是指机动车发生交通事故侵害被侵权人的生命权、身体权、健康权等人身权益所造成的损害，包括民法典第一千一百七十九条和第一千一百八十三条规定的各项损害。

道路交通安全法第七十六条规定的“财产损失”，是指因机动车发生交通事故侵害被侵权人的财产权益所造成的损失。

第十二条 因道路交通事故造成下列财产损失，当事人请求侵权人赔偿的，人民法院应予支持：

（一）维修被损坏车辆所支出的费用、车辆所载物品的损失、车辆施救费用；

（二）因车辆灭失或者无法修复，为购买交通事故发生时与被损坏车辆价值相当的车辆重置费用；

（三）依法从事货物运输、旅客运输等经营性活动的车辆，因无法从事相应经营活动所产生的合理停运损失；

（四）非经营性车辆因无法继续使用，所产生的通常替代性交通工具的合理费用。

第十三条 同时投保机动车第三者责任强制保险（以下简称交强险）和第三者责任商业保险（以下简称商业三者险）的机动车发生交通事故造成损害，当事人同时起诉侵权人和保险公司的，人民法院应当依照民法典第一千二百一十三条的规定，确定赔偿责任。

被侵权人或者其近亲属请求承保交强险的保险公司优先赔偿精神损害的，人民法院应予支持。

第十四条 投保人允许的驾驶人驾驶机动车致使投保人遭受损害，当事人请求承保交强险的保险公司在责任限额范围内予以赔偿的，人民法院应予支持，但投保人为本车上人员的除外。

第十五条 有下列情形之一导致第三人人身损害，当事人请求保险公司在交强险责任限额范围内予以赔偿，人民法院应予支持：

（一）驾驶人未取得驾驶资格或者未取得相应驾驶资格的；

（二）醉酒、服用国家管制的精神药品或者麻醉药品后驾驶机动车发生交通事故的；

（三）驾驶人故意制造交通事故的。

保险公司在赔偿范围内向侵权人主张追偿权的，人民法院应予支持。追偿权的诉讼时效期间自保险公司实际赔偿之日起计算。

第十六条 未依法投保交强险的机动车发生交通事故造成损害，当事人请求投保义务人在交强险责任限额范围内予以赔偿的，人民法院应予支持。

投保义务人和侵权人不是同一人，当事人请求投保义务人和侵权人在交强险责任限额范围内承担相应责任的，人民法院应予支持。

第十七条 具有从事交强险业务资格的保险公司违法拒绝承保、拖延承保或者违法解除交强险合同，投保义务人在向第三人承担赔偿责任后，请求该保险公司在交强险责任限额范围内承担相应赔偿责任的，人民法院应予支持。

第十八条 多辆机动车发生交通事故造成第三人损害，损失超出各机动车交强险责任限额之和的，由各保险公司在各自责任限额范围内承担赔偿责任；损失未超出各机动车交强险责任限额之和，当事人请求由各保险公司按照其责任限额与责任限额之和的比例承担赔偿责任的，人民法院应予支持。

依法分别投保交强险的牵引车和挂车连接使用时发生交通事故造成第三人损害，当事人请求由各保险公司在各自的责任限额范围内平均赔偿的，人民法院应予支持。

多辆机动车发生交通事故造成第三人损害，其中部分机动车未投保交强险，当事人请求先由已承保交强险的保险公司在责任限额范围内予以赔偿的，人民法院应予支持。保险公司就超出其应承担的部分向未投保交强险的投保义务人或者侵权人行使追偿权的，人民法院应予支持。

第十九条 同一交通事故的多个被侵权人同时起诉的，人民法院应当按照各被侵权人的损失比例确定交强险的赔偿数额。

第二十条 机动车所有权在交强险合同有效期内发生变动，保险公司在交通事故发生后，以该机动车未办理交强险合同变更手续为由主张免除赔偿责任的，人民法院不予支持。

机动车在交强险合同有效期内发生改装、使用性质改变等导致危险程度增加的情形，发生交通事故后，当事人请求保险公司在责任限额范围内予以赔偿的，人民法院应予支持。

前款情形下，保险公司另行起诉请求投保义务人按照重新核定后的保险费标准补足当期保险费的，人民法院应予支持。

第二十一条 当事人主张交强险人身伤亡保险金请求权转让或者设定担保的行为无效的，人民法院应予支持。

第二十二条 人民法院审理道路交通事故损害赔偿案件，应当将承保交强险的保险公司列为共同被告。但该保险公司已经在交强险责任限额范围内予以赔偿且当事人无异议的除外。

人民法院审理道路交通事故损害赔偿案件，当事人请求将承保商业三者险的保险公司列为共同被告的，人民法院应予准许。

第二十三条 被侵权人因道路交通事故死亡，无近亲属或者近亲属不明，未经法律授权的机关或者有关组织向人民法院起诉主张死亡赔偿金的，人民法院不予受理。

侵权人以已向未经法律授权的机关或者有关组织支付死亡赔偿金为理由，请求保险公司在交强险责任限额范围内予以赔偿的，人民法院不予支持。

被侵权人因道路交通事故死亡，无近亲属或者近亲属不明，支付被侵权人医疗费、丧葬费等合理费用的单位或者个人，请求保险公司在交强险责任限额范围内予以赔偿的，人民法院应予支持。

第二十四条 公安机关交通管理部门制作的交通事故认定书，人民法院应依法审查并确认其相应的证明力，但有相反证据推翻的除外。

第二十五条 机动车在道路以外的地方通行时引发的损害赔偿案件，可以参照适用本解释的规定。

第二十六条 本解释施行后尚未终审的案件，适用本解释；本解释施行前已经终审，当事人申请再审或者按照审判监督程序决定再审的案件，不适用本解释。

375. 非机动车交通事故责任纠纷

法律条文及规范索引

中华人民共和国道路交通安全法（2021年4月29日修正）

第十八条　依法应当登记的非机动车，经公安机关交通管理部门登记后，方可上道路行驶。

依法应当登记的非机动车的种类，由省、自治区、直辖市人民政府根据当地实际情况规定。

非机动车的外形尺寸、质量、制动器、车铃和夜间反光装置，应当符合非机动车安全技术标准。

第三十五条　机动车、非机动车实行右侧通行。

第三十六条　根据道路条件和通行需要，道路划分为机动车道、非机动车道和人行道的，机动车、非机动车、行人实行分道通行。没有划分机动车道、非机动车道和人行道的，机动车在道路中间通行，非机动车和行人在道路两侧通行。

第五十七条　驾驶非机动车在道路上行驶应当遵守有关交通安全的规定。非机动车应当在非机动车道内行驶；在没有非机动车道的道路上，应当靠车行道的右侧行驶。

第五十八条　残疾人机动轮椅车、电动自行车在非机动车道内行驶时，最高时速不得超过十五公里。

第五十九条　非机动车应当在规定地点停放。未设停放地点的，非机动车停放不得妨碍其他车辆和行人通行。

第六十条　驾驭畜力车，应当使用驯服的牲畜；驾驭畜力车横过道路时，驾驭人应当下车牵引牲畜；驾驭人离开车辆时，应当拴系牲畜。

第六十一条　行人应当在人行道内行走，没有人行道的靠路边行走。

第六十二条　行人通过路口或者横过道路，应当走人行横道或者过街设施；通过有交通信号灯的人行横道，应当按照交通信号灯指示通行；通过没有交通信号灯、人行横道的路口，或者在没有过街设施的路段横过道路，应当在确认安全后通过。

第六十三条 行人不得跨越、倚坐道路隔离设施，不得扒车、强行拦车或者实施妨碍道路交通安全的其他行为。

第六十四条 学龄前儿童以及不能辨认或者不能控制自己行为的精神疾病患者、智力障碍者在道路上通行，应当由其监护人、监护人委托的人或者对其负有管理、保护职责的人带领。

盲人在道路上通行，应当使用盲杖或者采取其他导盲手段，车辆应当避让盲人。

第六十五条 行人通过铁路道口时，应当按照交通信号或者管理人员的指挥通行；没有交通信号和管理人员的，应当在确认无火车驶临后，迅速通过。

第六十六条 乘车人不得携带易燃易爆等危险物品，不得向车外抛洒物品，不得有影响驾驶人安全驾驶的行为。

376. 医疗损害责任纠纷

（1）侵害患者知情同意权责任纠纷

（2）医疗产品责任纠纷

法律条文及规范索引

《中华人民共和国民法典》（2021 年 1 月 1 日施行）

第一百二十条 民事权益受到侵害的，被侵权人有权请求侵权人承担侵权责任。

第一千二百一十八条 患者在诊疗活动中受到损害，医疗机构或者其医务人员有过错的，由医疗机构承担赔偿责任。

第一千二百一十九条 医务人员在诊疗活动中应当向患者说明病情和医疗措施。需要实施手术、特殊检查、特殊治疗的，医务人员应当及时向患者具体说明医疗风险、替代医疗方案等情况，并取得其明确同意；不能或者不宜向患者说明的，应当向患者的近亲属说明，并取得其明确同意。

医务人员未尽到前款义务，造成患者损害的，医疗机构应当承担赔偿责任。

第一千二百二十条　因抢救生命垂危的患者等紧急情况，不能取得患者或者其近亲属意见的，经医疗机构负责人或者授权的负责人批准，可以立即实施相应的医疗措施。

第一千二百二十一条　医务人员在诊疗活动中未尽到与当时的医疗水平相应的诊疗义务，造成患者损害的，医疗机构应当承担赔偿责任。

第一千二百二十二条　患者在诊疗活动中受到损害，有下列情形之一的，推定医疗机构有过错：

（一）违反法律、行政法规、规章以及其他有关诊疗规范的规定；

（二）隐匿或者拒绝提供与纠纷有关的病历资料；

（三）遗失、伪造、篡改或者违法销毁病历资料。

第一千二百二十三条　因药品、消毒产品、医疗器械的缺陷，或者输入不合格的血液造成患者损害的，患者可以向药品上市许可持有人、生产者、血液提供机构请求赔偿，也可以向医疗机构请求赔偿。患者向医疗机构请求赔偿的，医疗机构赔偿后，有权向负有责任的药品上市许可持有人、生产者、血液提供机构追偿。

第一千二百二十四条　患者在诊疗活动中受到损害，有下列情形之一的，医疗机构不承担赔偿责任：

（一）患者或者其近亲属不配合医疗机构进行符合诊疗规范的诊疗；

（二）医务人员在抢救生命垂危的患者等紧急情况下已经尽到合理诊疗义务；

（三）限于当时的医疗水平难以诊疗。

前款第一项情形中，医疗机构或者其医务人员也有过错的，应当承担相应的赔偿责任。

第一千二百二十五条　医疗机构及其医务人员应当按照规定填写并妥善保管住院志、医嘱单、检验报告、手术及麻醉记录、病理资料、护理记录等病历资料。

患者要求查阅、复制前款规定的病历资料的，医疗机构应当及时提供。

第一千二百二十六条　医疗机构及其医务人员应当对患者的隐私和个人信息保密。泄露患者的隐私和个人信息，或者未经患者同意公开其病历资料的，应当承担侵权责任。

第一千二百二十七条　医疗机构及其医务人员不得违反诊疗规范实施不必要的检查。

第一千二百二十八条 医疗机构及其医务人员的合法权益受法律保护。

干扰医疗秩序，妨碍医务人员工作、生活，侵害医务人员合法权益的，应当依法承担法律责任。

《最高人民法院关于审理医疗损害责任纠纷案件适用法律若干问题的解释》（法释〔2017〕20号 2020年12月23日修正）

第二条 患者因同一伤病在多个医疗机构接受诊疗受到损害，起诉部分或者全部就诊的医疗机构的，应予受理。

患者起诉部分就诊的医疗机构后，当事人依法申请追加其他就诊的医疗机构为共同被告或者第三人的，应予准许。必要时，人民法院可以依法追加相关当事人参加诉讼。

第三条 患者因缺陷医疗产品受到损害，起诉部分或者全部医疗产品的生产者、销售者、药品上市许可持有人和医疗机构的，应予受理。

患者仅起诉医疗产品的生产者、销售者、药品上市许可持有人、医疗机构中部分主体，当事人依法申请追加其他主体为共同被告或者第三人的，应予准许。必要时，人民法院可以依法追加相关当事人参加诉讼。

患者因输入不合格的血液受到损害提起侵权诉讼的，参照适用前两款规定。

第四条 患者依据民法典第一千二百一十八条规定主张医疗机构承担赔偿责任的，应当提交到该医疗机构就诊、受到损害的证据。

患者无法提交医疗机构或者其医务人员有过错、诊疗行为与损害之间具有因果关系的证据，依法提出医疗损害鉴定申请的，人民法院应予准许。

医疗机构主张不承担责任的，应当就民法典第一千二百二十四条第一款规定情形等抗辩事由承担举证证明责任。

第五条 患者依据民法典第一千二百一十九条规定主张医疗机构承担赔偿责任的，应当按照前条第一款规定提交证据。

实施手术、特殊检查、特殊治疗的，医疗机构应当承担说明义务并取得患者或者患者近亲属明确同意，但属于民法典第一千二百二十条规定情形的除外。医疗机构提交患者或者患者近亲属明确同意证据的，人民法院可以认定医疗机构尽到说明义务，但患者有相反证据足以反驳的除外。

第六条 民法典第一千二百二十二条规定的病历资料包括医疗机构保管的门诊病历、住院志、体温单、医嘱单、检验报告、医学影像检查资料、特殊检查（治疗）同意书、手术同意书、手术及麻醉记录、病理资料、护理记录、出院记录以及国务院卫生行政主管部门规定的其他病历资料。

患者依法向人民法院申请医疗机构提交由其保管的与纠纷有关的病历资料等，医疗机构未在人民法院指定期限内提交的，人民法院可以依照民法典第一千二百二十二条第二项规定推定医疗机构有过错，但是因不可抗力等客观原因无法提交的除外。

第七条 患者依据民法典第一千二百二十三条规定请求赔偿的，应当提交使用医疗产品或者输入血液、受到损害的证据。

患者无法提交使用医疗产品或者输入血液与损害之间具有因果关系的证据，依法申请鉴定的，人民法院应予准许。

医疗机构，医疗产品的生产者、销售者、药品上市许可持有人或者血液提供机构主张不承担责任的，应当对医疗产品不存在缺陷或者血液合格等抗辩事由承担举证证明责任。

第八条 当事人依法申请对医疗损害责任纠纷中的专门性问题进行鉴定的，人民法院应予准许。

当事人未申请鉴定，人民法院对前款规定的专门性问题认为需要鉴定的，应当依职权委托鉴定。

第九条 当事人申请医疗损害鉴定的，由双方当事人协商确定鉴定人。

当事人就鉴定人无法达成一致意见，人民法院提出确定鉴定人的方法，当事人同意的，按照该方法确定；当事人不同意的，由人民法院指定。

鉴定人应当从具备相应鉴定能力、符合鉴定要求的专家中确定。

第十条 委托医疗损害鉴定的，当事人应当按照要求提交真实、完整、充分的鉴定材料。提交的鉴定材料不符合要求的，人民法院应当通知当事人更换或者补充相应材料。

在委托鉴定前，人民法院应当组织当事人对鉴定材料进行质证。

第十一条 委托鉴定书，应当有明确的鉴定事项和鉴定要求。鉴定人应当按照委托鉴定的事项和要求进行鉴定。

下列专门性问题可以作为申请医疗损害鉴定的事项：

（一）实施诊疗行为有无过错；

（二）诊疗行为与损害后果之间是否存在因果关系以及原因力大小；

（三）医疗机构是否尽到了说明义务、取得患者或者患者近亲属明确同意的义务；

（四）医疗产品是否有缺陷、该缺陷与损害后果之间是否存在因果关系以及原因力的大小；

（五）患者损伤残疾程度；

（六）患者的护理期、休息期、营养期；

（七）其他专门性问题。

鉴定要求包括鉴定人的资质、鉴定人的组成、鉴定程序、鉴定意见、鉴定期限等。

第十二条 鉴定意见可以按照导致患者损害的全部原因、主要原因、同等原因、次要原因、轻微原因或者与患者损害无因果关系，表述诊疗行为或者医疗产品等造成患者损害的原因力大小。

第十三条 鉴定意见应当经当事人质证。

当事人申请鉴定人出庭作证，经人民法院审查同意，或者人民法院认为鉴定人有必要出庭的，应当通知鉴定人出庭作证。双方当事人同意鉴定人通过书面说明、视听传输技术或者视听资料等方式作证的，可以准许。

鉴定人因健康原因、自然灾害等不可抗力或者其他正当理由不能按期出庭的，可以延期开庭；经人民法院许可，也可以通过书面说明、视听传输技术或者视听资料等方式作证。

无前款规定理由，鉴定人拒绝出庭作证，当事人对鉴定意见又不认可的，对该鉴定意见不予采信。

第十四条 当事人申请通知一至二名具有医学专门知识的人出庭，对鉴定意见或者案件的其他专门性事实问题提出意见，人民法院准许的，应当通知具有医学专门知识的人出庭。

前款规定的具有医学专门知识的人提出的意见，视为当事人的陈述，经质证可以作为认定案件事实的根据。

第十五条 当事人自行委托鉴定人作出的医疗损害鉴定意见，其他当事人认可的，可予采信。

当事人共同委托鉴定人作出的医疗损害鉴定意见，一方当事人不认可的，应当提出明确的异议内容和理由。经审查，有证据足以证明异议成立的，对鉴定意见不予采信；异议不成立的，应予采信。

第十六条 对医疗机构或者其医务人员的过错，应当依据法律、行政法规、规章以及其他有关诊疗规范进行认定，可以综合考虑患者病情的紧急程度、患者个体差异、当地的医疗水平、医疗机构与医务人员资质等因素。

第十七条 医务人员违反民法典第一千二百一十九条第一款规定义务，

但未造成患者人身损害，患者请求医疗机构承担损害赔偿责任的，不予支持。

第十八条　因抢救生命垂危的患者等紧急情况且不能取得患者意见时，下列情形可以认定为民法典第一千二百二十条规定的不能取得患者近亲属意见：

（一）近亲属不明的；

（二）不能及时联系到近亲属的；

（三）近亲属拒绝发表意见的；

（四）近亲属达不成一致意见的；

（五）法律、法规规定的其他情形。

前款情形，医务人员经医疗机构负责人或者授权的负责人批准立即实施相应医疗措施，患者因此请求医疗机构承担赔偿责任的，不予支持；医疗机构及其医务人员怠于实施相应医疗措施造成损害，患者请求医疗机构承担赔偿责任的，应予支持。

第十九条　两个以上医疗机构的诊疗行为造成患者同一损害，患者请求医疗机构承担赔偿责任的，应当区分不同情况，依照民法典第一千一百六十八条、第一千一百七十一条或者第一千一百七十二条的规定，确定各医疗机构承担的赔偿责任。

第二十条　医疗机构邀请本单位以外的医务人员对患者进行诊疗，因受邀医务人员的过错造成患者损害的，由邀请医疗机构承担赔偿责任。

第二十一条　因医疗产品的缺陷或者输入不合格血液受到损害，患者请求医疗机构，缺陷医疗产品的生产者、销售者、药品上市许可持有人或者血液提供机构承担赔偿责任的，应予支持。

医疗机构承担赔偿责任后，向缺陷医疗产品的生产者、销售者、药品上市许可持有人或者血液提供机构追偿的，应予支持。

因医疗机构的过错使医疗产品存在缺陷或者血液不合格，医疗产品的生产者、销售者、药品上市许可持有人或者血液提供机构承担赔偿责任后，向医疗机构追偿的，应予支持。

第二十二条　缺陷医疗产品与医疗机构的过错诊疗行为共同造成患者同一损害，患者请求医疗机构与医疗产品的生产者、销售者、药品上市许可持有人承担连带责任的，应予支持。

医疗机构或者医疗产品的生产者、销售者、药品上市许可持有人承担赔偿责任后，向其他责任主体追偿的，应当根据诊疗行为与缺陷医疗产品造成患者损害的原因力大小确定相应的数额。

输入不合格血液与医疗机构的过错诊疗行为共同造成患者同一损害的，参照适用前两款规定。

第二十三条 医疗产品的生产者、销售者、药品上市许可持有人明知医疗产品存在缺陷仍然生产、销售，造成患者死亡或者健康严重损害，被侵权人请求生产者、销售者、药品上市许可持有人赔偿损失及二倍以下惩罚性赔偿的，人民法院应予支持。

第二十四条 被侵权人同时起诉两个以上医疗机构承担赔偿责任，人民法院经审理，受诉法院所在地的医疗机构依法不承担赔偿责任，其他医疗机构承担赔偿责任的，残疾赔偿金、死亡赔偿金的计算，按下列情形分别处理：

（一）一个医疗机构承担责任的，按照该医疗机构所在地的赔偿标准执行；

（二）两个以上医疗机构均承担责任的，可以按照其中赔偿标准较高的医疗机构所在地标准执行。

第二十五条 患者死亡后，其近亲属请求医疗损害赔偿的，适用本解释；支付患者医疗费、丧葬费等合理费用的人请求赔偿该费用的，适用本解释。

本解释所称的“医疗产品”包括药品、消毒产品、医疗器械等。

《第八次全国法院民事商事审判工作会议（民事部分）纪要》（法〔2016〕399号 2016年11月21日）

11. 患者一方请求医疗机构承担侵权责任，应证明与医疗机构之间存在医疗关系及受损害的事实。对于是否存在医疗关系，应综合挂号单、交费单、病历、出院证明以及其他能够证明存在医疗行为的证据加以认定。

12. 对当事人所举证据材料，应根据法律、法规及司法解释的相关规定进行综合审查。因当事人采取伪造、篡改、涂改等方式改变病历资料内容，或者遗失、销毁、抢夺病历，致使医疗行为与损害后果之间的因果关系或医疗机构及其医务人员的过错无法认定的，改变或者遗失、销毁、抢夺病历资料一方当事人应承担相应的不利后果；制作方对病历资料内容存在的明显矛盾或错误不能作出合理解释的，应承担相应的不利后果；病历仅存在错别字、未按病历规范格式书写等形式瑕疵的，不影响对病历资料真实性的认定。

377. 环境污染责任纠纷

（1）大气污染责任纠纷
（2）水污染责任纠纷
（3）土壤污染责任纠纷
（4）电子废物污染责任纠纷
（5）固体废物污染责任纠纷
（6）噪声污染责任纠纷
（7）光污染责任纠纷
（8）放射性污染责任纠纷

法律条文及规范索引

《中华人民共和国民法典》（2021年1月1日施行）

第一百二十条　民事权益受到侵害的，被侵权人有权请求侵权人承担侵权责任。

第一千二百二十九条　因污染环境、破坏生态造成他人损害的，侵权人应当承担侵权责任。

第一千二百三十条　因污染环境、破坏生态发生纠纷，行为人应当就法律规定的不承担责任或者减轻责任的情形及其行为与损害之间不存在因果关系承担举证责任。

第一千二百三十一条　两个以上侵权人污染环境、破坏生态的，承担责任的大小，根据污染物的种类、浓度、排放量，破坏生态的方式、范围、程度，以及行为对损害后果所起的作用等因素确定。

第一千二百三十二条　侵权人违反法律规定故意污染环境、破坏生态造成严重后果的，被侵权人有权请求相应的惩罚性赔偿。

第一千二百三十三条　因第三人的过错污染环境、破坏生态的，被侵权人可以向侵权人请求赔偿，也可以向第三人请求赔偿。侵权人赔偿后，有权向第三人追偿。

《中华人民共和国环境保护法》（2014 年 4 月 24 日修订）

第五十八条 对污染环境、破坏生态，损害社会公共利益的行为，符合下列条件的社会组织可以向人民法院提起诉讼：

（一）依法在设区的市级以上人民政府民政部门登记；

（二）专门从事环境保护公益活动连续五年以上且无违法记录。

符合前款规定的社会组织向人民法院提起诉讼，人民法院应当依法受理。

提起诉讼的社会组织不得通过诉讼牟取经济利益。

第六十四条 因污染环境和破坏生态造成损害的，应当依照《中华人民共和国侵权责任法》的有关规定承担侵权责任。

第六十五条 环境影响评价机构、环境监测机构以及从事环境监测设备和防治污染设施维护、运营的机构，在有关环境服务活动中弄虚作假，对造成的环境污染和生态破坏负有责任的，除依照有关法律法规规定予以处罚外，还应当与造成环境污染和生态破坏的其他责任者承担连带责任。

第六十六条 提起环境损害赔偿诉讼的时效期间为三年，从当事人知道或者应当知道其受到损害时起计算。

《中华人民共和国土壤污染防治法》（2019 年 1 月 1 日施行）

第二条 在中华人民共和国领域及管辖的其他海域从事土壤污染防治及相关活动，适用本法。

本法所称土壤污染，是指因人为因素导致某种物质进入陆地表层土壤，引起土壤化学、物理、生物等方面特性的改变，影响土壤功能和有效利用，危害公众健康或者破坏生态环境的现象。

第九十六条 污染土壤造成他人人身或者财产损害的，应当依法承担侵权责任。

土壤污染责任人无法认定，土地使用权人未依照本法规定履行土壤污染风险管控和修复义务，造成他人人身或者财产损害的，应当依法承担侵权责任。

土壤污染引起的民事纠纷，当事人可以向地方人民政府生态环境等主管部门申请调解处理，也可以向人民法院提起诉讼。

第九十七条 污染土壤损害国家利益、社会公共利益的，有关机关和组织可以依照《中华人民共和国环境保护法》《中华人民共和国民事诉讼法》《中华人民共和国行政诉讼法》等法律的规定向人民法院提起诉讼。

《中华人民共和国固体废物污染环境防治法》（2020年4月29日修订）

第二条　固体废物污染环境的防治适用本法。

固体废物污染海洋环境的防治和放射性固体废物污染环境的防治不适用本法。

第五条　固体废物污染环境防治坚持污染担责的原则。

产生、收集、贮存、运输、利用、处置固体废物的单位和个人，应当采取措施，防止或者减少固体废物对环境的污染，对所造成的环境污染依法承担责任。

第一百二十一条　固体废物污染环境、破坏生态，损害国家利益、社会公共利益的，有关机关和组织可以依照《中华人民共和国环境保护法》、《中华人民共和国民事诉讼法》、《中华人民共和国行政诉讼法》等法律的规定向人民法院提起诉讼。

《最高人民法院关于审理环境侵权责任纠纷案件适用法律若干问题的解释》（法释〔2015〕12号　2020年12月23日修正）

第一条　因污染环境、破坏生态造成他人损害，不论侵权人有无过错，侵权人应当承担侵权责任。

侵权人以排污符合国家或者地方污染物排放标准为由主张不承担责任的，人民法院不予支持。

侵权人不承担责任或者减轻责任的情形，适用海洋环境保护法、水污染防治法、大气污染防治法等环境保护单行法的规定；相关环境保护单行法没有规定的，适用民法典的规定。

第二条　两个以上侵权人共同实施污染环境、破坏生态行为造成损害，被侵权人根据民法典第一千一百六十八条规定请求侵权人承担连带责任的，人民法院应予支持。

第三条　两个以上侵权人分别实施污染环境、破坏生态行为造成同一损害，每一个侵权人的污染环境、破坏生态行为都足以造成全部损害，被侵权人根据民法典第一千一百七十一条规定请求侵权人承担连带责任的，人民法院应予支持。

两个以上侵权人分别实施污染环境、破坏生态行为造成同一损害，每一个侵权人的污染环境、破坏生态行为都不足以造成全部损害，被侵权人根据民法典第一千一百七十二条规定请求侵权人承担责任的，人民法院应予支持。

两个以上侵权人分别实施污染环境、破坏生态行为造成同一损害，部分侵权人的污染环境、破坏生态行为足以造成全部损害，部分侵权人的污染环境、破坏生态行为只造成部分损害，被侵权人根据民法典第一千一百七十一条规定请求足以造成全部损害的侵权人与其他侵权人就共同造成的损害部分承担连带责任，并对全部损害承担责任的，人民法院应予支持。

第四条 两个以上侵权人污染环境、破坏生态，对侵权人承担责任的大小，人民法院应当根据污染物的种类、浓度、排放量、危害性，有无排污许可证、是否超过污染物排放标准、是否超过重点污染物排放总量控制指标，破坏生态的方式、范围、程度，以及行为对损害后果所起的作用等因素确定。

第五条 被侵权人根据民法典第一千二百三十三条规定分别或者同时起诉侵权人、第三人的，人民法院应予受理。

被侵权人请求第三人承担赔偿责任的，人民法院应当根据第三人的过错程度确定其相应赔偿责任。

侵权人以第三人的过错污染环境、破坏生态造成损害为由主张不承担责任或者减轻责任的，人民法院不予支持。

第六条 被侵权人根据民法典第七编第七章的规定请求赔偿的，应当提供证明以下事实的证据材料：

（一）侵权人排放了污染物或者破坏了生态；

（二）被侵权人的损害；

（三）侵权人排放的污染物或者其次生污染物、破坏生态行为与损害之间具有关联性。

第七条 侵权人举证证明下列情形之一的，人民法院应当认定其污染环境、破坏生态行为与损害之间不存在因果关系：

（一）排放污染物、破坏生态的行为没有造成该损害可能的；

（二）排放的可造成该损害的污染物未到达该损害发生地的；

（三）该损害于排放污染物、破坏生态行为实施之前已发生的；

（四）其他可以认定污染环境、破坏生态行为与损害之间不存在因果关系的情形。

第八条 对查明环境污染、生态破坏案件事实的专门性问题，可以委托具备相关资格的司法鉴定机构出具鉴定意见或者由负有环境资源保护监督管理职责的部门推荐的机构出具检验报告、检测报告、评估报告或者监测数据。

第九条　当事人申请通知一至两名具有专门知识的人出庭，就鉴定意见或者污染物认定、损害结果、因果关系、修复措施等专业问题提出意见的，人民法院可以准许。当事人未申请，人民法院认为有必要的，可以进行释明。

具有专门知识的人在法庭上提出的意见，经当事人质证，可以作为认定案件事实的根据。

第十条　负有环境资源保护监督管理职责的部门或者其委托的机构出具的环境污染、生态破坏事件调查报告、检验报告、检测报告、评估报告或者监测数据等，经当事人质证，可以作为认定案件事实的根据。

第十一条　对于突发性或者持续时间较短的环境污染、生态破坏行为，在证据可能灭失或者以后难以取得的情况下，当事人或者利害关系人根据民事诉讼法第八十一条规定申请证据保全的，人民法院应当准许。

第十二条　被申请人具有环境保护法第六十三条规定情形之一，当事人或者利害关系人根据民事诉讼法第一百条或者第一百零一条规定申请保全的，人民法院可以裁定责令被申请人立即停止侵害行为或者采取防治措施。

第十三条　人民法院应当根据被侵权人的诉讼请求以及具体案情，合理判定侵权人承担停止侵害、排除妨碍、消除危险、修复生态环境、赔礼道歉、赔偿损失等民事责任。

第十四条　被侵权人请求修复生态环境的，人民法院可以依法裁判侵权人承担环境修复责任，并同时确定其不履行环境修复义务时应当承担的环境修复费用。

侵权人在生效裁判确定的期限内未履行环境修复义务的，人民法院可以委托其他人进行环境修复，所需费用由侵权人承担。

第十五条　被侵权人起诉请求侵权人赔偿因污染环境、破坏生态造成的财产损失、人身损害以及为防止损害发生和扩大、清除污染、修复生态环境而采取必要措施所支出的合理费用的，人民法院应予支持。

第十六条　下列情形之一，应当认定为环境保护法第六十五条规定的弄虚作假：

（一）环境影响评价机构明知委托人提供的材料虚假而出具严重失实的评价文件的；

（二）环境监测机构或者从事环境监测设备维护、运营的机构故意隐瞒委托人超过污染物排放标准或者超过重点污染物排放总量控制指标的事实的；

（三）从事防治污染设施维护、运营的机构故意不运行或者不正常运行环境监测设备或者防治污染设施的；

（四）有关机构在环境服务活动中其他弄虚作假的情形。

第十七条 本解释适用于审理因污染环境、破坏生态造成损害的民事案件，但法律和司法解释对环境民事公益诉讼案件另有规定的除外。

相邻污染侵害纠纷、劳动者在职业活动中因受污染损害发生的纠纷，不适用本解释。

第十八条 本解释施行后，人民法院尚未审结的一审、二审案件适用本解释规定。本解释施行前已经作出生效裁判的案件，本解释施行后依法再审的，不适用本解释。

本解释施行后，最高人民法院以前颁布的司法解释与本解释不一致的，不再适用。

378. 生态破坏责任纠纷

法律条文及规范索引

《中华人民共和国民法典》（2021 年 1 月 1 日施行）

第一千二百三十四条 违反国家规定造成生态环境损害，生态环境能够修复的，国家规定的机关或者法律规定的组织有权请求侵权人在合理期限内承担修复责任。侵权人在期限内未修复的，国家规定的机关或者法律规定的组织可以自行或者委托他人进行修复，所需费用由侵权人负担。

第一千二百三十五条 违反国家规定造成生态环境损害的，国家规定的机关或者法律规定的组织有权请求侵权人赔偿下列损失和费用：

（一）生态环境受到损害至修复完成期间服务功能丧失导致的损失；

（二）生态环境功能永久性损害造成的损失；

（三）生态环境损害调查、鉴定评估等费用；

（四）清除污染、修复生态环境费用；

（五）防止损害的发生和扩大所支出的合理费用。

《最高人民法院关于审理生态环境损害赔偿案件的若干规定（试行）》
（法释〔2019〕8号　2020年12月23日修正）

第一条　具有下列情形之一，省级、市地级人民政府及其指定的相关部门、机构，或者受国务院委托行使全民所有自然资源资产所有权的部门，因与造成生态环境损害的自然人、法人或者其他组织经磋商未达成一致或者无法进行磋商的，可以作为原告提起生态环境损害赔偿诉讼：

（一）发生较大、重大、特别重大突发环境事件的；

（二）在国家和省级主体功能区规划中划定的重点生态功能区、禁止开发区发生环境污染、生态破坏事件的；

（三）发生其他严重影响生态环境后果的。

前款规定的市地级人民政府包括设区的市，自治州、盟、地区，不设区的地级市，直辖市的区、县人民政府。

第二条　下列情形不适用本规定：

（一）因污染环境、破坏生态造成人身损害、个人和集体财产损失要求赔偿的；

（二）因海洋生态环境损害要求赔偿的。

第四条　人民法院审理第一审生态环境损害赔偿诉讼案件，应当由法官和人民陪审员组成合议庭进行。

第五条　原告提起生态环境损害赔偿诉讼，符合民事诉讼法和本规定并提交下列材料的，人民法院应当登记立案：

（一）证明具备提起生态环境损害赔偿诉讼原告资格的材料；

（二）符合本规定第一条规定情形之一的证明材料；

（三）与被告进行磋商但未达成一致或者因客观原因无法与被告进行磋商的说明；

（四）符合法律规定的起诉状，并按照被告人数提出副本。

第六条　原告主张被告承担生态环境损害赔偿责任的，应当就以下事实承担举证责任：

（一）被告实施了污染环境、破坏生态的行为或者具有其他应当依法承担责任的情形；

（二）生态环境受到损害，以及所需修复费用、损害赔偿等具体数额；

（三）被告污染环境、破坏生态的行为与生态环境损害之间具有关联性。

第七条　被告反驳原告主张的，应当提供证据加以证明。被告主张具有法律规定的不承担责任或者减轻责任情形的，应当承担举证责任。

第八条 已为发生法律效力的刑事裁判所确认的事实，当事人在生态环境损害赔偿诉讼案件中无须举证证明，但有相反证据足以推翻的除外。

对刑事裁判未予确认的事实，当事人提供的证据达到民事诉讼证明标准的，人民法院应当予以认定。

第九条 负有相关环境资源保护监督管理职责的部门或者其委托的机构在行政执法过程中形成的事件调查报告、检验报告、检测报告、评估报告、监测数据等，经当事人质证并符合证据标准的，可以作为认定案件事实的根据。

第十条 当事人在诉前委托具备环境司法鉴定资质的鉴定机构出具的鉴定意见，以及委托国务院环境资源保护监督管理相关主管部门推荐的机构出具的检验报告、检测报告、评估报告、监测数据等，经当事人质证并符合证据标准的，可以作为认定案件事实的根据。

第十一条 被告违反国家规定造成生态环境损害的，人民法院应当根据原告的诉讼请求以及具体案情，合理判决被告承担修复生态环境、赔偿损失、停止侵害、排除妨碍、消除危险、赔礼道歉等民事责任。

第十二条 受损生态环境能够修复的，人民法院应当依法判决被告承担修复责任，并同时确定被告不履行修复义务时应承担的生态环境修复费用。

生态环境修复费用包括制定、实施修复方案的费用，修复期间的监测、监管费用，以及修复完成后的验收费用、修复效果后评估费用等。

原告请求被告赔偿生态环境受到损害至修复完成期间服务功能损失的，人民法院根据具体案情予以判决。

第十三条 受损生态环境无法修复或者无法完全修复，原告请求被告赔偿生态环境功能永久性损害造成的损失的，人民法院根据具体案情予以判决。

第十四条 原告请求被告承担下列费用的，人民法院根据具体案情予以判决：

（一）实施应急方案、清除污染以及为防止损害的发生和扩大所支出的合理费用；

（二）为生态环境损害赔偿磋商和诉讼支出的调查、检验、鉴定、评估等费用；

（三）合理的律师费以及其他为诉讼支出的合理费用。

第十五条 人民法院判决被告承担的生态环境服务功能损失赔偿资金、生态环境功能永久性损害造成的损失赔偿资金，以及被告不履行生态环境修复义务时所应承担的修复费用，应当依照法律、法规、规章予以缴纳、管理和使用。

第十六条 在生态环境损害赔偿诉讼案件审理过程中，同一损害生态环境行为又被提起民事公益诉讼，符合起诉条件的，应当由受理生态环境损害赔偿诉讼案件的人民法院受理并由同一审判组织审理。

第十七条 人民法院受理因同一损害生态环境行为提起的生态环境损害赔偿诉讼案件和民事公益诉讼案件，应先中止民事公益诉讼案件的审理，待生态环境损害赔偿诉讼案件审理完毕后，就民事公益诉讼案件未被涵盖的诉讼请求依法作出裁判。

第十八条 生态环境损害赔偿诉讼案件的裁判生效后，有权提起民事公益诉讼的国家规定的机关或者法律规定的组织就同一损害生态环境行为有证据证明存在前案审理时未发现的损害，并提起民事公益诉讼的，人民法院应予受理。

民事公益诉讼案件的裁判生效后，有权提起生态环境损害赔偿诉讼的主体就同一损害生态环境行为有证据证明存在前案审理时未发现的损害，并提起生态环境损害赔偿诉讼的，人民法院应予受理。

第十九条 实际支出应急处置费用的机关提起诉讼主张该费用的，人民法院应予受理，但人民法院已经受理就同一损害生态环境行为提起的生态环境损害赔偿诉讼案件且该案原告已经主张应急处置费用的除外。

生态环境损害赔偿诉讼案件原告未主张应急处置费用，因同一损害生态环境行为实际支出应急处置费用的机关提起诉讼主张该费用的，由受理生态环境损害赔偿诉讼案件的人民法院受理并由同一审判组织审理。

第二十条 经磋商达成生态环境损害赔偿协议的，当事人可以向人民法院申请司法确认。

人民法院受理申请后，应当公告协议内容，公告期间不少于三十日。公告期满后，人民法院经审查认为协议的内容不违反法律法规强制性规定且不损害国家利益、社会公共利益的，裁定确认协议有效。裁定书应当写明案件的基本事实和协议内容，并向社会公开。

第二十一条 一方当事人在期限内未履行或者未全部履行发生法律效力的生态环境损害赔偿诉讼案件裁判或者经司法确认的生态环境损害赔偿协议

的，对方当事人可以向人民法院申请强制执行。需要修复生态环境的，依法由省级、市地级人民政府及其指定的相关部门、机构组织实施。

第二十二条 人民法院审理生态环境损害赔偿案件，本规定没有规定的，参照适用《最高人民法院关于审理环境民事公益诉讼案件适用法律若干问题的解释》《最高人民法院关于审理环境侵权责任纠纷案件适用法律若干问题的解释》等相关司法解释的规定。

379. 高度危险责任纠纷

（1）民用核设施、核材料损害责任纠纷
（2）民用航空器损害责任纠纷
（3）占有、使用高度危险物损害责任纠纷
（4）高度危险活动损害责任纠纷
（5）遗失、抛弃高度危险物损害责任纠纷
（6）非法占有高度危险物损害责任纠纷

法律条文及规范索引

《中华人民共和国民法典》（2021年1月1日施行）

第一百二十条 民事权益受到侵害的，被侵权人有权请求侵权人承担侵权责任。

第一千二百三十六条 从事高度危险作业造成他人损害的，应当承担侵权责任。

第一千二百三十七条 民用核设施或者运入运出核设施的核材料发生核事故造成他人损害的，民用核设施的营运单位应当承担侵权责任；但是，能够证明损害是因战争、武装冲突、暴乱等情形或者受害人故意造成的，不承担责任。

第一千二百三十八条 民用航空器造成他人损害的，民用航空器的经营者应当承担侵权责任；但是，能够证明损害是因受害人故意造成的，不承担责任。

第一千二百三十九条 占有或者使用易燃、易爆、剧毒、高放射性、强腐蚀性、高致病性等高度危险物造成他人损害的，占有人或者使用人应当承担侵权责任；但是，能够证明损害是因受害人故意或者不可抗力造成的，不承担责任。被侵权人对损害的发生有重大过失的，可以减轻占有人或者使用人的责任。

第一千二百四十条　从事高空、高压、地下挖掘活动或者使用高速轨道运输工具造成他人损害的，经营者应当承担侵权责任；但是，能够证明损害是因受害人故意或者不可抗力造成的，不承担责任。被侵权人对损害的发生有重大过失的，可以减轻经营者的责任。

第一千二百四十一条　遗失、抛弃高度危险物造成他人损害的，由所有人承担侵权责任。所有人将高度危险物交由他人管理的，由管理人承担侵权责任；所有人有过错的，与管理人承担连带责任。

第一千二百四十二条　非法占有高度危险物造成他人损害的，由非法占有人承担侵权责任。所有人、管理人不能证明对防止非法占有尽到高度注意义务的，与非法占有人承担连带责任。

第一千二百四十三条　未经许可进入高度危险活动区域或者高度危险物存放区域受到损害，管理人能够证明已经采取足够安全措施并尽到充分警示义务的，可以减轻或者不承担责任。

第一千二百四十四条　承担高度危险责任，法律规定赔偿限额的，依照其规定，但是行为人有故意或者重大过失的除外。

380. 饲养动物损害责任纠纷

法律条文及规范索引

《中华人民共和国民法典》（2021年1月1日施行）

第一百二十条　民事权益受到侵害的，被侵权人有权请求侵权人承担侵权责任。

第一千二百四十五条　饲养的动物造成他人损害的，动物饲养人或者管理人应当承担侵权责任；但是，能够证明损害是因被侵权人故意或者重大过失造成的，可以不承担或者减轻责任。

第一千二百四十六条　违反管理规定，未对动物采取安全措施造成他人损害的，动物饲养人或者管理人应当承担侵权责任；但是，能够证明损害是因被侵权人故意造成的，可以减轻责任。

第一千二百四十七条 禁止饲养的烈性犬等危险动物造成他人损害的，动物饲养人或者管理人应当承担侵权责任。

第一千二百四十八条 动物园的动物造成他人损害的，动物园应当承担侵权责任；但是，能够证明尽到管理职责的，不承担侵权责任。

第一千二百四十九条 遗弃、逃逸的动物在遗弃、逃逸期间造成他人损害的，由动物原饲养人或者管理人承担侵权责任。

第一千二百五十条 因第三人的过错致使动物造成他人损害的，被侵权人可以向动物饲养人或者管理人请求赔偿，也可以向第三人请求赔偿。动物饲养人或者管理人赔偿后，有权向第三人追偿。

第一千二百五十一条 饲养动物应当遵守法律法规，尊重社会公德，不得妨碍他人生活。

381. 建筑物和物件损害责任纠纷

(1) 物件脱落、坠落损害责任纠纷

(2) 建筑物、构筑物倒塌、塌陷损害责任纠纷

(3) 高空抛物、坠物损害责任纠纷

(4) 堆放物倒塌、滚落、滑落损害责任纠纷

(5) 公共道路妨碍通行损害责任纠纷

(6) 林木折断、倾倒、果实坠落损害责任纠纷

(7) 地面施工、地下设施损害责任纠纷

法律条文及规范索引

《中华人民共和国民法典》（2021 年 1 月 1 日施行）

第一百二十条 民事权益受到侵害的，被侵权人有权请求侵权人承担侵权责任。

第一千二百五十二条 建筑物、构筑物或者其他设施倒塌、塌陷造成他人损害的，由建设单位与施工单位承担连带责任，但是建设单位与施工单位能够证明不存在质量缺陷的除外。建设单位、施工单位赔偿后，有其他责任人的，有权向其他责任人追偿。

因所有人、管理人、使用人或者第三人的原因，建筑物、构筑物或者其他设施倒塌、塌陷造成他人损害的，由所有人、管理人、使用人或者第三人承担侵权责任。

第一千二百五十三条 建筑物、构筑物或者其他设施及其搁置物、悬挂物发生脱落、坠落造成他人损害，所有人、管理人或者使用人不能证明自己没有过错的，应当承担侵权责任。所有人、管理人或者使用人赔偿后，有其他责任人的，有权向其他责任人追偿。

第一千二百五十四条 禁止从建筑物中抛掷物品。从建筑物中抛掷物品或者从建筑物上坠落的物品造成他人损害的，由侵权人依法承担侵权责任；经调查难以确定具体侵权人的，除能够证明自己不是侵权人的外，由可能加害的建筑物使用人给予补偿。可能加害的建筑物使用人补偿后，有权向侵权人追偿。

物业服务企业等建筑物管理人应当采取必要的安全保障措施防止前款规定情形的发生；未采取必要的安全保障措施的，应当依法承担未履行安全保障义务的侵权责任。

发生本条第一款规定的情形的，公安等机关应当依法及时调查，查清责任人。

第一千二百五十五条 堆放物倒塌、滚落或者滑落造成他人损害，堆放人不能证明自己没有过错的，应当承担侵权责任。

第一千二百五十六条 在公共道路上堆放、倾倒、遗撒妨碍通行的物品造成他人损害的，由行为人承担侵权责任。公共道路管理人不能证明已经尽到清理、防护、警示等义务的，应当承担相应的责任。

第一千二百五十七条 因林木折断、倾倒或者果实坠落等造成他人损害，林木的所有人或者管理人不能证明自己没有过错的，应当承担侵权责任。

第一千二百五十八条 在公共场所或者道路上挖掘、修缮安装地下设施等造成他人损害，施工人不能证明已经设置明显标志和采取安全措施的，应当承担侵权责任。

窨井等地下设施造成他人损害，管理人不能证明尽到管理职责的，应当承担侵权责任。

《最高人民法院关于依法妥善审理高空抛物、坠物案件的意见》（法发〔2019〕25号　2019年10月21日）

10. 综合运用民事诉讼证据规则。人民法院在适用侵权责任法第八十七条裁判案件时，对能够证明自己不是侵权人的“可能加害的建筑物使用人”，依法予以免责。要加大依职权调查取证力度，积极主动向物业服务企业、周边群众、技术专家等询问查证，加强与公安部门、基层组织等沟通协调，充分运用日常生活经验法则，最大限度查找确定直接侵权人并依法判决其承担侵权责任。

11. 区分坠落物、抛掷物的不同法律适用规则。建筑物及其搁置物、悬挂物发生脱落、坠落造成他人损害的，所有人、管理人或者使用人不能证明自己没有过错的，人民法院应当适用侵权责任法第八十五条的规定，依法判决其承担侵权责任；有其他责任人的，所有人、管理人或者使用人赔偿后向其他责任人主张追偿权的，人民法院应予支持。从建筑物中抛掷物品造成他人损害的，应当尽量查明直接侵权人，并依法判决其承担侵权责任。

12. 依法确定物业服务企业的责任。物业服务企业不履行或者不完全履行物业服务合同约定或者法律法规规定、相关行业规范确定的维修、养护、管理和维护义务，造成建筑物及其搁置物、悬挂物发生脱落、坠落致使他人损害的，人民法院依法判决其承担侵权责任。有其他责任人的，物业服务企业承担责任后，向其他责任人行使追偿权的，人民法院应予支持。物业服务企业隐匿、销毁、篡改或者拒不向人民法院提供相应证据，导致案件事实难以认定的，应当承担相应的不利后果。

382. 触电人身损害责任纠纷

法律条文及规范索引

《中华人民共和国民法典》（2021年1月1日施行）

第一百二十条　民事权益受到侵害的，被侵权人有权请求侵权人承担侵权责任。

《中华人民共和国电力法》（2018年12月29日修正）

第五十九条　电力企业或者用户违反供用电合同，给对方造成损失的，应当依法承担赔偿责任。

电力企业违反本法第二十八条、第二十九条第一款的规定，未保证供电质量或者未事先通知用户中断供电，给用户造成损失的，应当依法承担赔偿责任。

第六十条　因电力运行事故给用户或者第三人造成损害的，电力企业应当依法承担赔偿责任。

电力运行事故由下列原因之一造成的，电力企业不承担赔偿责任：

（一）不可抗力；

（二）用户自身的过错。

因用户或者第三人的过错给电力企业或者其他用户造成损害的，该用户或者第三人应当依法承担赔偿责任。

383. 义务帮工人受害责任纠纷

法律条文及规范索引

《中华人民共和国民法典》（2021年1月1日施行）

第一百二十条　民事权益受到侵害的，被侵权人有权请求侵权人承担侵权责任。

《最高人民法院关于审理人身损害赔偿案件适用法律若干问题的解释》（法释〔2003〕20号　2020年12月23日修正）

第四条　无偿提供劳务的帮工人，在从事帮工活动中致人损害的，被帮工人应当承担赔偿责任。被帮工人承担赔偿责任后向有故意或者重大过失的帮工人追偿的，人民法院应予支持。被帮工人明确拒绝帮工的，不承担赔偿责任。

第五条　无偿提供劳务的帮工人因帮工活动遭受人身损害的，根据帮工人和被帮工人各自的过错承担相应的责任；被帮工人明确拒绝帮工的，被帮工人不承担赔偿责任，但可以在受益范围内予以适当补偿。

帮工人在帮工活动中因第三人的行为遭受人身损害的，有权请求第三人承担赔偿责任，也有权请求被帮工人予以适当补偿。被帮工人补偿后，可以向第三人追偿。

384. 见义勇为人受害责任纠纷

法律条文及规范索引

《中华人民共和国民法典》（2021年1月1日施行）

第一百八十三条 因保护他人民事权益使自己受到损害的，由侵权人承担民事责任，受益人可以给予适当补偿。没有侵权人、侵权人逃逸或者无力承担民事责任，受害人请求补偿的，受益人应当给予适当补偿。

385. 公证损害责任纠纷

法律条文及规范索引

《中华人民共和国民法典》（2021年1月1日施行）

第一百二十条 民事权益受到侵害的，被侵权人有权请求侵权人承担侵权责任。

《中华人民共和国公证法》（2017年9月1日修正）

第四十三条 公证机构及其公证员因过错给当事人、公证事项的利害关系人造成损失的，由公证机构承担相应的赔偿责任；公证机构赔偿后，可以向有故意或者重大过失的公证员追偿。

当事人、公证事项的利害关系人与公证机构因赔偿发生争议的，可以向人民法院提起民事诉讼。

《中华人民共和国行政诉讼法》（2017年6月27日修正）

第七十条 行政行为有下列情形之一的，人民法院判决撤销或者部分撤销，并可以判决被告重新作出行政行为：

（一）主要证据不足的；

（二）适用法律、法规错误的；

（三）违反法定程序的；

（四）超越职权的；

（五）滥用职权的；

（六）明显不当的。

第七十六条　人民法院判决确认违法或者无效的，可以同时判决责令被告采取补救措施；给原告造成损失的，依法判决被告承担赔偿责任。

第七十八条　被告不依法履行、未按照约定履行或者违法变更、解除本法第十二条第一款第十一项规定的协议的，人民法院判决被告承担继续履行、采取补救措施或者赔偿损失等责任。

被告变更、解除本法第十二条第一款第十一项规定的协议合法，但未依法给予补偿的，人民法院判决给予补偿。

《最高人民法院关于审理涉及公证活动相关民事案件的若干规定》（法释〔2014〕6号　2020年12月23日修正）

第一条　当事人、公证事项的利害关系人依照公证法第四十三条规定向人民法院起诉请求民事赔偿的，应当以公证机构为被告，人民法院应作为侵权责任纠纷案件受理。

第二条　当事人、公证事项的利害关系人起诉请求变更、撤销公证书或者确认公证书无效的，人民法院不予受理，告知其依照公证法第三十九条规定可以向出具公证书的公证机构提出复查。

第三条　当事人、公证事项的利害关系人对公证书所公证的民事权利义务有争议的，可以依照公证法第四十条规定就该争议向人民法院提起民事诉讼。

当事人、公证事项的利害关系人对具有强制执行效力的公证债权文书的民事权利义务有争议直接向人民法院提起民事诉讼的，人民法院依法不予受理。但是，公证债权文书被人民法院裁定不予执行的除外。

第四条　当事人、公证事项的利害关系人提供证据证明公证机构及其公证员在公证活动中具有下列情形之一的，人民法院应当认定公证机构有过错：

（一）为不真实、不合法的事项出具公证书的；

（二）毁损、篡改公证书或者公证档案的；

（三）泄露在执业活动中知悉的商业秘密或者个人隐私的；

（四）违反公证程序、办证规则以及国务院司法行政部门制定的行业规范出具公证书的；

（五）公证机构在公证过程中未尽到充分的审查、核实义务，致使公证书错误或者不真实的；

（六）对存在错误的公证书，经当事人、公证事项的利害关系人申请仍不予纠正或者补正的；

（七）其他违反法律、法规、国务院司法行政部门强制性规定的情形。

第五条　当事人提供虚假证明材料申请公证致使公证书错误造成他人损失的，当事人应当承担赔偿责任。公证机构依法尽到审查、核实义务的，不承担赔偿责任；未依法尽到审查、核实义务的，应当承担与其过错相应的补充赔偿责任；明知公证证明的材料虚假或者与当事人恶意串通的，承担连带赔偿责任。

第六条　当事人、公证事项的利害关系人明知公证机构所出具的公证书不真实、不合法而仍然使用造成自己损失，请求公证机构承担赔偿责任的，人民法院不予支持。

386. 防卫过当损害责任纠纷

法律条文及规范索引

《中华人民共和国民法典》（2021年1月1日施行）

第一百八十一条　因正当防卫造成损害的，不承担民事责任。

正当防卫超过必要的限度，造成不应有的损害的，正当防卫人应当承担适当的民事责任。

387. 紧急避险损害责任纠纷

法律条文及规范索引

《中华人民共和国民法典》（2021年1月1日施行）

第一百八十二条　因紧急避险造成损害的，由引起险情发生的人承担民事责任。

危险由自然原因引起的，紧急避险人不承担民事责任，可以给予适当补偿。

紧急避险采取措施不当或者超过必要的限度，造成不应有的损害的，紧急避险人应当承担适当的民事责任。

388. 驻香港、澳门特别行政区军人执行职务侵权责任纠纷

法律条文及规范索引

《中华人民共和国香港特别行政区驻军法》（1997 年 7 月 1 日施行）

第二十三条　香港驻军人员违反香港特别行政区的法律，侵害香港居民、香港驻军以外的其他人的民事权利的，当事人可以通过协商、调解解决；不愿通过协商、调解解决或者协商、调解不成的，被侵权人可以向法院提起诉讼。香港驻军人员非执行职务的行为引起的民事侵权案件，由香港特别行政区法院管辖；执行职务的行为引起的民事侵权案件，由中华人民共和国最高人民法院管辖，侵权行为的损害赔偿适用香港特别行政区法律。

《中华人民共和国澳门特别行政区驻军法》（1999 年 12 月 20 日施行）

第二十三条　澳门驻军人员违反澳门特别行政区的法律，侵害澳门居民、澳门驻军以外的其他人的民事权利的，当事人可以通过协商、调解解决；不愿通过协商、调解解决或者协商、调解不成的，被侵权人可以向法院提起诉讼。澳门驻军人员非执行职务的行为引起的民事侵权案件，由澳门特别行政区法院管辖；执行职务的行为引起的民事侵权案件，由中华人民共和国最高人民法院管辖，侵权行为的损害赔偿适用澳门特别行政区法律。

389. 铁路运输损害责任纠纷

（1）铁路运输人身损害责任纠纷

（2）铁路运输财产损害责任纠纷

法律条文及规范索引

《中华人民共和国民法典》（2021年1月1日施行）

第一百二十条 民事权益受到侵害的，被侵权人有权请求侵权人承担侵权责任。

《中华人民共和国铁路法》（2015年4月24日修正）

第五十八条 因铁路行车事故及其他铁路运营事故造成人身伤亡的，铁路运输企业应当承担赔偿责任；如果人身伤亡是因不可抗力或者由于受害人自身的原因造成的，铁路运输企业不承担赔偿责任。

违章通过平交道口或者人行过道，或者在铁路线路上行走、坐卧造成的人身伤亡，属于受害人自身的原因造成的人身伤亡。

《最高人民法院关于审理铁路运输人身损害赔偿纠纷案件适用法律若干问题的解释》（法释〔2010〕5号 2020年12月23日修正）

第一条 人民法院审理铁路行车事故及其他铁路运营事故造成的铁路运输人身损害赔偿纠纷案件，适用本解释。

与铁路运输企业建立劳动合同关系或者形成劳动关系的铁路职工在执行职务中发生的人身损害，依照有关调整劳动关系的法律规定及其他相关法律规定处理。

第二条 铁路运输人身损害的受害人、依法由受害人承担扶养义务的被扶养人以及死亡受害人的近亲属为赔偿权利人，有权请求赔偿。

第三条 赔偿权利人要求对方当事人承担侵权责任的，由事故发生地、列车最先到达地或者被告住所地铁路运输法院管辖；赔偿权利人依照民法典第三编要求承运人承担违约责任予以人身损害赔偿的，由运输始发地、目的地或者被告住所地铁路运输法院管辖。

第四条 铁路运输造成人身损害的，铁路运输企业应当承担赔偿责任；

法律另有规定的，依照其规定。

第五条 铁路运输中发生人身损害，铁路运输企业举证证明有下列情形之一的，不承担赔偿责任：

（一）不可抗力造成的；

（二）受害人故意以卧轨、碰撞等方式造成的。

第六条 因受害人翻越、穿越、损毁、移动铁路线路两侧防护围墙、栅栏或者其他防护设施穿越铁路线路，偷乘货车，攀附行进中的列车，在未设置人行通道的铁路桥梁、隧道内通行，攀爬高架铁路线路，以及其他未经许可进入铁路线路、车站、货场等铁路作业区域的过错行为，造成人身损害的，应当根据受害人的过错程度适当减轻铁路运输企业的赔偿责任，并按照以下情形分别处理：

（一）铁路运输企业未充分履行安全防护、警示等义务，受害人有上述过错行为的，铁路运输企业应当在全部损失的百分之八十至百分之二十之间承担赔偿责任；

（二）铁路运输企业已充分履行安全防护、警示等义务，受害人仍施以上述过错行为的，铁路运输企业应当在全部损失的百分之二十至百分之十之间承担赔偿责任。

第七条 受害人横向穿越未封闭的铁路线路时存在过错，造成人身损害的，按照前条规定处理。

受害人不听从值守人员劝阻或者无视禁行警示信号、标志硬行通过铁路平交道口、人行过道，或者沿铁路线路纵向行走，或者在铁路线路上坐卧，造成人身损害，铁路运输企业举证证明已充分履行安全防护、警示等义务的，不承担赔偿责任。

第八条 铁路运输造成无民事行为能力人人身损害的，铁路运输企业应当承担赔偿责任；监护人有过错的，按照过错程度减轻铁路运输企业的赔偿责任，但铁路运输企业承担的赔偿责任应当不低于全部损失的百分之五十。

铁路运输造成限制民事行为能力人人身损害的，铁路运输企业应当承担赔偿责任；监护人及受害人自身有过错的，按照过错程度减轻铁路运输企业的赔偿责任，但铁路运输企业承担的赔偿责任应当不低于全部损失的百分之四十。

第九条 铁路机车车辆与机动车发生碰撞造成机动车驾驶人员以外的人人身损害的，由铁路运输企业与机动车一方对受害人承担连带赔偿责任。铁路运输企业与机动车一方之间，按照各自的过错分担责任；双方均无过错的，按照公平原则分担责任。对受害人实际承担赔偿责任超出应当承担份额的一方，有权向另一方追偿。

铁路机车车辆与机动车发生碰撞造成机动车驾驶人员人身损害的，按照本解释第四条至第七条的规定处理。

第十条 在非铁路运输企业实行监护的铁路无人看守道口发生事故造成人身损害的，由铁路运输企业按照本解释的有关规定承担赔偿责任。道口管理单位有过错的，铁路运输企业对赔偿权利人承担赔偿责任后，有权向道口管理单位追偿。

第十一条 对于铁路桥梁、涵洞等设施负有管理、维护等职责的单位，因未尽职责使该铁路桥梁、涵洞等设施不能正常使用，导致行人、车辆穿越铁路线路造成人身损害的，铁路运输企业按照本解释有关规定承担赔偿责任后，有权向该单位追偿。

第十二条 铁路旅客运送期间发生旅客人身损害，赔偿权利人要求铁路运输企业承担违约责任的，人民法院应当依照民法典第八百一十一条、第八百二十二条、第八百二十三条等规定，确定铁路运输企业是否承担责任及责任的大小；赔偿权利人要求铁路运输企业承担侵权赔偿责任的，人民法院应当依照有关侵权责任的法律规定，确定铁路运输企业是否承担赔偿责任及责任的大小。

第十三条 铁路旅客运送期间因第三人侵权造成旅客人身损害的，由实施侵权行为的第三人承担赔偿责任。铁路运输企业有过错的，应当在能够防止或者制止损害的范围内承担相应的补充赔偿责任。铁路运输企业承担赔偿责任后，有权向第三人追偿。

车外第三人投掷石块等击打列车造成车内旅客人身损害，赔偿权利人要求铁路运输企业先予赔偿的，人民法院应当予以支持。铁路运输企业赔付后，有权向第三人追偿。

第十四条 有权作出事故认定的组织依照《铁路交通事故应急救援和调查处理条例》等有关规定制作的事故认定书，经庭审质证，对于事故认定书所认定的事实，当事人没有相反证据和理由足以推翻的，人民法院应当作为认定事实的根据。

第十五条 在专用铁路及铁路专用线上因运输造成人身损害，依法应当由肇事工具或者设备的所有人、使用人或者管理人承担赔偿责任的，适用本解释。

390. 水上运输损害责任纠纷

（1）水上运输人身损害责任纠纷

（2）水上运输财产损害责任纠纷

法律条文及规范索引

《中华人民共和国民法典》（2021年1月1日施行）

第一百二十条　民事权益受到侵害的，被侵权人有权请求侵权人承担侵权责任。

第一千一百六十五条　行为人因过错侵害他人民事权益造成损害的，应当承担侵权责任。

依照法律规定推定行为人有过错，其不能证明自己没有过错的，应当承担侵权责任。

第一千一百六十六条　行为人造成他人民事权益损害，不论行为人有无过错，法律规定应当承担侵权责任的，依照其规定。

第一千一百六十七条　侵权行为危及他人人身、财产安全的，被侵权人有权请求侵权人承担停止侵害、排除妨碍、消除危险等侵权责任。

第一千一百八十四条　侵害他人财产的，财产损失按照损失发生时的市场价格或者其他合理方式计算。

391. 航空运输损害责任纠纷

（1）航空运输人身损害责任纠纷

（2）航空运输财产损害责任纠纷

法律条文及规范索引

《中华人民共和国民法典》（2021年1月1日施行）

第一百二十条　民事权益受到侵害的，被侵权人有权请求侵权人承担侵

权责任。

《中华人民共和国民用航空法》（2021 年 4 月 29 日修正）

第一百二十四条 因发生在民用航空器上或者在旅客上、下民用航空器过程中的事件，造成旅客人身伤亡的，承运人应当承担责任；但是，旅客的人身伤亡完全是由于旅客本人的健康状况造成的，承运人不承担责任。

第一百二十五条 因发生在民用航空器上或者在旅客上、下民用航空器过程中的事件，造成旅客随身携带物品毁灭、遗失或者损坏的，承运人应当承担责任。因发生在航空运输期间的事件，造成旅客的托运行李毁灭、遗失或者损坏的，承运人应当承担责任。

旅客随身携带物品或者托运行李的毁灭、遗失或者损坏完全是由于行李本身的自然属性、质量或者缺陷造成的，承运人不承担责任。

本章所称行李，包括托运行李和旅客随身携带的物品。

因发生在航空运输期间的事件，造成货物毁灭、遗失或者损坏的，承运人应当承担责任；但是，承运人证明货物的毁灭、遗失或者损坏完全是由于下列原因之一造成的，不承担责任：

（一）货物本身的自然属性、质量或者缺陷；

（二）承运人或者其受雇人、代理人以外的人包装货物的，货物包装不良；

（三）战争或者武装冲突；

（四）政府有关部门实施的与货物入境、出境或者过境有关的行为。

本条所称航空运输期间，是指在机场内、民用航空器上或者机场外降落的任何地点，托运行李、货物处于承运人掌管之下的全部期间。

航空运输期间，不包括机场外的任何陆路运输、海上运输、内河运输过程；但是，此种陆路运输、海上运输、内河运输是为了履行航空运输合同而装载、交付或者转运，在没有相反证据的情况下，所发生的损失视为在航空运输期间发生的损失。

第一百二十六条 旅客、行李或者货物在航空运输中因延误造成的损失，承运人应当承担责任；但是，承运人证明本人或者其受雇人、代理人为了避免损失的发生，已经采取一切必要措施或者不可能采取此种措施的，不承担责任。

第一百二十七条 在旅客、行李运输中，经承运人证明，损失是由索赔人的过错造成或者促成的，应当根据造成或者促成此种损失的过错的程度，相应免除或者减轻承运人的责任。旅客以外的其他人就旅客死亡或者受伤提出赔偿请求时，经承运人证明，死亡或者受伤是旅客本人的过错造成或者促成的，同样应当根据造成或者促成此种损失的过错的程度，相应免除或者减轻承运人的责任。

在货物运输中，经承运人证明，损失是由索赔人或者代行权利人的过错造成或者促成的，应当根据造成或者促成此种损失的过错的程度，相应免除或者减轻承运人的责任。

第一百二十八条　国内航空运输承运人的赔偿责任限额由国务院民用航空主管部门制定，报国务院批准后公布执行。

旅客或者托运人在交运托运行李或者货物时，特别声明在目的地点交付时的利益，并在必要时支付附加费的，除承运人证明旅客或者托运人声明的金额高于托运行李或者货物在目的地点交付时的实际利益外，承运人应当在声明金额范围内承担责任；本法第一百二十九条的其他规定，除赔偿责任限额外，适用于国内航空运输。

第一百二十九条　国际航空运输承运人的赔偿责任限额按照下列规定执行：

（一）对每名旅客的赔偿责任限额为16600计算单位；但是，旅客可以同承运人书面约定高于本项规定的赔偿责任限额。

（二）对托运行李或者货物的赔偿责任限额，每公斤为17计算单位。旅客或者托运人在交运托运行李或者货物时，特别声明在目的地点交付时的利益，并在必要时支付附加费的，除承运人证明旅客或者托运人声明的金额高于托运行李或者货物在目的地点交付时的实际利益外，承运人应当在声明金额范围内承担责任。

托运行李或者货物的一部分或者托运行李、货物中的任何物件毁灭、遗失、损坏或者延误的，用以确定承运人赔偿责任限额的重量，仅为该一包件或者数包件的总重量；但是，因托运行李或者货物的一部分或者托运行李、货物中的任何物件的毁灭、遗失、损坏或者延误，影响同一份行李票或者同一份航空货运单所列其他包件的价值的，确定承运人的赔偿责任限额时，此种包件的总重量也应当考虑在内。

（三）对每名旅客随身携带的物品的赔偿责任限额为332计算单位。

第一百三十条　任何旨在免除本法规定的承运人责任或者降低本法规定的赔偿责任限额的条款，均属无效；但是，此种条款的无效，不影响整个航空运输合同的效力。

第一百三十一条 有关航空运输中发生的损失的诉讼，不论其根据如何，只能依照本法规定的条件和赔偿责任限额提出，但是不妨碍谁有权提起诉讼以及他们各自的权利。

第一百三十二条 经证明，航空运输中的损失是由于承运人或者其受雇人、代理人的故意或者明知可能造成损失而轻率地作为或者不作为造成的，承运人无权援用本法第一百二十八条、第一百二十九条有关赔偿责任限制的规定；证明承运人的受雇人、代理人有此种作为或者不作为的，还应当证明该受雇人、代理人是在受雇、代理范围内行事。

第一百三十三条 就航空运输中的损失向承运人的受雇人、代理人提起诉讼时，该受雇人、代理人证明他是在受雇、代理范围内行事的，有权援用本法第一百二十八条、第一百二十九条有关赔偿责任限制的规定。

在前款规定情形下，承运人及其受雇人、代理人的赔偿总额不得超过法定的赔偿责任限额。

经证明，航空运输中的损失是由于承运人的受雇人、代理人的故意或者明知可能造成损失而轻率地作为或者不作为造成的，不适用本条第一款和第二款的规定。

第一百三十四条 旅客或者收货人收受托运行李或者货物而未提出异议，为托运行李或者货物已经完好交付并与运输凭证相符的初步证据。

托运行李或者货物发生损失的，旅客或者收货人应当在发现损失后向承运人提出异议。托运行李发生损失的，至迟应当自收到托运行李之日起七日内提出；货物发生损失的，至迟应当自收到货物之日起十四日内提出。托运行李或者货物发生延误的，至迟应当自托运行李或者货物交付旅客或者收货人处置之日起二十一日内提出。

任何异议均应当在前款规定的期间内写在运输凭证上或者另以书面提出。

除承运人有欺诈行为外，旅客或者收货人未在本条第二款规定的期间内提出异议的，不能向承运人提出索赔诉讼。

第一百三十五条 航空运输的诉讼时效期间为二年，自民用航空器到达目的地点、应当到达目的地点或者运输终止之日起计算。

第一百三十六条 由几个航空承运人办理的连续运输，接受旅客、行李或者货物的每一个承运人应当受本法规定的约束，并就其根据合同办理的运输区段作为运输合同的订约一方。

对前款规定的连续运输，除合同明文约定第一承运人应当对全程运输承担责任外，旅客或者其继承人只能对发生事故或者延误的运输区段的承运人提起诉讼。

托运行李或者货物的毁灭、遗失、损坏或者延误，旅客或者托运人有权对第一承运人提起诉讼，旅客或者收货人有权对最后承运人提起诉讼，旅客、托运人和收货人均可以对发生毁灭、遗失、损坏或者延误的运输区段的承运人提起诉讼。上述承运人应当对旅客、托运人或者收货人承担连带责任。

第一百五十七条 因飞行中的民用航空器或者从飞行中的民用航空器上落下的人或者物，造成地面（包括水面，下同）上的人身伤亡或者财产损害的，受害人有权获得赔偿；但是，所受损害并非造成损害的事故的直接后果，或者所受损害仅是民用航空器依照国家有关的空中交通规则在空中通过造成的，受害人无权要求赔偿。

前款所称飞行中，是指自民用航空器为实际起飞而使用动力时起至着陆冲程终了时止；就轻于空气的民用航空器而言，飞行中是指自其离开地面时起至其重新着地时止。

第一百五十八条 本法第一百五十七条规定的赔偿责任，由民用航空器的经营人承担。

前款所称经营人，是指损害发生时使用民用航空器的人。民用航空器的使用权已经直接或者间接地授予他人，本人保留对该民用航空器的航行控制权的，本人仍被视为经营人。

经营人的受雇人、代理人在受雇、代理过程中使用民用航空器，无论是否在其受雇、代理范围内行事，均视为经营人使用民用航空器。

民用航空器登记的所有人应当被视为经营人，并承担经营人的责任；除非在判定其责任的诉讼中，所有人证明经营人是他人，并在法律程序许可的范围内采取适当措施使该人成为诉讼当事人之一。

第一百五十九条 未经对民用航空器有航行控制权的人同意而使用民用航空器，对地面第三人造成损害的，有航行控制权的人除证明本人已经适当注意防止此种使用外，应当与该非法使用人承担连带责任。

第一百六十条 损害是武装冲突或者骚乱的直接后果，依照本章规定应当承担责任的人不承担责任。

依照本章规定应当承担责任的人对民用航空器的使用权业经国家机关依法剥夺的，不承担责任。

第一百六十一条 依照本章规定应当承担责任的人证明损害是完全由于受害人或者其受雇人、代理人的过错造成的，免除其赔偿责任；应当承担责任的人证明损害是部分由于受害人或者其受雇人、代理人的过错造成的，相应减轻其赔偿责任。但是，损害是由于受害人的受雇人、代理人的过错造成时，受害人证明其受雇人、代理人的行为超出其所授权的范围的，不免除或者不减轻应当承担责任的人的赔偿责任。

一人对另一人的死亡或者伤害提起诉讼，请求赔偿时，损害是该另一人或者其受雇人、代理人的过错造成的，适用前款规定。

第一百六十二条 两个以上的民用航空器在飞行中相撞或者相扰，造成本法第一百五十七条规定的应当赔偿的损害，或者两个以上的民用航空器共同造成此种损害的，各有关民用航空器均应当被认为已经造成此种损害，各有关民用航空器的经营人均应当承担责任。

第一百六十三条 本法第一百五十八条第四款和第一百五十九条规定的人，享有依照本章规定经营人所能援用的抗辩权。

第一百六十四条 除本章有明确规定外，经营人、所有人和本法第一百五十九条规定的应当承担责任的人，以及他们的受雇人、代理人，对于飞行中的民用航空器或者从飞行中的民用航空器上落下的人或者物造成的地面上的损害不承担责任，但是故意造成此种损害的人除外。

第一百六十五条 本章不妨碍依照本章规定应当对损害承担责任的人向他人追偿的权利。

第一百六十六条 民用航空器的经营人应当投保地面第三人责任险或者取得相应的责任担保。

第一百六十七条 保险人和担保人除享有与经营人相同的抗辩权，以及对伪造证件进行抗辩的权利外，对依照本章规定的提出的赔偿请求只能进行下列抗辩：

（一）损害发生在保险或者担保终止有效后；然而保险或者担保在飞行中期满的，该项保险或者担保在飞行计划中所载下一次降落前继续有效，但是不得超过二十四小时；

（二）损害发生在保险或者担保所指定的地区范围外，除非飞行超出该范围是由于不可抗力、援助他人所必需，或者驾驶、航行或者领航上的差错造成的。

前款关于保险或者担保继续有效的规定，只在对受害人有利时适用。

第一百六十八条　仅在下列情形下，受害人可以直接对保险人或者担保人提起诉讼，但是不妨碍受害人根据有关保险合同或者担保合同的法律规定提起直接诉讼的权利：

（一）根据本法第一百六十七条第（一）项、第（二）项规定，保险或者担保继续有效的；

（二）经营人破产的。

除本法第一百六十七条第一款规定的抗辩权，保险人或者担保人对受害人依照本章规定提起的直接诉讼不得以保险或者担保的无效或者追溯力终止为由进行抗辩。

第一百六十九条　依照本法第一百六十六条规定提供的保险或者担保，应当被专门指定优先支付本章规定的赔偿。

第一百七十条　保险人应当支付给经营人的款项，在本章规定的第三人的赔偿请求未满足前，不受经营人的债权人的扣留和处理。

第一百七十一条　地面第三人损害赔偿的诉讼时效期间为二年，自损害发生之日起计算；但是，在任何情况下，时效期间不得超过自损害发生之日起三年。

第一百七十二条　本章规定不适用于下列损害：

（一）对飞行中的民用航空器或者对该航空器上的人或者物造成的损害；

（二）为受害人同经营人或者同发生损害时对民用航空器有使用权的人订立的合同所约束，或者为适用两方之间的劳动合同的法律有关职工赔偿的规定所约束的损害；

（三）核损害。

392. 因申请财产保全损害责任纠纷

法律条文及规范索引

《中华人民共和国民法典》（2021 年 1 月 1 日施行）

第一百二十条　民事权益受到侵害的，被侵权人有权请求侵权人承担侵

权责任。

《中华人民共和国民事诉讼法》（2017 年 6 月 27 日修正）

第一百零一条 利害关系人因情况紧急，不立即申请保全将会使其合法权益受到难以弥补的损害的，可以在提起诉讼或者申请仲裁前向被保全财产所在地、被申请人住所地或者对案件有管辖权的人民法院申请采取保全措施。申请人应当提供担保，不提供担保的，裁定驳回申请。

人民法院接受申请后，必须在四十八小时内作出裁定；裁定采取保全措施的，应当立即开始执行。

申请人在人民法院采取保全措施后三十日内不依法提起诉讼或者申请仲裁的，人民法院应当解除保全。

第一百零五条 申请有错误的，申请人应当赔偿被申请人因保全所遭受的损失。

393. 因申请行为保全损害责任纠纷

法律条文及规范索引

《最高人民法院关于审查知识产权纠纷行为保全案件适用法律若干问题的规定》（法释〔2018〕21 号　2018 年 12 月 12 日）

为正确审查知识产权纠纷行为保全案件，及时有效保护当事人的合法权益，根据《中华人民共和国民事诉讼法》《中华人民共和国专利法》《中华人民共和国商标法》《中华人民共和国著作权法》等有关法律规定，结合审判、执行工作实际，制定本规定。

第一条 本规定中的知识产权纠纷是指《民事案件案由规定》中的知识产权与竞争纠纷。

第二条 知识产权纠纷的当事人在判决、裁定或者仲裁裁决生效前，依据民事诉讼法第一百条、第一百零一条规定申请行为保全的，人民法院应当受理。

知识产权许可合同的被许可人申请诉前责令停止侵害知识产权行为的，独占许可合同的被许可人可以单独向人民法院提出申请；排他许可合同的被许可人在权利人不申请的情况下，可以单独提出申请；普通许可合同的被许可人经权利人明确授权以自己的名义起诉的，可以单独提出申请。

第三条　申请诉前行为保全，应当向被申请人住所地具有相应知识产权纠纷管辖权的人民法院或者对案件具有管辖权的人民法院提出。

当事人约定仲裁的，应当向前款规定的人民法院申请行为保全。

第四条　向人民法院申请行为保全，应当递交申请书和相应证据。申请书应当载明下列事项：

（一）申请人与被申请人的身份、送达地址、联系方式；

（二）申请采取行为保全措施的内容和期限；

（三）申请所依据的事实、理由，包括被申请人的行为将会使申请人的合法权益受到难以弥补的损害或者造成案件裁决难以执行等损害的具体说明；

（四）为行为保全提供担保的财产信息或资信证明，或者不需要提供担保的理由；

（五）其他需要载明的事项。

第五条　人民法院裁定采取行为保全措施前，应当询问申请人和被申请人，但因情况紧急或者询问可能影响保全措施执行等情形除外。

人民法院裁定采取行为保全措施或者裁定驳回申请的，应当向申请人、被申请人送达裁定书。向被申请人送达裁定书可能影响采取保全措施的，人民法院可以在采取保全措施后及时向被申请人送达裁定书，至迟不得超过五日。

当事人在仲裁过程中申请行为保全的，应当通过仲裁机构向人民法院提交申请书、仲裁案件受理通知书等相关材料。人民法院裁定采取行为保全措施或者裁定驳回申请的，应当将裁定书送达当事人，并通知仲裁机构。

第六条　有下列情况之一，不立即采取行为保全措施即足以损害申请人利益的，应当认定属于民事诉讼法第一百条、第一百零一条规定的“情况紧急”：

（一）申请人的商业秘密即将被非法披露；

（二）申请人的发表权、隐私权等人身权利即将受到侵害；

（三）诉争的知识产权即将被非法处分；

（四）申请人的知识产权在展销会等时效性较强的场合正在或者即将受到侵害；

（五）时效性较强的热播节目正在或者即将受到侵害；

（六）其他需要立即采取行为保全措施的情况。

第七条 人民法院审查行为保全申请，应当综合考量下列因素：

（一）申请人的请求是否具有事实基础和法律依据，包括请求保护的知识产权效力是否稳定；

（二）不采取行为保全措施是否会使申请人的合法权益受到难以弥补的损害或者造成案件裁决难以执行等损害；

（三）不采取行为保全措施对申请人造成的损害是否超过采取行为保全措施对被申请人造成的损害；

（四）采取行为保全措施是否损害社会公共利益；

（五）其他应当考量的因素。

第八条 人民法院审查判断申请人请求保护的知识产权效力是否稳定，应当综合考量下列因素：

（一）所涉权利的类型或者属性；

（二）所涉权利是否经过实质审查；

（三）所涉权利是否处于宣告无效或者撤销程序中以及被宣告无效或者撤销的可能性；

（四）所涉权利是否存在权属争议；

（五）其他可能导致所涉权利效力不稳定的因素。

第九条 申请人以实用新型或者外观设计专利权为依据申请行为保全的，应当提交由国务院专利行政部门作出的检索报告、专利权评价报告或者专利复审委员会维持该专利权有效的决定。申请人无正当理由拒不提交的，人民法院应当裁定驳回其申请。

第十条 在知识产权与不正当竞争纠纷行为保全案件中，有下列情形之一的，应当认定属于民事诉讼法第一百零一条规定的“难以弥补的损害”：

（一）被申请人的行为将会侵害申请人享有的商誉或者发表权、隐私权等人身性质的权利且造成无法挽回的损害；

（二）被申请人的行为将会导致侵权行为难以控制且显著增加申请人损害；

（三）被申请人的侵害行为将会导致申请人的相关市场份额明显减少；

（四）对申请人造成其他难以弥补的损害。

第十一条 申请人申请行为保全的，应当依法提供担保。

申请人提供的担保数额，应当相当于被申请人可能因执行行为保全措施所遭受的损失，包括责令停止侵权行为所涉产品的销售收益、保管费用等合理损失。

在执行行为保全措施过程中，被申请人可能因此遭受的损失超过申请人担保数额的，人民法院可以责令申请人追加相应的担保。申请人拒不追加的，可以裁定解除或者部分解除保全措施。

第十二条　人民法院采取的行为保全措施，一般不因被申请人提供担保而解除，但是申请人同意的除外。

第十三条　人民法院裁定采取行为保全措施的，应当根据申请人的请求或者案件具体情况等因素合理确定保全措施的期限。

裁定停止侵害知识产权行为的效力，一般应当维持至案件裁判生效时止。

人民法院根据申请人的请求、追加担保等情况，可以裁定继续采取保全措施。申请人请求续行保全措施的，应当在期限届满前七日内提出。

第十四条　当事人不服行为保全裁定申请复议的，人民法院应当在收到复议申请后十日内审查并作出裁定。

第十五条　人民法院采取行为保全的方法和措施，依照执行程序相关规定处理。

第十六条　有下列情形之一的，应当认定属于民事诉讼法第一百零五条规定的“申请有错误”：

（一）申请人在采取行为保全措施后三十日内不依法提起诉讼或者申请仲裁；

（二）行为保全措施因请求保护的知识产权被宣告无效等原因自始不当；

（三）申请责令被申请人停止侵害知识产权或者不正当竞争，但生效裁判认定不构成侵权或者不正当竞争；

（四）其他属于申请有错误的情形。

第十七条　当事人申请解除行为保全措施，人民法院收到申请后经审查符合《最高人民法院关于适用〈中华人民共和国民事诉讼法〉的解释》第一百六十六条规定的情形的，应当在五日内裁定解除。

申请人撤回行为保全申请或者申请解除行为保全措施的，不因此免除民事诉讼法第一百零五条规定的赔偿责任。

第十八条　被申请人依据民事诉讼法第一百零五条规定提起赔偿诉讼，申请人申请诉前行为保全后没有起诉或者当事人约定仲裁的，由采取保全措施的人民法院管辖；申请人已经起诉的，由受理起诉的人民法院管辖。

第十九条 申请人同时申请行为保全、财产保全或者证据保全的，人民法院应当依法分别审查不同类型保全申请是否符合条件，并作出裁定。

为避免被申请人实施转移财产、毁灭证据等行为致使保全目的无法实现，人民法院可以根据案件具体情况决定不同类型保全措施的执行顺序。

第二十条 申请人申请行为保全，应当依照《诉讼费用交纳办法》关于申请采取行为保全措施的规定交纳申请费。

第二十一条 本规定自2019年1月1日起施行。最高人民法院以前发布的相关司法解释与本规定不一致的，以本规定为准。

394. 因申请证据保全损害责任纠纷

法律条文及规范索引

《中华人民共和国民法典》（2021年1月1日施行）

第一百二十条 民事权益受到侵害的，被侵权人有权请求侵权人承担侵权责任。

《中华人民共和国民事诉讼法》（2017年6月27日修正）

第八十一条 在证据可能灭失或者以后难以取得的情况下，当事人可以在诉讼过程中向人民法院申请保全证据，人民法院也可以主动采取保全措施。

第一百零五条 申请有错误的，申请人应当赔偿被申请人因保全所遭受的损失。

395. 因申请先予执行损害责任纠纷

法律条文及规范索引

《中华人民共和国民法典》（2021年1月1日施行）

第一百二十条 民事权益受到侵害的，被侵权人有权请求侵权人承担侵

权责任。

《中华人民共和国民事诉讼法》（2017 年 6 月 27 日修正）

第一百零六条　人民法院对下列案件，根据当事人的申请，可以裁定先予执行：

（一）追索赡养费、扶养费、抚育费、抚恤金、医疗费用的；

（二）追索劳动报酬的；

（三）因情况紧急需要先予执行的。

第十部分

非讼程序案件案由

三十二、选民资格案件

根据《宪法》和《选举法》的规定，凡年满18周岁的中华人民共和国公民不分民族、种族、性别、职业、社会出身、宗教信仰、教育程度、财产状况和居住期限，都有选举权和被选举权，都是本选区的选民。经过登记的选民，选举委员会应当根据审查登记的情况，制作选民名单，在选举日前20日内公布，并发给选民证，承认其选民资格。

申请确定选民资格案件是指公民认为选举委员会公布的选民名单有误，向选举委员会申请处理后，对选举委员会作出的处理决定不服，向人民法院提起诉讼的案件。所谓选民名单有误，是指应当列入选民资格名单的人没有列入，或不应列入的人却列入了选民名单。人民法院审理选民资格案件，通过对公民提出的申请进行审查，判明选举委员会对公民的申诉所作的决定是否正确、合法，并以判决的形式予以确认。

在实践中，申请确定选民资格的典型形态主要有：（1）有利害关系的公民申请确定选民资格，是指有利害关系的公民对选举委员会确定的选民资格名单有不同意见时，经向选举委员会申诉，仍不服选举委员会所作的处理决定，依法向人民法院起诉的案件。（2）其他公民申请确定选民资格纠纷，是指与选民名单无利害关系的公民对选举委员会确定的选民资格名单有不同意见时，经向选举委员会申诉，仍不服选举委员会所作的处理决定，依法向人民法院起诉的案件。

396. 申请确定选民资格

法律条文及规范索引

《中华人民共和国民事诉讼法》（2017年6月27日修正）

第一百八十一条 公民不服选举委员会对选民资格的申诉所作的处理决

定，可以在选举日的五日以前向选区所在地基层人民法院起诉。

第一百八十二条 人民法院受理选民资格案件后，必须在选举日前审结。

审理时，起诉人、选举委员会的代表和有关公民必须参加。

人民法院的判决书，应当在选举日前送达选举委员会和起诉人，并通知有关公民。

《全国人民代表大会和地方各级人民代表大会选举法》（2020年10月17日修正）

第二十七条 选民登记按选区进行，经登记确认的选民资格长期有效。每次选举前对上次选民登记以后新满十八周岁的、被剥夺政治权利期满后恢复政治权利的选民，予以登记。对选民经登记后迁出原选区的，列入新迁入的选区的选民名单；对死亡的和依照法律被剥夺政治权利的人，从选民名单上除名。

精神病患者不能行使选举权利的，经选举委员会确认，不列入选民名单。

第二十八条 选民名单应在选举日的二十日以前公布，实行凭选民证参加投票选举的，并应当发给选民证。

第二十九条 对于公布的选民名单有不同意见的，可以在选民名单公布之日起五日内向选举委员会提出申诉。选举委员会对申诉意见，应在三日内作出处理决定。申诉人如果对处理决定不服，可以在选举日的五日以前向人民法院起诉，人民法院应在选举日以前作出判决。人民法院的判决为最后决定。

三十三、宣告失踪、宣告死亡案件

宣告失踪，是指公民离开自己的住所下落不明，经过法律规定的期限仍无音讯，利害关系人申请人民法院宣告该公民为失踪人的一项制度。申请宣告公民失踪案件，是指公民离开自己的住所或经常居住地，下落不明满二年，经利害关系人的申请，人民法院宣告该公民为失踪人的案件。

宣告公民死亡，是法律上的一种推定死亡，是公民自然死亡的对称。公民因法律上规定的下落不明的事实状态，持续一定期间，经利害关系人的申请，法院依法查清事实，确认宣告死亡的事实存在，作出判决，从法律上推定该公民死亡的，称为宣告死亡。申请宣告公民死亡案件，是指公民离开自己的住所地或者最后居住地，下落不明满四年或者是因意外事件下落不明满二年，利害关系人向人民法院申请宣告公民死亡的案件。因意外事件下落不明，经有关机关证明该自然人不可能生存的，申请宣告死亡不受二年时间的限制。

此次案由修改中，在第二级案由“三十三、宣告失踪、宣告死亡案件”项下：变更“372. 申请宣告公民失踪”为“397. 申请宣告自然人失踪”，变更“373. 申请撤销宣告失踪”为“398. 申请撤销宣告失踪判决”，变更“375. 失踪人债务支付纠纷”为新增加的第二级案由“五十一、与宣告失踪、宣告死亡案件有关的纠纷”项下的第三级案由“464. 失踪人债务支付纠纷”，变更“376. 申请宣告公民死亡”为“400. 申请宣告自然人死亡”，变更“377. 申请撤销宣告公民死亡”为“401. 申请撤销宣告自然人死亡判决”，变更“378. 被撤销死亡宣告人请求返还财产纠纷”为新增加的第二级案由“五十一、与宣告失踪、宣告死亡案件有关的纠纷”项下的第三级案由“465. 被撤销死亡宣告人请求返还财产纠纷”。

397. 申请宣告自然人失踪

法律条文及规范索引

《中华人民共和国民法典》（2021 年 1 月 1 日施行）

第四十条 自然人下落不明满二年的，利害关系人可以向人民法院申请宣告该自然人为失踪人。

第四十一条 自然人下落不明的时间自其失去音讯之日起计算。战争期间下落不明的，下落不明的时间自战争结束之日或者有关机关确定的下落不明之日起计算。

《中华人民共和国民事诉讼法》（2017 年 6 月 27 日修正）

第一百八十三条 公民下落不明满二年，利害关系人申请宣告其失踪的，向下落不明人住所地基层人民法院提出。

申请书应当写明失踪的事实、时间和请求，并附有公安机关或者其他有关机关关于该公民下落不明的书面证明。

第一百八十五条 人民法院受理宣告失踪、宣告死亡案件后，应当发出寻找下落不明人的公告。宣告失踪的公告期间为三个月，宣告死亡的公告期间为一年。因意外事故下落不明，经有关机关证明该公民不可能生存的，宣告死亡的公告期间为三个月。

公告期间届满，人民法院应当根据被宣告失踪、宣告死亡的事实是否得到确认，作出宣告失踪、宣告死亡的判决或者驳回申请的判决。

《中华人民共和国涉外民事关系法律适用法》（2011年4月1日施行）

第十三条 宣告失踪或者宣告死亡，适用自然人经常居所地法律。

《最高人民法院关于适用〈中华人民共和国民事诉讼法〉的解释》（法释〔2015〕5号 2020年12月23日修正）

第二百一十七条 夫妻一方下落不明，另一方诉至人民法院，只要求离婚，不申请宣告下落不明人失踪或者死亡的案件，人民法院应当受理，对下落不明人公告送达诉讼文书。

第三百四十三条 宣告失踪或者宣告死亡案件，人民法院可以根据申请人的请求，清理下落不明人的财产，并指定案件审理期间的财产管理人。公告期满后，人民法院判决宣告失踪的，应当同时依照民法典第四十二条的规定指定失踪人的财产代管人。

第三百四十四条 失踪人的财产代管人经人民法院指定后，代管人申请变更代管的，比照民事诉讼法特别程序的有关规定进行审理。申请理由成立的，裁定撤销申请人的代管人身份，同时另行指定财产代管人；申请理由不成立的，裁定驳回申请。

第三百四十五条 人民法院判决宣告公民失踪后，利害关系人向人民法院申请宣告失踪人死亡，自失踪之日起满四年的，人民法院应当受理，宣告失踪的判决即是该公民失踪的证明，审理中仍应依照民事诉讼法第一百八十五条规定进行公告。

第三百四十六条 符合法律规定的多个利害关系人提出宣告失踪、宣告死亡申请的，列为共同申请人。

第三百四十七条 寻找下落不明人的公告应当记载下列内容：

（一）被申请人应当在规定期间内向受理法院申报其具体地址及其联系方式。否则，被申请人将被宣告失踪、宣告死亡；

（二）凡知悉被申请人生存现状的人，应当在公告期间内将其所知道情况向受理法院报告。

第三百四十八条　人民法院受理宣告失踪、宣告死亡案件后，作出判决前，申请人撤回申请的，人民法院应当裁定终结案件，但其他符合法律规定的利害关系人加入程序要求继续审理的除外。

398. 申请撤销宣告失踪判决

法律条文及规范索引

《中华人民共和国民法典》（2021年1月1日施行）

第四十五条　失踪人重新出现，经本人或者利害关系人申请，人民法院应当撤销失踪宣告。

失踪人重新出现，有权请求财产代管人及时移交有关财产并报告财产代管情况。

《中华人民共和国民事诉讼法》（2017年6月27日修正）

第一百八十六条　被宣告失踪、宣告死亡的公民重新出现，经本人或者利害关系人申请，人民法院应当作出新判决，撤销原判决。

《最高人民法院关于适用〈中华人民共和国民事诉讼法〉的解释》（法释〔2015〕5号　2020年12月23日修正）

第三百四十八条　人民法院受理宣告失踪、宣告死亡案件后，作出判决前，申请人撤回申请的，人民法院应当裁定终结案件，但其他符合法律规定的利害关系人加入程序要求继续审理的除外。

399. 申请为失踪人财产指定、变更代管人

法律条文及规范索引

《中华人民共和国民法典》（2021年1月1日施行）

第四十二条　失踪人的财产由其配偶、成年子女、父母或者其他愿意担

任财产代管人的人代管。

代管有争议，没有前款规定的人，或者前款规定的人无代管能力的，由人民法院指定的人代管。

第四十四条 财产代管人不履行代管职责、侵害失踪人财产权益或者丧失代管能力的，失踪人的利害关系人可以向人民法院申请变更财产代管人。

财产代管人有正当理由的，可以向人民法院申请变更财产代管人。

人民法院变更财产代管人的，变更后的财产代管人有权请求原财产代管人及时移交有关财产并报告财产代管情况。

《最高人民法院关于适用〈中华人民共和国民事诉讼法〉的解释》（法释〔2015〕5号 2020年12月23日修正）

第三百四十三条 宣告失踪或者宣告死亡案件，人民法院可以根据申请人的请求，清理下落不明人的财产，并指定案件审理期间的财产管理人。公告期满后，人民法院判决宣告失踪的，应当同时依照民法通则第二十一条第一款的规定指定失踪人的财产代管人。

第三百四十四条 失踪人的财产代管人经人民法院指定后，代管人申请变更代管的，比照民事诉讼法特别程序的有关规定进行审理。申请理由成立的，裁定撤销申请人的代管人身份，同时另行指定财产代管人；申请理由不成立的，裁定驳回申请。

失踪人的其他利害关系人申请变更代管的，人民法院应当告知其以原指定的代管人为被告起诉，并按普通程序进行审理。

第三百四十五条 人民法院判决宣告公民失踪后，利害关系人向人民法院申请宣告失踪人死亡，自失踪之日起满四年的，人民法院应当受理，宣告失踪的判决即是该公民失踪的证明，审理中仍应依照民事诉讼法第一百八十五条规定进行公告。

400. 申请宣告自然人死亡

法律条文及规范索引

《中华人民共和国民法典》（2021年1月1日施行）

第四十六条 自然人有下列情形之一的，利害关系人可以向人民法院申请宣告该自然人死亡：

（一）下落不明满四年；

（二）因意外事件，下落不明满二年。

因意外事件下落不明，经有关机关证明该自然人不可能生存的，申请宣告死亡不受二年时间的限制。

第四十七条　对同一自然人，有的利害关系人申请宣告死亡，有的利害关系人申请宣告失踪，符合本法规定的宣告死亡条件的，人民法院应当宣告死亡。

第四十八条　被宣告死亡的人，人民法院宣告死亡的判决作出之日视为其死亡的日期；因意外事件下落不明宣告死亡的，意外事件发生之日视为其死亡的日期。

第四十九条　自然人被宣告死亡但是并未死亡的，不影响该自然人在被宣告死亡期间实施的民事法律行为的效力。

《中华人民共和国民事诉讼法》（2017 年 6 月 27 日修正）

第一百八十四条第二款　申请书应当写明下落不明的事实、时间和请求，并附有公安机关或者其他有关机关关于该公民下落不明的书面证明。

第一百八十五条　人民法院受理宣告失踪、宣告死亡案件后，应当发出寻找下落不明人的公告。宣告失踪的公告期间为三个月，宣告死亡的公告期间为一年。因意外事故下落不明，经有关机关证明该公民不可能生存的，宣告死亡的公告期间为三个月。

公告期间届满，人民法院应当根据被宣告失踪、宣告死亡的事实是否得到确认，作出宣告失踪、宣告死亡的判决或者驳回申请的判决。

《最高人民法院关于适用〈中华人民共和国民事诉讼法〉的解释》（法释〔2015〕5 号　2020 年 12 月 23 日修正）

第三百四十三条～第三百四十五条，见本书第 898 页。

401. 申请撤销宣告自然人死亡判决

法律条文及规范索引

《中华人民共和国民法典》（2021 年 1 月 1 日施行）

第五十条　被宣告死亡的人重新出现，经本人或者利害关系人申请，人民法院应当撤销死亡宣告。

第五十一条 被宣告死亡的人的婚姻关系，自死亡宣告之日起消除。死亡宣告被撤销的，婚姻关系自撤销死亡宣告之日起自行恢复。但是，其配偶再婚或者向婚姻登记机关书面声明不愿意恢复的除外。

第五十二条 被宣告死亡的人在被宣告死亡期间，其子女被他人依法收养的，在死亡宣告被撤销后，不得以未经本人同意为由主张收养行为无效。

第五十三条 被撤销死亡宣告的人有权请求依照本法第六编取得其财产的民事主体返还财产；无法返还的，应当给予适当补偿。

利害关系人隐瞒真实情况，致使他人被宣告死亡而取得其财产的，除应当返还财产外，还应当对由此造成的损失承担赔偿责任。

《中华人民共和国民事诉讼法》（2017 年 6 月 27 日修正）

第一百八十六条 被宣告失踪、宣告死亡的公民重新出现，经本人或者利害关系人申请，人民法院应当作出新判决，撤销原判决。

《最高人民法院关于适用〈中华人民共和国民事诉讼法〉的解释》（法释〔2015〕5 号 2020 年 12 月 23 日修正）

第三百四十八条 人民法院受理宣告失踪、宣告死亡案件后，作出判决前，申请人撤回申请的，人民法院应当裁定终结案件，但其他符合法律规定的利害关系人加入程序要求继续审理的除外。

三十四、认定自然人无民事行为能力、限制民事行为能力案件

认定自然人无民事行为能力，是指法院根据利害关系人的申请，依照法定程序，对不能辨认自己行为的成年人或者八周岁以上的不能辨认自己行为的未成年人，依法予以认定，并判决宣告其为无民事行为能力人。认定自然人无民事行为能力案件，是指申请人依据一定的事实依据，请求人民法院认定特定自然人为无民事行为能力人的案件。根据《民事诉讼法》第 187 条的规定，申请自然人无民事行为能力的，由该自然人住所地的基层人民法院

管辖。

认定自然人限制民事行为能力，是指法院根据利害关系人的申请，依照法定程序，对不能完全辨认自己行为的成年人，依法予以认定，并判决宣告其为限制民事行为能力人。认定自然人限制民事行为能力案件，是指申请人依据一定的事实依据，请求人民法院认定特定自然人为限制民事行为能力人的案件。根据《民事诉讼法》第187条的规定，申请认定自然人限制民事行为能力的，由该自然人住所地的基层人民法院管辖。

此次案由修改中，变更第二级案由“三十三、认定公民无民事行为能力、限制民事行为能力案件”为“三十四、认定自然人无民事行为能力、限制民事行为能力案件”。

在新变更的第二级案由“三十四、认定自然人无民事行为能力、限制民事行为能力案件”项下：变更“379. 申请宣告公民无民事行为能力”为“402. 申请宣告自然人无民事行为能力”，变更“380. 申请宣告公民限制民事行为能力”为“403. 申请宣告自然人限制民事行为能力”，变更“381. 申请宣告公民恢复限制民事行为能力”为“404. 申请宣告自然人恢复限制民事行为能力”，变更“382. 申请宣告公民恢复完全民事行为能力”为“405. 申请宣告自然人恢复完全民事行为能力”。

402. 申请宣告自然人无民事行为能力

法律条文及规范索引

《中华人民共和国民法典》（2021年1月1日施行）

第二十四条　不能辨认或者不能完全辨认自己行为的成年人，其利害关系人或者有关组织，可以向人民法院申请认定该成年人为无民事行为能力人或者限制民事行为能力人。

被人民法院认定为无民事行为能力人或者限制民事行为能力人的，经本人、利害关系人或者有关组织申请，人民法院可以根据其智力、精神健康恢复的状况，认定该成年人恢复为限制民事行为能力人或者完全民事行为能力人。

本条规定的有关组织包括：居民委员会、村民委员会、学校、医疗机构、妇女联合会、残疾人联合会、依法设立的老年人组织、民政部门等。

《中华人民共和国民事诉讼法》（2017年6月27日修正）

第一百八十七条　申请认定公民无民事行为能力或者限制民事行为能力，由其近亲属或者其他利害关系人向该公民住所地基层人民法院提出。

申请书应当写明该公民无民事行为能力或者限制民事行为能力的事实和根据。

第一百八十八条　人民法院受理申请后，必要时应当对被请求认定为无民事行为能力或者限制民事行为能力的公民进行鉴定。申请人已提供鉴定意见的，应当对鉴定意见进行审查。

第一百八十九条　人民法院审理认定公民无民事行为能力或者限制民事行为能力的案件，应当由该公民的近亲属为代理人，但申请人除外。近亲属互相推诿的，由人民法院指定其中一人为代理人。该公民健康情况许可的，还应当询问本人的意见。

人民法院经审理认定申请有事实根据的，判决该公民为无民事行为能力或者限制民事行为能力人；认定申请没有事实根据的，应当判决予以驳回。

《最高人民法院关于适用〈中华人民共和国民事诉讼法〉的解释》（法释〔2015〕5号　2020年12月23日修正）

第三百四十九条　在诉讼中，当事人的利害关系人提出该当事人患有精神病，要求宣告该当事人无民事行为能力或者限制民事行为能力的，应由利害关系人向人民法院提出申请，由受诉人民法院按照特别程序立案审理，原诉讼中止。

第三百五十二条　申请认定公民无民事行为能力或者限制民事行为能力的案件，被申请人没有近亲属的，人民法院可以指定经被申请人住所地的居民委员会、村民委员会或者民政部门同意，且愿意担任代理人的个人或者组织为代理人。

没有前款规定的代理人的，由被申请人住所地的居民委员会、村民委员会或者民政部门担任代理人。

代理人可以是一人，也可以是同一顺序中的两人。

403. 申请宣告自然人限制民事行为能力

法律条文及规范索引

《中华人民共和国民法典》（2021年1月1日施行）

第二十四条 不能辨认或者不能完全辨认自己行为的成年人，其利害关系人或者有关组织，可以向人民法院申请认定该成年人为无民事行为能力人或者限制民事行为能力人。

被人民法院认定为无民事行为能力人或者限制民事行为能力人的，经本人、利害关系人或者有关组织申请，人民法院可以根据其智力、精神健康恢复的状况，认定该成年人恢复为限制民事行为能力人或者完全民事行为能力人。

本条规定的有关组织包括：居民委员会、村民委员会、学校、医疗机构、妇女联合会、残疾人联合会、依法设立的老年人组织、民政部门等。

《中华人民共和国民事诉讼法》（2017年6月27日修正）

第一百九十条 人民法院根据被认定为无民事行为能力人、限制民事行为能力人或者他的监护人的申请，证实该公民无民事行为能力或者限制民事行为能力的原因已经消除的，应当作出新判决，撤销原判决。

《最高人民法院关于适用〈中华人民共和国民事诉讼法〉的解释》（法释〔2015〕5号 2020年12月23日修正）

第三百四十九条 在诉讼中，当事人的利害关系人提出该当事人患有精神病，要求宣告该当事人无民事行为能力或者限制民事行为能力的，应由利害关系人向人民法院提出申请，由受诉人民法院按照特别程序立案审理，原诉讼中止。

第三百五十二条 申请认定公民无民事行为能力或者限制民事行为能力的案件，被申请人没有近亲属的，人民法院可以指定经被申请人住所地的居民委员会、村民委员会或者民政部门同意，且愿意担任代理人的个人或者组织为代理人。

没有前款规定的代理人的，由被申请人住所地的居民委员会、村民委员会或者民政部门担任代理人。

代理人可以是一人，也可以是同一顺序中的两人。

404. 申请宣告自然人恢复限制民事行为能力

法律条文及规范索引

《中华人民共和国民法典》（2021年1月1日施行）

第二十四条 不能辨认或者不能完全辨认自己行为的成年人，其利害关系人或者有关组织，可以向人民法院申请认定该成年人为无民事行为能力人或者限制民事行为能力人。

被人民法院认定为无民事行为能力人或者限制民事行为能力人的，经本人、利害关系人或者有关组织申请，人民法院可以根据其智力、精神健康恢复的状况，认定该成年人恢复为限制民事行为能力人或者完全民事行为能力人。

本条规定的有关组织包括：居民委员会、村民委员会、学校、医疗机构、妇女联合会、残疾人联合会、依法设立的老年人组织、民政部门等。

《中华人民共和国民事诉讼法》（2017年6月27日修正）

第一百九十条 人民法院根据被认定为无民事行为能力人、限制民事行为能力人或者他的监护人的申请，证实该公民无民事行为能力或者限制民事行为能力的原因已经消除的，应当作出新判决，撤销原判决。

405. 申请宣告自然人恢复完全民事行为能力

法律条文及规范索引

《中华人民共和国民法典》（2021年1月1日施行）

第二十四条 不能辨认或者不能完全辨认自己行为的成年人，其利害关系人或者有关组织，可以向人民法院申请认定该成年人为无民事行为能力人或者限制民事行为能力人。

被人民法院认定为无民事行为能力人或者限制民事行为能力人的，经本人、利害关系人或者有关组织申请，人民法院可以根据其智力、精神健康恢复的状况，认定该成年人恢复为限制民事行为能力人或者完全民事行为能力人。

本条规定的有关组织包括：居民委员会、村民委员会、学校、医疗机构、妇女联合会、残疾人联合会、依法设立的老年人组织、民政部门等。

《中华人民共和国民事诉讼法》（2017 年 6 月 27 日修正）

第一百九十条　人民法院根据被认定为无民事行为能力人、限制民事行为能力人或者他的监护人的申请，证实该公民无民事行为能力或者限制民事行为能力的原因已经消除的，应当作出新判决，撤销原判决。

三十五、指定遗产管理人案件

根据《民法典》的规定，继承开始后，遗嘱执行人为遗产管理人；没有遗嘱执行人的，继承人应当及时推选遗产管理人；继承人未推选的，由继承人共同担任遗产管理人；没有继承人或者继承人均放弃继承的，由被继承人生前住所地的民政部门或者村民委员会担任遗产管理人。对遗产管理人的确定有争议的，利害关系人可以向人民法院申请指定遗产管理人。指定遗产管理人案件即是对遗产管理人的确定有争议时，请求人民法院指定遗产管理人的案件。

此次案由修改中，增加第二级案由“三十五、指定遗产管理人案件”。在新增加的第二级案由“三十五、指定遗产管理人案件”项下：增加“406.申请指定遗产管理人”。

406. 申请指定遗产管理人

法律条文及规范索引

《中华人民共和国民法典》（2021 年 1 月 1 日施行）

第一千一百四十五条　继承开始后，遗嘱执行人为遗产管理人；没有遗嘱执行人的，继承人应当及时推选遗产管理人；继承人未推选的，由继承人共同担任遗产管理人；没有继承人或者继承人均放弃继承的，由被继承人生前住所地的民政部门或者村民委员会担任遗产管理人。

第一千一百四十六条 对遗产管理人的确定有争议的，利害关系人可以向人民法院申请指定遗产管理人。

第一千一百四十七条 遗产管理人应当履行下列职责：

（一）清理遗产并制作遗产清单；

（二）向继承人报告遗产情况；

（三）采取必要措施防止遗产毁损、灭失；

（四）处理被继承人的债权债务；

（五）按照遗嘱或者依照法律规定分割遗产；

（六）实施与管理遗产有关的其他必要行为。

第一千一百四十八条 遗产管理人应当依法履行职责，因故意或者重大过失造成继承人、受遗赠人、债权人损害的，应当承担民事责任。

第一千一百四十九条 遗产管理人可以依照法律规定或者按照约定获得报酬。

三十六、认定财产无主案件

认定财产无主案件包括申请认定财产无主和申请撤销认定财产无主判决两种情形。申请认定财产无主案件，是指人民法院根据自然人、法人或者其他组织的申请，依据法律将某项财产宣布为无主财产，并收归国家或者集体所有的案件。根据《民事诉讼法》第191条的规定，申请认定财产无主的案件，由财产所在地的基层人民法院管辖。在实践中，认定财产无主案件的申请人主要有：该项财产的发现人、保管人、该项财产原所有人所在的单位或基层组织等。

申请撤销认定财产无主判决案件是指在人民法院作出认定财产无主的判决后，原财产所有人或者其继承人出现，可以在法律规定的诉讼时效期间内提出诉讼请求，要求撤销认定财产无主判决的案件。提起申请的主体为原财产所有人或者继承人。申请撤销认定财产无主判决案件由作出认定财产无主案件的基层人民法院管辖。

此次案由修改中，在第二级案由“三十六、认定财产无主案件”项下：变更“384. 申请撤销认定财产无主”为“408. 申请撤销认定财产无主判决”。

407. 申请认定财产无主

法律条文及规范索引

《中华人民共和国民事诉讼法》（2017 年 6 月 27 日修正）

第一百九十一条　申请认定财产无主，由公民、法人或者其他组织向财产所在地基层人民法院提出。

申请书应当写明财产的种类、数量以及要求认定财产无主的根据。

第一百九十二条　人民法院受理申请后，经审查核实，应当发出财产认领公告。公告满一年无人认领的，判决认定财产无主，收归国家或者集体所有。

《最高人民法院关于适用〈中华人民共和国民事诉讼法〉的解释》（法释〔2015〕5 号　2020 年 12 月 23 日修正）

第三百五十条　认定财产无主案件，公告期间有人对财产提出请求的，人民法院应当裁定终结特别程序，告知申请人另行起诉，适用普通程序审理。

第三百七十四条　适用特别程序作出的判决、裁定，当事人、利害关系人认为有错误的，可以向作出该判决、裁定的人民法院提出异议。人民法院经审查，异议成立或者部分成立的，作出新的判决、裁定撤销或者改变原判决、裁定；异议不成立的，裁定驳回。

对人民法院作出的确认调解协议、准许实现担保物权的裁定，当事人有异议的，应当自收到裁定之日起十五日内提出；利害关系人有异议的，自知道或者应当知道其民事权益受到侵害之日起六个月内提出。

第四百六十二条第二款　认定财产无主的判决，由作出判决的人民法院将无主财产收归国家或者集体所有。

408. 申请撤销认定财产无主判决

法律条文及规范索引

《中华人民共和国民事诉讼法》（2017年6月27日修正）

第一百九十三条 判决认定财产无主后，原财产所有人或者继承人出现，在民法通则规定的诉讼时效期间可以对财产提出请求，人民法院审查属实后，应当作出新判决，撤销原判决。

三十七、确认调解协议案件

根据《人民调解法》第三十三条的规定，经人民调解委员会调解达成调解协议后，双方当事人认为有必要的，可以自调解协议生效之日起三十日内共同向人民法院申请司法确认，人民法院应当及时对调解协议进行审查，依法确认调解协议的效力。人民法院依法确认调解协议有效，一方当事人拒绝履行或者未全部履行的，对方当事人可以向人民法院申请强制执行。人民法院依法确认调解协议无效的，当事人可以通过人民调解方式变更原调解协议或者达成新的调解协议，也可以向人民法院提起诉讼。确认调解协议案件即为当事人向人民法院申请确认调解协议的案件。

此次案由修改中，该案由为新增加的第二级案由。在新增加的第二级案由“三十七、确认调解协议案件”项下：增加“409. 申请司法确认调解协议”“410. 申请撤销确认调解协议裁定”。

409. 申请司法确认调解协议
410. 申请撤销确认调解协议裁定

法律条文及规范索引

《中华人民共和国民事诉讼法》（2017年6月27日修正）

第一百九十四条　申请司法确认调解协议，由双方当事人依照人民调解法等法律，自调解协议生效之日起三十日内，共同向调解组织所在地基层人民法院提出。

第一百九十五条　人民法院受理申请后，经审查，符合法律规定的，裁定调解协议有效，一方当事人拒绝履行或者未全部履行的，对方当事人可以向人民法院申请执行；不符合法律规定的，裁定驳回申请，当事人可以通过调解方式变更原调解协议或者达成新的调解协议，也可以向人民法院提起诉讼。

《中华人民共和国人民调解法》（2011年1月1日施行）

第三十三条　经人民调解委员会调解达成调解协议后，双方当事人认为有必要的，可以自调解协议生效之日起三十日内共同向人民法院申请司法确认，人民法院应当及时对调解协议进行审查，依法确认调解协议的效力。

人民法院依法确认调解协议有效，一方当事人拒绝履行或者未全部履行的，对方当事人可以向人民法院申请强制执行。

人民法院依法确认调解协议无效的，当事人可以通过人民调解方式变更原调解协议或者达成新的调解协议，也可以向人民法院提起诉讼。

《最高人民法院关于人民调解协议司法确认程序的若干规定》（法释〔2011〕5号　2011年3月23日）

第一条　当事人根据《中华人民共和国人民调解法》第三十三条的规定共同向人民法院申请确认调解协议的，人民法院应当依法受理。

第二条　当事人申请确认调解协议的，由主持调解的人民调解委员会所在地基层人民法院或者它派出的法庭管辖。

人民法院在立案前委派人民调解委员会调解并达成调解协议，当事人申请司法确认的，由委派的人民法院管辖。

第三条 当事人申请确认调解协议，应当向人民法院提交司法确认申请书、调解协议和身份证明、资格证明，以及与调解协议相关的财产权利证明等证明材料，并提供双方当事人的送达地址、电话号码等联系方式。委托他人代为申请的，必须向人民法院提交由委托人签名或者盖章的授权委托书。

第四条 人民法院收到当事人司法确认申请，应当在三日内决定是否受理。人民法院决定受理的，应当编立“调确字”案号，并及时向当事人送达受理通知书。双方当事人同时到法院申请司法确认的，人民法院可以当即受理并作出是否确认的决定。

有下列情形之一的，人民法院不予受理：

（一）不属于人民法院受理民事案件的范围或者不属于接受申请的人民法院管辖的；

（二）确认身份关系的；

（三）确认收养关系的；

（四）确认婚姻关系的。

第五条 人民法院应当自受理司法确认申请之日起十五日内作出是否确认的决定。因特殊情况需要延长的，经本院院长批准，可以延长十日。

在人民法院作出是否确认的决定前，一方或者双方当事人撤回司法确认申请的，人民法院应当准许。

第六条 人民法院受理司法确认申请后，应当指定一名审判人员对调解协议进行审查。人民法院在必要时可以通知双方当事人同时到场，当面询问当事人。当事人应当向人民法院如实陈述申请确认的调解协议的有关情况，保证提交的证明材料真实、合法。人民法院在审查中，认为当事人的陈述或者提供的证明材料不充分、不完备或者有疑义的，可以要求当事人补充陈述或者补充证明材料。当事人无正当理由未按时补充或者拒不接受询问的，可以按撤回司法确认申请处理。

第七条 具有下列情形之一的，人民法院不予确认调解协议效力：

（一）违反法律、行政法规强制性规定的；

（二）侵害国家利益、社会公共利益的；

（三）侵害案外人合法权益的；

（四）损害社会公序良俗的；

（五）内容不明确，无法确认的；

（六）其他不能进行司法确认的情形。

第八条　人民法院经审查认为调解协议符合确认条件的，应当作出确认决定书；决定不予确认调解协议效力的，应当作出不予确认决定书。

第九条　人民法院依法作出确认决定后，一方当事人拒绝履行或者未全部履行的，对方当事人可以向作出确认决定的人民法院申请强制执行。

第十条　案外人认为经人民法院确认的调解协议侵害其合法权益的，可以自知道或者应当知道权益被侵害之日起一年内，向作出确认决定的人民法院申请撤销确认决定。

第十一条　人民法院办理人民调解协议司法确认案件，不收取费用。

第十二条　人民法院可以将调解协议不予确认的情况定期或者不定期通报同级司法行政机关和相关人民调解委员会。

第十三条　经人民法院建立的调解员名册中的调解员调解达成协议后，当事人申请司法确认的，参照本规定办理。人民法院立案后委托他人调解达成的协议的司法确认，按照《最高人民法院关于人民法院民事调解工作若干问题的规定》（法释〔2004〕12号）的有关规定办理。

《最高人民法院关于审理劳动争议案件适用法律问题的解释（一）》（法释〔2020〕26号　2020年12月29日）

第五十二条　当事人在人民调解委员会主持下仅就给付义务达成的调解协议，双方认为有必要的，可以共同向人民调解委员会所在地的基层人民法院申请司法确认。

《最高人民法院关于适用〈中华人民共和国民事诉讼法〉的解释》（法释〔2015〕5号　2020年12月23日修正）

第三百五十三条　申请司法确认调解协议的，双方当事人应当本人或者由符合民事诉讼法第五十八条规定的代理人向调解组织所在地基层人民法院或者人民法庭提出申请。

第三百五十四条　两个以上调解组织参与调解的，各调解组织所在地基层人民法院均有管辖权。

双方当事人可以共同向其中一个调解组织所在地基层人民法院提出申请；双方当事人共同向两个以上调解组织所在地基层人民法院提出申请的，由最先立案的人民法院管辖。

第三百五十五条　当事人申请司法确认调解协议，可以采用书面形式或者口头形式。当事人口头申请的，人民法院应当记入笔录，并由当事人签名、捺印或者盖章。

第三百五十六条 当事人申请司法确认调解协议，应当向人民法院提交调解协议、调解组织主持调解的证明，以及与调解协议相关的财产权利证明等材料，并提供双方当事人的身份、住所、联系方式等基本信息。

当事人未提交上述材料的，人民法院应当要求当事人限期补交。

第三百五十七条 当事人申请司法确认调解协议，有下列情形之一的，人民法院裁定不予受理：

（一）不属于人民法院受理范围的；

（二）不属于收到申请的人民法院管辖的；

（三）申请确认婚姻关系、亲子关系、收养关系等身份关系无效、有效或者解除的；

（四）涉及适用其他特别程序、公示催告程序、破产程序审理的；

（五）调解协议内容涉及物权、知识产权确权的。

人民法院受理申请后，发现有上述不予受理情形的，应当裁定驳回当事人的申请。

第三百五十八条 人民法院审查相关情况时，应当通知双方当事人共同到场对案件进行核实。

人民法院经审查，认为当事人的陈述或者提供的证明材料不充分、不完备或者有疑义的，可以要求当事人限期补充陈述或者补充证明材料。必要时，人民法院可以向调解组织核实有关情况。

第三百五十九条 确认调解协议的裁定作出前，当事人撤回申请的，人民法院可以裁定准许。

当事人无正当理由未在限期内补充陈述、补充证明材料或者拒不接受询问的，人民法院可以按撤回申请处理。

第三百六十条 经审查，调解协议有下列情形之一的，人民法院应当裁定驳回申请：

（一）违反法律强制性规定的；

（二）损害国家利益、社会公共利益、他人合法权益的；

（三）违背公序良俗的；

（四）违反自愿原则的；

（五）内容不明确的；

（六）其他不能进行司法确认的情形。

三十八、实现担保物权案件

担保物权是以直接支配特定财产的交换价值为内容，以确保债权实现为目的而设立的物权。实现担保物权案件，是指在债务人不履行债务时，担保物权人经法定程序，通过将担保标的物折价、拍卖、变卖等方式，使其债权得到优先受偿的案件。申请撤销准许实现担保物权裁定，是指当事人或利害关系人对人民法院作出的准许实现担保物权的裁定提出异议，要求作出裁定的人民法院撤销该裁定的一种案件类型。

此次案由修改中，该案由为新增加的第二级案由。在新增加的第二级案由“三十八、实现担保物权案件”项下：增加“411. 申请实现担保物权”“412. 申请撤销准许实现担保物权裁定”。

411. 申请实现担保物权

法律条文及规范索引

《中华人民共和国民事诉讼法》（2017 年 6 月 27 日修正）

第一百九十六条　申请实现担保物权，由担保物权人以及其他有权请求实现担保物权的人依照物权法等法律，向担保财产所在地或者担保物权登记地基层人民法院提出。

第一百九十七条　人民法院受理申请后，经审查，符合法律规定的，裁定拍卖、变卖担保财产，当事人依据该裁定可以向人民法院申请执行；不符合法律规定的，裁定驳回申请，当事人可以向人民法院提起诉讼。

《最高人民法院关于适用〈中华人民共和国民事诉讼法〉的解释》（法释〔2015〕5 号　2020 年 12 月 23 日修正）

第三百六十一条　民事诉讼法第一百九十六条规定的担保物权人，包括抵押权人、质权人、留置权人；其他有权请求实现担保物权的人，包括抵押人、出质人、财产被留置的债务人或者所有权人等。

第三百六十二条 实现票据、仓单、提单等有权利凭证的权利质权案件，可以由权利凭证持有人住所地人民法院管辖；无权利凭证的权利质权，由出质登记地人民法院管辖。

第三百六十三条 实现担保物权案件属于海事法院等专门人民法院管辖的，由专门人民法院管辖。

第三百六十四条 同一债权的担保物有多个且所在地不同，申请人分别向有管辖权的人民法院申请实现担保物权的，人民法院应当依法受理。

第三百六十五条 依照民法典第三百九十二条的规定，被担保的债权既有物的担保又有人的担保，当事人对实现担保物权的顺序有约定，实现担保物权的申请违反该约定的，人民法院裁定不予受理；没有约定或者约定不明的，人民法院应当受理。

第三百六十六条 同一财产上设立多个担保物权，登记在先的担保物权尚未实现的，不影响后顺位的担保物权人向人民法院申请实现担保物权。

第三百六十七条 申请实现担保物权，应当提交下列材料：

（一）申请书。申请书应当记明申请人、被申请人的姓名或者名称、联系方式等基本信息，具体的请求和事实、理由；

（二）证明担保物权存在的材料，包括主合同、担保合同、抵押登记证明或者他项权利证书，权利质权的权利凭证或者质权出质登记证明等；

（三）证明实现担保物权条件成就的材料；

（四）担保财产现状的说明；

（五）人民法院认为需要提交的其他材料。

第三百六十八条 人民法院受理申请后，应当在五日内向被申请人送达申请书副本、异议权利告知书等文书。

被申请人有异议的，应当在收到人民法院通知后的五日内向人民法院提出，同时说明理由并提供相应的证据材料。

第三百六十九条 实现担保物权案件可以由审判员一人独任审查。担保财产标的额超过基层人民法院管辖范围的，应当组成合议庭进行审查。

第三百七十条 人民法院审查实现担保物权案件，可以询问申请人、被申请人、利害关系人，必要时可以依职权调查相关事实。

第三百七十一条 人民法院应当就主合同的效力、期限、履行情况，担保物权是否有效设立、担保财产的范围、被担保的债权范围、被担保的债权是否已届清偿期等担保物权实现的条件，以及是否损害他人合法权益等内容进行审查。

被申请人或者利害关系人提出异议的，人民法院应当一并审查。

第三百七十二条　人民法院审查后，按下列情形分别处理：

（一）当事人对实现担保物权无实质性争议且实现担保物权条件成就的，裁定准许拍卖、变卖担保财产；

（二）当事人对实现担保物权有部分实质性争议的，可以就无争议部分裁定准许拍卖、变卖担保财产；

（三）当事人对实现担保物权有实质性争议的，裁定驳回申请，并告知申请人向人民法院提起诉讼。

第三百七十三条　人民法院受理申请后，申请人对担保财产提出保全申请的，可以按照民事诉讼法关于诉讼保全的规定办理。

412. 申请撤销准许实现担保物权裁定

法律条文及规范索引

《最高人民法院关于适用〈中华人民共和国民事诉讼法〉的解释》（法释〔2015〕5号　2020年12月23日修正）

第三百七十四条　适用特别程序作出的判决、裁定，当事人、利害关系人认为有错误的，可以向作出该判决、裁定的人民法院提出异议。人民法院经审查，异议成立或者部分成立的，作出新的判决、裁定撤销或者改变原判决、裁定；异议不成立的，裁定驳回。

对人民法院作出的确认调解协议、准许实现担保物权的裁定，当事人有异议的，应当自收到裁定之日起十五日内提出；利害关系人有异议的，自知道或者应当知道其民事权益受到侵害之日起六个月内提出。

三十九、监护权特别程序案件

监护权特别程序案件是指申请确定、指定、变更监护人或者申请撤销、恢复监护人资格的案件。此次案由修改中，在第二级案由“三十九、监护权特别程序案件”项下：增加“414. 申请指定监护人”“417. 申请恢复监护人资格”。

413. 申请确定监护人

法律条文及规范索引

《中华人民共和国民法典》（2021年1月1日施行）

第二十七条 父母是未成年子女的监护人。

未成年人的父母已经死亡或者没有监护能力的，由下列有监护能力的人按顺序担任监护人：

（一）祖父母、外祖父母；

（二）兄、姐；

（三）其他愿意担任监护人的个人或者组织，但是须经未成年人住所地的居民委员会、村民委员会或者民政部门同意。

第二十八条 无民事行为能力或者限制民事行为能力的成年人，由下列有监护能力的人按顺序担任监护人：

（一）配偶；

（二）父母、子女；

（三）其他近亲属；

（四）其他愿意担任监护人的个人或者组织，但是须经被监护人住所地的居民委员会、村民委员会或者民政部门同意。

第二十九条 被监护人的父母担任监护人的，可以通过遗嘱指定监护人。

第三十条　依法具有监护资格的人之间可以协议确定监护人。协议确定监护人应当尊重被监护人的真实意愿。

第三十一条　对监护人的确定有争议的，由被监护人住所地的居民委员会、村民委员会或者民政部门指定监护人，有关当事人对指定不服的，可以向人民法院申请指定监护人；有关当事人也可以直接向人民法院申请指定监护人。

居民委员会、村民委员会、民政部门或者人民法院应当尊重被监护人的真实意愿，按照最有利于被监护人的原则在依法具有监护资格的人中指定监护人。

依据本条第一款规定指定监护人前，被监护人的人身权利、财产权利以及其他合法权益处于无人保护状态的，由被监护人住所地的居民委员会、村民委员会、法律规定的有关组织或者民政部门担任临时监护人。

监护人被指定后，不得擅自变更；擅自变更的，不免除被指定的监护人的责任。

第三十二条　没有依法具有监护资格的人的，监护人由民政部门担任，也可以由具备履行监护职责条件的被监护人住所地的居民委员会、村民委员会担任。

第三十三条　具有完全民事行为能力的成年人，可以与其近亲属、其他愿意担任监护人的个人或者组织事先协商，以书面形式确定自己的监护人，在自己丧失或者部分丧失民事行为能力时，由该监护人履行监护职责。

第三十四条　监护人的职责是代理被监护人实施民事法律行为，保护被监护人的人身权利、财产权利以及其他合法权益等。

监护人依法履行监护职责产生的权利，受法律保护。

监护人不履行监护职责或者侵害被监护人合法权益的，应当承担法律责任。

因发生突发事件等紧急情况，监护人暂时无法履行监护职责，被监护人的生活处于无人照料状态的，被监护人住所地的居民委员会、村民委员会或者民政部门应当为被监护人安排必要的临时生活照料措施。

第三十五条　监护人应当按照最有利于被监护人的原则履行监护职责。监护人除为维护被监护人利益外，不得处分被监护人的财产。

未成年人的监护人履行监护职责，在作出与被监护人利益有关的决定时，应当根据被监护人的年龄和智力状况，尊重被监护人的真实意愿。

成年人的监护人履行监护职责，应当最大程度地尊重被监护人的真实意愿，保障并协助被监护人实施与其智力、精神健康状况相适应的民事法律行为。对被监护人有能力独立处理的事务，监护人不得干涉。

第三十六条 监护人有下列情形之一的，人民法院根据有关个人或者组织的申请，撤销其监护人资格，安排必要的临时监护措施，并按照最有利于被监护人的原则依法指定监护人：

（一）实施严重损害被监护人身心健康的行为；

（二）怠于履行监护职责，或者无法履行监护职责且拒绝将监护职责部分或者全部委托给他人，导致被监护人处于危困状态；

（三）实施严重侵害被监护人合法权益的其他行为。

本条规定的有关个人、组织包括：其他依法具有监护资格的人，居民委员会、村民委员会、学校、医疗机构、妇女联合会、残疾人联合会、未成年人保护组织、依法设立的老年人组织、民政部门等。

前款规定的个人和民政部门以外的组织未及时向人民法院申请撤销监护人资格的，民政部门应当向人民法院申请。

第三十七条 依法负担被监护人抚养费、赡养费、扶养费的父母、子女、配偶等，被人民法院撤销监护人资格后，应当继续履行负担的义务。

第三十八条 被监护人的父母或者子女被人民法院撤销监护人资格后，除对被监护人实施故意犯罪的外，确有悔改表现的，经其申请，人民法院可以在尊重被监护人真实意愿的前提下，视情况恢复其监护人资格，人民法院指定的监护人与被监护人的监护关系同时终止。

第三十九条 有下列情形之一的，监护关系终止：

（一）被监护人取得或者恢复完全民事行为能力；

（二）监护人丧失监护能力；

（三）被监护人或者监护人死亡；

（四）人民法院认定监护关系终止的其他情形。

监护关系终止后，被监护人仍然需要监护的，应当依法另行确定监护人。

《最高人民法院关于适用〈中华人民共和国民事诉讼法〉的解释》（法释〔2015〕5号　2020年12月23日修正）

第三百五十一条 被指定的监护人不服居民委员会、村民委员会或者民政部门指定，应当自接到通知之日起三十日内向人民法院提出异议。经审理，认为指定并无不当的，裁定驳回异议；指定不当的，判决撤销指定，同时另行指定监护人。判决书应当送达异议人、原指定单位及判决指定的监护人。

有关当事人依照民法典第三十一条第一款规定直接向人民法院申请指定监护人的，适用特别程序审理，判决指定监护人。判决书应当送达申请人、判决指定的监护人。

414. 申请指定监护人

法律条文及规范索引

《中华人民共和国民法典》（2021 年 1 月 1 日施行）

第二十九条　被监护人的父母担任监护人的，可以通过遗嘱指定监护人。

第三十条　依法具有监护资格的人之间可以协议确定监护人。协议确定监护人应当尊重被监护人的真实意愿。

第三十一条　对监护人的确定有争议的，由被监护人住所地的居民委员会、村民委员会或者民政部门指定监护人，有关当事人对指定不服的，可以向人民法院申请指定监护人；有关当事人也可以直接向人民法院申请指定监护人。

居民委员会、村民委员会、民政部门或者人民法院应当尊重被监护人的真实意愿，按照最有利于被监护人的原则在依法具有监护资格的人中指定监护人。

依据本条第一款规定指定监护人前，被监护人的人身权利、财产权利以及其他合法权益处于无人保护状态的，由被监护人住所地的居民委员会、村民委员会、法律规定的有关组织或者民政部门担任临时监护人。

监护人被指定后，不得擅自变更；擅自变更的，不免除被指定的监护人的责任。

第三十二条　没有依法具有监护资格的人的，监护人由民政部门担任，也可以由具备履行监护职责条件的被监护人住所地的居民委员会、村民委员会担任。

第三十三条　具有完全民事行为能力的成年人，可以与其近亲属、其他愿意担任监护人的个人或者组织事先协商，以书面形式确定自己的监护人，在自己丧失或者部分丧失民事行为能力时，由该监护人履行监护职责。

第三十四条　监护人的职责是代理被监护人实施民事法律行为，保护被监护人的人身权利、财产权利以及其他合法权益等。

监护人依法履行监护职责产生的权利，受法律保护。

监护人不履行监护职责或者侵害被监护人合法权益的，应当承担法律责任。

因发生突发事件等紧急情况，监护人暂时无法履行监护职责，被监护人的生活处于无人照料状态的，被监护人住所地的居民委员会、村民委员会或者民政部门应当为被监护人安排必要的临时生活照料措施。

第三十五条　监护人应当按照最有利于被监护人的原则履行监护职责。监护人除为维护被监护人利益外，不得处分被监护人的财产。

未成年人的监护人履行监护职责，在作出与被监护人利益有关的决定时，应当根据被监护人的年龄和智力状况，尊重被监护人的真实意愿。

成年人的监护人履行监护职责，应当最大程度地尊重被监护人的真实意愿，保障并协助被监护人实施与其智力、精神健康状况相适应的民事法律行为。对被监护人有能力独立处理的事务，监护人不得干涉。

415. 申请变更监护人

法律条文及规范索引

《中华人民共和国民法典》（2021年1月1日施行）

第三十一条第四款　监护人被指定后，不得擅自变更；擅自变更的，不免除被指定的监护人的责任。

《最高人民法院关于适用〈中华人民共和国民事诉讼法〉的解释》（法释〔2015〕5号　2020年12月23日修正）

第十条　不服指定监护或者变更监护关系的案件，可以由被监护人住所地人民法院管辖。

416. 申请撤销监护人资格

法律条文及规范索引

《中华人民共和国民法典》（2021年1月1日施行）

第三十六条　监护人有下列情形之一的，人民法院根据有关个人或者组织的申请，撤销其监护人资格，安排必要的临时监护措施，并按照最有利于被监护人的原则依法指定监护人：

（一）实施严重损害被监护人身心健康的行为；

（二）怠于履行监护职责，或者无法履行监护职责且拒绝将监护职责部分或者全部委托给他人，导致被监护人处于危困状态；

（三）实施严重侵害被监护人合法权益的其他行为。

本条规定的有关个人、组织包括：其他依法具有监护资格的人，居民委员会、村民委员会、学校、医疗机构、妇女联合会、残疾人联合会、未成年人保护组织、依法设立的老年人组织、民政部门等。

前款规定的个人和民政部门以外的组织未及时向人民法院申请撤销监护人资格的，民政部门应当向人民法院申请。

《最高人民法院关于适用〈中华人民共和国民事诉讼法〉的解释》（法释〔2015〕5号　2020年12月23日修正）

第三百五十一条　被指定的监护人不服居民委员会、村民委员会或者民政部门指定，应当自接到通知之日起三十日内向人民法院提出异议。经审理，认为指定并无不当的，裁定驳回异议；指定不当的，判决撤销指定，同时另行指定监护人。判决书应当送达异议人、原指定单位及判决指定的监护人。

有关当事人依照民法典第三十一条第一款规定直接向人民法院申请指定监护人的，适用特别程序审理，判决指定监护人。判决书应当送达申请人、判决指定的监护人。

《最高人民法院、最高人民检察院、公安部、民政部关于依法处理监护人侵害未成年人权益行为若干问题的意见》（法发〔2014〕24号　2014年12月18日）

27. 下列单位和人员（以下简称有关单位和人员）有权向人民法院申请

撤销监护人资格：

（一）未成年人的其他监护人，祖父母、外祖父母、兄、姐，关系密切的其他亲属、朋友；

（二）未成年人住所地的村（居）民委员会，未成年人父、母所在单位；

（三）民政部门及其设立的未成年人救助保护机构；

（四）共青团、妇联、关工委、学校等团体和单位。

申请撤销监护人资格，一般由前款中负责临时照料未成年人的单位和人员提出，也可以由前款中其他单位和人员提出。

28. 有关单位和人员向人民法院申请撤销监护人资格的，应当提交相关证据。

有包含未成年人基本情况、监护存在问题、监护人悔过情况、监护人接受教育辅导情况、未成年人身心健康状况以及未成年人意愿等内容的调查评估报告的，应当一并提交。

29. 有关单位和人员向公安机关、人民检察院申请出具相关案件证明材料的，公安机关、人民检察院应当提供证明案件事实的基本材料或者书面说明。

30. 监护人因监护侵害行为被提起公诉的案件，人民检察院应当书面告知未成年人及其临时照料人有权依法申请撤销监护人资格。

对于监护侵害行为符合本意见第35条规定情形而相关单位和人员没有提起诉讼的，人民检察院应当书面建议当地民政部门或者未成年人救助保护机构向人民法院申请撤销监护人资格。

31. 申请撤销监护人资格案件，由未成人住所地、监护人住所地或者侵害行为地基层人民法院管辖。

人民法院受理撤销监护人资格案件，不收取诉讼费用。

32. 人民法院审理撤销监护人资格案件，比照民事诉讼法规定的特别程序进行，在一个月内审理结案。有特殊情况需要延长的，由本院院长批准。

33. 人民法院应当全面审查调查评估报告等证据材料，听取被申请人、有表达能力的未成年人以及村（居）民委员会、学校、邻居等的意见。

34. 人民法院根据案件需要可以聘请适当的社会人士对未成年人进行社会观护，并可以引入心理疏导和测评机制，组织专业社会工作者、儿童心理问题专家等专业人员参与诉讼，为未成年人和被申请人提供心理辅导和测评服务。

35. 被申请人有下列情形之一的，人民法院可以判决撤销其监护人资格：

（一）性侵害、出卖、遗弃、虐待、暴力伤害未成年人，严重损害未成年人身心健康的；

（二）将未成年人置于无人监管和照看的状态，导致未成年人面临死亡或者严重伤害危险，经教育不改的；

（三）拒不履行监护职责长达六个月以上，导致未成年人流离失所或者生活无着的；

（四）有吸毒、赌博、长期酗酒等恶习无法正确履行监护职责或者因服刑等原因无法履行监护职责，且拒绝将监护职责部分或者全部委托给他人，致使未成年人处于困境或者危险状态的；

（五）胁迫、诱骗、利用未成年人乞讨，经公安机关和未成年人救助保护机构等部门三次以上批评教育拒不改正，严重影响未成年人正常生活和学习的；

（六）教唆、利用未成年人实施违法犯罪行为，情节恶劣的；

（七）有其他严重侵害未成年人合法权益行为的。

36. 判决撤销监护人资格，未成年人有其他监护人的，应当由其他监护人承担监护职责。其他监护人应当采取措施避免未成年人继续受到侵害。

没有其他监护人的，人民法院根据最有利于未成年人的原则，在民法通则第十六条第二款、第四款规定的人员和单位中指定监护人。指定个人担任监护人的，应当综合考虑其意愿、品行、身体状况、经济条件、与未成年人的生活情感联系以及有表达能力的未成年人的意愿等。

没有合适人员和其他单位担任监护人的，人民法院应当指定民政部门担任监护人，由其所属儿童福利机构收留抚养。

37. 判决不撤销监护人资格的，人民法院可以根据需要走访未成年人及其家庭，也可以向当地民政部门、辖区公安派出所、村（居）民委员会、共青团、妇联、未成年人所在学校、监护人所在单位等发出司法建议，加强对未成年人的保护和对监护人的监督指导。

38. 被撤销监护人资格的侵害人，自监护人资格被撤销之日起三个月至一年内，可以书面向人民法院申请恢复监护人资格，并应当提交相关证据。

人民法院应当将前款内容书面告知侵害人和其他监护人、指定监护人。

39. 人民法院审理申请恢复监护人资格案件，按照变更监护关系的案件审理程序进行。

人民法院应当征求未成年人现任监护人和有表达能力的未成年人的意见，并可以委托申请人住所地的未成年人救助保护机构或者其他未成年人保护组织，对申请人监护意愿、悔改表现、监护能力、身心状况、工作生活情况等进行调查，形成调查评估报告。

申请人正在服刑或者接受社区矫正的，人民法院应当征求刑罚执行机关或者社区矫正机构的意见。

40. 人民法院经审理认为申请人确有悔改表现并且适宜担任监护人的，可以判决恢复其监护人资格，原指定监护人的监护人资格终止。

申请人具有下列情形之一的，一般不得判决恢复其监护人资格：

（一）性侵害、出卖未成年人的；

（二）虐待、遗弃未成年人六个月以上、多次遗弃未成年人，并且造成重伤以上严重后果的；

（三）因监护侵害行为被判处五年有期徒刑以上刑罚的。

41. 撤销监护人资格诉讼终结后六个月内，未成年人及其现任监护人可以向人民法院申请人身安全保护裁定。

42. 被撤销监护人资格的父、母应当继续负担未成年人的抚养费用和因监护侵害行为产生的各项费用。相关单位和人员起诉的，人民法院应予支持。

43. 民政部门应当根据有关规定，将符合条件的受监护侵害的未成年人纳入社会救助和相关保障范围。

44. 民政部门担任监护人的，承担抚养职责的儿童福利机构可以送养未成年人。

送养未成年人应当在人民法院作出撤销监护人资格判决一年后进行。侵害人有本意见第 40 条第 2 款规定情形的，不受一年后送养的限制。

417. 申请恢复监护人资格

法律条文及规范索引

《中华人民共和国民法典》（2021 年 1 月 1 日施行）

第三十八条 被监护人的父母或者子女被人民法院撤销监护人资格后，

除对被监护人实施故意犯罪的外，确有悔改表现的，经其申请，人民法院可以在尊重被监护人真实意愿的前提下，视情况恢复其监护人资格，人民法院指定的监护人与被监护人的监护关系同时终止。

四十、督促程序案件

督促程序案件二级案由项下只有申请支付令一个三级案由。申请支付令，是指债权人向人民法院提出书面文件，请求人民法院签发支付令，要求债务人履行债务。提出申请的债权人称为申请人，被请求履行义务的债务人称为被申请人。

申请支付令的条件是：（1）请求支付令的标的是金钱或者汇票、本票、支票以及股票、债券、国库券、可转让的存款单等有价证券。（2）请求给付的金钱或有价证券已到期且数额确定，并写明了请求所根据的事实和证据。（3）债权人与债务人之间没有其他债务纠纷，即债权人没有对待给付义务。（4）支付令必须能够送达债务人。能够送达，主要指能够通过法定的送达方式将支付令实际送达债务人，主要包括直接送达、留置送达等法定送达方式。人民法院对于债务人不在我国境内，需要域外送达，或者虽在我国境内，但需要公告送达支付令的，不适用督促程序。

债权人向人民法院提出支付令申请，必须提交申请书，其内容应包括：（1）债权人、债务人双方的姓名或名称等基本情况。（2）债权人要求债务人给付的金钱或有价证券的种类、数量。（3）债权人请求所依据的事实和证据。（4）债务人的财产状况和可供执行的财产。债权人向人民法院提交申请书的同时，应提交必要的证据材料，如证明债权债务关系存在的合同、收据等。支付令失效后，申请支付令的一方当事人不同意提起诉讼的，应当自收到终结督促程序裁定之日起七日内向受理申请的人民法院提出，如未向受理申请的人民法院表明不同意提起诉讼的，视为向受理申请的人民法院起诉。申请支付令的一方当事人不同意提起诉讼的，不影响其向其他有管辖权的人民法院提起诉讼。

418. 申请支付令

法律条文及规范索引

《中华人民共和国民事诉讼法》（2017 年 6 月 27 日修正）

第二百一十四条 债权人请求债务人给付金钱、有价证券，符合下列条件的，可以向有管辖权的基层人民法院申请支付令：

（一）债权人与债务人没有其他债务纠纷的；

（二）支付令能够送达债务人的。

申请书应当写明请求给付金钱或者有价证券的数量和所根据的事实、证据。

第二百一十五条 债权人提出申请后，人民法院应当在五日内通知债权人是否受理。

第二百一十六条 人民法院受理申请后，经审查债权人提供的事实、证据，对债权债务关系明确、合法的，应当在受理之日起十五日内向债务人发出支付令；申请不成立的，裁定予以驳回。

债务人应当自收到支付令之日起十五日内清偿债务，或者向人民法院提出书面异议。

债务人在前款规定的期间不提出异议又不履行支付令的，债权人可以向人民法院申请执行。

第二百一十七条 人民法院收到债务人提出的书面异议后，经审查，异议成立的，应当裁定终结督促程序，支付令自行失效。

支付令失效的，转入诉讼程序，但申请支付令的一方当事人不同意提起诉讼的除外。

《最高人民法院关于适用〈中华人民共和国民事诉讼法〉的解释》（法释〔2015〕5 号　2020 年 12 月 23 日修正）

第四百二十七条 两个以上人民法院都有管辖权的，债权人可以向其中一个基层人民法院申请支付令。

债权人向两个以上有管辖权的基层人民法院申请支付令的，由最先立案的人民法院管辖。

第四百二十八条　人民法院收到债权人的支付令申请书后，认为申请书不符合要求的，可以通知债权人限期补正。人民法院应当自收到补正材料之日起五日内通知债权人是否受理。

第四百二十九条　债权人申请支付令，符合下列条件的，基层人民法院应当受理，并在收到支付令申请书后五日内通知债权人：

（一）请求给付金钱或者汇票、本票、支票、股票、债券、国库券、可转让的存款单等有价证券；

（二）请求给付的金钱或者有价证券已到期且数额确定，并写明了请求所根据的事实、证据；

（三）债权人没有对待给付义务；

（四）债务人在我国境内且未下落不明；

（五）支付令能够送达债务人；

（六）收到申请书的人民法院有管辖权；

（七）债权人未向人民法院申请诉前保全。

不符合前款规定的，人民法院应当在收到支付令申请书后五日内通知债权人不予受理。

基层人民法院受理申请支付令案件，不受债权金额的限制。

第四百三十条　人民法院受理申请后，由审判员一人进行审查。经审查，有下列情形之一的，裁定驳回申请：

（一）申请人不具备当事人资格的；

（二）给付金钱或者有价证券的证明文件没有约定逾期给付利息或者违约金、赔偿金，债权人坚持要求给付利息或者违约金、赔偿金的；

（三）要求给付的金钱或者有价证券属于违法所得的；

（四）要求给付的金钱或者有价证券尚未到期或者数额不确定的。

人民法院受理支付令申请后，发现不符合本解释规定的受理条件的，应当在受理之日起十五日内裁定驳回申请。

第四百三十一条　向债务人本人送达支付令，债务人拒绝接收的，人民法院可以留置送达。

第四百三十二条　有下列情形之一的，人民法院应当裁定终结督促程序，已发出支付令的，支付令自行失效：

（一）人民法院受理支付令申请后，债权人就同一债权债务关系又提起诉讼的；

（二）人民法院发出支付令之日起三十日内无法送达债务人的；

（三）债务人收到支付令前，债权人撤回申请的。

第四百三十三条 债务人在收到支付令后，未在法定期间提出书面异议，而向其他人民法院起诉的，不影响支付令的效力。

债务人超过法定期间提出异议的，视为未提出异议。

第四百三十四条 债权人基于同一债权债务关系，在同一支付令申请中向债务人提出多项支付请求，债务人仅就其中一项或者几项请求提出异议的，不影响其他各项请求的效力。

第四百三十五条 债权人基于同一债权债务关系，就可分之债向多个债务人提出支付请求，多个债务人中的一人或者几人提出异议的，不影响其他请求的效力。

第四百三十六条 对设有担保的债务的主债务人发出的支付令，对担保人没有拘束力。

债权人就担保关系单独提起诉讼的，支付令自人民法院受理案件之日起失效。

第四百三十七条 经形式审查，债务人提出的书面异议有下列情形之一的，应当认定异议成立，裁定终结督促程序，支付令自行失效：

（一）本解释规定的不予受理申请情形的；

（二）本解释规定的裁定驳回申请情形的；

（三）本解释规定的应当裁定终结督促程序情形的；

（四）人民法院对是否符合发出支付令条件产生合理怀疑的。

第四百三十八条 债务人对债务本身没有异议，只是提出缺乏清偿能力、延缓债务清偿期限、变更债务清偿方式等异议的，不影响支付令的效力。

人民法院经审查认为异议不成立的，裁定驳回。

债务人的口头异议无效。

第四百三十九条 人民法院作出终结督促程序或者驳回异议裁定前，债务人请求撤回异议的，应当裁定准许。

债务人对撤回异议反悔的，人民法院不予支持。

第四百四十条 支付令失效后，申请支付令的一方当事人不同意提起诉讼的，应当自收到终结督促程序裁定之日起七日内向受理申请的人民法院提出。

申请支付令的一方当事人不同意提起诉讼的，不影响其向其他有管辖权的人民法院提起诉讼。

第四百四十一条 支付令失效后，申请支付令的一方当事人自收到终结督促程序裁定之日起七日内未向受理申请的人民法院表明不同意提起诉讼的，视为向受理申请的人民法院起诉。

债权人提出支付令申请的时间，即为向人民法院起诉的时间。

第四百四十二条 债权人向人民法院申请执行支付令的期间，适用民事诉讼法第二百三十九条的规定。

第四百四十三条 人民法院院长发现本院已经发生法律效力的支付令确有错误，认为需要撤销的，应当提交本院审判委员会讨论决定后，裁定撤销支付令，驳回债权人的申请。

《中华人民共和国劳动合同法》（2012年12月28日修正）

第三十条 用人单位应当按照劳动合同约定和国家规定，向劳动者及时足额支付劳动报酬。

用人单位拖欠或者未足额支付劳动报酬的，劳动者可以依法向当地人民法院申请支付令，人民法院应当依法发出支付令。

四十一、公示催告程序案件

公示催告程序，是指在票据持有人之票据被盗、遗失或者灭失的情况下，人民法院根据当事人的申请，以公告的方式催告利害关系人在一定期间内申报权利，如果逾期无人申报，根据申请人的申请，依法作出除权判决的程序。申请公示催告，是指票据持有人向人民法院申请，以公告的方法通知并催促不明确的利害关系人在规定的期间内申报权利，如果逾期不申报权利，则判决宣告其丧失某项民事权利。

当事人申请公示催告，必须符合下列条件：（1）申请人必须是享有申请权的票据持有人。所谓票据持有人，是指可以背书转让的票据失票前记载的权利的最后合法持有人。（2）具有明确、合法的申请形式和理由。明确、合法的申请形式和理由的要求有：申请公示催告的票据必须是按规定可以背书转让的票据；申请人应当递交申请书，并写明票面金额、出票人、持票人、背书人等主要内容；申请公示催告的原因必须是可以背书转让的票据被盗、遗失或者灭失。(3) 相对利害关系人是否存在处于不明确状态。公示催告程序属于非讼程序，不解决纠纷，在申请公示催告时如果明确存在相对利害关系人，这实际上是一种票据纠纷，只能通过普通审判程序解决，不能申请公示催告。(4) 向有管辖权的人民法院申请，即向票据支付地或被告住所地基层人民法院管辖。所谓票据支付地，是指票据载明的票据付款人的住所地。(5) 应当向法院提交书面申请。申请书中应当写明票面金额、发票人、持票人、背书人等票据主要内容和申请的理由、事实。

公示催告程序分为公示催告阶段和作出除权判决阶段。在公示催告阶段，法院对申请人的申请及证据材料进行审查并决定受理案件后，即应根据法律的规定发出公告，催促利害关系人申报权利。在除权判决阶段，公示催告期间届满，没有利害关系人申报权利的，公示催告申请人应当在申报权利期间届满的次日起1个月内申请法院作出判决，法院根据申请人的申请，作出判决，宣告票据无效。公示催告是法院作出除权判决的必经程序。

419. 申请公示催告

法律条文及规范索引

《中华人民共和国民事诉讼法》(2017年6月27日修正)

第二百一十八条 按照规定可以背书转让的票据持有人，因票据被盗、遗失或者灭失，可以向票据支付地的基层人民法院申请公示催告。依照法律规定可以申请公示催告的其他事项，适用本章规定。

申请人应当向人民法院递交申请书，写明票面金额、发票人、持票人、背书人等票据主要内容和申请的理由、事实。

第二百一十九条 人民法院决定受理申请，应当同时通知支付人停止支付，并在三日内发出公告，催促利害关系人申报权利。公示催告的期间，由人民法院根据情况决定，但不得少于六十日。

第二百二十条 支付人收到人民法院停止支付的通知，应当停止支付，至公示催告程序终结。

公示催告期间，转让票据权利的行为无效。

第二百二十一条 利害关系人应当在公示催告期间向人民法院申报。

人民法院收到利害关系人的申报后，应当裁定终结公示催告程序，并通知申请人和支付人。

申请人或者申报人可以向人民法院起诉。

第二百二十二条 没有人申报的，人民法院应当根据申请人的申请，作出判决，宣告票据无效。判决应当公告，并通知支付人。自判决公告之日起，申请人有权向支付人请求支付。

第二百二十三条 利害关系人因正当理由不能在判决前向人民法院申报的，自知道或者应当知道判决公告之日起一年内，可以向作出判决的人民法院起诉。

《中华人民共和国票据法》（2004年8月28日修正）

第十五条 票据丧失，失票人可以及时通知票据的付款人挂失止付，但是，未记载付款人或者无法确定付款人及其代理付款人的票据除外。

收到挂失止付通知的付款人，应当暂停支付。

失票人应当在通知挂失止付后三日内，也可以在票据丧失后，依法向人民法院申请公示催告，或者向人民法院提起诉讼。

《最高人民法院关于适用〈中华人民共和国民事诉讼法〉的解释》（法释〔2015〕5号 2020年12月23日修正）

第四百四十四条 民事诉讼法第二百一十八条规定的票据持有人，是指票据被盗、遗失或者灭失前的最后持有人。

第四百四十五条 人民法院收到公示催告的申请后，应当立即审查，并决定是否受理。经审查认为符合受理条件的，通知予以受理，并同时通知支付人停止支付；认为不符合受理条件的，七日内裁定驳回申请。

第四百四十六条 因票据丧失，申请公示催告的，人民法院应结合票据存根、丧失票据的复印件、出票人关于签发票据的证明、申请人合法取得票据的证明、银行挂失止付通知书、报案证明等证据，决定是否受理。

第四百四十七条 人民法院依照民事诉讼法第二百一十九条规定发出的受理申请的公告，应当写明下列内容：

（一）公示催告申请人的姓名或者名称；

（二）票据的种类、号码、票面金额、出票人、背书人、持票人、付款期限等事项以及其他可以申请公示催告的权利凭证的种类、号码、权利范围、权利人、义务人、行权日期等事项；

（三）申报权利的期间；

（四）在公示催告期间转让票据等权利凭证，利害关系人不申报的法律后果。

第四百四十八条 公告应当在有关报纸或者其他媒体上刊登，并于同日公布于人民法院公告栏内。人民法院所在地有证券交易所的，还应当同日在该交易所公布。

第四百四十九条 公告期间不得少于六十日，且公示催告期间届满日不得早于票据付款日后十五日。

第四百五十条 在申报期届满后、判决作出之前，利害关系人申报权利的，应当适用民事诉讼法第二百二十一条第二款、第三款规定处理。

第四百五十一条 利害关系人申报权利，人民法院应当通知其向法院出示票据，并通知公示催告申请人在指定的期间查看该票据。公示催告申请人申请公示催告的票据与利害关系人出示的票据不一致的，应当裁定驳回利害关系人的申报。

第四百五十二条 在申报权利的期间无人申报权利，或者申报被驳回的，申请人应当自公示催告期间届满之日起一个月内申请作出判决。逾期不申请判决的，终结公示催告程序。

裁定终结公示催告程序的，应当通知申请人和支付人。

第四百五十三条 判决公告之日起，公示催告申请人有权依据判决向付款人请求付款。

付款人拒绝付款，申请人向人民法院起诉，符合民事诉讼法第一百一十九条规定的起诉条件的，人民法院应予受理。

第四百五十四条 适用公示催告程序审理案件，可由审判员一人独任审理；判决宣告票据无效的，应当组成合议庭审理。

第四百五十五条 公示催告申请人撤回申请，应在公示催告前提出；公示催告期间申请撤回的，人民法院可以径行裁定终结公示催告程序。

第四百五十六条 人民法院依照民事诉讼法第二百二十条规定通知支付人停止支付，应当符合有关财产保全的规定。支付人收到停止支付通知后拒不止付的，除可依照民事诉讼法第一百一十一条、第一百一十四条规定采取强制措施外，在判决后，支付人仍应承担付款义务。

第四百五十七条 人民法院依照民事诉讼法第二百二十一条规定终结公

示催告程序后，公示催告申请人或者申报人向人民法院提起诉讼，因票据权利纠纷提起的，由票据支付地或者被告住所地人民法院管辖；因非票据权利纠纷提起的，由被告住所地人民法院管辖。

第四百五十八条　依照民事诉讼法第二百二十一条规定制作的终结公示催告程序的裁定书，由审判员、书记员署名，加盖人民法院印章。

第四百五十九条　依照民事诉讼法第二百二十三条的规定，利害关系人向人民法院起诉的，人民法院可按票据纠纷适用普通程序审理。

第四百六十条　民事诉讼法第二百二十三条规定的正当理由，包括：

（一）因发生意外事件或者不可抗力致使利害关系人无法知道公告事实的；

（二）利害关系人因被限制人身自由而无法知道公告事实，或者虽然知道公告事实，但无法自己或者委托他人代为申报权利的；

（三）不属于法定申请公示催告情形的；

（四）未予公告或者未按法定方式公告的；

（五）其他导致利害关系人在判决作出前未能向人民法院申报权利的客观事由。

第四百六十一条　根据民事诉讼法第二百二十三条的规定，利害关系人请求人民法院撤销除权判决的，应当将申请人列为被告。

利害关系人仅诉请确认其为合法持票人的，人民法院应当在裁判文书中写明，确认利害关系人为票据权利人的判决作出后，除权判决即被撤销。

四十二、公司清算案件

公司清算是指在公司面临解散的情况下，负有清算义务的主体依照法定程序了结公司事务，收回债权、清偿债务并分配财产，终止公司法律人格的行为。公司清算分为普通清算和特别清算，普通清算是指公司在解散后依法自行组织清算机构按照法定程序进行的清算；特别清算是指公司因某些法定事由解散或者被宣告破产后，或者在普通清算发生显著障碍无法继续进行时，由政府有关部门或者法院介入而进行的清算。

申请公司清算是指在公司特别清算过程中，公司董事、控股股东和实际控制人在公司解散后，怠于履行职责，未在公司法规定的期限内组成清算组进行清算，或者虽然成立清算组但故意拖延清算，或者存在其他违法清算可能严重损害公司股东或者债权人利益的行为，公司股东或者债权人依法向人民法院申请对公司进行清算。此次案由修改中，新增加第二级案由“四十二、公司清算案件”，变更“264. 申请公司清算”为新增加的第二级案由“四十二、公司清算案件”项下的第三级案由“420. 申请公司清算”。

420. 申请公司清算

法律条文及规范索引

《中华人民共和国民法典》（2021年1月1日施行）

第六十八条　有下列原因之一并依法完成清算、注销登记的，法人终止：

（一）法人解散；

（二）法人被宣告破产；

（三）法律规定的其他原因。

法人终止，法律、行政法规规定须经有关机关批准的，依照其规定。

《中华人民共和国公司法》（2018年10月26日修正）

第一百八十条　公司因下列原因解散：

（一）公司章程规定的营业期限届满或者公司章程规定的其他解散事由出现；

（二）股东会或者股东大会决议解散；

（三）因公司合并或者分立需要解散；

（四）依法被吊销营业执照、责令关闭或者被撤销；

（五）人民法院依照本法第一百八十三条的规定予以解散。

第一百八十一条　公司有本法第一百八十条第（一）项情形的，可以通过修改公司章程而存续。

依照前款规定修改公司章程，有限责任公司须经持有三分之二以上表决权的股东通过，股份有限公司须经出席股东大会会议的股东所持表决权的三分之二以上通过。

第一百八十二条　公司经营管理发生严重困难，继续存续会使股东利益受到重大损失，通过其他途径不能解决的，持有公司全部股东表决权百分之十以上的股东，可以请求人民法院解散公司。

第一百八十三条　公司因本法第一百八十条第（一）项、第（二）项、第（四）项、第（五）项规定而解散的，应当在解散事由出现之日起十五日内成立清算组，开始清算。有限责任公司的清算组由股东组成，股份有限公司的清算组由董事或者股东大会确定的人员组成。逾期不成立清算组进行清算的，债权人可以申请人民法院指定有关人员组成清算组进行清算。人民法院应当受理该申请，并及时组织清算组进行清算。

第一百八十四条　清算组在清算期间行使下列职权：

（一）清理公司财产，分别编制资产负债表和财产清单；

（二）通知、公告债权人；

（三）处理与清算有关的公司未了结的业务；

（四）清缴所欠税款以及清算过程中产生的税款；

（五）清理债权、债务；

（六）处理公司清偿债务后的剩余财产；

（七）代表公司参与民事诉讼活动。

第一百八十五条　清算组应当自成立之日起十日内通知债权人，并于六十日内在报纸上公告。债权人应当自接到通知书之日起三十日内，未接到通知书的自公告之日起四十五日内，向清算组申报其债权。

债权人申报债权，应当说明债权的有关事项，并提供证明材料。清算组应当对债权进行登记。

在申报债权期间，清算组不得对债权人进行清偿。

第一百八十六条　清算组在清理公司财产、编制资产负债表和财产清单后，应当制定清算方案，并报股东会、股东大会或者人民法院确认。

公司财产在分别支付清算费用、职工的工资、社会保险费用和法定补偿金，缴纳所欠税款，清偿公司债务后的剩余财产，有限责任公司按照股东的出资比例分配，股份有限公司按照股东持有的股份比例分配。

清算期间，公司存续，但不得开展与清算无关的经营活动。公司财产在未依照前款规定清偿前，不得分配给股东。

第一百八十七条　清算组在清理公司财产、编制资产负债表和财产清单后，发现公司财产不足清偿债务的，应当依法向人民法院申请宣告破产。

公司经人民法院裁定宣告破产后，清算组应当将清算事务移交给人民法院。

第一百八十八条 公司清算结束后，清算组应当制作清算报告，报股东会、股东大会或者人民法院确认，并报送公司登记机关，申请注销公司登记，公告公司终止。

《最高人民法院关于适用〈中华人民共和国公司法〉若干问题的规定（二）》（法释〔2014〕2号 2020年12月23日修正）

第七条 公司应当依照民法典第七十条、公司法第一百八十三条的规定，在解散事由出现之日起十五日内成立清算组，开始自行清算。

有下列情形之一，债权人、公司股东、董事或其他利害关系人申请人民法院指定清算组进行清算的，人民法院应予受理：

（一）公司解散逾期不成立清算组进行清算的；

（二）虽然成立清算组但故意拖延清算的；

（三）违法清算可能严重损害债权人或者股东利益的。

第九条 人民法院指定的清算组成员有下列情形之一的，人民法院可以根据债权人、公司股东、董事或其他利害关系人的申请，或者依职权更换清算组成员：

（一）有违反法律或者行政法规的行为；

（二）丧失执业能力或者民事行为能力；

（三）有严重损害公司或者债权人利益的行为。

《最高人民法院关于审理公司强制清算案件工作座谈会纪要》（法发〔2009〕52号 2009年11月4日）

7. 公司债权人或者股东向人民法院申请强制清算应当提交清算申请书。申请书应当载明申请人、被申请人的基本情况和申请的事实和理由。同时，申请人应当向人民法院提交被申请人已经发生解散事由以及申请人对被申请人享有债权或者股权的有关证据。公司解散后已经自行成立清算组进行清算，但债权人或者股东以其故意拖延清算，或者存在其他违法清算可能严重损害债权人或者股东利益为由，申请人民法院强制清算的，申请人还应当向人民法院提交公司故意拖延清算，或者存在其他违法清算行为可能严重损害其利益的相应证据材料。

8. 申请人提交的材料需要更正、补充的，人民法院应当责令申请人于七日内予以更正、补充。申请人由于客观原因无法按时更正、补充的，应当向人民法院予以书面说明并提出延期申请，由人民法院决定是否延长期限。

9. 审理强制清算案件的审判庭审查决定是否受理强制清算申请时，一般应当召开听证会。对于事实清楚、法律关系明确、证据确实充分的案件，经书面通知被申请人，其对书面审查方式无异议的，也可决定不召开听证会，而采用书面方式进行审查。

10. 人民法院决定召开听证会的，应当于听证会召开五日前通知申请人、被申请人，并送达相关申请材料。公司股东、实际控制人等利害关系人申请参加听证的，人民法院应予准许。听证会中，人民法院应当组织有关利害关系人对申请人是否具备申请资格、被申请人是否已经发生解散事由、强制清算申请是否符合法律规定等内容进行听证。因补充证据等原因需要再次召开听证会的，应在补充期限届满后十日内进行。

11. 人民法院决定不召开听证会的，应当及时通知申请人和被申请人，并向被申请人送达有关申请材料，同时告知被申请人若对申请人的申请有异议，应当自收到人民法院通知之日起七日内向人民法院书面提出。

12. 人民法院应当在听证会召开之日或者自异议期满之日起十日内，依法作出是否受理强制清算申请的裁定。

13. 被申请人就申请人对其是否享有债权或者股权，或者对被申请人是否发生解散事由提出异议的，人民法院对申请人提出的强制清算申请应不予受理。申请人可就有关争议单独提起诉讼或者仲裁予以确认后，另行向人民法院提起强制清算申请。但对上述异议事项已有生效法律文书予以确认，以及发生被吊销企业法人营业执照、责令关闭或者被撤销等解散事由有明确、充分证据的除外。

14. 申请人提供被申请人自行清算中故意拖延清算，或者存在其他违法清算可能严重损害债权人或者股东利益的相应证据材料后，被申请人未能举出相反证据的，人民法院对申请人提出的强制清算申请应予受理。债权人申请强制清算，被申请人的主要财产、账册、重要文件等灭失，或者被申请人人员下落不明，导致无法清算的，人民法院不得以此为由不予受理。

15. 人民法院受理强制清算申请后，经审查发现强制清算申请不符合法律规定的，可以裁定驳回强制清算申请。

16. 人民法院裁定不予受理或者驳回受理申请，申请人不服的，可以向上一级人民法院提起上诉。

17. 人民法院裁定受理公司强制清算申请前，申请人请求撤回其申请的，人民法院应予准许。

18. 公司因公司章程规定的营业期限届满或者公司章程规定的其他解散事由出现，或者股东会、股东大会决议自愿解散的，人民法院受理强制清算申请后，清算组对股东进行剩余财产分配前，申请人以公司修改章程，或者股东会、股东大会决议公司继续存续为由，请求撤回强制清算申请的，人民法院应予准许。

19. 公司因依法被吊销营业执照、责令关闭或者被撤销，或者被人民法院判决强制解散的，人民法院受理强制清算申请后，清算组对股东进行剩余财产分配前，申请人向人民法院申请撤回强制清算申请的，人民法院应不予准许。但申请人有证据证明相关行政决定被撤销，或者人民法院作出解散公司判决后当事人又达成公司存续和解协议的除外。

21. 人民法院裁定受理强制清算申请前，申请人请求撤回申请，人民法院准许的，强制清算案件的申请费不再从被申请人财产中予以拨付；人民法院受理强制清算申请后，申请人请求撤回申请，人民法院准许的，已经从被申请人财产中优先拨付的强制清算案件申请费不予退回。

30. 人民法院受理强制清算申请前已经开始，人民法院受理强制清算申请时尚未审结的有关被强制清算公司的民事诉讼，由原受理法院继续审理，但应依法将原法定代表人变更为清算组负责人。

31. 人民法院受理强制清算申请后，就强制清算公司的权利义务产生争议的，应当向受理强制清算申请的人民法院提起诉讼，并由清算组负责人代表清算中公司参加诉讼活动。受理强制清算申请的人民法院对此类案件，可以适用民事诉讼法第三十七条和第三十九条的规定确定审理法院。上述案件在受理法院内部各审判庭之间按照业务分工进行审理。人民法院受理强制清算申请后，就强制清算公司的权利义务产生争议，当事人双方就产生争议约定有明确有效的仲裁条款的，应当按照约定通过仲裁方式解决。

四十三、破产程序案件

破产程序案件主要包括申请破产清算、申请破产重整、申请破产和解、申请对破产财产追加分配。申请破产清算是指当事人或者利害关系人向法院提出申请，要求宣告债务人破产清算以清偿债务。申请破产重整是指当事人或利害关系人向人民法院提出申请，在法院的主持和利害关系人的参与下，对具有重整原因和重整能力的债务人进行经营上的整顿和债权债务关系上的清理，以使其摆脱财务困境，重获经营能力。申请破产和解是指经由具备破产原因或已进入破产程序的债务人申请，在法院的主持下，由债务人与债权人会议达成协议，就债务人延期清偿债务、减免债务等事项达成协议，以了结债权债务关系从而避免进入破产清算程序或进行破产分配。申请对破产财产追加分配是指自破产程序终结之日起二年内，出现应当追回财产的法定情形或者发现破产人有应当供分配的其他财产的，债权人可以请求人民法院按照破产财产分配方案进行追加分配。

此次案由修改中，增加第二级案由“四十三、破产程序案件”。变更“270. 申请破产清算”“271. 申请破产重整”“272. 申请破产和解”为新增加的第二级案由“四十三、破产程序案件”项下的第三级案由“421. 申请破产清算”“422. 申请破产重整”“423. 申请破产和解”。在新增加的第二级案由“四十三、破产程序案件”项下：增加“424. 申请对破产财产追加分配”。

421. 申请破产清算

法律条文及规范索引

《中华人民共和国民法典》（2021 年 1 月 1 日施行）

第六十八条　有下列原因之一并依法完成清算、注销登记的，法人终止：

（一）法人解散；

（二）法人被宣告破产；

（三）法律规定的其他原因。

法人终止，法律、行政法规规定须经有关机关批准的，依照其规定。

第六十九条 有下列情形之一的，法人解散：

（一）法人章程规定的存续期间届满或者法人章程规定的其他解散事由出现；

（二）法人的权力机构决议解散；

（三）因法人合并或者分立需要解散；

（四）法人依法被吊销营业执照、登记证书，被责令关闭或者被撤销；

（五）法律规定的其他情形。

第七十条 法人解散的，除合并或者分立的情形外，清算义务人应当及时组成清算组进行清算。

法人的董事、理事等执行机构或者决策机构的成员为清算义务人。法律、行政法规另有规定的，依照其规定。

清算义务人未及时履行清算义务，造成损害的，应当承担民事责任；主管机关或者利害关系人可以申请人民法院指定有关人员组成清算组进行清算。

第七十一条 法人的清算程序和清算组职权，依照有关法律的规定；没有规定的，参照适用公司法律的有关规定。

第七十二条 清算期间法人存续，但是不得从事与清算无关的活动。

法人清算后的剩余财产，按照法人章程的规定或者法人权力机构的决议处理。法律另有规定的，依照其规定。

清算结束并完成法人注销登记时，法人终止；依法不需要办理法人登记的，清算结束时，法人终止。

第七十三条 法人被宣告破产的，依法进行破产清算并完成法人注销登记时，法人终止。

《中华人民共和国公司法》（2018年10月26日修正）

第一百八十七条 清算组在清理公司财产、编制资产负债表和财产清单后，发现公司财产不足清偿债务的，应当依法向人民法院申请宣告破产。

公司经人民法院裁定宣告破产后，清算组应当将清算事务移交给人民法院。

《中华人民共和国企业破产法》（2007年6月1日施行）

第二条　企业法人不能清偿到期债务，并且资产不足以清偿全部债务或者明显缺乏清偿能力的，依照本法规定清理债务。

企业法人有前款规定情形，或者有明显丧失清偿能力可能的，可以依照本法规定进行重整。

第七条　债务人有本法第二条规定的情形，可以向人民法院提出重整、和解或者破产清算申请。

债务人不能清偿到期债务，债权人可以向人民法院提出对债务人进行重整或者破产清算的申请。

企业法人已解散但未清算或者未清算完毕，资产不足以清偿债务的，依法负有清算责任的人应当向人民法院申请破产清算。

第九条　人民法院受理破产申请前，申请人可以请求撤回申请。

第一百三十四条　商业银行、证券公司、保险公司等金融机构有本法第二条规定情形的，国务院金融监督管理机构可以向人民法院提出对该金融机构进行重整或者破产清算的申请。国务院金融监督管理机构依法对出现重大经营风险的金融机构采取接管、托管等措施的，可以向人民法院申请中止以该金融机构为被告或者被执行人的民事诉讼程序或者执行程序。

金融机构实施破产的，国务院可以依据本法和其他有关法律的规定制定实施办法。

《最高人民法院印发〈全国法院破产审判工作会议纪要〉的通知》（法〔2018〕53号　2018年3月4日）

23. 破产宣告的条件。人民法院受理破产清算申请后，第一次债权人会议上无人提出重整或和解申请的，管理人应当在债权审核确认和必要的审计、资产评估后，及时向人民法院提出宣告破产的申请。人民法院受理破产和解或重整申请后，债务人出现应当宣告破产的法定原因时，人民法院应当依法宣告债务人破产。

24. 破产宣告的程序及转换限制。相关主体向人民法院提出宣告破产申请的，人民法院应当自收到申请之日起七日内作出破产宣告裁定并进行公告。债务人被宣告破产后，不得再转入重整程序或和解程序。

30. 破产清算程序的终结。人民法院终结破产清算程序应当以查明债务人财产状况、明确债务人财产的分配方案、确保破产债权获得依法清偿为基础。破产申请受理后，经管理人调查，债务人财产不足以清偿破产费用且无人代为清偿或垫付的，人民法院应当依管理人申请宣告破产并裁定终结破产清算程序。

《最高人民法院关于适用〈中华人民共和国企业破产法〉若干问题的规定（二）》（法释〔2013〕22号　2020年12月23日修正）

第五条　破产申请受理后，有关债务人财产的执行程序未依照企业破产法第十九条的规定中止的，采取执行措施的相关单位应当依法予以纠正。依法执行回转的财产，人民法院应当认定为债务人财产。

第六条　破产申请受理后，对于可能因有关利益相关人的行为或者其他原因，影响破产程序依法进行的，受理破产申请的人民法院可以根据管理人的申请或者依职权，对债务人的全部或者部分财产采取保全措施。

第七条　对债务人财产已采取保全措施的相关单位，在知悉人民法院已裁定受理有关债务人的破产申请后，应当依照企业破产法第十九条的规定及时解除对债务人财产的保全措施。

第八条　人民法院受理破产申请后至破产宣告前裁定驳回破产申请，或者依据企业破产法第一百零八条的规定裁定终结破产程序的，应当及时通知原已采取保全措施并已依法解除保全措施的单位按照原保全顺位恢复相关保全措施。

在已依法解除保全的单位恢复保全措施或者表示不再恢复之前，受理破产申请的人民法院不得解除对债务人财产的保全措施。

第四十七条　人民法院受理破产申请后，当事人提起的有关债务人的民事诉讼案件，应当依据企业破产法第二十一条的规定，由受理破产申请的人民法院管辖。

受理破产申请的人民法院管辖的有关债务人的第一审民事案件，可以依据民事诉讼法第三十八条的规定，由上级人民法院提审，或者报请上级人民法院批准后交下级人民法院审理。

受理破产申请的人民法院，如对有关债务人的海事纠纷、专利纠纷、证券市场因虚假陈述引发的民事赔偿纠纷等案件不能行使管辖权的，可以依据民事诉讼法第三十七条的规定，由上级人民法院指定管辖。

《最高人民法院关于个人独资企业清算是否可以参照适用企业破产法规定的破产清算程序的批复》（法释〔2012〕16号　2012年12月11日）

贵州省高级人民法院：

你院《关于个人独资企业清算是否可以参照适用破产清算程序的请示》

（〔2012〕黔高研请字第 2 号）收悉。经研究，批复如下：

根据《中华人民共和国企业破产法》第一百三十五条的规定，在个人独资企业不能清偿到期债务，并且资产不足以清偿全部债务或者明显缺乏清偿能力的情况下，可以参照适用企业破产法规定的破产清算程序进行清算。

根据《中华人民共和国个人独资企业法》第三十一条的规定，人民法院参照适用破产清算程序裁定终结个人独资企业的清算程序后，个人独资企业的债权人仍然可以就其未获清偿的部分向投资人主张权利。

《最高人民法院关于适用〈中华人民共和国企业破产法〉若干问题的规定（一）》（法释〔2011〕22 号　2011 年 9 月 9 日）

第五条　企业法人已解散但未清算或者未在合理期限内清算完毕，债权人申请债务人破产清算的，除债务人在法定异议期限内举证证明其未出现破产原因外，人民法院应当受理。

第六条　债权人申请债务人破产的，应当提交债务人不能清偿到期债务的有关证据。债务人对债权人的申请未在法定期限内向人民法院提出异议，或者异议不成立的，人民法院应当依法裁定受理破产申请。

受理破产申请后，人民法院应当责令债务人依法提交其财产状况说明、债务清册、债权清册、财务会计报告等有关材料，债务人拒不提交的，人民法院可以对债务人的直接责任人员采取罚款等强制措施。

第七条　人民法院收到破产申请时，应当向申请人出具收到申请及所附证据的书面凭证。

人民法院收到破产申请后应当及时对申请人的主体资格、债务人的主体资格和破产原因，以及有关材料和证据等进行审查，并依据企业破产法第十条的规定作出是否受理的裁定。

人民法院认为申请人应当补充、补正相关材料的，应当自收到破产申请之日起五日内告知申请人。当事人补充、补正相关材料的期间不计入企业破产法第十条规定的期限。

422. 申请破产重整

法律条文及规范索引

《中华人民共和国企业破产法》（2007 年 6 月 1 日施行）

第二条 企业法人不能清偿到期债务，并且资产不足以清偿全部债务或者明显缺乏清偿能力的，依照本法规定清理债务。

企业法人有前款规定情形，或者有明显丧失清偿能力可能的，可以依照本法规定进行重整。

第七条 债务人有本法第二条规定的情形，可以向人民法院提出重整、和解或者破产清算申请。

债务人不能清偿到期债务，债权人可以向人民法院提出对债务人进行重整或者破产清算的申请。

企业法人已解散但未清算或者未清算完毕，资产不足以清偿债务的，依法负有清算责任的人应当向人民法院申请破产清算。

第八条 向人民法院提出破产申请，应当提交破产申请书和有关证据。

破产申请书应当载明下列事项：

（一）申请人、被申请人的基本情况；

（二）申请目的；

（三）申请的事实和理由；

（四）人民法院认为应当载明的其他事项。

债务人提出申请的，还应当向人民法院提交财产状况说明、债务清册、债权清册、有关财务会计报告、职工安置预案以及职工工资的支付和社会保险费用的缴纳情况。

第九条 人民法院受理破产申请前，申请人可以请求撤回申请。

第七十条 债务人或者债权人可以依照本法规定，直接向人民法院申请对债务人进行重整。

债权人申请对债务人进行破产清算的，在人民法院受理破产申请后、宣告债务人破产前，债务人或者出资额占债务人注册资本十分之一以上的出资人，可以向人民法院申请重整。

第七十一条　人民法院经审查认为重整申请符合本法规定的，应当裁定债务人重整，并予以公告。

第一百三十四条　商业银行、证券公司、保险公司等金融机构有本法第二条规定情形的，国务院金融监督管理机构可以向人民法院提出对该金融机构进行重整或者破产清算的申请。国务院金融监督管理机构依法对出现重大经营风险的金融机构采取接管、托管等措施的，可以向人民法院申请中止以该金融机构为被告或者被执行人的民事诉讼程序或者执行程序。

金融机构实施破产的，国务院可以依据本法和其他有关法律的规定制定实施办法。

《最高人民法院关于适用〈中华人民共和国企业破产法〉若干问题的规定（二）》（法释〔2013〕22号　2020年12月23日修正）

第四条　债务人对按份享有所有权的共有财产的相关份额，或者共同享有所有权的共有财产的相应财产权利，以及依法分割共有财产所得部分，人民法院均应认定为债务人财产。

人民法院宣告债务人破产清算，属于共有财产分割的法定事由。人民法院裁定债务人重整或者和解的，共有财产的分割应当依据民法典第三百零三条的规定进行；基于重整或者和解的需要必须分割共有财产，管理人请求分割的，人民法院应予准许。

因分割共有财产导致其他共有人损害产生的债务，其他共有人请求作为共益债务清偿的，人民法院应予支持。

第四十条　债务人重整期间，权利人要求取回债务人合法占有的权利人的财产，不符合双方事先约定条件的，人民法院不予支持。但是，因管理人或者自行管理的债务人违反约定，可能导致取回物被转让、毁损、灭失或者价值明显减少的除外。

《最高人民法院印发〈全国法院破产审判工作会议纪要〉的通知》（法〔2018〕53号　2018年3月4日）

14．重整企业的识别审查。破产重整的对象应当是具有挽救价值和可能的困境企业；对于僵尸企业，应通过破产清算，果断实现市场出清。人民法院在审查重整申请时，根据债务人的资产状况、技术工艺、生产销售、行业前景等因素，能够认定债务人明显不具备重整价值以及拯救可能性的，应裁定不予受理。

15．重整案件的听证程序。对于债权债务关系复杂、债务规模较大，或者涉及上市公司重整的案件，人民法院在审查重整申请时，可以组织申请人、被申请人听证。债权人、出资人、重整投资人等利害关系人经人民法院准许，也可以参加听证。听证期间不计入重整申请审查期限。

16. 重整计划的制定及沟通协调。人民法院要加强与管理人或债务人的沟通，引导其分析债务人陷于困境的原因，有针对性地制定重整计划草案，促使企业重新获得盈利能力，提高重整成功率。人民法院要与政府建立沟通协调机制，帮助管理人或债务人解决重整计划草案制定中的困难和问题。

17. 重整计划的审查与批准。重整不限于债务减免和财务调整，重整的重点是维持企业的营运价值。人民法院在审查重整计划时，除合法性审查外，还应审查其中的经营方案是否具有可行性。重整计划中关于企业重新获得盈利能力的经营方案具有可行性、表决程序合法、内容不损害各表决组中反对者的清偿利益的，人民法院应当自收到申请之日起三十日内裁定批准重整计划。

18. 重整计划草案强制批准的条件。人民法院应当审慎适用企业破产法第八十七条第二款，不得滥用强制批准权。确需强制批准重整计划草案的，重整计划草案除应当符合企业破产法第八十七条第二款规定外，如债权人分多组的，还应当至少有一组已经通过重整计划草案，且各表决组中反对者能够获得的清偿利益不低于依照破产清算程序所能获得的利益。

19. 重整计划执行中的变更条件和程序。债务人应严格执行重整计划，但因出现国家政策调整、法律修改变化等特殊情况，导致原重整计划无法执行的，债务人或管理人可以申请变更重整计划一次。债权人会议决议同意变更重整计划的，应自决议通过之日起十日内提请人民法院批准。债权人会议决议不同意或者人民法院不批准变更申请的，人民法院经管理人或者利害关系人请求，应当裁定终止重整计划的执行，并宣告债务人破产。

20. 重整计划变更后的重新表决与裁定批准。人民法院裁定同意变更重整计划的，债务人或者管理人应当在六个月内提出新的重整计划。变更后的重整计划应提交给因重整计划变更而遭受不利影响的债权人组和出资人组进行表决。表决、申请人民法院批准以及人民法院裁定是否批准的程序与原重整计划的相同。

21. 重整后企业正常生产经营的保障。企业重整后，投资主体、股权结构、公司治理模式、经营方式等与原企业相比，往往发生了根本变化，人民法院要通过加强与政府的沟通协调，帮助重整企业修复信用记录，依法获取税收优惠，以利于重整企业恢复正常生产经营。

22. 探索推行庭外重组与庭内重整制度的衔接。在企业进入重整程序之前，可以先由债权人与债务人、出资人等利害关系人通过庭外商业谈判，拟定重组方案。重整程序启动后，可以重组方案为依据拟定重整计划草案提交人民法院依法审查批准。

423. 申请破产和解

法律条文及规范索引

《中华人民共和国企业破产法》（2007 年 6 月 1 日施行）

第二条　企业法人不能清偿到期债务，并且资产不足以清偿全部债务或者明显缺乏清偿能力的，依照本法规定清理债务。

企业法人有前款规定情形，或者有明显丧失清偿能力可能的，可以依照本法规定进行重整。

第七条　债务人有本法第二条规定的情形，可以向人民法院提出重整、和解或者破产清算申请。

债务人不能清偿到期债务，债权人可以向人民法院提出对债务人进行重整或者破产清算的申请。

企业法人已解散但未清算或者未清算完毕，资产不足以清偿债务的，依法负有清算责任的人应当向人民法院申请破产清算。

第九十五条　债务人可以依照本法规定，直接向人民法院申请和解；也可以在人民法院受理破产申请后、宣告债务人破产前，向人民法院申请和解。

债务人申请和解，应当提出和解协议草案。

第九十六条　人民法院经审查认为和解申请符合本法规定的，应当裁定和解，予以公告，并召集债权人会议讨论和解协议草案。

对债务人的特定财产享有担保权的权利人，自人民法院裁定和解之日起可以行使权利。

《最高人民法院关于适用〈中华人民共和国企业破产法〉若干问题的规定（二）》（法释〔2013〕22 号　2020 年 12 月 23 日修正）

第四条　债务人对按份享有所有权的共有财产的相关份额，或者共同享有所有权的共有财产的相应财产权利，以及依法分割共有财产所得部分，人民法院均应认定为债务人财产。

人民法院宣告债务人破产清算，属于共有财产分割的法定事由。人民法院裁定债务人重整或者和解的，共有财产的分割应当依据民法典第三百零三条的规定进行；基于重整或者和解的需要必须分割共有财产，管理人请求分割的，人民法院应予准许。

因分割共有财产导致其他共有人损害产生的债务，其他共有人请求作为共益债务清偿的，人民法院应予支持。

第四十条 债务人重整期间，权利人要求取回债务人合法占有的权利人的财产，不符合双方事先约定条件的，人民法院不予支持。但是，因管理人或者自行管理的债务人违反约定，可能导致取回物被转让、毁损、灭失或者价值明显减少的除外。

424. 申请对破产财产追加分配

法律条文及规范索引

《中华人民共和国企业破产法》（2007 年 6 月 1 日施行）

第一百二十三条 自破产程序依照本法第四十三条第四款或者第一百二十条的规定终结之日起二年内，有下列情形之一的，债权人可以请求人民法院按照破产财产分配方案进行追加分配：

（一）发现有依照本法第三十一条、第三十二条、第三十三条、第三十六条规定应当追回的财产的；

（二）发现破产人有应当供分配的其他财产的。

有前款规定情形，但财产数量不足以支付分配费用的，不再进行追加分配，由人民法院将其上交国库。

四十四、申请诉前停止侵害知识产权案件

申请诉前停止侵害知识产权，是指知识产权人或者利害关系人在起诉前向人民法院申请采取责令停止侵害知识产权行为的措施。该二级案由下的知识产权主要包括专利权、注册商标专用权、著作权、植物新品种权、计算机软件著作权、集成电路布图设计专用权。

此次案由修改中，在第二级案由“三十八、申请诉前停止侵害知识产权案件”项下：增加“429. 申请诉前停止侵害计算机软件著作权”“430. 申请诉前停止侵害集成电路布图设计专用权”。

425. 申请诉前停止侵害专利权

法律条文及规范索引

《中华人民共和国专利法》（2020 年 10 月 17 日修正）

第七十二条　专利权人或者利害关系人有证据证明他人正在实施或者即将实施侵犯专利权、妨碍其实现权利的行为，如不及时制止将会使其合法权益受到难以弥补的损害的，可以在起诉前依法向人民法院申请采取财产保全、责令作出一定行为或者禁止作出一定行为的措施。

《最高人民法院关于审查知识产权纠纷行为保全案件适用法律若干问题的规定》（法释〔2018〕21 号　2018 年 12 月 12 日）

第二条　知识产权纠纷的当事人在判决、裁定或者仲裁裁决生效前，依据民事诉讼法第一百条、第一百零一条规定申请行为保全的，人民法院应当受理。

知识产权许可合同的被许可人申请诉前责令停止侵害知识产权行为的，独占许可合同的被许可人可以单独向人民法院提出申请；排他许可合同的被许可人在权利人不申请的情况下，可以单独提出申请；普通许可合同的被许

可人经权利人明确授权以自己的名义起诉的，可以单独提出申请。

第三条 申请诉前行为保全，应当向被申请人住所地具有相应知识产权纠纷管辖权的人民法院或者对案件具有管辖权的人民法院提出。

当事人约定仲裁的，应当向前款规定的人民法院申请行为保全。

第四条 向人民法院申请行为保全，应当递交申请书和相应证据。申请书应当载明下列事项：

（一）申请人与被申请人的身份、送达地址、联系方式；

（二）申请采取行为保全措施的内容和期限；

（三）申请所依据的事实、理由，包括被申请人的行为将会使申请人的合法权益受到难以弥补的损害或者造成案件裁决难以执行等损害的具体说明；

（四）为行为保全提供担保的财产信息或资信证明，或者不需要提供担保的理由；

（五）其他需要载明的事项。

第五条 人民法院裁定采取行为保全措施前，应当询问申请人和被申请人，但因情况紧急或者询问可能影响保全措施执行等情形除外。

人民法院裁定采取行为保全措施或者裁定驳回申请的，应当向申请人、被申请人送达裁定书。向被申请人送达裁定书可能影响采取保全措施的，人民法院可以在采取保全措施后及时向被申请人送达裁定书，至迟不得超过五日。

当事人在仲裁过程中申请行为保全的，应当通过仲裁机构向人民法院提交申请书、仲裁案件受理通知书等相关材料。人民法院裁定采取行为保全措施或者裁定驳回申请的，应当将裁定书送达当事人，并通知仲裁机构。

第六条 有下列情况之一，不立即采取行为保全措施即足以损害申请人利益的，应当认定属于民事诉讼法第一百条、第一百零一条规定的“情况紧急”：

（一）申请人的商业秘密即将被非法披露；

（二）申请人的发表权、隐私权等人身权利即将受到侵害；

（三）诉争的知识产权即将被非法处分；

（四）申请人的知识产权在展销会等时效性较强的场合正在或者即将受到侵害；

（五）时效性较强的热播节目正在或者即将受到侵害；

（六）其他需要立即采取行为保全措施的情况。

第七条　人民法院审查行为保全申请，应当综合考量下列因素：

（一）申请人的请求是否具有事实基础和法律依据，包括请求保护的知识产权效力是否稳定；

（二）不采取行为保全措施是否会使申请人的合法权益受到难以弥补的损害或者造成案件裁决难以执行等损害；

（三）不采取行为保全措施对申请人造成的损害是否超过采取行为保全措施对被申请人造成的损害；

（四）采取行为保全措施是否损害社会公共利益；

（五）其他应当考量的因素。

第八条　人民法院审查判断申请人请求保护的知识产权效力是否稳定，应当综合考量下列因素：

（一）所涉权利的类型或者属性；

（二）所涉权利是否经过实质审查；

（三）所涉权利是否处于宣告无效或者撤销程序中以及被宣告无效或者撤销的可能性；

（四）所涉权利是否存在权属争议；

（五）其他可能导致所涉权利效力不稳定的因素。

第九条　申请人以实用新型或者外观设计专利权为依据申请行为保全的，应当提交由国务院专利行政部门作出的检索报告、专利权评价报告或者专利复审委员会维持该专利权有效的决定。申请人无正当理由拒不提交的，人民法院应当裁定驳回其申请。

第十条　在知识产权与不正当竞争纠纷行为保全案件中，有下列情形之一的，应当认定属于民事诉讼法第一百零一条规定的“难以弥补的损害”：

（一）被申请人的行为将会侵害申请人享有的商誉或者发表权、隐私权等人身性质的权利且造成无法挽回的损害；

（二）被申请人的行为将会导致侵权行为难以控制且显著增加申请人损害；

（三）被申请人的侵害行为将会导致申请人的相关市场份额明显减少；

（四）对申请人造成其他难以弥补的损害。

第十一条　申请人申请行为保全的，应当依法提供担保。

申请人提供的担保数额，应当相当于被申请人可能因执行行为保全措施所遭受的损失，包括责令停止侵权行为所涉产品的销售收益、保管费用等合理损失。

在执行行为保全措施过程中，被申请人可能因此遭受的损失超过申请人担保数额的，人民法院可以责令申请人追加相应的担保。申请人拒不追加的，可以裁定解除或者部分解除保全措施。

第十二条 人民法院采取的行为保全措施，一般不因被申请人提供担保而解除，但是申请人同意的除外。

第十三条 人民法院裁定采取行为保全措施的，应当根据申请人的请求或者案件具体情况等因素合理确定保全措施的期限。

裁定停止侵害知识产权行为的效力，一般应当维持至案件裁判生效时止。

人民法院根据申请人的请求、追加担保等情况，可以裁定继续采取保全措施。申请人请求续行保全措施的，应当在期限届满前七日内提出。

第十四条 当事人不服行为保全裁定申请复议的，人民法院应当在收到复议申请后十日内审查并作出裁定。

第十五条 人民法院采取行为保全的方法和措施，依照执行程序相关规定处理。

第十六条 有下列情形之一的，应当认定属于民事诉讼法第一百零五条规定的“申请有错误”：

（一）申请人在采取行为保全措施后三十日内不依法提起诉讼或者申请仲裁；

（二）行为保全措施因请求保护的知识产权被宣告无效等原因自始不当；

（三）申请责令被申请人停止侵害知识产权或者不正当竞争，但生效裁判认定不构成侵权或者不正当竞争；

（四）其他属于申请有错误的情形。

第十七条 当事人申请解除行为保全措施，人民法院收到申请后经审查符合《最高人民法院关于适用〈中华人民共和国民事诉讼法〉的解释》第一百六十六条规定的情形的，应当在五日内裁定解除。

申请人撤回行为保全申请或者申请解除行为保全措施的，不因此免除民事诉讼法第一百零五条规定的赔偿责任。

第十八条 被申请人依据民事诉讼法第一百零五条规定提起赔偿诉讼，申请人申请诉前行为保全后没有起诉或者当事人约定仲裁的，由采取保全措施的人民法院管辖；申请人已经起诉的，由受理起诉的人民法院管辖。

第十九条　申请人同时申请行为保全、财产保全或者证据保全的，人民法院应当依法分别审查不同类型保全申请是否符合条件，并作出裁定。

为避免被申请人实施转移财产、毁灭证据等行为致使保全目的无法实现，人民法院可以根据案件具体情况决定不同类型保全措施的执行顺序。

426. 申请诉前停止侵害注册商标专用权

法律条文及规范索引

《中华人民共和国商标法》（2019 年 4 月 23 日修正）

第六十五条　商标注册人或者利害关系人有证据证明他人正在实施或者即将实施侵犯其注册商标专用权的行为，如不及时制止将会使其合法权益受到难以弥补的损害的，可以依法在起诉前向人民法院申请采取责令停止有关行为和财产保全的措施。

《最高人民法院关于审查知识产权纠纷行为保全案件适用法律若干问题的规定》（法释〔2018〕21 号　2018 年 12 月 12 日）

第二条～第十九条，见本书第 886 页。

427. 申请诉前停止侵害著作权

法律条文及规范索引

《中华人民共和国著作权法》（2020 年 11 月 11 日修正）

第五十六条　著作权人或者与著作权有关的权利人有证据证明他人正在实施或者即将实施侵犯其权利、妨碍其实现权利的行为，如不及时制止将会使其合法权益受到难以弥补的损害的，可以在起诉前依法向人民法院申请采取财产保全、责令作出一定行为或者禁止作出一定行为等措施。

《计算机软件保护条例》（2013 年 1 月 30 日修订）

第二十六条　软件著作权人有证据证明他人正在实施或者即将实施侵犯

其权利的行为，如不及时制止，将会使其合法权益受到难以弥补的损害的，可以依照《中华人民共和国著作权法》第五十条的规定，在提起诉讼前向人民法院申请采取责令停止有关行为和财产保全的措施。

《最高人民法院关于审理著作权民事纠纷案件适用法律若干问题的解释》（法释〔2002〕31号　2020年12月23日修正）

第二十八条　人民法院采取保全措施的，依据民事诉讼法及《最高人民法院关于审查知识产权纠纷行为保全案件适用法律若干问题的规定》的有关规定办理。

《最高人民法院关于审查知识产权纠纷行为保全案件适用法律若干问题的规定》（法释〔2018〕21号　2018年12月12日）

第二条～第十九条，见本书第886页。

428. 申请诉前停止侵害植物新品种权

法律条文及规范索引

《最高人民法院关于审理侵害植物新品种权纠纷案件具体应用法律问题的若干规定》（法释〔2007〕1号　2020年12月23日修正）

第五条　品种权人或者利害关系人向人民法院提起侵害植物新品种权诉讼前，可以提出行为保全或者证据保全请求，人民法院经审查作出裁定。

人民法院采取证据保全措施时，可以根据案件具体情况，邀请有关专业技术人员按照相应的技术规程协助取证。

《最高人民法院关于审查知识产权纠纷行为保全案件适用法律若干问题的规定》（法释〔2018〕21号　2018年12月12日）

第二条～第十九条，见本书第886页。

429. 申请诉前停止侵害计算机软件著作权

法律条文及规范索引

《计算机软件保护条例》（2013 年 1 月 30 日修订）

第八条　软件著作权人享有下列各项权利：

（一）发表权，即决定软件是否公之于众的权利；

（二）署名权，即表明开发者身份，在软件上署名的权利；

（三）修改权，即对软件进行增补、删节，或者改变指令、语句顺序的权利；

（四）复制权，即将软件制作一份或者多份的权利；

（五）发行权，即以出售或者赠与方式向公众提供软件的原件或者复制件的权利；

（六）出租权，即有偿许可他人临时使用软件的权利，但是软件不是出租的主要标的的除外；

（七）信息网络传播权，即以有线或者无线方式向公众提供软件，使公众可以在其个人选定的时间和地点获得软件的权利；

（八）翻译权，即将原软件从一种自然语言文字转换成另一种自然语言文字的权利；

（九）应当由软件著作权人享有的其他权利。

软件著作权人可以许可他人行使其软件著作权，并有权获得报酬。

软件著作权人可以全部或者部分转让其软件著作权，并有权获得报酬。

第二十三条　除《中华人民共和国著作权法》或者本条例另有规定外，有下列侵权行为的，应当根据情况，承担停止侵害、消除影响、赔礼道歉、赔偿损失等民事责任：

（一）未经软件著作权人许可，发表或者登记其软件的；

（二）将他人软件作为自己的软件发表或者登记的；

（三）未经合作者许可，将与他人合作开发的软件作为自己单独完成的软件发表或者登记的；

（四）在他人软件上署名或者更改他人软件上的署名的；

（五）未经软件著作权人许可，修改、翻译其软件的；

（六）其他侵犯软件著作权的行为。

第二十四条 除《中华人民共和国著作权法》、本条例或者其他法律、行政法规另有规定外，未经软件著作权人许可，有下列侵权行为的，应当根据情况，承担停止侵害、消除影响、赔礼道歉、赔偿损失等民事责任；同时损害社会公共利益的，由著作权行政管理部门责令停止侵权行为，没收违法所得，没收、销毁侵权复制品，可以并处罚款；情节严重的，著作权行政管理部门并可以没收主要用于制作侵权复制品的材料、工具、设备等；触犯刑律的，依照刑法关于侵犯著作权罪、销售侵权复制品罪的规定，依法追究刑事责任：

（一）复制或者部分复制著作权人的软件的；

（二）向公众发行、出租、通过信息网络传播著作权人的软件的；

（三）故意避开或者破坏著作权人为保护其软件著作权而采取的技术措施的；

（四）故意删除或者改变软件权利管理电子信息的；

（五）转让或者许可他人行使著作权人的软件著作权的。

有前款第一项或者第二项行为的，可以并处每件100元或者货值金额1倍以上5倍以下的罚款；有前款第三项、第四项或者第五项行为的，可以并处20万元以下的罚款。

第二十五条 侵犯软件著作权的赔偿数额，依照《中华人民共和国著作权法》第四十九条的规定确定。

第二十六条 软件著作权人有证据证明他人正在实施或者即将实施侵犯其权利的行为，如不及时制止，将会使其合法权益受到难以弥补的损害的，可以依照《中华人民共和国著作权法》第五十条的规定，在提起诉讼前向人民法院申请采取责令停止有关行为和财产保全的措施。

第二十七条 为了制止侵权行为，在证据可能灭失或者以后难以取得的情况下，软件著作权人可以依照《中华人民共和国著作权法》第五十一条的规定，在提起诉讼前向人民法院申请保全证据。

《最高人民法院关于审查知识产权纠纷行为保全案件适用法律若干问题的规定》（法释〔2018〕21号　2018年12月12日）

第二条～第十九条，见本书第886页。

430. 申请诉前停止侵害集成电路布图设计专用权

法律条文及规范索引

《集成电路布图设计保护条例》（2001 年 10 月 1 日施行）

第三十条　除本条例另有规定的外，未经布图设计权利人许可，有下列行为之一的，行为人必须立即停止侵权行为，并承担赔偿责任：

（一）复制受保护的布图设计的全部或者其中任何具有独创性的部分的；

（二）为商业目的进口、销售或者以其他方式提供受保护的布图设计、含有该布图设计的集成电路或者含有该集成电路的物品的。

侵犯布图设计专有权的赔偿数额，为侵权人所获得的利益或者被侵权人所受到的损失，包括被侵权人为制止侵权行为所支付的合理开支。

第三十一条　未经布图设计权利人许可，使用其布图设计，即侵犯其布图设计专有权，引起纠纷的，由当事人协商解决；不愿协商或者协商不成的，布图设计权利人或者利害关系人可以向人民法院起诉，也可以请求国务院知识产权行政部门处理。国务院知识产权行政部门处理时，认定侵权行为成立的，可以责令侵权人立即停止侵权行为，没收、销毁侵权产品或者物品。当事人不服的，可以自收到处理通知之日起 15 日内依照《中华人民共和国行政诉讼法》向人民法院起诉；侵权人期满不起诉又不停止侵权行为的，国务院知识产权行政部门可以请求人民法院强制执行。应当事人的请求，国务院知识产权行政部门可以就侵犯布图设计专有权的赔偿数额进行调解；调解不成的，当事人可以依照《中华人民共和国民事诉讼法》向人民法院起诉。

第三十二条　布图设计权利人或者利害关系人有证据证明他人正在实施或者即将实施侵犯其专有权的行为，如不及时制止将会使其合法权益受到难以弥补的损害的，可以在起诉前依法向人民法院申请采取责令停止有关行为和财产保全的措施。

第三十三条　在获得含有受保护的布图设计的集成电路或者含有该集成电路的物品时，不知道也没有合理理由应当知道其中含有非法复制的布图设计，而将其投入商业利用的，不视为侵权。

前款行为人得到其中含有非法复制的布图设计的明确通知后，可以继续将现有的存货或者此前的订货投入商业利用，但应当向布图设计权利人支付合理的报酬。

第三十四条 国务院知识产权行政部门的工作人员在布图设计管理工作中玩忽职守、滥用职权、徇私舞弊，构成犯罪的，依法追究刑事责任；尚不构成犯罪的，依法给予行政处分。

《最高人民法院关于审查知识产权纠纷行为保全案件适用法律若干问题的规定》（法释〔2018〕21号 2018年12月12日）

第二条～第十九条，见本书第886页。

四十五、申请保全案件

申请保全案件，是指人民法院或仲裁庭根据当事人的申请，对诉讼或者仲裁前、过程中以及执行前涉及的财产、行为和证据等采取保全措施的案件，也包含申请中止支付信用证项下款项和申请中止支付保函项下款项等特殊情况。

此次案由修改中，在第二级案由“三十九、申请保全案件”项下：删去“395. 申请诉中财产保全”；增加“432. 申请诉前行为保全”；删去“397. 申请诉中证据保全”；增加“434. 申请仲裁前财产保全”“435. 申请仲裁前行为保全”“436. 申请仲裁前证据保全”“439. 申请执行前财产保全”。

431. 申请诉前财产保全

法律条文及规范索引

《中华人民共和国民事诉讼法》（2017年6月27日修正）

第一百条 人民法院对于可能因当事人一方的行为或者其他原因，使判决难以执行或者造成当事人其他损害的案件，根据对方当事人的申请，可以裁定对其财产进行保全、责令其作出一定行为或者禁止其作出一定行为；当事人没有提出申请的，人民法院在必要时也可以裁定采取保全措施。

人民法院采取保全措施，可以责令申请人提供担保，申请人不提供担保的，裁定驳回申请。

人民法院接受申请后，对情况紧急的，必须在四十八小时内作出裁定；裁定采取保全措施的，应当立即开始执行。

第一百零一条　利害关系人因情况紧急，不立即申请保全将会使其合法权益受到难以弥补的损害的，可以在提起诉讼或者申请仲裁前向被保全财产所在地、被申请人住所地或者对案件有管辖权的人民法院申请采取保全措施。申请人应当提供担保，不提供担保的，裁定驳回申请。

人民法院接受申请后，必须在四十八小时内作出裁定；裁定采取保全措施的，应当立即开始执行。

申请人在人民法院采取保全措施后三十日内不依法提起诉讼或者申请仲裁的，人民法院应当解除保全。

第一百零二条　保全限于请求的范围，或者与本案有关的财物。

第一百零三条　财产保全采取查封、扣押、冻结或者法律规定的其他方法。人民法院保全财产后，应当立即通知被保全财产的人。

财产已被查封、冻结的，不得重复查封、冻结。

第一百零四条　财产纠纷案件，被申请人提供担保的，人民法院应当裁定解除保全。

第一百零五条　申请有错误的，申请人应当赔偿被申请人因保全所遭受的损失。

第一百零八条　当事人对保全或者先予执行的裁定不服的，可以申请复议一次。复议期间不停止裁定的执行。

《中华人民共和国商标法》（2019年4月23日修正）

第六十五条　商标注册人或者利害关系人有证据证明他人正在实施或者即将实施侵犯其注册商标专用权的行为，如不及时制止将会使其合法权益受到难以弥补的损害的，可以依法在起诉前向人民法院申请采取责令停止有关行为和财产保全的措施。

《中华人民共和国著作权法》（2020年11月11日修正）

第五十六条　著作权人或者与著作权有关的权利人有证据证明他人正在实施或者即将实施侵犯其权利、妨碍其实现权利的行为，如不及时制止将会使其合法权益受到难以弥补的损害的，可以在起诉前依法向人民法院申请采取财产保全、责令作出一定行为或者禁止作出一定行为等措施。

《最高人民法院关于适用〈中华人民共和国民事诉讼法〉的解释》（法释〔2015〕5号 2020年12月23日修正）

第一百五十二条 人民法院依照民事诉讼法第一百条、第一百零一条规定，在采取诉前保全、诉讼保全措施时，责令利害关系人或者当事人提供担保的，应当书面通知。

利害关系人申请诉前保全的，应当提供担保。申请诉前财产保全的，应当提供相当于请求保全数额的担保；情况特殊的，人民法院可以酌情处理。申请诉前行为保全的，担保的数额由人民法院根据案件的具体情况决定。

在诉讼中，人民法院依申请或者依职权采取保全措施的，应当根据案件的具体情况，决定当事人是否应当提供担保以及担保的数额。

第一百五十三条 人民法院对季节性商品、鲜活、易腐烂变质以及其他不宜长期保存的物品采取保全措施时，可以责令当事人及时处理，由人民法院保存价款；必要时，人民法院可予以变卖，保存价款。

第一百五十四条 人民法院在财产保全中采取查封、扣押、冻结财产措施时，应当妥善保管被查封、扣押、冻结的财产。不宜由人民法院保管的，人民法院可以指定被保全人负责保管；不宜由被保全人保管的，可以委托他人或者申请保全人保管。

查封、扣押、冻结担保物权人占有的担保财产，一般由担保物权人保管；由人民法院保管的，质权、留置权不因采取保全措施而消灭。

第一百五十五条 由人民法院指定被保全人保管的财产，如果继续使用对该财产的价值无重大影响，可以允许被保全人继续使用；由人民法院保管或者委托他人、申请保全人保管的财产，人民法院和其他保管人不得使用。

第一百五十六条 人民法院采取财产保全的方法和措施，依照执行程序相关规定办理。

第一百五十七条 人民法院对抵押物、质押物、留置物可以采取财产保全措施，但不影响抵押权人、质权人、留置权人的优先受偿权。

第一百五十八条 人民法院对债务人到期应得的收益，可以采取财产保全措施，限制其支取，通知有关单位协助执行。

第一百五十九条 债务人的财产不能满足保全请求，但对他人有到期债权的，人民法院可以依债权人的申请裁定该他人不得对本案债务人清偿。该他人要求偿付的，由人民法院提存财物或者价款。

第一百六十条　当事人向采取诉前保全措施以外的其他有管辖权的人民法院起诉的，采取诉前保全措施的人民法院应当将保全手续移送受理案件的人民法院。诉前保全的裁定视为受移送人民法院作出的裁定。

第一百六十一条　对当事人不服一审判决提起上诉的案件，在第二审人民法院接到报送的案件之前，当事人有转移、隐匿、出卖或者毁损财产等行为，必须采取保全措施的，由第一审人民法院依当事人申请或者依职权采取。第一审人民法院的保全裁定，应当及时报送第二审人民法院。

第一百六十二条　第二审人民法院裁定对第一审人民法院采取的保全措施予以续保或者采取新的保全措施的，可以自行实施，也可以委托第一审人民法院实施。

再审人民法院裁定对原保全措施予以续保或者采取新的保全措施的，可以自行实施，也可以委托原审人民法院或者执行法院实施。

第一百六十三条　法律文书生效后，进入执行程序前，债权人因对方当事人转移财产等紧急情况，不申请保全将可能导致生效法律文书不能执行或者难以执行的，可以向执行法院申请采取保全措施。债权人在法律文书指定的履行期间届满后五日内不申请执行的，人民法院应当解除保全。

第一百六十四条　对申请保全人或者他人提供的担保财产，人民法院应当依法办理查封、扣押、冻结等手续。

第一百六十五条　人民法院裁定采取保全措施后，除作出保全裁定的人民法院自行解除或者其上级人民法院决定解除外，在保全期限内，任何单位不得解除保全措施。

第一百六十六条　裁定采取保全措施后，有下列情形之一的，人民法院应当作出解除保全裁定：

（一）保全错误的；

（二）申请人撤回保全申请的；

（三）申请人的起诉或者诉讼请求被生效裁判驳回的；

（四）人民法院认为应当解除保全的其他情形。

解除以登记方式实施的保全措施的，应当向登记机关发出协助执行通知书。

第一百六十七条　财产保全的被保全人提供其他等值担保财产且有利于执行的，人民法院可以裁定变更保全标的物为被保全人提供的担保财产。

第一百六十八条 保全裁定未经人民法院依法撤销或者解除，进入执行程序后，自动转为执行中的查封、扣押、冻结措施，期限连续计算，执行法院无需重新制作裁定书，但查封、扣押、冻结期限届满的除外。

第一百六十九条 民事诉讼法规定的先予执行，人民法院应当在受理案件后终审判决作出前采取。先予执行应当限于当事人诉讼请求的范围，并以当事人的生活、生产经营的急需为限。

第一百七十条 民事诉讼法第一百零六条第三项规定的情况紧急，包括：

（一）需要立即停止侵害、排除妨碍的；

（二）需要立即制止某项行为的；

（三）追索恢复生产、经营急需的保险理赔费的；

（四）需要立即返还社会保险金、社会救助资金的；

（五）不立即返还款项，将严重影响权利人生活和生产经营的。

第一百七十一条 当事人对保全或者先予执行裁定不服的，可以自收到裁定书之日起五日内向作出裁定的人民法院申请复议。人民法院应当在收到复议申请后十日内审查。裁定正确的，驳回当事人的申请；裁定不当的，变更或者撤销原裁定。

第一百七十二条 利害关系人对保全或者先予执行的裁定不服申请复议的，由作出裁定的人民法院依照民事诉讼法第一百零八条规定处理。

《最高人民法院关于人民法院办理财产保全案件若干问题的规定》（法释〔2016〕22号 2020年12月23日修正）

第一条 当事人、利害关系人申请财产保全，应当向人民法院提交申请书，并提供相关证据材料。

申请书应当载明下列事项：

（一）申请保全人与被保全人的身份、送达地址、联系方式；

（二）请求事项和所根据的事实与理由；

（三）请求保全数额或者争议标的；

（四）明确的被保全财产信息或者具体的被保全财产线索；

（五）为财产保全提供担保的财产信息或资信证明，或者不需要提供担保的理由；

（六）其他需要载明的事项。

法律文书生效后，进入执行程序前，债权人申请财产保全的，应当写明生效法律文书的制作机关、文号和主要内容，并附生效法律文书副本。

第二条 人民法院进行财产保全，由立案、审判机构作出裁定，一般应当移送执行机构实施。

第三条 仲裁过程中，当事人申请财产保全的，应当通过仲裁机构向人民法院提交申请书及仲裁案件受理通知书等相关材料。人民法院裁定采取保全措施或者裁定驳回申请的，应当将裁定书送达当事人，并通知仲裁机构。

第四条 人民法院接受财产保全申请后，应当在五日内作出裁定；需要提供担保的，应当在提供担保后五日内作出裁定；裁定采取保全措施的，应当在五日内开始执行。对情况紧急的，必须在四十八小时内作出裁定；裁定采取保全措施的，应当立即开始执行。

第五条 人民法院依照民事诉讼法第一百条规定责令申请保全人提供财产保全担保的，担保数额不超过请求保全数额的百分之三十；申请保全的财产系争议标的的，担保数额不超过争议标的价值的百分之三十。

利害关系人申请诉前财产保全的，应当提供相当于请求保全数额的担保；情况特殊的，人民法院可以酌情处理。

财产保全期间，申请保全人提供的担保不足以赔偿可能给被保全人造成的损失的，人民法院可以责令其追加相应的担保；拒不追加的，可以裁定解除或者部分解除保全。

第六条 申请保全人或第三人为财产保全提供财产担保的，应当向人民法院出具担保书。担保书应当载明担保人、担保方式、担保范围、担保财产及其价值、担保责任承担等内容，并附相关证据材料。

第三人为财产保全提供保证担保的，应当向人民法院提交保证书。保证书应当载明保证人、保证方式、保证范围、保证责任承担等内容，并附相关证据材料。

对财产保全担保，人民法院经审查，认为违反民法典、公司法等有关法律禁止性规定的，应当责令申请保全人在指定期限内提供其他担保；逾期未提供的，裁定驳回申请。

第七条 保险人以其与申请保全人签订财产保全责任险合同的方式为财产保全提供担保的，应当向人民法院出具担保书。

担保书应当载明，因申请财产保全错误，由保险人赔偿被保全人因保全所遭受的损失等内容，并附相关证据材料。

第八条 金融监管部门批准设立的金融机构以独立保函形式为财产保全

提供担保的，人民法院应当依法准许。

第九条 当事人在诉讼中申请财产保全，有下列情形之一的，人民法院可以不要求提供担保：

（一）追索赡养费、扶养费、抚育费、抚恤金、医疗费用、劳动报酬、工伤赔偿、交通事故人身损害赔偿的；

（二）婚姻家庭纠纷案件中遭遇家庭暴力且经济困难的；

（三）人民检察院提起的公益诉讼涉及损害赔偿的；

（四）因见义勇为遭受侵害请求损害赔偿的；

（五）案件事实清楚、权利义务关系明确，发生保全错误可能性较小的；

（六）申请保全人为商业银行、保险公司等由金融监管部门批准设立的具有独立偿付债务能力的金融机构及其分支机构的。

法律文书生效后，进入执行程序前，债权人申请财产保全的，人民法院可以不要求提供担保。

第十条 当事人、利害关系人申请财产保全，应当向人民法院提供明确的被保全财产信息。

当事人在诉讼中申请财产保全，确因客观原因不能提供明确的被保全财产信息，但提供了具体财产线索的，人民法院可以依法裁定采取财产保全措施。

第十一条 人民法院依照本规定第十条第二款规定作出保全裁定的，在该裁定执行过程中，申请保全人可以向已经建立网络执行查控系统的执行法院，书面申请通过该系统查询被保全人的财产。

申请保全人提出查询申请的，执行法院可以利用网络执行查控系统，对裁定保全的财产或者保全数额范围内的财产进行查询，并采取相应的查封、扣押、冻结措施。

人民法院利用网络执行查控系统未查询到可供保全财产的，应当书面告知申请保全人。

第十二条 人民法院对查询到的被保全人财产信息，应当依法保密。除依法保全的财产外，不得泄露被保全人其他财产信息，也不得在财产保全、强制执行以外使用相关信息。

第十三条 被保全人有多项财产可供保全的，在能够实现保全目的的情况下，人民法院应当选择对其生产经营活动影响较小的财产进行保全。

人民法院对厂房、机器设备等生产经营性财产进行保全时，指定被保全人保管的，应当允许其继续使用。

第十四条 被保全财产系机动车、航空器等特殊动产的，除被保全人下落不明的以外，人民法院应当责令被保全人书面报告该动产的权属和占有、使用等情况，并予以核实。

第十五条 人民法院应当依据财产保全裁定采取相应的查封、扣押、冻结措施。

可供保全的土地、房屋等不动产的整体价值明显高于保全裁定载明金额的，人民法院应当对该不动产的相应价值部分采取查封、扣押、冻结措施，但该不动产在使用上不可分或者分割会严重减损其价值的除外。

对银行账户内资金采取冻结措施的，人民法院应当明确具体的冻结数额。

第十六条 人民法院在财产保全中采取查封、扣押、冻结措施，需要有关单位协助办理登记手续的，有关单位应当在裁定书和协助执行通知书送达后立即办理。针对同一财产有多个裁定书和协助执行通知书的，应当按照送达的时间先后办理登记手续。

第十七条 利害关系人申请诉前财产保全，在人民法院采取保全措施后三十日内依法提起诉讼或者申请仲裁的，诉前财产保全措施自动转为诉讼或仲裁中的保全措施；进入执行程序后，保全措施自动转为执行中的查封、扣押、冻结措施。

依前款规定，自动转为诉讼、仲裁中的保全措施或者执行中的查封、扣押、冻结措施的，期限连续计算，人民法院无需重新制作裁定书。

第十八条 申请保全人申请续行财产保全的，应当在保全期限届满七日前向人民法院提出；逾期申请或者不申请的，自行承担不能续行保全的法律后果。

人民法院进行财产保全时，应当书面告知申请保全人明确的保全期限届满日以及前款有关申请续行保全的事项。

第十九条 再审审查期间，债务人申请保全生效法律文书确定给付的财产的，人民法院不予受理。

再审审理期间，原生效法律文书中止执行，当事人申请财产保全的，人民法院应当受理。

第二十条 财产保全期间，被保全人请求对被保全财产自行处分，人民法院经审查，认为不损害申请保全人和其他执行债权人合法权益的，可以准许，但应当监督被保全人按照合理价格在指定期限内处分，并控制相应价款。

被保全人请求对作为争议标的的被保全财产自行处分的，须经申请保全人同意。

人民法院准许被保全人自行处分被保全财产的，应当通知申请保全人；申请保全人不同意的，可以依照民事诉讼法第二百二十五条规定提出异议。

第二十一条 保全法院在首先采取查封、扣押、冻结措施后超过一年未对被保全财产进行处分的，除被保全财产系争议标的外，在先轮候查封、扣押、冻结的执行法院可以商请保全法院将被保全财产移送执行。但司法解释另有特别规定的，适用其规定。

保全法院与在先轮候查封、扣押、冻结的执行法院就移送被保全财产发生争议的，可以逐级报请共同的上级法院指定该财产的执行法院。

共同的上级法院应当根据被保全财产的种类及所在地、各债权数额与被保全财产价值之间的关系等案件具体情况指定执行法院，并督促其在指定期限内处分被保全财产。

第二十二条 财产纠纷案件，被保全人或第三人提供充分有效担保请求解除保全，人民法院应当裁定准许。被保全人请求对作为争议标的的财产解除保全的，须经申请保全人同意。

第二十三条 人民法院采取财产保全措施后，有下列情形之一的，申请保全人应当及时申请解除保全：

（一）采取诉前财产保全措施后三十日内不依法提起诉讼或者申请仲裁的；

（二）仲裁机构不予受理仲裁申请、准许撤回仲裁申请或者按撤回仲裁申请处理的；

（三）仲裁申请或者请求被仲裁裁决驳回的；

（四）其他人民法院对起诉不予受理、准许撤诉或者按撤诉处理的；

（五）起诉或者诉讼请求被其他人民法院生效裁判驳回的；

（六）申请保全人应当申请解除保全的其他情形。

人民法院收到解除保全申请后，应当在五日内裁定解除保全；对情况紧急的，必须在四十八小时内裁定解除保全。

申请保全人未及时申请人民法院解除保全，应当赔偿被保全人因财产保全所遭受的损失。

被保全人申请解除保全，人民法院经审查认为符合法律规定的，应当在本条第二款规定的期间内裁定解除保全。

第二十四条　财产保全裁定执行中，人民法院发现保全裁定的内容与被保全财产的实际情况不符的，应当予以撤销、变更或补正。

第二十五条　申请保全人、被保全人对保全裁定或者驳回申请裁定不服的，可以自裁定书送达之日起五日内向作出裁定的人民法院申请复议一次。人民法院应当自收到复议申请后十日内审查。

对保全裁定不服申请复议的，人民法院经审查，理由成立的，裁定撤销或变更；理由不成立的，裁定驳回。

对驳回申请裁定不服申请复议的，人民法院经审查，理由成立的，裁定撤销，并采取保全措施；理由不成立的，裁定驳回。

第二十六条　申请保全人、被保全人、利害关系人认为保全裁定实施过程中的执行行为违反法律规定提出书面异议的，人民法院应当依照民事诉讼法第二百二十五条规定审查处理。

第二十七条　人民法院对诉讼争议标的以外的财产进行保全，案外人对保全裁定或者保全裁定实施过程中的执行行为不服，基于实体权利对被保全财产提出书面异议的，人民法院应当依照民事诉讼法第二百二十七条规定审查处理并作出裁定。案外人、申请保全人对该裁定不服的，可以自裁定送达之日起十五日内向人民法院提起执行异议之诉。

人民法院裁定案外人异议成立后，申请保全人在法律规定的期间内未提起执行异议之诉的，人民法院应当自起诉期限届满之日起七日内对该被保全财产解除保全。

第二十八条　海事诉讼中，海事请求人申请海事请求保全，适用《中华人民共和国海事诉讼特别程序法》及相关司法解释。

《最高人民法院关于审查知识产权纠纷行为保全案件适用法律若干问题的规定》（法释〔2018〕21号　2018年12月12日）

第十九条　申请人同时申请行为保全、财产保全或者证据保全的，人民法院应当依法分别审查不同类型保全申请是否符合条件，并作出裁定。

为避免被申请人实施转移财产、毁灭证据等行为致使保全目的无法实现，人民法院可以根据案件具体情况决定不同类型保全措施的执行顺序。

432. 申请诉前行为保全

法律条文及规范索引

《最高人民法院关于审查知识产权纠纷行为保全案件适用法律若干问题的规定》（法释〔2018〕21号 2018年12月12日）

第二条 知识产权纠纷的当事人在判决、裁定或者仲裁裁决生效前，依据民事诉讼法第一百条、第一百零一条规定申请行为保全的，人民法院应当受理。

知识产权许可合同的被许可人申请诉前责令停止侵害知识产权行为的，独占许可合同的被许可人可以单独向人民法院提出申请；排他许可合同的被许可人在权利人不申请的情况下，可以单独提出申请；普通许可合同的被许可人经权利人明确授权以自己的名义起诉的，可以单独提出申请。

第三条 申请诉前行为保全，应当向被申请人住所地具有相应知识产权纠纷管辖权的人民法院或者对案件具有管辖权的人民法院提出。

当事人约定仲裁的，应当向前款规定的人民法院申请行为保全。

第四条 向人民法院申请行为保全，应当递交申请书和相应证据。申请书应当载明下列事项：

（一）申请人与被申请人的身份、送达地址、联系方式；

（二）申请采取行为保全措施的内容和期限；

（三）申请所依据的事实、理由，包括被申请人的行为将会使申请人的合法权益受到难以弥补的损害或者造成案件裁决难以执行等损害的具体说明；

（四）为行为保全提供担保的财产信息或资信证明，或者不需要提供担保的理由；

（五）其他需要载明的事项。

第五条 人民法院裁定采取行为保全措施前，应当询问申请人和被申请人，但因情况紧急或者询问可能影响保全措施执行等情形除外。

人民法院裁定采取行为保全措施或者裁定驳回申请的，应当向申请人、被申请人送达裁定书。向被申请人送达裁定书可能影响采取保全措施的，人民法院可以在采取保全措施后及时向被申请人送达裁定书，至迟不得超过五日。

当事人在仲裁过程中申请行为保全的，应当通过仲裁机构向人民法院提交申请书、仲裁案件受理通知书等相关材料。人民法院裁定采取行为保全措施或者裁定驳回申请的，应当将裁定书送达当事人，并通知仲裁机构。

第六条　有下列情况之一，不立即采取行为保全措施即足以损害申请人利益的，应当认定属于民事诉讼法第一百条、第一百零一条规定的“情况紧急”：

（一）申请人的商业秘密即将被非法披露；

（二）申请人的发表权、隐私权等人身权利即将受到侵害；

（三）诉争的知识产权即将被非法处分；

（四）申请人的知识产权在展销会等时效性较强的场合正在或者即将受到侵害；

（五）时效性较强的热播节目正在或者即将受到侵害；

（六）其他需要立即采取行为保全措施的情况。

第七条　人民法院审查行为保全申请，应当综合考量下列因素：

（一）申请人的请求是否具有事实基础和法律依据，包括请求保护的知识产权效力是否稳定；

（二）不采取行为保全措施是否会使申请人的合法权益受到难以弥补的损害或者造成案件裁决难以执行等损害；

（三）不采取行为保全措施对申请人造成的损害是否超过采取行为保全措施对被申请人造成的损害；

（四）采取行为保全措施是否损害社会公共利益；

（五）其他应当考量的因素。

第八条　人民法院审查判断申请人请求保护的知识产权效力是否稳定，应当综合考量下列因素：

（一）所涉权利的类型或者属性；

（二）所涉权利是否经过实质审查；

（三）所涉权利是否处于宣告无效或者撤销程序中以及被宣告无效或者撤销的可能性；

（四）所涉权利是否存在权属争议；

（五）其他可能导致所涉权利效力不稳定的因素。

第九条 申请人以实用新型或者外观设计专利权为依据申请行为保全的，应当提交由国务院专利行政部门作出的检索报告、专利权评价报告或者专利复审委员会维持该专利权有效的决定。申请人无正当理由拒不提交的，人民法院应当裁定驳回其申请。

第十条 在知识产权与不正当竞争纠纷行为保全案件中，有下列情形之一的，应当认定属于民事诉讼法第一百零一条规定的“难以弥补的损害”：

（一）被申请人的行为将会侵害申请人享有的商誉或者发表权、隐私权等人身性质的权利且造成无法挽回的损害；

（二）被申请人的行为将会导致侵权行为难以控制且显著增加申请人损害；

（三）被申请人的侵害行为将会导致申请人的相关市场份额明显减少；

（四）对申请人造成其他难以弥补的损害。

第十一条 申请人申请行为保全的，应当依法提供担保。

申请人提供的担保数额，应当相当于被申请人可能因执行行为保全措施所遭受的损失，包括责令停止侵权行为所涉产品的销售收益、保管费用等合理损失。

在执行行为保全措施过程中，被申请人可能因此遭受的损失超过申请人担保数额的，人民法院可以责令申请人追加相应的担保。申请人拒不追加的，可以裁定解除或者部分解除保全措施。

第十二条 人民法院采取的行为保全措施，一般不因被申请人提供担保而解除，但是申请人同意的除外。

第十三条 人民法院裁定采取行为保全措施的，应当根据申请人的请求或者案件具体情况等因素合理确定保全措施的期限。

裁定停止侵害知识产权行为的效力，一般应当维持至案件裁判生效时止。

人民法院根据申请人的请求、追加担保等情况，可以裁定继续采取保全措施。申请人请求续行保全措施的，应当在期限届满前七日内提出。

第十四条 当事人不服行为保全裁定申请复议的，人民法院应当在收到复议申请后十日内审查并作出裁定。

第十五条 人民法院采取行为保全的方法和措施，依照执行程序相关规定处理。

第十六条 有下列情形之一的，应当认定属于民事诉讼法第一百零五条规定的“申请有错误”：

（一）申请人在采取行为保全措施后三十日内不依法提起诉讼或者申请仲裁；

（二）行为保全措施因请求保护的知识产权被宣告无效等原因自始不当；

（三）申请责令被申请人停止侵害知识产权或者不正当竞争，但生效裁判认定不构成侵权或者不正当竞争；

（四）其他属于申请有错误的情形。

第十七条　当事人申请解除行为保全措施，人民法院收到申请后经审查符合《最高人民法院关于适用〈中华人民共和国民事诉讼法〉的解释》第一百六十六条规定的情形的，应当在五日内裁定解除。

申请人撤回行为保全申请或者申请解除行为保全措施的，不因此免除民事诉讼法第一百零五条规定的赔偿责任。

第十八条　被申请人依据民事诉讼法第一百零五条规定提起赔偿诉讼，申请人申请诉前行为保全后没有起诉或者当事人约定仲裁的，由采取保全措施的人民法院管辖；申请人已经起诉的，由受理起诉的人民法院管辖。

第十九条　申请人同时申请行为保全、财产保全或者证据保全的，人民法院应当依法分别审查不同类型保全申请是否符合条件，并作出裁定。

为避免被申请人实施转移财产、毁灭证据等行为致使保全目的无法实现，人民法院可以根据案件具体情况决定不同类型保全措施的执行顺序。

433. 申请诉前证据保全

法律条文及规范索引

《中华人民共和国民事诉讼法》（2017年6月27日修正）

第八十一条　在证据可能灭失或者以后难以取得的情况下，当事人可以在诉讼过程中向人民法院申请保全证据，人民法院也可以主动采取保全措施。

因情况紧急，在证据可能灭失或者以后难以取得的情况下，利害关系人可以在提起诉讼或者申请仲裁前向证据所在地、被申请人住所地或者对案件有管辖权的人民法院申请保全证据。

证据保全的其他程序，参照适用本法第九章保全的有关规定。

《中华人民共和国商标法》（2019年4月23日修正）

第六十六条　为制止侵权行为，在证据可能灭失或者以后难以取得的情况下，商标注册人或者利害关系人可以依法在起诉前向人民法院申请保全证据。

《中华人民共和国著作权法》（2020年11月11日修正）

第五十七条　为制止侵权行为，在证据可能灭失或者以后难以取得的情况下，著作权人或者与著作权有关的权利人可以在起诉前依法向人民法院申请保全证据。

《计算机软件保护条例》（2013年1月30日修订）

第二十七条　为了制止侵权行为，在证据可能灭失或者以后难以取得的情况下，软件著作权人可以依照《中华人民共和国著作权法》第五十一条的规定，在提起诉讼前向人民法院申请保全证据。

《最高人民法院关于审理著作权民事纠纷案件适用法律若干问题的解释》（法释〔2002〕31号　2020年12月23日修正）

第二十八条　人民法院采取保全措施的，依据民事诉讼法及《最高人民法院关于审查知识产权纠纷行为保全案件适用法律若干问题的规定》的有关规定办理。

《最高人民法院关于审理侵害植物新品种权纠纷案件具体应用法律问题的若干规定》（法释〔2007〕1号　2020年12月23日修正）

第五条　品种权人或者利害关系人向人民法院提起侵害植物新品种权诉讼前，可以提出行为保全或者证据保全请求，人民法院经审查作出裁定。

人民法院采取证据保全措施时，可以根据案件具体情况，邀请有关专业技术人员按照相应的技术规程协助取证。

《最高人民法院关于审查知识产权纠纷行为保全案件适用法律若干问题的规定》（法释〔2018〕21号　2018年12月12日）

第十九条　申请人同时申请行为保全、财产保全或者证据保全的，人民法院应当依法分别审查不同类型保全申请是否符合条件，并作出裁定。

为避免被申请人实施转移财产、毁灭证据等行为致使保全目的无法实现，人民法院可以根据案件具体情况决定不同类型保全措施的执行顺序。

《最高人民法院关于关于民事诉讼证据的若干规定》（法释〔2019〕19号　2019年12月25日）

第二十九条　人民法院采取诉前证据保全措施后，当事人向其他有管辖权的人民法院提起诉讼的，采取保全措施的人民法院应当根据当事人的申请，将保全的证据及时移交受理案件的人民法院。

第三十一条　当事人申请鉴定，应当在人民法院指定期间内提出，并预交鉴定费用。逾期不提出申请或者不预交鉴定费用的，视为放弃申请。

对需要鉴定的待证事实负有举证责任的当事人，在人民法院指定期间内无正当理由不提出鉴定申请或者不预交鉴定费用，或者拒不提供相关材料，致使待证事实无法查明的，应当承担举证不能的法律后果。

434. 申请仲裁前财产保全

法律条文及规范索引

《中华人民共和国仲裁法》（2017年9月1日修正）

第二十八条　一方当事人因另一方当事人的行为或者其他原因，可能使裁决不能执行或者难以执行的，可以申请财产保全。

当事人申请财产保全的，仲裁委员会应当将当事人的申请依照民事诉讼法的有关规定提交人民法院。

申请有错误的，申请人应当赔偿被申请人因财产保全所遭受的损失。

435. 申请仲裁前行为保全

法律条文及规范索引

《最高人民法院关于审查知识产权纠纷行为保全案件适用法律若干问题的规定》（法释〔2018〕21号　2018年12月12日）

第二条～第十九条，见本书第886页。

436. 申请仲裁前证据保全

法律条文及规范索引

《中华人民共和国仲裁法》（2017年9月1日修正）

第四十六条 在证据可能灭失或者以后难以取得的情况下，当事人可以申请证据保全。当事人申请证据保全的，仲裁委员会应当将当事人的申请提交证据所在地的基层人民法院。

第六十八条 涉外仲裁的当事人申请证据保全的，涉外仲裁委员会应当将当事人的申请提交证据所在地的中级人民法院。

437. 仲裁程序中的财产保全

法律条文及规范索引

《中华人民共和国仲裁法》（2017年修正）

第二十八条 一方当事人因另一方当事人的行为或者其他原因，可能使裁决不能执行或者难以执行的，可以申请财产保全。

当事人申请财产保全的，仲裁委员会应当将当事人的申请依照民事诉讼法的有关规定提交人民法院。

申请有错误的，申请人应当赔偿被申请人因财产保全所遭受的损失。

《中华人民共和国民事诉讼法》（2017年6月27日修正）

第一百条 人民法院对于可能因当事人一方的行为或者其他原因，使判决难以执行或者造成当事人其他损害的案件，根据对方当事人的申请，可以裁定对其财产进行保全、责令其作出一定行为或者禁止其作出一定行为；当事人没有提出申请的，人民法院在必要时也可以裁定采取保全措施。

人民法院采取保全措施，可以责令申请人提供担保，申请人不提供担保的，裁定驳回申请。

人民法院接受申请后，对情况紧急的，必须在四十八小时内作出裁定；

裁定采取保全措施的，应当立即开始执行。

第一百零一条　利害关系人因情况紧急，不立即申请保全将会使其合法权益受到难以弥补的损害的，可以在提起诉讼或者申请仲裁前向被保全财产所在地、被申请人住所地或者对案件有管辖权的人民法院申请采取保全措施。申请人应当提供担保，不提供担保的，裁定驳回申请。

人民法院接受申请后，必须在四十八小时内作出裁定；裁定采取保全措施的，应当立即开始执行。

申请人在人民法院采取保全措施后三十日内不依法提起诉讼或者申请仲裁的，人民法院应当解除保全。

第一百零二条　保全限于请求的范围，或者与本案有关的财物。

第一百零三条　财产保全采取查封、扣押、冻结或者法律规定的其他方法。人民法院保全财产后，应当立即通知被保全财产的人。

财产已被查封、冻结的，不得重复查封、冻结。

第一百零四条　财产纠纷案件，被申请人提供担保的，人民法院应当裁定解除保全。

第一百零五条　申请有错误的，申请人应当赔偿被申请人因保全所遭受的损失。

第一百零六条　人民法院对下列案件，根据当事人的申请，可以裁定先予执行：

（一）追索赡养费、扶养费、抚育费、抚恤金、医疗费用的；

（二）追索劳动报酬的；

（三）因情况紧急需要先予执行的。

第一百零七条　人民法院裁定先予执行的，应当符合下列条件：

（一）当事人之间权利义务关系明确，不先予执行将严重影响申请人的生活或者生产经营的；

（二）被申请人有履行能力。

人民法院可以责令申请人提供担保，申请人不提供担保的，驳回申请。申请人败诉的，应当赔偿被申请人因先予执行遭受的财产损失。

第一百零八条　当事人对保全或者先予执行的裁定不服的，可以申请复议一次。复议期间不停止裁定的执行。

第二百七十一条　涉外经济贸易、运输和海事中发生的纠纷，当事人在合同中订有仲裁条款或者事后达成书面仲裁协议，提交中华人民共和国涉外仲裁机构或者其他仲裁机构仲裁的，当事人不得向人民法院起诉。

当事人在合同中没有订有仲裁条款或者事后没有达成书面仲裁协议的，可以向人民法院起诉。

第二百七十二条 当事人申请采取保全的，中华人民共和国的涉外仲裁机构应当将当事人的申请，提交被申请人住所地或者财产所在地的中级人民法院裁定。

第二百七十三条 经中华人民共和国涉外仲裁机构裁决的，当事人不得向人民法院起诉。一方当事人不履行仲裁裁决的，对方当事人可以向被申请人住所地或者财产所在地的中级人民法院申请执行。

第二百七十四条 对中华人民共和国涉外仲裁机构作出的裁决，被申请人提出证据证明仲裁裁决有下列情形之一的，经人民法院组成合议庭审查核实，裁定不予执行：

（一）当事人在合同中没有订有仲裁条款或者事后没有达成书面仲裁协议的；

（二）被申请人没有得到指定仲裁员或者进行仲裁程序的通知，或者由于其他不属于被申请人负责的原因未能陈述意见的；

（三）仲裁庭的组成或者仲裁的程序与仲裁规则不符的；

（四）裁决的事项不属于仲裁协议的范围或者仲裁机构无权仲裁的。

人民法院认定执行该裁决违背社会公共利益的，裁定不予执行。

《最高人民法院关于适用〈中华人民共和国民事诉讼法〉的解释》（法释〔2015〕5号 2020年12月23日修正）

第五百四十二条 依照民事诉讼法第二百七十二条规定，中华人民共和国涉外仲裁机构将当事人的保全申请提交人民法院裁定的，人民法院可以进行审查，裁定是否进行保全。裁定保全的，应当责令申请人提供担保，申请人不提供担保的，裁定驳回申请。

当事人申请证据保全，人民法院经审查认为无需提供担保的，申请人可以不提供担保。

438. 仲裁程序中的证据保全

法律条文及规范索引

《中华人民共和国仲裁法》（2017 年 9 月 1 日修正）

第四十六条　在证据可能灭失或者以后难以取得的情况下，当事人可以申请证据保全。当事人申请证据保全的，仲裁委员会应当将当事人的申请提交证据所在地的基层人民法院。

第六十八条　涉外仲裁的当事人申请证据保全的，涉外仲裁委员会应当将当事人的申请提交证据所在地的中级人民法院。

439. 申请执行前财产保全

参见 431. 申请诉前财产保全“法律条文及规范索引”。

440. 申请中止支付信用证项下款项

法律条文及规范索引

《最高人民法院关于审理信用证纠纷案件若干问题的规定》（法释〔2005〕13 号　2020 年 12 月 23 日修正）

第八条　凡有下列情形之一的，应当认定存在信用证欺诈：

（一）受益人伪造单据或者提交记载内容虚假的单据；

（二）受益人恶意不交付货物或者交付的货物无价值；

（三）受益人和开证申请人或者其他第三方串通提交假单据，而没有真实的基础交易；

（四）其他进行信用证欺诈的情形。

第九条　开证申请人、开证行或者其他利害关系人发现有本规定第八条的情形，并认为将会给其造成难以弥补的损害时，可以向有管辖权的人民法院申请中止支付信用证项下的款项。

第十条 人民法院认定存在信用证欺诈的，应当裁定中止支付或者判决终止支付信用证项下款项，但有下列情形之一的除外：

（一）开证行的指定人、授权人已按照开证行的指令善意地进行了付款；

（二）开证行或者其指定人、授权人已对信用证项下票据善意地作出了承兑；

（三）保兑行善意地履行了付款义务；

（四）议付行善意地进行了议付。

第十一条 当事人在起诉前申请中止支付信用证项下款项符合下列条件的，人民法院应予受理：

（一）受理申请的人民法院对该信用证纠纷案件享有管辖权；

（二）申请人提供的证据材料证明存在本规定第八条的情形；

（三）如不采取中止支付信用证项下款项的措施，将会使申请人的合法权益受到难以弥补的损害；

（四）申请人提供了可靠、充分的担保；

（五）不存在本规定第十条的情形。

当事人在诉讼中申请中止支付信用证项下款项的，应当符合前款第（二）、（三）、（四）、（五）项规定的条件。

第十二条 人民法院接受中止支付信用证项下款项申请后，必须在四十八小时内作出裁定；裁定中止支付的，应当立即开始执行。

人民法院作出中止支付信用证项下款项的裁定，应当列明申请人、被申请人和第三人。

第十三条 当事人对人民法院作出中止支付信用证项下款项的裁定有异议的，可以在裁定书送达之日起十日内向上一级人民法院申请复议。上一级人民法院应当自收到复议申请之日起十日内作出裁定。

复议期间，不停止原裁定的执行。

441. 申请中止支付保函项下款项

法律条文及规范索引

《中华人民共和国民事诉讼法》（2017 年 6 月 27 日修正）

第一百零一条　利害关系人因情况紧急，不立即申请保全将会使其合法权益受到难以弥补的损害的，可以在提起诉讼或者申请仲裁前向被保全财产所在地、被申请人住所地或者对案件有管辖权的人民法院申请采取保全措施。申请人应当提供担保，不提供担保的，裁定驳回申请。

人民法院接受申请后，必须在四十八小时内作出裁定；裁定采取保全措施的，应当立即开始执行。

申请人在人民法院采取保全措施后三十日内不依法提起诉讼或者申请仲裁的，人民法院应当解除保全。

第一百零二条　保全限于请求的范围，或者与本案有关的财物。

第一百零三条　财产保全采取查封、扣押、冻结或者法律规定的其他方法。人民法院保全财产后，应当立即通知被保全财产的人。

财产已被查封、冻结的，不得重复查封、冻结。

《最高人民法院关于审理独立保函纠纷案件若干问题的规定》（法释〔2016〕24 号　2020 年 12 月 23 日修正）

第十二条　具有下列情形之一的，人民法院应当认定构成独立保函欺诈：

（一）受益人与保函申请人或其他人串通，虚构基础交易的；

（二）受益人提交的第三方单据系伪造或内容虚假的；

（三）法院判决或仲裁裁决认定基础交易债务人没有付款或赔偿责任的；

（四）受益人确认基础交易债务已得到完全履行或者确认独立保函载明的付款到期事件并未发生的；

（五）受益人明知其没有付款请求权仍滥用该权利的其他情形。

第十三条　独立保函的申请人、开立人或指示人发现有本规定第十二条情形的，可以在提起诉讼或申请仲裁前，向开立人住所地或其他对独立保函欺诈纠纷案件具有管辖权的人民法院申请中止支付独立保函项下的款项，也可以在诉讼或仲裁过程中提出申请。

第十四条 人民法院裁定中止支付独立保函项下的款项，必须同时具备下列条件：

（一）止付申请人提交的证据材料证明本规定第十二条情形的存在具有高度可能性；

（二）情况紧急，不立即采取止付措施，将给止付申请人的合法权益造成难以弥补的损害；

（三）止付申请人提供了足以弥补被申请人因止付可能遭受损失的担保。

止付申请人以受益人在基础交易中违约为由请求止付的，人民法院不予支持。

开立人在依指示开立的独立保函项下已经善意付款的，对保障该开立人追偿权的独立保函，人民法院不得裁定止付。

第十五条 因止付申请错误造成损失，当事人请求止付申请人赔偿的，人民法院应予支持。

第十六条 人民法院受理止付申请后，应当在四十八小时内作出书面裁定。裁定应当列明申请人、被申请人和第三人，并包括初步查明的事实和是否准许止付申请的理由。

裁定中止支付的，应当立即执行。

止付申请人在止付裁定作出后三十日内未依法提起独立保函欺诈纠纷诉讼或申请仲裁的，人民法院应当解除止付裁定。

第十七条 当事人对人民法院就止付申请作出的裁定有异议的，可以在裁定书送达之日起十日内向作出裁定的人民法院申请复议。复议期间不停止裁定的执行。

人民法院应当在收到复议申请后十日内审查，并询问当事人。

第十八条 人民法院审理独立保函欺诈纠纷案件或处理止付申请，可以就当事人主张的本规定第十二条的具体情形，审查认定基础交易的相关事实。

四十六、申请人身安全保护令案件

人身安全保护令是一种民事强制措施，是人民法院为了保护家庭暴力受害人及其子女和特定亲属的人身安全、确保婚姻案件诉讼程序的正常进行而作出的民事裁定。申请人身安全保护令案件即为当事人因遭受家庭暴力或者面临家庭暴力的现实危险，向人民法院申请人身安全保护令的案件。

此次案由修改中，增加第二级案由“四十六、申请人身安全保护令案件”。在新增加的第二级案由“四十六、申请人身安全保护令案件”项下：增加“442. 申请人身安全保护令”。

442. 申请人身安全保护令

法律条文及规范索引

《中华人民共和国反家庭暴力法》（2016年3月1日施行）

第四章　人身安全保护令

第二十三条　当事人因遭受家庭暴力或者面临家庭暴力的现实危险，向人民法院申请人身安全保护令的，人民法院应当受理。

当事人是无民事行为能力人、限制民事行为能力人，或者因受到强制、威吓等原因无法申请人身安全保护令的，其近亲属、公安机关、妇女联合会、居民委员会、村民委员会、救助管理机构可以代为申请。

第二十四条　申请人身安全保护令应当以书面方式提出；书面申请确有困难的，可以口头申请，由人民法院记入笔录。

第二十五条　人身安全保护令案件由申请人或者被申请人居住地、家庭暴力发生地的基层人民法院管辖。

第二十六条　人身安全保护令由人民法院以裁定形式作出。

第二十七条　作出人身安全保护令，应当具备下列条件：

（一）有明确的被申请人；

（二）有具体的请求；

（三）有遭受家庭暴力或者面临家庭暴力现实危险的情形。

第二十八条 人民法院受理申请后，应当在七十二小时内作出人身安全保护令或者驳回申请；情况紧急的，应当在二十四小时内作出。

第二十九条 人身安全保护令可以包括下列措施：

（一）禁止被申请人实施家庭暴力；

（二）禁止被申请人骚扰、跟踪、接触申请人及其相关近亲属；

（三）责令被申请人迁出申请人住所；

（四）保护申请人人身安全的其他措施。

第三十条 人身安全保护令的有效期不超过六个月，自作出之日起生效。人身安全保护令失效前，人民法院可以根据申请人的申请撤销、变更或者延长。

第三十一条 申请人对驳回申请不服或者被申请人对人身安全保护令不服的，可以自裁定生效之日起五日内向作出裁定的人民法院申请复议一次。人民法院依法作出人身安全保护令的，复议期间不停止人身安全保护令的执行。

第三十二条 人民法院作出人身安全保护令后，应当送达申请人、被申请人、公安机关以及居民委员会、村民委员会等有关组织。人身安全保护令由人民法院执行，公安机关以及居民委员会、村民委员会等应当协助执行。

第三十四条 被申请人违反人身安全保护令，构成犯罪的，依法追究刑事责任；尚不构成犯罪的，人民法院应当给予训诫，可以根据情节轻重处以一千元以下罚款、十五日以下拘留。

四十七、申请人格权侵害禁令案件

申请人格权侵害禁令案件是指民事主体有证据证明行为人正在实施或者即将实施侵害其人格权的违法行为，不及时制止将使其合法权益受到难以弥补的损害，依法向人民法院申请采取责令行为人停止有关行为的措施的案件。

此次案由修改中，增加第二级案由“四十七、申请人格权侵害禁令案件”。在新增加的第二级案由“四十七、申请人格权侵害禁令案件”项下：增加“443. 申请人格权侵害禁令”。

443. 申请人格权侵害禁令

法律条文及规范索引

《中华人民共和国民法典》（2021 年 1 月 1 日施行）

第九百九十七条　民事主体有证据证明行为人正在实施或者即将实施侵害其人格权的违法行为，不及时制止将使其合法权益受到难以弥补的损害的，有权依法向人民法院申请采取责令行为人停止有关行为的措施。

《中华人民共和国反家庭暴力法》（2016 年 3 月 1 日施行）

第二十三条　当事人因遭受家庭暴力或者面临家庭暴力的现实危险，向人民法院申请人身安全保护令的，人民法院应当受理。

当事人是无民事行为能力人、限制民事行为能力人，或者因受到强制、威吓等原因无法申请人身安全保护令的，其近亲属、公安机关、妇女联合会、居民委员会、村民委员会、救助管理机构可以代为申请。

第二十四条　申请人身安全保护令应当以书面方式提出；书面申请确有困难的，可以口头申请，由人民法院记入笔录。

第二十五条　人身安全保护令案件由申请人或者被申请人居住地、家庭暴力发生地的基层人民法院管辖。

第二十六条　人身安全保护令由人民法院以裁定形式作出。

第二十七条　作出人身安全保护令，应当具备下列条件：

（一）有明确的被申请人；

（二）有具体的请求；

（三）有遭受家庭暴力或者面临家庭暴力现实危险的情形。

第二十八条　人民法院受理申请后，应当在七十二小时内作出人身安全保护令或者驳回申请；情况紧急的，应当在二十四小时内作出。

第二十九条　人身安全保护令可以包括下列措施：

（一）禁止被申请人实施家庭暴力；

（二）禁止被申请人骚扰、跟踪、接触申请人及其相关近亲属；

（三）责令被申请人迁出申请人住所；

（四）保护申请人人身安全的其他措施。

第三十条 人身安全保护令的有效期不超过六个月，自作出之日起生效。人身安全保护令失效前，人民法院可以根据申请人的申请撤销、变更或者延长。

第三十一条 申请人对驳回申请不服或者被申请人对人身安全保护令不服的，可以自裁定生效之日起五日内向作出裁定的人民法院申请复议一次。人民法院依法作出人身安全保护令的，复议期间不停止人身安全保护令的执行。

第三十二条 人民法院作出人身安全保护令后，应当送达申请人、被申请人、公安机关以及居民委员会、村民委员会等有关组织。人身安全保护令由人民法院执行，公安机关以及居民委员会、村民委员会等应当协助执行。

《最高人民法院关于人身安全保护令案件相关程序问题的批复》（法释〔2016〕15号 2016年7月11日）

北京市高级人民法院：

你院《关于人身安全保护令案件相关程序问题的请示》（京高法〔2016〕45号）收悉。经研究，批复如下：

一、关于人身安全保护令案件是否收取诉讼费的问题。同意你院倾向性意见，即向人民法院申请人身安全保护令，不收取诉讼费用。

二、关于申请人身安全保护令是否需要提供担保的问题。同意你院倾向性意见，即根据《中华人民共和国反家庭暴力法》请求人民法院作出人身安全保护令的，申请人不需要提供担保。

三、关于人身安全保护令案件适用程序等问题。人身安全保护令案件适用何种程序，反家庭暴力法中没有作出直接规定。人民法院可以比照特别程序进行审理。家事纠纷案件中的当事人向人民法院申请人身安全保护令的，由审理该案的审判组织作出是否发出人身安全保护令的裁定；如果人身安全保护令的申请人在接受其申请的人民法院并无正在进行的家事案件诉讼，由法官以独任审理的方式审理。至于是否需要就发出人身安全保护令问题听取被申请人的意见，则由承办法官视案件的具体情况决定。

四、关于复议问题。对于人身安全保护令的被申请人提出的复议申请和人身安全保护令的申请人就驳回裁定提出的复议申请，可以由原审判组织进行复议；人民法院认为必要的，也可以另行指定审判组织进行复议。

此复。

四十八、仲裁程序案件

仲裁程序案件包括申请确认仲裁协议效力和申请撤销仲裁裁决。

申请确认仲裁协议效力，是指订有仲裁协议或仲裁条款的当事人因仲裁协议发生争议，向人民法院提出确认之诉，请求人民法院依法确认当事人订立的仲裁协议是否有效。

申请撤销仲裁裁决，是指仲裁案件的一方当事人认为仲裁机构作出的仲裁裁决存在法律规定的可以撤销的事由，向人民法院申请撤销仲裁裁决的案件。

444. 申请确认仲裁协议效力

法律条文及规范索引

《中华人民共和国仲裁法》（2017 年 9 月 1 日修正）

第十六条 仲裁协议包括合同中订立的仲裁条款和以其他书面方式在纠纷发生前或者纠纷发生后达成的请求仲裁的协议。

仲裁协议应当具有下列内容：

（一）请求仲裁的意思表示；

（二）仲裁事项；

（三）选定的仲裁委员会。

第十七条 有下列情形之一的，仲裁协议无效：

（一）约定的仲裁事项超出法律规定的仲裁范围的；

（二）无民事行为能力人或者限制民事行为能力人订立的仲裁协议；

（三）一方采取胁迫手段，迫使对方订立仲裁协议的。

第十八条 仲裁协议对仲裁事项或者仲裁委员会没有约定或者约定不明确的，当事人可以补充协议；达不成补充协议的，仲裁协议无效。

第十九条 仲裁协议独立存在，合同的变更、解除、终止或者无效，不影响仲裁协议的效力。

仲裁庭有权确认合同的效力。

第二十条 人对仲裁协议的效力有异议的，可以请求仲裁委员会作出决定或者请求人民法院作出裁定。一方请求仲裁委员会作出决定，另一方请求人民法院作出裁定的，由人民法院裁定。

当事人对仲裁协议的效力有异议，应当在仲裁庭首次开庭前提出。

《最高人民法院关于适用〈中华人民共和国仲裁法〉若干问题的解释》（法释〔2006〕7号 2008年12月16日修正）

第十三条 依照仲裁法第二十条第二款的规定，当事人在仲裁庭首次开庭前没有对仲裁协议的效力提出异议，而后向人民法院申请确认仲裁协议无效的，人民法院不予受理。

仲裁机构对仲裁协议的效力作出决定后，当事人向人民法院申请确认仲裁协议效力或者申请撤销仲裁机构的决定的，人民法院不予受理。

第十四条 仲裁法第二十六条规定的“首次开庭”是指答辩期满后人民法院组织的第一次开庭审理，不包括审前程序中的各项活动。

第十五条 人民法院审理仲裁协议效力确认案件，应当组成合议庭进行审查，并询问当事人。

第十六条 对涉外仲裁协议的效力审查，适用当事人约定的法律；当事人没有约定适用的法律但约定了仲裁地的，适用仲裁地法律；没有约定适用的法律也没有约定仲裁地或者仲裁地约定不明的，适用法院地法律。

445. 申请撤销仲裁裁决

法律条文及规范索引

《中华人民共和国仲裁法》（2017年9月1日修正）

第五十八条 当事人提出证据证明裁决有下列情形之一的，可以向仲裁委员会所在地的中级人民法院申请撤销裁决：

（一）没有仲裁协议的；

（二）裁决的事项不属于仲裁协议的范围或者仲裁委员会无权仲裁的；

（三）仲裁庭的组成或者仲裁的程序违反法定程序的；

（四）裁决所根据的证据是伪造的；

（五）对方当事人隐瞒了足以影响公正裁决的证据的；

（六）仲裁员在仲裁该案时有索贿受贿，徇私舞弊，枉法裁决行为的。

人民法院经组成合议庭审查核实裁决有前款规定情形之一的，应当裁定撤销。

人民法院认定该裁决违背社会公共利益的，应当裁定撤销。

第五十九条　当事人申请撤销裁决的，应当自收到裁决书之日起六个月内提出。

第六十条　人民法院应当在受理撤销裁决申请之日起两个月内作出撤销裁决或者驳回申请的裁定。

第六十一条　人民法院受理撤销裁决的申请后，认为可以由仲裁庭重新仲裁的，通知仲裁庭在一定期限内重新仲裁，并裁定中止撤销程序。仲裁庭拒绝重新仲裁的，人民法院应当裁定恢复撤销程序。

第七十条　当事人提出证据证明涉外仲裁裁决有民事诉讼法第二百五十八条第一款规定的情形之一的，经人民法院组成合议庭审查核实，裁定撤销。

《中华人民共和国民事诉讼法》（2017 年 6 月 27 日修正）

第二百七十四条　对中华人民共和国涉外仲裁机构作出的裁决，被申请人提出证据证明仲裁裁决有下列情形之一的，经人民法院组成合议庭审查核实，裁定不予执行：

（一）当事人在合同中没有订有仲裁条款或者事后没有达成书面仲裁协议的；

（二）被申请人没有得到指定仲裁员或者进行仲裁程序的通知，或者由于其他不属于被申请人负责的原因未能陈述意见的；

（三）仲裁庭的组成或者仲裁的程序与仲裁规则不符的；

（四）裁决的事项不属于仲裁协议的范围或者仲裁机构无权仲裁的。

人民法院认定执行该裁决违背社会公共利益的，裁定不予执行。

《最高人民法院关于适用〈中华人民共和国仲裁法〉若干问题的解释》
（法释〔2006〕7号 2008年12月16日修正）

第十七条 当事人以不属于仲裁法第五十八条或者民事诉讼法第二百五十八条规定的事由申请撤销仲裁裁决的，人民法院不予支持。

第十八条 仲裁法第五十八条第一款第一项规定的“没有仲裁协议”是指当事人没有达成仲裁协议。仲裁协议被认定无效或者被撤销的，视为没有仲裁协议。

第十九条 当事人以仲裁裁决事项超出仲裁协议范围为由申请撤销仲裁裁决，经审查属实的，人民法院应当撤销仲裁裁决中的超裁部分。但超裁部分与其他裁决事项不可分的，人民法院应当撤销仲裁裁决。

第二十一条 当事人申请撤销国内仲裁裁决的案件属于下列情形之一的，人民法院可以依照仲裁法第六十一条的规定通知仲裁庭在一定期限内重新仲裁：

（一）仲裁裁决所根据的证据是伪造的；

（二）对方当事人隐瞒了足以影响公正裁决的证据的。

人民法院应当在通知中说明要求重新仲裁的具体理由。

第二十二条 仲裁庭在人民法院指定的期限内开始重新仲裁的，人民法院应当裁定终结撤销程序；未开始重新仲裁的，人民法院应当裁定恢复撤销程序。

第二十三条 当事人对重新仲裁裁决不服的，可以在重新仲裁裁决书送达之日起六个月内依据仲裁法第五十八条规定向人民法院申请撤销。

第二十四条 当事人申请撤销仲裁裁决的案件，人民法院应当组成合议庭审理，并询问当事人。

第二十五条 人民法院受理当事人撤销仲裁裁决的申请后，另一方当事人申请执行同一仲裁裁决的，受理执行申请的人民法院应当在受理后裁定中止执行。

第二十六条 当事人向人民法院申请撤销仲裁裁决被驳回后，又在执行程序中以相同理由提出不予执行抗辩的，人民法院不予支持。

第二十七条 当事人在仲裁程序中未对仲裁协议的效力提出异议，在仲裁裁决作出后以仲裁协议无效为由主张撤销仲裁裁决或者提出不予执行抗辩的，人民法院不予支持。

当事人在仲裁程序中对仲裁协议的效力提出异议，在仲裁裁决作出后又以此为由主张撤销仲裁裁决或者提出不予执行抗辩，经审查符合仲裁法第五十八条或者民事诉讼法第二百一十三条、第二百五十八条规定的，人民法院应予支持。

四十九、海事诉讼特别程序案件

海事诉讼特别程序案件是指适用海事诉讼特别程序的案件，包括申请海事请求保全、海事支付令、海事强制令、海事证据保全、设立海事赔偿责任限制基金、船舶优先权催告、海事债权登记与受偿等。

申请海事请求保全是指海事法院根据海事请求人的申请或者仲裁委员会的提交，为保障其海事请求的实现，对被请求人的财产所采取的强制措施。在实践中，申请海事请求保全的典型形态主要有：

(1) 申请扣押船舶，是指司法机关在诉讼或仲裁之前或之中依法强制滞留船舶。

(2) 申请拍卖扣押船舶，是指海事法院扣船后，实体案件审结之前，为避免因长期扣押造成监管费用过高或船舶毁损等经济损失，根据扣船申请人的申请，依照法定程序对被扣船舶实行强制出售，所得价款作为对海事请求的保全，以备偿付债权人债权的制度。

(3) 申请扣押船载货物，是指海事法院依据海事请求人的申请，在诉讼或仲裁之前或之中滞留船舶运载的货物（包括货物收益）的保全措施。

(4) 申请拍卖扣押船载货物，是指海事法院对被扣押的船载货物，依一定的程序，以出售方式，强制转移其所有权。

(5) 申请扣押船用燃油及船用物料，是指海事法院依据海事请求人的申请，在诉前、诉中、裁前、裁中滞留船舶船用燃油及船用物料的保全措施。

(6) 申请拍卖扣押船用燃油及船用物料，是指海事法院对被扣押的船用燃油及物料依法定程序实行强制出售。

申请海事支付令是指海事法院基于债权人有关海事事由的申请，责令债务人给付金钱或有价证券的命令。

申请海事强制令是指海事法院根据海事请求人的申请，为使其合法权益免受侵害，采取责令被请求人作为或不作为的强制措施。

申请海事证据保全是指海事请求人向海事法院提出申请，请求海事法院对有关海事请求的证据予以提取、保存或者封存的民事强制措施。

申请设立海事赔偿责任限制基金是指船舶所有人、承租人、经营人、救助人、保险人在发生海事事故后，依法申请责任限制的，可以向海事法院申请设立海事赔偿责任限制基金。

申请船舶优先权催告是指船舶转让时，受让人向海事法院申请船舶优先权催告，催促船舶优先权人尽快行使其海事请求权，使船舶无辜买方免受船舶上可能存在的船舶优先权困扰。

申请海事债权登记与受偿是指海事法院强制拍卖船舶和设立海事赔偿责任限制基金时，债权人依法定程序向海事法院申请债权登记，海事法院按照《海商法》或者其他有关法律规定，裁定债权人按照一定顺序受偿。

446. 申请海事请求保全

（1）申请扣押船舶

（2）申请拍卖扣押船舶

（3）申请扣押船载货物

（4）申请拍卖扣押船载货物

（5）申请扣押船用燃油及船用物料

（6）申请拍卖扣押船用燃油及船用物料

法律条文及规范索引

《中华人民共和国海事诉讼特别程序法》（2000 年 7 月 1 日施行）

第十二条 海事请求保全是指海事法院根据海事请求人的申请，为保障其海事请求的实现，对被请求人的财产所采取的强制措施。

第十三条 当事人在起诉前申请海事请求保全，应当向被保全的财产所在地海事法院提出。

第十四条 海事请求保全不受当事人之间关于该海事请求的诉讼管辖协议或者仲裁协议的约束。

第十五条　海事请求人申请海事请求保全，应当向海事法院提交书面申请。申请书应当载明海事请求事项、申请理由、保全的标的物以及要求提供担保的数额，并附有关证据。

第十六条　海事法院受理海事请求保全申请，可以责令海事请求人提供担保。海事请求人不提供的，驳回其申请。

第十七条　海事法院接受申请后，应当在四十八小时内作出裁定。裁定采取海事请求保全措施的，应当立即执行；对不符合海事请求保全条件的，裁定驳回其申请。

当事人对裁定不服的，可以在收到裁定书之日起五日内申请复议一次。海事法院应当在收到复议申请之日起五日内作出复议决定。复议期间不停止裁定的执行。

利害关系人对海事请求保全提出异议，海事法院经审查，认为理由成立的，应当解除对其财产的保全。

第十八条　被请求人提供担保，或者当事人有正当理由申请解除海事请求保全的，海事法院应当及时解除保全。

海事请求人在本法规定的期间内，未提起诉讼或者未按照仲裁协议申请仲裁的，海事法院应当及时解除保全或者返还担保。

第十九条　海事请求保全执行后，有关海事纠纷未进入诉讼或者仲裁程序的，当事人就该海事请求，可以向采取海事请求保全的海事法院或者其他有管辖权的海事法院提起诉讼，但当事人之间订有诉讼管辖协议或者仲裁协议的除外。

第二十条　海事请求人申请海事请求保全错误的，应当赔偿被请求人或者利害关系人因此所遭受的损失。

第二十一条　下列海事请求，可以申请扣押船舶：

（一）船舶营运造成的财产灭失或者损坏；

（二）与船舶营运直接有关的人身伤亡；

（三）海难救助；

（四）船舶对环境、海岸或者有关利益方造成的损害或者损害威胁；为预防、减少或者消除此种损害而采取的措施；为此种损害而支付的赔偿；为恢复环境而实际采取或者准备采取的合理措施的费用；第三方因此种损害而蒙受或者可能蒙受的损失；以及与本项所指的性质类似的损害、费用或者损失；

（五）与起浮、清除、回收或者摧毁沉船、残骸、搁浅船、被弃船或者使其无害有关的费用，包括与起浮、清除、回收或者摧毁仍在或者曾在该船上的物件或者使其无害的费用，以及与维护放弃的船舶和维持其船员有关的费用；

（六）船舶的使用或者租用的协议；

（七）货物运输或者旅客运输的协议；

（八）船载货物（包括行李）或者与其有关的灭失或者损坏；

（九）共同海损；

（十）拖航；

（十一）引航；

（十二）为船舶营运、管理、维护、维修提供物资或者服务；

（十三）船舶的建造、改建、修理、改装或者装备；

（十四）港口、运河、码头、港湾以及其他水道规费和费用；

（十五）船员的工资和其他款项，包括应当为船员支付的遣返费和社会保险费；

（十六）为船舶或者船舶所有人支付的费用；

（十七）船舶所有人或者光船承租人应当支付或者他人为其支付的船舶保险费（包括互保会费）；

（十八）船舶所有人或者光船承租人应当支付的或者他人为其支付的与船舶有关的佣金、经纪费或者代理费；

（十九）有关船舶所有权或者占有的纠纷；

（二十）船舶共有人之间有关船舶的使用或者收益的纠纷；

（二十一）船舶抵押权或者同样性质的权利；

（二十二）因船舶买卖合同产生的纠纷。

第二十二条 非因本法第二十一条规定的海事请求不得申请扣押船舶，但为执行判决、仲裁裁决以及其他法律文书的除外。

第二十三条 有下列情形之一的，海事法院可以扣押当事船舶：

（一）船舶所有人对海事请求负有责任，并且在实施扣押时是该船的所有人；

（二）船舶的光船承租人对海事请求负有责任，并且在实施扣押时是该船的光船承租人或者所有人；

（三）具有船舶抵押权或者同样性质的权利的海事请求；

（四）有关船舶所有权或者占有的海事请求；

（五）具有船舶优先权的海事请求。

海事法院可以扣押对海事请求负有责任的船舶所有人、光船承租人、定期租船人或者航次租船人在实施扣押时所有的其他船舶，但与船舶所有权或者占有有关的请求除外。

从事军事、政府公务的船舶不得被扣押。

第二十四条　海事请求人不得因同一海事请求申请扣押已被扣押过的船舶，但有下列情形之一的除外：

（一）被请求人未提供充分的担保；

（二）担保人有可能不能全部或者部分履行担保义务；

（三）海事请求人因合理的原因同意释放被扣押的船舶或者返还已提供的担保；或者不能通过合理措施阻止释放被扣押的船舶或者返还已提供的担保。

第二十五条　海事请求人申请扣押当事船舶，不能立即查明被请求人名称的，不影响申请的提出。

第二十六条　海事法院在发布或者解除扣押船舶命令的同时，可以向有关部门发出协助执行通知书，通知书应当载明协助执行的范围和内容，有关部门有义务协助执行。海事法院认为必要，可以直接派员登轮监护。

第二十七条　海事法院裁定对船舶实施保全后，经海事请求人同意，可以采取限制船舶处分或者抵押等方式允许该船舶继续营运。

第二十八条　海事请求保全扣押船舶的期限为三十日。

海事请求人在三十日内提起诉讼或者申请仲裁以及在诉讼或者仲裁过程中申请扣押船舶的，扣押船舶不受前款规定期限的限制。

第二十九条　船舶扣押期间届满，被请求人不提供担保，而且船舶不宜继续扣押的，海事请求人可以在提起诉讼或者申请仲裁后，向扣押船舶的海事法院申请拍卖船舶。

第三十条　海事法院收到拍卖船舶的申请后，应当进行审查，作出准予或者不准予拍卖船舶的裁定。

当事人对裁定不服的，可以在收到裁定书之日起五日内申请复议一次。海事法院应当在收到复议申请之日起五日内作出复议决定。复议期间停止裁定的执行。

第三十一条　海事请求人提交拍卖船舶申请后，又申请终止拍卖的，是否准许由海事法院裁定。海事法院裁定终止拍卖船舶的，为准备拍卖船舶所发生的费用由海事请求人承担。

第三十三条 海事法院应当在拍卖船舶三十日前，向被拍卖船舶登记国的登记机关和已知的船舶优先权人、抵押权人和船舶所有人发出通知。

通知内容包括被拍卖船舶的名称、拍卖船舶的时间和地点、拍卖船舶的理由和依据以及债权登记等。

通知方式包括书面方式和能够确认收悉的其他适当方式。

第三十四条 拍卖船舶由拍卖船舶委员会实施。拍卖船舶委员会由海事法院指定的本院执行人员和聘请的拍卖师、验船师三人或者五人组成。

拍卖船舶委员会组织对船舶鉴定、估价；组织和主持拍卖；与竞买人签订拍卖成交确认书；办理船舶移交手续。

拍卖船舶委员会对海事法院负责，受海事法院监督。

第三十七条 买受人在签署拍卖成交确认书后，应当立即交付不低于百分之二十的船舶价款，其余价款在成交之日起七日内付清，但拍卖船舶委员会与买受人另有约定的除外。

第三十八条 买受人付清全部价款后，原船舶所有人应当在指定的期限内于船舶停泊地以船舶现状向买受人移交船舶。拍卖船舶委员会组织和监督船舶的移交，并在船舶移交后与买受人签署船舶移交完毕确认书。

移交船舶完毕，海事法院发布解除扣押船舶命令。

第三十九条 船舶移交后，海事法院应当通过报纸或者其他新闻媒体发布公告，公布船舶已经公开拍卖并移交给买受人。

第四十条 买受人接收船舶后，应当持拍卖成交确认书和有关材料，向船舶登记机关办理船舶所有权登记手续。原船舶所有人应当向原船舶登记机关办理船舶所有权注销登记。原船舶所有人不办理船舶所有权注销登记的，不影响船舶所有权的转让。

第四十一条 竞买人之间恶意串通的，拍卖无效。参与恶意串通的竞买人应当承担拍卖船舶费用并赔偿有关损失。海事法院可以对参与恶意串通的竞买人处最高应价百分之十以上百分之三十以下的罚款。

第四十二条 除本节规定的以外，拍卖适用《中华人民共和国拍卖法》的有关规定。

第四十三条 执行程序中拍卖被扣押船舶清偿债务的，可以参照本节有关规定。

第四十四条　海事请求人为保障其海事请求的实现，可以申请扣押船载货物。

申请扣押的船载货物，应当属于被请求人所有。

第四十五条　海事请求人申请扣押船载货物的价值，应当与其债权数额相当。

第四十六条　海事请求保全扣押船载货物的期限为十五日。

海事请求人在十五日内提起诉讼或者申请仲裁以及在诉讼或者仲裁过程中申请扣押船载货物的，扣押船载货物不受前款规定期限的限制。

第四十七条　船载货物扣押期间届满，被请求人不提供担保，而且货物不宜继续扣押的，海事请求人可以在提起诉讼或者申请仲裁后，向扣押船载货物的海事法院申请拍卖货物。

对无法保管、不易保管或者保管费用可能超过其价值的物品，海事请求人可以申请提前拍卖。

第四十八条　海事法院收到拍卖船载货物的申请后，应当进行审查，在七日内作出准予或者不准予拍卖船载货物的裁定。

当事人对裁定不服的，可以在收到裁定书之日起五日内申请复议一次。海事法院应当在收到复议申请之日起五日内作出复议决定。复议期间停止裁定的执行。

第四十九条　拍卖船载货物由海事法院指定的本院执行人员和聘请的拍卖师组成的拍卖组织实施，或者由海事法院委托的机构实施。

拍卖船载货物，本节没有规定的，参照本章第二节拍卖船舶的有关规定。

第五十条　海事请求人对与海事请求有关的船用燃油、船用物料申请海事请求保全，适用本节规定。

《最高人民法院关于适用〈中华人民共和国海事诉讼特别程序法〉若干问题的解释》（法释〔2003〕3号　2008年12月16日修正）

第十五条　除海事法院及其上级人民法院外，地方人民法院对当事人提出的船舶保全申请应不予受理；地方人民法院为执行生效法律文书需要扣押和拍卖船舶的，应当委托船籍港所在地或者船舶所在地的海事法院执行。

第十八条　海事诉讼特别程序法第十二条规定的被请求人的财产包括船舶、船载货物、船用燃油以及船用物料。对其他财产的海事请求保全适用民事诉讼法有关财产保全的规定。

第十九条 海事诉讼特别程序法规定的船载货物指处于承运人掌管之下，尚未装船或者已经装载于船上以及已经卸载的货物。

第二十条 海事诉讼特别程序法第十三条规定的被保全的财产所在地指船舶的所在地或者货物的所在地。当事人在诉讼前对已经卸载但在承运人掌管之下的货物申请海事请求保全，如果货物所在地不在海事法院管辖区域的，可以向卸货港所在地的海事法院提出，也可以向货物所在地的地方人民法院提出。

第二十一条 诉讼或者仲裁前申请海事请求保全适用海事诉讼特别程序法第十四条的规定。外国法院已受理相关海事案件或者有关纠纷已经提交仲裁，但涉案财产在中华人民共和国领域内，当事人向财产所在地的海事法院提出海事请求保全申请的，海事法院应当受理。

《最高人民法院关于扣押与拍卖船舶适用法律若干问题的规定》（法释〔2015〕6号　2015年2月28日）

第一条 海事请求人申请对船舶采取限制处分或者抵押等保全措施的，海事法院可以依照民事诉讼法的有关规定，裁定准许并通知船舶登记机关协助执行。

前款规定的保全措施不影响其他海事请求人申请扣押船舶。

第二条 海事法院应不同海事请求人的申请，可以对本院或其他海事法院已经扣押的船舶采取扣押措施。

先申请扣押船舶的海事请求人未申请拍卖船舶的，后申请扣押船舶的海事请求人可以依据海事诉讼特别程序法第二十九条的规定，向准许其扣押申请的海事法院申请拍卖船舶。

第三条 船舶因光船承租人对海事请求负有责任而被扣押的，海事请求人依据海事诉讼特别程序法第二十九条的规定，申请拍卖船舶用于清偿光船承租人经营该船舶产生的相关债务的，海事法院应予准许。

第四条 海事请求人申请扣押船舶的，海事法院应当责令其提供担保。但因船员劳务合同、海上及通海水域人身损害赔偿纠纷申请扣押船舶，且事实清楚、权利义务关系明确的，可以不要求提供担保。

第五条 海事诉讼特别程序法第七十六条第二款规定的海事请求人提供担保的具体数额，应当相当于船舶扣押期间可能产生的各项维持费用与支出、因扣押造成的船期损失和被请求人为使船舶解除扣押而提供担保所支出的费用。

船舶扣押后，海事请求人提供的担保不足以赔偿可能给被请求人造成损失的，海事法院应责令其追加担保。

第六条　案件终审后，海事请求人申请返还其所提供担保的，海事法院应将该申请告知被请求人，被请求人在三十日内未提起相关索赔诉讼的，海事法院可以准许海事请求人返还担保的申请。

被请求人同意返还，或生效法律文书认定被请求人负有责任，且赔偿或给付金额与海事请求人要求被请求人提供担保的数额基本相当的，海事法院可以直接准许海事请求人返还担保的申请。

第七条　船舶扣押期间由船舶所有人或光船承租人负责管理。

船舶所有人或光船承租人不履行船舶管理职责的，海事法院可委托第三人或者海事请求人代为管理，由此产生的费用由船舶所有人或光船承租人承担，或在拍卖船舶价款中优先拨付。

第八条　船舶扣押后，海事请求人依据海事诉讼特别程序法第十九条的规定，向其他有管辖权的海事法院提起诉讼的，可以由扣押船舶的海事法院继续实施保全措施。

第九条　扣押船舶裁定执行前，海事请求人撤回扣押船舶申请的，海事法院应当裁定予以准许，并终结扣押船舶裁定的执行。

扣押船舶裁定作出后因客观原因无法执行的，海事法院应当裁定终结执行。

第十条　船舶拍卖未能成交，需要再次拍卖的，适用拍卖法第四十五条关于拍卖日七日前发布拍卖公告的规定。

第十一条　拍卖船舶由拍卖船舶委员会实施，海事法院不另行委托拍卖机构进行拍卖。

第十二条　海事法院拍卖船舶应当依据评估价确定保留价。保留价不得公开。

第一次拍卖时，保留价不得低于评估价的百分之八十；因流拍需要再行拍卖的，可以酌情降低保留价，但降低的数额不得超过前次保留价的百分之二十。

第十三条　对经过两次拍卖仍然流拍的船舶，可以进行变卖。变卖价格不得低于评估价的百分之五十。

第十四条　依照本规定第十三条变卖仍未成交的，经已受理登记债权三分之二以上份额的债权人同意，可以低于评估价的百分之五十进行变卖处理。仍未成交的，海事法院可以解除船舶扣押。

第十五条 船舶经海事法院拍卖、变卖后，对该船舶已采取的其他保全措施效力消灭。

第十六条 海事诉讼特别程序法第一百一十一条规定的申请债权登记期间的届满之日，为拍卖船舶公告最后一次发布之日起第六十日。

前款所指公告为第一次拍卖时的拍卖船舶公告。

第十七条 海事法院受理债权登记申请后，应当在船舶被拍卖、变卖成交后，依照海事诉讼特别程序法第一百一十四条的规定作出是否准予的裁定。

第十八条 申请拍卖船舶的海事请求人未经债权登记，直接要求参与拍卖船舶价款分配的，海事法院应予准许。

第十九条 海事法院裁定终止拍卖船舶的，应当同时裁定终结债权登记受偿程序，当事人已经缴纳的债权登记申请费予以退还。

第二十条 当事人在债权登记前已经就有关债权提起诉讼的，不适用海事诉讼特别程序法第一百一十六条第二款的规定，当事人对海事法院作出的判决、裁定可以依法提起上诉。

第二十一条 债权人依照海事诉讼特别程序法第一百一十六条第一款的规定提起确权诉讼后，需要判定碰撞船舶过失程度比例的，当事人对海事法院作出的判决、裁定可以依法提起上诉。

第二十二条 海事法院拍卖、变卖船舶所得价款及其利息，先行拨付海事诉讼特别程序法第一百一十九条第二款规定的费用后，依法按照下列顺序进行分配：

（一）具有船舶优先权的海事请求；

（二）由船舶留置权担保的海事请求；

（三）由船舶抵押权担保的海事请求；

（四）与被拍卖、变卖船舶有关的其他海事请求。

依据海事诉讼特别程序法第二十三条第二款的规定申请扣押船舶的海事请求人申请拍卖船舶的，在前款规定海事请求清偿后，参与船舶价款的分配。

依照前款规定分配后的余款，按照民事诉讼法及相关司法解释的规定执行。

第二十三条 当事人依照民事诉讼法第十五章第七节的规定，申请拍卖船舶实现船舶担保物权的，由船舶所在地或船籍港所在地的海事法院管辖，按照海事诉讼特别程序法以及本规定关于船舶拍卖受偿程序的规定处理。

第二十四条　海事法院的上级人民法院扣押与拍卖船舶的，适用本规定。

执行程序中拍卖被扣押船舶清偿债务的，适用本规定。

447. 申请海事支付令

法律条文及规范索引

《中华人民共和国海事诉讼特别程序法》（2000 年 7 月 1 日施行）

第九十九条　债权人基于海事事由请求债务人给付金钱或者有价证券，符合《中华人民共和国民事诉讼法》有关规定的，可以向有管辖权的海事法院申请支付令。

债务人是外国人、无国籍人、外国企业或者组织，但在中华人民共和国领域内有住所、代表机构或者分支机构并能够送达支付令的，债权人可以向有管辖权的海事法院申请支付令。

《中华人民共和国民事诉讼法》（2017 年 6 月 27 日修正）

第二百一十四条～第二百一十七条，见本书第 928 页。

《最高人民法院关于适用〈中华人民共和国民事诉讼法〉的解释》（法释〔2015〕5 号　2020 年 12 月 23 日修正）

第四百二十七条～第四百四十三条，见本书第 928 页。

448. 申请海事强制令

法律条文及规范索引

《中华人民共和国海事诉讼特别程序法》（2000 年 7 月 1 日施行）

第五十一条　海事强制令是指海事法院根据海事请求人的申请，为使其合法权益免受侵害，责令被请求人作为或者不作为的强制措施。

第五十二条 当事人在起诉前申请海事强制令，应当向海事纠纷发生地海事法院提出。

第五十三条 海事强制令不受当事人之间关于该海事请求的诉讼管辖协议或者仲裁协议的约束。

第五十四条 海事请求人申请海事强制令，应当向海事法院提交书面申请。申请书应当载明申请理由，并附有关证据。

第五十五条 海事法院受理海事强制令申请，可以责令海事请求人提供担保。海事请求人不提供的，驳回其申请。

第五十六条 作出海事强制令，应当具备下列条件：

（一）请求人有具体的海事请求；

（二）需要纠正被请求人违反法律规定或者合同约定的行为；

（三）情况紧急，不立即作出海事强制令将造成损害或者使损害扩大。

第五十七条 海事法院接受申请后，应当在四十八小时内作出裁定。裁定作出海事强制令的，应当立即执行；对不符合海事强制令条件的，裁定驳回其申请。

第五十八条 当事人对裁定不服的，可以在收到裁定书之日起五日内申请复议一次。海事法院应当在收到复议申请之日起五日内作出复议决定。复议期间不停止裁定的执行。

利害关系人对海事强制令提出异议，海事法院经审查，认为理由成立的，应当裁定撤销海事强制令。

第五十九条 被请求人拒不执行海事强制令的，海事法院可以根据情节轻重处以罚款、拘留；构成犯罪的，依法追究刑事责任。

对个人的罚款金额，为一千元以上三万元以下。对单位的罚款金额，为三万元以上十万元以下。

拘留的期限，为十五日以下。

第六十条 海事请求人申请海事强制令错误的，应当赔偿被请求人或者利害关系人因此所遭受的损失。

第六十一条 海事强制令执行后，有关海事纠纷未进入诉讼或者仲裁程序的，当事人就该海事请求，可以向作出海事强制令的海事法院或者其他有管辖权的海事法院提起诉讼，但当事人之间订有诉讼管辖协议或者仲裁协议的除外。

《最高人民法院关于适用〈中华人民共和国海事诉讼特别程序法〉若干问题的解释》（法释〔2003〕3号　2008年12月16日修正）

第四十一条　诉讼或者仲裁前申请海事强制令的，适用海事诉讼特别程序法第五十三条的规定。

外国法院已受理相关海事案件或者有关纠纷已经提交仲裁的，当事人向中华人民共和国的海事法院提出海事强制令申请，并向法院提供可以执行海事强制令的相关证据的，海事法院应当受理。

第四十二条　海事法院根据海事诉讼特别程序法第五十七条规定，准予申请人海事强制令申请的，应当制作民事裁定书并发布海事强制令。

第四十三条　海事强制令由海事法院执行。被申请人、其他相关单位或者个人不履行海事强制令的，海事法院应当依据民事诉讼法的有关规定强制执行。

第四十四条　利害关系人对海事法院作出海事强制令的民事裁定提出异议，海事法院经审查认为理由不成立的，应当书面通知利害关系人。

第四十五条　海事强制令发布后十五日内，被请求人未提出异议，也未就相关的海事纠纷提起诉讼或者申请仲裁的，海事法院可以应申请人的请求，返还其提供的担保。

第四十六条　被请求人依据海事诉讼特别程序法第六十条的规定要求海事请求人赔偿损失的，由发布海事强制令的海事法院受理。

449. 申请海事证据保全

法律条文及规范索引

《中华人民共和国海事诉讼特别程序法》（2000年7月1日施行）

第六十二条　海事证据保全是指海事法院根据海事请求人的申请，对有关海事请求的证据予以提取、保存或者封存的强制措施。

第六十三条　当事人在起诉前申请海事证据保全，应当向被保全的证据所在地海事法院提出。

第六十四条　海事证据保全不受当事人之间关于该海事请求的诉讼管辖协议或者仲裁协议的约束。

第六十五条 海事请求人申请海事证据保全，应当向海事法院提交书面申请。申请书应当载明请求保全的证据、该证据与海事请求的联系、申请理由。

第六十六条 海事法院受理海事证据保全申请，可以责令海事请求人提供担保。海事请求人不提供的，驳回其申请。

第六十七条 采取海事证据保全，应当具备下列条件：

（一）请求人是海事请求的当事人；

（二）请求保全的证据对该海事请求具有证明作用；

（三）被请求人是与请求保全的证据有关的人；

（四）情况紧急，不立即采取证据保全就会使该海事请求的证据灭失或者难以取得。

第六十八条 海事法院接受申请后，应当在四十八小时内作出裁定。裁定采取海事证据保全措施的，应当立即执行；对不符合海事证据保全条件的，裁定驳回其申请。

第六十九条 当事人对裁定不服的，可以在收到裁定书之日起五日内申请复议一次。海事法院应当在收到复议申请之日起五日内作出复议决定。复议期间不停止裁定的执行。被请求人申请复议的理由成立的，应当将保全的证据返还被请求人。

利害关系人对海事证据保全提出异议，海事法院经审查，认为理由成立的，应当裁定撤销海事证据保全；已经执行的，应当将与利害关系人有关的证据返还利害关系人。

第七十条 海事法院进行海事证据保全，根据具体情况，可以对证据予以封存，也可以提取复制件、副本，或者进行拍照、录相，制作节录本、调查笔录等。确有必要的，也可以提取证据原件。

第七十一条 海事请求人申请海事证据保全错误的，应当赔偿被请求人或者利害关系人因此所遭受的损失。

第七十二条 海事证据保全后，有关海事纠纷未进入诉讼或者仲裁程序的，当事人就该海事请求，可以向采取证据保全的海事法院或者其他有管辖权的海事法院提起诉讼，但当事人之间订有诉讼管辖协议或者仲裁协议的除外。

《最高人民法院关于适用〈中华人民共和国海事诉讼特别程序法〉若干问题的解释》（法释〔2003〕3号 2008年12月16日修正）

第四十七条 诉讼前申请海事证据保全，适用海事诉讼特别程序法第六十四条的规定。

外国法院已受理相关海事案件或者有关纠纷已经提交仲裁，当事人向中华人民共和国的海事法院提出海事证据保全申请，并提供被保全的证据在中华人民共和国领域内的相关证据的，海事法院应当受理。

第四十八条　海事请求人申请海事证据保全，申请书除应当依照海事诉讼特别程序法第六十五条的规定载明相应内容外，还应当载明证据收集、调取的有关线索。

第四十九条　海事请求人在采取海事证据保全的海事法院提起诉讼后，可以申请复制保全的证据材料；相关海事纠纷在中华人民共和国领域内的其他海事法院或者仲裁机构受理的，受诉法院或者仲裁机构应海事请求人的申请可以申请复制保全的证据材料。

第五十条　利害关系人对海事法院作出的海事证据保全裁定提出异议，海事法院经审查认为理由不成立的，应当书面通知利害关系人。

第五十一条　被请求人依据海事诉讼特别程序法第七十一条的规定要求海事请求人赔偿损失的，由采取海事证据保全的海事法院受理。

450. 申请设立海事赔偿责任限制基金

法律条文及规范索引

《中华人民共和国海事诉讼特别程序法》（2000年7月1日施行）

第一百零一条　船舶所有人、承租人、经营人、救助人、保险人在发生海事事故后，依法申请责任限制的，可以向海事法院申请设立海事赔偿责任限制基金。

船舶造成油污损害的，船舶所有人及其责任保险人或者提供财务保证的其他人为取得法律规定的责任限制的权利，应当向海事法院设立油污损害的海事赔偿责任限制基金。

设立责任限制基金的申请可以在起诉前或者诉讼中提出，但最迟应当在一审判决作出前提出。

第一百零二条　当事人在起诉前申请设立海事赔偿责任限制基金的，应当向事故发生地、合同履行地或者船舶扣押地海事法院提出。

第一百零三条 设立海事赔偿责任限制基金，不受当事人之间关于诉讼管辖协议或者仲裁协议的约束。

第一百零四条 申请人向海事法院申请设立海事赔偿责任限制基金，应当提交书面申请。申请书应当载明申请设立海事赔偿责任限制基金的数额、理由，以及已知的利害关系人的名称、地址和通讯方法，并附有关证据。

第一百零五条 海事法院受理设立海事赔偿责任限制基金申请后，应当在七日内向已知的利害关系人发出通知，同时通过报纸或者其他新闻媒体发布公告。

通知和公告包括下列内容：

（一）申请人的名称；

（二）申请的事实和理由；

（三）设立海事赔偿责任限制基金事项；

（四）办理债权登记事项；

（五）需要告知的其他事项。

第一百零六条 利害关系人对申请人申请设立海事赔偿责任限制基金有异议的，应当在收到通知之日起七日内或者未收到通知的在公告之日起三十日内，以书面形式向海事法院提出。

海事法院收到利害关系人提出的书面异议后，应当进行审查，在十五日内作出裁定。异议成立的，裁定驳回申请人的申请；异议不成立的，裁定准予申请人设立海事赔偿责任限制基金。

当事人对裁定不服的，可以在收到裁定书之日起七日内提起上诉。第二审人民法院应当在收到上诉状之日起十五日内作出裁定。

第一百零七条 利害关系人在规定的期间内没有提出异议的，海事法院裁定准予申请人设立海事赔偿责任限制基金。

第一百零八条 准予申请人设立海事赔偿责任限制基金的裁定生效后，申请人应当在海事法院设立海事赔偿责任限制基金。

设立海事赔偿责任限制基金可以提供现金，也可以提供经海事法院认可的担保。

海事赔偿责任限制基金的数额，为海事赔偿责任限额和自事故发生之日起至基金设立之日止的利息。以担保方式设立基金的，担保数额为基金数额及其在基金设立期间的利息。

以现金设立基金的，基金到达海事法院指定帐户之日为基金设立之日。

以担保设立基金的，海事法院接受担保之日为基金设立之日。

第一百零九条　设立海事赔偿责任限制基金以后，当事人就有关海事纠纷应当向设立海事赔偿责任限制基金的海事法院提起诉讼，但当事人之间订有诉讼管辖协议或者仲裁协议的除外。

第一百一十条　申请人申请设立海事赔偿责任限制基金错误的，应当赔偿利害关系人因此所遭受的损失。

《最高人民法院关于适用〈中华人民共和国海事诉讼特别程序法〉若干问题的解释》（法释〔2003〕3号　2008年12月16日修正）

第七十九条　海事诉讼特别程序法第一百零一条规定的船舶所有人指有关船舶证书上载明的船舶所有人。

第八十条　海事事故发生在中华人民共和国领域外的，船舶发生事故后进入中华人民共和国领域内的第一到达港视为海事诉讼特别程序法第一百零二条规定的事故发生地。

第八十一条　当事人在诉讼中申请设立海事赔偿责任限制基金的，应当向受理相关海事纠纷案件的海事法院提出，但当事人之间订有有效诉讼管辖协议或者仲裁协议的除外。

第八十二条　设立海事赔偿责任限制基金应当通过报纸或者其他新闻媒体连续公告三日。如果涉及的船舶是可以航行于国际航线的，应当通过对外发行的报纸或者其他新闻媒体发布公告。

第八十三条　利害关系人依据海事诉讼特别程序法第一百零六条的规定对申请人设立海事赔偿责任限制基金提出异议的，海事法院应当对设立基金申请人的主体资格、事故所涉及的债权性质和申请设立基金的数额进行审查。

第八十四条　准予申请人设立海事赔偿责任限制基金的裁定生效后，申请人应当在三日内在海事法院设立海事赔偿责任限制基金。申请人逾期未设立基金的，按自动撤回申请处理。

第八十五条　海事诉讼特别程序法第一百零八条规定的担保指中华人民共和国境内的银行或者其他金融机构所出具的担保。

第八十六条　设立海事赔偿责任限制基金后，向基金提出请求的任何人，不得就该项索赔对设立或以其名义设立基金的人的任何其他财产，行使任何权利。

《最高人民法院关于审理海事赔偿责任限制相关纠纷案件的若干规定》
（法释〔2010〕11号　2020年12月23日修正）

第二条　同一海事事故中，不同的责任人在起诉前依据海事诉讼特别程序法第一百零二条的规定向不同的海事法院申请设立海事赔偿责任限制基金的，后立案的海事法院应当依照民事诉讼法的规定，将案件移送先立案的海事法院管辖。

第三条　责任人在诉讼中申请设立海事赔偿责任限制基金的，应当向受理相关海事纠纷案件的海事法院提出。

相关海事纠纷由不同海事法院受理，责任人申请设立海事赔偿责任限制基金的，应当依据诉讼管辖协议向最先立案的海事法院提出；当事人之间未订立诉讼管辖协议的，向最先立案的海事法院提出。

第四条　海事赔偿责任限制基金设立后，设立基金的海事法院对海事请求人就与海事事故相关纠纷向责任人提起的诉讼具有管辖权。

海事请求人向其他海事法院提起诉讼的，受理案件的海事法院应当依照民事诉讼法的规定，将案件移送设立海事赔偿责任限制基金的海事法院，但当事人之间订有诉讼管辖协议的除外。

第五条　海事诉讼特别程序法第一百零六条第二款规定的海事法院在十五日内作出裁定的期间，自海事法院受理设立海事赔偿责任限制基金申请的最后一次公告发布之次日起第三十日开始计算。

第六条　海事诉讼特别程序法第一百一十二条规定的申请债权登记期间的届满之日，为海事法院受理设立海事赔偿责任限制基金申请的最后一次公告发布之次日起第六十日。

第七条　债权人申请登记债权，符合有关规定的，海事法院应当在海事赔偿责任限制基金设立后，依照海事诉讼特别程序法第一百一十四条的规定作出裁定；海事赔偿责任限制基金未依法设立的，海事法院应当裁定终结债权登记程序。债权人已经交纳的申请费由申请设立海事赔偿责任限制基金的人负担。

第八条　海事赔偿责任限制基金设立后，海事请求人基于责任人依法不能援引海事赔偿责任限制抗辩的海事赔偿请求，可以对责任人的财产申请保全。

第九条　海事赔偿责任限制基金设立后，海事请求人就同一海事事故产生的属于海商法第二百零七条规定的可以限制赔偿责任的海事赔偿请求，以行使船舶优先权为由申请扣押船舶的，人民法院不予支持。

第十条　债权人提起确权诉讼时，依据海商法第二百零九条的规定主张责任人无权限制赔偿责任的，应当以书面形式提出。案件的审理不适用海事诉讼特别程序法规定的确权诉讼程序，当事人对海事法院作出的判决、裁定可以依法提起上诉。

两个以上债权人主张责任人无权限制赔偿责任的，海事法院可以将相关案件合并审理。

第十一条　债权人依据海事诉讼特别程序法第一百一十六条第一款的规定提起确权诉讼后，需要判定碰撞船舶过失程度比例的，案件的审理不适用海事诉讼特别程序法规定的确权诉讼程序，当事人对海事法院作出的判决、裁定可以依法提起上诉。

第十二条　海商法第二百零四条规定的船舶经营人是指登记的船舶经营人，或者接受船舶所有人委托实际使用和控制船舶并应当承担船舶责任的人，但不包括无船承运业务经营者。

第十三条　责任人未申请设立海事赔偿责任限制基金，不影响其在诉讼中对海商法第二百零七条规定的海事请求提出海事赔偿责任限制抗辩。

第十四条　责任人未提出海事赔偿责任限制抗辩的，海事法院不应主动适用海商法关于海事赔偿责任限制的规定进行裁判。

第十五条　责任人在一审判决作出前未提出海事赔偿责任限制抗辩，在二审、再审期间提出的，人民法院不予支持。

第十六条　责任人对海商法第二百零七条规定的海事赔偿请求未提出海事赔偿责任限制抗辩，债权人依据有关生效裁判文书或者仲裁裁决书，申请执行责任人海事赔偿责任限制基金以外的财产的，人民法院应予支持，但债权人以上述文书作为债权证据申请登记债权并经海事法院裁定准予的除外。

第十七条　海商法第二百零七条规定的可以限制赔偿责任的海事赔偿请求不包括因沉没、遇难、搁浅或者被弃船舶的起浮、清除、拆毁或者使之无害提起的索赔，或者因船上货物的清除、拆毁或者使之无害提起的索赔。

由于船舶碰撞致使责任人遭受前款规定的索赔，责任人就因此产生的损失向对方船舶追偿时，被请求人主张依据海商法第二百零七条的规定限制赔偿责任的，人民法院应予支持。

第十八条　海商法第二百零九条规定的“责任人”是指海事事故的责任人本人。

第十九条 海事请求人以发生海事事故的船舶不适航为由主张责任人无权限制赔偿责任，但不能证明引起赔偿请求的损失是由于责任人本人的故意或者明知可能造成损失而轻率地作为或者不作为造成的，人民法院不予支持。

第二十条 海事赔偿责任限制基金应当以人民币设立，其数额按法院准予设立基金的裁定生效之日的特别提款权对人民币的换算办法计算。

第二十一条 海商法第二百一十三条规定的利息，自海事事故发生之日起至基金设立之日止，按同期全国银行间同业拆借中心公布的贷款市场报价利率计算。

以担保方式设立海事赔偿责任限制基金的，基金设立期间的利息按同期全国银行间同业拆借中心公布的贷款市场报价利率计算。

第二十二条 本规定施行前已经终审的案件，人民法院进行再审时，不适用本规定。

第二十三条 本规定施行前本院发布的司法解释与本规定不一致的，以本规定为准。

451. 申请船舶优先权催告

法律条文及规范索引

《中华人民共和国海事诉讼特别程序法》（2000年7月1日施行）

第一百二十条 船舶转让时，受让人可以向海事法院申请船舶优先权催告，催促船舶优先权人及时主张权利，消灭该船舶附有的船舶优先权。

第一百二十一条 受让人申请船舶优先权催告的，应当向转让船舶交付地或者受让人住所地海事法院提出。

第一百二十二条 申请船舶优先权催告，应当向海事法院提交申请书、船舶转让合同、船舶技术资料等文件。申请书应当载明船舶的名称、申请船舶优先权催告的事实和理由。

第一百二十三条 海事法院在收到申请书以及有关文件后，应当进行审查，在七日内作出准予或者不准予申请的裁定。

受让人对裁定不服的，可以申请复议一次。

第一百二十四条　海事法院在准予申请的裁定生效后，应当通过报纸或者其他新闻媒体发布公告，催促船舶优先权人在催告期间主张船舶优先权。

船舶优先权催告期间为六十日。

第一百二十五条　船舶优先权催告期间，船舶优先权人主张权利的，应当在海事法院办理登记；不主张权利的，视为放弃船舶优先权。

第一百二十六条　船舶优先权催告期间届满，无人主张船舶优先权的，海事法院应当根据当事人的申请作出判决，宣告该转让船舶不附有船舶优先权。判决内容应当公告。

《最高人民法院关于适用〈中华人民共和国海事诉讼特别程序法〉若干问题的解释》（法释〔2003〕3号　2008年12月16日修正）

第九十二条　船舶转让合同订立后船舶实际交付前，受让人即可申请船舶优先权催告。

受让人不能提供原船舶证书的，不影响船舶优先权催告申请的提出。

第九十三条　海事诉讼特别程序法第一百二十条规定的受让人指船舶转让中的买方和有买船意向的人，但受让人申请海事法院作出除权判决时，必须提交其已经实际受让船舶的证据。

第九十四条　船舶受让人对不准予船舶优先权催告申请的裁定提出复议的，海事法院应当在七日内作出复议决定。

第九十五条　海事法院准予船舶优先权催告申请的裁定生效后，应当通过报纸或者其他新闻媒体连续公告三日。优先权催告的船舶为可以航行于国际航线的，应当通过对外发行的报纸或者其他新闻媒体发布公告。

第九十六条　利害关系人在船舶优先权催告期间提出优先权主张的，海事法院应当裁定优先权催告程序终结。

452. 申请海事债权登记与受偿

法律条文及规范索引

《中华人民共和国海事诉讼特别程序法》（2000年7月1日施行）

第一百一十一条　海事法院裁定强制拍卖船舶的公告发布后，债权人应当在公告期间，就与被拍卖船舶有关的债权申请登记。公告期间届满不登记的，视为放弃在本次拍卖船舶价款中受偿的权利。

第一百一十二条　海事法院受理设立海事赔偿责任限制基金的公告发布后，债权人应当在公告期间就与特定场合发生的海事事故有关的债权申请登记。公告期间届满不登记的，视为放弃债权。

第一百一十三条　债权人向海事法院申请登记债权的，应当提交书面申请，并提供有关债权证据。

债权证据，包括证明债权的具有法律效力的判决书、裁定书、调解书、仲裁裁决书和公证债权文书，以及其他证明具有海事请求的证据材料。

第一百一十四条　海事法院应当对债权人的申请进行审查，对提供债权证据的，裁定准予登记；对不提供债权证据的，裁定驳回申请。

第一百一十五条　债权人提供证明债权的判决书、裁定书、调解书、仲裁裁决书或者公证债权文书的，海事法院经审查认定上述文书真实合法的，裁定予以确认。

第一百一十六条　债权人提供其他海事请求证据的，应当在办理债权登记以后，在受理债权登记的海事法院提起确权诉讼。当事人之间有仲裁协议的，应当及时申请仲裁。

海事法院对确权诉讼作出的判决、裁定具有法律效力，当事人不得提起上诉。

第一百一十七条　海事法院审理并确认债权后，应当向债权人发出债权人会议通知书，组织召开债权人会议。

第一百一十八条　债权人会议可以协商提出船舶价款或者海事赔偿责任限制基金的分配方案，签订受偿协议。

受偿协议经海事法院裁定认可，具有法律效力。

债权人会议协商不成的，由海事法院依照《中华人民共和国海商法》以及其他有关法律规定的受偿顺序，裁定船舶价款或者海事赔偿责任限制基金的分配方案。

第一百一十九条　拍卖船舶所得价款及其利息，或者海事赔偿责任限制基金及其利息，应当一并予以分配。

分配船舶价款时，应当由责任人承担的诉讼费用，为保存、拍卖船舶和分配船舶价款产生的费用，以及为债权人的共同利益支付的其他费用，应当从船舶价款中先行拨付。

清偿债务后的余款，应当退还船舶原所有人或者海事赔偿责任限制基金设立人。

《最高人民法院关于适用〈中华人民共和国海事诉讼特别程序法〉若干问题的解释》（法释〔2003〕3号　2008年12月16日修正）

第八十七条　海事诉讼特别程序法第一百一十一条规定的与被拍卖船舶有关的债权指与被拍卖船舶有关的海事债权。

第八十八条　海事诉讼特别程序法第一百一十五条规定的判决书、裁定书、调解书和仲裁裁决书指我国国内的判决书、裁定书、调解书和仲裁裁决书。对于债权人提供的国外的判决书、裁定书、调解书和仲裁裁决书，适用民事诉讼法第二百六十六条和第二百六十七条规定的程序审查。

第八十九条　在债权登记前，债权人已向受理债权登记的海事法院以外的海事法院起诉的，受理案件的海事法院应当将案件移送至登记债权的海事法院一并审理，但案件已经进入二审的除外。

第九十条　债权人依据海事诉讼特别程序法第一百一十六条规定向受理债权登记的海事法院提起确权诉讼的，应当在办理债权登记后七日内提起。

第九十一条　海事诉讼特别程序法第一百一十九条第二款规定的三项费用按顺序拨付。

五十、申请承认与执行法院判决、仲裁裁决案件

申请承认与执行法院判决、仲裁裁决案件是指当事人通过法定程序向人民法院提出申请，对一些特殊类型或特殊区域的法院的判决或仲裁裁决予以承认和执行。这些仲裁裁决一般为海事仲裁、知识产权仲裁、涉外仲裁、港澳台仲裁和外国仲裁等仲裁裁决。法院判决一般为港澳台法院和外国法院的民事判决。

453. 申请执行海事仲裁裁决

法律条文及规范索引

《中华人民共和国海事诉讼特别程序法》（2000年7月1日施行）

第十一条 当事人申请执行海事仲裁裁决，申请承认和执行外国法院判决、裁定以及国外海事仲裁裁决的，向被执行的财产所在地或者被执行人住所地海事法院提出。被执行的财产所在地或者被执行人住所地没有海事法院的，向被执行的财产所在地或者被执行人住所地的中级人民法院提出。

《最高人民法院关于适用〈中华人民共和国海事诉讼特别程序法〉若干问题的解释》（法释〔2003〕3号 2008年12月16日修正）

第十三条 当事人根据海事诉讼特别程序法第十一条的规定申请执行海事仲裁裁决，申请承认和执行国外海事仲裁裁决的，由被执行的财产所在地或者被执行人住所地的海事法院管辖；被执行的财产为船舶的，无论该船舶是否在海事法院管辖区域范围内，均由海事法院管辖。船舶所在地没有海事法院的，由就近的海事法院管辖。

前款所称财产所在地和被执行人住所地是指海事法院行使管辖权的地域。

第十四条 认定海事仲裁协议效力案件，由被申请人住所地、合同履行地或者约定的仲裁机构所在地的海事法院管辖。

《中华人民共和国民事诉讼法》（2017年6月27日修正）

第二百七十一条 涉外经济贸易、运输和海事中发生的纠纷，当事人在合同中订有仲裁条款或者事后达成书面仲裁协议，提交中华人民共和国涉外仲裁机构或者其他仲裁机构仲裁的，当事人不得向人民法院起诉。

第二百七十三条 经中华人民共和国涉外仲裁机构裁决的，当事人不得向人民法院起诉。一方当事人不履行仲裁裁决的，对方当事人可以向被申请人住所地或者财产所在地的中级人民法院申请执行。

《中华人民共和国仲裁法》（2017年9月1日修正）

第六十二条 当事人应当履行裁决。一方当事人不履行的，另一方当事人可以依照民事诉讼法的有关规定向人民法院申请执行。受申请的人民法院应当执行。

第七十二条　涉外仲裁委员会作出的发生法律效力的仲裁裁决，当事人请求执行的，如果被执行人或者其财产不在中华人民共和国领域内，应当由当事人直接向有管辖权的外国法院申请承认和执行。

《最高人民法院关于适用〈中华人民共和国仲裁法〉若干问题的解释》（法释〔2006〕7号　2008年12月16日修正）

第十二条　当事人向人民法院申请确认仲裁协议效力的案件，由仲裁协议约定的仲裁机构所在地的中级人民法院管辖；仲裁协议约定的仲裁机构不明确的，由仲裁协议签订地或者被申请人住所地的中级人民法院管辖。

申请确认涉外仲裁协议效力的案件，由仲裁协议约定的仲裁机构所在地、仲裁协议签订地、申请人或者被申请人住所地的中级人民法院管辖。

涉及海事海商纠纷仲裁协议效力的案件，由仲裁协议约定的仲裁机构所在地、仲裁协议签订地、申请人或者被申请人住所地的海事法院管辖；上述地点没有海事法院的，由就近的海事法院管辖。

454. 申请执行知识产权仲裁裁决

法律条文及规范索引

《中华人民共和国仲裁法》（2017年9月1日修正）

第六十二条　当事人应当履行裁决。一方当事人不履行的，另一方当事人可以依照民事诉讼法的有关规定向人民法院申请执行。受申请的人民法院应当执行。

第六十三条　被申请人提出证据证明裁决有民事诉讼法第二百一十三条第二款规定的情形之一的，经人民法院组成合议庭审查核实，裁定不予执行。

第六十四条　一方当事人申请执行裁决，另一方当事人申请撤销裁决的，人民法院应当裁定中止执行。

人民法院裁定撤销裁决的，应当裁定终结执行。撤销裁决的申请被裁定驳回的，人民法院应当裁定恢复执行。

《中华人民共和国民事诉讼法》（2017 年 6 月 27 日修正）

第二百七十四条 对中华人民共和国涉外仲裁机构作出的裁决，被申请人提出证据证明仲裁裁决有下列情形之一的，经人民法院组成合议庭审查核实，裁定不予执行：

（一）当事人在合同中没有订有仲裁条款或者事后没有达成书面仲裁协议的；

（二）被申请人没有得到指定仲裁员或者进行仲裁程序的通知，或者由于其他不属于被申请人负责的原因未能陈述意见的；

（三）仲裁庭的组成或者仲裁的程序与仲裁规则不符的；

（四）裁决的事项不属于仲裁协议的范围或者仲裁机构无权仲裁的。

人民法院认定执行该裁决违背社会公共利益的，裁定不予执行。

455. 申请执行涉外仲裁裁决

法律条文及规范索引

《中华人民共和国民事诉讼法》（2017 年 6 月 27 日修正）

第二百七十一条 涉外经济贸易、运输和海事中发生的纠纷，当事人在合同中订有仲裁条款或者事后达成书面仲裁协议，提交中华人民共和国涉外仲裁机构或者其他仲裁机构仲裁的，当事人不得向人民法院起诉。

当事人在合同中没有订有仲裁条款或者事后没有达成书面仲裁协议的，可以向人民法院起诉。

第二百七十二条 当事人申请采取保全的，中华人民共和国的涉外仲裁机构应当将当事人的申请，提交被申请人住所地或者财产所在地的中级人民法院裁定。

第二百七十三条 经中华人民共和国涉外仲裁机构裁决的，当事人不得向人民法院起诉。一方当事人不履行仲裁裁决的，对方当事人可以向被申请人住所地或者财产所在地的中级人民法院申请执行。

第二百七十四条 对中华人民共和国涉外仲裁机构作出的裁决，被申请人提出证据证明仲裁裁决有下列情形之一的，经人民法院组成合议庭审查核实，裁定不予执行：

（一）当事人在合同中没有订有仲裁条款或者事后没有达成书面仲裁协议的；

（二）被申请人没有得到指定仲裁员或者进行仲裁程序的通知，或者由于其他不属于被申请人负责的原因未能陈述意见的；

（三）仲裁庭的组成或者仲裁的程序与仲裁规则不符的；

（四）裁决的事项不属于仲裁协议的范围或者仲裁机构无权仲裁的。

人民法院认定执行该裁决违背社会公共利益的，裁定不予执行。

《中华人民共和国仲裁法》（2017 年 9 月 1 日修正）

第六十五条　涉外经济贸易、运输和海事中发生的纠纷的仲裁，适用本章规定。本章没有规定的，适用本法其他有关规定。

第六十六条　涉外仲裁委员会可以由中国国际商会组织设立。

涉外仲裁委员会由主任一人、副主任若干人和委员会若干人组成。

涉外仲裁委员会的主任、副主任和委员可以由中国国际商会聘任。

第六十七条　涉外仲裁委员会可以从具有法律、经济贸易、科学技术等专门知识的外籍人士中聘任仲裁员。

第六十八条　涉外仲裁的当事人申请证据保全的，涉外仲裁委员会应当将当事人的申请提交证据所在地的中级人民法院。

第六十九条　涉外仲裁的仲裁庭可以将开庭情况记入笔录。或者作出笔录要点，笔录要点可以由当事人和其他仲裁参与人签字或者盖章。

第七十条　当事人提出证据证明涉外仲裁裁决有民事诉讼法第二百五十八条第一款规定的情形之一的，经人民法院组成合议庭审查核实，裁定撤销。①

第七十一条　被申请人提出证据证明涉外仲裁裁决有民事诉讼法第二百五十八条第一款规定的情形之一的，经人民法院组成合议庭审查核实，裁定不予执行。

第七十二条　涉外仲裁委员会作出的发生法律效力的仲裁裁决，当事人请求执行的，如果被执行人或者其财产不在中华人民共和国领域内，应当由当事人直接向有管辖权的外国法院申请承认和执行。

第七十三条　涉外仲裁规则可以由中国国际商会依照本法和民事诉讼法

---

①　本条规定援引的 1991 年《民事诉讼法》第 258 条，现为《民事诉讼法》第 274 条，除条文序号外，法条内容未改动。特此说明，下同。

的有关规定制定。

456. 申请认可和执行香港特别行政区法院民事判决

法律条文及规范索引

《最高人民法院关于内地与香港特别行政区法院相互认可和执行当事人协议管辖的民商事案件判决的安排》（法释〔2008〕9号 2008年7月3日）

第一条 内地人民法院和香港特别行政区法院在具有书面管辖协议的民商事案件中作出的须支付款项的具有执行力的终审判决，当事人可以根据本安排向内地人民法院或者香港特别行政区法院申请认可和执行。

第二条 本安排所称“具有执行力的终审判决”：

（一）在内地是指：

1. 最高人民法院的判决；

2. 高级人民法院、中级人民法院以及经授权管辖第一审涉外、涉港澳台民商事案件的基层人民法院（名单附后）依法不准上诉或者已经超过法定期限没有上诉的第一审判决，第二审判决和依照审判监督程序由上一级人民法院提审后作出的生效判决。

（二）在香港特别行政区是指终审法院、高等法院上诉法庭及原讼法庭和区域法院作出的生效判决。

本安排所称判决，在内地包括判决书、裁定书、调解书、支付令；在香港特别行政区包括判决书、命令和诉讼费评定证明书。

当事人向香港特别行政区法院申请认可和执行判决后，内地人民法院对该案件依法再审的，由作出生效判决的上一级人民法院提审。

第三条 本安排所称“书面管辖协议”，是指当事人为解决与特定法律关系有关的已经发生或者可能发生的争议，自本安排生效之日起，以书面形式明确约定内地人民法院或者香港特别行政区法院具有唯一管辖权的协议。

本条所称“特定法律关系”，是指当事人之间的民商事合同，不包括雇佣合同以及自然人因个人消费、家庭事宜或者其他非商业目的而作为协议一方的合同。

本条所称“书面形式”是指合同书、信件和数据电文（包括电报、电传、传真、电子数据交换和电子邮件）等可以有形地表现所载内容、可以调取以备日后查用的形式。

书面管辖协议可以由一份或者多份书面形式组成。

除非合同另有规定，合同中的管辖协议条款独立存在，合同的变更、解除、终止或者无效，不影响管辖协议条款的效力。

第四条 申请认可和执行符合本安排规定的民商事判决，在内地向被申请人住所地、经常居住地或者财产所在地的中级人民法院提出，在香港特别行政区向香港特别行政区高等法院提出。

第五条 被申请人住所地、经常居住地或者财产所在地在内地不同的中级人民法院辖区的，申请人应当选择向其中一个人民法院提出认可和执行的申请，不得分别向两个或者两个以上人民法院提出申请。

被申请人的住所地、经常居住地或者财产所在地，既在内地又在香港特别行政区的，申请人可以同时分别向两地法院提出申请，两地法院分别执行判决的总额，不得超过判决确定的数额。已经部分或者全部执行判决的法院应当根据对方法院的要求提供已执行判决的情况。

第六条 申请人向有关法院申请认可和执行判决的，应当提交以下文件：

（一）请求认可和执行的申请书；

（二）经作出终审判决的法院盖章的判决书副本；

（三）作出终审判决的法院出具的证明书，证明该判决属于本安排第二条所指的终审判决，在判决作出地可以执行；

（四）身份证明材料：

1. 申请人为自然人的，应当提交身份证或者经公证的身份证复印件；

2. 申请人为法人或者其他组织的，应当提交经公证的法人或者其他组织注册登记证书的复印件；

3. 申请人是外国籍法人或者其他组织的，应当提交相应的公证和认证材料。

向内地人民法院提交的文件没有中文文本的，申请人应当提交证明无误的中文译本。

执行地法院对于本条所规定的法院出具的证明书，无需另行要求公证。

第七条 请求认可和执行申请书应当载明下列事项：

（一）当事人为自然人的，其姓名、住所；当事人为法人或者其他组织的，法人或者其他组织的名称、住所以及法定代表人或者主要负责人的姓名、职务和住所；

（二）申请执行的理由与请求的内容，被申请人的财产所在地以及财产状况；

（三）判决是否在原审法院地申请执行以及已执行的情况。

第八条 申请人申请认可和执行内地人民法院或者香港特别行政区法院判决的程序，依据执行地法律的规定。本安排另有规定的除外。

申请人申请认可和执行的期间为二年。

前款规定的期间，内地判决到香港特别行政区申请执行的，从判决规定履行期间的最后一日起计算，判决规定分期履行的，从规定的每次履行期间的最后一日起计算，判决未规定履行期间的，从判决生效之日起计算；香港特别行政区判决到内地申请执行的，从判决可强制执行之日起计算，该日为判决上注明的判决日期，判决对履行期间另有规定的，从规定的履行期间届满后开始计算。

第九条 对申请认可和执行的判决，原审判决中的债务人提供证据证明有下列情形之一的，受理申请的法院经审查核实，应当裁定不予认可和执行：

（一）根据当事人协议选择的原审法院地的法律，管辖协议属于无效。但选择法院已经判定该管辖协议为有效的除外；

（二）判决已获完全履行；

（三）根据执行地的法律，执行地法院对该案享有专属管辖权；

（四）根据原审法院地的法律，未曾出庭的败诉一方当事人未经合法传唤或者虽经合法传唤但未获依法律规定的答辩时间。但原审法院根据其法律或者有关规定公告送达的，不属于上述情形；

（五）判决是以欺诈方法取得的；

（六）执行地法院就相同诉讼请求作出判决，或者外国、境外地区法院就相同诉讼请求作出判决，或者有关仲裁机构作出仲裁裁决，已经为执行地法院所认可或者执行的。

内地人民法院认为在内地执行香港特别行政区法院判决违反内地社会公共利益，或者香港特别行政区法院认为在香港特别行政区执行内地人民法院判决违反香港特别行政区公共政策的，不予认可和执行。

第十条 对于香港特别行政区法院作出的判决，判决确定的债务人已经提出上诉，或者上诉程序尚未完结的，内地人民法院审查核实后，可以中止认可和执行程序。经上诉，维持全部或者部分原判决的，恢复认可和执行程序；完全改变原判决的，终止认可和执行程序。

内地地方人民法院就已经作出的判决按照审判监督程序作出提审裁定，或者最高人民法院作出提起再审裁定的，香港特别行政区法院审查核实后，可以中止认可和执行程序。再审判决维持全部或者部分原判决的，恢复认可和执行程序；再审判决完全改变原判决的，终止认可和执行程序。

第十一条 根据本安排而获认可的判决与执行地法院的判决效力相同。

第十二条 当事人对认可和执行与否的裁定不服的，在内地可以向上一级人民法院申请复议，在香港特别行政区可以根据其法律规定提出上诉。

第十三条 在法院受理当事人申请认可和执行判决期间，当事人依相同事实再行提起诉讼的，法院不予受理。

已获认可和执行的判决，当事人依相同事实再行提起诉讼的，法院不予受理。

对于根据本安排第九条不予认可和执行的判决，申请人不得再行提起认可和执行的申请，但是可以按照执行地的法律依相同案件事实向执行地法院提起诉讼。

第十四条 法院受理认可和执行判决的申请之前或者之后，可以按照执行地法律关于财产保全或者禁制资产转移的规定，根据申请人的申请，对被申请人的财产采取保全或强制措施。

第十五条 当事人向有关法院申请执行判决，应当根据执行地有关诉讼收费的法律和规定交纳执行费或者法院费用。

第十六条 内地与香港特别行政区法院相互认可和执行的标的范围，除判决确定的数额外，还包括根据该判决须支付的利息、经法院核定的律师费以及诉讼费，但不包括税收和罚款。

在香港特别行政区诉讼费是指经法官或者司法常务官在诉讼费评定证明书中核定或者命令支付的诉讼费用。

《最高人民法院、香港特别行政区政府关于内地与香港特别行政区法院相互认可和执行婚姻家庭民事案件判决的安排》（2017 年 6 月 20 日）

根据《中华人民共和国香港特别行政区基本法》第九十五条的规定，最高人民法院与香港特别行政区政府经协商，现就婚姻家庭民事案件判决的认可和执行问题作出如下安排：

第一条　当事人向香港特别行政区法院申请认可和执行内地人民法院就婚姻家庭民事案件作出的生效判决，或者向内地人民法院申请认可和执行香港特别行政区法院就婚姻家庭民事案件作出的生效判决的，适用本安排。

当事人向香港特别行政区法院申请认可内地民政部门所发的离婚证，或者向内地人民法院申请认可依据《婚姻制度改革条例》（香港法例第178章）第Ⅴ部、第ⅤA部规定解除婚姻的协议书、备忘录的，参照适用本安排。

第二条　本安排所称生效判决：

（一）在内地，是指第二审判决，依法不准上诉或者超过法定期限没有上诉的第一审判决，以及依照审判监督程序作出的上述判决；

（二）在香港特别行政区，是指终审法院、高等法院上诉法庭及原讼法庭和区域法院作出的已经发生法律效力的判决，包括依据香港法律可以在生效后作出更改的命令。

前款所称判决，在内地包括判决、裁定、调解书，在香港特别行政区包括判决、命令、判令、讼费评定证明书、定额讼费证明书，但不包括双方依据其法律承认的其他国家和地区法院作出的判决。

第三条　本安排所称婚姻家庭民事案件：

（一）在内地是指：

1. 婚内夫妻财产分割纠纷案件；

2. 离婚纠纷案件；

3. 离婚后财产纠纷案件；

4. 婚姻无效纠纷案件；

5. 撤销婚姻纠纷案件；

6. 夫妻财产约定纠纷案件；

7. 同居关系子女抚养纠纷案件；

8. 亲子关系确认纠纷案件；

9. 抚养纠纷案件；

10. 扶养纠纷案件（限于夫妻之间扶养纠纷）；

11. 确认收养关系纠纷案件；

12. 监护权纠纷案件（限于未成年子女监护权纠纷）；

13. 探望权纠纷案件；

14. 申请人身安全保护令案件。

（二）在香港特别行政区是指：

1. 依据香港法例第 179 章《婚姻诉讼条例》第 III 部作出的离婚绝对判令；

2. 依据香港法例第 179 章《婚姻诉讼条例》第 IV 部作出的婚姻无效绝对判令；

3. 依据香港法例第 192 章《婚姻法律程序与财产条例》作出的在讼案待决期间提供赡养费令；

4. 依据香港法例第 13 章《未成年人监护条例》、第 16 章《分居令及赡养令条例》、第 192 章《婚姻法律程序与财产条例》第 II 部、第 IIA 部作出的赡养令；

5. 依据香港法例第 13 章《未成年人监护条例》、第 192 章《婚姻法律程序与财产条例》第 II 部、第 IIA 部作出的财产转让及出售财产令；

6. 依据香港法例第 182 章《已婚者地位条例》作出的有关财产的命令；

7. 依据香港法例第 192 章《婚姻法律程序与财产条例》在双方在生时作出的修改赡养协议的命令；

8. 依据香港法例第 290 章《领养条例》作出的领养令；

9. 依据香港法例第 179 章《婚姻诉讼条例》、第 429 章《父母与子女条例》作出的父母身份、婚生地位或者确立婚生地位的宣告；

10. 依据香港法例第 13 章《未成年人监护条例》、第 16 章《分居令及赡养令条例》、第 192 章《婚姻法律程序与财产条例》作出的管养令；

11. 就受香港法院监护的未成年子女作出的管养令；

12. 依据香港法例第 189 章《家庭及同居关系暴力条例》作出的禁制骚扰令、驱逐令、重返令或者更改、暂停执行就未成年子女的管养令、探视令。

第四条　申请认可和执行本安排规定的判决：

（一）在内地向申请人住所地、经常居住地或者被申请人住所地、经常居住地、财产所在地的中级人民法院提出；

（二）在香港特别行政区向区域法院提出。

申请人应当向符合前款第一项规定的其中一个人民法院提出申请。向两个以上有管辖权的人民法院提出申请的，由最先立案的人民法院管辖。

第五条　申请认可和执行本安排第一条第一款规定的判决的，应当提交下列材料：

（一）申请书；

（二）经作出生效判决的法院盖章的判决副本；

（三）作出生效判决的法院出具的证明书，证明该判决属于本安排规定的婚姻家庭民事案件生效判决；

（四）判决为缺席判决的，应当提交法院已经合法传唤当事人的证明文件，但判决已经对此予以明确说明或者缺席方提出申请的除外；

（五）经公证的身份证件复印件。

申请认可本安排第一条第二款规定的离婚证或者协议书、备忘录的，应当提交下列材料：

（一）申请书；

（二）经公证的离婚证复印件，或者经公证的协议书、备忘录复印件；

（三）经公证的身份证件复印件。

向内地人民法院提交的文件没有中文文本的，应当提交准确的中文译本。

第六条　申请书应当载明下列事项：

（一）当事人的基本情况，包括姓名、住所、身份证件信息、通讯方式等；

（二）请求事项和理由，申请执行的，还需提供被申请人的财产状况和财产所在地；

（三）判决是否已在其他法院申请执行和执行情况。

第七条　申请认可和执行判决的期间、程序和方式，应当依据被请求方法律的规定。

第八条　法院应当尽快审查认可和执行的请求，并作出裁定或者命令。

第九条　申请认可和执行的判决，被申请人提供证据证明有下列情形之一的，法院审查核实后，不予认可和执行：

（一）根据原审法院地法律，被申请人未经合法传唤，或者虽经合法传唤但未获得合理的陈述、辩论机会的；

（二）判决是以欺诈方法取得的；

（三）被请求方法院受理相关诉讼后，请求方法院又受理就同一争议提起的诉讼并作出判决的；

（四）被请求方法院已经就同一争议作出判决，或者已经认可和执行其他国家和地区法院就同一争议所作出的判决的。

内地人民法院认为认可和执行香港特别行政区法院判决明显违反内地法

律的基本原则或者社会公共利益，香港特别行政区法院认为认可和执行内地人民法院判决明显违反香港特别行政区法律的基本原则或者公共政策的，不予认可和执行。

申请认可和执行的判决涉及未成年子女的，在根据前款规定审查决定是否认可和执行时，应当充分考虑未成年子女的最佳利益。

第十条　被请求方法院不能对判决的全部判项予以认可和执行时，可以认可和执行其中的部分判项。

第十一条　对于香港特别行政区法院作出的判决，一方当事人已经提出上诉，内地人民法院审查核实后，可以中止认可和执行程序。经上诉，维持全部或者部分原判决的，恢复认可和执行程序；完全改变原判决的，终止认可和执行程序。

内地人民法院就已经作出的判决裁定再审的，香港特别行政区法院审查核实后，可以中止认可和执行程序。经再审，维持全部或者部分原判决的，恢复认可和执行程序；完全改变原判决的，终止认可和执行程序。

第十二条　在本安排下，内地人民法院作出的有关财产归一方所有的判项，在香港特别行政区将被视为命令一方向另一方转让该财产。

第十三条　被申请人在内地和香港特别行政区均有可供执行财产的，申请人可以分别向两地法院申请执行。

两地法院执行财产的总额不得超过判决确定的数额。应对方法院要求，两地法院应当相互提供本院执行判决的情况。

第十四条　内地与香港特别行政区法院相互认可和执行的财产给付范围，包括判决确定的给付财产和相应的利息、迟延履行金、诉讼费，不包括税收、罚款。

前款所称诉讼费，在香港特别行政区是指讼费评定证明书、定额讼费证明书核定或者命令支付的费用。

第十五条　被请求方法院就认可和执行的申请作出裁定或者命令后，当事人不服的，在内地可以于裁定送达之日起十日内向上一级人民法院申请复议，在香港特别行政区可以依据其法律规定提出上诉。

第十六条　在审理婚姻家庭民事案件期间，当事人申请认可和执行另一地法院就同一争议作出的判决的，应当受理。受理后，有关诉讼应当中止，待就认可和执行的申请作出裁定或者命令后，再视情终止或者恢复诉讼。

第十七条　审查认可和执行判决申请期间，当事人就同一争议提起诉讼的，不予受理；已经受理的，驳回起诉。

判决获得认可和执行后，当事人又就同一争议提起诉讼的，不予受理。

判决未获认可和执行的，申请人不得再次申请认可和执行，但可以就同一争议向被请求方法院提起诉讼。

第十八条 被请求方法院在受理认可和执行判决的申请之前或者之后，可以依据其法律规定采取保全或者强制措施。

《最高人民法院、香港特别行政区政府关于内地与香港特别行政区法院相互认可和执行民商事案件判决的安排》（2019 年 1 月 18 日）[①]

根据《中华人民共和国香港特别行政区基本法》第九十五条的规定，最高人民法院与香港特别行政区政府经协商，现就民商事案件判决的相互认可和执行问题作出如下安排：

第一条 内地与香港特别行政区法院民商事案件生效判决的相互认可和执行，适用本安排。

刑事案件中有关民事赔偿的生效判决的相互认可和执行，亦适用本安排。

第二条 本安排所称“民商事案件”是指依据内地和香港特别行政区法律均属于民商事性质的案件，不包括香港特别行政区法院审理的司法复核案件以及其他因行使行政权力直接引发的案件。

第三条 本安排暂不适用于就下列民商事案件作出的判决：

（一）内地人民法院审理的赡养、兄弟姐妹之间扶养、解除收养关系、成年人监护权、离婚后损害责任、同居关系析产案件，香港特别行政区法院审理的应否裁判分居的案件；

（二）继承案件、遗产管理或者分配的案件；

（三）内地人民法院审理的有关发明专利、实用新型专利侵权的案件，香港特别行政区法院审理的有关标准专利（包括原授专利）、短期专利侵权的案件，内地与香港特别行政区法院审理的有关确认标准必要专利许可费率的案件，以及有关本安排第五条未规定的知识产权案件；

（四）海洋环境污染、海事索赔责任限制、共同海损、紧急拖航和救助、船舶优先权、海上旅客运输案件；

---

① 本安排尚未生效，将在最高人民法院发布司法解释和香港特别行政区完成有关内部程序后，由双方公布生效日期。

（五）破产（清盘）案件；

（六）确定选民资格、宣告自然人失踪或者死亡、认定自然人限制或者无民事行为能力的案件；

（七）确认仲裁协议效力、撤销仲裁裁决案件；

（八）认可和执行其他国家和地区判决、仲裁裁决的案件。

第四条　本安排所称“判决”，在内地包括判决、裁定、调解书、支付令，不包括保全裁定；在香港特别行政区包括判决、命令、判令、讼费评定证明书，不包括禁诉令、临时济助命令。

本安排所称“生效判决”：

（一）在内地，是指第二审判决，依法不准上诉或者超过法定期限没有上诉的第一审判决，以及依照审判监督程序作出的上述判决；

（二）在香港特别行政区，是指终审法院、高等法院上诉法庭及原讼法庭、区域法院以及劳资审裁处、土地审裁处、小额钱债审裁处、竞争事务审裁处作出的已经发生法律效力的判决。

第五条　本安排所称“知识产权”是指《与贸易有关的知识产权协定》第一条第二款规定的知识产权，以及《中华人民共和国民法总则》第一百二十三条第二款第七项、香港《植物品种保护条例》规定的权利人就植物新品种享有的知识产权。

第六条　本安排所称“住所地”，当事人为自然人的，是指户籍所在地或者永久性居民身份所在地、经常居住地；当事人为法人或者其他组织的，是指注册地或者登记地、主要办事机构所在地、主要营业地、主要管理地。

第七条　申请认可和执行本安排规定的判决：

（一）在内地，向申请人住所地或者被申请人住所地、财产所在地的中级人民法院提出；

（二）在香港特别行政区，向高等法院提出。

申请人应当向符合前款第一项规定的其中一个人民法院提出申请。向两个以上有管辖权的人民法院提出申请的，由最先立案的人民法院管辖。

第八条　申请认可和执行本安排规定的判决，应当提交下列材料：

（一）申请书；

（二）经作出生效判决的法院盖章的判决副本；

（三）作出生效判决的法院出具的证明书，证明该判决属于生效判决，判决有执行内容的，还应当证明在原审法院地可以执行；

（四）判决为缺席判决的，应当提交已经合法传唤当事人的证明文件，但判决已经对此予以明确说明或者缺席方提出认可和执行申请的除外；

（五）身份证明材料：

1. 申请人为自然人的，应当提交身份证件复印件；

2. 申请人为法人或者其他组织的，应当提交注册登记证书的复印件以及法定代表人或者主要负责人的身份证件复印件。

上述身份证明材料，在被请求方境外形成的，应当依据被请求方法律规定办理证明手续。

向内地人民法院提交的文件没有中文文本的，应当提交准确的中文译本。

第九条 申请书应当载明下列事项：

（一）当事人的基本情况：当事人为自然人的，包括姓名、住所、身份证件信息、通讯方式等；当事人为法人或者其他组织的，包括名称、住所及其法定代表人或者主要负责人的姓名、职务、住所、身份证件信息、通讯方式等；

（二）请求事项和理由；申请执行的，还需提供被申请人的财产状况和财产所在地；

（三）判决是否已在其他法院申请执行以及执行情况。

第十条 申请认可和执行判决的期间、程序和方式，应当依据被请求方法律的规定。

第十一条 符合下列情形之一，且依据被请求方法律有关诉讼不属于被请求方法院专属管辖的，被请求方法院应当认定原审法院具有管辖权：

（一）原审法院受理案件时，被告住所地在该方境内；

（二）原审法院受理案件时，被告在该方境内设有代表机构、分支机构、办事处、营业所等不属于独立法人的机构，且诉讼请求是基于该机构的活动；

（三）因合同纠纷提起的诉讼，合同履行地在该方境内；

（四）因侵权行为提起的诉讼，侵权行为实施地在该方境内；

（五）合同纠纷或者其他财产权益纠纷的当事人以书面形式约定由原审法院地管辖，但各方当事人住所地均在被请求方境内的，原审法院地应系合同履行地、合同签订地、标的物所在地等与争议有实际联系地；

（六）当事人未对原审法院提出管辖权异议并应诉答辩，但各方当事人住所地均在被请求方境内的，原审法院地应系合同履行地、合同签订地、标的物所在地等与争议有实际联系地。

前款所称“书面形式”是指合同书、信件和数据电文（包括电报、电传、传真、电子数据交换和电子邮件）等可以有形地表现所载内容的形式。

知识产权侵权纠纷案件以及内地人民法院审理的《中华人民共和国反不正当竞争法》第六条规定的不正当竞争纠纷民事案件、香港特别行政区法院审理的假冒纠纷案件，侵权、不正当竞争、假冒行为实施地在原审法院地境内，且涉案知识产权权利、权益在该方境内依法应予保护的，才应当认定原审法院具有管辖权。

除第一款、第三款规定外，被请求方法院认为原审法院对于有关诉讼的管辖符合被请求方法律规定的，可以认定原审法院具有管辖权。

第十二条　申请认可和执行的判决，被申请人提供证据证明有下列情形之一的，被请求方法院审查核实后，应当不予认可和执行：

（一）原审法院对有关诉讼的管辖不符合本安排第十一条规定的；

（二）依据原审法院地法律，被申请人未经合法传唤，或者虽经合法传唤但未获得合理的陈述、辩论机会的；

（三）判决是以欺诈方法取得的；

（四）被请求方法院受理相关诉讼后，原审法院又受理就同一争议提起的诉讼并作出判决的；

（五）被请求方法院已经就同一争议作出判决，或者已经认可其他国家和地区就同一争议作出的判决的；

（六）被请求方已经就同一争议作出仲裁裁决，或者已经认可其他国家和地区就同一争议作出的仲裁裁决的。

内地人民法院认为认可和执行香港特别行政区法院判决明显违反内地法律的基本原则或者社会公共利益，香港特别行政区法院认为认可和执行内地人民法院判决明显违反香港特别行政区法律的基本原则或者公共政策的，应当不予认可和执行。

第十三条　申请认可和执行的判决，被申请人提供证据证明在原审法院进行的诉讼违反了当事人就同一争议订立的有效仲裁协议或者管辖协议的，被请求方法院审查核实后，可以不予认可和执行。

第十四条　被请求方法院不能仅因判决的先决问题不属于本安排适用范围，而拒绝认可和执行该判决。

第十五条 对于原审法院就知识产权有效性、是否成立或者存在作出的判项，不予认可和执行，但基于该判项作出的有关责任承担的判项符合本安排规定的，应当认可和执行。

第十六条 相互认可和执行的判决内容包括金钱判项、非金钱判项。

判决包括惩罚性赔偿的，不予认可和执行惩罚性赔偿部分，但本安排第十七条规定的除外。

第十七条 知识产权侵权纠纷案件以及内地人民法院审理的《中华人民共和国反不正当竞争法》第六条规定的不正当竞争纠纷民事案件、香港特别行政区法院审理的假冒纠纷案件，内地与香港特别行政区法院相互认可和执行判决的，限于根据原审法院地发生的侵权行为所确定的金钱判项，包括惩罚性赔偿部分。

有关商业秘密侵权纠纷案件判决的相互认可和执行，包括金钱判项（含惩罚性赔偿）、非金钱判项。

第十八条 内地与香港特别行政区法院相互认可和执行的财产给付范围，包括判决确定的给付财产和相应的利息、诉讼费、迟延履行金、迟延履行利息，不包括税收、罚款。

前款所称“诉讼费”，在香港特别行政区是指讼费评定证明书核定或者命令支付的费用。

第十九条 被请求方法院不能认可和执行判决全部判项的，可以认可和执行其中的部分判项。

第二十条 对于香港特别行政区法院作出的判决，一方当事人已经提出上诉，内地人民法院审查核实后，中止认可和执行程序。经上诉，维持全部或者部分原判决的，恢复认可和执行程序；完全改变原判决的，终止认可和执行程序。

内地人民法院就已经作出的判决裁定再审的，香港特别行政区法院审查核实后，中止认可和执行程序。经再审，维持全部或者部分原判决的，恢复认可和执行程序；完全改变原判决的，终止认可和执行程序。

第二十一条 被申请人在内地和香港特别行政区均有可供执行财产的，申请人可以分别向两地法院申请执行。

应对方法院要求，两地法院应当相互提供本方执行判决的情况。

两地法院执行财产的总额不得超过判决确定的数额。

第二十二条 在审理民商事案件期间，当事人申请认可和执行另一地法院就同一争议作出的判决的，应当受理。受理后，有关诉讼应当中止，待就认可和执行的申请作出裁定或者命令后，再视情终止或者恢复诉讼。

第二十三条 审查认可和执行判决申请期间，当事人就同一争议提起诉讼的，不予受理；已经受理的，驳回起诉。

判决全部获得认可和执行后，当事人又就同一争议提起诉讼的，不予受理。

判决未获得或者未全部获得认可和执行的，申请人不得再次申请认可和执行，但可以就同一争议向被请求方法院提起诉讼。

第二十四条 申请认可和执行判决的，被请求方法院在受理申请之前或者之后，可以依据被请求方法律规定采取保全或者强制措施。

第二十五条 法院应当尽快审查认可和执行的申请，并作出裁定或者命令。

第二十六条 被请求方法院就认可和执行的申请作出裁定或者命令后，当事人不服的，在内地可以于裁定送达之日起十日内向上一级人民法院申请复议，在香港特别行政区可以依据其法律规定提出上诉。

457. 申请认可和执行香港特别行政区仲裁裁决

法律条文及规范索引

《最高人民法院关于内地与香港特别行政区相互执行仲裁裁决的安排》（法释〔2000〕3号 2000年1月24日）

一、在内地或者香港特区作出的仲裁裁决，一方当事人不履行仲裁裁决的，另一方当事人可以向被申请人住所地或者财产所在地的有关法院申请执行。

二、上条所述的有关法院，在内地指被申请人住所地或者财产所在地的中级人民法院，在香港特区指香港特区高等法院。

被申请人住所地或者财产所在地在内地不同的中级人民法院辖区内的，申请人可以选择其中一个人民法院申请执行裁决，不得分别向两个或者两个以上人民法院提出申请。

被申请人的住所地或者财产所在地，既在内地又在香港特区的，申请人不得同时分别向两地有关法院提出申请。只有一地法院执行不足以偿还其债务时，才可就不足部分向另一地法院申请执行。两地法院先后执行仲裁裁决的总额，不得超过裁决数额。

三、申请人向有关法院申请执行在内地或者香港特区作出的仲裁裁决的，应当提交以下文书：

（一）执行申请书；

（二）仲裁裁决书；

（三）仲裁协议。

四、执行申请书的内容应当载明下列事项：

（一）申请人为自然人的情况下，该人的姓名、地址；申请人为法人或者其他组织的情况下，该法人或其他组织的名称、地址及法定代表人姓名；

（二）被申请人为自然人的情况下，该人的姓名、地址；被申请人为法人或者其他组织的情况下，该法人或其他组织的名称、地址及法定代表人姓名；

（三）申请人为法人或者其他组织的，应当提交企业注册登记的副本。申请人是外国籍法人或者其他组织的，应当提交相应的公证和认证材料；

（四）申请执行的理由与请求的内容，被申请人的财产所在地及财产状况；

执行申请书应当以中文文本提出，裁决书或者仲裁协议没有中文文本的，申请人应当提交正式证明的中文译本。

五、申请人向有关法院申请执行内地或者香港特区仲裁裁决的期限依据执行地法律有关时限的规定。

六、有关法院接到申请人申请后，应当按执行地法律程序处理及执行。

七、在内地或者香港特区申请执行的仲裁裁决，被申请人接到通知后，提出证据证明有下列情形之一的，经审查核实，有关法院可裁定不予执行：

（一）仲裁协议当事人依对其适用的法律属于某种无行为能力的情形；或者该项仲裁协议依约定的准据法无效；或者未指明以何种法律为准时，依仲裁裁决地的法律是无效的；

（二）被申请人未接到指派仲裁员的适当通知，或者因他故未能陈述意见的；

（三）裁决所处理的争议不是交付仲裁的标的或者不在仲裁协议条款之内，或者裁决载有关于交付仲裁范围以外事项的决定的；但交付仲裁事项的决定可与未交付仲裁的事项划分时，裁决中关于交付仲裁事项的决定部分应当予以执行；

（四）仲裁庭的组成或者仲裁庭程序与当事人之间的协议不符，或者在有关当事人没有这种协议时与仲裁地的法律不符的；

（五）裁决对当事人尚无约束力，或者业经仲裁地的法院或者按仲裁地的法律撤销或者停止执行的。

有关法院认定依执行地法律，争议事项不能以仲裁解决的，则可不予执行该裁决。

内地法院认定在内地执行该仲裁裁决违反内地社会公共利益，或者香港特区法院决定在香港特区执行该仲裁裁决违反香港特区的公共政策，则可不予执行该裁决。

八、申请人向有关法院申请执行在内地或者香港特区作出的仲裁裁决，应当根据执行地法院有关诉讼收费的办法交纳执行费用。

九、1997 年 7 月 1 日以后申请执行在内地或者香港特区作出的仲裁裁决按本安排执行。

十、对 1997 年 7 月 1 日至本安排生效之日的裁决申请问题，双方同意：1997 年 7 月 1 日至本安排生效之日因故未能向内地或者香港特区法院申请执行，申请人为法人或者其他组织的，可以在本安排生效后六个月内提出；如申请人为自然人的，可以在本安排生效后一年内提出。

对于内地或香港特区法院在 1997 年 7 月 1 日至本安排生效之日拒绝受理或者拒绝执行仲裁裁决的案件，应允许当事人重新申请。

《最高人民法院关于内地与香港特别行政区相互执行仲裁裁决的补充安排》（法释〔2020〕13 号　2021 年 5 月 18 日）

依据《最高人民法院关于内地与香港特别行政区相互执行仲裁裁决的安排》（以下简称《安排》）第十一条的规定，最高人民法院与香港特别行政区政府经协商，作出如下补充安排：

一、《安排》所指执行内地或者香港特别行政区仲裁裁决的程序，应解释为包括认可和执行内地或者香港特别行政区仲裁裁决的程序。

二、将《安排》序言及第一条修改为："根据《中华人民共和国香港特别行政区基本法》第九十五条的规定，经最高人民法院与香港特别行政区（以下简称香港特区）政府协商，现就仲裁裁决的相互执行问题作出如下安排：

“一、内地人民法院执行按香港特区《仲裁条例》作出的仲裁裁决，香港特区法院执行按《中华人民共和国仲裁法》作出的仲裁裁决，适用本安排。”

三、将《安排》第二条第三款修改为：“被申请人在内地和香港特区均有住所地或者可供执行财产的，申请人可以分别向两地法院申请执行。应对方法院要求，两地法院应当相互提供本方执行仲裁裁决的情况。两地法院执行财产的总额，不得超过裁决确定的数额。”

四、在《安排》第六条中增加一款作为第二款：“有关法院在受理执行仲裁裁决申请之前或者之后，可以依申请并按照执行地法律规定采取保全或者强制措施。”

五、本补充安排第一条、第四条自2020年11月27日起施行，第二条、第三条在香港特别行政区完成有关程序后，由最高人民法院公布施行日期。

458. 申请认可和执行澳门特别行政区法院民事判决

法律条文及规范索引

《最高人民法院关于内地与澳门特别行政区相互认可和执行民商事判决的安排》（法释〔2006〕2号　2006年3月21日）

第一条　内地与澳门特别行政区民商事案件（在内地包括劳动争议案件，在澳门特别行政区包括劳动民事案件）判决的相互认可和执行，适用本安排。

本安排亦适用于刑事案件中有关民事损害赔偿的判决、裁定。

本安排不适用于行政案件。

第二条　本安排所称“判决”，在内地包括：判决、裁定、决定、调解书、支付令；在澳门特别行政区包括：裁判、判决、确认和解的裁定、法官的决定或者批示。

本安排所称“被请求方”，指内地或者澳门特别行政区双方中，受理认可和执行判决申请的一方。

第三条　一方法院作出的具有给付内容的生效判决，当事人可以向对方有管辖权的法院申请认可和执行。

没有给付内容，或者不需要执行，但需要通过司法程序予以认可的判决，当事人可以向对方法院单独申请认可，也可以直接以该判决作为证据在对方法院的诉讼程序中使用。

第四条 内地有权受理认可和执行判决申请的法院为被申请人住所地、经常居住地或者财产所在地的中级人民法院。两个或者两个以上中级人民法院均有管辖权的，申请人应当选择向其中一个中级人民法院提出申请。

澳门特别行政区有权受理认可判决申请的法院为中级法院，有权执行的法院为初级法院。

第五条 被申请人在内地和澳门特别行政区均有可供执行财产的，申请人可以向一地法院提出执行申请。

申请人向一地法院提出执行申请的同时，可以向另一地法院申请查封、扣押或者冻结被执行人的财产。待一地法院执行完毕后，可以根据该地法院出具的执行情况证明，就不足部分向另一地法院申请采取处分财产的执行措施。

两地法院执行财产的总额，不得超过依据判决和法律规定所确定的数额。

第六条 请求认可和执行判决的申请书，应当载明下列事项：

（一）申请人或者被申请人为自然人的，应当载明其姓名及住所；为法人或者其它组织的，应当载明其名称及住所，以及其法定代表人或者主要负责人的姓名、职务和住所；

（二）请求认可和执行的判决的案号和判决日期；

（三）请求认可和执行判决的理由、标的，以及该判决在判决作出地法院的执行情况。

第七条 申请书应当附生效判决书副本，或者经作出生效判决的法院盖章的证明书，同时应当附作出生效判决的法院或者有权限机构出具的证明下列事项的相关文件：

（一）传唤属依法作出，但判决书已经证明的除外；

（二）无诉讼行为能力人依法得到代理，但判决书已经证明的除外；

（三）根据判决作出地的法律，判决已经送达当事人，并已生效；

（四）申请人为法人的，应当提供法人营业执照副本或者法人登记证明书；

（五）判决作出地法院发出的执行情况证明。

如被请求方法院认为已充分了解有关事项时，可以免除提交相关文件。

被请求方法院对当事人提供的判决书的真实性有疑问时，可以请求作出生效判决的法院予以确认。

第八条 申请书应当用中文制作。所附司法文书及其相关文件未用中文制作的，应当提供中文译本。其中法院判决书未用中文制作的，应当提供由法院出具的中文译本。

第九条 法院收到申请人请求认可和执行判决的申请后，应当将申请书送达被申请人。

被申请人有权提出答辩。

第十条 被请求方法院应当尽快审查认可和执行的请求，并作出裁定。

第十一条 被请求方法院经审查核实存在下列情形之一的，裁定不予认可：

（一）根据被请求方的法律，判决所确认的事项属被请求方法院专属管辖；

（二）在被请求方法院已存在相同诉讼，该诉讼先于待认可判决的诉讼提起，且被请求方法院具有管辖权；

（三）被请求方法院已认可或者执行被请求方法院以外的法院或仲裁机构就相同诉讼作出的判决或仲裁裁决；

（四）根据判决作出地的法律规定，败诉的当事人未得到合法传唤，或者无诉讼行为能力人未依法得到代理；

（五）根据判决作出地的法律规定，申请认可和执行的判决尚未发生法律效力，或者因再审被裁定中止执行；

（六）在内地认可和执行判决将违反内地法律的基本原则或者社会公共利益；在澳门特别行政区认可和执行判决将违反澳门特别行政区法律的基本原则或者公共秩序。

第十二条 法院就认可和执行判决的请求作出裁定后，应当及时送达。

当事人对认可与否的裁定不服的，在内地可以向上一级人民法院提请复议，在澳门特别行政区可以根据其法律规定提起上诉；对执行中作出的裁定不服的，可以根据被请求方法律的规定，向上级法院寻求救济。

第十三条 经裁定予以认可的判决，与被请求方法院的判决具有同等效力。判决有给付内容的，当事人可以向该方有管辖权的法院申请执行。

第十四条 被请求方法院不能对判决所确认的所有请求予以认可和执

行时，可以认可和执行其中的部分请求。

第十五条　法院受理认可和执行判决的申请之前或者之后，可以按照被请求方法律关于财产保全的规定，根据申请人的申请，对被申请人的财产采取保全措施。

第十六条　在被请求方法院受理认可和执行判决的申请期间，或者判决已获认可和执行，当事人再行提起相同诉讼的，被请求方法院不予受理。

第十七条　对于根据本安排第十一条（一）、（四）、（六）项不予认可的判决，申请人不得再行提起认可和执行的申请。但根据被请求方的法律，被请求方法院有管辖权的，当事人可以就相同案件事实向当地法院另行提起诉讼。

本安排第十一条（五）项所指的判决，在不予认可的情形消除后，申请人可以再行提起认可和执行的申请。

第十八条　为适用本安排，由一方有权限公共机构（包括公证员）作成或者公证的文书正本、副本及译本，免除任何认证手续而可以在对方使用。

第十九条　申请人依据本安排申请认可和执行判决，应当根据被请求方法律规定，交纳诉讼费用、执行费用。

申请人在生效判决作出地获准缓交、减交、免交诉讼费用的，在被请求方法院申请认可和执行判决时，应当享有同等待遇。

第二十条　对民商事判决的认可和执行，除本安排有规定的以外，适用被请求方的法律规定。

459. 申请认可和执行澳门特别行政区仲裁裁决

法律条文及规范索引

《最高人民法院关于内地与澳门特别行政区相互认可和执行仲裁裁决的安排》（法释〔2007〕17号　2007年12月12日）

第一条　内地人民法院认可和执行澳门特别行政区仲裁机构及仲裁员按照澳门特别行政区仲裁法规在澳门作出的民商事仲裁裁决，澳门特别行政区法院认可和执行内地仲裁机构依据《中华人民共和国仲裁法》在内地作出的民商事仲裁裁决，适用本安排。

本安排没有规定的，适用认可和执行地的程序法律规定。

第二条 在内地或者澳门特别行政区作出的仲裁裁决，一方当事人不履行的，另一方当事人可以向被申请人住所地、经常居住地或者财产所在地的有关法院申请认可和执行。

内地有权受理认可和执行仲裁裁决申请的法院为中级人民法院。两个或者两个以上中级人民法院均有管辖权的，当事人应当选择向其中一个中级人民法院提出申请。

澳门特别行政区有权受理认可仲裁裁决申请的法院为中级法院，有权执行的法院为初级法院。

第三条 被申请人的住所地、经常居住地或者财产所在地分别在内地和澳门特别行政区的，申请人可以向一地法院提出认可和执行申请，也可以分别向两地法院提出申请。

当事人分别向两地法院提出申请的，两地法院都应当依法进行审查。予以认可的，采取查封、扣押或者冻结被执行人财产等执行措施。仲裁地法院应当先进行执行清偿；另一地法院在收到仲裁地法院关于经执行债权未获清偿情况的证明后，可以对申请人未获清偿的部分进行执行清偿。两地法院执行财产的总额，不得超过依据裁决和法律规定所确定的数额。

第四条 申请人向有关法院申请认可和执行仲裁裁决的，应当提交以下文件或者经公证的副本：

（一）申请书；

（二）申请人身份证明；

（三）仲裁协议；

（四）仲裁裁决书或者仲裁调解书。

上述文件没有中文文本的，申请人应当提交经正式证明的中文译本。

第五条 申请书应当包括下列内容：

（一）申请人或者被申请人为自然人的，应当载明其姓名及住所；为法人或者其他组织的，应当载明其名称及住所，以及其法定代表人或者主要负责人的姓名、职务和住所；申请人是外国籍法人或者其他组织的，应当提交相应的公证和认证材料；

（二）请求认可和执行的仲裁裁决书或者仲裁调解书的案号或识别资料和生效日期；

（三）申请认可和执行仲裁裁决的理由及具体请求，以及被申请人财产所在地、财产状况及该仲裁裁决的执行情况。

第六条 申请人向有关法院申请认可和执行内地或者澳门特别行政区仲裁裁决的期限，依据认可和执行地的法律确定。

第七条 对申请认可和执行的仲裁裁决，被申请人提出证据证明有下列情形之一的，经审查核实，有关法院可以裁定不予认可：

（一）仲裁协议一方当事人依对其适用的法律在订立仲裁协议时属于无行为能力的；或者依当事人约定的准据法，或当事人没有约定适用的准据法而依仲裁地法律，该仲裁协议无效的；

（二）被申请人未接到选任仲裁员或者进行仲裁程序的适当通知，或者因他故未能陈述意见的；

（三）裁决所处理的争议不是提交仲裁的争议，或者不在仲裁协议范围之内；或者裁决载有超出当事人提交仲裁范围的事项的决定，但裁决中超出提交仲裁范围的事项的决定与提交仲裁事项的决定可以分开的，裁决中关于提交仲裁事项的决定部分可以予以认可；

（四）仲裁庭的组成或者仲裁程序违反了当事人的约定，或者在当事人没有约定时与仲裁地的法律不符的；

（五）裁决对当事人尚无约束力，或者业经仲裁地的法院撤销或者拒绝执行的。

有关法院认定，依执行地法律，争议事项不能以仲裁解决的，不予认可和执行该裁决。

内地法院认定在内地认可和执行该仲裁裁决违反内地法律的基本原则或者社会公共利益，澳门特别行政区法院认定在澳门特别行政区认可和执行该仲裁裁决违反澳门特别行政区法律的基本原则或者公共秩序，不予认可和执行该裁决。

第八条 申请人依据本安排申请认可和执行仲裁裁决的，应当根据执行地法律的规定，交纳诉讼费用。

第九条 一方当事人向一地法院申请执行仲裁裁决，另一方当事人向另一地法院申请撤销该仲裁裁决，被执行人申请中止执行且提供充分担保的，执行法院应当中止执行。

根据经认可的撤销仲裁裁决的判决、裁定，执行法院应当终结执行程序；撤销仲裁裁决申请被驳回的，执行法院应当恢复执行。

当事人申请中止执行的，应当向执行法院提供其他法院已经受理申请撤销仲裁裁决案件的法律文书。

第十条 受理申请的法院应当尽快审查认可和执行的请求，并作出裁定。

第十一条 法院在受理认可和执行仲裁裁决申请之前或者之后，可以依当事人的申请，按照法院地法律规定，对被申请人的财产采取保全措施。

第十二条 由一方有权限公共机构（包括公证员）作成的文书正本或者经公证的文书副本及译本，在适用本安排时，可以免除认证手续在对方使用。

第十三条 本安排实施前，当事人提出的认可和执行仲裁裁决的请求，不适用本安排。

自1999年12月20日至本安排实施前，澳门特别行政区仲裁机构及仲裁员作出的仲裁裁决，当事人向内地申请认可和执行的期限，自本安排实施之日起算。

460. 申请认可和执行台湾地区法院民事判决

法律条文及规范索引

《最高人民法院关于认可和执行台湾地区法院民事判决的规定》（法释〔2015〕13号 2015年6月29日）

第一条 台湾地区法院民事判决的当事人可以根据本规定，作为申请人向人民法院申请认可和执行台湾地区有关法院民事判决。

第二条 本规定所称台湾地区法院民事判决，包括台湾地区法院作出的生效民事判决、裁定、和解笔录、调解笔录、支付命令等。

申请认可台湾地区法院在刑事案件中作出的有关民事损害赔偿的生效判决、裁定、和解笔录的，适用本规定。

申请认可由台湾地区乡镇市调解委员会等出具并经台湾地区法院核定，与台湾地区法院生效民事判决具有同等效力的调解文书的，参照适用本规定。

第三条 申请人同时提出认可和执行台湾地区法院民事判决申请的，人民法院先按照认可程序进行审查，裁定认可后，由人民法院执行机构执行。

申请人直接申请执行的，人民法院应当告知其一并提交认可申请；坚持不申请认可的，裁定驳回其申请。

第四条 申请认可台湾地区法院民事判决的案件，由申请人住所地、经常居住地或者被申请人住所地、经常居住地、财产所在地中级人民法院或者专门人民法院受理。

申请人向两个以上有管辖权的人民法院申请认可的，由最先立案的人民法院管辖。

申请人向被申请人财产所在地人民法院申请认可的，应当提供财产存在的相关证据。

第五条 对申请认可台湾地区法院民事判决的案件，人民法院应当组成合议庭进行审查。

第六条 申请人委托他人代理申请认可台湾地区法院民事判决的，应当向人民法院提交由委托人签名或者盖章的授权委托书。

台湾地区、香港特别行政区、澳门特别行政区或者外国当事人签名或者盖章的授权委托书应当履行相关的公证、认证或者其他证明手续，但授权委托书在人民法院法官的见证下签署或者经中国大陆公证机关公证证明是在中国大陆签署的除外。

第七条 申请人申请认可台湾地区法院民事判决，应当提交申请书，并附有台湾地区有关法院民事判决文书和民事判决确定证明书的正本或者经证明无误的副本。台湾地区法院民事判决为缺席判决的，申请人应当同时提交台湾地区法院已经合法传唤当事人的证明文件，但判决已经对此予以明确说明的除外。

申请书应当记明以下事项：

（一）申请人和被申请人姓名、性别、年龄、职业、身份证件号码、住址（申请人或者被申请人为法人或者其他组织的，应当记明法人或者其他组织的名称、地址、法定代表人或者主要负责人姓名、职务）和通讯方式；

（二）请求和理由；

（三）申请认可的判决的执行情况；

（四）其他需要说明的情况。

第八条 对于符合本规定第四条和第七条规定条件的申请，人民法院应当在收到申请后七日内立案，并通知申请人和被申请人，同时将申请书送达被申请人；不符合本规定第四条和第七条规定条件的，应当在七日内裁定不予受理，同时说明不予受理的理由；申请人对裁定不服的，可以提起上诉。

第九条 申请人申请认可台湾地区法院民事判决，应当提供相关证明文件，以证明该判决真实并且已经生效。

申请人可以申请人民法院通过海峡两岸调查取证司法互助途径查明台湾地区法院民事判决的真实性和是否生效以及当事人得到合法传唤的证明文件；人民法院认为必要时，也可以就有关事项依职权通过海峡两岸司法互助途径向台湾地区请求调查取证。

第十条 人民法院受理认可台湾地区法院民事判决的申请之前或者之后，可以按照民事诉讼法及相关司法解释的规定，根据申请人的申请，裁定采取保全措施。

第十一条 人民法院受理认可台湾地区法院民事判决的申请后，当事人就同一争议起诉的，不予受理。

一方当事人向人民法院起诉后，另一方当事人向人民法院申请认可的，对于认可的申请不予受理。

第十二条 案件虽经台湾地区有关法院判决，但当事人未申请认可，而是就同一争议向人民法院起诉的，应予受理。

第十三条 人民法院受理认可台湾地区法院民事判决的申请后，作出裁定前，申请人请求撤回申请的，可以裁定准许。

第十四条 人民法院受理认可台湾地区法院民事判决的申请后，应当在立案之日起六个月内审结。有特殊情况需要延长的，报请上一级人民法院批准。

通过海峡两岸司法互助途径送达文书和调查取证的期间，不计入审查期限。

第十五条 台湾地区法院民事判决具有下列情形之一的，裁定不予认可：

（一）申请认可的民事判决，是在被申请人缺席又未经合法传唤或者在被申请人无诉讼行为能力又未得到适当代理的情况下作出的；

（二）案件系人民法院专属管辖的；

（三）案件双方当事人订有有效仲裁协议，且无放弃仲裁管辖情形的；

（四）案件系人民法院已作出判决或者中国大陆的仲裁庭已作出仲裁裁决的；

（五）香港特别行政区、澳门特别行政区或者外国的法院已就同一争议作出判决且已为人民法院所认可或者承认的；

（六）台湾地区、香港特别行政区、澳门特别行政区或者外国的仲裁庭已就同一争议作出仲裁裁决且已为人民法院所认可或者承认的。

认可该民事判决将违反一个中国原则等国家法律的基本原则或者损害社会公共利益的，人民法院应当裁定不予认可。

第十六条　人民法院经审查能够确认台湾地区法院民事判决真实并且已经生效，而且不具有本规定第十五条所列情形的，裁定认可其效力；不能确认该民事判决的真实性或者已经生效的，裁定驳回申请人的申请。

裁定驳回申请的案件，申请人再次申请并符合受理条件的，人民法院应予受理。

第十七条　经人民法院裁定认可的台湾地区法院民事判决，与人民法院作出的生效判决具有同等效力。

第十八条　人民法院依据本规定第十五条和第十六条作出的裁定，一经送达即发生法律效力。

当事人对上述裁定不服的，可以自裁定送达之日起十日内向上一级人民法院申请复议。

第十九条　对人民法院裁定不予认可的台湾地区法院民事判决，申请人再次提出申请的，人民法院不予受理，但申请人可以就同一争议向人民法院起诉。

第二十条　申请人申请认可和执行台湾地区法院民事判决的期间，适用民事诉讼法第二百三十九条的规定，但申请认可台湾地区法院有关身份关系的判决除外。

申请人仅申请认可而未同时申请执行的，申请执行的期间自人民法院对认可申请作出的裁定生效之日起重新计算。

第二十一条　人民法院在办理申请认可和执行台湾地区法院民事判决案件中作出的法律文书，应当依法送达案件当事人。

461. 申请认可和执行台湾地区仲裁裁决

法律条文及规范索引

《最高人民法院关于认可和执行台湾地区仲裁裁决的规定》（法释〔2015〕14号 2015年6月29日）

第一条 台湾地区仲裁裁决的当事人可以根据本规定，作为申请人向人民法院申请认可和执行台湾地区仲裁裁决。

第二条 本规定所称台湾地区仲裁裁决是指，有关常设仲裁机构及临时仲裁庭在台湾地区按照台湾地区仲裁规定就有关民商事争议作出的仲裁裁决，包括仲裁判断、仲裁和解和仲裁调解。

第三条 申请人同时提出认可和执行台湾地区仲裁裁决申请的，人民法院先按照认可程序进行审查，裁定认可后，由人民法院执行机构执行。

申请人直接申请执行的，人民法院应当告知其一并提交认可申请；坚持不申请认可的，裁定驳回其申请。

第四条 申请认可台湾地区仲裁裁决的案件，由申请人住所地、经常居住地或者被申请人住所地、经常居住地、财产所在地中级人民法院或者专门人民法院受理。

申请人向两个以上有管辖权的人民法院申请认可的，由最先立案的人民法院管辖。

申请人向被申请人财产所在地人民法院申请认可的，应当提供财产存在的相关证据。

第五条 对申请认可台湾地区仲裁裁决的案件，人民法院应当组成合议庭进行审查。

第六条 申请人委托他人代理申请认可台湾地区仲裁裁决的，应当向人民法院提交由委托人签名或者盖章的授权委托书。

台湾地区、香港特别行政区、澳门特别行政区或者外国当事人签名或者盖章的授权委托书应当履行相关的公证、认证或者其他证明手续，但授权委托书在人民法院法官的见证下签署或者经中国大陆公证机关公证证明是在中国大陆签署的除外。

第七条 申请人申请认可台湾地区仲裁裁决，应当提交以下文件或者经证明无误的副本：

（一）申请书；

（二）仲裁协议；

（三）仲裁判断书、仲裁和解书或者仲裁调解书。

申请书应当记明以下事项：

（一）申请人和被申请人姓名、性别、年龄、职业、身份证件号码、住址（申请人或者被申请人为法人或者其他组织的，应当记明法人或者其他组织的名称、地址、法定代表人或者主要负责人姓名、职务）和通讯方式；

（二）申请认可的仲裁判断书、仲裁和解书或者仲裁调解书的案号或者识别资料和生效日期；

（三）请求和理由；

（四）被申请人财产所在地、财产状况及申请认可的仲裁裁决的执行情况；

（五）其他需要说明的情况。

第八条 对于符合本规定第四条和第七条规定条件的申请，人民法院应当在收到申请后七日内立案，并通知申请人和被申请人，同时将申请书送达被申请人；不符合本规定第四条和第七条规定条件的，应当在七日内裁定不予受理，同时说明不予受理的理由；申请人对裁定不服的，可以提起上诉。

第九条 申请人申请认可台湾地区仲裁裁决，应当提供相关证明文件，以证明该仲裁裁决的真实性。

申请人可以申请人民法院通过海峡两岸调查取证司法互助途径查明台湾地区仲裁裁决的真实性；人民法院认为必要时，也可以就有关事项依职权通过海峡两岸司法互助途径向台湾地区请求调查取证。

第十条 人民法院受理认可台湾地区仲裁裁决的申请之前或者之后，可以按照民事诉讼法及相关司法解释的规定，根据申请人的申请，裁定采取保全措施。

第十一条 人民法院受理认可台湾地区仲裁裁决的申请后，当事人就同一争议起诉的，不予受理。

当事人未申请认可，而是就同一争议向人民法院起诉的，亦不予受理，但仲裁协议无效的除外。

第十二条 人民法院受理认可台湾地区仲裁裁决的申请后，作出裁定前，申请人请求撤回申请的，可以裁定准许。

第十三条 人民法院应当尽快审查认可台湾地区仲裁裁决的申请，决定予以认可的，应当在立案之日起两个月内作出裁定；决定不予认可或者驳回申请的，应当在作出决定前按有关规定自立案之日起两个月内上报最高人民法院。

通过海峡两岸司法互助途径送达文书和调查取证的期间，不计入审查期限。

第十四条 对申请认可和执行的仲裁裁决，被申请人提出证据证明有下列情形之一的，经审查核实，人民法院裁定不予认可：

（一）仲裁协议一方当事人依对其适用的法律在订立仲裁协议时属于无行为能力的；或者依当事人约定的准据法，或当事人没有约定适用的准据法而依台湾地区仲裁规定，该仲裁协议无效的；或者当事人之间没有达成书面仲裁协议的，但申请认可台湾地区仲裁调解的除外；

（二）被申请人未接到选任仲裁员或进行仲裁程序的适当通知，或者由于其他不可归责于被申请人的原因而未能陈述意见的；

（三）裁决所处理的争议不是提交仲裁的争议，或者不在仲裁协议范围之内；或者裁决载有超出当事人提交仲裁范围的事项的决定，但裁决中超出提交仲裁范围的事项的决定与提交仲裁事项的决定可以分开的，裁决中关于提交仲裁事项的决定部分可以予以认可；

（四）仲裁庭的组成或者仲裁程序违反当事人的约定，或者在当事人没有约定时与台湾地区仲裁规定不符的；

（五）裁决对当事人尚无约束力，或者业经台湾地区法院撤销或者驳回执行申请的。

依据国家法律，该争议事项不能以仲裁解决的，或者认可该仲裁裁决将违反一个中国原则等国家法律的基本原则或损害社会公共利益的，人民法院应当裁定不予认可。

第十五条 人民法院经审查能够确认台湾地区仲裁裁决真实，而且不具有本规定第十四条所列情形的，裁定认可其效力；不能确认该仲裁裁决真实性的，裁定驳回申请。

裁定驳回申请的案件，申请人再次申请并符合受理条件的，人民法院应予受理。

第十六条 人民法院依据本规定第十四条和第十五条作出的裁定，一经送达即发生法律效力。

第十七条　一方当事人向人民法院申请认可或者执行台湾地区仲裁裁决，另一方当事人向台湾地区法院起诉撤销该仲裁裁决，被申请人申请中止认可或者执行并且提供充分担保的，人民法院应当中止认可或者执行程序。

申请中止认可或者执行的，应当向人民法院提供台湾地区法院已经受理撤销仲裁裁决案件的法律文书。

台湾地区法院撤销该仲裁裁决的，人民法院应当裁定不予认可或者裁定终结执行；台湾地区法院驳回撤销仲裁裁决请求的，人民法院应当恢复认可或者执行程序。

第十八条　对人民法院裁定不予认可的台湾地区仲裁裁决，申请人再次提出申请的，人民法院不予受理。但当事人可以根据双方重新达成的仲裁协议申请仲裁，也可以就同一争议向人民法院起诉。

第十九条　申请人申请认可和执行台湾地区仲裁裁决的期间，适用民事诉讼法第二百三十九条的规定。

申请人仅申请认可而未同时申请执行的，申请执行的期间自人民法院对认可申请作出的裁定生效之日起重新计算。

第二十条　人民法院在办理申请认可和执行台湾地区仲裁裁决案件中所作出的法律文书，应当依法送达案件当事人。

462. 申请承认和执行外国法院民事判决、裁定

法律条文及规范索引

《中华人民共和国民事诉讼法》（2017 年 6 月 27 日修正）

第二百八十一条　外国法院作出的发生法律效力的判决、裁定，需要中华人民共和国人民法院承认和执行的，可以由当事人直接向中华人民共和国有管辖权的中级人民法院申请承认和执行，也可以由外国法院依照该国与中华人民共和国缔结或者参加的国际条约的规定，或者按照互惠原则，请求人民法院承认和执行。

第二百八十二条　人民法院对申请或者请求承认和执行的外国法院作出的发生法律效力的判决、裁定，依照中华人民共和国缔结或者参加的国际条

约，或者按照互惠原则进行审查后，认为不违反中华人民共和国法律的基本原则或者国家主权、安全、社会公共利益的，裁定承认其效力，需要执行的，发出执行令，依照本法的有关规定执行。违反中华人民共和国法律的基本原则或者国家主权、安全、社会公共利益的，不予承认和执行。

《最高人民法院关于适用〈中华人民共和国民事诉讼法〉的解释》（法释〔2015〕5号 2020年12月23日修正）

第五百四十三条 申请人向人民法院申请承认和执行外国法院作出的发生法律效力的判决、裁定，应当提交申请书，并附外国法院作出的发生法律效力的判决、裁定正本或者经证明无误的副本以及中文译本。外国法院判决、裁定为缺席判决、裁定的，申请人应当同时提交该外国法院已经合法传唤的证明文件，但判决、裁定已经对此予以明确说明的除外。

中华人民共和国缔结或者参加的国际条约对提交文件有规定的，按照规定办理。

第五百四十四条 当事人向中华人民共和国有管辖权的中级人民法院申请承认和执行外国法院作出的发生法律效力的判决、裁定的，如果该法院所在国与中华人民共和国没有缔结或者共同参加国际条约，也没有互惠关系的，裁定驳回申请，但当事人向人民法院申请承认外国法院作出的发生法律效力的离婚判决的除外。

承认和执行申请被裁定驳回的，当事人可以向人民法院起诉。

第五百四十五条 对临时仲裁庭在中华人民共和国领域外作出的仲裁裁决，一方当事人向人民法院申请承认和执行的，人民法院应当依照民事诉讼法第二百八十三条规定处理。

第五百四十六条 对外国法院作出的发生法律效力的判决、裁定或者外国仲裁裁决，需要中华人民共和国法院执行的，当事人应当先向人民法院申请承认。人民法院经审查，裁定承认后，再根据民事诉讼法第三编的规定予以执行。

当事人仅申请承认而未同时申请执行的，人民法院仅对应否承认进行审查并作出裁定。

第五百四十七条 当事人申请承认和执行外国法院作出的发生法律效力的判决、裁定或者外国仲裁裁决的期间，适用民事诉讼法第二百三十九条的规定。

当事人仅申请承认而未同时申请执行的，申请执行的期间自人民法院对承认申请作出的裁定生效之日起重新计算。

第五百四十八条　承认和执行外国法院作出的发生法律效力的判决、裁定或者外国仲裁裁决的案件，人民法院应当组成合议庭进行审查。

人民法院应当将申请书送达被申请人。被申请人可以陈述意见。

人民法院经审查作出的裁定，一经送达即发生法律效力。

463. 申请承认和执行外国仲裁裁决

法律条文及规范索引

《中华人民共和国民事诉讼法》（2017 年 6 月 27 日修正）

第二百八十三条　国外仲裁机构的裁决，需要中华人民共和国人民法院承认和执行的，应当由当事人直接向被执行人住所地或者其财产所在地的中级人民法院申请，人民法院应当依照中华人民共和国缔结或者参加的国际条约，或者按照互惠原则办理。

《最高人民法院关于适用〈中华人民共和国民事诉讼法〉的解释》（法释〔2015〕5 号　2020 年 12 月 23 日修正）

第五百四十五条　对临时仲裁庭在中华人民共和国领域外作出的仲裁裁决，一方当事人向人民法院申请承认和执行的，人民法院应当依照民事诉讼法第二百八十三条规定处理。

第五百四十六条　对外国法院作出的发生法律效力的判决、裁定或者外国仲裁裁决，需要中华人民共和国法院执行的，当事人应当先向人民法院申请承认。人民法院经审查，裁定承认后，再根据民事诉讼法第三编的规定予以执行。

当事人仅申请承认而未同时申请执行的，人民法院仅对应否承认进行审查并作出裁定。

第五百四十七条　当事人申请承认和执行外国法院作出的发生法律效力的判决、裁定或者外国仲裁裁决的期间，适用民事诉讼法第二百三十九条的规定。

当事人仅申请承认而未同时申请执行的，申请执行的期间自人民法院对承认申请作出的裁定生效之日起重新计算。

第五百四十八条 承认和执行外国法院作出的发生法律效力的判决、裁定或者外国仲裁裁决的案件，人民法院应当组成合议庭进行审查。

人民法院应当将申请书送达被申请人。被申请人可以陈述意见。

人民法院经审查作出的裁定，一经送达即发生法律效力。

《承认及执行外国仲裁裁决公约》（1958 年 6 月 10 日订于纽约）

第一条 一、仲裁裁决，因自然人或法人间之争议而产生且在声请承认及执行地所在国以外之国家领土内作成者，其承认及执行适用本公约。本公约对于仲裁裁决经声请承认及执行地所在国认为非内国裁决者，亦适用之。

二、“仲裁裁决”一词不仅指专案选派之仲裁员所作裁决，亦指当事人提请仲裁之常设仲裁机关所作裁决。

三、任何国家得于签署、批准或加入本公约时，或于本公约第十条通知推广适用时，本交互原则声明该国适用本公约，以承认及执行在另一缔约国领土内作成之裁决为限。任何国家亦得声明，该国唯于争议起于法律关系，不论其为契约性质与否，而依提出声明国家之国内法认为系属商事关系者，始适用本公约。

第二条 一、当事人以书面协定承允彼此间所发生或可能发生之一切或任何争议，如关涉可以仲裁解决事项之确定法律关系，不论为契约性质与否，应提交仲裁时，各缔约国应承认此项协定。

二、称“书面协定”者，谓当事人所签订或在互换函电中所载明之契约仲裁条款或仲裁协定。

三、当事人就诉讼事项订有本条所称之协定者，缔约国法院受理诉讼时应依当事人一造之请求，命当事人提交仲裁，但前述协定经法院认定无效、失效或不能实行者不在此限。

第三条 各缔约国应承认仲裁裁决具有拘束力，并依援引裁决地之程序规则及下列各条所载条件执行之。承认或执行适用本公约之仲裁裁决时，不得较承认或执行内国仲裁裁决附加过苛之条件或征收过多之费用。

第十一部分

特殊诉讼程序案件案由

五十一、与宣告失踪、宣告死亡案件有关的纠纷

与宣告失踪、宣告死亡案件有关的纠纷主要有失踪人的债务支付纠纷和被撤销死亡宣告人请求返还财产纠纷两种。失踪人债务支付纠纷，是指失踪人在失踪前负有债务，由财产代管人从失踪人的财产中支付，代管人拒绝支付的，债权人可以代管人为被告提起诉讼或代管人作为原告起诉要求失踪人的债务人清偿债务。被撤销死亡宣告人请求返还财产纠纷，是指人民法院判决撤销死亡宣告后，被撤销死亡宣告人可以向取得其财产的第三人请求返还财产而产生的纠纷。对返还财产有争议的，可以向人民法院提起诉讼。

此次案由修改中，新增加第二级案由“五十一、与宣告失踪、宣告死亡案件有关的纠纷”。

464. 失踪人债务支付纠纷

法律条文及规范索引

《中华人民共和国民法典》（2021 年 1 月 1 日施行）

第四十三条　财产代管人应当妥善管理失踪人的财产，维护其财产权益。

失踪人所欠税款、债务和应付的其他费用，由财产代管人从失踪人的财产中支付。

财产代管人因故意或者重大过失造成失踪人财产损失的，应当承担赔偿责任。

465. 被撤销死亡宣告人请求返还财产纠纷

法律条文及规范索引

《中华人民共和国民法典》（2021 年 1 月 1 日施行）

第五十三条 被撤销死亡宣告的人有权请求依照本法第六编取得其财产的民事主体返还财产；无法返还的，应当给予适当补偿。

利害关系人隐瞒真实情况，致使他人被宣告死亡而取得其财产的，除应当返还财产外，还应当对由此造成的损失承担赔偿责任。

五十二、公益诉讼

公益诉讼就是起诉主体不是与案件有直接利害关系的公民、法人和其他组织，而是法律规定的机关和有关组织等为了保护国家利益和社会公共利益而提起的民事诉讼。

此次案由修改中，增加第二级案由“五十二、公益诉讼”。在新增加的第二级案由“五十二、公益诉讼”项下：增加“466. 生态环境保护民事公益诉讼”“467. 英雄烈士保护民事公益诉讼”“468. 未成年人保护民事公益诉讼”“469. 消费者权益保护民事公益诉讼”。在新增加的第三级案由“466. 生态环境保护民事公益诉讼”项下：增加“（1）环境污染民事公益诉讼”“（2）生态破坏民事公益诉讼”“（3）生态环境损害赔偿诉讼”。

466. 生态环境保护民事公益诉讼

(1) 环境污染民事公益诉讼

(2) 生态破坏民事公益诉讼

(3) 生态环境损害赔偿诉讼

法律条文及规范索引

《中华人民共和国民事诉讼法》(2017年6月27日修正)

第五十五条 对污染环境、侵害众多消费者合法权益等损害社会公共利益的行为,法律规定的机关和有关组织可以向人民法院提起诉讼。

《中华人民共和国环境保护法》(2014年4月24日修订)

第五十八条 对污染环境、破坏生态,损害社会公共利益的行为,符合下列条件的社会组织可以向人民法院提起诉讼:

(一)依法在设区的市级以上人民政府民政部门登记;

(二)专门从事环境保护公益活动连续五年以上且无违法记录。

符合前款规定的社会组织向人民法院提起诉讼,人民法院应当依法受理。

提起诉讼的社会组织不得通过诉讼牟取经济利益。

《中华人民共和国海洋环境保护法》(2017年11月4日修正)

第八十九条 造成海洋环境污染损害的责任者,应当排除危害,并赔偿损失;完全由于第三者的故意或者过失,造成海洋环境污染损害的,由第三者排除危害,并承担赔偿责任。

对破坏海洋生态、海洋水产资源、海洋保护区,给国家造成重大损失的,由依照本法规定行使海洋环境监督管理权的部门代表国家对责任者提出损害赔偿要求。

《最高人民法院关于适用〈中华人民共和国民事诉讼法〉的解释》(法释〔2015〕5号 2020年12月23日修正)

第二百八十四条 环境保护法、消费者权益保护法等法律规定的机关和有关组织对污染环境、侵害众多消费者合法权益等损害社会公共利益的行为，根据民事诉讼法第五十五条规定提起公益诉讼，符合下列条件的，人民法院应当受理：

（一）有明确的被告；

（二）有具体的诉讼请求；

（三）有社会公共利益受到损害的初步证据；

（四）属于人民法院受理民事诉讼的范围和受诉人民法院管辖。

第二百八十五条 公益诉讼案件由侵权行为地或者被告住所地中级人民法院管辖，但法律、司法解释另有规定的除外。

因污染海洋环境提起的公益诉讼，由污染发生地、损害结果地或者采取预防污染措施地海事法院管辖。

对同一侵权行为分别向两个以上人民法院提起公益诉讼的，由最先立案的人民法院管辖，必要时由它们的共同上级人民法院指定管辖。

第二百八十六条 人民法院受理公益诉讼案件后，应当在十日内书面告知相关行政主管部门。

第二百八十七条 人民法院受理公益诉讼案件后，依法可以提起诉讼的其他机关和有关组织，可以在开庭前向人民法院申请参加诉讼。人民法院准许参加诉讼的，列为共同原告。

第二百八十八条 人民法院受理公益诉讼案件，不影响同一侵权行为的受害人根据民事诉讼法第一百一十九条规定提起诉讼。

第二百八十九条 对公益诉讼案件，当事人可以和解，人民法院可以调解。

当事人达成和解或者调解协议后，人民法院应当将和解或者调解协议进行公告。公告期间不得少于三十日。

公告期满后，人民法院经审查，和解或者调解协议不违反社会公共利益的，应当出具调解书；和解或者调解协议违反社会公共利益的，不予出具调解书，继续对案件进行审理并依法作出裁判。

第二百九十条 公益诉讼案件的原告在法庭辩论终结后申请撤诉的，人民法院不予准许。

第二百九十一条 公益诉讼案件的裁判发生法律效力后，其他依法具有原告资格的机关和有关组织就同一侵权行为另行提起公益诉讼的，人民法院裁定不予受理，但法律、司法解释另有规定的除外。

《最高人民法院关于审理环境民事公益诉讼案件适用法律若干问题的解释》（法释〔2015〕1号　2020年12月23日修正）

第一条　法律规定的机关和有关组织依据民事诉讼法第五十五条、环境保护法第五十八条等法律的规定，对已经损害社会公共利益或者具有损害社会公共利益重大风险的污染环境、破坏生态的行为提起诉讼，符合民事诉讼法第一百一十九条第二项、第三项、第四项规定的，人民法院应予受理。

第二条　依照法律、法规的规定，在设区的市级以上人民政府民政部门登记的社会团体、基金会以及社会服务机构等，可以认定为环境保护法第五十八条规定的社会组织。

第三条　设区的市，自治州、盟、地区，不设区的地级市，直辖市的区以上人民政府民政部门，可以认定为环境保护法第五十八条规定的“设区的市级以上人民政府民政部门”。

第四条　社会组织章程确定的宗旨和主要业务范围是维护社会公共利益，且从事环境保护公益活动的，可以认定为环境保护法第五十八条规定的“专门从事环境保护公益活动”。

社会组织提起的诉讼所涉及的社会公共利益，应与其宗旨和业务范围具有关联性。

第五条　社会组织在提起诉讼前五年内未因从事业务活动违反法律、法规的规定受过行政、刑事处罚的，可以认定为环境保护法第五十八条规定的“无违法记录”。

第六条　第一审环境民事公益诉讼案件由污染环境、破坏生态行为发生地、损害结果地或者被告住所地的中级以上人民法院管辖。

中级人民法院认为确有必要的，可以在报请高级人民法院批准后，裁定将本院管辖的第一审环境民事公益诉讼案件交由基层人民法院审理。

同一原告或者不同原告对同一污染环境、破坏生态行为分别向两个以上有管辖权的人民法院提起环境民事公益诉讼的，由最先立案的人民法院管辖，必要时由共同上级人民法院指定管辖。

第七条　经最高人民法院批准，高级人民法院可以根据本辖区环境和生态保护的实际情况，在辖区内确定部分中级人民法院受理第一审环境民事公益诉讼案件。

中级人民法院管辖环境民事公益诉讼案件的区域由高级人民法院确定。

第八条　提起环境民事公益诉讼应当提交下列材料：

（一）符合民事诉讼法第一百二十一条规定的起诉状，并按照被告人数提出副本；

（二）被告的行为已经损害社会公共利益或者具有损害社会公共利益重大风险的初步证明材料；

（三）社会组织提起诉讼的，应当提交社会组织登记证书、章程、起诉前连续五年的年度工作报告书或者年检报告书，以及由其法定代表人或者负责人签字并加盖公章的无违法记录的声明。

第九条 人民法院认为原告提出的诉讼请求不足以保护社会公共利益的，可以向其释明变更或者增加停止侵害、修复生态环境等诉讼请求。

第十条 人民法院受理环境民事公益诉讼后，应当在立案之日起五日内将起诉状副本发送被告，并公告案件受理情况。

有权提起诉讼的其他机关和社会组织在公告之日起三十日内申请参加诉讼，经审查符合法定条件的，人民法院应当将其列为共同原告；逾期申请的，不予准许。

公民、法人和其他组织以人身、财产受到损害为由申请参加诉讼的，告知其另行起诉。

第十一条 检察机关、负有环境资源保护监督管理职责的部门及其他机关、社会组织、企业事业单位依据民事诉讼法第十五条的规定，可以通过提供法律咨询、提交书面意见、协助调查取证等方式支持社会组织依法提起环境民事公益诉讼。

第十二条 人民法院受理环境民事公益诉讼后，应当在十日内告知对被告行为负有环境资源保护监督管理职责的部门。

第十三条 原告请求被告提供其排放的主要污染物名称、排放方式、排放浓度和总量、超标排放情况以及防治污染设施的建设和运行情况等环境信息，法律、法规、规章规定被告应当持有或者有证据证明被告持有而拒不提供，如果原告主张相关事实不利于被告的，人民法院可以推定该主张成立。

第十四条 对于审理环境民事公益诉讼案件需要的证据，人民法院认为必要的，应当调查收集。

对于应当由原告承担举证责任且为维护社会公共利益所必要的专门性问题，人民法院可以委托具备资格的鉴定人进行鉴定。

第十五条 当事人申请通知有专门知识的人出庭，就鉴定人作出的鉴定意见或者就因果关系、生态环境修复方式、生态环境修复费用以及生态环境受到损害至修复完成期间服务功能丧失导致的损失等专门性问题提出意见的，人民法院可以准许。

前款规定的专家意见经质证，可以作为认定事实的根据。

第十六条　原告在诉讼过程中承认的对己方不利的事实和认可的证据，人民法院认为损害社会公共利益的，应当不予确认。

第十七条　环境民事公益诉讼案件审理过程中，被告以反诉方式提出诉讼请求的，人民法院不予受理。

第十八条　对污染环境、破坏生态，已经损害社会公共利益或者具有损害社会公共利益重大风险的行为，原告可以请求被告承担停止侵害、排除妨碍、消除危险、修复生态环境、赔偿损失、赔礼道歉等民事责任。

第十九条　原告为防止生态环境损害的发生和扩大，请求被告停止侵害、排除妨碍、消除危险的，人民法院可以依法予以支持。

原告为停止侵害、排除妨碍、消除危险采取合理预防、处置措施而发生的费用，请求被告承担的，人民法院可以依法予以支持。

第二十条　原告请求修复生态环境的，人民法院可以依法判决被告将生态环境修复到损害发生之前的状态和功能。无法完全修复的，可以准许采用替代性修复方式。

人民法院可以在判决被告修复生态环境的同时，确定被告不履行修复义务时应承担的生态环境修复费用；也可以直接判决被告承担生态环境修复费用。

生态环境修复费用包括制定、实施修复方案的费用，修复期间的监测、监管费用，以及修复完成后的验收费用、修复效果后评估费用等。

第二十一条　原告请求被告赔偿生态环境受到损害至修复完成期间服务功能丧失导致的损失、生态环境功能永久性损害造成的损失的，人民法院可以依法予以支持。

第二十二条　原告请求被告承担以下费用的，人民法院可以依法予以支持：

（一）生态环境损害调查、鉴定评估等费用；

（二）清除污染以及防止损害的发生和扩大所支出的合理费用；

（三）合理的律师费以及为诉讼支出的其他合理费用。

第二十三条　生态环境修复费用难以确定或者确定具体数额所需鉴定费用明显过高的，人民法院可以结合污染环境、破坏生态的范围和程度，生态环境的稀缺性，生态环境恢复的难易程度，防治污染设备的运行成本，被告因侵害行为所获得的利益以及过错程度等因素，并可以参考负有环境资源保护监督管理职责的部门的意见、专家意见等，予以合理确定。

第二十四条 人民法院判决被告承担的生态环境修复费用、生态环境受到损害至修复完成期间服务功能丧失导致的损失、生态环境功能永久性损害造成的损失等款项，应当用于修复被损害的生态环境。

其他环境民事公益诉讼中败诉原告所需承担的调查取证、专家咨询、检验、鉴定等必要费用，可以酌情从上述款项中支付。

第二十五条 环境民事公益诉讼当事人达成调解协议或者自行达成和解协议后，人民法院应当将协议内容公告，公告期间不少于三十日。

公告期满后，人民法院审查认为调解协议或者和解协议的内容不损害社会公共利益的，应当出具调解书。当事人以达成和解协议为由申请撤诉的，不予准许。

调解书应当写明诉讼请求、案件的基本事实和协议内容，并应当公开。

第二十六条 负有环境资源保护监督管理职责的部门依法履行监管职责而使原告诉讼请求全部实现，原告申请撤诉的，人民法院应予准许。

第二十七条 法庭辩论终结后，原告申请撤诉的，人民法院不予准许，但本解释第二十六条规定的情形除外。

第二十八条 环境民事公益诉讼案件的裁判生效后，有权提起诉讼的其他机关和社会组织就同一污染环境、破坏生态行为另行起诉，有下列情形之一的，人民法院应予受理：

（一）前案原告的起诉被裁定驳回的；

（二）前案原告申请撤诉被裁定准许的，但本解释第二十六条规定的情形除外。

环境民事公益诉讼案件的裁判生效后，有证据证明存在前案审理时未发现的损害，有权提起诉讼的机关和社会组织另行起诉的，人民法院应予受理。

第二十九条 法律规定的机关和社会组织提起环境民事公益诉讼的，不影响因同一污染环境、破坏生态行为受到人身、财产损害的公民、法人和其他组织依据民事诉讼法第一百一十九条的规定提起诉讼。

第三十条 已为环境民事公益诉讼生效裁判认定的事实，因同一污染环境、破坏生态行为依据民事诉讼法第一百一十九条规定提起诉讼的原告、被告均无需举证证明，但原告对该事实有异议并有相反证据足以推翻的除外。

对于环境民事公益诉讼生效裁判就被告是否存在法律规定的不承担责任或者减轻责任的情形、行为与损害之间是否存在因果关系、被告承担责任的大小等所作的认定，因同一污染环境、破坏生态行为依据民事诉讼法第一百一十九条规定提起诉讼的原告主张适用的，人民法院应予支持，但被告有相反证据足以推翻的除外。被告主张直接适用对其有利的认定的，人民法院不予支持，被告仍应举证证明。

第三十一条　被告因污染环境、破坏生态在环境民事公益诉讼和其他民事诉讼中均承担责任，其财产不足以履行全部义务的，应当先履行其他民事诉讼生效裁判所确定的义务，但法律另有规定的除外。

第三十二条　发生法律效力的环境民事公益诉讼案件的裁判，需要采取强制执行措施的，应当移送执行。

第三十三条　原告交纳诉讼费用确有困难，依法申请缓交的，人民法院应予准许。

败诉或者部分败诉的原告申请减交或者免交诉讼费用的，人民法院应当依照《诉讼费用交纳办法》的规定，视原告的经济状况和案件的审理情况决定是否准许。

第三十四条　社会组织有通过诉讼违法收受财物等牟取经济利益行为的，人民法院可以根据情节轻重依法收缴其非法所得、予以罚款；涉嫌犯罪的，依法移送有关机关处理。

社会组织通过诉讼牟取经济利益的，人民法院应当向登记管理机关或者有关机关发送司法建议，由其依法处理。

第三十五条　本解释施行前最高人民法院发布的司法解释和规范性文件，与本解释不一致的，以本解释为准。

467. 英雄烈士保护民事公益诉讼

法律条文及规范索引

《中华人民共和国民法典》（2021 年 1 月 1 日施行）

第一百八十五条　侵害英雄烈士等的姓名、肖像、名誉、荣誉，损害社会公共利益的，应当承担民事责任。

《中华人民共和国英雄烈士保护法》（2018 年 5 月 1 日施行）

第二十五条 对侵害英雄烈士的姓名、肖像、名誉、荣誉的行为，英雄烈士的近亲属可以依法向人民法院提起诉讼。

英雄烈士没有近亲属或者近亲属不提起诉讼的，检察机关依法对侵害英雄烈士的姓名、肖像、名誉、荣誉，损害社会公共利益的行为向人民法院提起诉讼。

负责英雄烈士保护工作的部门和其他有关部门在履行职责过程中发现第一款规定的行为，需要检察机关提起诉讼的，应当向检察机关报告。

英雄烈士近亲属依照第一款规定提起诉讼的，法律援助机构应当依法提供法律援助服务。

第二十六条 以侮辱、诽谤或者其他方式侵害英雄烈士的姓名、肖像、名誉、荣誉，损害社会公共利益的，依法承担民事责任；构成违反治安管理行为的，由公安机关依法给予治安管理处罚；构成犯罪的，依法追究刑事责任。

468. 未成年人保护民事公益诉讼

法律条文及规范索引

《中华人民共和国未成年人保护法》（2020 年 10 月 17 日修订）

第一百零六条 未成年人合法权益受到侵犯，相关组织和个人未代为提起诉讼的，人民检察院可以督促、支持其提起诉讼；涉及公共利益的，人民检察院有权提起公益诉讼。

469. 消费者权益保护民事公益诉讼

法律条文及规范索引

《中华人民共和国消费者权益保护法》（2013 年 10 月 25 日修正）

第四十七条 对侵害众多消费者合法权益的行为，中国消费者协会以及在省、自治区、直辖市设立的消费者协会，可以向人民法院提起诉讼。

《最高人民法院关于审理消费民事公益诉讼案件适用法律若干问题的解释》（法释〔2016〕10号　2020年12月23日修正）

第二条　经营者提供的商品或者服务具有下列情形之一的，适用消费者权益保护法第四十七条规定：

（一）提供的商品或者服务存在缺陷，侵害众多不特定消费者合法权益的；

（二）提供的商品或者服务可能危及消费者人身、财产安全，未作出真实的说明和明确的警示，未标明正确使用商品或者接受服务的方法以及防止危害发生方法的；对提供的商品或者服务质量、性能、用途、有效期限等信息作虚假或引人误解宣传的；

（三）宾馆、商场、餐馆、银行、机场、车站、港口、影剧院、景区、体育场馆、娱乐场所等经营场所存在危及消费者人身、财产安全危险的；

（四）以格式条款、通知、声明、店堂告示等方式，作出排除或者限制消费者权利、减轻或者免除经营者责任、加重消费者责任等对消费者不公平、不合理规定的；

（五）其他侵害众多不特定消费者合法权益或者具有危及消费者人身、财产安全危险等损害社会公共利益的行为。

第三条　消费民事公益诉讼案件管辖适用《最高人民法院关于适用〈中华人民共和国民事诉讼法〉的解释》第二百八十五条的有关规定。

经最高人民法院批准，高级人民法院可以根据本辖区实际情况，在辖区内确定部分中级人民法院受理第一审消费民事公益诉讼案件。

第四条　提起消费民事公益诉讼应当提交下列材料：

（一）符合民事诉讼法第一百二十一条规定的起诉状，并按照被告人数提交副本；

（二）被告的行为侵害众多不特定消费者合法权益或者具有危及消费者人身、财产安全危险等损害社会公共利益的初步证据；

（三）消费者组织就涉诉事项已按照消费者权益保护法第三十七条第四项或者第五项的规定履行公益性职责的证明材料。

第五条　人民法院认为原告提出的诉讼请求不足以保护社会公共利益的，可以向其释明变更或者增加停止侵害等诉讼请求。

第六条　人民法院受理消费民事公益诉讼案件后，应当公告案件受理情况，并在立案之日起十日内书面告知相关行政主管部门。

第七条　人民法院受理消费民事公益诉讼案件后，依法可以提起诉讼的其他机关或者社会组织，可以在一审开庭前向人民法院申请参加诉讼。

人民法院准许参加诉讼的，列为共同原告；逾期申请的，不予准许。

第八条　有权提起消费民事公益诉讼的机关或者社会组织，可以依据民事诉讼法第八十一条规定申请保全证据。

第九条　人民法院受理消费民事公益诉讼案件后，因同一侵权行为受到损害的消费者申请参加诉讼的，人民法院应当告知其根据民事诉讼法第一百一十九条规定主张权利。

第十条　消费民事公益诉讼案件受理后，因同一侵权行为受到损害的消费者请求对其根据民事诉讼法第一百一十九条规定提起的诉讼予以中止，人民法院可以准许。

第十一条　消费民事公益诉讼案件审理过程中，被告提出反诉的，人民法院不予受理。

第十二条　原告在诉讼中承认对己方不利的事实，人民法院认为损害社会公共利益的，不予确认。

第十三条　原告在消费民事公益诉讼案件中，请求被告承担停止侵害、排除妨碍、消除危险、赔礼道歉等民事责任的，人民法院可予支持。

经营者利用格式条款或者通知、声明、店堂告示等，排除或者限制消费者权利、减轻或者免除经营者责任、加重消费者责任，原告认为对消费者不公平、不合理主张无效的，人民法院应依法予以支持。

第十四条　消费民事公益诉讼案件裁判生效后，人民法院应当在十日内书面告知相关行政主管部门，并可发出司法建议。

第十五条　消费民事公益诉讼案件的裁判发生法律效力后，其他依法具有原告资格的机关或者社会组织就同一侵权行为另行提起消费民事公益诉讼的，人民法院不予受理。

第十六条　已为消费民事公益诉讼生效裁判认定的事实，因同一侵权行为受到损害的消费者根据民事诉讼法第一百一十九条规定提起的诉讼，原告、被告均无需举证证明，但当事人对该事实有异议并有相反证据足以推翻的除外。

消费民事公益诉讼生效裁判认定经营者存在不法行为，因同一侵权行为受到损害的消费者根据民事诉讼法第一百一十九条规定提起的诉讼，原告主张适用的，人民法院可予支持，但被告有相反证据足以推翻的除外。被告主张直接适用对其有利认定的，人民法院不予支持，被告仍应承担相应举证证明责任。

第十七条　原告为停止侵害、排除妨碍、消除危险采取合理预防、处置措施而发生的费用，请求被告承担的，人民法院应依法予以支持。

五十三、第三人撤销之诉

第三人撤销之诉，指的是能够成为本诉适格当事人的第三人，因不可归责于本人的原因未能参加原诉讼，但有证据证明发生法律效力的判决、裁定、调解书的部分或者全部内容错误，损害其民事权益的，可以自知道或者应当知道其民事权益受到损害之日起六个月内，向作出该判决、裁定、调解书的人民法院提起的诉讼。

此次案由修改中，增加第二级案由“五十三、第三人撤销之诉”。在新增加的第二级案由“五十三、第三人撤销之诉”项下：增加“470. 第三人撤销之诉”。

470. 第三人撤销之诉

法律条文及规范索引

《中华人民共和国民事诉讼法》（2017 年 6 月 27 日修正）

第五十六条　对当事人双方的诉讼标的，第三人认为有独立请求权的，有权提起诉讼。

对当事人双方的诉讼标的，第三人虽然没有独立请求权，但案件处理结果同他有法律上的利害关系的，可以申请参加诉讼，或者由人民法院通知他参加诉讼。人民法院判决承担民事责任的第三人，有当事人的诉讼权利义务。

前两款规定的第三人，因不能归责于本人的事由未参加诉讼，但有证据证明发生法律效力的判决、裁定、调解书的部分或者全部内容错误，损害其民事权益的，可以自知道或者应当知道其民事权益受到损害之日起六个月内，向作出该判决、裁定、调解书的人民法院提起诉讼。人民法院经审理，诉讼请求成立的，应当改变或者撤销原判决、裁定、调解书；诉讼请求不成立的，驳回诉讼请求。

《最高人民法院关于适用〈中华人民共和国民事诉讼法〉的解释》（法释〔2015〕5号　2020年12月23日修正）

第二百九十二条　第三人对已经发生法律效力的判决、裁定、调解书提起撤销之诉的，应当自知道或者应当知道其民事权益受到损害之日起六个月内，向作出生效判决、裁定、调解书的人民法院提出，并应当提供存在下列情形的证据材料：

（一）因不能归责于本人的事由未参加诉讼；

（二）发生法律效力的判决、裁定、调解书的全部或者部分内容错误；

（三）发生法律效力的判决、裁定、调解书内容错误损害其民事权益。

第二百九十三条　人民法院应当在收到起诉状和证据材料之日起五日内送交对方当事人，对方当事人可以自收到起诉状之日起十日内提出书面意见。

人民法院应当对第三人提交的起诉状、证据材料以及对方当事人的书面意见进行审查。必要时，可以询问双方当事人。

经审查，符合起诉条件的，人民法院应当在收到起诉状之日起三十日内立案。不符合起诉条件的，应当在收到起诉状之日起三十日内裁定不予受理。

第二百九十四条　人民法院对第三人撤销之诉案件，应当组成合议庭开庭审理。

第二百九十五条　民事诉讼法第五十六条第三款规定的因不能归责于本人的事由未参加诉讼，是指没有被列为生效判决、裁定、调解书当事人，且无过错或者无明显过错的情形。包括：

（一）不知道诉讼而未参加的；

（二）申请参加未获准许的；

（三）知道诉讼，但因客观原因无法参加的；

（四）因其他不能归责于本人的事由未参加诉讼的。

第二百九十六条　民事诉讼法第五十六条第三款规定的判决、裁定、调解书的部分或者全部内容，是指判决、裁定的主文，调解书中处理当事人民事权利义务的结果。

第二百九十七条　对下列情形提起第三人撤销之诉的，人民法院不予受理：

（一）适用特别程序、督促程序、公示催告程序、破产程序等非讼程序处理的案件；

（二）婚姻无效、撤销或者解除婚姻关系等判决、裁定、调解书中涉及身份关系的内容；

（三）民事诉讼法第五十四条规定的未参加登记的权利人对代表人诉讼案件的生效裁判；

（四）民事诉讼法第五十五条规定的损害社会公共利益行为的受害人对公益诉讼案件的生效裁判。

第二百九十八条　第三人提起撤销之诉，人民法院应当将该第三人列为原告，生效判决、裁定、调解书的当事人列为被告，但生效判决、裁定、调解书中没有承担责任的无独立请求权的第三人列为第三人。

第二百九十九条　受理第三人撤销之诉案件后，原告提供相应担保，请求中止执行的，人民法院可以准许。

第三百条　对第三人撤销或者部分撤销发生法律效力的判决、裁定、调解书内容的请求，人民法院经审理，按下列情形分别处理：

（一）请求成立且确认其民事权利的主张全部或部分成立的，改变原判决、裁定、调解书内容的错误部分；

（二）请求成立，但确认其全部或部分民事权利的主张不成立，或者未提出确认其民事权利请求的，撤销原判决、裁定、调解书内容的错误部分；

（三）请求不成立的，驳回诉讼请求。

对前款规定裁判不服的，当事人可以上诉。

原判决、裁定、调解书的内容未改变或者未撤销的部分继续有效。

第三百零一条　第三人撤销之诉案件审理期间，人民法院对生效判决、裁定、调解书裁定再审的，受理第三人撤销之诉的人民法院应当裁定将第三人的诉讼请求并入再审程序。但有证据证明原审当事人之间恶意串通损害第三人合法权益的，人民法院应当先行审理第三人撤销之诉案件，裁定中止再审诉讼。

第三百零二条　第三人诉讼请求并入再审程序审理的，按照下列情形分别处理：

（一）按照第一审程序审理的，人民法院应当对第三人的诉讼请求一并审理，所作的判决可以上诉；

（二）按照第二审程序审理的，人民法院可以调解，调解达不成协议的，应当裁定撤销原判决、裁定、调解书，发回一审法院重审，重审时应当列明第三人。

第三百零三条　第三人提起撤销之诉后，未中止生效判决、裁定、调解书执行的，执行法院对第三人依照民事诉讼法第二百二十七条规定提出的执行异议，应予审查。第三人不服驳回执行异议裁定，申请对原判决、裁定、调解书再审的，人民法院不予受理。

案外人对人民法院驳回其执行异议裁定不服，认为原判决、裁定、调解书内容错误损害其合法权益的，应当根据民事诉讼法第二百二十七条规定申请再审，提起第三人撤销之诉的，人民法院不予受理。

《最高人民法院关于印发〈全国法院民商事审判工作会议纪要〉的通知》（法〔2019〕254号　2019年11月8日）

120.【债权人能否提起第三人撤销之诉】第三人撤销之诉中的第三人仅局限于《民事诉讼法》第56条规定的有独立请求权及无独立请求权的第三人，而且一般不包括债权人。但是，设立第三人撤销之诉的目的在于，救济第三人享有的因不能归责于本人的事由未参加诉讼但因生效裁判文书内容错误受到损害的民事权益，因此，债权人在下列情况下可以提起第三人撤销之诉：

（1）该债权是法律明确给予特殊保护的债权，如《合同法》第286条规定的建设工程价款优先受偿权，《海商法》第22条规定的船舶优先权；

（2）因债务人与他人的权利义务被生效裁判文书确定，导致债权人本来可以对《合同法》第74条和《企业破产法》第31条规定的债务人的行为享有撤销权而不能行使的；

（3）债权人有证据证明，裁判文书主文确定的债权内容部分或者全部虚假的。

债权人提起第三人撤销之诉还要符合法律和司法解释规定的其他条件。对于除此之外的其他债权，债权人原则上不得提起第三人撤销之诉。

五十四、执行程序中的异议之诉

执行程序中的异议之诉是指在执行过程中，当事人或案外人对执行标的的全部或者一部分主张实体权利并提出异议，请求人民法院对该实体权利上的法律关系进行裁判。执行程序开始后，如果当事人、案外人（执行程序以外的人）认为所执行的标的自己有全部或部分的请求权，或认为执行可能影响自己的合法权益，可以向法院提出执行异议。

此次案由修改中，变更第二级案由“四十三、执行异议之诉”为“五十四、执行程序中的异议之诉”。在新变更的第二级案由“五十四、执行程序中的异议之诉”项下：增加“471. 执行异议之诉”；变更“422. 案外人执行异议之诉”“423. 申请执行人执行异议之诉”为新增加的第三级案由“471. 执行异议之诉”项下的第四级案由“（1）案外人执行异议之诉”“（2）申请执行人执行异议之诉”；增加“472. 追加、变更被执行人异议之诉”。

471. 执行异议之诉

（1）案外人执行异议之诉

（2）申请执行人执行异议之诉

法律条文及规范索引

《中华人民共和国民事诉讼法》（2017 年 6 月 27 日修正）

第二百二十七条　执行过程中，案外人对执行标的提出书面异议的，人民法院应当自收到书面异议之日起十五日内审查，理由成立的，裁定中止对该标的的执行；理由不成立的，裁定驳回。案外人、当事人对裁定不服，认为原判决、裁定错误的，依照审判监督程序办理；与原判决、裁定无关的，可以自裁定送达之日起十五日内向人民法院提起诉讼。

《最高人民法院关于适用〈中华人民共和国民事诉讼法〉的解释》（法释〔2015〕5号 2020年12月23日修正）

第三百零四条 根据民事诉讼法第二百二十七条规定，案外人、当事人对执行异议裁定不服，自裁定送达之日起十五日内向人民法院提起执行异议之诉的，由执行法院管辖。

第三百零五条 案外人提起执行异议之诉，除符合民事诉讼法第一百一十九条规定外，还应当具备下列条件：

（一）案外人的执行异议申请已经被人民法院裁定驳回；

（二）有明确的排除对执行标的执行的诉讼请求，且诉讼请求与原判决、裁定无关；

（三）自执行异议裁定送达之日起十五日内提起。

人民法院应当在收到起诉状之日起十五日内决定是否立案。

第三百零六条 申请执行人提起执行异议之诉，除符合民事诉讼法第一百一十九条规定外，还应当具备下列条件：

（一）依案外人执行异议申请，人民法院裁定中止执行；

（二）有明确的对执行标的继续执行的诉讼请求，且诉讼请求与原判决、裁定无关；

（三）自执行异议裁定送达之日起十五日内提起。

人民法院应当在收到起诉状之日起十五日内决定是否立案。

第三百零七条 案外人提起执行异议之诉的，以申请执行人为被告。被执行人反对案外人异议的，被执行人为共同被告；被执行人不反对案外人异议的，可以列被执行人为第三人。

第三百零八条 申请执行人提起执行异议之诉的，以案外人为被告。被执行人反对申请执行人主张的，以案外人和被执行人为共同被告；被执行人不反对申请执行人主张的，可以列被执行人为第三人。

第三百零九条 申请执行人对中止执行裁定未提起执行异议之诉，被执行人提起执行异议之诉的，人民法院告知其另行起诉。

第三百一十条 人民法院审理执行异议之诉案件，适用普通程序。

第三百一十一条 案外人或者申请执行人提起执行异议之诉的，案外人应当就其对执行标的享有足以排除强制执行的民事权益承担举证证明责任。

第三百一十二条 对案外人提起的执行异议之诉，人民法院经审理，按照下列情形分别处理：

（一）案外人就执行标的享有足以排除强制执行的民事权益的，判决不得执行该执行标的；

（二）案外人就执行标的不享有足以排除强制执行的民事权益的，判决驳回诉讼请求。

案外人同时提出确认其权利的诉讼请求的，人民法院可以在判决中一并作出裁判。

第三百一十三条　对申请执行人提起的执行异议之诉，人民法院经审理，按照下列情形分别处理：

（一）案外人就执行标的不享有足以排除强制执行的民事权益的，判决准许执行该执行标的；

（二）案外人就执行标的享有足以排除强制执行的民事权益的，判决驳回诉讼请求。

第三百一十四条　对案外人执行异议之诉，人民法院判决不得对执行标的执行的，执行异议裁定失效。

对申请执行人执行异议之诉，人民法院判决准许对该执行标的执行的，执行异议裁定失效，执行法院可以根据申请执行人的申请或者依职权恢复执行。

第三百一十五条　案外人执行异议之诉审理期间，人民法院不得对执行标的进行处分。申请执行人请求人民法院继续执行并提供相应担保的，人民法院可以准许。

被执行人与案外人恶意串通，通过执行异议、执行异议之诉妨害执行的，人民法院应当依照民事诉讼法第一百一十三条规定处理。申请执行人因此受到损害的，可以提起诉讼要求被执行人、案外人赔偿。

第三百一十六条　人民法院对执行标的裁定中止执行后，申请执行人在法律规定的期间内未提起执行异议之诉的，人民法院应当自起诉期限届满之日起七日内解除对该执行标的采取的执行措施。

第四百六十四条　根据民事诉讼法第二百二十七条规定，案外人对执行标的提出异议的，应当在该执行标的执行程序终结前提出。

第四百六十五条　案外人对执行标的提出的异议，经审查，按照下列情形分别处理：

（一）案外人对执行标的不享有足以排除强制执行的权益的，裁定驳回其异议；

（二）案外人对执行标的享有足以排除强制执行的权益的，裁定中止执行。

驳回案外人执行异议裁定送达案外人之日起十五日内，人民法院不得对执行标的进行处分。

《最高人民法院关于适用〈中华人民共和国民事诉讼法〉执行程序若干问题的解释》（法释〔2008〕13号　2020年12月23日修正）

第二十一条　生效法律文书规定债务人负有不作为义务的，申请执行时效期间从债务人违反不作为义务之日起计算。

第二十二条　执行员依照民事诉讼法第二百四十条规定立即采取强制执行措施的，可以同时或者自采取强制执行措施之日起三日内发送执行通知书。

第二十三条　依照民事诉讼法第二百五十五条规定对被执行人限制出境的，应当由申请执行人向执行法院提出书面申请；必要时，执行法院可以依职权决定。

第二十四条　被执行人为单位的，可以对其法定代表人、主要负责人或者影响债务履行的直接责任人员限制出境。

被执行人为无民事行为能力人或者限制民事行为能力人的，可以对其法定代理人限制出境。

《最高人民法院关于民事执行中变更、追加当事人若干问题的规定》（法释〔2016〕21号　2020年12月23日修正）

第三十二条　被申请人或申请人对执行法院依据本规定第十四条第二款、第十七条至第二十一条规定作出的变更、追加裁定或驳回申请裁定不服的，可以自裁定书送达之日起十五日内，向执行法院提起执行异议之诉。

被申请人提起执行异议之诉的，以申请人为被告。申请人提起执行异议之诉的，以被申请人为被告。

第三十三条　被申请人提起的执行异议之诉，人民法院经审理，按照下列情形分别处理：

（一）理由成立的，判决不得变更、追加被申请人为被执行人或者判决变更责任范围；

（二）理由不成立的，判决驳回诉讼请求。

诉讼期间，人民法院不得对被申请人争议范围内的财产进行处分。申请人请求人民法院继续执行并提供相应担保的，人民法院可以准许。

第三十四条 申请人提起的执行异议之诉，人民法院经审理，按照下列情形分别处理：

（一）理由成立的，判决变更、追加被申请人为被执行人并承担相应责任或者判决变更责任范围；

（二）理由不成立的，判决驳回诉讼请求。

472. 追加、变更被执行人异议之诉

法律条文及规范索引

《最高人民法院关于民事执行中变更、追加当事人若干问题的规定》（法释〔2016〕21号 2020年12月23日修正）

为正确处理民事执行中变更、追加当事人问题，维护当事人、利害关系人的合法权益，根据《中华人民共和国民事诉讼法》等法律规定，结合执行实践，制定本规定。

第一条 执行过程中，申请执行人或其继承人、权利承受人可以向人民法院申请变更、追加当事人。申请符合法定条件的，人民法院应予支持。

第二条 作为申请执行人的自然人死亡或被宣告死亡，该自然人的遗产管理人、继承人、受遗赠人或其他因该自然人死亡或被宣告死亡依法承受生效法律文书确定权利的主体，申请变更、追加其为申请执行人的，人民法院应予支持。

作为申请执行人的自然人被宣告失踪，该自然人的财产代管人申请变更、追加其为申请执行人的，人民法院应予支持。

第三条 作为申请执行人的自然人离婚时，生效法律文书确定的权利全部或部分分割给其配偶，该配偶申请变更、追加其为申请执行人的，人民法院应予支持。

第四条 作为申请执行人的法人或非法人组织终止，因该法人或非法人组织终止依法承受生效法律文书确定权利的主体，申请变更、追加其为申请执行人的，人民法院应予支持。

第五条 作为申请执行人的法人或非法人组织因合并而终止，合并后存续或新设的法人、非法人组织申请变更其为申请执行人的，人民法院应予

支持。

第六条　作为申请执行人的法人或非法人组织分立，依分立协议约定承受生效法律文书确定权利的新设法人或非法人组织，申请变更、追加其为申请执行人的，人民法院应予支持。

第七条　作为申请执行人的法人或非法人组织清算或破产时，生效法律文书确定的权利依法分配给第三人，该第三人申请变更、追加其为申请执行人的，人民法院应予支持。

第八条　作为申请执行人的机关法人被撤销，继续履行其职能的主体申请变更、追加其为申请执行人的，人民法院应予支持，但生效法律文书确定的权利依法应由其他主体承受的除外；没有继续履行其职能的主体，且生效法律文书确定权利的承受主体不明确，作出撤销决定的主体申请变更、追加其为申请执行人的，人民法院应予支持。

第九条　申请执行人将生效法律文书确定的债权依法转让给第三人，且书面认可第三人取得该债权，该第三人申请变更、追加其为申请执行人的，人民法院应予支持。

第十条　作为被执行人的自然人死亡或被宣告死亡，申请执行人申请变更、追加该自然人的遗产管理人、继承人、受遗赠人或其他因该自然人死亡或被宣告死亡取得遗产的主体为被执行人，在遗产范围内承担责任的，人民法院应予支持。

作为被执行人的自然人被宣告失踪，申请执行人申请变更该自然人的财产代管人为被执行人，在代管的财产范围内承担责任的，人民法院应予支持。

第十一条　作为被执行人的法人或非法人组织因合并而终止，申请执行人申请变更合并后存续或新设的法人、非法人组织为被执行人的，人民法院应予支持。

第十二条　作为被执行人的法人或非法人组织分立，申请执行人申请变更、追加分立后新设的法人或非法人组织为被执行人，对生效法律文书确定的债务承担连带责任的，人民法院应予支持。但被执行人在分立前与申请执行人就债务清偿达成的书面协议另有约定的除外。

第十三条　作为被执行人的个人独资企业，不能清偿生效法律文书确定的债务，申请执行人申请变更、追加其出资人为被执行人的，人民法院应予支持。个人独资企业出资人作为被执行人的，人民法院可以直接执行该个人独资企业的财产。

个体工商户的字号为被执行人的，人民法院可以直接执行该字号经营者的财产。

第十四条 作为被执行人的合伙企业，不能清偿生效法律文书确定的债务，申请执行人申请变更、追加普通合伙人为被执行人的，人民法院应予支持。

作为被执行人的有限合伙企业，财产不足以清偿生效法律文书确定的债务，申请执行人申请变更、追加未按期足额缴纳出资的有限合伙人为被执行人，在未足额缴纳出资的范围内承担责任的，人民法院应予支持。

第十五条 作为被执行人的法人分支机构，不能清偿生效法律文书确定的债务，申请执行人申请变更、追加该法人为被执行人的，人民法院应予支持。法人直接管理的责任财产仍不能清偿债务的，人民法院可以直接执行该法人其他分支机构的财产。

作为被执行人的法人，直接管理的责任财产不能清偿生效法律文书确定债务的，人民法院可以直接执行该法人分支机构的财产。

第十六条 个人独资企业、合伙企业、法人分支机构以外的非法人组织作为被执行人，不能清偿生效法律文书确定的债务，申请执行人申请变更、追加依法对该非法人组织的债务承担责任的主体为被执行人的，人民法院应予支持。

第十七条 作为被执行人的营利法人，财产不足以清偿生效法律文书确定的债务，申请执行人申请变更、追加未缴纳或未足额缴纳出资的股东、出资人或依公司法规定对该出资承担连带责任的发起人为被执行人，在尚未缴纳出资的范围内依法承担责任的，人民法院应予支持。

第十八条 作为被执行人的营利法人，财产不足以清偿生效法律文书确定的债务，申请执行人申请变更、追加抽逃出资的股东、出资人为被执行人，在抽逃出资的范围内承担责任的，人民法院应予支持。

第十九条 作为被执行人的公司，财产不足以清偿生效法律文书确定的债务，其股东未依法履行出资义务即转让股权，申请执行人申请变更、追加该原股东或依公司法规定对该出资承担连带责任的发起人为被执行人，在未依法出资的范围内承担责任的，人民法院应予支持。

第二十条 作为被执行人的一人有限责任公司，财产不足以清偿生效法律文书确定的债务，股东不能证明公司财产独立于自己的财产，申请执行人申请变更、追加该股东为被执行人，对公司债务承担连带责任的，人民法院应予支持。

第二十一条 作为被执行人的公司，未经清算即办理注销登记，导致公司无法进行清算，申请执行人申请变更、追加有限责任公司的股东、股份有限公司的董事和控股股东为被执行人，对公司债务承担连带清偿责任的，人民法院应予支持。

第二十二条 作为被执行人的法人或非法人组织，被注销或出现被吊销营业执照、被撤销、被责令关闭、歇业等解散事由后，其股东、出资人或主管部门无偿接受其财产，致使该被执行人无遗留财产或遗留财产不足以清偿债务，申请执行人申请变更、追加该股东、出资人或主管部门为被执行人，在接受的财产范围内承担责任的，人民法院应予支持。

第二十三条 作为被执行人的法人或非法人组织，未经依法清算即办理注销登记，在登记机关办理注销登记时，第三人书面承诺对被执行人的债务承担清偿责任，申请执行人申请变更、追加该第三人为被执行人，在承诺范围内承担清偿责任的，人民法院应予支持。

第二十四条 执行过程中，第三人向执行法院书面承诺自愿代被执行人履行生效法律文书确定的债务，申请执行人申请变更、追加该第三人为被执行人，在承诺范围内承担责任的，人民法院应予支持。

第二十五条 作为被执行人的法人或非法人组织，财产依行政命令被无偿调拨、划转给第三人，致使该被执行人财产不足以清偿生效法律文书确定的债务，申请执行人申请变更、追加该第三人为被执行人，在接受的财产范围内承担责任的，人民法院应予支持。

第二十六条 被申请人在应承担责任范围内已承担相应责任的，人民法院不得责令其重复承担责任。

第二十七条 执行当事人的姓名或名称发生变更的，人民法院可以直接将姓名或名称变更后的主体作为执行当事人，并在法律文书中注明变更前的姓名或名称。

第二十八条 申请人申请变更、追加执行当事人，应当向执行法院提交书面申请及相关证据材料。

除事实清楚、权利义务关系明确、争议不大的案件外，执行法院应当组成合议庭审查并公开听证。经审查，理由成立的，裁定变更、追加；理由不成立的，裁定驳回。

执行法院应当自收到书面申请之日起六十日内作出裁定。有特殊情况需要延长的，由本院院长批准。

第二十九条　执行法院审查变更、追加被执行人申请期间，申请人申请对被申请人的财产采取查封、扣押、冻结措施的，执行法院应当参照民事诉讼法第一百条的规定办理。

申请执行人在申请变更、追加第三人前，向执行法院申请查封、扣押、冻结该第三人财产的，执行法院应当参照民事诉讼法第一百零一条的规定办理。

第三十条　被申请人、申请人或其他执行当事人对执行法院作出的变更、追加裁定或驳回申请裁定不服的，可以自裁定书送达之日起十日内向上一级人民法院申请复议，但依据本规定第三十二条的规定应当提起诉讼的除外。

第三十一条　上一级人民法院对复议申请应当组成合议庭审查，并自收到申请之日起六十日内作出复议裁定。有特殊情况需要延长的，由本院院长批准。

被裁定变更、追加的被申请人申请复议的，复议期间，人民法院不得对其争议范围内的财产进行处分。申请人请求人民法院继续执行并提供相应担保的，人民法院可以准许。

第三十二条　被申请人或申请人对执行法院依据本规定第十四条第二款、第十七条至第二十一条规定作出的变更、追加裁定或驳回申请裁定不服的，可以自裁定书送达之日起十五日内，向执行法院提起执行异议之诉。

被申请人提起执行异议之诉的，以申请人为被告。申请人提起执行异议之诉的，以被申请人为被告。

第三十三条　被申请人提起的执行异议之诉，人民法院经审理，按照下列情形分别处理：

（一）理由成立的，判决不得变更、追加被申请人为被执行人或者判决变更责任范围；

（二）理由不成立的，判决驳回诉讼请求。

诉讼期间，人民法院不得对被申请人争议范围内的财产进行处分。申请人请求人民法院继续执行并提供相应担保的，人民法院可以准许。

第三十四条　申请人提起的执行异议之诉，人民法院经审理，按照下列情形分别处理：

（一）理由成立的，判决变更、追加被申请人为被执行人并承担相应责任或者判决变更责任范围；

（二）理由不成立的，判决驳回诉讼请求。

第三十五条 本规定自 2016 年 12 月 1 日起施行。

本规定施行后，本院以前公布的司法解释与本规定不一致的，以本规定为准。

473. 执行分配方案异议之诉

法律条文及规范索引

《中华人民共和国民事诉讼法》（2017 年 6 月 27 日修正）

第二百二十五条 当事人、利害关系人认为执行行为违反法律规定的，可以向负责执行的人民法院提出书面异议。当事人、利害关系人提出书面异议的，人民法院应当自收到书面异议之日起十五日内审查，理由成立的，裁定撤销或者改正；理由不成立的，裁定驳回。当事人、利害关系人对裁定不服的，可以自裁定送达之日起十日内向上一级人民法院申请复议。

《最高人民法院关于适用〈中华人民共和国民事诉讼法〉执行程序若干问题的解释》（法释〔2008〕13 号 2020 年 12 月 23 日修正）

第十七条 多个债权人对同一被执行人申请执行或者对执行财产申请参与分配的，执行法院应当制作财产分配方案，并送达各债权人和被执行人。债权人或者被执行人对分配方案有异议的，应当自收到分配方案之日起十五日内向执行法院提出书面异议。

第十八条 债权人或者被执行人对分配方案提出书面异议的，执行法院应当通知未提出异议的债权人或被执行人。

未提出异议的债权人、被执行人收到通知之日起十五日内未提出反对意见的，执行法院依异议人的意见对分配方案审查修正后进行分配；提出反对意见的，应当通知异议人。异议人可以自收到通知之日起十五日内，以提出反对意见的债权人、被执行人为被告，向执行法院提起诉讼；异议人逾期未提起诉讼的，执行法院依原分配方案进行分配。

诉讼期间进行分配的，执行法院应当将与争议债权数额相应的款项予以提存。

附：

1. 最高人民法院
印发《关于修改〈民事案件案由规定〉的决定》的通知

（2020年12月29日　法〔2020〕346号）

各省、自治区、直辖市高级人民法院，解放军军事法院，新疆维吾尔自治区高级人民法院生产建设兵团分院：

现将《最高人民法院关于修改〈民事案件案由规定〉的决定》印发给你们，请认真贯彻执行。

最高人民法院
2020年12月29日

最高人民法院关于修改《民事案件案由规定》的决定

根据《中华人民共和国民法典》《中华人民共和国民事诉讼法》等法律规定，结合人民法院民事审判工作实际，对2011年2月18日第一次修正的《民事案件案由规定》作如下修改：

一、修改第一级案由3个

1. 变更第一级案由“第四部分　合同、无因管理、不当得利纠纷”为第一级案由“第四部分　合同、准合同纠纷”。

2. 变更第一级案由“第十部分　适用特殊程序案件案由”为第一级案由“第十部分　非讼程序案件案由”。

3. 增加第一级案由“第十一部分　特殊诉讼程序案件案由”。

二、修改第二级案由13个

4. 增加第二级案由“三十、独立保函纠纷”。

5. 变更第二级案由“三十三、认定公民无民事行为能力、限制民事行为能力案件”为“三十四、认定自然人无民事行为能力、限制民事行为能力案件”。

6. 增加第二级案由“三十五、指定遗产管理人案件”。

7. 增加第二级案由“三十七、确认调解协议案件”。

8. 增加第二级案由“三十八、实现担保物权案件”。

9. 增加第二级案由“四十二、公司清算案件”。

10. 增加第二级案由“四十三、破产程序案件”。

11. 增加第二级案由“四十六、申请人身安全保护令案件”。

12. 增加第二级案由“四十七、申请人格权侵害禁令案件”。

13. 增加第二级案由“五十一、与宣告失踪、宣告死亡案件有关的纠纷”。

14. 增加第二级案由“五十二、公益诉讼”。

15. 增加第二级案由“五十三、第三人撤销之诉”。

16. 变更第二级案由“四十三、执行异议之诉”为“五十四、执行程序中的异议之诉”。

三、修改第三级案由 88 个

17. 在第二级案由“一、人格权纠纷”项下：变更“1. 生命权、健康权、身体权纠纷”为“1. 生命权、身体权、健康权纠纷”；增加“3. 名称权纠纷”“5. 声音保护纠纷”；变更“6. 隐私权纠纷”为“8. 隐私权、个人信息保护纠纷”。

18. 在第二级案由“二、婚姻家庭纠纷”项下：增加“13. 婚内夫妻财产分割纠纷”“21. 亲子关系纠纷”。

19. 在第二级案由“三、继承纠纷”项下：增加“34. 遗产管理纠纷”。

20. 在第二级案由“六、所有权纠纷”项下：增加“52. 添附物归属纠纷”。

21. 在第二级案由“七、用益物权纠纷”项下：增加“62. 土地经营权纠纷”“65. 居住权纠纷”。

22. 在第二级案由“十、合同纠纷”项下：增加“75. 预约合同纠纷”“82. 债务加入纠纷”；变更“75. 招标投标买卖合同纠纷”为第三级案由“84. 买卖合同纠纷”项下的第四级案由“（5）招标投标买卖合同纠纷”；变更“83. 房屋拆迁安置补偿合同纠纷”为“92. 民事主体间房屋拆迁补偿合同纠纷”；增加“97. 排污权交易纠纷”“98. 用能权交易纠纷”“99. 用水权交易纠纷”“100. 碳排放权交易纠纷”“101. 碳汇交易纠纷”“113. 保理合同纠纷”；变更“107. 居间合同纠纷”为“123. 中介合同纠纷”，变更“111. 合伙协议纠纷”为“127. 合伙合同纠纷”，变更“119. 农村土地承包合同纠纷”为“135. 土地承包经营权合同纠纷”；增加“136. 居住权合同纠纷”；删去“127. 请求确认人民调解协议效力”。

23. 在第二级案由“十五、不正当竞争纠纷”项下：增加“182. 网络不正当竞争纠纷”。

24. 在第二级案由“十八、人事争议”项下：删去“172. 人事争议”；增加“190. 聘任合同纠纷”。

25. 在第二级案由“二十一、与公司有关的纠纷”项下：变更“257. 股东损害公司债权人利益责任纠纷”为“277. 损害公司债权人利益责任纠纷”；变更“264. 申请公司清算”为新增加的第二级案由“四十二、公司清算案件”项下的第三级案由“420. 申请公司清算”。

26. 在第二级案由“二十三、与破产有关的纠纷”项下：变更“270. 申请破产清算”“271. 申请破产重整”“272. 申请破产和解”为新增加的第二级案由“四十三、破产程序案件”项下的第三级案由“421. 申请破产清算”“422. 申请破产重整”“423. 申请破产和解”。

27. 在新增加的第二级案由“三十、独立保函纠纷”项下：增加“357. 独立保函开立纠纷”“358. 独立保函付款纠纷”“359. 独立保函追偿纠纷”“360. 独立保函欺诈纠纷”“361. 独立保函转让纠纷”“362. 独立保函通知纠纷”“363. 独立保函撤销纠纷”。

28. 在第二级案由“三十、侵权责任纠纷”项下：变更“348之一、性骚扰损害责任纠纷”为“372. 性骚扰损害责任纠纷”；增加“375. 非机动车交通事故责任纠纷”“378. 生态破坏责任纠纷”；变更“355. 物件损害责任纠纷”为“381. 建筑物和物件损害责任纠纷”，变更“366. 因申请诉前财产保全损害责任纠纷”为“392. 因申请财产保全损害责任纠纷”；增加“393. 因申请行为保全损害责任纠纷”；变更“367. 因申请诉前证据保全损害责任纠纷”为“394. 因申请证据保全损害责任纠纷”，删去“368. 因申请诉中财产保全损害责任纠纷”“369. 因申请诉中证据保全损害责任纠纷”。

29. 在第二级案由“三十二、宣告失踪、宣告死亡案件”项下：变更

“372. 申请宣告公民失踪”为“397. 申请宣告自然人失踪”，变更“373. 申请撤销宣告失踪”为“398. 申请撤销宣告失踪判决”，变更“375. 失踪人债务支付纠纷”为新增加的第二级案由“五十一、与宣告失踪、宣告死亡案件有关的纠纷”项下的第三级案由“464. 失踪人债务支付纠纷”，变更“376. 申请宣告公民死亡”为“400. 申请宣告自然人死亡”，变更“377. 申请撤销宣告公民死亡”为“401. 申请撤销宣告自然人死亡判决”，变更“378. 被撤销死亡宣告人请求返还财产纠纷”为新增加的第二级案由“五十一、与宣告失踪、宣告死亡案件有关的纠纷”项下的第三级案由“465. 被撤销死亡宣告人请求返还财产纠纷”。

30. 在新变更的第二级案由“三十四、认定自然人无民事行为能力、限制民事行为能力案件”项下：变更“379. 申请宣告公民无民事行为能力”为“402. 申请宣告自然人无民事行为能力”，变更“380. 申请宣告公民限制民事行为能力”为“403. 申请宣告自然人限制民事行为能力”，变更“381. 申请宣告公民恢复限制民事行为能力”为“404. 申请宣告自然人恢复限制民事行为能力”，变更“382. 申请宣告公民恢复完全民事行为能力”为“405. 申请宣告自然人恢复完全民事行为能力”。

31. 在新增加的第二级案由“三十五、指定遗产管理人案件”项下：增加“406. 申请指定遗产管理人”。

32. 在第二级案由“三十四、认定财产无主案件”项下：变更“384. 申请撤销认定财产无主”为“408. 申请撤销认定财产无主判决”。

33. 在新增加的第二级案由“三十七、确认调解协议案件”项下：增加“409. 申请司法确认调解协议”“410. 申请撤销确认调解协议裁定”。

34. 在新增加的第二级案由“三十八、实现担保物权案件”项下：增加“411. 申请实现担保物权”“412. 申请撤销准许实现担保物权裁定”。

35. 在第二级案由“三十五、监护权特别程序案件”项下：增加“414. 申请指定监护人”“417. 申请恢复监护人资格”。

36. 在新增加的第二级案由“四十三、破产程序案件”项下：增加“424. 申请对破产财产追加分配”。

37. 在第二级案由“三十八、申请诉前停止侵害知识产权案件”项下：增加“429. 申请诉前停止侵害计算机软件著作权”“430. 申请诉前停止侵害集成电路布图设计专用权”。

38. 在第二级案由“三十九、申请保全案件”项下：删去“395. 申请诉中财产保全”；增加“432. 申请诉前行为保全”；删去“397. 申请诉中证据保全”；增加“434. 申请仲裁前财产保全” “435. 申请仲裁前行为保全”“436. 申请仲裁前证据保全”“439. 申请执行前财产保全”。

39. 在新增加的第二级案由“四十六、申请人身安全保护令案件”项下：增加“442. 申请人身安全保护令”。

40. 在新增加的第二级案由“四十七、申请人格权侵害禁令案件”项下：增加“443. 申请人格权侵害禁令”。

41. 在新增加的第二级案由“五十二、公益诉讼”项下：增加“466. 生态环境保护民事公益诉讼”“467. 英雄烈士保护民事公益诉讼”“468. 未成年人保护民事公益诉讼”“469. 消费者权益保护民事公益诉讼”。

42. 在新增加的第二级案由“五十三、第三人撤销之诉”项下：增加“470. 第三人撤销之诉”。

43. 在新变更的第二级案由“五十四、执行程序中的异议之诉”项下：增加“471. 执行异议之诉”；变更“422. 案外人执行异议之诉”“423. 申请执行人执行异议之诉”为新增加的第三级案由“471. 执行异议之诉”项下的第四级案由“（1）案外人执行异议之诉”“（2）申请执行人执行异议之诉”；增加“472. 追加、变更被执行人异议之诉”。

四、修改第四级案由 49 个

44. 在新变更的第三级案由“8. 隐私权、个人信息保护纠纷”项下：增加“（1）隐私权纠纷”“（2）个人信息保护纠纷”。

45. 在新增加的第三级案由“21. 亲子关系纠纷”项下：增加“（1）确认亲子关系纠纷”“（2）否认亲子关系纠纷”。

46. 在第三级案由“48. 共有纠纷”项下：增加“（4）债权人代位析产纠纷”。

47. 在第三级案由“59. 抵押权纠纷”项下：变更“（4）土地承包经营权抵押权纠纷”为“（4）土地经营权抵押权纠纷”；增加“（5）探矿权抵押权纠纷”“（6）采矿权抵押权纠纷”“（7）海域使用权抵押权纠纷”。

48. 在第三级案由“74. 买卖合同纠纷”项下：增加“（4）所有权保留买卖合同纠纷”；变更“（6）网络购物合同纠纷”为“（8）信息网络买卖合同纠纷”；删去“（7）电视购物合同纠纷”。

49. 在第三级案由“89. 借款合同纠纷”项下：删去“（3）企业借贷纠

纷”。

50. 在第三级案由“104. 委托合同纠纷”项下：增加“（5）销售代理合同纠纷”。

51. 在新变更的第三级案由“135. 土地承包经营权合同纠纷”项下：删去“（1）土地承包经营权转包合同纠纷”；变更“（4）土地承包经营权入股合同纠纷”为“（3）土地经营权入股合同纠纷”，变更“（5）土地承包经营权抵押合同纠纷”为“（4）土地经营权抵押合同纠纷”，变更“（6）土地承包经营权出租合同纠纷”为“（5）土地经营权出租合同纠纷”。

52. 在第三级案由“120. 服务合同纠纷”项下：变更“（2）邮寄服务合同纠纷”为“（2）邮政服务合同纠纷”；增加“（3）快递服务合同纠纷”；变更“（15）物业服务合同纠纷”为第三级案由“121. 物业服务合同纠纷”。

53. 在第三级案由“136. 技术合同纠纷”项下：增加“（5）技术许可合同纠纷”。

54. 在第三级案由“144. 专利权权属、侵权纠纷”项下：增加“（10）标准必要专利使用费纠纷”。

55. 在第三级案由“157. 仿冒纠纷”项下：变更“（1）擅自使用知名商品特有名称、包装、装潢纠纷”为“（1）擅自使用与他人有一定影响的商品名称、包装、装潢等相同或者近似的标识纠纷”，变更“（2）擅自使用他人企业名称、姓名纠纷”为“（2）擅自使用他人有一定影响的企业名称、社会组织名称、姓名纠纷”；删去“（3）伪造、冒用产品质量标志纠纷”“（4）伪造产地纠纷”；增加“（3）擅自使用他人有一定影响的域名主体部分、网站名称、网页纠纷”。

56. 在第三级案由“172. 人事争议”项下：变更“（1）辞职争议”为第三级案由“191. 辞职纠纷”，变更“（2）辞退争议”为第三级案由“192. 辞退纠纷”，变更“（3）聘用合同争议”为第三级案由“189. 聘用合同纠纷”。

57. 在新变更的第三级案由“277. 损害公司债权人利益责任纠纷”项下：增加“（1）股东损害公司债权人利益责任纠纷”“（2）实际控制人损害公司债权人利益责任纠纷”。

58. 在第三级案由“346. 网络侵权责任纠纷”项下：增加“（1）网络侵害虚拟财产纠纷”。

59. 在第三级案由“347. 违反安全保障义务责任纠纷”项下：变更“（1）公共场所管理人责任纠纷”为“（1）经营场所、公共场所的经营者、管理者责任纠纷”。

60. 在第三级案由“352. 环境污染责任纠纷”项下：增加“（7）光污染责任纠纷”；将“（3）噪声污染责任纠纷”“（4）放射性污染责任纠纷”“（5）土壤污染责任纠纷”“（6）电子废物污染责任纠纷”“（7）固体废物污染责任纠纷”的顺序调整为“（3）土壤污染责任纠纷”“（4）电子废物污染责任纠纷”“（5）固体废物污染责任纠纷”“（6）噪声污染责任纠纷”“（8）放射性污染责任纠纷”。

61. 在第三级案由“353. 高度危险责任纠纷”项下：变更“（1）民用核设施损害责任纠纷”为“（1）民用核设施、核材料损害责任纠纷”。

62. 在新变更的三级案由“381. 建筑物和物件损害责任纠纷”项下：变更“（2）建筑物、构筑物倒塌损害责任纠纷”为“（2）建筑物、构筑物倒塌、塌陷损害责任纠纷”，变更“（3）不明抛掷物、坠落物损害责任纠纷”为“（3）高空抛物、坠物损害责任纠纷”，变更“（4）堆放物倒塌致害责任纠纷”为“（4）堆放物倒塌、滚落、滑落损害责任纠纷”，变更“（6）林木折断损害责任纠纷”为“（6）林木折断、倾倒、果实坠落损害责任纠纷”。

63. 在新增加的第三级案由“466. 生态环境保护民事公益诉讼”项下：增加“（1）环境污染民事公益诉讼”“（2）生态破坏民事公益诉讼”“（3）生态环境损害赔偿诉讼”。

本决定自 2021 年 1 月 1 日起施行。

《民事案件案由规定》根据本决定作修改并对条文顺序作调整后，重新公布。

2. 最高人民法院关于印发修改后的《民事案件案由规定》的通知

（2020年12月29日　法〔2020〕347号）

各省、自治区、直辖市高级人民法院，解放军军事法院，新疆维吾尔自治区高级人民法院生产建设兵团分院：

为切实贯彻实施民法典，最高人民法院对2011年2月18日第一次修正的《民事案件案由规定》（以下简称2011年《案由规定》）进行了修改，自2021年1月1日起施行。现将修改后的《民事案件案由规定》（以下简称修改后的《案由规定》）印发给你们，请认真贯彻执行。

2011年《案由规定》施行以来，在方便当事人进行民事诉讼，规范人民法院民事立案、审判和司法统计工作等方面，发挥了重要作用。近年来，随着民事诉讼法、邮政法、消费者权益保护法、环境保护法、反不正当竞争法、农村土地承包法、英雄烈士保护法等法律的制定或者修订，审判实践中出现了许多新类型民事案件，需要对2011年《案由规定》进行补充和完善。特别是民法典将于2021年1月1日起施行，迫切需要增补新的案由。经深入调查研究，广泛征求意见，最高人民法院对2011年《案由规定》进行了修改。现就各级人民法院适用修改后的《案由规定》的有关问题通知如下：

一、高度重视民事案件案由在民事审判规范化建设中的重要作用，认真学习掌握修改后的《案由规定》

民事案件案由是民事案件名称的重要组成部分，反映案件所涉及的民事法律关系的性质，是对当事人诉争的法律关系性质进行的概括，是人民法院进行民事案件管理的重要手段。建立科学、完善的民事案件案由体系，有利于方便当事人进行民事诉讼，有利于统一民事案件的法律适用标准，有利于对受理案件进行分类管理，有利于确定各民事审判业务庭的管辖分工，有利于提高民事案件司法统计的准确性和科学性，从而更好地为创新和加强民事审判管理、为人民法院司法决策服务。

各级人民法院要认真学习修改后的《案由规定》，理解案由编排体系和具体案由制定的背景、法律依据、确定标准、具体含义、适用顺序以及变更方法等问题，准确选择适用具体案由，依法维护当事人诉讼权利，创新和加强民事审判管理，不断推进民事审判工作规范化建设。

二、关于《案由规定》修改所遵循的原则

一是严格依法原则。本次修改的具体案由均具有实体法和程序法依据，符合民事诉讼法关于民事案件受案范围的有关规定。

二是必要性原则。本次修改是以保持案由运行体系稳定为前提，对于必须增加、调整的案由作相应修改，尤其是对照民法典的新增制度和重大修改内容，增加、变更部分具体案由，并根据现行立法和司法实践需要完善部分具体案由，对案由编排体系不作大的调整。民法典施行后，最高人民法院将根据工作需要，结合司法实践，继续细化完善民法典新增制度案由，特别是第四级案由。对本次未作修改的部分原有案由，届时一并修改。

三是实用性原则。案由体系是在现行有效的法律规定基础上，充分考虑人民法院民事立案、审判实践以及司法统计的需要而编排的，本次修改更加注重案由的简洁明了、方便实用，既便于当事人进行民事诉讼，也便于人民法院进行民事立案、审判和司法统计工作。

三、关于案由的确定标准

民事案件案由应当依据当事人诉争的民事法律关系的性质来确定。鉴于具体案件中当事人的诉讼请求、争议的焦点可能有多个，争议的标的也可能是多个，为保证案由的高度概括和简洁明了，修改后的《案由规定》仍沿用2011年《案由规定》关于案由的确定标准，即对民事案件案由的表述方式原则上确定为“法律关系性质”加“纠纷”，一般不包含争议焦点、标的物、侵权方式等要素。但是，实践中当事人诉争的民事法律关系的性质具有复杂多变性，单纯按照法律关系标准去划分案由体系的做法难以更好地满足民事审判实践的需要，难以更好地满足司法统计的需要。为此，修改后的《案由规定》在坚持以法律关系性质作为确定案由的主要标准的同时，对少部分案由也依据请求权、形成权或者确认之诉、形成之诉等其他标准进行确定，对少部分案由的表述也包含了争议焦点、标的物、侵权方式等要素。另外，为了与行政案件案由进行明显区分，本次修改还对个别案由的表述进行了特殊处理。

对民事诉讼法规定的适用特别程序、督促程序、公示催告程序、公司清算、破产程序等非讼程序审理的案件案由，根据当事人的诉讼请求予以直接表述；对公益诉讼、第三人撤销之诉、执行程序中的异议之诉等特殊诉讼程序案件的案由，根据修改后民事诉讼法规定的诉讼制度予以直接表述。

四、关于案由体系的总体编排

1. 关于案由纵向和横向体系的编排设置。修改后的《案由规定》以民法学理论对民事法律关系的分类为基础，以法律关系的内容即民事权利类型来编排案由的纵向体系。在纵向体系上，结合民法典、民事诉讼法等民事立法及审判实践，将案由的编排体系划分为人格权纠纷，婚姻家庭、继承纠纷，物权纠纷，合同、准合同纠纷，劳动争议与人事争议，知识产权与竞争纠纷，海事海商纠纷，与公司、证券、保险、票据等有关的民事纠纷，侵权责任纠纷，非讼程序案件案由，特殊诉讼程序案件案由，共计十一大部分，作为第一级案由。

在横向体系上，通过总分式四级结构的设计，实现案由从高级（概括）到低级（具体）的演进。如物权纠纷（第一级案由）→所有权纠纷（第二级案由）→建筑物区分所有权纠纷（第三级案由）→业主专有权纠纷（第四级案由）。在第一级案由项下，细分为五十四类案由，作为第二级案由（以大写数字表示）；在第二级案由项下列出了 473 个案由，作为第三级案由（以阿拉伯数字表示）。第三级案由是司法实践中最常见和广泛使用的案由。基于审判工作指导、调研和司法统计的需要，在部分第三级案由项下又列出了 391 个第四级案由［以阿拉伯数字加（）表示］。基于民事法律关系的复杂性，不可能穷尽所有第四级案由，目前所列的第四级案由只是一些典型的、常见的或者为了司法统计需要而设立的案由。

修改后的《案由规定》采用纵向十一个部分、横向四级结构的编排设置，形成了网状结构体系，基本涵盖了民法典所涉及的民事纠纷案件类型以及人民法院当前受理的民事纠纷案件类型，有利于贯彻落实民法典等民事法律关于民事权益保护的相关规定。

2. 关于物权纠纷案由与合同纠纷案由的编排设置。修改后的《案由规定》仍然沿用 2011 年《案由规定》关于物权纠纷案由与合同纠纷案由的编排体系。按照物权变动原因与结果相区分的原则，对于涉及物权变动的原因，即债权性质的合同关系引发的纠纷案件的案由，修改后的《案由规定》

将其放在合同纠纷项下；对于涉及物权变动的结果，即物权设立、权属、效力、使用、收益等物权关系产生的纠纷案件的案由，修改后的《案由规定》将其放在物权纠纷项下。前者如第三级案由“居住权合同纠纷”列在第二级案由“合同纠纷”项下；后者如第三级案由“居住权纠纷”列在第二级案由“物权纠纷”项下。

具体适用时，人民法院应根据当事人诉争的法律关系的性质，查明该法律关系涉及的是物权变动的原因关系还是物权变动的结果关系，以正确确定案由。当事人诉争的法律关系性质涉及物权变动原因的，即因债权性质的合同关系引发的纠纷案件，应当选择适用第二级案由“合同纠纷”项下的案由，如“居住权合同纠纷”案由；当事人诉争的法律关系性质涉及物权变动结果的，即因物权设立、权属、效力、使用、收益等物权关系引发的纠纷案件，应当选择第二级案由“物权纠纷”项下的案由，如“居住权纠纷”案由。

3. 关于第三部分“物权纠纷”项下“物权保护纠纷”案由与“所有权纠纷”“用益物权纠纷”“担保物权纠纷”案由的编排设置。修改后的《案由规定》仍然沿用 2011 年《案由规定》关于物权纠纷案由的编排设置。“所有权纠纷”“用益物权纠纷”“担保物权纠纷”案由既包括以上三种类型的物权确认纠纷案由，也包括以上三种类型的侵害物权纠纷案由。民法典物权编第三章“物权的保护”所规定的物权请求权或者债权请求权保护方法，即“物权保护纠纷”，在修改后的《案由规定》列举的每个物权类型（第三级案由）项下都可能部分或者全部适用，多数都可以作为第四级案由列举，但为避免使整个案由体系冗长繁杂，在各第三级案由下并未一一列出。实践中需要确定具体个案案由时，如果当事人的诉讼请求只涉及“物权保护纠纷”项下的一种物权请求权或者债权请求权，则可以选择适用“物权保护纠纷”项下的六种第三级案由；如果当事人的诉讼请求涉及“物权保护纠纷”项下的两种或者两种以上物权请求权或者债权请求权，则应按照所保护的权利种类，选择适用“所有权纠纷”“用益物权纠纷”“担保物权纠纷”项下的第三级案由（各种物权类型纠纷）。

4. 关于侵权责任纠纷案由的编排设置。修改后的《案由规定》仍然沿用 2011 年《案由规定》关于侵权责任纠纷案由与其他第一级案由的编排设置。根据民法典侵权责任编的相关规定，该编的保护对象为民事权益，具体范围是民法典总则编第五章所规定的人身、财产权益。这些民事权益，又分别在人格权编、物权编、婚姻家庭编、继承编等予以了细化规定，而这些民事权益纠纷往往既包括权属确认纠纷也包括侵权责任纠纷，这就为科学合理编排民事案件案由体系增加了难度。为了保持整个案由体系的完整性和稳定性，尽可能避免重复交叉，修改后的《案由规定》将这些侵害民事权益侵权责任纠纷案由仍旧分别保留在“人格权纠纷”“婚姻家庭、继承纠纷”“物权纠纷”“知识产权与竞争纠纷”等第一级案由体系项下，对照侵权责任编新规定调整第一级案由“侵权责任纠纷”项下案由；同时，将一些实践中常见的、其他第一级案由不便列出的侵权责任纠纷案由也列在第一级案由“侵权责任纠纷”项下，如“非机动车交通事故责任纠纷”。从“兜底”考虑，修改后的《案由规定》将第一级案由“侵权责任纠纷”列在其他八个民事权益纠纷类型之后，作为第九部分。

具体适用时，涉及侵权责任纠纷的，为明确和统一法律适用问题，应当先适用第九部分“侵权责任纠纷”项下根据侵权责任编相关规定列出的具体案由；没有相应案由的，再适用“人格权纠纷”“物权纠纷”“知识产权与竞争纠纷”等其他部分项下的具体案由。如环境污染、高度危险行为均可能造成人身损害和财产损害，确定案由时，应当适用第九部分“侵权责任纠纷”项下“环境污染责任纠纷”“高度危险责任纠纷”案由，而不应适用第一部分“人格权纠纷”项下的“生命权、身体权、健康权纠纷”案由，也不应适用第三部分“物权纠纷”项下的“财产损害赔偿纠纷”案由。

五、适用修改后的《案由规定》应当注意的问题

1. 在案由横向体系上应当按照由低到高的顺序选择适用个案案由。确定个案案由时，应当优先适用第四级案由，没有对应的第四级案由的，适用相应的第三级案由；第三级案由中没有规定的，适用相应的第二级案由；第二级案由没有规定的，适用相应的第一级案由。这样处理，有利于更准确地反映当事人诉争的法律关系的性质，有利于促进分类管理科学化和提高司法统计准确性。

2. 关于个案案由的变更。人民法院在民事立案审查阶段，可以根据原告诉讼请求涉及的法律关系性质，确定相应的个案案由；人民法院受理民事案件后，经审理发现当事人起诉的法律关系与实际诉争的法律关系不一致的，人民法院结案时应当根据法庭查明的当事人之间实际存在的法律关系的性质，相应变更个案案由。当事人在诉讼过程中增加或者变更诉讼请求导致当

事人诉争的法律关系发生变更的，人民法院应当相应变更个案案由。

3. 存在多个法律关系时个案案由的确定。同一诉讼中涉及两个以上的法律关系的，应当根据当事人诉争的法律关系的性质确定个案案由；均为诉争的法律关系的，则按诉争的两个以上法律关系并列确定相应的案由。

4. 请求权竞合时个案案由的确定。在请求权竞合的情形下，人民法院应当按照当事人自主选择行使的请求权所涉及的诉争的法律关系的性质，确定相应的案由。

5. 正确认识民事案件案由的性质与功能。案由体系的编排制定是人民法院进行民事审判管理的手段。各级人民法院应当依法保障当事人依照法律规定享有的起诉权利，不得将修改后的《案由规定》等同于民事诉讼法第一百一十九条规定的起诉条件，不得以当事人的诉请在修改后的《案由规定》中没有相应案由可以适用为由，裁定不予受理或者驳回起诉，损害当事人的诉讼权利。

6. 案由体系中的选择性案由（即含有顿号的部分案由）的使用方法。对这些案由，应当根据具体案情，确定相应的个案案由，不应直接将该案由全部引用。如“生命权、身体权、健康权纠纷”案由，应当根据具体侵害对象来确定相应的案由。

本次民事案件案由修改工作主要基于人民法院当前司法实践经验，对照民法典等民事立法修改完善相关具体案由。2021 年 1 月 1 日民法典施行后，修改后的《案由规定》可能需要对标民法典具体施行情况作进一步调整。地方各级人民法院要密切关注民法典施行后立案审判中遇到的新情况、新问题，重点梳理汇总民法典新增制度项下可以细化规定为第四级案由的新类型案件，及时层报最高人民法院。

民事案件案由规定

（2007 年 10 月 29 日最高人民法院审判委员会第 1438 次会议通过　根据 2011 年 2 月 18 日《最高人民法院关于修改〈民事案件案由规定〉的决定》第一次修正　根据 2020 年 12 月 14 日最高人民法院审判委员会第 1821 次会议通过的《最高人民法院关于修改〈民事案件案由规定〉的决定》第二次修正）

为了正确适用法律，统一确定案由，根据《中华人民共和国民法典》《中华人民共和国民事诉讼法》等法律规定，结合人民法院民事审判工作实际情况，对民事案件案由规定如下：

第一部分　人格权纠纷

一、人格权纠纷

1. 生命权、身体权、健康权纠纷
2. 姓名权纠纷
3. 名称权纠纷
4. 肖像权纠纷
5. 声音保护纠纷
6. 名誉权纠纷
7. 荣誉权纠纷
8. 隐私权、个人信息保护纠纷
   （1）隐私权纠纷
   （2）个人信息保护纠纷
9. 婚姻自主权纠纷
10. 人身自由权纠纷
11. 一般人格权纠纷
   （1）平等就业权纠纷

第二部分　婚姻家庭、继承纠纷

二、婚姻家庭纠纷

12. 婚约财产纠纷
13. 婚内夫妻财产分割纠纷
14. 离婚纠纷
15. 离婚后财产纠纷
16. 离婚后损害责任纠纷
17. 婚姻无效纠纷
18. 撤销婚姻纠纷
19. 夫妻财产约定纠纷
20. 同居关系纠纷
    （1）同居关系析产纠纷
    （2）同居关系子女抚养纠纷
21. 亲子关系纠纷
    （1）确认亲子关系纠纷
    （2）否认亲子关系纠纷
22. 抚养纠纷
    （1）抚养费纠纷
    （2）变更抚养关系纠纷
23. 扶养纠纷
    （1）扶养费纠纷
    （2）变更扶养关系纠纷
24. 赡养纠纷
    （1）赡养费纠纷
    （2）变更赡养关系纠纷
25. 收养关系纠纷
    （1）确认收养关系纠纷
    （2）解除收养关系纠纷
26. 监护权纠纷

27. 探望权纠纷
28. 分家析产纠纷

三、继承纠纷

29. 法定继承纠纷
 (1) 转继承纠纷
 (2) 代位继承纠纷
30. 遗嘱继承纠纷
31. 被继承人债务清偿纠纷
32. 遗赠纠纷
33. 遗赠扶养协议纠纷
34. 遗产管理纠纷

第三部分 物权纠纷

四、不动产登记纠纷

35. 异议登记不当损害责任纠纷
36. 虚假登记损害责任纠纷

五、物权保护纠纷

37. 物权确认纠纷
 (1) 所有权确认纠纷
 (2) 用益物权确认纠纷
 (3) 担保物权确认纠纷
38. 返还原物纠纷
39. 排除妨害纠纷
40. 消除危险纠纷
41. 修理、重作、更换纠纷
42. 恢复原状纠纷
43. 财产损害赔偿纠纷

六、所有权纠纷

44. 侵害集体经济组织成员权益纠纷
45. 建筑物区分所有权纠纷
    （1）业主专有权纠纷
    （2）业主共有权纠纷
    （3）车位纠纷
    （4）车库纠纷
46. 业主撤销权纠纷
47. 业主知情权纠纷
48. 遗失物返还纠纷
49. 漂流物返还纠纷
50. 埋藏物返还纠纷
51. 隐藏物返还纠纷
52. 添附物归属纠纷
53. 相邻关系纠纷
    （1）相邻用水、排水纠纷
    （2）相邻通行纠纷
    （3）相邻土地、建筑物利用关系纠纷
    （4）相邻通风纠纷
    （5）相邻采光、日照纠纷
    （6）相邻污染侵害纠纷
    （7）相邻损害防免关系纠纷
54. 共有纠纷
    （1）共有权确认纠纷
    （2）共有物分割纠纷
    （3）共有人优先购买权纠纷
    （4）债权人代位析产纠纷

七、用益物权纠纷

55. 海域使用权纠纷
56. 探矿权纠纷

57. 采矿权纠纷
58. 取水权纠纷
59. 养殖权纠纷
60. 捕捞权纠纷
61. 土地承包经营权纠纷
（1）土地承包经营权确认纠纷
（2）承包地征收补偿费用分配纠纷
（3）土地承包经营权继承纠纷
62. 土地经营权纠纷
63. 建设用地使用权纠纷
64. 宅基地使用权纠纷
65. 居住权纠纷
66. 地役权纠纷

八、担保物权纠纷

67. 抵押权纠纷
（1）建筑物和其他土地附着物抵押权纠纷
（2）在建建筑物抵押权纠纷
（3）建设用地使用权抵押权纠纷
（4）土地经营权抵押权纠纷
（5）探矿权抵押权纠纷
（6）采矿权抵押权纠纷
（7）海域使用权抵押权纠纷
（8）动产抵押权纠纷
（9）在建船舶、航空器抵押权纠纷
（10）动产浮动抵押权纠纷
（11）最高额抵押权纠纷
68. 质权纠纷
（1）动产质权纠纷
（2）转质权纠纷
（3）最高额质权纠纷
（4）票据质权纠纷

(5) 债券质权纠纷
(6) 存单质权纠纷
(7) 仓单质权纠纷
(8) 提单质权纠纷
(9) 股权质权纠纷
(10) 基金份额质权纠纷
(11) 知识产权质权纠纷
(12) 应收账款质权纠纷
69. 留置权纠纷

九、占有保护纠纷

70. 占有物返还纠纷
71. 占有排除妨害纠纷
72. 占有消除危险纠纷
73. 占有物损害赔偿纠纷

第四部分 合同、准合同纠纷

十、合同纠纷

74. 缔约过失责任纠纷
75. 预约合同纠纷
76. 确认合同效力纠纷
(1) 确认合同有效纠纷
(2) 确认合同无效纠纷
77. 债权人代位权纠纷
78. 债权人撤销权纠纷
79. 债权转让合同纠纷
80. 债务转移合同纠纷
81. 债权债务概括转移合同纠纷
82. 债务加入纠纷
83. 悬赏广告纠纷

84. 买卖合同纠纷
    (1) 分期付款买卖合同纠纷
    (2) 凭样品买卖合同纠纷
    (3) 试用买卖合同纠纷
    (4) 所有权保留买卖合同纠纷
    (5) 招标投标买卖合同纠纷
    (6) 互易纠纷
    (7) 国际货物买卖合同纠纷
    (8) 信息网络买卖合同纠纷
85. 拍卖合同纠纷
86. 建设用地使用权合同纠纷
    (1) 建设用地使用权出让合同纠纷
    (2) 建设用地使用权转让合同纠纷
87. 临时用地合同纠纷
88. 探矿权转让合同纠纷
89. 采矿权转让合同纠纷
90. 房地产开发经营合同纠纷
    (1) 委托代建合同纠纷
    (2) 合资、合作开发房地产合同纠纷
    (3) 项目转让合同纠纷
91. 房屋买卖合同纠纷
    (1) 商品房预约合同纠纷
    (2) 商品房预售合同纠纷
    (3) 商品房销售合同纠纷
    (4) 商品房委托代理销售合同纠纷
    (5) 经济适用房转让合同纠纷
    (6) 农村房屋买卖合同纠纷
92. 民事主体间房屋拆迁补偿合同纠纷
93. 供用电合同纠纷
94. 供用水合同纠纷
95. 供用气合同纠纷
96. 供用热力合同纠纷

97. 排污权交易纠纷
98. 用能权交易纠纷
99. 用水权交易纠纷
100. 碳排放权交易纠纷
101. 碳汇交易纠纷
102. 赠与合同纠纷
（1）公益事业捐赠合同纠纷
（2）附义务赠与合同纠纷
103. 借款合同纠纷
（1）金融借款合同纠纷
（2）同业拆借纠纷
（3）民间借贷纠纷
（4）小额借款合同纠纷
（5）金融不良债权转让合同纠纷
（6）金融不良债权追偿纠纷
104. 保证合同纠纷
105. 抵押合同纠纷
106. 质押合同纠纷
107. 定金合同纠纷
108. 进出口押汇纠纷
109. 储蓄存款合同纠纷
110. 银行卡纠纷
（1）借记卡纠纷
（2）信用卡纠纷
111. 租赁合同纠纷
（1）土地租赁合同纠纷
（2）房屋租赁合同纠纷
（3）车辆租赁合同纠纷
（4）建筑设备租赁合同纠纷
112. 融资租赁合同纠纷
113. 保理合同纠纷
114. 承揽合同纠纷

(1) 加工合同纠纷
(2) 定作合同纠纷
(3) 修理合同纠纷
(4) 复制合同纠纷
(5) 测试合同纠纷
(6) 检验合同纠纷
(7) 铁路机车、车辆建造合同纠纷

115. 建设工程合同纠纷

(1) 建设工程勘察合同纠纷
(2) 建设工程设计合同纠纷
(3) 建设工程施工合同纠纷
(4) 建设工程价款优先受偿权纠纷
(5) 建设工程分包合同纠纷
(6) 建设工程监理合同纠纷
(7) 装饰装修合同纠纷
(8) 铁路修建合同纠纷
(9) 农村建房施工合同纠纷

116. 运输合同纠纷

(1) 公路旅客运输合同纠纷
(2) 公路货物运输合同纠纷
(3) 水路旅客运输合同纠纷
(4) 水路货物运输合同纠纷
(5) 航空旅客运输合同纠纷
(6) 航空货物运输合同纠纷
(7) 出租汽车运输合同纠纷
(8) 管道运输合同纠纷
(9) 城市公交运输合同纠纷
(10) 联合运输合同纠纷
(11) 多式联运合同纠纷
(12) 铁路货物运输合同纠纷
(13) 铁路旅客运输合同纠纷
(14) 铁路行李运输合同纠纷

(15) 铁路包裹运输合同纠纷
(16) 国际铁路联运合同纠纷
117. 保管合同纠纷
118. 仓储合同纠纷
119. 委托合同纠纷
(1) 进出口代理合同纠纷
(2) 货运代理合同纠纷
(3) 民用航空运输销售代理合同纠纷
(4) 诉讼、仲裁、人民调解代理合同纠纷
(5) 销售代理合同纠纷
120. 委托理财合同纠纷
(1) 金融委托理财合同纠纷
(2) 民间委托理财合同纠纷
121. 物业服务合同纠纷
122. 行纪合同纠纷
123. 中介合同纠纷
124. 补偿贸易纠纷
125. 借用合同纠纷
126. 典当纠纷
127. 合伙合同纠纷
128. 种植、养殖回收合同纠纷
129. 彩票、奖券纠纷
130. 中外合作勘探开发自然资源合同纠纷
131. 农业承包合同纠纷
132. 林业承包合同纠纷
133. 渔业承包合同纠纷
134. 牧业承包合同纠纷
135. 土地承包经营权合同纠纷
(1) 土地承包经营权转让合同纠纷
(2) 土地承包经营权互换合同纠纷
(3) 土地经营权入股合同纠纷
(4) 土地经营权抵押合同纠纷

(5) 土地经营权出租合同纠纷

136. 居住权合同纠纷

137. 服务合同纠纷

(1) 电信服务合同纠纷

(2) 邮政服务合同纠纷

(3) 快递服务合同纠纷

(4) 医疗服务合同纠纷

(5) 法律服务合同纠纷

(6) 旅游合同纠纷

(7) 房地产咨询合同纠纷

(8) 房地产价格评估合同纠纷

(9) 旅店服务合同纠纷

(10) 财会服务合同纠纷

(11) 餐饮服务合同纠纷

(12) 娱乐服务合同纠纷

(13) 有线电视服务合同纠纷

(14) 网络服务合同纠纷

(15) 教育培训合同纠纷

(16) 家政服务合同纠纷

(17) 庆典服务合同纠纷

(18) 殡葬服务合同纠纷

(19) 农业技术服务合同纠纷

(20) 农机作业服务合同纠纷

(21) 保安服务合同纠纷

(22) 银行结算合同纠纷

138. 演出合同纠纷

139. 劳务合同纠纷

140. 离退休人员返聘合同纠纷

141. 广告合同纠纷

142. 展览合同纠纷

143. 追偿权纠纷

十一、不当得利纠纷

144. 不当得利纠纷

十二、无因管理纠纷

145. 无因管理纠纷

第五部分 知识产权与竞争纠纷

十三、知识产权合同纠纷

146. 著作权合同纠纷
    （1）委托创作合同纠纷
    （2）合作创作合同纠纷
    （3）著作权转让合同纠纷
    （4）著作权许可使用合同纠纷
    （5）出版合同纠纷
    （6）表演合同纠纷
    （7）音像制品制作合同纠纷
    （8）广播电视播放合同纠纷
    （9）邻接权转让合同纠纷
    （10）邻接权许可使用合同纠纷
    （11）计算机软件开发合同纠纷
    （12）计算机软件著作权转让合同纠纷
    （13）计算机软件著作权许可使用合同纠纷
147. 商标合同纠纷
    （1）商标权转让合同纠纷
    （2）商标使用许可合同纠纷
    （3）商标代理合同纠纷
148. 专利合同纠纷
    （1）专利申请权转让合同纠纷
    （2）专利权转让合同纠纷

(3) 发明专利实施许可合同纠纷
(4) 实用新型专利实施许可合同纠纷
(5) 外观设计专利实施许可合同纠纷
(6) 专利代理合同纠纷

149. 植物新品种合同纠纷
(1) 植物新品种育种合同纠纷
(2) 植物新品种申请权转让合同纠纷
(3) 植物新品种权转让合同纠纷
(4) 植物新品种实施许可合同纠纷

150. 集成电路布图设计合同纠纷
(1) 集成电路布图设计创作合同纠纷
(2) 集成电路布图设计专有权转让合同纠纷
(3) 集成电路布图设计许可使用合同纠纷

151. 商业秘密合同纠纷
(1) 技术秘密让与合同纠纷
(2) 技术秘密许可使用合同纠纷
(3) 经营秘密让与合同纠纷
(4) 经营秘密许可使用合同纠纷

152. 技术合同纠纷
(1) 技术委托开发合同纠纷
(2) 技术合作开发合同纠纷
(3) 技术转化合同纠纷
(4) 技术转让合同纠纷
(5) 技术许可合同纠纷
(6) 技术咨询合同纠纷
(7) 技术服务合同纠纷
(8) 技术培训合同纠纷
(9) 技术中介合同纠纷
(10) 技术进口合同纠纷
(11) 技术出口合同纠纷
(12) 职务技术成果完成人奖励、报酬纠纷
(13) 技术成果完成人署名权、荣誉权、奖励权纠纷

153. 特许经营合同纠纷
154. 企业名称（商号）合同纠纷
    （1）企业名称（商号）转让合同纠纷
    （2）企业名称（商号）使用合同纠纷
155. 特殊标志合同纠纷
156. 网络域名合同纠纷
    （1）网络域名注册合同纠纷
    （2）网络域名转让合同纠纷
    （3）网络域名许可使用合同纠纷
157. 知识产权质押合同纠纷

十四、知识产权权属、侵权纠纷

158. 著作权权属、侵权纠纷
    （1）著作权权属纠纷
    （2）侵害作品发表权纠纷
    （3）侵害作品署名权纠纷
    （4）侵害作品修改权纠纷
    （5）侵害保护作品完整权纠纷
    （6）侵害作品复制权纠纷
    （7）侵害作品发行权纠纷
    （8）侵害作品出租权纠纷
    （9）侵害作品展览权纠纷
    （10）侵害作品表演权纠纷
    （11）侵害作品放映权纠纷
    （12）侵害作品广播权纠纷
    （13）侵害作品信息网络传播权纠纷
    （14）侵害作品摄制权纠纷
    （15）侵害作品改编权纠纷
    （16）侵害作品翻译权纠纷
    （17）侵害作品汇编权纠纷
    （18）侵害其他著作财产权纠纷
    （19）出版者权权属纠纷

（20）表演者权权属纠纷
（21）录音录像制作者权权属纠纷
（22）广播组织权权属纠纷
（23）侵害出版者权纠纷
（24）侵害表演者权纠纷
（25）侵害录音录像制作者权纠纷
（26）侵害广播组织权纠纷
（27）计算机软件著作权权属纠纷
（28）侵害计算机软件著作权纠纷

159. 商标权权属、侵权纠纷
（1）商标权权属纠纷
（2）侵害商标权纠纷

160. 专利权权属、侵权纠纷
（1）专利申请权权属纠纷
（2）专利权权属纠纷
（3）侵害发明专利权纠纷
（4）侵害实用新型专利权纠纷
（5）侵害外观设计专利权纠纷
（6）假冒他人专利纠纷
（7）发明专利临时保护期使用费纠纷
（8）职务发明创造发明人、设计人奖励、报酬纠纷
（9）发明创造发明人、设计人署名权纠纷
（10）标准必要专利使用费纠纷

161. 植物新品种权权属、侵权纠纷
（1）植物新品种申请权权属纠纷
（2）植物新品种权权属纠纷
（3）侵害植物新品种权纠纷
（4）植物新品种临时保护期使用费纠纷

162. 集成电路布图设计专有权权属、侵权纠纷
（1）集成电路布图设计专有权权属纠纷
（2）侵害集成电路布图设计专有权纠纷

163. 侵害企业名称（商号）权纠纷

164. 侵害特殊标志专有权纠纷
165. 网络域名权属、侵权纠纷
 (1) 网络域名权属纠纷
 (2) 侵害网络域名纠纷
166. 发现权纠纷
167. 发明权纠纷
168. 其他科技成果权纠纷
169. 确认不侵害知识产权纠纷
 (1) 确认不侵害专利权纠纷
 (2) 确认不侵害商标权纠纷
 (3) 确认不侵害著作权纠纷
 (4) 确认不侵害植物新品种权纠纷
 (5) 确认不侵害集成电路布图设计专用权纠纷
 (6) 确认不侵害计算机软件著作权纠纷
170. 因申请知识产权临时措施损害责任纠纷
 (1) 因申请诉前停止侵害专利权损害责任纠纷
 (2) 因申请诉前停止侵害注册商标专用权损害责任纠纷
 (3) 因申请诉前停止侵害著作权损害责任纠纷
 (4) 因申请诉前停止侵害植物新品种权损害责任纠纷
 (5) 因申请海关知识产权保护措施损害责任纠纷
 (6) 因申请诉前停止侵害计算机软件著作权损害责任纠纷
 (7) 因申请诉前停止侵害集成电路布图设计专用权损害责任纠纷
171. 因恶意提起知识产权诉讼损害责任纠纷
172. 专利权宣告无效后返还费用纠纷

十五、不正当竞争纠纷

173. 仿冒纠纷
 (1) 擅自使用与他人有一定影响的商品名称、包装、装潢等相同或者近似的标识纠纷
 (2) 擅自使用他人有一定影响的企业名称、社会组织名称、姓名纠纷
 (3) 擅自使用他人有一定影响的域名主体部分、网站名称、网页

纠纷
174. 商业贿赂不正当竞争纠纷
175. 虚假宣传纠纷
176. 侵害商业秘密纠纷
(1) 侵害技术秘密纠纷
(2) 侵害经营秘密纠纷
177. 低价倾销不正当竞争纠纷
178. 捆绑销售不正当竞争纠纷
179. 有奖销售纠纷
180. 商业诋毁纠纷
181. 串通投标不正当竞争纠纷
182. 网络不正当竞争纠纷

十六、垄断纠纷

183. 垄断协议纠纷
(1) 横向垄断协议纠纷
(2) 纵向垄断协议纠纷
184. 滥用市场支配地位纠纷
(1) 垄断定价纠纷
(2) 掠夺定价纠纷
(3) 拒绝交易纠纷
(4) 限定交易纠纷
(5) 捆绑交易纠纷
(6) 差别待遇纠纷
185. 经营者集中纠纷

第六部分　劳动争议、人事争议

十七、劳动争议

186. 劳动合同纠纷
(1) 确认劳动关系纠纷

（2）集体合同纠纷
（3）劳务派遣合同纠纷
（4）非全日制用工纠纷
（5）追索劳动报酬纠纷
（6）经济补偿金纠纷
（7）竞业限制纠纷

187. 社会保险纠纷
（1）养老保险待遇纠纷
（2）工伤保险待遇纠纷
（3）医疗保险待遇纠纷
（4）生育保险待遇纠纷
（5）失业保险待遇纠纷

188. 福利待遇纠纷

十八、人事争议

189. 聘用合同纠纷
190. 聘任合同纠纷
191. 辞职纠纷
192. 辞退纠纷

第七部分　海事海商纠纷

十九、海事海商纠纷

193. 船舶碰撞损害责任纠纷
194. 船舶触碰损害责任纠纷
195. 船舶损坏空中设施、水下设施损害责任纠纷
196. 船舶污染损害责任纠纷
197. 海上、通海水域污染损害责任纠纷
198. 海上、通海水域养殖损害责任纠纷
199. 海上、通海水域财产损害责任纠纷
200. 海上、通海水域人身损害责任纠纷

201. 非法留置船舶、船载货物、船用燃油、船用物料损害责任纠纷
202. 海上、通海水域货物运输合同纠纷
203. 海上、通海水域旅客运输合同纠纷
204. 海上、通海水域行李运输合同纠纷
205. 船舶经营管理合同纠纷
206. 船舶买卖合同纠纷
207. 船舶建造合同纠纷
208. 船舶修理合同纠纷
209. 船舶改建合同纠纷
210. 船舶拆解合同纠纷
211. 船舶抵押合同纠纷
212. 航次租船合同纠纷
213. 船舶租用合同纠纷
(1) 定期租船合同纠纷
(2) 光船租赁合同纠纷
214. 船舶融资租赁合同纠纷
215. 海上、通海水域运输船舶承包合同纠纷
216. 渔船承包合同纠纷
217. 船舶属具租赁合同纠纷
218. 船舶属具保管合同纠纷
219. 海运集装箱租赁合同纠纷
220. 海运集装箱保管合同纠纷
221. 港口货物保管合同纠纷
222. 船舶代理合同纠纷
223. 海上、通海水域货运代理合同纠纷
224. 理货合同纠纷
225. 船舶物料和备品供应合同纠纷
226. 船员劳务合同纠纷
227. 海难救助合同纠纷
228. 海上、通海水域打捞合同纠纷
229. 海上、通海水域拖航合同纠纷
230. 海上、通海水域保险合同纠纷

231. 海上、通海水域保赔合同纠纷
232. 海上、通海水域运输联营合同纠纷
233. 船舶营运借款合同纠纷
234. 海事担保合同纠纷
235. 航道、港口疏浚合同纠纷
236. 船坞、码头建造合同纠纷
237. 船舶检验合同纠纷
238. 海事请求担保纠纷
239. 海上、通海水域运输重大责任事故责任纠纷
240. 港口作业重大责任事故责任纠纷
241. 港口作业纠纷
242. 共同海损纠纷
243. 海洋开发利用纠纷
244. 船舶共有纠纷
245. 船舶权属纠纷
246. 海运欺诈纠纷
247. 海事债权确权纠纷

第八部分　与公司、证券、保险、票据等有关的民事纠纷

二十、与企业有关的纠纷

248. 企业出资人权益确认纠纷
249. 侵害企业出资人权益纠纷
250. 企业公司制改造合同纠纷
251. 企业股份合作制改造合同纠纷
252. 企业债权转股权合同纠纷
253. 企业分立合同纠纷
254. 企业租赁经营合同纠纷
255. 企业出售合同纠纷
256. 挂靠经营合同纠纷
257. 企业兼并合同纠纷

258. 联营合同纠纷
259. 企业承包经营合同纠纷
 (1) 中外合资经营企业承包经营合同纠纷
 (2) 中外合作经营企业承包经营合同纠纷
 (3) 外商独资企业承包经营合同纠纷
 (4) 乡镇企业承包经营合同纠纷
260. 中外合资经营企业合同纠纷
261. 中外合作经营企业合同纠纷

二十一、与公司有关的纠纷

262. 股东资格确认纠纷
263. 股东名册记载纠纷
264. 请求变更公司登记纠纷
265. 股东出资纠纷
266. 新增资本认购纠纷
267. 股东知情权纠纷
268. 请求公司收购股份纠纷
269. 股权转让纠纷
270. 公司决议纠纷
 (1) 公司决议效力确认纠纷
 (2) 公司决议撤销纠纷
271. 公司设立纠纷
272. 公司证照返还纠纷
273. 发起人责任纠纷
274. 公司盈余分配纠纷
275. 损害股东利益责任纠纷
276. 损害公司利益责任纠纷
277. 损害公司债权人利益责任纠纷
 (1) 股东损害公司债权人利益责任纠纷
 (2) 实际控制人损害公司债权人利益责任纠纷
278. 公司关联交易损害责任纠纷
279. 公司合并纠纷

280. 公司分立纠纷
281. 公司减资纠纷
282. 公司增资纠纷
283. 公司解散纠纷
284. 清算责任纠纷
285. 上市公司收购纠纷

二十二、合伙企业纠纷

286. 入伙纠纷
287. 退伙纠纷
288. 合伙企业财产份额转让纠纷

二十三、与破产有关的纠纷

289. 请求撤销个别清偿行为纠纷
290. 请求确认债务人行为无效纠纷
291. 对外追收债权纠纷
292. 追收未缴出资纠纷
293. 追收抽逃出资纠纷
294. 追收非正常收入纠纷
295. 破产债权确认纠纷
    （1）职工破产债权确认纠纷
    （2）普通破产债权确认纠纷
296. 取回权纠纷
    （1）一般取回权纠纷
    （2）出卖人取回权纠纷
297. 破产抵销权纠纷
298. 别除权纠纷
299. 破产撤销权纠纷
300. 损害债务人利益赔偿纠纷
301. 管理人责任纠纷

二十四、证券纠纷

302. 证券权利确认纠纷
    （1）股票权利确认纠纷
    （2）公司债券权利确认纠纷
    （3）国债权利确认纠纷
    （4）证券投资基金权利确认纠纷
303. 证券交易合同纠纷
    （1）股票交易纠纷
    （2）公司债券交易纠纷
    （3）国债交易纠纷
    （4）证券投资基金交易纠纷
304. 金融衍生品种交易纠纷
305. 证券承销合同纠纷
    （1）证券代销合同纠纷
    （2）证券包销合同纠纷
306. 证券投资咨询纠纷
307. 证券资信评级服务合同纠纷
308. 证券回购合同纠纷
    （1）股票回购合同纠纷
    （2）国债回购合同纠纷
    （3）公司债券回购合同纠纷
    （4）证券投资基金回购合同纠纷
    （5）质押式证券回购纠纷
309. 证券上市合同纠纷
310. 证券交易代理合同纠纷
311. 证券上市保荐合同纠纷
312. 证券发行纠纷
    （1）证券认购纠纷
    （2）证券发行失败纠纷
313. 证券返还纠纷
314. 证券欺诈责任纠纷

（1）证券内幕交易责任纠纷
（2）操纵证券交易市场责任纠纷
（3）证券虚假陈述责任纠纷
（4）欺诈客户责任纠纷

315. 证券托管纠纷
316. 证券登记、存管、结算纠纷
317. 融资融券交易纠纷
318. 客户交易结算资金纠纷

二十五、期货交易纠纷

319. 期货经纪合同纠纷
320. 期货透支交易纠纷
321. 期货强行平仓纠纷
322. 期货实物交割纠纷
323. 期货保证合约纠纷
324. 期货交易代理合同纠纷
325. 侵占期货交易保证金纠纷
326. 期货欺诈责任纠纷
327. 操纵期货交易市场责任纠纷
328. 期货内幕交易责任纠纷
329. 期货虚假信息责任纠纷

二十六、信托纠纷

330. 民事信托纠纷
331. 营业信托纠纷
332. 公益信托纠纷

二十七、保险纠纷

333. 财产保险合同纠纷
（1）财产损失保险合同纠纷
（2）责任保险合同纠纷
（3）信用保险合同纠纷

(4) 保证保险合同纠纷
(5) 保险人代位求偿权纠纷
334. 人身保险合同纠纷
(1) 人寿保险合同纠纷
(2) 意外伤害保险合同纠纷
(3) 健康保险合同纠纷
335. 再保险合同纠纷
336. 保险经纪合同纠纷
337. 保险代理合同纠纷
338. 进出口信用保险合同纠纷
339. 保险费纠纷

二十八、票据纠纷

340. 票据付款请求权纠纷
341. 票据追索权纠纷
342. 票据交付请求权纠纷
343. 票据返还请求权纠纷
344. 票据损害责任纠纷
345. 票据利益返还请求权纠纷
346. 汇票回单签发请求权纠纷
347. 票据保证纠纷
348. 确认票据无效纠纷
349. 票据代理纠纷
350. 票据回购纠纷

二十九、信用证纠纷

351. 委托开立信用证纠纷
352. 信用证开证纠纷
353. 信用证议付纠纷
354. 信用证欺诈纠纷
355. 信用证融资纠纷
356. 信用证转让纠纷

三十、独立保函纠纷

357. 独立保函开立纠纷
358. 独立保函付款纠纷
359. 独立保函追偿纠纷
360. 独立保函欺诈纠纷
361. 独立保函转让纠纷
362. 独立保函通知纠纷
363. 独立保函撤销纠纷

第九部分 侵权责任纠纷

三十一、侵权责任纠纷

364. 监护人责任纠纷
365. 用人单位责任纠纷
366. 劳务派遣工作人员侵权责任纠纷
367. 提供劳务者致害责任纠纷
368. 提供劳务者受害责任纠纷
369. 网络侵权责任纠纷
    （1）网络侵害虚拟财产纠纷
370. 违反安全保障义务责任纠纷
    （1）经营场所、公共场所的经营者、管理者责任纠纷
    （2）群众性活动组织者责任纠纷
371. 教育机构责任纠纷
372. 性骚扰损害责任纠纷
373. 产品责任纠纷
    （1）产品生产者责任纠纷
    （2）产品销售者责任纠纷
    （3）产品运输者责任纠纷
    （4）产品仓储者责任纠纷
374. 机动车交通事故责任纠纷

375. 非机动车交通事故责任纠纷
376. 医疗损害责任纠纷
    (1) 侵害患者知情同意权责任纠纷
    (2) 医疗产品责任纠纷
377. 环境污染责任纠纷
    (1) 大气污染责任纠纷
    (2) 水污染责任纠纷
    (3) 土壤污染责任纠纷
    (4) 电子废物污染责任纠纷
    (5) 固体废物污染责任纠纷
    (6) 噪声污染责任纠纷
    (7) 光污染责任纠纷
    (8) 放射性污染责任纠纷
378. 生态破坏责任纠纷
379. 高度危险责任纠纷
    (1) 民用核设施、核材料损害责任纠纷
    (2) 民用航空器损害责任纠纷
    (3) 占有、使用高度危险物损害责任纠纷
    (4) 高度危险活动损害责任纠纷
    (5) 遗失、抛弃高度危险物损害责任纠纷
    (6) 非法占有高度危险物损害责任纠纷
380. 饲养动物损害责任纠纷
381. 建筑物和物件损害责任纠纷
    (1) 物件脱落、坠落损害责任纠纷
    (2) 建筑物、构筑物倒塌、塌陷损害责任纠纷
    (3) 高空抛物、坠物损害责任纠纷
    (4) 堆放物倒塌、滚落、滑落损害责任纠纷
    (5) 公共道路妨碍通行损害责任纠纷
    (6) 林木折断、倾倒、果实坠落损害责任纠纷
    (7) 地面施工、地下设施损害责任纠纷
382. 触电人身损害责任纠纷
383. 义务帮工人受害责任纠纷

384. 见义勇为人受害责任纠纷
385. 公证损害责任纠纷
386. 防卫过当损害责任纠纷
387. 紧急避险损害责任纠纷
388. 驻香港、澳门特别行政区军人执行职务侵权责任纠纷
389. 铁路运输损害责任纠纷
    (1) 铁路运输人身损害责任纠纷
    (2) 铁路运输财产损害责任纠纷
390. 水上运输损害责任纠纷
    (1) 水上运输人身损害责任纠纷
    (2) 水上运输财产损害责任纠纷
391. 航空运输损害责任纠纷
    (1) 航空运输人身损害责任纠纷
    (2) 航空运输财产损害责任纠纷
392. 因申请财产保全损害责任纠纷
393. 因申请行为保全损害责任纠纷
394. 因申请证据保全损害责任纠纷
395. 因申请先予执行损害责任纠纷

第十部分 非讼程序案件案由

三十二、选民资格案件

396. 申请确定选民资格

三十三、宣告失踪、宣告死亡案件

397. 申请宣告自然人失踪
398. 申请撤销宣告失踪判决
399. 申请为失踪人财产指定、变更代管人
400. 申请宣告自然人死亡
401. 申请撤销宣告自然人死亡判决

三十四、认定自然人无民事行为能力、限制民事行为能力案件

402. 申请宣告自然人无民事行为能力
403. 申请宣告自然人限制民事行为能力
404. 申请宣告自然人恢复限制民事行为能力
405. 申请宣告自然人恢复完全民事行为能力

三十五、指定遗产管理人案件

406. 申请指定遗产管理人

三十六、认定财产无主案件

407. 申请认定财产无主
408. 申请撤销认定财产无主判决

三十七、确认调解协议案件

409. 申请司法确认调解协议
410. 申请撤销确认调解协议裁定

三十八、实现担保物权案件

411. 申请实现担保物权
412. 申请撤销准许实现担保物权裁定

三十九、监护权特别程序案件

413. 申请确定监护人
414. 申请指定监护人
415. 申请变更监护人
416. 申请撤销监护人资格
417. 申请恢复监护人资格

四十、督促程序案件

418. 申请支付令

四十一、公示催告程序案件

419. 申请公示催告

四十二、公司清算案件

420. 申请公司清算

四十三、破产程序案件

421. 申请破产清算
422. 申请破产重整
423. 申请破产和解
424. 申请对破产财产追加分配

四十四、申请诉前停止侵害知识产权案件

425. 申请诉前停止侵害专利权
426. 申请诉前停止侵害注册商标专用权
427. 申请诉前停止侵害著作权
428. 申请诉前停止侵害植物新品种权
429. 申请诉前停止侵害计算机软件著作权
430. 申请诉前停止侵害集成电路布图设计专用权

四十五、申请保全案件

431. 申请诉前财产保全
432. 申请诉前行为保全
433. 申请诉前证据保全
434. 申请仲裁前财产保全
435. 申请仲裁前行为保全
436. 申请仲裁前证据保全
437. 仲裁程序中的财产保全
438. 仲裁程序中的证据保全
439. 申请执行前财产保全
440. 申请中止支付信用证项下款项
441. 申请中止支付保函项下款项

四十六、申请人身安全保护令案件

442. 申请人身安全保护令

四十七、申请人格权侵害禁令案件

443. 申请人格权侵害禁令

四十八、仲裁程序案件

444. 申请确认仲裁协议效力
445. 申请撤销仲裁裁决

四十九、海事诉讼特别程序案件

446. 申请海事请求保全
    （1）申请扣押船舶
    （2）申请拍卖扣押船舶
    （3）申请扣押船载货物
    （4）申请拍卖扣押船载货物
    （5）申请扣押船用燃油及船用物料
    （6）申请拍卖扣押船用燃油及船用物料
447. 申请海事支付令
448. 申请海事强制令
449. 申请海事证据保全
450. 申请设立海事赔偿责任限制基金
451. 申请船舶优先权催告
452. 申请海事债权登记与受偿

五十、申请承认与执行法院判决、仲裁裁决案件

453. 申请执行海事仲裁裁决
454. 申请执行知识产权仲裁裁决
455. 申请执行涉外仲裁裁决
456. 申请认可和执行香港特别行政区法院民事判决
457. 申请认可和执行香港特别行政区仲裁裁决
458. 申请认可和执行澳门特别行政区法院民事判决
459. 申请认可和执行澳门特别行政区仲裁裁决
460. 申请认可和执行台湾地区法院民事判决
461. 申请认可和执行台湾地区仲裁裁决

462. 申请承认和执行外国法院民事判决、裁定
463. 申请承认和执行外国仲裁裁决

第十一部分　特殊诉讼程序案件案由

五十一、与宣告失踪、宣告死亡案件有关的纠纷

464. 失踪人债务支付纠纷
465. 被撤销死亡宣告人请求返还财产纠纷

五十二、公益诉讼

466. 生态环境保护民事公益诉讼
　　（1）环境污染民事公益诉讼
　　（2）生态破坏民事公益诉讼
　　（3）生态环境损害赔偿诉讼
467. 英雄烈士保护民事公益诉讼
468. 未成年人保护民事公益诉讼
469. 消费者权益保护民事公益诉讼

五十三、第三人撤销之诉

470. 第三人撤销之诉

五十四、执行程序中的异议之诉

471. 执行异议之诉
　　（1）案外人执行异议之诉
　　（2）申请执行人执行异议之诉
472. 追加、变更被执行人异议之诉
473. 执行分配方案异议之诉

3. 最高人民法院研究室负责人就发布《最高人民法院关于修改〈民事案件案由规定〉的决定》答记者问

近日，最高人民法院发布了《最高人民法院关于修改〈民事案件案由规定〉的决定》（法发〔2011〕7号）（以下简称《决定》）。就《决定》发布的背景和主要内容，记者采访了最高人民法院研究室负责人。

记者：请问制发《决定》的背景是什么？

答：2008年2月4日，为配合物权法的实施，我院曾对2001年10月30日制发的《民事案件案由规定（试行）》进行了修改，制发了《民事案件案由规定》（以下简称2008年《民事案件案由规定》）。《民事案件案由规定》自2008年4月1日施行以来，在方便当事人进行民事诉讼，规范人民法院民事立案、审判和司法统计工作等方面，发挥了重要作用。近三年来，随着农村土地承包经营纠纷调解仲裁法、保险法、专利法等法律的施行或修订，审判实践中出现了许多新类型民事案件，需要对2008年《民事案件案由规定》进行补充和完善。特别是侵权责任法已自2010年7月1日起施行，迫切需要增补侵权责任纠纷案件案由。经最高人民法院院领导批准，2010年2月，由最高人民法院研究室牵头成立了由本院立案一庭、四个民事审判业务庭以及审监庭参加的研究小组，正式启动修改工作。在广泛调查研究的基础上，研究小组完成了2008年《民事案件案由规定》的修改工作，2011年2月18日，最高人民法院制发《决定》。根据《决定》，最高人民法院又下发《最高人民法院关于印发修改后的〈民事案件案由规定〉的通知》（法〔2011〕41号）（以下简称《通知》），对各级法院适用修改后的《民事案件案由规定》提出了具体要求。

记者：请谈谈《民事案件案由规定》的修改过程。

答：根据工作方案的安排，2010年2月，最高人民法院研究室下发《最高人民法院研究室关于征集〈民事案件案由〉修改意见的通知》，向全国各高级法院征集有关2008年《民事案件案由规定》的修改意见。绝大多数高级法院召开了所属辖区内各级法院参加的座谈会，及时上报了应当修改、删除、增加的具体案由，总数达900余个。对于各高级法院上报的具体案由，研究小组在进行整理、筛选和分类的基础上，起草了《民事案件案由规定（征求意见稿）》《最高人民法院关于印发〈民事案件案由规定〉的通知（征求意见稿）》。

根据工作方案的安排，研究小组分别在福州和重庆召开了“全国部分法院民事案件案由修改工作座谈会”。部分高级法院、中级法院和基层法院从事民事立案、审判和司法统计工作的法官参加了座谈，提出了具体的修改意见建议。考虑到“海事海商纠纷”案由的特殊性，研究室与民四庭专门在青岛海事法院召开座谈会，就“海事海商纠纷”案由听取全国海事法院代表的意见建议。来自天津、广州、大连、武汉、宁波、厦门、北海、海口、青岛等九家海事法院的代表参加了座谈会。2010年6月24日，研究小组还召开了由最高人民法院特约监督员和律师参加的座谈会。每次座谈会之后，研究小组均及时认真研究、消化会议代表的意见，多次修改征求意见稿，形成了《民事案件案由规定（送审稿）》《最高人民法院关于印发〈民事案件案由规定〉的通知（送审稿）》。2010年11月29日，最高人民法院审判委员会讨论通过两个送审稿。

修改过程中，研究小组对两个送审稿反复研究和修改，先后八易其稿。可以说，此次民事案件案由的修改，集中了最高人民法院的集体智慧，凝聚了地方各级法院的辛勤探索，是全国广大法官心血和劳动的结晶。

记者：请问此次修改遵循了哪些原则？

答：经广泛征求意见，我们确定此次民事案件案由修改工作应当遵循的原则为：

一是合法原则。要确保所制定的具体案由具有实体法和程序法依据，还要符合民事诉讼法关于民事案件受案范围的有关规定。

二是实用原则。案由要简洁明了，便于使用，案由的制定要体现一定的科学性，但更要注重实用性和适度的灵活性。通过四级案由体系的设置，为方便当事人诉讼服务，为立案和审判实践服务，为司法统计服务，为创新和加强民事审判管理服务。

三是稳定性原则。从保证案由体系的适度稳定性出发，尽量对案由体系、结构不做大的调整。

记者：请介绍此次案由修改的主要内容

答：为适应侵权责任法施行后审判实践的需要，我们将侵权纠纷案由提升为第一级案由。按照侵权责任法的相关规定，在其项下增补相关的侵权责任纠纷第三级和第四级案由。首先，按照侵权责任法相关规定，列出了该法新规定的各种具体侵权责任纠纷案由。其次，协调好侵权纠纷案由与其他第一级案由之间的关系。根据侵权责任法相关规定，侵权责任法的保护对象为民事权益，包括生命权、健康权、姓名权、名誉权、荣誉权、肖像权、隐私权、婚姻自主权、监护权、所有权、用益物权、担保物权、著作权、专利权、商标专用权、发现权、股权、继承权等人身、财产权益。这些民事权益，分别包含在人格权、婚姻家庭继承权、物权、知识产权等民商事权益之中，而这些民事权益纠纷往往既包括权属确认纠纷也包括侵权纠纷，这就为科学合理编排民事案件案由增加了难度。为了保持整个案由体系的完整性和稳定性，尽可能避免重复交叉，此次修改将这些民事权益侵权纠纷案由仍旧保留在各第一级案由之中，只是将侵权责任法规定的有关案由列在“侵权责任纠纷”案由项下，并将一些实践中常见的、其他第一级案由不便列出的侵权责任纠纷案由也列在第一级案由“侵权责任纠纷”项下，并从“兜底”考虑，列在其他八个民事权益纠纷类型之后，作为第九部分。

根据审判实践的需要，此次修改还增加部分其他第二级案由、第三级案由和第四级案由。此次共修改第一级案由 5 个，修改第二级案由 20 个，修改第三级案由 113 个，修改第四级案由 154 个。修改后的《民事案件案由规定》共有第一级案由 10 个，第二级案由 42 个，第三级案由 424 个，第四级案由 367 个。

记者：修改后的《民事案件案由规定》在适用过程中应当注意哪些问题？

答：针对修改后的《民事案件案由规定》在适用中可能出现的问题，修改后的《通知》进一步作了明确规范。

一是明确了第九部分“侵权责任纠纷”项下案由与“人格权纠纷”“物权纠纷”“知识产权与竞争纠纷”等其他部分项下案由的协调问题。在确定侵权责任纠纷具体案由时，应当先适用第九部分“侵权责任纠纷”项下根据侵权责任法相关规定列出的具体案由。没有相应案由的，再适用“人格权纠纷”“物权纠纷”“知识产权与竞争纠纷”等其他部分项下的案由。如机动车交通事故可能造成人身损害和财产损害，确定案由时，应当适用第九部分

“侵权责任纠纷”项下“机动车交通事故责任纠纷”案由，而不应适用第一部分“人格权纠纷”项下的“生命权、健康权、身体权纠纷”案由，也不应适用第三部分“物权纠纷”项下的“财产损害赔偿纠纷”案由。

二是明确了民事案件案由的性质与功能。各级人民法院不得将《民事案件案由规定》等同于《中华人民共和国民事诉讼法》第一百零八条规定的受理条件，不得以当事人的诉请在《民事案件案由规定》中没有相应案由可以适用为由，裁定不予受理或者驳回起诉，影响当事人行使诉权。

三是明确了案由变更的问题。当事人起诉的法律关系与实际诉争的法律关系不一致的，人民法院结案时应当根据法庭查明的当事人之间实际存在的法律关系的性质，相应变更案件的案由。

四是进一步规范了部分案由的适用问题。对于那些名称中带有顿号（即“、”）的部分案由，适用时应当根据具体案情，确定相应的案由，不应直接将该案由全部引用。如“生命权、健康权、身体权纠纷”案由，应根据侵害的具体人格权益来确定相应的案由；如“海上、通海水域货物运输合同纠纷”案由，应当根据纠纷发生的具体水域来确定相应的案由；如“擅自使用知名商品特有名称、包装、装潢纠纷”案由，应当根据具体侵害对象来确定相应的案由。

4. 民事案件案由规定历史沿革表

文件名称	发布日期	实施日期	文号	效力
1. 最高人民法院关于印发《民事案件案由规定(试行)》的通知	2000. 10. 30	2000. 10. 30	法发〔2000〕26 号	失效
2. 最高人民法院关于印发《民事案件案由规定》的通知	2008. 2. 4	2008. 4. 1	法发〔2008〕11 号	失效
3. 最高人民法院印发《关于修改〈案件案由规定〉的决定》的通知	2011. 2. 18	2011. 4. 1	法〔2011〕41 号	现行有效
4. 最高人民法院关于印发修改后的《民事案件案由规定》的通知	2011. 2. 18	2011. 4. 1	法〔2011〕42 号	已被修改
5. 最高人民法院关于增加民事案件案由的通知	2018. 12. 12	2019. 1. 1	法〔2018〕344 号	现行有效
6. 最高人民法院关于补充增加民事案件案由的通知	2018. 12. 28	2019. 1. 1	法〔2018〕364 号)	现行有效
7. 最高人民法院印发《关于修改〈民事案件案由规定〉的决定》的通知	2020. 12. 29	2021. 1. 1	法〔2020〕346 号	现行有效
8. 最高人民法院关于印发修改后的《民事案件案由规定》的通知	2020. 12. 29	2021. 1. 1	法〔2020〕347 号)	现行有效